Karl Albrecht Schachtschneider

# Staatsunternehmen und Privatrecht

## Kritik der Fiskustheorie, exemplifiziert an § 1 UWG

1986

Walter de Gruyter · Berlin · New York

*Dr. iur. Karl Albrecht Schachtschneider*
Professor an der Universität Hamburg

*CIP-Kurztitelaufnahme der Deutschen Bibliothek*

**Schachtschneider, Karl Albrecht:**
Staatsunternehmen und Privatrecht:
Kritik der Fiskustheorie, exemplifiziert
an § 1 UWG/Karl Albrecht Schachtschneider. –
Berlin; New York : de Gruyter, 1986
ISBN 3 11 010141 6


Printed in Germany
Druck: Hildebrand, Berlin 65
Bindearbeiten: Verlagsbuchbinderei Dieter Mikolai, Berlin 10

MEINER FRAU

# VORWORT

Mit dem Wort »Sittengesetz« weist das Grundgesetz auf die Philosophie der praktischen Vernunft Immanuel Kants, Vater unserer freiheitlichen Ethik. Auf dem kantischen Autonomieprinzip gründet meine Kritik der seit langem ärgerlichen Fiskustheorie, aber auch mein Begriff der guten Sitten im Wettbewerb. Autonomie und Konsens sind die Prinzipien des Privaten und des Staatlichen in einem freiheitlichen Gemeinwesen. Das Recht des Privaten, das Privatrecht, setzt Privatheit, die es regelt, voraus. Privatheit ist als das Recht und die Pflicht zur Sittlichkeit die Freiheit. Frei sind die Menschen, nicht ihr Staat, auch nicht der Staat als Unternehmer. § 1 UWG beispielsweise ist nur dem Privaten adäquat, nicht aber dem Staatlichen; denn diese Vorschrift regelt freies Verhalten.

Der Fachbereich Rechtswissenschaft I (FB 02) der Universität Hamburg hat diese Schrift im Wintersemester 1985/86 als Habilitationsleistung anerkannt. Prof. Dr. Dr. Ernst-Joachim Mestmäcker und Prof. Dr. Werner Thieme haben großherzig die Mühe der Gutachten auf sich genommen. Beiden schulde ich außerordentlichen Dank. Einen Entwurf der Schrift hat Prof. Dr. Jürgen Schwabe kritisch gelesen. Prof. Dr. Peter Erlinghagen hat mir im Habilitationsverfahren stets mit seinem Rat zur Seite gestanden. Dafür danke ich beiden sehr.

Dem Verlag de Gruyter gilt mein Dank für die Veröffentlichung des Buches. Die fotomechanische Reproduktion, die Subventionen erübrigt hat, habe ich im Rahmen eines Tests datengestützter Textverarbeitung der Universität Hamburg und der Firma IBM vorbereitet. Die Schreibarbeiten und die Texterfassung haben Gerda Rohlfs, Heike Stratmann und Heinz-Hagen Beck dankenswert unterstützt.

Publikationen, die nach dem Wintersemester 1983/84 erschienen sind, habe ich nur noch vereinzelt berücksichtigt.

Hamburg, im Februar 1986 K. A. Schachtschneider

INHALTSÜBERSICHT

INHALT

9. Kapitel

Rupert Scholz



10. Kapitel

## 3. Teil

## Das Autonomieprinzip des Grundgesetzes



## 4. Teil

## Das Problem autonomiegerechter Realität

# EINLEITUNG

Die Fiskustheorie bestimmt ungebrochen und von der Lehre wenig angefochten die Praxis 'privatrechtlicher' Unternehmensformen und 'privatrechtlicher' Verhaltensweisen der Staatsunternehmen. Hinter der Privatrechtlichkeit verbirgt sich staatliche Privatheit. W. Mallmann und K. Zeidler haben 1961 die Fiskustheorie scharf angegriffen. H. Krüger ist ständiger Kritiker der Fiskustheorie. Die Tradition staatlicher Privatrechtssubjektivität war stärker. Ihr haben sich in den sechziger Jahren G. Püttner, H.H. Klein, W. Brohm, K. Wenger, V. Emmerich, auch W. Rüfner und im Ergebnis, wenn auch das staatsrelevante Privatrecht wie schon H. Schricker rechtssubjektiv neutralisierend, R. Scholz gebeugt. Die Praxis hat die fiskustheoretische (formale) Privatisierung des Staatlichen in den siebziger Jahren forciert. Jüngst sind daraus Konflikte um Kompetenz und Verantwortung für die 'privatrechtliche' staatsunternehmerische Politik entstanden.

Nach einer Skizze des Fiskusproblems im 1. Teil, welche das Augenmerk auch auf die Umgehung des Problems durch die den Unterschied des Staates von den Privaten nivellierende Neutralisierung spezifisch des Wirtschaftsrechts lenkt, stellt der 2. Teil bereits mit Kritik im Detail die Praxis der Rechtsprechung und die wichtigsten Lehrmeinungen zu dem Problem vor, ob § 1 UWG auch dem Staat als Unternehmer das Recht gebe.

Für die grundsätzliche Kritik der Fiskustheorie als dem Dogma von der Privatrechtsfähigkeit des Staates muß der Begriff des Privaten, von dem der des Privatrechts abgehängt, entwickelt werden. Der Private ist durch das Recht zur Autonomie gekennzeichnet. Das Autonomierecht ist das dem Privaten vorbehaltene Recht, während neutrales oder allgemeines Recht sowohl auf Private als auch auf den Staat anzuwenden ist. Das diese Arbeit tragende Autonomieprinzip wird im 3. Teil auf der Grundlage des kantischen und zugleich grundgesetzlichen Begriffs der Freiheit und des Sittengesetzes entwickelt. Die Realität könnte an einer als Pflicht zur Sittlichkeit verstandenen rechtlichen Freiheit und einem dem Autonomieprinzip entsprechenden staatlichen Rechtsetzungssystem zweifeln lassen. Diese Einwände gegen das Autonomieprinzip werden im 4. Teil abgewehrt.

Wenn das Private und das Privatrechtliche im Wesen durch das Recht zur Autonomie bestimmt ist, muß die Fiskustheorie das staatliche Verhalten funktional differenzieren können, um das Verhalten des Staates auszusondern, welches dem Privatrecht zu unterstellen geeignet sei oder schärfer, welches wegen der 'Hoheitlichkeit'des Verhaltens nicht als 'fiskalisch' nach dem Privatrecht behandelt werden dürfe. Im 5. Teil werden durchaus praxisorientierte Untersuchungen, die auf der

Fiskustheorie aufbauen, daraufhin geprüft, ob diese fiskustheoretisch unverzichtbare Differenzierung der Staatsaufgaben gelingt. Es wird sich durchgehend zeigen, daß allein der Dezisionismus eines staatlichen Wahlrechts zwischen der 'öffentlich-rechtlichen Rechtsform' und der 'Privatrechtsform' als Rettungsanker bleibt. Überlagerungstheorien bemühen sich, die Konsequenzen der 'Flucht in das Privatrecht' vor allem mittels einer Fiskalgeltung der Grundrechte zu mildern, und räumen damit in der Sache die Inadäquanz des Privatrechts als Recht für den Staat ein.

Die Konsequenzen aus den Überlegungen in den Teilen 3 bis 5 werden im 6. Teil gezogen, der den Widerspruch der Fiskustheorie zur freiheitlich-demokratischen Grundordnung nachzuweisen sucht. Ein Recht des Staates, 'privatrechtliche Verhaltensformen' zu wählen, verbietet sich keineswegs von selbst, sondern folgt aus dem Verbot für den Staat, sich das Recht zur Autonomie, also Privatheit, die sich hinter der Privatrechtlichkeit verbirgt, anzumaßen. Privatheit des Staates widerspricht der Freiheit der Menschen; denn die grundgesetzliche freiheitliche Demokratie gründet auf dem Recht des Menschen zur Autonomie und damit auf dem Sittengesetz. Das Autonomieprinzip bedeutet in ethischer Hinsicht jedermanns Pflicht zur Sittlichkeit und in rechtlicher Hinsicht jedermanns Recht zur Sittlichkeit. Das Prinzip der Sittlichkeit ist der kantische kategorische Imperativ. Der Staat ist demgegenüber als Organisation der Deutschen für deren Gemeinwohl in jedem seinem Verhalten durch Zwecke/Gesetze festgelegt und festzulegen, die das Volk ihm setzt. Dem Staat mangelt es wesensgemäß an dem die Privatheit definierenden Recht zur Autonomie. Das erzwingt eine autonomietheoretische Staats-und Rechtstheorie, die im 2. Kap. des 4. Teils, aber auch im 6. Teil skizziert wird.

Die Besonderheit des Staates, ausschließlich Sachwalter des gemeinen Wohls zu sein, darf somit nicht um seiner Marktgleichheit mit Privatunternehmen willen rechtlich nivelliert oder um der Anwendung des Privatrechts auf Staatsunternehmen willen ignoriert werden. Weder darf sich der Staat wie ein Privater unter Privaten bewegen, also beispielsweise am Wettbewerb der Privatunternehmen teilnehmen, noch sind die privattypischen Verhaltensmaßstäbe, seien diese staatlich oder privat gesetzt, für den Staat adäquat. Der 7. Teil befaßt sich darum mit der Frage, ob nach den Tatbestandsmerkmalen des § 1 UWG oder auf Grund anderer Gesichtspunkte. Staatsunternehmen als oder wie Wettbewerber von Privatunternehmern behandelt werden dürfen, ob es also für die Anwendung des § 1 UWG irrelevant ist, wer das Subjekt der unternehmerischen Betätigung ist, der Staat oder Private, ob es somit auf die Besonderheit es Staates gar nicht ankommt.

Auch der Maßstab der "guten Sitten" aus § 1 UWG, einer der strittigsten und wohl auch streitbarsten Begriffe unserer Rechtsordnung, ist unter dem ambivalenten Gesichtspunkt einer neutralisierenden Interpretation, die dessen Geltung für staatliches Verhalten staatsrechtlicher Kritik entzieht, oder einer der Privatheit gemäßen, autonomietheoretischen, die die verfassungswidrige Fiskustheorie zu aktivieren zwingt, um staatliches Verhalten an die "guten Sitten" zu binden, zu entfalten. Der 8. Teil versucht, die "guten Sitten" als private Gesetze in die freiheitlich-demokratischen Prinzipien von Autonomie und Konsens, die allein die Geltung von Recht unter dem Grundgesetz tragen, einzuordnen. Eine rechtsstaatliche und freiheitsrechtliche Kritik des material-ethischen und des funktional-kompetenziellen Verständnisses des Begriffs der "guten Sitten" dient dazu, der liberalen und wortgetreuen Interpretation dieses Begriffs den Weg zu ebnen. Quintessenz der Überlegungen ist, daß Staatsverhalten nicht an die Gesetze der Privaten gebunden werden darf.

So geht es der Arbeit sowohl auf der Ebene des Verfassungsrechts als auch auf der des einfachen Rechts zugleich mit den staatsunternehmensrechtlichen Thesen um den Nachweis der Kompetenz jedes Menschen zur Sittlichkeit als dem Kern seiner Freiheit, also um das Recht zur Autonomie auch und gerade in der Wirtschaft, die ein leistungsfunktionalistisches Wirtschaftsrecht zu opfern bereit ist.

Das Staatsunternehmensrecht wird ohne die Fiskustheorie dem allgemeinen Staatsrecht zugeführt. Die daraus folgenden tiefgreifenden Änderungen des Organisations-, Personal- und Handelnsrechts der Staatsunternehmen können nicht in dieser Arbeit behandelt werden.

Nicht in diese Untersuchung einbezogen sind die specifica der Gemeindeunternehmen, deren Problematik sich aus der Frage nach der Staatlichkeit der Gemeinden ergibt, für die auch manches Sonderrecht besteht und deren Recht vor allem nicht ohne freiheits- und demokratierechtliche Einordnung der kommunalrechtlichen Fundamentalentscheidung des Art.28 Abs.2 GG dargelegt werden kann.

# 1. Teil

## Problemskizze einer Kritik der Fiskustheorie am Beispiel des § 1 UWG

1. Kapitel

# DIE FISKUSTHEORETISCHE STAATSPRAXIS

Der Fiskus in der gegenwärtigen Staatspraxis ist der Staat als Privatrechtssubjekt[1)], jedenfalls soweit er nicht öffentliche Aufgaben wahrnimmt[2)]. Vor allem die 'privatrechtlichen' Unternehmen in der Hand des Staates, eine Gruppe der Staatsunternehmen[3)] werden zum Fiskus gerechnet[4)]. Eine Fülle von einfachgesetzlichen

---

1) I.d.S. BVerfG NJW 1976, 667ff. (für die "öffentlich-rechtlichen Wettbewerbsversicherer", "die mit Privaten im Wettbewerb stehen und deren Versicherungsverhältnisse ebenfalls dem Privatrecht angehören"); BGHZ 35, 311 (312f.); 36, 91 (95f.); 37, 1 (16f.); OLG Köln NJW 1974, 802ff.; BVerwGE 7, 180 (181f.); 38, 281 (283f.); 39, 364 (374); 39, 329 (337); BVerfGE 27, 364 (374); u.a.; ganz zurückhaltend BVerfG NJW 1982, 2173ff.; vgl. auch BVerfG NJW 1983, 26.
Badura, F.Schlochauer, S.11, u.ö.; Bettermann, DVBl 1977, 181, bezeichnet die "Fiskustheorie" zu Recht als "Realität"; Böhmer, Grundlagen I, S.184 ff.; Bullinger, Vertrag und Verwaltungsakt, S.200ff., 230f.; ders., Öffentliches Recht und Privatrecht, S.102; Bull, Staatsaufgaben, S.146f. m.H.; Barbey, W.u.V. 1978, 88f.; ganz grob Rinck, WiR 1972, 5ff., 9f., der der Zweiteilung zwischen öffentlichem und Privatrecht die "innere Berechtigung" abspricht; dagegen eindrucksvoll Burmeister, WiR 1972, 311ff., 347ff. für den Dualismus; ders., DÖV 1975, 697ff.; Dürig, Maunz/Dürig/Herzog/Scholz, Rdn.111, 135 zu Art.1 Abs.3 GG, Rdn. 45 zu Art.19 Abs.3 GG; Forsthoff, Rechtsstaat im Wandel, S.139; ders., Der Staat als Auftraggeber, passim; Rupp, Privateigentum an Staatsfunktionen?, S.24f. in Fn.43, S.27 in Fn. 46; Haueisen, DVBl 1961, 837ff.; Hesse, Verfassungsrecht, S.143ff., kritisch; Ipsen, DVBl 1956, 466; Klein, Teilnahme, S.47, 150f., 167ff., 192 ff. mit Hinweisen; Krüger, Allgemeine Staatslehre, S.323ff. mit Hinweisen, kritisch; Larenz, Allgemeiner Teil, S.3; Lehmann-Hübner, Allgemeiner Teil, S.3; Mallmann, VVDStRL 19 (1960), S.165ff., 194ff.; Mestmäcker, NJW 1969, 1, u.ö.; v.Mutius, Bonner Kommentar, Zweitbearbeitung, Art.19 Abs.3 GG, Rdn.170, 173; Rosenthal, UWG, Einleitung, Rdn.30; Rüfner, Formen, S.370; ders., Verwaltungsrechtsschutz in Preußen, S.169f.; Scholz, ZHR 132 (1969), S.136, kritisch; ders., NJW 1974, 781, u.ö.; Schricker, Wirtschaftliche Tätigkeit, S.102; Wolff-Bachof, Verwaltungsrecht I, §23 IIa, S.106ff; Zeidler, VVDStRL 19 (1969), S.225ff., kritisch; unkritisch Hubmann, W.u.V. 1982, 41 m.H.; auch Rittner, Wirtschaftsrecht, S.176.
Nach herrschender Meinung gibt es privatrechtliches Verhalten des Staates auch außerhalb des fiskalischen Bereichs, nämlich im Verwaltungsprivatrecht, dazu Hinweise in Fn.57.

2) Dürig, a.a.O., Rdn.480ff. zu Art.3 Abs.1 GG; Burmeister, DÖV 1975, 700ff.; ders. so schon WiR 1972, 311ff., 347; auch Stern/Burmeister, Die kommunalen Sparkassen, S.200; Isensee, Subsidiaritätsprinzip, S.250f.

3) So der richtige Sprachgebrauch von Krüger, ZBR 1979, 157ff.; ebenso Badura, Verwaltungsmonopol, S.250 mit Fn.44.

4) Burmeister, DÖV 1975, 700ff.; Dürig, a.a.O., Rdn.480 zu Art.3 Abs.1 GG, Dürigs "Faustformel" (a.a.O., Rdn.486 zu Art.3 Abs.1 GG) für "primär erwerbswirtschaftliche Zwecke" der öffentlichen Hand, die also prinzipiell grundrechtsungebunden, fiskalisch agieren dürfen würden, ist. daß die

Fundstellen belegt diese Praxis und gibt ihr eine legislative Rechtfertigung[5].

Als Paradigma mag das Verwaltungsverfahrensgesetz vom 25. Mai 1976 dienen. In § 1 dieses Gesetzes wird der Anwendungsbereich auf die "öffentlich-rechtliche Verwaltungstätigkeit" bestimmter Behörden beschränkt. Bei anderen Verwaltungstätigkeiten haben die Behörden dieses Gesetz nicht zu beachten[6]. Behörden im Sinne des Verwaltungsverfahrensgesetzes sind die Stellen, die "Aufgaben der öffentlichen Verwaltung" wahrnehmen (§ 1 Abs.4). "Öffentlich-rechtliche Verwaltungstätigkeit" ist also nur ein Teil der "öffentlichen Verwaltung". Zur "öffentlichen Verwaltung" gehört nach diesem Gesetz somit auch die privatrechtliche Verwaltungstätigkeit der Behörden[7]. Dieser enge Begriff "öffentlich-rechtlicher Verwaltungstätigkeit" wird durch die Definition des Verwaltungsaktes in § 35 VerwVerfG bestätigt: "Verwaltungsakt ist jede Verfügung, Entscheidung oder andere h o h e i t l i c h e Maßnahme, die eine Behörde zur Regelung eines Einzelfalles auf dem Gebiete des öffentlichen Rechts trifft und die auf unmittelbare Rechtswirkungen nach außen gerichtet ist." Es müssen also hoheitliche Maßnahmen auf dem Gebiete des öffentlichen Rechts sein. Nichthoheitliche Maßnahmen von Behörden auf anderen Gebieten als denen des öffentlichen Rechts sind von dem Gesetz nicht erfaßt[8]. Die Definition könnte zu der Annahme verleiten, daß es auch Einzelfallregelungen auf dem Gebiet des öffentlichen Rechts gibt, die nicht hoheitlich sind. Das entspricht nicht der engen Sub-

---

Einrichtung nicht auch in "öffentlicher Rechtsform" betrieben werden dürfe, dieses Kriterium liegt nie vor, weil die "Rechtsformen" nach Dürigs eigener Meinung (a.a.O., Rdn.493) austauschbar, wählbar sind, es zeigt gegen seine Hoffnung, "Abgrenzungsschwierigkeiten" seien "nicht geeignet, die ganze Abgrenzung über Bord zu werfen" (a.a.O., Rdn.483), daß seine Differenzierung nicht haltbar ist, weil sie an der staatlichen Macht scheitert, prinzipiell jede Aufgabe nach Maßgabe des Staatsrechts zu übernehmen; wenn aber das Gesetz einer staatlichen Einheit bestimmte Aktivitäten nicht zugesteht, verstößt deren "Ertrotzung" über 'privatrechtliche' Aktivitäten gegen das ultra-vires-Verbot, also die begrenzte Kompetenz (Hinweise in Fn. 74; dazu auch 2.Teil, 2.Kap., III 2., S.41f. mit Fn.70, auch 6.Teil,4.Kap.V, S.270ff.); ganz anders als Dürig unterscheid. Scholz in demselben Kommentar, Rdn.402ff. zu Art.12 GG die "sozialwirtschaftliche" (Daseinsvorsorge) von der "erwerbswirtschaftlichen (fiskalischen)" Betätigung des Staates, letztere habe keine verfassungsrechtliche Legitimation; ders. so in: Der Staatssektor, S.131f.; Rudolf, VVDStRL 37 (1979), S.202f. bezeichnet es als "unproblematisch, daß die reine Fiskalverwaltung, die privatrechtlichen Beschaffungsgeschäfte der öffentlichen Verwaltung sowie die erwerbswirtschaftliche Betätigung der öffentlichen Hand nicht Ausübung hoheitlicher Befugnisse sind" (ebenso Burmeister, a.a.O.) und stellt "als einzig sichere Abgrenzungsmöglichkeit auf die Handlungsformen" ab; Bull, Allgemeines Verwaltungsrecht, S.47 rechnet (nur) "die erwerbswirtschaftlichen Unternehmen" (außer der Hilfsmittelbeschaffung) zur "fiskalischen Verwaltung im engeren Sinne"; vgl. auch Krüger, Allgemeine Staatslehre, S.323ff.

5) Vgl. dazu das 1.Kap. im 7.Teil zu §98 GWB, S.285ff.; in diesem Sinne auch klar Wenger, Öffentliche Unternehmung, S.515f., der diesen "empirischen" Befund als Rechtfertigung der Fiskustheorie genügen läßt.

6) Kopp, Rdn.36 zu §1 VerwVerfG; Knack, Rdn.5, 1 zu §1 VerwVerfG; Stelkens/Bonk/Leonhardt, Rdn.16, 18, 41, 47 zu §1 VerwVerfG.

7) Ähnlich wohl Knack, Rdn.6, 7, 8 zu §1 VerwVerfG (sogar Privatpersonen können Behörden sein, etwa die Beliehenen); Stelkens/Bonk/Leonhardt, Rdn. 17, 18, 41, 44, 47 zu §1 VerwVerfG, enger dieselben in Rdn.16 daselbst; enger Kopp, Rdn.21, 36, 38 zu §1 VerwVerfG (kein Behördencharakter bei ausschließlich fiskalischer Zuständigkeit von Verwaltungseinrichtungen).

8) Kopp, Rdn.21, 38, 43 zu §1 VerwVerfG; Knack, Rdn.5, 1 zu §1 VerwVerfG (i.S. strenger Fiskustheorie); Stelkens/Bonk/Leonhardt, Rdn.47 zu §1 VerwVerfG.

jektstheorie, die sich der einfache Gesetzgeber zu eigen gemacht hat[9]. Allenfalls umgekehrt deutet der differenzierte Sprachgebrauch auf die Praxis hin, hoheitliche Maßnahmen auf den Gebieten zu treffen, die nicht dem öffentlichen Recht angehören, sondern dem Privatrecht, nämlich dem sog. Verwaltungsprivatrecht[10]. Dieses moderne Gesetz ist ohne die Fiskustheorie nicht zu verstehen.

Die Fiskustheorie bestimmt unseren Rechtsalltag subtiler und entwickelter denn je[12]. Sie liegt auch den §§ 40 Abs.1 VwGO und 13 GVG zu Grunde[13]. Wenn auch die Begriffe "öffentlich-rechtliche Streitigkeiten" und "bürgerliche Rechtsstreitigkeiten" im Sinne von staatlichen und privatrechtlichen Streitigkeiten interpretiert werden können, so stellt doch § 18 ZPO klar, daß Streitigkeiten mit dem Fiskus als bürgerliche Rechtsstreitigkeiten gelten. Auch § 98 GWB[14] und § 65 BHO[15] zeigen, daß die Staatspraxis die Fiskustheorie zu Grunde legt. §§ 57ff. UMWG erlauben die Umwandlung von Unternehmen der Gebietskörperschaften und nicht gebietskörperschaftlichen Gemeindeverbänden in Aktiengesellschaften oder Gesellschaften mit beschränkter Haftung, ja sogar die von Körperschaften oder Anstalten des öffentlichen Rechts in Gesellschaften mit beschränkter Haftung (nach näheren Bestimmungen).

Es gab bis in die jüngste Zeit keine Judikate, die diese Staatspraxis und damit die Fiskustheorie ernstlich in Frage stellen. Im Gegenteil hat BVerfGE 27, 364 (374) sie mit den folgenden Sätzen gestärkt: "Hat sich die öffentliche Hand, gleichgültig aus welchen Gründen, dafür entschieden, eine öffentliche Aufgabe (sc. der Betrieb der Bergwerksgesellschaft Hibernia AG) mit den Mitteln des Privatrechts wahrzunehmen und insoweit privatwirtschaftlich tätig zu werden, so muß sie auch alle Konsequenzen daraus, auch die ihr unerwünschten, auf sich nehmen. Sie tritt damit auf den Boden des Privat- und Gesellschaftsrechts, nimmt konkurrierend mit anderen Wirtschaftsunternehmen am Wirtschafts- und Erwerbsleben innerhalb der freien Gesellschaft teil und unterwirft sich den Gesetzen des Marktes. Das Wirtschaftsunternehmen, dessen gesamtes Kapital in öffentlicher Hand liegt, lebt ganz nach dem Recht, das für alle Wirtschaftsunternehmen gilt, wird geführt nach den in der Wirtschaft geltenden Grundsätzen, plant und produziert

9) Vgl. Kopp, Rdn.21, 38, 43 zu §1 VerwVerfG; a.A. Knack, Rdn.3, 1 zu §1 VerwVerfG (Subjektionstheorie auch unter diesem Gesetz); auch Stelkens/Bonk/Leonhardt, Rdn.16, 17, zu §1 VerwVerfG.

10) Kopp, Rdn.43 zu §1 VerwVerfG; Stelkens/Bonk/Leonhardt, Rdn.18 zu §1 VerwVerfG. Zum Verwaltungsprivatrecht Hinweise in Fn.57.

12) So Bettermann, DVBl 1977, 181; Dürig, Maunz/Dürig/Herzog/Scholz, Rdn.136 zu Art.1 Abs.3 GG: "Niemand revolutioniert die Fiskustheorie als solche"; ähnlich ders., a.a.O., Rdn.480ff. zu Art.3 Abs.1 GG; äußerst zurückhaltend Scholz, daselbst, Rdn.403 zu Art.12 GG: "Fiskalische Randgeschäfte"; ders. bezeichnet in ZHR 132 (1969), S.136 den Fiskusbegriff als "heute überholt", gibt ihm aber als "reine Kompetenzbeschreibung" jedenfalls für das Wettbewerbsrecht eine beachtliche Relevanz; ähnlich Bethge, Grundrechtskollisionen, S.65ff. mit weiteren Nachweisen ("obsolet"); Burmeister, DÖV 1975, 700 ff., 703 ("fossiles Relikt vergangener Tage"); Stern, Staatsrecht II, S.741 ("überholt"); vgl. auch Krüger, Allgemeine Staatslehre, S.323ff.

13) Vgl. Baumbach-Lauterbach, ZPO, Anm.3 zu §13 GVG; Eyermann-Fröhler, VwGO, Rdn.2 zu §40.

14) Dazu im 7.Teil, 1.Kap., S.283ff., 285ff.

15) Dazu Fn.77, S.22f.

und erwirtschaftet Gewinne und trägt Risiken wie jedes andere Unternehmen am Markt. Erst der Gewinn fließt in Form von Dividenden des Aktionärs in die öffentliche Kasse." Auf diese Erkenntnisse und Beobachtungen hat der Zweite Senat im Januar 1970 die Gleichheit des öffentlichen Unternehmens in Privatrechtsform als Arbeitgeber mit privaten Wirtschaftsunternehmen als Arbeitgebern und die wesentliche Ungleichheit ersterer mit öffentlichen Dienstherrn gegründet. Im Juli 1982 faßt derselbe Senat seine Entscheidung gegen einen eigentumsrechtlichen Grundrechtsschutz von Gemeinden bei wirtschaftlicher Betätigung ohne Bezug zu öffentlichen Aufgaben mit dem Satz zusammen: "Art.14 als Grundrecht schützt nicht das Privateigentum, sondern das Eigentum Privater", weil die Gemeinden sich nicht in "grundrechtstypischer Gefährdungslage" befänden (BVerfG NJW 1982, 2173 (2175). Den Spruch im Jahre 1970 hat das Bundesverfassungsgericht mit 5 gegen 3 Richterstimmen gefällt. Causa non est finita!

Ganz im Sinne der Fiskustheorie hatte 1972 BVerwGE 39, 329 (337) festgestellt, daß die Gemeinde "im Wettbewerb keine rechtliche Vorzugsstellung genießt;" vielmehr "hierbei denselben privatrechtlichen Vorschriften wie die Mitbewerber unterliegt".

Selbst ins Grundsätzliche gehende Kritiker der Fiskustheorie wie H. Krüger, W. Mallmann und K. Zeidler scheuen sich, es dem Staat gänzlich zu verwehren, sich "privatrechtlich" zu verhalten[16]. Auch Ch. Pestalozza, der wegen der Besonderheit des Staates alles Recht, das für und gegen den Staat gilt, als Sonderrecht, nämlich als Staatsrecht einstuft, bietet das (allgemeine) Privatrecht als Auffangrecht an[17].

16) Krüger, Allgemeine Staatslehre, S.328f., dazu 5.Teil, 4.Kap., IX, S.230ff.; zu Mallmann 5.Teil, 4.Kap., VII, S.218ff.; zu Zeidler 5.Teil, 4.Kap., VIII, S.224ff..

17) Formenmißbrauch, S.177ff., dazu 7.Teil, 1.Kap., II 2, S.287f., auch 5.Teil, 2.Kap., S.181f..

## 2. Kapitel

# DIE SUBSTANTIELLE FISKUSTHEORIE ALS THEMATISIERTES PROBLEM

Ein verfassungsrechtliches Problem ist allein die substantielle Fiskustheorie. Mit der Privatrechtsfähigkeit des Staates geht es dieser in der Sache um die Privatheit des Staates[18)]. Das vermag der übliche Wortgebrauch von der Privatrechtssubjektivität des Staates oder der Privatrechtlichkeit des staatlichen Verhaltens nicht zu verschleiern[19)]. Mit dem sachgerechten Wort Privatheit ist die die Privatheit definierende Privatautonomie in den Blick gerückt. Die Privatrechtsfähigkeit hängt von der Privatheit ab; die Privatheit ist durch das Recht des Privaten zur Autonomie definiert[20)]. (BVerfG NJW 1983, 26: "Bürgerliches Recht" das "Recht der

---

18) So auch klar Krüger, Allgemeine Staatslehre, S.323.

19) Dazu die Hinweise in Fn.20. Die richtige Sprache spricht Isensee, Subsidiaritätsprinzip, S.204ff., der auch zum richtigen Ergebnis kommt,a.a.O., S.206, 210; tendenziell anders jedoch ders., Handbuch, S.1172, 1175 für die erwerbswirtschaftliche Tätigkeit; auch Dürig, Maunz/Dürig/Herzog/Scholz, Rdn.14 zu Art.2 Abs.1 GG spricht von "privaten Rechten" (z.B. das Eigentum des Fiskus); bemerkenswert differenziert BVerfG NJW 1982, 2173 (2175) jetzt zwischen "Privateigentum", das auch Gemeinden innehaben könnten, und dem "Eigentum Privater", zu denen die Gemeinden nicht gehören würden; das ist ein großer Schritt in die richtige Richtung.

20) So sehen das Wesen des Privatrechts klar: Larenz, Allgemeiner Teil, S.1, auch S.91f., 94f.; ders., NJW 1956, 1899; ders. i.d.S., Richtiges Recht, S.65ff.; Lehmann-Hübner, Allgemeiner Teil, S.140; Ramm, Privatrecht, S.18 f., 31, insb. 36f. ("stat pro ratione voluntas"); Adomeit, Gestaltungsrechte, S.12, 20f., 27, der die Privatautonomie als die Gesamtheit der bestehenden Gestaltungsrechte (Ermächtigungen zu privatwillkürlicher Einwirkung auf Rechtslagen) auf den Satz "in dubio pro libertate" zurückführt; ders.,ebenso schon Rechtsquellenfragen, S.89f.; insb. Flume, Rechtsgeschäft und Privatautonomie, DJT 1960, S.135ff., 141; ders., Das Rechtsgeschäft, S.1ff.; Schmidt-Salzer, WiR 1972, S.106ff.; Burmeister, WiR 1972, S.347ff.; M. Wolff, Rechtsgeschäftliche Entscheidungsfreiheit, S.19ff.; Naendrup, Haftungsbeschränkung, S.88f. m.Fn.15; Pawlowski, Methodenlehre, S.389, Rdn. 684; i.d.S. auch Isensee, Subsidiaritätsprinzip, S.204ff., 206, 209; Hesse, Verfassungsrecht, S.144; Krüger, VVDStRL 19 (1961), S.261; Zeidler, daselbst, S.229 mit Hinweisen in Fn.92; Scheuner, VVDStRL 11 (1954), S.17, 47; Henke, VVDStRL 28 (1970), S.155f.; i.d.S. auch Schwabe, Drittwirkung, S.150; Emmerich, Wirtschaftsrecht, S.129; auch Klein, Formen, S.265; Weber, Eigentum und Enteignung, S.358, 361; klar auch Barbey W.u.V. 1978, 77ff., der zu Recht darauf hinweist, daß der Mensch auch als Subjekt des öffentlichen Rechts privat bleibe (S.78) (und die Heterogenität der Legitimationsgrundlagen von Staat und Privaten hervorhebt (S.78, 80f.); prinzipiell auch Wolff, Verwaltungsrecht, §23 IIa, b, S.106, 108; Ossenbühl, VVDStRL 29 (1971), S.144 sieht zwar den Begriff des Privaten richtig, baut aber den Begriff der Privatrechtssubjektivität nicht darauf auf; richtig Rebe, Privatrecht und Wirtschaftsordnung, S.165 ("Privatautonomie" ist "Charakteristikum der Privatrechtsgesellschaft"); vgl. auch Mestmäcker, ZHR 137 (1973), 101; Schachtschneider, JA 1979, 571; das ist jetzt für die Ablehnung der Grundrechtsberechtigung der Gemeinden durch BVerfG NJW 1982, 2173 (2175) entscheidungserheblich geworden.
Krit. zu diesem Verständnis des Privaten: Landau, Begrenzung, S.104ff., Schmidt-Rimpler, F.Raiser, S.19; Leisner, Grundrechte und Privatrecht, S. 359, Fn.182 ("Unter Privaten gibt es Willkür und freies Belieben in unserem Staat eben nicht mehr"); Gotthold, ZHR 145 (1981), S.332; E.Schmidt, JZ 1980, 154ff.

Privaten"!) "Das Privatrecht ist seiner Idee nach derjenige Teil der Rechtsordnung, der die Beziehungen der einzelnen zueinander auf der Grundlage ihrer Gleichberechtigung und Selbstbestimmung ("Privatautonomie") regelt", lehrt K. Larenz[21]. Das Wesen des Privatrechts wird verkannt, wenn es nicht in dieser Privatautonomie gesehen wird[22] und zu einer Privatrechtlichkeit nivelliert wird, die lediglich Funktionsabläufe, etwa des Marktes, regelt und den Menschen im Gemeinwesen zum Funktionär in einem funktionierenden System degradiert. Davor hat schon H. Krüger gewarnt[23]. Die Anwendung von Privatrechtsnormen als Regeln für staatliches Verhalten entspricht eingeschliffenem Rechtsbewußtsein[24], nur impliziert das, wie noch nachzuweisen ist, die von den meisten Anhängern der Fiskustheorie geleugnete Privatheitsfähigkeit des Staates[25]. Die private Rechtsfähigkeit setzt Privatheit voraus; denn das Privatrecht ist die Rechtsordnung der Privaten[26]. Es wird darzulegen sein, daß der Begriff des Privaten durch das Prinzip der Autonomie des Menschen, das zu verwirklichen seine Würde ausmacht[27], definiert ist, daß diese Autonomie als das Private sowohl freiheitsrechtlicher als auch demokratierechtlicher Topos ist[28], daß jedoch dem Staat diese Autonomie nicht zukommt und der Staat darum weder privat[29] noch rechtens Privatrechtssubjekt ist. Wenn dennoch Vorschriften der Rechtsordnung der Privaten auf staatliches Verhalten angewendet werden, verändern sie mit dem Rechtssubjekt ihr Wesen und werden Staatsrecht[30], (Sonder)-

---

21) Allgemeiner Teil, S.1, Hervorhebung von mir; vgl. auch Ramm, Privatrecht, G, S.21; auch Emmerich, Wirtschaftsrecht, S.129.

22) Hinw. wie in Fn.20; die Herleitung aus dieser Legitimationsgrundlage greift Barbey, W.u.V. 1978, 79ff., 88ff. an.

23) Etwa Allg. Staatsl., S.480f.; ebenso warnt Rupp,Verfassungsrecht und Kartelle, S.207; auch Leisner, Der Gleichheitsstaat, S.300; vgl. auch die Krit. an Rebe im 8.Teil, 2.Kap.,II 2c, S.387ff.m.H..

24) Als Gegenstand der Fiskustheorie; vgl. die Hinweise in Fn.1; deutlich etwa BGHZ 35, 311 (312f.); so insb. Wolff-Bachof, Verwaltungsrecht, §23 IIa, S.106 ("Fiscus iure privato utitur"); auch Larenz, Allgemeiner Teil, S.3; Barbey, W.u.V. 1978, 88ff. hält die Privatrechtsfähigkeit für eine Kompetenzfrage, obwohl er eine Privatautonomie des Staats klar ablehnt; sogar BVerfGE 27, 364 (374); BVerwGE 39, 329 (337).

25) Dazu im 6.Teil des 4.Kap., S.261ff. und den 7. und 8.Teil, passim. Typisch für viele ignoriert die Privatheit des Privatrechtssubjekts Staat Wenger, Öffentliche Unternehmung, S.520.

26) Ganz in diesem Sinne BVerfG NJW 1983, 26 im Urteil zum Staatshaftungsgesetz für das bürgerliche Recht als dem "Recht der Privaten". Vgl. auch Richardi, Kollektivgewalt, S.35ff. mit Hinweisen.

27) Dazu vor allem im 3.Teil das 2. und 4. Kap., S.104ff., 116ff. Zur Geschichte des Privatrechtsbegriffs insb. Bullinger, Öffentl. Recht und Privatrecht, S.13ff.

28) Dazu näher der 4.Teil, insb. das 1.Kap., S.138ff. und das 3.Kap., S.159ff., zusammenfassende Bemerkung dazu im 4.Teil, S.169.

29) Dazu der 6.Teil, insb. das 4.Kap., S.261ff., so jetzt klar BVerfG NJW 1982, 2173 (2175) für Gemeinden.

30) Fast durchgehend werden Sonderregelungen für den vermeintlich privat handelnden Staat angewandt, etwa Wolff-Bachof, Verwaltungsrecht I, §23 IIa, S.106f. (keine Grundrechtsberechtigung, kein Recht, "mit einer Sache nach Belieben zu verfahren"); Schmidt-Salzer, WiR 1972, 106ff.; vgl. auch Rupp, JuS 1961, S.60f.; ders., Privateigentum an Staatsfunktionen, S.24 in Fn.42; Barbey, W.u.V. 1978, 91; Wenger, Öffentliche Unternehmung, S.520; gegen die Privatrechtsfähigkeit des Staates schon Otto

Recht für den Staat, im herkömmlichen Sprachgebrauch 'öffentliches Recht'.

Die so als substantielle gekennzeichnete autonomietheoretisch erfaßte Fiskustheorie ist nicht etwa ein Scheinproblem. Das erweisen schon die im vorigen Kapitel zitierten Worte des Bundesverfassungsgerichts[31]. Die "freie Gesellschaft", um nur einen Begriff herauszugreifen, ist sicher die private Gesellschaft, die notwendig zugleich 'Privatrechtsgesellschaft'[32] ist. Die Fragwürdigkeit eines Rechts des Staates zur Autonomie ist längst erkannt. Abstrakt wird ein solches Recht überwiegend zurückgewiesen[33]. Vermeintlich privatrechtliches Verhalten des Staates wird durch Überlagerung des zum Maßstab genommenen Privatrechts durch öffentliches Recht[34] oder durch Modifizierung dieser Maßstäbe[35] relativiert, wenn nicht in der Sache dem Privatrecht entzogen und dem Staatsrecht unterstellt. Zum einen sind die Versuche, ein staatsadäquates Privatrecht zu schaffen, rechtsstaatlich höchst bedenklich, weil dieses Recht jeder Bestimmtheit ermangelt und angesichts der Vielfältigkeit der regelungsbedürftigen Angelegenheiten ohne Gesetz ermangeln muß. Zum anderen sind die Bemühungen um ein besonderes Privatrecht für den Staat nichts anderes als eine Kritik der Fiskustheorie, welche dieser die Substanz nehmen will. Ein solcher Korrekturversuch verfehlt jedoch den Kern des Problems. Die Anpassung des Privatrechts an die Besonderheiten des Staates läßt dem Staat eine wenn auch disziplinierte Autonomiebefugnis von Privaten, jedenfalls in den Rechtsbereichen, die Verhalten regeln, das seinem Wesen nach privat ist, wie es der der Wettbewerbswirtschaft ist. Es wird nachzuweisen sein, daß wirtschaftlicher Wettbewerb wesensgemäß freies, also autonomes, privates Verhalten von Menschen ist, zu dem der Staat nicht berechtigt ist und nicht berechtigt sein darf, selbst nicht, wenn scharfe Maßstäbe seinen Wettbewerb für die privaten Konkurrenten erträglich gestalten[36]. So hat denn der Bundesgerichtshof staatliche Konkurrenz, weil diese den Bestand des Wettbewerbs gefährde, in einem Fall untersagt und das Verbot ausgerechnet auf § 1 UWG gestützt, der den Wettbewerb disziplinieren will, also notwendig voraussetzt[37]. Es hat die wettbewerblichen Lauterkeitsmaßstäbe für die Allgemeinen Ortskrankenkassen derart verschärft, daß deren Selbstabgabe von

---

Mayer, Verwaltungsrecht Bd.1, S.115ff., Bd.II, S.274ff.; dazu (wohlwollend) Rüfner, Formen, S.369f. mit Fn.100. Zur Problematik auch im 6.Teil, 3.Kap., insb. IV, S.258ff.. Wenn freilich der Dualismus zwischen öffentlichem und Privatrecht geleugnet wird (etwa Rinck,WiR 1972, S.5ff., 9f., 16), so wird es gleichgültig, d.h. zur bloßen Rechtswegfrage, ob Staatsrecht oder Privatrecht gilt. Für den Dualismus vehement und richtig Burmeister, WiR 1972, S.347ff.. Für den hier gewählten Begriff "Staatsrecht" Pestalozza, Formenmißbrauch, S.166ff., 179, 185.

31) BVerfGE 27, 364 (374), das Zitat siehe S.8f.

32) Begriff von F.Böhm, ORDO XVII, 1966, "Privatrechtsgesellschaft und Marktwirtschaft".

33) Hinweise in Fn.132, 161, 6.Teil; selbst Wolff-Bachof, Verwaltungsrecht I, §23 IIa, S.106, gestehen nur "durch die Staatszwecke begrenzte Privatautonomie" zu.

34) Hinweise auf die Überlagerungstheorie in Fn.57 dieses Teils und auch zur These von der Doppelqualifikation in Fn.319 im 2.Teil.

35) Dazu Hinweise in Fn.en 217, 218ff. des 7.Teils.

36) Dazu im 7.Teil, insb. 5.Kap. IV, S.326ff. mit Hinweisen vor allem in Fn.en 217, 218ff.

37) BGH NJW 1982, 2117ff. (Verbot der Selbstabgabe von Kassenbrillen).

Brillen an Kassenmitglieder wettbewerbswidrig wurde, obwohl sie privatrechtlich zu beurteilender Wettbewerb blieb, weil doch die Kassenmitglieder die Wahl hatten, die Brillen auch bei den selbständigen Augenoptikern zu kaufen. Diese Modifizierung des Privatrechts bei dessen Anwendung auf den Staat führt sich bereits ad absurdum. Einem privaten Konkurrenten der mittelständischen Augenoptiker hätte mittels § 1 UWG das Geschäft mit den Brillen wohl kaum deswegen untersagt werden dürfen, weil seine Preise den Konkurrenten keine Marktchance lassen und er deswegen den Wettbewerb gefährde, selbst nicht, wenn er die Preise (ohne Vernichtungsabsicht) intern subventioniert. Wenn § 1 UWG in der Weise den Wettbewerb allgemein schützen würde, müßte die entwickelte Konzentration der Wirtschaft wohl als rechtswidrig angesehen werden.

Das Recht teilt sich für das Problem der Fiskustheorie in drei Gruppen, nämlich in Vorschriften, deren Imperative unabhängig davon gelten, ob Private oder der Staat ihren Tatbestand erfüllen, die also insofern neutral oder allgemein sind, in solche, deren Tatbestände nur von Privaten erfüllt werden können, eben weil sie wesentlich die Autonomie der Privaten regeln und damit voraussetzen, das Autonomierecht, und solche, deren Tatbestand allein der Staat erfüllen kann, das reine Staatsrecht. Jede Vorschrift ist daraufhin zu interpretieren, wer ihren Tatbestand zu erfüllen geeignet ist. Die neutralen Vorschriften, etwa § 433 BGB und weite Teile der ersten drei Bücher des Bürgerlichen Gesetzbuches, auf staatliches Verhalten anzuwenden, verdient nicht den Begriff Fiskustheorie. Nach § 433 Abs.1 BGB ist jeder Verkäufer einer Sache zu deren Übergabe und zur Übertragung seines Rechts an den Käufer verpflichtet und jeder Käufer berechtigt, dies vom Verkäufer zu verlangen, seien Käufer und Verkäufer der Staat oder Private. Freilich ist auch für diese Vorschrift eine Modifikation erforderlich, wenn Käufer der Staat ist. Der Staat nämlich erlangt als Erwerber der Sache eine Sachherrschaft, die nicht Eigentum i.S. des § 903 BGB ist; denn der Staat darf mit der Sache nicht "nach Belieben" verfahren[38]. Dieser Aspekt nimmt jedoch § 433 Abs.1 BGB nicht den neutralen oder allgemeinrechtlichen Charakter, zumal das Eigentum auch in der Hand von Privaten ein je unterschiedliches Recht sein kann, etwa bloßes Sicherungseigentum. Die augenscheinliche Normalität von Kauf- und Werkverträgen oder auch anderen Vertragstypen im privaten Leben der Menschen beschränkt deren Zweckdienlichkeit nicht auf private Verhältnisse. Sie sind vielmehr rechtliche Handlungsformen von Menschen und stehen darum auch dem Staat als Organisation der Menschen zur Verwirklichung von deren allgemeinen Interessen zur Verfügung. Dafür muß der Staat nicht privat oder auch nur Privatrechtssubjekt werden. Diese Rechtsinstitute dienen sachgerechter Rechtstechnik für typisierte Rechtsvorgänge, an denen der Staat genauso beteiligt sein kann wie Private. Im sog. Zivilrecht finden sich also mannigfache Vorschriften des Staatsrechts[39]. Weil die allgemeinen

---

38) Dazu näher im 6.Teil das 5.Kap. III, S.277ff.. Das gestehen selbst Wolff-Bachof, Verwaltungsrecht I, §23 IIa, S.107 zu.

39) Die bekannteste rein stattsrechtliche Vorschrift ist §839 BGB, vgl. jetzt BVerfG NJW 1983, 25ff.

oder neutralen Vorschriften Grundlage von Rechten und Pflichten des Staates und von Privaten sein können, sind sie nach der in dieser Arbeit darzulegenden institutionellen Theorie des Privatrechts wie des öffentlichen Rechts entweder Privatrecht oder öffentliches Recht/Staatsrecht[40].

§ 1 UWG, der hier als Paradigma der substantiellen Fiskustheorie untersucht werden soll, muß somit daraufhin geprüft werden, ob er gegenüber den Rechtssubjekten Staat und Private neutral ist, also sowohl für privates als auch für staatliches Wettbewerbsverhalten eine Verhaltensvorschrift gibt, ob insbesondere staatliches Verhalten als Wettbewerb mit Privaten eingestuft werden darf. Das ist die Auffassung der Neutralitätstheorie, die vor allem von R. Scholz vertreten wird[41], der aber auch die Theorie des Bundesgerichtshofs und jetzt der herrschenden Meinung von der Doppelqualifikation staatlichen Verhaltens sehr nahe kommt, die auch hoheitliches Verhalten als privatrechtlich zu beurteilenden Wettbewerb einzustufen erlaubt[42]. Wir werden nachzuweisen bemüht sein, daß § 1 UWG zum Autonomierecht gehört, also nur auf Privatunternehmen paßt und es darum der substantiellen Fiskustheorie bedarf, wenn diese Vorschrift dem Staat als Unternehmer das Recht geben soll.

Das Problem der substantiellen Fiskustheorie ist also zweiseitig. Einerseits wird, gerechtfertigt durch eben diese Theorie, der Staat als Privater behandelt, indem ihm Privatrechtssubjektivität auch insoweit zugestanden wird, als das Privatrecht Autonomierecht ist. Das ist wohl die noch vorherrschende Sicht des Problems. Hefermehl etwa sieht die Wirtschaftsfreiheit durchaus im Sinne des Rechts zur Autonomie als Voraussetzung des Wettbewerbs und damit der Geltung des § 1 UWG, unterstellt aber den Staat uneingeschränkt sogar prinzipiell ohne Modifizierung der Verhaltensmaßstäbe dieser Vorschrift[43]. Andererseits wird dem Staat die Autonomie von Privaten abgesprochen, sein Verhalten aber dennoch nach § 1 UWG beurteilt, weil diese Vorschrift neutral sei und jedes wettbewerbliche Verhalten regele, ohne daß dies privates Verhalten sein müsse. So begründet vor allem Scholz, wie schon bemerkt, die Geltung des § 1 UWG für das Verhalten von Staatsunternehmen, denen er dann auch einen autonomiegleichen weiten Gestaltungsspielraum einräumt[44]. Darauf läuft, wie auch schon angedeutet, auch die Theorie der Praxis von der Doppelqualifikation hoheitlichen Verhaltens hinaus[45]. Verständlicherweise drängt die Anwendung einer freiheitsbegrenzenden Vorschrift auf staatliches Verhalten angesichts der kaum bestrittenen Erkenntnis,

---

40) Dazu vor allem im 6.Teil die Kapitel 3 und 4, S.253ff., 261ff.

41) Dazu im 2.Teil das 9.Kap., S.80ff.; Hinweise insb. in Fn.316.

42) Dazu im 1.Kap. des 2.Teils, S.26ff. mit Zitaten in Fn.2, Hinweise auch in Fn.319 des 2.Teils.

43) Zu Hefermehl insoweit im 2.Kap. III im 2.Teil, S.41ff..

44) Dazu im 9.Kap. II 4d des 2.Teils, S.91ff.; Scholz insb. in ZHR 132 (1969), S.135ff.

45) Hinweise wie in Fn.42.

daß dem Staat keine Freiheit zukommt[46], zu einer diese Vorschrift neutralisierenden, genauer entprivatisierenden Interpretation. Es fragt sich nur, ob die Tatbestandsmerkmale des § 1 UWG dessen Anwendung auf staatliches Verhalten erlauben, ohne dem Staat als Unternehmer wiederum ein Recht zur Autonomie zuzugestehen, das nur Privaten zusteht. Zugleich fragt es sich, ob der Staat sich in den wettbewerblichen Konflikt mit Privaten begeben darf, der mittels § 1 UWG befriedet werden soll, ob sich der Staat nicht vielmehr, wenn er zu Privaten in Wettbewerb tritt, zum Privaten macht oder sich zumindest als ein solcher geriert. So sagt das deutlich das Bundesverfassungsgericht in BVerfGE 27, 364 (374). Anders gewendet heißt das, der Staat muß sich als Privater gerieren dürfen, wenn er als Wettbewerber von Privaten gelten können soll.

Die Anlalyse des § 1 UWG muß somit klären, ob diese Vorschrift ausschließlich Autonomierecht gibt, welches auf den Staat nicht angewendet werden darf, wenn und weil der Staat das Recht zur Autonomie nicht hat. Die verfassungsrechtlichen und zugleich staatstheoretischen Erwägungen müssen zu beurteilen helfen, ob der Staat das Recht zur Autonomie Privater in Anspruch nehmen darf, ob also die substantielle Fiskustheorie dem Grundgesetz entspricht. § 1 UWG wird also zu Recht zur Beurteilung staatlichen Verhaltens herangezogen, wenn entweder § 1 UWG neutral ist oder der Staat sich wie ein Privater autonom verhalten darf, erst recht, wenn beides zutrifft.

Die zweite Alternative macht es unumgänglich, das Wesen des Privaten zu erfassen, welches dieses vom Staatlichen in der Weise unterscheidet, daß der Staat nicht einmal die Rolle eines privaten Subjekts oder Rechtssubjekts übernehmen darf. Dieses Wesen liegt in der Autonomie, die den Privaten oder das Private definiert, wie schon mehrfach gesagt. Um das jedoch nachzuweisen, muß die grundgesetzliche Autonomietheorie entwickelt werden. Aber auch die erste Alterantive zwingt, das Wesen des Privatrechts herauszustellen, welches die Autonomie begrenzt und voraussetzt, des Autonomierechts. Erst wenn feststeht, wie die Autonomie des Menschen zu begreifen ist, klärt sich die Eigenart dieses autonomierechtlichen Privatrechts, und erst der Begriff des Autonomierechts erlaubt eine tatbestandsgemäße Beurteilung der Frage, ob § 1 UWG auch dem Staat das Recht gibt, also neutral ist. Nur auf der Grundlage einer grundgesetzlichen Autonomietheorie läßt sich entscheiden, ob staatliches Verhalten als "Handlungen im geschäftlichen Verkehre zu Zwecken des Wettbewerbs" verstanden werden darf und ob die "guten Sitten" des §1 UWG tauglicher Maßstab staatlichen Verhaltens sind. Es ist ein Unterschied, ob der Gegenstand der gesetzlichen Regelung spezifisch autonomes Verhalten von privaten Unternehmern ist oder unternehmerisches Verhalten von Wirtschaftssubjekten.

Eine grundgesetzliche Autonomietheorie und zugleich Staatstheorie ist somit für die Diskussion der Frage nach der Privatrechtssubjektivität von Staatsunternehmen,

---

46) Hinw. wie in Fn.59 des 2.Teils, dort auch d.H. in Fn.en 132, 161 gegen ein Recht des Staates zur Autonomie.

paradigmatisch der Frage nach der Relevanz des § 1 UWG für staatsunternehmerisches Verhalten, unverzichtbar. Seine Staatstheorie hat für diesen Fragenkreis H. Krüger zugrundegelegt, dessen Ergebnisse denn auch ganz von den übrigen Auffassungen abweichen[47].

Der Entwicklung einer grundgesetzlichen Autonomietheorie werden die Teile 3 und 4 gewidmet. Wenngleich das Autonomieprinzip ein elementarer Baustein einer grundgesetzlichen Staatstheorie ist, kann in dieser Arbeit eine solche nicht insgesamt dargelegt werden. Die Überlegungen müssen sich staatstheoretisch auf die Klärung des Staatsbegriffs insoweit beschränken, als es zur Entscheidung der Frage nötig ist, ob der Staat sich in die Rolle eines Privaten begeben darf, ob er sich dem Autonomierecht der Privaten unterstellen darf; denn das ist das Wesen der Fiskustheorie. Dadurch wird zugleich ein Begriff des Staatsrechts im Sinne einer strengen Subjektstheorie gewonnen als dem Recht, welches dem Staat Vorschriften gibt. Die grundgesetzlichen Begriffe der Privaten und des Staates, sowie des Privatrechts und des Staatsrechts sind untrennbar verknüpft. Dieser fiskuskritischen Staatstheorie, die auf dem Autonomieprinzip gründet, dienen die Teile 5 und 6.

Die Problematik, ob § 1 UWG Autonomierecht ist, das seinem Begriff nach nur auf Private und nicht auch auf den Staat anwendbar ist, kann erst auf der Grundlage der grundgesetzlichen Autonomietheorie diskutiert werden, weil diese zugleich die Interpretation des einfachen (Wirtschafts-)Rechts bestimmt, welches schließlich den Freiheitsprinzipien der Verfassung entsprechen muß. Die Tatbestandsmerkmale "Handlungen im geschäftlichen Verkehre zu Zwecken des Wettbewerbs" werden im 7. Teil, das Tatbestandsmerkmal "gute Sitten" im 8. Teil behandelt. Wegen des Vorrangs der Verfassung in der Sache hat auch im Aufbau die autonomietheoretische Problematik des Grundgesetzes Vorrang vor der ebenfalls autonomietheoretisch bestimmten Fragestellung des einfachen Rechts.

Wenn sich erwiesen haben wird, daß § 1 UWG als Autonomierecht spezifisch das Recht zur Autonomie des Menschen voraussetzt, zwingt das zu einer Entscheidung über die substantielle Fiskustheorie, weil diese dann alleinige Grundlage der Praxis, staatsunternehmerisches Verhalten an § 1 UWG zu messen, ist. Privatheit des Staates, also ein Recht des Staates zur Autonomie, wird sich jedoch als unvereinbar mit der freiheitlich-demokratischen Grundordnung unseres Gemeinwesens erweisen.

Mit dem Wort Fiskustheorie ist im folgenden der Begriff der substantiellen Fiskustheorie gemeint, mit dem dem Staat zugestanden wird, privat zu sein, sich zu verhalten, als wäre er zur Autonomie berechtigt.

47) Dazu im 10.Kap. des 2.Teils, S.96.

3. Kapitel

# VERFASSUNGSRECHTLICHE PROBLEMSKIZZE ZUR FISKUSTHEORIE

Die Fiskustheorie und mit ihr die Staatspraxis der Privatrechtssubjektivität der öffentlichen Hand[48] kann nur an den politischen Grundentscheidungen des Grundgesetzes scheitern. Die Detailregelungen des Grundgesetzes geben gegen die Fiskustheorie nichts her. Für die Sonderregelungen etwa der Finanzmonopole und der Überleitungsbestimmungen für das Reichsvermögen in Art.134 GG und der Landesvermögen in Art.135 GG brauchen die bekannten Untersuchungen nicht wiederholt zu werden[49]. Die kontroversen Auffassungen zur kompetenziellen Grundsatznorm des Art.30 GG spiegeln vornehmlich den Streit um die Fiskustheorie wider[50]. Wenn die Begriffe "staatliche Befugnisse" und "staatliche Aufgaben" Staatsunternehmen in den verschiedenen Rechtsformen einbeziehen, hat Art.30 GG für die unternehmerische Betätigung des Bundes verheerende Konsequenzen[51], weil alle Versuche, eine Bundeskompetenz aus sonstigen Bestimmungen des Grundgesetzes, etwa den Vorschriften über die Gesetzgebungs- und die Verwaltungskom-

48) Hinweise in Fn.1.

49) Klein, Teilnahme, S.146f.; Püttner, Die öffentlichen Unternehmen, S.212, 235; Schricker, Wirtschaftliche Tätigkeit, S.73f.; Badura, F.Schlochauer, S.20 in Fn.68; auch Zeidler, VVDStRL 19 (1961), S.204 in Fn.23; vgl. auch in diesem Sinne Stober, ZHR 145 (1981), S.567f., 570f.

50) Dazu Klein, Teilnahme, S.195f.; Rüfner, Formen, S.389f. mit Hinweisen; Maunz, Maunz/Dürig/Herzog/Scholz, Rdn.10 zu Art.30 GG, auch Rdn.20 zu Art.83GG; vgl. auch Zeidler, VVDStRL 19 (1961), S.215; Mallmann, VVDStRL 19 (1961), S.199f. mit Hinweisen; Püttner, Die öffentlichen Unternehmen, S.232ff.; auch Ossenbühl, Wirkungskreis der Deutschen Bundespost, S.129ff.; BVerfGE 12, 205 (241) -Fernsehurteil- läßt den Wirkungsbereich des Art.30 GG offen. Gegen die Relevanz des Art.30 GG für fiskalische Tätigkeiten Vogel, Handbuch, S.822.

51) Ebenso Klein, Teilnahme, S.195f.., der Art.30 GG jedoch tatbestandlich nicht als gegeben ansieht (S.150, 195f.); so auch mit weiteren Hinweisen Püttner, Die öffentlichen Unternehmen, S.234f.; Maunz, a.a.O., Rdn. 20 zu Art.83 GG; v.Mangoldt/Klein, GG, Anm. III 1a, d zu Art.30 GG, S. 750f.; wohl auch Mallmann, VVDStRL 19 (1961), S.199; anders und richtig Rüfner, Formen, S.389f., der den Begriff der öfentlichen Aufgabe für ungeeignet hält, Differenzierungen zu geben, aber (fälschlich) eine allgemeine Kompetenz jeder öffentlichen Körperschaft zu fiskalischer Gewinnwirtschaft zugesteht; auch Püttner, a.a.O., S.217 mit Fn.21 stützt sich auf eine Bundeskompetenz "kraft 'Natur der Sache'", anders wohl S.234; gegen Klein auch Bull, Staatsaufgaben, S.116, Fn.118, der auf Verfassungsgewohnheitsrecht hinweist; ganz ähnlich i.d.S. Ossenbühl, Wirkungskreis der Deutschen Bundespost, S.129ff., 132 (sehr unsicher); vgl. auch Krüger, Massenmedien, S.77; vgl. auch Kunert, Bedarfsdeckungsgeschäfte, S.115f.

petenz, herzuleiten[52], fehlschlagen[53]. Wir wollen unsere Überlegungen aber nicht an dem Begriff des Staatlichen in Art.30 GG verankern, weil es wenig Überzeugungskraft haben dürfte, wenn eine verfassungsnormative Staatstheorie auf ein Wort gestützt würde. Sicherlich hat der Begriff "staatlich" in Art.30 GG normative Wirkung und dürfte mit dem wortidentischen Begriff des Staatlichen in Art.1 Abs.1 GG, aber auch mit dem Begriff "Staatsgewalt" in Art.20 Abs.2 GG übereinstimmen und näher durch die in Art.1 Abs.3 GG aufgezählten drei Gewalten des Staates umschrieben sein[54].

Die Grundrechte ergeben vordergründig kein Argument gegen die Fiskustheorie. Wenn schon der Staat als Subjekt des Privatrechts agieren darf, so ist damit keineswegs entschieden, daß er sich dadurch von der Grundrechtsbindung loszusagen befugt ist[55]. Die Fiskalgeltung der Grundrechte ist seit je umstritten und die strenge Fiskustheorie hat sich gegen sie immer gewehrt[56]. In den letzten Jah-

---

52) Etwa Köttgen, JöR N.F. 11 (1962), S.201f.; vgl. Klein, Teilnahme, S.196; ähnlich Rüfner, Formen, S.390; auch Püttner, Die öffentlichen Unternehmen, S.236, unter Hinweis auf Art.74 Nr.15 GG.

53) Dagegen auch Klein, Teiln., S.149f., 195f., der sich schließl. auf Art.17 Abs.1 des Bundesverfassungsgesetzes für Österreich (!) -dazu umfassend Binder, Der Staat als Träger von Privatrechten, 1980- beruft, um zu belegen, daß die Privatrechte des Bundes von verfassungsrechtl. Zuständigkeitsregeln unberührt bleiben. Als Rettungsanker mag der Hinw. auf die Gewohnheit bundesunternehm. Betätigung, eben die langjähr. Praxis der Fiskustheorie, geworfen werden, so etwa Ossenbühl, Wirkungskreis der Deutschen Bundespost, S.129ff., 131; freil. war deren Rechtmäßigkeit auch bundesstaatsrechtl. immer kontrovers.

54) Auch Scholz, ZHR 132 (1969), S.136 sieht den Fiskus als eine Zuständigkeit der Staatsgewalt; ebenso Mallmann, VVDStRL 19 (1961), S.194ff.; Zeidler, VVDStRL 19 (1961), S.221ff.; auch Petalozza, Formenmißbrauch, S.169; anders etwa Burmeister DÖV 1975, S.102.

55) Wie hier für viele Hesse, Verfassungsrecht, S.144f.; weitere Hinweise in Fn.56.

56) Für die Fiskalgeltung der Grundrechte: Hesse, Verfassungsrecht, S.142ff., 145; Mallmann, VVDStRL 19 (1961), S.195f., 201ff., dazu 5.Teil, 4.Kap.,VII, S.223f.; Zeidler VVDStRL 19 (1961), S.217ff., 225ff.,231,232f., dazu 5.Teil 4.Kap.,VIII, S.224ff.; Leisner, Grundrechte und Privatrecht, S.306ff.; Bullinger, Vertrag und Verwaltungsakt, S.99ff. m.H. (nur bei Monopolstellung staatl. Unternehmen); Rüfner, Formen, S.394ff. m.w.H. in Fn.216; Krüger, Allg. Staatslehre, S.327, 527; ders., ZBR 1979, 157 in Fn.6, wo er die Fiskalgeltung der Grundrechte als h.M. bezeichnet; Isensee, Subsidiaritätsprinzip, S.212ff. m.H. insb. in Fn.110; Grupp, ZHR 140 (1976), S.377f. m.w.H.; Stober, ZHR 145 (1981), S.567; vorsichtig Badura, F.Schlochauer, S.21, der meint, die "Eigenart des Privatrechts und seine Regulative" werde es im Bereich der wirtschaftenden Privatrechtsbeteiligung "weitgehend" "materiell" nicht zu einer "Fiskalgeltung" der Grundrechte kommen lassen. Dagegen: Bettermann, F.Hirsch, S.11, 19ff.; Forsthoff, Staat als Auftraggeber, S.13ff.; v.Mangoldt/Klein, GG, Anm.III 3b zu Art.1 GG; Klein, Teiln., S.165ff. ausführlich m.H., S.176f. (Grundrechte beschränken nur "spezifische Staatsmacht", S.169, 175, "wo der Staat nicht herrscht, bedarf es dieser Mäßigung nicht"); Püttner, Die öffentl. Untern., S.147; Wolff-Bachof, Verwaltungsrecht I, §23 IIa, 1a, S.206; Emmerich, JuS 1970, 332; w.H. bei v.Mutius, Bonn. Komm., Rdn.82, 126, 145ff. (zu öffentl. Unternehmen in Privatrechtsform) zu Art.19 Abs.3 GG; Dürig, Maunz/Dürig/Herzog/Scholz, Rdn.475ff. zu Art.3 Abs.1 GG, Rdn.496 (zur erwerbswirtschaftl. Betätigung und Auftragsvergabe); zum Problem auch Bethge, Grundrechtskollisionen, S.366ff. (Privatrecht als Regeln zur Schlichtung von Grundrechtskollisionen); Emmerich, Wirtschaftsrecht, S.122 in Fn.322; Stern, JZ 1962 181f.. Herrschend wird darauf abgestellt, ob der Staat eine 'öffentl. Aufgabe' wahrnehme und von der 'Rechtsform' des Verhaltens abstrahiert: BGHZ 29, 76 (80); 36, 91 (96ff.); 52, 325 (328); 65, 284 (287); Wolff-Bachof, Verwaltungsrecht I, §23 IIb, S.108f.; Dürig, a.a.O., Rdn.134, 135 zu Art.1 Abs.3 GG, Rdn.45 zu Art.19 Abs.3 GG; Emmerich, Wirtschaftsrecht, S.123, 132 m.w.H. in Fn.331 (krit.); Rüfner, Formen, S.397 (selbst für die Überlagerungstheorie, S.365f., 377ff., 387ff.) Burmeister, DÖV 1975, S.695ff.; Barbey, W.u.V. 1978, 91; Knemeyer, W.u.V. 1978, S.71; Enneccerus/Nipperdey, Allg. Teil, §34 I 2, S.225f.; vgl. auch Zeidler, VVDStRL 19 (1961), S.217, 232f.;auf das Kriterium der öffentl. Aufgaben stellt gegen die Grundrechtsberechtigung der öffentl. Hand ab BVerfGE 21, 362 (374), ebenso BVerfGE 45, 63 (78ff.); das Kriterium ist in BVerfG NJW 1982, 2173ff. der Sache nach aufgegeben.

ren hat sich die gegenläufige Tendenz verstärkt. So wollen die Überlagerungstheoretiker den Fiskus wie überhaupt den privatrechtlich agierenden Staat nicht nur dem Privatrecht, sondern auch dem Staatsrecht, vor allem dem Gleichheitssatz, unterwerfen[57], weil alles staatliche Verhalten entweder Gesetzgebung, Rechtsprechung oder eben "vollziehende Gewalt" im Sinne des Art.1 Abs.3 GG sei und der Staat sich der Bindung an die Grundrechte nicht entziehen dürfe[58]. Die Abwehrwirkung der Grundrechte gegen den Fiskus hängt auch davon ab, wie dessen Verhalten näher eingeschätzt wird. Wenn der Staat als Fiskus privat ist und die Privatautonomie in Anspruch nehmen darf[59], müßte er sogar mittels Art.19 Abs.3 GG grundrechtsberechtigt sein. Die Grundrechtsberechtigung des Staates, der als oder besser wie ein Privatrechtssubjekt in Erscheinung tritt, ist umstritten[60].

---

57) Scholz, ZHR 132 (1969), S.132ff.; ders., Einrichtungen, S.144; der., DVBl 1968, S.738ff.; ders. DVBl 1979, S.116f.; ders., NJW 1978, 17/18; Mestmäcker, NJW 1969, 3; Rüfner, Formen, S.365, 378ff. m.H. S.381; Rüfner folgend Wenger, Öffentl. Unternehmung, S.514ff., insb. S.519; Klein, Teilnahme, S.248f.; Mallmann, VVDStRL 19 (1961) S.194ff.; Zeidler, VVDStRL 19 (1961), S.212, 215ff.; Krüger, ZBR 1979, S.157, Fn.6; Schricker, Wirtschaftl. Tätigkeit, S.159ff., 165ff.; vgl. auch Leisner, Grundrechte und Privatrecht, S.198ff.; Badura, F.Schlochauer, S.11; Barbey, W.u.V. 1978, 86ff., 91; vgl. dazu auch Bullinger, Öffentl. Recht und Privatrecht, S. 67; Wolff-Bachof, Verwaltungsrecht I, §23 IIb, S.109; Isensee, Subsidiaritätsprinzip, S.206 ("strengste Bedingungen", "daß die privatrechtl. Verkleidung nicht priv. Autonomie schafft"); Burmeister, Vom staatsbegrenzenden Grundrechtsverständnis, S.70ff. m.H.; ders., WiR 1972, S.347; Rittner, Wirtschaftsrecht, S.177; zur Parallelproblematik im Verwaltungsprivatrecht vgl. Dürig, Maunz/Dürig/Herzog/Scholz, Rdn.496 zu Art.3 Abs.1 GG, Rdn. 136-138 zu Art.1 Abs.3 GG, der für den "wirklich fiskal. Tätigkeitsbereich" nur eine mittelb. Grundrechtswirkung i.S. einer Mißbrauchsabwehr zugesteht; grundlegende Krit. an der Theorie vom Verwaltungsprivatrecht an dem Rechtsinstitut des "hoheitl. Privatrecht" übt überzeugend Burmeister, WiR 1972, 311ff. m.w.H. insb.in Fn.en 10, 28, der fiskal. Verhalten (mit Ausnahme adaptiven Verhaltens, a.a.O., S.343) einbezieht; Wolff-Bachof, a.a.O.; typisch Rinck, WiR 1972, S.5ff., 9; auch Kunert, Bedarfdeckungsgeschäfte, S.126f.; Badura, F.Schlochauer, S.11, 19; Siebert, F.Niedermeyer, S.215ff.; krit. auch Emmerich, etwa, Öffentl. Produktion II, Rechtsformen, HdWW Bd. 5, 1980, S.457; BGHZ 36, 91 (95ff.). Die immanente Inkonsequenz dieser Theorie zeigt Pestlozza, Formenmißbrauch, S.167ff. auf.

58) So typisch Hesse, Verfassungsrecht, S.144f.; Rüfner, Formen, S.401; Isensee, Subsidiaritätsprinzip, S.212ff. mit Hinweisen; Burmeister, WiR 1972, S.345ff., 347 mit Hinweisen; auch Bachof, VVDStRL 12 (1954), S.64; anders Wolff-Bachof, Verwaltungsrecht I, §23 IIa, S.106, 108ff., die Art.1 Abs.3 GG auf "hoheitliche Aufgaben" und "den Einsatz hohheitlicher Mittel" und damit den Bereich des öffentlichen Rechts und den des Verwaltungsprivatrechts beschränken. Weitere Hinweise in Fn.57.

59) Dazu 6.Teil, 4.Kap.S.261ff., und 5.Kap. S.275ff.

60) Dafür: Bettermann, F.Hirsch, S.1ff.; ders., NJW 1969, 1323ff.; ihm folgend Wolff-Bachof, Verwaltungsrecht II, §98 IIe 3, S.377; auch Püttner, Die öffentlichen Unternehmen, S.149ff. mit Hinweisen in Fn.en 18, 21, S.154f.; Forsthoff, Der Staat als Auftraggeber, S.14; Fuß, DVBl 1958, 740ff.; Dürig, Maunz/Dürig (1.Aufl.), Rdn.34 zu Art.19 Abs.3 GG; ders., F.Apelt, S.13ff., 37f., wenn "hinter öffentlich-rechtlichen Organisationsformen in Wahrheit Privatinteressen stehen"; Klein, Teilnahme, S.234ff.; auch BVerwG DÖV 1958, 61f.
Dagegen: Dürig, Maunz/Dürig/Herzog/Scholz (2.Aufl.), Rdn.36, 40, 45 zu Art.19 Abs.3 GG, Rdn.484ff. zu Art.3 Abs.1 GG mit Nachweisen; Scholz daselbst, Rdn. 101ff., insb. 105 zu Art.12 GG (1981) mit weiteren Hinweisen; Isensee, Subsidiaritätsprinzip, S. 210ff. mit Hinweisen; ders., Grundrechte und Demokratie, S.15f.; Rupp-v.Brünneck, F.Arndt, S.370; auch Burmeister, DÖV 1975, 700 in Fn.38 mit weiteren Hinweisen; Schricker, Wirtschaftliche Tätigkeit, S.74f.; Badura, F.Schlochauer, S.17; v.Olshausen, Zur Anwendbarkeit, S.138ff.; Bull, Staatsaufgaben, S.96ff.; Bethge, JA 1978, 537f.; Starck, JuS 1977, 732ff.; Stober, ZHR 145 (1981), S.579ff.; zur Diskussion um die Grundrechtsberechtigung des Staates umfassendd v.Mutius, Bonner Kommentar, Rdn.78-147 zu Art.19 Abs.3 GG mit umfangreichen Hinweisen; Dürig, a.a.O., Rdn.29ff. zu Art.19 Abs.3 GG; Püttner, Die öffentlichen Unternehmen, S.149ff. mit Hinweisen in Fn.en 18,21.
Vgl. insbesondere BVerfGE 21, 362, (369ff.); 45, 63 (80); BVerfG NJW 1982, 2173ff. ablehnend.

Auch insoweit geht die Tendenz dahin, das Staatliche des Fiskus in den Vordergrund zu stellen und nicht das 'Privatrechtliche' seines Verhaltens[61]. Nur wenige Stimmen haben sich für die Grundrechtsberechtigung des Staates als Hoheitsträger gemeldet[62]. K.A. Bettermann hat dem Staat sogar die Gewerbefreiheit aus Art.12 GG zugesprochen[63].

Autoren, die das Wettbewerbsrecht auf die wirtschaftliche Betätigung des Staates angewandt wissen wollen, neigen dazu, die Fiskalgeltung der Grundrechte zurückzuweisen[64]. Grundrechtsschutz würde dem Unternehmer erlauben, staatlicher Konkurrenz die freiheitlichen Prinzipien der Sachlichkeit und der Verhältnismäßigkeit entgegenzuhalten, vorausgesetzt, Staatsunternehmen verengen die grundrechtlich geschützte Freiheit der Privatunternehmer. So wenig konkret die genannten Prinzipien sind, sie lassen doch die nicht minder offenen Maßstäbe des Wettbewerbsrechts, insbesondere den der Lauterkeit des Wettbewerbs aus § 1 UWG, als entbehrlich erscheinen. Konkurrenzschutz gegen Staatsunternehmen findet mehr und mehr Anklang[65].

---

61) Etwa BVerfGE 21, 362 (370, 374); 35, 263 (271); 38, 175 (184) bei Wahrnehmung "öffentl. Aufgaben"; 39, 302 (314f.); 45, 63 (80); jetzt für alles staatl., konkret gemeindl., Verhalten BVerfG NJW 1982, 2173ff. (Gemeinde als Privateigentümer genießt keinen Schutz des Art.14 Abs.1 GG, keine 'grundrechtstyp. Gefährdungslage'); anders insb. BVerfGE 27, 364 (374); Badura, F.Schlochauer, S.17; Dürig, a.a.O., Rdn.36, 40, 45 zu Art.19 Abs.3 GG ("Primärrechte des Individuums gegen die öffentl. Gewalt"; ablehnend auch für eine Aktiengesellschaft in öffentl. Hand); Scholz, a.a.O., Rdn.101ff.; v.Olshausen, Zur Anwendbarkeit, S.138ff. wegen des Widerspruchs von demokrat. legitimierter Staatlichkeit und autonomiebezogenen Grundrechtsschutzes; Bull, Staatsaufgaben, S.96ff.; Hesse, Verfassungsrecht, S.120; deutl. Isensee, Subsidiaritätsprinzip, S.210ff. m.H.; ders. Grundrechte und Demokratie, S.15f.; auch Bethge, JA 1978, 537f.; zuletzt Stober, NJW 1984, 449ff.

62) Bettermann, F.Hirsch, S.6ff., 11; ders. NJW 1969, 1326f., "wenn der Staat wie ein Bürger den allgemeinen Gesetzen unterworfen" sei, also im Subjektionsverhältnis; ähnlich Erichsen, Staatsrecht 1, S.167ff.; v.Mutius, Bonner Kommentar, Rdn.107-118 zu Art.19 Abs.3 GG; Bettermann folgend auch Merten, Rechtsgutachten, S.102, der Durchgriffsaspekte einbezieht; in engen Grenzen auch Burmeister, Vom staatsbegrenzenden Grundrechtsverständnis, S.99ff. wenn der Staat "auf Leistungs- und Teilhaberrechte des Einzelnen beruhende Leistungen gewährt".
Ablehnend mit ausführlicher Erörterung Dürig, a.a.O., (2.Auf.), Rdn.33ff. zu Art.19 Abs.3 GG; auch Scholz daselbst, Rdn.100ff. zu Art.12 GG (1981) mit Hinweisen; Püttner, Die öffentlichen Unternehmen, S.148ff. mit Hinweisen; Bull, Staatsaufgaben, S.96ff.; Ulsamer, F.Geiger, S.199ff.; Bethge, JA 1978, 533ff. (536) mit Hinweisen; vgl. auch Klein, Teilnahme, S.234ff. mit Hinweisen;umfassende Darstellung des Streitstandes bei v.Mutius, a.a.O., Rdn.78ff. zu Art.19 Abs.3 GG; guter Problemüberblick bei Bethge, JA 1978, 533ff.; gegen Bettermann jetzt BVerfG NJW 1982, 2173 (2174).

63) F.Hirsch, S.1ff.; NJW 1969, 1324, 1326ff.; schon JZ 1958, 164; ihm folgend Klein, Teilnahme, S.234ff.; auch Merten, Rechtsgutachten, S.106ff. zur Kassenärztlichen Vereinigung; gegen Bettermann vor allem Dürig, a.a.O., Rdn.35, 48 sub e, bb zu Art.19 Abs.3 GG; Scholz, a.a.O., Rdn.101 m.w.H. in Fn.2; ders., Öffentl. und Privatversicherung, S.523; dagegen auch Püttner, Die öffentl. Unternehmen, S. 148ff. m.H. insb. in Fn.en 17, 21, S.154ff.; auch schon Nipperdey, BB 1951, 594f.; Stern/Püttner, Gemeindewirtschaft, S.130f. mit Nachw.; Burmeister, Vom staatsbegrenzenden Grundrechtsverständnis, S.76ff.; ders., DÖV 1975, 700 m.w.H. in Fn.36; Grupp, ZHR 140 (1976), S.379; Ossenbühl, Wirkungskreis der Deutschen Bundespost, S.100; klar Isensee, DB 1979, 145ff..

64) Etwa Klein, Teilnahme, S.165ff., 176 (dazu 2.Teil, 5.Kap., S.54ff.); Emmerich, Wirtschaftsrecht, S.120ff., 132f., 147 (dazu 2.Teil, 7.Kap., S.64ff.); Brohm, Strukturen, S.183 (dazu 2.Teil, 6.Kap., S.60ff.).

65) Vgl. dazu wesentlich mit Hinweisen Scholz, Maunz/Dürig/Herzog/Scholz, Rdn.104, 405ff. zu Art.12 GG; Isensee, Subsidiaritätsprinzip, S.286ff.; zu weitgehend, wenn das verkennt, daß die einschlägigen Grundrechte (Art.12 Abs.1, 14 Abs.1, 2 Abs.1 GG) prinzipiell nur vor imperativen Maßnahmen schützen; dazu im 7.Teil, 7.Kap.IV, S.351f., insb. in Fn.340; hier geht es jedoch nur um die Kraft eines

Wenn alle anderen Argumente nicht mehr helfen, wird die Privatrechtsfähigkeit des Staates mit Verfassungsgewohnheitsrecht gerechtfertigt[66]. Die Gewohnheitsrechtsbildung setzt voraus, daß eine Rechtsüberzeugung nicht nur langdauernd, sondern auch, daß deren Rechtlichkeit im wesentlichen unwidersprochen geblieben ist[67].

Die Fiskustheorie ist jedoch seit eh und je umstritten[68]. Verfassungsgewohnheitsrecht ist sie nicht[69]. Gegen eine Staatstheorie, die sich auf die nach Art.79 Abs.3 GG unveränderlichen politischen Grundentscheidungen des staatlichen Gemeinwesens stützen kann, darf sich Verfassungsgewohnheitsrecht jedenfalls nicht durchsetzen[70].

Die dominierende Entscheidung, die in Verbindung mit dem grundrechtlichen Freiheitsprinzip den Charakter des grundgesetzlichen Staates bestimmt, ist die für die Demokratie, eingebettet in die Schwesterentscheidungen für den sozialen Rechtsstaat und den föderativen Staatsaufbau[71]. Die freiheitliche Demokratie, die Demokratie also, die wesensgemäß freiheitlich ist, und die Freiheitlichkeit, die sich wesensgemäß im demokratisch verfaßten Gemeinwesen entfalten darf, bilden das einheitliche Verfassungsprinzip[72], das sowohl die Pivatheit des Menschen als auch

---

Arguments, das auch auf falscher Grundlage wirkt. Schutz vor faktischer Grundrechtsbeeinträchtigung durch staatliche Konkurrenz gibt aus Art.12 Abs.1 GG in Verb. mit §1 UWG BGH NJW 1982, 2117 (2119ff.) den Augenoptikern gegen Brillenselbstabgabestellen der gesetzlichen Krankenkassen.

66) So etwa Brohm, Strukturen, S.183; Rüfner, Formen, S.369ff. m.H. in Fn.102; ders., VVDStRL 28 (1970), S.217; auch Püttner, Die öffentl. Untern., S.136; Martens, Öffentl. als Rechtsbegriff, S.93; auch Reuß, Staatsbürger und Staatsgewalt II, S.265; so argumentiert auch Ossenbühl, VVDStRL 29 (1971), S.162f., zur Rechtfertigung der Verwaltungshilfe durch Private, ein ebenfalls fiskustheoret. beeinflußtes Instrument; ders., a.a.O., m.H. zum Argumentationstopos "vorverfassungsmäßiges Gesamtbild", von dem sich der Verfassungsgeber unzweideutig distanzieren müsse; ganz so auch Stober, NJW 1984, 452 ("Schweigen der Verfassung"); krit. dazu v.Pestalozza, Formenmißbrauch, in Fn.117, S.174f..

67) Dazu 8.Teil, 4.Kap. III, S.429ff., mit Hinweisen in Fn.en 333, 340.

68) Zur Kritik der Fiskustheorie allein die Hinweise bei Rüfner, Fn.100, S.369f., der trotzdem eine quasigewohnheitsrechtliche Position der Fiskustheorie vertritt; vgl. auch Krüger, Allgemeine Staatslehre, S. 323ff.; Isensee, Subsidiaritätsprinzip, S.204ff; Scholz, Maunz/Dürig/Herzog/Scholz, Rdn.105 zu Art.12 GG ("staatsrechtliche Stellung des Fiskus" "allgemein noch" "ungeklärt").

69) Zeidler, VVDStRL 19 (1961), S.231; Bull, Staatsaufgaben, S.279, für ein Recht des Staates, Wirtschaftsunternehmen zu betreiben; auch Isensee, Subsidiaritätsprinzip, S.204ff., insb. S.206, wendet sich dagegen, die Privatautonomie des Fiskus aus der Tradition zu rechtfertigen.

70) Herzog, Maunz/Dürig/Herzog/Scholz, Rdn.99 zu Art.20 GG; Maunz/Dürig, daselbst, Rdn.47 zu Art.79 Abs.3 GG; Stern, Staatsrecht I, S.91f. (nur als Ergänzung des geschriebenen Verfassungsrechts); auch Kirchhof, F.BVerfG, S.50ff., 92f. m.H.. Bedenken gegen Verfassungsgewohnheitsrecht überhaupt äußert Tomuschat, Verfassungsgewohnheitsrecht, S.132ff., 147ff.; vgl. dazu auch Krüger, DÖV 1976, 613; gegen Verfassungsgewohnheitsrecht auch Hesse, Verfassungsrecht, S.15; zum ungeschriebenen Verfassungsrecht vgl. BVerfGE 34, 216 (231); 35, 263 (272); 38, 231 (239).

71) BVerfGE 44, 125 (138); Herzog, Maunz/Dürig/Herzog/Scholz, Rdn.1, 26, 27, 99 zu Art.20 GG; Leibholz, Freiheitlich-demokratische Grundordnnung, S.132f.; v.Simson, VVDStRL 29 (1971), S.14ff.; Walter, daselbst, Aussprache, S.90ff., für Österreich; Klein, daselbst, Aussprache, S.120f.; Stern, Staatsrecht I, S.100; Schachtschneider, JA 1979, 512f.

72) Leibholz, Freiheitlich-demokratische Grundordnung, S.137ff.; ders., Strukturwandel, S.123; ders., VVDStRL 29 (1971), Aussprache, S.103; v.Simson, VVDStRL 29 (1971), S.14ff.; Walter daselbst, Aussprache, S.90ff. für Österreich; Klein, daselbst, Aussprache, S.120f.; Isensee, NJW 1977, 550; Thoma, HddDStR I, S.191f.; ders., Grundprobleme der Demokratie, in Matz, S.79; Herzog, Maunz/-

die Staatlichkeit des Staates normiert. Unter dem freiheitlich-demokratisch bestimmten Begriff des Privaten vermag der staatliche Fiskus seine Identität genausowenig zu finden wie unter dem freiheitlich-demokratisch definierten Begriff des Staates der fiskalische Staat[73].

Der demokratische Staat darf nicht ein Besonderer im Staat sein. Er verliert seine Staatlichkeit, die durch die Aufgabe, das Allgemeinwohl zu verwirklichen, charakterisiert ist, wenn er sich in die Privatheit begibt und Privatrechtssubjekt wird. Er verselbständigt sich dadurch; er agiert über seine demokratische Existenz hinaus, ultra vires[74].

Die Lehre von der bloßen Teilrechtsfähigkeit des Staates im Rahmen der ihn existenziell begründenden staatsrechtlichen Vorschriften[75] stößt jedoch weitestgehend auf Ablehnung[76,77].

---

Dürig/Herzog/Scholz, Rdn.23 zu Art.20 Abs.1 GG; Stern, Staatsrecht I, S.468 mit weiteren Hinweisen; Kägi, Grundprobleme der Demokratie, in Matz, S. 107ff.; Schachtschneider, JA 1979, 570f.; BVerfGE 38, 281 (302f.); 44, 125 (147f.); BVerfG NJW 1979, 705f.; die Freiheit relativierend etwa Leßmann, Die öffentlichen Aufgaben, S.168ff., 170ff.; ders. NJW 1978, 1545 ff.

73) Dazu näher im 6.Teil, 4.Kap., S.261ff.; ähnlich insb. Krüger, Allgemeine Staatslehre, S.323ff.

74) Vgl. vor allem BGHZ 20, 119 (122ff.); tendenziell jetzt BVerfG NJW 1982, 2173 (2175); siehe auch instruktiv BVerfG NJW 1983, 26ff., das den Zusammenhang der privatrechtl. begriffenen Amtshaftung des §839 BGB mit der ultra-vires-Lehre deutl. macht ("Der pflichtwidrig handelnde Beamte überschritt nach damaligem Verständnis seine Vollmachten und konnte deshalb den Staat nicht verpflichten"). Im Sinne der ultra-vires-Lehre Krüger, Allg. Staatslehre, S.335ff. (aus dem Repräsentationsgedanken); Naendrup, Haftungsbeschränkung, S.94ff., 102ff. für eine beschränkte Rechtsfähigkeit des Staates auch im Zivilrecht; Fabricius, Relativität der Rechtsfähigkeit, S.21ff., insb. S.103ff., 108; Fuß, DÖV 1956, 556f., 572ff., der das Recht der Stellvertretung (analog) heranzuziehen vorschlägt, zu Recht; v.Mutius, Bonn. Komm., Rdn.44, 113 zu Art.19 Abs.3 GG mit weiteren Hinw. in Rdn.44; Barbey, W.u.V. 1978, 79; auch Badura, F.Schlochauer, S.5f.; Hefermehl, Wettbewerbsrecht, Allg., Rdn.162; deutl. Isensee, DB 1979, 146; krit. zur h.M. auch Dürig, Maunz/Dürig/Herzog/Scholz, Rdn.130 zu Art.1 Abs.3 GG; Maunz, daselbst, Rdn.20 zu Art.83 GG. Die grundsätzl. uneingeschränkte Privatrechtsfähigkeit vertritt die h.M.; für viele Klein, Teiln., S.136ff. m.H., S.151f.; Püttner, Die öffentl. Unternehmen, S.135 in Fn.35; Bullinger, Vertrag und Verwaltungsakt, S.102ff. m.H. (wegen des Vertrauensschutzes); auch Schricker, Wirtschaftl. Tätigkeit, S.85ff.; Wolff-Bachof, Verwaltungsrecht I, §34 Ib 2, S.245, die die ultra-vires-Lehre für den Bereich des Verwaltungsprivatrechts anerkennt; auch Wenger, Öffentl. Unternehmung, S.514ff., 520, obwohl er Zweckkompetenzen für öffentl. Unternehmen fordert, S.543, 551f.; ähnlich wohl Rittner, Wirtschaftsrecht, S.177f.; vgl.Enneccerus-Nipperdey, Allg. Teil, §105 I 2, S.625; krit., aber nicht überzeug. Bull, Staatsaufgaben, S.135ff. m.H. (Vertrauensschutzaspekte); vgl. auch Pestalozza, Formenmißbrauch, S.175 in Fn.117; in der Sache wie hier auch Burmeister, WiR 1972, 324f., 349f. Vgl. auch die Hinw. auf die grundsätzl. kompetenzielle Beschränkung des staatl. Verhaltens in Fn.145 im 6.Teil, 4.Kap. II, S.266.

75) Vgl. die Hinweise in Fn.74; insb. BGHZ 20, 119 (122ff.); Naendrup, Haftungsbeschränkungen, S.94ff.; Fabricius, Relativität der Rechtsfähigkeit, S.103ff.; Pestalozza, Formenmißbrauch, S.175 in Fn.117; Barbey, W.u.V. 1978, 79.

76) Vgl. die Hinweise in Fn.74) insb. Fabricius, Relativität der Rechtsfähigkeit, S.103ff. und passim; Klein, Teilnahme, S.151; Wolff-Bachof, Verwaltungsrecht I, §34 Ib 2, S.245, "für fiskalische Geschäfte aller Art", nicht für den Bereich des Verwaltungsprivatrechts.

77) §65 Abs.1 BHO regelt die Voraussetzungen, unter denen der Bund sich an Unternehmen in der Rechtsform des privaten Rechts beteiligen darf (Badura, F.Schlochauer, S.10f. weist zurück, daß diese Voraussetzungen ein Subsidiaritätsprinzip aufstellen würden.). Die dritte der Voraussetzungen ist, daß der Bund einen angemessenen Einfluß insbesondere im Aufsichtsrat oder in einem entsprechenden Überwachungsorgan erhält. Die vom Bund wahrzunehmenden öffentlichen Interessen sollen über den gesellschaftsrechtlich vermittelten Einfluß geltend gemacht werden und sind nicht ohne weiteres Maßstab des unternehmerischen Verhaltens. Damit ist die prinzipielle Privatheit derartiger Unternehmen anerkannt. Für Eigenbetriebe etwa, die unselbständige Einheiten von Gebietskörperschaften sind,

Der Staat hat ausschließlich eine demokratische Existenz, weil "alle Staatsgewalt vom Volke ausgeht" (Art.20 Abs.2 S.1 GG). Auch der fiskalische Staat müßte eine demokratisch begründete Existenz haben, wäre ein Teil des soeben gekennzeichneten Staatlichen, somit nicht mehr privat und als Privatrechtssubjekt ein Widerspruch in sich[78].

Grundprinzipien unserer freiheitsrechtlichen und demokratierechtlichen Überlegungen sind die Prinzipien der Autonomie als der Essenz der Menschenwürde, die Art.1 GG als das oberste Konstitutionsprinzip des grundgesetzlichen Gemeinwesens schützt, und der Volkssouveränität aus Art.20 Abs.2 S.1 GG, an denen kein Verfassungsgewohnheitsrecht, kein einfaches Recht, keine Rechtsprechung und keine Staatspraxis vorbeiführen dürfen. Die Gewalt dieser Sätze beeinträchtigt notwendig die Überzeugungskraft der Schlußfolgerungen aus ihnen, weil allein das Beharren auf der überkommenen Auffassung, allein die Weigerung, sich überzeugen zu lassen, es ermöglichen, gegen diese Sätze die tradierte Praxis zu bewahren. Darum werden uns nur Erkenntnisse helfen, die den Kernbereich dieser Prinzipien in Anspruch nehmen, nicht solche, die Rechtssätze in den unsicheren Randzonen derselben unterzubringen versuchen.

Mit dieser Arbeit wird versucht, Verfassungsrecht gegen eine Staatstheorie und gegen die Staatspraxis durchzusetzen[79].

bedurfte es einer derartigen Regelung nicht. §65 Abs.4 BHO schreibt dem zuständigen Bundesminister vor, darauf hinzuwirken, daß die auf Veranlassung des Bundes gewählten und/oder entsandten Mitglieder der Aufsichtsorgane der Unternehmen bei ihrer Tätigkeit auch die besonderen Interessen des Bundes berücksichtigen (zur Weisungsproblematik gegenüber staatlichen Aufsichtsratsmitgliedern ausführlich mit Hinweisen zuletzt von Trott zu Solz, Staatlich beeinflußte Aktiengesellschaften als Instrument der öffentlichen Verwaltung, 1975, insb. S.126ff., 168ff.; davor maßgeblich Berkemann, Die staatliche Kapitalbeteiligung an Aktiengesellschaften, 1966). Das ist für staatliche Agenden selbstverständlich. Es bedurfte nur einer Erwähnung im Gesetz, weil die Unternehmen privat sind und damit ihren Zweck prinzipiell selber bestimmen (so auch von Trott zu Solz, a.a.O., S.54ff., 168f.).

78) So klar in der Sache Krüger, VVDStRL 19 (1961), Aussprache, S.261; dazu vor allem im 6.Teil, 4.Kap., S.261ff.

79) In der Sache schon so Burmeister, WiR 1972, 341 (Verwaltungsprivatrecht nicht zu erklären, "es sei denn, man verläßt das normative Ordnungsgefüge und argumentiert contra legem et contra constitutionem"), S.350 ("illegale Praxis"), der allerdings seine Position in DÖV 1975, 695ff., 701ff. mittels eines verfassungswidrigen Fiskusbegriffs schmerzlich relativiert; scharfe Kritik an der Praxis von Leisner, Mitbestimmung im öffentlichen Dienst, S.76f.

# 2. Teil

## DIE DISKUSSION DES WETTBEWERBLICHEN CHARAKTERS STAATSUNTERNEHMERISCHER MARKTTEILNAHME

Die Erörterung der Rechtsprechung des Bundesgerichtshofs und der wichtigsten Stimmen zur Kontroverse um den Staat als einem unlauteren Wettbewerber soll den Streitstand deutlich machen. Sie versucht sogleich, die Argumentationsgebäude vor allem immanent zu kritisieren, weil nicht alle Erwägungen im systematischen Teil abgearbeitet werden können, wenn die Überlegungen überschaubar und nachvollziehbar bleiben sollen.

1. Kapitel

# DIE RECHTSPRECHUNG DES BUNDESGERICHTSHOFS UND DIE DIESER FOLGENDE HERRSCHENDE LEHRE

## I Die Privatrechtlichkeit des Wettbewerbsverhältnisses nach Rechtsprechung und herrschender Lehre

In der Rechtsprechung und herrschenden Lehre wird nicht daran gezweifelt, daß auch der Staat ein "Wer" ist, den das wettbewerbsrechtliche Lauterkeitsgebot des § 1 UWG trifft, weil seine Verhaltensweisen "Handlungen im geschäftlichen Verkehre zu Zwecken des Wettbewerbs" sein können[1]. Das folge aus den Definitionen der Tatbestandsmerkmale "im geschäftlichen Verkehre" und "zu Zwecken des Wettbewerbs". Das Verhältnis des Staates zum konkurrierenden Unternehmer müsse privatrechtlich und dürfe nicht öffentlich-rechtlich/hoheitlich sein, um wettbewerblich und nicht amtlich zu sein. Diese Privatrechtlichkeit ergebe sich aus der Gleichordnung des Staates und des Konkurrenten im Gegensatz zu der Überordnung des Staates über den untergeordneten Unternehmer, die das Kennzeichen der Hoheitlichkeit oder Amtlichkeit sei. Die Gleichordnung wiederum folge aus der Konkurrenz selbst, daß nämlich sowohl der Staat als auch der private Unternehmer auf einem Markt Leistungen anböten, unter denen die Nachfrager/das Publikum frei wählen könnten/könne. Auch hoheitliches Verhalten des Staates könne, wenn der Staat mit privaten Unternehmern am Markt konkurriere[2], wettbewerblich und damit

---

1) BVerwGE 17, 306 (313); 39, 329 (337); BGH zuletzt NJW 1982, 2117 (2118); NJW 1982, 2125 (2126); VGH Mannheim NJW 1984, 252f.; allg. auch BVerfGE 27, 364 (374); Ulmer-Reimer, Unlauterer Wettbewerb, Rdn.74ff., S.49ff. mit Hinw.; Rittner, Wirtschaftsrecht, S.196; Hefermehl, Wettbewerbsrecht, 1981, Einl. Rdn.202; Emmerich u.a. in Mestmäcker/Immenga, Rdn.5ff. zu §98 GWB; Bettermann, F.Hirsch, S.22; jüngst Hubmann, W.u.V. 1982, 41f., 46; P.Ulmer, ZHR 146 (1982), S.474ff. mit Hinw. (mit herber Kritik an BVerwGE 39, 329ff., a.a.O., S.470f.); Papier, Handbuch, S.626; Büchler, Diss. 1981, S.105, darf das in seiner von Hefermehl und P.Ulmer betreuten Arbeit als "unbestritten" bezeichnen; nicht anders Vollmar, Rechtsweg und Maßstab, S.52ff., 65 in der von Schneider und ebenfalls von Hefermehl begutachteten Diss.; weitere ausführliche Hinw. in Fn.en 316-320 dieses Teils und in Fn.72 dieses Teils.

2) Diese Zusammenfassung sei durch die folgenden Zitate aus der Rechtsprechung des Bundesgerichtshofs belegt: "Mit dem Erfordernis des Handelns im geschäftlichen Verkehr wird... verlangt, daß irgendeine der Förderung des Geschäftszwecks dienende Tätigkeit im Gegensatz zu einer rein privaten oder amtlichen Betätigung vorliege" ... "Der Begriff des Handelns zu Zwecken des Wettbewerbs im Sinne des §1 UnlWG verlangt in o b j e k t i v e r Hinsicht ein Tun, das äußerlich geeignet ist, Wettbewerbszwecken in der Weise zu dienen, daß dadurch der Absatz einer Person zu Ungunsten desjenigen

privatrechtlich sein. Verhalten des Staates wird damit in den unterschiedlichen Beziehungen zu den betroffenen Menschen und den konkurrierenden Unternehmen eigenständig bewertet. Unabhängig davon, nach welchen Kriterien das Verhalten

---

einer anderen gefördert wird. Dabei genügt die Förderung fremden Wettbewerbs; es ist nicht erforderlich, daß der Handelnde selbst Mitbewerber ist. Neben der objektiven Eignung einer Handlung für die Zwecke des Wettbewerbs ist aber, ..., in s u b j e k t i v e r Beziehung eine auf Wettbewerb gerichtete Absicht des Handelnden erforderlich, die, wenn sie auch nicht die einzige oder wesentliche Zielsetzung für die Handlung zu sein braucht, doch nicht als völlig nebensächlich hinter die eigentlichen Beweggründe zurücktreten darf", BGHZ 19, 299 (303) in Übereinstimmung mit der Rechtsprechung des Reichsgerichts, etwa RGZ 108, 172 (174); RGSt 66, 380. Die Förderung des Geschäftszweckes sah der Bundesgerichtshof in dieser Entscheidung wie auch sonst in der "Verfolgung wirtschaftlicher Interessen" des Landes. Der wettbewerbliche Zweck sei nur ausgeschlossen, wenn das Verhalten keinerlei wettbewerbliche Wirkung habe oder diese Wirkung unvermeidlich mit dem alleinigen Zweck, eine öffentl. Aufgabe zu erfüllen, verbunden sei. Weil der Staat keine "rein privaten" Angelegenheiten habe, sei nur die "amtliche Betätigung" von "der wettbewerblich-geschäftlichen Aktivität" zu trennen. "... §1 UWG ... setzt für den fraglichen Tätigkeitskreis ein auf der Ebene des Privatrechts liegendes Wettbewerbsverhältnis voraus. Nach feststehender Rechtsprechung können auch Verwaltungsträger des öffentl. Rechts Teilnehmer am geschäftlichen Verkehr sein. In diesem Bereich unterliegen sie nicht nur selbst hinsichtlich ihrer Handlungen der Bindung an die privatrechtlichen Vorschriften des UWG, sondern können auch ihrerseits den Schutz dieses Gesetzes für diesen Bereich in Anspruch nehmen. Soweit die Passivlegitimation der öffentl. Hand für Ansprüche aus dem Gesetz gegen den unlauteren Wettbewerb in Frage steht, ist nach in Rechtsprechung und Schrifttum herrschender Meinung entscheidend, ob sie nach den zu beurteilenden Sachverhalten in Ausübung hoheitlicher Gewalt oder auf privatrechtlicher Ebene gehandelt hat. Ein hoheitliches Handeln setzt voraus, daß die Beteiligten gerade in Bezug auf die fragliche Handlung im Verhältnis der Über- und Unterordnung einander gegenüberstehen. Dagegen kann ein hoheitliches Handeln nicht schon um deswillen angenommen werden, weil die fragliche Handlung von dem Träger öffentlicher Verwaltung zur Erfüllung einer im Allgemeininteresse obliegenden Aufgabe der 'Daseinsvorsorge' vorgenommen wird". ... " ... aber auch der Umstand, daß ein Sendegut nicht auf privatrechtlicher Ebene, sondern kraft hoheitsrechtlichem Sendemonopol an die Allgemeinheit herangeführt wird, steht - jedenfalls soweit es um den Schutz des ausgestrahlten Sendeguts gegen eine unlautere Wiedergabe geht - der Annahme eines privatrechtlichen Wettbewerbsverhältnisses ... nicht entgegen" ... " ... die als unlautere Wettbewerbsmaßnahme beanstandete Handlung beschränkt sich ... auf die gewerbsmäßige öffentl. Wahrnehmbarmachung des fraglichen Sendeguts. Dieses Sendegut aber erwirbt die Rundfunkanstalt ... "auf privatrechtlichem Wege". Die Rundfunkanstalt "handelt somit insoweit 'im geschäftlichen Verkehr' und tritt in diesem Bereich Mitbewerbern um die Nachfrage des Publikums nach Information und Unterhaltung auf dem Boden der Gleichordnung gegenüber, da ihr auch der Zugang zu den aufzunehmenden Vorgängen und Gegenständen nicht etwa kraft Hoheitsrechts vorbehalten ist, sondern dieser auch Mitbewerbern, wie z. B. Herstellern von Wochenschaufilmen, offensteht", BGHZ 37, 1 (15ff.).

Um die Reduktion der Kriterien des Wettbewerbsverhältnisses als die alleinige Tatbestandsvoraussetzung für das Lauterkeitsgebot des §1 UWG aufzuzeigen, sei weiterhin BGHZ 39, 352 (356) zitiert: "Rechtsirrtumsfrei geht das Berufungsgericht davon aus, daß zwischen dem Kläger als gewerblichem Veranstalter künstlerischer Darbietungen und der verklagten Rundfunkanstalt ein Wettbewerbsverhältnis besteht. Denn die Leistungen beider Parteien dienen der Unterhaltung des Publikums. Zwar führt die Beklagte ihr Sendegut über ein hoheitsrechtliches Sendemonopol an die Allgemeinheit heran. Dies steht aber der Annahme eines privatrechtl. Wettbewerbsverhältnisses zwischen den Parteien nicht entgegen. Denn die Beklagte erwirbt ihr Sendegut - also den Inhalt der von ihr ausgestrahlten Sendungen - auf privatrechtlichem Wege. A u c h beim Wettbewerb um die Nachfrage des Publikums nach Unterhaltung aber treten die Parteien einander auf dem Boden der Gleichordnung gegenüber, da das Publikum sich ... f r e i (Hervorhebungen von mir) für Rundfunksendung oder Unterhaltung, wie sie der Kläger anbietet, entscheiden kann".

Damit ist das Wettberwerbsverhältnis aus der vermeindlich gleichgeordneten Konkurrenz und dieses wiederum aus der freien Entscheidungsmöglichkeit des Publikums hergeleitet. Dem folgt die weitere Rechtsprechung ebenso wie die Wettbewerbsrechtslehre; vgl. insb. BGHZ GS 66, 229 (232f.); 67, 81 (85ff.); zuletzt klar BGH NJW 1982, 2117 (2118); BGH NJW 1982, 2125 (2126); für viele Hefermehl, Wettbewerbsrecht, 13.Aufl. 1981, Allgemeines, Rdn.162 mit weiteren Hinw.; Emmerich in Mestmäcker/Immenga, Rdn.12, 15, 35 zu §98 GWB mit Hinw.; Hubmann, W.u.V. 1982, 42ff. (sogar im Verhältnis zwischen Hoheitsträgern, a.a.O., S.49); auch P.Ulmer, ZHR 146 (1982), S.478 stellt auf die "prägende Gleichordnung" des Wettbewerbsrechts als "Marktverhaltensrecht" ab; weitere Hinw. in Fn.en 67, 72, 73.

des Staates gegenüber den betreuten Menschen als öffentlich-rechtlich, als verwaltungsprivatrechtlich oder als schlicht privatrechtlich/fiskalisch beurteilt wird, ist der Maßstab für die Privatrechtlichkeit des Wettbewerbsverhältnisses die Gleichordnung des Staates mit den privaten Konkurrenten, die sich allein aus der Konkurrenz gegenüber den Nachfragern, aus deren Möglichkeit, den Leistungspartner frei zu wählen, ergebe[3].

## II Die Nachfragewahlmöglichkeit als Kriterium für die Gleichheit der Anbieter

Das Dogma, welches die Anbietergleichheit aus der Nachfragerwahlmöglichkeit schließt, bietet kein Kriterium für die Privatrechtlichkeit des Wettbewerbsverhältnisses, sondern begreift jedes Konkurrenzverhältnis, auch wenn der Staat zu den Anbietern (oder bei Nachfragekonkurrenz zu den Nachfragern) gehört, als privatrechtlich[4]. Ohne die Möglichkeit der Nachfrager, den Geschäfts- oder Leistungspartner unter den Anbietern zu wählen, gibt es kein Wettbewerbsverhältnis[5], für welches das Lauterkeitsgebot des § 1 UWG vorgeschrieben ist. Wettbewerbsverhältnisse wären also wegen des Kriteriums der Nachfragerwahlmöglichkeit nicht nur gleichgeordnet, sondern per definitionem privatrechtlich, ganz gleich, ob zu den Anbietern der Staat gehört oder gar staatliche Unternehmen miteinander konkurrieren[6]. Nachgewiesen ist weder, daß die Wahlmöglichkeit der Nachfrager die Anbieter untereinander gleichordnet, noch daß sie wegen der Gleichordnung das Wettbewerbsverhältnis dem Privatrecht unterwirft.

## III Die bloße Wettbewerblichkeit als Kriterium des Wettbewerbsrechtsverhältnisses nach der Neutralitätstheorie

Die neuere Lehre, die vor allem R. Scholz entwickelt hat[7], lehnt es denn auch

---

3) BGHZ 37, 1 (16ff.); 39, 53 (356); 64, 232 (234f.); 66, 229 (232f.); 67, 81 (85ff.); BGH GRUR 68, 314; BGH NJW 1982, 2118; BGH NJW 1982, 2126 ("Parteien als gleichberechtigte Anbieter"); Emmerich in Mestmäcker/Immenga, Rdn.12, 35 zu §98 GWB; Hubmann, W.u.V. 1982, 46 (sogar, wenn die konkurrierenden Anbieter öffentliche Leistungsträger sind); Hefermehl, Wettbewerbsrecht, Allgemeines, Rdn.166; weitere Hinweise in Fn.74.

4) Kritik insofern auch von den Anhängern der wettbewerbsrechtl. Neutralitäts- oder Gemeinrechtstheorie, vgl. die Hinw. in Fn.316; vor allem Scholz, ZHR 132 (1969), S.122ff.; ders., NJW 1974, 781.

5) Für viele Hefermehl, Wettbewerbsrecht, Allgemeines, Rdn.9, 166ff.. Dazu im 3.Kap. II des 7.Teils, S.304ff., mit Hinw. in Fn.114; Hinweise auch in Fn.74 dieses Teils.

6) Staatlich interne "Wettbewerbsbeziehungen" stellt auch Scholz, ZHR 132 (1969), S.103, wegen der kompetenzrechtlichen Verhaltensordnungen im Bereich der institutionellen Staatlichkeit nicht zur Diskussion einer Relevanz des Wettbewerbsrechts; klar und richtig BSG BB 1974, 187f.; anders OLG Düsseldorf GRUR 1973, 487ff.; dazu extrem Pinger GRUR 1973, 456ff.; dazu auch Walter, Unlauterer Wettbewerb unter Bundesländern?, DÖV 1967, 622ff., anders explizit Hubmann, W.u.V. 1982, 44, 48f.

7) Dazu Bericht und Kritik im 2.Teil, 9.Kap., S.80ff.; Scholz vor allem ZHR 132 (1969), S.97ff.

ab, die Anwendung des § 1 UWG von der Privatrechtlichkeit oder der Öffentlichrechtlichkeit, von der Hoheitlichkeit oder Fiskalität des staatlichen Verhaltens abhängig zu machen. Sie stellt allein auf die Wettbewerblichkeit des Verhaltens ab. Das Kriterium der Konkurrenz im Wirkungsfeld kongruenter Ziele sei damit alleinige Voraussetzung für die Anwendung des § 1 UWG, jedenfalls im Bereich der Wirtschaft. Die Wettbewerbsgesellschaft unterliege in diesem Bereich dem Gebot der "guten Sitten"[8]. Wettbewerb dürfe nicht 'wettbewerbswidrig' sein, jedenfalls nicht im geschäftlichen Verkehr. Das Lauterkeitsgebot solle danach den Staat im wirtschaftlichen Wettbewerb nicht anders treffen als den privaten Unternehmer. Damit ist die Praxis des Bundesgerichtshofs dogmatisch von Argumentationsfehlern befreit, insbesondere dem der die Privatrechtlichkeit begründenden Gleichordnung, die aus der Nachfragefreiheit des Publikums erwachse. Die sachliche Entscheidung ist aber nicht geändert. Es bleibt dabei, daß die Freiheit der Nachfrager, den Partner unter den Anbietern zu wählen, ein Wettbewerbsverhältnis unter den Anbietern begründet und diese damit dem Lauterkeitsgebot des § 1 UWG unterwirft. Die Relevanz dieser Nachfragerfreiheit wird besonders zu diskutieren sein.

## IV Die Rechtswegproblematik und Aspekte aus §§ 23a, 27 UWG

Eine Privatrechtlichkeit der Wettbewerbsverhältnisse zwischen dem Staat und privaten Unternehmern hat für den Rechtsweg Relevanz, weil die Entscheidung öffentlich-rechtlicher Streitigkeiten nichtverfassungsrechtlicher Art prinzipiell der Verwaltungsgerichtsbarkeit vorbehalten ist (§ 40 Abs.1 VwGO).

Die Zivilgerichte sehen sich jedoch als d i e Wettbewerbsgerichte[9]. Diskutabel ist immerhin, daß das Gesetz gegen den unlauteren Wettbewerb durch §§ 23a, 27 (auch § 13 Abs. 1,2 und § 27a Abs.3) Wettbewerbsstreitigkeiten normativ als "bürgerliche Rechtsstreitigkeiten" definiert, so daß sie kraft gesetzgeberischer Entscheidung, unabhängig von der Einordnung der Streitverhältnisse als öffentlich-rechtlich oder privatrechtlich im Einzelfall, den Zivilgerichten zugewiesen sind[10]. Diskutabel ist umgekehrt aber auch, daß der Gesetzgeber "Ansprüche aufgrund dieses Gesetzes" ausschließlich als "bürgerliche Rechtsstreitigkeiten" ver-

---

8) Dazu näher im 9.Kap. II 3, S.88ff.; Hinweise insb. in Fn.359 dieses Teils.

9) Das Argument der Sachnähe der Zivilgerichte für Wettbewerbsstreitigkeiten wird ständig herangezogen, etwa BGHZ 66, 229 (232f.); 67, 81 (85ff.); auf die "ordentliche Gerichtsbarkeit" für den Kampf gegen "unlauteren Wettbewerb der öffentlichen Hand" weist auch BVerwGE 39, 329 (337) hin; so auch P.Ulmer, ZHR 146 (1982), S.477f., 479f. mit weiteren Hinweisen; dahin tendiert auch Hubmann, W.u.V. 1982, 48f., 52, 62f., der aber auch den Verwaltungsprozeß zuläßt, ja sogar eine Rechtswegwahlmöglichkeit sieht, a.a.O., S.52.

10) Nach Bettermann, DVBl 1977, 181 wäre das eine "contradictio in adiecto", eine sprachlich und sachlich berechtigte Kritik; so aber Scholz, NJW 1978, 17, der die "formalrechtliche Zuweisung" von der "materiellrechtlichen" Bestimmung des Streites differenziert, um Bettermann zu erwidern.

steht oder normiert und damit normativ § 1 UWG auf Wettbewerbsverhältnisse beschränkt, die privatrechtlich sind. Das würde implizieren, daß Wettbewerbsverhältnisse nicht notwendig privatrechtlich sind und daß die nicht privatrechtlichen, sondern öffentlich-rechtlichen Wettbewerbsverhältnisse aus dem Regelungswerk des Gesetzes gegen unlauteren Wettbewerb ausgeklammert wären.

Dann müßte es ein Kriterium geben, welches die privatrechtlichen von den öffentlich-rechtlichen Wettbewerbsverhältnissen scheidet. Die Wahlmöglichkeit der Nachfrager allein könnte das nicht leisten, weil sie, wie soeben gezeigt[11], in jedem Fall zugleich die Wettbewerblichkeit und die Gleichordnung der Wettbewerber begründen soll, jedenfalls nicht, wenn die Gleichordnung Kriterium der Privatrechtlichkeit ist[12].

Der Ansatz, der Gesetzgeber habe die Privatrechtlichkeit der Rechte und Pflichten aus dem Gesetz gegen unlauteren Wettbewerb angeordnet und nicht nur eine Rechtswegzuweisung normieren, sondern eine materielle Bewertung treffen wollen, erübrigt die These von der Gleichordnung der Wettbewerber aus der Nachfragefreiheit des Publikums als Argument für die Privatrechtlichkeit der Wettbewerbsverhältnisse. Maßgeblich bliebe für die Anwendung des § 1 UWG lediglich die Geschäftlichkeit und Wettbewerblichkeit der Konkurrenz, ob also der Staat sich am "geschäftlichen Verkehre" "zu Zwecken des Wettbewerbs" beteiligt hat[13].

Die Sicht der Praxis und auch der herrschenden Lehre ist an dieser Stelle im wesentlichen nur vorgestellt worden. Lediglich die innere Argumentationslogik ist in Zweifel gezogen. Die eigentliche Kritik dieser fiskustheoretischen Praxis findet sich in dem autonomierechtlichen Überlegungen in den Teilen 5 und 6 und in der Untersuchung der Tatbestandsmerkmale des § 1 UWG in den Teilen 7 und 8 dieser Arbeit.

Die in den folgenden Kapiteln abgehandelten Lehrmeinungen sollen bereits stringenter in ihrer Dogmatik kritisiert werden.

11) Sub I, II, S.26ff., 28f.; vgl. die Hinweise in Fn.74.

12) Vgl. die Hinweise in Fn.57 im 5.Teil und Fn.73 dieses Teils; zur Kritik Hinweise in Fn.66 im 5.Teil. In Schwierigkeiten kommt auch Hubmann, W.u.V. 1982, 48ff. mit der Subjektionstheorie, die ihn sogar zur Annahme der Privatrechtlichkeit eines "Wettbewerbsverhältnisses" unter "mehreren öffentlichen Leistungsträgern" verleitet.

13) Hefermehl, Wettbewerbsrecht, Einleitung, Rdn.202ff.; P.Ulmer, ZHR 146 (1982), S.474 ("komplementäre Tatbestandsmerkmale").

## 2. Kapitel

# WOLFGANG HEFERMEHL[14)]

## I Hefermehls wettbewerbsrechtliche Schutzzwecklehre

### 1. Die Schutzsubjektslehre Hefermehls

Hefermehl unterscheidet das Schutzsubjekt und das Schutzobjekt des Gesetzes gegen den unlauteren Wettbewerb[15)]. Die individualrechtliche sei von der sozialrechtlichen Auffassung abgelöst worden [16)]. Das ganze Privatrecht habe sich typisch zu einem sozialen Recht entwickelt. Schon das Reichsgericht habe das 'öffentliche Interesse', das 'Interesse des Publikums' als Schutzzweck neben dem 'privaten Interesse' anerkannt. Schutzsubjekte seien die Gesamtheit der Mitbewerber, die Verbraucher und auch die sonstige Allgemeinheit[17)], ohne daß deren Schutz jeweils

---

14) Hefermehl, Wettbewerbsrecht, 13.Aufl. 1981 von Baumbach-Hefermehl, Wettbewerbs- und Warenzeichenrecht, Bd.I, repräsentiert weitestgehend die herrschende Lehre und Praxis, wie die Belege in den weiteren Fußnoten zeigen werden, und ist darum hier ausführlich abgehandelt.

15) A.a.O., Einleitung UWG, Rdn.40ff., 43ff.

16) So auch Rebe, Privatrecht und Wirtschaftsordnung, S.144 mit Hinw. in Fn.453, 455 ("individuelle und soziale Schutzrichtung"), der als übergeordnetes Schutzgut mit Hefermehl, a.a.O., Allgem., Rdn.88 mit Hinw. "die Institution des Wettbewerbs als einer selbständigen Ordnungseinheit des sozialen Lebens" nennt, auch Einl., Rdn.50; vgl. auch Raiser, Summum ius summa iniuria, S.145, 156; Ulmer, UWG I, S.56f.

17) A.a.O., Einleitung, Rdn.41 mit Hinweisen, 51, 52; ebenso RGZ 128, 330 (343); 134, 342 (355); 148, 114 (125); 160, 385 (388); RG GRUR 1938, 207, (209); 1936, 810 (812); BGHZ 15, 356 (369); 19, 392 (396ff.); 22, 167 (181); 23, 365 (371); 43, 278 (282); 51, 236 (242); 56, 18 (19); BGH GRUR 59, 277 (279); 65, 315 (316); 69, 295; BGH NJW 1982, 2117 (2121). Die Rechtsprechung des Bundesgerichtshofs ist von BVerfGE 32, 311 (316ff., 319) gebilligt.
So grundlegend E.Ulmer, GRUR 37, 769, 772 sub IV; Hubmann, Gewerblicher Rechtsschutz, §4 V, S.40f.; ders., W.u.V. 1982, 57ff., 59ff.; Raiser, Summum ius, S.156ff. zur Wettbewerbsordnung selbst als Schutzgut des §1 UWG; dazu ausführlich mit weiteren Hinweisen Knöpfle, Der Rechtsbegriff "Wettbewerb", S.49ff. mit weiteren Hinweisen in Fn.93, 94, S.62, 65f.; Emmerich, Wirtschaftsrecht, S.141f.; ders., mit weiteren Hinweisen, UWG 1982, S.57f., §3, 2a-c des Lehrbuchs; Scholz, ZHR 132 (1969), S.111; Fikentscher, Wettbewerb, S.152ff., 157ff., 223ff.; Rinck, Wirtschaftsrecht, Rdn.642, 653ff.; ders., F. OLG Celle, S.166f. für den Verbraucherschutz, S.167f. für den Schutz der Allgemeinheit, mit Hinweisen; Rathjen, DVBl 1975, 651; Gärtner, BB 1970, 1364; Reich/Wegener, JuS 1974, 561/564; T.Schneider, NJW 1974, 559; Lindacher, BB 1975, 1311f.; Kraft, Interessenabwägung, S.148ff., 193f., 196; Bülow, WiR 1974, 236, 249; Ott, F.Raiser, S.418; vgl. auch Rebe, Privatrecht und Wirtschaftsordnung, S.139f. mit weiteren Hinweisen in Fn.436; Koppensteiner, Wettbewerbsrecht, S.488; P.Ulmer, ZHR 146 (1982), S.484; Büchler, Diss. 1981, S.57f..
Kritisch Vogt, NJW 1976, 730; Meyer-Cording, JZ 1964, 274 mit Hinweisen in Fn.20; dazu im 8.Teil, 2.Kap., I 3, S.379ff. und III, S.399ff.; weitere Hinweise in Fn.40, 55 des 8.Teils (dieser Schutzzweck ist im wesentlichen reduziert auf das Allgemeininteresse am Bestand des Wettbewerbs und der Wettbewerbsordnung).

absolut sei. Vielmehr sei eine Interessenabwägung zwischen den allgemeinen Interessen und den privaten Interessen, die sich im Einzelfall auch decken könnten, notwendig[18]. Weil das UWG-Recht auch die Interessen der Allgemeinheit schütze, sei es nicht schon öffentliches Recht. Öffentliche Interessen und privatrechtliche Gestaltung seien keine Gegensätze. Die Interessen der Mitbewerber und sonstigen Marktbeteiligten sowie der Allgemeinheit an der Lauterkeit des Wettbewerbs liefen konform. Das Klagerecht des verletzten Wettbewerbers, der die Interessen seines Unternehmens schützen wolle, diene mittelbar dem öffentlichen Interesse an der Lauterkeit des Wettbewerbs. Das Klagerecht der Verbraucherverbände aus § 13 Abs.1a UWG beweise den Schutz der öffentlichen Interessen, aber auch die strafrechtlichen und die polizeirechtlichen Vorschriften der §§ 4, 6, 10, 11, 8, 12 UWG. Dadurch werde allerdings der privatrechtliche Grundcharakter des UWG-Rechts nicht verändert[19].

2. Kritik an Hefermehls Schutzsubjektslehre

a) Hefermehls Äußerungen zum Schutzsubjekt sind nicht widerspruchsfrei. Freilich gestaltet der Gesetzgeber das Privatrecht durchgehend nach Maßgabe des gemeinen Wohls, insbesondere dem an einer die privaten Verhältnisse befriedenden Ordnung. Das durch eine Rechtsnorm geschützte Interesse ist kein taugliches Kriterium für die Unterscheidung von Privatrecht, das durch den Schutz der privaten Interessen, und dem öffentlichen Recht, das durch den Schutz öffentlicher Interessen definiert wäre[20]. Der Interessenschutz ist gewissermaßen pluralistisch. Nach Hefermehls Schutzzwecktheorie hat das UWG sowohl die Qualität von Privatrecht als auch die Qualität von Staatsrecht. Privatrecht ist es nicht spezifisch wegen des Schutzes privater Interessen, sondern weil es Verhaltensnormen für die Privaten untereinander gibt. Genausowenig ist es öffentliches Recht, weil das Allgemeininteresse geschützt wird, sondern wenn und weil dem Staat Eingriffe in das Wettbewerbsverhalten der Privaten erlaubt werden[21]. Staatliches Privatrecht hat immer Eingriffscharakter, weil es staatliche Beschränkung des Rechts zur Autonomie der Privaten ist[22]. Regelt dieses Recht jedoch die Verhältnisse der Privaten zuein-

---

18) A.a.O., Rdn.40, 41, 42 mit Hinweisen.

19) A.a.O., Rdn.42; ebenso die h.M., etwa BGH GRUR 1981, 825; vgl. Emmerich in Mestmäcker/Immenga, Rdn.5 und ff. zu §98 GWB mit Hinw.; dazu vor allem 8.Teil, 4.Kap., I, II, IV, V, S.421ff., 423ff., auch das 1.Kap. dieses Teils, S.26ff.; a.A. Scholz, ZHR 132 (1969), S.120f., vgl. zu Scholz das 9.Kap., S.80ff. mit weiteren Hinw. zur Neutralitätstheorie in Fn.316; vgl. auch Bettermann, DVBl 1977, 182f.; anders auch Hubmann, W.u.V. 1982, 48f.; dazu auch die Hinw. zur Doppelqualifikation staatl. Maßnahmen als hoheitlich und zugleich wettbewerblich in Fn.319.

20) Vgl. für viele den Begründer der Subjektstheorie Wolff, AöR 76 (1950/51), S.205ff.; klar Schwabe, Drittwirkung, S.31; zum herrschenden Begriff des öffentlichen Rechts Stern, Staatsrecht I, S.4ff. mit Hinweisen; Forsthoff, Verwaltungsrecht I, S.207f.; Larenz, Allgemeiner Teil, S.2; auch Rüfner, Formen, S.350; Mestmäcker, NJW 1969, 1; BGHZ 16, 59 (64); 37, 1 (16); dazu auch das 1.Kap., S.26ff.; a.A. Lehmann-Hübner, Allgemeiner Teil, S.1, 3.

21) Zum Eingriffscharakter richterlicher Entscheidungen aufgrund des §1 UWG in der Rechtsprechungsinterpretation 8.Teil, 2.Kap., I, S.375ff., auch II 2b, c, S.393ff., auch Fn.163 des 8.Teils.

22) In diesem Sinne Richardi, Kollektivgewalt, S.46; wesentlich Schwabe, Drittwirkung, S.88ff.

ander, so ist es Privatrecht, welches den Charakter staatlicher Entscheidungen hat. Sonst könnte lediglich privat gesetztes Recht, insbesondere das Vertragsrecht, als Privatrecht eingestuft werden. Staatsrecht ist das Recht, das dem Staat Verhaltensregelungen gibt[23)], u.a. ihm Eingriffe gegenüber Privaten erlaubt. Der Richter, der private Verhältnisse nach dem Privatrecht entscheidet, wendet nicht etwa staatsrechtliche Vorschriften an, wenn er das Rechtsverhältnis beurteilt. Für ihn sind die privatrechtlichen Normen vielmehr Beurteilungsnormen[24)], die ihren privatrechtlichen Charakter nicht dadurch einbüßen, daß sie zum Maßstab der Entscheidungen eines staatlichen Organs werden.

b) Die Interpretation von Vorschriften aus geschützten Interessen ist nicht weniger problematisch als die nach deren Funktionen[25)]. Weder die geschützten Interessen noch die Funktionen sind immer vom Gesetzgeber hinreichend objektiviert. Durch einen tatbestandsrelevanten Schutzzweck 'Allgemeininteressen' verliert § 1 UWG gänzlich die Konturen und wandelt sich in eine delegierende maßstabsoffene Kompetenznorm[26)]. Diese Kompetenz ermächtigt den Wettbewerbsrichter zum Eingriff in das wettbewerbliche Verhalten aus von diesem konkretisierten Erwägungen des Gemeinwohls. Als solchermaßen öffentlich-rechtliche Eingriffsnorm ist § 1 UWG funktional Grundlage für richterliche Administration, welches privates Wettbewerbsverhalten gestaltet, d.h. Wettbewerbsverbote rechtsetzend konkretisiert[27)].

c) Mit der privaten Initiative, richterlichen Wettbewerbsschutz gegen einen privaten Wettbewerber zu erbitten, leitet der Private wegen des allgemeinen Schutzzwecks 'öffentliche Interessen', der keine hinreichende Konkretisierung im Recht des UWG erfahren hat, notwendig auch den Staatseingriff in die Wettbewerbsfreiheit ein, wenn die Wettbewerbshandlung des Konkurrenten aus Gründen des allgemeinen Wohls untersagt wird[28)]. Dazu paßt der Schadensersatzanspruch des Initiators des staatlichen allgemein interessierenden Eingriffs nicht; denn seine privaten Interessen sind nicht spezifisch verletzt. Der Schadensersatzanspruch wird zu einer Art Belohnung für den Akt von 'Wettbewerbspolizei'. Freilich wird der Konkurrent die Wettbewerbsklage nicht erheben, wenn er nicht Destinatär des

---

23) Stern, Staatsrecht I, S.4ff. für viele; dazu näher im 6.Teil, 3.Kap., S.253ff., 8.Teil, 5.Kap., II 2b, S.446ff.

24) Zur Unterscheidung von Handlungs- und Beurteilungsnormen für den Richter maßgebend Bettermann, G.Jellinek, S.363ff.; ders., Ev.Staatslexikon, Sp.1714; Blomeyer, Zivilprozeßrecht, S.3, auch S.441ff. mit dem Begriffspaar 'Verhaltens- und Entscheidungsnorm' von den Rechtskrafttheorien her, mit Hinweisen; Goldschmidt, Der Prozeß als Rechtslage, S.246ff.; Herzog,Maunz/Dürig/Herzog/Scholz, Rdn.28 zu Art.92; auch Rupp, Verfassungsrecht und Kartelle, S.198ff.

25) Kritisch zu den Gefahren des Funktionalismus insb. Lecheler, 'Funktion' als Rechtsbegriff?, NJW 1979, 2273ff.; dazu die Kritik am wettbewerbsrechtlichen Funktionalismus im 8.Teil, 2.Kap., vor allem sub II 2, S.388ff.; Hinweise weiter in Fn.164 des 8.Teils. Zur Fragwürdigkeit der Interessenabwägung für viele Bülow, WiR 1974, 252ff. (Interessenbewertung ist Sache des Gesetzgebers und der Verwaltung, nicht des Richters).

26) Dazu genauer im 8.Teil, 2.Kap., I 3, S.379ff.

27) I.d.S. allgemein für Mißbrauchstatbestände als "unfertiger Eingriffstatbestände" K.Schmidt, Kartellverfahrensrecht, S.133, auch S.145ff.

28) Hinweise wie Fn.21, vgl. auch Fn.163 des 8.Teils.

staatlichen Eingriffs zugunsten des gemeinen Wohls zu werden die Chance hat. Der populare Charakter der Klage ist nur durch die Notwendigkeit eines Wettbewerbsverhältnisses des Klägers mit dem Beklagten eingeschränkt. Die Klagebefugnis der Verbraucherverbände aus § 13 Abs.1a UWG erweitert die populare Wettbewerbsaufsicht konsequent[29)].

3. Die Schutzobjektslehre Hefermehls

In einer Verbindung von individual- und sozialrechtlicher Sicht findet Hefermehl das Schutzobjekt des UWG-Rechts[30)]. Kennzeichen des unlauteren Wettbewerbs sei nicht die Verletzung eines subjektiven Rechts oder Rechtsguts wie nach der älteren Persönlichkeitsschutztheorie das private Recht auf freie Entfaltung der Persönlichkeit[31)]. Die Vorschriften gegen den unlauteren Wettbewerb würden vielmehr "Mißbräuche im Konkurrenzkampf verhindern, indem sie den Wettbewerbern verbieten sollen, sich in diesem Kampf unlauterer Mittel zu bedienen"[32)]. Es gebe "kein Ausschließlichkeitsrecht an einem bestimmten Schutzobjekt"[33)]. Nicht ein subjektives Recht, sondern objektive Verhaltensnormen würden die Interessen der Wettbewerber, der übrigen Marktbeteiligten und der Allgemeinheit an der Erhaltung der Lauterkeit des Wettbewerbs schützen[34)]. Damit wird Schutzobjekt des UWG-Rechts der Wettbewerb als selbständiges Ordnungsprinzip des wirtschaftlichen und sozialen Lebens[35)]. Das GWB-Recht schütze die 'Institution' des Wettbewerbs unter dem Aspekt der Freiheit, das UWG-Recht unter dem der Lauterkeit[36)]. Dieser Schutz finde seine Besonderheit darin, daß er nicht durch das Medium eines individuellen Rechts oder Rechtsgutes verwirklicht werde, sondern dadurch, daß Ein-

---

29) In diesem Sinne auch Hefermehl, Wettbewerbsrecht, Rdn.11, 18 zu §13 UWG.

30) A.a.O., Einleitung, Rdn.43ff.

31) Zu den verschiedenen Schutzzwecklehren mit Hinweisen im 8.Teil, 2.Kap., I 3e, S.382ff.; Hefermehl, a.a.O., Einleitung, Rdn.43ff.

32) A.a.O., Einleitung, Rdn.47; Zitat aus BGHZ 35, 329 (333).

33) A.a.O., Einleitung, Rdn.47; so wörtlich BGHZ 35, 329 (333).

34) A.a.O., Einleitung, Rdn.48 mit Hinweisen; Raiser, Summum ius summa iniuria, S.156; dem folgend Emmerich, Wirtschaftsrecht, S.141f.; vgl. auch BGHZ 35, 329 (333); weitere Hinweise in Fn.36.

35) A.a.O., Einleitung, Rdn.50; auch Allgemeines, Rdn.88; das übernimmt Rebe, Privatrecht und Wirtschaftsordnung, S.144 mit Hinweisen in Fn.455; weitere Hinweise in Fn.36.

36) A.a.O., Einl., Rdn.50; Allgem., Rdn.88; so Raiser, Summum ius, S.156ff.; dazu Fikentscher, Wettbewerb, S.5, 12, 184ff., 223ff., 239ff.; i.d.S. Rebe, Privatrecht und Wirtschaftsordnung, S.144, der mit der wohl h.M. die individuelle und soziale Schutzrichtung hervorhebt; Raiser, GRUR Int. 1973, 445; vgl. auch Schluep, GRUR Int. 1973, 446ff.; Ulmer, Schranken zulässigen Wettbewerbs marktbeherrschender Unternehmen, S.63ff., 99f.; Mestmäcker, JZ 1964, 441ff.; ders., AcP 168 (1968), S.251; Biedenkopf, Vertragl. Wettbewerbsbeschränkung, S.152ff.; Kraft, Interessenabwägung, S.247f.; ders., F.Bartolomeyczik, S.237 mit anderer Tendenz; anders auch Knöpfle, Der Rechtsbegriff "Wettbewerb", S.345; vgl. auch Emmerich, Wirtschaftsrecht, S.134ff., 141ff. mit weiteren Nachweisen; ders., Einf., S.18; ders., Unlauterer Wettbewerb, 1982, S.50; Rinck, Wirtschaftsrecht, Rdn.645; vgl. auch Schmidt-Rimpler, AcP 147 (1941), S.130ff.; auch Koppensteiner, Wettbewerbsrecht, S.483f.; vgl. auch grdl. BGHZ 13, 32 (36f.); 23, 365 (371); Scholz, ZHR 132 (1969), S.112; ders., Wirtschaftsaufsicht, S.24ff., 27f. lehnt ein selbständiges Rechtsgut "Wettbewerb" überzeugend ab, weil das auf eine Pflicht zum Wettbewerb hinauslaufe (a.a.O., S.24); i.d.S. auch Baur, Mißbrauch, S.50ff., 60ff.

zelpersonen (Mitbewerber) und Verbände zur Förderung gewerblicher Interessen und zur Wahrnehmung von Verbraucherinteressen Abwehransprüche bei Verstößen gegen objektive Verhaltensnormen hätten (§ 13 Abs.1a UWG)[37].

Der einzelne Wettbewerber dürfe sein Recht auf freie wirtschaftliche Betätigung, daß ihm nicht alleine, sondern nur neben seinen Mitbewerbern zustehe, nicht mißbräuchlich ausüben[38]. Aus dem offenen Begriff der guten Sitten müsse der Maßstab für die Erlaubtheit einer Wettbewerbshandlung entwickelt werden. Deren Anstößigkeit/Mißbräuchlichkeit habe sich an den Schutzinteressen der Mitbewerber, der übrigen Marktbeteiligten und der sonstigen Allgemeinheit zu orientieren[39].

### 4. Kritik an Hefermehls Schutzobjektslehre

Als Schutzobjekt objektive wettbewerbliche Verhaltensnormen zu sehen, ist Hefermehl gezwungen, weil er mit der herrschenden Meinung[40] in den Schutzzweck auch die Interessen der Allgemeinheit einbezieht, die er schlechterdings nicht als Schutzgut eines subjektiven Rechts von Konkurrenten einstufen kann[41]. Deutlicher als in §§ 1, 13 UWG kann im übrigen ein subjektives Recht kaum formuliert werden. Die Initiative für den Rechtsschutz steht im Belieben des Abwehrberechtigten und diesem steht bei Verschulden des Verletzers sogar ein Schadensersatzanspruch zu. Das sind Voraussetzungen und Konsequenzen, die zur Verwirklichung bloß objektiver Verhaltensnormen gar nicht passen wollen.

### 5. Die Unanwendbarkeit des § 1 UWG auf staatliches Verhalten nach Hefermehls Schutzzwecklehre

a) Private Interessen dürfen dem Staat auch als Unternehmer nicht zugestanden werden. Das bezweckt nicht einmal die Fiktion der Privatrechtsfähigkeit des Staates[42]. Mit der Wettbewerbsklage darf der staatliche Unternehmer darum den

37) A.a.O., Einleitung, Rdn.50.

38) A.a.O., Einleitung, Rdn.52; ders., Soergel-Siebert, Rdn.1 zu §138 BGB; Larenz, Allgemeiner Teil, S.431f.. Zum GWB vgl. die differenzierte Mißbrauchslehre von K.Schmidt, Kartellverfahrensrecht, passim, etwa S.131ff., 145ff., der "gute Sitten" in §§138, 826 BGB der Sache nach mit dem Mißbrauchsbegriff identifiziert, a.a.O., S.109f.; grundlegend und genau J.F.Baur, Mißbrauch, S.54ff., 78ff., 109ff., 196ff. mit wesentlichen Hinweisen, der den Normenmißbrauch in Rechtsformen- und Machtmißbrauch unterscheidet; zum "Institutsmißbrauch" als Machtmißbrauch Raiser, Summum ius, S.145ff., 151ff., 156ff. (zum Institutsschutz der Wettbewerbsordnung), 167 ("Institutsmißbrauch" "Schranke individueller Betätigungsfreiheit, die nicht erst aus dem Verbot sittenwidrigen Handelns abgeleitet zu werden braucht"), der das Unlauterkeitsrecht des UWG als Fall seines "Institutsmißbrauchs" einstuft (a.a.O., S.156ff.); vgl. auch BGHZ 19, 392 (399); 23, 175 (180f.) für §138 BGB; BGHZ 23, 265 (375) für §1 UWG; zum Mißbrauchsargument kritisch im 8.Teil., 2.Kap., I 2, S.377ff. mit Hinweisen in Fn.59.

39) Hinweise in Fn.17.

40) Hinweise in Fn.17.

41) So Hefermehl selbst, a.a.O., Einleitung, u.a. Rdn.49.

42) Hinweise in Fn.98 im 5.Teil; klar und deutlich BVerfG NJW 1982, 2173 (2175).

wettbewerblichen Schutz privater Interessen nicht aktivieren, genausowenig wie er als Beklagter im Wettbewerbsprozeß private Interessen geltend machen darf.

Die unternehmerischen Interessen des Staates sind die spezifischen Allgemeininteressen im staatlichen Unternehmensbereich. Sie können durchaus die gleichen sein, wie die eines privaten Unternehmers. Private und öffentliche Interessen unterscheiden sich nicht dem Gegenstand nach[43], sondern nach Kompetenz und Verfahren ihrer Bestimmung[44].

b) Die privaten Interessen bedürfen der Anerkennung des Wettbewerbsrichters, wenn sie Maßstab für die Entscheidung des Wettbewerbsprozesses werden sollen. Ein allein subjektiv bestimmtes, keiner irgendwie gearteten Objektivierung bedürftiges privates Interesse wäre nicht judiziabel. Ein Affektionsinteresse kann das wesentlich private Interesse eines Menschen sein, ohne daß der Richter diesem den Vorrang vor einem konkurrierenden wirtschaftlichen Interesse geben muß. Das judizielle Gewicht der privaten Interessen läßt sich nicht durchgehend privatim bestimmen.

c) Das staatliche Interesse des Staatsunternehmens jedoch wird kompetenziell von diesem und in dessen Entscheidungsverfahren bestimmt. Die Notwendigkeit richterlicher Anerkennung dieser Interessen im Wettbewerbsprozeß verletzt die Bestimmungskompetenz des Staatsunternehmens. Es darf staatsrechtlich keine konkurrierenden Kompetenzen für die Gemeinwohlkonkretisierung geben, wenn das demokratierechtlich unabdingbare Kompetenzprinzip[45] nicht verletzt werden soll. Allenfalls gibt es hierarchische Entscheidungsstrukturen. Solche bestehen jedoch zwischen den Wettbewerbsgerichten und den Staatsunternehmen nicht.

d) Wenn der Wettbewerbsrichter private Interessen gegen das konkurrierende Staatsunternehmen schützt, betätigt er sich der Sache nach als Verwaltungsrichter, der dem privaten Unternehmer oder Verbraucher gegen einen staatlichen Eingriff Schutz gibt. Das Recht des UWG schüfe damit eine verwaltungsgerichtliche Kompetenz für Verfahren, die schlechterdings nicht mehr "bürgerliche Rechtsstreitigkeiten" sind, wie es § 27 Abs.1 UWG versteht[46]. Derartige Streitigkeiten als "bürgerliche Rechtsstreitigkeiten" kraft Sonderzuweisung einzustufen, wäre verkrampft[47]. Systemwidrig ist es auch, vom Staat zu verlangen, die von ihm

---

43) BVerfGE 27, 279ff.; Larenz, Allgemeiner Teil, S.2; Lehmann-Hübner, Allgemeiner Teil, S.2; Häberle, Öffentliches Interesse, S.525ff.; Schachtschneider, Neubescheidung, VerwArch 1972, 307; für viele.

44) Hinweise in Fn.en 5, 6, 18, 40 im 6. Teil, auch Fn.85 im 5.Teil; insb. Böhmer, Sondervotum, NJW 1981, 1262 ("wesensverschieden").

45) So Krüger, Allgemeine Staatslehre, S.253ff.; Herzog, Maunz/Dürig/Herzog/Scholz, Rdn.19, 49ff. zu Art.20 GG; ders., VVDStRL 29 (1971), Aussprache, S.114f.; Stern, Staatsrecht I, S.65, 90; Kriele, Staatslehre, S.225f.; Schachtschneider, JA 1979, 516 sub e; dazu näher im 8.Teil., 5.Kap., III, S.449ff.

46) Scholz, NJW 1978, 16ff., siehe 9.Kap., S.80ff.; vgl. i.d.S. auch die im 1.Kap., I, IV, S.26ff., 29ff. angeführte Rechtsprechung, vgl. etwa BGHZ 66, 229 (232f.), 67, 81 (85ff.).

47) Scholz, NJW 1978, 16ff., u.a. hält §27 UWG für eine Rechtswegzuweisung, gegebenenfalls auch entgegen der materiellen Streitnatur, wegen seiner Neutralitätstheorie konsequent, dazu im 9.Kap., S.80ff.

kompetenz- und verfahrensgerecht festgelegte Unternehmenspolitik als vermeintliches Wettbewerbsinteresse im bürgerlichen Rechtsstreit gegenüber den Privaten durchsetzen zu müssen, obwohl er als Staat regelmäßig und prinzipiell eigenständige, staatsadäquate Durchsetzungsverfahren hat.

e) Den vermeintlich privatrechtlich handelnden Staat als Unternehmer der Bevormundung durch den Wettbewerbsrichter auszusetzen, konterkariert die kompetenz- und verfahrensgerechte und damit rechtmäßige Unternehmenspolitik des Staates ausgerechnet nur auf Initiative ihres privaten Widersachers. Der Wettbewerbsrichter wird regelmäßig nach Maßstäben judizieren, die privates Wettbewerbsverhalten disziplinieren sollen. Das verletzt die Staatlichkeit der Unternehmenspoltik. Hefermehl unterwirft den Staat dem Wettbewerbsrecht, insbesondere dem § 1 UWG[48], und mißachtet damit die Staatlichkeit der Staatsunternehmen. Er stellt auf eine vermeintliche private Funktion des Staatsunternehmens ab und setzt sich damit der Kritik der funktionalistischen Differenzierung staatlichen Verhaltens aus[49].

f) Die "objektiven Verhaltensnormen", die die Lauterkeit des Wettbewerbs schützen, umschreibt § 1 UWG mit dem Begriff "gute Sitten". Weil diese Verhaltensnormen das Recht der wirtschaftlichen Autonomie des privaten Menschen einschränken[50], also prinzipiell freies und damit rechtmäßiges Verhalten als mißbräuchlich illegalisieren, sind sie für unternehmerisches Verhalten des Staates allenfalls relevant, wenn dieses rechtmäßig ist. Aus anderen Gründen rechtswidriges Verhalten des Staates muß nicht noch an solchen aus einer Generalklausel gewonnenen Lauterkeitskriterien gemessen werden. Der Mißbrauchseinwand setzt die im übrigen rechtmäßige Rechtsausübung voraus[51]. § 1 UWG gilt darum für staatliches Verhalten nur, wenn dieses trotz Rechtmäßigkeit als sittenwidrig und damit unlauter gewertet werden darf. Das stellt zugleich die Frage, ob es für staatliches Verhalten Spielräume gibt, die durch § 1 UWG und das übrige UWG-Recht und nicht als Beurteilungs-, Einschätzungs- oder Ermessensspielräume durch andere Prinzipien normiert sind. Der Maßstab des § 1 UWG, die "guten Sitten", ist jedoch als Beurteilungsnorm für staatliches Verhalten und nicht minder als Verhaltensnorm des Staates selbst inadäquat[52].

---

48) A.a.O., Einleitung, Rdn.207, Allgemeines, Rdn.162ff.

49) Dazu der 5.Teil, 4.Kap., X (Zusammenfassung), S.232ff.

50) I.d.S. auch Hefermehl, a.a.O., Allgemeines, Rdn.34, 42ff., 44, 50, 54; BVerfGE 32, 311 (316ff.); Larenz, Allgemeiner Teil, S.431f.; Steindorff, Summum ius S.58ff.; vgl. auch Mestmäcker, DB 1968, 789; kritisch Scholz, ZHR 132 (1969), S.120f.

51) Hefermehl, a.a.O., Allg., Rdn.29, auch 50; Larenz, Allg. Teil, S.242; Lehmann-Hübner, Allg. Teil, S.109, 111; Mormann, Soergel-Siebert, Rdn.11ff., insb.19ff. vor §226 BGB; klar Steindorff, Summum ius, S.76 für die Relevanz guter Sitten; i.d.S. auch Raisers, Summum ius, S.145ff., 151ff., Lehre von "Institutsmißbrauch"; Rebe, Privatrecht und Wirtschaftsordnung, S.197ff. mit umfangreichen Hinw. insb. S.198; zur Mißbrauchstheorie (im Staatsrecht) Pestalozza, Formenmißbrauch, passim, insb. S.87ff.; grundlegend, fein differenzierend K.Schmidt, Kartellverfahrensrecht, passim, allgemein etwa S.129ff.; J.F.Baur, Mißbrauch, passim, mit der wesentlichen Unterscheidung von Rechtsformen- und Machtmißbrauch (S.109ff., 196ff.), beide zum Kartellrecht, beide mit ausführlichen Hinw.; vgl. auch BGHZ 19, 392 (399); 36, 105 (112). Zu dieser Frage näher im 8.Teil, 5.Kap., I, S.438ff.

52) Dazu der 8.Teil, 5.Kap., I, II, III, S.438ff., 443ff., 449ff.

## II Wettbewerbliche Freiheit und Rivalität bei Hefermehl

### 1. Wettbewerbsfreiheit als Bedingung des Wettbewerbs

Hefermehl sieht die Wirtschafts- und Wettbewerbsfreiheit als die Basis des Wettbewerbs, als das "fundamentum competitionis". Wettbewerbliches/kompetitives Verhalten setze außer dem freien Zugang zum Markt voraus, daß freie wirtschaftliche Betätigung möglich sei[53]. Die Anbieter müßten ihre Leistungen frei bestimmen, die Nachfrager die ihnen angebotenen Leistungen frei auswählen[54]. Ohne diese Freiheit könne sich die für den Wettbewerb typische Rivalität[55] zwischen mehreren Anbietern oder Nachfragern nicht einstellen. Erst sie löse den dynamischen Wettbewerbsprozeß aus. Jede Einengung wirtschaftlicher Betätigungsfreiheit bewirke notwendig eine Beschränkung des Wettbewerbs. Eine Rechtsordnung, die den Wettbewerb als Ordnungsprinzip für die Steuerung des Marktgeschehens wolle, müsse deshalb die Beschränkungen wirtschaftlicher Betätigungsfreiheit soweit wie möglich beseitigen. Ob sich der Einzelne seiner Freiheit bediene, sei seine Sache. In einer freiheitlichen Wirtschaft sei niemand gezwungen, sich wirtschaftlich zu betätigen. Es bestehe ein Recht, aber kein Zwang zum Wettbewerb für den, der ein subjektives Recht auf freie wirtschaftliche Betätigung habe[56].

---

53) A.a.O., Allgemeines, Rdn.15ff., 17, 25, 26, 27, 28, 50; insb. Hoppmann, Workable Competition, S.159ff., 172ff.; Möschel, u.a., ZHR 145 (1981), S.590ff. (gegen Gottholds Versuch, Freiheit begrifflich zu determinieren, ZHR 145 (1981), S.300); vgl. auch zur Nachfragefunktion für funktionsfähigen Wettbewerb, Kantzenbach, Funktionsfähigkeit des Wettbewerbs, passim; ebenso Krüger, Allgemeine Staatslehre, S.481; sehr deutlich Scholz, Wirtschaftsaufsicht, etwa S.25, 172; Rebe, Privatrecht und Wirtschaftsordnung, S.154, 172, 173, 182; Dürig, Maunz/Dürig/Herzog/Scholz, Rdn.48, 52 zu Art.2 Abs.1 GG; Nipperdey, Wirtschaftsverfassung, S.7ff.; Nipperdey/Weise, Grundrechte IV 2, S.783, 869, 881ff., 903ff.; Thieme, JZ 1961, 281; Ipsen, NJW 1963, 2055, 2107f.; Rupp, Verfassungsrecht und Kartelle, S.203ff.; Huber, DÖV 1956, 136f.; Ballerstedt, Grundrechte III, 1, S.70; auch Kopp, W.u.V. 1978, 188 mit Hinweisen; auch Leisner, Werbefernsehen, S.165f.; Rinck, Wirtschaftsrecht, Rdn.157, S.50; BGHZ 23, 365 (371); BVerwGE 17, 306 (309); 30, 191 (198); 39, 329 (337); BVerwG JZ 1964, 453; OVG Münster NJW 1980, 2323; weitere Hinweise in Fn.11 des 7.Teils.
Scholz, ZHR 132 (1969), S.105 mit Hinweisen in Fn.38, gesteht zwar die "verfassungsrechtliche Garantie der freien Wirtschaftsbetätigung" zu, nicht aber eine spezifische "Wettbewerbsfreiheit", weil kein wettbewerbliches Wirtschaftssystem i.S. grundrechtlichen Schutzes auch der Wettbewerbsfreiheit garantiert sei; ders. klar in Wirtschaftsaufsicht, S.25, 128f., 172, u.ö.; vgl. auch Lerche, Werbung und Verfassung, S.70; Scheuner, VVDStRL 11 (1954), S.19ff.; Papier, VVDStRL 35 (1977), S.78; vgl. auch ders., Handbuch, S.618ff., 638f.; Klein, Teilnahme, S.111 mit umfangreichen Ausführungen zur Wirtschaftsverfassungsfrage in §6 seiner Schrift, S.98ff., auch S.177, 265; ders., Der Staat 5 (1966), S.306ff., 388; mit Vorbehalt auch Rüfner, Formen, S.211 mit weiteren Hinweisen in Fn.5; so wohl auch Hefermehl selbst, a.a.O., Allgemeines, Rdn.50; auch vorsichtig Rupp, a.a.O. ("wirtschaftlicher Wettbewerb Bestandteil einer freiheitlichen Gesamtordnung", S.207); richtig Koppensteiner, Wettbewerbsrecht, S.6ff..
Schon Kant, Idee, S.37f. sieht den "Antagonismus", den die Freiheit mit sich bringt, als die Bedingung der Entwicklung des Menschen; dazu Maihofer, Rechtsstaat und menschliche Würde, S.72ff., 77f.; zur Dialektik der Freiheit wörtliches Kant-Zitat in Fn.16 im 7.Teil.
Für unseren Zusammenhang kommt es nur auf die Wirtschafts- nicht auf die spezifische Wettbewerbsfreiheit an. Für letztere etwa BVerwGE 60, 290 (366); VGH Mannheim NJW 1984, 253.

54) Zur Relevanz der Abnehmerwahl Hinweise in Fn.74.

55) A.a.O., Allgemeines, Rdn.9, u.ö.; dazu im 7.Teil, 3.Kap., S.303ff. mit weiteren Hinweisen.

56) A.a.O., Allgemeines, Rdn.17, auch Rdn.26, 27, 28; Krüger, Allgemeine Staatslehre, S.146f.; Fikentscher, Wettbewerb, S.210ff.; Scholz, Wirtschaftsaufsicht, S.24f.; ders., ZHR 132 (1969), S.105ff.; klar auch Rupp, Verfassungsrecht und Kartelle, S.207; diese negative Wirtschaftsfreiheit ist Gemeingut aller liberalen Staatsrechtler, deutlich Böckenförde/Wieland, AfP 1982, 77; Hangartner,

2. Veranstalteter Wettbewerb als Entmachtungsinstrument

Eine besondere Funktion gewinne der Wettbewerb in einem auf dem Fundament freier wirtschaftlicher Betätigung beruhenden marktwirtschaftlichen Wirtschaftssystem, wenn er durch die Rechtsordnung zu einer geschützten Veranstaltung erhoben werde. Dann wirke der Wettbewerb nicht nur als Antrieb zur Steigerung der Leistung, sondern auch als Regulator des wirtschaftlichen Gesamtprozesses. Der Wettbewerbs wirke als 'Entmachtungsinstrument'[57]. Die Mitbewerber würde er hindern, zu hohe Preise zu verlangen und Gewinne zu maximieren. Die kompetitiven Beziehungen zwischen den Wettbewerbern müßten erhalten bleiben, damit in einer arbeitsteiligen Wirtschaft die kooperativen Beziehungen zwischen den Marktpartnern auf Grund beiderseits freier Entschließung gestaltet würden[58].

3. Keine Wettbewerbsfreiheit des Staates

Wirtschafts- und Wettbewerbsfreiheit genießt der Staat nicht[59]. Nur wenn die

F.Huber, 1981, S.379; Nell-Breuning, F.Böhm, S.465 ("auch bewußt und gewollt marktinkonsistent zu handeln"); Bethge, Grundpflichten als verfassungsrechtliche Dimension, NJW 1982, 2147f. mit weiteren Hinweisen; Papier, Handbuch, S.618f., 638; anders die Funktionalisten, etwa Rebe, Privatrecht und Wirtschaftsordnung, S.53, 154 u.ö., dazu im 8.Teil, 2.Kap., II 2c, S.396ff. mit Hinweisen; vgl. auch Saladin, Grundrechte im Wandel, Vorwort zur 3.Aufl.1982, S.XVII.

57) A.a.O., Allgemeines, Rdn.25; F.Böhm, Wettbewerb und Monopolkampf, S.12ff., 179; ders., Kartelle und Monopole, S.3ff.; ders., W.u.V. 1956, 179; Krüger, Allgemeine Staatslehre, S.454ff., 458f.; ders., ZBR 1979, 157ff.; Ballerstedt, Grundrechte III, 1, S.1ff., 67ff.; Koch, Freiheit und Wettbewerb, F.Böhm, S.269ff.; Mestmäcker, JZ 1964, 441ff.; ders., AcP 168 (1968), S.299ff.; Fikentscher, Wettbewerb, S.34f.; ders., Methoden III, S.424; Ott, F.Raiser, S.425ff. zum §1 UWG als Instrument der Machtkontrolle neben dem GWB; Säcker, Zielkonflikte und Koordinationsprobleme, S.18ff.; Knöpfle, Der Rechtsbegriff "Wettbewerb", S.208; Hefermehl, Wettbewerbsrecht, Allgemeines, Rdn.25; Herzog, Maunz/Dürig/Herzog/Scholz, Rdn.24 zu Art.20 GG; Emmerich, Wirtschaftsrecht, S.66ff., 134ff., 311ff.; ders., Einführung, S.6f. mit Hinweisen; Rupp, Verfassungsrecht und Kartelle, S.207; J.Baur, Mißbrauch, S.50ff. (kritischer Bericht), S.196ff. zum Machtmißbrauch als Gegenstand der Rechtsaufsicht; Scholz, Wirtschaftsaufsicht, S.172ff. (grundrechtsdogmatisch exakt).
Zur Ordnungsrelevanz des Wettbewerbsrechts eingehend Rebe, Privatrecht und Wirtschaftsordnung, passim, zur Entmachtungsfunktion S.211, 218; zur Notwendigkeit des Machtgleichgewichts für den vertraglichen Interessenausgleich Landau, Begrenzung, S.107f.; Nell-Breuning, F.Böhm, S.468; grundsätzlich Wieacker, Privatrechtsgeschichte der Neuzeit, S.457f.; auch Biedenkopf, F.Böhm, S.113ff.; Schluep, F.Böhm, S.588, 591; Raiser, Vertragsfunktion, F. DJT I, S.101ff.; ders., Summum ius, S.145ff., 151ff., 161ff., der für die "Bändigung gesellschaftlicher und wirtschaftlicher Macht mit den Mitteln des Rechts" seine Lehre vom "Institutsmißbrauch" entwickelt.

58) A.a.O., Allgemeines, Rdn.25, auch Rdn.75, 86, 88 mit weiteren Hinweisen; vgl. ebenso Krüger, Allgemeine Staatslehre, S.481.

59) Jedenfalls nach h.M. kein grundrechtliches Freiheitsrecht; BVerfG NJW 1982, 2172ff. (sogar für Gemeinden, kein Eigentumsschutz aus Art.14 GG); Hefermehl, a.a.O., Allgemeines, Rdn.162; Klein, Teilnahme, S.140; Rüfner, Formen, S.358ff., 387; Püttner, Die öffentlichen Unternehmen, S.135; Barbey, W.u.V. 1978, S.79ff., 88 und passim; Schwabe, Drittwirkung, S.82; Schricker, Wirtschaftliche Tätigkeit, S.73ff., 76; Badura, F.Schlochauer, S.11; vgl. die weiteren Hinw. bei Tettinger, JA 1981, 156ff.; gegen eine uneingeschränkte Privatautonomie des Fiskus: Klein, Teilnahme, S.140; Rüfner, Formen, S.362ff., 387f. mit weiteren Nachweisen; Badura, JuS 1966, 20; klar Isensee, Subsidiaritätsprinzip, S.204ff.; Mallmann, VVDStRL 19 (1961), S.196ff.; Zeidler, daselbst, S.227ff.; Krüger, Allg. Staatslehre, S.327; ders., VVDStRL 19 (1961), S.261; Mertens, JuS 1963, 395; Schmidt-Salzer, WiR 1972, 106ff.; Maunz, Maunz/Dürig/Herzog/Scholz, Rdn.20 zu Art.83 GG; Dürig, daselbst, Rdn.130, 150 zu Art.1 Abs.3 GG; klar Scholz, daselbst, Rdn.101, 402 mit Hinw. zu Art.12 GG; Hesse, Verfassungsrecht, S.144; Bull, Staatsaufgaben, S.96ff.; Stober, ZHR 145 (1981), S.582; a.A. etwa Emmerich, Wirtschaftsrecht, S.145; Wolff-Bachof, Verwaltungsrecht, §23 IIa 1, S.106 (durch Staatszwecke begrenzte Privatautonomie); dazu im 5.Teil, 4.Kap., VII, VIII, S.218ff.,

Staatsunternehmen wie Privatunternehmen behandelt werden, die von aller Staatlichkeit freigestellt sind, lassen sie sich in die Wettbewerbsordnung einpassen[60]. Dahin gehen auch die Bemühungen Hefermehls[61]. Staatsunternehmerische Betätigung ist prinzipiell nicht problematisch. Ein Recht des Staates zu privater, also freier wirtschaftlicher Betätigung ist jedoch eine durch nichts zu rechtfertigende Willkürkompetenz, die das Schicksal der Fiskustheorie zu teilen hat[63]. Zur wirtschaftlichen Freiheit gehört es auch, vom Markt fernbleiben zu dürfen[64], also die negative Wettbewerbsfreiheit. Nicht einmal diese darf der Staat in Anspruch nehmen, wenn Gesetze oder andersartige Gemeinwohlkonkretisierungen ihm die wirtschaftliche Betätigung gebieten[65].

4. Schlußfolgerung

Der Wettbewerbsbegriff Hefermehls setzt mit der Freiheit die sog. Privatautonomie, also mit dem Recht zur Autonomie die Privatheit voraus. Wer diese nicht hat, kann nicht Wettbewerber sein[66]. Der Staat scheidet damit nach Hefermehls Lehre als

---

224ff., und im 6.Teil, 4.Kap., S.261ff..

Unsere Thematik hingegen ist die Berechtigung des Staates zum wettbewerblichen Verhalten i.S. des Wettbewerbsrechts und damit die Geltung des Wettbewerbsrechts, die die ganz überwiegende Meinung und die Praxis für richtig hält: Hefermehl, a.a.O., Allgemeines, Rdn.162; Klein, Teilnahme, S.180 mit ausführlicher Diskussion und passim; Rüfner, Formen, S.370 mit Hinweisen; Emmerich, Wirtschaftsrecht, S.145, 147, 253ff.; ders., Unlauterer Wettbewerb der öffentlichen Hand, S.6 mit Hinweisen; ders., in Mestmäcker/Immenga, Rdn.5ff., 35 zu §98 GWB; Püttner, Die öffentlichen Unternehmen, S.371ff.; Dürig, a.a.O., Rdn.52 zu Art.2 Abs.1 GG; Mestmäcker, NJW 1969, 1ff.; Lerche, Rechtsprobleme des Werbefernsehens, S.34ff.; Bettermann, F.Hirsch, S.22; Badura, Verwaltungsmonopol, S.32ff.; ders., F.Schlochauer, S.11; ders., ZHR 146 (1982), S.456; Scholz, ZHR 132 (1969), S.97ff. mit weiteren Hinweisen in Fn.en 2, 3, S.98; ders., NJW 1974, 781; Papier, Fälle, S.168; Schricker, Wirtschaftliche Tätigkeit, S.102; Rinck, Wirtschaftsrecht, einerseits für das Subsidiaritätsprinzip, Rdn.161ff., andererseits für die Fiskustheorie, Rdn.170, und praktisch die Privatautonomie des Fiskus, Rdn.170, 173; auch Burmeister (trotz seiner grundlegenden Kritik an "hoheitlichem Privatrecht" und an der Fiskustheorie), insb. DÖV 1975, 701ff.; schon ders., WiR 1972, 343 (i.S. der Adaptionstheorie); mit Hinweisen P.Ulmer, ZHR 146 (1982), 474ff., 480ff.; a.A. Ipsen, NJW 1963, 210f.; auch Renck, BayVBl 1978, 692ff.; ders., JuS 1978, 459ff. im Bereich der Leistungsverwaltung; für die Rechtsprechung nur BGHZ 19, 299 (303ff.); 37, 1 (15); BGH GRUR 59, 244 (246); 65, 373 (375); auch allgemein BVerfGE 27, 364 (374); deutlich BVerwGE 17, 306 (313); 39, 329 (333, 337).

60) Für viele Renck, JuS 1978, 461/2; in diesem Sinne auch Koch, F.Böhm, S.280; dazu näher im 7.Teil, 5.Kap., insb. II, IV, S.323ff., 326ff. mit Hinweisen.

61) Dazu sub III, S.41ff.

62) Dazu näher im 7.Teil, insb. 5.Kap., S.322ff., 8.Kap., S.357ff.. Böhm, ORDO XVII, 1966, S.75ff. nennt die "wettbewerblich organisierte Gesellschaft" "Privatrechtsgesellschaft"; vgl. ebenso Koch, F.Böhm, S.273; i.d.S. auch Mestmäcker, Die sichtbare Hand des Rechts, S.13f.

63) Dazu 5.Teil, X, Zusammenfassung, S.232ff. und 6.Teil, insb. 4.Kap., S.261ff.

64) Hefermehl, a.a.O., Allgemeines, Rdn.27, 28; ebenso Krüger, Allgemeine Staatslehre, S.461ff.; Scholz, Wirtschaftsaufsicht, S.24f.; zu dieser negativen Freiheit die Hinweise in Fn.35; gegen "Grundpflichten" aus Grundrechten Bethge, NJW 1982, 2147f. mit weiteren Hinweisen; dazu näher im 8.Teil, 2.Kap., II 2c, S.396ff. mit Hinweisen.

65) Das legt Bethge, NJW 1982, 2147f. sogar für die Freiheit von Forschung und Lehre der Universitäten dar; "Grundpflichten" statuiert sogar für die "modernen Großunternehmen" Saladin, VVDStRL 35 (1977), S.40ff. ("Autonomie nur im Gefäß der Verantwortung").

66) A.A. insb. Scholz, ZHR 132 (1969), S.123, trotz seines autonomiegerechten Wettbewerbsbrgriffs, dazu im 9.Kap., S.80ff., 85ff. mit Detailhinweisen.

Den privaten Bereich gründet Hefermehl auf die freie wirtschaftliche Betätigung und das Privat-

Wettbewerber sowohl nach dem Schutzsubjekt als auch nach dem Schutzobjekt sowie nach der Schutz- oder Geltungsvoraussetzung des Rechts des unlauteren Wettbewerbs als Rechtssubjekt des Wettbewerbsrechts aus.

### III Kritik an der wettbewerbsrechtlichen Subjektivität des Staates als Unternehmer nach Hefermehls Lehre

Im Widerspruch zu seiner allgemeinen wettbewerbsrechtlichen Dogmatik folgt Hefermehl der Rechtsprechung und herrschenden Lehre, die die öffentliche Hand an das Wettbewerbsrecht bindet[67].

1. Aus dem Argument, nach der Verfassung bestehe kein Wirtschaftsmonopol für die private Wirtschaft, zieht Hefermehl die Konsequenz, der öffentlichen Hand sei es "daher" nicht verwehrt, am Wettbewerb teilzunehmen[68]. Wirtschaftliche und wettbewerbliche Betätigung des Staates sind jedoch zu unterscheiden. Sicher kann man sich die Wirtschaftstätigkeit der öffentlichen Hand "aus dem heutigen Wirtschaftsleben schwer wegdenken", sicher kann "durch staatliche Monopolisierung private wirtschaftliche Aktivität ausgeschlossen" werden[69]; nur sagt beides nichts darüber, ob der Staat sich am Wettbewerb beteiligt, ob er sich daran beteiligen darf und ob das Wettbewerbsrecht auf staatliches Wirtschaften anzuwenden ist.

2. Mit dem Bundesgerichtshof[70] läßt Hefermehl die ultra-vires-Lehre gelten, jedoch nur für 'öffentlich-rechtliche Funktionen'. Erwerbswirtschaftliche Betätigung gesteht Hefermehl den juristischen Personen des öffentlichen Rechts ohne besondere gesetzliche Ermächtigung zu, wenn dadurch die Erfüllung der diesen gesetzten

---

eigentum (a.a.O., Allgemeines, Rdn.31); zur untrennbaren Verbundenheit von Privatautonomie/Freiheit und (Privat)eigentum für viele klar Papier, VVDStRL 35 (1977), S.82f., 87 mit Hinweisen; BVerfG NJW 1982, 2173ff.
Genausowenig wie der Staat frei ist (Hinweise in Fn.59), hat er, weil er nicht fähig ist, privat zu sein, Privateigentum (BVerfG NJW 1982, 2173 (2175), jedenfalls nicht grundrechtsgeschützt, weil nicht "Eigentum Privater"); dazu im 6.Teil, 5.Kap., III, S.277ff. mit Hinweisen. Hingewiesen sei auf den begrifflichen Pleonasmus des Wortes 'Privateigentum', denn das Wort 'privat' heißt in diesem Zusammenhang 'eigen', so daß dem Staat auch Eigentum im schlichten Wortgebrauch nicht zugesprochen werden darf, sondern nur eine staatsadäquate Form der Sachherrschaft (in diesem Sinne auch all die, die das Recht zu beliebigen Verfahren mit der Sache gemäß §903 BGB dem Staat absprechen, etwa Wolff-Bachof, Verwaltungsrecht, §23 IIa 1, S.107; auch BVerfG NJW 1982, 2175. Die Eigentumsfähigkeit als eine Grundeigenschaft eines Wettbewerbssubjekts fehlt dem Staat.

67) A.a.O., Allgemeines, Rdn.162ff. mit Hinweisen; insb. Scholz, ZHR 132 (1969), S.120ff.; ders., NJW 1978, 16f.; ders., eher zurückhaltend mit Hinweisen, Maunz/Dürig/Herzog/Scholz, Rdn.405 zu Art.12 GG; Klein, Teilnahme, S.242ff.; Schricker, Wirtschaftliche Tätigkeit, S.102ff.; Püttner, Die öffentlichen Unternehmen, S.374f.; Rüfner, Formen, S.370; Emmerich, Wirtschaftsrecht, S.146, 147, 253ff.; Mestmäcker, NJW 1969, 1ff.; vgl. die weiteren Hinweise in Fn.59.

68) A.a.O., Allgemeines, Rdn.162; Hinweise in Fn.59; ebenso BVerfGE 39, 329 (336f.); BGHZ 19, 299 (307ff.); BGH GRUR 59, 244 (246); 65, 373 (375).

69) A.a.O., Allgemeines, Rdn.162.

70) BGHZ 20, 119 (122ff.); Hefermehl, a.a.O., Allgemeines, Rdn.162.
Zur ultra-vires-Lehre nähere Hinweise in Fn.74 des 1.Teils.

öffentlichen Aufgaben nicht vereitelt werde[71]. Welches jedoch die 'öffentlichen Aufgaben' oder gar die 'öffentlich-rechtlichen Funktionen' der juristischen Personen des öffentlichen Rechts sind, klärt Hefermehl nicht.

3. Kernfrage sei es, ob die Betätigung des öffentlichen Unternehmens zu Zwecken des Wettbewerbs eine dem Privatrecht zuzuordnende Wettbewerbshandlung oder ein nach öffentlichem Recht zu beurteilender Hoheitsakt sei. "Reine Hoheitsakte sind keine privatrechtlichen Wettbewerbshandlungen"[72]. Ob das staatliche Verhalten privatrechtlicher oder öffentlich-rechtlicher Natur sei, bestimmt Hefermehl mit der Rechtsprechung des Bundesgerichtshofs in der Sache (immer noch) mit Hilfe der Subjektionstheorie, deren Kriterium Gleichordnung oder Unterordnung ist[73]. Nach der neueren Auffassung in der Rechtsprechung seien dafür nicht die Leistungsbeziehungen der öffentlichen Hand zu den Abnehmern maßgeblich, die privat- oder öffentlich-rechtlich sein könnten, sondern die wettbewerblichen Beziehungen zu Dritten. Auf dem Boden der Gleichordnung im Wettbewerb mit privaten Wettbewerbern bietet das öffentliche Unternehmen Leistungen am Markt an, wenn die Nachfrager zwischen diesen "frei wählen könnten"[74]. Die Subjektionstheorie ist

---

71) A.a.O., Allgemeines, Rdn.162, widersprüchlich, weil er die Wahrnehmung "öffentlicher Zwecke" verlangt, die bei "ausschließlicher oder vorwiegender Gewinn"-verfolgung fehle; sehr viel zurückhaltender jetzt BVerfG NJW 1982, 2173 (2175), wonach ein "öffentlicher Zweck" verfolgt werden müsse; Scholz, Maunz/Dürig/Herzog/Scholz, Rdn.402f. zu Art.12 GG will nur noch "sozialwirtschaftliche", nicht mehr "erwerbswirtschaftliche" Betätigung des Staates zulassen; klar i.S. der Subsidiarität öffentlicher Unternehmungen BGH NJW 1982, 2117 (2119f.); dazu im 7.Teil, 4.Kap., V, S.317ff.

72) So noch Hefermehl, Wettbewerbsrecht, 10.Aufl. 1971, Allgemeines, Rdn.157, Einleitung, Rdn.159, 162 mit Hinw. (jetzt, Einl., Rdn.202, 205, 236, Allgemeines, Rdn.166, 167 i.S. der Doppelqualifikation); Renck, JuS 1978, 462; Ulmer-Reimer, Unlauterer Wettbewerb, Rdn.76, S.52; Mestmäcker, NJW 1969, 1; ders., Eur. Wettbewerbsrecht, S.643; Fortshoff, Staat als Auftragsgeber, S.28f.; Rinck, Wirtschaftsrecht, Rdn.660; Püttner, Die öffentlichen Unternehmen, S.371ff. (unsicher); Emmerich, Wirtschaftsrecht, S.145, 254ff., 281ff.; dazu ders., in Mestmäcker/Immenga, Rdn.5ff. zu §98 GWB mit Nachweisen; Rittner, Wirtschaftsrecht, S.197, 301; Schwarz, Wirtschaftliche Betätigung, S.8ff., 192ff.; Koppensteiner, Wettbewerbsrecht, S.311; Badura, Verwaltungsmonopol, S.33ff.; ders., F.Schlochauer, S.12; P.Ulmer, ZHR 146 (1982), S.474, 476; Hubmann, W.u.V. 1982, 41.
BGHZ 36, 91 (101); 37, 1 (16); 39, 352 (356); 65, 147 (149); 66, 299 (232f.); 67, 81 (85ff.); BGH GRUR 56, 227; BGH NJW 1982, 2117 (2118) mit Hinw.; BGH NJW 1982, 2125 (2126); KG NJW 1957, 1076/7.
A.A. Scholz, ZHR 132 (1969), 97ff., 120ff., 127ff., 129 und passim; ders., NJW 1978, 16f.; Schricker, Wirtschaftliche Tätigkeit, passim; vorsichtig Bettermann, DVBl 1977, 181f.; Menger, VerwArch 1977, 293; Schimmelpfeng, NJW 1977, 1083; Tettinger JA 1981, 157; auch P.Ulmer, ZHR 146 (1982), S.478f.; auch BVerwGE 39, 329 (337f.); BGH BB 1974, 187; Klein, Teilnahme, S.246 (allerdings als öffentlich-rechtliche Wettbewerbshandlung).
Zur Doppelqualifikation vgl. die Hinweise in Fn.319, zur Neutralitätsthese Hinweise in Fn.316.

73) A.a.O., Allgemeines, Rdn.166 (früher, etwa 10.Aufl. 1971, Allgemeines, Rdn.157 bekannte er sich zur Subjektionstheorie, jetzt schließt er sich der Wolffschen Subjektstheorie an (Rdn.165), stellt aber nach wie vor auf die Gleichordnung ab (!), Rdn.166, 167); ebenso Mestmäcker, NJW 1969, 1; Ulmer-Reimer, Unlauterer Wettbewerb, Rdn.75, S.50f. mit Hinweisen; Hubmann, W.u.V. 1982, 48ff. mit Hinweisen; insb. BGHZ GS 66, 229 (232f.); 67, 81 (85ff.); BGH NJW 1982, 2117 (2118) mit weiteren Hinweisen; BGH NJW 1982, 2125 (2126); weitere Hinweise in Fn.57 des 5.Teils.

74) A.a.O., Allgemeines, Rdn.166, 167, auch 168ff.; auch Emmerich, Unlauterer Wettbewerb, S.12ff.; ders., in Mestmäcker/Immenga, Rdn.12, 35 zu §98 GWB; Mestmäcker, NJW 1969, 3; Hubmann, W.u.V. 1982, 46 mit weiteren Hinweisen; BGHZ 37, 1 (16ff.); 39, 352 (356); 64, 232 (234f.); 66, 229 (232f.); 67, 81 (85ff.); BGH GRUR 68, 314; BGH NJW 1982, 2118; BGH NJW 1982, 2126.
A.A. Schricker, Wirtschaftliche Tätigkeit, S.65ff., 125ff. mit Hinweisen auf die ältere Recht-

vielfach widerlegt[75]. Die Wahlmöglichkeit der Nachfrager sagt nichts über die Gleich- oder Über- oder Unterordnung der Anbieter, weil diese Wahlmöglichkeit allein keinerlei Verhältnis zwischen den konkurrierenden Unternehmen begründet. Wettbewerb hängt nicht von privatrechtlichen Rechtsbeziehungen zwischen den Konkurrenten ab, wie R. Scholz nachgewiesen hat[76]. Auch staatliche Aktivitäten können in Konkurrenz zueinander treten. Das zeigt sich etwa im 'Wettbewerb' unter Kommunen und unter Universitäten.

4. Der gesetzesspezifische Wettbewerb i.S. des § 1 UWG setzt mit dem Recht der Privaten zur Autonomie die Privatheit voraus[77], an der es dem Staat fehlt. Der Staat handelt prinzipiell nicht "zu Zwecken des Wettbewerbs". Die Privatrechtlichkeit schließt Hefermehl mit der Rechtsprechung schlicht aus dem fingierten Wettbewerbsverhältnis, das er sich wiederum nur gleichgeordnet vorzustellen vermag[78]. Diese Fiktionen mögen sich aus dem Impetus erklären, das Wettbewerbsrecht gegenüber den Staatsunternehmen zur Geltung zu bringen. Formulierungen wie die folgenden erhärten diese Vermutung: "Durch die öffentlich-rechtliche Gestaltung der Leistungsbeziehungen dürfe sich die öffentliche Hand nicht den Schranken des Wettbewerbsrechts entziehen können"[79].

Der Staat befindet sich niemals in der gleichen Lage wie ein privater Unternehmer[80], wenn er nicht ausnahmsweise dessen Verhalten adaptiert, etwa um privaten Wettbewerb zu provozieren. Der Staat ist in seinen Agenden niemals den Privaten gleich und schon gar nicht diesen gleichgeordnet. Wenn er sich ausnahmsweise dem privaten Verhalten anpaßt, verhält er sich, als ob er gleichgeordnet wäre, als ob er privat wäre, um spezifische Wirkungen zu erzielen. Wir werden die Kriterien eines Wettbewerbsverhältnisses i.S. des geltenden Wettbewerbsrechts noch aufzeigen,

---

sprechung, für Gleichklang von leistungs- und wettbewerbsrechtlicher Beziehung; ebenso Scholz, ZHR 132 (1969), 97ff., 109ff., 122ff.; ders., NJW 1974, 781f.; ders., NJW 1978, 16f.; auch Klein, Teilnahme, S.245; diesen Auffassungen liegt jeweils die irrige Annahme zugrunde, der Begriff der Sittenwidrigkeit sei im öffentlichen Recht kein anderer als im UWG.
Dazu kritisch im 1.Kap., I, S.26ff., auch 7.Teil, 3.Kap., II, S.304ff.

75) Hinweise in Fn.66 des 5.Teils; Hefermehl selbst, Allgemeines, Rdn.165 erklärt neuerdings die Subjektstheorie für überzeugender, ohne in der Sache etwas Neues zu vertreten.

76) ZHR 132 (1969), 101ff., 122ff.; NJW 1978, 16f. mit Hinw.; dazu näher im 9.Kap., S.80ff., 85ff., 90ff.

77) Vgl. die Hinw. in Fn.en 53, 72; dazu näher im 1.Kap., S.26ff.; auch im 7.Teil, 1.Kap., I, II und 5.Kap., S.283ff., 285ff., 322ff.; auch Maihofer, Rechtsstaat und menschl. Würde, S.158, führt das UWG als Beispiel der Grenzen der "größtmöglichen und gleichberechtigten wirtschaftlichen Freiheit", als "genaueste Bestimmung und Sicherung der Grenzen dieser Freiheit" an (im kantischen Sinne des Freiheitsprinzips); in der Sache so Scholz, Wirtschaftsaufsicht, S.24f., 172f.; Möschel, ZHR 145 (1981), S.590ff.

78) A.a.O., Allgemeines, Rdn.166, 167.

79) A.a.O., Allgemeines, Rdn.166; ebenso Mestmäcker, NJW 1969, 3; Emmerich, Wirtschaftsrecht, S.286, für viele.

80) Hinweise in Fn.169 im 5.Teil; ganz in diesem Sinne BVerfG NJW 1982, 2173 (2175); sehr klar etwa Mallmann, VVDStRL 19 (1961), S.197: "Der Staat, immer und Ausnahmslos Nicht-Privatmann ..."; dazu näher im 7.Teil, 5.Kap., V, VI, S.329ff., 333ff.

um deren Inadäquanz für staatliche Unternehmungen deutlich zu machen[81].

5. Aus der Fiktion der Gleichordnung leitet Hefermehl das Privilegierungsverbot für den Staat als "Wettbewerber" her[82]. Die 'gleichen' Wettbewerber sollen den für alle Wettbewerber geltenden Verhaltensregeln unterworfen werden, auch die im Privatrechtsverkehr gleichgeordnete öffentliche Hand[83]. Privilegien des Staates gegenüber Privaten sind jedoch ein fragwürdiger Topos.

6. Die Anwendbarkeit der einzelnen Tatbestandsmerkmale des § 1 UWG auf staatliches Verhalten hat Hefermehl nicht untersucht, weil er mit der Rechtsprechung die grundsätzlich uneingeschränkte Privatrechtsfähigkeit des Staates akzeptiert. Konsequent gesteht Hefermehl den staatlichen Unternehmen auch den Schutz des Wettbewerbsrechts zu und schützt damit die Wettbewerbsfreiheit des Staates[84], die er implizit in seiner "Ausgangslage" mit der Bemerkung abgelehnt hat, daß der Staat sich "nicht auf die Grundrechte" berufen dürfe, die "allein dem privaten Unternehmer Rechte gegen den Staat, insbesondere ein Recht auf freie wirtschaftliche Betätigung (Art.2 GG)" gäben[85]. Ohne Unternehmerfreiheit gibt es aber auch keine Wettbewerbsfreiheit[86].

81) Im 7.Teil, insb. 3., 5. und 6.Kap., S.303ff., 322ff., 337ff.

82) A.a.O., Allgemeines, Rdn.175, 186 (Privilegierungs- und Diskriminierungsverbot); vgl. auch BGHZ 9, 373 (376); BGH DÖV 1959, 710f.; BVerwG MDR 1965, 326f.; Püttner, Die öffentlichen Unternehmen, S.160ff.; Klein, Teilnahme, S.176ff., 228ff., 230, 276; Rüfner, Formen, S.185 mit weiteren Hinweisen in F-.en 337, 338; auch Wenger, Öffentliche Unternehmung, S.519f.; Schricker, Wirtschaftliche Tätigkeit, mit Hinweisen, auch zu strengeren Anforderungen an die Öffentliche Hand in Fn.443, S.144; Ulmer-Reimer, Unlauterer Wettbewerb, Rdn.77, S.52 gegen Maßstabsverschärfung; Emmerich, zuletzt in Mestmäcker/Immenga, Rdn.38 zu §98 GWB mit Hinweisen; ders., Unlauterer Wettbewerb, 1982, S.27; i.d.S., aber Maßstabmodifizierung (Verschärfung oder Privilegierung) zuletzt m.w.H. P.Ulmer, ZHR 146 (1982), S.485ff., 490; BVerfG NJW 1982, 2173 (2175) führt selbst verschiedene Privilegien auf, um die Ungleichheit zwischen gemeindlichen Unternehmungen und privaten darzutun; dazu auch 7.Teil, 5.Kap., V, S.329ff.

83) A.a.O., Allgemeines, Rdn.175; dazu im 7.Teil, 5.Kap., IV, S.326ff.

84) A.a.O., Allgemeines, Rdn.186; ebenso BGH GRUR 62, 475.

85) A.a.O., Allgemeines, Rdn.162, "privaten" und "gegen den Staat" bei H. gesperrt; auch Scholz, ZHR 132 (1969), 120f., 123; ders., Einrichtungen, S.24; ders., Maunz/Dürig/Herzog/Scholz, Rdn.101, 402, 405 zu Art.12 GG. Zur Frage der Grundrechtsberechtigung des Staates als Unternehmer die Hinweise in Fn.59; dazu im 6.Teil, 5.Kap., S.275ff.

86) Klar Scholz, ZHR 132 (1969), S.105 mit Hinweisen in Fn.38, der die Wettbewerbsfreiheit als mittelbare Ausübungsfreiheit der Wirtschaftsfreiheit versteht; ders., Wirtschaftsaufsicht, S.24f., 128f., 172, u.ö.; weitere Hinweise in Fn.en 53, 56.

3. Kapitel

# HELMUT SCHRICKER

Schricker[87] dringt mangels einer Theorie des grundgesetzlichen Staates und eines Begriffes des Privaten nicht zu den Grundfragen seiner Thematik vor. Das hat schon H. Krüger gerügt[88]. Seine Arbeit hat aber Beachtung gefunden und Wirkung entfaltet.

## I Überlagerung der wettbewerbsrechtlichen Maximen durch öffentliches Recht und öffentliche Interessen

Schricker befürwortet die Anwendung des Wettbewerbsrecht auf die Wirtschaftsteilnahme des Staates unabhängig von deren Rechtsform und bemüht sich um eine Typisierung sittenwidrigen Verhaltens der öffentlichen Hand im Wettbewerb[89]. Der Sache nach versucht Schricker auch, den konkurrierenden Staat mit Hilfe der Grundrechte abzuwehren, wenn dieser den privaten Konkurrenten in der Existenz bedroht[90], und relativiert damit sein eigenes Kriterium für ein Wettbewerbsverhältnis, daß nämlich jeder "der Beteiligten seine Tätigkeit auf Kosten des anderen ausdehnen" wolle[91], essentiell. Der staatliche Anbieter dürfe nämlich weder den Preis der anderen Anbieter in Vernichtungsabsicht unterbieten[92], noch spezifisch staatliche Privilegien (öffentliche Mittel, sachliche oder persönliche Ressourcen, spezifische Steuerbefreiungen) für die Unterbietung des privaten Preises nutzen,

---

87) Wirtschaftliche Tätigkeit der öffentlichen Hand und unlauterer Wettbewerb, 1964.

88) Massenmedien, S.82, Fn.21.

89) A.a.O., S.125ff., 132ff., 136ff., 168ff.; Schricker hat mit seiner Typologie die Zustimmung der h.M. gefunden, zuletzt etwa P.Ulmer, ZHR 146 (1982), S.481ff.; für die grundsätzliche Kritik der Anwendung des §1 UWG auf staatliches Verhalten kommt es auf diese Typen staatlichen Wettbewerbsverstoßes nicht an; sie werfen bezeichnenderweise immer die allgemeinen Probleme auf.

90) Explizit sieht er (a.a.O., S.150) grundrechtlich nur "die Unternehmensfreiheit als Institution" geschützt.

91) A.a.O., S.46, auch S.148ff.

92) A.a.O., S.189 unter Hinweis auf Hefermehl, 8.Aufl. 1960, §1 UWG, Rdn.155; dazu näher mit Hinweisen im 7.Teil, 7.Kap., S.347ff.

um Kunden privater Unternehmen an sich zu ziehen[93]. Öffentliche Interessen jedoch, die kompetenzgemäß verwirklicht werden, seien geeignet, auch die nicht auf einer Leistung beruhenden Preisunterbietungen zu rechtfertigen und damit den Vorwurf der Unlauterkeit zu entkräften[94]. So dürften staatliche Unternehmen im Gegensatz zu gemeindlichen (weil diese die Kompetenz nicht hätten) auch zur Wirtschaftslenkung intervenieren[95]. Die Verwirklichung der öffentlichen Interessen beurteilt Schricker nach öffentlichem Recht und unterwirft sie damit auch den grundrechtlichen Grenzen, zumal er jeden Verstoß gegen die Grundsätze des lauteren Wettbewerbs durch einen Hoheitsträger für eine Verletzung des Art.2 GG erklärt[96] und er die öffentlichen Interessen für eine abwägende Wertung der Unlauterkeit heranzuziehen erlaubt[97]. Die staatlichen Besonderheiten lassen damit dessen vermeintlich wettbewerbliches Verhalten unlauter oder auch nicht unlauter erscheinen. Der Kampf staatlicher Unternehmen um den Markt wird somit aus spezifisch staatlichen, nach öffentlichem Recht zu beurteilenden Gegebenheiten illegal, so daß der staatliche Unternehmer jedenfalls bei bestimmten Verflechtungen der Marktsituation und der öffentlichen Interessenlage den vermeindlichen Wettbewerb nicht fortführen dürfe.

## II Wettbewerblichkeit auch hoheitlicher Staatstätigkeit (mit Grundrechtsproblematik)

Nach Schricker nimmt auch der hoheitlich handelnde Staat am geschäftlichen Verkehr teil, wenn er "wirtschaftliche Güter oder Leistungen gegen Entgelt (ausnahmsweise unentgeltlich)" austausche[98]. Allerdings dürfe das keine ordnende Tätigkeit des Staates sein. Kriterium sei, ob der Staat "im" oder ob er "über" dem Wirtschaftsleben stehe[99], obwohl Schricker vorher die Subjektionstheorie für die Qualifizierung von Recht als öffentliches Recht abgelehnt hat[100]. Dieses Kriterium vom "im" und "über" nennt Schricker (wie seine anderen grundlegenden Entscheidungen auch), ohne es durch ein Argument zu stützen. Obwohl Schricker für die wettbewerbliche Bewertung keinen relevanten Unterschied zwischen privatrecht-

93) A.a.O., S.189ff.; zur Marktangleichung von Staats- und Privatunternehmen mittels Wettbewerbsrecht näher im 7.Teil, 5.Kap., IV 1-3, S.326ff.

94) A.a.O., S.192ff.; dazu Hinweise in Fn.en 218ff. des 7.Teils; insb. P.Ulmer, ZHR 146 (1982), 485ff.; Hubmann, W.u.V. 1982, 52ff.; Hinweise zur Überlagerungstheorie in Fn.57 des 1.Teils.

95) A.a.O., S.194.

96) A.a.O., S.128f.

97) A.a.O., S.168ff., passim; so auch Hubmann, W.u.V. 1982, 52ff.; zu Schrickers Auffassung von "guten Sitten" Kritik im 8.Teil, 2.Kap., IV, S.412ff. (Kombinationstheorie) mit Fn.en 212ff.

98) A.a.O., S.130; zur wettbewerbsrechtlichen Neutralitätsthese Hinweise in Fn.282; dazu vor allem im 9.Kap., I, II, S.80ff., 82ff. zu Scholz.

99) A.a.O., S.130.

100) A.a.O., S.58f.; dazu die Hinweise in Fn.en 73, 75 dieses Teils, Fn.66 im 5.Teil.

lichem und öffentlich-rechtlichem Verhalten des Staates, soweit dies eben nicht Ordnungsverwaltung sei, sieht[101)] und darum auch die Wahlmöglichkeit zwischen den Formen des öffentlichen Rechts und denen des Privatrechts, die er für die wirtschaftliche Betätigung der öffentlichen Hand für austauschbar hält, einräumt[102)], weist er für die "privatrechtliche" Betätigung des Staates in der Wirtschaft die Geltung der Grundrechte zurück[103)].

Eine Umgehung der Grundrechtsbindung vermag er bei der erwerbswirtschaftlichen Betätigung im Gegensatz zur öffentlichen Verwaltung mit privatrechtlichen Mitteln nicht zu sehen, so daß nicht einmal der Gesichtspunkt des Rechtsformenmißbrauchs herangezogen werden könne[104)].

Schricker bemerkt nicht, daß er damit die erwerbswirtschaftliche Betätigung des Staates ganz unterschiedlichem Wettbewerbsrecht ausliefert, nämlich zum einen dem, das unter privaten Wettbewerbern gilt, zum anderen einem solchen nach Maßgabe staatsrechtlicher Besonderheiten für die Gemeinwohlverwirklichung. Die Wahl der Rechtsform bleibt dadurch keineswegs ohne Konsequenz, nämlich keine geringere als die Geltung des gesamten Staatsrechts einschließlich der Grundrechte.

Schricker ist sich seiner Sache allerdings nicht sicher und handelt die Wirtschaftsgrundrechte kurz ab[105)]. Dabei vermag er weder eine Gefahr der Verletzung des Art.12 GG noch der Verletzung des Art.14 GG noch des Art.15 GG zu erkennen.

## III Schrickers neutraler Begriff der Sittenwidrigkeit

Grundlage seiner Arbeit ist Schrickers petitio principii, daß "die Bewertung einer Handlung sich im Grundsatz nicht" ändere, "ganz gleich, ob die Handlung privatrechtlich oder hoheitlich" sei, daß "der Begriff der Sittenwidrigkeit im öffentlichen Recht kein anderer als im UWG" sei, weil er "auf ein wettbewerbliches Verhalten" bezogen sei, das dem Beurteilungsmaßstab seinen Inhalt" gebe[106)].

---

101) A.a.O., S.129.

102) A.a.O., S.56; zu diesem Wahlrecht Kritik im 5.Teil, 2.Kap., S.181ff., mit Hinweisen.

103) A.a.O., S.76f.; zur Fiskalgeltung der Grundrechte Hinweise in Fn.56 des 1.Teils.

104) A.a.O., S.76.

105) A.a.O., S.77 (auf einer Seite!).

106) A.a.O., S.127; in der Sache genauer G.Schricker, Gesetzesverletzung, S.211; dem folgend Klein, Teilnahme, S.247 (siehe 5.Kap., II, S.56f.); dazu die weiteren Hinw. in Fn.359 und die Kritik im 9.Kap., II 3, S.88ff.; dazu im 8.Teil, 5.Kap., S.438ff..
Wenn der Gegenstand der normativen Bewertung, das Verhalten, dem Beurteilungsmaßstab den Inhalt gäbe, wäre das das Ende einer Rechtsordnung. Rechtsnormen dienen der Beurteilung menschlichen Verhaltens als rechtmäßig oder rechtswidrig. Der Inhalt der Normen wird vom Rechtssetzer bestimmt und ist vom Richter zu entfalten. Das beurteilte Verhalten darf keinen bestimmenden Einfluß auf den Maßstab haben, wenn dem Maßstab nicht die Eignung genommen werden soll, das Verhalten zu bewerten und zu steuern. Wenn das vom Tatbestand einer Norm umschriebene menschliche Verhalten nämlich dem Beurteilungsmaßstab den Inhalt gibt, ist der Satz keine Norm mehr. Diese methodologischen Bemerkungen sind keinesfalls unstreitig, vgl. etwa Pawlowski, Methodenlehre, S.32ff., 171ff., u.ö.; in un-

Schricker entwickelt keine Theorie des Begriffes der "guten Sitten", sondern stützt sich auf die tradierte Praxis, die auf das 'Anstandsgefühl des verständigen und anständigen Durchschnittsgewerbetreibenden' abstellt, die 'Belange der Allgemeinheit' berücksichtigt und die Bewertung der vernünftigen Verbraucherkreise einbezieht[107]. Die unausgesprochene These von der Neutralität des Wettbewerbsrechts ist von R. Scholz genauer ausgearbeitet worden[108].

## IV Schrickers Parallelisierung der Wirkungsbereiche von §§ 823ff.BGB und § 1 UWG

Zum Ansatz Schrickers gehört die Hypothese, was für §§ 823ff.BGB gelte, müsse auch für § 1 UWG richtig sein, nämlich die Maßstäblichkeit der Vorschrift für staatliches Verhalten. Weil § 839 BGB "alle unerlaubten Handlungen im Sinne der §§ 823ff. BGB" erfasse, verletzte "ein Bediensteter, der in Ausübung öffentlicher Gewalt bei Vornahme eines Amtsgeschäfts eine unerlaubte Handlung gegenüber Dritten" begehe, "gleichzeitig eine ihm dem Dritten gegenüber obliegende Amtspflicht"[109]. Für die These, daß die durch §§ 823ff. BGB geschützten Rechte nicht allein Rechte gegenüber Privaten, sondern auch Rechte gegenüber dem Staat seien, kann sich Schricker auf den Bundesgerichtshof berufen[110]. Die Lehre folgt hierin dem Gericht[111]. § 826 BGB jedoch, den Schricker ebenfalls mit der herrschenden Meinung heranzuziehen erlaubt[112], ist nicht einschlägig, weil staatliches Verhalten nicht als sittenwidrig bewertet werden darf[113].

Rechtsgüter wie das Leben, die Gesundheit, die Ehre, das Eigentum, der Beruf u.a. sind sowohl staatsrechtliche als auch privatrechtliche Institutionen und finden in beiden Rechtsordnungen Schutz. Das folgt der Gefährdung dieser Rechtsgüter sowohl durch die privaten Menschen als auch durch den Staat. Ein Delikt i.S. der §§ 823ff. BGB setzt die Rechtswidrigkeit des Verhaltens voraus; wenn der Deliktstatbestand dieser Vorschriften erfüllt ist, indiziert das prinzipiell privatrecht-

---

serem Sinne auch Fikentscher, Methoden IV, S.180ff., 186; auch Simon, NJW 1981, 1653 in der Besprechung von Pawlowskis Methodenlehre für Juristen.

107) A.a.O., S.132; vgl. die Hinweise in Fn.en 53, 54, 55 im 8.Teil, auch Fn.17 in diesem Teil.

108) Dazu im 9.Kap., I, II, S.80ff., 82ff. mit Kritik, zur Neutralitätsthese vgl. die Hinweise in Fn.316.

109) A.a.O., S.128.

110) BGHZ 16, 111 (113f.).

111) Esser, Schuldrecht II, S.458; Larenz, Schuldrecht II, S.454 ("-regelmäßig-"); Fikentscher, Schuldrecht, S.658, der zu Recht das "allgemeine Deliktsrecht ... durch §839 BGB verdrängt" sieht, "weil §839 BGB in mehrerer Hinsicht Sondervorschrift" sei, obwohl auch Fikentscher die Fiskustheorie mittels der Subjektionstheorie uneingeschränkt hinnimmt, a.a.O., S.653, 659; Wolff-Bachof, Verwaltungsrecht I, §64 I b 1,4, S.559f.. Das ist auch für das (nichtige, BVerfG NJW 1983, 25ff.) Staatshaftungsrecht richtig, vgl. Papier, NJW 1981, 2324 r.Sp.

112) A.a.O., S.128; BGHZ 23, 36 (47); vgl. auch die Hinweise in Fn.111.

113) Dazu näher der 8.Teil, 5.Kap., S.438ff., 6.Kap., S.451ff. (Zusammenfassung des 8. Teils).

liches[114] genauso wie amtsrechtliches Unrecht. Der Maßstab des deliktischen Unrechts des Staates jedoch ist dem Staatsrecht zu entnehmen. § 823 Abs.1 BGB etwa gibt Grenzen für staatliches Verhalten[115] und ist auch Norm des Staatsrechts, obwohl er Rechte allein von Privaten schützt[115a]. "Was für §§ 823ff. BGB" gelte, ist jedoch nicht schon "für § 1 UWG maßgeblich"[116], weil § 1 UWG privates Verhalten reglementiert und auch die Privatheit des Verhaltens voraussetzt; denn ein Wettbewerbsverhältnis i.S. des § 1 UWG kann nur zwischen Privaten bestehen, insbesondere, weil der Maßstab der guten Sitten nur privates Verhalten zu bewerten erlaubt[117]. Die 'absoluten' Rechte des § 823 Abs.1 BGB kann aber auch der Staat beeinträchtigen.

## V. Schlußkritik an Schricker

Im übrigen ist Schricker die Kritik an der Neutralitätsthese von R. Scholz entgegenzuhalten[118]. Schricker hat die Privatautonomie als die unentbehrliche Voraussetzung von Wettbewerb und Wettbewerbsrecht[119] nicht ins Auge gefaßt und sich damit von der eigentlichen Problematik der Geltung des § 1 UWG für Staatsunternehmen freigemacht.

114) Fikentscher, Schuldrecht, S.677, auch S.557f.; Larenz, Schuldrecht II, Bes. Teil, S.424ff. mit näherer Erörterung dieser Frage; Esser, Schuldrecht II, S.396 gegen die hergebrachte Indikationsdogmatik; vgl. auch Nipperdey, NJW 1957, 1777; dazu auch Enneccerus-Nipperdey, Allgemeiner Teil, 2.Halbbd., §209, S.1277ff.; Wiethölter, Der Rechtfertigungsgrund des verkehrsrichtigen Verhaltens, 1960; v.Caemmerer, Wandlungen des Deliktrechts, F. DJT Bd.2, 1960, S.49ff. Vgl. insb. BGHZ GS 24, 21ff..Der dogmatische Unterschied ist an dieser Stelle bedeutungslos, weil die Rechtfertigungsgründe staatlichen tatbestandsmäßig deliktischen Verhaltens allein dem Staatsrecht zu entnehmen sind.

115) Zum Charakter der 'absoluten', der 'klassischen Rechte' des §823 Abs.1 BGB als Verhaltensnorm für jeden Dritten Larenz, Schuldrecht II, S.424ff. mit Fn.3.

115a)Für den Schutz staatlicher Sachherrschaft ist vorerst eine Analogie zu §§823 Abs.1, 1004 BGB zu erwägen.

116) So aber Schricker, a.a.O., S.128.

117) Dazu der 8.Teil, insb. 5.Kap., S.438ff., 7.Teil, 5.Kap., IV, S.326ff., 6.Kap., S.337ff., 7.Kap., S.347ff., auch in diesem Teil, 9.Kap., II 2, S.85ff. zu Scholz.

118) 9.Kap., II 1, S.83ff.

119) Dazu das 2.Kap., II, S.38ff. mit Hinweisen in Fn.53.

4. Kapitel

# WOLFGANG RÜFNER

## I Rüfners Überlagerungstheorie, Kritik

Rüfner[120)] will das "privatrechtliche Handeln" auch öffentlich-rechtlich binden, weil die Verwaltung stets "das öffentliche Interesse auf die bestmögliche Weise zu wahren" habe und "ferner durchgängig an die Grundsätze der Verfassung, an die Grundrechte, den Gleichheitssatz, das Willkür- und Übermaßverbot und das Sozialstaatsprinzip gebunden" sei[121)]. Er sieht "die fiskalische Verwaltung ähnlichen Bindungen unterworfen, welche für die öffentlich-rechtlich handelnde Verwaltung gelten"[122)]. Dem ist zuzustimmen nur fragt es sich, ob Rüfner noch vom 'privatrechtlichen' Handeln des Fiskus[123)] und vom 'Verwaltungsprivatrecht'[124)] sprechen sollte, obwohl die staatsrechtliche Überlagerung des vermeintlichen Privatrechts letzteres zu staatlichem Sonderrecht und damit selbst zu Staatsrecht werden läßt[125)]. Für Rüfner gibt es keine Zweifel an der von anderen sog. Fiskalgeltung der Grundrechte jedenfalls als "objektive Grundsatznormen"[126)]. Der Gleichheitssatz etwa schließe sachlich differenzierende wirtschaftliche Kontakte zu Privaten nicht aus[127)]. Rüfner stellt wiederholt klar, daß "der Staat nie einem Privatmann gleichzustellen" sei[128)]. "Dem Fiskus" könne es "nicht freistehen, seine Wohltaten nach Belieben zu verteilen"[129)]. "Fiskus und Privatmann" würden sich

---

120) Formen öffentlicher Verwaltung im Bereich der Wirtschaft, 1967.

121) A.a.O., S.377ff., 380f., insb. 388, 395; ebenso Ehmke, Ermessen, S.43f.; ihm folgt insoweit Wenger, Öffentliche Unternehmung, S.514ff., insb. S.518f.; vgl. die Hinweise zur Überlagerungstheorie in Fn.57 im 1.Teil; vgl. auch die Hinweise zur Modifizierung des Maßstabes in Fn.en 217ff. des 7.Teils.

122) A.a.O., S.388.

123) Etwa a.a.O., S.348, 368, 388.

124) A.a.O., S.348ff., 377ff., 386., 393ff.

125) So auch Brohm, Strukturen, S.184 in Fn.41.

126) A.a.O., S.396; zur Frage der Fiskalgeltung der Grundrechte Hinweise in Fn.56 des 1.Teils.

127) A.a.O., S.394ff.

128) A.a.O., S.395ff.; so auch Wenger, Öffentliche Unternehmung, S.520; vgl. die Hinweise in Fn.98 im 5.Teil; deutlich jetzt BVerfG NJW 1982, 2173 (2175); dazu insb. 6.Teil, 4.Kap., S.261ff.

129) A.a.O., S.401.

nicht dadurch unterscheiden, "daß der Fiskus etwas tut, was der Privatmann nicht tun könne oder tun dürfe, sondern dadurch, daß dem Fiskus verboten ist, was dem Privatmann erlaubt ist"[130]. Obwohl Rüfner den Unterschied zwischen dem staatlichen und dem privaten Unternehmer unzweideutig hervorhebt und konsequent das unternehmerische Verhalten des Staates dem adäquaten Staatsrecht unterwirft, empfiehlt er, auch das Wettbewerbsrecht auf diese staatlichen Unternehmen anzuwenden[131], insbesondere gegen den Mißbrauch der "Macht des Fiskus", die "nicht spezifisch staatlich" sei, "da sie gerade auf den Gebrauch der dem Staate vorbehaltenen Mittel der öffentlichen Gewalt verzichte", Abhilfe im Privatrecht und im Wirtschaftsrecht zu suchen[132]. Rüfner stellt, wie übrigens R. Scholz[133], das staatliche Verhalten als Unternehmer sowohl unter das Wettbewerbsrecht als einen Teil des Privatrechts als auch unter das Staatsrecht, etwa mit folgendem Satz: "Generell verstößt eine Subventionierung öffentlicher Unternehmungen aus Steuermitteln zu dem Zweck, sie zur Unterbietung und Verdrängung privater Konkurrenten instandzusetzen, sowohl gegen die Grundsätze des lauteren Wettbewerbs als auch gegen das Grundgesetz, da sie auf eine gezielte Entwertung des vorhandenen Eigentums an Produktionsmitteln hinausliefe[134]. Rüfners Überlagerungstheorie verkennt jedoch das Wesen des Wettbewerbs als autonomes Wirtschaften und damit des Wettbewerbsrechts als Grenze des Rechts zur Autonomie beim Wirtschaften, obwohl er die Privatautonomie (mit Vorbehalten) in unserem Sinne als Recht zum beliebigen Verhalten, als "Spielraum der Selbstgestaltung", in dem der Mensch von der Rechenschaftspflicht für die Vernünftigkeit oder Nützlichkeit seiner Ziele und Maßnahmen freigestellt sei[135], versteht.

## II Privatrechtlichkeit des Verwaltungshandelns ohne Privatautonomie bei Rüfner, Kritik

Die Verwaltung sieht Rüfner durchgängig rechtlich gebunden, selbst wenn das Recht der Verwaltung Ermessen läßt, zu entscheiden, "was für das Gemeinwohl dienlich" sei[136]. Der Gesetzgeber könne durch "spezielle Gesetze besondere Ziele

130) A.a.O., S.401.

131) A.a.O., S.185, 213, 232ff., 397.

132) A.a.O., S.397, sogar im Falle "rechtlicher oder tatsächlicher Monopole"; a.A. richtig: Bachof, VVDStRL 12 (1954), S.63, 125f.; ders., VVDStRL 19 (1961), S.260; wie Rüfner: Dürig, F.Nawiasky, S.188f.; Forsthoff, Staat als Auftraggeber, S.13. Im Ergebnis so auch die Lehre von der Doppelqualifikation, Hinweise in Fn.319, und von der Neutralität des Wettbewerbsrechts, Hinweise in Fn.316. In jüngster Zeit für viele auch Papier, Handbuch, S.626.

133) ZHR 132 (1969), S.122, dazu im 9.Kap., II 4, S.90ff. mit weiteren Hinweisen auf Scholzens Position in Fn.381; zuletzt eher zurückhaltend in Maunz/Dürig/Herzog/Scholz, Rdn.405 zu Art.12 GG.

134) A.a.O., S.213.

135) A.a.O., S.387; dazu 3.Teil, 2. und 3.Kap., S.104ff., 107ff. mit Hinweisen in Fn.en 53-55 des 4.Teils, 182, 183 des 3.Teils.

136) A.a.O., S.387f. unter Hinweis auf Ehmke, Ermessen, S.40ff.

setzen, welche bei der Ausübung des Ermessens zu beachten" seien[137]. Auf eine "Privatautonomie" könne sich die Verwaltung "gegenüber den allgemeinen Prinzipien unseres Staatslebens" nicht berufen[138]. Ohne "einen rechtsleeren Raum subjektiven Beliebens"[139] ist der Staat jedoch nicht befähigt, an einem Wettbewerbsverhältnis teilzuhaben[140]. Auch Rüfner kann sich von dem Dogma eines Wahlrechts der Verwaltung zwischen der Bindung an das Verwaltungsrecht und der an das Privatrecht nicht lösen[141]. Schließlich bleibt er dabei, daß "die Zurechnung aller - oder doch aller im öffentlichen Interesse ausgeübten - Staatstätigkeiten zum öffentlichen Recht zwar vielleicht eine Befriedigung anzuerkennender theoretischer Wünsche" sei, "aber nicht geltendes deutsches Recht". "In Deutschland war es bislang immer zulässig, daß die Verwaltung sich auch zur unmittelbaren Erreichung ihrer Zwecke auf den Boden des Privatrechts" begeben habe[142]. Gegen seine richtigen rechtsdogmatischen Erkenntnisse von der Unfähigkeit des Staates, privatautonom zu sein, verharrt Rüfner, vielleicht wegen der praktischen Folgen konsequent daraus gezogener Thesen, in der Tradition, die er selbst nicht mehr dogmatisch begründet. Daß das Wesen des Privatrechts die Begrenzung der Privatautonomie ist, will er nicht recht zugestehen, weil diese im Sachenrecht bereits zurücktrete, im Erbrecht schon stark eingeschränkt und im Familienrecht kaum mehr vorhanden sei[143]. Dabei erwähnt er nicht, daß das Sachenrecht untrennbar mit dem Schuldrecht verbunden ist, daß das Erbrecht die Testierfreiheit kennt und daß die wesentlichen gesetzlichen Regelungen des Familienrechts vertraglich abbedungen oder geändert werden dürfen. "Das Privatrecht als gemeines, für alle geltendes und für alle Zwecke bereitstehendes Recht" hält er "für elastisch und anpassungsfähig genug, als allgemeine Grundlage für viele in ihrer Einzelausgestaltung nicht mehr der Privatautonomie überlassenen Rechtsverhältnisse zu dienen"[144]. Die Normen des Privatrechts haben zum Teil allgemeinen Charakter, so daß sie auch für das Verhältnis des Menschen zum Staat praktikabel sind. Nur wandeln sie sich dann in Staatsrecht, weil die Qualität der Rechtsnormen primär durch das Wesen der Personen bestimmt ist, deren Rechtsverhältnisse sie

137) A.a.O., S.388.

138) A.a.O., S.387, 388, auch S.358ff.; weitere Hinweise in Fn.59, vgl. auch Fn.106; Rüfner folgend Wenger, Öffentliche Unternehmung, S.518.

139) A.a.O., S.387.

140) Vgl. dazu im 2.Kap., II 1, S.38ff. mit Hinweisen insb. in Fn.en 53, 56, auch den 7.Teil, insb. das 7.Kap., II, S.348ff.

141) A.a.O., S.364 ("weithin"); genauso Wenger, Öffentliche Unternehmung, S.519; dazu 5.Teil, 2.Kap., S.181ff.

142) A.a.O., S.370 mit Belegen in Fn.102; ebenso beläßt es Martens, Öffentlich als Rechtsbegriff, S.93 bei Praxis und Tradition der Fiskustheorie; nicht anders Wenger, Öffentliche Unternehmung, S.516; besonders deutlich Brohm, Strukturen, S.163, dazu 6.Kap., I, S.60ff.

143) A.a.O., S.380f. unter Berufung auf Wolff, AöR 76 (1950/51), S.208; Mertens, JuS 1963, 395f.

144) A.a.O., S.381.

regeln[145]. Das ist für Private das Recht zur Autonomie[146] und für den Staat die Gemeinwohlverpflichtetheit[147]. Es gibt also kein Verwaltungsprivatrecht im eigentlichen Sinne, wie es Rüfner vorschwebt[148]. Rüfner muß sich dieselbe Kritik gefallen lassen, die gegen alle die Autoren vorgetragen ist, die den Staat wettbewerbsrechtlich zu binden versuchen[149], weil die wettbewerbsrechtliche und die staatsrechtliche Bestimmung staatlichen Verhaltens unvereinbar sind[150]. Das Wettbewerbsrecht, das auch Rüfner für den Staat als Unternehmer verschärfen will, würde die Verwirklichung des Gemeinwohls wegen der inadäquaten Maßstäbe desavouieren[151]. Das Wettbewerbsrecht ist schlicht nicht staatsadäquat.

145) Dazu näher im 6.Teil, 3.Kap., S.253ff.

146) Das will Rüfner, a.a.O., S.381 mit folgendem bemerkenswerten Satz in Frage Stellen: "In Sondergebieten des Privatrechts, wie dem Arbeitsrecht, dem Monopolprivatrecht, wird deutlich, daß Bindungen an übergeordnete zwingende Normen nicht mit dem System unseres Privatrechts unvereinbar sind." Das hat wohl noch niemand geleugnet und etwa die Ansicht vertreten, Privatrecht bestehe nur aus Verträgen und allenfalls dispositiven Normen, also eigentlich nur aus dem Prinzip der sog. Privatautonomie. Zum Wesen des Privatrechts vgl. im 1.Teil, 2.Kap., S.10ff. insb. mit Fn.20.

147) Dazu näher im 6.Teil, 3. und 4.Kap., S.253ff., 261ff., Hinweise in Fn.98, 383 im 5.Teil.

148) A.a.O., S.381, 386ff.

149) Hinweise in Fn.59.

150) Dazu vor allem der 6.Teil, 3.Kap., V, S.259ff., 7.Teil, 1.Kap., III, S.288f. und 8.Kap., S.357ff.

151) Dazu vor allem im 8.Teil das 5.Kap., S.438ff.

## 5. Kapitel

## HANS HUGO KLEIN

### I Das grundrechtliche Fiskusproblem bei Klein, Kritik

Klein[152] argumentiert ebenfalls in der Dichotomie grundrechtlichen Schutzes privater Unternehmen gegen staatliche Konkurrenten und wettbewerbsrechtlicher Gleichbehandlung privater und staatlicher Unternehmen. "Eine Fiskalgeltung der Grundrechte" sei "weder verfassungstheoretisch zu rechtfertigen, noch bestehe auch nur ein wirkliches Bedürfnis für sie"[153]. Die Bedürfnisfrage für eine verfassungsdogmatische Position zu stellen, ist ein heikler Ansatz, solange die verfassungsdogmatische These eigenständige Rechtsfolgen ergibt. Unterschiedliche Rechtsfolgen haben freilich regelmäßig unterschiedliche praktische Wirkungen. Das ist der Sinn rechtlicher Normierungen. Wenn sich die privaten Unternehmer auf die Wettbewerbsfreiheit als einem Ausfluß der Wirtschaftsfreiheit aus Art.12 Abs.1 GG und/oder Art.2 Abs.1 GG berufen können[154], um staatliche Konkurrenz zurückzudrängen, wird dem Staat gerade die 'Freiheit' genommen, ohne hinreichende Gründe des Gemeinwohls, die den ungestörten Wettbewerb der Privaten zurückzustehen gebieten, auf den Wettbewerb mit wettbewerbsadäquaten Instrumenten einzuwirken. Diese sog. Fiskalgeltung der Grundrechte kann Grundlage eines Vorrangs des privaten Wirtschaftens und damit in gewissem Sinne der Subsidiarität staatlicher Unternehmungen sein, die Klein freilich ablehnt[155]. Er jedenfalls befürchtet eine Aushöhlung der Wirtschaftsgrundrechte durch den unternehmerischen und als solchen privilegierten und vor allem leicht privilegierbaren Staat nicht[156].

---

152) Die Teilnahme des Staates am wirtschaftlichen Wettbewerb, 1968.

153) A.a.O., S.176, zur Problematik der Fiskalgeltung der Grundrechte a.a.O., S.165ff.; Hinweise zu dieser Frage in Fn.56 des 1.Teils.

154) Zum Grundrechtsschutz der Wettbewerbsfreiheit vgl. die Hinweise in Fn.en 53, 56; auf Art.12 Abs.1 GG stützt materiell BGH NJW 1982, 2117 (2119ff.) das Verbot der Selbstabgabestellen der gesetzlichen Krankenkassen, als Anspruchsgrundlage wird freilich §1 UWG herangezogen; zum Grundrechtsschutz der Privatunternehmen gegen Staatsunternehmen im 7.Teil, 7.Kap., S.347ff.

155) A.a.O., S.159ff., 180; zum wirtschaftsverfassungsrechtlichen Subsidiaritätsprinzip im 7.Teil, 4.Kap., V, S.317ff., auch 6.Teil, 4.Kap., V 5, S.272ff., Hinw. in Fn.182 im 7.Teil, Fn.184 im 6.Teil.

Er vermag nicht einzusehen, warum der Staat als potentieller Wettbewerber vom Markt ferngehalten werden solle[157] und will dem Mißbrauch der spezifischen staatlichen Macht mit Mitteln des einfachen Rechts vorkehren[158]. Klein vermag H.P. Ipsen nicht zu folgen, der Art.2 Abs.1 GG der Teilnahme des Staates am Wettbewerb entgegenstellt, weil fiskalisches Gewinnstreben niemals öffentliches Interesse sei[159], und sich darum nicht nur gegen die Neuerrichtung öffentlicher Unternehmen und deren Erweiterung ausspricht, sondern sogar die Privatisierung staatlicher Unternehmen fordert[160]. Die Mißbrauchsabwehr ist ein trefflicher Rettungsanker, wenn eine konsistente normativ geleitete Staatstheorie fehlt, weil die Mißbrauchsgrenze alles Konkrete offen läßt. Klein hält tatsächliche Beeinträchtigungen der Wirtschaftsfreiheit nicht für grundrechtsrelevant, weil die Grundrechte nur durch "regelnde" Gesetze oder Verwaltungsakte, also nur durch "Entfaltung staatlicher Herrschaftsgewalt", nur imperativ, wie es U. Gallwas nennen würde[161], beeinträchtigt werden könnten[162]. Darin ist ihm im Prinzip zu folgen.

Mittels Art.12 Abs.1 GG könne "der faktischen Expansion der staatlichen Wettbewerbsteilnahme" nicht begegnet werden, sondern nur staatlichen Ausschließlichkeitsrechten[164]. Wenn allerdings "alle Wirtschaftszweige ausnahmslos von öffentlichen Unternehmen beherrscht" würden und kein selbständiges Unternehmertum Privater mehr möglich wäre, könne dieser völligen Aufhebung des Grundrechts der freien Berufswahl entgegengetreten werden[165]. Damit bringt Klein nur die institutionelle Wirkung der Gewerbefreiheit zur Geltung und bleibt seiner These treu. Er meint - für viele Fälle sicher zu Recht -, daß es überflüssig gewesen wäre, die öffentlichen Wettbewerbsunternehmen in den Geltungsbereich des Gesetzes gegen Wettbewerbsbeschränkung (§ 98 Abs.1 GWB) einzubeziehen, wenn man

---

156) A.a.O., S.177.

157) A.a.O., S.177, 179.

158) A.a.O., S.177 unter Berufung auf Schneider, Werbung im Rundfunk, S.19f. und Bettermann, F.Hirsch, S.11ff., 18ff.

159) Dazu näher im 7.Teil, 4.Kap., S.310ff.

160) Ipsen, NJW 1963, 2107f.

161) Faktische Beeinträchtigungen, S.104, 105ff., passim; zu Gallwas 5.Teil, 4.Kap., II, S.198ff.

162) A.a.O., S.177 mit Hinweis auf Schricker, Wirtschaftliche Tätigkeit, S.77 (weitere Hinweise in Fn.340 des 7.Teils); im Widerspruch dazu will Klein, a.a.O., S.263ff., 270f. aus mittelbaren Grundrechtseingriffen durch Subventionen mit wirtschaftslenkender Tendenz einen Gesetzesvorbehalt aus Art.12 und Art.14 GG herleiten; er zitiert zustimmend: "Der Zwang, der von den Umständen ausgeht, ist ebenso real wie der Zwang des Befehls.", (so Richter Douglas in U.S. Supreme Court Reports 96 L ed. 1080, aus Kimminich, Der Staat 3 (1964), S.75), und verkennt damit den grundlegenden Unterschied des grundrechtlichen Schutzes vor normativen, imperativen Eingriffen und Veränderungen der Realität, gegen die die Grundrechte nur in besonderen Fällen Schutz gewähren (dazu sub III, IV im 7.Kap. des 7.Teils, S.347ff. Kleins Hinweis auf die Besteuerungsproblematik geht fehl, weil nur in Grenzfällen Grundrechtsschutz quasi analog aktiviert wird, vgl. BVerfGE 13, 181 (185), objektiv berufsregelnde Tendenz, BVerfGE 18, 1 (12); Vogel, VVDStRL 24 (1966), S.151ff.

163) Dazu im 7.Teil, 7.Kap., III, IV, S.351ff. insb. mit Fn.348, 349.

164) A.a.O., S.180f.; anders in der Sache insb. BGH NJW 1982, 2117 (2119f.).

165) A.a.O., S.182; so auch Schricker, Wirtschaftliche Tätigkeit, S.150.

mit der Fiskalgeltung der Grundrechte ernst machen würde. Mit dem Kartellgesetz habe der Gesetzgeber "der Unmöglichkeit, aus der Verfassung wirksame Schranken der wirtschaftlichen Expansion der öffentlichen Hand zu entwickeln, Rechnung getragen, indem er sie sachgemäß denselben Regeln unterwarf, die auch für die private Wirtschaft gelten, mit der sich die Wettbewerbsteilnahme der Verwaltungsträger auf gleicher Ebene" bewege[166)]. Zum einen schließt Klein damit vom einfachen Recht auf das Verfassungsrecht und gesteht dem einfachen Gesetzgeber quasi-authentische Interpretation der Grundrechte zu, zum anderen berücksichtigt er jedenfalls nicht explizit, daß das Dogma der Privatheit bestimmter staatlicher Unternehmen, nämlich die Fiskustheorie, das Motiv für § 98 Abs.1 GWB sein dürfte[167)]. Des weiteren operiert Klein mit dem Gleichheitsgedanken, der die Gleichheit privater und staatlicher Unternehmen voraussetzen würde[168)].

Für die besonderen Bereiche öffentlicher Bedarfsverwaltung und der Einrichtung von Hilfsbetrieben erwägt Klein doch, Art.12 GG heranzuziehen, wenn der Staat als Nachfragemonopolist lediglich einen Lieferanten berücksichtigt und dessen private Konkurrenten praktisch vom Markt ausschließt[169)]. Wenn Klein bei der Fiskustheorie bleibt, muß er das Beschaffungswesen, das herkömmlich in Privatrechtsformen abgewickelt wird, in die Problematik der Fiskalgeltung der Grundrechte einbeziehen. Die wettbewerbsrechtliche Disziplinierung der unternehmerischen Betätigung des Staates genügt Klein aus praktischen Gründen. "Der Blick auf die Realitäten macht es von vornherein gewiß, daß eine Bejahung der Fiskalgeltung der Grundrechte nur unter sehr weitgehenden Modifikationen möglich wäre, wenn anders nicht der Teilnahme des Staates am Wirtschaftswettbewerb bzw. einer sinnvollen Nutzung des Eigentums der öffentlichen Hand an Grundstücken und Produktionsanlagen die Grundlage entzogen werden soll"[170)]. Durch die Realitäten hindurch will Klein "von vornherein" auf die Normativität des Grundgesetzes blicken. Die Realitäten sind aus vorkonstitutioneller Zeit tradiert und beruhen auf der Fiskustheorie, die dem Staat Privatheit zubilligt. Die Realität ist die Praxis des Staates, die an den Grundentscheidungen des Grundgesetzes zu messen ist. Derartige Verfassungsfragen zu stellen, heißt allerdings die Rechtmäßigkeit der Realität zu bezweifeln.

### II Im öffentlichen Interesse modifizierte Geltung des Wettbewerbsrechts für Staatsunternehmen bei Klein

Klein hegt keine Bedenken gegen die Anwendung des Wettbewerbsrechts auf öf-

---

166) A.a.O., S.182 unter Hinweis auf Schricker, Wirtschaftliche Tätigkeit, S.96ff.

167) Dazu 7.Teil, 1.Kap., II, S.285ff.

168) Dazu vor allem im 7.Teil, 5.Kap., S.322ff. mit Hinw.; Hinweise auch in Fn.169 im 5.Teil; gegen diese Annahme derartiger Gleichheit jetzt vor allem BVerfG NJW 1982, 2173 (2175).

169) A.a.O., S.183.

170) A.a.O., S.166.

fentliche Unternehmen, zumal er im Grundgedanken des § 1 UWG eine Ausprägung des Verbots sittenwidrigen Handelns auch im öffentlichen Recht sieht. Als Begründung genügt ihm der Hinweis auf Schricker und dessen "überzeugende Begründung"[171]. Klein will die Regeln des lauteren Wettbewerbs sogar auf "alle Maßnahmen öffentlicher Verwaltung" "-unbeschadet ihrer Rechtsform-" anwenden[172]. Dabei indiziere jedoch "erst die Verletzung des Willkürverbots ihre Unlauterkeit"[173]. Mit der Ergänzung der Regeln des lauteren Wettbewerbs durch das Willkürverbot will Klein, in der Tendenz richtig, die besonderen Interessen berücksichtigt wissen, die der Staat in seiner Teilnahme an der Wirtschaft verfolge[174]. Nur ist zu fragen, welche Rechtswirkung der Verstoß gegen § 1 UWG noch haben soll, wenn der Staat das (nach herrschender Meinung verfassungskräftige) Willkürverbot verletzt hat. Klein beläßt es sogar beim Verwaltungsrechtsweg[175]. Auch das Proportionalitätsprinzip bringt Klein schließlich (jedenfalls bei öffentlich-rechtlichen Handlungsformen) im Wettbewerb zur Geltung, wenn er meint, überwiegende öffentliche Interessen könnten den tatbestandsmäßigen Wettbewerbsverstoß rechtfertigen[176]. Welches ist dann eigentlich noch die das staatliche Verhalten bindende Norm?

### III Klein zum Vernichtungswettbewerb durch Preisunterbietung mit Haushaltsmitteln

Obwohl Klein den Preiskampf, auch wenn dafür Steuermittel herangezogen werden, zulassen will, hält er ihn doch für "sittenwidrig", wenn dieser dazu diene, den privaten Mitbewerber zu vernichten[177]. Die Preisunterbietung, die allein die Vernichtung des Konkurrenten bezweckt, ist (n.h.M.) auch privaten

171) A.a.O., S.242ff., 245 mit Fn.26; Schricker, Wirtschaftliche Tätigkeit, S.127f. mit simpler und falscher Gleichbehandlung der Hoheitsträger und Privaten als Unternehmer. Zur Frage der Allgemeingültigkeit des Gebots, die "guten Sitten" zu wahren, vgl. die Hinweise in Fn.359 und die Kritik im 9.Kap., II 3, S.88ff.; zu dieser Frage im 8.Teil, 5.Kap., S.438ff.

172) A.a.O., S.247; ebenso die Neutralitätsthese von Scholz, dazu im einzelnen mit Kritik das 9.Kap., II 1, S.83ff.

173) A.a.O., S.247; ähnlich Schricker, Wirtschaftliche Tätigkeit, S.130f., dem Klein folgt.

174) A.a.O., S.248f., Sonderstellung der öffentlichen Hand, unter Hinweis auf Ulmer, JW 1933, 1948ff.; Schricker, Wirtschaftliche Tätigkeit, S.159ff., 165ff.; i.d.S. P.Ulmer, ZHR 146 (1982), S.485ff.; Hubmann, W.u.V. 1982, 52ff.; weitere Hinweise in Fn.218 des 7.Teils; vgl. auch die Hinweise zur Überlagerungstheorie in Fn.57 des 1.Teils; vgl. auch Püttner, Die öffentlichen Unternehmen, S.374; dazu insb. 7.Teil, 8.Kap., S.438ff.; Hinw. auf die umfassende Gemeinwohlverpflichtetheit des Staates in Fn.98 des 5.Teils.

175) A.a.O., S.243ff.; so auch Hubmann, W.u.V. 1982, 48ff., 62f.

176) A.a.O., S.248 mit Hinweis auf Schricker, Wirtschaftliche Tätigkeit, S.165ff.; vgl. auch die Hinweise in Fn.174 oben und die Fn.en 217, 218ff. des 7.Teils zur Maßstabsmodifizierung; dazu auch 8.Teil, 5.Kap., II 2a, S.445f.

177) A.a.O., S.250, 260; dazu näher im 7.Teil, 7.Kap., S.347ff., insb. IV, S.351ff., Hinw. dort vor allem in Fn.316. Dazu näher Hefermehl, Wettbewerbsrecht, Allgemeines, Rdn.185.

Unternehmern durch § 1 UWG untersagt[178]. Um unsachliches Staatsverhalten zu verhindern, entwickelt Klein ein Verbot, verschiedene Verwaltungsfunktionen zu koppeln. Der Staat als Wirtschaftssubjekt dürfe durch den Staat als Hoheitsträger nicht gefördert werden und umgekehrt[179]. Den öffentlichen Haushalt hält auch Klein für die "Einbruchsstelle", "über welche der Staat die Gleichheit der Wirtschaftsbedingungen öffentlicher und privater Wettbewerbsteilnehmer verzerrende Einflüsse ins Spiel zu bringen" vermöge[180]. "Wirtschafts- insbesondere lenkungspolitisch intendierte Unterstützung öffentlicher Unternehmen" signalisiere "die Gefahr einer Verschiebung der Wettbewerbsbedingungen und damit auch eines Verstoßes gegen das geltende Verfassungsrecht", nicht jedoch, wenn die Anreicherung der Mittel des Unternehmens die wirtschaftliche Leistung desselben zu fördern zum Ziele habe[181]. Welches "Verfassungsrecht" verletzt sein soll, wenn die Grundrechte keine Fiskalgeltung haben, sagt Klein nicht. Die Grundsätze des lauteren Wettbewerbs seien gewahrt[182], wenn der Staat sich gegenüber seinem Unternehmen nicht anders verhalte und diese finanziell aus Haushaltsmitteln nicht anders unterstütze, als es private Mitbewerber handhaben würden. Einen praktikablen Maßstab für staatsunternehmerische 'Lauterkeit' gibt es nicht, wenn die öffentlichen Interessen nicht unberücksichtigt bleiben sollen, es sei denn, den der Gesetzmäßigkeit, der jedoch nicht mit den "guten Sitten" identisch ist[183].

### IV Kleins Gesetzesvorbehalt bei enteignender Ingerenz staatsunternehmerischer Konkurrenz, Kritik

Endlich hält Klein es doch für möglich, daß "durch den Einsatz staatlicher, mit Mitteln des öffentlichen Haushalts dazu befähigter Unternehmen bewirkte Korrekturen des wirtschaftlichen Geschehensablaufs" "eine enteignende Wirkung" hätten "und eine Entschädigungspflicht des Staates" auslösen würden, jedenfalls wenn Unternehmen "zu Stillegungen größeren Ausmaßes gezwungen würden". Er fordert darum für solches Verhalten, welches die Dispositionsfreiheit der Unternehmer beeinträchtigt, gestützt auf Art.14 GG, den Gesetzesvorbehalt[184]. Wenn er damit nicht nur öffentlich-rechtlich handelnde Unternehmen des Staates ansprechen will,

---

178) Hinweise in Fn.122 des 7.Teils; vor allem Hefermehl, Wettbewerbsrecht, zu §1 UWG, Rdn.205, 206ff.; RGZ 134, 342. Dieser Rechtssatz kann hier in seiner Fragwürdigkeit nicht erörtert werden, fragwürdig, weil Preiskampf notwendig auf Vernichtung zielt.

179) A.a.O., S.252ff., auch S.254ff. zu Interessenkollisionen; zum Privilegierungsverbot gegenüber Staatsunternehmen im 7.Teil, 5.Kap., III, IV, S.324ff. mit Hinw. in Fn.en 218, 219; das BVerfG NJW 1982, 2173 (2175) ist über diesen Aspekt zu Recht hinweggegangen.

180) A.a.O., S.259; dazu im 7.Teil, 5.Kap., V 4, IV 1,2, S.332ff., 326ff.,

181) A.a.O., S.259.

182) A.a.O., S.260.

183) Zum Begriff der "guten Sitten" als privaten Gesetzes im 8.Teil, 4.Kap., I-III, V, S.421ff., 436ff.

184) A.a.O., S.263ff., 267f., Zitate auf S.268

so gesteht er schließlich doch eine Grundrechtswirkung gegenüber fiskalischen Unternehmen des Staates zu, jedenfalls wenn diese wirtschaftsbeeinflussende Wirkung entfalten. Eine solche dürfte jedoch jede Konkurrenz am Markt haben. Mit dem Subventionseffekt der finanziellen Unterstützung aus Haushaltsmitteln ist der Gesetzesvorbehalt noch nicht begründet, weil er auch unter diesem Aspekt die Grundrechtsgeltung voraussetzt[185]. In den aus "Freiheit und Eigentum der Bürger" hergeleiteten Gesetzesvorbehalt will Klein denn auch die verschiedensten anderen spezifischen staatlichen Unterstützungen staatlicher Unternehmen einbeziehen[186]. Meint Klein wirklich, daß es das "private" Unternehmen in der Hand des Staates gibt, das frei von staatlicher Besonderheit ist[187]?

Zu seiner vehementen Ablehnung der Fiskalgeltung der Grundrechte setzt sich Klein jedenfalls mit seiner Dogmatik vom Gesetzesvorbehalt in Widerspruch.

185) Vgl.Klein, a.a.O., S.268ff.; zur Problematik mittelbarer Grundrechtseingriffe Gallwas, Faktische Beeinträchtigung, passim; Klein selbst, a.a.O., S.263f. mit zweifelhafter Argumentation aus der Besteuerungsproblematik in und zu Fn.17; dazu kurz im 7.Teil, 7.Kap., III, S.351f. m.H.

186) A.a.O., S.270f.

187) Davon konnte sich jedenfalls BVerfG NJW 1982, 2173 (2175) nicht überzeugen.

## 6. Kapitel

# WINFRIED BROHM

### I Brohms funktionalistische und dezisionistische Theorie des Hoheitlichen und des Fiskalischen, Kritik

Brohm[188] wendet sich sogar gegen die Überlagung des Privatrechts durch öffentlich-rechtliche Grundsätze, weil man damit "zu viel aus dem 'privatrechtlichen' Handlungsbereich der Verwaltung herausnähme", weil "die Verwaltung damit unnötig für ihre schlichte 'Hoheitstätigkeit' der notwendigen elastischeren Gestaltungsform des Privatrechts beraubt" würde[189]. Er schreibt[190]: "Die Anwendung öffentlich-rechtlicher Grundsätze auf eine Verwaltungstätigkeit, die sich nicht der Mittel des Befehls und Zwanges bedient, läßt sich dogmatisch nicht damit begründen, daß der 'Staat' als 'Fiskus' dieselbe 'Rechtsperson' sei. Denn einmal müssen diese Grundsätze auch dann gelten, wenn nicht der Staat, sondern 'Private' diese Funktionen wahrnehmen; gerade im Wirtschaftsverwaltungsrecht bedient sich der 'Staat' immer mehr der Privaten, um seinen Aufgaben nachzukommen. In Anbetracht der ständigen Wechselwirkung zwischen Staat und Gesellschaft ist eine Abgrenzung nach dem handelnden Subjekt daher heute weniger denn je möglich. Zum zweiten können die öffentlich-rechtlichen Handlungsprinzipien auch auf die öffentliche Hand nicht angewendet werden, wenn diese etwa fiskalische Hilfsgeschäfte vornimmt oder eine privatwirtschaftliche Unternehmertätigkeit ausübt. Es ist eben ein Unterschied, ob der Staat als Hoheitsträger oder 'in der Funktion' des Fiskus agiert. Die Maßstäbe des öffentlichen Rechts sind grundsätzlich nur den Hoheitsfunktionen adäquat. Die Grundrechte mögen als 'objektive Grundsatznorm' in ihrer Wirkung darüber hinaus gehen; sie tun es dann aber auch für das Handeln des Privaten. Dem Versuch, die Subjektstheorie wieder zu beleben und auf den 'Fiskus' auszudehnen, kann daher nicht gefolgt werden. Man sollte sie um so weniger befürworten, wenn man sich der deutschen Rechtstradition verpflichtet fühlt, die

---

188) Strukturen der Wirtschaftsverwaltung, Organisationsformen und Gestaltungsmöglichkeiten im Wirtschaftsverwaltungsrecht, 1969.

189) A.a.O., S.182.

190) A.a.O., S.183, Hervorhebungen bei Brohm.

dem Staat auch die privatrechtlichen Handlungsformen, d.h. im wesentlichen auch deren Gestaltungsfreiheit zugesteht". Für diese apodiktischen, aber folgenreichen Sätze genügt es Brohm, auf die Gegenmeinungen von Mallmann und Zeidler und die Position von Rüfner[191] hinzuweisen[192].

Als Anhänger der uneingeschränkten Fiskustheorie läßt Brohm dem Staat als Fiskus sogar Privatautonomie; denn "der deutschen Rechtstradition verpflichtet", die die Privatheit des Staates als sog. Fiskus praktiziert, gestattet er dem Staat privatrechtliche Handlungsformen, die er mit Recht "im wesentlichen" als "Gestaltungsfreiheit" versteht. Brohm stellt den Fiskus auch in der Grundrechtsfrage den Privaten gleich, indem er die Grundrechte als objektive Grundsatznormen allenfalls graduell differenziert auf beide anwenden will[193].

Explizit lehnt Brohm die Subjektstheorie für die Definition des öffentlichen Rechts ab, die staatliches Verhalten nicht nach Aufgaben, Interessen oder Handlungsformen unterscheidet, und folgt einem Funktionalismus, der für die Staatlichkeit darauf abstellt, ob hoheitliche Funktionen wahrgenommen werden[194].

## II Hoheitliche Kompetenzen von Privaten bei Brohm, etwa die Tarifautonomie

Das führt notwendig dazu, auch Menschen als hoheitliche Funktionsträger einzustufen, die institutionell nicht Staatsorgane sind. Das hält Brohm in den Grenzen des Art.33 Abs.4 GG als "Beleihung" für zulässig[195]. Nach Brohm können ja auch "gesellschaftliche Kräfte hoheitliche Kompetenzen wahrnehmen", so wie er Privatautonomie zu einer "'Privat'-Kompetenz" umdeutet[196]. Den wesensmäßigen Kern der privaten Autonomie, die Selbstbestimmung des Menschen[197], berücksichtigt Brohm bei seinen Überlegungen nicht. Das führt zu Thesen wie der, die Tarifautonomie stelle selbst eine hoheitliche Kompetenz dar, die den Sozialpartnern in Art.9 Abs.3 GG unmittelbar zugestanden wurde; die Verfassung habe selbst den Auftrag gegeben, "Hoheitskompetenzen in der Wahrnehmung von Eigeninteressen auszuüben, m.a.W. "sie vertraue ausnahmsweise auch einmal im Bereich der Hoheitskompetenzen auf das Modell des Wettbewerbs", die Verfassung selbst "überspiele" somit die objektivierende Funktion, die im allgemeinen mit der Ausübung von Ho-

191) Mallmann, VVDStRL 19 (1961), S.165, dazu 5.Teil, 4.Kap., VII, S.218ff.; Zeidler, VVDStRL 19 (1961), S.208, dazu 5.Teil, 4.Kap., VIII, S.224ff.; Rüfner, Formen, S.326, 358ff., 402ff., 405, 406f., dazu 4.Kap., S.50ff.

192) A.a.O., Fn.35, 36 auf S.183.

193) A.a.O., S.183 mit Fn.37; zu einer Privatautonomie des Staates vgl. die Hinweise in Fn.59 dieses Teils und Fn.132 des 6.Teils.

194) A.a.O., S.183.

195) A.a.O., S.215f.; zum Rechtsinstitut der Beleihung Hinweise in Fn.188 im 5.Teil.

196) A.a.O., S.158; dazu im 6.Teil, 4.Kap., II, III, S.263ff., 265ff. mit Fn.129.

197) Dazu im 3.Teil, 2.Kap., S.104ff., 4.Kap., S.116ff., auch 2.Kap. des 1.Teils, S.10ff. mit Fn.20 im 1.Teil; vgl. zuletzt BVerfG NJW 1982, 2173 (2175).

heitskompetenzen verbunden sei[198]. Wenn es freilich hoheitliche Funktion sein kann, Eigeninteressen wahrzunehmen und durchzusetzen, ist die Abgrenzung zwischen der Hoheitlichkeit und der Privatheit eine Dezision, die sich in der Interpretation der Gesetze, die konkrete Aufgaben zuweisen, flüchtet. Der Versuch, den grundgesetzlichen Staat aus politischen Grundentscheidungen des Grundgesetzes heraus zu verstehen und zu dogmatisieren, ist damit aufgegeben. Brohm kennt den Unterschied zwischen dem Recht zur Autonomie, das die Privatheit des Menschen ausmacht, und der Pflicht zur Gemeinwohlverwirklichung, die den Staat charakterisiert, nicht; sonst könnte er unter den Titel 'hoheitliche Kompetenz' nicht den Widerpart von Hoheitlichkeit, nämlich die Autonomie der Menschen (im Beispielsfalle im Arbeitsleben) ordnen. Vor einer solchen These hätte man eine Auseinandersetzung mit der sehr strittigen tarifrechtlichen Delegationstheorie[199] erwartet. Brohm hat sich erklärtermaßen nicht in die Fiskustheorie für die Wirtschaftstätigkeit der öffentlichen Hand vertieft[200].

### III Die Besonderheiten "wirtschaftstypischer" Rechtsbeziehungen des Staates bei Brohm

Es überrascht nicht, daß auch Brohm der öffentlichen Hand den Austausch der Rechtsformen für die Wirtschaftstätigkeit zugesteht[201], trotz seiner negativen Äußerung zur Fiskalgeltung der Grundrechte[202] "Eingriffe in die grundrechtlich gewährleistete Freiheitssphäre" nicht "auf den Bereich der Wirtschaftsverwaltung beschränkt" sieht, sondern "ebenso im Rahmen der Wirtschaftstätigkeit" für möglich hält[203], aber immerhin erkennt, daß "gemeinschaftstypische und wirtschaftstypische Rechtsbeziehungen" sich wie die Wirtschaftsverwaltung und die Wirtschaftstätigkeit nicht begrifflich-logisch scharf voneinander abgrenzen" lassen. Er hält "wirtschaftstypische Rechtsbeziehungen für die Wirtschaftstätigkeit der öffentlichen Hand für charakteristisch", obwohl mit "diesen Begriffen nur eine bestimmte Formalstruktur der Rechtsverhältnisse" bezeichnet sei. Den Terminus 'wirtschaftstypisch' benutzt er, um den der Wirtschaft eigentümlichen Austausch von Leistung und Gegenleistung zu kennzeichnen. Richtig relativiert er dieses Austauschprinzip für die öffentliche Hand, weil die Leistung der öffentlichen Hand "Verwaltung" sei

---

198) A.a.O., S.166.

199) Dazu insb. Richardi, Kollektivgewalt, S.15ff., 52ff., 141ff., 144ff. und passim; Adomeit, Rechtsquellenfragen, passim, insb. S.121ff., 155ff.; Scholz, Maunz/Dürig/Herzog/Scholz, Rdn.301 zu Art.9 GG mit Hinweisen in Fn.10; vgl. auch die Hinweise bei Schachtschneider, Der Staat (16) 1977, S.509f. sub 2 mit Fn.en 82, 89; Brohms Hinweis in Fn.112, S.160 auf Art.9 Abs.3 GG als Grundlage der Tarifautonomie klärt diese Frage sicher nicht. Weitere Hinweise in Fn.217 des 5.Teils.

200) A.a.O., S.51f.

201) A.a.O., S.48; dazu 5.Teil, 2.Kap., S.181ff.

202) A.a.O., S.183.

203) A.a.O., S.48f.

und die geforderte Gegenleistung der öffentlichen Hand nicht gemäß dem Marktmechanismus von Angebot und Nachfrage unangemessen gesteigert werden dürfe. Der Austausch der Leistungen müsse äquivalent bleiben. Er gesteht der Verwaltung allenfalls einen Spielraum "nach unten" im Sinne einer Ermäßigung der Gegenleistung zu; das Äquivalenzprinzip lege eine Höchstgrenze der individuellen Belastung fest. Diese Begrenzungen würden nichts an der wirtschaftstypischen Gestaltung ändern[204)]. Brohm bringt die Besonderheit des Staates mit richtiger Tendenz zur Geltung. Nur widerspricht diese Erkenntnis auf S.50 der Bemerkung auf S.183, daß "die öffentlich-rechtlichen Handlungsprinzipien" nicht auf die fiskalischen Hilfsgeschäfte und nicht auf eine privatwirtschaftliche Unternehmertätigkeit der öffentlichen Hand angewandt werden könnten.

204) A.a.O., S.50, Hervorhebung bei Brohm.

## 7. Kapitel

## VOLKER EMMERICH

### I Staatliche Wahlfreiheit der Unternehmensrechtsform und verschärfte Maßstäbe des Privatrechts gegenüber Staatsunternehmen bei Emmerich

Emmerich[205] ersetzt disziplinierte Staatlichkeit durch beschränkte Privatheit der staatlichen Unternehmen[206]. Gegen die wirtschaftliche Macht der öffentlichen Hand will er den Privatrechtsschutz aus § 1 UWG und den Vorschriften des GWB verstärkt aktivieren[207]. Die Fiskalgeltung der Grundrechte lehnt Emmerich ab[208]. Emmerich beläßt dem Staat "weithin die Wahl zwischen privatrechtlichen und öffentlich-rechtlichen Unternehmensformen". Das sei "allein eine Frage der Zweckmäßigkeit, über die die Verwaltung in der Regel frei entscheiden" könne[209]. Es sei deshalb "unbefriedigend, die Grundrechtsbindung der öffentlichen Unternehmen an ihre Rechtsform zu knüpfen"[210]. Emmerich strebt eine Lösung an, die "eine einheitliche Behandlung sämtlicher öffentlicher Unternehmen" erlaube[211]. Wenn

---

205) Das Wirtschaftsrecht der öffentlichen Unternehmen, 1969, vor allem S.129ff.; ders., u.a. Öffentliche Produktion II, Rechtsformen, HdWW Bd.5, 1980, S.457f.; ders., in Mestmäcker/Immenga, Rdn.1ff. zu §98 GWB mit umfangreichen Hinweisen, insb. auf seine weiteren Schriften, auch Unlauterer Wettbewerb 1982, S.25ff. ("notwendige Konsequenz" "der nahezu schrankenlosen Zulässigkeit der erwerbswirtschaftlichen Betätigung der öffentlichen Hand" ist die "umfassende Bindung des wirtschaftenden Staates an die Schranken des allgemeinen Privat- und Wettbewerbsrechts").

206) A.a.O., S.145 mit Hinweisen in Fn.419.

207) A.a.O., S.144ff., "früher", "strenger"; ders., noch in Mestmäcker/Immenga, Rdn.38 zu §98 GWB ("streng"); ebenso in der Sache Unlauterer Wettbewerb 1982, S.27; i.d.S. auch P.Ulmer, ZHR 146 (1982), S.485ff.; Hubmann, W.u.V. 1982, 52ff.; weitere Hinweise dazu in Fn.en 218ff. des 7.Teils.

208) A.a.O., S.120ff. (Diskussion der Frage), S.136f., 147, auch S.264f. (Ergebnis: gegen "starre Grundrechtsbindung"), Emmerich stellt zu Unrecht die Frage der Drittwirkung der Grundrechte in den Mittelpunkt seiner Überlegungen und lehnt diese ab, weil das wegen des Gleichheitssatzes das Ende der Privatautonomie wäre (a.a.O., S.129ff. mit Hinweisen, insb. in Fn.366), mitnichten, denn die 'Fiskalgeltung' ist keine Frage der 'Drittwirkung' und der Gleichheitssatz verbietet dem Staat nicht die sachliche Differenzierung unter Anbietern. Vgl. ders., JuS 1970, 332; ders., vorsichtig in Mestmäcker/Immenga, Rdn.16, 17 zu §98 GWB, wo er die Ansicht äußert, daß es bei der "Fiskalgeltung der Grundrechte" "ohnehin immer nur um die Anwendung des Art.3 GG geht". Zur Problematik der Fiskalgeltung der Grundrechte vgl. die Hinweise in Fn.56 im 1.Teil.

209) A.a.O., S.128; zu diesem Wahlrecht vgl. die Kritik im 5.Teil, 2.Kap., S.181ff. mit Hinweisen in Fn.33; insb. Krüger, Allgemeine Staatslehre, S.328.

210) A.a.O., S.128.

211) A.a.O., S.218

dem Staat die Wahl der Rechtsform zugestanden wird, darf freilich die Rechtsform für die Geltung dieser oder jener Rechtsordnung nicht maßgeblich sein[212]. Angesichts der Fragwürdigkeit dieser freien Wahl[213] nimmt es nicht Wunder, daß Emmerich den Staat als Unternehmer privatrechtlich derart zu disziplinieren versucht, wie dieser es durch das Staatsrecht wäre[214]. Im Ergebnis nimmt er der 'freien Wahl' die Wirkung und will das wohl auch.

Wenn Unternehmen in "öffentlich-rechtlicher Form ihre Leistungsbeziehung öffentlich-rechtlich" gestalten, scheidet "ein Schutz der Abnehmer aufgrund der ... privatrechtlichen Grundsätze in der Regel aus"[215]. Das Verhältnis solcher Unternehmen zu Konkurrenten überantwortet Emmerich weiterhin dem Wettbewerbsrecht[216].

## II Privatautonomie als Wesen des Privatrechts und staatsunternehmerische Privatautonomie bei Emmerich, Kritik

In der Privatautonomie und der daraus resultierenden Vertragsfreiheit sieht Emmerich zu Recht[217] "den tieferen Grund für die Unterscheidung zwischen öffentlichem und privatem Recht"[218]. Das Wesen der Privatautonomie erkennt er richtig darin, "daß es dem Einzelnen überlassen bleiben soll, seine privaten Rechtsverhältnisse im Rahmen des zwingenden Rechts nach seinem B e l i e b e n zu gestalten"[219]. "UWG wie GWB" würden "die Funktionsfähigkeit der Privatrechtsordnung" sichern, "indem sie die Voraussetzungen für eine freie wirtschaftliche Betätigung des Einzelnen" schüfen[222].

Konsequent schreibt Emmerich dem Staat als Unternehmer Privatautonomie zu[223] und setzt sich damit in einen scharfen Widerspruch zum Wesen des grundgesetz-

---

212) Pestalozza, Formenmißbrauch, S.170ff., 177 mit Fn.121.

213) Dazu 5.Teil, 2.Kap., S.181ff.

214) A.a.O., S.144ff., 253ff., etwa auch ausdrücklich S.340: §26 Abs.2 GWB als Ersatz für Art.3 Abs.1 GG.

215) A.a.O., S.145; die Ausnahme von dieser Regel nennt Emmerich nicht, typisch für eine wenn auch vorsichtige, so doch dogmatisch wenig ergiebige Thesenformulierung.

216) A.a.O., S.145f., 280f.; ders., Unlauterer Wettbewerb, S.10ff., 20ff.; ebenso Unlauterer Wettbewerb 1982, S.26; weitere Hinweise zur These der Doppelqualifikation, die das Prinzip der Rechtsprechung des BGH ist, in Fn.319.

217) Dazu im 3.Teil, insb. 2.Kap., S.104ff. und 2.Kap. des 1.Teils, S.10f. mit Fn.20.

218) A.a.O., S.129.

219) A.a.O., S.129, Hervorhebung von mir.

220) A.a.O., S.142.

221) Dazu näher das 2.Kap., II 1, S.38ff. mit Hinweisen in Fn.19, vgl. auch die Fn.en 53, 56.

222) A.a.O., S.142; ders., in Mestmäcker/Immenga, Rdn.5 und ff. zu §98 GWB; i.d.S. auch Ott, F.Raiser, S.419; i.d.S. Raiser, GRUR Int. 1973, 443ff., 445f.; i.d.S. auch u.a. BGHZ 13, 32 (36f.); dazu im 8.Teil, 2.Kap., I 3e, S.382ff., II 2, S.388ff.

223) A.a.O., S.145f.; ihm in der Unklarheit folgend Grupp, ZHR 140 (1976), S.379.

lichen als freiheitliche Demokratie verfaßten Staates[224]. Den Unterschied zwischen Privaten mit privater Macht und dem Fiskus beachtet Emmerich durchaus[225]: "Das bedeutet nicht, die Besonderheiten des Fiskus zu verkennen. Im Gegenteil muß wegen der Andersartigkeit und Überlegenheit des Fiskus im Verhältnis zu jedem Inhaber privater Macht ihm gegenüber die Reaktion des Privatrechts f r ü h e r als gegenüber dem Mißbrauch privater Macht einsetzen und zwar gerade mit dem Ziel, den Machtüberschuß des Fiskus auszugleichen. Hierauf beruht es, daß dem wirtschaftenden Staat durchaus Rechtsgeschäfte und Wettbewerbsmaßnahmen verboten sein können, die selbst dem Inhaber privater Macht erlaubt bleiben. Im Schrifttum wird dies im allgemeinen mit den Worten zum Ausdruck gebracht, daß der Fiskus über keine uneingeschränkte Privatautonomie verfüge. Wichtiger ist die Feststellung, daß sich die Grenzen seiner Privatautonomie nicht so sehr aus den Grundrechten und den sonstigen Verfassungssätzen, sondern in erster Linie aus den vom Staat selbst geschaffenen und anerkannten Instituten des Privatrechts ergeben. Dem Staat als Schöpfer der privatrechtlichen Institute muß es m.a.W. verwehrt sein, sie als Fiskus wieder zu beseitigen. Aus denselben Gründen zwingt die besondere Macht des Staates und seiner Unternehmen dazu, ihrem Handlungsspielraum noch engere Grenzen als marktmächtigen Unternehmen zu ziehen. Die aus dem Wettbewerbsrecht zu entwickelnden Verhaltensnormen müssen deshalb grundsätzlich strenger als die für private, marktbeherrschende Unternehmen sein. Nur so wird es möglich sein, den wirtschaftenden Staat und seine Unternehmen in die Wettbewerbsordnung und Privatrechtsordnung zu integrieren."

Emmerich suggeriert, das Schrifttum gestehe dem Fiskus Privatautonomie, wenn auch keine uneingeschränkte, zu. Das ist jedoch nicht durchgehend die Auffassung des von ihm angeführten Schrifttums[226].

Die These, die Privatautonomie des Fiskus sei nicht uneingeschränkt, ebnet den Weg, über privatrechtliche Sondergrenzen fiskalischer Privatautonomie zu sprechen. Die von Emmerich angeführten Autoren erlauben es dem Staat, 'privat-

---

224) Dazu der 6.Teil, 4.Kap., S.261ff.

225) A.a.O., S.144f.; den insb. BVerfG NJW 1982, 2173 (2175) hervorhebt.

226) Krüger, Allgemeine Staatslehre, S.326ff., schärfer ders., ZBR 1979, 157ff., spricht zwar davon, daß der Staat von der Privatautonomie Gebrauch machen dürfe und dabei als Fiskus Beschränkungen unterworfen sein müsse, die den gewöhnlichen Privatmann nicht träfen, schließt aber diese Ausführungen damit, daß alles staatliche Handeln dem Gemeinwohl unterworfen sei und daß das Institut "Fiskus" "als grundsätzlich verfehlt anzusehen" sei. Mallmann, VVDStRL 19 (1961), S.196ff., weist eine Privatautonomie des Fiskus uneingeschränkt zurück. Klein, Teilnahme, S.140, meint zwar, "rechtliches Können" des Staates und dessen "rechtliches Dürfen" unterscheiden zu können, spricht dem Staat aber die "absolute Beliebigkeit der Willkür" ab, weil beim Staat stets die "Identität von Verwaltungsträger und Fiskus und die Priorität des Ersteren zu beachten" bleibe. Als Fiskus könne sich der Staat nicht zu den Zielen, die er als Hoheitsträger verfolge, in Widerspruch setzen, und wörtlich: die "Privatautonomie des Fiskus" ist "deshalb nicht nur als Ausdruck eine Verirrung". Rüfner, Formen, S.378ff., ist einer der maßgeblichen Vertreter der These, daß die Privatrechtsnormen, wenn sich der Staat in deren Regelungsbereich begebe, von den staatsrechtlichen Vorschriften überlagert und damit einen eigenen Normenkomplex ausmachen würden. Auf ihn kann man sich schlecht für die These berufen, "der Fiskus verfüge über keine uneingeschränkte Privatautonomie"; Rüfner weist die Privatautonomie des Fiskus gänzlich zurück, a.a.O., S.388. Das Mißverständnis Emmerichs übernimmt Grupp, ZHR 140 (1976), S.379.

rechtlich zu handeln', und Emmerich ist einzuräumen, daß Verhalten, welches der Privatrechtsordnung unterliegt, auf privatautonomer Grundlage beruht[227]. Es gibt kein privatrechtliches Verhalten, sondern nur eines, das nach den Normen des Privatrechts zu beurteilen ist[228]. Nur ist der Widerspruch zwischen privatrechtlicher Beurteilung staatlichen Verhaltens zum einen und der Weigerung, dem Fiskus Privatautonomie zuzugestehen, zum anderen nicht von Emmerich aufgehellt.

Der privatrechtliche Charakter der "guten Sitten" des § 1 UWG[229] schließt es aus, diese Verhaltensnormen "früher" oder "strenger"[230] auf den wirtschaftenden Staat und seine Unternehmen anzuwenden. Warum davon die Integrationsmöglichkeit desselben in die Wettbewerbs- und Privatrechtsordnung abhängen soll und warum und inwieweit eine solche Interpretation erstrebenswert ist[231], sagt Emmerich nicht und ist nicht erkennbar. Emmerichs Beweisführung erscheint weniger argumentativ als visionär.

### III Emmerichs Praktizismus, Kritik

Die Entscheidung gegen die Fiskalgeltung der Grundrechte und für die "frühere" und "strengere" "Reaktion des Privatrechts" gegen die "überlegene Macht"[232] des Staates ist allein praktisch begründet. Das räumt Emmerich selbst ein: "Andererseits hat sich gezeigt, daß eine uneingeschränkte Fiskalgeltung der Grundrechte schon aus praktischen Gründen bei der erwerbswirtschaftlichen Betätigung des Staates ausscheidet. Hierüber besteht heute weitgehend Einigkeit. Angesichts dessen liegt es nahe, jedenfalls für die erwerbswirtschaftliche Betätigung der öffentlichen Hand ganz auf die Fiskalgeltung und Drittwirkung der Grundrechte zu verzichten und statt dessen eine Lösung des Problems durch eine Fortentwicklung der Grundsätze zu erwägen, die das Privatrecht zur Zügelung privater wirtschaftlicher Macht entwickelt hat. Sicherlich ist der Fiskus mit keinem Privatmann vergleichbar. Aber die zugrundeliegende Problematik ist auch bei der privaten wirtschaftlichen Macht l e t z t l i c h dieselbe wie bei der fiskalischen Staatstätigkeit. In beiden Fällen geht es darum, den Gerechtigkeitsgehalt und die Funktionsfähigkeit der Privatrechtsordnung, die auf der annähernden Machtgleichheit aller beruht, gegenüber solchen Privatrechtssubjekten sicherzustellen, die über eine besondere Macht verfügen. In beiden Fällen muß deshalb die Reaktionsweise des Privatrechts prinzipiell dieselbe sein"[233]. Mitnichten, die

---

227) Dazu insb. im 1.Teil, 2.Kap., S.10ff.

228) Pestalozza, Formenmißbrauch, S.175, Fn.118, S.178.

229) Dazu insb. 8.Teil, 4.Kap., I, II, V, S.421ff., 423, 436ff.

230) Emmerich, a.a.O., S.144, 147 und S.145.

231) A.a.O., S.145.

232) A.a.O., S.144f., 147; ähnlich Rupp, Privateigentum an Staatsfunktionen?, S.24f. in Fn.43.

233) A.a.O., S.144, Hervorhebung von mir.

Problematik der Abwehr privater, wirtschaftlicher Macht und die Abwehr staatlicher Macht ist jeweils eine gänzlich andere. Während private Macht, die die Privatheit anderer Menschen gefährdet, prinzipiell und tendenziell illegitim ist, ist staatliche Macht prinzipiell und tendenziell legitim[234)], solange sie die Privatheit der Menschen hinreichend wahrt.

## IV Grundrechtsdrittwirkung und Privatautonomie als Problem bei Emmerich, Kritik

"Jede unmittelbare Drittwirkung der Grundrechte" würde "das Ende der Privatautonomie" bedeuten[235)]. Die Privatautonomie als Grundlage der persönlichen Freiheit "wäre nun auf das schwerste bedroht, wenn alle oder doch die wichtigsten Grundrechte unmittelbare Geltung im Privatrechtsverkehr als Schranken der Privatautonomie besäßen". Am deutlichsten werde "das an dem Grundrecht des Art.3 Abs.1 GG". Wäre jedermann verpflichtet, alle seine Mitmenschen gleich zu behandeln, so könnte von einer Privatautonomie als der Freiheit der Entscheidung über das Ob und Wie der vertraglichen Beziehung keine Rede mehr sein. Statt dessen müßte jeder Kaufmann alle seine Kunden zu denselben Bedingungen beliefern, jedes Unternehmen unterläge einem umfassenden Kontrahierungszwange gegenüber jedermann. Das Ende jeden Wettbewerbs wäre die Folge"[236)]. Dieses gängige Argument gegen die unmittelbare Drittwirkung der Grundrechte aus dem Gleichbehandlungsgrundsatz des Art.3 Abs.1 GG ist allzu schlicht und vordergründig. J. Schwabe hat das bereits deutlich gemacht[237)]. Es verkennt, daß die

234) Kant, Metaphysik der Sitten, S.438ff. (grundlegend); Matz, Politik und Gewalt, S.97ff.; Isensee, Grundrechte und Demokratie, S.25; Merten, Rechtsstaat und Gewaltmonopol, S.31ff., 38ff. und passim; Scholz, NJW 1983, 705ff.; Kriele, Handb., S.136f., Rupp, Privateigentum an Staatsfunktionen?, S.24f. in Fn.43 stellt auf die "strukturelle" Vergleichbarkeit von Staatsuntern. und marktbeherrschenden Untern. ab und empfiehlt darum, die Lösung im Wettbewerbsrecht zu suchen; im Grundsatz wie hier ders., Verfassungsrecht und Kartelle, S.91ff.; Gehlen, Moral und Hypermoral, S.104 zur anthropolog. Erklär. aus dem Sippenethos; zu den Grenzen des Gewaltmonopols Marcic, Rechtsphilosophie, S,276ff.

235) A.a.O., S.129; für dieses lange geläufige Argument: Bydlinski, Privatautonomie, S.133f.; Flume, Das Rechtsgeschäft, S.17ff., 21f.; Ehmke, Wirtschaft und Verfassung, S.78f., auch 605ff.; kritisch insb. Mestmäcker, DÖV 1964, 610f.; ders., Betrieb 1968, 788; Rüfner, Formen, S.369, 401; Dürig, F.Nawiasky, S.162ff., 172; ders., Maunz/Dürig/Herzog/Scholz, Rdn.128f. zu Art.1 Abs.3 GG; weitere Hinweise bei Emmerich, Wirtschaftsrecht, S.129f. in Fn.en 365-370; ders., JuS 1970, 334; auch Trott zu Solz, Staatlich beeinflußte Aktiengesellschaft, S.195ff. (ohne Theorie, mit einer Problemlösung, die seinen Argumenten widerspricht); siehe auch Zeidler, VVDStRL 19 (1961), S.128 mit Hinweisen in Fn.20, S.232, der die Drittwirkung der Grundrechte nur insoweit ablehnt, als "es um den privaten Freiheitsbereich, um die individuelle Lebensgestaltung, kurz um das Private geht", a.a.O., S.228f., das ist ein wenig unscharf, trifft aber das Wesentliche, dazu auch die Hinweise in Fn.140 im 5.Teil; für mittelbare Drittwirkung auch Gallwas, VVDStRL 29 (1971), S.216ff.; gegen das genannte Argument insb. Schwabe, Drittwirkung, S.75ff., 149ff. mit genauer Erörterung; auch Leisner, Grundrechte und Privatrecht, S.318ff., 379f.; Ramm, Privatrecht L, S.324.

236) A.a.O., S.130; so auch Flume, Das Rechtsgeschäft, S.21f.; vgl. Bydlinski, Privatautonomie, S.448f.

237) Drittwirkung, S.75ff., insb. S.149ff. m.H.; vgl. auch Nipperdey/Weise, Grundrechte IV 2, S.775, Fn.55; Leisner, Grundrechte und Privatrecht, S.318ff., 379f.; Hesse, Verfassungsrecht, S.144; Zeidler, VVDStRL 19 (1961), S.232ff.; richtig auch Rüfner, Formen, S.232ff.; vgl. auch d.H. in Fn.235.

Grundrechte unter Privaten notwendig andere Wirkung entfalten als im Verhältnis zwischen den Menschen und dem Staat. Das gilt im besonderen Maße für den Gleichheitssatz[238]. Gerade weil eine Pflicht des Menschen, alle Menschen undifferenziert zu behandeln, seine von der Menschenwürde her gebotene Selbstbestimmbarkeit konterkarieren würde, steht das Grundrecht der allgemeinen Handlungsfreiheit, das die Menschen untereinander haben, einem so verstandenen Gleichbehandlungsprinzip entgegen[239]. Der Kaufmann muß seine Kunden eben nicht alle zu den Bedingungen beliefern, die er einem Kunden gewährt hat. Der Unternehmer unterliegt keinem allgemeinen Kontrahierungszwang[240]. Dennoch ist diese Beliebigkeit des Kaufmanns und des Unternehmers privatrechtlich und vor allem wettbewerbsrechtlich beschränkt. Das Prinzip der Sachlichkeit wird in gewissem Maße gegen das der Beliebigkeit durchgesetzt. Dem Staat ist durch Art.3 Abs.1 GG in dessen herrschender weiter Auslegung untersagt, sachlich Gleiches ungleich und sachlich Ungleiches gleich zu behandeln, also willkürlich zu differenzieren oder willkürlich nicht zu differenzieren[241]. Im Verhältnis der privaten Menschen zueinander entfaltet der Gleichheitssatz eine inhaltlich andere Wirkung, weil er in einem Spannungs- oder Konkurrenzverhältnis zum Recht der allgemeinen Handlungsfreiheit des Menschen aus Art.2 Abs.1 GG steht, ohne der Privatautonomie zum einen und dem Gleichheitsprinzip zum anderen den Verfassungsrang zu nehmen[242]. Prononciert formuliert ist die Autonomiehaftigkeit des privaten Verhaltens dessen Sachgerechtigkeit, oder: Autonomes Verhalten des Privaten ist grundsätzlich kein Gleichheitsverstoß. Das ist nur ein Grundsatz, der weitgehende Ausnahmen dulden muß, wie das Arbeitsrecht[243], das Monopolprivatrecht[244] und schließlich auch das Wettbewerbsrecht mit dem Diskriminierungsverbot zeigen[245].

---

238) Schwabe, Drittwirkung, S.150f. mit Hinweisen; Ennecceréus-Nipperdey, Allgemeiner Teil, S.103; i.d.S. auch Rupp, Verfassungsrecht und Kartelle, S.190ff.

239) So auch Schwabe, Drittwirkung, S.150f.; auch Ennecceréus-Nipperdey, Allgemeiner Teil, S.103.

240) Beides befürchtet Emmerich, Wirtschaftsrecht, S.130, wenn die Grundrechte Drittwirkung entfalten.

241) Hinweise in Fn.391 im 5.Teil; wegweisend Leibholz, Die Gleichheit vor dem Gesetz, 1925, 2.Aufl. 1959; st.Rspr. seit BVerfGE 1, 14 (52); auf das Prinzip der Sachgerechtigkeit hebt auch Wenger, Öffentliche Unternehmung, u.a., S.548, für das Recht der Staatsunternehmen ab. Eine autonomietheoretische Kritik des Willkürverbots muß einer späteren Abhandlung vorbehalten bleiben. Jedenfalls gibt auch das Gebot der Rechtsanwendungsgleichheit ein auf die jeweiligen gesetzlichen Zwecke bezogenes Sachlichkeitsprinzip her.

242) Schwabe, Drittwirkung, S.150f.; Enneccerus-Nipperdey, Allgemeiner Teil, S.103.

243) So auch Schwabe, Drittwirkung, S.151 mit Fn.422. Zum Gleichbehandlungsprinzip im Arbeitsrecht: Hueck/Nipperdey, Lehrbuch des Arbeitsrechts, S.417ff.; auch Rüfner, Formen, S.318.

244) Dazu Püttner, Die öffentlichen Unternehmen, S.181ff.; Rüfner, Formen, S.367ff., 381; auch Hefermehl, zu §1 UWG, Rdn.225ff.; Larenz, Allgemeiner Teil, S.434f. mit Hinweisen auf die Rechtsprechung des Reichsgerichts in Fn.7; ders., Schuldrecht I, §4 I, S.37ff.

245) §§22 Abs.3, 26 Abs.2 GWB. Dazu Emmerich, Wirtschaftsrecht, S.310ff., 339, der das erklärtermaßen als Ersatz für den Gleichheitssatz des Art.3 Abs.1 GG gegenüber dem wirtschaftenden Staat sieht, a.a.O., S.340; ders., Einführung, S.142ff. mit Hinweisen; allgemein in diesem Sinne Schwabe, Drittwirkung, S.153; Laufke, F.Lehmann, Bd.1, S.145ff., 183; Salzwedel,F.Jahrreis, S.348.

## V Die privatrechtliche Grundrechtswirkung

Das privatrechtliche Grundrechtsproblem ist dogmatisch mit dem Prinzip des Vorranges des privatrechtsgestaltenden Verfassungsrechts vor dem einfachen privatrechtsgestaltenden Recht zu lösen[246)] und bedarf nicht des Umwegs über die privatrechtlichen Generalklauseln, die jeweils eine andere spezifische Funktion haben. Für das Lauterkeitsgebot des § 1 UWG sind wir das aufzuzeigen bemüht[247)]. Nicht weil private Macht derart überwältigend sein kann, daß das Vertrags- als Befriedungsprinzip nicht mehr ausreicht, ist Drittwirkung in dieser oder jener Weise legitimiert, wie Emmerich meint[248)], sondern weil das Recht und die Möglichkeit des Menschen zur Autonomie prinzipiell durch Menschen gefährdet ist[249)]. Der Verfassungsschutz privater Rechte gegen die Mehrheit und die Volksvertreter, die mittels des staatlichen Gesetzes die Autonomieberechtigung der Minderheiten gefährden können, ist geboten, aber auch unbestritten, weil er sich als staatsabwehrend darstellt[250)]. Art.3 Abs.1 GG normiert im übrigen nicht die Gesetzgebungsgleichheit, sondern die Gesetzesanwendungsgleichheit[251)] und gebietet die auch unter Privaten unbestreitbare und unbestrittene gleiche Anwendung der staatlichen Gesetze. Auch die Diskriminierungsverbote des Art.3 Abs.2 und 3 GG gelten im Privatrecht[252)]. Die sachgerechte Differenzierung wegen der im Diskriminierungsverbot genannten Merkmale ist eben keine Gleichheitswidrigkeit. So ist es

---

246) Dazu maßgeblich Schwabe, Drittwirkung, passim, insb. S.26ff.; Kritik an Schwabe bei Grabitz, Freiheit und Verfassungsrecht, S.50f.; ebenso im Grundsatz Ramm, Privatrecht, L, S.323.

247) 8.Teil, insb. 4.Kap., S.421ff., auch 2.Kap., I 3b, S.379ff.. Das verkennt Ramm, Privatrecht, L, S.321, 324 (für §§138, 826); zur h.M.: Dürig, Maunz/Dürig/Herzog/Scholz, Rdn.127ff., 132ff. zu Art.1 Abs.3 GG; wie hier Schwabe, Drittwirkung, S.74; Enneccerus-Nipperdey, Allgemeiner Teil, S.108, Fn.144; Gamillscheg, AcP 164 (1964), S.422f.; vor allem Leisner, Grundrechte und Privatrecht, S.365ff., der auf den Verweisungscharakter der Gute-Sitten-Klauseln hinweist, zu Recht. Auf §134 BGB als die maßgebliche Koppelungsnorm zwischen Grundrechten und Rechtsgeschäften hat schon Nipperdey, a.a.O., hingewiesen; dazu kritisch und differenzierend Schwabe, Drittwirkung, S.71ff. mit Hinweisen, der §242 BGB als "Schubfach" aktivieren will und damit die Rechtsfolgen des Grundrechtsverstoßes offenhält.

248) A.a.O., S.131; so insb. auch Leisner, Grundrechte und Privatrecht, passim; Ballerstedt, Grundrechte III 1, S.56ff.; Ramm, Privatrecht, L, S.324; dazu kritisch Schwabe, Drittwirkung, S.12ff., 157; auch Emmerich selbst kritisch, a.a.O., S.125ff.; kritisch insofern auch Rupp, Verfassungsrecht und Kartelle, S.190ff.

249) Dazu näher der 3.Teil, S.97ff., 125ff.; wie hier auch Rupp, Verfassungsrecht und Kartelle, S.190ff.

250) BVerfGE 7, 198 (204); Schwabe, Drittwirkung, S.10, 88ff. mit genauer Erörterung und mit Belegen; Rupp, Verfassungsrecht und Kartelle, S.199ff.; dessen Auffassung zurückweisend Schwabe, a.a.O., S.89f. und Fn.263; Rupp erkennt richtig, daß die Privatrechtswirkung vor allem Inpflichtnahme des Zivilgesetzgebers ist (S.199f.).

251) Dazu Dürig, Maunz/Dürig/Herzog/Scholz, Rdn.7, 8ff. 28, 303ff. und passim zu Art.3 Abs.1 GG; zur Differenzierung in "inhaltliche" und "formale" Gleichheit Hesse, Verfassungsrecht, S.174; das Willkürverbot oder Sachlichkeitsgebot gründet m.E. in der freiheitlich-demokratischen und damit rechtsstaatlichen Staatlichkeit schlechthin, nicht in Art.3 Abs.1 GG, dazu Hesse, Verfassungsrecht, S.176ff. mit Hinweisen in Fn.87; Leibholz, Die Gleichheit vor dem Gesetz, 2.Aufl., S.53ff.; Hinweise auf die Rechtsprechung in Fn.391 im 5.Teil; vgl. auch oben Fn.241.

252) Ramm, Privatrecht, L, S.324; Schwabe, Drittwirkung, S.152; Böhmer, Grundrechte II, S.422; im Erg. auch Dürig, Maunz/Dürig/Herzog/Scholz, Rdn.133 zu Art.1 Abs.3 GG.

sachgerecht, wenn der private Stifter religiös bestimmt differenziert[253].

## VI Besonderheiten einer Fiskalgeltung der Grundrechte?

Wenn die Grundrechte Wirkung in Privatrechtsverhältnissen entfalten würden[254], wäre auch der Fiskus als ein mehr oder weniger beschränktes privatautonomes Privatrechtssubjekt grundrechtsgebunden[255]. Freilich wäre diese Grundrechtsbindung wesentlich durch das Konkurrenzverhältnis der Grundrechte der Privaten untereinander, insbesondere durch die jeweilige Privatautonomie der Privaten bestimmt[256]. Damit wäre der Fiskus wie die privaten Unternehmer lediglich dem die privatrechtlichen Grundrechte konkretisierenden Privatrecht[257], vor allem dem Wettbewerbsrecht, ausgesetzt. Weil jedoch der Staat in keiner Verhaltensweise Privatautonomie in Anspruch nehmen darf[258], geht es bei der Frage nach der sog. Fiskalgeltung der Grundrechte darum, ob der Staat als Unternehmer ebenso grundrechtsgebunden ist, wie bei der Erledigung anderer sog. hoheitlicher Aufgaben. Eine solche Grundrechtsbindung ist gerade nicht durch eine Privatautonomie staatsunternehmerischer Betätigung bestimmt, sondern erfährt allenfalls dadurch eine Besonderheit, daß der Staat eine besondere Aufgabe wahrnimmt, nämlich die unternehmerische. Der Freiheitsschutz aus den Grundrechten entfaltet je nach der Gemeinwohlrelevanz staatlicher Agenden unterschiedliche Intensität[259]. Staatliche Gemeinwohlverpflichtetheit erfordert je nach den Belangen der Allgemeinheit unterschiedliche Opfer von dem Menschen. Diese Unterschiedlichkeit erlaubt es jedoch nicht, die Grundrechtsgeltung im Bereich staatlicher Unternehmen prinzipiell anders zu kategorisieren als die im Bereich anderer Aufgaben des Staates.

---

253) Gegen die undifferenzierte Anwendung des Art.3 Abs.3 GG auf letztwillige Verfügungen: Böhmer, Grundrechte II, S.422; ähnlich Leisner, Grundrechte und Privatrecht, S.359, Fn.182; Schwabe, Drittwirkung, S.150, 152.

254) Hinweise in Fn.140 im 5.Teil und Fn.235 in diesem Teil.

255) Das ist Emmerichs, Wirtschaftsrecht, S.129, (wie vieler) Argumentationsansatz und entspräche der rigorosen und simplen Logik von BVerfGE 27, 364 (374), wonach der Staat, wenn er sich in den Bereich des Privatrechts begebe, dem Privatrecht gänzlich überantwortet sei; gegen diese "unmittelbare" Privatrechtswirkung der Grundrechte Emmerich, Wirtschaftsrecht, S.120ff., 129ff., 147, weitere Hinweise in Fn.140 im 5.Teil, vgl. auch die Hinweise in Fn.235; gegen die Fiskalgeltung der Grundrechte Emmerich, Wirtschaftsrecht, S.120ff., 132ff., 136f., 147, 264f.; ders., JuS 1970, 332; zu dieser Problematik Hinweise in Fn.56 im 1.Teil.

256) Vgl. die Hinweise in Fn.235.

257) Zum Topos Privatrecht als Grundrechts- oder allgemeiner als Verfassungsvollzug Ramm, Privatrecht, L, S.318f.

258) Hinweise in Fn.59 dieses Teils und Fn.132 im 6.Teil; wie hier argumentiert auch Mallmann, VVDStRL 19 (1961), S.202; dazu 5.Teil, 4.Kap., VII 6, S.222ff., 6.Teil, 4.Kap., V, S.270ff.

259) Typisch die bundesverfassungsrechtliche Konkretisierung der Berufsfreiheit aus Art.12 Abs.1 GG, die das Gericht ausdrücklich als strikte Umsetzung des gemeinwohlorientierten Verhältnismäßigkeitsprinzips sieht, etwa BVerfGE 7, 377 (405f.); 11, 30 (42f.); 13, 97 (104f.); 17, 232 (242); 18, 353 (361f.); 23, 50 (56); 28, 364 (374); 33, 303ff..

## VII Privates Wettbewerbsrecht als grundrechtsersetzendes Unternehmensrecht des Staates bei Emmerich, Kritik

Emmerich lehnt die sog. Fiskalgeltung der Grundrechte mit einem Zirkelschluß ab[260)]: Bei der erwerbswirtschaftlichen Betätigung "ist es unverkennbar, daß eine uneingeschränkte Bindung an die Grundrechte, vor allem aber eine s t a r r e Bindung an den Gleichheitssatz, mit der staatlichen Teilnahme am Wettbewerb unvereinbar wäre. Ebenso unverkennbar ist aber auch, daß die öffentlichen Unternehmen stets eine besondere Rolle in einer marktwirtschaftlichen Ordnung spielen werden und daß deshalb die Hauptaufgabe der Rechtsordnung ihnen gegenüber darin bestehen muß, sie in die Wettbewerbs- und Privatrechtsordnung zu integrieren. Drittwirkung und Fiskalgeltung der Grundrechte erscheinen wegen der mit ihnen verbundenen Bedrohung der Privatautonomie und der Wettbewerbsordnung wenig geeignet, diese Aufgabe zu erfüllen. Es wird deshalb Sache des Privatrechts sein, sie aus sich heraus zu lösen". Petitio principii dieser Kernsätze Emmerichs ist, die Privatautonomie des Staates als Unternehmer und damit dessen Wettbewerbsfähigkeit könnten durch die Grundrechtsbindung in Frage gestellt sein[261)]. Richtig daran ist, daß die Grundrechtsbindung des wirtschaftenden gerade nicht privatautonomen Staates seiner Eignung als Wettbewerber widerstreitet[262)]. Unbewiesen bleibt jedoch die These, der Staat genieße Privatautonomie[263)], ohne die ja das Wettbewerbsrecht ins Leere läuft[264)]. Auf H. Krügers eindeutige Negierung der Eignung des Staates, an Wettbewerbsverhältnissen beteiligt zu sein[265)], hätte Emmerich eingehen müssen. Die wettbewerbsrechtliche Autorität E.-J. Mestmäckers, auf den sich Emmerich stützt[266)], erübrigt es nicht, sich mit H. Krüger auseinanderzusetzen, der prononciert die staatsrechtliche Sicht unserer Problematik vertritt. Die Bindung an den Gleichheitssatz kann durchaus den Kampf um Marktanteile, den Wettbewerb, verzerren, wenn vom staatlichen Unternehmer mehr Gleichbehandlung der Partner am Markt gefordert würde als von privaten Unternehmern. Emmerich will das Wettbewerbsrecht gegenüber dem wirtschaftenden Staat zur Gel-

---

Vgl. auch Schachtschneider, Sozialprinzip, S.64, 69; Weber, Der Staat 4 (1965), S.436ff.; Forsthoff, Der Staat der Industriegesellschaft, S.150ff.; Huber DÖV 1956, 205f.; wie hier auch Mallmann, VVDStRL 19 (1961), S.202f., dazu im 5.Teil, 4.Kap., VII, S.218ff.

260) A.a.O., S.133; ähnlich Rüfner, Formen, S.396.

261) Das Grundrechtsbindung und Privatautonomie keinen Widerspruch bilden, ist oben S.68ff. dargetan, vgl. die Hinweise in Fn.235.

262) Zur Privatautonomie als Voraussetzung der Teilnahme am Wettbewerb das 2.Kap., II 1, S.38ff. mit Hinweisen in Fn.59; zur Textfrage im 7.Teil, 4.Kap., VI, S.320f.

263) Dazu die Hinweise in Fn.132 des 6.Teils und Fn.59 dieses Teils; das dürfte durch BVerfG NJW 1982, 2173 (2175) klargestellt sein.

264) Wie Fn.262; klar auch Krüger, Allgemeine Staatslehre, S.481. Vgl. auch Fn.en 53, 56.

265) Allgemeine Staatslehre, S.113, 122, 132, 195, 270, insb. §27, S.454ff., 481ff.

266) Wirtschaftsrecht, S.133, Fn.384; Mestmäcker, Betrieb 1968, 788; im übrigen beruft sich Emmerich auf Klein, Teilnahme, S.174ff. und Rüfner, Formen, S.367f., 405ff., wegen dessen Überlagerungstheorie zu Unrecht, dazu im 4.Kap., S.50ff.

tung bringen und läßt sich davon auch nicht durch seine Einsicht abbringen, "daß die öffentlichen Unternehmen stets eine besondere Rolle in einer marktwirtschaftlichen Ordnung spielen"[267]. So bietet er typische Schrankenschranken für staatliches Verhalten, die sich dogmatisch allenfalls aus den Grundrechten herleiten ließen, als besonderes Privatrecht für den staatlichen Unternehmer an[268]. Seine Not dogmatisiert Emmerich mit Hinweis auf die vermeintlich "neue Grenze der Privatautonomie" des "Institutsmißbrauchs, namentlich des der Vertragsfreiheit"[269]. Wirtschaftliche Macht von Privaten und wirtschaftliche Macht des Staates vermag Emmerich in deren Gefährlichkeit für die Privatautonomie und damit die Freiheit der Menschen in der Wirtschaft nicht zu unterscheiden[270], weil er wegen der Anerkennung staatlicher Privatautonomie den Unterschied nicht erfaßt, der daraus folgt, daß der Private seine Macht im Prinzip rechtlich unvorwerfbar nutzen, während der Staat seine Macht ausschließlich im Interesse des Gemeinwohls einsetzen darf[271].

Emmerich ist zuzustimmen, daß das Privatrecht in seinem rechtsstaatlichen Charakter dem öffentlichen Recht nicht nachsteht[272]. Nur regelt das Privatrecht die Rechtsverhältnisse unter Privaten und nicht die rechtsstaatlich besonders heiklen Verhältnisse der Menschen zum Staat. Weil "das Privatrecht einen machtzügelnden und machtverteilenden Gehalt" habe, sei es "zur Kontrolle der staatlichen Macht nicht weniger geeignet als das öffentliche Recht", will Emmerich beruhigen[273]. Die Kompetenzregelungen, auch die des Bundesstaatsrechts, das Prinzip des Gesetzesvorbehalts und andere staatsrechtliche Kautelen[274] gegen den Mißbrauch staatlicher Macht mehr sind privatrechtlich nicht zu substituieren. Recht, welches nicht auf den Staat abgestellt ist, darf das spezifische Staatsrecht nicht verdrängen. Emmerich aber gibt dem Staat das Recht, frei zwischen Privatrecht und Staatsrecht zu wählen[275]. Er hat nur im Auge, die besondere Macht der Wirtschaft "zu zügeln und zu neutralisieren"[276]. Dann ist schon W. Rüfners Weg vorzuziehen, der auf den Staat angewandtes Privatrecht mit dem Wettbewerbsrecht durch Staatsrecht überlagert[277].

---

267) A.a.O., S.133; so auch BVerfG NJW 1982, 2173 (2175).

268) A.a.O., S.134ff., 71ff., 83f., 85f.

269) A.a.O., S.136 mit Hinweisen in Fn.398; dazu im 8.Teil, 2.Kap., I 2, S.377ff.

270) A.a.O., S.134ff., 144ff., 146f.

271) Zur Unvorwerfbarkeit privater Entscheidungen Hinweise in Fn.112 des 3.Teils; zur Gemeinwohlverpflichtetheit des Staates Fn.98 des 5.Teils.

272) A.a.O., S.166.

273) A.a.O., S.166.

274) Vgl. insb. die Bedenken von Renck, BayVBl 1978, 693; ders., JuS 1978, 461.

275) A.a.O., S.128 mit weiteren Hinweisen; vgl. die Hinweise zu diesem Wahlrecht in Fn.33 und die Kritik daran im 5.Teil, 2.Kap., S.181ff.

276) A.a.O., S.166; zur Entmachtungsfunktion des Privatrechts vgl. die Hinweise in Fn.57 dieses Teils und Fn.en 8, 10 im 7.Teil.

277) Rüfner, Formen, S.377ff., 381; weitere Hinweise zur Überlagerungstheorie in Fn.57 im 1.Teil.

## VIII Emmerichs Gesetzesvorbehalt für Privilegierungen von Staatsunternehmen gegenüber dem allgemeinen Wettbewerbsrecht, Kritik

1971 deklariert Emmerich[278)], "daß dem Staat eine erwerbswirtschaftliche Betätigung in der Regel gestattet" sei, "soweit er sich dabei an die für alle geltenden Wettbewerbsgesetze, sowie an die für ihn speziell geltenden Schranken" halte, als "ganz unstreitig" und "heute" "sicher"[279)]. Er hält "jede Preisunterbietung eines öffentlichen Unternehmens" für "unlauter, die nicht mehr auf der eigenen Leistung des Unternehmens" beruhe, "sondern durch öffentliche Zuschüsse und Steuervergünstigungen ermöglicht werde"; "denn nur der Gesetzgeber" könne "öffentliche Unternehmen durch ihre Befreiung von der Bindung an die Wettbewerbsregeln privilegieren, nicht hingegen die Exekutive, indem sie ihren Unternehmen öffentliche Zwecke" übertrage[280)]. Den Gesetzesvorbehalt für wettbewerbsrechtliche Privilegierungen der öffentlichen Unternehmen fordert Emmerich schon vorher mit Hinweis auf die entsprechenden Regelungen in §§ 99-103 GWB und Art.90 Abs.2 EWGV[281)].Ohne ein derartiges die öffentlichen Interessen bestimmendes und die allgemeinen Wettbewerbsregeln zurückdrängendes Gesetz sieht er den allgemeinen Gleichheitssatz des Art.3 Abs.1 GG, der den "unternehmerisch handelnden Staat im gleichen Maße an die Wettbewerbsregeln" binde "wie seine privaten Wettbewerber", verletzt[282)]. Der Staat könne sich von dieser Bindung nicht dadurch befreien, "daß er sich auf die Wahrnehmung irgendwelcher beliebiger öffentlicher Zwecke" berufe, zumal diese sich Konkretisierungsversuchen entzögen[283)]. Es bleibe aber bei dem Vorrang des speziellen vor dem allgemeinen Gesetz, nämlich § 1 UWG[284)]. Die Berufung auf den Gesetzesvorbehalt und den grundrechtlichen Gleichheitssatz nimmt zwei Jahre nach der kompromißlosen Ablehnung der Drittwirkung und der Fiskalgeltung der Grundrechte Wunder[285)]. Das Verbot gesetzesfreier Privilegierung aus dem Gleichheitssatz setzt doch wohl die Geltung des grundgesetzlichen Gleichheitssatzes in dem von Emmerich auch in dieser Schrift so verstandenen pri-

---

278) Der Wettbewerb der öffentl. Hand, insb. das Problem der staatl. Versorgungsmonopole, Rechtsgutachten, 1971.

279) Wettbewerb der öffentlichen Hand, S.61 mit Fn.134; ähnlich auch Unlauterer Wettbewerb 1982, S.25f.

280) Wettbewerb der öffentl. Hand, S.65; ebenso Unlauterer Wettbewerb 1982, S.27; vgl. d. H. in Fn.82.

281) Wettbewerb der öffentlichen Hand, S.64.

282) Zu diesem sachwidrigen Argument vgl. die Hinweise in Fn.169 im 5.Teil, dazu auch 7.Teil, 5.Kap., IV, S.326ff.; wie Emmerich argumentiert insofern auch Wenger, Öffentl. Unternehmung, S.519ff.; das Privilegierungsverbot hält Emmerich auch in Mestmäcker/Immenga, Rdn.38 zu §98 GWB aufrecht, mit Hinweisen, vor allem auf seine Schriften; ebenso Unlauterer Wettbewerb 1982, S.27.

283) Wettbewerb der öffentlichen Hand, S.64; ebenso ders., in Mestmäcker/Immenga, Rdn.38 zu §98 GWB mit Hinweisen auf seine Schriften; ebenso Unlauterer Wettbewerb 1982, S.27.

284) Wettbewerb der öffentlichen Hand, S.64f.

285) Wirtschaftsrecht, S.120ff., 129ff., und S.132ff., 136f., 147, 264f.; ders., JuS 1970, 332; dazu oben S.68ff., 71ff., sub IV, VI.

vaten Wettbewerbsverhältnis voraus. Das ist Fiskalgeltung oder Drittwirkung von Grundrechten, jedenfalls des Gleichheitssatzes. Soll etwa der Fiskus eine eigenständige Rechtspersönlichkeit haben, die ihn aus dem gesetzgebenden Staat herauslöst und in die private Unternehmerschaft einreiht? Diese freilich kann aus dem Prinzip der Rechtsanwendungsgleichheit vom Staat beanspruchen, daß grundsätzlich für alle Unternehmer das Wettbewerbsrecht gilt.

Ob das Gemeinwohl, das der Staat verfolgt, durch Gesetze konkretisiert werden muß, ist eine Frage des Wirkungsbereiches des Gesetzesvorbehaltes, nicht eine Frage des Wettbewerbsrechts, weil letzteres den Staat nicht bindet[286)]. Trotz seiner These, dem staatlichen Unternehmer, der in Privatrechtsform agiere, sei vorgeschrieben, das Wettbewerbsrecht zu respektieren, erlaubt Emmerich mit seinem Gesetzesvorbehalt für öffentliche Zwecke einen Sondermaßstab für die Lauterkeit wettbewerblichen Verhaltens des Staates und relativiert mit dem Begriff der "guten Sitten" seine Grundpositionen[287)]. Emmerich sieht mit der herrschenden Meinung durch die "ethische Kategorie" der "guten Sitten" den Unternehmer verpflichtet, im Wettbewerb nicht gegen das Anstands- und Billigkeitsgefühl des durchschnittlichen Gewerbetreibenden zu verstoßen[288)]. Das Sondergesetz ermöglicht somit dem Staatsunternehmen, sich zwar sittenwidrig, aber nicht rechtswidrig zu verhalten; denn das Gesetz, das dem öffentlichen Zweck Vorrang vor den Lauterkeitsprinzipien des Wettbewerbsrechts einräumt, ändert diese Lauterkeitskriterien nicht notwendig; denn Ethik und Anstandsgefühl stehen nicht zur Disposition des Gesetzgebers; sie können allenfalls von den staatlichen Gesetzen metajuristisch beeinflußt werden. Emmerichs eigener Begriff der "guten Sitten" verliert damit alle Konturen. Ein Gesetzesvorbehalt für jede Politik des Staates läßt sich durchaus diskutieren[289)], nicht jedoch einer, der aus dem Wettbewerbsrecht, speziell aus dem § 1 UWG, folgt. Dafür muß schon das Grundgesetz bemüht werden.

---

286) So unsere These, Einl., S.2f.; insb. 7.Teil, etwa 5.Kap., VII, S.336ff., 8.Teil, 6.Kap., S.451ff. (Zusammenfassung); vgl. auch 1.Teil, 2.Kap., S.10ff., die Problemskizze.

287) Maßstabsmodifizierung für den staatlichen 'Wettbewerber' ist heute die ganz überwiegende Meinung, vgl. die Hinweise in Fn.en 217, 218ff. des 7.Teils.

288) Einführung, S.23; Hinweise auf die h.M. in Fn.53 des 8.Teils; Emmerich hat sich in Unlauterer Wettbewerb 1982, S.40 der funktionlistischen Delegationstheorie Otts und Rebes angeschlossen, dazu im 8.Teil, 2.Kap., II, S.385ff. mit Hinweisen insb. in Fn.120.

289) Stern, Staatsrecht I, §20 IV, S.637ff. mit Hinweisen in Fn.245; Jesch, Gesetz und Verwaltung, passim; Mallmann, VVDStRL 19 (1961), S.174ff., 184f., 190f. mit Hinweisen; Badura, Verwaltung im sozialen Rechtsstaat, S.446ff., 448; Schachtschneider, Sozialprinzip, S.73ff. mit Hinweisen in Fn.183, S.74; vgl. Kirchhof, F. BVerfG 1976, Bd.II, S.79f.; Kisker, NJW 1977, 1313ff.. "Kein Gesetzesvorbehalt für die Zuständigkeiten und das Verfahren der leistungsgewährenden Verwaltung", so BVerfGE 8, 155 (167f.); offengelassen in: 33, 303 (337); 40, 237 (248f.), ausdehnend; vgl. BVerwGE 2, 118ff.; 6, 282 (287 mit Hinweisen); BVerwG NJW 1977, 1839, Parlamentsbeschluß für finanzwirksame Maßnahmen genügt.
Eine "Ermächtigung" für wirtschaftliche Betätigung der öffentlichen Hand fordern: Grupp, ZHR 140 (1976), S.367, 380; Scholz, Öffentliche und Privatversicherung, S.523; in diesem Sinne wegen der "Wesentlichkeit" öffentlicher Wirtschaft auch Badura, F.Schlochauer, S.22f.
Zu dem Gesetzesvorbehalt für "wesentliche" Entscheidungen BVerfGE 40, 237 (249); 47, 46 (78f.); 49, 89 (126f.).

## IX "Frühere" Reaktion des Wettbewerbsrechts zur Kompensation des staatsunternehmerischen Machtüberschusses bei Emmerich, Kritik

Seine Lehre, daß "die Reaktion des Wettbewerbsrechts" dem Fiskus gegenüber "i.d.R. f r ü h e r als gegenüber jedem Inhaber privater Macht einsetzen" müsse, "um seinen Machtüberschuß auszugleichen" und "daß sich aus § 1 UWG besondere Schranken für die erwerbswirtschaftliche Betätigung der öffentlichen Hand ergeben" könnten, führt Emmerich zu der Annahme, "daß die Grenze der verbotenen Kampfpreisunterbietung bei ihr (s.c. der öffentlichen Hand) gegenüber allen Privaten wesentlich v o r -verlegt werden" müsse[290]. Den nächsten Satz Emmerichs lohnt es zu zitieren, weil er kaum anders formuliert wäre, wenn es um grundrechtliche Grenzen staatlicher Wirtschaftskonkurrenz ginge[291]: "Ein Vernichtungswettbewerb der öffentlichen Hand kommt folglich nicht nur in Betracht, wenn sie ihre Macht mit dem Ziel einsetzt, ihre privaten Wettbewerber zu verdrängen, sondern ist schon dann anzunehmen, wenn durch den Machteinsatz auch nur eine ernsthafte Gefahr für die Existenz der privaten Wettbewerber heraufbeschworen wird, vorausgesetzt freilich, daß sich eine zumindest auch auf dieses Ziel gerichtete Absicht der öffentlichen Hand nachweisen läßt; denn andernfalls kann von einem sittenwidrigen Verhalten der öffentlichen Hand kaum mehr die Rede sein". Ein solches Verhalten des Staates verletzt die Eigentumsgarantie des Art.14 Abs.1 GG[292] und die Gewerbefreiheit des Art.12 Abs.1 GG auch nach den engsten Eingriffskriterien[293]. Gerade wegen dieser Schranke des Rechts des Staates, sich am Markt mit alternativen Angeboten zu betätigen, befindet er sich nicht in einem Wettbewerbsverhältnis zu den privaten Unternehmen[294]. Es bleibt dabei, daß Emmerich Grundrechtsprinzipien anwendet, die sich § 1 UWG nicht nur nicht entnehmen lassen, sondern die mit dem Wesen des Wettbewerbs unvereinbar sind und damit keine wettbewerbsrechtliche Relevanz beanspruchen können.

290) Wettbewerb der öffentlichen Hand, S.68, Hervorhebung bei Emmerich; ders., Unlauterer Wettbewerb, S.31ff., 38f., 53; ebenso in der Sache ders., Unlauterer Wettbewerb 1982, S.27. Dazu im 7.Teil, 5.Kap., IV, S.326ff. mit Hinweisen, insb. in Fn.en 217, 218ff.

291) Wettbewerb der öffentlichen Hand, S.68, Hervorhebung bei Emmerich.

292) Rüfner, Formen, S.213; OLG München NJW 1958, 1302; LG Hannover BB 1962, 773; insb. Scholz, Öffentliche und Privatversicherung, S.518f., weitere Hinweise in Fn.350 des 7.Teils.

293) Dazu näher im 7.Teil, 7.Kap., V, S.353ff. mit Hinweisen insb. in Fn.350; dazu wesentlich Scholz, zuletzt Maunz/Dürig/Herzog/Scholz, Rdn.405-409 zu Art.12 GG mit Hinweisen; weitergehend in der Sache gibt BGH NJW 1982, 2117ff. aus §1 UWG Konkurrenzschutz für mittelständische Unternehmen und gewinnt den Maßstab aus Art.12 Abs.1 GG.

294) Dazu im 7.Teil, 4.Kap., S.310ff., 7.Kap., S.347ff., auch 8.Kap., S.357ff.

## 8. Kapitel

## GÜNTER PÜTTNER

### I Das Rechtsformenwahlrecht des Staates und dessen Grenzen bei Püttner, Kritik

Auch in Püttners[295] Thesengeflecht gehört, wie bei allen Autoren, die dem Staat die Teilnahme an der Wirtschaft in 'Privatrechtsform' zugestehen[296], die These, daß der Staat und die öffentlichen Unternehmungen - jedenfalls in Grenzen - "zwischen der Handlungsform des öffentlichen und des privaten Rechts wählen" könnten, und zwar hinsichtlich der Organisation, des Leistungsaustauschs und der Personalbeschäftigung[297]. Püttner erlaubt es der Exekutive, privatrechtliche Gesellschaften zu gründen[298]. Als Grundlage öffentlich-rechtlicher Unternehmensformen verlangt er "regelmäßig" Gesetz oder Satzung[299]. Grenzen der Privatisierung sieht Püttner in der Unveräußerlichkeit der Hoheitsgewalt, die auch die Übertragung der Eingriffsverwaltung beschränke, sowie im Verbot ministerialfreier Räume. Davon macht er wiederum eine Ausnahme für die Bundesbank[300]. Der Leistungsaustausch sei regelmäßig privatrechtlich, so daß die allgemeine Privatrechtsordnung gelte, könne aber auch öffentlich-rechtlich sein, wenn dem die privatrechtliche Organisationsform nicht entgegenstehe[301].

Öffentlich-rechtlicher Zwang zum Leistungsaustausch etwa durch Anschluß- oder Benutzungszwang schließe es aus, für die Zwangsbeziehung Privatrecht anzuwenden, welches jedoch für die Abwicklung der Rechtsfälle herangezogen werden könne (Zweistufentheorie)[302]. In der Personalwirtschaft sei die Wahlfreiheit durch

---

295) Püttner, Die öffentlichen Unternehmen, Verfassungsfragen zur wirtschaftlichen Betätigung der öffentlichen Hand, 1969.

296) Hinweise in Fn.33 im 5.Teil.

297) A.a.O., S.136ff. mit Bemerkungen zu Rechtsgrenzen der Wahlfreiheit; zu diesem Wahlrecht krit. 5.Teil, 2.Kap., S.181ff.; zur Fragwürdigkeit dieses Arguments auch Hesse, Verfassungsrecht, S.144.

298) A.a.O., S.137, 318, die er nicht einmal zur Verwaltung rechnet.

299) A.a.O., S.137.

300) A.a.O., S.138, 308ff.; zur Charakterisierung der Bundesbank näher im 7.Teil, 2.Kap., III 1-3, S.298ff.

301) A.a.O., S.138.

302) A.a.O., S.138f.. Zur Zweistufentheorie Ipsens: Ipsen, DVBl 1956, 602/5; ders., Öffentliche Subventionierung Privater, S.71; Menger, VerwArch 62 (1971), S.277; Rüfner, Formen, S.372ff.;

Art.33 Abs.4 GG beschränkt[303]. Diese Wahlfreiheit wird zum Ausweg aus dem Dilemma, daß Gesetze als Grundlage unternehmerischer Betätigung des Staates entweder gar nicht existieren oder jedenfalls nicht festlegen, welches Recht für diese Unternehmen gelten soll. Ob die politischen Grundentscheidungen des Grundgesetzes einen Spielraum lassen, öffentliche Unternehmen dem privaten Recht zu unterstellen, also auf den Staat Privatrecht im eigentlichen Sinne anzuwenden, fragt Püttner nicht, weil er u.a. den demokratierechtlichen Aspekt seiner Thematik außer acht läßt[304].

II Grundrechtsschutz gegen staatliche Konkurrenz bei Püttner, Kritik

Zur Frage, ob dem staatlichen Konkurrenten Grundrechte entgegengehalten werden dürfen, ist Püttner ebenso vorsichtig im Praktischen wie unscharf im Dogmatischen. Einerseits meint er, die Grundrechte hätten nur in dem Umfange "Fiskalgeltung", wie das fiskalische Handeln die geschützte Freiheitssphäre in ähnlicher Weise wie hoheitliches Handeln aushöhle; der Lehre, die von einer generellen Grundrechtsbindung auch bei fiskalischem Handeln ausgehe, könne deshalb nicht pauschal gefolgt werden, ebensowenig jedoch der Gegenthese, die eine solche Bindung allgemein verwerfe[305]. Auch bei fiskalischem Handeln seien Fälle denkbar, in denen der geschütze Freiheitsbereich tangiert werde, die Pflicht zum Schutz der Grundrechte treffe "alle staatliche Gewalt"[306]. Erwerbswirtschaftliche Unternehmen des Staates dürften "also z.B. weder den Sklavenhandel pflegen noch ..."[307]. Dabei übersieht Püttner wohl, daß auch private Unternehmer Sklavenhandel nicht pflegen dürfen, ohne sich strafbar zu machen. Aus Art.12 GG vermag er keinen Anspruch auf Schutz gegen Konkurrenz herzuleiten, weil die Möglichkeit der Konkurrenz systemimmanent sei, auch die durch Mitbewerber, "die größere Finanzkraft, größeren Spürsinn oder größere Intelligenz" besäßen[308]. Auch Eigentumsschutz bedeute nicht, daß "etwa ein Mindestgewinn oder die Erhaltung der Unternehmenssubstanz im Wirtschaftskampf garantiert würde". Es könne im Prinzip keinen Unterschied machen, wer diese Konkurrenten" seien, "Inländer oder Ausländer, private oder öffentliche Unternehmen". Das Ergebnis ist: "Die Existenz eines öffentlichen Unternehmens, das sich im Verhältnis zu den Mitbewerbern nicht an-

---

Wolff-Bachof, Verwaltungsrecht I, §22 III f., S.103 mit weiteren Hinweisen; Klein, Teilnahme, S.166, 271 mit Hinweisen; BVerwGE 1, 308 (309f.); 7, 89 (90f.); 7, 180 (181ff.); 14, 65 (67f.); BGHZ 36, 91 (95f.).

303) A.a.O., S.139.

304) Dazu näher im 6.Teil, 3. und 4.Kap., S.253ff., 261ff.

305) A.a.O., S.147. Zur Frage der Fiskalgeltung der Grundrechte Hinweise in Fn.56 des 1.Teils.

306) Hervorhebung bei Püttner; dazu i.d.S. 7.Teil, 7.Kap., III, IV, S.351f.; Hinweise in Fn.56 des 1.Teils.

307) A.a.O., S.148.

308) Sehr viel mittelstandsfreundlicher BGH NJW 1982, 2117ff., gestützt auf Art.12 Abs.1 GG.

ders darstellt als ein weiterer privater Mitbewerber auch, kann per se nicht als ein Eingriff in die durch Art.2, 12 (14) GG vorgezeichnete Wirtschaftsstruktur angesehen werden"[309]. Dann aber fordert Püttner, daß die öffentliche Hand ein faktisches Monopol, das u.a. auf besseren Leistungen beruhen könne, nicht "ohne sonstigen rechtfertigenden Grund (z.B. Gefährdung überragender öffentlicher Interessen der Gesamtheit usw.) zum Ausgangspunkt monopolartiger Wirtschaftsbetätigung machen" dürfe. Sie müsse vielmehr "im Sinne von Art.12 GG den Zugang zur Betätigung auch für Private öffnen"[310]. Also entfaltet bei Püttner Art.12 GG doch Wirkung im Wettbewerb zwischen staatlichen und privaten Unternehmern, weil er jedenfalls den Mißbrauch eines faktischen Monopols und damit wohl auch dem Aufbau eines solchen Monopols entgegengesetzt werden kann.

### III Durch öffentliches Recht und öffentliche Zwecke modifiziertes Wettbewerbsrecht bei Püttner, Kritik

Weiterhin will Püttner Zurückhaltungs- und Neutralitätspflichten der öffentlichen Hand im Wettbewerb nicht auf § 1 UWG, sondern auf öffentliches Recht stützen[311]. Dem Mißbrauch amtlicher Autorität wiederum will er unabhängig von seiner öffentlich-rechtlichen Illegitimität als Verletzung der Grundsätze des lauteren Wettbewerbs qualifizieren, wie umgekehrt der öffentliche Zweck auch Verhaltensweisen rechtfertigen könne, die sonst als sittenwidrig zu qualifizieren wären[312].

Püttner meint, "auch schwierige Grenzfälle" ließen sich "von diesen Grundthesen aus regelmäßig lösen"[313]. Wenn dem Verwaltungs- oder Wettbewerbsrichter alle nur erdenklichen Vorschriften zur Verfügung gestellt werden, werden beide in der Lage sein, Einzelfallentscheidungen mit Begründungen zu versehen[314]. Nur dürften derart begründete Entscheidungen genausowenig überzeugen, wie eine dogmatische Materialsammlung als "Grundthesen" auszugeben.

309) A.a.O., S.157 unter Hinweis auf Bettermann, F.Hirsch, S.11ff.; anders Püttner, a.a.O., S.374 in Fn.24, vgl. auch S.164, 158ff.; dazu im Sinne des Existenzschutzes mit Hinweisen im 7.Teil, 7.Kap., V, S.353ff.

310) A.a.O., S.163f.

311) A.a.O., S.373 unter Hinweis auf Schricker, Wirtschaftliche Tätigkeit, S.100; Klein, Teilnahme, S.242f.; Mestmäcker, NJW 1969, 1ff.; Püttner, GRUR 1964, 360f.

312) A.a.O., S.374 unter Hinweis auf Schricker, Wirtschaftliche Tätigkeit, S.154ff.; dazu 3.Kap., I, III, S.45ff., 47; dazu auch Emmerich mit Gesetzesvorbehalt, vgl. im 7.Kap., VIII, S.74f.; die Spezialität "öffentlich-rechtlicher Spezialnormen" anerkennt auch Scholz, ZHR 132 (1969), S.132ff.; dazu im 9.Kap., II 1b, S.83; i.d.S. P.Ulmer, ZHR 146 (1982), S.485ff.; Hubmann, W.u.V. 1982, 52ff.; dazu weitere Hinweise in Fn.en 217, 218ff. des 7.Teils.

313) A.a.O., S.374.

314) Zur Kritik der Kombinationstheorie im 8.Teil, 2.Kap., IV, S.403f., auch sub I 1,5, S.367, 371.

## 9. Kapitel

# RUPERT SCHOLZ

### I Scholzens Lehre von der Neutralität des Wettbewerbsrechts

Die Wirtschafts- und Wettbewerbsfreiheit als Geltungsvoraussetzung für das Wettbewerbsrecht eliminiert die Scholzsche Lehre von der Neutralität des Wettbewerbsrechts[315], die einen objektiven, nicht vom Rechtsträger abhängigen Tatbestand des Wettbewerbs zugrundelegt, der es gebietet, das Wettbewerbsrecht immer dann anzuwenden, wenn Verhalten in diesem Sinne wettbewerblich sei[316)]. Diese Lehre versucht, die Differenzierung zwischen Privatrecht und öffentlichem Recht im Bereich des Wettbewerbsrechts zu überwinden, während die herrschende Meinung das Wettbewerbsrecht auf hoheitliche Verhältnisse des Staates zum 'Konkurrenten', welche durch den öffentlich-rechtlichen Charakter der Verhaltensnormen gekennzeichnet seien, nicht anwendet[317)].

Scholz[318)] will das UWG auf jedes staatliche Verhalten anwenden, das wettbe-

---

315) Grundlegend Wettbewerbsrecht und öffentliche Hand, ZHR 132 (1969), S.97ff.; auch ders., NJW 1974, 781; zuletzt ders., NJW 1978, 16ff.

316) Scholz, ZHR 132, 122ff.; ders., NJW 1974, 781; ders., NJW 1978, 16ff., 17 r.Sp.; Scholz/Isensee, Krakenversicherung der Studenten, S.11; ganz i.d.S. schon Bullinger, Öffentliches Recht und Privatrecht, S.81ff., S.101ff., Theorie vom Wirtschaftsrecht als "Gemeinrecht" mit Hinweisen in Fn.en 351-535; ganz grob i.d.S. Rinck, WiR 1972, 5ff., 9f., 16f. insb. für das Wirtschaftsrecht gegen den Dualismus, der nur Rechtswegrelevanz habe (das ebnet alle Unterschiede ein); ähnlich schon Schricker, Wirtschaftliche Tätigkeit, S.125ff.; auch Klein, Teilnahme, S.243ff.; vgl. mit ähnlicher Konsequenz Menger, VerwArch 68 (1977), S.293ff., 297ff.; auch Bettermann, DVBl 1977, 181, 182f.; ders., NJW 1977, 513; vgl. auch Papier, Fälle, S.166ff., 170ff.; ders., Handbuch, S.626; wohl auch Grupp, ZHR 140 (1976), S.369; auch P.Ulmer, ZHR 146 (1982), S.474f., 478f.; vgl. K.Schmidt, Kartellsverfahrensrecht, S.88ff.; Kopp, W.u.V. 1978, 190; Bachof, F. BVerwG, 1978, S.12 mit Fn.56, S.19f.; so schon Richter, VVDStRL 6 (1929), S.100f. mit Hinweisen; jetzt auch Hubmann, W.u.V. 1982, 46f., 48ff.; ablehnend Renck, BayVBl 1978, 692; ders., JuS 1978, 461f.; in der Stringenz dagegen auch Mestmäcker, NJW 1969, 2; Emmerich, Unlauterer Wettbewerb, S.20ff.; schwankend ders., Unlauterer Wettbewerb, 1982, S.26.

317) Hefermehl, Wettbewerbsrecht, 10.Aufl. 1971, Allgemeines, Rdn.159-162, jetzt i.S. der Doppelqualifikation, Allgemeines Rdn.166, 167; Emmerich, etwa Unlauterer Wettbewerb, 1982, S.26 (aber für Doppelqualifikation); Ulmer-Reimer, Unlauterer Wettbewerb, Rdn.75f., S.50f.; Mestmäcker, NJW 1969, 1; Püttner, Die öffentlichen Unternehmen, S.353; dazu Klein, Teilnahme, S.18f.; vgl. auch Rüfner, Formen, S.397f.; Koppensteiner, Wettbewerbsrecht, S.311 (für Österreich); BGHZ 37, 1 (16); BGH GRUR 1956, 227; schon RG JW 1933, 2134; vgl. auch die Hinweise in Fn.en 72 und 319.

318) Der folgende Bericht faßt Scholzens Aufsatz in NJW 1978, 16ff. zusammen.

werblich sei, unabhängig davon, ob der Staat hoheitlich oder privatrechtlich handele. Er geht damit noch über die Doppelqualifikation hoheitlicher Maßnahmen mit wettbewerblicher Wirkung (des Großen Zivilsenats) des Bundesgerichtshofs hinaus, der das wettbewerbliche staatliche Verhalten in der Wettbewerbsbeziehung etwa zum Mitbewerber als privatrechtliches, dem Wettbewerbsrecht unterworfenes Verhalten qualifiziert, selbst wenn die staatliche Maßnahme zugleich ein Hoheitsakt gegenüber einem (dritten) Gewaltunterworfenen ist [319]. Scholz will hoheitliches Verhalten des Staates entgegen der herrschenden Meinung nicht vom Wettbewerbsrecht freistellen [320]. Kern seiner Lehre ist es, staatliches Verhalten einheitlich zu bewerten. Als "nicht mehr anzuzweifeln" erscheint es Scholz, daß "auch der Hoheitsträger Wirtschaftssubjekt im Sinne von UWG und GWB ("Unternehmen" i.S. des § 98 GWB) sein" könne. Tatsächlicher Normadressat sei jedes Rechtssubjekt kraft realer Wettbewerbs- bzw. Wirtschaftsteilnahme. "Die soziologisch-ökonomische Verhaltens- oder (institutionelle) Marktform 'Wettbewerb' impliziere die tatsächliche Koordination kraft realer (wettbewerblicher) Marktteilhabe einzelner Wirtschaftssubjekte (Unternehmen). Allein an diesen Koordinationstatbestand knüpfe das Wettbewerbsrecht als objektives Verhaltensrecht an. Das Wettbewerbsrecht erfasse a l l e wirtschaftlichen Konkurrenzverhältnisse, gleichgültig wie diese juristisch strukturiert seien. Als objektives Verhaltensrecht frage das Wettbewerbsrecht begriffsnotwendig nicht nach der privat- oder öffentlich-rechtlichen Qualität von Wirtschaftssubjekten, die am Markt wettbewerblich agieren würden. Ein Wettbewerbsverhältnis könne ebenso privat- wie öffentlich-rechtlich begründet sein, ohne damit seine (allein wettbe-

---

319) Zur Doppelqualifikation staatlicher Maßnahmen in BGHZ (GrS) 66, 229 (232ff.); 67, 81 (85); bestätigt in BGH NJW 1982, 2118; BGH NJW 1982, 2126; OLG Karlsruhe GRUR 1979, 883/4; folgend BVerwG BayVBl 1978, 376; BVerwG NJW 1980, 656; OVG NW GewArch 1979, 259; kritisch BSGE 36, 238 (240); vor allem Scholz, NJW 1978, 16ff., der in diesen Entscheidungen die Tendenzwende zur bis dahin h.M. sieht; vgl. auch ders., NJW 1974, 781f.; dazu auch kritisch Bettermann, DVBl 1977, 181; Menger, VerwArch 68 (1977), S.293ff.; Schimmelpfeng, NJW 1977, 1093; Renck, JuS 1978, 459ff.; Hefermehl, Wettbewerbsrecht, Allgemeines, Rdn.166f. (jetzt i.S. der Doppelqualifikation); eher zustimmend P.Ulmer, ZHR 146 (1982), S.478f.; über den BGH hinausgehend Hubmann, W.u.V. 1982, 42ff. (auch im Verhältnis von Hoheitsträgern, S.49); kritisch zustimmend Püttner, DÖV 1976, 635f.; kritisch auch Badura, Verwaltungsmonopol, S.34; ders., F.Schlochauer, S.15; Schricker, Wirtschaftliche Tätigkeit, S.63ff.; Emmerich, Wirtschaftsrecht, S.280f.; ders., Unlauterer Wettbewerb, S.10ff., 13, 16ff., 20ff.; ders., in Mestmäcker/Immenga, Rdn.5ff., 35 zu §98 GWB, jeweils mit weiteren Hinweisen; ders., Unlauterer Wettbewerb, 1982, S.26, u.ö.; insb. Mestmäcker, NJW 1969, 1ff.; Grupp, ZHR 140 (1976), S.391f.; zur Problematik i.S. der heutigen Praxis schon Gütebier, Unlauterer Wettbewerb, 1934, S.26ff.; auch Schwarz, Die wirtschaftliche Tätigkeit, S.9ff., 14, 18; auch Forsthoff, Staat als Auftragsgeber, S.28; vgl. auch die Hinweise in Fn.316.
Zur Prozeßrechtsliteratur etwa Stein/Jonas/Schumann, ZPO, Einl. VII A, Rdn.380; Wieczorek, ZPO, Bd.5, §13 GVG, Anm.J III b 7; Baumbach/Lauterbach/Albers/Hartmann, ZPO, §13 GVG, Anm.7, Stichwort "Wettbewerb", S.1422; Thomas/Putzo, ZPO, §13 GVG, Anm.4a; kritisch Kopp, VwGO, §40, Rdn.30 mit weiteren Nachweisen; Redecker/v.Oertzen, VwGO, §40 ,Rdn.21; vgl. auch Tettinger, JA 1981, 160, 156ff. mit weiteren Hinweisen insb. auch auf die Rechtsprechung.

320) Ebenso, Schricker, Wirtschaftliche Tätigkeit, S.113ff., dazu im 3.Kap., S.45ff.; vorsichtig auch Bettermann, DVBl 1977, 182f.; wohl auch Klein, Teilnahme, S.247; auch Wolff-Bachof, Verwaltungsrecht I, §23 Vc, S.112 ("Nie darf die" "öffentliche Verwaltung" "gegen die allgemeinen Schranken des Wettbewerbs verstoßen"); im Erg. auch Hubmann, W.u.V. 1982, 46f., 49f., der das hoheitliche Verhalten allerdings mittels der Subjektionstheorie als privatrechtlich einstuft, obwohl nach Hubmann auch die Verwaltungsgerichte das UWG "bei der Beurteilung öffentlich-rechtlicher Maßnahmen" anwenden sollen; weitere Hinweise in Fn.316, zur h.M. vgl. Fn.72 und Fn.319.

werblich bestimmte) Identität, die Maßgeblichkeit des Wettbewerbsrechts eingeschlossen, einzubüßen. Das Wettbewerbsrecht könne nicht pauschal dem Privatrecht zugeordnet werden, weil es seine Rechtsfolgen allein an bestimmte faktisch-wirtschaftliche Sachverhalte (Wettbewerb und Unternehmen etc.) knüpfe und der materiell-rechtlichen Dichotomie von Privatrecht und öffentlichem Recht neutral gegenüberstehe. Als 'allgemeines' und materiell damit unselbständiges Recht schließe das Wettbewerbsrecht seine Rechtsfolgen entweder dem Privatrecht oder dem öffentlichen Recht an - je nachdem, ob das die Anwendung des Wettbewerbsrechts konkret berufende Wettbewerbsverhältnis seinerseits auf privat- oder öffentlich-rechtlichen Grundlagen beruhe. Die Neutralität bzw. gegebenenfalls gemeinsame Zuordnung des Wettbewerbsrecht zu beiden Rechtskreisen sei nur materiell-rechtlich bestimmt; über die formell-rechtliche Zuweisung wettbewerbsrechtlicher Streitigkeiten in den Zivil- oder Verwaltungsrechtsweg sei damit noch nichts gesagt. Kraft Rechtswegzuweisung gehöre das Wettbewerbsrecht formell zum Bereich der bürgerlichen Rechtsstreitigkeiten.

Sachgerechter wäre es, daß Wettbewerbsrecht als materiell-neutrales Recht - je nach materieller Rechtsnatur des strittigen Wettbewerbsverhältnisses - sowohl vor dem Zivil-, als auch vor den Verwaltungsgerichten zur Anwendung zu bringen. Wettbewerblich wirksame Hoheitsmaßnahmen hätten eine rechtliche Doppelnatur, je nach konkret betroffenen Rechtssubjekten als Eingriffs- und Konkurrenzakte. Diese Doppelnatur des Hoheitsaktes zwinge zur doppelten Rechtskontrolle wiederum nach den betroffenen Rechten in der Person von Adressat und Mitbewerber. Das wettbewerbsrechtliche Unterlassungsgebot habe die Negation des Eingriffsaktes nur mittelbar zur Folge; unmittelbare, allein relevante Rechtsfolge sei die des Wettbewerbsrechts. Die (faktische) Beschränkung der Hoheitsverwaltung beeinträchtige die prozessuale Statthaftigkeit wegen des mittelbaren (Sekundär-)effekts nicht. Der Vorrang der Verwaltungsgerichte bei der Kontrolle hoheitlicher Maßnahmen sei auf die "unmittelbare" Kontrolle (die Setzung unmittelbar kassatorischer Rechtsfolgen) zu beschränken. Wo allerdings das Wettbewerbsverhältnis nicht nur vom (allgemeinen) Wettbewerbsrecht, sondern unmittelbar auch von öffentlichem (Spezial-)recht geregelt werde, habe das letztere als speziellere Norm den Vorrang - mit der verfahrensrechtlichen Konsequenz der ausschließlichen Zuständigkeit der Verwaltungsgerichte.

## II Kritik an Scholzens wettbewerblicher Neutralitätsthese

Anliegen der Scholzschen Lehre ist es, das gesamte und damit auch das hoheitliche Verhalten des Staates dem Wettbewerbsrecht unterzuordnen. Die vielfältigen Konsequenzen einer solchen Lehre zwingen ihn zu mancher dogmatischen Differenzierung und Neuorientierung, weil die Rechtsordnung, vor allem das gerichtliche Kompetenzrecht, auf einer Dogmatik aufgebaut ist, die allein den Staat als Hoheitsträger Sonderrecht unterwirft und insbesondere das Wettbewerbsrecht als reines

Privatrecht einstuft. Scholz hat seine Lehre in der Arbeit 'Wettbewerbsrecht und öffentliche Hand' vorgestellt[321]. Seine axiomatischen und kritischen Topoi sind die folgenden:

1. Kongruente Konkurrenz zwischen Staat und Bürger bei Scholz, Kritik

a) "Das Wettbewerbsrecht begreift die Konkurrenzbeziehung zwischen Staat und Bürger nicht als Folge eines ... hoheitlichen Subordinationsverhältnisses, sondern als Konsequenz eines ... Koordinationsverhältnisses"[322]. Wegen dieser These meint Scholz, die Frage, ob und inwieweit wirtschaftliche Konkurrenz des Staates Eingriff in grundrechtlich geschützte Position sei, nicht weiter verfolgen zu müssen[323]. Wirtschaftlicher Wettbewerb heiße Teilnahme an dem gemeinsamen Lebensverhältnis 'Wirtschaft'. Private und öffentliche Hand müßten sich auf der Ebene vergleichbarer wirtschaftlicher Funktionen begegnen. Die Feststellung von der Konkurrenz mehrerer Verhaltensweisen setze die Feststellung von der Kongruenz der Verhaltenszwecke voraus. Dieses Axiom der wettbewerblichen Konkurrenz zwischen Staat und Privaten hat der von Scholz zitierte und kritisierte Herbert Krüger mit grundsätzlichen Argumenten zurückgewiesen[324].

b) Scholz breitet jedoch seinen Topos mit der weiteren These aus, "die Verhaltensform Wettbewerb verdränge nicht die Verhaltensnorm Zuständigkeit"[325]. Den Vorrang öffentlich-rechtlicher Spezialnormen gegenüber den allgemeinen Verhaltensnormen des Wettbewerbsrechts akzeptiert auch Scholz[326]. Die staatsrechtlichen Vorschriften bestimmen jedoch das staatliche Verhalten ausschließlich, auch wenn der Staat sich an den Markt begibt[327].

c) Scholz konstatiert axiomatisch ein wettbewerbliches Konkurrenzverhältnis zwischen dem Staat und den Privaten, das er aus der faktischen Begegnung des Staates und der Privaten am Markt herleitet. Diese "Konkurrenz" ist jedoch nicht das Gegeneinander kongruenter Marktteilnehmer[328]. Vielfach ist sie Eingriff des Staates in die Wirtschaftsfreiheit des Privaten[329], gegebenenfalls mit dem Mittel,

321) ZHR 132 (1969), S.97ff.

322) ZHR 132, 101.

323) ZHR 132, 101 mit Hinweisen in Fn.18; Scholz hat sich sonst häufig mit dieser Frage befaßt, vgl. die Hinweise in Fn.50 im 7.Teil, zuletzt in Maunz/Dürig/Herzog/Scholz, Rdn.405ff. zu Art.12 GG.

324) Allg. Staatslehre, 1.Aufl., S.132, 195, 270, 454ff.; ders., Öffentl. Massenmedien, 1965, S.31ff.; ders., Ufita 38, 129ff.; ders., Marktwirtschaft, S.13, 24f.; zu Krüger das 10.Kap., S.96.

325) ZHR 132, 104.

326) ZHR 132, 132ff.; ders. in Maunz/Dürig/Herzog/Scholz, Rdn.405 zu Art.12 GG; ebenso Emmerich, etwa Unlauterer Wettbewerb 1982, S.26.

327) Dazu das 3.Kap., S.253ff. im 6.Teil.

328) Dazu im 7.Teil, 3. und 5.Kap., S.303ff., 322ff.

329) Scholz, ZHR 132, 101 mit Hinweisen in Fn.18; dazu im 7.Teil, 7.Kap., V, S.347ff. mit Hinweisen in

Konkurrenzverhalten von Privaten zu adaptieren, etwa um Wettbewerb zu provozieren. Staatliche Konkurrenz greift nicht ohne weiteres in ein Grundrecht des privaten Unternehmers, frei von staatlichen Rechtsschranken zu wirtschaften, ein. Ein Grundrecht, frei von staatlicher Konkurrenz zu sein, gibt es nicht[330)]. Adaptives Verhalten des Staates mag sich an den Erscheinungsformen des privaten Wettbewerbs orientieren. Es ordnet sich aber den Gesetzlichkeiten des privaten Marktes nicht unter, wird nicht privates Wirtschaften, wird nicht wettbewerbsrechtliche Konkurrenz. Es bleibt gemeinwohlverpflichtetes staatliches und darum allein staatsrechtlich gebundenes Verhalten[331)].

d) Es ist ein Fehlgriff, Verhaltensnormen losgelöst vom Rechtssubjekt der Norm, neutral oder objektivrechtlich, charakterisieren zu wollen. Staatliches Verhalten am Markt ist eben nicht staatlich u n d wettbewerblich und damit sowohl staatsrechtlich als auch wettbewerbsrechtlich zu bewerten, sondern nur staatlich und nur staatsrechtlich zu fassen. Das Privatrecht, zu dem § 1 UWG gehört[332)], auf den Staat anzuwenden, verändert den Staat als solchen[333)], macht diesen Staat unausweichlich zum Privaten[334)]. Diese Privatheit des Staates wird gemildert, wenn neben dem Privatrecht oder diesem vorrangig das Staatsrecht angewandt wird[335)]. Die Staatlichkeit bleibt jedoch verfälscht.

---

Fn.343 u. ff.; dazu Scholz zuletzt in Maunz/Dürig/Herzog/Scholz, Rdn.405ff. zu Art.12 GG mit weiteren Hinweisen.

330) Bettermann, F.Hirsch, S.11ff.; ders., DVBl 1963, 42; Klein, Teilnahme, S.180ff. mit Hinweisen; Scholz, ZHR 132, 107; ders., Maunz/Dürig/Herzog/Scholz, Rdn.405ff., auch Rdn.104 zu Art.12 GG für die allein zulässige "sozialwirtschaftliche" Betätigung; Papier, Handbuch, S.626f.; dazu auch 7.Teil, 7.Kap., II, V, S.348ff., 353ff. mit Hinweisen.

331) Dazu näher 7.Teil, 8.Kap., S.357ff.; allgemein im 6.Teil, 3.Kap., III, S.255ff.

332) So die ganz überwiegende Meinung; Hinweise in Fn.en 19, 221, auch Fn.en 316, 319; dazu auch der 1.Teil, 2.Kap., S.10ff., und der 8.Teil, insb. 4.Kap., I, II, V, S.421ff., 436ff.; etwa BGH GRUR 1981, 825.

333) Zum Wesen des Staates als der Organisation des Volkes für dessen Allgemeines 6.Teil, insb. 4.Kap., III, IV, S.265ff., 268ff. und die Hinw. in Fn.142. Wie hier vehement Burmeister, WiR 1972, 311ff., 347ff.

334) Dieser Topos stellt die umgekehrte These, der Staat, der sich in die Rolle des Privatmannes begebe, unterstelle sich damit dem Privatrecht (so die ganz überwiegende Meinung, etwa Klein, Teilnahme, S.248; Schricker, Wirtschaftliche Tätigkeit, S.155ff., 159; Püttner, Die öffentlichen Unternehmen, S.368; Hubmann, AcP 155 (1956), S.93f., 98; BGHZ 37, 1 (16); BVerfGE 27, 364 (374); und der Sache nach die ganze Fiskustheorie, Hinweise in Fn.1 im 1.Teil), vom Kopf auf die Füße; Scholz sagt selbst in Wirtschaftsaufsicht, S.25f. in Fn.14, daß Wettbewerb "Ausdruck und Mittel der privaten Wirtschaftsfreiheit" sei, bleibt aber bei der instrumentalen und damit für die Staatsunternehmen instrumentalisierbaren Relevanz des Wettbewerbsrechts (Fn.14); aus der "freiheitlichen Orientierung des Wettbewerbs" (Fn.14) hätte er die vorgefundene wettbewerbliche Realität von Staatsunternehmen als rechtswidrig erkennen müssen, anstatt diese Realität durch die rechtsadäquate, aber nicht staatsadäquate Funktionalisierung des Wettbewerbsrechts zu stärken. Denninger, Rechtsperson, S.229ff., hat die Relevanz des Rechtssubjekts als Person oder als Funktionsträger für die Verhaltensnormen deutlich herausgestellt, bleibt aber von Scholz, der Denninger sonst berücksichtigt, hier unbeachtet.

335) So insb. auch Scholz, ZHR 132, 132ff.; ders., Maunz/Dürig/Herzog/Scholz, Rdn.405 zu Art.12 GG; Rüfner, Formen, S.377ff., 380f., 388, 395; dazu 3.Kap.,I, S.45ff., 4.Kap.,I, S.50ff.; auch Wenger, Öffentl. Unternehmung, S.514ff., 518f.; Hinw. auf die Überlagerungstheorie in Fn.57 im 1.Teil.

e) Die "öffentliche Konkurrenzwirtschaft" untersteht nicht, wie Scholz meint[336], zwei verschiedenen Verhaltensordnungen, nämlich dem "allgemeinen" Wettbewerbsrecht und dem "besonderen" Zuständigkeitsrecht für die öffentliche Verwaltung, sondern ist prinzipiell als wettbewerbliches, also privates Wirtschaften rechtswidrig. Nur im Ausnahmefall kann dies einen rechtmäßigen Verwaltungszweck erfüllen und richtet sich dann ausschließlich nach staatsrechtlichen Kategorien, die gegebenenfalls wettbewerbsrechtliches Privatrecht adaptieren und somit in das Staatsrecht rezipieren können[337]. Einerseits sieht Scholz zwar Fiskus und Verwaltung lediglich als "verschiedene Zuständigkeitsinhalte einer einheitlichen Staatsgewalt" andererseits reiche die Bindung hoheitlicher Angelegenheiten "von der absoluten Gestaltungsfreiheit bis zur strikt vorgeschriebenen Gestaltungsform". Das habe Auswirkung auf die Anwendung des Wettbewerbsrechts: "Je weiter der gestaltungsrechtliche Spielraum in der Vollziehung einer staatlichen Kompetenz gespannt ist, desto enger ist deren Bindung an das allgemeine Wettbewerbsrecht, je enger dieser Gestaltungsspielraum gehalten ist, desto entfernter ist die Bindung an das Wettbewerbsrecht"[338]. Also gewinnt das Wettbewerbsrecht eine Ersatz- oder Notfunktion für die Bereiche staatlichen Handelns, die bisher staatsrechtlich vernachlässigt wurden, weil man sie durch das Privatrecht hinreichend diszipliniert sah.

2. Normative Neutralität des Prinzips Wirtschaft bei Scholz, Kritik

a) Der zweite axiomatische Topos bei Scholz, der in engem Zusammenhang mit dem ersten steht, ist: "Eine Beschränkung des Prinzips Wettbewerb auf private Wirtschaftsinitiativen könne nur noch aus dem Wettbewerbsrecht selbst, d.h. aus dem UWG und GWB" folgen[339]. Scholz geht zwar davon aus, daß Konkurrenz Grundrechtseingriff in Art.12 Abs.1 und Art.14 GG sein könne. Das mache jedoch staatliche Wettbewerbsteilnahme nicht allgemein, sondern nur im Einzelfall unzulässig[340]. Dem ist zuzustimmen[341]. Das staatliche Normengeflecht, in dem diese Einzelfallentscheidungen zu finden sind, ist, wenn auch entwicklungsbedürftig, prinzipiell in sich geschlossen. Es läßt keinen Raum für den Rückgriff auf das Wettbewerbsrecht, selbst wenn dieser nur eine Notmaßnahme ist, die staatliches

---

336) ZHR 132, 131ff.; auch ders., Wirtschaftsaufsicht, S.25f. in Fn.14; eher zurückhaltend i.S. subsidiärer Geltung des Wettbewerbsrechts für die "sozialwirtschaftliche" Betätigung ders., Maunz/-Dürig/Herzog/Scholz, Rdn.405 zu Art.12 GG mit Hinweisen; i.d.S. auch Hubmann, W.u.V. 1982, 46f.

337) Dazu im 3.Kap., IV, S.258f. des 6.Teils.

338) ZHR 132, 136f.; in der Sache auch Hubmann, W.u.V. 1982, 46f.

339) ZHR 132, 107.

340) ZHR 132, 107; ebenso ders., zuletzt in Maunz/Dürig/Herzog/Scholz, Rdn.104, 405ff. zu Art.12 GG mit Weiteren Hinweisen, wo er die "erwerbswirtschaftliche (fiskalische)" Betätigung im Gegensatz zur "sozialwirtschaftlichen" als unstatthaft kennzeichnet.

341) Dazu im 7.Teil, 7.Kap., II, V, S.348ff., 353ff.

Verhalten in irgendeinem Bereich nicht gänzlich ohne Verhaltensnormen lassen will. In einem solchen normativen Leerraum findet sich, wer staatliche Eigenwirtschaft nicht durchgehend dem Staatsrecht unterwerfen will, indem er etwa bei erwerbswirtschaftlichen Zwecken staatlichen Wirtschaftens dem Staate der Sache nach Privatheit zubilligt[342)]. Jede staatliche Konkurrenz unterliegt jedoch dem Staatsrecht, so dem Prinzip des Vorranges privaten Wirtschaftens[343)] dem Prinzip der Sachlichkeit[344)], u.a. Scholz meint, das Wettbewerbsrecht orientiere sich ausschließlich am Begriff der Wirtschaft als Inbegriff spezifischer sozialer Verhaltensweisen; 'Wirtschaft' bezeichne in diesem materiellen Sinne den nur empirisch zu begreifenden gesellschaftlichen Tatbestand der Herstellung, Leistung und Vertreibung von Gütern und Dienstleistungen nach Maßgabe des allgemeinen ökonomischen Leistungsprinzips. 'Wirtschaft' sei wert- und normneutral bestimmt. 'Wirtschaft' besitze keinen normativen Eigenwert[345)]. Diese Erkenntnis ist genauso richtig wie die, daß die Rechtsbegriffe Mensch, Tier, Pflanze, Gebäude, Straße u.a. zunächst einmal metajuristische Begriffe sind, die allein dadurch zu Rechtsbegriffen werden, daß sie Tatbestandsmerkmale einer Rechtsnorm sind. Es ist irreführend, die normative Qualität eines Lebenssachverhalts, wie auch den der Wirtschaft, zu beurteilen, ohne das Gesetz zu befragen, welches diesen Lebenssachverhalt zum Tatbestandsmerkmal gemacht hat[346)].

Zunächst ist darauf hinzuweisen, daß weder § 1 UWG noch § 1 GWB das Wort und damit den Begriff 'Wirtschaft' enthalten. Für § 1 UWG kommt es vielmehr darauf an, die Begriffe "geschäftlicher Verkehr", "zu Zwecken des Wettbewerbs", "Handlungen vornimmt" und "gegen die guten Sitten verstoßen" zu interpretieren. Für § 1 GWB sind die Begriffe "Unternehmen", "Erzeugung von Waren und gewerblichen Leistungen", die "Marktverhältnisse für den Verkehr mit Waren oder gewerblichen Leistungen" und "Beschränkung des Wettbewerbs" wesentlich. Daß staatliches Verhalten all diese Tatbestandsmerkmale erfüllt, ist schon auf den ersten Blick zweifelhaft[347)] und wird sich nicht als tragfähig erweisen[348)]. Keinesfalls können diese Tatbestandsmerkmale schlicht mit dem Arbeitstitel 'Wirtschaft' identifiziert werden, schon weil der Begriff Wirtschaft viel zu unscharf ist und in vielfältigen Gesetzen zur Beschreibung von Sachverhalten benutzt wird, die nicht

---

342) Typisch Emmerich, Wirtschaftsrecht, u.a. S.144f.; dazu im 7.Kap., S.64ff.; Schricker, Wirtschaftliche Tätigkeit, S.56, 76f.; dazu im 3.Kap., S.45f.; Rüfner, Formen, S.358ff., 370; dazu im 4.Kap., S.50ff.; Klein, Teilnahme, S.166 u.a.; dazu im 5.Kap., S.54; Püttner, Die öffentlichen Unternehmen, S.368 u.a.; dazu im 8.Kap., S.77ff.; Brohm, Strukturen, S.182f.; dazu im 6.Kap., S.60f.

343) Dazu näher im 7.Teil, 4.Kap., V, S.317ff.; insb. so Ipsen, NJW 1963, 2107f.

344) Vgl. die Hinweise in Fn.31/32 im 6.Teil.

345) ZHR 132, 107.

346) Wie hier Knöpfle, Der Rechtsbegriff "Wettbewerb", S.4f.; Callmann, Der unlautere Wettbewerb, S.25; allgemein und richtig zum metajuristischen Gehalt der juristischen Begriffe Jesch, Gesetz und Verwaltung, S.61.

347) Skeptisch äußert sich insofern Bettermann, DVBl 1977, 181, ohne auf diese Frage einzugehen.

348) Dazu der 7.Teil, S.281ff.

nur an den Grenzen, sondern auch im Wesen mit den von § 1 UWG und § 1 GWB erfaßten Verhaltensweisen nicht identisch sind, etwa der Begriff der "Wirtschaftsführung" in § 2 HGrG. Die vom Haushaltsrecht geregelte Haushalts- und Wirtschaftsführung des Staates dürfte allenfalls in Grenzbereichen mit den von Scholz dem Wettbewerbsrecht unterstellten Wirkungsbereichen identisch sein. Dasselbe gilt für die "wirtschaftspolitischen Maßnahmen" des Bundes und der Länder, die § 1 StabWG anspricht. Mit einem wesentlich anderen Sinn, als das Wettbewerbsrecht es umschreibt, regelt auch § 14 StabWG den Begriff "Haushaltswirtschaft" der Länder. Scholz arbeitet mit einem Phantombegriff 'Wirtschaft', den er obendrein noch in materielle und formelle Wirtschaft differenziert. Dabei will er den materiellen Begriff der Wirtschaft den Trägern der Privatautonomie, d.h. den Subjekten des Privatrechts vorbehalten, während formelle Wirtschaft sich mit öffentlich-rechtlichen Zwecken einkleiden ließe[349].

b) Scholz schließt von der normativen Indifferenz des metajuristischen Lebenssachverhalts Wirtschaft auf eine rechtliche Neutralität des Begriffes Wirtschaft und des Wirtschaftsrechts gegenüber dem vornehmlich prozeßrechtlichen Begriffspaar öffentliches Recht und Privatrecht[350]. Er versucht, mittels der Vokabel 'neutral' und weiteren Wortspielen wie 'materiell' und 'formell', 'normativ' und 'real', 'unmittelbar' u.a. zu überzeugen. Rechtslogisch können Rechtsnormen nur menschliches Verhalten bestimmen[351]. Unabding bares und für die Charakterisierung einer Norm wesentliches Merkmal ist jeweils das Rechtssubjekt, dessen Verhalten geregelt wird[352]. Rechtssubjekte können einzelne Menschen und Organisationen der Menschen sein. Eine dieser Organisationen der Menschen ist der Staat[353]. Keine Rechtsnorm regelt die 'Wirtschaft', sondern Rechtsnormen regeln allenfalls menschliches Verhalten in Situationen, die man metajuristisch als Wirtschaft bezeichnen und auch normativ mit dem Begriff Wirtschaft umschreiben kann. Für die Anwendung des Wettbewerbsrechts ist zu entscheiden, ob nur das Verhalten von Menschen in ihrer Privatheit vom § 1 UWG und auch vom § 1 GWB erfaßt werden soll oder das Verhalten des Staates als einer menschlichen Organisation[354].

---

349) ZHR 132, 108; später hat Scholz den Begriff "sozialwirtschaftliche Betätigung" eingeführt, zuletzt in Maunz/Dürig/Herzog/Scholz, Rdn.405ff. zu Art.12 GG.

350) Für Rinck, WiR 1972, 5ff., 9f., 16f. hat der Dualismus von öffentlichem und privaten Recht nur noch für den Rechtsweg Relevanz (wie freiheitsverleugnend!).

351) Larenz, Allgemeiner Teil, S.40f. für viele.

352) Art.19 Abs.3 GG macht das für die Grundrechtssubjektivität deutlich. I.d.S. Schmidt-Salzer, WiR 1972, 106ff.; Burmeister, WiR 1972, 339ff., 347ff. ("Unvergleichbarkeit" der Rechtshandlungen, für den Dualismus).

353) Zum Staatsbegriff im 5.Teil, 1.Kap., S.175ff. und 6.Teil, 4.Kap., IV, S.268ff. mit Hinw. in Fn.142.

354) Zur Entscheidung des §98 GWB im 7.Teil, 1.Kap., S.283ff., 285ff.

c) Das Wettbewerbsrecht setzt wesentlich der Privatautonomie Mißbrauchsschranken[355]. Rechtssubjekte dieses Rechtsgebiets können darum nur die Träger der Privatautonomie, also die Menschen in ihrer Privatheit sein, nicht der Staat[356]. Wenn der Staat sich an den Markt begibt, um öffentliche Zwecke zu realisieren, ist das etwas wesentlich anderes, als wenn der Private sich unternehmerisch betätigt[357]. Mit seiner Neutralitätsthese räumt Scholz ein, daß die staatliche Teilnahme an der Wirtschaft Verwaltung sein könne, die sich an den Grundrechten messen lassen müsse, ja überhaupt staatsrechtlich beschränkt sei[358].

### 3. Der Schutz der "guten Sitten" als allgemeines Rechtsprinzip bei Scholz, Kritik

a) Der dritte axiomatische Topos bei Scholz ist, daß der Schutz der "guten Sitten" ein Rechtsprinzip von allgemeiner Natur sei, welches auch im öffentlichen Recht und für öffentliche Rechtsträger maßgeblich sei[359]. Auch die "guten Sitten" sieht Scholz als "objektive Verhaltensnorm", um auch staatliches Verhalten daran messen zu können, nämlich das staatliche Verhalten im 'Wettbewerb'[360]. Dieser Topos hätte es nahegelegt, auf die entscheidende Frage des Problems, ob das Wettbewerbsrecht die öffentliche Hand binde, einzugehen, nämlich die, ob staatliches

---

355) Vgl. die Hinw. in Fn.38 und den Text im 2.Kap., I 3, S.34f.; dazu im 8.Teil, 2.Kap., I 2, S.377ff. mit Hinweisen.

356) Dazu im 6.Teil, 4.Kap., S.261ff. und die Hinweise zur Frage einer Privatautonomie des Staates in Fn.en 152, 190, 161 im 6.Teil, 60-63 im 1.Teil und 59 in diesem Teil. Typisch etwa Püttner, Die öffentlichen Unternehmen, S.135, der dem Staat zwar die Privatautonomie nicht zugesteht, aber daraus keine Konsequenzen zieht, weil "dem Fiskus" "das Privatrecht" "zustehe". Unklar insoweit noch BVerfG NJW 1982, 2173 (2175), das den Gemeinden zwar "Privateigentum" läßt, welches aber nicht "Eigentum Privater" sei, also von Art.14 Abs.1 GG nicht geschützt werde, somit jedenfalls Privatautonomie den Gemeinden abspricht.

357) Dazu näher im 7.Teil, insb. im 4.Kap., S.310ff., 5.Kap., V, VI, S.329ff., auch 3.Kap., S.303ff.

358) Insb. ZHR 132, 131ff., insb. 132; klar i.d.S. derselbe, Maunz/Dürig/Herzog/Scholz, Rdn.104, 405ff. zu Art.12 GG für die allein "statthafte" "sozial-wirtschaftliche Betätigung" des Staates; dazu vor allem 7.Teil, 7.Kap., S.347ff., 8.Kap., S.357ff.

359) Insb. ZHR 132 (1969), S.112; das ist fast unangefochtene Auffassung in Rechtsprechung und Schrifttum, das freilich meist besondere Maßstäbe an guten Sitten für den Staat aus öffentlichem Interesse herleitet; Schricker, Wirtschaftliche Tätigkeit, S.127ff., 132ff.; Püttner, Die öffentlichen Unternehmen, S.373 (besondere Maßstäbe nur aus "öffentlichem Recht"); so schon ders., GRUR 1964, 362; ders., Energieversorgung, S.210; Hefermehl, Wettbewerbsrecht, Allgemeines, Rdn.176; Klein, Teilnahme, S.245f.; Forsthoff, Verwaltungsrecht I, S.159, 239, 364; Mestmäcker, NJW 1969, 1ff.; Huber, Wirtschaftsverwaltungsrecht, Bd.2, S.742; auch Bettermann, Grenzen der Grundrechte, S.10ff.; ders., NJW 1977, 513; ders., DVBl 1977, 180; auch Menger, VerwArch 68 (1977), 98; Kopp, W.u.V. 1978, 190; RGRKomm. zu §138 BGB Anm.14, zu §826 BGB Anm.6; die neuere Tendenz geht zunehmend auf Modifizierung der Unlauterkeitsmaßstäbe für Staatsunternehmen; vgl. die Hinweise in Fn.nen 217ff., 243 des 7.Teils; etwa P.Ulmer, ZHR 146 (1982), S.485ff.; insb. Emmerich, Wirtschaftsrecht, S.144ff.; auch Hubmann, W.u.V. 1982, 46ff. (gänzlich unklar, vgl. Fn.365 im 7.Teil); RGZ 134, 162 (167) -ohne jede Erörterung-; RG JW 1938, 43. Vgl. auch §44 Abs.2 Nr.6 VerwVerfG, wonach Verwaltungsakte wegen Verstoßes gegen die guten Sitten nichtig sind.
A.A. Ascher, LZ 1929, Sp.1433; ders., JR 1929, 89.
Zur Problematik genauer im 8.Teil, 5.Kap., S.438ff.

360) ZHR 132, 112.

Verhalten als sittenwidrig bewertet werden dürfe, wenn es rechtmäßig ist. Unserer These nach sind jedoch die "guten Sitten" kein Verhaltensmaßstab für staatliches Verhalten[361]. Der Staat ist ausschließlich den Gesetzen, die ihn begründen und begrenzen, unterworfen[362]. Scholz sieht als Schutzgut des UWG "die wirtschaftliche Betätigung des Individuums im Wettbewerb, soweit es um das Verhältnis der Konkurrenten untereinander geht", und hebt explizit den "subjektiv-rechtlichen Individualschutz" hervor[363]. Das erlaubt nicht, auch den Staat in den Schutzbereich einzubeziehen; denn der Staat hat keine Individualität in diesem Sinne.

Genausowenig paßt es zu einem das private und staatliche Verhalten übergreifenden allgemeinen Rechtsprinzip des Schutzes der "guten Sitten", einem ethischen Prinzip sogar[364], wenn Maßstab desselben das Prinzip des Leistungswettbewerbs sein soll[365]. Der Staat ist durch keine Norm gehalten, in Leistungswettbewerb zu Privaten zu treten, im Gegenteil: Manche Vorschrift des einfachen Rechts verbietet ihm das[366].

b) Überzeugend ist die von Fikentscher übernommene Sicht der Einheit des Wettbewerbsrechts, das integriert Freiheit und Lauterkeit des Wettbewerbs schütze[367]. Allgemeines Schutzgut des Wettbewerbsrechts ist danach die freie und lautere Entfaltung wirtschaftlicher Tätigkeit und Konkurrenz. Die Freiheit findet somit ihre Grenze in der Lauterkeit des Wirtschaftens[368] und ist damit notwendige Voraussetzung für die rechtliche Bewertung wettbewerblichen Verhaltens als lauter und unlauter[369]. Der Staat aber ist nicht frei[370].

---

361) Dazu im 8.Teil, 5.Kap., II, S.443ff., auch die Zusammenfassung im 6.Kap., S.451ff.

362) Dazu 6.Teil, 3.Kap., S.253ff. mit Hinweisen.

363) ZHR 132, 111f., in Gefolgschaft Fikentschers, Wettbewerb, S.10, 225.

364) ZHR 132, 110; dazu 8.Teil, 2.Kap., I, III, S.375ff., 399ff., 3.Kap., IV, S.412ff.

365) ZHR 132, 111 mit Fn.58.
Zum Prinzip des Leistungswettbewerbs: Böhm, Wettbewerb und Monopolkampf, 1933, S.127ff., 218ff.; Nipperdey, Wettbewerb und Existenzvernichtung, 1930; Fikentscher, Wettbewerb, S.113ff.; Kraft, Interessenabwägung, S.216, 218; weitere Hinweise in Fn.122 des 7.Teils, Fn.323 des 8.Teils.

366) Insb. die kommunalrechtlichen Subsidiaritätsklauseln, dazu für viele Ipsen, NJW 1963, 2107ff.; Isensee, Subsidiaritätsprinzip, S.74ff., u.ö.; zum Subsidiaritätsprinzip Hinweise in Fn.184 des 6.Teils; auf diese weist auch BVerfG NJW 1982, 2173 (2175) hin, um darzutun, daß die Lage der Gemeinden auch als Unternehmer nicht gleich wie die der Privatunternehmer sei; ganz in diesem Sinne BGH NJW 1982, 2117 (2119f.) zum Schutz mittelständischer Unternehmen, in der Sache gestützt auf Art.12 Abs.1 GG.

367) ZHR 132, 112f.; Fikentscher, Wettbewerb, S.227ff.; weitere Hinweise in Fn.36.

368) Larenz, Allgemeiner Teil, S.431f.; Steindorff, Summum ius summa iniuria, S.58ff.; weitere Hinweise in Fn.36; dazu im 2.Kap., II 1-4, S.38ff.; zum Aspekt der Freiheitsbegrenzung durch §1 UWG im 8.Teil, 3.Kap., S.405ff.

369) Dazu im 2.Kap., II, S.38ff. mit Hinweisen.

370) Hinweise in Fn.59 in diesem Teil, aber auch Fn.en 132, 161 im 6.Teil und Fn.en 60-63 im 1.Teil; zur Unanwendbarkeit des Maßstabes der 'guten Sitten' auf staatliches Verhalten der 8.Teil, 5.Kap., S.438ff.; i.d.S. insb. BVerfG NJW 1982, 2173 (2175); deutlich gegen einen Grundrechtsschutz auch erwerbswirtschaftlicher (fiskalischer) Betätigung des Staates, auch der Gemeinden Scholz selbst in: Maunz/Dürig/Herzog/Scholz, Rdn.101ff. zu Art.12 GG mit Hinweisen.

Mit den drei axiomatischen Topoi bricht die Scholzsche Dogmatik des Wettbewerbsrechts und dessen These, das Wettbewerbsrecht sei auf die öffentliche Hand anwendbar, in sich zusammen. Dennoch soll zu weiteren Aspekten derselben Stellung genommen werden, weil das die Kritik an den Axiomen abrunden kann.

4. Die staatliche Marktteilnahme als Verwaltung u n d Wettbewerb bei Scholz, Kritik

a) Das zum Privaten hergestellte Konkurrenzverhältnis sei "bloße Rechtsfolge", "unselbständiger Rechtsannex"[371]. Schließlich sei die Verhaltensordnung Wettbewerb ein "überpersönliches Funktionsmodell", das unabhängig sei von psychischer Motivation, wie der Absicht der Gewinnerzielung und der Ausschaltung von Konkurrenten[372]. Auch den Wettbewerbsbegriff des GWB versteht Scholz lediglich als einen "tatsächlichen Funktionsbegriff", der sich allein am Tatbestand der tatsächlichen Marktteilnahme orientiere, der darum "keine juristische Zuordnung" kenne und "die tatsächliche Wettbewerbsteilnahme der Rechtssubjekte an keine bestimmte rechtliche Qualifikation" binde[373]. Darum stehe auch der Wettbewerbsteilnahme öffentlich-rechtlich organisierter Rechtssubjekte kein begriffliches Hindernis entgegen[374].

b) Freilich, ein "begriffliches Hindernis" steht der wettbewerblichen Marktteilnahme des Staates nicht entgegen, sondern ein rechtliches. Tatsächlich k a n n der Staat, wie es die Praxis beweist, sich wie ein Privater wirtschaftlich betätigen und damit als Wettbewerber am Marktgeschehen teilhaben. Das klärt jedoch die Anwendbarkeit weder des UWG noch des GWB auf den Staat. Diese Frage ist normativ zu entscheiden. Das Wettbewerbsrecht vermag nur die rechtmäßige wettbewerbliche Marktteilnahme des Staates zu reglementieren. Das Verhalten, welches das Wettbewerbsrecht normiert, ist dem Staat jedoch untersagt, weil es wesentlich (privat) autonomes Verhalten ist [375]. Wenn der Staat sich die grundgesetzlich geschützten Verhaltensweisen des Privaten anmaßt, wenn er sich wie ein Privater geriert, so zwingt das noch keineswegs, solches Verhalten den Verhaltensnormen der Privaten zu unterwerfen und damit den Staat sowohl in wettbewerbsrechtliche Pflicht als auch in den wettbewerbsrechtlichen Schutz zu nehmen. Wenn der Staat sich wie ein Privater verhält, handelt er verfassungswidrig, vor allem demokratiewidrig[376]. Ei-

---

371) ZHR 132, 114; ders., Wirtschaftsaufsicht, S.24ff.; ders., WiR 1972, 35; zu diesem Topos Fn.155 im 8.Teil.

372) ZHR 132, 114ff., 117; vgl. Knöpfle, Der Rechtsbegriff "Wettbewerb", S.17ff., 20ff., 126ff.; dazu 7.Teil, insb. 3.Kap., S.303ff., in dem die Relevanz der Rivalität der Konkurrenten hervorgehoben wird.

373) ZHR 132, 119; i.d.S. auch Hubmann, W.u.V. 1982, 46ff.

374) ZHR 132, 119; so auch Hubmann, W.u.V. 1982, 46f. (sogar im Verhältnis zu einander).

375) Dazu im 2.Kap., II, S.38ff., auch 1.Kap., S.26ff. und 7.Teil, 1.Kap., S.283ff.

376) Dazu der 6.Teil, 4.Kap., III, V, S.265ff., 270ff.

ne weitere Mißbrauchsschranke, wie sie das Wettbewerbsrecht den Privaten zieht, ist für solches Verhalten nicht nur inadäquat, sondern auch überflüssig. Kompetenzwidriges Verhalten des Staates ist keiner weiteren rechtlichen Wertung zugänglich. Es läßt sich von anderen Normen nicht erfassen, weil die wesentliche Bedingung demokratierechtlicher Gemeinwohlkonkretisierung, nämlich die Kompetenzhaftigkeit[377], verletzt ist.

c) Nur wenn man dem Staat die Adaption wettbewerblicher Marktteilnahme aus bestimmten allgemeinen Interessen soweit zugestehen will, daß er gänzlich in die Rolle eines Privaten schlüpfen darf, ist seine wettbewerbliche Marktteilnahme rechtmäßig und das Wettbewerbsrecht anwendbar, um die Adaption total zu realisieren[378]. Eine derartig totale Adaption erscheint jedoch von keinem öffentlichen Zweck gefordert zu sein. Wenn sie in einem Ausnahmefall gerechtfertigt sein sollte, ändert das nichts an der grundsätzlichen Erkenntnis, daß das Wettbewerbsrecht auf das staatliche Verhalten nur dann angewandt werden darf, wenn die staatliche wettbewerbliche Marktteilnahme rechtens ist.

d) So recht Scholz mit seinem begrifflichen Argument hat, so wenig läßt sich allein mit diesem Begriffsargument staatliches Verhalten dem Wettbewerbsrecht unterwerfen. Der Sache nach unterstellt es das Recht des Staates, privat zu sein. Diesem Argument will Scholz entgehen, indem er die Eigenart des Wettbewerbsrechts, die individuale Privatautonomie zu begrenzen, leugnet und das Wettbewerbsrecht zu einem "kollektiven Ordnungsystem", nicht mehr zum "Bereich der originär-privatrechtlichen Ordnungssysteme" rechnet[379]. Das führt wieder zu seiner Neutralitätsthese. So formuliert er seine Hauptthese: "Das Wettbewerbsrecht versteht sich also als spezifisches Verhaltensrecht, dessen Rechtsfolgen jedermann treffen, in dessen Verhalten sich die reale Marktfunktion 'Wettbewerb' erfüllt"[380]. Wettbewerbsrecht wird für ihn "funktionale Verhaltensordnung" und zugleich "funktionsvariable Verhaltensordnung". Der Inhalt des Wettbewerbsrechts sei allgemeingültig und von "allgemeinrechtlicher Art". Es gelte darum ebenso für die Privaten, wie für die öffentliche Hand[381]. Scholz geht nicht soweit, dem Staat auch die bürgerliche Privatautonomie zuzusprechen[382]. Über dieses Hindernis helfen ihm wiederum

---

377) Vgl. die Hinweise in Fn.45; vgl. dazu 8.Teil, 5.Kap., II 2b, S.446ff.

378) Dazu näher im 7.Teil, 2.Kap., III 3, S.299ff.; 6.Teil, 3.Kap., IV, S.258f.

379) ZHR 132, 120ff.

380) ZHR 132, 121.

381) ZHR 132, 122; ders., Einrichtungen, S.140, 149ff.; ders., DVBl 1968, 737f.; auch ders., WRP 1968, 319f.; ders., DVBl 1969, 116; ders., Maunz/Dürig/Herzog/Scholz, Rdn.405 zu Art.12 Abs.1 GG; ähnlich Bettermann, F.Hirsch, S.22; Bullinger, Öffentliches Recht und Privatrecht, S.101f.; insb. i.d.S. H.Schricker, Wirtschaftliche Tätigkeit, S.127; G.Schricker, Gesetzesverletzung, S.211; dazu im 3.Kap., III, S.47f.

382) ZHR 132, 123; ders., Einrichtungen, S.24; ders., Maunz/Dürig/Herzog/Scholz, Rdn.100ff. zu Art.12 GG; er gesteht aber eine der Privatautonomie gleichgeordnete "Gestaltungskompetenz" des Fiskus zu,

Vokabeln hinweg, die mehr verschleiern als klären. Hier ist es die Unterscheidung des bürgerlichen Rechts in "formale (wertneutrale) und materiale (wertgebundene) Regelungen". Die wirtschaftsrechtlichen Normen sind für Scholz neutral und als "allgemeines Wirtschaftsrecht" wende "sich das Wettbewerbsrecht naturgemäß auch an die öffentliche Hand". Damit will Scholz das Ergebnis der herrschenden Meinung, daß das Wettbewerbsrecht auch die öffentliche Hand binde, "auf eine tragfähige dogmatische Grundlage gestellt haben[383]. Über die entscheidende Klippe, daß das Wettbewerbsrecht Mißbrauchsgrenzen der Privatautonomie enthält, ist er mit dem Satz hinweggesprungen, es habe "bald die privatrechtliche Konzeption vom rein individualen Recht- und Wirtschaftsverhalten aufgegeben und den eigentlichen Standort des Wettbewerbs im Bereich der kollektiven Verhaltensweisen ausgemacht[384]; das ganz im Gegensatz zur herrschenden Meinung. Ohne Staatstheorie hätte Scholz das hergebrachte privatrechtliche und damit von der Privatautonomie bestimmte Verständnis des Wettbewerbsrechts nicht verlassen sollen.

5. Der Begriff des Unternehmens bei Scholz

a) Während herkömmlich der Begriff des Unternehmens als privatrechtliche Kategorie verstanden wurde und von daher auch die Anwendung des GWB auf hoheitliche oder überhaupt öffentliche Verwaltungsfunktionen, in denen die öffentliche Hand nicht als 'Unternehmen', sondern als 'Behörde' auftrete, ausgeschlossen wurde[385], will Scholz den Unternehmensbegriff als "'funktionale' Kategorie" "ausschließlich am Tatbestand tatsächlichen Wirtschaftens" orientieren. Das sei der Unternehmensbegriff des § 98 Abs.1 GWB. 'Unternehmer' meine einen "sozialen Funktionsbegriff"[386]. Von daher meint Scholz, auch für das GWB Differenzierungen staatlichen Verhaltens nach den Zwecken und nach den Rechtsformen ignorieren zu können, solange die öffentliche Verwaltung wirtschaftlich tätig sei[387].

---

ZHR 132, 135ff., so daß "die wettbewerbsrechtlichen Verhaltenspflichten" im Grunde unbeschränkt, d.h., wie im Verhältnis zum Privaten, zur Anwendung gelangen. Zur Frage einer Privatautonomie des Staates vgl. die Hinweise in Fn.en 132, 161 im 6.Teil, Fn.59 in diesem Teil und auch Fn.en 60-63 im 1.Teil.

383) HR 132, 123.

384) ZHR 132, 120.

385) BGHZ 36, 91 (101ff.); BGH MDR 1968, 301; Forsthoff, Der Staat als Auftraggeber, S.28f., 32; Rinck, Wirtschaftsrecht, S.257; Püttner, GRUR 1964, 359; ders., Energieversorgung, S.175ff.; vgl. auch ders., Die öffentl. Unternehmen, S.42ff. zum Begriff des öffentl. Unternehmens, dazu im einzelnen im 7.Teil, 2.Kap., II, S.292ff.; Hefermehl, Wettbewerbsrecht, Allgemeines, Rdn.104ff. (zum Rechtsbegriff Unternehmen), Einl., Rdn.205; Klein, Teilnahme, S.251 und Fn.66; gegen derartige Kriterien Schwarz, Wirtschaftl. Betätigung, passim, etwa S.13, 93, der für §98 Abs.1 GWB auf den "unmittelbaren Dienst" an "öffentlichen Zwecken" (a.a.O., S.6, 213, u.ö.) abstellt, ein untaugliches Kriterium, weil jede andere staatl. Betätigung verfassungswidrig ist; Schwarz bestätigt damit in der Sache aber unsere These von der Inadäquanz des Wettbewerbsrechts als Verhaltensordnung für den Staat. Vgl. auch Hinw. zur Frage der Anwendbarkeit des §1 UWG auf Hoheitsakte in Fn.72.

386) ZHR 132, 125ff.

387) ZHR 132, 128; ebenso Badura, Verwaltungsmonopol, S.34f.; Schricker, Wirtschaftliche Tätigkeit, S.47, 97, 113ff., 129; Bullinger, Öffentliches Recht und Privatrecht, S.102f.; Huber, Wirtschaftsverwaltungsrecht I, S.409; Klein, Teilnahme, S.245ff., 251; vgl. auch Mestmäcker, F.Böhm, S.384 zu

Die Hinweise auf das Haushaltsrecht und auf das Stabilitäts- und Wachstumsrecht haben gezeigt, daß es kein Verhalten des Staates gibt, welches nicht zugleich wirtschaftliche Tätigkeit ist, schon allein deswegen, weil alles staatliche Verhalten Kosten verursacht. Ein Tatbestandsmerkmal 'wirtschaftliche Tätigkeit' ist weiter als die vom Wettbewerbsrecht erfaßt Lebensbereiche. So ist auch der Endverbraucher wirtschaftlich tätig. Schließlich müßte Scholz auch das Haushaltsgebaren des Staates dem Wettbewerbsrecht unterordnen.

Um nicht auch Subventionen etwa an einem wettbewerbsrechtlichen Diskriminierungsverbot messen zu müssen, beschränkt Scholz seinen Unternehmensbegriff auf das wettbewerbliche, konkurrierende Wirtschaften und klammert die "intervenierenden Wirtschaftszuständigkeiten" aus den Bindungen des Wettbewerbsrechts aus[388]. Damit nähert er sich den Tatbestandsmerkmalen insbesondere des § 1 UWG[389]. Die Annahme, der Staat dürfe in einem wirtschaftlichen Wettbewerbs- oder Konkurrenzverhältnis (i.S. des Wettbewerbsrechts) zu Privaten stehen, bringt wieder das Axiom zum Vorschein, der Staat könne privat sein. So schreibt Scholz: "Staatliche Konkurrenzwirtschaft erfüllt als solche immer den Tatbestand eines Unternehmens nach § 98 Abs.1 GWB"[390].

Derartige quasi-private "Konkurrenzwirtschaft" zu Privaten, also Wettbewerb, ist aber dem Staat prinzipiell verboten[391]. Dieses Verbot hat freilich schon der Gesetzgeber mit § 98 Abs.1 GWB übersehen oder mißachtet. Entgegen dem Grundgesetz hat der einfache Gesetzgeber die Tradition privatwirtschaftlicher, wettbewerblicher Betätigung der öffentlichen Hand fortgeführt. Dies vor allem fordert Kritik heraus. Die Unstimmigkeiten der rechtlichen Konsequenzen in der Praxis erleichtern es, mit der grundsätzlichen Kritik zu überzeugen.

b) Seinen "formalen Maßstab" rechtfertigt Scholz damit, daß "Techniken des Verwaltungsvollzuges oftmals zwischen konkurrierenden und intervenierenden Maßnahmen wechseln". Die staatliche Verwaltungshoheit habe die Prärogative und es bleibe der Verwaltung "unbenommen", durch die Wahl anderer Gestaltungsmittel den wirtschaftlichen Konkurrenzverhältnissen und damit der Anwendung des Wettbewerbs-

---

Art.90 I EWGV; auch Ipsen, NJW 1964, 2338; Rinck, Wirtschaftsrecht, S.257; ganz i.d.S. auch Schwarz, Wirtschaftliche Betätigung, S.41ff., 93, der auf die Möglichkeit durch staatliches Verhalten, die Schutzgüter des GWB zu verletzen, abstellt (und damit den Tatbestand des §98 Abs.1 GWB wesentlich auflöst).

388) ZHR 132, 129; ebenso Schricker, Wirtschaftliche Tätigkeit, S.130f.

389) Die Unternehmensbegriffe des GWB und des UWG unterscheiden sich nach Scholz, ZHR 132, 130 nicht; dem kann man zustimmen.

390) ZHR 132, 129, 131f.; ebenso Schricker, Wirtschaftliche Tätigkeit, S.106; Püttner, Energieversorgung, S.173.
A.A. für Monopolunternehmen RGZ 137, 57 (60); Hefermehl, Wettbewerbsrecht, Einleitung UWG, Rdn.223.

391) Dazu 7.Teil, 4.Kap., VI, S.320f., 5.Kap., S.322ff., auch 7.Kap., S.347ff..
Ebenso Rinck, Wirtschaftsrecht, Rdn.163; Dürig, Maunz/Dürig/Herzog/Scholz, Rdn.52 zu Art.2 Abs.1 GG; tendenziell so Scholz selbst, daselbst, Rdn.101ff., 401ff. zu Art.12 GG m.H., der nur noch "sozialwirtschaftliche", nicht mehr "erwerbswirtschaftliche (fiskalische)" Betätigung des Staates zuläßt; Krüger, ZBR 1979, 157ff.; Isensee, Subsidiaritätsprinzip, S.286ff., 289.

rechts zu entgehen. Wegen der Grundsätze von der Formen- und Gestaltungsfreiheit' der öffentlichen Verwaltung sei diese nicht verpflichtet, in jedem Fall eine ursprünglich obrigkeitliche Angelegenheit "ewig" als solche zu behandeln[392]. Freiheit steht jedoch dem Staat überhaupt nicht zu, auch keine Freiheit bei der Entscheidung über die Verhaltensformen und Gestaltungsmittel[393]. Das Wettbewerbsrecht mag durchaus die "reale Marktfunktion eines Rechtssubjekts" normativ erfassen[394], nicht jedoch die verfassungswidrige reale Marktfunktion, wie es -prinzipiell- die wettbewerbliche Konkurrenz der öffentlichen Hand zu Privaten in der Wirtschaft ist.

6. Staatliche Monopole

Bei den konkreten Problemen muß Scholz seine Dogmatik revidieren. So akzeptiert er, daß dem Wettbewerbsrecht kein Verbot staatlicher Monopolgründungen entnommen werden darf, jedenfalls nicht bei Verwaltungsmonopolen[395]. Die Finanzmonopole hält er für "fiskalische Verhaltensweisen"[396]. Der Fiskusbegriff scheint für Scholz doch Relevanz zu gewinnen. Sonst müßte er die öffentliche Hand gänzlich vom wettbewerbsrechtlichen Monopolabwehrrecht freistellen und damit seine Grundthese um ein Kernstück des Wettbewerbsrechts relativieren. §§ 1-21 GWB sollen nur noch für das "faktische Finanzmonopol" gelten[397]. Die Frage nach der Rechtmäßigkeit eines solchen faktischen Finanzmonopols, für die vor allem Art.12 Abs.1 GG von Bedeutung wäre, stellt Scholz nicht[398]. Er hält wiederum eine Differenzierung bereit, nämlich die zwischen Innen- und Außenverhältnis, wie zwischen internen (organisationsbezogenen) und externen (tätigkeitsbezogenen) Wettbewerbsbeschränkungen[399].

7. Schlußkritik an Scholz

Seine Erkenntnis von den "tätigkeitsorientierten Begriffsmerkmalen" führt Scholz zu einem neuen "Rechtsfolgenverständnis", gibt ihm die Vision von einer "effek-

---

392) ZHR 132, 130.

393) So vor allem Pestalozza, Formenmißbrauch, S.123ff., 166ff.; zur 'Rechtsformenwahlfreiheit' des Staates 5.Teil, 2.Kap., S.181ff., ablehnend.

394) So Scholz, ZHR 132, 131.

395) ZHR 132, 144; im Ergebnis zu Recht, vgl. Krüger, Massenmedien, S.33, der klarstellt, daß das Monopol "im Wesen des Staates" liege; zu den Verwaltungsmonopolen allgemein Badura, Verwaltungsmonopol, passim.

396) ZHR 132, 144f.; ebenso ders., Maunz/Dürig/Herzog/Scholz, Rdn.106, 248, 402 zu Art.12 GG. Auf BVerfGE 14, 105 (111ff.) läßt sich das nicht stützen.

397) ZHR 132, 145f.

398) Diese Frage erörtert Scholz jedoch in: Öffentliche und Privatversicherung, S.520ff.; ders., Maunz/Dürig/Herzog/Scholz, Rdn.408f. zu Art.12 GG (i.S. gleicher Eingriffswirksamkeit und gleichen grundrechtlichen Vorbehalten, die für gesetzliche Monopole gelten).

399) ZHR 132, 146 mit Fn.234.

tiven funktionalen Rechtstheorie"[400]. Im grundgesetzlichen Staatsrecht dürfte eine solche funktionale Rechtstheorie eher Verwirrung stiften, als bei der Aufgabe hilfreich zu sein, die staatlichen Verhaltensweisen durchgehend auf die grundgesetzlichen Entscheidungen abzustimmen, wenn dabei auch tradierte Praktiken aufgegeben werden müssen.

Die Scholzsche Lehre ist hier ausführlich kritisiert worden, weil sie eine Variante des Funktionalismus ist, dem hier ein Positivismus entgegengestellt werden soll, der sich stärker an den politischen Entscheidungen des Verfassungs- und Gesetzgebers orientiert und den Inhalt dieser Entscheidungen mit den eher kontrollierbaren und akzeptierbaren klassischen Auslegungsmethoden zu erfassen sucht.

400) ZHR 132, 147f.; Kritik am Funktionalismus insb. im 8.Teil, 2.Kap., II 2, S.388ff., auch 5.Kap., III, S.438ff.

10. Kapitel

# HERBERT KRÜGER

## Verhältnis zwischen Staats- und Privatunternehmen als Relation sui generis

Krüger[401] hat die Verhältnisse immer klar gesehen und zum Ausdruck gebracht: "Das Verhältnis zwischen öffentlichen und privaten Unternehmen darf in keinerlei Hinsicht als Wettbewerbsverhältnis mißverstanden, es muß als eine Relation sui generis begriffen werden, die auf der öffentlichen Seite jede erwerbswirtschaftliche Motivation ausschließt. Hieraus folgt wiederum: Wenn die Beziehung ein Wettbewerbsverhältnis nicht ist, dann ist es von vornherein unrichtig, ein Fehlverhalten des öffentlichen Unternehmens innerhalb dieser Relation als "unlauteren Wettbewerb" ansprechen und behandeln zu wollen. Denn: "Für die öffentliche Seite dieses Verhältnisses ist nicht der unlautere, sondern bereits der lautere Wettbewerb eine Verfehlung gegen ratio essendi und Amtsauftrag". "Aber ein Verhalten, das unter solchen Umständen scheinbar wie Wettbewerb aussieht, ist es in Wahrheit nicht, weil ihm auf der öffentlichen Seite alle Merkmale eines echten Wettbewerbs fehlen, insbesondere die Absicht, den Gegner zu vernichten oder auch nur seinen Marktanteil so sehr zu verkleinern, wie nur möglich"[402].

401) Etwa: Die öffentlichen Massenmedien als notwendige Ergänzung der privaten Massenmedien, 1965, S.82f.; Von der Reinen Marktwirtschaft zur Gemischten Wirtschaftsverfassung, 1966, S.27.

402) Massenmedien, S.82f.; ebenso in der Sache, beinahe im Wortlaut übereinstimmend, Marktwirtschaft, S.27.

3. Teil

# DAS AUTONOMIEPRINZIP DES GRUNDGESETZES

## Problemstellung

Wie schon in der Problemskizze (1.Teil, 2.Kapitel) dargelegt, ist es für die Beantwortung der (paradigmatischen) Frage, ob § 1 UWG auch Verhaltensnorm für den Staat ist, nötig, zu klären, ob das Private sich wesentlich vom Staatlichen unterscheidet, so daß Vorschriften des Autonomierechts, die also den Privaten spezifisch in seiner Privatheit betreffen, für den Staat inadäquat sind, es sei denn, der Staat dürfe sich diese Privatheit zu eigen machen. Das specificum des Privaten ist das Recht zur Autonomie, das durch § 1 UWG zwar begrenzt, aber zugleich auch vorausgesetzt wird. Die Autonomie des Menschen und dessen Recht zur Autonomie, die ihn vom Staat unterscheiden und damit zum Privaten machen, erfordern eine Rechtsordnung, die den Dualismus des Staatlichen und des Privaten kennt und schützt. Nur wenn dieser Dualismus Verfassungsprinzip des Grundgesetzes ist, vermag er Relevanz für die Interpretation des einfachen Rechts zu gewinnen. Der Dualismus des Privaten und des Staatlichen ist unter dem Grundgesetz keineswegs unstreitig[1] und für ein Verfassungssystem durchaus nicht selbstverständlich[2]. Die Fiskustheorie leugnet ihn insoweit, als sie zuläßt, daß der Staat Privatheit in Anspruch nimmt. Auch umgekehrt wird dem Menschen die substantielle Privatheit, die ihn wesentlich vom Staat unterscheidet, abgesprochen, etwa durch einen freiheitsrechtlichen Funktionalismus, der dem Menschen gebietet, in seinem 'Kompetenzbereich' zu 'funktionieren', wie der Staat in dem seinen[3]. Wer vom Marktteilnehmer rationales Verhalten nach Maßgabe des ökonomischen Prinzips

---

1) Dazu eindringlich und richtig m.H. Burmeister, WiR 1972, 347ff.. In diesem Sinne auch Herzog, Maunz/Dürig/Herzog/Scholz, Rdn.23 zu Art.20 GG, der die Unterscheidung vom gesellschaftlichen Bereich "organisatorisch-personal" sieht, und die unterschiedlichen Methoden der Willensbildung als wesentlich herausstellt.

2) Vgl. die Verfassung der DDR von 1968, Zitate im 5.Kap., S.122f. und 6.Teil, 1.Kap., II 2, S.238f.

3) Dazu näher im 3. und 5.Kap., S.107ff., 122ff. und im 8.Teil, 2.Kap., II 2c, S.396ff. mit Hinweisen in Fn.en 165ff. daselbst.

als Rechtspflicht verlangt, wandelt das Recht zur Autonomie in Kompetenz, Freiheit in Rechtspflicht und nivelliert damit den Unterschied zwischen den Menschen und ihrem Staat. Das wird deutlich gemacht werden müssen. Gerade die neuere Entwicklung der Privatrechtstheorie, speziell deren Diskussion im Wettbewerbsrecht, droht, die Autonomie des Menschen zurückzudrängen, ihn nicht nur zur Rationalität verpflichten, sondern ihm auch die Maßstäbe des Rationalen vorschreiben zu wollen[4]. Die Frage nach der Autonomie und dem Recht zur Autonomie unter dem Grundgesetz ist die Kernfrage einer Kritik der Fiskustheorie. Ihr ist im folgenden nachzugehen.

4) Dazu die Auseinandersetzung mit dem wettbewerbsrechtlichen Funktionalismus im 8.Teil, 2.Kap., II, S.385ff. mit Hinweisen; insb. Rebe, Privatrecht und Wirtschaftsordnung, passim, insb. S.153.

## 1. Kapitel

# DAS MENSCHENBILD DES GRUNDGESETZES

Das Grundgesetz gesteht dem Menschen um seiner Würde willen das Recht zu, sich selbst zu verwirklichen. Art.2 Abs.1 GG expliziert den substantiellen Kern des Menschenwürdeprinzips und zugleich die vorrangige Aufgabe des Staates, nämlich die unantastbare Würde des Menschen dadurch zu achten und zu schützen, daß er das Recht auf die freie Entfaltung seiner Persönlichkeit nicht nur jedem Menschen einräumt, sondern auch gewährleistet[5)].

In ständiger Rechtsprechung sieht das Bundesverfassungsgericht den Menschen als ein autonomes Individuum, das freilich sozial gebunden ist[6)]. Relevantem Normverständnis darf unter dem Grundgesetz nur dieses Menschenbild zugrundegelegt werden, selbst wenn man das als "altliberal"[7)] oder "neo-neoliberal"[8)] abtun möchte.

---

5) I.d.S. Maihofer, Rechtsstaat und menschl. Würde, S.72ff.; das schließt den Schutz der Selbsterhaltung des Menschen ein, wie Maihofer, a.a.O., S.82ff., 98ff., insb. 112ff., u. Bez. auf Hobbes nachweist; ders., noch verstärkt, Handb., S.173ff., 194ff., 210; Fraenkel, Die Selbstbestimmung in der Demokratie und in der Volksdemokratie, 1960; auch Suhr, Entfaltung, S.74f.; auch Grabitz, Freiheit und Verfassungsrecht, passim, etwa S.243ff., 253; aus dem Satz in BVerfGE 5, 85 (204) "Um seiner Würde willen muß dem Menschen eine mögl. weite Entfaltung seiner Persönlichkeit gesichert werden" folgert Grabitz, a.a.O., S.244: "Das erfordert - abstrakt gesprochen - aber das Recht zu individueller Beliebigkeit ebenso wie die Gewährleistung "realer Freiheit" und der demokr. Teilhabe an der polit. Willensbildung." Deutl. i.d.S. v.Olshausen, NJW 1982, 2221ff. m.H.; auch Denninger, JZ 1982, 225ff., 231; Benda, Handb., S.480f.; vgl. auch Hesse, Handb., S.117; Kriele, Handb., S.129; vgl. i.d.S. insb. BVerfGE 27, 1 (6); 48, 127 (163); 49, 286 (298); 50, 166 (175); auch 50, 210 (338).

6) Etwa BVerfGE 4, 7 (15, 16); 7, 198 (205); 24, 119 (144); 27, 1 (6f.), st.Rspr.; in jüngerer Zeit BVerfGE 48, 127 (163); 49, 286 (298); 50, 166 (175); dem Bundesverfassungsgericht folgend Dürig, Maunz/Dürig/Herzog/Scholz, Rdn.46, 49 zu Art.1 Abs.1 GG; ähnlich Hesse, Verfassungsrecht, S.49f.; i.d.S. klar auch Böckenförde, Staat, Gesellschaft, Freiheit, S.224ff., 243ff. ("Freiheitsprinzip des liberalen Rechtsstaats"); auch Leisner, Demokratie, S.225ff. ("freier, selbständiger, aktiver Bürger"); Benda, Handbuch, S.109f.; Maihofer, Handbuch, S.196; dazu i.d.S. aus zivilrechtlicher Sicht mit umfangreichen Hinweisen Otto, Personale Freiheit und soziale Bindung, 1978.

7) Rebe, Privatrecht und Wirtschaftsordnung, S.54; Säcker, Grundprobleme, S.32 ("Autonomie der Tarifvertragsparteien ist Ausdruck eines ideengeschichtlich und staatstheoretisch heute überwundenen Paläoliberalismus, dessen Rezeption durch die Verfassung nicht nachweisbar ist", ohne Argument, ohne Beleg); vgl. Esser, Werte und Wertewandel, S.29ff.; ders., F. Raiser, S.410, 416; vorsichtig auch Raiser, Summum ius, S.146f.

8) Gotthold, ZHR 145 (1981), S.286ff., 290ff.

Zeitströmungen, womöglich nur vermeintliche, bestimmen nicht ohne weiteres die Verfassung, schon gar nicht in deren konstitutionellen Grundentscheidungen. Wie schnell sich der Zeitgeist zu ändern vermag, beweist wiedereinmal die jüngste politische Entwicklung. Es ist besondere Zurückhaltung geboten, dieses oder jenes, insbesondere das eigene Menschenbild als Interpretationsbasis für Rechtsnormen zu offerieren, wenn es um eine Norm höchster Geltungskraft, wie die des Art.1 Abs.1 GG geht, gerade weil diese beanspruchen kann und muß, rechtlich unumstößlich zu sein. Mittels dieser höchstrangigen Norm kann die gesamte Rechtsordnung revolutioniert werden, wenn deren Norminhalt von metajuristisch erfaßten Begriffen wie dem des Menschen abhängig gemacht wird[9]. Im Übermaß aus empirischen Erkenntnissen Norminhalte zu bestimmen[10], ist jedenfalls nicht tragfähig, wenn sich diese Erkenntnisse auf das Wesen des Menschen beziehen[11]. Dieses konnte bisher nicht in einer Weise wissenschaftlich definiert werden, die hinreichend falsifizierbar und damit hinreichend überzeugungskräftig ist. Die Diskussion um das Wesen des Menschen verharrt beinahe unentrinnbar darin, daß Meinungen gegen Meinungen gestellt werden, ohne daß ein rechtswissenschaftlich tragfähiger Konsens sichtbar wäre[12].

---

9) I.d.S. Wieacker, JZ 1961, 342 zur Auffassung, "Recht" in Art.20 Abs.3 GG sei das Naturrecht ("... Ermächtigung zu belieb. revolutionärer Suspension der Gesetze im Namen subjektiver Moral"); vgl. auch die Hinweise in Fn.10.

10) Gegen den Soziologismus in der Jurisprudenz Luhmann, Rechtssoziologie, S.354, der die unterschiedl. Erkenntnisinteressen der systemtheoret. Soziologie und der Rechtswissenschaft klarlegt; dazu richtig auch Pawlowski, Methodenlehre, S.127ff., Rdn.242, 243, S.142ff., Rdn.267: "Die Ergebnisse der analytisch empirischen Sozialwissenschaften können so die Rechtswissenschaft zur Entwicklung neuer normativer Konzepte anregen"; S.142, Rdn.270: "...; sie (sc. die analytisch empirischen Sozialwissenschaften) liefern jedoch keine Kriterien für die - verbindliche - Lösung dieser neuen Aufgaben (sc. der Rechtswissenschaft). Sie liefern keine Entscheidungen und keine Entscheidungsmaßstäbe"; auch Fraenkel, Pluralismus, S.B 12 "weit verbreitete Strömung, die Jurisprudenz durch Soziologie zu u n t e r w a n d e r n "; dazu auch Steinberger, Zum Wertproblem in der Sozialphilosophie, F. Geiger, S.243ff.; klar wie hier auch Starck, F. Geiger, S.266: "Der Mensch kann nicht auf dem Wege wissenschaftl. Erkenntnisse Seinsordnung und allg. Menschennatur ergründen, weder spekulativ noch empirisch", gegen Thomas von Aquin, Summa theologiae, pars I-II, quaesitio 90-108; krit. zum Empirismus in der Jurisprudenz auch Kriele, Theorie der Rechtsgewinnung, 2.Aufl., S.102ff.; ein Beisp. ist die Argumentation Raisers, Summum ius, S.146ff., dazu Fn.12. Die "rechtsvergleichend-rechtssoziologische Methode" übt demgegenüber etwa Köndgen, Selbstbindung ohne Vertrag, passim, vgl. S.8ff.

11) Scharfe Ironie bei Kant, Metaphysik der Sitten, S.336: "Eine bloß empirische Rechtslehre ist (wie der hölzerne Kopf in Phädrus Fabel) ein Kopf, der schön sein mag, nur schade, daß er kein Gehirn hat". (Dieses Urteil übernimmt Dreier, F. Wolff, S.33; ebenso Geismann, Der Staat 21 (1982), S.162; derartige Gesichtspunkte ordnet Kant zu den pragmatischen. Gegen die ethische Relevanz einer Anthropologie Kant, Grundlegung, S.13, 33ff. gegen die empirische Erfahrbarkeit der "Pflicht"; zum kantischen Verständnis der zweckfreien Sollensethik Fikentscher, Methoden III, S.25ff., 27ff., 29ff.; deutl. wie hier Weischedel, Recht und Ethik, S.14ff., 18; i.d.S. zu Cohen auch Winter, Ethik der Rechtswissenschaft, S.277ff., 387f.; ebenso für viele weitere Martens, Öffentlich als Rechtsbegriff, S.175 m. w. H. Fn.en 33ff.; zur Relevanz philosophischer Anthropologie für die Rechts- und Staatsphilosophie allg. Ryffel, Rechts- und Staatsphilosophie, S.103ff.

12) Zur rechtlichen Problematik eines metajuristischen Menschenbildes richtig Wieacker, JZ 1961, 343, 345. Fragwürdig etwa Raisers Bild: "Das Personsein des Menschen entscheidet sich nur im mitmenschlichen Zueinander und Füreinander", Summum ius, S.146, das Raiser als "Einsicht heutiger Anthropologie und Soziologie" einführt (ohne jeden Beleg), er meint damit die "Wirklichkeit menschlichen Daseins in der Gesellschaft" zu erfassen, gibt aber m.E. nur seine neuprotestantische Moral zum Besten und bleibt notwendig spekulativ.

Mag "der Begriff des autonomen Individuums eine Abstraktion darstellen"[13]; es ist eine notwendige Abstraktion des Verfassungsgebers, der einen normativen Begriff des Menschen gibt, geben durfte und geben mußte[14], wenn er seine Vorschriften nicht zur Disposition soziologischer, psychologischer oder sonst humanwissenschaftlicher Erkenntnisse stellen wollte[15]. Rechtswissenschaft hat die Normen nach Methoden zu interpretieren, die die Chance bieten, im Gemeinwesen breit zu überzeugen und dadurch zur Befriedung des Gemeinwesens beizutragen. Mögen das die klassischen Interpretationsmethoden oder andere sein[16]. Sie müssen den normativen Entscheidungen des Gesetzgebers, die in der freiheitlichen Demokratie politische Entscheidungen des (repräsentierten) Volkes sind, treu bleiben. Die kantische Ethik und Rechtslehre trennt Sollen vom Sein[17]. Das muß Grundlage der Gesetzesinterpretation bleiben[18].

Das Grundgesetz gründet das Verfassungs- und Rechtssystem durchaus material-wertethisch auf die Subjekthaftigkeit jedes Menschen als dessen Würde[19]. Die Würde des Menschen ist (nach Kant) dessen Autonomie[20]; dieses wiederum ist (im kantischen Verständnis) dessen Sittlichkeit[21]. Oberstes Wertprinzip des Grundge-

---

13) Raiser, a.a.O., S.146.

14) Die Rechtspersonenhaftigkeit des Menschen als Subjekt der Ethik und des Rechts ist Kernstück der Sittenlehre Cohens, Ethik des reinen Willens, etwa S.213, 218f.; dazu näher Winter, Ethik und Rechtswissenschaft, S.277ff.; zur Subjekthaftigkeit des freien Menschen die Hinweise in Fn.5. Prinzipiell nicht anders bei Kant, Kritik der praktischen Vernunft, S.156; vgl. auch in diesem Sinne Maihofer, Rechtsstaat und menschliche Würde, S.72ff.

15) Warnend auch Wieacker, JZ 1961, 343, 345. In diesem Sinne auch Kriele, Handbuch, S.130.

16) Zur rechtswissenschaftlichen Methodenfrage neuerdings mit Überblick über die Diskussion Pawlowski, Methodenlehre für Juristen, 1981; Fikentscher, Methoden, insb. III, S.657ff.

17) Kant, etwa Grundlegung, S.33ff.; dazu Karl Jaspers, Plato, Augustin, Kant, S.179ff., 212ff., 263ff.; auch Laun, Recht und Sittlichkeit, 1924, S.2f., 5, 11; deutlich Marcic, Geschichte der Rechtsphilosophie, S.304, 308; ders., Rechtsphilosophie, S.117ff. zur Rechtsontologie (gegen den (kantischen) Subjektivismus des aufgeklärten Rationalismus und Individualismus, i.S. eines rechtsontologischen Objektivismus), S.127ff.; Fikentscher, Methoden III, S.8, 25ff., 27ff., 29ff.

18) Fikentscher, Methoden III, S.25ff., 27ff., 29ff.; in diesem Sinne auch die Hinweise in Fn.10. Sehr skeptisch demgegenüber etwa Köndgen, Selbstbindung ohne Vertrag, u.a. S.12f.

19) Hinweise wie Fn.83; auch Fn.34 des 5.Teils, Fn.373 des 5.Teils. Für viele Kriele, Handbuch, S.129.

20) Kant, Grundlegung, S.69, u.ö.
Zum Grundgesetz Dürig, Maunz/Dürig/Herzog/Scholz, Rdn.8 bis 11 zu Art.1 Abs.1 GG, Rdn.1, 72 zu Art.2 Abs.1 GG; Zippelius, Bonner Kommentar, Rdn.9 zu Art.1 Abs.1 GG; Larenz, Allgemeiner Teil, S.91f.; Weitnauer, F. Weber, S.429ff., 433ff.; Erbel, Sittengesetz, S.271; Rebe, Privatrecht und Wirtschaftsordnung, S.173; Messner, F. Geiger, S.225 mit Hinweisen; Krüger, ZBR 1979, 159 ("Wenn daher die Menschen der Herrschaft eines Automatismus unterworfen werden sollen, dann muß man als erstes ihre sittliche Persönlichkeit durch ihre natürliche Persönlichkeit -, also Autonomie durch Kausalität, Sittlichkeit durch den Trieb ersetzen." Das ist durch und durch kantisch.); i.d.S. auch Isensee, Subsidiaritätsprinzip, S.271, der darin "die verfassungsrechtliche Prägung des Gemeinwohls" sieht; i.d.S. Denninger, JZ 1982, 231; v.Olshausen, NJW 1982, 2222; insb. Maihofer, Handbuch, S.173ff., 199.
Vgl. BVerfGE 12, 45 (53f.) ("Das Grundgesetz sieht die freie menschliche Persönlichkeit und ihre Würde als höchsten Rechtswert an. So hat es folgerecht in Art.4 Abs.1 die Freiheit des Gewissens und seiner Entscheidungen, in denen sich die autonome sittliche Persönlichkeit unmittelbar ausspricht, als "unverletzlich" anerkannt"); st.Rspr.

21) Kant, Grundlegung, S.65f., 74f., u.ö.

setzes ist somit die (rechtliche und faktische) Autonomie des Menschen[22]. Andere material-wertethische Interpretationen des Menschenwürdeprinzips, die dieses als pragmatisches Prinzip (im kantischen Sinne) verstehen[23], sollen hier nicht näher kritisiert werden[24]. Angemerkt sei, daß die kantisch verstandene Menschenwürde Freiheit und damit rechtliche Gleichheit der Menschen bedingt und so den wesentlichen materialen Sätzen des Naturrechts genügt[25].

Grundgesetzliche Grundnorm ist somit das Recht des Menschen zur Autonomie als der Selbstbestimmbarkeit und Selbstverantwortlichkeit des Menschen, dessen allgemeine Handlungsfreiheit, die nach ständiger Rechtsprechung des Bundesverfassungsgerichts Wesensmerkmal menschlicher Würde unter dem Grundgesetz ist[26]. Der Begriff dieser Autonomie und des Rechts zur Autonomie als der Freiheit, die die Grundrechte schützen[27], ist zu entfalten. Mit dem Wort Autonomie verbinden

---

22) Vor allem Maihofer, Rechtsstaat und menschliche Würde, S.44ff., passim; ders., Handbuch, S.173ff., 195ff.; ganz i.d.S. auch Benda, Handbuch, S.480f.; i.d.S. auch Wieacker, JZ 1961, 340; völlig verkannt von Säcker, Grundprobleme, S.22ff., m.H., der sich auf Kant beruft, dessen Freiheitsprinzip jedoch als reine Negation im Anschluß an Adorno (miß)versteht, dazu in Fn.en 25, 117.

23) Etwa Kant, Grundlegung, S.46 u. passim; auch Kritik der praktischen Vernunft, S.154.

24) Vgl. etwa Dürig, Maunz/Dürig/Herzog/Scholz, Rdn.17ff. zu Art.1 Abs.1 GG, Rdn.1, 46 zu Art.1 Abs.1 GG, kritisch im Sinne des Wertrelativismus; vgl. Steinberger, F. Geiger, S.243ff.; Krawietz, G.Klein, S.262ff. mit Hinweisen; von einer solchen geht auch Isensee, Subsidiaritätsprinzip, S.271ff. als einer Grundlage seiner Theorie aus.
Ob Kants Ethik konkret material ist, ist umstritten; dafür Karl Jaspers, Plato, Augustin, Kant, S.263ff., 270ff.; Welzel, Naturrecht und materiale Gerechtigkeit, S.165ff., 167ff. (mit unzureichender Kritik); Wieacker, Privatrechtsgeschichte der Neuzeit, S.351ff. ("Von Kants (selbst keineswegs formaler) Ethik ..."); deutlich Maihofer, Rechtsstaat und menschliche Würde, S.70f., u.ö.; Geismann, Ethik, S.93ff.; Vogel, VVDStRL 24 (1966), S.139f.; dagegen etwa Fikentscher, Methoden III, S.33f.; auch Ryffel, Rechts- und Staatsphilosophie, S.252ff., (kritisch zu Kant und in Verkennung des kategorischen Imperativs); dazu wie hier Weischedel, Recht und Ethik, S.14ff.; zur Wertphilosophie insb. M.Schelers, N.Hartmanns und H.Coings; vgl. die Hinweise bei Zippelius, Bonner Kommentar, Rdn.5 zu Art.1 Abs.1 GG; auch den Bericht von Bülow, WiR 1974, S.231f. m.H.; auf M.Scheler gründet Denninger seine Theorie des Rechtsstaates, Rechtsperson und Solidarität, passim, in ständiger Auseinandersetzung mit Kants "Sollensethik" i.S. materialer Wertethik, etwa S.77f.; weitere Hinweise in Fn.52; dazu im 3.Kap., II, S.109ff. zu Starck.
Kant selbst hat die erwartete Kritik, sein Freiheitsprinzip sei negativ, zurückgewiesen, Grundlegung, S.81f. ("also ist ein freier Wille und ein Wille unter sittlichen Gesetzen einerlei").

25) Für die Diskussion um das Naturrecht vgl. die Abhandlungen im Sammelband 'Naturrecht oder Rechtspositivismus', hrsg. von Maihofer, 1972. Vgl. Kant selbst, Metaphysik der Sitten, S.345; dazu Maihofer, Rechtsstaat und menschliche Würde, S.72ff.; i.S. des Textes ders., Handbuch, S.201; vgl. i.d.S. auch Kelsen, Wesen und Wert, S.3f.

26) BVerfGE 6, 32 (41); 6, 389 (433); 27, 1 (6ff.); st.Rspr.; in jüngerer Zeit BVerfGE 48, 127 (163); 49, 286 (298); 50, 166 (175); klar Dürig, Maunz/Dürig/Herzog/Scholz, Rdn.11, 18 zu Art.1 Abs.1, Rdn.1, 2, 3 zu Art.2 Abs.1 GG; Maihofer, Handbuch, S.173ff., 195ff.; Kriele, Handbuch, S.129; Fraenkel, Selbstbestimmung, 1960; ders., Pluralismus, S.B 16f.; auch Messner, Die Idee der Menschenwürde im Rechtsstaat der pluralistischen Gesellschaft, F. Geiger, S.225; Wieacker, JZ 1961, 340; i.d.S. Denninger, JZ 1982, 231; v.Olshausen, NJW 1982, 2222f.; wesentlich Kelsen, Wesen und Wert der Demokratie, S.4 ("Von der natürlichen Freiheit löst sich die soziale oder politische Freiheit ab. Politisch frei ist, wer zwar untertan, aber nur seinem eigenen, keinem fremden Willen untertan ist").

27) Deutlich für Art.14 Abs.1 GG etwa BVerfG NJW 1982, 2173ff.; Hinweise in Fn.41.

sich recht divergente Vorstellungen[28]. Das Grundgesetz benutzt das Wort nicht; es bringt aber, wie sich zeigen wird, das Autonomieprinzip im Wortlaut des Art.2 Abs.1 deutlich und in schöner Sprache zum Ausdruck.

28) Vgl. den Katalog von Autonomiebegriffen von Zöllner, Rechtsnatur von Tarifnormen, S.13ff. und den noch erweiterten Katalog von Adomeit, Rechtsquellenfragen, S.129ff.

## 2. Kapitel

# ÄUßERE/RECHTLICHE UND INNERE/MORALISCHE FREIHEIT (KANTISCH)

Essentiell für das Verständnis des Autonomieprinzips ist die kantische (sog. formale[29]) Ethik, die zwischen dem Recht des Menschen zur Willkür[30], der äußeren Freiheit, als rechtlicher Kategorie und der Autonomie des Menschen, der inneren Freiheit, als ethischer Kategorie unterscheidet[31]. Der ethische Begriff der Freiheit ist durch das (formal-)ethische[32] Prinzip des kategorischen Imperativs definiert: "Handle so, daß die Maxime deines Willens jederzeit als Prinzip einer allge-

29) Zum "formalen" Charakter von Kants Ethik etwa Weischedel, Recht und Ethik, passim; Karl Jaspers, Plato, Augustin, Kant, S.270ff. mit Widerlegung der Kritik; richtig gegen den Vorwurf des Formalismus bei Kant Vogel, VVDStRL 24 (1966), S.137ff. mit Hinweisen; Maihofer, Rechtsstaat und menschliche Würde, S.69ff.; Geismann, Ethik, S.93ff.; Hinweise auch in Fn.en 50, 104. Zum positiven Gehalt seines Freiheitsbegriffes Kant selbst, Grundlegung, S.81f.

30) Metaphysik der Sitten, S.511: "Die Rechtslehre geht auf dem ersten Wege. Es ist jedermanns freier Willkür überlassen, welchen Zweck er sich für seine Handlung setzen wolle", auch S.337, 338, 339 daselbst; Zum ewigen Frieden, S.204: "Freiheit" "ist die Befugnis, keinem äußeren Gesetze zu gehorchen, als zu dem ich meine Beistimmung habe geben können". So auch Maihofer, Rechtsstaat und menschliche Würde, S.69; dazu auch Dreier, Recht-Moral, Ideologie, S.296ff., 331f.; scharf dagegen Schmidt-Rimpler, F. Raiser, S.19ff. ("Denn Willkür ist niemals Recht", S.22), der die Geltung des Rechts aus der wenigstens wahrscheinlichen und "mechanisch" gewährleisteten Richtigkeit folgert, aber die ethische Komponente der inneren Freiheit außer Acht läßt.

31) Grundlegung, S.66, 74; Kritik der praktischen Vernunft, S.144; i.d.S. auch Hegel, System der Philosophie, S.390; klar Radbruch, etwa Vorschule, S.27, 38, 95; so auch Maihofer, Rechtsstaat und menschliche Würde, S.31 unter Berufung auf Kant und Hegel, S.63f., 69; unter Berufung auf Kant ebenso Wieacker, JZ 1961, 339, 340; auf den wesentlichen Unterschied weist auch Suhr, Entfaltung, S.59ff. deutlich mit beißender und berechtigter (vgl. Fn.22, 117) Kritik an Säcker, Grundprobleme der kollektiven Koalitionsfreiheit, S.22ff., 109, hin; wie hier auch Marcic, Geschichte der Rechtsphilosophie, S.308ff.; siehe insofern zu Kant auch Dreier, Recht-Moral, Ideologie, S.186f., 296ff., 331; vgl. Schachtschneider, JA 1979, 518.

32) Kant, Kritik der praktischen Vernunft, S.140; ders., Grundlegung, S.51, 64, 65, 70, passim, 73f.: " M o r a l i t ä t (bei Kant gesperrt) ist also das Verhältnis der Handlungen zur Autonomie des Willens, das ist zur möglichen allgemeinen Gesetzgebung durch die Maximen derselben"; ders., Metaphysik der Sitten, S.332 und passim; dazu Dreier, F. Wolff, S.22; ders., Recht-Moral, Ideologie, S.312f., 399f.; Weischedel, Recht und Ethik, S.14ff.; Karl Jaspers, Plato, Augustin, Kant, S.270ff, u.ö.; dazu auch Vogel, VVDStRL 24 (1966), S.137ff., der zu Unrecht die Verbindung von Sittlichkeit/Allgemeinheit und Gesetzgebung verloren glaubt.

meinen Gesetzgebung gelten könne"[33]. I.Kant folgert: "Reine Vernunft ist für sich allein praktisch und gibt (dem Menschen) ein allgemeines Gesetz, welches wir das S i t t e n g e s e t z nennen"[34]. Diese Freiheit entfaltet sich im rechtlichen Rahmen des Rechts zur Willkür, im Rahmen der äußeren Freiheit, die Kant wie folgt formuliert: "Das Recht ist also der Inbegriff der Bedingungen, unter denen die Willkür des einen mit der Willkür des anderen nach einem allgemeinen Gesetz der Freiheit zusammen vereinigt werden können"[35], oder: "Eine jede Handlung ist r e c h t, die oder nach deren Maxime die Freiheit der Willkür eines jeden mit jedermanns Freiheit nach einem allgemeinen Gesetze zusammen bestehen kann etc."[36], oder: "Also ist das allgemeine Rechtsgesetz: Handle äußerlich so, daß der freie Gebrauch deiner Willkür mit der Freiheit von jedermann nach einem allgemeinen Gesetz zusammen bestehen könne"[37], oder: "Das Recht darf nicht als aus zwei Stücken, nämlich der Verbindlichkeit nach einem Gesetze und der Befugnis dessen, der durch seine Willkür den anderen verbindet, diesen dazu zu zwingen, zusammengesetzt gedacht werden, sondern man kann den Begriff des Rechts in der Möglichkeit der Verknüpfung des allgemeinen wechselseitigen Zwanges mit jedermanns Freiheit unmittelbar setzen. So, wie nämlich das Recht überhaupt nur das zum Objekte hat, was in Handlungen äußerlich ist, so ist das strikte Recht, nämlich das, dem nichts Ethisches beigemischt ist, dasjenige, welches keine anderen Bestimmungsgründe der Willkür als bloß die äußeren fordert; denn alsdann ist es rein und mit keinen Tugendvorschriften vermengt"[38]. Freiheit in diesen letzten Zitaten ist nicht die ethische Freiheit des kategorischen Imperativs, die Autonomie, sondern die rechtliche, äußere Freiheit des Rechts zur Willkür, die nicht mit der Autonomie verwechselt werden darf. In der Rechtssprache wird dieser Unterschied oft ignoriert und Autonomie mit dem Recht zur Autonomie verwechselt[39]. Der kantische Wortgebrauch der Freiheit ändert sich in seinen Schrif-

---

33) Kant, Kritik der praktischen Vernunft, S.140, Grundgesetz der reinen praktischen Vernunft; weitere Hinweise wie Fn.32; dazu Maihofer, Rechtsstaat und menschliche Würde, S.60f., 69ff.

34) Kritik der praktischen Vernunft, S.142, Hervorhebung bei Kant.

35) Metaphysik der Sitten, S.337; ebenso, Die Religion, S.757, ("Dieses ist das Prinzip allen äußeren Rechts"); auch Über den Gemeinspruch, S.145f.; dazu Maihofer, Rechtsstaat und menschliche Würde, S.64; ders., Vom Sinn menschlicher Ordnung, S.13ff.; ders., ganz i.S. des Textes, Handbuch, S.206 m.w.H. in Fn.82, S.230; Karl Jaspers, Plato, Augustin, Kant, S.263ff., 328f.

36) Metaphysik der Sitten, S.337.

37) Metaphysik der Sitten, S.338.

38) Metaphysik der Sitten, S.339.

39) Etwa Saladin, VVDStRL 35 (1977), S.41 ("Die Entscheidungsspielräume sozialer Mächte" sind mit "Autonomie" besser gekennzeichnet als mit "Freiheit". Der Autonomiebegriff ... dient dort eben zur Abgrenzung von "Verantwortlichkeiten"). Für "größere Unternehmungen" möchte Saladin gar den Begriff "Freiheit" zur Kennzeichnung des rechtlichen Freiraumes durch den Begriff "Autonomie" ersetzen (a.a.O., S.52 Ls 7b). Das scheint diese Freiheit sprachlich näher an die Pflicht heranzuführen, die Saladin im Auge hat. Autonomie ist Pflicht, aber ethisch, nicht rechtlich. Die Aussprache der Staatsrechtslehrer ging immer wieder um diesen Sprachgebrauch für die "Eigenständigkeit" der Unternehmer. Oft wurde das Wort "Autonomie" wegen dessen eingeführten Gebrauchs im Bereich staatlicher Selbstverwaltung bevorzugt oder auf diesen Bereich beschränkt (etwa a.a.O., F. Müller, S.138f.; Soell, S.142; Saladin, S.144; Kisker, S.152; Stern, S.153; Rüfner, S.154; unklar auch H.P.Ipsen,

ten, nicht aber seine Differenzierung der äußeren und inneren Freiheit, des Rechts zur Willkür und der Autonomie als dem Prinzip der Sittlichkeit[40].

"Autonomie ist der Grund der Würde der menschlichen und jeder vernünftigen Natur"[41].

S.146). Nicht einer der Diskutanten hat auf den kantischen Wortgebrauch, der allein dem grundgesetzlichen Verständnis der Menschenwürde entspricht, hingewiesen, der ja die Unterscheidung von äußerer, rechtlicher Freiheit und innerer, ethischer Freiheit, der Autonomie als der Pflicht zur Sittlichkeit, zugrunde legt (Papier, a.a.O., S.155f. weist immerhin auf die "Privatautonomie" hin, auch klar in seinem Referat, daselbst, S.82f.; ders. aber spricht im Handbuch, S.644, von einer Autonomie der Bundesbank). Daß die Autonomie als die sittliche Pflicht vielfach ignoriert wird und lediglich die "Willkürfreiheit" als bloß "negative Bestimmung" Kant (etwa, Kritik der praktischen Vernunft, S.144; ders., Grundlegung, S.81f.) und dem Art.2 Abs.1 GG untergeschoben wird (typisch Säcker, Grundprobleme, S.22ff. m.H., dazu Fn.en 22, 117), kritisiert zu Recht Suhr, Entfaltung, S.61. Die Pflicht zur Sittlichkeit/Autonomie als Wesen der inneren, positiven (Kant, a.a.O.) Freiheit kennt auch Bethge, NJW 1982, 2147ff. nicht, obwohl er von den "Grundpflichten als verfassungsrechtliche Dimension" handelt. Sie ist auch trotz marginaler Anklänge nicht in die Erörterung der Staatsrechtslehrer der "Grundpflichten als verfassungsrechtlicher Dimension" einbezogen worden, Götz, Hofmann und Aussprache in VVDStRL 41 (1983), S.7ff., 42ff., 87ff.

40) Kant, Grundlegung, S.66, 69 (das folgende Textzitat; "Autonomie" bei Kant gesperrt), S.74f.: "Das Prinzip der Autonomie ist also: nicht anders zu wählen, also so, daß die Maximen seiner Wahl in demselben Wollen zugleich als allgemeines Gesetz mit begriffen seien"; S.64 daselbst: "Der Wille wird also nicht lediglich dem Gesetze unterworfen, sondern so unterworfen, daß er auch als selbstgesetzgebend (bei Kant gesperrt) und eben um deswillen allererst dem Gesetze (davon er selbst sich als Urheber betrachten kann) unterworfen, angesehen werden muß"; ders., Kritik der praktischen Vernunft, S.144: "Die Autonomie des Willes ist das alleinige Prinzip aller moralischen Gesetze und der ihnen gemäßen Pflichten; alle Heteronomie der Willkür gründet dagegen nicht allein keine Verbindlichkeit, sondern vielmehr dem Prinzip derselben und der Sittlichkeit des Willens entgegen"; Heteronomie ist bei Kant die Abhängigkeit von empirisch feststellbarer Kausalität, von der der Mensch als sinnliches Wesen nicht frei sei, als moralisches aber sich frei machen soll. Kant interessiert die Möglichkeit dieser Freiheit. Die Unabhängigkeit von menschlicher Fremdbestimmung folgt aus dem Begriff der Autonomie, der radikal demokratisch ist (vgl. in diesem Sinne Winter, Ethik und Rechtswissenschaft, S.331f., 341, 376f., 378). Nicht-autonome Unterwerfung unter fremde Bestimmung ist für Kant Despotie, Zum ewigen Frieden, S.204f.; dazu Isensee, Subsidiaritätsprinzip, S.49; so auch Maihofer, Rechtsstaat und menschliche Würde, S.31 unter Bezug auf Kant und Hegel; zur Autonomie bei Cohen Winter, a.a.O., S.397ff.; vgl. auch Fikentscher, Methoden III, S.8 ("Statt im Sein wird das Sollen im "Kategorischen Imperativ" verankert und damit autonom gemacht"), S.25f.; dazu auch in diesem Sinne Dreier, F. Wolff, S.28 in Erörterung von Nelson; auch Kriele, Recht und praktische Vernunft, S.44 ("Freiheit ist Autonomie (Selbstbestimmung) im Gegensatz zu Heteronomie (Fremdbestimmung)", dessen Dialogtheorie (dazu Hinweise in Fn.en 137, 138 des 4.Teils) die Konsequenzen aus dem Autonomieprinzip zu ziehen versucht); ders., auch Handbuch, S.150f.; Wieacker, JZ 1961, 340; zum Problem der empirischen Freiheit bei Kant, Karl Jaspers, Plato, Augustin, Kant, S.275ff. (Freiheit als Vernunftprinzip).

41) Kant, Grundlegung, S.68, 69, 74, passim; i.d.S. auch Cohen, Ethik des reinen Willens, S.303f.; vgl. Winter, Ethik und Rechtswissenschaft, S.392f.; so auch, zu Kant, Fikentscher, Methoden I, S.22, 25, 29, 30, u.a.; klar Radbruch, Einführung in die Rechtswissenschaft, S.38f. in kantischer Diktion: "Das Recht ist die Möglichkeit sittlicher Pflichterfüllung oder mit anderen Worten dasjenige Maß äußerer Freiheit, ohne das die innere Freiheit der ethischen Entscheidung nicht existieren kann. Jene Freiheit zu garantieren, ist Wesen und Kern der Menschenrechte."
Messner, F. Geiger, S.236; Maihofer, Rechtsstaat und menschliche Würde, S.48, 67; ders., Handbuch, S.197, 198; Welzel, Naturrecht und Rechtspositivismus, S.293f. unter Berufung auf Kant; Karl Jaspers, Plato, Augustin, Kant, S.276ff.

3. Kapitel

# DER GRUNDGESETZLICHE BEGRIFF DES SITTENGESETZES

## I Das "Sittengesetz" als ethisches Grundgesetz

Der kategorische Imperativ als das kantische Sittengesetz ist ein ethisches Allgemeinheitsprinzip[42]. Die heteronome Bestimmung der das Verhalten leitenden Willensmaxime nimmt dem Verhalten die ethische Qualität[43].

Der kantische ist auch der grundgesetzliche Begriff des "Sittengesetzes". Der Wortlaut und auch der aufklärerische Anspruch[44] des Grundgesetzes nötigen zu

---

42) Maihofer, Rechtsstaat und menschliche Würde, S.60f.; ders., Vom Sinn menschlicher Ordnung, S.17ff.; ders., Handbuch, S.207 ("Allseitigkeit"); Weischedel, Recht und Ethik, passim; Karl Jaspers, Plato, Augustin, Kant, S.264, 270ff.; vgl. i.d.S. auch Fraenkel, Pluralismus, S.B 29 zur Unterscheidung von Rechtsstaat und Diktatur; ders., Selbstbestimmung, 1960, zum formalen Charakter der freiheitlichen Demokratie; dazu Vogel, VVDStRL 24 (1966), S.137ff.

43) Kant, Kritik der praktischen Vernunft, S.144, u.a., wie Fn.40; etwa Wieacker, JZ 1961, 340; dazu Karl Jaspers, Plato, Augustin, Kant, S.268; i.d.S. auch Bülow, WiR 1974, 241.

44) Hesse, F. Smend, S.83f.; Krüger, Allgemeine Staatslehre, S.32ff., 53ff.; ders. ZBR 1979, 159 ("Ist der Staat Sekularität, Rationalität und vor allem Aktivität, dann hat das Staatsunternehmen in der Marktwirtschaft keine Rolle und daher auch keinen Ort."); Kriele, Theorie der Rechtsgewinnung, S.182ff. i.S. der Begründungsrationalität; so auch ders., Staatslehre, S.19ff., 34ff.: "Nicht Legalität, sondern Begründbarkeit, Rechtfertigungsfähigkeit ist das Wesentliche der rationalen Legitimität" (S.36), "Offenheit für das Argument ist der Anfang der politischen Vernunft" (S.43); Kriele stellt damit auf die Wissenschaftlichkeit i.S. der Prudentia, um deren Relativität wissend, ab, durchaus im Sinne der Prinzipien Autonomie und Konsens, die aufklärerischer Geltungsgrund des Rechts sind; in Recht und praktische Vernunft, S.49ff. verbindet er richtig Diskurs- und Konsenstheorie; richtig auch Befreiung und politische Aufklärung, S.93, 91f.; ders., Recht und praktische Vernunft, S.11 i.S. des gleichen Anspruchs jedes Menschen auf Freiheit und Würde, S.135 (klar); ders., auch richtig Handbuch, S.129ff.; Isensee, Subsidiaritätsprinzip, S.46f.; Rehbinder, ZRP 1970, 252; Bull, Staatsaufgaben, S.106ff.; Bettermann, NJW 1981, 1066 ("Unter der Herrschaft des von Humanismus und Aufklärung inspirierten Grundgesetzes ist aber für jesuitische und machiavellistische Maximen kein Raum"; "das Grundgesetz als betont antimarxistische Verfassung"); in der Sache auch Fraenkel, Pluralismus, S.B 29 und passim; zur Rationalität als Grundzug des modernen Staates vgl. Max Weber, Wirtschaft und Gesellschaft, 2.Halbbd., S.1034, 1102; auch C.Schmitt, Die geistesgeschichtl. Lage des heutigen Parlamentarismus, 2.Aufl. 1926; so Maihofer, Rechtsstaat und menschl. Würde, S.67; deutlich ders., Handbuch, S.173ff.; Marcic, Geschichte der Rechtsphilosophie, S.307: "Dafür dankt der deutschsprechende Raum Kant den "Rechtsstaat", in modernem, gegenwärtigen Sinn, als Gedanken und als Wort"; so auch, ein wenig zurückhaltend Suhr, Entfaltung, S.61 ("So ganz falsch ist es also nicht, wenn man sich bei Art.2 Abs.1 an Kant erinnert fühlt, vor

dieser Interpretation. Die Väter des Grundgesetzes haben eben das kantische Wort[45] gewählt und nicht das hergebrachte Wort der Rechtssprache "gute Sitten"[46]. V.Mangoldt nannte im Grundsatzausschuß das Sittengesetz das "ethische Grundgesetz"[47]. Das meint ein Prinzip, nicht Prinzipien. Schlechterdings läßt es dieses staatstheoretische und rechtsphilosophische Vorverständnis des Grundgesetzes nicht zu, den Begriff des "Sittengesetzes" mit dem "Anstandsgefühl aller billig und gerecht Denkenden"[48] oder für das Wettbewerbsrecht mit dem "Anstands-

---

allem bei dem Wort "Persönlichkeit" und beim "Sittengesetz""); auf Kant beruft sich für den grundgesetzl. Rechtsstaat auch Benda, Abkehr vom Staat?, 1982, S.8 ("Rechtsstaat: er ist die Bedingung dafür, daß die Freiheit aller zusammen existieren kann"); i.d.S. auch Dreier, Recht-Moral, Ideologie, S.286ff., S.340f. scharf gegen Hegel, m. H. in Fn.en 95-97; vgl. i.d.S. auch Krings, Preis der Freiheit, S.13ff.; scharfe Kritik an der nachkantischen historizistischen Philosophie bei Popper, Offene Gesellschaft und ihre Feinde, Bd.2, S.5ff.; auch Denninger, Rechtsperson, S.67 bezeichnet, selbst von M.Scheler ausgehend, Kant als "Vollender dieser Aufklärungsrichtung". Karl Marx, Einleitung zur Kritik der Hegelschen Rechtsphilosophie, Frühe Schriften Bd.I, Ausgabe Lieber, S.497: "Die Kritik der Religion endet mit der Lehre, daß der Mensch das höchste Wesen für den Menschen sei, also mit dem kategorischen Imperativ, alle Verhältnisse umzuwerfen, in denen der Mensch ein erniedrigtes, ein geknechtetes, ein verlassenes, ein verächtliches Wesen sei", und in: Das philosophische Manifest des historischen Rechtsschule, MEGA 1/I (1), S.251ff.: "Dagegen ist Kants Philosophie mit Recht als die deutsche Theorie der Französischen Revolution zu betrachten ..."; dem folgt Ernst Bloch (Kantianer, soweit er nicht Marxist ist), Naturrecht und menschliche Würde, S.213f., der selbst mit Karl Marx in hisorizistische Illusionen von der "fortgesetzten Umwandlung der menschlichen Natur" (a.a.O., S.219) entfleucht; zu diesen Mystizsmen die grundlegende Kritik von E.Topitsch, Erkenntnis und Illusion, 1979, passim, etwa S.190f.; zum jungen Marx eindrucksvoll Maihofer, Demokratie im Sozialismus, S.28ff., 40. Klar Cohen, Ethik des reinen Willens, S.303f. (Selbstzweckhaftigkeit jedes Menschen "das sittliche Programm der neuen Zeit und aller Zukunft der Weltgeschichte").

45) Zum vorkantischen Sprachgebrauch des Wortes Sittengesetz, vor allem dem (materiellen) moraltheologischen, Spiegelberg, Gesetz und Sittengesetz, S.202ff., 237ff., 256: "Aber von Kant ab hat man es jedenfalls definitiv mit einem rein philosophischen Terminus zu tun, während das alte Sittengesetz ein theologisches, im kantischen Sinne sogar heteronomes Gebilde war"; Erbel, Sittengesetz, S.151ff.; vgl. auch Geismann, Ethik, S.23ff.
Kant weist materiale Prinzipien der Sittlichkeit "ganz als untauglich" "zum obersten Sittengesetz" ab, Kritik der praktischen Vernunft, S.152ff.; dazu Karl Jaspers, Plato, Augustin, Kant, S.267f.; dazu und i.d.S. Wieacker, JZ 1961, 339 mit Fn.19; dazu Denninger, Rechtsperson, S.83; i.d.S. auch Vogel, VVDStRL 24 (1966), S.142f.
Nachkantisch kann und darf das Verständnis des Wortes Sittengesetz an Kants Begriff schlechterdings nicht vorbeigehen, zumal dieser schon bei Kant untrennbar mit der freien und demokratischen Rechtssetzung verbunden ist. Vgl. Dreier, Recht-Moral, Ideologie, S.186, der die "problem- und wortgebrauchsgeschichtlich" "einflußreiche" "Fassung der Frage nach dem Verhältnis von Recht und Moral" in der praktischen Philosophie Kants hervorhebt.

46) Den Wortwechsel bei der Schaffung des Art.2 Abs.1 GG (JöR NF.1, S.54ff.) wertet Bettermann, NJW 1981, 1066, dahin, daß es der Sache nach bei der 'Grundrechtsschranke' der "guten Sitten" geblieben sei; dabei übersieht er, daß zugleich auch die geschützte Freih. i.S. der Persönlichkeitskerntheorie umformuliert wurde, dazu Erbel, Sittengesetz, S.171ff.; genau auch Geismann, Ethik, S.7ff.

47) 23.Sitzung vom 29.11.1948, vgl. JöR NF. Bd.1 (1953), S.57; vgl. im übrigen daselbst, S.54ff.; dazu Erbel, Sittengesetz, S.171ff.; Starck, F. Geiger, S.263; i.d.S. auch die 'Erinnerungen' von Carlo Schmidt, S.379.

48) So aber, wenn auch nicht explizit, so doch, ohne der Praxis der Rechtsprechung, "gute Sitten" zu definieren, zu widersprechen, Bettermann, NJW 1981, 1066; ders., Grenzen, S.10f.; auch Dürig, Maunz/Dürig/Herzog/Scholz, Rdn.16 zu Art.2 Abs.1 GG, der den "schweren Ausdruck 'Sittengesetz'" lediglich im "Pathos" liegen sieht; anders ders., a.a.O., Rdn.74 zu Art.2 Abs.1 GG ("Sittengesetz" im Sinne der regula aurea); ders., AöR 79 (1953/54), S.63 mit Fn.20; Huber, Wirtschaftsverwaltungsrecht Bd.1, S.664; Fikentscher, Wettbewerb, S.109ff.; so aber auch BVerfGE 6, 389 (434ff.); 49, 286 (298); auch BGHSt 5, 46 (52ff.); BGHZ 5, 76 (97); der Sache nach auch BVerwG NJW 1982, 664f. Dagegen etwa Starck, F. Geiger, S.264ff.; wie hier eindeutig Maihofer, Rechtsstaat und menschliche

gefühl des Durchschnittsgewerbetreibenden"[49] zu identifizieren.

## II Ch. Starcks Verständnis des "Sittengesetzes" als Sittlichkeit i.S. der christlichen Moral

Ch.Starck zieht den kantischen Begriff des Sittengesetzes als den des Art.2 Abs.1 GG in Betracht, meint jedoch, ein solches Verständnis zurückweisen zu müssen, weil "Kants formale Ethik" "ethische Inhalte nicht zu begründen" vermöge, Kant "die abendländische naturrechtliche Tradition voraus- und inhaltlich fort" - setze und das "unter dem Begriff Sittengesetz diskutierte Problem in der Schranke der Rechte anderer wieder auf-" tauche[50]. Kant hat demgegenüber den "positiven" Gehalt seines Freiheitsbegriffs als Pflicht zur Sittlichkeit herausgestellt[51].

Starck verkennt das freiheitlich-demokratische, also auch rechtsstaatliche und zugleich staatstheoretische Anliegen Kants, das für dessen Begriff des Sittengesetzes wesentlich ist. Die kantische ethische Formel bezweckt nicht, "inhaltlos" zu sein, sondern die Autonomie des Menschen als dessen Würde zu wahren[52]. Kant selbst gibt Beispiele für konkrete Verhaltensweisen, die dem kategorischen Imperativ genügen[53]. Nur sind die Maximen/Maßstäbe nicht heteronom bestimmt, sondern eben autonom zu bestimmen[54]. Daß Kant auf naturrechtliche Positionen zurückgreift, folgt daraus, daß diese freiheitlich und gleichheitlich[55] und damit als

---

Würde, S.69; dazu 8.Teil, 3.Kap., IV 1, S.412ff. mit weiteren Hinweisen in Fn.266.

49) So in der Sache Meyer-Cording, JZ 1964, 276ff., 310ff., zu dessen Auffassung insb. 8.Teil, 2.Kap., III, S.399ff.

50) F.Geiger, S.264ff., 268f., 270ff.; gegen diesen Standardeinwand seit Hegel, Rechtsphilosophie, §29 Anm., überzeugend Dreier, Recht-Moral, Ideologie, S.312f., 329f.; klarstellend im Sinne des Textes Karl Jaspers, Plato, Augustin, Kant, S.270ff.; auch Max Weber, Der Sinn der "Wertfreiheit", S.504ff. ("schweres (freilich weitverbreitetes) Mißverständnis"); richtig auch Wieacker, JZ 1961, 340f.; gegen den Formalismusvorwurf auch Vogel, VVDStRL 24 (1966), S.139f.; Maihofer, Rechtsstaat und menschliche Würde, S.61ff., 70ff.; Geismann, Ethik, S.55ff., 93ff.
Die materiale Brauchbarkeit des kategorischen Imperativs kritisieren auch Kelsen, Reine Rechtslehre, S.133ff.; Marcic, Geschichte der Rechtsphilosophie, S.303ff. (vorsichtig, aber Marcics Objektivismus läßt keinen Zweifel); dazu ders., Rechtsphilosophie, S.189ff., 243, u.ö.; ders., Vom Gesetzesstaat zum Richterstaat, S.19ff., 109ff.; skeptisch auch Henkel, Rechtsphilosophie, S.69f. im Widerspruch zu seinem Gemeinwohlbegriff und seinem Prinzip "sozialer Solidarität" (a.a.O., S.463ff.).

51) Grundlegung, S.81f. (von Starck freilich nicht berücksichtigt).

52) Etwa Grundlegung, S.64ff.; so auch M.Weber, Der Sinn der "Wertfreiheit", S.504ff.; Wieacker, JZ 1961, 340f.; Karl Jaspers, Plato, Augustin, Kant, S.270ff., der die Kritik an Kants "Formalismus" zurückweist; so auch Vogel, VVDStRL 24 (1966), S.139f.; Maihofer, Rechtsstaat und menschliche Würde, S.61ff., 70ff.

53) Grundlegung, a.a.O., S.52ff.; zu den Beispielen kritisch Karl Jaspers, Plato, Augustin, Kant, S.271 ("Das moralisch Gültige ist in der Zeit nicht von vornherein in jedem Fall sicher und gewiß").

54) Karl Jaspers, Plato, Augustin, Kant, S.263f.

55) Vgl. Metaphysik der Sitten, S.432; dazu durchgehend Ernst Bloch, Naturrecht und menschliche Würde, 2.Aufl.1980; Maihofer, Handbuch, S.201f.

Maximen verallgemeinerungsfähig sind[56]. Cohen, der Begründer des Marburger Neukantianismus, versteht denn auch den kantischen kategorischen Imperativ als Prinzip des Sozialismus[57]. Ebenfalls kantisch versteht L.Nelson das Sittengesetz als Gleichheitsprinzip, also material[58]. Auch Max Weber, Karl Jaspers, John Rawls, Werner Maihofer, Franz Wieacker, Klaus Vogel, Ralf Dreier, Dieter Suhr, Georg Geismann heben den materialen Charakter des kantischen Prinzips der Allseitigkeit, das zugleich Individual- und Sozialethik sei, hervor, nämlich den Menschen, auch den anderen, selbst als Zweck zu sehen[59]. An ethischer Materialität fehlt es dem kategorischen Imperativ nicht. Starck verwechselt Selbstbestimmbarkeit mit "Inhaltslosigkeit", weil er augenscheinlich nach einem juristisch praktizierbaren Inhalt des Begriffs Sittengesetz sucht und dessen Verständnis als das ethische Gesetz der Autonomie, das wesensgemäß nicht judiziabel ist[60], gar nicht ins Auge faßt. Autonomie ist das ethische Prinzip der Freiheit und der Demokratie. Heteronomie ist nicht freiheitlich und damit nicht demokratisch[61]; denn die Demokratie ist das politische System der Freien. Notwendig ist mit dem kategorischen Imperativ das Konsensprinzip als das Geltungsprinzip des Rechts

---

56) Metaphysik der Sitten, S.345f., etwa: "Freiheit (Unabhängigkeit von eines anderen nötigender Willkür), sofern sie mit jedes anderen Freiheit nach einem allgemeinen Gesetz zusammen bestehen kann, ist dieses einzige, ursprüngliche, jedem Menschen kraft seiner Menschheit zustehende Recht. - Die angeborene Gleichheit, d.h. die Unabhängigkeit, nicht zu mehreren von anderen verbunden zu werden, als wozu man sie wechselseitig auch verbinden kann, mithin die Qualität des Menschen, sein eigener Herr (sui iuris) zu sein ... - alle diese Befugnisse liegen schon im Prinzip der angeborenen Freiheit und sind wirklich von ihr nicht (...) unterschieden".

57) Ethik des reinen Willens, S.303f. (Zitat in Fn.123); vgl. auch Dreier, Recht-Moral, Ideologie, S.316 mit Fn.4 (Bemerkungen zur Rechtsphilosophie Hegels, 1980).

58) Rechtslehre und Politik, S.81ff., 90; vgl. ders., Ethik und Pädagogik, S.143, 147; ders., Kritik der praktischen Vernunft, S.133f., 136 (Abwägungsgesetz: "Handle nie so, daß du nicht auch in deine Handlungsweise einwilligen könntest, wenn die Interessen der von ihr Betroffenen auch deine eigenen wären"; Vergeltungsgesetz: "Du sollst in die gleiche Nichtachtung deiner Interessen einwilligen, wie du sie anderen gegenüber bewiesen hast"); dazu Dreier, F. Wolff, S.13f., 21ff.; ders., Recht-Moral, Ideologie, S.287, 303; ähnlich Rawls, Theorie der Gerechtigkeit, S.283ff., 612ff.

59) Max Weber, Der Sinn der "Wertfreiheit", S.504ff.; Karl Jaspers, Plato, Augustin, Kant, S.270ff., auch S.263f.; Maihofer, Rechtsstaat und menschliche Würde, S.70f.; ders., Vom Sinn menschlicher Ordnung, S.17ff. (kritisch); ders., Handbuch, S.195ff.; Wieacker, JZ 1961, 340f. ("auf dem Boden der elementaren Sittlichkeit u n d der insoweit allerdings materialen verfassungsmäßigen Grundordnung"); Dreier, Recht-Moral, Ideologie, S.302ff.; Suhr, Entfaltung des Menschen durch den Menschen, S.58, Fn.21; Rawls, Theorie der Gerechtigkeit, S.283ff., 614, maßgeblich ist der "Urzustand in seiner Kantischen Deutung". Vogel, VVDStRL 24 (1966), S.139ff. weist auf den materiellen Charakter des kantischen Konsensprinzips und kategorischen Imperativs hin, stellt die "Allgemeinheit" des Gesetzes aber in einen problematischen Gegensatz zum "Besonderen", dem die Exekutive diene, das einen sittlich geringeren Rang habe (a.a.O., S.142). Geismann, Ethik, S.93ff. m.w.H.; Starck hat freilich die grundlegende Schrift Maihofers aus dem Jahre 1968 nicht berücksichtigt. Vgl. im übrigen Kant, Metaphysik der Sitten, Tugendlehre, S.515ff. (Pflicht, die "fremde Glückseligkeit" zum Zweck zu machen).

60) Maihofer, Rechtsstaat und menschliche Würde, S.69; kritisch zum kategorischen Imperativ noch ders., Vom Sinn menschlicher Ordnung, S.17ff., 21ff. (inhaltliche Heteronomie).

61) I.d.S. durchgehend Kriele, etwa: Recht und praktische Vernunft, S.44ff.; ders., Staatslehre, S.232; ders., Befreiung und politische Aufklärung, S.57ff.; i.d.S. auch durchgehend Rawls, Theorie der Gerechtigkeit, S.283ff.; Fraenkel, Pluralismus, S.B 29; ders., Selbstbestimmung, 1960; auch E.Bloch, Naturrecht und menschliche Würde, S.176, 204, u.ö.; Maihofer, Handbuch, S.187.

verbunden[62]. Starcks Hinweis auf den rousseauschen Sozialkontrakt[63] gibt das kantische Konsensprinzip nicht exakt wieder[64].

Zwar spricht Kant vom "ursprünglichen Vertrag (der doch das Prinzip aller Rechte ist)"[65], postuliert aber durchgehend den Konsens als das Prinzip von Freiheit unter den Menschen, und damit des Rechts. So könne "nur der allgemeine vereinigte Volkswille gesetzgebend sein"[66].

Die Rechte anderer, die Kant durchgehend berücksichtigt, begrenzen das Recht zur Willkür[67]. Starck zitiert den zentralen Satz in Kants Rechtslehre[68]. Dabei geht es jedoch um die "rechtliche", die "äußere Freiheit"[69]. Diese ist nicht vom Sittengesetz bestimmt, ist nicht die Autonomie, sondern Inbegriff der rechtlichen Grenzen der Autonomie, die freilich konsensual-repräsentativ gezogen sein müssen, wenn sie nicht despotisch sein sollen[70]. Kants Unterschied von äußerer und innerer Freiheit entspricht dem von Recht und Ethik. Das Sittengesetz ist das ethische Verhaltensprinzip der inneren Freiheit.

Kants Ethik gibt das Prinzip moralischen Verhaltens und weist damit den Weg, "ethische Inhalte" zu begründen[71]. Wenn Starck mit "ethischen Inhalten" heteronome materielle Verhaltensmaßstäbe bei Kant sucht, wird er sie freilich im Prinzip der Autonomie nicht finden. Mit seinem sinnlosen Satz: "Kants formale Ethik vermag ethische Inhalte nicht zu begründen"[72], hat Starck das kantische Sittenge-

---

62) Kant, Metaphysik der Sitten, S.432f.; für viele Rawls, Theorie der Gerechtigkeit, S.283, 612, passim, etwa S.271: "Der Grundsatz der Gesetzmäßigkeit hat also eine feste Grundlage in der Übereinkunft vernünftiger Menschen, sich die größtmögliche gleiche Freiheit zu sichern"; Maihofer, Handbuch, S.182; i.d.S. auch Vogel, VVDStRL 24 (1966), S.137ff.. Dazu näher 4.Teil, 2.Kap., S.153ff. mit Hinweisen vor allem in Fn.75.

63) F.Geiger, S.267; Geismann, Ethik, S.57ff.; ders., Der Staat 21 (1982), S.162ff. (Kant als Vollender von Hobbes und Rousseau). Vorwiegend auf Rousseau gründet neuerdings Maihofer, Handb., S.173ff. seine Theorie der freiheitl. Demokratie; das führt zu Fragen, die hier nicht behandelt werden können.

64) Im von Starck zitierten §44 der Metaphysik der Sitten, Rechtslehre, steht davon nichts; vielmehr beschreibt Kant dort die Überwindung des Naturzustandes durch Rechtlichkeit, das allerdings in Anlehnung an Rousseau; vgl. insofern Rawls, Theorie der Gerechtigkeit, S.284, der auf die vertragstheoretische Traditionslinie von Rousseau zu Kant hinweist; ebenso Geismann, Ethik, S.57ff. m.w.H.; so auch Maihofer, Handbuch, S.178.

65) Zum ewigen Frieden, S.204f.; ebenso, Über den Gemeinspruch, S.143f.,150f., 153.

66) Metaphysik der Sitten, S.432f., auch, Über den Gemeinspruch, S.152f.; dazu Vogel, VVDStRL 24 (1966), S.137ff.

67) Etwa Metaphysik der Sitten, S.337, dazu das Zitat zu Fn.68 des 4.Teils; auch, Über den Gemeinspruch, S.144f.; vgl. Maihofer, Rechtsstaat und menschliche Würde, S.68f.

68) F.Geiger, S.267 "Metaphysik der Sitten", S.337: "Recht ist also der Inbegriff der Bedingungen, unter denen die Willkür des einen mit der Willkür des anderen nach einem allgemeinen Gesetz der Freiheit zusammen vereinigt werden kann."

69) Etwa Kant, Zum ewigen Frieden, S.204, dazu näher im 2.Kap. dieses Teils, S.104ff.

70) Kant, Zum ewigen Frieden, S.206f.; i.d.S. etwa Fraenkel, Pluralismus, S.B 29, u.ö.; so auch zu Kant Vogel, VVDStRL 24 (1966), S.140. Dazu das 2. und 3.Kap. des 4.Teils, S.153ff., 159ff.

71) Karl Jaspers, Plato, Augustin, Kant, S.263ff., 270ff.; i.d.S. auch M.Weber, Der Sinn der "Wertfreiheit", S.504ff.

72) F.Geiger, S.269.

setz nicht aus der freiheitlich-demokratischen Grundordnung verdrängt, für die es vielmehr ein Schlüsselbegriff ist.

Um einem als materielles Rechtsprinzip verstandenen Sittengesetz Wirkungsraum zu eröffnen, restringiert Starck die Grenzen der "verfassungsmäßigen Ordnung" entgegen der ständigen Rechtsprechung des Bundesverfassungsgerichts[73)], ohne dieses Problem näher zu erörtern, auf den Schutz "besonderer in der Verfassung genannter Rechtsgüter"[74)]. Das ignoriert wiederum die Prinzipien Autonomie und Konsens in der freiheitlichen Demokratie und stilisiert das Grundgesetz in einem Maße zu einer Normierung der Staatszwecke und Rechtswerte, das dieses nicht hergibt. Die "Schranke" des Sittengesetzes soll den mannigfachen "überlieferten sittlichen Vorstellungen"[75)] den Vorrang vor der allgemeinen Handlungsfreiheit sichern; das soll dem "Sittengesetz" "festere Konturen" geben. Dazu zählt Starck die "sehr allgemeinen naturrechtlichen Prinzipien" und "tradierte Inhalte", "die am zuverlässigsten nachgewiesen werden" in der Gesetzgebung der letzten zweihundert Jahre, die sich weitgehend in den Handbüchern der Ethik und der Moraltheologie spiegele[76)]. Diese Handbücher sind unter der Verfassung der Aufklärung, der Gewissens- und Religionsfreiheit 'treffliche' Rechtsquellen, die sogar die Grund-

73) Hinweise in Fn.137 des 6.Teils, grundlegend BVerfGE 6, 32 (37ff., 41).

74) F.Geiger, S.271.

75) F.Geiger, S.273; ähnlich Weinkauf, NJW 1960, 1689ff.; dagegen für viele Maihofer, Rechtsstaat und menschliche Würde, S.69; Wieacker, JZ 1961, 337ff., 339 in Fn.19, 340f., 341ff., 345; Vogel, VVDStRL 24 (1966), S.143 gegen "generelle Prinzipien des sittlichen Handelns" i.S. der Wertphilosophie; ähnlich Starck, A.Kaufmann, Recht und Sittlichkeit, S.26ff.; so insb. BVerfGE 6, 389 (434ff.); BGHZ 5, 76 (97); BGHSt 6, 46 (52ff.); im Erg. auch BVerwG NJW 1982, 664f.; dazu näher im 8.Teil, 2.Kap., III, S.399ff.

76) Zitate daselbst, auch: "... deren historisch überlieferte Moralauffassung"; in der Sache wie Starck die in Fn.75 angeführte Rechtsprechung; kritisch zur Rezeption christl. oder profanen Naturrechts in die Verfassung mittels des Prinzips der Unantastbarkeit der Menschenwürde als überpositivem Recht wesentlich Krawietz, G.Klein, S.262ff. m. w. H.; gegen die Interpretation des Art.1 Abs.1 GG im Sinne der traditionellen katholischen Moraltheologie auch klar Maihofer, Rechtsstaat und menschliche Würde, S.88 Fn.129, S.90 (gegen ein außerhalb und unabhängig vom Menschen bestehendes "objektives Sittengesetz") auch S.130 (gegen BGHSt 6, 46 (52)); gegen die christliche Deutung des Menschenwürdeprinzips Zippelius, Bonner Kommentar, Rdn.3 zu Art.1 Abs.1 GG; dagegen auch Wieacker, JZ 1961, 338, 339, 340ff. unter Hinweis auf weltanschauliche Offenheit des Grundgesetzes; dagegen und i.S. des Wertpluralismus sowie der Religions- und Weltanschauungsfreiheit für das Interpretationsproblem "gute Sitten" Bülow, WiR 1974, 237ff., 241ff.; v.Godin, GRUR 1966, 127ff.; Ott, F. Raiser, S.410; Sambuc, Folgenerwägungen, S.28ff.; Emmerich, UWG 1982, 37 m.w.H.; ähnlich Starck (miß)versteht Meyer-Cording, JZ 1964, 277ff., den Begriff der "guten Sitten" des §1 UWG aus dem des "Sittengesetzes" heraus; dazu wie überhaupt zum material-wertethischen Verständnis dieses Begriffes, 8.Teil, 2.Kap., III, S.399ff.
Mit dem moraltheologischen Verständnis des Begriffs "Sittengesetz" wird der Kampf um die Kompetenz zur Rechtsetzung zwischen Kirche (römisch-katholischer) und Staat fortgesetzt; denn das 'Naturrecht' der katholischen Soziallehre realisiert sich positiv in einem stringenten Rechtsetzungs- und Rechtdurchsetzungssystem (dazu Wieacker, JZ 1961, 338), das mit dem staatlichen konkurriert. Seit der Aufklärung ficht der Katholizismus jedoch ohne Lanze. Das Grundgesetz ist jedenfalls kein Etappensieg der katholischen Moraltheologie und kann auch auf dem Felde der Diplomatie (Interpretation) dazu nicht umgemünzt werden. Es ist vielmehr eine Verfassung der Aufklärung. Mit der Weltanschauungsneutralität kommen notwendig alle objektivistischen Rechtsphilosophien in Konflikt, etwa auch Marcic, Vom Gesetzesstaat zum Richterstaat, S.19ff., 109ff.; ders. Rechtsphilosophie, S.189ff., 243, u.ö.; dagegen in der Sache, gegen totalitäre Ideologien, insb. Rousseau, gerichtet insb. Fraenkel, Pluralismus, S.B 14ff.; ders., Selbstbestimmung, 1960; Geismann, Ethik, S.20ff. (grundsätzlich).

rechte begrenzen können sollen. Will Starck etwa auch die Religionsfreiheit in die Grenzen der Moraltheologie weisen, weil doch das "Sittengesetz" nach herrschender Meinung und zu Recht 'Schranke' aller Grundrechte ist[77]? Starck rettet jedoch sich und uns als sittlich verpflichtete Menschen in ein Gesetzesprinzip. Der Gesetzgeber müsse "in erster Linie" näher die sittengesetzliche Schranke der Freiheit ausgestalten[78]. Er dürfe "moralische Überlieferungen" "aufrecht erhalten" oder auch "aufgeben"[79]. Dann bleibt es wohl beim Gesetzesvorbehalt für staatliche Eingrenzungen der allgemeinen Handlungsfreiheit, der nach herrschender Meinung durch die Grenze der "verfassungsmäßigen Ordnung" verankert ist. Schließlich müsse der Gesetzgeber es "politisch voll verantworten", wenn er von der "Moraltradition" abweiche[80]. Weniger wird auch sonst nicht von dem Gesetzgeber verlangt.

### III Erbels Verständnis des "Sittengesetzes" als die grundgesetzlichen Grundprinzipien

Genausowenig hilft die interpretatorische Entfaltung des Begriffs "Sittengesetz" als "ethischer Generalklausel" durch Zuhilfenahme anderer grundgesetzlicher Prinzipien, wie dem des Schutzes der Menschenwürde, denen des freiheitlich-demokratischen und sozialen Rechtsstaates, insbesondere dem des Sozialstaates und auch dem des Gleichheitssatzes, wie es G.Erbel vorschlägt[81]. Diese Entscheidungen des

---

77) Hinweise in Fn.227 im 8.Teil, dazu im 6.Kap. dieses Teils, S.125ff. und 3.Kap., IV des 8.Teils, S.412ff.; Bettermann, Grenzen der Grundrechte, S.10f.; ders., NJW 1981, 1065f.
A.A. BverfGE 30, 173 (192) für die Freiheit der Kunst (Mephisto).

78) F.Geiger, S.274; hier trifft er sich mit der formalethisch verstandenen Sittlichkeit, etwa Wieacker, JZ 1961, 341 ("Der Gesetzgebungsweg ist der legitime Schauplatz für den Kampf um die Einführung neuer materialer Ethik in die geltende Rechtsordnung").
Vgl. im Sinne dieses Gesetzesprinzips das 2.Kap. des 4.Teils, S.153ff. und 8.Teil, 3.Kap., IV 2, S.414ff.

79) F.Geiger, S.275.

80) F.Geiger, S.276.

81) Sittengesetz, S.177 ("durch die positive Rechtsordnung näher konkretisierte Rechtsschranke"), S.192ff., 263ff., 270ff., 332ff., 341ff., 378f., 390f. mit vielfältigen Detailwertungen, die sämtlich aus den Detailregelungen folgen. Das "Sittengesetz" wird quasi zur zusammenfassenden Formel für den nicht exakt ausgrenzbaren Teil der Rechtsordnung, der Grundwerte setzt und moralische Entscheidungen verankert. Erbel setzt sich in Widerspruch zu seiner Deklaration, er vertrete eine "wertethisch" "offene" Persönlichkeitskerntheorie (a.a.O., S.181f.) und unterwirft den Menschen "überpositiven Moralgeboten" "wegen der Unteilbarkeit ethischer Grundforderungen" (a.a.O., S.185f.); auf S.189 erklärt Erbel sogar die Gemeinwohlverpflichtetheit des Eigentums nach Art.14 Abs.2 GG für einen Ausfluß der Freiheitsbegrenzung des "Sittengesetzes", die richtigerweise Konkretisierung des Sozialprinzips ist, so die h.M., vgl. Erbel selbst, a.a.O., S.339. Die 'Schranken' des Art.2 Abs.1 GG, auch das "Sittengesetz" fänden "eine letzte Legitimation und Wertakzentuierung von der Sozialstaatsklausel her". Ähnlich Bülow, WiR 1974, 256ff., für den Sittenverstoß i.S. des §1 UWG, der in der Mißachtung der verfassungsmäßigen Wertung liege (a.a.O., S.258); i.S. Erbels ist im Erg. BVerwG NJW 1982, 664f. zu verstehen (Konkretisierung der "guten Sitten" des §34a Abs.2 Nr.1 GewO mittels dem Menschenwürdeprinzip).

Grundgesetzes haben ihre eigenständige Wirkkraft[82)] und bedürfen weder der Verstärkung noch der Vermittlung durch den Grundrechtsbegriff "Sittengesetz", wiewohl all diese Grundentscheidungen im untrennbaren Zusammenhang stehen. Rechtsverbindliche material-wertethische Kategorie des grundgesetzlichen Gemeinwesens, die mit der des Sittengesetzes nach Art.2 Abs.1 GG zu einer Einheit verbunden ist, aber mit dieser nicht identifiziert werden darf, ist die "Würde des Menschen", die "unantastbar", die "zu achten und zu schützen Verpflichtung aller staatlicher Gewalt" ist[83)]. Andere Entscheidungen des Grundgesetzes konkretisieren dieses Wertbekenntnis, insbesondere die für bestimmte Freiheiten des Menschen und die für den Sozialstaat[84)]. In menschlicher Würde hat sich das grundgesetzliche Gemeinwesen privat und staatlich zu entfalten. Den material-wertethischen Charakter dieses Prinzips zeigen etwa die diesbezüglichen Verpflichtungen der Beamten und Soldaten[85)].

IV "Sittengesetz" und "verfassungsmäßige Ordnung"

Das "Sittengesetz" wird bisweilen selbst als Unterfall der "verfassungsmäßigen Ordnung" im engeren Sinne verstanden[86)]. Weit interpretiert erfaßt die "verfassungsmäßige Ordnung" auch das "Sittengesetz", wenn dieses zur verfassungsmäßigen Rechtsordnung gehört[87)]. Das läßt sich nicht bestreiten, wenn die Ver-

---

82) Auch Starck, F. Geiger, S.262, kritisiert Erbels Interpretation, weil die "verfassungsimmanent ausgefüllte Schranke des Sittengesetzes in der Schranke der verfassungsmäßigen Ordnung aufgehe."

83) Hinweise in Fn.373 im 5.Teil und Fn.55 im 4.Teil; BVerfGE 48, 127 (163); 49, 286 (298); 50, 166 (175); schon BVerfGE 5, 85 (204f.); 27, 1 (6) für die Subjekthaftigkeit jedes Menschen, ein materiales Wertprinzip, dessen Gegenstand das Recht zu individualer, subjektiver Sittlichkeit, also das Prinzip formaler Wertethik ist; so auch im Ansatz BVerwG NJW 1982, 664f., das dann aber in material-wertethische Prinzipien übergleitet; für viele Zippelius, Bonner Kommentar, Rdn.7, 9 zu Art.1 Abs.1 GG; klar in richtiger Abgrenzung zur "elementaren Sittlichkeit" i.S. formaler Ethik Wieacker, JZ 1961, 340; i.d.S. auch Denninger, JZ 1982, 225ff., 231; v.Olshausen, NJW 1982, 2222.

84) So eindringlich Maihofer, Rechtsstaat und menschliche Würde, S.9f., 35, 36 auch für das Demokratie- und das Rechtsstaatsprinzip; ders., Handbuch, S.173ff.; Wieacker, JZ 1961, 340.

85) Der Beamte ist nach §38 Abs.2 S.2 BRRG oder nach §56 Abs.2 S.3 BBG von seiner Verantwortung für die Rechtmäßigkeit seiner dienstl. Handlung trotz der Bestätigung einer Anordnung durch die Vorgesetzten nach Remonstration des Beamten nicht befreit, wenn das ihm aufgetragene Verhalten "die Würde des Menschen verletzt" (oder für ihn erkennbar strafbar oder ordnungswidrig ist). Nach §11 Abs.1 S.2 SoldatenG handelt ein Soldat nicht ungehorsam, wenn er einen Befehl nicht befolgt, der "die Menschenwürde verletzt" (oder der nicht zu dienstl. Zwecken erteilt wurde). Beide Vorschriften stellen gerade nicht auf ein formales Prinzip, sondern u.a. auf die Wertethik der Menschenwürde ab. Wäre das "Sittengesetz" wertethisch zu verstehen, müßte es in diesen Vorschriften genannt sein.

86) Etwa i.S. der katholischen Moraltheologie; dazu Erbel, Sittengesetz, S.156; so auch Hartlieb, Kunst und Sittengesetz, S.30; der Sache nach auch Bettermann, Grenzen der Grundrechte, S.10f., wenn er den Gesetzgeber inhaltlich an das Sittengesetz i.S. der guten Sitten bindet; ebenso ders., NJW 1981, 1066; der Sache nach auch BVerfGE 6, 389 (434ff.) "Sittengesetz auch als eine rechtliche Schranke ..." ""unsittliche" Gesetze gehören nie zur verfassungsmäßigen Ordnung"; ähnlich auch BVerfGE 49, 286 (298).

87) Auch Dürig, Maunz/Dürig/Herzog/Scholz, Rdn.16 zu Art.2 Abs.1 GG will den Inhalt des "Sittengesetzes" aus den Wertentscheidungen der Verfassung und der Rechtsordnung gewinnen; ähnlich

fassungsgeber mit dem "Sittengesetz" eine Rechtsgrenze des Freiheitsrechts benannt haben[88]. Vertreten wird auch, eine derartige Rechtsgrenze ergebe sich aus dem Rechtsprinzip selbst, ohne daß dies einer Verankerung in der geschriebenen Verfassung bedürfe[89].

Daß die Grenzen des Art.2 Abs.1 GG nebeneinander aufgeführt sind, gibt einen deutlichen Fingerzeig für deren unterschiedlichen Wirkungsgehalt. Sie mögen sich in ihrer tatbestandlichen Relevanz überschneiden, dürften aber nicht in dem Sinne identisch sein[90], daß die eine Grenze, die des "Sittengesetzes", sich als bloßer Unterfall einer anderen erweist. Dieses Argument ist eines der wesentlichen Ansatzpunkte für die Kritik an der weiten Interpretation des Begriffs der "verfassungsmäßigen Ordnung"[91]. Sie übersieht freilich die wesentliche Rechtfertigung der bundesverfassungsgerichtlichen Interpretation, nämlich die aus der grundgesetzlichen Entscheidung für eine freiheitliche Demokratie[92]. Dafür ist die allgemeine Selbstbestimmbarkeit im inhaltlichen und im personellen Sinne, die in einem zum Staat verfaßten Gemeinwesen notwendig die konsensuale und damit aus Praktikabilitätsgründen repräsentative materiell (begrenzt) offene Gemeinwohlkonkretisierung bedingt[93], wesentlich; kürzer formuliert, das Recht der allgemeinen Handlungsfreiheit und der Rechtsvorbehalt[94] zugunsten des Staates, oder: die Prinzipien Autonomie und Konsens.

Zippelius, Wertungsprobleme, S.150ff.; auch Ott, Sittengesetz, S.186, 188; Wieacker, Zeitenwende 1969, S.250f.; ders., JZ 1961, 339f.; dazu ablehnend Erbel, Sittengesetz, S.167ff., der die enge Interpretation der "verfassungsmäßigen Ordnung" vertritt; dagegen auch Starck, F. Geiger, S.262 mit nicht haltbarem restriktiven Begriff der verfassungsmäßigen Ordnung.

88) So die in Fn.86 angeführten Äußerungen.

89) I.d.S. Dürig, Maunz/Dürig/Herzog/Scholz, Rdn.73, 74 zu Art.2 Abs.1 GG ("allen Grundrechten innewohnende Nichtstörungsschranke"); ähnlich die richtige Auffassung, das "Sittengesetz" sei bereits inhaltliche Determinante des grundgesetzlichen Freiheitsprinzips, etwa Berg, Konkurrenzen, S.118f.; dazu kritisch Erbel, Sittengesetz, S.164; das ist als ethische Grenze der rechtlichen Freiheit tragfähig, dazu auch im 2.Kap., S.104ff. mit Hinweisen; denn das Wesen der Freiheit ist die Autonomie, scharfe aber fragwürdige Kritik an der "Freiheitsschranke" Sittengesetz von Geismann, Ethik, S.68. Zum grundsätzlichen Prinzip immanent begrenzter Rechte Siebert, Verwirkung und Unzulässigkeit der Rechtsausübung, 1934.

90) Insoweit wie hier Ott, Sittengesetz, S.187f.; Geiger, Freiheit und Kunst, S.201; Maihofer, JuS 1963, 167f.; Wertenbruch, Grundgesetz und Menschenwürde, S.135; Wieacker, JZ 1961, 340; Wintrich, Zur Problematik der Grundrechte, S.25;
a.A. Bettermann, NJW 1981, 1066; Dürig, Maunz/Dürig/Herzog/Scholz, Rdn.16, 74 zu Art.2 Abs.1 GG, anders aber auch Rdn.74 daselbst, wo er das "Sittengesetz" in die Nähe der regula aurea bringt; Hinweise auch in Fn.86.

91) Etwa Erbel, Sittengesetz, S.167ff.; auch Starck, F. Geiger, S.262.

92) Dazu näher 6.Kap., S.125ff.; insb. Fraenkel, Selbstbestimmung, 1960, gegen den Vorwurf "formaler Demokratie"; ders., Pluralismus, insb. S.B 29.

93) Für viele Fraenkel, Pluralismus, S.B 5ff.; ders., Selbstbestimmung, 1960; dazu weitere Hinweise in Fn.en 5, 6, 33, 39, 40, 88 des 6.Teils.

94) Dazu näher 6.Teil, 1.Kap., II 4, S.239ff., 4.Kap., III. S.265ff., V 3. S.271f.

4. Kapitel

## ART.2 ABS.1 GG IM LICHTE DES KANTISCHEN MORALPRINZIPS

Die Versöhnung der engen und der weiten Interpretation des Art.2 Abs.1 GG durch das kantische Moralprinzip ist ein Argument für die These, Kants Autonomieprinzip sei vom Grundgesetz übernommen. Zugleich dienen die folgenden Bemerkungen der weiteren Entfaltung der grundgesetzlichen Autonomietheorie.

Wenn das "Sittengesetz" als grundgesetzliche Verankerung der kantischen 'formal'ethischen Kategorie[95/96] verstanden wird und nicht in eine Interpretation hineingezwängt wird, die ihm einen materialen, deduktiv entfaltbaren Normgegenstand beimißt[97], sei er vom Gesetzgeber näher gestaltet oder nicht, lassen sich die extensive und die restriktive Auslegung des Grundrechts aus Art.2 Abs.1 GG vereinen. Der Streit um die weite Interpretation des Grundrechts als dem Recht auf allgemeine Handlungsfreiheit und die enge als dem Schutz des Freiheitsrechts,

95) Das gibt Erbel, Sittengesetz, S.115, als die von Spiegelberg mit Recht so bezeichnete "kopernikanische Wendung" auf ethischem Gebiet wieder, ohne daraus Konsequenzen zu ziehen; vgl. Spiegelberg, Gesetz und Sittengesetz, 1934, S.159, 249ff., 251.

96) Hinweise zu diesem Verständnis des "Sittengesetzes" in Art.2 Abs.1 GG in Fn.en 44-46, 20. Für unsere Fragestellung ist nur der formale Charakter der mit dem Begriff "Sittengesetz" in die Verfassung einbezogenen Ethik wesentlich, nicht die Definition des ethischen Prinzips an den Grenzen. Es ergibt sich nichts anderes, wenn die neukantianischen Begriffe des Sittengesetzes herangezogen werden, deren Bezug auf das Allgemeine in dem ethisch gebotenen Verhalten des Einzelnen derselbe ist, vgl. etwa Winter, Ethik und Rechtswissenschaft, S.292f., 322ff., 357ff., 385, 386ff. zu Cohen; unwesentlich ist auch die Frage nach der Wissenschaftlichkeit der Ethik (die etwa Popper, Die offene Gesellschaft, S.203, bestreitet), weil das ethische Prinzip durch das Grundgesetz zur Verfassungsmaxime erhoben ist, die sogar der Schlüssel des Verständnisses der grundgesetzlichen Demokratie ist (zum demokratischen Aspekt bei Cohen vgl. Winter, a.a.O., S.331f., 341, 376f.).

97) Dem konnte sich trotz vielfältiger abgehandelter Bedenken Erbel nicht entziehen, Sittengesetz, S.145ff., etwa auch S.158, 177, 185, 195 m.E. weil er Kants 'formale' Ethik nicht bedacht hat; auch nicht Starck, F. Geiger, S.273; Weinkauf, NJW 1960, 1689ff.; Meyer-Cording, JZ 1964, 310; vgl. auch die Hinweise im 8.Teil, 2.Kap., II, S.385ff. und auch Fn.266 des 8.Teils; dazu auch Fn.en 129, 22. Das Argument, die 'Schranke' Sittengesetz könne 'leerlaufen', bestimmt auch BVerfGE 6, 32 (36), gegen die Persönlichkeitskerntheorie zu entscheiden; ebenso E.Hesse, Bindung des Gesetzgebers, S.26f.; dagegen Erbel, a.a.O., S.181; vgl. allerdings das material-wertethische Verständnis in BVerfGE 6, 389 (434); 49, 286 (298); BGHSt 5, 76 (97).
Richtig etwa Vogel, VVDStRL 24 (1966), S.143; dazu das 3.Kap. mit Hinw., S.107ff., insb. Fn.42.

die Persönlichkeit in irgendeiner Weise sinnhaft zu entfalten[98], läßt sich nicht ohne Blick auf die Grundrechtsgrenzen entscheiden[99]. Die interpretative Verschränkung des freiheitsrechtlichen Inhalts und der freiheitsrechtlichen Grenzen hat dem Bundesverfassungsgericht den wesentlichen methodischen Anstoß gegeben, im Elfes-Urteil sowohl der weiten Interpretation des Inhalts des Art.2 Abs.1 GG als auch der zweiten 'Schranke', der "verfassungsmäßigen Ordnung", den Vorzug zu geben[100]. Die bundesverfassungsgerichtliche Wechselwirkungstheorie bezieht jeweils die Interpretation von Inhalt und 'Schranken' des Grundrechts aufeinander[101].

Eine extensive Interpretation des Art.2 Abs.1 GG widerstreitet keineswegs einer Persönlichkeitstheorie. Eine solche ist vielmehr durch die kantische Ethik und Rechtslehre vorgezeichnet. Der Wortlaut des Art.2 Abs.1 GG S.1, 1.Halbsatz: "Jeder hat das Recht auf freie Entfaltung seiner Persönlichkeit", erlaubt es, dieses Grundrecht eng als das Recht zur selbstbestimmten Entfaltung des Menschen zu einer sittlichen Persönlichkeit, zur Sittlichkeit, auszulegen[102]. Ohne die ebenfalls extensive Interpretation der Freiheitsgrenze "verfassungsmäßige Ordnung" wäre freilich das staatliche Gemeinwesen nicht ohne Grundrechtsverstoß regierbar. Das enge Verständnis dieser 'Schranke', das allein die politischen Grundentscheidungen des Grundgesetzes zur Geltung bringt, verfehlt das sittlich verpflichtende Wesen des Rechts und der Pflicht zur Autonomie als der ethischen Freiheit[103] im Rahmen der rechtlichen Freiheit[104]. Das kantische Verständnis der Verhältnisse der Menschen untereinander und in ihrer Gemeinschaft zwingt zu einer den Inhalt und die Grenzen der Freiheit differenzierenden Dogmatik: Das Grundgesetz schützt den

---

98) Dazu ausführlich mit Hinweisen Erbel, Sittengesetz, S.160ff.

99) BVerfGE 6, 32 (38); st.Rspr.; für viele Erbel, Sittengesetz, S.167.

100) BVerfGE 6, 32 (36ff.); st.Rspr., etwa 25, 371 (407); vgl. die Hinw. bei Hesse, Verfassungsrecht, S.171ff., der selbst dieser Rechtsprechung krit. gegenübersteht; Kritik auch bei Erbel, Sittengesetz, S.168ff.; Ehmke, VVDStRL 20 (1963), S.82ff.; die h.M. folgt dem Bundesverfassungsgericht, etwa Hefermehl, Wettbewerbsrecht, Allgemeines, Rdn.45 mit Hinweisen.

101) Etwa BVerfGE 7, 198 (217); 12, 113 (124f.); 20, 162 (176); 25, 44 (55); ebenso Hesse, Verfassungsrecht, S.162; Erbel, Sittengesetz, S.190;
Kritik für viele Bettermann, NJW 1981, 1066 r.Sp.; ders., Hypertrophie der Grundrechte, S.12f.

102) In diesem Sinne mit jeweils unterschiedlicher Ausgrenzung die Anhänger der Persönlichkeitskerntheorie, u.a. Hesse, Verfassungsrecht, S.171ff.; Scheuner, VVDStRL 22 (1965), S.39, Fn.111; Peters, Recht auf freie Entfaltung der Persönlichkeit, S.47f.; Ehmke, Wirtschaft und Verfassung, S.34, Fn.80; ders., VVDStRL 20 (1963), S.82ff.; Erbel, Sittengesetz, S.161ff., 173f., 177; Suhr, Entfaltung, S.62ff.; vgl. Dürig, Maunz/Dürig/Herzog/Scholz, Rdn.18ff. zu Art.2 Abs.1 GG; auch Wieacker, JZ 1961, 337ff.; dazu auch die Hinweise in Fn.en 114-117; i.d.S. auch die Lehre von der "Rechtsperson" Denningers, Rechtsperson, S.229ff., u.ö.; auch noch BVerfGE 3, 303 (304) mit enger Interpretation des Begriffs "verfassungsmäßige Ordnung"; zur ethischen Sicht Kants insoweit Karl Jaspers, Plato, Augustin, Kant, S.270ff., 324f. (zur Fortschrittsidee).

103) Wie Fn.40.

104) Die gegenwärtige Rechtsdogmatik, vor allem die Grundrechtsdogmatik, verwendet den Begriff der Freiheit meist als rein rechtl. Kategorie, etwa i.S. eines verfassungskräftigen Abwehranspruchs gegen den Staat, also als Synonym für den Begriff Grundrecht, zu den Sprach pro blemen Schwabe, Grundrechtsprobleme, S.136f.

Menschen als sittliche Persönlichkeit[105]. Es akzeptiert im Sinne Kants die Selbst bestimmbarkeit und Selbstverantwortlichkeit des Menschen im Sittlichen und räumt darum dem Menschen das Recht ein, sich autonom zu verhalten. Die (sittlichen) Maximen seines Verhaltens bestimmt der Mensch also selbst. Kant stellt die Begriffe 'Freiheit' und 'Willkür' gegeneinander[106]. Freiheit entfaltet sich im Rahmen des Rechts zur Willkür[107]. Ethisch ist die Autonomie Pflicht[108] und schafft autonome Verhaltenspflichtigkeiten. "Also ist ein freier Wille und ein Wille unter sittlichen Gesetzen einerlei"[109]. Im rechtlichen Verhältnis zu anderen Menschen stellt sich autonomes Verhalten als willkürlich dar. Das Recht zur Willkür[110] ist notwendig,

---

105) Wie Fn.102; positive Rechtssubjektivität muß darum das Personale des Menschen i.S. des Art.1 Abs.1 S.1 GG wahren, dazu eindrucksvoll Denninger, Rechtsperson, S.229ff., 232, u.ö.; wie hier in der Sache auch Erbel, Sittengesetz, etwa S.188.

106) Kritik der praktischen Vernunft, S.144: "Freiheit im negativen Verstande" ist die "Unabhängigkeit". "Freiheit im positiven Verstande" ist die "praktische Vernunft"; Metaphysik der Sitten, S.337: "Das Recht ist also der Inbegriff der Bedingungen, unter denen die Willkür des einen mit der Willkür des anderen nach einem allgemeinen Gesetze der Freiheit zusammen vereinigt werden kann"; vgl. auch daselbst, S.338, 339, 354; so auch Marcic, Geschichte der Rechtsphilosophie, S.305; nur den negativen Aspekt sieht Grabitz bei seiner Kritik, Freiheit und Verfassungsrecht, S.225, 243ff.; auch Säcker, Grundprobleme, S.22, 25 (vgl. dazu in Fn.117); ebenso Gotthold, ZHR 145 (1981), S.300ff.; dagegen richtig Möschel, ZHR 145 (1981), S.590ff., 592. Dazu näher im 3.Kap., II, S.109ff. mit Hinweisen.

107) Maihofer, Rechtsstaat und menschliche Würde, S.69; darauf weist auch Marcic, Geschichte der Rechtsphilosophie, S.306f. hin.
Zu Kant selbst vgl. Fn.106 und Metaphysik der Sitten, Tugendlehre, S.519f: "Denn Maximen der Handlung können willkürlich sein und stehen nur unter der einschränkenden Bedingung der Habilität zu einer allgemeinen Gesetzgebung, als formalem Prinzip der Handlungen"; ebenda, Rechtslehre, S.317ff., 323ff., 332: "Von dem Willen gehen die Gesetze aus; von der Willkür die Maximen. Die letztere ist im Menschen eine freie Willkür; der Wille, der auf nichts anderes, als bloß auf Gesetze geht, kann weder frei noch unfrei genannt werden, weil er nicht auf Handlungen, sondern unmittelbar auf die Gesetzgebung für die Maxime der Handlungen (also die praktische Vernunft selbst) geht, daher auch schlechterdings notwendig und selbst keiner Nötigung fähig ist. Nur die W i l l - k ü r also kann f r e i (Hervorhebung bei Kant) genannt werden". So auch das Verständnis Kants bei Pawlowski, Methodenlehre, S.87 Rdn.163: "Das Richtige (das Recht in der Rechtsphilosophie) setzt dann "Freiräume" voraus, da nur so "freies Handeln" möglich ist." Dazu mit objektivistischer Kritik Marcic, Rechtsphilosophie, S.189ff., 243 (gegen das Verständnis von Rechten als Grenzen); ders., Geschichte der Rechtsphilosophie, S.305f.. Kant wird oft auf das Willkürprinzip verkürzt und damit gänzlich verkannt, etwa Säcker, Grundprobleme, S.22ff., dazu Fn.117.

108) Kant, Grundlegung, S.73f.; ders., Kritik der praktischen Vernunft, S.144; dazu Karl Jaspers, Plato, Augustin, Kant, S.263ff., 267; so klar Denninger, Rechtsperson, S.300; vor allem Wieacker, Privatrechtsgeschichte der Neuzeit, S.354ff. (Sittengebot als Befehl an das persönliche Gewissen, sich in einer bestimmten Lage zum Guten (anstatt zu Bösen) zu entscheiden); ders., JZ 1961, 339; weitere Hinweise in Fn.116; daran erinnert wiederholt Suhr, Entfaltung, etwa S.67; auch Marcic, Geschichte der Rechtsphilosophie, S.305ff.; vgl. auch Schachtschneider, JA 1979, 514. Das verkennen viele Autoren, die "die Gebote der Sittlichkeit" als "an das Gewissen des Menschen" gerichtet sehen, während "das Recht" "ausschließlich mit dem äußeren Verhalten des Menschen zu tun" habe (Zitate von Emmerich, UWG 1982, 37f.). Erstens richtet sich auch das Recht an das "Gewissen", es verpflichtet den Menschen insgesamt, sonst wäre etwa Art.4 Abs.1 u.3 GG unverständlich. Zweitens befaßt sich die Ethik auch mit dem Verhalten von Menschen unter Menschen, also dem äußeren Verhalten. Der Unterschied zwischen Recht und Ethik ist ein anderer, nämlich der des Geltungsgrundes und der der Erzwingbarkeit, wie es in unserer Abhandlung deutlich wird. Auch Kant verankert die "Pflicht" im Gewissen und beschreibt die Gewissensprüfung genau ("Von der Pflicht des Menschen gegen sich selbst, als dem angeborenen Richter über sich selbst", Metaphysik der Sitten, Tugendlehre, S.572ff.) aber gerade nicht i.S. einer Unverbindlichleit, wie es bei den hier kritisierten Autoren scheint. Vgl. auch Kant, Metaphysik der Sitten, S.324ff.

109) Kant, Grundlegung, S.82.

110) Klassisch formuliert das Recht zur Willkür in den Grenzen der Rechte anderer und in den Grenzen der

weil es keinen Maßstab für die Wertigkeit der autonomen Maximen des Menschen als gut oder böse (i.S. der Allseitigkeit) geben darf, wenn die Autonomie nicht aufgehoben sein soll. Es ist unüberprüfbar, ob der Mensch dem kategorischen Imperativ genügt oder nicht, sich sittlich oder nur klug oder gar begehrlich[111)] verhält. Die Kontrolle der ethischen Qualität menschlichen Verhaltens wäre notwendig rechtliche Kontrolle, die mit der inneren der äußeren Freiheit widerspräche. Die sittliche, die autonome Entscheidung ist wesensgemäß unersetzbar und unvorwerfbar[112)]. Zweck des Rechts zur Willkür ist es, dem Menschen zu ermöglichen, seine Pflicht zur Autonomie zu erfüllen. Das kantische Toleranzprinzip folgt aus der Subjekthaftigkeit jedes Menschen, die alleiniger vernünftiger, also sittlicher Zweck menschlichen Verhaltens ist[113)].

---

Gesetze §903 BGB. Suhr, Entfaltung, S.188 will dieser Vorschrift lediglich einen spezifisch sachenrechtlichen Stellenwert beimessen, zu Unrecht, weil das Recht zur Beliebigkeit des Umgangs mit den Sachen das Eigentum im Verhältnis zu den anderen Menschen definiert. Suhr übersieht u.a., daß die Beliebigkeit und die Unersetzbarkeit der beliebigen Entscheidung auch ein schuldrechtliches Topos ist, wie §319 Abs.2 BGB beweist.

111) Kant, Grundlegung, S.29f. zur Klugheit. Dazu Maihofer, Rechtsstaat und menschliche Würde, S.99f. mit Fn.en 136ff. zu der Sicherheitsnotwendigkeit wegen des "empirischen Charakters" der Menschen.

112) Kant, Die Religion, S.754ff.; Flume, Das Rechtsgeschäft, S.1ff., 6f.; Maihofer, Rechtsstaat und menschliche Würde, S.60f. (insoweit ist keine Stellvertretung des Staates möglich); auch Krings, Der Preis der Freiheit, S.15, 27; v.Simson, VVDStRL 29 (1971), S.11; Denninger, Rechtsperson, S.299ff., der die Notwendigkeit "der Ausgewogenheit von Spontaneität und Reaktivität" hervorhebt (S.301), S.229ff., 234ff., 295 gegen die Funktionalisierung des Menschen; ebenso Möschel, ZHR 145 (1981), S.590ff.; Leibholz, Strukturwandel, S.122f.; Walter, VVDStRL 29 (1971) Aussprache, S.90; Isensee, NJW 1977, 550; ders., Grundrechte und Demokratie, S.12 ("Individualfreiheit ist das Nicht-Abstimmbare"); Schachtschneider, JA 1979, 514, 518, 569ff., insb. 570.
Vgl. auch BVerfGE 2, 1 (12); 4, 7 (15f.); 44, 125 (147f.); 45, 187 (227).
Anders etwa Leßmann, Öffentliche Aufgaben und Funktionen, S.168ff., 170ff.; ders., NJW 1978, 1545ff.; Gotthold, ZHR 145 (1981), S.300ff.; dazu aus vertragsrechtlicher Sicht im 7.Teil, 6.Kap., S.337ff. mit Hinweisen in Fn.297.

113) Kant, Grundlegung, S.59ff., 61: "Der praktische Imperativ wird also folgender Sein: Handle so, daß du die Menschheit, sowohl in deiner Person, als in der Person eines jeden anderen, jederzeit zugleich als Zweck, niemals bloß als Mittel brauchest." (Subjekthaftigkeit des Subjekts, Maihofer, Rechtsstaat und menschliche Würde, S.19 Fn.12); dazu Karl Jaspers, Plato, Augustin, Kant, S.263ff.; das stellt vor allem Dreier, Recht-Moral, Ideologie, S.296ff., 298 heraus; klar auch der Objektivist Marcic, Rechtsphilosophie, S.269f.; so klar Maihofer, a.a.O., S.17ff., 33, 47ff., 62f., 70f. mit ausdrücklichem Bezug auf Kant; in dem Ausgeliefertsein an das "Belieben" und die "Willkür" eines anderen sieht Maihofer, a.a.O., S.7ff., 13, 17ff., den menschenunwürdigen Verlust an Personalität; a.a.O., S.47f. wendet sich Maihofer zu Recht gegen christliche Persönlichkeitsvorstellungen des Menschen i.S. von Thomas von Aquin (Imago-Dei-Lehre); dazu auch ders. i.d.S., Handbuch, S.195ff.; auch Bloch, Naturrecht und menschliche Würde, S.213, u.ö.; vgl. auch i.d.S. Karl Marx, Einleitung zur Kritik der Hegelschen Rechtsphilosophie, Frühe Schriften Bd.I, Ausg. Lieber, S.497; zum Ganzen Zippelius, Bonner Kommentar, Rdn.2, 4, 9 zu Art.1 GG; wie hier auch Dürig, AöR 81 (1956), S.136ff.; ders., Maunz/Dürig/Herzog/Scholz, Rdn.8 zu Art.1 Abs.1 GG; ganz i.d.S. die Solidaritätstheorie Denningers, Rechtsperson, S.296ff., 299; dazu auch Grabitz, Freiheit und Verfassungsrecht, S.109ff. m.w.H.; deutlich wie hier Kriele, Befreiung und politische Aufklärung, S.53; unter Berufung auf Kant Welzel, Naturrecht und Rechtspositivismus, S.168ff., 293f.; Wieacker, JZ 1961, 340, unter Berufung auf Kants Satz von der Subjekthaftigkeit jedes Menschen; das ist auch die Grundlage der Überlegungen Henkels, Rechtsphilosophie, S.76. Zum Objektivismus insb. Marcic, Rechtsphilosophie, S.106f., 130f., 134, 157, 217, 273, gegen Kants Subjektivismus S.148ff. (mit Respekt); ders., Geschichte der Rechtsphilosophie, S.133ff., 145ff., u. passim; ders. insb., Vom Gesetzesstaat zum Richterstaat, S.19ff., 109ff., grundlegend; für die Subjekthaftigkeit des Menschen st.Rspr. des BVerfGs, vgl. E 5, 85 (204f.); 48, 127 (163); 49, 286 (298); 50, 166 (175); dazu i.d.S. v.Olshausen, NJW 1982, 2221ff.; BVerwGE 1, 159 (161): "Die ... Würde des Menschen verbietet es, ihn lediglich als Gegenstand staatlichen Handelns zu betrachten." "Er wird vielmehr als

Der Grundgedanke der Persönlichkeitskerntheorie überzeugt, daß nämlich der Mensch als eine sittliche Persönlichkeit zu begreifen ist, die befähigt ist, "edel, hilfreich und gut" im goethischen Sinne[114] zu sein, und darum von Verfassungs wegen das Recht hat, sich zu einer solchen Persönlichkeit zu entfalten. Das Grundgesetz schützt nicht das Recht des Menschen, dessen in ihm nach anthropologischer Erkenntnis[115] ebenfalls angelegte 'Bosheit'/Aggressivität zu verwirklichen[116]. Dem widerspricht nicht nur die wertorientierte Wortwahl des Art.2 Abs.1 GG[117], sondern dem stehen die Grenzen dieses Freiheitsrechts entgegen, die dem staatlichen Gemeinwesen das (unverzichtbare) Recht geben, Wirkungen der 'Bosheit' des Menschen zu unterbinden. Die Verfassungsgeber hatten (nach dem Verfassungstext) ein realistisches Menschenbild, das von der Hoffnung, daß der Mensch zum 'Guten' befähigt sei, getragen, aber zugleich von der Skepsis geleitet war, daß der Mensch auch 'böse' ist oder zumindest sein kann. Nichts anderes hatten sie in der Geschichte, besonders in der jüngsten Vergangenheit, erfahren müssen. Rechtlich ist die anthropologische Ambivalenz des Menschen, der das Gute und das Böse in der menschlichen Gemeinschaft verwirklicht, durch das kantische Autonomieprinzip gelöst. Dessen Essenz ist es, daß der Mensch, der selbstbestimmt und selbstverantwortlich sich zu verhalten befugt ist, bei seinem Verhalten jederzeit jeden anderen Menschen in dessen Subjekthaftigkeit anerkennt, den anderen nicht zum Objekt erniedrigt, nicht über den anderen herrschen will. Dies ist auch

---

selbständige sittlich verantwortliche Persönlichkeit und deshalb als Träger von Rechten und Pflichten anerkannt." So auch Benda, Handbuch, S.113ff.; Kriele, Handbuch, S.129.

114) Das Göttliche, Gedicht, Goethe Werke, Insel I, S.85; vgl. auch Kant, Metaphysik der Sitten, Tugendlehre, S.577: "... die herrliche in uns befindliche Anlage zum Guten". Nach Schmidt-Rimpler, F. Raiser, S.21 ist nur Freiheit als Recht geschützt, die "zum Richtigen gebunden" und "insofern wahre Freiheit" ist, richtig, nur wer bestimmt das Richtige, diese Kompetenzfrage hat Kant geklärt; Schmidt-Rimpler meint, der Vertragsmechanismus helfe (a.a.O., S.6ff., 11ff., 19ff.), dabei muß er die Interessen der Dritten und der Gemeinschaft bereits dem "hoheitlichen Schutz" anvertrauen (a.a.O., S.22). Zum Prinzip des Guten ausführlich Rawls, Theorie der Gerechtigkeit, S.433ff. ("Das Gute als das Vernünftige").

115) Kant, Zum ewigen Frieden, S.210; etwa Gehlen, Pluralistische Ethik, S.37ff., 41ff. mit Hinweisen; Konrad Lorenz, Das sogenannte Böse, Zur Naturgeschichte der Aggression, 1963; vgl. Stichwort Aggression, Lexikon der Psychologie, hrsg. Arnold/Eysenck/Meili, 1971/1980, S.27ff. mit Literaturhinweisen; zur Relevanz der Rechtsanthropologie etwa Suhr, Entfaltung, S.75ff.

116) Dazu tiefgreifend Kant, Die Religion, S.665ff.; ganz i.d.S. als allgemeines "Sittengebot" Wieacker, Privatrechtsgeschichte der Neuzeit, S.354ff.; ders., JZ 1961, 339; ders., Gesetz und Richterkunst, S.10; Marcic, Vom Gesetzesstaat zum Richterstaat, S.76, 122, 125, u.ö.; ders., Rechtsphilosophie, S.106ff., insb. 133, i.S. des Objektivismus eines Seinsrechts; siehe auch Karl Jaspers, Plato, Augustin, Kant, S.270ff., 324f.; so auch Rinck, F. OLG Celle, S.170 ("Das Sittengesetz, also die Idee des Guten"). Klar Ryffel, Rechts- und Staatsphilosophie, S.149 ("Der Mensch soll sich selbst im Sinne des Guten bestimmen").

117) I.d.S. Suhr, Entfaltung, S.62ff.; Säcker, Grundprobleme, S.22, hingegen hält das (wie andere auch) lediglich für eine "sprachästhetisch" begründete "pathetisch-solemne Wendung" und beweist damit sein Unverständnis von Kants Freiheitsprinzip, das er um die Moral, den kategorischen Imperativ, verkürzt (unter Berufung ausgerechnet auf Adornos Resümee) und sieht in Art.2 Abs.1 GG einen "liberalen Willkürfreiheitsbegriff" verankert, eine "Sphäre legitimer Willkür", eine "zwecklose Freiheit"; bloß negativ bestimmte, allgemeine Willkürfreiheit" (S.25); das verkennt das Autonomieprinzip im Grundsatz, das die Individualität der Zwecksetzung im Auge hat, die dabei kategorisch die gleiche Individualität jedermanns respektieren soll; Säcker meint, ohne Bezug auf das "Sittengesetz" auszukommen; immerhin nimmt er Kant gegen Hegel (nach Ritter) in Schutz.

die Grundnorm R. Marcics, und die Rechtsprechung des Bundesverfassungsgerichts ist wesentlich von dem Topos bestimmt, daß kein Mensch Objekt der Zwecke anderer werden darf[118].

118) Vgl. die Hinweise in Fn.en 113, 143.

5. Kapitel

# DER WERTRELATIVISTISCHE PERSÖNLICHKEITSBEGRIFF DES GRUNDGESETZES

Im Grundgesetz wird von der "freien Entfaltung seiner" (des Menschen) "Persönlichkeit" gesprochen und nicht von der allgemeinen Handlungsfreiheit in einer "vulgären" Sprache[119]. Das rechtfertigt nicht eine Persönlichkeitskerntheorie, die die grundrechtliche Freiheit aus Art.2 Abs.1 GG eng begrenzt und demgemäß auch die 'Schranke' der "verfassungsmäßigen Ordnung" auf Grundprinzipien des Grundgesetzes einengt[120].

Dem "Sittengesetz" kann der Mensch nicht genügen, wenn es einen rechtsverbindlichen Wertbegriff der Persönlichkeit gibt, auf den nur hin der Mensch sich 'frei' entfalten darf. Der Mensch darf sich eben zu "seiner Persönlichkeit" frei entfalten[121]. Das ist die Persönlichkeit nach dem Selbstentwurf des Menschen. Persönlichkeitsentfaltung ist unverzichtbar selbstbestimmt[122]. Persönlichkeits-

---

119) Dazu Suhr, Entfaltung, S.56ff., 62ff., 78ff. im Sinne der Texttreue; vgl. den Abgeordneten v.Mangoldt, Parl.Rat, Verh. Hauptausschuß, 42.Sitzung, S.533.

120) Dagegen auch Suhr, Entfaltung, S.56ff., 160 in Fn.69; zur Persönlichkeitskerntheorie vgl. die Hinweise in Fn.102.

121) BVerfGE 6, 32 (36f.); Dürig, Maunz/Dürig/Herzog/Scholz, Rdn.11 zu Art.2 Abs.1 GG; Maihofer, Rechtsstaat und menschliche Würde, S.53f. mit Fn.70, 62f.; Nipperdey/Weise, Die Grundrechte IV, 2, S.773; Suhr, Entfaltung, S.57, 105; v.Olshausen, NJW 1982, 2222. Insoweit auch richtig Säcker, Grundprobleme, S.22ff. mit Hinweisen.

122) BVerfGE 5, 85 (204f.); 6, 32 (36f.); 27, 1 (6); 48, 286 (298); 50, 166 (175); klar Maihofer, Rechtsstaat und menschliche Würde, S.54 mit Fn.70, passim, S.62f. ("Man wird jeden Staat für unmenschlich halten, der dem Menschen einen solchen Entwurf des Menschlichen, als eine für allemal gültige Wahrheit, von Außen und Oben vorschreibt und auferlegt"); ders., Handbuch, S.198; Wieacker, JZ 1961, 340: "... um der Autonomie der s i t t l i c h bestimmten Persönlichkeit nach den furchtbaren Erfahrungen der Jahrtausende bis in die jüngste Vergangenheit hinein das Recht auf Erzwingung weltanschauungsgerechter, dogmatisch begründeter Gesinnungen für immer verzichtet hat", Wieacker weist für dieses Prinzip zu Recht auf Art.79 Abs.3 GG hin; Dürig, Maunz/Dürig/Herzog/Scholz, Rdn.11 zu Art.2 Abs.1 GG; Hesse, Verfassungsrecht, S.50; Erbel, Sittengesetz, S.164f., 192, 271ff.; Nipperdey/Weise, Die Grundrechte IV, 2, S.773; Starck, F. Geiger, S.261; auch v.Olshausen, NJW 1982, 2222f.; auch Denninger, JZ 1982, 231; prinzipiell auch E.Bloch, Naturrecht und menschliche Würde, S.176, u.ö.; Kant etwa, Über den Gemeinspruch, S.145f.; in diesem Sinne auch Rawls, Theorie der Gerechtigkeit, S.472, u.ö.

theorie ist die Rechtsdogmatik der sittlichen Persönlichkeit, die das Recht hat, das "Sittengesetz" zu verwirklichen. Das allein entspricht der Würde des Menschen im Lichte einer aufgeklärten, liberalen und toleranten, aber sozialen Verfassung[123]. Damit ist untrennbar der rechtliche Wertrelativismus der freiheitlichen Demokratie verbunden[124], der sich nicht anmaßt, dem Begriff der Persönlichkeit materi-al-pragmatische Werte einzugeben, und sich auf das formalethische Konsens ermöglichende Prinzip des kantischen Sittengesetzes beschränkt. Der Würdelosigkeit eines pragmatischen Maßstabes menschlicher Persönlichkeit zwingt zu der weiten Interpretation des Art.2 Abs.1 GG, die durch dieses Grundrecht das Recht der allgemeinen Handlungsfreiheit geschützt sieht.

Als Verfassung der Freiheit will das Grundgesetz nicht schon in den Grundnormen despotisch sein, zumal der Mensch in der Demokratie einer Massengesellschaft Gefahr läuft, sich den 'Despotismus' der Mehrheit gefallen lassen zu müssen[125]. Ein unfreiheitliches Menschenbild ist in der 'sozialistischen Verfassung' der Deutschen Demokratischen Republik vom 6. April 1968 niedergelegt, die eine Alternative eines rechtlich begrenzten Persönlichkeitsbegriffes aufzeigt. Art.19 Abs.2 dieser 'Verfassung' gebietet allen staatlichen Organen, allen gesellschaftlichen Kräften und jedem einzelnen Bürger "Achtung und Schutz der Würde und Freiheit der Per-

---

123) Klar Maihofer, Rechtsstaat und menschliche Würde, S.44ff. und passim; ders., Handbuch, S.173ff., 195ff.; Wieacker, JZ 1961, 340; auch Suhr, Entfaltung, S.59f., 74ff., 154ff., für das Grundgesetz; insoweit auch Erbel, Sittengesetz, S.192, 271f., 338. Zur Autonomie als dem Prinzip der Sittlichkeit und der Würde des Menschen Kant, Grundlegung, S.61 ("Handle so, daß du die Menschheit, sowohl in deiner Person, als in der Person eines jeden anderen, jederzeit zugleich als Zweck, niemals bloß als Mittel brauchest."), w. H. im 2.Kap. in Fn.en 40, 41; Cohen versteht Kants kategorischen Imperativ, jedenfalls dessen Autonomiebegriff, als die "Idee des Sozialismus", Ethik des reinen Willens, S.303f. ("Die Idee des Zweckvorzuges der Menschheit wird dadurch zur Idee des Sozialismus, daß jeder Mensch als Endzweck, als Selbstzweck definiert wird." Und zum kategorischen Imperativ, der gebietet, jeden als Selbstzweck zu begreifen: "Sie (sc. diese Worte) enthalten das sittliche Programm der neuen Zeit und aller Zukunft der Weltgeschichte"); dazu Winter, Ethik und Rechtswissenschaft, S.392f.; zum aufklärerischen Charakter des Grundgesetzes Hinweise in Fn.44; der Sache nach auch BVerfGE 6, 32 (41); 27, 1 (6ff.); 48, 127 (163); 49, 286 (298); 50, 166 (175).

124) Deutlich Kelsen, Wesen und Wert der Demokratie, S.98ff.; ders., Staatsform und Weltanschauung, S.27f.; Weischedel, Recht und Ethik, S.23, 27 u. passim in Kritik an M.Scheler und N.Hartmann; Wieacker, JZ 1961, 337ff., der den rechtlichen und eben nicht ethischen Aspekt dieses Relativismus deutlich macht (etwa S.340); vehement gegen das "gröblichste Mißverständnis" der "Wertkollision" als "Relativismus" Max Weber, Der Sinn der "Wertfreiheit", S.508; auch Erbel, Sittengesetz, S.164f., allerdings nur für den "unverzichtbaren Kern der freien Persönlichkeitsentfaltung", (welches ist nur dieser unverzichtbare Kern, oder meint Erbel, daß dies unverzichtbarer Kern des R e c h t s zur freien Persönlichkeitsentfaltung sei?; dem wäre zuzustimmen) und im Widerspruch zu seinem Ergebnis, a.a.O., S.185, das "Sittengesetz" sei "ethische Generalklausel"; vgl. auch Hubmann, Persönlichkeitsrecht, S.175; wie hier auch Krings, Der Preis der Freiheit, S.13ff.; Fraenkel, Pluralismus, passim, insb. S.B 29; ders., Selbstbestimmung, 1960; unklar Hesse, Verfassungsrecht, S.173, der die freie Persönlichkeitsentfaltung, eng verstanden, in die "Schranke" auch des "Sittengesetzes" verweist. Kritisch zum Wertrelativismus als Grundlage des Parlamentarismus Kriele, Staatslehre, S.177f., dessen Argumente auf die individuale Wertfestigkeit (Ideologie) abstellen und die notwendige Staatlichkeit des Relativismus übersehen; kritisch der Objektivist Marcic, Rechtsphilosophie, S.130, 148ff.; sehr kritisch und naturrechtlich Weinkauf, NJW 1960, 1689ff. (1696); dazu die freundliche , aber vernichtende Kritik von Wieacker, JZ 1961, 337ff.; weitere Hinweise zum Wertrelativismus und Wertpluralismus in Fn.137 des 4.Teils, Fn.en 5, 17 des 6.Teils; auch Fn.190 des 8.Teils.

125) I.d.S. Kant, Zum ewigen Frieden, S.206ff., dazu 4.Teil, 3.Kap., III, S.163ff.

sönlichkeit". Abs.3 dieser Vorschrift regelt, wie der "Bürger" Freiheit und Würde seiner Persönlichkeit verwirklicht, nämlich "frei von Ausbeutung, Unterdrükkung und wirtschaftlicher Abhängigkeit hat er gleiche Rechte und vielfältige Möglichkeiten, seine Fähigkeiten in vollem Umfang zu entwickeln und seine Kräfte aus freiem Entschluß zum Wohle der Gesellschaft und zu seinem eigenen Nutzen in der sozialistischen Gemeinschaft ungehindert zu entfalten". Weitere Vorschriften dieser 'Verfassung' zeigen, daß der Mensch in einem "sozialistischen Staat der Arbeiter und Bauern" (Art.1 Abs.1 S.1) seine Würde darin zu finden hat, daß er sich einer "sozialistischen Lebensweise" (Art.4 S.2) befleißigt, daß er sich also zur sozialistischen Persönlichkeit "frei" entwickelt. Die Praxis nach dieser Verfassung bestätigt die Theorie, daß eine staatsgeleitete Persönlichkeitsentfaltung Unterdrückung des Menschen ist[126]. Dem Menschen den Weg vorzuschreiben, auf dem er glücklich zu werden habe, hat Kant als Despotismus bezeichnet[127].

126) Dieselbe Einschätzung sozialistischer Freiheit und Menschenwürde äußert Erbel, Sittengesetz, S.164 mit Fn.107, S.220ff., 273, auch S.192 mit Kritik an Häberles, Wesensgehalt, S.28, staatsbürgerlichen Erziehungspostulaten, die dieser auch auf das in Art.2 Abs.1 GG genannte Sittengesetz stützt (a.a.O., S.272f.), zugleich gegen die Projizierung christlicher Religion in die Verfassung über das "Sittengesetz"; das folgt m.E. bereits aus Art.4 Abs.1 GG; deutlich stellt den "totalitären" Charákter der Volksdemokratien wegen der "heteronomen" Bestimmung des Volkswillens heraus E.Fraenkel, Die Selbstbestimmung in der Demokratie und in der Volksdemokratie, passim; ders., Pluralismus, 45.DJT, Bd.II, B 6f.. Die Sozialismuspflicht der 'Verfassung' der DDR dürfte mit dem marxistischen Begriff des Sozialismus nicht übereinstimmen, dazu E.Bloch, Naturrecht und menschliche Würde, passim, etwa S.204 ("autoritärer Sozialismus" - "contradictio in adjecto"). Vgl. richtig auch Böckenförde, Staat, Gesellschaft, Freiheit, S.237.

127) Metaphysik der Sitten, S.435 ("Bürger als Kinder zu behandeln"); insb. auch, Über den Gemeinspruch, S.146, 159 ("väterliche Regierung" (imperium paternale), wo also die Untertanen als unmündige Kinder, die nicht unterscheiden können, was ihnen wahrhaftig nützlich oder schädlich ist, ..."); klar zu Kant i.d.S. Karl Jaspers, Plato, Augustin, Kant, S.330f.; i.d.S. auch Kelsen, Staatsform und Weltanschauung, S.15.

6. Kapitel

# DIE RECHTSWIRKUNGEN DER ETHISCHEN GRUNDNORM DES GRUNDGESETZES

Das Problem von Rechtswirkungen des "Sittengesetzes"[128] als einer ethischen Kategorie sind der Grund für viele Mißverständnisse dieses Verfassungsbegriffs[129].

Der kategorische Imperativ ist das autonomierechtliche Pflichtprinzip. Dieses ist mit dem Verfassungsbegriff "Sittengesetz" im Grundgesetz verankert. Der kategorische Imperativ ist die politisch-ethische Entscheidung des grundgesetzlichen Gemeinwesens. Mit Art.2 Abs.1 GG haben die Väter des Grundgesetzes die zentrale

---

128) Zur Problematik des Rechtscharakters des "Sittengesetzes" Erbel, Sittengesetz, S.116ff., 145ff., 159ff.

129) Darin liegt der fehlerhafte Ausgangspunkt für all die Rätsel, die der Begriff 'Sittengesetz' den meisten Interpreten aufgibt (insb. BVerfGE 6, 389 (434ff.); BGHZ 5, 76 (97); BGHSt 6, 46 (52ff.); exemplarisch Erbel, Sittengesetz, S.156, 177, 186, passim, vgl. a. Fn.81; Bettermann, Grenzen der Grundrechte, S.10f.; ders., NJW 1981, 1066; Dürig, Maunz/Dürig/Herzog/Scholz, Rdn.16 zu Art.2 Abs.1 GG; im Erg. auch Starck, F. Geiger, S.260, 279ff.; wohl auch Rebe, Privatrecht und Wirtschaftsordnung, S.143; Mestmäcker, F. Böhm, S.393; weitere Hinweise auf diesen Standpunkt in Fn.269 des 8.Teils), anstatt das Wort so zu begreifen, wie es seit Kant aufgeklärt verstanden wird.
Vgl. Fikentscher, Methoden III, S.25ff., 27ff., 29ff., der die Irrelevanz der Zwecke in Kants Ethik und Rechtslehre betont und darauf hinweist, daß das Recht nach Kant einen "politisch kontrollierbaren Wert" nicht verfolge (a.a.O., S.29): "Aus der Trennung von Sein und Sollen folgt somit die Irrelevanz der Zwecke" (a.a.O., S.27). Das läßt einen materiellen Gemeinwohlbegriff nicht zu (a.a.O., S.27).
Zur Bedeutung der Zwecke bei Kant Karl Jaspers, Plato, Augustin, Kant, S.263ff.; zur notwendigen Beziehung zwischen Moral und jeweiligem Zweck Kant selbst etwa, Die Religion, S.650f.
Das Sittengesetz identifiziert mit dem Rechtsgesetz trotz seines rein kantischen Ausgangspunktes L.Nelson, System der philosophischen Rechtslehre und Politik, 1924, S.81ff.; Ges. Schriften, Bd.6, S.90: "Gerechtigkeit ist Recht.", "Wahre die Gleichheit der persönlichen Würde oder: handle gerecht"; ders., Kritik der praktischen Vernunft, 1927, S.133f., 136; Ges. Schriften, Bd.4, S.136, 520; ders., System der philosophischen Ethik und Pädagogik, 1932, S.143, 147, Ges. Schriften, Bd.5, S.16; dazu ebenfalls i.S. von mittels des Sittengesetzes auffindbaren Rechtsgrundsätzen Wolff, Gerechtigkeit, S.112; ders., Rechtsgrundsätze, S.37, der das aus dem Sittengesetz abgeleitete Rechtsgesetz inhaltlich so begreift, "daß dem jeweils objektiv wertvolleren menschlichen Interesse der Vorzug zu geben ist". Dazu Dreier, F. Wolff, S.3ff., 12f., 13ff., S.21ff.: "Das Sittengesetz und das Rechtsgesetz sind gleichheitlich orientiert, aber dennoch formal und limitiert." Vgl. dazu ders., Recht-Moral, Ideologie, S.289ff.

rechts- und staatsphilosophische Erkenntnis der neuzeitlichen Ethik vom Freiheitsprinzip eines demokratischen Gemeinwesens als das Autonomieprinzip in die Verfassung geschrieben[130]. Welche freiheitliche und demokratische Rechtstheorie sollte seit Kant auch darüberhinausgeführt haben?[131] Karl Jaspers sagt: "Kant ist der schlechthin Unumgängliche"[132]. Nach F.C. von Savigny besteht das Recht unabhängig von der Sittlichkeit; das Recht habe der Sittlichkeit zu dienen, doch "nicht, indem es ihr Gebot vollzieht, sondern indem es die freye Entfaltung ihrer, jedem einzelnen Willen innewohnenden Kraft sichert"[133].

Auch als Begriff des Verfassungsgesetzes darf das "Sittengesetz" sein Wesen nicht einbüßen, das in seinem Charakter als ethische Pflicht[134] liegt. Das Grundgesetz nimmt damit den Menschen ethisch in Pflicht, begrenzt das Recht der allgemeinen Handlungsfreiheit moralisch auf sittliches Verhalten. Mit dem "Sittengesetz" hat die Verfassung den kategorischen Imperativ als das ethische Prinzip aufgenommen, welches allein mit der freiheitlichen und rechtsstaatlichen Demokratie harmoniert[135]. Autonomie ist das Prinzip der Legalität[136], wie noch auszuführen sein wird.

---

130) Maihofer, Rechtsstaat und menschliche Würde, S.64f.; ders. in diesem Sinne, Handbuch, S.173ff., 177ff. (dort vornehmlich auf Rousseau gegründet); deutlich Wieacker, JZ 1961, 340: "Beide Maximen zusammen (sc. Gleichheit vor dem Recht und Gewissensfreiheit) stellen klar, daß die durch Art.1 und 2 GG gebotene Achtung der Menschenwürde und Freiheit der Entfaltung der Persönlichkeit dem Bild des Menschen gilt, der sich in Freiheit sittlich entscheidet. Solche positiven Entscheidungen des Grundgesetzes würden ohne ihren Zusammenhang mit den beiden fundamentalen Prinzipien K a n t s , nämlich mit dem Verzicht auf eine heteronome Ethik und mit dem Satz, daß der Mensch nicht zum Mittel von außerhalb seiner gelegenen Zwecken gemacht werden dürfe, ihren möglichen Sinn verlieren." Hinweise auch in Fn.131 und Fn.44.

131) Karl Jaspers, Plato, Augustin, Kant, S.396: "Kants Schritt ist einzig in der Weltgeschichte der Philosophie"; i.d.S. etwa Popper, Die offene Gesellschaft und ihre Feinde, insb. Bd.2, 6.Aufl.1980; vgl. Dreier, Recht-Moral, Ideologie, 1981, S.316ff. (Bemerkungen zur Rechtsphilosophie Hegels), S.335; in der Sache ganz auf Kant gestützt auch Henkel, Rechtsphilosophie, etwa S.461 mit dem Prinzip "sozialer Solidarität"; dazu auch Suhr, Entfaltung, S.58ff.; die bestimmende Bedeutung Kants "infolge der Arbeiten Savignys" auch noch für unser Recht und unsere Rechtswissenschaft hebt auch Pawlowski, Methodenlehre, S.86f. hervor; auch Wiethölter, F. Raiser, S.693: "Hier Kant etwa gegen die schottische Sozialphilosophie auszuspielen oder letztere an Kant vorbei ins Bonner Grundgesetz zu schmuggeln, nimmt bürgerliche Sozialgeschichte nicht mehr wahr"; zur Bedeutung Kants für das gegenwärtige Recht i.d.S. auch Fikentscher, Methoden III, S.7, u.a.; wie hier insoweit auch Säcker, Grundprobleme, S.22ff. mit Hinweisen gegen Hegel (allerdings in Verkennung von Kants Freiheitsprinzip). Rawls Theorie der Gerechtigkeit ist durch und durch kantisch. Vgl. zum Neukantianer Cohen als Verfechter einer radikaldemokratischen Staatstheorie Winter, Ethik und Rechtswissenschaft, S.331f., 341, 376f., 378.

132) Plato, Augustin, Kant, S.398.

133) System des heutigen römischen Rechts, I, S.332; Savignys Rechtsbegriff legt die kantische Unterscheidung von Legalität und Moralität zugrunde; Marcic, Geschichte der Rechtsphilosophie, S.306: "Recht ist der Dienstbote der Ethik", dieser Versuch der Ironisierung basiert auf Marcics Rechtsontologie, insb. Rechtsphilosophie, S.109ff., 115ff., 128ff., 134ff.

134) Richtig insb. Wieacker, Privatrechtsgeschichte der Neuzeit, S.354ff.; ders., JZ 1961, 339, Fn.19, weitere Hinweise in Fn.116; Karl Jaspers, Plato, Augustin, Kant, S.263ff.

135) Radbruch, Einführung in die Rechtswissenschaft, S.38f.; in d.S. auch Messner, F. Geiger, S.236ff.; so auch die Interpretation Cohens durch Winter, Ethik und Rechtswissenschaft, S.331f., 341, 376, 378; Fikentscher, Methoden III, S.7, 20 mißt dem kantischen "Wertformalismus" "einen der mächtigsten Einflüsse in den Sozialwissenschaften überhaupt" bei, auch S.26 daselbst: "Auch im öffentlichen Recht müßte das Ergebnis kantischer Philosophie eine zweckfreie Staatsverfassung sein.

Moralität/Sittlichkeit des Menschen ist jedoch nicht identisch mit der Legalität seines Verhaltens, weil seine Moral, die Maßstab der Gesetze sein können soll, dieser Maßstab nur ist, wenn ihn die anderen Menschen teilen oder er zum Maßstab des staatlichen Gesetzes wird. Die Individualität der Moral ermöglicht den Pluralismus der Maximen und damit die Divergenz von äußerem und innerem Gesetz, von Legalität und Moralität. Auch die Moral gibt Sollenssätze/Imperative wie das Gesetz des Staates. Der imperativische Charakter unterscheidet Ethik und Recht nicht, so daß beide in ein Gesetz geschrieben werden können, wie es Art.2 Abs.1 GG zeigt und wie es seit den Zehn Geboten bekannt ist, die bereits rechtliche und ethische Imperative nebeneinanderstellen. Der Unterschied liegt in der bloß inneren Verbindlichkeit der Moral gegenüber der äußeren des Rechts. Legalität muß mit einem Verfahren ihrer Realisierung verbunden sein; das Recht hat wesensgemäß "Zwangscharakter"[137)]. Die Individualität oder bloß innere Bindung, wenn man so will: Gewissensbindung, der Moral ist das Spezifische des Privaten. Adolf Hitler hat dem deutschen Volk das Ende des Dualismus von Moral und Gesetz angekündigt[138)] und mit dieser Parole die Privatheit des Menschen aufgehoben. Sein totaler Staat war die Konsequenz auch dieser Theorie von Recht und Ethik. Auch die Verfassung der DDR fordert die sozialistische Moral der "Bürger" und nimmt diesen dadurch das Recht zur Individualität und die Freiheit[139)]. Der Logik des Verhältnisses von Moralität und Legalität entspricht es, daß die totalitäre Moral, die wesensgemäß dem Menschen Individualität nicht zugesteht, zum materialen Rechtsprinzip wird. Die Verfassung der DDR formuliert das in Art.4 Abs.2, wie im 5. Kapitel S.123f. zitiert ist. Die "Rechtspraxis" des Hitler-Regimes beweist es[140)].

Der Staat auch des Grundgesetzes hat demgegenüber keine Freiheit. Folglich findet er, wie darzulegen sein wird[141)], seine Moralität ausschließlich in der Legalität. Das unterscheidet den Staat essentiell vom privaten Menschen.

Das Grundgesetz gesteht den rechtlichen Rahmen für die sittliche Entfaltung des Menschen zu, den auch Kant für unerläßlich gehalten hat, wenn der Staat demo-

---

Eine allgemeine Friedensordnung hat dafür zu sorgen, daß der Einzelne vernünftig, d.h. sittlich, handeln kann." Das Allseitigkeitsprinzip als Gegenseitigkeitsprinzip einer Gemeinschaft ist notwendig das Wesen der Gleichheit im Rechtlichen, die wiederum als "isonomia" ursprünglich der Name für Rechtsstaat und Demokratie ist (vgl. Marcic, Rechtsphilosophie, S.261); weitere Hinweise in Fn.en 44, 130, 131. In diesem Sinne auch Maihofer, Handbuch, S.207.

136) Ritter, Rechtsgedanke Kants, S.86ff., 225ff., 268ff.; ihm folgend Dreier, Recht-Moral, Ideologie, S.292. In diesem Sinne auch Maihofer, Handbuch, S.207.

137) Zum Zwangscharakter des Rechts Kant, Metaphysik der Sitten, S.338f., vgl. das Zitat in Fn.147. Zur Problematik der Gewissensbindung als Moral problematisch Henkel, Rechtsphilosophie, S.68ff., 80ff.

138) Rede auf dem Deutschen Juristentag 1933; darauf weist Teubner, Standards, S.16 in Fn.25 hin. Für den Dualismus für viele Henkel, Rechtsphilosophie, S.85f.

139) Dazu schon im 5.Kap., S.122f.

140) Dazu Rüthers, Die unbegrenzte Auslegung, S.302ff.; vgl. auch Säcker, Grundprobleme, S.23f. mit Fn.29 mit Hinweisen zu den Gefahren einer sich auf Hegel berufenden dialektischen Auslegungsmethode.

141) 8.Teil, 5.Kap., I, S.438ff.

kratisch und nicht despotisch sein soll, nämlich den des Rechts zur Willkür, die äußere Freiheit[142]. Das ist das Recht zur Individualität des Menschen, dessen Maximen für jeden anderen deswegen willkürlich sind, weil und insoweit sie nicht dessen eigene sind.

Als Rechtsbegriff entfaltet sich die Entscheidung für den kategorischen Imperativ insoweit, als sie eine ethisch orientierte Restriktion des Persönlichkeitsbegriffs im Grundrecht des Art.2 Abs.1 GG verbietet, aber auch insoweit, als sie es dem Staat verwehrt, das Rechtssystem derart zu verdichten, daß autonome, also sittliche Maßstäbe des Menschen keine hinreichende Relevanz mehr besitzen[143]. Recht und Möglichkeit der Autonomie des Menschen derart zu strangulieren, verbietet auch die demokratische Entscheidung des Grundgesetzes. Das Freiheitsprinzip und das Demokratieprinzip sind notwendig aufeinander bezogen, wie es vor allem die Konsenstheorie für die Legalität politischer Entscheidungen des Staates zeigt[144].

Die Freiheit ist also nach dem Grundgesetz eine ethische Kategorie, nämlich die Freiheit als Sittlichkeit. Die wesensmäßige Autonomie des Menschen wird nicht dadurch aufgehoben, daß der Staat die politischen Entscheidungen, die (potentialiter) aus der sittlichen Übereinstimmung der Menschen im Gemeinwesen erwachsen[145], gegenüber den Menschen durchsetzt. Um des Gemeinwesens willen läßt sich der Mensch (realiter) weitgehend durch staatliche Repräsentationsorgane bestimmen und liefert sich im Grundkonsens deren Politik aus[146,147].

Die Politik des Gemeinwesens e r s e t z t nicht die sittliche Entscheidung des

---

142) Hinweise in Fn.30, dazu im 2.Kap., S.104ff.; insb. Flume, Das Rechtsgeschäft, S.1ff., 17ff.; ders., Rechtsgeschäft und Privatautonomie, DJT 1960, S.135ff., 141; Larenz, Allgemeiner Teil, S.1; ders., Richtiges Recht, S.51f.; Ramm, Privatrecht L, S.18f., 31, 36f.; Krüger, VVDStRL 19 (1961), Aussprache, S.261; Hesse, Verfassungsrecht, S.144; Fraenkel, Selbstbestimmung, 1960, der allerdings die ethische Bindung nicht herausarbeitet; Kant, Zum ewigen Frieden, S.204, u.a.; ganz kantisch am Vorabend des Grundgesetzes die einflußreiche Vorlesung G.Radbruchs, Vorschule der Rechtsphilosophie, 1947, S.27, 38, 95 (S.38: "Das Recht, inhaltlich von der Moral unterschieden, ist also mit der Moral durch ein doppeltes Band verbunden; die Moral ist der Grund für die Geltung des Rechts, weil die Ermöglichung der Moral ein Ziel der Rechtsordnung ist."); zum Kant-Verständnis insoweit auch Fikentscher, Methoden III, S.29 mit Hinweisen.

143) In diesem Sinne auch der Wesensgehaltsschutz des Rechts aus Art.2 Abs.1 GG gemäß Art.19 Abs.2 GG, etwa BVerfGE 5, 85 (204); 7, 198 (205) ("Es widerspricht der menschlichen Würde, den Menschen zum bloßen Objekt des Staates zu machen"); 29, 1 (6); 49, 286 (298); 48, 127 (163); 50, 166 (175); vgl. auch Starck, Vom Grund des Grundgesetzes, S.24ff., 56ff.; ders., ZRP 1981, 99.

144) Dazu im 4.Teil, 2.Kap., S.153ff., 156ff.

145) Kant, Gemeinspruch, S.162f.; ders., Streit der Fakultäten, S.364; deutlich Dreier, Recht-Moral, Ideologie, S.299f.; dazu näher im 4.Teil, 2.Kap., S.156ff.

146) Die Gemeinschaftsverpflichtetheit des Menschen spricht das Bundesverfassungsgericht in st. Rspr. an, etwa BVerfGE 4, 7 (15, 16); 7, 198 (205); 24, 119 (144); 27, 1 (7); dem folgend Dürig, Maunz/Dürig/Herzog/Scholz, Rdn.46, 49 zu Art.1 Abs.1 GG; ähnlich Hesse, Verfassungsrecht, S.49f.; auch Benda, Handbuch, S.109.

147) Zum Zwangscharakter des Rechts Kant, Metaphysik der Sitten, S.338f.: "... , mithin ist mit dem Rechte zugleich eine Befugnis, den, der ihm Abbruch tut, zu zwingen, nach dem Satz des Widerspruchs verknüpft." Dazu kritisch Cohen, Ethik des reinen Willens, S.253ff. im Sinne der Identität von Sittengesetz und Rechtsgesetz; dazu Winter, Ethik und Rechtswissenschaft, S.352ff.
Zur freiheitl. Notwendigkeit der Repräsentation in der demokrat. Republik Kant selbst, Zum ewigen Frieden, S.206ff.; ders., Über den Gemeinspruch, S.152; dazu w. H. in Fn.en 93, 88 im 4.Teil.

Menschen, sondern erwächst dieser. Zugleich begrenzt sie das Recht zur Autonomie (die äußere Freiheit) um der Gemeinschaft willen. Dem genügt die staatsbezogene Grenze der Freiheit aus Art.2 Abs.1 GG, die der "verfassungsmäßigen Ordnung". Die "Rechte anderer" können allein auf privater Rechtsetzung beruhen. Ohne Rechtsakte gibt es Grenzen der Freiheit, die der Richter zu realisieren hätte, nicht. Das Recht zur Willkür darf in einer freiheitlichen Demokratie, deren oberstes Gebot die Unantastbarkeit der Menschenwürde ist[148], nur durch das "Gesetz" oder die "Rechte Dritter"[149] rechtlich begrenzt werden, wie es klassisch § 903 BGB zeigt. Es unterliegt somit nur dem Rechtsvorbehalt.

Es gibt drei Bindungsbereiche des Menschen, die alle drei in Art.2 Abs.1 GG als Grenzen des Rechts zur Autonomie als der in diesem Grundrecht geschützten Freiheit genannt sind. Neben der ethischen Pflicht, sittliche Persönlichkeit zu sein, hat der Mensch Pflichten gegenüber den Mitmenschen und gegenüber der staatlich verfaßten menschlichen Gemeinschaft. Der Mensch lebt in dreierlei verschiedenen Bindungsbereichen, nämlich erstens der sittlichen Selbstbindung seines Rechts zur Willkür gegenüber anderen Menschen/Dritten und gegenüber dem Staat (der inneren Bindung), zweitens den Bindungen gegenüber anderen Menschen allein oder in Gruppen, die das Leben in einer menschlichen Gemeinschaft notwendig mit sich bringt und die das Recht zur Willkür zu beschränken zwingt (der äußeren privatrechtlichen Bindung), sowie drittens der Bindung zum Staat um der Allgemeininteressen willen, die ebenfalls dem Recht zur Willkür Grenzen zu ziehen unumgänglich macht (der äußeren staatsrechtlichen Bindung)[150]. Die (innere) Selbstbindung ist nach dem Sittengesetz autonom[151]. Die drittbezogenen (äußeren) Bindungen leiten sich notwendig aus der sittengesetzlichen Autonomie ab.

Weil die beiden äußeren Bindungsbereiche sich in einem Rechtsstaat in Rechtsverhältnissen, d.h. Rechten und Pflichten, realisieren, gilt für deren Ausgestaltung der allgemeine Rechtsvorbehalt[152]. Dieser ist nicht identisch mit dem for-

---

148) BVerfGE 2, 1 (12f.); 6, 32 (41); 10, 59 (81); 12, 45 (51); 27, 1 (6); Benda, Handbuch, S.108 m.w.H.; dazu Erbel, Sittengesetz, S.174; Hesse, Verfassungsrecht, S.49f.; weitere Hinweise in Fn.83.

149) Insoweit richtig Starck, F. Geiger, S.271ff.

150) Auf die Grundsituation der Koexistenz der Menschen mit Menschen in privater und öffentlicher Beziehung hebt auch Maihofer, Rechtsstaat und menschliche Würde, S.12f. unter Bezug auf Kants Rechtsbegriff, Metaphysik der Sitten, S.337, ab. Antastung der Menschenwürde ist nach Maihofer, a.a.O., S.17 und passim, entweder Vernichtung der Personalität des Menschen oder Zerstörung der Solidarität zwischen Menschen. Maihofer, a.a.O., S.83 in Fn.119 sieht die dreifache Bindung des Menschen nicht anders: "So gesehen ist die Garantie der freien Entfaltung der Persönlichkeit stets zugleich Gewährleistung der freien Entfaltung des Menschen in der Humanität des Allgemeinmenschlichen, in der Sozialität des Zwischenmenschlichen, wie in der Singularität des Höchstpersönlichen."

151) Hinweise wie Fn.40.

152) In diesem Sinne auch Maihofer, Rechtsstaat und menschliche Würde, S.18: "Das Entscheidende ist, daß diese dabei nicht nach Belieben und Willkür mit mir verfahren können, sondern nur nach gegenseitig und wechselseitig uns bindenden und verbindenden Regeln des Verhaltens, seien es solche der Gewohnheit oder des Brauchs, der Sitte oder des Rechts" (bei Maihofer Hervorhebungen).

mellen Gesetzesvorbehalt. Wenn also dem Menschen verboten sein soll, sich rechtlich willkürlich/sittlich autonom zu verhalten, muß dies rechtlich begründet sein. Freilich ist nicht jede Störung der Willkür schon ein Verbot derselben. Wenn ein Mensch etwa keinen Lebenspartner findet, ist sein Recht, sich willkürlich einen solchen auszusuchen, nicht gestört. Der ethisch verstandene Begriff des "Sittengesetzes" führt die Interpretation der Grenzen des Art.2 Abs.1 GG zu der harmonischen Dreiheit, die der Natur der Sache nach die autonome Entfaltung des Menschen begrenzt, nämlich die Gemeinschaft des Menschen mit anderen Menschen, die Einbindung des Menschen in den Staat und die Verantwortung aus und für sich selbst.

## Problemausblick

"Das Recht" des Menschen "auf die freie Entfaltung seiner Persönlichkeit", das Art.2 Abs.1 GG schützt, hat sich wegen der Grenze, die ihm das "Sittengesetz" zieht, als das Recht zur Autonomie erwiesen. Dieses Recht macht (in Verbindung mit einer dem Autonomieprinzip angemessenen Daseinsrealität) die "Würde des Menschen" aus, die Art.1 Abs.1 GG unumstößlich (Art.79 Abs.3 GG) für unantastbar erklärt. Individuale Sittlichkeit oder, vielleicht zeitgemäßer formuliert, Zwecksubjektivität j e d e s Menschen, die begriffsnotwendig mit der Grundpflicht zur Anerkennung der Zwecksubjektivität auch jedes anderen verbunden ist, ist somit das alle anderen Rechtsprinzipien überragende Verfassungsprinzip des Grundgesetzes, ist dessen Freiheitsprinzip. Das ist die Humanität, zu der sich das grundgesetzliche Gemeinwesen bekennt, wenn mit Albert Schweitzer Humanität heißt, daß kein Mensch zum Opfer des Zweckes eines anderen werden dürfe[153].

Dieses Recht zur Autonomie ist damit unter dem Grundgesetz das Prinzip, auf das hin die gesamte Rechtsordnung auszurichten ist. Mag die so begriffene Freiheit das elementare oder gar das einzige Naturrecht sein[154], jedenfalls ist es nach dem Grundgesetz die wesentliche "Grundlage jeder menschlichen Gemeinschaft, des Friedens und der Gerechtigkeit in der Welt" (Art.1 Abs.2 GG). Dieses Recht definiert den Menschen als Privaten oder: privat ist, wer dieses Recht hat, wem also die sog. Privatautonomie zukommt[155].

Diese Privatheit darf weder der Gesetzgeber durch ein Gesetz noch der Richter durch seine Interpretation des Gesetzes dem Menschen nehmen (Art.1 Abs.3 GG). Das einfache Recht ist somit i.S. dieses Rechts zur Autonomie auszulegen, auch § 1 UWG; denn, wie zu zeigen sein wird, schränkt das sog. Lauterkeitsgebot dieser Vorschrift die Wirtschaftsfreiheit als einen wesentlichen Teil der Privatheit des Menschen ein. Wenn sich das autonomietheoretische Verständnis des § 1 UWG bewähren sollte und das heißt, daß diese Generalklausel nicht neutral gegenüber der Autonomie des Menschen ist, kommt dessen Anwendung auf staatliches Verhalten (entsprechend den in der Problemskizze aufgezeigten Fragestellungen) nur in Betracht, wenn der Staat sich jedenfalls als Unternehmer in diese Privatheit begeben darf, wenn also auch der Staat das Recht zur Autonomie hat oder sich nehmen darf. So sieht das jedenfalls der Sache nach immerhin die herrschende Mei-

---

153) Zur Selbstzweckhaftigkeit jedes Menschen das 1. und 2.Kap., S.99ff., 104ff., Hinw. in Fn.83 dieses Teils, Fn.55 im 4.Teil, Fn.373 im 5.Teil. Klar Cohen, Ethik des reinen Willens, S.303f. (vgl. Fn.123).
Ganz so auch Henkel, Rechtsphilosophie, S.76 ("Niemand darf zum bloßen Mittel für die Zwecke anderer erniedrigt werden"). So auch Böckenförde, Staat, Gesellschaft, Freiheit, S.224f., 237, 243; deutlich auch Benda, Handbuch, S.113f. m.w.H.; Maihofer, Handbuch, S.198.

154) Kant, Metaphysik der Sitten, S.345 (Zitat im 4.Kap., I, des 6.Teils, S.262). Dazu richtig Maihofer, Handbuch, S.201.

155) Dazu näher 1.Teil, 2.Kap. m.H., S.10ff.; so auch BVerfG NJW 1982, 2173 (2175) für den Schutz aus Art.14 Abs.1 GG.

nung[156]. Nur eine Mindermeinung, die zu demselben Ergebnis kommt, stützt dieses auf eine Neutralität des Wettbewerbsrechts[157].

Die Frage nach dem Recht des Staates zur Autonomie, die als die Frage nach der substantiellen Fiskustheorie vorgestellt worden ist, zwingt zur Entwicklung des grundgesetzlichen Staatsbegriffs, die im folgenden versucht werden soll. Freilich muß dieser Staatsbegriff dem Autonomieprinzip genügen; denn Art.1 GG erweist in allen seinen drei Absätzen die konstitutionelle Relevanz des Autonomieprinzips als der Essenz der menschlichen Würde. In dem Strukturprinzip der volkssouveränen Demokratie aus Art.20 Abs.2 S.1 GG findet das Autonomieprinzip seine notwendige Entsprechung. Auch die Fiskustheorie ist folglich eine Staatstheorie. Sie ist damit in der Sache Gegenstand der folgenden staatstheoretischen Überlegungen.

Die Staatsheorie eines Rechtsstaates ist zugleich Rechtstheorie. Eine autonomiegerechte Rechtstheorie erkennt den Staat als total rechtsgebunden. Diese umfassende Rechtsbindung an das spezifische Staatsrecht ist der Kern einer autonomietheoretischen, also freiheitlich-demokratischen Staatstheorie. Nur mittels einer autonomiegemäßen und somit menschenwürdegerechten Rechtstheorie vermag das Wesen des grundgesetzlichen Staates gekennzeichnet zu werden. Der Begriff des Staatsrechts in seinem Gegensatz zu dem des Privatrechts ist somit untrennbar mit der Frage nach der Staatstheorie, die zugleich die Frage nach einem Recht des Staates zur Autonomie ist, der Frage nach der Fiskustheorie, verbunden.

Dieser staats- und rechtstheoretischen Problematik kann hier nur insoweit nachgegangen werden, als es zur Kritik der Fiskustheorie erforderlich ist. Das Recht des Menschen zur Autonomie als die grundgesetzliche Freiheit hat sich bereits als die Essenz einer freiheitlichen Rechts- und damit auch Staatstheorie erwiesen; denn es ist das Recht des Menschen, selbstbestimmt und selbstverantwortet zu existieren, d.h. sich selbst das Gesetz zu geben, das sein Verhalten bestimmt, ein Gesetz freilich, das mit dem Selbstsein jedes anderen Menschen verträglich, also allseitig sein muß, um der sittlichen Pflicht aus dem Grundgesetz, dem "Sittengesetz" als dem kategorischen Imperativ, zu genügen. Staatstheorie wie Rechtstheorie ist Autonomietheorie. Das soll in den folgenden Teilen ausgeführt werden. Zunächst ist zweifachem Bedenken gegen die Realität menschlicher Autonomie entgegenzutreten; erstens daß vielen Menschen die reale Freiheit in hinreichend realer Gleichheit zu den anderen Menschen, die erst das Recht zur Autonomie wirklich werden lasse, fehle, zweitens daß das grundgesetzliche Repräsentationssystem Autonomie in dem wichtigsten Bereich, dem der staatlichen Gesetzgebung, ausschließe. Beide Bedenken scheinen vorwiegend soziologisch und politologisch zu sein, weisen aber auf ein rechtswissenschaftliches Problem. Die Frage ist nämlich, ob das Grundgesetz diesen Bedenken Relevanz zu geben zuläßt oder nicht vielmehr trotz derartiger Realität jedermann das Recht zur

---

156) Siehe den Bericht mit Hinweisen im 1.Kap. des 2.Teils, S.26ff. und im 2.Kap. des 5.Teils mit Hinweisen vor allem in Fn.33 zum Rechtsordnungswahlrecht des Staates.

157) Dazu im 9.Kap. des 2.Teils, S.80ff. mit Hinweisen insb. in Fn.316.

Autonomie gibt und dem Gemeinwesen aufgetragen hat, die Realität zur hinreichend gleichen Freiheit aller Deutschen und zu hinreichender Konsensualität der staatlichen Gesetzgebung zu entfalten. Gerade in diesem Sinne sind durch das Recht zur Autonomie als einem politischen Recht und die Gestaltung des Repräsentationsprinzips die Weichen gestellt. Das Sozialprinzip macht den Fortschritt zu realer hinreichend gleicher Freiheit aller Deutschen zur Aufgabe[158]. Mit den genannten Bedenken befaßt sich der nächste (4.) Teil.

158) Dazu Schachtschneider, Sozialprinzip, S.31ff., 40ff. Diesen Aspekt entfaltet jetzt grundsätzlich im Rahmen einer Theorie der freiheitlichen Demokratie Maihofer, Handbuch, S.173ff., 194ff., insb. S.212ff.

4. Teil

# DAS PROBLEM AUTONOMIEGERECHTER REALITÄT

## Problemstellung

Wer die grundrechtsgeschützte Freiheit als Recht zur Autonomie begreift und die Autonomie des Menschen als das Wesen seiner durch Art.1 Abs.1 GG zum bestimmenden Konstitutionsprinzip des grundgesetzlichen Gemeinwesens erhobenen Würde vorstellt, muß das Autonomieprinzip hinreichend in das Gefüge des Staatsrechts des Grundgesetzes einordnen können. Auch als Freiheitstheorie verliert die Autonomietheorie ihre Überzeugungskraft, wenn sie sich nicht als Rechts- und Staatstheorie bewährt. Allein auf die Worte des Art.2 Abs.1 GG, insbesondere das Wort "Sittengesetz", gestützt, wird das Autonomieprinzip sich nicht behaupten können, selbst nicht unter dem Aspekt, daß auch die Worte "Menschenwürde" und "Rechtsstaat" kantische Begriffe sind und untrennbar mit dem grundgesetzlichen Freiheitsprinzip verbunden sind. Schon dem Namen nach ist die Autonomietheorie Gesetzgebungs-, also Rechtstheorie, und Rechtstheorie ist im Rechtsstaat, der vornehmlich Gesetzes- und Gerichtsstaat ist, Staatstheorie. Die Rechtsetzung unter dem Grundgesetz muß i.S. der vorgestellten Autonomietheorie begriffen werden können, um diese selbst als die Freiheitstheorie des Grundgesetzes nachzuweisen. Eine Kritik der Fiskustheorie, die sich als Verteidigung des Rechts zur Autonomie des Menschen gegen eine Privatisierung des Staates versteht, kann auf eine hinreichende Stabilität der Autonomietheorie nicht verzichten.

Mit einer funktionalistischen Freiheitstheorie etwa, die zunehmend Anhänger gewinnt[1], ist der Fiskustheorie nur schwer beizukommen. Ein freiheitstheoretischer Funktionalismus, der dem Menschen Freiheiten als Kompetenzen einräumt, weil das aus verschiedenen Erwägungen, beispielsweise der der Dezentralisierung und der

1) Dazu kritisch im 8.Teil, 2.Kap., II 2c, S.396ff. mit Hinweisen; dazu auch im 5.Kap. des 3.Teils, S.122ff. zum rechtlichen Wertrelativismus. Etwa Leßmann, Die öffentlichen Aufgaben, S.168ff., 170ff.; ders., NJW 1978, 1545ff., der in der "sozialen Demokratie keine rein private Freiheit" zugesteht; Gotthold, ZHR 145 (1981), S.300ff.. Klar ablehnend Böckenförde, Staat, Gesellschaft, Freiheit, S.235ff.; Papier, Handbuch, S.619.

der Motivierung, Effizienz i.S. etwa ökonomischer Rationalität verspricht[2], läßt kaum Verfassungszweifel aufkommen, wenn der Staat sich in die Rolle eines derart rationalen und effizienten Funktionsträgers begibt. Mit dem kompetenziellen Verständnis von Freiheit ist deren Bezug zur Würde des Menschen aufgegeben, und es wird irrelevant, wer der Kompetenzträger ist, Menschen oder der Staat, wenn nur die Funktion effizient erfüllt wird. Mensch und Staat haben nur noch eine rechtsrelevante Eigenschaft, nämlich die, Rechtssubjekt zu sein. Der Mensch ist nicht mehr wesentlich Autonomieträger und damit Privater, der Staat nicht mehr wesentlich Funktionsträger bestimmter allgemeiner Anliegen der Menschen. Für diese Rechtssubjekte ist es sachgerecht, allein die Privatrechtsfähigkeit anzusprechen; denn Privatheit als Recht zur Autonomie wird für den freiheitsrechtlichen, besser kompetenzrechtlichen Funktionalismus ein wesensfremder Topos. Ein solcher Funktionalismus ist ganz und gar nicht das grundgesetzliche Freiheitsprinzip, wie schon deutlich zu machen versucht wurde. Der Streit um die Privatrechtstheorie, besonders die Wettbewerbstheorie, ist jedoch schon lange von der Auseinandersetzung zwischen dem Funktionalismus und dem Autonomieprinzip beherrscht[3].

Der rechtstheoretische Funktionalismus, der etwa nach Effizienz der Rechtsprinzipien für die Wohlfahrt fragt, vermag gegen die staatsunternehmerische Fiskustheorie bürokratietheoretische, industrietheoretische oder wettbewerbstheoretische Einwände zu machen, nicht aber menschenrechtliche und damit staatsrechtliche. Er wird darauf hinweisen, daß das Privatrecht, insbesondere das Wettbewerbsrecht, die wohlfahrtspolitischen Anliegen gegenüber einem staatsunternehmerischen Privatrechtssubjekt nicht weniger wirksam durchsetzt als gegenüber Privatunternehmen, und ein Verbot von privatrechtlichen Staatsunternehmen im Grundgesetz nicht zu sehen vermögen, weil die Wirtschaftsfreiheiten der Menschen nur wenig Wirkkraft gegen staatliche Konkurrenz entfalten und ein Subsidiaritätsprinzip zwischen privater und staatlicher Lebensbewältigung allzu leicht zurückgewiesen werden kann[4].

Zwei Einwände gegen die Autonomietheorie sind abzuwehren. Der erste stellt, wie schon angedeutet, die Fähigkeit der Menschen zur Autonomie in Abrede und will die Rechtsordnung nach einer empirischen Realität ausrichten, die dem Menschen um bestimmter Funktionen, die er zu bewältigen imstande ist, willen Entscheidungsspielräume, Kompetenz läßt. Darüberhinaus aber soll der Mensch durch den Staat, der das funktionsgerechter zu leisten in der Lage sei, betreut werden. Das

2) Dazu im 8.Teil, 2.Kap., II 2c, S.396ff.. In einen solchen Funktionalismus gerät beinah notwendig eine ökonomistische Rechtstheorie.

3) Dazu im 8.Teil, 2.Kap., II, S.396ff.; dazu etwa Gotthold, ZHR 145 (1981), S.286ff. (vornehmlich gegen Hoppmann), mit Hinweisen, der den Gegensatz in der Sicht der Wettbewerbsfreiheit zwischen den Funktionalisten und Ordoliberalen und den von ihm sog. Neo-neoliberalen herausstellt; einerseits F.Böhm, Ordo 24 (1973), S.11ff., 25, 40, andererseits Hoppmann, Fusionskontrolle, S.9f.; gegen Gotthold explizit Möschel, ZHR 145 (1981), S.590ff.

4) Zum Subsidiaritätsprinzip Hinweise in Fn.184 des 6.Teils, dazu auch im 7.Teil, 4.Kap., III, S.315ff., V, S.317ff.

war das dominierende Sinnverständnis vom Menschen und dessen realer Fähigkeit zur Selbstbestimmung und Selbstverantwortung in den letzten eineinhalb Jahrzehnten in unserem Gemeinwesen. Diese Skepsis gegenüber der Autonomiepotenz des jeweils anderen ist Grundlage jeder sozialistischen Herrschaftsideologie. Mit der Rechtsrelevanz der menschlichen Autonomierealität befaßt sich das folgende 1. Kapitel.

Der zweite Einwand richtet sich, wie schon gesagt, gegen die Relevanz des Autonomieprinzips bei der staatlichen Rechtsetzung. Das Recht zur Autonomie kann seinem Wesen nach nicht auf den 'privaten' Bereich beschränkt sein, zumal nicht, wenn das Autonomieprinzip Konstitutionsprinzip des grundgesetzlichen Staates sein soll. Als Prinzip des Rechts muß Autonomie auch die Staatsgesetze hervorbringen. Der Einwand geht dahin, daß die Staatsgesetze nicht auf die Menschen als solche, also auf das Volk als solches, in der Weise zurückgeführt werden könnten, daß sie als deren e i g e n e Gesetze bezeichnet werden könnten. Staatliche Gesetze seien für den empirischen Menschen vielmehr heteronom, weil der Staat gegenüber den Menschen als seinen 'Untertanen' ein eigenständiges Herrschaftsgebilde bleibe. Der Staat sei keine Einrichtung der autonomen Menschen, sondern habe eine von diesen unabhängige Existenz. Das erweise sich im Repräsentationsprinzip, das das 'richtige' staatliche Verhalten zu gewährleisten habe und gewährleiste, welches die Menschen als Besondere hervorzubringen nicht in der Lage seien. Für das Staatliche müßten sich die Entscheidungsträger verallgemeinern. Zu den Entscheidungsträgern gehöre keinesfalls das ganze Volk, sondern nur die Aktivbürgerschaft. Es gebe somit einen Gegensatz zwischen den Menschen als Privaten und dem Staat und den Staatswaltern, zu denen auch die Wähler gehören würden. Diese Krügersche Staatstheorie, deren Kern seine Repräsentationstheorie ist, die nicht mit dem hier entwickelten Autonomieprinzip (trotz enger Verwandtschaft) identisch ist, führt auch zur Ablehnung der Fiskustheorie, weil sie ebenfalls die Privatisierung des Staates ausschließt[5]. Nur muß das Autonomieprinzip im Interesse seiner Überzeugungskraft sich auch als Prinzip staatlicher Rechtsetzung, der Rechtsetzung zum allgemeinen Wohl, bewähren; denn ein prinzipieller Unterschied besteht zwischen der privaten und der staatlichen Rechtsetzung nicht. Staatliche Rechtsetzung ist lediglich die Rechtsetzung des Volkes als der staatlichen Allgemeinheit und nicht wie die private Rechtsetzung die von Besonderen. Das grundgesetzliche Repräsentationsprinzip muß somit eine Erklärung finden, die es in das autonomietheoretische Konsensprinzip einordnet. Dafür muß die konsensuale Rechtstheorie aufgezeigt werden. Dem dienen die Kapitel 2 und 3.

5) Zu Krüger im 2.Teil, 10.Kap., S.96 und im 5.Teil, 4.Kap., IX, S.230ff.

1. Kapitel

# DIE AUTONOMIEFÄHIGKEIT ALS RECHTSPROBLEM DES GRUNDGESETZLICHEN AUTONOMIEPRINZIPS

## I Freiheitlichkeit und Gleichheitlichkeit als Bedingungen der Menschenwürde und der volkssouveränen Demokratie

1. Die untrennbare Einheit der Unantastbarkeit und Schutzbefohlenheit der Menschenwürde und der Entscheidung für die freiheitliche Demokratie gründet sich in der politischen Anthropologie, die die Väter des Grundgesetzes sowohl zur Norm des Art.1 GG als auch zu der des Art.20 GG geführt haben[6]. Ein menschenwürdiges Dasein setzt die Freiheit der Menschen voraus. Diese Konnexität hebt Art.1 Abs.2 GG mit dem Wörtchen "darum" selbst hervor, der die "unverletzlichen und unveräußerlichen Menschenrechte als Grundlage jeder menschlichen Gemeinschaft, des Friedens und der Gerechtigkeit in der Welt" bezeichnet. Eine solche Gemeinschaft von Menschen, deren Menschenrechte unverletzlich und unveräußerlich sind, muß eine demokratische Staatsform haben, wenn und weil diese Menschenrechte freiheitlich und gleichheitlich sind[7]. Das Freiheitsprinzip des

---

6) Dazu Herzog, Maunz/Dürig/Herzog/Scholz, Rdn.16, 17, 20 zu Art.20 GG; Dürig daselbst, Rdn.96, 114, 119 zu Art.3 Abs.1 GG; ders. schon, Menschenauffassung des Grundgesetzes, JR 1952, 359; dazu auch v.Mangoldt/Klein, Grundgesetz, Erl. III 2a zu Art.1, S.149; zum anthropologischen Hintergrund der Verfassungsinterpretation auch Suhr, Entfaltung, S.71ff.; dazu auch Grabitz, Freiheit und Verfassungsrecht, S.202; zum kantischen Menschenbild als dem jedes freiheitlichen Rechtsstaates, jeder liberalen Demokratie Maihofer, Rechtsstaat und menschliche Würde, S.45ff., 73ff.; ders., Handbuch, S.195ff.; Kriele, Handbuch, S.129ff., 132f.; auch Benda, Handbuch, S.480f.

7) BVerfGE 44, 125 (139).
Maihofer, Rechtsstaat und menschliche Würde, S.57ff., 76f., der die Funktion von Freiheit als Mittel, nicht als Zweck (im kantischen Sinne, Idee, S.7f., 39f.) für die Erhaltung und Entfaltung der Menschheit darlegt; ders., Handbuch, S.173ff.; auch Karl Jaspers, Lebensfragen, S.159ff. ("Friede allein durch Freiheit"); v.Simson, VVDStRL 29 (1971), S.8, 31; Kriele, daselbst, S.48f., 61; ders., Staatslehre, S.331ff., der richtig mit Hinweis auf Kant als Maßstab der Gleichheit die Freiheit angibt (S.333, u.a.), aber den Aspekt der Selbständigkeit zu wenig einbezieht. (Die für Kriele grundlegende "Analogie von politischem und gerichtlichem Prozeß", Staatslehre, etwa S.340; ders., Theorie der Rechtsgewinnung, passim, die mir zu vernachlässigen scheint, daß der Konsens Geltungsgrund des Rechts ist, der Dialog aber -nur- der Prozeß der Konsensfindung, kann hier nicht

Art.2 Abs.1 GG, das in verschiedenen Folgegrundrechten näher ausgestaltet ist, und das Gleichberechtigungsprinzip des Art.3 GG sind die Menschenrechte im Sinne des Art.1 Abs.2 GG, die wesentlicher Gehalt der Würde des Menschen im Sinne des Art.1 Abs.1 GG sind[8]. Eine Staatsform also, die nicht freiheitlich und gleichheitlich ist, verletzt die Menschenwürde. Freie Menschen, die das Grundgesetz mit der gleichen Macht im Staate ausgestattet hat, bilden somit das staatliche Gemeinwesen, dessen Entscheidungssystem demokratisch sein muß, wenn nicht die politische Gleichheit und die politische Freiheit aufgehoben sein sollen[9].

2. Äußere Freiheit, äußere Gleichheit und Selbständigkeit sind nach Kant Bedingungen der Konsensfähigkeit. Kant nennt als die Wesensmerkmale des Staatsbürgers (civis), die ihn zur Stimmgebung befähigen, nämlich "die gesetzliche Freiheit, keinem anderen Gesetz zu gehorchen, als welchem er seine Beistimmung gegeben hat - bürgerliche Gleichheit, keine Oberen im Volk in Ansehung seiner zu erkennen, als nur einen solchen, den er ebenso rechtlich zu verbinden das moralische Vermögen hat, als dieser ihn verbinden kann"; drittens "das Attribut der bürgerlichen Selbständigkeit, seine Existenz und Erhaltung nicht der Willkür eines anderen im Volke, sondern seinen eigenen Rechten und Kräften, als Glied des gemeinen Wesens verdanken zu können, folglich die bürgerliche Persönlichkeit, in Rechtsangelegenheiten durch keinen anderen vorgestellt werden zu dürfen"[10]. Unserem Erkenntnisinteresse ist die Zusammenschau der zitierten kantischen Sätze wichtig, daß nämlich ohne die äußere rechtliche Freiheit, ohne die rechtliche Gleichheit und ohne die 'bürgerliche' Selbständigkeit der Mensch nicht als 'Staatsbürger' an der Gesetzgebung beteiligt sein könne, er Gesetzen gehorchen müsse,

---

erörtert werden.); ders., Handbuch, S.129ff., 132f., 143f.; Leibholz, Freiheitlich-demokratische Grundordnung, S.135ff.; ders., Begriff und Wesen der Demokratie, S.147, 151ff.; ders., VVDStRL 29 (1971), Aussprache, S.104; ausführlich Herzog, Maunz/Dürig/Herzog/Scholz, Rdn.6ff., 26ff.; ders., DVBl 1970, 713ff.; Thoma, HdbDStR I, S.191f.; ders., Grundproblem der Demokratie, S.79; Stern, Staatsrecht I, S.459f. mit weiteren Hinweisen; Isensee, NJW 1977, 547; auch Schachtschneider, JA 1979, 569 sub G.

8) Maihofer, Rechtsstaat und menschliche Würde, S.20ff. mit Bezug auf Kant, S.36f., 57ff., 88, 103; ders., Handbuch, S.173ff., 212ff.; Wieacker, JZ 1961, 340; Dürig, Maunz/Dürig/Herzog/Scholz, Rdn.73ff. zu Art.1 Abs.2 GG, Rdn.4, 6 zu Art.3 Abs.1 GG, Rdn.11, 12 zu Art.1 Abs.1 GG; Grabitz, Freiheit und Verfassungsrecht, S.202; Isensee, Subsidiaritätsprinzip, S.271; Kriele, Theorie der Rechtsgewinnung, Nachwort zur 2.Aufl., S.347 (zum Verallgemeinerungsprinzip); ders., Handbuch, S.129ff., 168.
Das ist kantisch, vgl. Kants Äußerung zur ursprünglichen Freiheit und ursprünglichen Gleichheit in: Metaphysik der Sitten, S.345; auch Maihofer, a.a.O., S.80, passim, sieht das Konzept des "freiheitlichen Rechtsstaates" in einer Ordnung der "größten und gleichen Freiheit", wodurch die Vervollkommnung der Menschheit eine Chance hat; vgl. auch Hattenhauer, Zwischen Hierarchie und Demokratie, 1971, S.25ff. zur Entwicklungsgeschichte des Gleichheitssatzes.

9) Kriele, Staatslehre, S.232 (für viele): "Demokratie setzt Freiheit und damit den Verfassungsstaat voraus", "Das Volk kann nicht gleichzeitig herrschen und in Angst vor einem Herrscher leben", klar S.335ff.; ders., Recht und praktische Vernunft, S.11; vgl. i.d.S. auch ders., Handbuch, S.129ff.; Kelsen, Staatsform und Weltanschauung, S.11; ders., Wesen und Wert der Demokratie, S.93; Coing, Rechtsphilosophie, S.238f.

10) Metaphysik der Sitten, S.432f.; ausführlich ders., Über den Gemeinspruch, S.143ff.. Dazu Kriele, Handbuch, S.141f.

denen er nicht zugestimmt habe, er also rechtlos sei, weil die Gesetze nicht die seinen seien, er sich die Despotie gefallen lassen müsse. Kant bezeichnet die Demokratie als Despotie, wenn und insoweit sie "eine exekutive Gewalt auch über den einen gründet", der "nicht miteinstimmt"[11]. Gesetzgebung, und zwar Gesetzgebung des Volkes, also volkssouveräne Demokratie im grundgesetzlichen Sinne, setzt die äußere, rechtliche Freiheit, die äußere rechtliche Gleichheit und die Selbständigkeit des Menschen voraus[12]. Das Grundgesetz hat diese Konzeption übernommen[13].

3. Verfassungsprinzip ist eine Freiheit aller Menschen im Volk, die diesen eine politisch relevante Macht gibt, ihre und die gemeinschaftlichen Angelegenheiten autonom zu gestalten[14]. Das Sozialprinzip des Grundgesetzes legitimiert es, die

---

11) Zum ewigen Frieden, S.207; zur "Idee der bürgerlichen Gesellschaft" bei Kant Karl Jaspers, Plato, Augustin, Kant, S.328ff.

12) Ähnlich Grabitz, Freiheit und Verfassungsrecht, S.37ff. unter dem Aspekt "sozialer Realisation"; Maihofer, Rechtsstaat und menschliche Würde, S.64 ("Ordnung des Staates durch das Recht zur Gewährleistung der größtmöglichen und gleichberechtigten Freiheit und Sicherheit der Menschen"); ders., i.d.S., Handbuch, S.1392; auch Rupp, Verfassungsrecht und Kartelle, S.192ff. stellt die Notwendigkeit der Einheit von politischer und bürgerlicher Freiheit für die freiheitliche Demokratie klar heraus; ebenso Schluep, F.Böhm, S.588; F.Böhm, SJZ 1947, Sp.498; auch Gotthold, ZHR 145 (1981), S.300f., der das grundgesetzliche Freiheitsprinzip aufgibt, weil die hinreichende Gleichheit nicht bestehe, anstatt letzterer das Wort zu reden.

13) So auch Maihofer, Rechtsstaat und menschliche Würde, S.64 ("Diese (sc. kantische) juristische Konzeption des politischen Staates als freiheitlicher Rechtsstaat hat sich nun auch in unserer Verfassung, gegen die des älteren obrigkeitlichen Rechtsstaates, durchgesetzt, nicht nur in der Verfassungsgarantie der Menschenwürde in Art.1 Abs.1 GG, sondern ebenso in der von daher mit neuem Inhalt erfüllten Verfassungsgarantie der Freiheit der Entfaltung der Persönlichkeit in Art.2 Abs.1 GG, die in deutlichem Anklang an die kantische Formel lautet: ...; ebenso aber auch in der Verfassungsgarantie der Gleichheit aller Menschen vor dem Gesetz in Art.3 Abs.1 GG"), S.69; i.d.S. auch ders., Handbuch, S.173ff., vorwiegend auf Rousseau gestützt; i.d.S. auch Dreier, Recht-Moral, Ideologie, S.186ff., nicht explizit, auch S.286ff. (zur Einheit der praktischen Philosophie Kants), sehr klar aber S.335 (Bemerkungen zur Rechtsphilosophie Hegels); die in der Sache anthropologische, sich phänomenologisch verstehende Kritik Denningers, Rechtsperson, S.64ff., an Kants Begriff der inneren Freiheit stellt nicht (explizit) in Frage, daß die kantische die grundgesetzliche Konzeption ist; dem dürfte auch Vogel, VVDStRL 24 (1966), S.137ff. nicht widersprechen, wenn er auch meint, "dem Rechtsdenken der Neuzeit" sei "diese unmittelbare Verknüpfung von Recht und Sittlichkeit" "v. loren gegangen"; damit übersieht Vogel das Wort "Sittengesetz" in Art.2 Abs.1 GG als Grenze und Bestimmung der Freiheitsrechte und damit der Rechtsetzung; ganz i.d.S. auch Larenz, Richtiges Recht, insb. S.51ff.; durchaus auch Böckenförde, Staat, Gesellschaft, Freiheit, S.228.

14) Wie hier Leibholz, Freiheitlich-demokratische Grundordnung, S.135ff.; ders., Begriff und Wesen der Demokratie, S.141, 147, 151ff.; ders., VVDStRL 29 (1971), Aussprache, S.104; Walter, daselbst, Aussprache, S.90; v.Simson, daselbst, S.8, 31; Kriele, daselbst, S.48f., 61; ders., Staatslehre, S.244f., der richtig hervorhebt, daß selbstbestimmte Entmündigung Unfreiheit ist; ders., Befreiung und politische Aufklärung, S.49; ganz i.d.S. unter dem Topos "isonomia" Marcic, Rechtsphilosophie, S.214ff.; Stern, Staatsrecht I, S.460, 467ff., 470 mit Hinweisen in Fn.184a; Hesse, Verfassungsrecht, S.55 (stärker zum demokratischen Gleichheitsprinzip); i.d.S. auch Rupp, Verfassungsrecht und Kartelle, S.192ff., 195f.; Herzog, Maunz/Dürig/Herzog/Scholz, Rdn.6, 11, 26 zu Art.20 GG; Böckenförde, Staat und Gesellschaft, S.38; Isensee, NJW 1977, 547f., 550; Grimmer, Demokratie und Grundrechte, S.186f., 259, 263f., 311; Messner, F. Geiger, S.238f.; Schachtschneider, JA 1979, 569ff.; vgl. dazu auch Krüger, Allgemeine Staatslehre, S.275ff., 280ff.; vgl. auch Thoma, HdbDStR I, S.191f.; ders., Grundprobleme der Demokratie, S.79; Kägi, Grundprobleme der Demokratie, S.107ff.; zur Problematik von Staat und Gesellschaft vgl. auch den so betitelten von Böckenförde herausgegebenen Band; den Machtaspekt von subjektiven Rechten spricht auch Raiser, Summum ius, S.161f. an, der die Macht funktionalisieren und damit bändigen will, a.a.O., S.151ff. (Institutsmißbrauch

realen Unterschiede der Menschen in ihrer Macht und damit in ihrer Freiheit soweit auszugleichen, daß deren politische Gleichberechtigung eine reale Grundlage politischer Gleichheit findet[15]. Im freiheitlichen Rechtsstaat wäre jedoch ein Sozialprinzip, das die Nivellierung aller Unterschiede legitimieren sollte, mißverstanden[16]. Die Macht teilt sich unter viele Menschen des Volkes. Das darf jedoch nicht als demokratiegemäße Ohnmacht des einzelnen Menschen mißverstanden werden. Das Verfassungsprinzip der Macht des Einzelnen als Mitglied des Volkes folgt aus dem der Souveränität des Volkes als die Gesamtheit der freien Menschen, das die grundgesetzliche Demokratie wesentlich bestimmt[17]. Ein Gemeinwesen mit Menschen, die nicht hinreichend frei sind, hat kein Volk, das souverän ist, die Staatsgewalt auszuüben[18].

Um der Würde des Menschen willen (Art.1 Abs.1 GG) muß der Staat auch Einflüsse, die die Autonomie der Menschen gefährden, abwehren[19]. Dem dient beispielsweise das Wettbewerbsrecht, das Instrument zur Begrenzung privater Macht

---

als Machtmißbrauch).
BVerfGE 44, 125 (139, 147f.), welches das "Bewußtsein" fordert, "selbstverantwortliches Glied der Rechtsgemeinschaft" zu sein, "die für alle verbindliche Rechtsordnung zu beeinflussen", "an den grundlegenden politischen Entscheidungen beteiligt" zu sein; so lassen sich auch BVerfGE 27, 1 (6ff.); 48, 127 (163); 49, 286 (298); 50, 166 (175) verstehen; m.E. kommt es auf die relevante Macht an, a.a.O.; abzulehnen Leßmann, Die öffentlichen Aufgaben, S.168ff., 170ff., der in der "sozialen Demokratie keine rein private Freiheit" zugesteht, sondern nur "eine soziale und mit demokratischen Aufgaben versehene Freiheit"; dazu kritisch Schachtschneider, a.a.O.; Leßmann, NJW 1978, 1545ff. ebenso; Kritik an der die Freiheit funktionalisierenden funktionalen Rechtstheorie mit Hinweisen im 8.Teil, 2.Kap., II 2c, S.396ff.; gegen den Umschlag von Freiheit in Rechtspflicht die Hinweise in Fn.172 des 8.Teils.

15) Schachtschneider, Sozialprinzip, S.45ff., 67 mit Hinweisen in Fn.88; i.d.S. auch Isensee, Grundrechte und Demokratie, S.19; Kriele, Staatslehre, S.229, 334; ders., Befreiung und politische Aufklärung, S.57ff., 66; ders., Handbuch, S.146f.; auch Böckenförde, in: Staat, Gesellschaft, Freiheit, S.204f.; auch ders., daselbst, S.227ff., 244.; im Erg. ähnlich Marcic, Rechtsphilosophie, S.274 als Ausfluß des Seinsrechts (Sozialmaxime); weitergehend in Richtung auf Gleichheit, Maihofer, Handbuch, S.212ff.; dazu schon Kant, Metaphysik der Sitten, §46, S.434 mit klassischer Formulierung des sozialen Gedankens, Zitate sub II 2, S.144f.; vgl. zum Verhältnis "formaler, bürgerlicher Demokratie" zur "sozialen, proletarischen Demokratie" Kelsen, Wesen und Wert der Demokratie, S.92ff.

16) Henke, VVDStRL 28 (1970), S.180ff.; Schachtschneider, Sozialprinzip, S.43, 66ff.; i.d.S. kurz auch Kriele, Staatslehre, S.334; auch Benda, Handbuch, S.480f. ("freiheitlicher und nicht wohlfahrtsstaatlicher Sozialstaat"); dazu v.Arnim, VVDStRL 39 (1981), S.339ff. zur Umverteilung unter der Eigentumsgarantie; etwa auch BVerfGE 18, 392 (397).

17) Herzog, Maunz/Dürig/Herzog/Scholz, Rdn.2, 3, 19, 20, 34ff. zu Art.20 GG; Kriele, VVDStRL 29 (1971), S.46f.; i.d.S. auch Denninger, Rechtsperson, S.293ff.; Schachtschneider, JA 1979, 513; Hesse, Verfassungsrecht, S.197ff.; Stein, Staatsrecht, S.91ff.; Grimmer, Demokratie und Grundrechte, S.179ff., 184.

18) Vgl. die Hinweise in Fn.en 112 des 3.Teils und 14 dieses Teils. Auf den Zusammenhang von Freiheit und Souveränität weist i.S. einer Surrogation hin Kelsen, Wesen und Wert der Demokratie, S.12f.

19) Krüger, Allgemeine Staatslehre, S.275f., 280ff.; Schachtschneider, JA 1979, 516, 572; ders., JA 1978, 237 sub II; tendenziell ebenso, aber mit zu weit gehenden Folgerungen aus einem grundrechtlichen Effizienzprinzip Grimmer, Demokratie und Grundrechte, S.253ff., 256, 259, 311; vgl. dazu vorsichtiger Kloepfer, Entstehungssicherung, S.28f., 30; auch Link, F. Geiger, S.298; auch Maihofer, Rechtsstaat und menschliche Würde, S.32ff., 60. Darum ist dem Staat auch Propaganda, die über Information hinausgeht, verboten; BVerfGE 44, 125 (141, 143f., 147ff.); vgl. auch Schachtschneider, JA 1979, 568f.

ist[20]. Wenn die Menschen des Gemeinwesens nicht politisch und sittlich gleichberechtigt sind, ist der Staat trotz einer Souveränität des Volkes nicht demokratisch verfaßt, weil die Privilegierten über die Nicht-Privilegierten herrschen[21]. Die politische Gleichberechtigung, die gesellschaftliche, insbesondere ökonomische Ungleichheit der Menschen nicht grenzenlos zuläßt[22], folgt stärker aus dem demokratischen Prinzip[23], die politische und private Freiheit des Menschen im Gemeinwesen stärker aus dem Prinzip der Volkssouveränität[24]. Beide Prinzipien bilden im modernen westlichen Verfassungsstaat jedoch eine untrennbare Einheit, wie sie auch das Grundgesetz normiert[25]. Die Begriffe der freiheitlichen Demokratie oder der freiheitlich-demokratischen Grundordnung beziehen bereits schlagwortartig die Prinzipien der Freiheit und der Gleichberechtigung der Menschen in der Freiheit als auch das der Souveränität dieser freien und insofern gleichberechtigten Menschen ein[26].

---

20) Hinweise in Fn.57 des 2.Teils zur Entmachtungsfunktion des Wettbewerbs und damit des diesen schützenden Wettbewerbsrechts; zur Freiheitsschutzfunktion des Wettbewerbsrechts im 7.Teil, 1.Kap., I, 1, S.283ff. m.H. in Fn.en 10-15; Hinweise auch in Fn.53 des 2.Teils; auch Fn.en 202, 203, 205 im 7.Teil; wie hier Rupp, Verfassungsrecht und Kartelle, S.207; Schluep, F. Böhm, S.588, 591, jeweils m.H.; daß es um den Schutz der Autonomie, nicht des Wettbewerbs als solchen geht, macht klar Scholz, Wirtschaftsaufsicht, S.24ff., 27f.; ders., ZHR 132 (1969), S.105ff., 113ff.; schön und deutlich auch Nell-Breuning, F. Böhm, S.462ff., dazu auch Baur, Mißbrauch, S.50ff. u. 196ff.; anders etwa Gotthold (Bremen), ZHR 145 (1981), S.299ff.; dazu m.H. im 8.Teil, 2.Kap., I 3e, S.382ff.

21) BVerfGE 40, 296 (317f.); Herzog, Maunz/Dürig/Herzog/Scholz, Rdn.6ff. zu Art.20 GG; Hesse, Verfassungsrecht, S.55; Stern, Staatsrecht I, S.459ff.; Leibholz, Begriff und Wesen der Demokratie, S.147 ("Gleichheit ist das Kardinalprinzip der Demokratie"); ders., Freiheitlich-demokratische Grundordnung, S.155f.; ders., Strukturwandel, S.86ff.; Isensee, Grundrechte und Demokratie, S.14; Schachtschneider, JA 1979, 569f.; ders., Nominationsmonopol, JR 1975, 89; vgl. auch Maihofer, Rechtsstaat und menschliche Würde, S.20f. ("Revolution der Gleichheit", "die demokratische Revolution" - "der Anspruch auf prinzipiell gleiche Freiheit und Sicherheit eines jeden Menschen und die sozialistische Revolution" - "der Anspruch auf prinzipiell gleiche Wohlfahrt und Gerechtigkeit eines jeden Menschen"); eindrucksvoll Marcic, Rechtsphilosophie, S.213ff., 216 ("Urnorm des menschlichen Zusammenlebens" ist das "Verbot": "Du sollst über Deinen Nächsten nicht herrschen."). Das realisiert sich in der Wahlrechtsgleichheit, die egalitär, formalistisch und rechenhaft ist, vgl. BVerfGE 11, 266 (272); 13, 1 (12f.); 12, 73 (77); 34, 81 (98); 40, 206 (217); 41, 399 (413).

22) So auch v.Arnim, VVDStRL 39 (1981), S.345f., 348 in Fn.242 mit Fn.236; vgl. Maunz, Maunz/Dürig/Herzog/Scholz, Rdn.11 zu Art.14 GG; Krüger, Allgemeine Staatslehre, S.458f.; Flume, Rechtsgeschäft, S.10; ders., F.Böhm, S.3ff.; auch Rupp, Verfassungsrecht und Kartelle, S.196; auch Ramm, Privatrecht, Einf., S.143; Landau, Begrenzung, S.107f.; Emmerich, Wirtschaftsrecht, S.134ff., 144, 146, 312f.; i.d.S. Möschel, ZHR 145 (1981), S.591f.; Schachtschneider, Sozialprinzip, S.61ff., zur ökonomischen Effektuierung der Grundrechte mit Hinweisen in Fn.136; Kriele, Handbuch, S.146f.; weitgehend Maihofer, Handbuch, S.212ff.; vgl. auch die Hinweise zur Entmachtungsfunktion des Wettbewerbs in Fn.57 des 2.Teils; auch Fn.en 202, 203, 205, 306 im 7.Teil.
In der Sache wie im Text Kant, Metaphysik der Sitten, §46, S.433f., dazu auch sub II 2, S.144f. mit wörtlichen Zitaten.

23) In diesem Sinne die in Fn.21 angeführten Autoren; Marcic, Geschichte der Rechtsphilosophie, S.306 weist darauf hin, daß "isonomia" das ursprüngliche Wort für Rechtsstaat und Demokratie ist.

24) Wie in Fn.23. Beide Prinzipien sind zu unterscheiden, wie Herzog, Maunz/Dürig/Herzog/Scholz, Rdn.2, 3 zu Art.20 GG klarstellt.

25) Zu dieser in beide Prinzipien zu gliedernden Einheit Herzog, a.a.O., Rdn.2, 3 zu Art.20 GG; im Sinne des Textes auch Rupp, Verfassungsrecht und Kartelle, S.192ff.; dazu auch i.S. des Objektivismus Marcic, Rechtsphilosophie, S.234ff., u.ö.

26) BVerfGE 5, 85 (140); 2, 1 (14), ganz kantisch, vgl. §46 der Metaphysik der Sitten, S.432ff.; i.d.S. auch Fraenkel, Selbstbestimmung, 1960; vgl. auch Kriele, VVDStRL 29 (1971), S.48 mit weiteren Hinweisen; auch ders., Handbuch, S.129ff., 143f.; Stern, Staatsrecht I, S.435ff., 449f.; Herzog,

## II 'Bourgeois' als 'citoyen'

1. Die politische Macht jedes einzelnen Deutschen setzt substantielle Freiheit im Sinne von Privatheit voraus. Wer nicht "bourgeois" ist, kann nicht "citoyen" sein[27]. Der Verteidigung der Freiheit als Privatheit dient der grundrechtliche Freiheitsschutz mit der Garantie des (Privat)eigentums durch Art.14 GG[28]. Menschen ohne substantielle ökonomische Selbständigkeit, die in ihrer Existenz vorwiegend und dauerhaft vom Staat abhängig sind, haben nicht die Selbständigkeit, die Freiheit zur Selbstverwirklichung (i.S. des Menschseins - einschließlich der untrennbar damit verbundenen Selbstverantwortung) beläßt oder Macht im Bereich des Politischen gibt[29]. Homogenität des Volkes in dieser Selbständigkeit ist Voraussetzung demokratischer Legalität[29a]. Freilich hängt die Macht im Politischen und die Chance zur Selbstverwirklichung nicht allein von den ökonomischen Ressourcen des Menschen ab. Ökonomische Ohnmacht kann in Grenzen durch andere Ressourcen ersetzt werden. Maßgeblich ist, daß der Mensch, um frei zu sein, eine relevante Selbständigkeit im Sinne relevanter Macht haben muß[30]. Darum

---

Maunz/Dürig/Herzog/Scholz, Rdn.6 zu Art.20 GG; dazu Klein, VVDStRL 37 (1979), S.55ff.; vgl. auch die Hinweise in Fn.17.

27) So verstehe ich auch Kriele, Staatslehre, insb. S.336; auch Denninger, Rechtsperson, S.294f., sieht den Dualismus als im sozialen Rechtsstaat überwunden an, gesteht aber (inkonsequent) dem 'bourgeois' zu, was der 'citoyen'"verdammen" muß; das verkennt die ethische Bindung des 'bourgeois' und macht aus der rechtlichen Unersetzbarkeit, aus der Kompetenz des 'Aktivbürgers' zur "Hervorbringung des Staates" ein materiales Prinzip der Beliebigkeit, bleibt somit bei dem Dualismus. Ganz i.d.S. für eine "menschliche Gesellschaft" i.S. des jungen Marx Maihofer, Demokratie im Sozialismus, S.50ff.. Dazu mit überzogener Kantkritik ("possessiv-individualistisch") Röhrich, Sozialvertrag und bürgerliche Emanzipation von Hobbes bis Hegel, S.59ff. m.H. vor allem zur Kantkritik sozialistischer Art.

28) BVerfGE 24, 367 (389); 30, 292 (334); 31, 229 (239); 52, 1 (30); deutlich jetzt BVerfG NJW 1982, 2173ff. (2175): "Denn in der Hand einer Gemeinde dient das Eigentum nicht der Funktion, derentwegen es durch das Grundrecht geschützt ist, nämlich dem Eigentümer "als Grundlage privater Initiative und in eigenverantwortlichem privaten Interesse von Nutzen" "zu sein"; Isensee, Der Staat 20 (1981), S.165, 172 (Grundrechte "die Magna Charta der Privatheit"); den Machtaspekt spricht richtig an Papier, VVDStRL 35 (1977), S.82ff., auch 89f. mit weiteren Hinweisen; vgl. auch Badura, AcP 176 (1976), S.127f.; Kloepfer, Entstehungssicherung, S.15f.; Krüger, Allgemeine Staatslehre, S.423f.; dazu v.Arnim, VVDStRL 39 (1981), S.304f., 342 mit weiteren Hinweisen in Fn.en 11, 69 bis 73; vgl. auch Luhmann, Grundrechte als Institution, S.122, der klarlegt, daß die Funktion des Eigentums über den Zweck, ökonomische Basis für die Persönlichkeitsentfaltung zu sein, hinausgehen müsse, wenn Art.14 Abs.1 GG nicht direkt zur Gleichverteilung des Einkommens, also zum Kommunismus führen solle.

29) So in unserem Sinne eindeutig BVerwGE 1, 159 (161); "Mit dem Gedanken des demokratischen Staates (Art.20) wäre es unvereinbar, daß zahlreiche Bürger, die als Wähler die Staatsgewalt mitgestalten, ihr gleichzeitig hinsichtlich ihrer Existenz ohne eigenes Recht gegenüberstehen." Vgl. Grabitz, Freiheit und Verfassungsrecht, S.204ff. für grundrechtsspezifische grundrechtsgewährleistende soziale Entfaltungschancen, ohne den Machtaspekt des Politischen; "Freiheit" ist für Grabitz "die Gewährleistung eines bestimmten Maßes sozialer Entfaltungschancen" "als Strukturprinzip der sozialen Ordnung"; i.d.S. insb. von Hayek, Verfassung der Freiheit, S.144ff.; i.d.S. auch der Schutz der Subjekthaftigkeit jedes Menschen, insb. BVerfGE 5, 85 (204ff.); 27, 1 (6ff.); 48, 127 (163); 49, 286 (298); 50, 166 (175); so auch Leisner, Demokratie, S.225ff.; dazu w. H. in Fn.113 des 3.Teils.

29a) Dazu wesentlich C.Schmitt, Legalität und Legitimität, S.20ff.; vgl. auch Stern, Staatsrecht I, S.459ff., der von "Gleichheit" spricht, aber von Gleichberechtigung handelt.

30) Die "Selbständigkeit" hat bereits Kant, Metaphysik der Sitten, S.432f., als Bedingung der "Fähig-

räumt der Staat den Bedürftigen subjektive Rechte auf Sozialhilfe ein und beläßt sie nicht lediglich in der ohnmächtigen Lage anspruchsloser Destinatäre von Sozialleistungen[31].

2. Kant hat die Abhängigkeit der Freiheit und der poli ischen Macht des Menschen von dessen realer Selbständigkeit klar herausgestellt[32]. Seine Lösung, die nicht von den Bemühungen eines Sozialstaates ausgehen konnte, war, unselbständige abhängige Menschen von der aktiven Bürgerschaft auszuschließen. Unter dem Grundgesetz rangiert die politische Gleichberechtigung aller Menschen des Volkes vor der machtmäßigen Selbständigkeit als Grundlage der politischen Freiheit und Gleichheit. Auch Kant sorgt sich um die Positionen der Menschen, denen die aktive Staatsbürgerschaft mangels "bürgerlicher Persönlichkeit" fehlt, nämlich "alles Frauenzimmer", der "Unmündige", der "Geselle bei einem Kaufmann oder bei einem Handwerker",der "Dienstbote" u.a., weil sie "zusammen ein Volk" ausmachen. Ihre "Abhängigkeit von dem Willen anderer und Ungleichheit" sei "gleichwohl keineswegs der Freiheit und Gleichheit derselben als Menschen ... entgegen". Sie seien nicht "Staatsbürger", sondern "Staatsgenossen". Sie könnten fordern, "von allen anderen nach Gesetzen der natürlichen Freiheit und Gleichheit als passive Teile des Staates behandelt" zu werden, hätten aber nicht das Recht, "auch als aktive Glieder den Staat selbst zu behandeln, zu organisieren oder zur Einführung gewisser Gesetze mitzuwirken". Sie könnten aber fordern, daß die positiven Gesetze, welcherlei Art diese auch seien, "doch der natürlichen Freiheit und der dieser angemessenen Gleichheit aller im Volk, sich nämlich aus diesem passiven Zustande zu dem aktiven emporarbeiten zu können, nicht zuwider sein[33]. Das ist bereits ein erheblicher Schritt zur Chancengleichheit, die, jedenfalls im Bereich des Politischen,

---

keit zur Stimmgebung" und damit der "Qualifikation zum Staatsbürger" genannt; deutlich auch ders., Über den Gemeinspruch, S.150ff.: "Derjenige nun, welcher das Stimmrecht in dieser Gesetzgebung hat, heißt ein Bürger."... "Die dazu erforderliche Qualität ist, außer der natürlichen (...), die einzige: daß er sein eigener Herr (sui iuris) sei, mithin irgendein Eigentum habe (...), welches ihn ernährt" (dazu Kriele, Handbuch, S.141f.). Ähnlich BVerfGE 44, 125 (147f.), wenn das Bewußtsein der Selbstverantwortlichkeit im Politischen postuliert wird, vgl. das Zitat in Fn.14; auch die Hinweise zum Schutz menschlicher Subjektqualität in Fn.113 des 3.Teils, auch Fn.29; vgl. auch BVerwGE 1, 159 (161): "Der Einzelne" ... "als selbständige sittlich verantwortliche Persönlichkeit". Vgl. auch Leibholz, Staat und Verbände, S.8f.; Schachtschneider, JA 1979, 570f.; ders., Sozialprinzip, S.64ff.; eindrucksvoll stellt die Verbindung von Eigentum und parlamentarischer Demokratie i.S. des Liberalismus heraus Leisner, Demokratie, S.43ff.

31) BVerwGE 1, 159 (161); BVerwG NJW 1968, 466.
Bachof, VVDStRL 12 (1954), S.37ff., 42, 51f., 73ff., 84, Ls.26; Maihofer, Rechtsstaat und menschliche Würde, S.38ff., auf Art.1 Abs.1 GG gestützt; Zippelius, Bonner Kommentar, Rdn.17 zu Art.1 GG sieht in materieller Not Beeinträchtigung der Menschenwürde; ebenso Denninger, Rechtsperson, S.293; dazu (problematisch) Schachtschneider, Sozialprinzip, S.64f. mit weiteren Hinweisen; v.Arnim, VVDStRL 39 (1981), S.343.

32) Metaphysik der Sitten, S.432ff.; ders., Über den Gemeinspruch, S.150ff.; dazu (kritisch mit weiteren Hinweisen auf eher sozialistische Kritiker Kants) Röhrich, Sozialvertrag, S.59ff.; durchaus im kantischen Sinne Rupp, Verfassungsrecht und Kartelle, S.195f. ("Der Mensch ist nicht nur homo politicus, sondern auch homo oeconomicus").

33) Metaphysik der Sitten, S.433f.; ganz ähnlich ders., Über den Gemeinspruch, S.150ff.

grundgesetzliches Verfassungsprinzip ist[34]. Das Grundgesetz geht mit der politischen Gleichberechtigung aller Menschen des Volkes weiter und gebietet durch das Sozialprinzip, allen Menschen auch die Selbständigkeit zu ermöglichen, die die Freiheit in einer Demokratie erfordert[35]. Kant bereitet damit den Weg, Privilegien abzubauen, den die späteren Verfassungen begangen haben, vor allem die Weimarer Reichsverfassung und schließlich das Grundgesetz.

### III Entprivatisierung als Gefahr des Egalitarismus im Sozialstaat

1. Dennoch schränkt ein Sozialstaat, der sich zum Wohlfahrtsstaat entwickelt hat, die ökonomischen Grundlagen privater Selbständigkeit mehr und mehr ein und nivelliert Privatheit im Sinne ökonomischer Unabhängigkeit zu Rechtsansprüchen gegen den Staat, die vom staatlichen Gesetz begründet und darum auch (in den Grenzen rechtsstaatlicher Prinzipien) von diesem geändert und aufgehoben werden können und dürfen[36]. Subjektive Leistungsrechte gegen den Staat sind nur ein notdürftiger aber weitgehend auch notwendiger Ersatz für reale Freiheit des Menschen, die die Grundrechte stützen. Auch die grundrechtliche Aufwertung derartiger Rechtsansprüche, etwa der Rentenansprüche zu Eigentum im Sinne des Art.14 Abs.1 GG[37], die im wesentlichen das sehr begrenzte Recht gibt, die verfassungsgerichtliche Kontrolle der gesetzgeberischen Sachlichkeit zu initiieren, substituiert reale Freiheit, ohne an diese machtmäßig heranzureichen[38]. "Bei aller

---

34) BVerfGE 8, 51 (64ff.) mit Hinweisen, für politische Parteien, st.Rspr.; BVerwG DÖV 1963, 475 mit Hinweisen für das Prüfungswesen; vgl. auch für das Parteienwesen BVerfGE 21, 292 (296ff.); 22, 163 (169); BVerwGE 17, 306 (311); weitergehend für viele Dreier, Recht-Moral, Ideologie, S.208, der dies als "Prinzip des Egalitarismus" bezeichnet und außer auf Art.3 auf Art.20 I GG stützt; insb. Scholler, Die Interpretation des Gleichheitssatzes als Willkürverbot oder als Gebot der Chancengleichheit, 1969; differenzierend Dürig, Maunz/Dürig/Herzog/Scholz, Rdn.69ff. zu Art.3 Abs.1 GG; Klein, Teilnahme, S.228ff. mit Hinweisen; vorsichtig auch Krüger, Allgemeine Staatslehre, S.531f.; Emmerich, Wirtschaftsrecht, S.113; Hefermehl, Wettbewerbsrecht, Allgemeines, Rdn.156. Beeindruckende Kritik an dem Topos 'Chancengleichheit' von Leisner, Der Gleichheitsstaat, insb. S.143ff.

35) Dürig, a.a.O.; auch Krüger, Allgemeine Staatslehre, S.531f.; weitgehend Maihofer, Handbuch, S.212ff.; Schachtschneider, Sozialprinzip, S.45ff., 67 mit Hinweisen in Fn.88; in diesem Sinne auch Kriele, Befreiung und politische Aufklärung, S.66; ders., Staatslehre, S.229; Ryffel, Rechts- und Staatsphilosophie, S.313 ("Die Selbstverwirklichung kann aber nur dann jedem zukommen, wenn sie nicht bloß als abstrakte, sondern als konkrete Chance gleicher Entfaltung begriffen wird"); auch Schluep, F. Böhm, S.591.

36) Schachtschneider, Sozialprinzip, S.64ff., 68 zur freiheitlichen Realität der staatsabhängigen Grundrechtseffektivität.

37) BVerfGE 11, 221 (226); 14, 288 (293); 22, 241 (253), weil sie auf "eigener" Leistung beruhen; der Sache nach praktiziert das Gericht unter der Eigentumsgarantie rechtsstaatliche Prinzipien, typisch etwa auch BVerfGE 12, 73 (77); vgl. auch BGHZ 6, 270 (278); 27, 69 (73); Maunz, Maunz/Dürig/Herzog/Scholz, Rdn.33ff. zu Art.14 GG; kritisch auch Papier, DVBl 1980, 787ff., 797; vorsichtig auch Weber, AöR 91 (1966), S.382ff., 398ff.; kritisch auch v.Arnim, VVDStRL 39 (1981), S.343 mit Hinweisen.

38) Maihofer, Rechtsstaat und menschliche Würde, S.41 fordert Hilfe, die dem Menschen die Möglichkeit gibt, "als ein Subjekt zu existieren und nicht als das Objekt von 'Sozialleistungen' zu vegetieren"; Schachtschneider, Sozialprinzip, S.64ff., 66, 69f.; so auch v.Arnim, VVDStRL 39 (1981), S.343; ebenso Leisner, Demokratie, S.53.

Sozialgestaltung muß freilich um der Freiheit willen dem einzelnen Privatmann, dem bourgeois, eine Sphäre der Beliebigkeit verbleiben" (Denninger)[39].

2. Dieses Freiheitsprinzip des Grundgesetzes geht von der selbsterwirkten und selbstverantworteten Selbständigkeit als der realen Grundlage der Freiheit des Menschen aus. Diese ist prinzipiell unverzichtbare Basis der grundgesetzlichen Demokratie[40]. Der Staat muß zumindest die Chance lassen, derartige Freiheit im Sinne privater Macht zu erwerben, wenn er nicht die freiheitliche Demokratie unterminieren will. Es ist ihm durch das Sozialprinzip zugestanden, dem vor allem ökonomisch ohnmächtigen Menschen mittels Rechtsansprüchen auch ökonomisch zu einer Lebenssituation zu verhelfen, die der realen Freiheit nahe kommt oder die Chance bietet, reale Freiheit aufzubauen[41]. Die freiheitliche Demokratie tendiert wegen der Wahlgleichheit der Deutschen unter dem Schutz der Verfassung zur Einebnung der Unterschiede unter den Menschen[42]. Die staatliche Hilfestellung zur Nivellierung der ökonomischen Unterschiede darf jedoch die Freiheit der Freien nicht aushöhlen, etwa durch ein Übermaß an Besteuerung, die allgemeine ökonomische Ohnmacht der Menschen hinterläßt[43]. Hilfe zur realen Freiheit widerspricht der sozialen demokratischen Zielsetzung des Grundgesetzes nicht, solange sie die Chancen zur Selbstverwirklichung der Menschen, die diese aus eigener Kraft nicht

---

39) Rechtsperson, S.294.

40) So auch BVerwGE 1, 159 (161); ganz i.d.S. auch jetzt BVerfG NJW 1982, 2173 (Die Grundrechte, deren "Seinsmitte der Schutz der privaten natürlichen Person gegen hoheitliche Übergriffe bildet" "sichern" darüber hinaus "Voraussetzungen und Möglichkeiten für eine freie Mitwirkung und Mitgestaltung im Gemeinwesen"). So insb. Leisner, Demokratie, S.43ff., 45, 56 (i.S. des Eigentumsschutzes), S.222ff.. Den Aspekt der Selbstverantwortung auch von ökonomischer Ungleichheit scheint mir Maihofer, Handbuch, S.212ff. nicht hinreichend in Rechnung zu stellen, insb. S.224 der Bezug auf Rousseaus Forderung nach "fast vollkommender Gleichheit in bezug auf Stand und Vermögen"; vorsichtiger Kriele, Handbuch, S.151f.. Im Sinne des Textes v.Arnim, VVDStRL 39 (1981), S.339ff. sub VII, Umverteilungsbesteuerung, mit Hinweisen; Papier, DVBl 1980, 787ff, 797; vgl. auch Badura, Verwaltungsrecht im liberalen und sozialen Rechtsstaat, S.26 (auf die Veränderung im sozialen Rechtsstaat hinweisend); Grabitz, Freiheit und Verfassungsrecht, S.137ff., 187ff., 201ff. zur Geschichte des demokratischen Freiheitsprinzips, mit einem funktional neu verstandenen Verfassungsprinzip der Freiheit, a.a.O., S.207, 243ff.

41) Schachtschneider, Sozialprinzip, S.67; Böckenförde, in: Staat, Gesellschaft, Freiheit, S.204f.; Krüger, Allgemeine Staatslehre, S.531; Maihofer, Handbuch, S.212ff. (recht radikal).
Diese Chance, "Staatsbürger" zu werden, hat schon Kant den bloßen "Staatsgenossen" zugebilligt, Metaphysik der Sitten, S.433f.; ders. auch, Über den Gemeinspruch, S.147, 149.

42) Zacher, Aufgaben einer Theorie der Wirtschaftsverfassung, S.91 (Die egalitäre Demokratie ist nach ihrer Machtstruktur zum Sozialstaat bestimmt); ihm folgend Schluep, F. Böhm, S.588; Leibholz, Staat und Verbände, S.123; vgl. auch ders., Strukturwandel, S.88f.; Schachtschneider, JA 1979, 569 sub G; zu diesem Problem als Argument gegen das allgemeine und gleiche Wahlrecht Kriele, Staatslehre, S.327ff.; ders., Handbuch, S.147, i.S. des Textes; überzeugend vor allem die beunruhigende Analyse von Walter Leisner, Der Gleichheitsstaat, Macht durch Nivellierung, 1980; ders. schon, Demokratie, S.46, 56, u.ö.

43) Weber, Grundrechte II 2, S.360f. in Verb. mit S.348f. gegen "Nivellierung der Einkommensschichtung"; gegen ein Übermaß an Besteuerung durch den Steuerstaat deutlich v.Arnim, Besteuerung und Eigentum, VVDStRL 39 (1981), S.286ff., 341 (Verbot der Substanzbesteuerung), 346f.; Kirchhof, daselbst, S.213ff., 272, 240 ("Die Steuer darf dem Eigentümer nicht die wirtschaftlichen Voraussetzungen seines Handelns entziehen, ..."). Dazu Leisner, Der Gleichheitsstaat, S.158ff.

haben, stärkt[44]. Die Nivellierung der Unterschiede in allen Ressourcen, etwa auch in der intellektuellen und charakterlichen Leistungsfähigkeit und Leistungsbereitschaft, geht auf Kosten derjenigen, die ihre Ressourcen aus eigener Kraft erwirtschaftet oder entwickelt haben und verfehlt damit die verfassungsgebotene prinzipielle Privatheit der Menschen. Keinesfalls dürfen die Leistungsstarken übermäßig behindert werden, um die Unterschiede zu den Leistungsschwachen auszugleichen. Auch die Leistungsstarken müssen die Möglichkeit haben dürfen, ihre Selbstverwirklichung zu fördern, ja der Staat sollte im allgemeinen Interesse auch sie dabei unterstützen. Deren Behinderung etwa durch leistungsabgewandte Schulen ist nicht durch die legitime Förderung der Leistungsschwachen gerechtfertigt. Häufig werden in Hochschulen Leistungen nicht mehr differenziert beurteilt, ohne daß die rechtsaufsichtspflichtigen Ministerien einschreiten. Noch ist derartige Prüfungspraxis zwar rechtswidrig, vielen scheint sie aber schon sachgerecht. Die finanzielle Förderung der Schwachen jedenfalls ist weniger bedenklich als die Nivellierung anderer als der ökonomischen Unterschiede. Walter Leisners großangelegte Analyse erweist die schließlich freiheitsverachtende 'Macht durch Nivellierung' des 'Gleichheitsstaates'.

3. Das Demokratieprinzip überträgt die Ausweitung des Staatlichen dem Volk und gibt dem Einzelnen nur recht begrenzte Abwehrrechte dagegen. Staatliche Lebensbewältigung ist mit dem Gesetzes- dem Gleichberechtigungsprinzip unterworfen. Die Mehrheit und mit ihr der Staat tendieren zur Angleichung der Lebensverhältnisse aller Menschen, wenn sie das Freiheitsprinzip aus den Augen verlieren und demokratische Repräsentation mit der Herrschaft der Mehrheit verwechseln. Derartige Nivelllierungswirkungen sind mit einer solchen Staatlichkeit der Lebensbewältigung erfahrungsgemäß verbunden[45]. Unterschiede der Menschen sind angesichts deren politischer Gleichberechtigung politisch schwer zu verteidigen, und ein Mehrheitsprinzip erzwingt geradezu das Gleichheitsprinzip im Sinne der Gesetzgebungsgleichheit. Die Freiheit vergessende totale Mehrheitsherrschaft führt zur totalen Nivellierung freiheitlicher Ungleichheiten, weil sie nichts Privates läßt, sondern die totale gleichheitliche Staatlichkeit, den Gleichheitsstaat Walter Leisners, bedeutet. Die Gefahr derartiger Totalität, die nichts anderes wäre als die Despotie der Mehr

44) In diesem Sinne Maihofer, Rechtsstaat und menschliche Würde, S.41 ("die ihm gestatten, als ein Subjekt zu existieren und nicht als als das Objekt von 'Sozialleistungen' zu vegetieren"); weitergehend ders., Handbuch, S.212ff.; deutlich wie hier v.Arnim, VVDStRL 39 (1981), S.343f. mit Hinweisen in Fn.228 ("Menschenwürdiger als die finanzielle Umverteilung ist immer die Hilfe zur Selbsthilfe", S.343); eindrucksvoll Henke, JZ 1980, 369ff., 375; ders., VVDStRL 28 (1970), S.180ff.; Leisner, Demokratie, S.225ff.

45) Ganz i.d.S. Marcic, Rechtsphilosophie, S.19, der an Hegels Forderung nach Uniformität und Konformität, die dem Staat die Verwirklichung der Sittlichkeit erleichtere, erinnert; vgl. auch Zacher, Aufgaben einer Theorie der Wirtschaftsverfassung, S.91; Schluep, F. Böhm, S.588; Denninger, Rechtsperson, S.289 warnt vor "kollektivistisch und egalitaristisch" mißverstandener Solidarität; ebenso Leibholz, VVDStRL 29 (1971), S.105; auch Münch, daselbst, S.109; wesentlich Leisner, Der Gleichheitsstaat, passim, etwa S.136ff.

heit über die Minderheit, fordert, die Privatheit des Lebens nach Möglichkeit zu erhalten und zu stärken. Nur in den nicht-staatlichen Bereichen kann das Leben nicht von der Mehrheit normiert werden, also bestenfalls gleichheitlich, sondern bleibt individual und frei, autonom. Die Mehrheitsherrschaft ist selbst nicht freiheitlich, sie entspricht nicht dem Autonomieprinzip; sie muß aber, zumal im Parteienstaat, als Realität in Rechnung gestellt werden. Nivellierung der menschlichen Unterschiede ist das Opfer, welches die Minderheiten der Herrschaft der Mehrheit bringen.

Die Nivellierung der Lebensunterschiede bringt es im übrigen mit sich, daß der Leistungswille der Menschen sinkt[46)]. Die Konsequenzen für ein Gemeinwesen, vor allem die nationalökonomischen, sind geläufig und können gerade gegenwärtig in Deutschland beobachtet werden. Wenn sich Arbeit wirtschaftlich nicht auszahlt, liegt es nahe, sich mit Transferzahlungen zu begnügen[47)]. Das Raisonnement soll hier nicht ausgedehnt werden. Es gilt, vor überzogener Verstaatlichung des Lebens zu warnen, um dem Autonomieprinzip Wirkungsmöglichkeiten zu lassen, selbst wenn nicht das Volk, sondern die Mehrheit im Volk im Staate herrscht. Mit den einzel- und volkswirtschaftlichen Konsequenzen der Entprivatisierung des Lebens gerät das Verfassungssystem des Grundgesetzes in Gefahr[48)].

4. Art.2 Abs.1 GG ist auch von den Grenzen[49)] des Rechts des Menschen auf die freie Entfaltung seiner Persönlichkeit her zu begreifen[50)]. Grenzen dieses Rechts sind die privatgesetzlichen (einschließlich der vertraglichen) und staatsgesetzlichen

46) Zur Nivellierung der Leistungsbereitschaft vgl. Tomuschat, Der Staat 12 (1973), S.433ff., 462; vgl. auch Häberle, VVDStRL 30 (1972), S.43, 65; wie hier v.Arnim, VVDStRL 39 (1981), S.344 mit Hinweisen. Zur soziologischen Sicht insb. Schelsky, Die Arbeit tun die anderen, 1975, S.167ff.; Wittmann, Die neuen Ausbeuter, 1980.

47) Zu den Konsequenzen der Einkommensnivellierung für den Sozialstaat v.Arnim, VVDStRL 39 (1981), S.344f. mit weiteren Hinweisen; deutlich Merten, Handbuch, S.795ff.

48) Zu den Gefahren der "Umverteilung" für das Verfassungssystem auch v.Arnim, VVDStRL 39 (1981), S.339ff. mit weiteren Hinweisen; auch Burmeister, WiR 1972, 336 warnt und weist auf das Problem freiheitsgerechter "Organisationsstrukturen" hin ("totale Unberechenbarkeit und Unkalkulierbarkeit der staatlichen Funktionsausübung" in der Subventionsverwaltung). Vgl. auch Leisner, Der Gleichheitsstaat, S.293f.

49) Gegen den Terminus 'Schranken', der herrschender Sprachgebrauch ist, zu Recht etwa Dürig, Maunz/Dürig/Herzog/Scholz, Rdn.70ff. zu Art.2 Abs.1 GG; auch Suhr, Entfaltung, S.129; richtig auch Maihofer, Rechtsstaat und menschliche Würde, S.68, 82ff., passim, mit Hinweisen auf die h.M.

50) Diese Sicht kritisiert Grabitz, Freiheit und Verfassungsrecht, S.225, 243ff. zu Unrecht als bloß "negativ" (etwa bei Klein, Die Grundrechte, S.70); denn dieser negative Charakter der rechtlichen Freiheit ist Bedingung der Autonomie. Grabitz scheint grundrechtsorientiert mit seinem 'Verfassungsprinzip der Freiheit' eine Anspruchsgrundlage auf staatliche Förderung der kantischen Selbständigkeit zu suchen, vgl. etwa a.a.O., S.212, 243 (Chance zur "Persönlichkeitsentfaltung" durch Gestaltung der "Sozialstruktur"); diese findet sich in der Sozialklausel der Art.20 Abs.1 und 28 Abs.1 S.1 GG und in der Menschenwürdegarantie, wie Maihofer, Rechtsstaat und menschliche Würde, S.39f., deutlich gemacht hat. Den positiven Charakter des kantischen Moralgesetzes und des Art.2 Abs.1 GG hebt auch Suhr, Entfaltung, S.58ff., insb. Fn.21 S.58 hervor; ders., a.a.O., S.129ff. zu den Freiheitsgrenzen des Art.2 Abs.1 GG; dazu im 4.Kap. des 3.Teils, S.116ff., 122, etwa Fn.117 des 3.Teils.

Rechtsnormen. Letztere dienen der gleichen Freiheit aller[51)], dürfen aber das Recht der freien Entfaltung der Persönlichkeit nicht übermäßig einschränken[52)]. Ein persönlicher Entfaltungsspielraum von Substanz muß erhalten bleiben[53)]. Die staatliche Rechtsordnung darf die Möglichkeit des Menschen, sich zu verwirklichen, autonom zu leben, nicht aushöhlen. Das ergibt sich nicht nur aus dem mehr formalen Prinzip, daß die Freiheit die Regel und die diese begrenzende Rechtsnormen die Ausnahme sind[54)], sondern vor allem aus der Unantastbarkeit der Würde des Menschen als der materialen Basisentscheidung des Grundgesetzes[55)] und aus dem demokratischen Prinzip[56)]. Letzteres gebietet, dem Deutschen soviel Macht in seinen Angelegenheiten und in der Gemeinschaft zu lassen, daß er noch mit den anderen Deutschen im Gemeinwesen souveräner Träger der Staatsgewalt genannt werden kann. Ein ohnmächtiger 'Bürger', der der Sache nach Untertan ist, ist nicht geeignet, Mitträger der Staatsgewalt zu sein; er ist vielmehr Objekt einer mehr oder weniger diktatorischen und despotischen, wenn auch in einem Wahlverfahren eingesetzten Obrigkeit[57)]. Die totale Reglementierung des Menschen durch staatliche Gesetze ist, selbst wenn sie die Wohlfahrt des Menschen im Auge hat und nach irgendwelchen Maßstäben sogar erreicht, eben totalitär. Kant hat es als

---

51) Vgl. Maihofer, Rechtsstaat und menschliche Würde, S.68, 82ff. (freiheitlicher Rechtsstaat als Ordnung der größtmöglichen und gleichberechtigten Sicherheit); ders., Handbuch, S.205ff.; Zippelius, Bonner Kommentar, Rdn.10 zu Art.1 Abs.1 GG (notwendige Wechselbezüglichkeit der rechtlichen Freiheit); Marcic, Rechtsphilosophie, S.227ff. ("Das Gesetz: Der Weg der Gleichheit"); dem dient auch der Rechtszwang, also Verhinderung eines Hindernisses der Freiheit, also von Unrecht, vgl. Kant, Metaphysik der Sitten, S.338f.; vgl. dazu auch Kriele, Handbuch, S.140f.

52) Zur Relevanz des Verhältnismäßigkeitsprinzips als 'Schrankenschranke' Grabitz, Freiheit und Verfassungsrecht, S.84ff., 89ff., 94ff., 254f.; Lerche, Übermaß und Verfassung, S.134ff., passim; Gentz, NJW 1968, 1600ff.; jeweils mit weiteren Hinweisen; Hesse, Verfassungsrecht, S.173; für Art.2 Abs.1 GG BVerfGE 27, 1 (6ff.); 27, 344 (350ff.); 38, 281 (298); vgl. weiter BVerfGE 7, 377 (409); 13, 97 (104); 19, 342 (348f.); 21, 150 (155); dazu Grabitz, a.a.O., S.89ff. mit weiteren Hinweisen auf die Rechtsprechung des Bundesverfassungsgerichts.

53) Dazu Grabitz, Freiheit und Verfassungsrecht, S.103ff. zur Wesensgehaltsgarantie des Art.19 Abs.2 GG mit weiteren Hinweisen; kritisch ders., a.a.O., S.55ff. zum Substanzbegriff negativer Freiheit; Hesse, Verfassungsrecht, S.173; vgl. BVerfGE 27, 1 (6ff.); 38, 281 (298); vgl. auch BVerfGE 6, 32 (41).

54) Dazu Grabitz, Freiheit und Verfassungsrecht, etwa S.254f., wonach das 'Verfassungsprinzip der Freiheit' "dem einzelnen" ... "die größtmöglichen Chancen der Persönlichkeitsentfaltung sichert"; in diesem Sinne auch BVerfGE 19, 342 (348f.); denn dieses Regel-Ausnahme-Prinzip ist Konsequenz des Übermaßverbots. Vgl. BVerfGE 7, 377 (404ff.); 22, 180 (204); 27, 253 (283): "grundsätzliche Freiheitsvermutung zugunsten des Bürgers"; dazu Grabitz, a.a.O., S.73f. mit weiteren Hinweisen.

55) BVerfGE 27, 1 (6); auch BVerfGE 48, 127 (163); 49, 286 (298); 50, 166 (175); Maihofer, Rechtsstaat und menschliche Würde, S.8ff., 35, 56; ders., Handbuch, S.194ff.; Hesse, Handbuch, S.8, 17; Benda, Handbuch, S.480f.; Suhr, Entfaltung, S.74; Wertenbruch, Grundgesetz und Menschenwürde, S.208ff.; Nipperdey, Die Grundrechte, Bd.2, S.1; Dürig, Maunz/Dürig/Herzog/Scholz, Rdn.4 zu Art.1 Abs.1 GG; Zippelius, Bonner, Kommentar, Rdn.27 zu Art.1 GG; auch Zeidler, VVDStRL 19 (1961), S.226; Mallmann, VVDStRL 19 (1961), S.183; auch Grabitz, Freiheit und Verfassungsrecht, etwa S.100f., 244; Isensee, Subsidiaritätsprinzip, S.271; Wieacker, JZ 1961, 340; v.Olshausen, NJW 1982, 2222; Denninger, JZ 1982, 231; weitere Hinweise in Fn.373 im 5.Teil.

56) Vgl. auch Grabitz, Freiheit und Verfassungsrecht, S.243f., dessen 'Verfassungsprinzip der Freiheit' die Gewährleistung "realer Freiheit" zum Inhalt hat. In diesem Sinne Rupp, Verfassungsrecht und Kartelle, S.192ff.

57) Deutlich Rupp, Verfassungsrecht und Kartelle, S.195; i.d.S. Fraenkel, Selbstbestimmung, 1960. I.d.S. auch Leisner, Demokratie, S.51ff., 55, 56f.

'Despotismus' gegeißelt, wenn der Herrscher den Untertanen vorschreiben wollte, wie sie glückselig zu sein haben[58]. Staatliche Reglementierung des menschlichen Lebens nach Art der Straßenverkehrsordnung darf nicht zum Modell aller staatlicher Innenpolitik werden. Nicht in allen Lebensbereichen ist der Mensch so gefährlich wie im Straßenverkehr.

## IV Politische Gleichheit von Deutschen und Ausländern?

Die Deutschen sind im Politischen gegenüber Ausländern privilegiert. Das verletzt die Menschenwürde der Ausländer nicht. Um des Staates willen, der der Staat der Deutschen ist, sind trotz der Geltung des Art.1 Abs.1 GG für alle Menschen bestimmte politische Rechte auf die deutschen Staatsangehörigen beschränkt. Die Volkssouveränität ist eben unabänderlich auf die Deutschen begrenzt[59]. Das ist der konkretere und speziellere Rechtssatz gegenüber dem Prinzip der Unantastbarkeit der Menschenwürde. Im Politischen muß der Ausländer die Verwirklichung seiner Menschenwürde in seinem Heimatland suchen.

Das Volk in Art.20 Abs.2 GG ist das deutsche Volk[60]. Diese Interpretation folgt aus Art.20 Abs.4 GG, weil das Widerstandsrecht "jedes Deutschen" nicht auf einen Teil des Volkes beschränkt werden darf, ohne die politische Gleichberechtigung eklatant zu verletzen. Art.116 GG definiert klarstellend den Begriff des "Deutschen". Der einzig gangbare Weg der politischen Vollintegration der Ausländer ist deren Einbürgerung[61]. Nicht alle Deutschen sind im übrigen in den staatlichen Willensbildungsprozeß einbezogen[62]. Erwägenswert wäre die Vertretung der Unmündigen durch die Sorgeberechtigten[63].

---

58) Das hebt auch Karl Jaspers, Plato, Augustin, Kant, S.331, hervor; zum despotischen Charkter nichtrepräsentativer Demokratie Kant, Zum ewigen Frieden, S.207f.; ders., Metaphysik der Sitten, S.435; vgl. auch die treffenden Bemerkungen Isensees, Grundrechte und Demokratie, S.12f. zur "Radikaldemokratie" oder "Totaldemokratie" ohne Liberalität; wie Kant auch Kriele, Befreiung und politische Aufklärung, S.51; vgl. auch die deutliche Kritik am wohlwollenden Obrigkeitsstaat in BVerfGE 5, 85 (204f.) - KPD-Urteil; dem folgend Benda, Handbuch, S.480f.. I.d.S. auch Ernst Bloch, Naturrecht und menschliche Würde, S.204 ("autoritärer Sozialismus" - "contradictio in adjecto").

59) Scharf aber richtig Krüger, Allgemeine Staatslehre, S.592 in Fn.66, der die politische Enthaltung der Ausländer im Gastland selbstverständlich findet; i.S. des Homogenitätsprinzips klar Kelsen, Wesen und Wert der Demokratie, S.65f.; C.Schmitt, Legalität und Legitimität, S.20ff., 30ff. (u.ö.); auch Laun, Recht und Sittlichkeit, S.27; dazu Stern, Staatsrecht I, S.209; vgl. zum Ausländerwahlrecht das Gutachten von Schwerdtfeger, A 5ff., insb. A 106ff. und die Referate und Erörterungen des 53.DJT 1980; auch Schachtschneider, Sitzungsbericht L, S.148ff.; richtig Quaritsch, Einwanderungsland, S.50; ders., DÖV 1983, 1ff.; auch Kriele, Handbuch, S.143.

60) Stern, Staatsrecht I, S.209; dazu Herzog, Allgemeine Staatslehre, S.41ff., für viele; Quaritsch, Einwanderungsland, S.50; auch Schwerdtfeger, 53.DJT, A 107; Birkenheier, Wahlrecht für Ausländer, 1976, etwa S.23; umfassend zum Volksbegriff in der Ausländerproblematik mit Nachweisen BVerfG NJW 1974, 1610.

61) Schachtschneider, 53.DJT 1980, Sitzungsbericht L, S.148ff.; dazu Quaritsch, Einwanderungsland, S.53ff., der zu Recht zur Zurückhaltung mahnt; ders., DÖV 1983, 1ff.; Schwerdtfeger, 53.DJT, A 107.

62) Die gesamtdeutsche Problematik ist für unsere Thematik nicht spezifisch und darum ausgeklammert.

63) Diese Anregung danke ich einem Gespräch mit P.Erlinghagen.

## V Autonomieprinzip und Wissenschaftlichkeit des Lebens

Es wurde schon darauf hingewiesen, daß die empirisch feststellbare Realität nur in äußersten Grenzfällen die normative, zumal verfassungsgesetzliche, Bewertung des Menschen und des Menschlichen von Rechts wegen zu korrigieren geeignet ist, wenn nicht das Gesetz zur Disposition humanwissenschaftlicher Erkenntnisse aller Art gestellt werden soll. Autonomietheoretisch ist das zweifelsfrei, weil das Recht zur Autonomie das Recht zur Erkenntnis und zum Bekenntnis umfaßt und die Richtigkeit der Erkenntnisse gerade nicht rechtlich zu überprüfen erlaubt, wenn nicht das Gesetz das anordnet und damit das Recht zur Autonomie begrenzt. Richtigkeit als Ziel des Gemeinwesens ist auf das konsensuale Entscheidungsverfahren angewiesen. Wissenschaftlichkeit hat unter dem Autonomieprinzip keinen Vorrang vor der Freiheit jedes Menschen. Wissenschaftlichkeit wird erst als Bestandteil des Sachlichkeitsprinzips Maxime staatlichen Verhaltens, freilich im Rahmen der Gesetze. Demokratie als das politische System, das aus dem Recht jedermanns zur Autonomie erwächst, ist nicht eine Expertokratie; denn letztere differenziert die Macht der Menschen. Dem Volk ist durchaus zur Wissenschaftlichkeit als einem Prinzip der Aufklärung zu raten, aber gerade der Zweifel als ein Prinzip der Wissenschaftlichkeit gebietet, es bei der undifferenzierten, also gleichen Macht jedermanns im Volke zu belassen, obwohl nicht jeder die gleiche Einsicht in die menschlichen und staatlichen Verhältnisse hat. Politische Entscheidungen hängen in einem nicht hinreichend differenzierbaren Geflecht von erkennbaren Gegebenheiten, die der Wissenschaft zugänglich sind, Interessen, deren Gewichtung bereits von der individuellen oder gruppenmäßigen Zielsetzung ausgeht, und moralischen Maximen, die rechtlich wiederum individual sind, ab. Der Mensch darf im übrigen auch religiös sein, wie Art.4 GG beweist, eine sicherlich nicht wissenschaftliche oder aufklärerische Befindlichkeit. Der politische Alltag zeigt immer wieder, wie wenig wissenschaftliche Erkenntnisse, zumal diese oft kontrovers sind, die politischen Entscheidungen bestimmen. Von Rechts wegen sind letztere eben auch nur maßgeblich, wenn das Gesetz dies anordnet. Die Freiheit von wissenschaftlicher Determination wird denn auch in unserem Gemeinwesen im Prinzip und in der Regel respektiert und ist unter dem Grundgesetz zu respektieren. Der Topos 'wissenschaftlich' ist bekanntlich bestens geeignet, eine Diktatur der 'Wissenschaftler' zu tragen, wie es der sogenannte wissenschaftliche Sozialismus vorführt[64]. Dieser Topos ist nichts anderes als Herrschaftsideologie, die mit dem Autonomieprinzip gänzlich unvereinbar ist. Die Moral des Gläubigen hat unter dem Grundgesetz Anspruch auf gleiche Relevanz wie die des ungläubigen Wissenschaftlers. Die Gesetze auch und insbesondere die, die ein Menschenbild zugrundelegen, sind aus sich in juristischer Methodik zu interpretieren, nicht aber im Sinne einer Wissenschaft zu korrigieren, wenn Freiheit als Recht zur Autonomie ver-

64) Dazu etwa Popper, Die offene Gesellschaft und ihre Feinde, Bd.1, S.179ff., 228ff., Bd.2, passim.

standen werden soll. Diesen wesentlichen Freiheitsaspekt garantiert die kantische Trennung von Sollen und Sein[65]. Es ist damit eine prinzipiell metajuristische Aufgabe, wissenschaftlichen Erkenntnissen zum Durchbruch und zur Anerkennung in der Rechtsordnung zu verhelfen.

Die Autonomiefähigkeit des Menschen zu bezweifeln, ist darum unter einer Verfassung, die die Autonomie zu ihrem zentralen Prinzip erhebt, eigentlich rechtlich irrelevant. Das hat Kant bereits klargestellt[66]. Die Autonomiefähigkeit jedermanns ist also mit Verfassungsrelevanz nicht bestreitbar. Das Grundgesetz hat mit der Unantastbarkeit der menschlichen Würde jedermanns nicht nur jedermann das Recht zur Autonomie eingeräumt, sondern auch jedermanns Fähigkeit, dieses Recht wahrzunehmen, zumindest fingiert. Diese Fähigkeit in Abrede zu stellen, heißt dem 'anderen' die menschliche Würde abzusprechen. Die Autonomiefähigkeit ist vielmehr in einer Weise zu fördern, die jedem ein menschenwürdiges Dasein in Freiheit ermöglicht, damit das Gemeinwesen wahrhaft demokratisch ist. Insoweit ist die freiheitliche Demokratie auch Ziel des grundgesetzlichen Staates, welches ihm das Sozialprinzip aufgibt[67].

## Quintessenz

Quintessenz dieser Überlegungen ist, ein Einwand gegen die Autonomiebefähigung von Menschen, jedenfalls von Deutschen, ist unvereinbar mit der grundgesetzlichen Gleichheit der Deutschen in der Freiheit, die auch hinreichend gleiche reale Privatheit zu sein hat. Diese ist gemäß dem Sozialprinzip zu fördern. Rückständigkeit gegenüber diesen Prinzipien darf rechtens nicht als Argument gegen die Autonomietheorie verwendet werden. Der Einwand gegen die Autonomiefähigkeit jedermanns bestreitet zugleich das gleiche Recht jedes Deutschen zur Autonomie und verletzt damit nicht nur das Freiheits- und das Gleichheits-, sondern auch das Demokratieprinzip des Grundgesetzes.

65) Kant, Grundlegung, S.33ff.; dazu Karl Jaspers, Plato, Augustin, Kant, S.179ff., 212ff., 263ff., weitere Hinweise in Fn.17 des 3.Teils.

66) Etwa Grundlegung, S.89ff., u.ö.; beachte auch Kants, Metaphysik der Sitten, S.347, Unterscheidung des "homo phainomenon" und des "homo noumenon". In diesem Sinne stellt auch Kelsen, Wesen und Wert der Demokratie, S.78 "die ethische Illusion der Willensfreiheit" der "unentrinnbaren kausalen Gebundenheit alles menschlichen Wollens" entgegen; i.S.d. Textes auch Coing, Rechtsphilosophie, S.239; deutlich Benda, Handbuch, S.114; auch Kriele, Handbuch, S.129f.. Vgl. auch Krüger, Allgemeine Staatslehre, S.241, 283ff., dazu Fn.104. Zur Herleitung der Freiheit aus dem Sollen Karl Jaspers, Plato, Augustin, Kant, S.275ff.

67) Dazu Schachtschneider, Sozialprinzip, S.52. Deutlich Böckenförde, in: Staat, Gesellschaft, Freiheit, S.244; in diesem Sinne auch Maihofer, Handbuch, S.173ff.

## 2. Kapitel

## DIE KONSENSUALE RECHTSETZUNG

Der in der Problemstellung skizzierte staatstheoretische Einwand, der sich aus der Repräsentationstheorie H. Krügers ergibt, ist im Folgenden zu widerlegen. Er bestreitet in der Sache die Autonomietheorie als die Theorie des Staatsrechts. Die Autonomietheorie muß jedoch eine taugliche Rechtstheorie des gesamten Rechts unter dem Grundgesetz sein, weil eine Theorie der menschlichen Autonomie sich nicht auf einen privaten Bereich, in den einzuwirken dem Staat durch die Grundrechte verwehrt ist, beschränken läßt, wenn das Gemeinwesen die Menschenwürde zum obersten Konstitutionsprinzip erklärt und der Staat freiheitlich-demokratisch verfaßt ist. Autonomie ist vielmehr der Geltungsgrund allen Rechts im grundgesetzlichen Gemeinwesen. Nach der folgenden Skizze der Konsenstheorie ist darum im 3. Kapitel das Repräsentationsprinzip des Grundgesetzes autonomietheoretisch zu erläutern.

### I Die autonomietheoretische Konsenstheorie des Rechts

1. Kant erläutert im ersten Definitivartikel der Schrift 'Zum ewigen Frieden' in einer Anmerkung die rechtliche Freiheit: "R e c h t l i c h e (mithin äußere) F r e i h e i t kann nicht, wie man wohl zu tun pflegt, durch die Befugnis definiert werden: 'Alles zu tun, was man will, wenn man nur keinem Unrecht tut'. Denn was heißt Befugnis? Die Möglichkeit einer Handlung, sofern man dadurch keinem Unrecht tut. Also würde die Erklärung lauten: 'Freiheit ist die Möglichkeit der Handlungen, dadurch man keinem Unrecht tut. Man tut keinem Unrecht (man mag auch tun, was man will), wenn man nur keinem Unrecht tut': Folglich ist das leere Tautologie. 'Vielmehr ist meine äußere (rechtliche) Freiheit so zu erklären: Sie ist die Befugnis, keinen äußeren Gesetzen zu gehorchen als zu denen ich meine Beistimmung habe geben können'"[68]. Kant stellt damit die rechtliche der sittlichen

68) Zum ewigen Frieden, S.204; dazu Jesch, Gesetz und Verwaltung, S.117ff. mit weiteren Hinweisen; die

Freiheit entgegen und definiert sie als ein Rechtsverhältnis nach außen, während ja die sittliche Freiheit ein 'inneres' ethisches Prinzip ist, das der Selbstgesetzgebung, der Autonomie. Aus diesem Freiheitsprinzip folgt das "allgemeine Rechtsgesetz"[69]. Kant fügt in der Anmerkung hinzu: "Ebenso ist äußere (rechtliche) Gleichheit in einem Staate dasjenige Verhältnis der Staatsbürger, nach welchem keiner dem anderen wozu rechtlich verbinden kann, ohne daß er sich zugleich dem Gesetze unterwirft, von diesem wechselseitig auf dieselbe Art auch verbunden werden zu können"[70].

2. Das Problem der Autonomie ist das Problem der rechtlichen Bestimmung des Menschen, also das der Rechtsetzung. Autonomietheorie ist darum, wie schon hervorgehoben, notwendig Rechtstheorie. Die Autonomietheorie beantwortet die Frage danach, wer das Recht setzt, welches die Freiheit begrenzt. Das ist autonomierechtlich prinzipiell der freie, zur Autonomie berechtigte Mensch selbst. Keinesfalls ist es Anliegen der Autonomietheorie, ein für den Mitmenschen nicht akzeptables Willkürprinzip zu etablieren, wie manche das Freiheitsprinzip des Art.2 Abs.1 GG mißverstehen[71]. Freiheit regelt, so gesehen, ein Kompetenzproblem, nämlich das der Kompetenz, Maximen oder Zwecke des Verhaltens zu setzen. Als Rechtstheorie ist die Autonomietheorie zugleich Staatstheorie, jedenfalls die eines Rechtsstaates. Nicht von ungefähr stammt der Begriff des Rechtsstaates von Kant und ist als solcher vom Grundgesetz übernommen[72], ein weiterer Beleg für die These, die kantische Autonomietheorie sei vom Grundgesetz zugrundegelegt.

Die sub 1. zitierte Anmerkung Kants gibt nicht nur den Begriff der rechtlichen Freiheit, wie ihn auch das Bundesverfassungsgericht versteht, daß man nämlich tun dürfe, was man wolle, allerdings nur in den Grenzen der Rechte anderer (eingeschlossen hier die Rechte des staatlichen Gemeinwesens)[73], sondern auch

---

kantische Quelle zieht auch Suhr, Entfaltung, S.60 für das Verständnis der rechtlichen Freiheit bei Kant heran; dazu auch Maihofer, Rechtsstaat und menschliche Würde, S.17ff., 20, der das ganze Recht umfassend vom notwendigen "Sozialkontrakt" spricht; ders., Handbuch, S.178, 182; dieses "Prinzip der Freiheit" ist auch bei Kelsen, Wesen und Wert der Demokratie, S.60f. zugleich "Prinzip der radikalen Demokratie"; darauf bezieht sich der Sache nach auch Isensee, Subsidiaritätsprinzip, S.272; dazu auch in diesem Sinne auch Denninger, Rechtsperson, S.299ff.; vgl. dazu Karl Jaspers, Plato, Augustin, Kant, S.267f.; dazu auch Vogel, VVDStRL 24 (1966), S.137ff.; dazu auch Geismann, Ethik, S.50ff., 67f.

69) Kant, Metaphysik der Sitten, S.338: "Also ist das allgemeine Rechtsgesetz: Handle äußerlich so, daß der freie Gebrauch deiner Willkür mit der Freiheit von jedermann nach einem allgemeinen Gesetze zusammen bestehen könne, ...".

70) Zum ewigen Frieden, S.204.

71) Typisch Säcker, Grundprobleme, S.22ff.; dazu Fn.117 des 3.Teils. Wohl richtig, wenn auch nicht ganz eindeutig, Geismann, Ethik, S.65ff.

72) Kant, Metaphysik der Sitten, S.431 ("Ein Staat (civitas) ist die Vereinigung einer Menge von Menschen unter Rechtsgesetzen").
Maihofer, Rechtsstaat und menschliche Würde, S.61ff.; Marcic, Geschichte der Rechtsphilosophie, S.307, Zitat in Fn.44 sub 3.Teil, 3.Kap., I, S.108.

73) Seit BVerfGE 6, 32 (36f.) st. Rspr., etwa BVerfGE 20, 150 (154ff.); dazu kritisch Suhr, Entfaltung, S.51ff.; kritisch auch Hesse, Verfassungsrecht, S.171ff. mit Hinweisen. Zur Interpretation des Art.2 Abs.1 GG auch das 4.Kap. des 3.Teils, S.116ff.

eine Klärung des Verhältnisses der Freiheit zur Rechtsetzung, die unter freien und in der Freiheit gleichberechtigten Menschen nach Kant demokratisch sein muß[74]. Kant kritisiert ja nicht das Verständnis der rechtlichen Freiheit als der Befugnis zu tun, was man wolle, sondern die definitorische Einbindung der Grenze dieser allgemeinen Handlungsfreiheit, nämlich, daß man keinem Unrecht tun dürfe. Die Definition ist jedoch nicht tautologisch; denn ihr Inhalt steckt in dem Teilwörtchen "Un". Den Inhalt gibt Kant selbst an, indem er Freiheit als die Befugnis erklärt, nur Gesetzen gehorchen zu müssen, denen man zugestimmt habe. Damit rekurriert Kant auf Autonomie und Konsens. Das "Unrecht", das man nicht tun dürfe, also die Grenze zwischen dem Recht und dem Unrecht geben die Gesetze. Gesetze verpflichten den Menschen aber nur, wenn er ihnen 'zugestimmt' hat. Der Mensch beschränkt seine Freiheit, zu tun, was er will, indem er sich durch einen rechtlich willkürlichen, ethisch autonomen Rechtsakt bindet. Das führt zur Theorie vom "ursprünglichen Vertrag" (dem "Sozialkontrakt"), der nach Kant "das Prinzip aller Rechte ist"[75], und zum Konsensprinzip im Sinne der praktisch allein möglichen[76] potentiellen Anerkennung der staatlichen Gesetze durch das Volk, die durch die Gestaltung des Repräsentationssystems realer Anerkennung soweit als möglich nahe gebracht wird[77]. Kant formuliert dafür mehrfach den "Probierstein": "Was das Volk nicht über sich selbst beschließen kann, das kann der Gesetzgeber auch nicht über das Volk beschließen"[78].

Das 'äußere Gesetz' kann ein Vertrag zwischen zwei Menschen oder ein staatliches Gesetz sein, das entweder ein Gemeinschaftsvertrag aller Menschen im

---

74) Etwa Metaphysik der Sitten, S.432. Das will Geismann, Ethik, S.54ff., 70ff. nicht recht wahr haben; richtig dagegen Ritter, Der Rechtsgedanke, u.a. S.295.

75) Zum ewigen Frieden, S.204, 205 in der schon teilweise im Text zitierten Anmerkung; ders., Über den Gemeinspruch, S.153; ders., Der Streit der Fakultäten, S.364; vgl. Karl Jaspers, Plato, Augustin, Kant, S.330; klar Rawls, Theorie der Gerechtigkeit, S.283, 612, passim; i.d.S. prinzipiell auch Vogel, VVDStRL 24 (1966), S.137ff., realisiert mittels der Sittlichkeit der Repräsentanten; deutlich i.d.S. Dreier, Recht-Moral, Ideologie, S.299f.; dazu Marcic, Geschichte der Rechtsphilosophie, S.271ff.; ders., Rechtsphilosophie, u.a. S.208ff. tiefgreifend und vorsichtig zum Konsensprinzip auf der Grundlage objektivistischer Stufenordnung der Normen i.S. der Wiener Schule; es darf nicht überraschen, daß auch der Marxismus die Konsenstheorie ablehnt, vgl. Ernst Bloch, Naturrecht und menschliche Würde, S.215ff.; vgl. Fraenkel, Pluralismus, 45.DJT, Bd.II B17; eher zustimmend Kelsen, Wesen und Wert der Demokratie, S.65, 67, der durchgehend den Kompromißgedanken hervorhebt; Maihofer, Handbuch, S.178.
Hinweise auch in Fn.en 215, 297 des 7.Teils.

76) Dazu die Hinweise in Fn.93.

77) Maihofer, Rechtsstaat und menschliche Würde, S.17ff, 20, 130f. i.S. der Prinzipien der Gegenseitigkeit und der Allseitigkeit; ders., Handbuch, S.182; vgl. auch (kritisch) Marcic, Geschichte der Rechtsphilosophie, S.271ff., der die Vertragstheorien zutreffend als Anerkennungstheorien kennzeichnet; auch Adomeit, Rechtsquellenfragen, S.41; Dreier, Recht-Moral, Ideologie, S.299f.; dazu i.d.S. auch J.Rawls, Eine Theorie der Gerechtigkeit, S.251ff., 256; Achterberg, NJW 1978, 1994; auch Denninger, Rechtsperson, S.303ff. mißt einem "möglichst weitgehenden Konsens überragende Bedeutung" zu; Schachtschneider, JA 1979, 514; vgl. dazu insb. zur Entwicklungsgeschichte Jesch, Gesetz und Verwaltung, S.117ff.; in diesem Sinne auch Kelsen, Wesen und Wert der Demokratie, passim, etwa S.65; vorsichtig auch Vogel, VVDStRL 24 (1966), S.137ff. mit Hinweisen.

78) Kant, Über den Gemeinspruch, S.153, 162; ders., Was ist Aufklärung?, S.58; ders., Metaphysik der Sitten, S.450; deutlich wie hier Dreier, Recht-Moral, Ideologie, S.299f.; ähnlich Maihofer, Handbuch, S.1415.

Gemeinwesen ist oder auf dem genannten den Staat begründeten "ursprünglichen Vertrag"[79] beruht. "Ein Staat (civitas) ist die Vereinigung einer Menge von Menschen unter Rechtsgesetzen"[80]. "Die gesetzgebende Gewalt kann nur dem vereinigten Willen des Volkes zukommen. Denn, da von ihr alles Recht ausgehen soll, so muß sie durch ihr Gesetz schlechterdings niemand Unrecht tun können. Nun ist es, wenn jemand etwas gegen einen anderen verfügt, immer möglich, daß er ihm dadurch Unrecht tue, nie aber in dem, was er über sich selbst beschließt (denn volenti non fit iniuria)[81]. Also kann nur der übereinstimmende und vereinigte Wille aller, sofern ein jeder über alle und alle über einen jeden ebendasselbe beschließen, mithin nur der allgemein vereinigte Volkswille gesetzgebend sein"[82].

Autonomie ist der Grund der Bindung des einzelnen. Der Konsens (der Privaten) gewinnt aus dieser Autonomie Verbindlichkeit und stimmt zugleich die Zwecke der vielen aufeinander ab, die sich vertragen und dadurch die friedliche Verwirklichung ihrer Zwecke, die nun gemeinsame Zwecke sind, ermöglichen. Der Staat dient den allseitigen Interessen und gründet deshalb im Vertrag. Vertragstheorie ist als Autonomietheorie zu begreifen.

## II Konsensprinzip und staatliche Rechtsetzung

1. Staatstheoretisch kontrovers ist, wie gesagt, die staatliche Rechtsetzung, die jedoch nicht weniger auf dem Konsensprinzip beruht als die private. Nach dem Prinzip der demokratischen Volkssouveränität geht alle Staatsgewalt vom Volke aus. Das Volk soll nach Art.20 Abs.2 S.1 GG die Staatsgewalt nicht nur durch Wahlen, die auch Machtausübung sind, sondern auch durch Abstimmungen in Sachfragen ausüben[83]. Die Abstimmungen sind allein durch das Grundgesetz determiniert, das

---

79) Wie Fn.75; die Vertragstheorie (Rousseaus und Fichtes) verwirft in seiner Staatstheorie konsequent Hegel, Grundlinien der Philosophie des Rechts, S.258 (S.238f.) als "Willkür" ... der "Einzelnen im Staat"; abweisend der Marxismus, vgl. Ernst Bloch, Naturrecht und menschliche Würde, S.215ff.; zur autonomietheoretischen Normtheorie Adomeit, Rechtsquellenfragen, S.87ff. mit Hinweisen und substanzloser Kompetenztheorie.

80) Metaphysik der Sitten, S.432f.. So auch für die Gegenwart Maihofer, Handbuch, S.206 m.w.H.

81) Diesen Satz, der "nicht auf Gerechtigkeit" gerichtet sei, greift scharf an Schmidt-Rimpler, F. Raiser, S.22, ebenso den dazugehörigen 'stat pro ratione voluntas' (a.a.O., S.19), weil er den Begriff des "Unrechts" material versteht, obwohl er weiß, daß "objektive Gerechtigkeit" "für den Menschen mangels fester Kriterien nicht feststellbar" ist (a.a.O., S.11); seine Dogmatik ist darum widersprüchlich; dem folgend Landau, Begrenzung, S.106ff.; den Satz legt auch Vogel, VVDStRL 24 (1966), S.137ff. seinen Überlegungen zum Gesetzesbegriff zugrunde.

82) Metaphysik der Sitten, S.432; dazu wie hier Dreier, Recht-Moral, Ideologie, S.299f. mit weiteren Hinweisen in Fn.79. Aus dem personalen leitet auch Vogel, VVDStRL 24 (1966), S.137ff., das materiale, durch Vertretung zu realisierende, Allgemeinheitsprinzip als prinzipiellen Geltungsgrund des Rechts her.

83) Meyer, Wahlsystem und Verfassungsordnung, S.83ff., 124ff.; Grimmer, Demokratie und Grundrechte, S.186; Maunz, Maunz/Dürig/Herzog/Scholz, Rdn.33ff. zu Art.38 GG; Herzog, Maunz/Dürig/Herzog/Scholz, Rdn.42 zu Art.20 GG; Schachtschneider, JA 1979, 514.

demokratiedogmatisch der Grundkonsens des Volkes für sein Gemeinwesen ist[84] und dessen Begrenzungen der menschlichen Autonomie und der Staatsgewalt hinreichen sollen, der Minderheit sogar eine Herrschaft durch die Mehrheit erträglich zu machen. Das Recht zur Autonomie des Privaten und damit dessen Recht zur Beliebigkeit als der äußeren Freiheit sind somit unter dem Grundgesetz demokratische Positionen[85]. Ohne weitere verfassungsgesetzliche Regelung hat das Volk die Gesetzgebungsmacht auszuüben. Das ist unpraktisch[86]. Repräsentation ist darum das einzig mögliche Verfahren (noch) konsensualer Willensbildung, wenn und insoweit der Grundkonsens nicht verletzt wird. Repräsentierendes Verhalten der Repräsentanten ist in dem Konsens zur Wahl von Repräsentanten eingeschlossen. Der Verlust an Autonomiemöglichkeiten des Menschen dadurch, daß das Vertragsprinzip durch das Repräsentationsprinzip substituiert wird, muß mittels einer Begrenzung der Staatszwecke gemildert werden. Das ist die Aufgabe für eine freiheitlich-demokratische Staats- und insbesondere Grundrechtsdogmatik[87].

2. In einem volkreichen Gemeinwesen muß also das Konsensprinzip weitestgehend als Repräsentations-, nicht etwa als Mehrheitsprinzip gestaltet werden[88]. Die

---

84) Klar, Fraenkel, Pluralismus, S.B 8, 21, u.ö.; Leibholz, Freiheitlich-demokratische Grundordnung, S.134; v.Simson, VVDStRL 29 (1971), S.13, 32, 39; Walter, daselbst, Aussprache, S.91; Stern, Staatsrecht I, S.469 mit weiteren Hinweisen; Scheuner, Konsens und Pluralismus, S.61; Isensee, NJW 1977, 546 ("Die Verfassung enthält den ethischen Grundkonsens der Nation"); Schachtschneider, JA 1979, 514, 516; Kriele, Handbuch, S.132f.

85) Ganz i.d.S. Fraenkel, Selbstbestimmung, 1960; ders., Pluralismus, 45.DJT, Bd.II, S. B 14ff., 21ff. sub III, IV zu Rousseau u. C.Schmitt, u.a.

86) Nach Kant, Zum ewigen Frieden, S.206ff. notwendig despotisch (vgl. Fn.147 des 6.Teils); ders., Über den Gemeinspruch, S.143ff., 152, 153ff.; dazu richtig Vogel, VVDStRL 24 (1966), S.138ff.; vgl. dazu auch im 3.Kap., S.159ff.; Kelsen, Wesen und Wert der Demokratie, S.9f., 55; ders., Staatsform und Weltanschauung, S.10f.

87) Dahin geht u.a. der Versuch von Grabitz, Freiheit und Verfassungsrecht, S.94ff., 248, passim ("Je freier der Gesetzgeber ist, den Zweck seiner Normsetzung zu bestimmen, desto schwächer wirkt das Übermaßverbot").

88) Ganz i.d.S. Kant, Zum ewigen Frieden, S.206ff.; ders., Über den Gemeinspruch, S.143ff., 152f., 153ff.; "Wenn also das erstere (sc. daß alle "zusammenstimmen") von einem ganzen Volk nicht erwartet werden darf, mithin nur eine Mehrheit der Stimmen und zwar nicht der Stimmenden unmittelbar (in einem großen Volke), sondern nur der dazu Delegierten, als Repräsentanten des Volkes, dasjenige ist, was allein man als erreichbar voraussehen kann: so wird doch selbst der Grundsatz, sich diese Mehrheit genügen zu lassen, als mit allgemeiner Zustimmung, also durch einen Kontrakt, angenommen, der oberste Grund der Errichtung einer bürgerlichen Verfassung sein müssen", a.a.O., S.152f.; dazu Karl Jaspers, Plato, Augustin, Kant, S.229f.; Krüger, Allgemeine Staatslehre, S.232ff., 283ff.; Kriele, VVDStRL 29 (1971), S.46ff., 68ff.; ders., Staatslehre, S.188ff.; ders., Handbuch, S.150f. Für das Mehrheitsprinzip: BVerfGE 1, 299 (315); 29, 154 (165), "fundamentales Prinzip der Demokratie"; 2, 1 (12f.); insb. 5, 85 (197ff.), Bestandteil der freiheitlich-demokratischen Grundordnung; Kelsen, Wesen und Wert der Demokratie, S.8ff., 23, 26ff., 53ff.; Scheuner, Das Mehrheitsprinzip in der Demokratie, 1973; Leibholz, Begriff und Wesen der Demokratie, S.150; Herzog, Maunz/Dürig/Herzog/Scholz, Rdn.14-16 zu Art.20 GG; Stern, Staatsrecht I, S.458ff. mit weiteren Hinweisen; Maihofer, Handbuch, S.182 (mit Rousseau); auch Zeidler, Handbuch, S.563f.; Benda, Handbuch, S.1351. Vgl. auch Schachtschneider, JA 1979, 513ff. sub C mit weiteren Hinweisen; Pestalozza, NJW 1982, 1571ff. i.S. höherrangiger Legitimität direkter Volksentscheidungen; ders., Der Popularvorbehalt, 1981; vgl. auch v.Simson, VVDStRL 29 (1971), S.4ff.; auch die Aussprache, daselbst, S.85ff.; auch Jesch, Gesetz und Verwaltung, S.117ff.; Marcic, Rechtsphilosophie, S.148, 230; vgl. auch BVerfGE 44, 125 (141f.). Im Sinne des Mehrheitsprinzips schon Locke: "Own consent"

Parteiendemokratie läßt das Repräsentationsprinzip zu einem Mehrheitsprinzip entarten[88a]. Eine Mehrheitsherrschaft begünstigt die Nivellierungen der Unterschiede der Menschen und gefährdet deren Freiheit. Das ist den Minderheiten nur zuzumuten, wenn ihnen soweit als möglich zugestanden bleibt, ihre Verhältnisse privat zu ordnen[89]. Ein Mehrheitsprinzip erzwingt prinzipiell, die private der staatlichen Lebensbewältigung vorzuziehen, ohne daß hierfür in dieser Arbeit, wenn überhaupt, eine dogmenfähige kompetenzielle Grenzziehung des Staatlichen entwickelt werden kann. Eine solche wäre von der weitgehenden Offenheit der Staatszwecke unter dem Grundgesetz bestimmt, so daß auch das Verhältnismäßigkeitsprinzip dem 'totalen' Staat keine unüberwindlichen Barrieren entgegenzustellen vermöchte. Jedenfalls muß eine substantielle Privatheit gewahrt sein, die den Deutschen Möglichkeiten zur unterschiedlichen Entfaltung auch im Ökonomischen läßt[90]. Auch im Sinne eines solchen wegen der parteiendemokratischen Realität der Repräsentation notwendigen Minderheitenschutzes ist Art.2 Abs.1 GG[91] zu interpretieren. Trotz ihrer Begrenzbarkeit muß den Deutschen, wie schon hervorgehoben, eine rechtliche Freiheit von Substanz bleiben[92].

ist "the consent of the majority, giving it either by themselves, or their representatives chosen by them", siehe Jesch, a.a.O., S.117ff.

88a) Zum Mehrheitsprinzip vgl. die Hinweise in Fn.en 88, 122 und den Text im 3.Kap., III, S.163ff.. Zur Parteiendemokratie für viele Leibholz, u.a. in: Strukturwandel der modernen Demokratie, S.146, 178ff., Wesen der Repräsentation, passim; Der moderne Parteienstaat, in: Verfassungsstaat - Verfassungsrecht, S.68ff.; dazu mit weiteren Hinweisen insb. in Fn.44 Grimm, Handbuch, S.317ff., 331ff.; dazu auch Schachtschneider, JA 1979, 516f.; im Textsinne insb. Maihofer, Handbuch, S.1412ff.. Zur Rolle der Parteien in der freiheitlichen Demokratie schon problematisch BVerfGE 2, 1 (10ff.); 5, 85 (133ff.). Auf die Parteienfrage kann in dieser Arbeit nicht näher eingegangen werden.

89) In diesem Sinne etwa Fraenkel, Pluralismus, 45.DJT, II.Bd., S. B 6. Durchaus in diesem Sinne auch BVerfGE 5, 85 (197): "Freiheit der Mitbestimmung ist nur möglich, wenn die Gemeinschaftsentscheidungen - praktisch Mehrheitsentscheidungen - inhaltlich jedem das größtmögliche Maß an Freiheit lassen, mindestens aber ihm stets zumutbar bleiben." Auch Leibholz, VVDStRL 29 (1971), S.105; auch Münch, daselbst, S.109; u.a.

90) In diesem Sinne Burmeister, WiR 1972, 343ff. für die Wirtschaft; ihm folgend Grupp, ZHR 140 (1976), S.379f., der dafür Art.12 und 14 GG bemüht, ohne das hinreichend dogmatisch zu begründen. I.d.S. BVerfGE 27, 1 (6ff.); 38, 281 (298); vgl. auch Hesse, Verfassungsrecht, S.173.

91) Dazu im 3.Kap., III, S.163ff.; zum Minoritätenschutz als Funktion der Grund- und Freiheitsrechte und der Verfassungsgerichtsbarkeit insb. Kelsen, Wesen und Wert der Demokratie, S.53f., 75f.; auch Krüger, Allgemeine Staatslehre, S.536; i.d.S. auch Zeidler, Handbuch, S.563f.; Benda, Handbuch, S.1351; so schon BVerfGE 5, 85 (197ff.).

92) St.Rspr., etwa BVerfGE 6, 32 (41); 21, 1 (6ff.); 38, 281 (298); vgl. auch Fn.53.

3. Kapitel

# DAS AUTONOMIETHEORETISCHE REPRÄSENTATIONSSYSTEM DES VOLKES NACH DEM GRUNDGESETZ

## I Die vertretungsrechtliche Dogmatik der Repräsentation

Das grundgesetzliche System der Staatswillensbildung rückt die Gesetzgebung so weit vom Vertragsprinzip ab, als es praktisch unumgänglich erscheint[93]. Die gegebenenfalls mehrfache Vermittlung des Volkes bei der Gesetzgebung ist dabei unvermeidbar. Art.20 Abs.2 S.2 GG wird überwiegend als Entscheidung für ein antiplebiszitäres Repräsentationsprinzip verstanden[94]. Die grundgesetzliche Wort

---

93) BVerfGE 1, 299 (315); 29, 154 (165); Kelsen, Wesen und Wert der Demokratie, S.8ff., 24f., 27ff., 53ff. (zum Parlamentarismus als "notwendigem Kompromiß zwischen der primitivierenden Idee der politischen Freiheit und dem Prinzip differenzierender Arbeitsteilung"); ders., Staatsform und Weltanschauung, S.11; Herzog, Maunz/Dürig/Herzog/Scholz, Rdn.14, 61ff. zu Art.20 GG mit Hinweisen in Fn.2 zu Rdn.62; Stern, Staatsrecht I, S.452, 458f., 750ff.; Scheuner, Das repräsentative Prinzip in der modernen Demokratie, F. Huber, S.222ff.; v.Simson, VVDStRL 29 (1971), S.31; Kriele, daselbst, S.52f., auch S.108, 131; ders., (kritisch), Staatslehre, S.165ff., 228ff., 238ff., 240ff., 318ff., der insofern von einer "Souveränitätsdemokratie" oder "Identitätsdemokratie" spricht, der er den "demokratisierten" "parlamentarischen Verfassungsstaat" gegenüberstellt; Leibholz, Das Wesen der Repräsentation, 1929; ders., VVDStRL 24 (1966), S.8; ders., Freiheitlich-demokratische Grundordnung, S.135; ders., Strukturwandel, S.104; Achterberg, NJW 1978, 1993f. mit Hinweisen auf die politologische Repräsentationstheorie in Fn.1; Maier, Die politische Wissenschaft in Deutschland, S.186 (Repräsentation ist "ein defizienter Modus unmittelbarer Volksherrschaft"); Schachtschneider, JA 1979, 517f.; zur Repräsentation grundlegend C.Schmitt, Verfassungslehre, S.209; Leibholz, a.a.O.; Krüger, Allgemeine Staatslehre, §18, S.232ff. mit Hinweisen, der diese Deutung der Repräsentation als "Notbehelf" zurückweist (a.a.O., S.235ff., 249f.); i.d.S. auch Kant, Zum ewigen Frieden, S.206ff. (nichtrepräsentative Demokratie ist notwendig despotisch); ders., Über den Gemeinspruch, S.152f. (wörtliches Zitat in Fn.88), auch S.153ff.; Kriele, Staatslehre, S.224ff., 240ff. kritisiert ebenfalls die "Identitätsdemokratie".
Zur Theorie der Mehrheitsentscheidung etwa Marcic, VVDStRL 29 (1971), Aussprache, S.101, insb. im Sinne der Richtigkeitsgewähr der Mehrheitsentscheidung; so auch ders., Rechtsphilosophie, S.148, 230 (gestützt auf Aristoteles); so auch Dürig, VVDStRL 29 (1971), S.126f.; dagegen Leibholz, a.a.O.; Kelsen, a.a.O., S.98ff.; Schachtschneider, a.a.O.; dazu Stern, Staatsrecht I, S.459 mit Hinweisen.
Dazu auch oben zu Fn.88.

94) Stern, Staatsrecht I, S.451ff., 455f., 749ff. m.H.; Herzog, Maunz/Dürig/Herzog/Scholz, Rdn.37, 42 zu Art.20 GG; Grimm, Handbuch, S.332; Schneider, Handbuch, S.252ff.; das dürfte dem kantischen Repräsentationsprinzip nahekommen, Zum ewigen Frieden, S.206ff., der auch den umfassenden Konsens des

wahl in Art.38 Abs.1 S.2 GG trifft die Sache: 'Repräsentation' ist aus dem Vertragsprinzip heraus als Vertretung zu begreifen[95]. Mit dem Wort "Vertreter" ist der herkömmliche aus dem Zivilrecht geläufige Begriff des Vertretungsrechts benutzt. Dem Vertreter ist es nach § 164 Abs.1 BGB möglich, den Vertretenen zu binden, wenn er in dessen Namen handelt und Vertretungsmacht hat.

Auch die Abgeordneten haben (in ihrer Gesamtheit als Parlament) Vertretungsmacht. Sie sind freilich "Vertreter des ganzen Volkes". Das müssen sie sein, weil die Gesetze, die sie verabschieden, das ganze Volk binden. Die Abgeordneten unterscheiden sich hinsichtlich der Verbindlichkeit der Vertreterentscheidungen für den Vertretenen nicht deswegen von dem zivilrechtlichen Vertreter des Vertretungsrechts, weil sie "an Aufträge und Weisungen nicht gebunden und nur ihrem Gewissen unterworfen" sind (Art.38 Abs.1 S.2 GG). Diese Entscheidung gegen das 'imperative Mandat'[96] ist schon aus praktischen Gründen zwingend, wenn die Abgeordneten überhaupt "Vertreter des ganzen Volkes" sein können sollen, weil Aufträge und Weisungen vom gesamten Volk gegeben werden müßten. Das ist undurchführbar[97] und dieser Sachzwang begründet das Repräsentationsprinzip. Plebiszite bringen aber auch die konsenswidrige Überstimmung der Minderheit mit sich. Daß die Abgeordneten weder an Aufträge oder Weisungen ihrer Parteien oder ihrer Fraktionen, von Lobbyisten oder von sonst jemanden gebunden sein dürfen[98], folgt schon aus ihrer Vertreterfunktion[99]. Der gesamte

---

Volkes nicht für erreichbar hält, Über den Gemeinspruch, S.152f., vor allem bezieht sich jedoch die Repräsentation auf die Regierungsform; dazu Karl Jaspers, Plato, Augustin, Kant, S.329f.. Dagegen Schachtschneider, JA 1979, 514; ders., JR 1970, 408; dagegen auch Pestalozza, NJW 1982, 1571ff.; weitere Hinweise in Fn.93; zum 'antiplebiszitären' Repräsentationsprinzip, das in der öffentlichen Diskussion im Parlament die größte Gewähr richtiger Entscheidungen sieht, vor allem C.Schmitt, Die geistesgeschichtliche Lage des heutigen Parlamentarismus, 2.Aufl.1926, insb. S.37f.; dazu kritisch Kriele, Legitimationsprobleme, S.24ff.; ders., Staatslehre, S.165ff., 224ff. und 240ff., der aber eigentlich auch nur mit den praktischen Zwängen argumentiert (S.244ff.). Zum Ganzen wesentlich Krüger, Allgemeine Staatslehre, S.232ff., 275ff., 283ff.

95) Vorsichtig Herzog, Maunz/Dürig/Herzog/Scholz, Rdn.62 zu Art.20 GG, der zwischen mittelbarer und repräsentativer Demokratie unterscheidet und die mittelbare dadurch kennzeichnet, daß die Staatsorgane "im Namen des Volkes" handeln; Fuß, DÖV 1956, 572ff., will das Vertretungsrecht bei Verhalten staatlicher Einheiten ultra vires heranziehen; Kriele, Staatslehre, S.241, "Repräsentation" "Sonderfall der Vertretung", aber "nicht kraft privatrechtlicher Allmacht, sondern kraft organisationsrechtlicher Kompetenzzuweisung", welches ist der Unterschied?, S.320f.: "Der Abgeordnete ist gewissermaßen der Anwalt des Volkes mit Generalvollmacht, er hat im Namen und Interesse des Volkes zu plädieren und Anträge zu stellen. Die Vertretungsmacht wird ihm durch die Wahl erteilt."; ders., i.d.S., Handbuch, S.150; Schneider, Handbuch, S.253; gegen das vertretungsrechtliche Verständnis Stern, Staatsrecht I, S.751, 752f.; Maunz, Maunz/Dürig/Herzog/Scholz, Rdn.1 zu Art.38 GG; Krüger, Allgemeine Staatslehre, S.234ff.; Kelsen, Wesen und Wert der Demokratie, S.30f. (weil kein imperatives Mandat), u.a.

96) Herzog, Maunz/Dürig/Herzog/Scholz, Rdn.66 zu Art.20 GG; Stern, Staatsrecht I, S.753f., 828, 841ff. mit Hinweisen in Fn.100; Krüger, Allgemeine Staatslehre, S.618; Schachtschneider, JA 1979, 514; BVerfGE 40, 296 (314). Dazu auch Schneider, Handbuch, S.254f., 256f.

97) Herzog, Maunz/Dürig/Herzog/Scholz, Rdn.40 zu Art.20 GG; Stern, Staatsrecht I, S.452; so auch klar Kriele, Staatslehre, S.250ff.. Diesen Gesichtspunkt stellt Kelsen, Wesen und Wert der Demokratie, S.30ff. nicht in Rechnung. Das mißachtet das Politiker- und Journalistengeschwätz vom "Wählerauftrag", das die Verfassung verbiegt und damit die Verfassungsmoral zerrüttet.

98) Stern, Staatsrecht I, S.843ff.

99) Insoweit ähnlich Kriele, Staatslehre, S.241; ders., Handbuch, S.150; in diesem Sinne auch Maihofer,

Satz 2 dieses Art.38 Abs.1 GG ist rechtlich deklaratorisch. Die Regelung ergibt sich bereits aus der Abordnung von Menschen in das gesetzgebende Organ des Volkes. Die Unterworfenheit unter das Gewissen ist die einzige Alternative zum (nicht durchführbaren) imperativen Mandat des Volksvertreters, weist aber auch auf die sittliche Verpflichtung des Abgeordneten hin. Das grundgesetzliche Repräsentationsprinzip ist konsensual, d.h. eine Art des Volkskonsenses, nicht wesentlich aliud zu diesem.

H. Krügers Repräsentationstheorie, nach der der Abgeordnete ein "anderer" und "besserer" sei als sein Wähler[100)], ist aus Art.38 Abs.2 GG nicht ohne weiteres herauszulesen. Sie basiert auf seiner Staatstheorie, die dem Staat mehr als bloß instrumentellen Charakter für die Zwecke des Menschen zumißt[101)], den Staat als "Wert an sich selbst" sieht[102)], der das "Richtige" bewirke[103)]. Wenn Krüger die grundgesetzliche Entscheidung für die Demokratie nicht ad absurdum führen will, muß zu den Organen, die das "Richtige" hervorbingen, auch das Volk gehören[104)], jedenfalls die Wähler, diese nicht in ihrem "natürlichen", sondern in ihrem "besseren" Ich[105)]. Krüger vermag darum die Geheimheit der Wahlentscheidung des einzelnen Wählers, immerhin in Art.38 Abs.1 GG selbst verankert und Teil der freiheitlich-demokratischen Grundordnung[106)], in seiner Repräsentationstheorie nicht einzuordnen und nur aus praktischen Erfahrungen hinzunehmen[107)]. Diese Geheimheit schützt jedoch die Autonomie der Wähler; sie sichert die Unvorwerfbarkeit der Wahlentscheidung[108)], die rechtlich ein Akt der Willkür ist[109)],

---

Handbuch, S.1412ff., der an das notwendige Ethos der Repräsentanten erinnert.

100) Allgemeine Staatslehre, S.234ff., 252f., 307, 618, Hervorhebung bei Krüger; ders., VVDStRL 33 (1975), S.145; dem folgt vorsichtig Stern, Staatsrecht I, S.750, 843. Kritisch zu derartigem Repräsentationsverständnis Schneider, Handbuch, S.253, der freilich H.Krüger nicht einmal erwähnt.

101) Krüger, Allgemeine Staatslehre, etwa S.196f., 677f.

102) Krüger, Allgemeine Staatslehre, S.677f.

103) Krüger, Allgemeine Staatslehre, S.92f., 236ff., 250, 280ff., 283ff., 833ff.; Kritik an Krügers qualitativer (materialer) Allgemeinheit des Staatlichen Scholz, Koalitionsfreiheit, S.308f.; vgl. auch Denninger, Rechtsperson, S.300ff.; ähnlich Krüger, Kriele, VVDStRL 29 (1971), S.69; Isensee, NJW 1977, 546 ("sittliche Läuterung des Volkswillens").
Zur Problematik der 'Richtigkeit' von Mehrheitsentscheidungen vgl. auch die Hinweise in Fn.en 93, 124.

104) Krüger, Allgemeine Staatslehre, S.238ff., 241 ("Der Wähler ist nicht etwa als der Mensch gedacht, der er von Natur ist", der "Mensch als Vernunftwesen" tritt "sich selbst als sinnlichem Wesen" gegenüber; das ist kantisch, nur wenn Krüger ethische zu rechtlichen Pflichten erhebt, verkennt das das Prinzip der Autonomie); Krüger zur Unterscheidung von Menge und Volk, a.a.O, S.247ff., vgl. auch S.250ff.; Krügers Repräsentationslehre stößt sich an der (empirischen) Wirklichkeit des Menschen und an der (normativen) Allgemeinheit des aktiven und passiven Wahlrechts.

105) Krüger, Allgemeine Staatslehre, S.249.

106) BVerfGE 11, 351 (360) für die Gleichheit der Wahl.

107) Krüger, Allgemeine Staatslehre, S.251; ebenso schon C.Schmitt, Verfassungslehre, S.244ff.

108) Maunz, Maunz/Dürig/Herzog/Scholz, Rdn.54 zu Art.38 GG; auch Martens, Öffentlich als Rechtsbegriff, S.62.

109) Nach Krüger, Allgemeine Staatslehre, S.283ff. muß das Mehrheitsprinzip um der repräsentierenden Funktion willen "gerade nicht jeden beliebigen, sondern nur einen richtigen Inhalt" des Gesetzes hervorbringen; Krüger, a.a.O., S.251, sieht den Einwand selbst, daß die "Isolierung in der Wahl-

wenn sie auch ethisch das sittliche Prinzip der Autonomie (durchaus im Sinne der krügerschen Pflicht zur Verallgemeinerung) zu wahren hat. Krüger differenziert nicht zwischen der sittlichen Pflicht und der Rechtspflicht[110]. Deren Unterschied bestimmt die hier skizzierte autonomietheoretische Repräsentationstheorie.

## II Gesetzes- und Vertragsbindung als Selbstverpflichtung aus Sittlichkeit

Das staatliche Gesetz ist ein Gesetz des Volkes, eine Bindung, die die Deutschen, i.d.R. durch Vertreter vermittelt, selbst eingehen. In der Dogmatik der freiheitlichen Demokratie des Grundgesetzes ist es eine selbstbestimmte Bindung eines jeden Deutschen in seiner Willkür, eine Verpflichtung, die er einlösen muß, wenn er mit den Mitmenschen in einer staatlich verfaßten Gemeinschaft leben will. Diese Verpflichtung ist die Bedingung des menschlichen Zusammenlebens, durchaus im Sinne der Grenzziehung der jeweiligen Autonomiebereiche der Menschen. Der Verpflichtungscharakter gründet nicht ursprünglich in dem Vertragsprinzip des 'do ut des', wie der eine dem anderen verspricht, dessen Rechte und Interessen zu wahren, so verspricht ihm dies auch der andere[111]. Das Vertragsprinzip ist selbst Ausfluß der Sittlichkeit als der Autonomie. Der Vertrag wandelt ethische Pflicht in Rechtspflicht. Wenn der Mensch gemäß dem kantischen kategorischen Imperativ handelt, folgt die Vertrags- wie die Gesetzesbindung aus seiner Sittlichkeit[112]. Der Mensch folgt seinem Gesetz, das zugleich allgemein ist[113]. Das

---

zelle" den Wähler "zum Privatmann" mache, vgl. Krüger, a.a.O., S.833ff.; ebenso C.Schmitt, Verfassungslehre, S.244ff.

110) Allgemeine Staatslehre, S.250f.; Krüger, a.a.O., S.251, weist selbst auf Kants Unterscheidung der Menschen als "homo phainomenon" und des Wählers als "homo noumenon" hin (Metaphysik der Sitten, S.347); nur ist Kants Aspekt ethisch.

111) Das entspräche dem Gegenseitigkeitsprinzip der legis aureae, das nicht schon Allseitigkeitsprinzip kantischer Sittlichkeit ist (dagegen Kant selbst, Grundlegung, S.62, der es "trivial" nennt und ablehnt, weil es u.a. "nicht den Grund der Pflichten gegen sich selbst" enthält). "Do ut des" sagt lediglich etwas über das Motiv und/oder den Zweck der autonomen Bindung (Larenz, Allgemeiner Teil, S.82; ders., Richtiges Recht, S.65ff.).

112) Ganz i.d.S. Larenz, Allgemeiner Teil, §7, S.80ff. ("lex contractus"; Vertrag ist als "Kategorie" "apriorischer rechtlicher Sinnbegriff"); ders., Methodenlehre, S.362ff.; ders. wesentlich, Richtiges Recht, S.57ff.; so auch Mestmäcker, AcP 168 (1968), S.240; ähnlich auch Raiser, Vertragsfunktion, S.119; dazu kritisch Baur, Mißbrauch, S.61f. mit weiteren Hinweisen mit der Alternative der gesamtwirtschaftlichen Nützlichkeit von Dezentralisierung der Regelung der Rechtsverhältnisse; im Sinne des Textes Krings, Der Preis der Freiheit, S.27 ("Der Freie steht zu der von ihm autonom gesetzten Verbindlichkeit und in eben dieser Standhaftigkeit bewährt sich diese Freiheit"); Schachtschneider, JA 1979, 518; Karl Jaspers, Plato, Augustin, Kant, S.265 ("Verbindlichkeit und Gesetz sind untrennbar"); Kriele, Recht und praktische Vernunft, S.111ff., 115ff., 117; ders., Staatslehre, S.26ff. ("Verbindlichkeit ist immer moralische Verbindlichkeit"), S.244 (i.S. der "Selbstbeherrschung"); zustimmend Dreier, Recht-Moral, Ideologie, S.198ff., zu I.Kant i.d.S. S.186f.; Welzel, Naturrecht und Rechtspositivismus, S.293; dagegen Kelsen, JZ 1965, 466, 468, Fn.22a; Marcic, Rechtsphilosophie, S.212, u.ö.; zum Vertrag etwa Lehmann-Hübner, Allgemeiner Teil, S.24, 140ff.; siehe auch Flume, Das Rechtsgeschäft, S.1, 4ff., 5ff. (dazu auch 8.Teil, 3.Kap., IV 3, S.417f.); so die Selbstbestimmungstheorie; dagegen das Verhältnis von Autonomie und Konsens verschiebend Schmidt-Rimpler, F. Raiser, S.20ff., der auf die Fremdbestimmung jedes Vertragspartners durch den Partner hinweist, die zur Selbstbestimmung hinzukomme, und spezifisch in dem Ausgleich mit dem fremdbestimmenden anderen die Richtigkeitsgewähr findet, die Geltungsgrund des Vertrages

Sittengesetz verpflichtet ihn, so zu handeln, daß die Maxime seines Handelns zugleich Maßstab einer allgemeinen Gesetzgebung sein könnte[114]. Handelt der Mensch sittlich, autonom, so entspricht sein Verhalten einem solchen allgemeinen Gesetz. Er bleibt dabei autonom und gibt mit den anderen sittlich handelnden Menschen das "allgemeine Gesetz der Freiheit", "unter denen die Willkür des einen mit der Willkür des anderen ... zusammen vereinigt werden kann"[115]. Weil der empirische Mensch vielfach nicht sittlich, sondern "klug"[116] handelt, muß sein Handeln im Interesse der allgemeinen Freiheit durch die staatlichen Gesetze bestimmt werden. Diese 'Klugheit' der Menschen, die dem Sittengesetz nicht gerecht wird, macht das Rechtsgesetz (etwa § 305 BGB) notwendig, das in den jeweiligen staatlichen Verfahren verabschiedet wird.

## III Repräsentations-, nicht Mehrheitsprinzip

Die Entscheidung zwischen Recht und Unrecht muß an sich von allen "Staatsbürgern", den rechtlich freien und gleichen Menschen, selbst getroffen werden[117]. Das macht das Freiheitsprinzip einer menschlichen Gemeinschaft aus und ist zugleich das Entscheidungsprinzip eines demokratischen Staates, in dem das Volk souverän ist. Der autonomiegemäße Konsens besteht, wenn das Repräsentationsor-

---

sei, weil die Rechtsordnung nur dem "Richtigen", nicht "Willkür" oder "Belieben" zur Geltung verhelfen dürfe; das übersieht das Wesen der Autonomie, die ethische Pflicht zur normativen Allgemeinheit, wenn man so will zum Richtigen (vgl. Schmidt-Rimpler, a.a.O., S.22, wo er "Selbstbestimmung" mit "Herrschaft der Willkür" identifiziert und den Satz 'volenti non fit inuiria' als Prinzip des (äußeren) Rechts verwirft, ohne etwa die Willensfähigkeit oder Autonomiefähigkeit des Menschen in Frage zu stellen). So ist für Schmidt-Rimpler, a.a.O., S.23 der Vertrag nicht "eine Summe von zwei einseitigen Erklärungen, sondern die Verbindung zweier Erklärungen zu einer Einheit, einem Ganzen". Dieselbe Kritik trifft Landau, Begrenzung der privaten Gestaltungsfreiheit, S.106ff., der Schmidt-Rimplers Kritik der Selbstbestimmungstheorie voll übernimmt. Die "Vorstellung einer Art 'Eigengesetzgebung' des freien Willens" kritisiert als "asoziologisch" Köndgen, Selbstbindung ohne Vertrag, S.175, der keinen Geltungsgrund für die rechtliche Verbindlichkeit des selbstbindenden Verhaltens angeben kann, wenn nicht das staatliche Gesetz diesen gibt. Zur "Normtheorie" mit Hinweisen Adomeit, Rechtsquellenfragen, S.87f.

113) Kant, Grundlegung, S.65, Zitat in Fn.115.

114) Kant, Grundlegung, S.51, 63, 64, 70, 73, 74, 81, u.a., dazu näher im 2.Kap. des 3.Teils, S.104ff. mit Hinweisen.

115) Kant, Metaphysik der Sitten, S.337; vgl. die Zitate zu Fn.en 35 bis 38 im 2.Kap. des 3.Teils, S.105; vgl. Kant, Grundlegung, S.65: "Man sah den Menschen durch seine Pflicht an Gesetze gebunden, man ließ es sich aber nicht einfallen, daß er n u r s e i n e r e i g e n e n und dennoch a l l g e m e i n e n G e s e t z g e b u n g (Hervorhebungen bei Kant) unterworfen sei, und daß er nur verbunden sei, seinem eigenen, dem Naturzwecke nach aber allgemein gesetzgebenden Willen gemäß zu handeln." So für das Grundgesetz Maihofer, Handbuch, S.206.

116) Etwa das kantische Beispiel des klugen Lügners, Grundlegung, S.29f.; a.a.O., S.45f., "Klugheit" ist "Geschicklichkeit in der Wahl der Mittel zu seinem eigenen größten Wohlsein" (S.45) im Sinne des pragmatischen Imperativs (S.46).

117) Kant, Metaphysik der Sitten, S.432; ders., Zum ewigen Frieden, S.204; ders., Über den Gemeinspruch, S.152f., 153ff.; dazu Schachtschneider, JA 1979, 515; ganz i.d.S. Kelsen, Staatsform und Weltanschauung, S.10ff.; ders., Wesen und Wert der Demokratie, S.3ff.; vgl. dazu auch Stern, Staatsrecht I, S.460; Maihofer, Handbuch, S.181f.

gan bei seinen Entscheidungen dem Sittengesetz genügt. Ein solcher Konsens scheidet die Mehrheit nicht von der Minderheit.

Das deutsche Volk schickt sich jedoch (auf der Grundlage des Konsenses in den systembestimmenden Prinzipien[118]) in ein Gesetzgebungsverfahren, in dem die Mehrheit, vermittelt durch politische Parteien und deren Fraktionen in den Parlamenten, über die Minderheiten zu bestimmen die Möglichkeit hat. Die Maximen der Mehrheit können sich durchsetzen, so daß die Minderheiten nach den Maximen der Mehrheit leben müssen[119]. Dem kann man, wie G. Leibholz, einen plebiszitären Charakter beimessen[120]. Das Verfahren des repräsentativen (vertretermehrheitlichen) Konsensprinzips wird dabei im Sinne eines Mehrheitsvertretungsprinzips (plebiszitär-repräsentatives Mehrheitsprinzip) genutzt. In einem großen Gemeinwesen mit demokratischer Staatlichkeit ist die Vertretung/Repräsentation des Volkes unumgänglich[121]. (Fast) alle Deutschen nehmen in Kauf, durch die von der Mehrheit gewählten Vertreter bestimmt zu werden. Ein heteronomer Charakter des Gesetzes ist allerdings nicht rechtsrelevant feststellbar. Die Chance der Minderheit, für ihre Politik ein andermal die Mehrheit zu finden, rechtfertigt eine autonomiewidrige Praxis der Mehrheitsvertreter nicht. In dieser Chance liegt keine Legitimation eines plebiszitär-repräsentativen Mehrheitsprinzips[122]. Überhaupt läßt das Repräsentationsprinzip die Scheidung des Volkes in Minderheit und Mehrheit nicht zu, denn die Abgeordneten sind Vertreter des ganzen Volkes und das Volk wird durch ein Organ, das Parlament etwa, repräsentiert. Immerhin wird die Macht des Staates durch Grundrechte, im Wesensgehalt gemäß Art.19 Abs.2 GG unantastbar, eingeschränkt, die den Menschen in einem relevanten Bereich des Lebens das Recht zur Autonomie, die Privatheit, belassen[123]. Diese Garantie des Rechts zur

---

118) Leibholz, u.a., Begriff und Wesen der Demokratie, S.150; Scheuner, Konsens und Pluralismus, S.55f., 62f.; Isensee, NJW 1977, 548; Badura, VVDStRL 29 (1971), S.97 ("vorgängige politische Einheit der Gesellschaft"); Zacher, Freiheitliche Demokratie, S.55; Kägi, Grundprobleme der Demokratie, S.135; v.Simson, VVDStRL 29 (1971), S.13; Schachtschneider, JA 1979, 515.
Vgl. BVerfGE 5, 85 (195ff.).

119) Kelsen, Wesen und Wert der Demokratie, S.7ff., 9f., 53ff., 55; ders., Staatsform und Weltanschauung, S.11; Leibholz, Begriff und Wesen der Demokratie, S.151; ders., VVDStRL 29 (1971), Aussprache, S.104; Roellecke, daselbst, S.99; Walter, daselbst, S.91; auch Stern, Staatsrecht I, S.459; Schachtschneider, JA 1979, 515. Vgl. auch kritisch Maihofer, Handbuch, S.1387f., 1412ff.. Im Sinne des Textes schon BVerfGE 2, 1 (12f.); insb. 5, 85 (197ff.).

120) Begriff und Wesen der Demokratie, S.146; ders., Strukturwandel, S.94, 104; ders., Freiheitlich-demokratische Grundordnung, S.135; kritisch dazu Kriele, Staatslehre, S.318ff.; dazu auch (nicht unkritisch) Grimm, Handbuch, S.331ff.

121) Wie Fn.93; insb. Kant, Über den Gemeinspruch, S.152f., 153ff.; Kelsen, Wesen und Wert der Demokratie, S.7ff., 53ff.; ders., Staatsform und Weltanschauung, S.10ff.; Stern, Staatsrecht I, S.458; BVerfGE 5, 85 (197ff.).

122) So aber Leibholz, Freiheitlich-demokratische Grundordnung, S.140; von Hayek, Verfassung der Freiheit, S.134; Hesse, Verfassungsrecht, S.58; Stern, Staatsrecht I, S.454, 460; Herzog, Maunz/Dürig/Herzog/Scholz, Rdn.14 zu Art.20 GG; Dürig, daselbst, Rdn.119 zu Art.3 Abs.1 GG; ders., VVDStRL 29 (1971), S.126ff.; Coing, Rechtsphilosophie, S.239; insb. BVerfGE 5, 85 (199f.); vgl. auch Schachtschneider, JA 1979, 515; Kriele, Staatslehre, S.188ff. sieht den Minderheitenschutz allein durch die Chance gerechtfertigt, die Wahrheit dialogisch zu fördern.

123) Kelsen, Wesen und Wert der Demokratie, S.53ff.; Leibholz, Begriff und Wesen, S.141ff., 153f.; ders., Freiheitlich-demokratische Grundordnung, S.135ff.; Kägi, Grundprobleme, S.107ff.; Stern,

weitestmöglichen Selbstverwirklichung mag es den plebiszitär-repräsentativen oder parteiendemokratischen Minderheiten erleichtern, aus praktischer Notwendigkeit der Einbuße zuzustimmen, die ihre Autonomie durch die Praktizierung eines Mehrheitsvertretungsprinzips erfährt, wenn also die Volksvertreter dem Sittengesetz nicht genügen.

Nicht spezifisch die Mehrheitlichkeit von Entscheidungen gewährleistet deren Richtigkeit[124], zumal die Verbindlichkeit der Entscheide nicht einmal davon abhängen muß, daß ihnen die Mehrheit der Vertreter zugestimmt hat (Abwesenheit, Stimmenthaltung). Die Richtigkeit nicht rechtsgebundener Entscheidungen der Vertreter, besser des das Volk repräsentierenden Organs, ist eine rechtlich notwendige Fiktion, die aus der allgemeinen Verbindlichkeit dieser Entscheidungen folgt; denn für die Entscheidungsrichtigkeit gibt es keinen allgemeingültigen Maßstab. Das Vertreterprinzip ist das einzig hinnehmbare Substitut des Vertragsprinzips, nicht weil, wenn die Vertretermehrheit allein aus den Mehrheitsvertretern besteht, zumindest die Mehrheit autonom bleibt[125], auch nicht weil der Mehrheit, die sich mittels ihrer Vertreter durchsetzt, die Macht gebührt[125a], sondern weil der gegebenenfalls mit Mehrheit der Vertreter gefaßte Beschluß der Entscheid des eigentlich das Volk repräsentierenden Organs ist. Dieser Aspekt kann hier nicht vertieft werden.

---

Staatsrecht I, S.468 mit Hinweisen; Herzog, Maunz/Dürig/Herzog/Scholz, Rdn.27 zu Art.20 GG; Walter, VVDStRL 29 (1971), Aussprache, S.90; Leibholz, daselbst, S.105; Münch, daselbst, S.109; Isensee, NJW 1977, 548, 550; ders., Grundrechte und Demokratie, S.13; Schachtschneider, JA 1979, 569f., 572; Eucken-Erdsiek, Die Macht der Minderheit, 1970; Hennis, Demokratisierung, Zur Problematik eines Begriffs, 1970. Vgl. insb. BVerfGE 5, 85 (197ff.); auch BVerfGE 44, 125 (141f., 147f.). Kritisch dazu Krüger, Allgemeine Staatslehre, S.536ff..
Anders etwa Leßmann, Die öffentlichen Aufgaben und Funktionen privatrechtlicher Wirtschaftsverbände, S.168ff., 170ff.; ders., NJW 1978, 1545ff., der in der "sozialen Demokratie keine rein private Freiheit" zugesteht; dazu kritisch Schachtschneider, JA 1979, 570 r.Sp.

124) Dazu Krüger, Allgemeine Staatslehre, S.232ff., 283ff., dessen Repräsentationstheorie auf dem Richtigkeitsprinzip aufbaut; ebenso Marcic, Rechtsphilosophie, S.148, 230f.; ders., VVDStRL 29 (1971), Aussprache, S.101; Kriele, daselbst, S.107, 131; ders., Staatslehre, S.188ff. (vorsichtig); Dürig, VVDStRL 29 (1971), Aussprache, S.126; ders., Maunz/Dürig/Herzog/Scholz, Rdn.116 zu Art.3 Abs.1 GG. Dagegen vor allem Leibholz, Begriff und Wesen der Demokratie, S.151; ders., VVDStRL 29 (1971), Aussprache, S.104; ders., VVDStRL 24 (1966), S.8, der allein auf den Machtaspekt abstellt; dabei muß allerdings die Macht egalitär, zahlenmäßig gesehen werden, also normativ, wie es dem demokratischen Gleichheitssatz entspricht, nicht real; ihm folgt weitgehend v.Hayek, Verfassung der Freiheit, S.125ff. (nicht ohne Skepsis gegenüber dem Mehrheitsprinzip); deutlich Fraenkel, Selbstbestimmung, 1960; Schachtschneider, JA 1979, 515; Kelsen, Wesen und Wert der Demokratie, S.98ff.; vorsichtig Schmidt-Rimpler, AcP 147 (1941), S.162, Fn.41; ders., F. Raiser, S.11, der die Richtigkeit der Mehrheitsentscheidung nicht objektiv, sondern mechanistisch, verfahrenshaft gewährleistet sieht, wie auch die des Vertrages; dazu wesentlich, dem Äquivalenzprinzip Relevanz neben dem Autonomieprinzip einräumend, Larenz, Richtiges Recht, S.65ff., 79; weitere Hinweise auf die Mehrheitsproblematik in Fn.93.

125) So Kelsen, Wesen und Wert der Demokratie, S.9f., 55; Stern, Staatsrecht I, S.459; auch Leibholz, VVDStRL 29 (1971), Aussprache, S.104; i.d.S. auch BVerfGE 5, 85 (198f.); dazu kritisch Krüger, Allgemeine Staatslehre, S.283ff., der die repräsentatierende Funktion des Mehrheitsprinzips herausstellt, im Sinne seines Richtigkeitsdogmas.

125a)So etwa Leibholz, VVDStRL 29 (1971), S.104; von Hayek, Verfassung der Freiheit, S.125ff., der Demokratie und Herrschaft der Mehrheit identifiziert; in diesem Sinne auch BVerfGE 2, 1 (12f.); 5, 85 (197ff.); zu Recht kritisch Maihofer, Handbuch, S.1412ff., gegen "Repräsentation einer bloßen Majorität".

## IV Legitimation der Vertreter des Volkes

### 1. Verfahren und Kriterien der Legitimation der Volksvertreter

Das Vertretungsprinzip muß seinen Legitimationsmangel als riskanter Ersatz des Vertragsprinzips durch Verfahren der Vertreterauswahl nach Möglichkeit minimieren. Die Abgeordneten werden nach Grundsätzen der Allgemeinheit, Unmittelbarkeit, Freiheit, Gleichheit und Geheimheit (insb. Art.38 Abs.1 S.1 GG) gewählt. Für die Beamten (und sonstigen Amtswalter der Exekutive) und Richter gilt Art.33 GG. Dessen Abs.1 bis Abs.3 schützen die demokratische Gleichheit der Deutschen im Zugang zu den öffentlichen Ämtern[126]. Abs.4 und auch Abs.5 haben u.a. die demokratisch ebenso unverzichtbare Funktion, sicherzustellen, daß nur Staatsdiener rekrutiert werden, die für das Volk zumutbar sind, weil sie die Gewähr bieten, zum einen jederzeit für die freiheitlich-demokratische Grundordnung aktiv einzutreten[127] und zum anderen wegen ihrer Verfassungstreue befähigt zu sein, die formellen und materiellen Entscheidungen der Verfassung, vor allem deren Wertsetzungen, aber auch die Entscheidungen der Gesetze zu beachten. Materielle Schutzvorschriften bewirken wenig, wenn die Menschen, die sie zu praktizieren haben, intellektuell, charakterlich oder ideologisch nicht befähigt sind, diese Normen zu verwirklichen. Das gilt in besonderem Maße für die Richter, die durch ihre bloße Gesetzesbindung und dementsprechende Unabhängigkeit gegenüber allen anderen staatlichen Stellen, aber auch gegenüber den Streitparteien definiert sind (Art.97 Abs.1 GG, § 1 GVG, § 25 DRiG)[128]. Dem Volk kann nur der Dienst von Staatsdienern zugemutet werden, die die Verwirklichung der Verfassung und der Gesetze persönlich durch ihre "Eignung, Befähigung und fachliche Leistung", vor allem aber durch ihre Verfassungstreue, gewährleisten.

Während der gebundene Gesetzesvollzug noch eine hinreichende Bestimmung der Staatsdiener mit sich bringt, birgt die Konkretisierung des offenen Gemeinwohls verstärkt die Gefahr, daß Staatswalter die Werte nicht beachten, die das Volk oder für das Volk dessen Vertreter verfassungsgesetzlich bzw. gesetzlich verankert haben, sondern sich statt dessen die Maximen einer Partei, eines Verbandes oder gar einer fremden Macht zu eigen machen oder schlicht die eigenen Wertschätzungen obwalten lassen, also willkürlich handeln. Nicht umsonst gebieten die hergebrachten Grundsätze des Berufsbeamtentums dem Staatsdiener "diejenige Mäßigung und Zurückhaltung" "bei politischer Betätigung", "die sich aus seiner Stellung gegen-

---

126) Vgl. Stern, Staatsrecht I, S.266f.; Isensee, Handbuch, S.1161ff.

127) Etwa §4 Abs.1 Nr.3 BRRG, §7 Abs.1 Nr.2 BBG.
BVerfGE 39, 334 (346ff.).
Stern, Staatsrecht I, S.271, 281ff. mit weiteren Hinweisen in Fn.en 130 bis 134; klar Klein, Verfassungstreue und Schutz der Verfassung, VVDStRL 37 (1979), S.53ff., Ls. III 13, S.83ff. mit Hinweisen; vorsichtig Denninger, daselbst, S.7ff., 32ff.; vgl. auch Rudolf, Der öffentliche Dienst im Staat der Gegenwart, VVDStRL 37 (1979), S. 175ff., 193ff. mit Hinweisen auf die Kritik am Berufsbeamtentum. In diesem Sinne auch Isensee, Handbuch, S.1169.

128) Dazu Bettermann, Art, 'Rechtsprechung', 'rechtsprechende Gewalt', Ev.Staatslexikon, Sp.1712ff.; ders., Grundrechte III, 2, S.523ff.; Herzog, Maunz/Dürig/Herzog/Scholz, Rdn.13ff. zu Art.97 GG.

über der Gesamtheit und aus der Rücksichtnahme auf die Pflichten seines Amtes" ergeben (§ 35 Abs.2 BRRG)[129]. Die Staatswalter dienen auch bei der Gemeinwohlkonkretisierung dem ganzen Volk und müssen das allgemeine Wohl verwirklichen (§ 35 Abs.1 BRRG). Dafür müssen sie geeignet sein[130].

2. Die Berufungsvoraussetzungen für Staatsdiener

Weil diese Staatsdiener wie auch die Abgeordneten im weiteren Sinne "Vertreter des ganzen Volkes" sind, im Namen des Volkes handeln, wie explizit die Richter (etwa § 311 Abs.1 ZPO, § 117 Abs.1 VwGO), müssen sie vom Volk, also demokratisch, legitimiert sein. Es muß eine ununterbrochene Kette von Berufungsakten vom Volk zu dem einzelnen Staatsdiener führen. Dieses demokratierechtliche Dogma hat R. Herzog nachgewiesen[131]. Wenn zum einen die demokratische Legitimation der Vertreter des ganzen Volkes und zum anderen deren Eignung als Vertreter des ganzen Volkes allgemein und konkret für ihr Amt nicht nachgewiesen[132], ja möglicherweise nicht einmal geprüft ist, weil die 'Einstellungsvoraussetzungen' darauf nicht abstellen, dürfen staatliche Aufgaben von diesen Menschen nicht wahrgenommen werden. Der Vertretung durch ungeeignete oder auf ihre Eignung nicht überprüfte Menschen hat das Volk nicht zugestimmt. Weil die Staatsdiener in Exekutive und Judikative nicht unmittelbar vom Volk gewählt, sondern auch von "Vertretern des ganzen Volkes" eingesetzt werden, ist mit der Repräsentationsverfassung notwendig als materielles Kriterium die Eignung dieser (i.d.R.) Deutschen zum Staatsdienst verbunden, nämlich das der Gewähr, daß die Vertreter des Volkes jederzeit für die freiheitlich-demokratische Grundordnung eintreten. Der Staatsdiener muß hinreichende Sicherheit bieten, daß er der Pflicht zur Sittlichkeit gerade als Vertreter des Volkes genügen wird, der Pflicht, die jedermann obliegt, daß er, der Staatsdiener, so ist, wie jedermann sein soll. Wenn die Staatsdiener, die die Berufungsentscheidung treffen, dieses materielle Kriterium, welches allein das Vertrauen in die Staatsdienerschaft trägt, nicht beachten, überschreiten sie ihre Vollmacht vom Volk.

Der Abgeordnete wird unmittelbar vom Volk gewählt (etwa Art.38 Abs.1 S.1 GG). Wegen dieser Unmittelbarkeit der Berufung durch das Volk kommt eine Prüfung der Gewähr der Kandidaten, ihrer Pflicht zur Sittlichkeit zu genügen, prinzipiell nicht in Betracht[133], die eben erst bei der Vermittlung des Volkes erforder-

---

129) Dazu Stern, Staatsrecht I, S.284 mit Hinweisen.

130) Stern, a.a.O.

131) Allgemeine Staatslehre, S.210ff.; ders., Maunz/Dürig/Herzog/Scholz, Rdn.19, 49 bis 54 zu Art.20 GG.

132) Zu den Beweisfragen für die Verfassungstreue des Bewerbers vgl. BVerfGE 39, 334 (352f.); richtig Stern, a.a.O., S.282 m.H. in Fn.133. Zur "rechtl. geb. Eignungsauslese" Isensee, Handb., S.1167ff.

133) Erst die Verfassungsfeindlichkeit führt zur Mandatsungeeignetheit, Art.18 GG, sei es die des Mandatsträgers, §39 Abs.3 BVerfGG, §46 Abs.1 Nr.3 BWahlG, oder die seiner Partei, Art.21 Abs.2 GG, §46 Abs.1 Nr.5 BWahlG; der Mandatsverlust setzt die bundesverfassungsgerichtliche Feststellung der aktiven Verfassungsfeindlichkeit voraus.

lich ist[134].

## Schlußbemerkung

Das grundgesetzliche Repräsentationssystem fügt sich nach den vorstehenden Überlegungen nahtlos in die autonomietheoretische Rechts- und damit Staatstheorie als die Realisierung des Konsensprinzips des Grundgesetzes ein. Es gibt keinen Anlaß, die Autonomietheorie in Zweifel zu ziehen, sondern stärkt die Überzeugungskraft dieses kantischen Verständnisses der Menschenwürde durch die Harmonie des grundgesetzlichen Gesamtkonzepts des Staates als des Staates der Menschen, des Volkes.

134) Das oft zu hörende Argument von Bewerbern um den Staatsdienst, die ihre Verfassungstreue nicht nachweisen wollen oder können, es gäbe auch Abgeordnete, die als verfassungswidrig erkannten Parteien angehören würden, ist staatsrechtlich hohl, weil es die Differenz zwischen der unmittelbaren Wahl (zu einem im übrigen zeitlich befristeten Mandat) und der vermittelten Berufung (in ein prinzipiell zeitlich unbefristetes Amt) nicht kennt. Ganz i.d.S. Isensee, Handbuch, S.1169 ("Die Wahl ist kein mögliches Verfahren der Rechtsanwendung").

## Zusammenfassung zu den Teilen 3 und 4

## DIE FREIHEITLICH-DEMOKRATISCHE GRUNDORDNUNG ALS DIE PRINZIPIEN AUTONOMIE UND KONSENS

Das Grundgesetz verfaßt das Gemeinwesen ethisch zur Freiheit und rechtlich in Freiheit, räumt rechtlich die Willkür ein und fordert ethisch die Sittlichkeit, gibt die allgemeine Handlungsfreiheit für das Gute und nicht für das Böse[135)], verwehrt es aber dem Staat, den Menschen vorzuschreiben, was sie für gut oder für böse zu halten haben[136)]. Diese Entscheidung macht das grundgesetzliche Gemeinwesen nicht nur zu einem freiheitlichen, sondern auch zu einem demokratischen Staat. Umgekehrt zwingt die Entscheidung für die Demokratie zu der rechtlich und ethisch freiheitlichen Regelung des Art.2 Abs.1 GG, die die Wertung als gut oder böse jedem einzelnen Menschen selbst überläßt[137)]. Welche Werte die Menschen

---

135) Wieacker, JZ 1961, 339, Fn.19; ders. zu Kant und Savigny i.d.S., Privatrechtsgeschichte der Neuzeit, S.375f.; weitere Hinweise in Fn.116.

136) Etwa Kant, Die Religion, S.754: "Weh aber dem Gesetzgeber, der eine auf ethische Zwecke gerichtete Verfassung durch Zwang bewirken wollte."; ders., Über den Gemeinspruch, S.159, zur Kompetenz, den Begriff des Glücks zu geben.

137) Zum demokratischen Wertrelativismus: Radbruch, Rechtsphilosophie, 1914, 6.Aufl.1963, hrsg. von E.Wolf, S.93ff.; ders., Vorschule der Rechtsphilosophie, 1947, S.101f.; Max Weber, Die Objektivität, 1904, u.a. in: Gesammelte Aufsätze zur Wissenschaftslehre, 2.Aufl.1951, S.146ff.; ders., Der Sinn der "Wertfreiheit", 1917, u.a. in: Gesammelte Aufsätze zur Wissenschaftslehre, 2.Aufl.1951, S.475ff.; umfassend und wesentlich A.Brecht, Politische Theorie, S.139ff., 163ff., 193f. (zusammenfassend), 252ff., 363ff.; Henkel, Rechtsphilosophie, S.66ff., 328ff.; Leibholz, Freiheitlich-demokratische Grundordnung, S.139; Wieacker, JZ 1961, 337ff., 339 in Fn.19: "Aus diesem konkreten, "geschichtlichen" und situationsgebundenen Befehl (sc. des Sittengebots) ergibt sich keine vorgegebene, absolute Ordnung a l l g e m e i n e r und in diesem Sinne abstrakter W e r t e , wie es das Vernunftrecht vor K a n t , die materiale Wertethik Schelers und Nicolai Hartmanns und ihm folgend Coing und Weinkauff annehmen"; im Selbstverständnis "neuhumanistisch" (i.d.S. auch BGHSt 2, 234 (237, 239); 3, 357 (362f.)); Wieacker stellt klar, daß der Relativismus ein rechtlicher, nicht ein sittlicher ist (JZ 1961, 338, u.a.), wie es aus dem Prinzip der Autonomie folgt; Stern Staatsrecht I, S.467, Fn.172; Häberle, Öffentliches Interesse, S.71ff., 420ff., 595ff., 691ff.; Isensee, NJW 1977, 545ff., 547 mit Hinweisen in Fn.14; Krawietz, G.Klein, S.262ff. (Kritik an Dürig); Esser, Werte und Wertwandel in der Gesetzesanwendung, S.22ff.; Teubner, Standards und Direktiven in Generalklauseln, S.52ff.; auch Ott, F. Raiser, S.410f.; Achterberg, NJW 1978, 1994; Schachtschneider, JA 1979, 513ff., 515, 569ff.; auch Brohm, Strukturen, S.163 (vorsichtig); Scholz-Konzen, Aussperrung, S.166; dazu der Überblick bei Pawlowski, Methodenlehre, S.98ff., auch S.101, Rdn.190 ("Der Wertrelativismus verweist also die Frage nach der "richtigen Wertordnung" und damit nach dem

durch Gesetz allgemeinverbindlich machen wollen, bestimmen sie im demokratischen Konsens[138], gestaltet als Repräsentationsverfahren.

Die Werte, zu denen sich das Volk vorrangig bekannt hat, faßt das Grundgesetz zusammen[139]. Die weiteren staatsverbindlichen Wertkonkretisierungen treffen die staatlichen Gesetze, aber auch alle anderen Staatsakte[140]. An diesen Werten hat sich alles staatliche Verhalten einschließlich des unternehmerischen bis hin zu den Beschaffungen zu orientieren. Es verwirklicht die Werte praktisch, gegebenenfalls mit weiteren Wertkonkretisierungen. Diese Wertverwirklichung und Wertkonkretisierung realisiert sich im Gesetzmäßigkeitsprinzip.

Das Volk hat sich durch seine Verfassung konkreten Verfahrensvorschriften seines Staates unterworfen, insbesondere solchen für die alles weitere bestimmende Gesetzgebung. Der Staat trifft die Entscheidungen des Volkes durch die "Vertreter

---

"richtigen Verhältnis" der verschiedenen Werte aus dem Bereich der "Erkenntnis" in den Bereich des "Bekenntnisses" und "Glaubens" - und bestimmt damit auch das Verhältnis von "Notwendigkeit" und Zeitbedingtheit ("Willkür"): Die Notwendigkeit ergibt sich nicht aus der Erkenntnis, sondern aus dem Bekenntnis. Und das Bekenntnis stellt sich dem einzelnen zwar als notwendig dar, die empirische Verschiedenheit der jeweils vertretenen Bekenntnisse macht aber gleichzeitig deren (Zeit-)Bedingtheit deutlich"); in diesem Sinne auch Weischedel, Recht und Ethik, S.33ff.; Karl Jaspers, Plato, Augustin, Kant, S.263ff., 270ff.; so auch Steinberger, F. Geiger, S.244f., 246 mit Hinweisen, kritisch zum Wertrelativismus; kritisch wegen des mit dem philosophischen Relativismus und rechtstheoretischen Positivismus konvergierenden Dezisionismus Heller, Europa und der Faschismus, 1929, S.63; auch Ehmke, Grenzen der Verfassungsänderung, S.33; wertphilosophisch etwa Max Scheler, Der Formalismus in der Ethik und die materiale Wertethik, 2.Aufl.1921; N.Hartmann, Ethik, 3.Aufl.1949; dazu Denninger, Rechtsperson und Solidarität, 1967, passim; dazu Hubmann, Naturrecht und Rechtsgefühl, S.345ff. mit weiteren Hinweisen; Marcic, u.a. Rechtsphilosophie, S.148ff.; ders., Vom Gesetzesstaat zum Richterstaat, S.19ff., 109ff.; auch Weinkauf, NJW 1960, 1689ff., 1691 (absolut verbindliche Ethik ohne Geschichtlichkeit); vgl. auch die Abhandlungen in G.Myrdal, Das Wertproblem in der Sozialwissenschaft, 1965; weitere Hinweise in Fn.en 99 des 3.Teils, 5 des 6.Teils.
Gut und Böse sind nach Kant, Die Religion, S.665ff., nicht wissenschaftlich ableitbar; dazu Steinberger, F. Geiger, S.247; auch Fikentscher, Methoden III, S.20, 31 hebt die Unkontrollierbarkeit der Achtung des kategorischen Imperativs hervor; Kriele, Kriterium der Gerechtigkeit, S.9ff. zum Relativismus, der, S.29ff., Zusammenfassung S.100ff., meint, "in vielen Fällen" Kriterien der Gerechtigkeit, die "diskutierbar" seien, weil sie "Tatsachen und nicht Wertungen" seien, zu kennen; das geht von der rechtl. Richtigkeit von Recht aus, während es nur eine ethische Richtigkeit i.S. der Vernünftigkeit gibt; die Autonomie des Menschen verbietet nicht-gesetzliche Kriterien der Gerechtigkeit als verbindl. Maßstäbe und führt darum zum Konsensprinzip des erkennenden Bekenntnisses, das im Krieleschen Dialogprinzip der Erkenntnis, eine nicht verzichtbare Stütze findet. Im Sinne des Wertrelativismus auch BVerfG NJW 1979, 706; deutlich Kelsen, Allgemeine Staatslehre, S.368ff.; ders., Vom Wesen und Wert der Demokratie, 1929, S.100ff.; ders., Staatsform und Weltanschauung, 1933, S.27f.

138) Zum Konsensprinzip Hinweise in Fn.en 75-79; vgl. auch Dreier, F. Wolff, S.34; vgl. auch Frankena, Analytische Ethik, S.135: Rationaler Konsens läßt sich nur erreichen, wenn er angestrebt wird "frei von Zwang, wohlinformiert, mit klarem Kopf, unparteiisch und zur Verallgemeinerung bereit". Ähnlich Karl Jaspers, Lebensfragen, S.161 ("Freiheit allein durch Wahrheit"); noch weiter geht Kriele, etwa Befreiung und politische Aufklärung, S.91ff. mit seiner "Konsenstheorie der Wahrheit", die eben von der Erkennbarkeit des Guten ausgeht (dazu auch in Fn.en 137, 7) und darum dessen dialogische Suche fordert; das ist ethisch richtig und muß rechtlich die mangelnde materiale und prozedurale Reglementierbarkeit respektieren.

139) Hinweise in Fn.en 5, 18 des 6.Teils; insb. Leibholz, Freiheitlich-demokratische Grundordnung, S.134; v.Simson, VVDStRL 29 (1971), S.14; Walter, daselbst, Aussprache, S.91; Isensee, NJW 1977, 546; auch Rudolf, VVDStRL 37 (1979), S.199; auch Henkel, Rechtsphilosophie, S.350.

140) Wie Fn.139.

des ganzen Volkes", durch die Abgeordneten in der Legislative und die Amtswalter in Exekutive und Judikative, also durch Menschen, die das Volk für die staatlichen Aufgaben eingesetzt hat.

Rechtlich maßgeblich ist, daß der Mensch anderen Menschen kein Unrecht tun darf. Recht und Unrecht sind jedoch der Rechtsordnung des staatlichen Gemeinwesens nicht vorgegeben, sondern werden durch die Rechtsordnung begründet[141]. Unrecht ist die Mißachtung dieser Rechtsordnung. Die Rechtsordnung jedoch besteht aus den Verbindlichkeiten, den rechtlichen Bindungen, die der Mensch eingegangen ist.

Diese Bindungen können vertraglich oder gesetzlich begründet sein. Die Gesetze können privat oder staatlich sein. In allen Fällen liegt den Rechtsbindungen des Menschen dessen Zustimmung zugrunde, die freilich für die staatliche Gesetzgebung vermittelt sein darf und aus praktischen Notwendigkeiten in der Regel vermittelt ist. Freiheits- und demokratierechtlich darf eine grundgesetzmäßige Staatstheorie nur auf diesem Konsensprinzip aufbauen. Autonomie und Konsens sind Schlüsselbegriffe für die freiheitlich-demokratische Grundordnung. Das lehrt die liberale Staatstheorie der Aufklärung. Das Recht verwirklicht die innere Freiheit[142] und begrenzt als Konsens zugleich die äußere Freiheit, das Recht zur Autonomie.

141) Das ist die Konsequenz des Wertrelativismus, vgl. die Hinweise in Fn.137. So Benda, Handbuch, S.482; BVerfGE 39, 1 (59).

142) Dreier, Recht-Moral, Ideologie, S.334 (für viele); das gesteht auch Marcic, Geschichte der Rechtsphilosophie, S.306, zu. Durchaus i.d.S. Laun, Recht und Sittlichkeit, passim, etwa S.4f., 7, 14 ("Gefühlsrecht" i.S. von Sollen gegen "Gewaltrecht" i.S. von Müssen).

5. Teil

# DIE STAATSTHEORIE NACH DEM AUTONOMIEPRINZIP DES GRUNDGESETZES; KRITIK DES FUNKTIONALISTISCHEN BEGRIFFS DES STAATLICHEN

## Problemstellung

Die Notwendigkeit, eine dem allein menschenwürdegerechten Autonomieprinzip gemäße Staatstheorie des Grundgesetzes zu entwickeln, um das Fiskusproblem zu klären, ist am Schluß der grundsätzlichen Überlegungen zum grundgesetzlichen Autonomieprinzip im Problemausblick dargelegt[1]. Die den grundgesetzlichen Staat kennzeichnende Verfassungsentscheidung ist die für die freiheitliche Demokratie und zugleich für den sozialen Rechtsstaat. Diese Entscheidung ist in Art.20 GG nicht weniger verankert als in Art.1 GG; die volkssouveräne rechtsstaatliche Demokratie folgt notwendig aus der als Recht zur Autonomie verstandenen Freiheit, die auch in der Realität hinreichend gleich für alle Deutschen sein soll. Letzteres gibt das Sozialprinzip auf[2]. Das lehrt die Staats- und Rechtsphilosophie Kants, die, wie auch im Folgenden aufzuzeigen versucht werden wird, Grundlage des Verfassungskonzepts des Grundgesetzes ist[3].

Die freiheitliche Demokratie ist die staatliche Lebensform der Freien[4]. "Der Staat ist um der Menschen Willen da, nicht der Mensch um des Staates willen", sollte Art.1 Abs.1 nach dem Entwurf von Herrenchiemsee lauten[5]. Die freiheitlich-demokratische Grundordnung definiert, wie gesagt, die Staatlichkeit der

---

1) 3.Teil, S.131ff.

2) Dazu Schachtschneider, Sozialprinzip, S.56ff., 61ff.; in diesem Sinne auch Böckenförde, in: Staat, Gesellschaft, Freiheit, S.244. Sehr weitgehend i.d.S. Maihofer, Handbuch, S.212ff.

3) Hinweise in Fn.en 44 im 3.Teil, 58, 59, 51 im 6.Teil.

4) Walter, VVDStRL 29 (1971), Aussprache S.90; Isensee, NJW 1977, 550; ders., Grundrechte und Demokratie, S.9; i.d.S. Denninger, Rechtsperson, S.299ff. und S.292ff.; ganz in diesem Sinne BVerfG, zuletzt NJW 1982, 2173; Schachtschneider, JA 1979, 571, für viele.

5) Art.1 Abs.1 Entwurf Herrenchiemsee; auf diese Quelle weist auch Maihofer, Rechtsstaat und menschliche Würde, S.9, 42f., 44ff., 56, 109 hin, der Art.1 GG ebenso interpretiert, a.a.O., passim, und richtig die "freiheitl., rechts- und sozialstaatl. Demokratie von der Verfassungsgarantie der Menschenwürde" her entfalten will; ebenso ders., Handb., S.195 und ff., auch S.1383, 1414; das ist auch Ausgangspunkt für das Subsidiaritätsprinzip bei Isennsee, Subsidiaritätsprinzip, u.a. S.271.

Bundesrepublik Deutschland. Sie ist der wesentliche Schutzgegenstand der sog. Ewigkeitsklausel des Art.79 Abs.3 GG, die nicht einmal die Änderung des Grundgesetzes in dessen Art.1 und 20 zuläßt. Dort stehen die Entscheidungen, die das Autonomieprinzip zur Grundlage der Staats- und Rechtstheorie erheben und damit Ausgangspunkt der hier darzulegenden Kritik der Fiskustheorie sind. Die Frage nach der Fiskustheorie ist, um es zu wiederholen, die, ob das Grundgesetz eine Staatlichkeit erlaubt, die ein Recht zur Autonomie, wie es dem Menschen als Privatem eignet, in Anspruch nimmt. Damit zwingt die Fiskustheorie zur Differenzierung staatlichen Verhaltens in 'hoheitliches' und 'fiskalisches'. Kriterium dafür sollen die vom Staat wahrgenommenen Aufgaben oder Funktionen sein. Ob einer solchen funktionalen Differenzierung des Staatlichen ein tragfähiges Prinzip zugrundeliegt, wird im 4. Kapitel dieses Teils untersucht. Weil das Problem dieser funktionalen Unterscheidung des Staatlichen ein integraler Bestandteil des Problems einer Theorie einheitlicher Staatlichkeit, die sich nicht rechtsordnungsrelevant differenzieren läßt, ist, soll die Diskussion um den funktionalen Begriff des Staatlichen, der Staatsaufgaben und damit auch des Staatsrechts im Rahmen der Entwicklung der autonomietheoretischen Staatstheorie vorgeführt werden. Das Ergebnis der Untersuchung können wir vorwegnehmen, um es problemgerecht in die jeweilige Argumentation gegen die Fiskustheorie aufnehmen zu können, daß nämlich die Differenzierungsversuche zum Teil erklärtermaßen in einem reinen Dezisionismus enden, der keinerlei Unterscheidungskriterium im Grundgesetz aufzuzeigen vermag. Das kann nicht verwundern, weil es keines gibt. Dieser Arbeit geht es auch darum, den funktionalistischen Differenzierungsversuch des Staatlichen aufzugeben. Dem dient vor allem das Folgende.

Der autonomietheoretische Staatsbegriff, dem die Begriffe der Staatsaufgaben und des Staatsrechts notwendig folgen, ist einheitlich und läßt es nicht zu, Bereiche staatlicher Betätigung einer anderen Ordnung zu unterstellen, als der aus der freiheitlich-demokratischen Grundordnung abzuleitenden Staatsrechtsordnung. Dem funktionalen ist darum ein institutioneller Begriff des Staatlichen entgegenzustellen. Der läßt einer Privatisierung des Staatlichen keinen Raum[6]. Zu bemerken ist noch vorweg, daß Verfassungsgewohnheitsrecht den Entscheidungen des Grundgesetzes, auf die hier die Kritik der Fiskustheorie gestützt wird, schlechterdings nicht entgegengehalten werden kann[7]. Zum einen erfüllt die Fiskustheorie nicht die Voraussetzungen von Gewohnheitsrecht, weil sie nie hinreichend unbestritten war[8], zum anderen und vor allem ist die Tradition der fiskustheoretischen Staatspraxis monarchisch begründet[9] und darum in ein demokratisches Gemeinwesen nicht mit dem Hinweis auf die Tradition transferierbar.

---

6) Dazu näher im 4.Kap. des 6.Teils, S.261ff.

7) Dazu Hinweise in Fn.70 des 1.Teils.

8) Siehe etwa die Krit. von Mallmann und Zeidler, dazu im 4.Kap.,VII,VIII, S.218ff.,224ff., vgl. Fn.9.

9) Ebenso Zeidler, VVDStRL 29 (1971), S.224f. mit Fn.69; auch Mallmann, VVDStRL 29 (1971), S.177f.; auch Naendrup, Haftungsbeschränkung, S.104f. mit Hinweisen.

1. Kapitel

# DER INSTITUTIONELLE BEGRIFF DES STAATES

Der grundgesetzliche Staat ist der Staat des Volkes[10]. Dieses Volk ist die Gesamtheit prinzipiell aller Deutschen, zumindest derer mit Wohnsitz oder Aufenthalt im Geltungsbereich des Grundgesetzes[11]. Es gibt keine Rechtsperson Staat, die divers ist vom Volk. Der Staat als juristische Person des öffentlichen Rechts ist eine Körperschaft, deren Mitglieder die Deutschen sind[12]. "Alle Staatsgewalt" i.S. des Art.20 Abs.2 S.1 GG ist die Staatlichkeit unter dem Grundgesetz[13]. Die Deutschen sind oder, demokratiedogmatisch formuliert, haben sich nach Maßgabe des Grundgesetzes zu einem staatlichen Gemeinwesen verfaßt. Der grundgesetzliche Staat existiert allein kraft der Verfassung der Deutschen. Diese Norm gibt Art.20 Abs.1 S.1 GG mit den Worten: "Die Bundesrepublik Deutschland ist ein demokratischer und sozialer Bundesstaat". Die Bundesrepublik Deutschland ist der Staat, dessen Staatsgewalt nach Art.20 Abs.2 S.1 GG vom Volke ausgeht. Das besagt zugleich: Der Staat, der gemeint ist, ist die Bundesrepublik Deutschland. Art.23 GG normiert den (vorläufigen) Geltungsbereich des Grundgesetzes mit dem notwendigen geographischen Bezug. Die Bundesrepublik Deutschland ist ein "Bundesstaat". Sie besteht aus einem Zentralstaat, dem Bund, und Gliederstaaten, den Ländern. Das Grundgesetz ordnet den Staat weiterhin organisatorisch und gibt mit Art.28 Abs.1

---

10) Herzog, Maunz/Dürig/Herzog/Scholz, Rdn.23 zu Art.20 GG; Stern, Staatsrecht I, S.451ff; Böckenförde, in: Staat, Gesellschaft, Freiheit, S.197f.

11) Herzog, a.a.O.; Stern, Staatsrecht I, S.209; auf die demokratierechtliche Relevanz nationaler Homogenität hat grundlegend C.Schmitt, Verfassungslehre, S.228ff., hingewiesen; deutlich auch Kelsen, Wesen und Wert der Demokratie, S.65f.; so auch Quaritsch, Einwanderungsland Bundesrepublik Deutschland?, S.50; Schwerdtfeger, 53.DJT, A 106ff. mit Hinweisen; Birkenheier, Wahlrecht für Ausländer, passim, etwa S.23; a.A. etwa Zuleeg, DVBl 1974, 349.
Die Sonderproblematik aus der deutschen Teilung wird im Folgenden auch sprachl. nicht berücksichtigt.

12) Herzog, Allg. Staatslehre, S.141, 145f.; wenig klar insofern Kriele, Staatslehre, S.309; i.d.S. auch Marcic, Rechtsphilosophie, S.212; ders., Geschichte der Rechtsphilosophie, S.307 i.S. Kants. Zum Verhältnis von Volk und staatl. Rechtsordnung Kelsen, Wesen und Wert der Demokratie, S.14ff.

13) Hesse, Verfassungsrecht, S.144 ("Die Verfassung kennt nur konstituierte Staatlichkeit"); ebenso Krüger, VVDStRL 15 (1957), S.121.

S.2 GG die kommunale Verfassung. Alle Rechtsverhältnisse, an denen unmittelbar die Bundesrepublik Deutschland beteiligt ist, sind staatlich. Die staatlichen Rechtssubjekte sind die Gebietskörperschaften, nämlich der Bund, die Länder und die Gemeinden und Gemeindeverbände, jedenfalls im Bereich bestimmter Kompetenzen[14)]. Zum Staat des Grundgesetzes gehören auch die von den Gebietskörperschaften errichteten Rechtssubjekte aller Art einschließlich der staatlichen 'Privatrechtssubjekte'[15)], wie etwa die Aktiengesellschaften und Gesellschaften mit beschränkter Haftung der öffentlichen Hände. Es gibt keine juristischen Personen, die losgelöst von den Menschen sind, die sich von den Menschen oder vom Staat als einer Organisation der Deutschen verselbständigen dürfen oder auch nur können. Eine solche Verselbständigung ist nichts anderes als vollmachtloses Handeln der Amtswalter, wie es die ultra-vires-Lehre klarlegt. Es ist unbestritten, daß Träger der sogenannten Privatrechtsgesellschaften der öffentlichen Hände die juristischen Personen des öffentlichen Rechts sind.

Der allein tragende Gesichtspunkt für die Zuordnung der Unternehmen des Staates in Privatrechtsform wie aller juristischer Personen des privaten Rechts in der Hand des Staates ist der, daß sie sich in der Hand eben des Staates befinden, daß ihr Verhalten dem Staat zuzurechnen ist, der sie betreibt. Das gilt jedenfalls für die juristischen Personen des Privatrechts, deren Anteile ausschließlich dem Staat gehören. Dabei ist es irrelevant, ob Inhaber der Anteile eine juristische Person des öffentlichen Rechts ist, etwa der Bund, ein Land oder eine Kommune, oder ob mehrere juristische Personen des öffentlichen Rechts sich die Anteile teilen. Die Zulässigkeit derartiger Verbindungen ist hier nicht zu erörtern. Sie kann etwa aus Erwägungen des Bundesstaatsrechts (Stichwort: Mischverwaltung) fraglich sein. Ein Gesichtspunkt, der die Staatlichkeit dieser juristischen Person des Privatrechts in Frage zu stellen vermöchte, ist nicht ersichtlich. Der Staat könnte andere Organisations- und Rechtsformen nutzen, insbesondere solche, die der Staatlichkeit des Unternehmens eher adäquat sind, wie die des Eigenbetriebes oder Sonderrechtsformen, wie sie aus dem Postverwaltungs- und dem Bundesbahngesetz bekannt sind[16)].

Besondere Zuordnungsprobleme werfen die sog. gemischtwirtschaftlichen Unternehmen auf, an denen neben Privaten auch der Staat beteiligt ist. Sie sind in der

---

14) Auf die Problematik der Staatlichkeit allen gemeindlichen Verhaltens wird hier nicht eingegangen (zur kommunalen Selbstverwaltung Stern, Staatsrecht I, S.304ff. mit Hinweisen; für viele Schwerdtfeger, 53.DJT, A 109ff. m.H.). Wird sie abgelehnt, können sich daraus Besonderheiten für die Gemeindeunternehmen ergeben, insb. für deren Grundrechtsschutz (dazu ablehnend jetzt BVerfG NJW 1982, 2173 zu Art.14 Abs.1 GG).

15) Das ist die Grundeinsicht der Ablehnung jeder gemeindlichen Grundrechtsberechtigung aus Art.14 GG in BVerfG NJW 1982, 2173ff.. Ganz i.d.S. Böhmer, Sondervotum, NJW 1981, 1262.

16) Bemerkenswert Böhmers, Sondervotum, NJW 1981, 1262 'Warnung': "Den sich insoweit (sc. "privatrechtliche Organisationsformen (AG, GmbH usw.)" der "Exekutive") aus dem Staatsorganisationsrecht ergebenden Fragen ist hier nicht nachzugehen"; also gibt es Fragen! Klar auch Naendrup, Haftungsbeschränkung, S.222 ("... , daß das private Organisationssystem staatspersonalen Handelns von Anbeginn an antinomisch ist.").

Praxis der Regelfall unternehmerischer Betätigung des Staates. Dennoch sind sie nicht das Problem dieser Arbeit. Die Rechtsfragen einer staatlichen Beteiligung an Privatunternehmen, um die es vielfach geht, oder einer privaten Beteiligung an Staatsunternehmen, wie sich die Zusammenarbeit auch häufig darstellt, sind auf Grund der in dieser Arbeit aus dem Autonomieprinzip entwickelten Staatstheorie, die dem Staat das Recht zu privatem Verhalten abspricht, neu zu stellen. Die staatliche Beteiligung bleibt staatliches Verhalten, welches dessen Eigenart gemäß rechtlich zu beurteilen ist. Das Verhalten der Privatunternehmen bleibt privates Verhalten. Beteiligung am Unternehmen als Instrument staatlicher Einflußnahme auf die Privatwirtschaft bedarf besonderer Rechtfertigung, die in Einzelfällen, etwa durch einen Sanierungszweck, gegeben sein kann. Die private Beteiligung an Staatsunternehmen erscheint durchgehend verfassungswidrig, weil der besondere Einfluß Privater auf staatliches Verhalten der politischen Gleichheit aller Deutschen widerspricht. Den angedeuteten Problemen muß jedoch gesondert nachgegangen werden[17)]. Hier kann nicht einmal, wenn die Arbeit nicht mit Fragen befrachtet werden soll, die thematisch nicht gefordert sind, die Grenzziehung zwischen den beiden genannten Arten gemischtwirtschaftlicher Unternehmen (privaten und staatlichen) entwickelt werden. Zwei Beispiele sollen hier genügen: Die Volkswagen AG ist ein privates Unternehmen mit staatlicher Beteiligung; die Hamburger Electrizitätswerke AG ist ein staatliches Unternehmen mit privater Beteiligung.

Das Bundesverfassungsgericht hat juristischen Personen des Privatrechts in der Hand des Staates Grundrechtsschutz versagt, weil sie öffentliche Aufgaben wahrnehmen[18)]. Weil staatliches Verhalten sich nicht danach differenzieren läßt, ob öffentliche oder nicht-öffentliche Aufgaben ausgeführt werden, ist diese Rechtsprechung auf alles staatliche Verhalten zu übertragen[19)], das eben nur institutionell begriffen werden darf. Der Staat ist somit unter dem Grundgesetz die "Vereinigung einer Menge von Menschen unter Rechtsgesetzen", wie es Kant in seiner Metaphysik der Sitten ähnlich Hobbes definiert hat[20)]. Die Menschen sind allein als Individuen zu erfassen, die sich freilich auch zu Vereinen und Gesellschaften verbinden dürfen (Art.9 Abs.1 GG). Das Spezifische ist die Individualität des Menschen gegenüber der personalen und funktionalen Allgemeinheit des Staatlichen. Die staatsrechtliche und staatstheoretische Fragestellung wird verzerrt, wenn Staat und Gesellschaft gegenübergestellt werden, weil das die Frage der konstitutionellen Monarchie war, auf die das Grundgesetz keine Antwort gibt. Die grundge-

---

17) Zur Problematik der gemischtwirtschaftl. Unternehmen vgl. Berkemann, Die staatl. Kapitalbeteiligung an Aktiengesellschaften, 1966; Trott zu Solz, Die staatlich beeinflußte Aktiengesellschaft, 1975.

18) Hinweise in Fn.61 des 1.Teils.

19) So jetzt nur mit einem 'theoretischen Angstvorbehalt' BVerfG NJW 1982, 2173ff. freilich mit anderer als staatsaufgabentheoretischer Begründung.

20) S.431; Hobbes, Vom Bürger, S.205; Maihofer, Rechtsstaat und menschliche Würde, S.63 wertet diese Definition zu Recht als "materiales Prinzip des freiheitlichen Rechtsstaates" wegen des kantischen Unterschiedes von Rechtsgesetz und Sittengesetz; so auch ders., Handbuch, S.206; zustimmend Marcic, Geschichte der Rechtsphilosophie, S.307.

setzliche Fragestellung ist die des Verhältnisses des Menschen zu seinem Staat[21].

Die Gesamtheit der Privaten mag man als die Gesellschaft bezeichnen. Dieser Begriff der Gesellschaft hat trotz dessen Benutzung in Art.6 Abs.5 GG in dem freiheitlich-demokratischen Staatswesen keinen spezifischen staatsrechtlichen Stellenwert. Die Entgegensetzung von Staat und Gesellschaft ist konstitutionell-monarchisch gedacht[22]. Sie suggeriert noch immer ein eigenständiges personales Substrat des Staates, das dieser in der konstitutionellen Monarchie in der Person des Monarchen, aber auch gewissermaßen durch Heer und Beamtenschaft hatte. Die grundgesetzliche Demokratie kennt keine personale Dualität von Staat und Gesellschaft[23]. Sie kennt nur den staatrechtlichen Begriff des Volkes, wie es Art.20 Abs.2 S.1 ausweist. Die Existenz des Staates ist somit auch Existenzbedingung des

---

21) Einen dritten Bereich von freiheits- und demokratierechtlicher Relevanz zwischen dem des Staates und dem der Gesellschaft der Privaten, etwa den des Öffentlichen (dazu Habermas, Strukturwandel der Öffentlichkeit, insb. §17, S.172ff.; Preuß, Zum staatsrechtlichen Begriff des Öffentlichen, S.184ff., 197ff., 210ff., 215ff. ("sozialstaatliche Selbstverwaltung"); dazu kritisch Henke, VVDStRL 28 (1970), S.166; die Problematik der Gemeinden, der kommunalen Selbstverwaltung bleibt ausgeklammert) gibt es nach dem Grundgesetz nicht. Dieser soll Verhaltensweisen des Menschen erfassen, die wegen ihrer Wichtigkeit für die Allgemeinheit nicht zum Bereich des Privaten, aber wegen ihrer privatrechtsförmigen Organisation und wegen sonstiger Besonderheiten nicht dem Bereich des Staates zugeordnet werden sollen. Zugleich sollen staatliche Bereiche, die aus dem Staatlichen herauszubrechen nicht ohne Chance erscheint, aus dem Begriff des Staatlichen herausdefiniert werden, ohne daß sie dem Privaten zugerechnet werden können oder auch nur sollen; letzteres schon nicht wegen der öffentlich-rechtlichen Organisationsform, noch weniger aber wegen der finanziellen Inanspruchnahme und Verantwortung des Staates für diese Einheiten, insbesondere die Hochschulen, vgl. Preuß, a.a.O., S.210ff., 215ff.. Es geht sowohl um 'Emanzipation' aus dem Staatlichen als auch um 'Emanzipation' aus dem Privaten und dessen Autonomieschutz. Es soll sich ein Bereich etablieren, der durch eine dritte Rechtsordnung außer der Privatrechts- und außer der Staatsrechtsordnung bestimmt wäre. Dieser dritte Bereich hätte ein Feld für rechtsschöpfende Kreativität gegeben, die nicht durch freiheitsrechtliche oder staatsrechtliche Bindungen eingeschnürt wäre. Dass wäre sowohl gegen die Freiheitlichkeit und damit Privatheit des Privaten als auch gegen die Staatlichkeit des Staates gerichtet, die unter dem Grundgesetz untrennbar verbunden sind; denn der Staat des Grundgesetzes ist der Staat der Freien, der Staat der Privaten. Der demokratierechtliche Begriff des Öffentlichen, der auch rechtsstaatlichen Charakter trägt, ist ein gänzlich anderer. Er bringt zum Ausdruck, daß die Angelegenheiten der Allgemeinheit prinzipiell öffentlich sein müssen, damit die Allgemeinheit sich um ihr Allgemeines kümmern kann (Krüger, Allgemeine Staatslehre, S.440ff.; Stern, Staatsrecht I, S.752f.; ausführlich Martens, Öffentlich als Rechtsbegriff, S.53ff., 68ff. mit Hinweisen; klar Rupp, Verfassungsrecht und Kartelle, S.196; Ridder, Verfassungsrechtl. Stellung der Gewerkschaften, S.14; Schachtschneider, JR 1970, 402 sub 3 mit Hinw. in Fn.7, 16).

22) Dazu ausführlich mit Nachweisen Jesch, Gesetz und Verwaltung, S.89f., 170, 173, passim; Bull, Staatsaufgaben, S.64ff. mit weiteren Hinweisen; wie hier auch Kriele, Staatslehre, S.309ff.; dazu auch Burmeister, WiR 1972, 311ff., 321ff. m.w.H. insb. in Fn.en 1, 18-20.
Zur Thematik 'Staat und Gesellschaft', insbesondere zum freiheitssichernden Effekt der Unterscheidung: Forsthoff, Der Staat der Industriegesellschaft, S.21; Böckenförde, Die Bedeutung der Unterscheidung von Staat und Gesellschaft im demokratischen Sozialstaat der Gegenwart, S.12ff.; auch in: Staat, Gesellschaft, Freiheit, S.185ff.; kritisch Ehmke, Wirtschaft und Verfassung, S.5f.; ders., F.Smend, S.23ff.; Krüger, Allgemeine Staatslehre, S.342ff.; wesentlich C.Schmitt, Hüter, S.73ff.; Habermas, Strukturwandel der Öffentlichkeit, S.172ff.; auch Rupp, Verfassungsrecht und Kartelle, S.193ff., der Sache nach im Sinne des Textes; vgl. auch Preuß, Zum staatsrechtlichen Begriff des Öffentlichen, S.81ff.; auch Isensee, Subsidiaritätsprinzip, S.149ff.

23) Jesch, Gesetz und Verwaltung, S.173; Bull, Staatsaufgaben, S.64ff.; Böckenförde, in: Staat, Gesellschaft, Freiheit, S.197f.; insofern auch, wenn auch mit anderer Tendenz, Ehmke, Wirtschaft und Verfassung, S.5 und passim; so wohl auch, wenn auch vorsichtig Kriele, Staatslehre, S.309; auch Marcic, Rechtsphilosophie, S.257; dazu auch Fraenkel, Pluralismus, 45.DJT, Bd.II, B, passim; weitere Hinweise in Fn.26.

Volkes im Rechtssinne des Grundgesetzes[24]. Metajuristische Gesellschaftswissenschaften mögen Gesellschaftsbegriffe benutzen, die sogar den Staat einbeziehen[25]. Sie brauchen sich um die rechtsnormative Verfassungsbegrifflichkeit nicht zu kümmern. Der Zweck, zu dem sich die Deutschen zum Volk und zum Staat verfaßt haben, ist es, das Gemeinwohl zu verwirklichen. Dieser Zweck ist zugleich die allgemeine Maxime des Staates. Die Deutschen haben außerdem die vielfältigen privaten Verhältnisse zueinander, die sie selbst ordnen oder die der Staat im Sinne des Gemeinwohls ordnet. Zwischen dem Volk und dem Staat besteht in der freiheitlichen Demokratie notwendig personale Identität[26]. Diversität rechtspersonenhafter Art besteht zwischen dem Staat als der rechtspersonenhaften Organisation des Volkes für dessen Allgemeines[27] und den einzelnen Menschen und deren gegebenenfalls als juristische Personen organisierten Verbindungen.

Der soeben skizzierte institutionelle Begriff des Staates ist als solcher nicht streitig. Grenzprobleme können insofern für die allgemeine Fiskusproblematik außer Betracht bleiben. Die funktionalistische Theorie des Staatlichen indentifiziert jedoch das Verhalten des derart institutionell begriffenen Staates nicht mit dem staatlichen Verhalten, nicht mit dem Staatlichen, sondern meint auch Verhalten von Privaten zu kennen, das staatlich sei, wie sie auch Verhalten des Staates zu kennen meint, welches privat oder jedenfalls privatrechtlich sei. Das Problem staatlichen Verhaltens von Privaten rankt um den Terminus 'beliehener Unternehmer' und ist ein Parallelproblem zum Fiskusproblem, weil auch das Rechsinstitut des 'Beliehenen' von den funktionalistischen Begriffen des Privaten und des Staatlichen abhängt. Bei der Erörterung der Lehre von der Verwaltungshilfe durch Private von Ossenbühl und Gallwas aber auch der vom Verwaltungsmonopol Baduras ist kurz auf diese Problematik einzugehen[28], die in dieser Arbeit aber nicht vertieft werden kann und muß. Die Verfassungswidrigkeit des privaten Verhaltens des Staates als Institution ist das in dieser Arbeit thematisierte substantielle Fiskusproblem. Es ist die Frage, ob das Grundgesetz es zuläßt, irgendwelches Verhalten des Staates als Institution nicht als staatlich einzustufen und dem Recht zu unterstellen, welches für die Privaten gilt, auch dem Autonomierecht. Die These dieser Arbeit verneint diese Frage. Das Staatliche müßte sich rechtsordnungsrelevant unterscheiden lassen, d.h. es müßten sich staatliche Verhaltensweisen ausmachen lassen, die

---

24) I.d.S. auch Kant, Zum ewigen Frieden, S.206 ("Akt des allgemeinen Willens, wodurch die Menge zum Volk wird").

25) Jesch, Gesetz und Verwaltung, S.173, Fn.3, sieht darin zu Recht eine Konsequenz des modernen (demokratischen) Staatsbegriffs.

26) Herzog, Allgemeine Staatslehre, S.146; ders., Maunz/Dürig/Herzog/Scholz, Rdn.23 zu Art.20 GG; Jesch, Gesetz und Verwaltung, S.173, der den Gegensatz zum konstitutionell-monarchischen Dualismus herausarbeitet; vgl. auch Stern, Staatsrecht I, S.209; auch Bull, Staatsaufgaben, S.64ff.; auch Böckenförde, Staat, Gesellschaft, Freiheit, S.185ff., 197f.

27) Insb. Herzog, Allgemeine Staatslehre, S.152ff., der statt von Organisation von "Institution" spricht; auch Isensee, Subsidiaritätsprinzip, S.154ff.; Marcic, Rechtsphilosophie, S.231; zum Staatsbegriff vgl. die Hinweise in Fn.142 des 6.Teils.

28) 4.Kapitel, I, S.190ff. und II, S.198ff., sowie III, S.202ff.

nicht nach dem Staatsrecht, eingeschlossen das allgemeine/neutrale Recht, welches sowohl den Privaten als auch dem Staat das Recht gibt, zu beurteilen sind, die wenigstens der Staat aus dem Geltungsbereich des Staatsrechts aussondern darf, indem er sich dem Privatrecht unterordnet. Die Versuche einer solchen Differenzierung haben durchgehend zum bloßen Dezisionismus, d.h. zur Notwendigkeit konkreter staatlicher Entscheidungen über die 'Hoheitlichkeit' oder die 'Privatrechtlichkeit' des Verhaltens geführt, wie im folgenden nachgewiesen werden soll. Brohm hat das klar herausgearbeitet[29]. Krüger hat die Hilflosigkeit der Differenzierungsversuche verspottet[30].

Wie schon gesagt, ist das Scheitern aller funktionalistischen Differenzierungsversuche des Staatlichen ein wesentlicher Baustein der hier zu entwickelnden staatstheoretischen Fiskuskritik. Eine dem Autonomieprinzip verpflichtete Staats- und Rechtstheorie vermag darüberhinaus nachzuweisen, daß eine solche Differenzierung staatlicher Funktionen/Aufgaben, die es erlauben würde, staatliche Betätigungen zu benennen, die dem Autonomierecht der Privaten zu unterstellen auch nur gestattet wäre, mit der freiheitlich-demokratischen Grundordnung unvereinbar ist. Dem soll im 6. Teil nachgegangen werden.

29) 4.Kapitel,, IV, S.208ff.

30) 2.Kap., S.183 zu Fn.41; ganz i.d.S. auch v.Pestalozza, Formenmißbrauch, S.166ff., 172ff., insb. Fn.117 auf S.174f.

# 2. Kapitel

## DAS PROBLEM EINES WAHLRECHTS DES STAATES ZWISCHEN DER STAATS- UND DER PRIVATRECHTSORDNUNG

Ein funktionaler Begriff der Staatlichkeit wäre geeignet, die Bereiche der Betätigung des Staates als Institution zu trennen in solche, die funktional staatlich sind und solche, die nicht funktional staatlich, sondern eben privat oder allgemein/neutral und damit dem 'allgemeinen' Recht, dem Privatrecht, unterworfen, also privatrechtlich sind. Zugleich wäre er, wie gesagt geeignet, Betätigungen von Privaten als staatlich einzustufen, weil sie funktional staatlich sind. Das ist der Standpunkt der ganz herrschenden Meinung[31]. Ein Kriterium funktionaler Staatlichkeit existiert jedoch außer dem der institutionellen Staatlichkeit nicht, weil es, wie schon mehrfach hervorgehoben, mit den staatsrechtlichen Grundentscheidungen des Gundgesetzes nicht im Einklang stünde. Es ist darum bisher auch vergeblich gesucht worden, wie im 4. Kapitel gezeigt werden soll. Allein der institutionelle Begriff von Staatlichkeit, Staatsaufgaben und Staatsrecht ist tragfähig, wenn nicht dem Staat zugestanden werden soll, zu wählen, ob sein Verhalten staatlich im eigentlichen Sinne oder privat/privatrechtlich ist. Ein solches Wahlrecht ist das Recht zur Wahl der Rechtsordnung, die für den Staat gelten soll. Es ist der Fluchtweg in das Privatrecht[32]. Es leuchtet ein, daß die fiskustheoretisch fundierte Praxis und herrschende Meinung dieses Wahlrecht des Staates anerkennt[33].

---

31) Fn.en 1, 2 im 1.Teil; dazu 2.Teil, 1.Kap. mit Hinweisen S.26ff.

32) Fleiner, Institutionen, S.326; Leisner, Grundrechte und Privatrecht, S.200; Bullinger, Vertrag und Verwaltungsakt, S.90f. mit Hinweisen; ders., Öffentliches Recht und Privatrecht, S.67; vor allem auch Naumann, VVDStRL 11 (1954), Aussprache, S.131f.; Ipsen, Öffentliche Subventionierung Privater, S.12; scharf und richtig gegen das "hoheitliche Privatrecht" und das Wahlrecht Burmeister, WiR 1972, S.311ff., passim etwa S.315, 319ff., mit weiteren Hinweisen und reichem Argumentationshaushalt; Grupp, ZHR 140 (1976), S.377f. meint das Wahlrechtsproblem mit der Subsidiarität des Privatrechts als das für "jedermann geltende Recht" lösen zu können, in Anschluß an v.Pestalozza (wie Fn.36); das übersieht die Privatorientiertheit des Privatrechts; Hubmann, WuV 1982, 46 fürchtet die Flucht vor den Vorschriften des UWG mittels beliebiger Wahl der rechtlichen Mittel.

33) RGZ 158, 83 (92ff.); 161, 341ff.; 164, 273 (276ff.); BGHZ 9, 145 (147); 16, 111 (112f.); deutlich 35, 111 (112f.); dahin geht auch die Tendenz im BVerfGE 27, 364 (374); Klein, Teilnahme, S.237ff.

Als Symptom der latenten Schwäche der funktionalistischen Staatstheorie ist das Wahlrecht aber auch bekämpft[34].

Ein Recht des Staates zwischen hoheitlichen und privatrechtlichen Verhaltensweisen zu changieren, bestätigt eher die These, daß die Verfassung eine Differenzierung staatlichen Verhaltens nicht vorsieht, die es erlaubt, rechtlich zu entscheiden, ob das Verhalten nach dem Staatsrecht oder dem Privatrecht zu beurteilen sei. Die freie Wahl der Rechtsform ist willkürliche Entscheidung des an sich Rechtsunterworfenen über diese Rechtsunterworfenheit[35]. Das haben Burmeister und Ch. Pestalozza klargestellt[36], findet mehr und mehr Anhänger[37] und steht auch hinter dem sog. Überlagerungsdogma[38]. Das Recht zur Wahl der Verhaltensordnung wäre ein begrenzter Absolutismus. Der Staat steht aber in keiner seiner Verhaltensweisen über dem Gesetz[39]. Sogar manche Funktionalisten anerkennen dieses Wahlrecht[40] und desavouieren damit potentielle funktionalistische Kriterien

---

mit Hinweisen; Püttner, Die öffentlichen Unternehmen, S.136ff.; 328ff.; Rüfner, Formen, S.102, 104, 312, 353ff., 364f.; ders., VVDStRL 28 (1970), S.217; Wenger, Öffentliche Unternehmung, S.519 ("grundsätzlich"), S.522 (nicht "beliebiges" "Changieren", wegen Formenwahrheit); Martens, Öffentlich als Rechtsbegriff, S.95, 97; Ulmer-Reimer, Unlauterer Wettbewerb, Rdn.75 S.51; Emmerich, Wirtschaftsrecht, S.128; Schricker, Wirtschaftliche Tätigkeit, S.31; Bullinger, Öffentliches Recht und Privatrecht, S.102; Wolff-Bachof, Verwaltungsrecht I, §23 Va, S.111f.; Forsthoff, Verwaltungsrecht I, S.380; ders., Rechtsfragen, S.9; Brohm, Strukturen, S.182ff.; Lehmann-Hübner, Allgemeiner Teil, S.3; Stern/Püttner, Gemeindewirtschaft, S.80; Fröhler/Oberndorfer, Körperschaften, S.61f.; Achterberg, JA 1979, 358; ders., Allgemeines Verwaltungsrecht, S.148; Hubmann, WuV 1982, 46; auch Dürig, Maunz/Dürig/Herzog/Scholz, Rdn.493 zu Art.3 Abs.1 GG, wenn das keinen den Bürger belastenden Vorteil für den Staat bringe; i.d.S. auch Stober, ZHR 145 (1981), S.585 (kein "Freibrief für Gesetzgeber und Verwaltung"); i.d.S. auch ders., NJW 1984, 449ff., aber klar für das Wahlrecht, a.a.O., S.450, 454; darauf läuft auch Barbeys, WuV 1978, 89ff. Versuch hinaus, specifica des öffentlichen Rechts im besonderen Verhältnis des Menschen als "Zugehöriger" oder als "Sachwalter" der "verfaßten sozialen Gesamtheit" zu finden.

34) Wie Fn.35.

35) Sehr kritisch i.d.S. auch Krüger, Allgemeine Staatslehre, S.328; kritisch auch Bullinger, Öffentliches Recht und Privatrecht, S.102; wie hier auch v.Pestalozza, Formenmißbrauch, S.170ff., 174 mit Fn.117 S.177 (mit konsequenter Sonderrechtstheorie); kritisch auch Dürig, a.a.O., Rdn.136 zu Art.1 Abs.3 GG; wie hier auch Mallmann, VVDStRL 19 (1961), S.201f. mit Hinweisen auf "Gros" und "Vorhut" in der Frage staatsrechtlicher Bindung des 'privatrechtlich' handelnden Staates; scharf gegen das Wahlrecht auch Burmeister, DÖV 1975, 702f.; vgl. ders., WiR 1972, 311ff. (349), grundsätzlich und überzeugend.

36) Burmeister, WiR 1972, 311ff., 318, 321ff., 337, u.ö.; ders., DÖV 1975, 697ff. mit Hinweisen in Fn.en 14ff.; Pestalozza, Formenmißbrauch, S.170ff., 174 mit Fn.117, S.177, 185f.; ders., DÖV 1974, 188ff.; weitere Hinweise in Fn.en 35, 37.

37) Vgl. Fn.35; weiterhin Hesse, Verfassungsrecht, S.144; Rüfner, Formen, S.390 (für kompetenzielle Grenzen); Zeidler, VVDStRL 19 (1961), Aussprache, S.261; auch v.Trott-zu-Solz, a.a.O., S.193 (mit unklaren Belegen); recht großzügig läßt Isensee, Subsidiaritätsprinzip, S.207, Fn.94, die "Freihiet der Wahl der Formen" zu, wenn die "inhaltlichen Schranken der öffentlichen Gewalt in allen ihren Formen gleich sind", das aber wandelt Privatrecht in staatliches Sonderrecht; sehr weich auch ders., Handbuch, S.1172, 1175; deutlich Grupp, ZHR 140 (1976), S.378 mit weiteren Hinweisen.

38) Vgl. die Hinweise in Fn.57 des 1.Teils; die mangelnde Konsequenz dieser Theorie vom "hoheitlichen Privatrecht", die sich weitgehend auf die Grundrechtsfrage beschränkt, kritisiert zu Recht Burmeister, WiR 1972, 311, 346f.; so sieht das auch v.Pestalozza, Formenmißbrauch, S.166ff.

39) Der Gesetzgeber darf Gesetze aufheben oder ändern; er darf sie aber nicht mißachten. Vgl. für viele Schachtschneider, JA 1978, 237 sub III 2.

40) Etwa Klein, Teilnahme, S.237ff. mit Hinweisen; Püttner, Die öffentlichen Unternehmen, S.136ff.,

des Fiskalischen. Wenn es hoheitliches Verhalten des Staates, das gerade nicht fiskalisch ist, gibt, darf dieses allein nach staatsrechtlichen Maßstäben beurteilt werden. Die Wahl der einen oder anderen Rechtsordnung verböte sich auch für das nicht-hoheitliche, das fiskalische Verhalten, das definitionsgemäß privat/privatrechtlich wäre. Sowohl nach reinem Staatsrecht als auch nach dem vom Staatsrecht überlagerten Privatrecht, also dem besonderen Privatrecht für den Staat, müssen die Rechtsfolgen jedoch dieselben sein.

Das Passende zu diesem Wahlrecht hat H. Krüger in seiner Allgemeinen Staatslehre gesagt[41]: "Vor der Entscheidung (sc. dieser Wahl) weiß niemand, wie sie ausfallen wird. Nach der Entscheidung bleibt vielfach ungewiß, wie sie ausgefallen ist. Erst durch den Spruch des Gerichts erfahren Amt und Bürger, ob hoheitlich oder fiskalisch gehandelt wurde." Krüger übersieht neben dieser mehr ironischen Bemerkung nicht, daß die Fiskustheorie "grundsätzlich verfehlt" ist.

Am Rande sei auf die unermeßlichen Kosten hingewiesen, die die spätestens mit dem Grundgesetz überholte Fiskustheorie und die daraus abgeleitete Möglichkeit des Staates, zu wählen, ob er sich dem privaten oder dem Staatsrecht unterstelle, verpackt in die Rechtswegproblematik, verursacht hat, ohne daß daraus ein erhebliches praktisches Argument für die Dogmatik reklamiert werden soll[42].

Die Menschen dürfen sich nach ihren Maximen verhalten; denn sie sind als Private autonom[43]. Für ihre Verhältnisse gilt ausschließlich das Privatrecht. Genausowenig wie die den Staat charakterisierende ausschließliche Geltung des Staatsrechts den Staat definiert, definiert die Geltung des Privatrechts den Privaten. Sätze wie: Wenn das Privatrecht gilt, sind die beteiligten Rechtssubjekte Privatrechtssubjekte (und damit Private), und: Wenn das Staatsrecht gilt, ist der Staat als Staat an dem Rechtsverhältnis beteiligt, vermögen ein materielles Kriterium für die Geltung des Privatrechts oder die des Staatsrechts nicht zu geben.

Das wäre anders, wenn es in der Macht der beteiligten Rechtssubjekte läge, zu bestimmen, ob für ihre Verhaltensweisen Privat- oder Staatsrecht anzuwenden sei. Privaten ist diese Macht bislang von niemandem zugestanden worden. Dieses Wahlrecht des Staates zwischen der 'Privatrechtsform' und der 'Staatsrechtsform' seines Verhaltens ist conditio sine qua non der Fiskustheorie, wenn und weil es keine materielle Unterscheidung von hoheitlichem und fiskalischem Verhalten gibt[44]. Ersatz für diese Maßstablosigkeit ist der Dezisionismus, wie immer, wenn ein Maßstab für eine Differenzierung fehlt, auf die nicht verzichtet werden soll. Ein solches

---

328ff.; Brohm, Strukturen, S.182ff.; Rüfner, Formen, S.102, 104, 346f., vgl. auch S.360f., 377ff., 387ff.; Emmerich, Wirtschaftsrecht, S.128.
Konsequent im Funktionalismus wohl Badura, F.Schlochauer, S.6, 8ff.

41) S.328.

42) Ebenso v.Pestalozza, Formenmißbrauch, S.172; auch Martens, Öffentlich als Rechtsbegriff, S.96f., beklagt die Rechtswegunsicherheit; ebenso Bullinger, Öffentliches Recht und Privatrecht, S.108ff.; eindringlich Burmeister, WiR 1972, S.333ff.; ders., DÖV 1975, 696 mit weiteren Hinweisen.

43) Vgl. dazu im 2.Kap. des 3.Teils, S.104ff. und im 6.Teil, 1.Kap., II 3, S.238f.

44) Dazu das 4.Kap., S.189ff., X, Zusammenfassung, S.232ff.

Wahlrecht würde es dem Staat erlauben, seine Staatlichkeit gegen eine Privatheit auszutauschen. Das geht, wie noch näher zu zeigen sein wird, über seine Kräfte hinaus, überschreitet seine normative Existenz, die allein durch Rechtsakte, in der Regel Gesetze, begründet ist[45]. Das Dogma von der allgemeinen Rechtssubjektivität des Staates[46], das hinter diesem Wahldogma steht, ist unvereinbar mit den Existenzbedingungen des Staates in der grundgesetzlichen freiheitlichen Demokratie[47]. Das "bürgerliche Recht" ist das "Recht der Privaten", hat der 2. Senat des Bundesverfassungsgerichts im Urteil über das Staatshaftungsgesetz erkannt[48].

Ch. Pestalozza kommt mit seiner konsequenten 'Sonderrechtstheorie' zu demselben Verdikt gegen das Wahlrecht[49], räumt aber ein, daß für staatliches Verhalten Privatrecht gelte, wenn "öffentlich-rechtliche Normen hierfür nicht bereitstehen und ... Privatrecht tatsächlich anwendbar ist"[50]. Diese Ausnahme ist nicht eindeutig definiert, dürfte aber die Rechtsnormen erfassen, die für jedes "beliebige" Rechtssubjekt gelten, also das hier sogenannte 'allgemeine' oder 'neutrale' Recht umfassen. Die Kollisionsnorm, um Pestalozzas Ausgangspunkt[51] zu nutzen, ist die Entscheidung des Grundgesetzes für die freiheitliche Demokratie. Sie läßt, wie nachzuweisen sein wird, es nicht zu, auf den Staat anderes Recht anzuwenden als das Staatsrecht. Das zeigt zugleich, daß die Frage nach dem Staatsrecht keine nach der Auswahl unter konkurrierenden Rechtsordnungen ist. Mit dem Staatsrecht konkurriert keine andere Rechtsordnung, etwa die Rechtsordnung für Private. Die Privatrechtsordnung gilt nur für Private, die Staatsrechtsordnung gilt nur für den Staat und notwendig insoweit für den Privaten, als dessen Rechte oder Pflichten gegenüber dem Staat sich aus diesem Recht für den Staat (mit)ergeben. Gewissermaßen ist der Private nicht nur Privatrechts- sondern auch Staatsrechtssubjekt, der Staat aber ausschließlich Staats- und in keinem Falle Privatrechtssubjekt. Die kollisionsrechtliche Situation ist eine andere, nämlich die, daß eine Rechtsordnung die andere zu verdrängen vermag, daß aber auf den Sachverhalt beide Rechtsordnungen angewandt werden können und dürfen, je nach der kollisionsrechtlichen Entscheidung. Das Privatrecht ist jedoch nicht auf staatliches Verhalten, das Staatsrecht ist nicht auf Verhalten unter Privaten anzuwenden. Das Privatrecht ist nicht insgesamt "allgemeines Recht", das dem "Sonderrecht" für den Staat zu weichen hat; es ist vielmehr wesentlich andersartig. Die jeweilige Rechtsordnung ist

45) Dazu näher im 3.Kap. des 6.Teils, S.253ff., Hinweise vor allem in Fn.132 des 6.Teils.

46) Belege zur Fiskustheorie in Fn.1 im 1.Teil.

47) Dazu vor allem im 4.Kap. des 6.Teils, S.261ff. mit Hinw.; anders wohl Wolff-Bachof, Verwaltungsrecht I, §30 IIc, S.182f.: "Das Prinzip der Gewaltengliederung relativiert wie früher die monarchische Souveränität so heute die Volkssouveränität."

48) NJW 1983, 26.

49) Formenmißbrauch, S.166ff., 170ff., 185f.

50) Formenmißbrauch, S.177ff., 185f., Zitat S.178.

51) Formenmißbrauch, S.170ff., 172ff., der den zwingenden Charakter des öffentlichen Rechts als Sonderrecht des Staates staatstheoretisch nicht näher untersucht.

zugeschnitten auf die Rechtsträger, deren Verhältnisse sie regelt, und sie ist ungeeignet, auf andere Rechtsträger angewandt zu werden. Das Privatrecht gilt darum auch nicht, wie es schon im Begriff "Sonderrecht" anklingt, hilfsweise für den Staat[52]. Wenn sich hinreichende Regelungen für staatliches Verhalten der Staatsrechtsordnung einschließlich des allgemeinen/neutralen Rechts für Staat und Private nicht entnehmen lassen, kommt allein eine rechtsschöpferische Entwicklung der staatsrechtlichen Normen durch Umkehrschluß oder Analogie in Betracht. Relevant ist dieses Problem nur für den Bereich des Autonomierechts. Die vielfältigen Verweisungen im Staatsrecht etwa auf das Bereicherungsrecht der §§ 812ff. BGB, die dem Bürgerlichen Gesetzbuch entlehnte Rechtssätze in das Staatsrecht übernehmen[53], zeigen die weitgehende Neutralität dieser Rechtsinstitute, ohne daß hier für das Bereicherungsrecht diese Einschätzung näher ausgeführt werden kann oder auch nur muß.

52) So aber klingt es bei v.Pestalozza, Formenmißbrauch, S.176, 178, 181 ("(Subsidiär eingreifenden) Zivilrechtsnormen").

53) Dazu Wolff-Bachof, Verwaltungsrecht I, §44 I 6, S.340 ff. mit Hinweisen

## 3. Kapitel

# DER BEGRIFF "STAATSGEWALT" ALS FUNKTIONALES DIFFERENZIERUNGSKRITERIUM

Als grundgesetzlicher Ausgangspunkt für eine funktionale Differenzierung des Staatlichen in 'hoheitliches' und 'fiskalisches' Verhalten bietet sich der Begriff der "Staatsgewalt" in Art.20 Abs.2 S.1 GG an.

Der Wortlaut des Art.20 Abs.2 S.1 GG "alle Staatsgewalt" ist sehr weit. Man muß schon das Teilwort "gewalt" restriktiv interpretieren, um das fiskalische Verhalten des Staates aus dem Wirkungsbereich dieser Grundsatznorm herauszulösen. Die Argumentation ist durchaus gängig[54)]. Die "Staatsgewalt" wird in S.2 des Art.20 Abs.2 GG durch das Repräsentations- und Gewaltenteilungsprinzip im zweiten Halbsatz genauso exemplifiziert wie in Art.1 Abs.3 GG für die staatliche Grundrechtsbindung, nämlich als "Gesetzgebung, vollziehende Gewalt und Rechtsprechung". Der Fiskus müßte dem Begriff der "vollziehenden Gewalt" unterfallen. Diese sei jedoch nur die hoheitliche Staatstätigkeit, nicht auch die privatrechtliche, fiskalische[55)]. "Gewalt" deute auf die Subjektion der Menschen unter den Staat hin[56)], während demgegenüber die Privatrechtsverhältnisse durch gleichgeordnete Koordination gekennzeichnet seien[57)]. In Privatrechtsverhältnissen werde keine "Gewalt"

---

54) Etwa Klein, Teiln., S.169ff., der "staatl. Gewalt" auf den Bereich der "Eigentlichkeit" (?) des Staates meint begrenzen zu können, in dem er "seinen Bürgern" nicht "auf gleicher Ebene" begegne; sonst drohe die "Gleichordnung zur Unterordnung" zu werden. Auf den Machtaspekt, den er in dem "Gewalt"begriff unterbringen wollte, hat Bachof, VVDStRL 12 (1954), S.62f. und VVDStRL 19 (1961), S.259f. abgestellt.

55) Klein, Teilnahme, S.169ff.; ähnlich Rüfner, Formen, S.397 ("Macht des Fiskus ist nicht spezifisch staatl.", "da sie gerade auf den Gebrauch der dem Staat vorbehaltenen Mittel der öffentl. Gewalt verzichtet"); Forsthoff, Staat als Auftraggeber, S.13; Dürig, F.Nawiasky, S.188f.; Königs, JuS 1962, 345; jetzt auch Isensee, Handb., S.1172; vgl. auch d. H. zur Fiskalgeltung der Grundrechte in Fn.56 des 1.Teils, zur Anwendbarkeit des Art.30 GG auf fiskal. Verhalten in Fn.en 50, 51 des 1.Teils und zur Grundrechtsberechtigung des Fiskus in Fn.en 60-63 des 1.Teils.

56) I.d.S. Klein, Teiln., S.170f.; Rüfner, Formen, S.401, der das für den Gleichheitssatz durchbricht.

57) Klein, Teilnahme, S.170; ähnlich Rüfner, Formen, S.397; Mestmäcker, NJW 1969, 1; auch Hefermehl, Wettbewerbsrecht, Allgemeines, Rdn.157; Ulmer-Reimer, Unlauterer Wettbewerb, Rdn.75, S.50f.;

ausgeübt[58]. Den staatsrechtlichen Bindungen sei der Staat eben nur als Hoheitsträger ausgesetzt, sei es den Bindungen an die Grundrechte nach Art.1 Abs.3 GG[59], sei es demokratierechtlich gemäß Art.20 Abs.2 GG oder gewaltenteilungsrechtlich nach Art.20 Abs.2 GG oder in anderem Zusammenhang[60]. Diese Reduktion ist vielfach zurückgewiesen worden[61]. Eine reine Wortlautinterpretation überzeugt weder in der einen noch in der anderen Richtung[62].

Der verfassungsrechtliche Begriff der Staatsgewalt spricht vielmehr die Mächtigkeit des Staates gegenüber dem Privaten an, meint die Staatlichkeit als solche. Dem Staat steht prinzipiell Gewalt zu[63], während den privaten Menschen Gewalt über andere Menschen prinzipiell nicht zukommt[64]. Fiskalische Betätigung läßt sich nicht allein durch Wahlen und Abstimmungen im Sinne des Art.20 Abs.2 GG praktizieren. Sie bedarf vielmehr der vermittelnden Ausübungsorgane und muß darum der "vollziehenden Gewalt" zugerechnet werden.

Die Kriterien der Subordination und Koordination für Hoheitlichkeit und Fiskalität werden, so hartnäckig sie vor allem die Zivilgerichte und immer noch viele Zivilrechtler behaupten[65], von den Staatsrechtlern ebenso beharrlich abgelehnt[66].

---

Hubmann, WuV 1982, 48ff.. Das ist ständige Praxis der Zivilgerichte: etwa BGHZ 14, 225 (227); 35, 175 (177); 37, 1 (16); 39, 352 (356); GS 66, 229 (232ff.); auch 66, 182 (186); GS 67, 81 (85ff.); zuletzt BGH NJW 1981, 976; BGH NJW 1982, 2117 (2119); BGH NJW 1982, 2125 (2126); für Grundstückskäufe BGHZ 32, 214 (217); 50, 284 (287); BGH NJW 1969, 787. Zur Problematik u.a. mit Hinw. Menger, F.Wolff, S.173f.; Hinw. auf die Gegenmeinungen in Fn.66; dazu im 4.Teil, 1.Kap., I, S.138ff.

58) Klein, Teilnahme, S.170ff.; Rüfner, Formen, S.397; ähnlich Rudolf, VVDStRL 37 (1979), S.202, der auf das Recht des Staates zu "Befehl und Zwang" für die Zuordnung der Eingriffsverwaltung abhebt; kritisch Bachof, VVDStRL 12 (1954), S.75f., 125f., der zu Recht auf den stärkeren Schutz des Bürgers durch das öffentliche Recht als durch das Privatrecht hinweist, wenn dieser dem Staat unterstellt sei; ders., VVDStRL 19 (1961), S.259.

59) Hinweise zur Frage des Fiskalgeltung der Grundrechte in Fn.56 des 1.Teils.

60) Klein, Teilnahme, S.169ff.; dazu auch v.Trott zu Solz, Staatlich beeinflußte Aktiengesellschaft, S.191ff.

61) Zeidler, VVDStRL 19 (1961), S.225ff.; Mallmann, VVDStRL 19 (1961), S.201f.; klar Hesse, Verfassungsrecht, S.144; vorsichtig auch Püttner, Die öffentlichen Unternehmen, S.136, richtig S.148; auch v.Trott zu Solz, Staatlich beeinflußte Aktiengesellschaft, S.191ff.; Kunert, Bedarfsdeckungsgeschäfte, S.105ff. mit weiteren Hinweisen; Rüfner, Formen, S.394ff. vertritt eine "umfassende Bindung des Fiskus an die Grundprinzipien des öffentlichen Rechts", "zumindest in einem objektiven Sinne"; vgl. für existenzwichtige Leistungen und staatliche Monopole wie hier schon Bachof, DÖV 1953, 423; ders., VVDStRL 12 (1954), S.63f., 125f.; ders., VVDStRL 19 (1961), S.260; ders., Grundrechte III 1, S.175; auch Grupp, ZHR 140 (1976), S.377f. m.w.H.

62) So auch Kunert, Bedarfsdeckungsgeschäfte, S.109.

63) Zum Problem der Gewalt im Staat: Matz, Politik und Gewalt, S.97ff.; Merten, Rechtsstaat und Gewaltmonopol, passim; klar auch Isensee, Grundrechte und Demokratie, S.25; deutlich Scholz, NJW 1983, 705ff.; Kriele, Handbuch, S.136; grundlegend Kant, Metaphysik der Sitten, S.438ff.

64) Matz, a.a.O.; Merten, a.a.O.; Isensee, a.a.O.

65) Vgl. die Hinweise in Fn.57; anders etwa Ramm, Einführung, S.G.140; Larenz, Allgemeiner Teil, S.1ff.; auch Lehmann-Hübner, Allgemeiner Teil, S.3.

66) Meinungsbestimmend Wolff, AöR 76 (1950/51), S.205ff., der die Fiskustheorie unberührt läßt (S.206), indem er dem "allgemeinen Recht", das jeder Rechtsperson das Recht gebe, das "Sonderrecht" für juristische Personen des öffentlichen Rechts gegenüberstellt; Wolff-Bachof, Verwaltungsrecht I, §22 IIa, S.98f., IIc, S.99ff. mit weiteren Nachweisen; Bachof, VVDStRL 12 (1954), S.65; ders., AöR 83 (1958), S.208ff., 228f. kritisch; Martens, Öffentlich als Rechtsbegriff, S.93f. mit weiteren Hin-

Die Staatsrechtslehre folgt heute ganz überwiegend der Subjektstheorie H.J. Wolffs[67]. Ihr hat sich schließlich auch der Gesetzgeber im Verwaltungsverfahrensrecht angeschlossen[68]. Wolffs Subjektstheorie liegt die Erkenntnis zugrunde, daß es sowohl im Verhältnis der Menschen zum Staat als auch im Verhältnis der Menschen untereinander wie auch im Verhältnis staatlicher Einheiten zueinander sowohl Subordination als auch Koordination gebe[69]. Ob die Topoi Subordination und Koordination Relevanz für irgendeine unserer Rechtsfragen haben, hängt von den jeweils einschlägigen Rechtsvorschriften ab. Jedenfalls mit den normativen Begriffen "Staatsgewalt" oder "vollziehende Gewalt" sind Verhältnisse der Koordination weder der Volkssouveränität noch der Grundrechtsbindung entzogen[70]. Sie sind jedenfalls mit diesem Topos aus dem Bereich des eigentlich Staatlichen nicht herauszusondern.

weisen; Bettermann, DVBl 1977, 181; ders., NJW 1977, 515; Menger, VerwArch 68 (1977), S.296; ders., F.Wolff, S.149ff., 162ff., mit weiteren Hinweisen in Fn.18, S.153f.; Scholz, NJW 1978, 16ff.; Rüfner, Formen, S.349ff.; Wenger, Öffentliche Unternehmung, S.517f., der hilfsweise auf die normierte Vorrangigkeit der Allgemeininteressen abstellt; Püttner, Die öffentlichen Unternehmen, S.330; Stern, Verwaltungsprozessuale Probleme, S.11 mit weiteren Nachweisen in Fn.30; Renck, JuS 1978, 479ff.; Schimmelpfeng, NJW 1977, 1093f.; Zuleeg, Rechtsform der Subventionen, S.34f.; Barbey, W.u.V. 1978, 82ff. (kritisch zur Wolff'schen Subjektstheorie), S.86 (gegen die Interessentheorie); Schunck/De Clerck, VwGO §40, Anm.4a, aa, S.193; Schwabe, Drittwirkung, S.31ff. (nicht ohne Kritik an der Subjektstheorie Wolffs); kritisch auch v.Pestalozza, Formenmißbrauch, S.173f.
Den Dualismus leugnet gänzlich (in Verkennung grundgesetzlicher Staatstheorie) Rinck, WiR 1972, 5ff.; 9f.; 16f. ( n u r Bedeutung für den Rechtsweg); deutlich dagegen Burmeister, WiR 1972, 347ff.

67) Hinw. in Fn.66; diese lobt insb. Menger, F.Wolff, S.162ff.; dazu im 2.Teil, 1.Kap., I, S.26ff.

68) Dazu im 1.Kap. des 1.Teils, S.6ff. zu Fn.en 6-11.

69) Vgl. die Hinweise in Fn.66; u.a. Menger, F.Wolff, S.153ff.; Zuleeg, Rechtsform der Subventionen, S.34ff.; Wolff-Bachof, Verwaltungsrecht I, §22 IIa 7, S.98f.; auch Böhmer, Grundlagen I, S.165; auch Blomeyer, Zivilprozeßrecht, S.20.

70) Das ist die Konsequenz der Subjekts- wie der Sonderrechtstheorie des öffentlichen Rechts/Staatsrechts; Hinweise in Fn.en 61, 66.

4. Kapitel

# EIN BEGRIFF MATERIELLER STAATSAUFGABEN ALS FUNKTIONALES DIFFERENZIERUNGSKRITERIUM

Eine funktionale Differenzierung des Staatlichen kann ein materieller Begriff der Staatsaufgaben leisten, der als die eigentliche Funktion des Staates, als dessen eigentliche Aufgabe, als das Staatliche, die Verwirklichung dieser Staatsaufgaben angibt. Staatsaufgaben ist der wohl am meisten genannte Topos für die Unterscheidung des funktional Staatlichen, des 'Hoheitlichen', vom funktional Nichtstaatlichen, dem 'Fiskalischen', welches der Staat nicht anders als Private nach Maßgabe des Privatrechts betreiben dürfe[71]. Dieser materielle Staatsaufgabenbegriff zwingt zu der Annahme, der Staat als Institution dürfe auch andere Aufgaben übernehmen als Staatsaufgaben, habe also eine allgemeine Kompetenz oder (weniger verständlich formuliert) die allgemeine, uneingeschränkte Privatrechtssubjektivität. Eine solche Differenzierung hat jüngst noch in einer Vorsichtsklausel das Bundesverfassungsgericht offengehalten[72].

Staatsaufgaben nicht mit den Aufgaben zu identifizieren, die der Staat als Institution wahrnimmt, also einen funktionalen dem institutionellen Begriff der Staatsaufgaben entgegenzusetzen, ist der harte Kern der Fiskustheorie. Dieser Staatsaufgabenlehre ist im folgenden nachzugehen. Ihr bleibt nur das schon kritisierte dezisionistische Wahlrecht[73], d.h. die willkürliche Entscheidung des Staates darüber, ob er seine Aufgaben als Staat, der er ist, erledigt oder ob er sich zu diesem Zweck in die Rolle des Privaten oder auch nur eines Privatrechtssubjekts begibt und damit beweist, daß die Aufgabe gar nicht des staatlichen Einsatzes be-

---

71) Vgl. die Hinweise in Fn.2 und auch Fn.1 des 1.Teils; etwa BGH NJW 1969, 2195; BGHZ 52, 325 (327ff.); auch Leisner, AöR 93 (1968), S.183ff.; typisch Badura, ZHR 146 (1982), S.461 für die staatliche Wirtschaftstätigkeit; auch Isensee, Handbuch, S.1172, 1175; kritisch Ossenbühl, VVDStRL 29 (1971), S.192 m.H. in Fn.248.

72) NJW 1982, 2175, nachdem das Kriterium "öffentliche Aufgaben" lange maßgeblich für die Grundrechtsverweigerung gegenüber dem Staat war, etwa BVerfGE 21, 362 (370, 374); 35, 263 (271); 38, 175 (184).

73) 2.Kap., S.181ff.

darf, daß seine Betätigung den Vorrang privater Lebensbewältigung, wenn man so will, das Subsidiaritätsprinzip, verletzt[74].

Die Diskussion der funktionalistischen Differenzierung der Staatsaufgaben zur Aussonderung der fiskalischen Aufgaben soll an Hand ausgewählter Abhandlungen zu dieser Problematik in dem Bemühen vorgeführt werden, einen tragfähigen Ansatz für diese (folgenschwere) Unterscheidung zu finden. Dafür werden Arbeiten von Ossenbühl, Gallwas, Badura, Brohm, Bull, Pietzker, Mallmann, Zeidler und H.Krüger herangezogen.

## I Fritz Ossenbühl

### 1. Private und Privatrechtssubjekte, der private Verwaltungshelfer bei Ossenbühl

Ossenbühl[75] hat die Abgrenzung des Staatlichen vom Privaten thematisiert. Obwohl das eine Erörterung der Fiskustheorie hätte erwarten lassen, klammert Ossenbühl diesen Fragenkreis mit dem nach der Fiskalgeltung der Grundrechte aus. Er räumt ein, daß dieser Komplex in der von R. Herzog[76] bedauerten tiefen Aporie der ganzen Staatslehre münde, "die uns keine Kriterien für die Bestimmung der Staatsaufgaben zu liefern" vermöge, was zu "Dezisionismus und Begriffsjurisprudenz" der Praxis führe[77]. Damit kennt Ossenbühl nicht nur zwei Aktionsbereiche des Staates, nämlich den der staatlichen Aufgaben und den des Fiskus und der Fiskalate, sondern auch eine doppelte Weise des Staates, privat zu sein, nämlich die als privater Verwaltungshelfer und die als Fiskus oder Fiskalat. Die Ausklammerungstechnik enthebt Ossenbühl davon, den fiskalischen Bereich von dem staatlichen zu scheiden, nachdem er bereits für die Grenzziehung zwischen "öffentlichen Aufgaben", die in "staatlich überwachter und beaufsichtigter Privatinitiative" erledigt würden und "staatliche Aufgaben", die "durch Private" erfüllt würden, auf "einen längeren Abklärungsprozeß" verwiesen hat, auf "Schwierigkeiten", die "nichts anderes als Symptome für den Mangel einer ausgebauten Staatsaufgabenlehre" seien[78].

Nicht die Staatsaufgabenlehre ist jedoch die "fundamentale Frage des Verfassungsrechts"[79], sondern die nach der grundgesetzlichen Staatstheorie, die einen grundgesetzlichen Staatsbegriff zu entwickeln gebietet. Den sieht Ossenbühl

---

74) Hinweise zum Subsidiaritätsprinzip in Fn.184 des 6.Teils; zum Vorrang des Privaten im 4.Kap., V, des 7.Teils, S.317ff.

75) Die Erfüllung von Verwaltungsaufgaben durch Private, VVDStRL 29 (1971), S.137ff.

76) Art. "Beliehener Unternehmer", Evangelisches Staatslexikon, Sp.146.

77) Ossenbühl, a.a.O., S.192 in Fn.248 mit Hinweisen.

78) A.a.O., S.158f.

79) So Ossenbühl, a.a.O., S.192.

funktional und nicht institutionell. Private und Privatrechtssubjekte könnten staatliche Aufgaben erfüllen[80]. "Die Grundrechtsbindung" sei "gewissermaßen Dienstbarkeit der Staats f u n k t i o n"[81]. Die staatliche Funktion füge den privaten Verwaltungshelfer in die Staatsorganisation ein, lasse diesen schließlich "selbst ein Stück Staat" werden[82]. Das führe dazu, daß der private Verwaltungshelfer nicht nur grundrechtlich, sondern auch haftungsrechtlich, verfahrens- und verfahrensprozeßrechtlich wie eine "agierende staatliche Behörde" behandelt werde[83]. Der private Verwaltungshelfer werde zur mittelbaren Staatsverwaltung[84].

Dieser Funktionalismus ist jedoch unvereinbar mit Ossenbühls (richtiger) These von der Offenheit der staatlichen Aufgaben[85] und seinem (ebenfalls richtigen) materiellen Begriff des Privaten als jedem "nicht-staatlichen Subjekt"[86]. "Private"[87] gebe es nur, "wo Grundrechtswirkungen staatfreie Intimsphären und Individualpositionen gewährleisten, die eine Selbstbestimmung des einzelnen Bürgers ermöglichen und ihm seine Individualität gegen ein Aufsaugen durch den Staat bewahren" würden; in diesem Sinne wäre als "privat" zu begreifen "negativ, wer nicht Beamter oder sonstiger professioneller Funktionär des Staates" sei. "Im positiven Sinne" sei "gemeint der dem Staat gegenüberstehende grundrechtsgeschützte Bürger außerhalb des institutionalisierten staatlichen Verwaltungsapparates, eben der Privatmann", "auch soweit er sich in privatrechtlichen Institutionen" organisiere[88]. Dem ist zuzustimmen.

---

80) A.a.O., passim.

81) A.a.O., S.193, Hervorhebung bei Ossenbühl; kritisch insoweit Rupp, Privateigentum an Staatsfunktionen?, S.24ff., insb. in Fn.43, S.26f., in Fn.46, der sogar die Grundrechtsbindung auf die Staatsfunktionen beschränken will, "die von Organen und Organverwaltern des Staates vollzogen werden", - ein trefflicher Weg, den Grundrechtsbindungen zu entfliehen!

82) A.a.O., S.193.

83) A.a.O., S.192ff., 196ff.; so auch Terrahe, Die Beleihung, S.83f., 96; Michaelis, Der Beliehene, S.198; a.A. insofern Martens, Öffentlich als Rechtsbegriff, S.132f.

84) A.a.O., S.172f.; a.A. Wenger, Öffentliche Unternehmung, S.560; Rüfner,, Formen, S.132 in Fn.33, S.135 in Fn.49.

85) A.a.O., S.153f., passim mit Hinweisen in Fn.en 75, 76 und Fn.67, S.151f.; ihm folgend Steiner, Öffentliche Verwaltung durch Private, S.52f. m.w.H.. Ebenso Vogel, Öffentliche Wirtschaftseinheiten in privater Hand, S.60ff., 76f., 262; ausführlich Bull, Staatsaufgaben, S.90ff., 99ff. mit weiteren Hinweisen; Krüger, Allgemeine Staatslehre, S.759ff.; Forsthoff, Die öffentliche Körperschaft im Bundesstaat, S.17ff.; Peters, Öffentliche und staatliche Aufgaben, F.Nipperdey, S.880; Herzog, Art: Evangelisches Staatslexikon, Sp.159; Zeidler, VVDStRL 19 (1961), S.218 mit Fn.37; Badura, Verwaltungsmonopol, S.313ff., 315, 329, 338; ders., JZ 1965, 623f.; Henze, Autonome und heteronome Verteilung, S.100; Ellwein, Regierungs- und Verwaltungslehre, S.85, 80; Brohm, Strukturen, S.136, 155ff., 161 mit weiteren Nachweisen, S.214 (mit einer dezisionistischen Kompetenztheorie); Leisner, Werbefernsehen und öffentliches Recht, S.14ff.; ders., AÖR 93 (1968), S.184ff.; Rupp, Privateigentum an Staatsfunktionen?, S.17ff.; Bethge, "Staatlich gebundene" Berufe, S.109ff.; kritisch Isensee, Subsidiaritätsprinzip, S.167; vgl. auch Scheuner, G.Peters, S.811ff.; umfassend dazu Martens, Öffentlich als Rechtsbegriff, passim, insb. S.117f., 131; wie hier auch Klein, DÖV 1965, 758. Vgl. die Hinweise zur Offenheit des Gemeinwohlbegriffs in Fn.en 5, 7, 39 im 6.Teil.

86) A.a.O., S.144, Ls.A 2, S.203; dazu näher im 6.Teil, 4.Kap., V, S.270ff.; 3.Kap., S.253ff.; auch im 1.Kap. dieses Teils, S.175ff.

87) Hervorhebung bei Ossenbühl.

88) A.a.O., S.144, Ls.A 2, S.203.

Doch daneben kennt Ossenbühl einen Begriff des Privaten im "rechtstechnisch-formalen Sinne" als dem "Privatrechtssubjekt[89]. Mit diesem Begriff bezieht Ossenbühl den Staat oder andere Hoheitsträger in seine Thematik ein, wenn diese "in Privatrechtsform unmittelbar Verwaltungsaufgaben" erfüllen[90]. Dieser "thematische Hinweis" verdeckt, daß Ossenbühl Privatrechtssubjekte anerkennt, die nicht privat in einem materiellen Sinne sind. Er akzeptiert nicht, daß Privatrechtssubjektivität prinzipiell Privatheit im Sinne der Selbstbestimmbarkeit und Selbstverantwortlichkeit voraussetzt[91]. So stilisiert er die Privatrechtssubjekte und sogar die Privaten, die als Verwaltungshelfer staatliche Aufgaben erfüllen würden, zu staatlichen Behörden und bindet sie im Ergebnis gänzlich in die staatliche Rechtsordnung ein. Damit ist jedoch deren Privatheit und Privatrechtssubjektivität aufgehoben, weil von einer Selbstbestimmbarkeit und Selbstverantwortlichkeit nichts übrig bleibt. Mit der Staatstheorie fehlt eine Theorie des Privaten, ein Manko, das regelmäßig miteinander verbunden ist.

2. Typik privater Verwaltungsaufgaben bei Ossenbühl

Ossenbühl typisiert die Erfüllung von Verwaltungsaufgaben durch Private in sechs Gruppen:

1. Der Staat "schlüpfe" "in das Gewand eines Privatrechtssubjekts" (als Aktiengesellschaft, Gesellschaft mit beschränkter Haftung, eingetragener Verein usw.)[92].
2. Der Staat übertrage "staatliche Verwaltungsaufgaben auf Privatpersonen oder Privatorganisationen im materiellen Sinne zur Ausübung" (Aktivierung und Ausnutzung privaten Verwaltungspotentials, privater Situationsbeherrschung)[93].
3. Der Staat erlege "Aufgaben als öffentlich-rechtliche Bürgerpflichten den Privatpersonen als eigene Angelegenheiten auf"[94].
4. Der Staat ziehe sich "auf eine Beobachterrolle mit Korrekturfunktionen zurück" (staatsentlastendes Privathandeln unter staatlicher Aufsicht etwa im Bereich der staatlich gebundenen Berufe)[95].
5. Der Staat rege Privathandeln an und fördere es[96].
6. Der Staat kooperiere mit Privaten (staatlich-privates Condominium)[97].

---

89) A.a.O., S.144.

90) A.a.O., S.144.

91) Dazu 1.Teil, 2.Kap., S.10ff., Hinweise in Fn.en 20, 21.

92) A.a.O., S.145f. mit Hinweisen.

93) A.a.O., S.147f. mit Hinweisen.

94) A.a.O., S.149 mit Hinweisen.

95) A.a.O., S.149 mit Hinweisen.

96) A.a.O., S.149 mit Hinweisen.

97) A.a.O., S.149f.

Derart läßt sich das Verhältnis des Staates zu den Menschen und deren Organisationen, die der Staat bei der Verwirklichung des Gemeinwohls aktiviert, einteilen, und diese Einteilung ließe sich verfeinern.

3. Legitimationsrechtliche Kritik an Ossenbühl

Die Frage ist nur, ob die von den Menschen wahrgenommenen Tätigkeiten staatliche Aufgaben und ob die vermeintlich Privaten privat bleiben. Die gesamte staatliche Rechtsordnung dient der Verwirklichung des Gemeinwohls[98] und schränkt zugleich den Menschen in seiner Selbstbestimmbarkeit ein. Die Beobachtung der staatlichen Gesetze durch die Menschen verwirklicht immer zugleich das Gemeinwohl[99]. Ist der Mensch damit in allem seinem Verhalten 'Verwaltungshelfer'? Bleiben die Menschen und ihre Organisationen 'privat', obwohl sie als 'Verwaltungshelfer' staatsrechtlich und nicht anders als 'andere' staatliche Behörden eingebunden sind? In funktionaler Sicht gewinnt der Verwaltungshelfer einen staatlichen Status, obwohl ihm das staatliche Gesetz lediglich Rechte einräumt oder Pflichten auferlegt. Ein solcher Status schafft legitimationsrechtliche Probleme der Inpflichtnahme Privater für das Gemeinwohl. Gemeinwohlkonkretisierung durch einen staatlichen Funktionsträger setzt den zur Repräsentation berechtigenden Legitimationsakt voraus, den 'individuellen Berufungsakt', der nach R. Herzog demokratierechtlich unverzichtbar ist[100]. Die gesetzliche Inpflichtnahme Privater genügt dieser vom demokratischen Prinzip geforderten individualpersonalen Repräsentationslegitimation allenfalls, wenn das Gesetz Maßnahmecharakter trägt. Ossenbühl interessiert mehr die grundrechtliche Problematik lästiger Inpflichtnahme als

---

98) Der Staat ist ausschließlich gemeinwohlverpflichtet, wie allgemein eingeräumt wird, Krüger, Allgemeine Staatslehre, S.763ff.; ders., Massenmedien, S.75, 83; ders., VVDStRL 15 (1957), S.120f.; ders., VVDStRL 19 (1961), S.260f.; ders., ZBR 1979, 157f.; Vogel, Öffentliche Wirtschaftseinheiten, S.65f.; Häberle, Öffentliches Interesse als juristisches Problem, passim; Isensee, Subsidiaritätsprinzip, S.208f.; ders., Grundrechte und Demokratie, S.24; Martens, Öffentlich als Rechtsbegriff, S.183f. mit Hinweisen; Scholz, ZHR 132 (1969), S.123; Rüfner, Formen, S.141, 358ff., 363, 365, 387, 389f. mit Hinweisen, auch S.119ff.; Püttner, Die öffentlichen Unternehmen, S.136; Henkel, Rechtsphilosophie, S.457ff., 469; Benda, Abkehr vom Staat?, 1982, S.9f., 15; ders., Handbuch, S.552/3; v.Arnim, Gemeinwohl und Gruppeninteressen, passim; Tettinger, Wirtschaftsverwaltungsrecht, S.198; deutlich Naendrup, Haftungsbeschränkung, S.75, u.ö., 217, 219; Badura, F.Schlochauer, S.4ff., 19f.; ders., ZHR 146 (1982), S.449f. (ohne Konsequenzen); schon deutlich Köttgen, Erwerbswirtschaftliche Betätigung, S.13ff.; Oberndorfer, W.u.V. 1978, 134; Wenger, Öffentliche Unternehmen, S.400f. (für Österreich).
BVerfGE 42, 312 (332); vgl. auch BGHZ 19, 299 (303ff.).
Das ist nicht allen selbstverständlich, Schricker, Wirtschaftliche Tätigkeit, S.155, 159 meint, öffentliche Unternehmen würden öffentliche Belange "ohne rechtliche Verpflichtung" verfolgen, "wie auch private Unternehmer" "allgemeine Interessen berücksichtigen" könnten; dem widerspricht Klein, Teilnahme, S.248f. nur bedingt; anders insb. O.Mayer, Deutsches Verwaltungsrecht II, S.473f. Zu diesbezüglichen rechtsgeschichtlichen Aspekten, Bullinger,Öffentliches Recht und Privatrecht, S.13ff.

99) Dazu näher unter II 2, 3, S.198ff. zu Gallwas; Hinweise auch in Fn.138.

100) Herzog, Allgemeine Staatslehre, S.210ff.; ders., Maunz/Dürig/Herzog/Scholz, Rdn.49-54 zu Art.20 GG; Ossenbühl, a.a.O., S.159f., läßt zwar das Demokratiegrbot gelten, weil selbst "eine GmbH oder Privatperson als 'besondere Organe der vollziehenden Gewalt' a limine" nicht auszuscheiden hätten, ist aber bei den demokratierechtlichen Anforderungen äußerst großzügig (S.160).

Verwaltungshelfer[101]. Die Verwaltungshilfe durch Private, die diese Privaten zu 'staatlichen Behörden' macht, ermöglicht es Menschen,die nicht vom Volk gewählt wurden, 'staatliche Hoheit' auszuüben[102]. Die Entscheidungsspielräume der Privaten müssen dabei der Machtdelegation und -dezentralisation adäquat sein, um den fundamentalen Verfassungssatz des Art.20 Abs.2 S.1 GG, wonach alle Staatsgewalt vom Volke ausgeht und nach S.2 dieser Vorschrift wenn nicht durch Abstimmungen so durch Wahlen des Volkes ausgeübt wird, nicht zu verletzen.

4. Kritik an Ossenbühls Begriff des Privaten

Die Spezialitäten des Grundrechtsschutzes gegenüber dem privatrechtsgestaltenden staatlichen Gesetzgeber sind noch wenig geklärt[103]. Ossenbühl verschiebt das Problem als Verwaltungshilfe durch Private auf eine Ebene, die wegen des funktionalen Begriffs der Staatsaufgaben die materiale Eigenheit des Privaten und damit der Privatrechtssubjektivität nicht mehr kennt. Das nivelliert entgegen wiederholt beteuertem Vorsatz[104] den Gegensatz von Staat und Gesellschaft für diesen Bereich der Inpflichtnahme Privater. Ossenbühls Begriff der Privatheit, wenn die Privaten Verwaltungshilfe leisten, hat die materiale Essenz nicht mehr, die in der Selbstbestimmbarkeit und Selbstverantwortlichkeit des Menschen, in dessen Recht und Pflicht zur Autonomie liegt. Der Verwaltungshelfer ist nicht mehr der "Privatmann"[105], sondern ein "Stück Staat"[106]. Das zwingt Ossenbühl sogar zu der "Variante des Verwaltungsprivatrechts", in der "der (private) Verwaltungshelfer, ebenso wie der Staat selbst, dem drittbetroffenen Dulder in privatrechtlichen Formen gegenübertreten" könne, "etwa durch Subventionsgewährung hoheitlicher Art in Form privatrechtlichen Darlehensvertrages". Diesen "selteneren Fall", daß ein Privater als quasi staatliche Stelle doch wieder in Form des Privatrechts handelt - beinahe schon als Formenmißbrauch - verfolgt Ossenbühl nicht weiter[107].

5. Offenheit der Staatsaufgaben und notwendiger Dezisionismus

Sein funtkionales Verständnis der Staatsaufgaben hält Ossenbühl aufrecht, ob-

---

101) A.a.O., S.175ff. mit Hinweisen; vgl. auch Ipsen, AöR 90 (1965), S.393ff.; Knemeyer, W.u.V. 1978, 72; BVerfGE 22, 380ff.; 30, 292 (311); auch 54, 251; dazu auch der Bundesverfassungsrichter Böhmer, Sondervotum, NJW 1981, 1262; BFH NJW 1963, 2191.

102) Rupp, Privateigentum an Staatsfunktionen?, insb. S.16ff. widmet sich dem weitergehenden Problem eines Eigentumsschutzes Privater hinsichtlich der von ihnen wahrgenommenen Staatsfunktionen.

103) Dazu auch Gallwas, VVDStRL 29 (1971), S.215ff.; dazu insb. Schwabe, Drittwirkung, S.26ff., 88ff.; die Klärungsbedürftigkeit spricht auch Rupp, Verfassungsrecht und Kartelle, S.199ff.an.

104) A.a.O., etwa S.201.

105) A.a.O., S.144.

106) A.a.O., S.193; vgl. auch Terrahe, Die Beleihung, S.83ff., 96, 113ff.; Michaelis, Der Beliehene, S.198; in der Sache ebenso Steiner, Öffentliche Verwaltung durch Private, S.56f.

107) A.a.O., S.194, Fn.252a; für den Regelfall läßt Ossenbühl zwischen dem privaten Verwaltungshelfer und dem Drittbetroffenen öffentliches Recht gelten (S.193f. mit Hinweisen in Fn.252); anders Gallwas, daselbst, S.222.

wohl er "staatliche Aufgaben als solche" erkennt, "die der Staat nach der jeweiligen Verfassungsordnung zulässigerweise für sich in Anspruch" nehme[108)], den "Aufgabenbereich des Staates als notwendig offen" versteht[109)] und sieht, daß materiell-rechtliche Kriterien der Staatsaufgaben versagen[110)]. Der einzige materielle Begriff seiner Definition der Staatsaufgaben ist der des Staates. Ossenbühls Satz besagt, daß alle Aufgaben, die der Staat wahrnimmt, staatliche Aufgaben sind. In diesem Satz differenziert er nicht mehr zwischen staatlichen und öffentlichen Aufgaben, wie in seinem Ausgangspunkt im Anschluß an H. Peters[111)]. Wenn sein Fazit freilich ist, daß "die öffentlichen Aufgaben zu staatlichen Aufgaben" werden, "wenn der Staat sie an sich zieht und sich mit ihnen in irgendeiner Form befaßt"[112)], so läßt das zum einen die Annahme zu, der Staat nehme auch andere als öffentliche Aufgaben wahr, ohne daß diese damit zu staatlichen Aufgaben würden (wohl die fiskalischen Aufgaben des Staates), zum anderen die, es gäbe öffentliche Aufgaben, die deswegen nicht zu staatlichen Aufgaben würden, weil sie nicht vom Staat, sondern von Privaten wahrgenommen würden. Die Grenzziehung zwischen privater Selbstverwirklichung und privater Verwaltungshilfe sei schwierig, räumt Ossenbühl ein[113)]. Nach dem "offenen" Staatsbegriff ist alles staatlich, was der Staat macht. Auch Ossenbühl hält ein materielles Kriterium für die Identifizierung von staatlichen Aufgaben (außerhalb der umstrittenen Wesensaufgaben) nicht für logisch[114)]. Dem widerspricht seine funktionale Staatstheorie, die erst begrifflich zu "privater Verwaltungshilfe" führt, weil "Private" "Staatsaufgaben" ausführen würden[115)]. Wenn es wirklich Private sind, können die Aufgaben nach der "offenen" Definition der Staatsaufgaben nicht mehr staatlich sein, eben weil sie nicht vom Staat ausgeführt werden. Dem Widerspruch will Ossenbühl dadurch entgehen, daß er darauf abstellt, welche Aufgaben

---

108) A.a.O., Ls C 8, S.204, S.150ff.

109) A.a.O., S.153 mit umfangreichen Hinweisen in Fn.76, dazu die Hinweise in Fn.85; ihm folgend Steiner, Öffentliche Verwaltung durch Private, S.52f. m.H.

110) A.a.O., S.154 in Fn.76 a.E.

111) A.a.O., S.151 m. w. H. in Fn.67; öffentl. und staatl. Aufgaben differenzierend Peters, F.Nipperdey, S.877ff.; zum Begriff der öffentlichen Aufgabe zu Recht kritisch für viele Brohm, Strukturen, S.155ff. m. H.; differenzierend auch Martens, Öffentlich als Rechtsbegriff, S.117ff., der auf "öffentliche Aufgaben" hinweist, die juristische Personen des öffentlichen Rechts als staatsfremde Angelegenheiten wahrnehmen, etwa Universitäten, Rundfunkanstalten (a.a.O., S.121).

112) A.a.O., S.154 in Fn.76 unter Hinweis auf BVerfGE 12, 205 (246), Fernsehurteil; ebenso Martens, Öffentlich als Rechtsbegriff, S.117ff., 124.

113) A.a.O., S.158; um eine funktionale einzelfallbezogene Zuordnung ist Böckstiegel, Der Staat als Vertragspartner ausländischer Privatunternehmen, etwa S.55ff., bemüht. Steiner, Öffentliche Verwaltung durch Private, S.66ff. stellt auf den "Einsatz der öffentlichen Gewalt" ab, die er jedoch mangels institutioneller Definition (S.265) nicht von "gesteigerter Privatrechtsmacht" (S.69) zu unterscheiden vermag.

114) A.a.O., S.154 in Fn.76; i.d.S. Vogel, a.a.O., S.61ff. (gegen Kriterien wie "Gemeinwohlorientiertheit", "Interesse", "Gewinnstreben"); gegen eine Grenzformel "öffentliches Interesse" eindrucksvoll auch Leisner, DÖV 1970, 217ff., 223.

115) A.a.O., S.145ff.

der Staat als "staatliche Aufgaben" "für sich in Anspruch" nehme. Das entscheide sich im Einzelfall[116] und bedürfe eines "längeren Abklärungsprozesses"[117]. Für eine Differenzierung zwischen staatlichen Aufgaben des Staates und nicht-staatlichen Aufgaben des Staates fehlt jedoch das materielle Kriterium, das wegen der "Offenheit" der Staatsaufgaben mit den eigenen Worten Ossenbühls "schon logisch" ausscheidet, wenn nicht doch "Dezisionismus und Begriffsjurisprudenz" Platz greifen sollen[118]. Weil Ossenbühl die Fiskustheorie ungescholten läßt, muß er das, was der Staat tut, in staatliche und nicht-staatliche Aufgaben differenzieren. Wer sich so deutlich wie Ossenbühl gegen jede Dogmatik von "natürlichen" oder "wesensmäßigen" Staatsaufgaben wehrt[119] und das Dogma der "Offenheit" der staatlichen Aufgaben vertritt[120], muß ein Kriterium für die nicht-staatlichen Aufgaben des Staates nennen, wenn er nicht die Aufgabencharaktersierung in die Willkür des Staates legen und wenn er obendrein staatliche Aufgaben, die Private als Verwaltungshelfer wahrnehmen, von Privatheit unterscheiden will. Ein Funktionalismus ohne den Versuch, die staatliche Funktion als solche zu beschreiben, stellt allein auf staatliche Dezisionen, wie Ossenbühl es explizit tut[121], ab und propagiert einen materiellen Begriff des Staatlichen, den er nicht hat. Ossenbühl geht sogar über die herkömmliche Fiskustheorie hinaus und gesteht dem Staat als Hoheitsträger die Privatrechtsfähigkeit zu[122]. Durch sein Axiom, es gebe Verwaltungshilfe durch Private, also Erledigung staatlicher oder in Ossenbühls Sinne enger hoheitlicher Aufgaben durch Private, ist Ossenbühl freilich genötigt, die staatlichen Aufgaben funktional zu bestimmen. Die Kapitulation des funktionalen Aufgabenverständnisses ist das Ziel unserer Kritik. In dem Satz, alle Aufgaben, die der Staat wahrnimmt, seien staatliche Aufgaben, läßt sich der Begriff des Staates allein institutionell bestimmen[123]. Jedenfalls wäre nach einem solchen Be-

---

116) A.a.O., S.155.

117) A.a.O., S.158; Rupp, Privateigentum an Staatsfunktionen?, S.19ff. m. H., meint, etwa die Überwachungstätigkeit der TÜVe "eindeutig" und "notwendig" als "Staatsfunktionen" einstufen zu können, weil der Zweck polizeilich sei, nämlich die Öffentlichkeit aus Gründen des öffentl. Wohls vor Gefahren zu schützen; nach diesem Maßstab ist doch wohl die Beachtung staatl. Privatrechts durchgehend 'Staatsfunktion'; dazu Vogel, Öffentl. Wirtschaftseinheiten, S.80ff.; ohne rechtl. Festlegung materieller Staatsaufgaben ist eine Grenzziehung nicht leistbar; auch Martens, Öffentlich als Rechtsbegriff, S.134 begnügt sich mit dem Hinweis auf "das Arsenal der klassischen Eingriffsverwaltung" und räumt ein, daß die "rechtliche Ein- und Zuordnung außerordentlich schwierig" sein kann. Auch Steiner, Öffentliche Verwaltung durch Private, S.50ff., 59 setzt auf "Interpretation".

118) A.a.O., S.192 in Fn.248. Das Rechtsinstitut der Beleihung erweist sich als der Versuch, rechtstheoretisch eine Praxis zu erfassen, die Folge der funktionalistischen Delegationstheorie ist und wie diese Theorie demokratie- und grundrechtliche Probleme aufwirft, die nicht durch theoretische Bemühungen allein, sondern durch Änderung der Praxis der 'Beleihung' gelöst werden müssen. Das kann hier im Detail nicht erörtert werden. Grundsätzliche Kritik an dem 'Beliehenen Unternehmer' äußert staatstheoretisch überzeugend Krüger, Allgemeine Staatslehre, S.317f., 874ff.

119) A.a.O., S.151f. mit Hinweisen.

120) A.a.O., S.153f., dazu Hinweise in Fn.85.

121) A.a.O., S.153.

122) A.a.O., S.146.

123) Dazu im 2.Kap., S.181ff.; a.A. insb. die funktionalistische Theorie der Beleihung oder Indienst-

griff die Erledigung staatlicher Aufgaben durch Private ein Widerspruch in sich. Mit der Inpflichtnahme Privater entledigt sich der Staat der Aufgaben, die er privater Bewältigung anheimstellt. Er beschränkt die staatliche Aufgabe etwa auf Aufsicht und Förderung, kann aber auch das lassen. Eine Differenzierung danach, ob der Staat Aufgaben den Privaten überträgt, ist irrelevant. Maßgeblich ist allein, wer tätig wird. Auch für den Staat handeln allein Menschen. Geklärt werden muß lediglich, ob die Inpflichtnahme von Menschen diese als Private verpflichtet oder diese zu Staatsdienern macht[124).]

6. Staatliche Privatrechtssubjektivität und freiheitliche Demokratie

Ossenbühl hält es im weitestgehenden Umfang für möglich, daß der Staat Privatrechtsformen nutzt, d.h. sich als Privatrechtssubjekt betätigt[125)]. Das Demokratiegebot mache es nicht bedenklich, daß "eine GmbH oder eine Privatperson als 'besondere Organe der vollziehenden Gewalt' fungieren würden"[126)]. Das geht über die bekannte Fiskustheorie hinaus und verkennt sowohl den Begriff des Privaten und dessen freiheitssichernde Funktion, als auch den Begriff des Staates und dessen freiheitlichen Aspekt, die aus der grundgesetzlichen Entscheidung für die freiheitliche Demokratie zu entfalten sind. Wer freilich meint, "der Bürger" könne "ebenso wie der Staat das Gemeinwohl fördern, indem er Straßen baut, Grünflächen anlegt, Kunst und Theater subventioniert[127)], hat notwendig einen materiellen Begriff des Gemeinwohls, der demokratierechtlich nicht haltbar ist[128)]. Privates Mäzenatentum (Subvention von Kunst) ist nicht Gemeinwohlverwirklichung, sondern Selbstverwirklichung des Mäzens. Der Private trägt nur in dem Maße zur Verwirklichung des Gemeinwohls bei, in dem er den Gesetzen gehorcht, die das Gemeinwohl konkretisieren[129)]. Das ist jedoch eine essentiell andere Teilnahme an der Gemeinwohlverwirklichung als es die des Staates ist, der das Gemeinwohl materiell bestimmt. Gerade das kann der Private nicht, weil er als Privater besondere Interessen hat, die in einem freiheitlich-demokratischen Staat zu den Allgemeininteressen divers sind[130)].

---

nahme Privater, vgl. die Hinw. in Fn.174; beispielhaft Rupp, Privateigentum an Staatsfunktionen?, S.16ff., 26f. in Fn.46, der ausgerechnet das Rechtsinstitut der Beleihung als Beweis für die funktionale Staatstheorie anführt.

124) Dieser Frage kann und muß für unsere Kritik des funktionalen Begriffs des Staatlichen nicht nachgegangen werden.

125) A.a.O., S.146, 159f.; Hinweise auf die herrschende Fiskustheorie in Fn.1 des 1.Teils.

126) A.a.O., S.159f., Hervorhebung bei Ossenbühl.

127) A.a.O., S.141 in Fn.2; dagegen klar Böhmer, Sondervotum, NJW 1981, 1262 ("Öffentliches Wohl und Privatinteressen sind wesensverschieden").

128) Dazu näher im 6.Teil, 2.Kap., S.247ff.

129) Wenn der Mensch allerdings dem kategorischen Imperativ genügt, verwirklicht er ethisch das Gemeinwohl; rechtlich ist jedoch erst der Gesetzesgehorsam als Gemeinwohlverwirklichung feststellbar, dazu sub II 2, S.199; Hinweise auch in Fn.138.

130) Wie hier für viele Böhmer, Sondervotum, NJW 1981, 1262; Krüger, Allg. Staatslehre, S.766; auch Kloepfer, VVDStRL 40 (1982), S.77f.; dazu näher im 6.Teil, insb. 1.Kap., II, III, S.237ff., 242ff.

## II Hans Ullrich Gallwas

### 1. Private und "öffentlich-rechtliche Funktionen" bei Gallwas

Dieselbe Problematik wie Ossenbühl hatte Gallwas[131)] zu bewältigen. Bereits im ersten Satz zur Eingrenzung des Themas verwickelt sich Gallwas in einen Widerspruch, den er nicht mehr aufhebt: "Die auffälligste Figur des Themas" sei "der Private", "der selbständig spezifisch öffentlich-rechtliche Funktionen" ausübe "und der in den Formen des öffentlichen Rechts tätig" werde[132)]. Wer jedoch "öffentlich-rechtliche Funktionen ausübt" und in den "Formen des öffentlichen Rechts tätig wird", ist nicht Privater. Das öffentliche Recht ist ein Sonderrecht des Staates[133)]. Das Staatliche bestimmt sich allein institutionell[134)]. Nebenbei sei bemerkt, daß Funktionen entweder staatlich oder auch privat sein mögen, nicht jedoch öffentlich-rechtlich sein können[135)]. Gallwas ist nicht anders als Ossenbühl gezwungen, einen Begriff der "öffentlich-rechtlichen Funktionen", also der Staatsfunktionen anzubieten, um die Verwaltungsaufgaben der Privaten von deren sonstigem Verhalten abgrenzen zu können, um also das 'staatliche' Verhalten der Privaten von deren privaten Verhalten differenzieren zu können. Gallwas gibt jedoch keine Abgrenzungskriterien für den Privaten als Privaten und den Privaten als Verwalter oder Beliehenen, obwohl er den privaten Verwalter als "die eigentliche problematische Figur" erkennt[136)]. Gallwas sieht durchaus, daß dem Gemeinwesen "die gesamte Skala rechtlicher Gestaltungsformen zu Gebote steht, um zu erreichen, daß Private die Zwecke verwirklichen, die das Gemeinwesen gesetzt hat". Es könnte auch die "Begründung zivilrechtlicher Rechte und Pflichten" sein[137)]. Das gesamte staatliche Privatrecht dient jedoch der Gemeinwohlverwirklichung und muß dem dienen[138)].

---

131) Die Erfüllung von Verwaltungsaufgaben durch Private, VVDStRL 29 (1971), S.211ff.

132) A.a.O., S.212 mit Hinweisen in Fn.1; so auch Martens, Öffentlich als Rechtsbegriff, S.133ff.; ebenso Rupp, Privateigentum an Staatsfunktionen?, S.5 ("staatliche Funktionen", die "durch Private vollzogen werden"), der aber das Problem der Gleichwertigkeit anspricht (S.9); i.d.S. auch Steiner, Öffentliche Verwaltung durch Private, S.4, 46ff.

133) Dazu insb. v.Pestalozza, Formenmißbrauch, S.170ff., 174 mit Fn.117 mit Hinweisen auf die Befürworter der Wolff'schen Sonderrechtstheorie in Fn.115 und Kritik an der beschränkten Sonderrechtstheorie Wolffs, S.174; ders., JZ 1975, 50ff., 53; deutlich ders., DÖV 1974, 188ff.; wie hier auch Henke, VVDStRL 28 (1970), S.153; in diesem Sinne auch Zeidler, VVDStRL 19 (1961), S.212; das akzeptiert auch Martens, Öffentlich als Rechtsbegriff, S.135; vgl. auch die Hinweise in Fn.66 zur Frage des Begriffs des öffentlichen Rechts; zum Sonderrechtscharakter des Staatsrechts näher im 6.Teil, 3.Kap., S.253ff., 255ff.

134) Dazu näher im 6.Teil, 4.Kap., V, S.270ff. mit Hinweisen; auch das 1.Kap. dieses Teils, S.175ff.

135) Auf derartige Sprachfehler hat v.Pestalozza hingewiesen, etwa Formenmißbrauch, S.175 in Fn.118.

136) A.a.O., S.213.

137) A.a.O., S.213f. mit Fn.9, auch S.214.

138) So für viele Henke, VVDStRL 28 (1970), S.155; Forsthoff, Rechtsfragen, S.20f.; in diesem Sinne auch Krüger, Allgemeine Staatslehre, S.766; dazu auch sub 2, 3, S.199f.

### 2. Privatrechtsgehorsam und private Verwaltungshilfe

Gallwas grenzt auch die Beachtung des Privatrechts durch die Privaten von der "Erfüllung von Verwaltungsaufgaben durch Private" nicht ab, den Bereich also, in dem die Privaten vermeintlich staatlich agieren. Er bezeichnet selbst den Privaten, der "keine spezifisch öffentlich-rechtlichen Befugnisse" wahrnehme "und auch keinem Sonderrecht unterworfen" sei, einerseits als Verwaltungsmittler, der gar nicht Privater als solcher sei, andererseits als "Privaten unter Privaten"[139]. Dem Gesetzesgehorsam der Privaten nämlich, der Gemeinwohlverwirklichung ist, mag man Verwaltungshilfe oder Verwaltungsmittlung nennen. Solche übt der unterhaltspflichtige Ehegatte, der mit seinen Unterhaltsleistungen Gemeinwohlinteressen verwirklicht, oder der Arbeitgeber, dessen Fürsorge für den Arbeitnehmer im Rahmen der vom Staat vorgeschriebenen Fürsorgepflicht dem Arbeitnehmer ein menschenwürdiges Leben ermöglicht. Dies "zu achten und zu schützen" ist "Verpflichtung aller staatlichen Gewalt" (Art.1 Abs.1 GG), also ein wesentliches Stück Gemeinwohlverwirklichung. Ein Problem wird für Gallwas der "abgeschwächte Schutz, den die Aktualisierung der Grundrechte über die Generalklauseln und unbestimmten Rechtsbegriffe des Privatrechts vermittelt"[140]. Zuzustimmen vermag ich Gallwas darin, daß die Beziehungen zwischen dem 'Verwaltungsmittler' und dem Dritten "im Prinzip vom Privatrecht beherrscht" seien und daß "der Rechtsstatus des Verwaltungsmittlers" sich "nach den allgemeinen Grundsätzen des Bürger-Staat-Verhältnisses richtet, daß "vor allem die Grundrechte auch zu seinen Gunsten ihre volle Schutzfunktion entfalten" würden[141]. Eine Besonderheit von "staatliche Aufgaben erfüllenden Privaten" hat Gallwas nicht aufgezeigt. Quintessenz seiner Überlegungen hätte sein müssen, daß seine Thematik einen besonderen Rechtsbereich staats- oder privatrechtlicher Art nicht anspricht. Es gibt eine mehr oder weniger ausgeprägte Einbindung des Menschen in die Gemeinwohlverwirklichung, die der Staat den Menschen vor allem durch Gesetze auferlegt.

### 3. Staatliche Garantenstellung bei privater Gemeinwohlverwirklichung durch Gesetzesgehorsam

Soweit Private das Ge nwohl verwirklichen, indem sie dem staatlichen Privatrecht gehorchen, hat der Staat die von Gallwas geforderte (abgestufte) Garantenstellung[142]. Sie wird etwa durch den Privatrechtsschutz der staatlichen Gerichte

---

139) A.a.O., S.215f.

140) A.a.O., S.216f.; zur grundrechtlichen 'Drittwirkungsproblematik' vor allem Schwabe, Drittwirkung, S.75ff. mit genauer kritischer Argumentation; Leisner, Grundrechte und Privatrecht, passim; Raiser, Grundgesetz und Privatrechtsordnung, passim; Nipperdey, Grundrechte und Privatrecht; bestimmend für die herrschende Meinung Dürig, F.Nawiasky, S.157ff.; ders., DÖV 1958, 194ff.; ders., Maunz/Dürig/Herzog/Scholz, Rdn.127ff., 132ff. zu Art.1 Abs.3 GG mit umfangreichen Hinweisen; auch Gallwas, VVDStRL 29 (1971), S.216f.; Flume, Das Rechtsgeschäft, S.17ff., 21f.; weiteres Material bei Ramm, Einführung, L.311ff., 319ff.; Dürig folgend BVerfGE 7, 198 (204), ständige Rechtsprechung des Gerichts; grundlegend i.S. der unmittelbaren Drittwirkung, BAG 1, 185; w.H. in Fn.75 des 8.Teils.

141) A.a.O., S.211f.; vgl. auch Martens, Öffentlich als Rechtsbegriff, S.132.

142) A.a.O., S.221ff. mit Hinweisen; ähnlich Barbey, W.u.V. 1978, 94.

wahrgenommen, der freilich wegen der Passivität der Gerichte[143)] die private Rechtsschutzinitiative voraussetzt. Auch das staatliche Strafrecht erweist das staatliche Interesse daran, daß die Privaten das staatliche Privatrecht achten, sowie die potentielle Identität der privaten und staatlichen Interessen[144)]. Wer das Eigentum eines Privaten verletzt, stört das allgemeine Interesse am Eigentumsschutz, mißachtet das Gemeinwohl, weil die Privaten ein allgemeines und darum staatsgesetzlich verankertes Interesse am Schutz des Eigentums haben. Das strafrechtliche Legalitätsprinzip ergibt ein hohes Maß staatlicher Garantie für die Verwirklichung des Gemeinwohls durch die Privaten.

4. Rechtsstellungs- und Aufgabentheorie der Verwaltungshilfe bei Gallwas

Gallwas empfiehlt, sich anstelle der "Rechtsstellungstheorie" der "Aufgabentheorie" zu nähern[145)]. "Den neuralgischen Punkt dabei ..." sieht er "in der Fixierung zureichender Qualifikationsmerkmale", "mit deren Hilfe entschieden werden" könne, "ob die Tätigkeit eines Privaten noch nach dem Recht privater Autonomie oder schon nach dem Recht der öffentlichen Verwaltung zu beurteilen" sei[146)]. Weder die sog. Kompetenztheorie, deren ausschlaggebendes Indiz die Übertragung staatlicher Funktionen auf Private sei[147)], noch die sog. Funktionstheorie, die auf die primäre Zuständigkeit des Gemeinwesens oder die Gleichartigkeit und Gleichwertigkeit der Wirkungen des privaten Entscheidens mit entsprechenden staatlichen Entscheidungen oder die Monopolstellung abstelle[148)], befriedigen Gallwas. Er sieht die Besonderheit der Verwaltungsaufgaben, die durch Private erfüllt würden, im "Zusammenspiel von privaten Interessen und Interessen des Gemeinwesens, in der Verschränkung von Individualwillen oder autonomem Verbandswillen einerseits mit dem Willen des staatlichen Verbandes andererseits"[149)]. Das "Zusammenspiel von Kompetenzausübung und Freiheitsentfaltung"[150)] kennzeichnet weitestgehend das Verhalten der Privaten, die durch staatliche Gesetze gebunden sind.

---

143) "Ne procedat iudex ex officio", "Wo kein Kläger, da kein Richter"; dazu für viele Blomeyer, Zivilprozeßrecht, §13 I, S.63f.

144) So auch Böhmer, Sondervotum, NJW 1981, 1262; die Verschränkung von privaten und Interessen des Gemeinwesens betont auch Gallwas, a.a.O., S.224; so auch Ossenbühl, Verwaltungsvorschriften und Grundgesetz, S.429ff.; vgl. auch Leisner, AöR 93 (1968), S.194f.; dazu näher im 6.Teil, 1.Kap., II, III, S.237ff., 242ff.

145) A.a.O., S.222; zum Begriffspaar Vogel, Öffentliche Wirtschaftseinheiten, S.60ff., 81ff.; dazu auch Michaelis, Der Beliehene, S.11, Fn.41; Kritik insoweit bei Brohm, Strukturen, S.153ff.; dazu auch sub IV, S.208ff.; dazu auch Steiner, Öffentliche Verwaltung durch Private, S.9ff. m.w.H.

146) A.a.O., S.223.

147) A.a.O., S.223 mit Hinweisen in Fn.42; so Brohm, Strukturen, S.206.

148) A.a.O., S.223f. mit Fn.en 43-46; zu diesen Kriterien Rupp, Privateigentum an Staatsfunktionen?, S.18ff.; Martens, Öffentlich als Rechtsbegriff, S.133ff.; dazu auch Brohm, Strukturen, S.153ff. (dazu IV, S.208ff.).

149) A.a.O., S.224; i.d.S. auch Henke, VVDStRL 28 (1970), S.155.

150) A.a.O., S.225.

Hinsichtlich der Garantenstellung des Staates für die korrekte Erfüllung der Verwaltungsaufgaben durch Private[151)] stellt Gallwas den Satz auf: "Die Organe des Gemeinwesens bleiben grundsätzlich auch dann für die Einhaltung der öffentlich-rechtlichen Vorschriften verantwortlich, wenn sie Aufgaben von Privaten erfüllen lassen[152)]. Diese These mag zu Modifikationen des Kontrollinitiativrechts Anlaß geben, weil dieses nach dem Privatrecht grundsätzlich und im Regelfall privat ist. Das Strafverfahrensrecht stärkt die Kontrollinitiative vielfach durch ein staatliches Initiativrecht. Diese These sagt jedoch nichts Besonderes für besondere Aufgaben von Privaten, etwa von Verwaltungsaufgaben. Gallwas definiert nämlich die "öffentlich-rechtlichen Vorschriften", die die Privaten bei der Erfüllung von Verwaltungsaufgaben einzuhalten hätten, nicht in einer Weise, die diese von dem sonstigen staatlichen Privatrecht zu unterscheiden erlauben würde. Im Sinne der These von Gallwas sind alle Vorschriften des Privatrechts, die vom Staat erlassen werden, derartige staatliche oder eben 'öffentlich-rechtliche' Vorschriften. Zuzustimmen ist Gallwas darin, daß der Staat, der seinen Aufgaben aus Art.1 Abs.1 S.2 GG gerecht werden will, sich nicht auf Privatrechtssetzung beschränken darf. Wenn es erforderlich ist, um private Rechtsgüter ausreichend zu schützen, muß der Staat sie auch strafrechtlich bewähren und den Strafanspruch realisieren. Das hat das Bundesverfassungsgericht für den Schutz des nasciturus aus Art.2 Abs.2 GG entwickelt[153)]. Nur ist das keine Begrenzung des Rechts der Legislative, "öffentliche Aufgaben zu privatisieren", wie Gallwas meint[154)], sondern eine verfassungsrechtliche Pflicht, Aufgaben staatlich zu erledigen und damit einen Lebensbereich nicht allein der privaten Bewältigung zu überlassen.

5. Zusammenfassende Kritik an Gallwas' Funktionalismus

Gallwas' Aspekte tragen dazu bei, das Wesen des Privaten unter dem Grundgesetz zu erhellen, gerade weil Gallwas Verwaltungsaufgaben, die Private erfüllen, von sonstiger privater Betätigung nicht zu unterscheiden vermag. Damit stärkt er die Überzeugungskraft eines rein institutionellen Begriffs sowohl des Privaten als auch des Staatlichen. Das Unterfangen, Aufgaben des Staates und auch Aufgaben der Privaten in staatliche und private zu differenzieren, mußte scheitern, weil das Kriterium funktional sein müßte.

Gallwas' Klage über "die fortschreitende Osmose von Staat und Gesellschaft" bedauert der Sache nach, daß der Staat durch seine Privatrechtssetzung die Privatheit der Menschen über die Maßen zurückdrängt und die staatliche Reglementierung des menschlichen Daseins ausufert.

Mit seinem Funktionalismus ohne funktionale Differenzierungskriterien hat Gallwas

---

151) Dazu Gallwas, a.a.O., S.225ff.

152) A.a.O., S.228.

153) BVerfGE 39, 1 (41f.).

154) A.a.O., S.229.

nicht geholfen, diese Osmose "dogmatisch aufzufangen und in die durch die Zielsetzung unserer Verfassung vorgezeichneten Bahnen zu lenken"[155].

III Peter Badura

1. Baduras Begrifflichkeit, insbesondere das Verwaltungsmonpol, Staatsunternehmen und die öffentliche Verwaltung durch Private

Auch P.Badura vertritt einen funktionalistischen Begriff der hoheitlichen Verwaltung, die ihre besondere Staatlichkeit aus der Gemeinwohlmaxime erfahre. "Die (rein) erwerbswirtschaftlichen Unternehmen der öffentlichen Hand", nennt Badura mit Strickrodt[157] "gewerbliche Staatsunternehmen"[158]. "Öffentliche Unternehmen" sind für ihn im Gegensatz zu G.Püttner[159] nur die Wirtschaftseinheiten, die unabhängig von ihrer Rechtsform (Eigenbetriebe, rechtsfähige Anstalten, Handelsgesellschaften des Privatrechts regelmäßig mit Haftungsbeschränkung) "öffentliche Verwaltung" seien und insofern eine "Doppelstellung als Verwaltungseinrichtung und als wirtschaftlicher Organismus" aufweisen würden. Das könne nur für "solche Wirtschaftseinrichtungen gelten, die zur Erbringung gemeinnütziger Leistungen oder zur Wirtschaftslenkung dienen" würden[160]. Derartige öffentliche Unternehmen in privatrechtlichen Formen seien "Verwaltung in privatrechtlicher Form"; sie seien den "Grundsätzen des Verwaltungsprivatrechts", nicht nur als Grundrechtsbindung, sondern auch als Bindung an die allgemeinen Grundsätze des Verwaltungshandelns unterworfen[161].

Baduras Kriterium für die Ausgrenzung der "gewerblichen Staatsunternehmen" ist das der "öffentlichen Verwaltung", das er entweder in der Gemeinnützigkeit der erbrachten Leistungen oder in der wirtschaftslenkenden Funktion sieht. Daß "alle verwaltungsbeherrschten Unternehmen als Medium der Wirtschaftspolitik" generell geeignet seien, sei nicht zu berücksichtigen, "da sonst der wichtige Unterschied zwischen dem Verwalten durch Wirtschaften und der (bloß) wirtschaftenden Verwaltung nicht erkennbar" werde[162]. Mit dieser Fußnote disqualifiziert Badura seine

155) So die eigene Einschätzung seiner Bemühungen, a.a.O., S.232f.

156) Das Verwaltungsmonopol, 1963; vgl. auch ders., Die Erfüllung öffentlicher Aufgaben und die Unternehmenszwecke bei der wirtschaftlichen Betätigung der öffentlichen Hand, F.Schlochauer, 1981, S.3ff.; ebenso ders., ZHR 146 (1982), S.448ff., passim, etwa S.452.

157) Die gewerblichen Staatsunternehmen in ihrer verfassungsrechtlichen und unternehmenswirtschaftlichen Bedeutung, 1954, S.2f.

158) Verwaltungsmonopol, S.248.

159) Die öffentlichen Unternehmen, S.42ff., dazu näher 7.Teil, 2.Kap., II, S.292ff.

160) A.a.O., S.248.

161) A.a.O., S.248f.

162) A.a.O., S.248, Fn.33; in der Sache noch ebenso ders., ZHR 146 (1982), S.461 mit der Unterscheidung von "in Ziel oder Wirkung interventionistischer Wirtschaftstätigkeit" und Teilnahme am "marktwirtschaftlichen Verkehr".

Unterscheidungsmerkmale, weil er nicht fragt, ob der Staat überhaupt "Medien der Wirtschaftspolitik", die er nicht zum "Verwalten durch Wirtschaften" einsetzt, halten darf, ob dadurch nicht auch die von Badura anerkannte[163)] prinzipielle Privatheit der Wirtschaft und der von ihm großzügig gewährte Grundrechtsschutz der privaten Unternehmer[164)] unterlaufen werden. Der Unterschied zwischen dem "Verwalten durch Wirtschaften" und der "wirtschaftenden Verwaltung" ist auch nur "wichtig", wenn beide Verhaltensweisen des Staates zulässig sind. Badura läßt dem Staat einen Verhaltensbereich, der zwar "Verwaltung" sei, aber nicht dem Verwaltungsrecht unterliege. Das tastet die Fiskustheorie nicht an.[165)].

Badura teilt staatliches Verhalten in den Bereich notwendiger Staatlichkeit, den der Verwaltungsmonopole und den der reinen Erwerbswirtschaft. Die Verwaltungsmonopole seien nicht auf verwaltungseigene Mittel beschränkt; es könnten hier auch private[166)] Rechtsträger eingesetzt werden. Die Verwaltung könne sich an privatrechtlich organisierten Wirtschaftssubjekten beteiligen ("gemischtwirtschaftlichen Unternehmen") oder durch Gesetz oder aufgrund Gesetzes wirtschaftliche Befugnisse auf private Rechtsträger übertragen, die dadurch zu "beliehenen Unternehmen" würden oder einen "staatlich gebundenen Beruf" ausüben würden. Schließlich könne "der Verwaltung um eines bestimmten Verwaltungszweckes willen ein maßgeblicher Einfluß auf die Ausübung der Wirtschaftstätigkeit" eines "in den Dienst öffentlicher Aufgaben gestellten" Unternehmers eingeräumt werden; das wären "öffentliche Wirtschaftseinheiten in privater Hand". Weiter berücksichtigt Badura den Fall der "Indienstnahme Privater für Verwaltungsaufgaben", in dem die Verwaltung verwaltungseigene Mittel schone und die persönlichen oder rechtlichen Mittel Privater kraft Gesetzes in Anspruch nehme, um öffentliche Aufgaben erledigen zu lassen[167)]. Badura unterscheidet "drei Sektoren" der wirtschaftenden und wirtschaftslenkenden Tätigkeit der Verwaltung, nämlich die "freie, d.h. nur polizeilich kontrollierte, Privatwirtschaft, die gelenkte Privatwirtschaft und die Staatswirtschaft"[168)]. Badura will soziales Handeln nach "Funktion, Funktionsträger und Rechtsform" gliedern. Dabei könne "soziales Handeln" "öffentliche Verwaltung der Privattätigkeit" sein. Zur letzteren rechnet Badura "nach heutiger, wenn auch schon angegriffener Rechtsauffassung auch die Tätigkeit der Verwaltungsträger als (reine) Wirtschaftssubjekte, so bei den sog. fiskalischen Hilfsgeschäften und den ertragsorientierten Staatsunternehmen", obwohl auch dabei "die Verwaltung nicht

---

163) A.a.O., S.329, Fn.62.

164) A.a.O., S.339, 340; vorsichtiger ders., ZHR 146 (1982), S.460f. ("Eingriff" nur bei "wirtschaftslenkendem" Auftreten; bei "wirtschaftender" Teilnahme "am Privatrechtsverkehr" werde "materiell eine 'Fiskalgeltung' der Grundrechte nicht zum Tragen kommen").

165) So Badura selbst, a.a.O., S.250 mit Fn.44; nicht anders ders., ZHR 146 (1982), S.449, 461.

166) Hervorhebung bei Badura.

167) A.a.O., S.249f., Hervorhebungen bei Badura.

168) A.a.O., S.250; ähnlich i.S. der instrumentalen Vielfalt ders., ZHR 146 (1982), S.459.

schlechthin Privatmann" sei[169]. "Die öffentliche Verwaltung" könne "durch die Verwaltung oder durch Private ausgeübt werden". "Die Ausübung öffentlicher Verwaltung selbst" könne "mit Hilfe öffentlich-rechtlicher oder privatrechtlicher Rechtssubjekte erfolgen". "Soweit hierbei privatrechtlich gehandelt" werde, liege das Rechtsinstitut der "Verwaltung in privatrechtlicher Form" vor[170]. "Die Ausübung öffentlicher Verwaltung durch Private" geschehe "mit Hilfe privatrechtlicher Rechtssubjekte". Diese würden "allerdings öffentlich-rechtliche Befugnisse ausüben oder privatrechtlich handeln" können[171]. "Stets wenn ein privatrechtliches Rechtssubjekt - sei es verwaltungseigen, sei es verwaltungsfremd - öffentlich-rechtliche Befugnisse" ausübe, sei "ein 'beliehener Unternehmer' gegeben"[172]. Die Aktivierung Privater für die Verwaltung führe dann zum Postulat der durchgehenden Rechtsaufsicht (über außerstaatliche Rechtsträger)[173]. Auch die "Rechtsfigur des 'beliehenen Unternehmers'" sei damit nicht zu entbehren, die Badura als einen "privatrechtlichen Rechtsträger", der "öffentlich-rechtliche Befugnisse im eigenen Namen unter der Aufsicht der Verwaltung" ausübe, versteht[174].

169) A.a.O., S.250 mit Fn.44; deutlich ders., ZHR 146 (1982), S.449, 452; das wird allgemein gesehen: sehr klar Mallmann, VVDStRL 19 (1961), S.197 ("Der Staat, immer und ausnahmslos N i c h t - Privatmann,...", dazu VII, S.221f.); Klein, Teiln., S.231f., anders aber in den Konsequenzen, etwa S.170, 175, 182; Rüfner, Formen, S.397; Schricker, Wirtschaftl. Tätigkeit, S.47ff., anders S.102 für den Fiskus; Dürig, Maunz/Dürig/Herzog/Scholz, Rdn.501 zu Art.3 Abs.1 GG, Rdn.45, 46 zu Art.19 Abs.3 GG; Stern, JZ 1962, 182 ("reale Möglichkeit", "ungleiche Gewichtigkeit"); Hesse, Verfassungsrecht, S.144f.; Martens, Öffentl. als Rechtsbegriff, S.93; dazu auch Bull, Staatsaufgaben, S.62f.; klar Burmeister, WiR 1972, 344, u.ö.; anders anscheinend ders., DÖV 1975, 701ff.; auch Schmidt-Salzer, WiR 1972, 106ff.; klar Stober, NJW 1984, 449ff.; anders im grundrechtsdogmatischen Zusammenhang Bettermann, NJW 1969, 1324, 1326ff.; vgl. ders., auch DVBl 1977, 181; v.Mutius, Bonner Kommentar, Rdn.114 zu Art.19 Abs.3 GG; Papier, Fälle, S.168 für den Fiskus; anders auch für den Staat als Unternehmer Steiner, Öffentl. Verwaltung durch Private, S.212f. in Fn.63 (wegen der "erwerbswirtschaftlichen Funktion" "'privates' Rechtssubjekt").

170) Hervorhebung bei Badura.

171) A.a.O., S.250.

172) A.a.O., S.250, Hervorhebung bei Badura.

173) A.a.O., S.251.

174) A.a.O., S.253. Zum Begriff und Problem des beliehenen Unternehmers: vor allem Ossenbühl, VVDStRL 29 (1971), S.137ff., dazu sub I, S.190ff.; Gallwas daselbst, S.211ff., dazu sub II, S.198ff.; Wolff-Bachof, Verwaltungsrecht II, §104, S.451ff. mit Hinweisen und vielen Beispielen; Herzog, Beliehener Unternehmer, Evangelisches Staatslexikon, Sp.145f.; Krüger, Allgemeine Staatslehre, S.317ff., 874ff. kritisch, jeweils mit weiteren Nachweisen; Brohm, Strukturen, S.154/8, 202ff., §22; Rupp, Privateigentum an Staatsfunktionen?, S.5 und passim, der die Gefahren der Privatisierung von "staatlichen Funktionen" treffend aufzeigt, a.a.O., S.16ff.; Steiner, Öffentliche Verwaltung durch Private, S.9ff. (materialreich); Martens, Öffentlich als Rechtsbegriff, S.131ff. mit Hinweisen; Stern, Staatsrecht I, S.268f. mit Hinweisen; Mennacher, Beliehene Private, S.87ff., 113ff., mit Hinweisen; durchaus grundlegend Vogel, Öffentliche Wirtschaftseinheiten, S.46ff., 48ff. (zu O.Mayer), 60ff., 77ff. stellt i.S. der Rechtsstellungstheorie auf die Mittel ab, die ein Privater einsetzen darf; ihm folgend Zeidler, VVDStRL 19 (1961), S.211; BVerfGE 17, 371 (376ff.): "Es bedarf keiner näheren Begründung, daß "Rechtspflege" und "freiwillige Gerichtsbarkeit" originäre Staatsaufgaben sind. Der Notar nimmt, soweit er diese Tätigkeiten (sc. Beurkundung von Rechtsvorgängen) ausführt, staatliche Funktionen wahr; §1 BNotO bezeichnet ihn zu Recht als "Träger eines öffentlichen Amtes"". Der Begriff der "originären Staatsaufgaben" wäre schon eine staatstheoretische Aufklärung wert gewesen, zumal diese Feststellung die Entscheidung des Gerichts trägt. Kritik auch bei Bull, Staatsaufgaben, S.352, auch S.99ff. mit Hinweisen; vgl. auch BVerfGE 2, 85 (86); 4, 250 (254); Art.33 Abs.4 GG, der herrschend als Rechtfertigung der Rechtsfigur des beliehenen Unternehmers angesehen wird (etwa Stern, a.a.O.; Brohm, a.a.O., S.215 mit weiteren Hinweisen in Fn.72;

## 2. Kritik an Baduras Kategorien

All diese Kategorien sind Konsequenzen des funktionalen Verwaltungsbegriffs, der das Rechtssubjekt des Verwaltens unberücksichtigt läßt und damit die Legitimationserfordernisse staatlichen Handelns vernachlässigt. Indem er demokratische Legitimation notfalls durch staatliche Rechtsaufsicht zu surrogieren zuläßt, verliert Badura das Wesen des Privaten aus den Augen. Schließlich legt er einen Verwaltungsbegriff zugrunde, der funktional sein muß[175]. So sagt Badura: "Das Verwaltungsmonopol als eine ausschließliche Befugnis stellt nur eine bestimmte Funktion dar, für seine rechtliche Gestalt ist prinzipiell gleichgültig, wem diese Befugnis zusteht, wer sie ausübt und wie das Substrat beschaffen ist, durch das die monopolisierte Tätigkeit ausgeübt wird"[176]. Die verwickelte Vermischung von Verwaltung und wirtschaftender Tätigkeit sowie von öffentlich-rechtlichen und privatrechtlichen Rechtsformen habe sich seit der zweiten Hälfte des 19. Jahrhunderts entwickelt[177].

## 3. Kritik an Baduras Dezisionismus

Der Funktionalismus Baduras läßt wiederum einen materiellen Begriff der Verwaltungsfunktion erwarten. Badura definiert das Verwaltungsmonopol jedoch formal und hilft mit dem Gesetzesprinzip. Das Verwaltungsmonopol beziehe nämlich "um eines bestimmten Verwaltungszweckes willen eine bestimmte Tätigkeit, die an sich auch ein Privater ausüben könnte, in den Bereich der Verwaltung in der Weise ein, daß sie einem oder mehreren Rechtsträgern ausschließlich zugewiesen werde. Diese Monopole würden eine große Mannigfaltigkeit der rechtlichen Ausgestaltung zeigen, jedenfalls andere Rechtssubjekte, insbesondere Private, von bestimmten Tätigkeiten ausschließen. Das aktiviere das Prinzip des Vorbehalts des Gesetzes[178]. Kriterien des Verwaltungsmonopols sind danach "bestimmte Verwaltungszwecke" und die "Ausschließlichkeit" der diesbezüglichen Verwaltungsbefugnisse. Die Monopolisierung der Befugnis um des Verwaltungszwecks willen muß dann wohl dem jeweiligen Gesetz entnommen werden. Die Gesetze "legitimieren sich allein aus dem Auftrag des Staates, das Gemeinwohl zu verwirklichen"[179]. "Der

---

Wolff-Bachof, a.a.O., S.104 I b, S.453), muß m.E. im Sinne der grundgesetzlichen Grundsatzentscheidungen restriktiv interpretiert werden, zumal der Funktionsvorbehalt des Art.33 Abs.4 GG auf das Berufsbeamtentum zielt; vgl. BVerfGE 9, 268 (284). Die Rechtsfigur des beliehenen Unternehmers ist deutlicher Ausdruck der hier bekämpften funktionalen Staatstheorie (dazu Kritik sub I, S.190ff. an Ossenbühl, a.a.O.; sub II, S.198ff. an Gallwas, a.a.O.). Zu Art.33 Abs.4 GG Lerche, Verbeamtung als Verfassungsauftrag?, 1973, insb. S.20ff.; auch Kirchhoff, Der Begriff der hoheitlichen Befugnisse in Art.33 Abs.4 des Grundgesetzes, passim mit Nachweisen.

175) Das stellt u.a. Brohm, Strukturen, S.211, klar, der freilich mit seiner Kompetenztheorie (S.212f., private Rechte seien von der Rechtsordnung gegebene Kompetenzen) die Freiheit gründlich mißversteht; dazu im 8.Teil, 2.Kap., II, 2c, S.396ff.

176) A.a.O., S.244.

177) A.a.O., S.245.

178) A.a.O., S.241f.

179) A.a.O., S.314.

Gesetzgeber als berufener Förderer des Gemeinwohls" dürfe "grundsätzlich frei entscheiden", ob er Verwaltungsmonopole errichte[180]. Dabei bedürfe es keines ermächtigenden Satzes der Verfassung, vielmehr seien nur die Grenzen der Verfassung zu beachten. Der Gesetzgeber habe ein "Ermessen" im Rahmen des Grundgesetzes, er sei "in den Grenzen der Verfassung frei"[181]. Daher werde jedes Privileg, bestimmte Tätigkeiten auszuüben, zum Verwaltungsmonopol mit den mehr oder weniger abgestuften Ingerenzmöglichkeiten des Staates.

4. Baduras materieller Gemeinwohlbegriff

Badura leitet die Staatlichkeit nicht aus den politischen Grundentscheidungen des Grundgesetzes her, sondern meint ein "Wesen des Staates" zu kennen[182]. Aus der Gemeinwohlmaxime deduziert Badura materielle Konsequenzen, etwa die Pflicht, "bestimmte Aufgaben zu erfüllen"[183]. Die "Idee der Verwaltung"[184] ergebe den Verwaltungszweck. Das falle auf den Begriff des Staates selbst zurück. Badura befaßt sich mit den verschiedensten Verwaltungszwecken, ohne jedoch einen allgemeinen Begriff des Verwaltungs- oder Staatszwecks zu entwickeln, sei dieser offen oder verfahrensgemäß oder sei dieser materiell, wie es sein funktionelles Verständnis, das explizit einen institutionellen Verwaltungsbegriff ablehnt[185], erwarten ließe.

5. Notwendige und nicht notwendige Staatsfunktionen bei Badura, Kritik

Auch die Beschaffung von Einkünften zählt Badura zu den Verwaltungszwecken, so daß er Finanzverwaltung und sonstige Verwaltung nicht voneinander trennt[186]. Das überzeugt. "Bestimmte Tätigkeiten" seien "schon ihrer Natur nach staatlich" und kämen darum "dem Staat ausschließlich zu"[187]. So gehöre es "zum Begriff des entwickelten Staates", "all die Funktionen auszuüben, durch welche der Rechtszweck verwirklicht werde"[188]. Zwar sei dem Staat "seiner Natur nach keine

---

180) A.a.O.,S.315.

181) A.a.O., S.315, Hervorhebung bei Badura im Anschluß an BVerfG NJW 1960, 955; BVerfGE 17, 371 (377) stellt das "wie" der Erledigung öffentl. Aufgaben durch den Staat in das "freie Ermessen", "freilich bis zu einem gewissen Grade auch von der Eigenart und dem Gewicht der einzelnen Aufgabe abhängig"; so auch BVerfGE 27, 364 (374). Dieses staatstheoretische Verfassungsdenken, das lediglich Grenzen einer originären Staatsmacht im Grundgesetz sieht, kritisiert zu Recht Rupp, Verfassungsrecht und Kartelle, S.195; richtig etwa Bull, Staatsaufgaben, S.116, dazu Fn.257.

182) A.a.O., S.92 u.a.

183) A.a.O., S.86 u.a.

184) A.a.O., S.90, Hervorhebung von Badura mit Hinweis auf Lorenz von Stein, Verwaltungslehre I, S.30ff.

185) A.a.O., S.91.

186) A.a.O., S.90f.

187) A.a.O., S.92.

188) A.a.O., S.93; i.d.S. auch BVerfGE 17, 371 (376ff.); BVerfGE 10, 200 (214) für die Gerichtsbarkeit, die freilich durch Art.92 GG eine Regelung gefunden hat, so daß es auf das Wesen der Staatlichkeit nicht mehr ankommt. Welches ist wohl dieser Rechtszweck, den nur der Staat verwirklichen könne? Vorsichtiger, Krüger, Allgemeine Staatslehre, S.769; Bull, Staatsaufgaben, S.352; vgl. auch Bettermann, AöR 92 (1967), S.538ff.; Menger, JuS 1966, 66ff.

im öffentlichen Interesse liegende Betätigung verwehrt", "sein Wesen nach der zeitgenössischen Staatsidee, wie sie in der heute geltenden Verfassungsordnung zum Ausdruck" komme, sei "nicht das eines totalen, sondern nur das eines partiellen Sozialverbandes"[189]. Die "durch Private 'nachahmbaren', also gleichartig auch durch diese ausführbaren Tätigkeiten" seien "daher der Bereich, in dem Verwaltungsmonopole begrifflich möglich" seien[190]. "Das wirtschaftende Tätigwerden, gleichgültig, ob es zugleich wirtschaftslenkende Funktion", "gemeinwirtschaftlich oder rein erwerbswirtschaftlich bewirkt" werde, gehöre "nach der Verfassungsstruktur der Bundesrepublik nicht zu den notwendigen staatlichen Funktionen"; denn es sei "ein Wesenszug bürgerlich-liberaler Wirtschaftsverfassung, die Beteiligung des Staates am Wirtschaftsleben als Wirtschaftssubjekt als nicht notwendig staatliche Funktion zu betrachten"[191]. Im Wirtschaftsleben könne es nur ein Verwaltungsmonopol sein, wenn der Verwaltungsträger selbst wirtschaftend auftrete, nicht aber, wenn er lediglich wirtschaftslenkend aufgrund der notwendig staatlichen Funktion der Wirtschaftspolitik handele[192].

Kriterium für das Verwaltungsmonopol ist damit die private Nachahmbarkeit, welches die nicht notwendigen staatlichen Ausschließlichkeitsbefugnisse von den notwendigen staatlichen trenne. Die nicht ausschließlich staatlichen Befugnisse nennt Badura "rein erwerbswirtschaftlich"[193].

Was die "Notwendigkeit" der Staatlichkeit, die "Ausschließlichkeit" des staatlichen Verwaltungszwecks oder die "reine Erwerbswirtschaftlichkeit" ausmacht, überantwortet Badura einem Konsens der maßgeblichen Stellen in concreto[194]. Er wendet sich gegen einen Auslegungstopos Tradition, weil das dem revolutionären Akt der "pouvoir constituante" nicht entspräche, empfiehlt jedoch, das Notwendige an Staatlichkeit aus der Tradition zu ermitteln[195]. Mag ein Staat der Neuzeit essentielle Aufgaben haben, einen normativen Begriff des essentiell Staatlichen kennt das Grundgesetz nicht. Es normiert vielmehr verschiedene Aufgaben, die in ihrer Gesamtheit den Bedürfnissen des Volkes nach Staatlichkeit entsprechen mögen[196]. Staatlichkeit entsteht durch Konsens des Volkes, der im repräsentativen Entscheidungsverfahren festgestellt wird; denn "alle Staatsgewalt geht vom Volke aus"[197].

---

189) A.a.O., S.93.

190) A.a.O., S.93.

191) A.a.O., S.94f.

192) A.a.O., S.95; ebenso ders., ZHR 146 (1982), S.461.

193) A.a.O., S.95.

194) Dazu für viele Bull, Staatsaufgaben, S.99ff. mit Hinweisen; so Badura selbst, a.a.O., S.313f., 315, 329, 398; dazu näher im 6.Teil, 1.Kap., II, III, S.237ff., 242ff. mit Hinweisen, vgl. auch die Hinweise in Fn.85.

195) A.a.O., S.339, Fn.33.

196) Dazu vor allem Bull, Staatsaufgaben, S.211ff. mit Hinweisen.

197) Dazu näher im 6.Teil, 1.Kap., S.236ff., 4.Kap., S.261ff. mit Hinweisen.

### 6. Weitere Kritik an Baduras Funktionalismus

Baduras Begriff des Verwaltungsmonopols ist fiktiv, weil er nicht aus den Entscheidungen des Grundgesetzes begründet ist. Baduras Dreiteilung des staatlichen Verhaltens differenziert ohne Relevanz; das zeigt die von ihm postulierte konkrete Entscheidungsbedürftigkeit[198]. Die 'gewerblichen Staatsunternehmen' verlieren die Besonderheit, nicht zum Bereich ausschließlicher Verwaltungstätigkeit, sondern der Sache nach zum Fiskus zu gehören.

Das Wesen des Privaten, dessen Recht zur Autonomie, drängt die Frage auf, inwieweit und unter welchen Kautelen staatliche Aufgaben Privaten übertragen werden dürfen, wie es das erklärte Anliegen des Funktionalismus von Badura ist. Wenn etwa bei den sog. gewerblichen Staatsunternehmen die Gemeinwohlverwirklichung nicht hinreichend gesichert ist, fungiert der Staat doch "schlechthin als Privatmann", obwohl er das nach Badura weder dabei noch bei den sog. fiskalischen Hilfsgeschäften sein soll[199]. Mit der Übertragung auf Private büßt das Staatliche die Staatlichkeit ein, weil dieses allein institutionell begriffen werden darf[200].

## IV Winfried Brohm

### 1. Hoheitliche und nicht-hoheitliche Funktionen des Staates bei Brohm, Kritik

W.Brohm[201] hat sich um eine Dogmatik bemüht, die die Funktion von Organisationsbereichen für deren Unterscheidung in hoheitliche oder nicht-hoheitliche, eben private, fruchtbar zu machen leistet[202]. Er weist zunächst die Versuche zurück, das "Hoheitliche" aus den "öffentlichen Zwecken", aus den "staatlich-öffentlichen Aufgaben", aus der Teilhabe an der "staatlichen Herrschaftsausübung", aus der "Staatsaufsicht", aus der Unabhängigkeit "vom Willen der Mitglieder" zu bestimmen[203], und setzt sich mit der Lehre R.Herzogs auseinander, die in der demokratischen Legitimation durch individuellen Berufungsakt vom Volk hin zu dem Organwalter das Kriterium des Staatlichen sieht[204]. Die demokratische Legitimation ist ein grundgesetzliches Organisationsprinzip, von dem die Legalität allen staatli-

---

198) A.a.O., S.339, Fn.33.

199) A.a.O., S.250, Fn.44; ders., ebenso ZHR 146 (1982), S.449, 452; vgl. die Hinweise in Fn.169.

200) Dazu näher im 6.Teil, 4.Kap., S.261ff. mit Hinweisen; auch 1.Kap. dieses Teils, S.175ff.

201) Strukturen der Wirtschaftsverwaltung, Organisationsformen und Gestaltungsmöglichkeiten im Wirtschaftsverwaltungsrecht, 1969.

202) A.a.O., S.133ff., vor allem §§16, 17 seiner Schrift.

203) A.a.O., S.136 mit Hinweisen.

204) Herzog, Die Wesensmerkmale der Staatsorganisation in rechtstheoretischer und entwicklungsgeschichtlicher Sicht, Habilitationsschrift 1964, unveröffentlicht, zitiert nach Brohm, a.a.O., S.136f. Fn.en 24-29; Herzog, Maunz/Dürig/Herzog/Scholz, Rdn.56ff. zu Art.20 GG. Nach Herzog, a.a.O., kann das Volk auch durch vom Gesamtvolk konstituierte "Teilvölker" handeln.

chen Verhaltens abhängt[205]. An der demokratischen individuellen volkslegitimierten Berufung der Amtswalter in den Staatsunternehmen fehlt es vielfach. Herzogs Theorie hätte zur Folge, entweder solche Staatsunternehmen als nicht-staatlich oder das Verhalten von deren Amtswaltern als verfassungswidrig einzustufen. Brohm will Herzog durch Beispiele ad absurdum führen, in denen für gleiches Verhalten einmal das Privatrecht und das andere Mal das öffentliche Recht anzuwenden wäre; etwa für das Einschalten einer Fußgängerampel durch einen Straßenpassanten zum einen und einen Schülerlotsen zum anderen erscheine das nicht einsichtig[206]. Diese Argumentation überrascht, weil Brohm selbst ein materielles Kriterium nicht für möglich hält, welches menschliche Verhaltensweisen als hoheitlich oder nichthoheitlich qualifiziert[207]. Er hält es sogar für möglich, daß "auch gesellschaftliche Kräfte ... hoheitliche Kompetenzen wahrnehmen". "Die Rechtsfigur der Beleihung Privater" zeige das sogar "nur für einen geringen Teil"[208]. Noch viel weniger läßt sich Herzog mit dem Hinweis widerlegen, auch die 'Organwalter'[209] "rein fiskalischer Verwaltungen" seien "individuell berufen"[210]. Wenn diese 'Organwalter' demokratisch legitimiert sind, entspricht das dem Gebot des Art.20 Abs.2 S.1 GG und beweist, daß die sog. fiskalische Verwaltung Staat ist.

Brohm fühlt sich "der deutschen Rechtstradition verpflichtet, die dem Staat auch die privatrechtlichen Handlungsformen, d.h. doch im wesentlichen deren Gestaltungsfreiheit, zugesteht"[211]. Ein Kernsatz bei Brohm ist: "Es ist eben ein Unterschied, ob der Staat als Hoheitsträger oder 'in der Funktion' des Fiskus agiert"[212]. Um eine ernstzunehmende Begründung dieses Satzes hat sich Brohm nicht bemüht, obwohl seine Funktionstheorie mit der Fiskustheorie steht und fällt. Herzog bietet die zivilrechtliche Bindung des Fiskus als Surrogat der staatsrechtlichen Bindung des Hoheitsträgers an[213]. Im geht es nicht um die Kritik der Fiskustheorie. Brohm räumt ein, daß seine Dogmatik "im Einzelfall aufgrund besonderer Gesichtspunkte" "Abweichungen" erlaube und daß seine "dogmatische Arbeit" ihr Ziel erreicht habe, "wenn sie die tragenden Grundsätze und Gesichtspunkte der Regelerscheinungen einsichtig zu machen" vermocht habe[214]. Ein grenzscharfes allgemeines Kriterium für das Hoheitliche hat auch Brohm nicht gefunden. Es

---

205) Dazu näher im 6.Teil, 4.Kap., S.261ff., 272ff., 4.Teil, 3.Kap., S.159ff., 166ff.

206) A.a.O., S.138.

207) A.a.O., S.155ff.

208) A.a.O., S.158; nähere Hinweise in Fn.174.

209) A.a.O., S.138, Hervorhebungen bei Brohm.

210) A.a.O., S.138.

211) A.a.O., S.183; ebenso Martens, Öffentlich als Rechtsbegriff, S.93.

212) Hervorhebung bei Brohm, a.a.O., S.183.

213) A.a.O., S.645, zitiert nach Brohm, a.a.O., S.138, Fn.36.

214) A.a.O., S.144.

gibt auch unter dem Grundgesetz keines. Brohms Funktionalismus erweist sich als ein Dezisionismus und sucht Halt im Gesetzesvorbehalt[215]. Funktionelle Hoheitlichkeit könne die Verfassung vorschreiben[216]. Eine hoheitliche Kompetenz sieht Brohm ausgerechnet in der Tarifautonomie aus Art.9 Abs.3 GG[217]. Sonst sei durch Gesetz oder aufgrund eines Gesetzes zu entscheiden, ob Kompetenzen "Hoheitskompetenzen" seien. Sei die Hoheitlichkeit verfassungswidrig verankert, so könne die Kompetenz auch privatrechtlich oder sogar durch Private wahrgenommen werden, ohne daß dies der Hoheitlichkeit schade[218].

2. Die öffentlich-rechtliche Rechtsform als Kriterium des Hoheitlichen bei Brohm, Kritik

Die Wahl der öffentlich-rechtlichen Organisationsform zeige den hoheitlichen Charakter einer bestimmten Funktion an[219]. Wenn jedoch "diese Wahl" nicht hinreichend eindeutig getroffen sei, fehle das Kriterium für die Hoheitlichkeit. Dieses Dilemma hat ja H.Krüger treffend ironisiert[220]. Ein weiterer Kernsatz Brohms ist: Die "Grenzlinie zwischen einem öffentlich-rechtlich und einem privatrechtlich organisierten Bereich ist diejenige zwischen privaten und hoheitlichen Funktionen"[221]. Die Körperschaften des öffentlichen Rechts seien "in erster Linie funktional und nicht formal-organisatorisch" in die staatliche Organisation einbezogen[222]. Bei Brohm ist Funktion "Tätigkeit"[223]. Er versteht den hoheitlichen Funktionalismus mehr als Rechtfertigung der spezifisch hoheitlichen Verpflichtungen. Als Kriterium des Hoheitlichen[224] erscheint die Funktion vorgeschoben, weil Brohm der Sache nach auf die "öffentlich-rechtliche Rechtsform" abstellt[225], die durch Gesetz oder aufgrund eines Gesetzes zugesprochen werde. Während "jede Privatperson und jede privatrechtliche Organisation" "Träger öffentlich-rechtlicher

---

215) A.a.O., S.161 mit Hinweisen in Fn.120 insb. auf dezisionistische Positionen für die Bestimmung des Hoheitlichen.

216) A.a.O., S.161; näher a.a.O., S.197ff., §21 in Brohms Schrift.

217) A.a.O., S.166 mit unzureichenden Belegen in Fn.112, S.160; zu dieser Problematik vgl. die Hinweise bei Schachtschneider, Der Staat 16 (1977), S.509ff.; gegen den hoheitlichen Charakter der Tarifgesetzgebung insb.Scholz, Koalitionsfreiheit, passim, etwa S.55ff., 166ff., 191ff., 329, 330, 332; Richardi, Kollektivgewalt, S.141ff., 144ff.; wohl auch BVerfGE 34, 307 (316f.); a.A. BAG 1, 258 (262f.); 4, 240 (252); auch Krüger, Allgemeine Staatslehre, S.319; wie hier Dürig, Maunz/Dürig/Herzog/Scholz, Rdn.115ff. zu Art.1 Abs.3 GG; vgl. dazu auch Hinz, Tarifhoheit und Verfassungsrecht, 1971.

218) A.a.O., S.162.

219) A.a.O., S.162, passim.

220) Allgemeine Staatslehre, S.328, wörtlich zitiert zu Fn.41.

221) A.a.O., S.154.

222) A.a.O., S.154.

223) A.a.O., etwa S.154.

224) A.a.O., S.151ff. mit Hinweisen, ein Bereich des 'Öffentlichen' hat für Brohm zu Recht keine Relevanz, dazu im 1.Kap. in Fn.21.

225) A.a.O., etwa S.162; so auch Rudolf, VVDStRL 37 (1979), S.202ff.

Pflichten und Rechte" sein könnten, etwa als Beliehener oder im Falle der "Pflichtbindung privater Wirtschaftsunternehmen", bedeute die "öffentlich-rechtliche Rechtsform ... die Verleihung einer Hoheitskompetenz"[226]. Brohm verfolgt das Anliegen, mit der Hoheitsfunktion, die eine Körperschaft durch ihren öffentlich-rechtlichen Status übernehme, deren Staatlichkeit und deren Unterwerfung unter das Staatsrecht zu begründen. Anders formuliert: Brohm geht es um die These, daß die öffentlich-rechtliche Rechtsform den Hoheitsfunktionen vorbehalten sei. Damit dürfte er kaum auf Widerstand stoßen, im Gegensatz zu der These, daß es nichthoheitliche staatliche Aufgaben gebe[227]. Hoheitsfunktionen können nach Brohm als "schlichte Hoheitsverwaltung" durch Tathandlungen und sogar in der Form des "Privatrechts" ausgeübt werden, ohne freilich der öffentlich-rechtlichen Bindung völlig enthoben zu sein[228]. Jedoch "auch gesellschaftliche Kräfte" könnten "hoheitliche Kompetenz wahrnehmen", obwohl auch Brohm das Private durch die Privatautonomie zu kennzeichnen scheint, ohne diese These freilich näher zu untersuchen[229]. Die Privatautonomie hält er für eine Kompetenz, "weil jede Rechtshandlung nach Art und Wirkung erst von der Rechtsordnung ermöglicht und bestimmt" werde[230].

Der hoheitliche Charakter der Aufgaben könne sich aus dem Grundgesetz ergeben, etwa die Grundrechte könne man als "Aufgaben" verstehen[231]. "In der Regel" seien diese Fragen jedoch erst "durch die kompetenten Stellen zu entscheiden". "Die Verfassung" gebe "nur Grundsätze und Leitlinien für diese Entscheidung[232]. "Tätigkeiten, die in gleicher Weise im privatautonomen Bereich ausgeübt" würden, würden "der öffentlich-rechtlichen Organisationsform bedürfen", "um die Entscheidung zum Ausdruck zu bringen", daß "sie den Hoheitsfunktionen zugewiesen werden sollen"[233]. Brohm versteht das selbst als einen begrenzten

---

226) A.a.O., S.154f., weiter dazu S.155ff.

227) A.a.O., S.157.

228) A.a.O., S.157, Hervorhebung bei Brohm; vgl. die Hinweise auf die Überlagerungstheorie in Fn.57 des 1.Teils.

229) A.a.O., S.158 mit dem Argument der "Rechtsfigur der Beleihung Privater", dazu Brohm, a.a.O., S.202ff. in §22 seiner Schrift; diese Rechtsfigur ist Konsequenz des staatstheoretischen Funktionalismus und darum gerade staatstheoretisch wenig überzeugungswirksam; dazu Fn.174 und die Hinweise in Fn.174.

230) A.a.O., S.158, S.179ff. in §19 des Buches, S.209ff. in §22 des Buches. Dieses Dogma kann hier nicht ausführlich erörtert werden. Hingewiesen sei auf den staats- und rechtstheoretisch weichenstellenden Charakter dieser Kompetenztheorie, die das Wesen menschl. Freiheit und sittl. Autonomie (dazu im 3.Teil, 2.Kap., S.104ff.) verkennt. Weil die privaten Rechtshandlungen die Rechtsordnung begründen, werden jene nicht umgekehrt erst von dieser ermöglicht. Brohm vermöchte mit seiner Kompetenztheorie für privates Verhalten keinen Geltungsgrund des Rechts nennen. Ähnlich legt Rebe, Privatrecht und Wirtschaftsordnung, insb. S.211ff. seiner Arbeit, dieses kompetenzielle Verständnis der Vertragsfreiheit als "privatrechtliche Handlungskompetenz", als "Privatgestaltungsmacht", "-befugnis" zugrunde (insb. S.220f.), ohne die sein Funktionalismus nicht 'funktionieren' würde; zu Rebe im 8. Teil, 2.Kap., II, S.385ff.

231) A.a.O., S.160, Hervorhebung bei Brohm.

232) A.a.O., S.161.

233) A.a.O., S.161f. mit Hinweisen in Fn.120.

Dezisionismus[234]. Wegen "der Pluralität der Anschauungen" würden Aufgaben von öffentlichem Interesse "eine Tätigkeit noch nicht als Hoheitsfunktion" charakterisieren[235]. Diese würden sich "mit den jeweiligen Anforderungen der sich ständig wandelnden Gegebenheiten" ändern und seien "viel zu unbestimmt"[236]. "Interessentheorien aller Spielarten" könnten kein maßgebliches Kriterium für das öffentliche Recht erbringen[237]. Weder Subjektionsstrukturen noch Herrschaftsfunktionen seien Zeichen für die Ausübung hoheitlicher Kompetenzen[238]. "Die politische Gemeinschaft entscheide" in der dargelegten Sachgebundenheit[239]. Das deutsche Verwaltungsrecht kenne "auch wirtschaftstypische Leistungsverhältnisse als Ausübung einer Hoheitskompetenz"; "da die wirtschaftliche Leistungserbringung weder nach strukturellen Merkmalen noch nach einem spezifischen Gegenstand als hoheitlich qualifiziert werden" könne, bedürfe "es auch hierzu der Entscheidung in dem aufgezeigten Rahmen und in der dargelegten Sachgebundenheit"[240], also einer Dezision.

3. Privatrechtliches Handeln der Verwaltung bei Brohm, Kritik

In seinem § 19 expliziert Brohm das Recht des Staates, nicht-hoheitliche Aufgaben zu erfüllen[241]. Im Bereich des Verwaltungsprivatrechts würde eine "einheitlich öffentlich-rechtliche Qualifikation dieser Rechtsverhältnisse" "zuviel aus dem 'privatrechtlichen' Handlungsbereich der Verwaltung herausnehmen, wollte man auch die materiellen Anforderungen, die Legitimationsprinzipien und die übrigen Bestimmungen des öffentlichen Rechts voll im Abwicklungsverhältnis zur Geltung bringen. Die Verwaltung würde damit unnötig bei ihrer 'schlichten Hoheitstätigkeit' der notwendigeren elastischeren Gestaltungsform des Privatrechts beraubt"[242]. Weil "die Maßstäbe des öffentlichen Rechts grundsätzlich nur den Hoheitsfunktionen adäquat seien, könnten diese nicht auf die öffentliche Hand angewandt werden, "wenn diese etwa fiskalische Hilfsgeschäfte" vornehme oder eine "privatwirtschaftliche Unternehmertätigkeit" ausübe[243], etwa mit dem Argument, der 'Staat' und der 'Fiskus' seien dieselbe 'Rechtsperson'[244]. Diese Adäquanzthese hat angesichts

---

234) A.a.O., S.161 in Fn.120.

235) A.a.O., S.163; zum Pluralismus in der Demokratie 6.Teil, 1.Kap., S.236ff. und Fn.en 137 des 4.Teils, 5, 17 des 6.Teils.

236) A.a.O., S.163.

237) A.a.O., S.163.

238) A.a.O., S.163f.; vgl. die Hinweise zu Subjektions- und Subjektstheorie in Fn.65ff.

239) A.a.O., S.165; dazu auch im 2.Teil, 6.Kap., I, II, S.60ff., 61f.

240) A.a.O., S.176.

241) A.a.O., S.179ff.

242) A.a.O., S.182, Hervorhebung bei Brohm.

243) A.a.O., S.183.

244) A.a.O., S.18; Hervorhebungen bei Brohm.

dessen, daß Brohm ein materielles oder aufgabenmäßiges Kriterium für fiskalische (private) oder hoheitliche Funktionen nicht kennt und die Hoheitlichkeit aus nichts anderem als der öffentlich-rechtlichen Rechtsform schließt, wenn nicht ausnahmsweise Verfassungsnormen die Hoheitlichkeit des staatlichen Verhaltens ergeben, keine argumentative Substanz; sie ist vielmehr das Ergebnis eines circulus vitiosus.

Wegen seines Dezisionismus ist Brohm der Sache nach ein radikaler Vertreter des Wahlrechts des Staates zwischen der Privat- und der Staatsrechtsform[245).]

## V Hans Peter Bull

### 1. Staatsaufgabenbestimmung nur durch Rechtsakte

Die Dogmatik von 'originären' oder 'notwendigen' Staatsaufgaben weist H.P. Bull[246)] zurück. Der Staat könne "de facto und de iure" einer Fülle von Aufgaben wie den 'klassischen'[247)] Staatsaufgaben, aber auch allen sozialen Aufgaben nicht ausweichen. Diese würden dem Staat jedoch nicht aus ihrer 'Natur', aus ihrem 'Wesen' oder aus dem 'Wesen des Staates' obliegen, sondern aus "aktuellen wirtschaftlichen und sozialen Geschehnissen, die zu normativer Festlegung geführt" hätten[248)]. Nur eine "rechtsverbindliche und rechtserhebliche Entscheidung" könne Staatsaufgaben kreieren. "Der Gemeinwohlbezug, der eine Aufgabe zur 'öffentlichen'" mache, genüge nicht[249)]. Dem ist zuzustimmen. Der Staat habe keine "Omnikompetenz, sondern die Kompetenzkompetenz"[250)].

### 2. Keine Freiheitsrechte des Staates

Insbesondere habe der Staat keine 'Freiheitsrechte'[251)]. Es gebe keine Gewerbefreiheit der öffentlichen Hand, keine Vertragsfreiheit derselben und keine Verfügungsfreiheit über das Eigentum der öffentlichen Hand. Sonst wäre der Gesetzgeber "durch eine privatisierte, rechtsfrei handelnde Verwaltung" entmachtet[252)]. Es widerspreche grundlegenden Prinzipien des rechtlich geordneten Gemeinwesens, dem Staat 'Freiheit'[253)], also "einer Sphäre des Nichtreglemen-

---

245) Zu dieser Wahlfreiheit Kritik mit Hinweisen, 2.Kap., S.181ff.

246) Die Staatsaufgaben nach dem Grundgesetz, 2.Aufl. 1977, insb. S.99ff.

247) A.a.O., Hervorhebung bei Bull.

248) A.a.O., S.102.

249) A.a.O., S.105.

250) A.a.O., S.90ff., 96; so auch Martens, Öffentlich als Rechtsbegriff, S.119.

251) A.a.O., S.96ff. m. H.; zur Frage der Grundrechtsberechtigung des Staates vgl. die Hinweise in Fn.en 60 bis 63 im 1.Teil und im Text dazu; auch im 6.Teil, 5.Kap., S.275ff.; in Bulls Sinne jetzt grundlegend, wenn auch in der Begründung nicht durchgehend überzeugend BVerfG NJW 1982, 2173ff.

252) A.a.O., S.98; dazu die Hinweise auf Gegenmeinungen in Fn.63 des 1.Teils.

253) A.a.O., S.279, Hervorheb. bei Bull; i.d.S. auch diese Arbeit, vgl. 6.Teil, 4.Kap., S.261ff., 272ff.

tierten zuzubilligen, in dem Willkür herrschen" könne; die "Gleichstellung von Bürger und Staat als Grundrechtsträger" sei nicht haltbar[254]. Bull folgert seine Thesen aus der "Rationalität" als einem Wesensmerkmal des liberalen Staates[255]. Daraus ergebe sich die Weltlichkeit des grundgesetzlichen Staates[256]. Es gebe nicht nur einen "Vorbehalt des Gesetzes", sondern einen "Vorbehalt der Verfassung" in dem Sinne, daß alles staatliche Handeln auf die Verfassung zurückführbar sein müsse[257].

"Auch privatrechtliches Handeln des Staates" sei "an diesem Maßstab zu prüfen; denn "jede privatrechtliche Willenserklärung des Staates" müsse "zugleich auch als ein Akt des öffentlichen Rechts erkannt werden, das formell wie materiell ihre Grundlage" bilde "und ihre Grenzen festlege"[258]. Auch Art.30 GG erfasse die bürgerlich-rechtliche Betätigung des Staates[259]. Die Aufgabenbestimmung habe rechtssatzmäßig zu erfolgen. Die Rechtssätze seien diesem Regelungszweck gemäß wenig bestimmt. Wenn sie in der Verfassung stünden wie das Sozialstaatsprinzip, würden sie der Konkretisierung bedürfen[260].

3. Bulls Staatstheorie

Zum Ergebnis seiner Staatstheorie äußert Bull: "Der Staat ist so wirksam und so wertvoll, wie ihn seine Bürger machen. Als Selbstzweck kann er nicht verstanden werden; vielmehr dient er menschlichen Zwecken"[261]. Der "(materiell) demokratische Staat" sei "der Versuch, wenigstens die übereinstimmenden Bedürfnisse der Mehrheit zu erfüllen und die Minderheit dadurch zu schützen, daß ihr soweit wie möglich individuelle Abweichungen von der 'gemeinsamen' Regelung gestattet" würden[262]. Bull macht sich die Auffassung Hellers zu eigen, der im Staat eine "organisierte Entscheidungs- und Wirkungseinheit" sieht[263]. Aus dem "humanen Ansatz"[264] folge das demokratische Prinzip. Die "Staatsbildung"[265] habe "vom Einzelnen und seiner Entfaltung als obersten Wert auszugehen; die Gemeinschaft"

---

254) A.a.O., S.279; so auch hier, vor allem 7.Teil, 5.Kap., V, VI, S.329ff., 333ff.

255) A.a.O., S.106 mit Bezug auf Max Weber, Wirtschaft und Gesellschaft, 2.Hb., S.1034, 1102.

256) A.a.O., S.107; dazu im 8.Teil, 2.Kap., III, S.399ff. mit Hinweisen in Fn.en 182ff., auch 3.Teil, 3.Kap., II, S.109ff.

257) A.a.O., S.116; Hervorhebung bei Bull.

258) A.a.O., S.116, Martens, Öffentlich als Rechtsbegriff, S.98 wörtlich zitierend; dazu näher im 6.Teil, 4.Kap., V, S.270ff. mit Hinweisen vor allem in Fn.en 143, 144, 145, 148.

259) A.a.O., S.116 mit Fn.118; Bull weist allerdings auf verfassungsgewohnheitliche Kompetenzmöglichkeiten hin; vgl. die Hinweise in Fn.en 51 bis 54 des 1.Teils.

260) A.a.O., S.118ff., 163ff.; ebenso Schachtschneider, Sozialprinzip, S.71ff. mit Hinweisen in Fn.en 170, 183; weitere Hinweise in Fn.267 des 6.Teils, Fn.en 334, 335 dieses Teils.

261) A.a.O., S.88.

262) A.a.O., S.86.

263) A.a.O., S.87; Heller, Staatslehre, S.228ff.; dazu der Staatsbegriff dieser Schrift im 5.Teil, 1.Kap., S.175ff. und im 6.Teil, insb. 4.Kap., III, IV, S.265f., 268f. m. H. in Fn.142 des 6.Teils.

264) bis 268) A.a.O., S.82, Hervorhebungen bei Bull.

solle "nach den Vorstellungen der ihr angehörenden Menschen gestaltet werden, nicht durch 'externen'[266] oder 'übergeordneten'[267] Willen"[268].

Bulls Erkenntnisse geben durchaus das Rüstzeug, die Fiskustheorie in Frage zu stellen. Er sieht das Wesen des Privaten und das Wesen des Staates, ohne sich freilich mit diesen Aspekten vertieft zu beschäftigen, richtig zum einen in dem Recht zur Beliebigkeit und zum anderen in der Gemeinwohlverpflichtetheit, die wesensmäßig offen, also ohne materialen Gegenstand ist und der entscheidungsmäßigen, vor allem gesetzlichen Konkretisierung bedarf. Insbesondere erfaßt Bull den Privatisierungscharakter staatlicher 'Freiheit'. Bull zieht jedoch die Konsequenzen nicht, die sich aus seinen staatstheoretischen Thesen für die Fiskustheorie ergeben.

4. Wirtschaftlicher Wettbewerb des Staates bei Bull, Kritik

Bull widmet "der Teilnahme des Staates am wirtschaftlichen Wettbewerb", die er auch zu den 'Staatsaufgaben nach dem Grundgesetz'[269] rechnet, knapp 6 Seiten[270], und greift dabei die Privatisierungsgefahr durch 'Freiheiten' des Staates nicht erneut auf, obwohl 'wirtschaftlicher Wettbewerb' Wirtschaftsfreiheit voraussetzt[271] und private Betätigung ist[272]. Bull handelt vom "staatlichen Wettbewerb" und impliziert damit staatliche Privatautonomie aus Art.2 Abs.1 GG[273], selbst wenn er der öffentlichen Hand die 'Vertragsfreiheit' abgesprochen hat[274]. Andererseits mißt er der These Ipsens, § 48 RHO, der Vorläufer von § 65 BHO, enthalte ein gesetzliches Verbot eigenwirtschaftlicher Unternehmerbetätigung des Staates, "durch die Neufassung größeres Gewicht" bei [275]. Obwohl die juristischen Personen des öffentlichen Rechts immer[276] nur öffentliche Aufgaben erfüllen dürfen würden, kritisiert Bull es nicht, daß die Rechtsprechung "das reiche Material zu §§ 1,3 UWG für das Problem der öffentlichen Unternehmen nutzbar" mache[277]. Den Widerspruch in diesen Sätzen bemerkt Bull nicht. Mit der These,

---

269) So Bulls Thema.

270) A.a.O., S.276ff.

271) Dazu im 7.Teil, 1.Kap., I, S.283ff.
So Krüger, Allg. Staatslehre, S.481f.; Hefermehl, Wettbewerbsrecht, Allg., Rdn.25; zur Wettbewerbsfreiheit als Teil der Wirtschaftsfreiheit vgl. d.H. in Fn.en 53,56 im 2.Teil, auch Fn.11 im 7.Teil.

272) Vgl. die Kontroverse um den privaten oder den neutralen Charakter des Wettbewerbs i.S. des Wettbewerbsrechts im 2.Kap. des 1.Teils, S.10ff., im 2.Teil, 1.Kap., S.26ff., 7.Teil, 1.Kap.,S.283ff. und Problemstellung S.281ff., und im 9.Kap. des 2.Teils zur Scholzschen Neutralitätsthese, S.80ff.; Hinweise in Fn.en 316, 320, zur Doppelqualifikation in Fn.319 des 3.Teils.

273) Dagegen 6.Teil, 4.Kap., V, S.270ff., 1.Kap. dieses Teils, S.175ff. mit Hinweisen besonders in Fn.en 132, 161; Hinweise auch in Fn.en 53, 56, 59, 382 im 2.Teil; auch Fn.en 60-63 im 1.Teil.

274) A.a.O., S.98.

275) A.a.O., S.278; so jetzt auch BVerfG NJW 1982, 2173 (2175), wenn die wirtschaftl. Betätigung keinen öffentl. Zweck verfolge, für "rein erwerbswirtschaftl.-fiskal. Untern.", jedenfalls der Gemeinden.

276) Hervorhebung bei Bull, a.a.O., S.279.

277) A.a.O., S.278f.

der Staat sei niemals grundrechtsfähig, weil er immer nur öffentliche Aufgaben erfülle, bricht die Fiskustheorie zusammen, die essentiell auf die "Sphäre des Nichtreglementierten", eben die Sphäre der "Willkür" angewiesen ist[278]. "Bloße Gewinnerzielung durch wirtschaftliche Tätigkeit gehöre nicht zu den Agenden des Staates. Nur "diejenigen öffentlichen Zwecke, die nicht in der Erzielung von Einnahmen" bestünden, würden "auch heute den Betrieb wirtschaftlicher Unternehmungen des Staates" rechtfertigen[279]. Auf Grundrechte dürfe sich der private Konkurrent gegen staatliche Unternehmungen nicht berufen, weil das den grundrechtlichen Schutzbereich überspannen würde[280]. Wegen der anderen Qualität des Staates als der eines privaten Mitbewerbers (Steuerhoheit, kein Konkursrisiko) möge "eine gewisse Pflicht zur Zurückhaltung im Wettbewerb" bestehen. "Im Ergebnis" sei jedoch die "staatliche (kommunale) Betätigung auf wirtschaftlichem Gebiet im wesentlichen zulässig", "nur einzelne Randerscheinungen und Monopolisierungstendenzen" könnten "Anlaß zur verfassungsrechtlichen Kritik geben"[281].

Nachdem Bull zunächst die rechtssatzmäßige Aufgabenkonkretisierung für den Staat gefordert hat, hält er es hier für "eine Überforderung des Gesetzgebers", wenn dieser "für jede staatliche Tätigkeit eine förmliche Zwecksetzung bereitstellen" müsse. Das würde im übrigen "den Schutzbereich des Grundrechtes von Entscheidungen des einfachen Gesetzgebers abhängig machen"[282].

Für die Kritik am staatlichen Wettbewerb, für die H.Krüger seine grundlegende Repräsentationstheorie bemüht hat[283], genügt es Bull, einen Journalisten zu zitieren, nämlich: "Der Staat soll Regeln für den Wettbewerb festlegen, Konjunktur- und Strukturpolitik betreiben - aber nicht Autos bauen, Bier brauen oder Zement produzieren"[284]. Eine solche Behandlung der fiskalischen 'Aufgaben' des Staates muß ebenfalls als Kapitulation vor der Fiskustheorie gewertet werden.

## VI Jost Pietzcker

### 1. Staatsaufträge als Auslagerung staatlicher Aufgaben bei Pietzcker

J. Pietzcker[285] behandelt die "Auslagerung staatlicher Tätigkeit durch

278) A.a.O., S.279; vgl. zum Wesen der Privatrechtsfähigkeit 1.Teil, 2.Kap., S.10ff. mit Fn.20.

279) A.a.O., S.279f.; i.d.S. jetzt vor allem BVerfG NJW 1982, 2173 (2175).

280) A.a.O., S.280f. mit richtiger Kritik an Gallwas, Fakt. Beeinträchtigung, S.106f., aber ohne eigene dogm. Begründung, die m.E. allein aus der prinzipiellen Begrenzung des grundrechtl. Schutzes der Gewerbefreiheit gegen imperative und unmittelb. Maßnahmen des Staates herzuleiten ist; dazu 7.Teil, 7.Kap., S.347ff.

281) A.a.O., S.281.

282) A.a.O., S.281.

283) Krüger, Allgemeine Staatslehre, S.323ff., auch 896; ders., Massenmedien, S.82f.; ders., Marktwirtschaft, S.27; zu Krüger insoweit 2.Teil, 10.Kap., S.96.

284) A.a.O., S.279 mit Fn.159.

285) Der Staatsauftrag als Instrument des Verwaltungshandelns, 1978.

Staatsaufträge", spricht von der "Auslagerung staatlicher Aufgabenerfüllung", von der "Verantwortungsverschiebung durch Staatsaufträge"[286] und will vor allem "die Auslagerung auf private Unternehmer", auf "materiell" Private in den Griff bekommen[287]. Seine Sorgen "zur rechtlichen Problematik" bewegen sich im Spannungsfeld der 'Privatisierung' des Staates und der 'Sozialisierung' der Privatwirtschaft[288]. Er sieht eine "schwerwiegende Veränderung der demokratisch verantworteten Staatlichkeit wie auch des immer noch privatautonom legitimierten privaten Wirtschaftslebens" kommen[289] und fragt nach qualitativen Grenzen des Ausmaßes, in dem der Staat vertraglich Privatunternehmen für die Erfüllung seiner Aufgaben einschalten dürfe[290].

Die Aufgaben sieht Pietzcker rechtlich weiterhin im staatlichen Verantwortungszusammenhang eingebettet, obwohl sie faktisch nur noch teilweise vom staatlichen Personal ausgeführt und überwacht würden. Das erschwere es, rechtliche Grenzen zu ermitteln und führe zur "Kontrollverdünnung" "nicht nur im Verhaltnis von Auftraggeber zu Auftragnehmer", "sondern im weiteren Bezugsfeld der Kontrolle durch Parlament und Öffentlichkeit"[291].

2. Kritik an Pietzckers Staatsaufgabenverständnis

Pietzckers Bedenken mag man teilen, nur geraten seine Überlegungen "zur rechtlichen Problematik" zu rein politologischen Hinweisen, wenn er etwa ausführt: "Mit der Zunahme einer Auslagerung politisch wichtiger Aufgaben muß sich auch die rechtliche Bewertung ändern", und der Staatsrechtslehre die "lohnende Aufgabe verheißt", "die gewandelten Proportionen zum Anlaß einer Beschäftigung mit den Staatsaufträgen zu nehmen"[292].

Eine Dogmatik der staatlichen Auftragsvergabe als "die Beteiligung Privater an der Erfüllung staatlicher Aufgaben"[293] erfordert Rechtsbegriffe des Privaten und der staatlichen Aufgabe, die Pietzcker nicht anbietet. "Die Erhaltung der Luftflotte im gefechtsbereiten Zustand, die Vornahme der Stadtsanierung und die Vergabe und Überwachung des Entwicklungsvertrages" sind staatliche Aufgaben[294], wenn diese vom Staat übernommen worden sind. Wenn jedoch der Staat diese Aufgaben durch Private bewältigen läßt, so lagert er nicht 'staatliche Tätigkeiten' aus, sondern reduziert die staatlichen Aufgaben auf die Beauftragung von Privaten. Das

---

286) A.a.O., S.339ff., 340.

287) A.a.O., S.344, Hervorhebung bei Pietzcker.

288) A.a.O., S.349, Hervorhebung bei Pietzcker.

289) A.a.O., S.350.

290) A.a.O., S.351.

291) A.a.O., S.353.

292) A.a.O., S.353f.

293) A.a.O., S.354.

294) So Pietzcker, a.a.O., S.351.

Gemeinwohl sieht der Staat verwirklicht, wenn die Luftflotte in gefechtsbereitem Zustand ist, weil Private dafür gesorgt haben, wenn die Stadt saniert ist, weil Private sie saniert haben, und wenn Entwicklungsverträge vergeben und überwacht sind, weil Private sich dessen annehmen.

Im Gemeinwohlinteresse beschafft der Staat vertraglich die privaten Leistungen. Die private Vertragserfüllung erledigt jedoch nicht eine staatliche Aufgabe, sondern trägt in dem Maße zur Gemeinwohlverwirklichung bei, als sie dem staatlichen Auftrag gerecht wird. Das unterscheidet sich im Prinzip nicht von der Gemeinwohlverwirklichung durch privaten Gesetzesgehorsam. Durch Staatsaufträge konkretisiert der Staat das Gemeinwohl in vertraglicher Weise. Rechtlich problematisch ist allein, ob der Staat all und jede Aufgabe, derer er sich annehmen muß, sollte oder darf, dadurch zu entledigen befugt ist, daß er mit deren Erledigung Private beauftragt. Aufgrund von staatsrechtlichen Normen kann der Staat gehalten sein, amtsmäßig vorzugehen und Staatsdiener für die Realisierung des Gemeinwohls einzusetzen[295]. Auch die Gemeinwohlverwirklichung durch privatrechtsgestaltende Gesetze des Staates kann im übrigen mit dem Grundgesetz in Konflikt geraten.

## VII Walter Mallmann

Treffende Kritik an der hergebrachten Fiskustheorie haben 1960 W.Mallmann und K.Zeidler in ihren Referaten zu den 'Schranken nichthoheitlicher Verwaltung' geübt[296]. Ihre Ausführungen haben die Entwicklung zur staatsrechtlichen Einbindung allen staatlichen Verhaltens gefördert[297]. In den beiden folgenden Jahrzehnten war die rechtsdogmatische Kraft des Faktischen jedoch stärker als die referierten Argumente, ein circulus vitiosus 'praxisnaher' Jurisprudenz und 'theoriegeleiteter' Rechtspraxis.

### 1. Mallmanns Begriff der "Nichteingriffsverwaltung"

W.Mallmann definiert die nichthoheitliche Verwaltung als "Nichteingriffsverwaltung"[298] und löst sich damit von fiskalistischer Begrifflichkeit. Zur "Nichteingriffsverwaltung" rechnet er auch die privatrechtlichen Handlungen der 'fiskalischen Verwaltung'[299]. Die "Nichteingriffsverwaltung" will er nicht mit der sog.

---

295) Dazu etwa Bull, Staatsaufgaben, S.211ff.; umgekehrt leitet BGH NJW 1982, 2117 (2119f.) aus Art.12 Abs.1 GG ein Subsidiaritätsprinzip zugunsten von "nach Herkommen und Gesetz anerkannten selbständigen Berufen" her (faktische Beeinträchtigung), so daß den gesetzl. Kassen die Brillenselbstabgabestellen wegen §1 UWG untersagt sind (der Entscheidung kann allenfalls im Ergebnis zugestimmt werden).

296) VVDStRL 19 (1961), S.165ff., 208ff.

297) Vgl. die Aussprache über die Referate, a.a.O., S.242ff.

298) A.a.O., S.166f.

299) A.a.O., S.167.

Leistungsverwaltung verwechselt sehen[300] und schon gar nicht mit der 'schlichten Hoheitsverwaltung'[301], einem sachlich nicht abgrenzbaren Verwaltungsgebiet[302]. Mallmann stellt weder auf einen vermeindlichen Charakter der staatlichen Aufgaben, noch auf die Rechtsformen des staatlichen Handelns, sondern darauf ab, ob die Grundrechte beeinträchtigt seien oder nicht[303]. Ob es angesichts der vielfältigen Drittbetroffenheit durch "nichteingreifende" Maßnahmen des Staates einen relevanten Verwaltungsbereich der sog. Nichteingriffsverwaltung gibt, kann hier dahinstehen. Mallmann interessiert vor allem die Frage, ob der Gesetzesvorbeahlt auch für die gesamte Nichteingriffsverwaltung gelte[304], und kommt zu dem Ergebnis, das Demokratieprinzip erfordere zumindest eine gesetzliche Grundlage für die Organisation und die Zuständigkeit dieser Verwaltung[305].

2. Fiskustheorie und originäre (monarchische) Exekutivgewalt

Das Fiskusproblem geht er von der Topoi der 'Privatautonomie' des fiskalisch handelnden Staates und einer 'originären Gewalt' der Exekutive an[306]. Seine Ausführungen wenden sich vornehmlich gegen H.Peters[307], der es dem Staat zugesteht, ohne Gesetze wie jeder Privatmann kulturfördernd tätig zu werden, aber auch unabhängig von der grundgesetzlichen Kompetenzverteilung und ohne ein spezifisches Gesetz im kulturellen Bereich tätig zu werden, wenn nur der Haushaltsplan eingehalten werde und Eingriffe in Freiheit und Vermögen fremder Rechtssubjekte vermieden würden. H.Peters repräsentiert nicht nur die gängige Meinung der Literatur in seiner Zeit, sondern auch die Rechtspraxis bis in die Gegenwart[308]. Eine originäre Gewalt der Exekutive bezeichnet Mallmann als "ein anachronistisches Überbleibsel aus der Zeit der deutschen konstitutionellen Monarchie, für die sie konzipiert, auf die sie zugeschnitten war und deren dualistische, zwiespältige, kompromißhafte Struktur sie wiederspiegelte"[309]. Dieselbe Einschätzung werden wir bei K.Zeidler wiederfinden[310]. In der freiheitlichen

---

300) A.a.O., S.167f.

301) A.a.O., S.168ff., Hervorhebung bei Mallmann.

302) A.a.O., S.172.

303) A.a.O., S.172ff., 184ff.

304) A.a.O., S.173, 174ff.

305) A.a.O., S.174ff., Ls.III Nr.5-9, S.206f.

306) A.a.O., S.173, 194ff.

307) Die Stellung des Bundes in der Kulturverwaltung nach dem Bonner Grundgesetz, F.Kaufmann, 1950, S.281ff., 292ff.; ders., Die Zuständigkeit des Bundes im Rundfunkwesen, 1954, S.37; ders., Verwaltung ohne gesetzliche Ermächtigung?, F.Huber, 1961, S.206ff.

308) Vgl. die Hinweise bei Mallmann, a.a.O., Fn.en 38 bis 44; kritisch insb. Jesch, Gesetz und Verwaltung, 1961; weitere Hinweise in Fn.289 des 2.Teils.

309) A.a.O., S.177; zum monarchischen Prinzip und zum Dualismus der konstitutionellen Monarchie Jesch, Gesetz und Verwaltung, S.89f., 170, 173, passim.

310) A.a.O., S.221ff.

Demokratie habe monarchisch legitimierte eigenständige Obrigkeit endgültig keinen Platz[311], aber die herrschende Verwaltungsrechtslehre habe sich mit Otto Mayer[312] und in dessen Gefolge von dem nachmonarchischen vom Demokratieprinzip beherrschten Verfassungsrecht nicht anfechten lassen[313]. Auf der monarchischen Wurzel basiere auch die Tradition der Fiskustheorie[314].

3. Der Gesetzesvorbehalt

W. Mallmann wendet sich gegen die Restriktion des Prinzips des Gesetzesvorbehalts auf die 'Freiheits- und Eigentumsformel'[315]. In der Demokratie, in der die "Bürger nicht mehr dem Staat" gegenüberstünden, "sondern insgesamt den Staat" trügen, "wo also die Staatsgewalt vom Volke ausgehe, könne es keine 'originäre'[316], eigenständige Exekutivgewalt geben, die, 'an sich frei'[317], bloß bei Eingriffen in die Individualsphäre an eine gesetzliche Ermächtigung gebunden wäre". "Die ganze Verwaltung" bedürfe "der demokratischen Legitimitation" und müsse "dem Willen des demokratischen Gesetzgebers unterworfen sein"[318]. Das Legalitätsprinzip des Art.20 Abs.3 GG beruhe auf dem demokratischen ebenso wie auf dem Rechtsstaatsgrundsatz. Mit Spanner und Merkl sei das Mittel der Volksherrschaft durchgängig die Herrschaft des vom Volkswillen erzeugten Gesetzes in der Verwaltung[319]. Aus Praktikabilitätsgründen müsse sich dieses Prinzip in manchen Bereichen auf Organisations- und Zuständigkeitsregelungen minimieren lassen[320]. Gerade der Sozialstaatsgrundsatz mache eine gesteigerte intensivere Gesetzesbindung erforderlich, weil es um ein Verteilungsproblem gehe, bei dem Eingriffe und Leistungen interdependent seien[321]. Mit Recht hebt Mallmann hervor, daß der grundgesetzliche Sozialstaatsauftrag ohne gesetzliche Konkretisierung nur begrenzt normative Wirkungen entfalten könne, weil die sozialen Erfordernisse

---

311) A.a.O., S.177.

312) Deutsches Verwaltungsrecht, Bd.I, 3.Aufl. 1924, Vorwort S.69f.

313) A.a.O., S.177f.

314) Zur Geschichte des Fiskusbegriffs Zeidler, a.a.O., S.221ff.; Bullinger, Öffentliches Recht und Privatrecht, S.13ff.

315) A.a.O., S.184ff., passim mit Hinweisen auf Gegenmeinungen; dazu wesentlich Jesch, Gesetz und Verwaltung, S.117ff., 134ff.; vgl. auch Badura, F.Schlochauer, S.22f.; weitere Hinweise auf das Problem des Umfangs des Gesetzesvorbehalts in Fn.289 des 2.Teils; zum Gesetzesvorbehalt bei "wesentlichen" Entscheidungen BVerfGE 40, 237 (249); 47, 46 (78f.); 49, 89 (126f.).

316) Hervorhebungen bei Mallmann, a.a.O., S.185f.

317) Hervorhebungen bei Mallmann, a.a.O., S.185f.

318) A.a.O., S.185f.

319) A.a.O., S.187; Spanner, 43.DJT, Bd.I, 2.Teil A, S.8, 12ff.; Merkl, Allgemeines Verwaltungsrecht, 1927, etwa S.170; Hinweise zur freiheitlich-demokratischen Dominanz des staatlichen Gesetzes in Fn.379 des 8.Teils.

320) A.a.O., S.187.

321) A.a.O., S.183ff., 190f. mit Hinweisen; ebenso Bull, Staatsaufgaben, S.118ff., 128ff., 163ff.; so im Ergebnis auch Schachtschneider, Sozialprinzip, S.71ff. mit Hinweisen in Fn.170, S.73ff. mit Hinweisen in Fn.183; vgl. auch die Hinweise in Fn.322.

sich im ständigen Wandel befänden und die vielfältigen Einzel- und Gruppeninteressen ständigen parlamentarischen Ausgleichs bedürfen würden[322]. Mallmann fordert zwar den Gesetzesvorbehalt nicht für "die ganze Wirtschafts- und Sozialpolitik", aber doch wenn die Exekutive "lenkend, gestaltend, verändernd, daseinsnotwendige Leistungen erbringend auf die existenzielle Situation der Bürger" einwirke und "damit auch deren Rechtsstatus" berühre[323]. Damit umschreibt Mallmann in etwa den gesamten staatlichen Ingerenzbereich der sog. Nichteingriffsverwaltung und erfaßt insbesondere die fiskalische Betätigung des Staates. Der Sache nach unterwirft er alles staatliche Verhalten dem Gesetzesvorbehalt.

4. Mallmanns Kritik an der Fiskustheorie

Mallmann will bei der "Revolution" der Fiskuslehre "bis zur Wurzel vorstoßen"[324]. Die Theorie vom 'Verwaltungsprivatrecht' schätzt er als wesentlichen Schritt nach vorne ein, weil sie erkannt habe, daß staatliches Handeln, das der äußeren Rechtsform nach privatrechtlich sei, zur öffentlichen Verwaltung gehören und damit von publizistischen Elementen durchdrungen sein könne[325]. Die Lehre vom Verwaltungsprivatrecht lasse jedoch dem "angeblich reinen Fiskus" einen weiten Bereich, in dem dieser "im Vollgenuß der rechtsgeschäftlichen Privatautonomie" sei und, "weil nicht vollziehende Gewalt im Sinne des Art.1 Abs.3 des Grundgesetzes, unbehindert durch lästige Grundrechtsschranken" solle "schalten und walten dürfen"[326].

Mallmann kritisiert die doppelte Begründung der Fiskustheorie, wonach der Fiskus "nach innerem Zweck und äußerer Rechtsform fiskalisch" sei, weil er in privatrechtlicher Rechtsform tätig würde und wettbewerbswirtschaftliche und hilfsgeschäftliche, also fiskalische, Motive habe[327]. Auf die Rechtsform komme es nicht an, wie das Verwaltungsprivatrecht lehre, und die Motive ließen sich nicht eindeutig qualifizieren[328]. Vor allem aber genieße der Fiskus keine 'Privatautonomie'. Staat und Fiskus seien identisch; denn 'Fiskus' sei nur der Name für den privatrechtlich handelnden Staat und der Staat werde "dadurch nicht selbst zum Bürger", er bleibe was er ist: "der dem Gemeinwohl verpflichtete, Gemeinschafts-

322) A.a.O., S.191f.; in diesem Sinne auch Schachtschneider, Sozialprinzip, S.48ff., 71ff., 73ff. mit Hinweisen in Fn.en 170, 183; Scheuner, Die Funktion des Gesetzes im Sozialstaat, in: F.H.Huber, S.15ff.; Eichenberger, Gesetzgebung im Rechtsstaat, VVDStRL 40 (1982), S.10f.; Benda, Handb., S.310; ebenso Hesse, Handb., S.90; BVerfGE 1, 97 (105).

323) A.a.O., S.192.

324) A.a.O., S.195.

325) A.a.O., S.195; ebenso für viele Bull, Staatsaufgaben, S.116; vgl. die Hinweise auf die Überlagerungstheorie in Fn.57 des 1.Teils.

326) A.a.O., S.195; zur Frage, ob der Fiskus zur vollziehenden Gewalt gehört im 7.Teil, 8.Kap., S.357ff. mit Hinweisen; Hinweise auch in Fn.58 des 1.Teils; zur Frage einer Privatautonomie des Fiskus Hinweise in Fn.en 59 im 2.Teil, 132, 161 des 6.Teils, u.ö.

327) A.a.O., S.196; so aber definiert exakt Burmeister, DÖV 1975, 702f. den Fiskusbegriff.

328) A.a.O., S.196.

angelegenheiten besorgende, durch an ihren Amtsauftrag gebundene Organe handelnde S t a a t[329]. Staatlicher Handlungsspielraum und Privatautonomie der Bürger seien "von ihren Wurzeln her wesensverschieden", "der Staat, immer und ausnahmslos N i c h t - Privatmann", habe keine Privatangelegenheiten, er habe keine 'Persönlichkeit', die er (i.S. des Art.2 Abs.1 GG) 'frei enfalten' könne[330]. "Auch seine privatrechtlichen Rechtsgeschäfte" seien "Verwaltungshandlungen zur Erfüllung von Staatsaufgaben"[331]. Diese Bemerkungen treffen das Wesentliche, nämlich zum einen die Privatautonomie des Privaten, zum anderen die Gemeinwohlverpflichtetheit des Staates und zum dritten die Unterschiedslosigkeit der Staatsaufgaben im staatsrechtlichen Fragenkreis des Verhältnisses der Menschen zum Staat. Mallmann kritisiert die Vorstellungen des Staates als einer "biologisch-vitalistischen Existenz" "im Sinne einer naturalistischen Organismustheorie, vom Staat als einer Potenz, die zur Konkretisierung ihrer ureigenen Zwecke, sofern sie sich an gewisse äußere Schranken und Spielregeln hält, beliebig auf der Klaviatur der Rechtsordnung spielen, je nachdem wie es ihr im Einzelfall für zweckmäßig dünkt, in Uniform, als Herrscher oder in Zivil, als 'fiskalischer' Handelsmann, auftreten" könne[332].

5. Kritik an Mallmanns Begriff der Privatrechtlichkeit

Mallmann dringt bis dahin vor, die Rechtsformen staatlichen Verhaltens für die dieses legalisierenden Grundlagen (Gesetzesvorbehalt) und deren Schranken für irrelevant zu erklären, geht aber nicht den weiteren Schritt, die privatrechtliche Beurteilung staatlichen Verhaltens gänzlich aufzugeben[333]. Er übersieht den inneren Zusammenhang von Privatautonomie und Privatrecht[334]. Weil die "maßgeblichen Organisations- und Zuständigkeitsregelungen" die Staatsorgane "in weitem Umfang" verpflichten (müssen), privatrechtlich tätig zu werden, gäbe es "ohne Zweifel in beträchtlichem Ausmaß zulässige privatrechtliche Staatstätigkeit", etwa im Falle des Kaufes eines Grundstückes statt einer Enteignung[335]. Mallmann stuft einen solchen Kauf nicht als öffentlich-rechtlichen Vertrag ein, für den das bürgerlich-rechtliche Kaufrecht durchaus allgemeine/neutrale oder doch transferierbare

329) A.a.O., S.196f., Sperrung bei Mallmann; i.d.S. auch Badura, ZHR 146 (1982), S.449, 452, ohne hinreichende Konsequenzen zu ziehen.

330) A.a.O., S.197, Sperrung und Hervorhebung bei Mallmann, ganz i.d.S. Schmidt-Salzer, WiR 1972, 106ff.

331) A.a.O., S.197; a.A. Burmeister, DÖV 1975, 701ff., der sonst ähnlich Mallmann argumentiert.

332) A.a.O., S.198.

333) A.a.O., S.198ff.; so die These dieser Schrift, vgl. 1.Teil (Problemskizze) S.5ff., insb. 6.Teil, 3.Kap., S.253ff.; das regt Burmeister, DÖV 1975, 703 an.

334) Dazu insb. 1.Teil, 2.Kap., S.10ff.; Hinweise in Fn.20 daselbst; diese Kritik ist auch an Burmeister, einem scharfen Widersacher "hoheitlichen Privatrechts", zu üben, insb. DÖV 1975; vgl. auch WiR 1972, 311ff., insb. 343, obwohl dort S.348f. die Unaustauschbarkeit der Verhaltensprinzipien angesprochen wird.

335) A.a.O., S.198f.

Normen bereithält. Dieser privatrechtlich handelnde Staat dürfe weder Zuständigkeiten im Verhältnis zwischen Staat und Bürger, noch solche im Verhältnis zwischen Bund und Land, insbesondere nicht Art.30 GG, verletzen[336]. So erschien Mallmann der Adenauerschen Fernseh-GmbH die bundesstaatliche Kompetenz zu fehlen[337]. Er wurde darin vom Bundesverfassungsgericht bestätigt, das Art.30 GG jedenfalls für die staatlichen Betätigungen aktiviert hat, die der Erfüllung öffentlicher Aufgaben dienen, wie die Veranstaltung von Rundfunksendungen, ohne Rücksicht auf die öffentlich-oder privatrechtliche Rechtsform[338].

6. Fiskalgeltung der Grundrechte

Der Fiskalgeltung der Grundrechte könne sich der Staat nicht dadurch entziehen, daß er sich in das Privatrecht begebe. Mallmann weist die von ihm sogenannte Erklärungstheorie, die dem Staat die "Wahl der Waffen" überlasse, ob er nämlich 'privatrechtlich' oder 'öffentlich-rechtlich' agiere, und damit über die Einbindung in die Grundrechte selbst zu entscheiden erlaube, zurück[339]. Auch die angeblich 'rein fiskalische Verwaltung' sei nämlich 'vollziehende Gewalt' im Sinne des Art.1 Abs.3 GG[340].

Der Fiskus sei nicht etwa 'Dritter', so daß er sich eine mittelbare Geltung der Grundrechte nach der Dürigschen Drittwirkungslehre entgegenhalten lassen müsse. Das Problem dieser Drittwirkungslehre sei die Privatautonomie, die der Staat gerade nicht habe[341]. Dieser Hinweis richtet sich gegen das beliebte Argument, die Fiskalgeltung der Grundrechte relativiere die Privatautonomie durch die Aktivierung des Gleichheitssatzes[342]. Diese Sorge kann allenfalls gegenüber der Privatrechtsgeltung der Grundrechte geäußert werden. Die Grundrechtswirkungen würden "mannigfache und tiefgreifende Differenzierungen" erfordern, je nach dem welches Verwaltungshandeln erfaßt werde[343].

Wir werden versuchen, Mallmanns Thesenskizze des fiskalischen Verwaltungshandelns als einem staatlichen Handeln ohne specifica mit einer grundgesetzlichen Demokratiedogmatik das Fundament zu stärken. Auch Mallmann argumentiert mit der demokratischen Entscheidung des Grundgesetzes, expliziert das jedoch nicht

---

336) A.a.O., S.199f.; vgl. dazu die Hinweise in Fn.en 50, 51 des 1.Teils.

337) A.a.O., S.199f. mit Hinweisen.

338) BVerfGE 12, 205 (Ls.7a,b; S.246ff.).

339) A.a.O., S.201f. mit Hinweisen; zu diesem Wahlrecht im 2.Kap., S.181ff. mit Hinweisen in Fn.en 33 bis 41.

340) A.a.O., S.262; ebenso Zeidler, a.a.O., S.225ff., Ls V, S.241; so auch hier im 3.Kap., S.186ff.; dazu auch Fn.326.

341) A.a.O., S.202, Hervorhebung bei Mallmann; zur Problematik von Privatautonomie versus Drittwirkung der Grundrechte Hinweise in Fn.en 235, 237f., 246ff. des 2.Teils; zur Drittwirkung Hinweise in Fn.140.

342) Dazu 2.Teil, 7.Kap., IV, V, VI, S.68ff. mit Hinweisen vor allem in Fn.235.

343) A.a.O., S.202f.; dazu auch 2.Teil, 7.Kap., VI, S.71ff.

näher[344]. Das hat ebenfalls apodiktisch geäußerten Gegenthesen Chancen gelassen. Folgenreicher dürfte die Nachgiebigkeit Mallmanns gegenüber der Privatrechtssubjektivität des Staates ohne Privatautonomie gewesen sein. Konsequent ist es, alles staatliche Verhalten einem Sonderrecht zu unterwerfen, dem Staatsrecht[345].

## VIII Karl Zeidler

### 1. Zeidlers Begriff der öffentlichen Verwaltung und des Fiskus

K.Zeidler[346] macht der Fiskustheorie noch deutlicher den Garaus als W.Mallmann. Wenn er auch von der "öffentlichen Verwaltung im funktionellen Sinne" ausgehen will[347], so bezieht er doch in diesen Verwaltungsbegriff nicht Handlungen von Privaten ein. Er definiert "die öffentliche Verwaltung" als das "Handeln der Verwaltungsträger" und klammert es ausdrücklich aus dem Begriff der öffentlichen Verwaltung aus, "wenn private Unternehmer öffentliche Aufgaben" wahrnehmen[348]. Den beliehenen Unternehmer will er mit K.Vogel[349] von den diesen zugestandenen "obrigkeitlichen Mitteln" her definieren[350]. Zeidler befaßt sich mit der Teilnahme des Staates "als Unternehmer im freien Wettbewerb am Wirtschaftsleben", die "nach herrschender Lehre allein dem Privatrecht" unterstehe[351], und mit den "sog. Hilfsgeschäften der Verwaltung, wie dem Ankauf von Büro- und Schreibmaterial, dem Abschluß von Dienst- und Darlehensverträgen, von Kreditgeschäften allgemein, der Vermietung oder Verpachtung von Grundstücken und dergleichen mehr", unabhängig davon, ob die Handlungen "unmittelbar oder nur mittelbar einer juristischen Person des öffentlichen Rechts zugeordnet" seien[352]. Zeidler geht es somit um den Bereich, der überwiegend als der des Fiskus beschrieben wird[353]. Die Verfassung ordne "hoheitliche Verwaltungsbereiche per se", indem sie "ausdrücklich oder stillschweigend die öffentlich-rechtliche Form des Handelns" vorschreibe[354].

---

344) A.a.O., S.176f., 185ff., passim.

345) Wie Fn.333.

346) VVDStRL 19 (1961), S.208ff.

347) A.a.O., S.208, Fn.1.

348) A.a.O., S.211.

349) Öffentliche Wirtschaftseinheiten in privater Hand, 1959, S.46ff.

350) A.a.O., S.211 in Fn.15; dem wollen wir hier nicht nachgehen, weil Zeidler diese These selbst nicht expliziert; zum beliehenen Unternehmer vgl. die Hinweise in Fn.174.

351) A.a.O., S.209 mit Hinweisen in Fn.3.

352) A.a.O., S.211.

353) So Zeidler selbst, a.a.O., S.211; zum Fiskusbegriff Hinweise in Fn.1 des 1.Teils.

354) A.a.O., S.213.

## 2. Staatsrechtliche Überlagerung des fiskalischen Privatrechts

Generell sei dem Staat jedoch die unternehmerische Tätigkeit weder durch ein Subsidiaritätsprinzip noch durch Art.15 GG untersagt, zumal das Grundgesetz "wegen Art.105, 106, 108" zumindest "den status quo" garantiere, "dem Fiskus kraft Gesetz neue Unternehmungen zufallen" könnten, insgesamt hierbei "der Jurist vor der Politik kapitulieren" müsse[355]. Bei diesen Bemerkungen geht Zeidler nicht von dem privatrechtlichen Verständnis des Fiskus ab, sondern versucht nur, diesen wie die gesamte Verwaltung einem staatlichen Sonderrecht zu unterwerfen[356]. Eine "Wahl der Rechtsform" will auch Zeidler nicht zulassen, weil das "in letzter Konsequenz zur Verfassungsdegradierung" führe. Die "Option für das Privatrecht" dürfe Bund und Ländern nicht ermöglichen, "verfassungsrechtliche Gebots- und Verbotsnormen zu anullieren"[357], insbesondere auch nicht die Bestimmungen des Bundesstaatsprinzips[358]. Auch Zeidler ist von dem damals aktuellen Beispiel der 'Deutschland-Fernseh-GmbH' Adenauers beeindruckt[369]. Ihn interessieren die "inhaltlichen Bedingungen", denen die Verwaltung in dem Bereich unterworfen sei, in dem sie "im Rahmen der gesetzlichen Grenzen" "ihre Zwecke auch mit den Mitteln des Privatrechts verfolgen" könne[360]. Mit dieser prinzipiellen Privatrechtsfähigkeit des Staates als Fiskus relativiert auch Zeidler seine grundsätzliche Kritik an der Fiskustheorie, die auch für ihn darin gründet, daß der Staat keine Privatautonomie beanspruchen dürfe[361]. Er nimmt seiner Kritik die Schärfe und Praxiswirkung. Die Praxis fragt nicht nach dem Wesen der Privatrechtsfähigkeit[362] und braucht nicht danach zu fragen, um das Privatrecht anwenden zu können. Die Überlagerung des Privatrechts durch das Staatsrecht läßt den Richtern viel Spielraum zu dezisionistischen Entscheidungen. Es fehlt eine stringente Norm, wenn das Maß der staatsrechtlichen Überlagerung des Privatrechts von den jeweiligen Gegebenheiten abhängig gemacht wird[363].

Wegen seines institutionellen Verwaltungsbegriffs, der für den Verwaltungs-

---

355) A.a.O., S.213; zum Subsidiaritätsprinzip vgl. die Hinweise in Fn.en 184 im 6.Teil, 182 im 7.Teil; zum Recht des Staates zur unternehmerischen Tätigkeit 7.Teil, 4.Kap., S.310ff. mit Hinweisen, 7.Kap., S.347ff. mit Hinweisen.

356) A.a.O., S.212; dazu 6.Teil, 3.Kap., S.253ff. mit Hinweisen; zur Überlagerungstheorie Hinweise in Fn.57 im 1.Teil.

357) A.a.O., S.215; zum staatlichen Wahlrecht der 'Rechtsform' im 2.Kap., S.181ff. mit Hinweisen insb. in Fn.33.

358) A.a.O., S.215; zu den bundesstaatlichen Problemen vgl. die Hinweise in Fn.en 50 bis 53 im 1.Teil.

359) A.a.O., S.215.

360) A.a.O., S.215.

361) A.a.O., S.227ff.; so auch die herrschende Meinung, Hinweise in Fn.en 132, 161 im 6.Teil, Fn.en 59, 310 im 2.Teil, Fn.en 60 bis 63 im 1.Teil; dazu 6.Teil, 4.Kap., IV, V, S.268ff., 270ff.

362) Dazu 1.Teil, 2.Kap., S.10ff.

363) Dazu auch Zeidler, a.a.O., S.216ff. mit Hinweisen; diese Kritik äußert auch Burmeister, WiR 1972, 314 ("hoheitliches Privatrecht" - "begriffsschizophrene Bezeichnung" - "System- und Disziplinlosigkeit"); zu den Überlagerungstheorien Hinweise in Fn.57 im 1.Teil.

charakter eines Verhaltens allein auf die "Qualität des Akteurs" abstellt, bezeifelt Zeidler, daß es Verwaltungsbereiche gebe, die "nur den Bindungen an das Zivilrecht" unterlägen, im Gegensatz zu "fiskalischer Verwaltung, die öffentliche Aufgaben" erfülle[364]. "Hoheitliche Gewalt" sei "allein den staatlichen Organen vorbehalten", ob es jedoch "außerhalb dieses Bereichs Aufgaben" gebe, die 'dem Wesen nach'[365] Aufgaben der öffentlichen Verwaltung seien, und ob die Verwaltung wegen der Qualität der Aufgaben bei deren Erfüllung auch öffentlich-rechtlichen Bindungen unterliege, zieht er gegen H.J.Wolff[366] in Zweifel. Die Differenzierungsversuche mit Hilfe der Begriffe "Daseinsvorsorge, Gemeinnützigkeit des Handelns" und den "Gegensatzpaaren: Verwaltung - Wirtschaften, Gewinnerzielungsabsicht - Deckungsprinzip" hätten sich nämlich als unfruchtbar erwiesen[367]. Die unterschiedliche Qualität der Aufgaben könne Relevanz für die unterschiedliche Intensität der Bindungen haben, nur könne dies nicht zu einer 'Freiheit des Fiskus'[368] von öffentlich-rechtlichen Vorschriften führen. Die Verfassung gebe die "Vermutung für die umfassende Bindung aller staatlichen Tätigkeit". Die Geltung der Verfassung könne nicht "von den Zufälligkeiten der Form des staatlichen Handelns" abhängen. Auch der "Fiskus als 'Zivilist' bleibe Staat im Sinne der Verfassungsordnung"[369]. Diese Thesen wären überzeugend mit der demokratischen Entscheidung begründet worden, auf die Zeidler nur beiläufig eingeht. Er erörtert demgegenüber prägnant den historischen Anachronismus der Fiskustheorie, die er in Anlehnung an Erich Kaufmann als eine Art 'eingebrachtes Gut' des Absolutismus bezeichnet[370]. Das "sozialisierte Privatrecht" und das "Verwaltungsprivatrecht" seien "Therapie an den Symptomen", nicht jedoch an den Ursachen"[371].

Wie W.Mallmann[372] geht auch K.Zeidler von Art.1 Abs.1 GG als dem 'obersten Konstitutionsprinzip allen objektiven Rechts' unseres Gemeinwesens aus[373]. "Alle

364) A.a.O., S.217ff.; die Sprache ist unterschiedlich, Burmeister, DÖV 1975, 702f., etwa würde gerade solche Verwaltung nicht dem Fiskus zurechnen.

365) Hervorhebung bei Zeidler, a.a.O., S.218.

366) Verwaltungsrecht I, 3.Aufl. 1959, S.84f.

367) A.a.O., S.218f. mit Hinweisen in Fn.en 40 bis 43; so auch Burmeister, DÖV 1975, 703.

368) A.a.O., S.219, 220f., Hervorhebung bei Zeidler, a.a.O., S.219.

369) A.a.O., S.220f., genauso Schmidt-Salzer, WiR 1972, 106ff.

370) A.a.O., S.224f. mit Fn.69.

371) A.a.O., S.225.

372) A.a.O., S.183.

373) A.a.O., S.226; vgl. d. H. in Fn.55 des 4.Teils; insb. BVerfGE 6, 32 (41); 18, 112 (117), "im Grundgesetz oberster Wert"; Hesse, Verfassungsrecht, S.49f.; Maunz/Dürig, Maunz/Dürig/Herzog, Rdn.58ff., 72f. zu Art.20 GG; Bachof, VVDStRL 12 (1954), S.38f.; Schnorr, Die Rechtsidee im Grundgesetz, AöR 85 (1960), S.121ff., 139ff.; Erbel, Sittengesetz, S.174; Ridder, Grundrechte Bd.2, S.258, Anm.55; Maihofer, Rechtsstaat und menschl. Würde, S.9f.,35,56, passim; Messner, F.Geiger, S.221ff.; Benda, Handb., S.108; Hesse, Handb., S.82.
Zur Wertethik: Fikentscher, Methoden III, S.307ff.,405ff.; Pawlowski, Methodenlehre, S.60ff.,98ff.; krit. in Auseinandersetzung mit M.Scheler und N.Hartmann Weischedel, Recht und Ethik, S.19ff.; dazu vor allem im 3.Teil, 3.Kap., S.107ff., 5.Kap., S.122ff., 8.Teil, 2.Kap.,III, S.399ff.

staatliche Gewalt" in Art.1 Abs.1 S.2 GG sei nicht allein die hoheitliche Verwaltung, sondern "schlechthin mit staatlichem Handeln" zu identifizieren, auch das Handeln in privatrechtlichen Formen. Die Verwaltung sei stets verpflichtet, die Würde des Menschen zu achten und zu schützen[374]. Die drei Absätze des Art.1 GG stünden in "einem unlösbaren Zusammenhang", wie es auch Maunz-Dürig lehren. Der Abs.3 diene der Ausgestaltung der durch Abs.2 erfaßten Menschenrechte, die wiederum auf die in Abs.1 angesprochene Menschenwürde zurückgingen[375]. Der Staat dürfe sich nicht "durch die Auswechselung der Form des Handelns" den Konsequenzen dieser Grundnorm entziehen, "daß nämlich die Grundrechte als aktualisierte Menschenrechte alles Verhalten des Staates binden" würden[376].

Die Verfassung könne sogar von dieser Grundrechtsbindung freistellen[377]. Mit einer solchen Freistellung wäre jedoch die demokratische Entscheidung des Grundgesetzes schmerzlich relativiert. So wird vertreten, daß die Fiskustheorie Verfassungsgewohnheitsrecht und fiskalisches Handeln des Staates damit rechtens privatrechtlich und ohne staatsrechtliche Bindung sei[378]. Von den "allgemeinen verwaltungsrechtlichen Normen" will Zeidler die Verwaltung in privatrechtlichen Formen ohnehin suspendieren, etwa beim Kohlekauf [379]. Richtiger wäre es, ein allgemeines Verwaltungsrecht des Beschaffungswesens zu bedenken. Zeidler selbst sieht ein Gewohnheitsrecht, welches eine Fiskuslehre, die die Bindung aus Art.1 GG zu mißachten erlaube, sützte, "als mit Inkrafttreten des Grundgesetzes derogiert" an. Historisch habe die Fiskustheorie den Staat unter strengere Vorschriften als den orbrigkeitlichen Staat stellen wollen; heute bewirke sie das Gegenteil. Es gelte, den "brauchbaren Gehalt der Fiskuslehre zu erkennen"[380]. Dieses Angebot Zeidlers an die überkommene Lehre erweist sich als Schwäche. Die grundgesetzliche Grundentscheidung für die freiheitliche Demokratie läßt nicht einmal Rudimente der Fiskustheorie zu. Allein mit der Grundrechtsbindung des Fiskus ist es nicht getan, um die sich Zeidler vor allem bemüht; immerhin eine wichtige Schlacht im Kampf um die Entfaltung des Grundgesetzes in der staatlichen Praxis.

### 3. Zur Fiskalgeltung der Grundrechte

Zeidler wendet sich gegen die von Dürig vertretene Auffassung, daß der Fiskus grundrechtlich nur mittelbar über die zivilrechtlichen Generalklauseln gebunden

---

374) A.a.O., S.226.

375) A.a.O., S.226 mit Fn.en 81, 82.

376) A.a.O., S.227 mit Hinweisen in Fn.en 84 bis 86; zur Fiskalgeltung der Grundrechte vgl. die Hinweise in Fn.56 des 1.Teils; zur Irrelevanz der Rechtsform im 2.Kap., S.181ff. mit Hinweisen.

377) A.a.O., S.230.

378) Vgl. die Hinweise in Fn.en 66, 68, 69 des 1.Teils.

379) A.a.O., S.230.

380) A.a.O., S.231.

sei[381]. Diese bloß mittelbare Fiskalgeltung der Grundrechte unterstelle die "These von der Freiheit des Fiskus"[382]. Der Staat habe keine "Sphäre des Privaten", keinen "privaten Freiheitsbereich", keine "individuelle Lebensgestaltung". Es hieße, den "fundamentalen Unterschied zwischen privatem und staatlichem Handeln zu verkennen", wenn der "Fiskus allein auf den Boden des Privatrechts" gestellt werde. "Die im Zivilrecht herrschende Privatautonomie mit den Säulen der Vertrags-, Eigentums- und Vererbungsfreiheit" passe "schlechterdings nicht zu dem Fiskus". Dieser handele "immer als 'alter ego' der Obrigkeit". Ihm fehle "das zur Freiheit als Pendant gehörende Risiko", "die Freiheit der Zwecksetzung", "denn auch im fiskalischen Bereich" bleibe "der Staat Sachwalter der Allgemeinheit"[383]. Diesen Sätzen können wir uneingeschränkt zustimmen[384], nicht jedoch Zeidlers zu wenig differenzierten Nebenbemerkungen, daß er eine 'Drittwirkung' der Grundrechte unter Privaten ablehne, soweit es "um das Private" gehe[385]. Zeidler läßt damit den Vertretern der Fiskustheorie die Chance eines gewichtigen Arguments, daß nämlich im Privatrechtsverkehr die Grundrechte keine unmittelbare Wirkung entfalten würden und der Staat als Fiskus schließlich Privatrechtssubjekt sei. Die Verbindungslinie von der Privatautonomie zur Privatrechtlichkeit, die Zeidler zieht, akzeptiert diese Lehre der Sache nach nicht oder nur isoliert und konsequenzlos[386]. Zeidler bereitet den Weg für die staatsrechtliche Überlagerung des Privatrechts, weil er es der öffentlichen Hand zugesteht, sich privatrechtlicher Mittel zu bedienen, wenn die öffentliche Hand dabei nur grundrechtsgebunden bleibe; das verhindere die "Aushöhlung der Verfassung"[387].

4. Die erwerbswirtschaftliche Verwaltung bei Zeidler

Zeidler versteht die erwerbswirtschaftliche Verwaltung als Handeln des Staates im Bereich "der grundsätzlich freien Konkurrenz", bei der auch die öffentliche Hand bestrebt sei, " im Rahmen betriebswirtschaftlicher Grundsätze und der gesetzlichen Bindungen ein Maximum an Gewinn zu erzielen"[388]. Der Staat darf sich weder an "freier Konkurrenz" beteiligen noch ein "Maximum an Gewinn" anstreben[389]. Der

---

381) Dürig, F.Nawiasky, S.157ff.; ders., Maunz/Dürig, Rdn.134ff. zu Art.1 Abs.3 GG; dazu im 2.Teil, 7.Kap., IV, V, VI, S.68ff. mit Hinweisen.

382) A.a.O., S.227f.

383) A.a.O., S.229 mit Hinweisen in Fn.en 91 bis 95; in diesem Sinne auch die hier vertretene Definition des Staates, Fn.142 im 6.Teil.

384) In diesem Sinne 6.Teil, insb. 3.Kap., S.253ff. und 4.Kap., S.261ff.

385) A.a.O., S.228 mit Hinweisen in Fn.90; dazu 2.Teil, 7.Kap., V, S.70ff. mit Hinweisen.

386) Vgl. 2.Teil, S.45ff. die Argumentation in den dort abgehandelten Monographien, insb. im 7.Kap., II, S.65ff. zu Emmerich; vgl. auch die Hinweise zur Fiskustheorie in Fn.1 des 1.Teils.

387) A.a.O., S.230; zur Überlagerungstheorie die Hinweise in Fn.57 im 1.Teil.

388) A.a.O., S.232 mit Hinweisen in Fn.107.

389) Dazu näher 7.Teil, 4.Kap., S.310ff. mit Hinweisen; 2.Teil, 2.Kap., S.31ff. zu Hefermehl; 2.Teil, 9.Kap., S.80ff. zu Scholz; tendenziell insb. BVerfG NJW 1982, 2173 (2175f.) (Bindung an den "öffentlichen Zweck").

Gleichheitssatz gebietet nicht, "alle in Frage kommenden Lieferanten" zu berücksichtigen, wenn das rationaler Wirtschaftsführung widerstrebt. Die prinzipielle Grundrechtsbindung aller staatlichen Tätigkeit ist je nach den eigenen Gesetzlichkeiten solcher Tätigkeiten, etwa nach den "Strukturprinzipien der freien Wirtschaft" zu modifizieren. Beides hebt Zeidler zu Recht gegenüber allen Kritikern der Fiskalgeltung der Grundrechte hervor, die diese Grundrechtswirkung mit dem wenig tiefgehenden Argument abtun wollen, der Gleichheitssatz verhindere jede vernünftige Wirtschaftsführung des gleichheitsgebundenen Staates[390]. Der Gleichheitssatz gebietet zunächst einmal Sachlichkeit staatlichen Handelns; er ist nach herrschender Auffassung das Willkürverbot[391]. So kann das Prioritätsprinzip im Beschaffungswesen dem Gleichheitssatz genauso genüge tun, wie das Ausschreibungswesen oder andere Verteilungssysteme bei der Auftragsvergabe. Die Neutralitätspflicht des Staates beeinträchtigt die unternehmerische Rationalität nicht[392]. Weil das Zivilrecht keine 'doppelte Moral' zulasse, könne die strengere Bindung der Unternehmen der öffentlichen Hand sich nur aus der unmittelbaren Grundrechtsbindung des Fiskus ergeben[393].

Zu Recht beschränkt Zeidler die verfassungsrechtlichen Bindungen der gemischtwirtschaftlichen Unternehmungen auf die der öffentlichen Hand nach Aktienrecht und dem GmbH-Recht möglichen Maßnahmen, wenn diese Art fiskalischer Tätigkeit toleriert werde[394]. Wirtschaftliches Handeln der Verwaltung heiße sparsames, nicht aber kommerzielles Verhalten. Die Wirtschaftlichkeit hänge von der Zielsetzung des Verhaltens ab[395]. Allein auf die 'Qualifikation des Akteurs' sei abzustellen, wenn es um die öffentlichrechtlichen Bindungen gehe, nicht auf die Aufgabe, weil jede sowohl durch die öffentliche Hand als auch durch Private erbracht werden könne. Genausowenig könne, wie es H.J. Wolff vorschlage[396], darauf abgehoben werden, ob Subjekte öffentlicher Verwaltung "unmittelbar öffentliche Zwecke" verfolgen würden, weil dieses Verhalten stets solchen Zwecken zu dienen habe[397]. Dem Staat seien privatrechtliche Formen im Interesse des Bürgers

---

390) A.a.O., S.232ff.; ebenso u.a. Scheuner, VVDStRL 11 (1954), S.65; so auch hier 2.Teil, 7.Kap., IV, VI, S.68ff., 71ff. zu Emmerich.

391) Ebenso Zeidler, a.a.O., S.236 für den wirtschaftenden Staat; dazu 2.Teil, 7.Kap., S.67ff., 72ff.; st.Rspr. vgl. BVerfGE 1, 14 (52); 12, 341 (348); 14, 142 (150); 18, 38 (46); 27, 364 (371f.). Grundlegend Leibholz, Die Gleichheit vor dem Gesetz, 1925, 2.Aufl. 1959; für viele Dürig, Maunz/Dürig/Herzog/Scholz, Rdn.303ff. zu Art.3 Abs.1 GG; vgl. dazu in Fn.241 des 2.Teils.

392) Zeidler, a.a.O., S.233.

393) A.a.O., S.233f.; zur Fiskalgeltung der Grundrechte vgl. die Hinweise in Fn.56 des 1.Teils.

394) A.a.O., S.234.

395) A.a.O., S.234f.; so auch hier im 7.Teil, 2.Kap., II 3b, S.295ff.; 4.Kap., IV, S.301ff. mit Hinweisen insb. in Fn.74 des 7.Teils.

396) Verwaltungsrecht I, 3.Aufl. 1959, S.84.

397) A.a.O., S.237; zur Irrelevanz des Aufgabenstandes für die Differenzierung zwischen privat und staatlich vgl. die Hinweise in Fn.85, u.a.; klar schon Vogel, Öffentliche Wirtschaftseinheiten, S.60ff., 76f., 262; a.A. typisch Badura, ZHR 146 (1982), S.448ff.

zu konzidieren, weil das einen sparsameren Umgang mit der Macht bedeute[398]. Die Geltung des Privatrechts hat jedoch nichts mit der Machtentfaltung des Staates zu tun. Auch das Staatsrecht kennt konsensuale Formen der Aufgabenbewältigung. Maßgeblich für die Charakterisierung der Rechtsnormen als Staatsrecht oder als Privatrecht ist allein durchaus im Sinne Zeidlers die "Qualifikation des Akteurs"[399], die Beteiligung des Staates. Freilich verfügt der Staat kraft seiner verfassungsgebenden und rechtsetzenden Gewalt über Machtmittel, die den Privaten rechtens nicht zur Hand sind. Ohne die verschiedenen Konzessionen hätte auch Zeidlers vehement vorgetragener Angriff gegen die Fiskustheorie stärkere Durchschlagskraft entfalten können.

## IX Herbert Krüger

1. In seiner Allgemeinen Staatslehre hat Krüger den Satz von O.Mayer: Der Fiskus ist der Staat als "gewöhnlicher Privatmann"[400], der die Problematik, die wir diskutieren, der Sache nach, wenn auch unter dem weniger deutlichen Begriff, der Fiskus sei der Staat als Privatrechtssubjekt, beherrscht, verspottet und auf einen "Biologismus" des Verständnisses des Staates zurückgeführt[401]. Diese Kritik können wir uns zu eigen machen.

2. Schließlich bemüht sich Krüger aber doch um Rechtssätze, die von einer Privatautonomie des Staates ausgehen und das Privatrecht, welches auf diesen anzuwenden sei, durch öffentlich-rechtliche Grundsätze und Institute modifiziert[402]. Das ist ein unnötiges Entgegenkommen gegenüber der tradierten und aktuellen Praxis, zumal Krüger der öffentlichen Hand sogar die erwerbswirtschaftliche Betätigung versagt, weil er, weniger überzeugend, das erwerbswirtschaftliche mit dem eigennützigen Motiv schlechthin identifiziert[403]. Die Kritik Krügers am Wettbewerb als einem Strukturmodell und Arbeitsprinzip der modernen Gesellschaft, die er weitgehend mit Ansichten über die Wirkung von Wettbewerb in verschiedenen Lebensbereichen zu stützen versucht[404], hilft für unsere Fragestellung nicht weiter.

---

398) A.a.O., S.238.

399) A.a.O., S.238; i.d.S. auch Schmidt-Salzer, WiR 1972, 106; dazu im 6.Teil, 3.Kap., S.253ff.; auch 1.Kap. dieses Teils, S.175ff.

400) Deutsches Verwaltungsrecht II, 3.Aufl. 1924, S.26, 327; ders., AöR 16 (1901), S.38ff., 70f.

401) Allgemeine Staatslehre, S.323ff., Kritik am Fiskalismus auch daselbst, S.896f.

402) Allgemeine Staatslehre, S.327.

403) Allgemeine Staatslehre, S.327, vgl. auch S.897; dazu 7.Teil, 4.Kap., S.310ff.

404) Allgemeine Staatslehre, S.454ff.

3. Wie kaum ein anderer betont Krüger durchgehend die ausschließliche Gemeinwohlverpflichtetheit des Staates, die unmittelbar mit der "Nicht-Identifikation" des Staates zusammenhänge[405]. Krüger hat das Mißverständnis zurückgewiesen, Privatwohl und Gemeinwohl könnten gegebenenfalls identisch sein. Zurecht stellt er klar, daß "Entscheidungen, die das Gemeinwohl verwirklichen sollen, folgerichtig nur von der Allgemeinheit und ihren Repräsentanten, d.h. von einer Stelle mit allgemeiner Verbindlichkeit getroffen werden" könnten[406].

4. Problematisch ist allerdings Krügers Differenzierung zwischen dem "natürlichen Menschen mit seinen privaten Bestrebungen" und dem "Bürger mit seinem verallgemeinerten Interesse", das die Allgemeinheit für die Gemeinwohlfindung voraussetze. Der Bürger als Repräsentant ist eine Schlüsselfigur für Krügers Repräsentationslehre. Zur Repräsentation qualifiziert den Bürger dessen "verallgemeinertes Interesse"[407]. Für Krüger ist "der Wähler eine repräsentative Figur, die Wahl ein repräsentatives Verfahren". Krüger schreibt: "Gleichgültig ob man den W ä h l e r als Staatsorgan anzusehen hat oder nicht, sicher ist jedenfalls, daß er sich nicht als Mensch, so wie er von Natur ist, verstehen und daß er nicht dergestalt verstanden werden darf". Vor allem als Wähler habe sich daher der Bürger von allen natürlichen, beruflichen und weltanschaulichen Determiniertheiten innerlich zu befreien - positiv ausgedrückt: im qualitativen Sinne zu verallgemeinern. Der Wähler erweise sich ferner selbst unter dem allgemeinen Wahlrecht als Repräsentant insofern, als er nicht nur für sein natürliches Ich, sondern auch für die Nicht-Wahlberechtigten stehe und für die Nicht-Stimmenden stimme. Daß der Wähler eine öffentliche Person sei und daher nach allgemeinen Erwägungen seine Stimme abzugeben habe, werde dadurch verdunkelt, daß er geheim stimme[408].

Dieses Verständnis des Menschen als Bürger in dessen repräsentativer Rolle als Wähler geht davon aus, daß die allgemeine Handlungsfreiheit des Menschen diesem um dessen Selbstbestimmung und Selbstverantwortung willen im Sinne des kategorischen Imperativs Kants eingeräumt sei, daß also der Mensch im Sinne der Allgemeinheit entscheide, so wähle und stimme, so wie es eigentlich alle tun müßten, die friedlich zusammenleben wollen[409]. Aus der Sicht dieser Verantwortlichkeit des Menschen wird Krügers Repräsentationstheorie nachvollziehbar. Nur muß es dabei bleiben, daß diese Verantwortlichkeit nicht sanktionierbar ist, daß die Entscheidung des Menschen auch in der Wahl und Abstimmung unersetzbar, privat ist, die auch in ihrer Privatheit und Besonderheit durch das konsensuale

---

405) Allgemeine Staatslehre, S.763ff., weitere Hinweise in Fn.98.

406) Allgemeine Staatslehre, S.766, Hervorhebung bei Krüger, Hinweise dazu in Fn.en 5, 6, 19, 40 des 6.Teils.

407) Allgemeine Staatslehre, S.766.

408) Allgemeine Staatslehre, S.250f.; so wesentlich C.Schmitt, Verfassungslehre, S.244ff., 280f.

409) Dazu 3.Teil, 2.Kap., S.104ff.; Zusammenfassung zum 3. und 4.Teil, S.169ff., 4.Teil, 3.Kap., I, II, S.159ff., 162ff.

Verfahren die Allgemeinheit hervorbringt, das Gemeinwohl konkretisiert[410]. Zum Schutz dieser Privatheit ist die Geheimhaltung der Wahl und der Abstimmung unverzichtbar. Die Kritik Krügers an dieser Geheimhaltung[411] zeigt, daß er den repräsentativen Status des Bürgers nicht aus dessen Privatheit herleitet. Damit gewinnt er ein anderes Verständnis der Demokratie, die richtigerweise nach dem Grundgesetz eine Herrschaft der privaten Menschen ist[412]. Die Privatheit ist freilich Pflicht zur Sittlichkeit, also durch den kategorischen Imperativ definiert; das aber ist die ethische Seite des Rechts zur Willkür. Für Konsequenzen, die Krüger in Detailfragen aus seiner Repräsentationstheorie zieht, ist dieser Ausgangspunkt zu beachten.

## X Zusammenfassung und Schlußfolgerung

Die Durchsicht einiger Stimmen der Literatur zeigt, daß eine Unterscheidung der Staatsaufgaben, die es rechtfertigen würde, hoheitliche Staatsaufgaben von fiskalischen zu trennen, nicht gelingt. Staatsaufgaben lassen sich nach vielfältigen Kriterien differenzieren. Insbesondere entfalten die Grundrechte je nach dem Anliegen des Staates unterschiedliche Wirkung. Kein Ansatzpunkt findet sich jedoch für die Ausdifferenzierung eines staatlichen Aufgabenbereichs, der privatrechtlich zu bewältigen wäre. Wir haben sogar erkennen müssen, daß dogmatische Systeme, die essentiell auf funktionalen Begriffen hoheitlicher oder fiskalischer Staatsaufgaben aufbauen, sich um die Differenzierung des Hoheitlichen oder Fiskalischen nicht bemühen. Die Richtigkeit derartiger Differenzierungen würde normativ an den grundgesetzlichen Maßstäben zu messen sein. Sowohl die private als auch die öffentliche Rechtsordnung lassen sich als Beurteilungssystem für staatliches Verhalten, jedenfalls für das unternehmerische, etablieren. Die Relevanz der Fiskustheorie ist allein eine normative Verfassungsfrage. Die Staatspraxis beurteilt das unternehmerische Verhalten des Staates weitgehend privatrechtlich. Der Staat kann Privatrechtssubjekt sein. Er ist es nach einfachem Recht. Nach dem Grundgesetz darf er es aber nicht sein. Die staatliche Privatrechtssubjektivität

410) Dazu 6.Teil, 1.Kap., II, III, S.237ff., 242ff., 2.Kap., I, III, S.247ff., 249ff.

411) Allgemeine Staatslehre, S.251; grundlegend C.Schmitt, Verfassungslehre, S.244ff., 280f., der die Privatheit des geheim Stimmenden zu Recht als spezifisch für den liberalen Individualismus kennzeichnet und als "Umbiegung der Demokratie" angreift (S.246). Richtig sieht die Notwendigkeit bürgerlicher Freiheit für die politische Freiheit Rupp, Verfassungsrecht und Kartelle, S.192ff.; vgl. dazu Martens, Öffentlich als Rechtsbegriff, S.62.

412) Dazu 3.Teil, 1. und 6.Kap., S.99ff., 125ff., 4.Teil, 1.Kap., I, II, V, S.138ff., 143ff., 151ff., 6.Teil, 1.Kap., III, S.242ff.
Richtige Kritik an Krügers Repräsentationslehre Denninger, Rechtsperson, S.300ff., der die "Bedeutung der Freiheit für die Existenz des Staates" betont (a.a.O., S.303, Fn.3); kritisch auch Mestmäcker, F.Böhm, S.394ff., der mit der Kritik an Krüger meint, das kantische Allseitigkeitsprinzip zu treffen, zu Unrecht, denn ethisch ist Krügers Forderung nach Allgemeinwerdung jedes einzelnen richtig.

widerspricht nach der These dieser Arbeit der staatsrechtlichen Bindung aus den Grundsatznormen in Art.1 und Art.20 GG, die das gesamte staatliche Verhalten erfaßt. In der freiheitlichen Demokratie darf der Staat nur nach Maßgabe des Staatsrechts agieren[413]. Privatrechtssubjektivität macht den Staat zum Privaten, der durch die Freiheit, das Recht zur Autonomie, gekennzeichnet ist. Das Bekenntnis zur Fiskustheorie stellt wie deren Ablehnung eine Staatstheorie dar. Eine jede Staatstheorie muß sich jedoch vor dem Grundgesetz bewähren. Diesen Versuch unternehmen wir, indem wir die Entscheidung des Grundgesetzes für die freiheitliche Demokratie daraufhin befragen, ob sie die Fiskustheorie zu tolerieren erlaubt. Die Aufgabenlehre hilft nicht weiter. Das war nicht zu erwarten, weil der Aufgabenbereich des Staates nicht vorbestimmt ist. Die Aufgaben können allein normativ durch die Verfassung und auf Grund von Ermächtigungen der Verfassung durch die Gesetze festgelegt werden. Die Aufgaben haben keinen den Normen vorgegebenen 'privatrechtlichen' oder 'öffentlich-rechtlichen' Charakter und dürfen nicht einmal vom Gesetzgeber derart qualifiziert werden. Die 'Rechtsformtheorie' wäre richtig, wenn sie rechtmäßig wäre. Weil der Staat ein solches Wahlrecht der 'Rechtsform', das in Wahrheit ein Recht zur Wahl der einen oder anderen Rechtsordnung, nämlich der Rechtsordnung der Privaten oder der Rechtsordnung des Staates ist, nicht hat, ist dieses Kriterium der Praxis nicht spezifisch unbrauchbar, sondern spezifisch verfassungswidrig.

413) Dazu näher im 6.Teil, 3.Kap., S.253ff., 4.Kap., IV, V, S.268ff., 270.

# 6. Teil

## DIE STAATSTHEORIE NACH DEM AUTONOMIEPRINZIP DES GRUNDGESETZES; DIE INSTITUTIONELLE THEORIE DES STAATLICHEN

Nachdem sich gezeigt hat, daß eine Differenzierung institutioneller und funktioneller Staatlichkeit kein materielles Kriterium findet und deswegen auf Dezisionen des Staates selbst angewiesen ist, wird die autonomietheoretische und damit grundgesetzliche Ununterscheidbarkeit des institutionell und funktionell Staatlichen nachzuweisen sein, die These also, daß alles, was der Staat unternimmt, funktionell staatlich ist, aber auch nur das. Diese These bestreitet Verhaltensbereiche von Privaten, die funktionell staatlich sind, genauso wie Verhaltensbereiche des Staates, die funktional privat oder privatrechtlich, also fiskalisch sind.

Zugleich erledigt diese Staatstheorie eine Fülle juristischer Probleme, die mit der funktionalistischen Staatstheorie verbunden sind, vor allem entlastet sie die schon lange ärgerliche Rechtswegproblematik durch ein denkbar einfaches Kriterium für den Verwaltungsprozeß im allgemeinen, nämlich der Beteiligung des Staates an dem Rechtsstreit.

1. Kapitel

# DER AUTONOMIETHEORETISCHE BEGRIFF DES GEMEINWOHLS

## I Problemstellung

Eine grundgesetzgemäße Staatsaufgabenlehre ist eine Lehre von der Gemeinwohlkonkretisierung; denn der Staat hat ohne Ausnahme dem Gemeinwohl zu dienen. Das ist sein Zweck. Diese seine Bestimmung ist außer Streit[1].

Wenn der Staat eine Aufgabe wahrnimmt, muß das Verwirklichung des Gemeinwohls sein. Die Fiskustheorie wirft auch damit die Frage auf, ob das Grundgesetz eine institutionell staatliche Gemeinwohlverwirklichung kennt, die nicht Staatsaufgaben im funktionellen Sinne erledigt, ob also der Staat als Institution dem Gemeinwohl funktional nichtstaatlich so dienen kann wie Private, die schließlich zumindest in dem Maße, in dem sie den staatlichen Gesetzen gehorchen, auch das Gemeinwohl verwirklichen. Die staatlichen Gesetze konkretisieren das gemeine Wohl[2], so daß privates Verhalten, welches diesen Gesetzen entspricht, das Gemeinwohl realisiert, ohne freilich das Gemeinwohl zu definieren. Darin zeigt sich wieder das Kernproblem, daß nämlich privates Verhalten nur insoweit Gemeinwohlverwirklichung ist, als es durch Staatsgesetze determiniert ist. Soweit der Private autonom ist, verwirklicht er nicht das Gemeinwohl, sondern sein Privatwohl, wenn auch das Gemeinwesen an diesem Privatwohl Interesse hat und der grundrechtliche Schutz der privaten Autonomie im allgemeinen Interesse liegt, somit bereits wesentlich Gemeinwohlkonkretisierung ist. Dieses Interesse am Privaten ist nichts anderes als das (grundrechtsgeschützte) Interesse aller Deutschen an der Freiheit, welches gerade nicht identisch ist mit dem konkreten Privatinteresse des Einzelnen. Letzteres gewinnt jedoch eine Identität mit dem Gemeinwohl, wenn der Private als quasi-staatlicher Kompetenzträger eingestuft wird. Ein kompetenzielles Recht, das immer zugleich Aufgabe und damit Pflicht ist, wäre je-

---

1) Hinweise in Fn.98 des 5.Teils.

2) Wie Fn.1; dazu näher sub II, S.237ff., 239ff.

doch das Gegenteil eines Rechts zur Autonomie[3]. Kompetenz ist zweckbestimmte Aufgabe, das Recht zur Autonomie gibt demgegenüber das Recht, den Zweck des Verhaltens selbst zu setzen. Privatwohl ist somit wesentlich divers von Gemeinwohl[4]. Das gilt es darzulegen.

## II Autonomierechtlicher Dezisionismus der Gemeinwohlkonkretisierung

1. Wie die private Zwecksetzung ist die staatliche Gemeinwohlkonkretisierung in der grundgesetzlichen Demokratie prinzipiell nicht vorbestimmt[5]. Die Zwecke des Staates dürfen allein durch das Volk festgelegt werden[6]. Das folgt aus der wertrelativistischen[7] Offenheit der Maximen, nach denen der einzelne Mensch sich verwirklicht. Der Autonomie des Menschen als dem Wesen seiner Menschenwürde[8] widerspricht die Vorgabe materialer pragmatischer Verhaltensmaximen[9] oder in der

---

3) Dazu näher im 8.Teil, 2.Kap., II 2c, S.396ff. mit Hinweisen.

4) Hinweise in Fn.383 des 7.Teils; deutlich Böhmer, Sondervotum, NJW 1981, 1262; klar Krüger, VVDStRL 19 (1961), S.260f.; auch Dürig, Maunz/Dürig/Herzog/Scholz, Rdn.15, 74 zu Art.2 Abs.1 GG ("aliud", "wesensverschieden"); auch Naendrup, Haftungsbeschränkung, S.79ff, 217ff.; Henkel, Rechtsphilosophie, S.465; auch Benda, Abkehr vom Staat?, 1982, S.10; zur pluralistischen Offenheit der Staatszwecke Hinweise in Fn.18 dieses Teils.

5) Hinweise zunächst wie Fn.137 des 4.Teils; weiterhin und insb. Fraenkel, Pluralismus, passim, etwa B 7; ders., Selbstbestimmung, 1960 ("In der politischen Theorie der totalitären Demokratien ist der Gemeinwille die Voraussetzung, in der politischen Theorie der pluralistischen Demokratie ist der meinwille das Produkt des politischen Willensbildungsprozesses"); v.Simson, VVDStRL 29 (1971), S.13f.; Herzog, Maunz/Dürig/Herzog/Scholz, Rdn.28 zu Art.20 GG; auch Brohm, Strukturen, S.154ff.; Isensee, NJW 1977, 546 ("Die Verfassung enthält den ethischen Grundkonsens der Nation"); auch Dürig, Maunz/Dürig/Herzog/Scholz, Rdn.16 zu Art.2 Abs.1 GG (Grundrechtsnormen als die "letzten und aktuellsten Plebiszite der Rechtsgemeinschaft über ihre Wertvorstellungen, die es in der Rechtsmoral zu wahren gilt"); Scholz, Koalitionsfreiheit, S.310f. (formale Allgemeinheit); Krüger, Allgemeine Staatslehre, S.763ff., klar insb. S.766, 767ff.; Martens, Öffentlich als Rechtsbegriff, S.185; Bull, Staatsaufgaben, S.32f., 105, 120ff., 199; Häberle, Öffentliches Interesse, S.716, passim; ders., AöR 95 (1970), S.86ff.; Burmeister, WiR 1972, 326f.; auch Heller, Allgemeine Staatslehre, S.XIII ("potentielle Universalität"); i.d.S. auch Oberndorfer, W.u.V. 1978, 135 für Österreich; auch Vogel, Öffentliche Wirtschaftseinheiten, S.60f., 76f., 262; Wenger, Öffentliche Unternehmung, S.184ff.; das bleibt bei Kriele, Staatslehre, insb. S.240ff. unklar (etwa "Bindung an Gemeininteresse"). Die Relativität des Gemeinwohls "als eines anderen Aspekts der Menschenwürde" räumt aus funktionalen Gründen, weil "zweitrangig", "Mittel zum Selbstzweck" ein Marcic, Rechtsphilosophie, S.275f.; Ryffel, Rechts- und Staatsphilosophie, S.299ff., 309ff., geht es bei dem Problem der Richtigkeit allemal um die (konkrete) Selbstentfaltung des Menschen; darauf beruft sich auch Schluep, F.Böhm, S.591, auch S.577f., 583; auf das im Konkreten offene Ziel "sozialer Solidarität" sieht richtig Henkel, Rechtsphilosophie, S.457ff., 463ff. das Prinzip des Gemeinwohls ausgerichtet; insb. auch Benda, Abkehr vom Staat?, 1982, S.10; betont für die "(relative) 'Offenheit'" Hesse, Handbuch, S.25, 26. Auch Emmerich, UWG 1982, S.37, für den Begriff "gute Sitten" mit weiteren Hinweisen in Fn.25; dazu 8.Teil, 2.Kap., III, S.399ff.

6) Vgl. die Hinweise in Fn.5; für viele Schachtschneider, JA 1979, 513ff., 514, 515 mit Hinweisen.

7) Zum Wertrelativismus vgl. die Hinweise in Fn.137 des 4.Teils; guter Überblick bei Kriele, Kriterien der Gerechtigkeit, S.9ff.; insb. Krings, Der Preis der Freiheit, S.13ff., 23; wie hier Scholz, Koalitionsfreiheit, S.308ff., 310, 311.

8) Hinweise wie Fn.41 des 3.Teils; insb. Kant, Grundlegung, S.68, 69, 74.

9) Dazu im 3.Kap., II, des 3.Teils., S.109ff. mit Hinweisen in Fn.76; auch die Hinweise in Fn.5 und Fn.137 des 4.Teils.

Sprache Kants jeder "materiale Gegenstand" oder "Zweck"[10]. Der Selbstverwirklichung der Menschen andere Grenzen zu ziehen als solche, denen er selbst "zugestimmt" hat, kennzeichnet Kant als das Unrecht schlechthin[11]. Zustimmung i.S. der kantischen Repräsentationstheorie ist die konsensuale, also zumindest potentielle, Zustimmung[12].

2. So ist etwa das sozialistische Prinzip: "Jeder nach seinen Fähigkeiten, jedem nach seiner Leistung", das nach Art.2 Abs.3 S.3 DDR-Verfassung 1968 verwirklicht werden soll, despotisch, weil es die Selbstverwirklichung des Menschen extrem einschränkt. Der freie Mensch darf sich entgegen seinen Fähigkeiten entfalten, im übrigen auch, wenn er nichts "leistet". Was ist insofern überhaupt "Leistung"? Nicht minder despotisch ist es, wenn "alle Macht" die "sozialistische Lebensweise der Bürger" "sichert" (Art.4 dieser Verfassung) oder wenn die "freie Entfaltung des Menschen" "dessen Würde" (Art.4 S.2 dieser Verfassung) ist, jedoch der "Bürger" "Freiheit und Würde seiner Persönlichkeit in vollem Umfange" zwar entwickeln, aber "seine Kräfte aus freiem Entschluß" -nur- "zum Wohle der Gesellschaft und zu seinem eigenen Nutzen in der sozialistischen Gemeinschaft ungehindert" entfalten darf (Art.19 Abs.3 dieser Verfassung)[13].

3. Der Mensch verwirklicht sich autonom auch in der Weise seiner Lebensbewältigung. Er darf sich zu diesem Zweck mit anderen Menschen zusammenschließen, nämlich sich versammeln (Art.8 GG), sich vereinigen und Gesellschaften bilden (Art.9 Abs.1 GG) oder in sonstiger Weise mit anderen Menschen zusammenwirken[14]. Er darf seine Zwecke auch dadurch verfolgen, daß er die Zweckverwirklichung dem Staat überträgt. Freilich bedarf er dazu des Konsenses seiner Mitmenschen im Gemeinwesen oder eben dahingehender Entscheidungen im Verfahren der den konkretisierungsbedürftigen Konsens des Volkes (etwa das Sozialprinzip) realisierenden repräsentativen Staatswillensbildung[15]. Unter Menschen kann

---

10) Kant, etwa Grundlegung, S.59; ders., Kritik der praktischen Vernunft, S.154 ; dazu auch die Hinweise in Fn.280 des 8.Teils.

11) Kant, Zum ewigen Frieden, S.204f., wörtliches Zitat, S.153 zu Fn.68 des 4.Teils; vgl. auch Kant, Grundlegung, S.67; dazu 2.Kap., I 1, des 4.Teils, S.153f. m.H. in Fn.68, auch 2.Kap., I 2, S.154ff. mit Hinweisen in Fn.75.
Kant relativiert diese Definition des Unrechts bekanntlich in: Über den Gemeinspruch, S.153, 462 aus praktischen Notwendigkeiten zu einer Art Als-ob-Prinzip: "Was ein Volk über sich selbst nicht beschließen kann, das kann der Gesetzgeber auch nicht über das Volk beschließen." Dieser Satz liegt im Wesen des dem kategorischen Imperativ verpflichteten Staates, dessen repräsentativen Entscheidungsverfahren das Volk mittels der Verfassung zustimmt.
Dazu Vogel, VVDStRL 24 (1966), S.137ff.; Röhrich, Sozialvertrag, S.58ff. (einseitig interpretiert).

12) Zur repräsentationstheoretischen Als-ob-Theorie sub 5, S.240ff. mit Hinweisen in Fn.en 23, 24.

13) So wertet die sozialistische Verpflichtung der Verfassung der DDR auch Maihofer, Rechtsstaat und menschliche Würde, S.62f., 74 (allgemein); so auch Fraenkel, Selbstbestimmung, 1960; ders., Pluralismus, passim, etwa S.B 16, 29; i.d.S. auch Säcker, Grundprobleme, S.23f. mit Fn.30; ebenso Götz, VVDStRL 41 (1983), S.177ff., allgemein für sozialistische Verfassungen.

14) Dazu, insbesondere zum dogmatischen Zusammenhang mit Art.19 Abs.3 GG Suhr,Entfaltung, S.165ff.; Scholz, Koalitionsfreiheit, S.130ff. ("gemeinschaftliche Grundrechtsausübung"), S.310ff. (Prinzip der formalen gesellschaftlichen oder staatlichen Allgemeinheit); Dürig, Maunz/Dürig/Herzog/Scholz, Rdn.2, 3 mit Fn.1 zu Art.19 Abs.3 GG (Persönlichkeitsentfaltung in Gemeinschaft).

15) Weitergehend auch Krüger, Allg. Staatslehre, S.766; auch Scholz, Koalitionsfreiheit, S.310f.;

sich der Mensch in Gruppen aller Art, in Vereinen, Gesellschaften oder im staatlichen Gemeinwesen verwirklichen. Das besondere des staatlichen Gemeinwesens ist dessen personale Allgemeinheit[16] in dem Sinne, daß prinzipiell das ganze deutsche Volk Träger des Staates ist. Alle nichtstaatlichen Verbindungen von Menschen im Gemeinwesen bleiben demgegenüber ein Besonderes. Im Bereich des Besonderen entfaltet sich der Mensch nach Maßgabe der staatlichen und der privaten Gesetze für den besonderen Bereich und im übrigen nach seinen eigenen Maximen.
4. Die Freiheit der Maximen der Selbstverwirklichung im Besonderen/Privaten setzt sich fort in der notwendig pluralistischen[17] Nichtvorbestimmtheit oder Offenheit der Staatszwecke[18]; denn es ist ausschließlich Sache des Volkes, ob es Zwecke

---

Denninger, Rechtsperson, S.303ff.; zur Problematik von Konsens und Repräsentation 3.Kap. des 4. Teils, S.159ff.; zum Konsensprinzip auch im 4.Teil, 2.Kap., S.153ff. m. w. H.; vgl. auch die Hinweise in Fn.en 75 des 4.Teils, 23 dieses Teils.

16) Der Gesichtspunkt der quantitativen aber auch qualitativen Allgemeinheit ist für Krüger, Allg. Staatslehre, S.763ff. tragend.

17) Krüger, Allgemeine Staatslehre, S.763; Maihofer, Rechtsstaat und menschliche Würde, S.158f., auch S.72f., insb. zu Kants Begriff der "ungeselligen Geselligkeit des Menschen"; zum Pluralismus in einer freiheitlichen Demokratie vgl. die Hinweise in Fn.en 137 des 4.Teils und 5 dieses Teils; insb. auch Krings, Der Preis der Freiheit, S.13ff., 24 im kantischen Sinne; Engisch, Gerechtigkeit, S.265; grundlegend Fraenkel, Der Pluralismus als Strukturelement der freiheitlich-rechtsstaatlichen Demokratie, 45.DJT., Bd.II, B 5ff., 7, 29; ders., Die Selbstbestimmung in der Demokratie und in der Volksdemokratie, 1960; Leibholz, Staat und Verbände, VVDStRL 24 (1966), S.12; Ryffel, Rechts- und Staatsphilosophie, S.269ff.; Larenz, Richtiges Recht, S.158ff. (i.S. eines gemäßigten Relativismus); Rawls, Theorie der Gerechtigkeit, S.60ff.; Bull, Staatsaufgaben, S.84; Steinberger, F.Geiger, S.243ff.; Pawlowski, Methodenlehre, S.98ff., 102ff., Rdn.192, 193, 194, 195, S.113, Rdn.210 (zum Machtaspekt); auch Fikentscher, Methoden III, S.425f. zu den Voraussetzungen der Wertfrage, nämlich der Indeterminiertheit der pluralistischen Gesellschaft und der Knappheit der Güter; dazu auch Denninger, Rechtsperson, S.237ff.; Kriele, Kriterien der Gerechtigkeit, S.21; jüngst v.Olshausen, NJW 1982, 2223; Benda, Abkehr vom Staat?, 1982, S.10.

18) Hinw. wie in Fn.85 im 5.Teil, Fn.en 137 des 4.Teils, 5 und 17 dieses Teils; weiterhin und insb.: Krüger, Allg. Staatslehre, S.196, 256, 763ff.; Fraenkel, Selbstbestimmung, 1960 (Zitat in Fn.5); ders., Pluralismus, etwa B 7f., B 15ff., 29 (zum Verhältnis von Homogenität und Heterogenität in der Demokratie, wesentlich); Henkel, Rechtsphilosophie, S.467ff.; Bull, Staatsaufgaben, S.25ff., 105, 118ff., 122ff. m. w. H., 129, 192ff.; Häberle, Öffentl. Interesse, S.71ff., 410ff., 595ff., 691ff., 716, passim; ders., AöR 95 (1970), S.86ff. zur Rechtsprechung des BVerfGes.; Martens, Öffentlich als Rechtsbegriff, S.185; Ossenbühl, VVDStRL 29 (1971), S.153f., 192; v.Simson, VVDStRL 29 (1971), S.18; Leibholz, Freiheitl.-demokr. Grundordnung, S.134; ders., VVDStRL 29 (1971), Ausspr., S.100,103; Isensee, NJW 1977, 546; Scholz, Koalitionsfreiheit, S.307ff.; ders., Maunz/Dürig/Herzog/Scholz, Rdn.274 zu Art.9; Lerche, Zentralfragen, S.29ff.,55ff.; i.d.S. zum subjektiven Recht der "Rechtsperson" Denninger, Rechtsperson, S.299f.; Bachof, VVDStRL 34 (1976), S.105ff.; Tettinger, Wirtschaftsverwaltungsrecht, S.14f., der im Widerspruch zu dieser Stelle S.197ff. einen materiellen Gemeinwohlbegriff verfolgt; auch Emmerich, Wirtschaftsrecht, S.156ff.; ders., F.Böhm, S.131; ders., Kommunale Versorgungsunternehmen, S.47ff. mit Nachw.; ders., Einf., S.180; Rüfner, Formen, S.144; Vogel, Öffentl. Wirtschaftseinheiten, S.60ff., 76f., 262; Hennis, Politik und prakt. Philosophie, S.65ff. (Kritik am Gemeinwohlbegriff); schon Dürig, Die konstanten Voraussetzungen des Begriffs "öffentliches Interesse", 1949; auch Benda, Abkehr vom Staat?, 1982, S.10; auch v.Trott zu Solz, Staatlich beeinflußte Aktiengesellschaft, S.191ff., ohne diese Erkenntnis durchzuhalten, etwa S.196; auch Schachtschneider, Ja 1979, 514.
Richtig BVerwGE 39, 291 (296ff.), das die Konkretisierung "öffentlicher Belange" gemäß §119 Abs.1 S.2 Nr.5 BBG dem Dienstherrn überläßt und nur beschränkter verwaltungsgerichtlicher Nachprüfung unterwirft, einen allgemeinen Inhalt des Gemeinwohlbegriffs ablehnt und auf die jeweilige Gesetzeslage abhebt; klar etwa BVerfG NJW 1981, 1257f.; insb. Böhmer, Sondervotum, NJW 1981, 1260f.; so auch (den Formulierungen nach) BVerfG NJW 1976, 667 ("Mit diesem Gesetz hat der Staat die Sicherung des Gebäudebestandes als öffentliche Aufgabe an sich gezogen und läßt sie als Verwaltungsmonopol durch die Gebäudeversicherungsanstalt wahrnehmen").

staatlich zu verwirklichen versucht oder nichtstaatlich[19]. Wenn eine Aufgabe entsteht, die von hinreichend vielen Menschen oder von maßgeblichen Persönlichkeiten so eingeschätzt wird, daß sie vom Staat erfüllt werden sollte, so kann und darf es zu einer rechtsverbindlichen Entscheidung des Staates kommen, diese Aufgabe zu übernehmen, wenn die Grundrechte der Menschen und die sonstigen Verfassungsvorschriften das erlauben und die Aufgabenerweiterung des Staates eine legitimierende Ermächtigung im Grundgesetz findet. Die Grundrechte schützen wiederum die Menschen, die der Übernahme der Aufgabe durch den Staat nicht zustimmen. Jede Etablierung von Staatsaufgaben beeinträchtigt die Privatheit der Lebensbewältigung. Schon das ergibt einen umfassenden demokratiefreiheitsrechtlichen, nicht individualfreiheitsrechtlichen, Verfassungsvorbehalt für die Begründung von Staatsaufgaben[20].

5. Führen wir uns noch einmal die ersten Sätze in Kants § 46 der Rechtslehre in der Metaphysik der Sitten vor Augen: Danach kann "die gesetzgebende Gewalt" "nur dem vereinigten Willen des Volkes zukommen. Wenn von ihr alles Recht ausgehen soll, so muß sie durch ihr Gesetz schlechterdings niemand Unrecht tun können. Nun ist es, wenn jemand etwas gegen einen anderen verfügt, immer möglich, daß er ihm dadurch Unrecht tue, nie aber in dem, was er über sich selbst beschließt (denn volenti non fit iniuria). Also kann nur der übereinstimmende und vereinigte Wille aller, sofern ein jeder über alle und alle über einen jeden eben dasselbe beschließen, mithin nur der allgemein vereinigte Volkswille gesetzgebend sein"[21]. Die Selbstbestimmung und Selbstverantwortung ist der ausschließliche Geltungsgrund der Bindung, auch der an das konkretisierte Gemeinwohl[22]. Aus

---

Zu den Versuchen, den Gemeinwohlbegriff materiell zu erfassen, insb. Häberle, Öffentl. Interesse als jurist. Problem, 1970, S.71ff., 410ff., 595ff., 691ff.; v.Arnim, Gemeinwohl und Gruppeninteressen, 1977; auch Tettinger, Wirtschaftsverwaltungsrecht, S.197ff., der unter Berufung auf BVerfGE 42, 312 (322) in der Gemeinwohlmaxime eine Staatszweckbegrenzung sieht und damit den Charakter der Maxime verkennt. Richtige Kritik vor allem an Radbruch bei Henkel, Rechtsphilosophie, S.459ff.

19) Wie Fn.18 mit Fn.en 137 des 4.Teils, 5 dieses Teils, 85 im 5.Teil; so auch Isensee, Subsidiaritätsprinzip, S.273, bei dem der offene Charakter des Gemeinwohls nicht eindeutig klargelegt wird; deutlich Fraenkel, Selbstbestimmung, 1960 (Zitat in Fn.5); ders., Pluralismus, S.B 7ff.; Denninger, Rechtsperson, S.293f.; Böckenförde, in: Staat, Gesellschaft, Freiheit, S.203.

20) Art.2 Abs.1 GG, der das Recht der allgemeinen Handlungsfreiheit nur in den Grenzen der verfassungsmäßigen Ordnung garantiert, ist durch eine staatliche Kompetenz und Aufgabe, die dem Staat rechtmäßig übertragen ist, nicht beeinträchtigt, geschweige denn verletzt, solange nicht die rechtliche Entfaltungsmöglichkeit substantiell betroffen ist (Hinweise dazu in Fn.en 52ff. des 4.Teils). Das Grundrecht schützt somit prinzipiell nur das Recht, nicht unrechtmäßig in der rechtlichen Entfaltungsmöglichkeit eingeengt zu werden, also das Rechtsprinzip im menschlichen Miteinander.
Zum Ganzen entstehungsgeschichtlich Jesch, Gesetz und Verwaltung, S.172f., 205 u. passim; i.d.S. auch Isensee, Subsidiaritätsprinzip, S.215f..
Gegen einen Gesetzesvorbehalt für staatliche Erwerbswirtschaft u.a. Hefermehl, Wettbewerbsrecht, Allgemeines, Rdn.156; Scholz, ZHR 132 (1969), 136 ("allgemeiner Verwaltungsauftrag"); dafür etwa Wenger, Öffentliche Unternehmung, S.543 (auf das Rechtsstaatsprinzip gestützt).

21) A.a.O., S.432.

22) Maihofer, Rechtsstaat und menschliche Würde, S.31; Flume, Das Rechtsgeschäft, S.1ff.; auch K.Adomeit, Gestaltungsrecht, S.20; zu Kant vgl. die Hinweise in Fn.40 des 3.Teils.
Zum Konsensprinzip etwa v.Simson, VVDStRL 29 (1971), S.11; Krings, Der Preis der Freiheit, S.27; Achterberg, NJW 1978, 1994; Schachtschneider, JA 1979,517f. mit Hinweisen; weitere Hinweise in Fn.75 des 4.Teils.

praktischen Notwendigkeiten muß diese Autonomie trotz aller Nachteile anstelle des Vertrags das Repräsentationsprinzip als Realisierung des Konsensprinzips hinnehmen[23]. Dieses ist kantisch als das Prinzip des Als-ob-Vertrages zu begreifen; denn, wie Kant des öfteren wiederholt[24]: "Was ein Volk über sich selbst nicht beschließen kann, das kann der Gesetzgeber auch nicht über das Volk beschließen." Der Gesetzgeber muß also legiferieren, als ob er das Volk wäre. Das ist nicht das Prinzip der plebiszitären Repräsentation, das Leibholz in der grundgesetzlichen Entscheidung für die Parteiendemokratie verankert sieht[25]. Wie bei Kant so ist auch unter dem Grundgesetz der materiale Gegenstand der Selbstbestimmung nicht vorgegeben, ebensowenig für den einzelnen Menschen wie für die Deutschen in ihrer Gesamtheit als Volk, abgesehen von dem allgemeinen Zweck der Subjekthaftigkeit jedes Menschen, auch des anderen[26]. Das Grundgesetz verfestigt moralische Maßstäbe zu Rechtsnormen, hebt aber nicht eine material-pragmatische Ethik als allgemeingültig über seine konkreten Entscheidungen. Es wahrt mit der Demokratie notwendig den Pluralismus[27]. Demokratiegerecht ist allein die 'formale' Ethik der kantischen Sittlichkeit, die die Geltung der 'Rechtsgesetze' konsenstheoretisch begreift und den Staat als Realisierung der Sittlichkeit allein durch Gesetze konstituiert[28].

---

23) Dazu näher im 3.Kap., III, des 4.Teils., S.163ff.; Kant, Zum ewigen Frieden, S.206ff. erklärt die Repräsentation in der Republik für unverzichtbar, wenn die Demokratie nicht "despotisch" sein soll; ders., wesentlich, Über den Gemeinspruch, S.152, 153ff.; Kelsen, Wesen und Wert der Demokratie, S.8ff., 24f., 26ff., der das Majoritätsprinzip als notwendige "Metamorphose des Freiheitsgedankens" darlegt; auf den Sachzwang hebt auch Herzog, Maunz/Dürig/Herzog/Scholz, Rdn.14 zu Art.20 GG zur Rechtfertigung der Repräsentation ab, vgl. ders., daselbst auch Rdn.37, 42; in diesem Sinne auch Stern, Staatsrecht I, S.451f., 455f.; insb. Leibholz, Begriff und Wesen der Demokratie, S.147; ders., Strukturwandel, S.94, der im Mehrheitsprinzip einen identitären plebiszitären, nicht-repräsentativen Charakter sieht; dazu kritisch Kriele, Staatslehre, S.188ff.; wie hier tendenziell ders., Befreiung und politische Aufklärung, S.65; dazu auch Schachtschneider, JA 1979, 514f. mit weiteren Hinweisen; ders., JR 1970, 408f.; weitere Hinweise in Fn.88 des 4.Teils.

24) Vgl. die Hinweise in Fn.11; insb. Kant, Über den Gemeinspruch, S.162.

25) Dazu die Hinweise in Fn.120 des 4.Teils.

26) Kant, Grundlegung, S.61: "Handle so, daß du die Menschheit, sowohl in deiner Person, als in der Person eines jeden anderen, jederzeit zugleich als Zweck, niemals bloß als Mittel brauchest."; Maihofer, Rechtsstaat und menschliche Würde, S.17ff., 33, 47f., 62f.; Dreier, Recht-Moral, Ideologie, S.298; Benda, Handbuch, S.113 f.; Röhrich, Sozialvertrag, S.65; i.S. der Subjekthaftigkeit als Wesen der Menschenwürde insb. BVerfGE 5, 85 (204f.); 21, 1 (6ff.); 48, 127 (163); 49, 286 (298); 50, 166 (175); weitere Hinweise in Fn.113 des 3.Teils.

27) Hinweise wie in Fn.17.

28) Dreier, Recht-Moral, Ideologie, S.299f.; vgl. mit dieser Tendenz Benda, Abkehr vom Staat?, 1982, S.9f.; so Cohen, Ethik des reinen Willens, S.247ff., u.ö.; vgl. Winter, Ethik und Rechtswissenschaft, S.282ff., 315, 327ff., 366, 376ff. mit weiteren Hinweisen; zum demokratischen Aspekt ders., a.a.O., S.331f., 341, 376f., 378; vgl. auch Kelsen, Hauptprobleme, S.375f.; dazu im 8.Teil, 5.Kap., I, S.438ff. zur Legalität und Moralität staatlichen Verhaltens mit Hinweisen.
Kant, insb. Streit der Fakultäten, S.364 ("die ewige Norm für alle bürgerliche Verfassung überhaupt"). Dementsprechend marxistische Kritik am staatstheoretischen Vertragsdenken von E.Bloch, Naturrecht und menschliche Würde, S.216ff.

## III (Prinzipielle)rechtliche Beliebigkeit und ethisch sittengesetzliche Gebundenheit des gemeinwohlkonkretisierenden Gesetzes

1. Ebensowenig wie das Volk, das durch Konsens Staatszwecke festlegen und damit das Gemeinwohl konkretisieren darf, material-pragmatische Maximen zu beachten die Rechtspflicht hat, wenn diese nicht bereits als staatliche Volksentscheidungen höherrangige Verbindlichkeiten erlangt haben[29)], sind die Vertreter des ganzen Volkes rechtlich an irgendwelche nichtgesetzliche material-pragmatische Maximen gebunden. Prinzipiell setzt sich wegen der Nichtvorbestimmtheit des Gemeinwohls die rechtliche Beliebigkeit der Selbstbestimmung des Menschen als die rechtliche Beliebigkeit der Gemeinwohlkonkretisierung fort[30)]. Die konsensuale Konkretisierung realisiert sich in der kompetenz- und verfahrensgerechten, sowie materiell rechtmäßigen Bestimmung des Gemeinwohls durch Staatsorgane. Dabei haben die Staatswalter manch allgemeine Rechtsprinzipien der Gemeinwohlkonkretisierung zu beachten, wie das der Sachlichkeit und damit der Wissenschaftlichkeit[31)]. Dieser Topos ist ein Rechts- und Grundrechtsprinzip, das aus dem allgemeinen rechtsstaatlichen am Gleichheitsgedanken orientierten Gerechtigkeitsprinzip folgt, welches unsachliche Differenzierungen verbietet[32)]. Er ist also durch die Verfassung und damit vom Volk vorentschieden. Prinzipiell ist die Gemeinwohlkonkretisierung rechtlich ebenso beliebig wie die Zwecksetzung des einzelnen Menschen[33)]. Das

---

29) Leibholz, Freiheitlich-demokratische Grundordnung, S.134f.; v.Simson, VVDStRL 29 (1971), S.13 ("staatliche Willensbildung ausschließende Vorabstimmung"); Isensee, NJW 1977, 546 ("Die Verfassung enthält den ethischen Grundkonsens der Nation"); Schachtschneider, JA 1979, 514f.

30) Das sieht klar Fraenkel, Selbstbestimmung, 1960; ders., Pluralismus, S. B 7ff. ("nach Belieben", "wie es ihm beliebt"); i.d.S. auch Denninger, Rechtsperson, S.293f.; ders., Handbuch, S.1326; Grimm, Handbuch, S.375; Benda, Handbuch, S.552, 1343f.

31) BVerfGE 18, 18 (27); 19, 303 (321f.); 28, 295 (305f.) zu Art.9 Abs.3 GG; dazu Dürig, Maunz/Dürig/Herzog/Scholz, Rdn.310f., 338 zu Art.3 Abs.1 GG, der für "sachgerecht" "menschengerecht" zu sagen vorschlägt; Wenger, Öffentliche Unternehmung, S.548 u.a.; Kriele, Staatslehre, S.181; Schachtschneider, Der Staat 16 (1977), S.504f.

32) BVerfGE 1, 14 (52); 3, 58 (135f.); 42, 64 (72), st.Rspr.; zum Problem Gleichheit und Gerechtigkeit für viele Larenz, Richtiges Recht, S.37ff.; auch Schachtschneider, Sozialprinzip, S.56ff. mit Hinweisen in Fn.en 119, 120.

33) In diesem Sinne Walter, VVDStRL 29 (1971), Aussprache, S.91, weil die Mehrheit die Freiheit behält, "nach ihrem Gesetz" zu leben; vgl. auch in diesem Sinne Kelsen, Wesen und Wert der Demokratie, S.53ff.; auch Roellecke, VVDStRL 29 (1971), Aussprache, S.99; auch Leibholz, Begriff und Wesen der Demokratie, S.151; ders., VVDStRL 29 (1971), Aussprache, S.104 ("nur die Minderheit muß sich fremden Willen beugen"); Fraenkel, Selbstbestimmung, 1960; ders., Pluralismus, 45.DJT, Bd.II, S.B 7ff.; in der Sache auch die Meinungen, die in Fn.nen 17, 18 zitiert sind.
Vgl. Krüger, Allgemeine Staatslehre, S.250f., der den Wähler als "repräsentative Figur" sieht, der das qualitative Allgemeine zu vertreten habe; Krüger wahrt damit den (freiheitlichen) Subjektivismus des Erkenntnisweges; Krügers Pflicht zur Allgemeinwerdung ist ethisch richtig, vgl. Schachtschneider, JA 1979, 515; zur im Prinzip totalitären Heteronomie des Gemeinwohls insb. Fraenkel, Pluralismus, 45.DJT, Bd.II, S.B 7ff., 15ff., 29; ders., Selbstbestimmung, 1960.
Richtig gibt Henkel, Rechtsphilosophie, S.457ff. dem "Gemeinwohlethos" eine Leitlinie der "sozialen Solidarität", der m.E. dem kantischen kategorischen Imperativ entspricht (a.a.O., S.463 u.ff.), spricht aber dem Gemeinwohlprinzip die Qualität eines "Rechtsprinzips", das Maßstab der Rechtskontrolle sein kann, ab (a.a.O., S.470).

ist kein Widerspruch zum Gemeinwohlprinzip, sondern deckt dessen notwendig formalen oder allgemeinen Charakter in einem freiheitlich-demokratischen Staatswesen auf [34]. Ethisch hat die Gemeinwohlkonkretisierung wie die persönliche Zwecksetzung dem kategorischen Imperativ zu genügen [35]. Die politischen Entscheidungen legen von Staats wegen sittliche Maximen fest. Sie sind in der Regel an den Maßstäben der Mehrheit orientiert, aber die Sittlichkeit der Gesetze ist nicht allgemeinverbindlich überprüfbar [36]. Das "Sittengesetz" ist zwar Grenze des Rechts der allgemeinen Handlungsfreiheit aus Art.2 Abs.1 GG, aber ethische und darum auch nicht rechtlich materialisierbare und nicht judiziable Maxime des Gesetzgebers [37]. Die Allgemeinheitsfähigkeit, also die Sittlichkeit der Maßstäbe, ist wesensgemäß nicht judiziabel, weil sonst das Recht und die Pflicht des Menschen zur Autonomie, auch als dessen Selbstverantwortlichkeit, aufgehoben wäre [38].

2. Weil die freien Menschen politisch gleichberechtigt sind und die den Staat begründenden Entscheidungen des Volkes, allem voran die Verfassung des staatlichen Gemeinwesens, den Konsens prinzipiell aller dieser Menschen erfordern, vermag es keine rechtlich vorgegebenen Inhalte der Entscheidungen zu geben [39]. Das verböte

---

34) I.d.S. auch Krüger, Allg. Staatslehre, S.763ff.; Fraenkel,Pluralismus, 45.DJT, Bd.II, passim; ders., Selbstbestimmung, 1960 (Verteidigung der "formellen Demokratie"); Häberle, Öffentliches Interesse, S.60ff., 71ff., 85ff., 193ff., 453ff., 595ff., 619ff.; ders., AöR 95 (1970), S.86ff., 260ff., 279ff. zur "Gemeinwohljudikatur" des BVerfGes.; Martens, Öffentlich als Rechtsbegriff, S.186ff.; Lerche, AöR 90 (1965), S.367f.; Scholz, VVDStRL 34 (1976), S.178 mit Hinweisen in Fn.128; ders., Wirtschaftsaufsicht, S.88; ders., Konzentrationskontrolle und Grundgesetz, S.83ff. (Kompetenzrechtliche Struktur des "ofenen Begriffs des Gemeinwohls"); Achterberg, NJW 1978, 1994; in der Sache auch BVerfG NJW 1981, 1257f.; auch Benda, Abkehr vom Staat?, 1982, S.10.

35) Krings, Der Preis der Freiheit, S.13, der die "autonome Begründung der Ziele des Handelns durch sittliche Vernunft" nicht als "Pluralismus der Beliebigkeit" zu mißverstehen warnt und das ethisch meint; i.d.S. wohl auch Vogel, VVDStRL 24 (1966), S.137ff., 139f.; so verstehe ich wohl richtig auch Denninger, Rechtsperson, S.294, der Verfahren verlangt, die nicht ein "x-beliebiges, sondern ein -aus dem Gesichtspunkt der personalen Teilhabe- richtiges Gemeinwohl auszumitteln" erlauben; Verfahren ist ja auch das Prinzip der Lehre von der Richtigkeitsgewähr des Vertrages von Schmidt-Rimpler, dazu im 7.Teil, 6.Kap., II 1, S.338f.; vgl. Schachtschneider, JA 1979, 514. Dazu i.d.S. Kant selbst, Über den Gemeinspruch, S.153ff.. So verstehe ich in der Sache Henkel, Rechtsphilosophie, S.463ff. ("soziale Solidarität").

36) Dazu näher im 8.Teil, 5.Kap., I, S.438ff. m.H.; zur Mehrheitsherrschaft näher im 3.Kap., III des 4.Teils, S.163ff. und die Hinweise in Fn.23 dieses Teils; vgl. etwa auch Pawlowski, Methodenlehre, S.107, Rdn.202: "Demgegenüber stellt sich dann der "Wertrelativismus" als ehrlicher dar, wenn er deutlich macht, daß sich eben diese Mehrheit (das "Mehrheitsbekenntnis") gegenüber der Minderheit nur auf die "Mehrheit" (und das heißt auf die Macht) berufen kann - und nicht auf die "Richtigkeit" der Mehrheitsmeinung"; so auch Krings, Der Preis der Freiheit, S.13ff.; die Gewissensbezogenheit des Sittengesetzes heben Wieacker, JZ 1961, 337ff., 339, 340 u.a. und Vogt, NJW 1976, 731 hervor (für viele); zu Recht bezeichnet Wieacker, JZ 1961, 341 "den Gesetzgebungsweg" als den "legitimen Schauplatz für den Kampf um die Einfügung neuer materieller Ethik in die geltende Rechtsordnung."; vgl. auch Schachtschneider, JA 1979, 514.

37) A.A. wohl Bettermann, Grenzen der Grundrechte, S.10f.; ders., NJW 1981, 1066; sowie die Autoren, die das "Sittengesetz" mit den "guten Sitten" identifizieren, Hinweise in Fn.266 im 8.Teil. BVerfGE 6, 389 (434); dazu 6.Kap. des 3.Teils, S.125ff., 8.Teil, 5.Kap., I, S.438ff., 440ff.

38) Dazu im 2.Kap. des 3.Teils, S.104ff., 3.Kap. des 3.Teils, S.107ff.; wie hier etwa Winter, Ethik und Rechtswissenschaft, S.408ff. (zum Neukantianer Cohen).

39) Wie Fn.en 5 dieses Teils, 137 des 4.Teils; den Gleichheitsgesichtspunkt der gewissensfreien Menschen hebt auch Wieacker, JZ 1961, 340 hervor; den autonom-demokratischen Aspekt dieses Topos betont Fraenkel, Selbstbestimmung, 1960; ders., Pluralismus, S.B 7ff.; auch Scholz, Maunz/Dürig/-

auch das Recht zur Autonomie jedes einzelnen Menschen. Erst die bindenden/verbindlichen Entscheidungen des Volkes, die entweder das Volk zum Staat verfassen oder im Rahmen der Verfassung Gesetze und andere staatliche Entscheidungen hervorbringen, legen materiale Werte fest[40)]. 'Wertgebundene Demokratie' verpflichtet den Staat, die grundlegenden Wertentscheidungen der Verfassung zu verteidigen, nicht in irgendeiner Weise vorgegebene Werte zu verwirklichen[41)]. Die 'streitbare Demokratie'[42)] weiß um die schleichende Aushöhlung der Werte, zu denen das Volk sich in der Verfassung bekannt hat. Die gesetzten, also gesetzlichen Maximen der freiheitlich-demokratischen Grundordnung, die die Verfassung eines der Menschenwürde verpflichteten Gemeinwesens ist, sind die Werte[43)], die der Staat der wehrhaften Demokratie zu verteidigen hat, für die jeder Deutsche Widerstand leisten darf, wenn andere Abhilfe nicht möglich ist (Art.20 Abs.4 GG).

## IV Der grundgesetzliche Verfassungskonsens der Deutschen

Das Grundgesetz beruht auf einem Konsens der Deutschen, wenn auch nicht auf einem Vertrag oder einem Plebiszit der bundesdeutschen Aktivbürgerschaft im Jahre 1949. Das deutsche Volk hat das Grundgesetz in den Ländern, die die Präambel aufführt, "beschlossen"[44)]. Das Grundgesetz ist in einem eigenartigen

---

Herzog/Scholz, Rdn.274 zu Art.9 GG; Lerche, Zentralfragen, S.29ff., 55ff.; Häberle, Öffentliches Interesse, S.71ff., 410ff., 595ff., 691ff., u.ö.

40) Hinw. in Fn.85 im 5.Teil, Fn.en 137 des 4.Teils, 5, 18 in diesem Teil;insb. v.Simson, VVDStRL 29 (1971), S.32, 38; Leibholz, daselbst, Ausspr., S.100, 103; ders., Freiheitl.-demokrat. Grundordnung, S.134f.; Stern, Staatsrecht I, S.175; Isensee, NJW 1977, 546; Schachtschneider, JA 1979, 514.

41) Zur "wertgebundenen Demokratie" BVerGE 5, 85 (204ff.); 37, 57 (65); Herzog,Maunz/Dürig/Herzog/Scholz, Rdn.28ff. zu Art.20 GG; Maunz/Dürig, daselbst, Rdn.22 zu Art.79 GG; Stern, Staatsrecht I, S.96, 175f. m. w. H.; Denninger, VVDStRL 37 (1979), S.7ff.; Klein, daselbst, S.52ff.; Schachtschneider, JA 1979, 572. Dabei darf nicht übersehen werden, daß die wesentlichen naturrechtl. Werte, Freiheit und Gleichheit in der Freiheit im Grundgesetz positiviert sind, vgl. i.d.S. Maihofer, Rechtsstaat und menschl. Würde, S.20ff.. Kant selbst, Metaphysik der Sitten, S.345 ("angeborenes Recht").
Zur Freiheit und Gleichheit als demokrat. Prinzipien Schachtschneider, JA 1979, 569f. m.H.; wesentlich Maihofer, Handb., S.173ff.; Kriele, Handb., S.129ff.; auch Klein, a.a.O., S.56ff.; abweichend Denninger, a.a.O., S.26ff., der "vorinstitutionelle Prinzipien", nämlich "Freiheit vor Angst", "Vertrauen" und "Bereitschaft zum Engagagement" als Orientierung für die streitbare Demokratie nennt, anthropologische Gegebenheiten, die schlecht Schutzgut einer Norm sein können, die vielmehr dem Wesen des Menschen als "ungeselligen Gesellen" (Kant, Idee, S.37; dazu Maihofer, a.a.O., S.72ff., 107ff.) entsprechen; Denninger trifft die Kritik am Sozialpsychologismus in der Rechtswissenschaft, vgl. die Hinweise in Fn.10 des 3.Teils.

42) Dazu Herzog, Maunz/Dürig/Herzog/Scholz, Rdn.29f. zu Art.20 GG; Stern, Staatsrecht I, S.175f. mit weiteren Hinweisen; Klein, VVDStRL 37 (1979), S.54ff.; Denninger, daselbst, S.6ff.; u.a. BVerfGE 5, 85 (137ff.); 13, 46 (49); 28, 36 (48); 30, 1 (19); 39, 334 (369); 40, 287 (291).

43) Stern, Staatsrecht I, S.175f. mit Hinweisen; Schachtschneider, JA 1979,572; vgl. Denninger, VVDStRL 37 (1979), S.26; Klein, daselbst, S.111, Ls.1, S.55ff. mit Hinweisen, der -zu Recht- die Gegenstände von Art.79 Abs.3 GG mit der freiheitlich-demokratischen Grundordnung identifiziert.

44) In Bayern ist das Grundgesetz nicht vom Landtag angenommen worden; es genügte aber die Annahme durch zwei Drittel der Länder (Landtage). Vgl. Maunz, Deutsches Staatsrecht, S.9; Vogel, Handbuch, S.1361 mit Fn.1.

Verfahren unter maßgeblicher Einflußnahme der Besatzungsmächte in den westlichen Zonen Deutschlands geschaffen worden[45]. Das entsprach der politischen Situation in Deutschland nach dem zweiten Weltkrieg. Das konsensuale Verständnis zeigt die Präambel in ihrem Schlußsatz: "Das gesamte deutsche Volk bleibt aufgefordert, in freier Selbstbestimmung die Einheit und Freiheit Deutschlands zu vollenden". "Freie Selbstbestimmung" heißt dort zunächst einmal Autonomie jedes einzelnen Menschen[46]; denn anders ist die "freie Selbstbestimmung" nicht denkbar. Das Grundgesetz ist im Laufe seiner mehr als dreißigjährigen Geschichte durch die überwältigende Mehrheit des Volkes akzeptiert worden und wird dies tagtäglich erneut. Es hat im verfassungspolitischen Alltag insbesondere durch die Wahlen mit hoher Wahlbeteiligung die konsensuale Bestätigung gefunden, die es als Verfassung freier Menschen benötigt[47]. Wegen des zwingenden Mangels an vorgegebenen Verfahrensstrukturen für die Verfassungsgebung vor der Existenz der den Staat begründenden Verfassung spricht alles dafür, daß der Weg, den Verfassungskonsens zu finden, nicht vorgeschrieben oder auch nur vorschreibbar ist[48]. Wie die wenig formalen privaten Übereinkünfte gute Sitten normieren können[49], so können nicht-formalisierte Übereinkünfte der Menschen eines Gemeinwesens die Verfassung geben. Wenige Menschen, die dissentieren, können die überwältigende Mehrheit des Volkes nicht daran hindern, nach der Verfassung in staatlicher Gemeinschaft zu leben, die sie für richtig hält. Der nicht konsentierenden Minderheit wird die Verfassungs- und Rechtsordnung der Mehrheit aufgezwungen[50]. Anders wird eine Verfassung in einem Gemeinwesen von vielen Millionen Menschen nicht etabliert werden können.

Die dissentierende Minderheit mag das Gemeinwesen, dessen Verfassung sie nicht hinnehmen mag, verlassen. Das Grundrecht der Freizügigkeit aus Art.11 GG,

---

45) Zur Entstehungsgeschichte des Grundgesetzes Maunz, Deutsches Staatsrecht, S.5ff., 43f.; ders., Maunz/Dürig/Herzog/Scholz, Rdn.1ff., 16 zur Präambel; zum Legitimationsproblem wegen dieser Entstehung vgl. Stern, Staatsrecht I, S.122 mit Hinweisen; v.Mangoldt/Klein, Präambel, Anm.VI 1.

46) Vgl. Stern, Staatsrecht I, S.74.

47) Richtig Stern, Staatsrecht I, S.122ff., der ebenfalls die "Legitimität der Verfassung" "in dem Konsens des Volkes mit der in der Verfassung verbürgten Grundordnung" sieht, der durch den Smendschen Integrationsvorgang hergestellt werde; deutlich i.d.S. jetzt Kloepfer, ZRP 1983, 57, 59; vgl. auch Isensee, NJW 1977, 549; die Anerkennung erfüllt das Konsensprinzip entgegen der (versteckten) Kritik Marcics, Rechtsphilosophie, S.213f., 228; die "faktische Anerkennung durch die Rechtsgenossen" sieht auch Adomeit, Rechtsquellenfragen, S.41 m.H. als ein "konventionelles Moment", das "jeder Rechtsordnung" zugrundeliegt.; ebenso Hesse, Handb., S.11, 21; auch Maihofer, Handb., S.1407; Vogel, Handbuch, S.1362f.;wesentl. zur Notwendigkeit des Grundkonsenses Benda, Handb., S.1333ff., zum gegenwärtigen Konsens S.1345f., 1349.

48) Vgl. BVerfGE 1, 14 (61); C.Schmitt, Verfassungslehre, S.76, 82, 84; Stern,Staatsrecht I, S.122ff.; Maunz, Maunz/Dürig/Herzog/Scholz, Rdn.4 zu Art.146 GG; ders., daselbst, Rdn.14 zur Präambel, der eine Bindung "an überstaatliche Menschenrechte" vertritt; Hesse, Verfassungsrecht, S.17ff.; ders., Die normative Kraft der Verfassung, S.9ff.

49) Dazu 8.Teil, 3.Kap., IV, S.405ff., 414ff., 4.Kap., I-II, IV, V, S.421ff., 431ff., 436f.

50) Vgl. in diesem Sinne Isensee, NJW 1977, 550 ("nur einzelne Außenseiter"können "zum Gehorsam" gezwungen werden); i.d.S. auch Benda, Handbuch, S.1338ff.

das entgegen der Auffassung des Bundesverfassungsgerichts[51] das Recht umfaßt, das Bundesgebiet zu verlassen, ist jedenfalls dieser dissentierenden Minderheit gewährt. Die Verfassung, die (jedenfalls beinahe) konsensual im bundesdeutschen Volk akzeptiert und zumindest dadurch vom Volk gegeben ist, ist das Grundgesetz mit allen seinen Entscheidungen, auch denen über den Rang der Normen. Die begrenzte Toleranz, die das Grundgesetz allein durch Art.18 GG und Art.21 Abs.2 GG vorschreibt[52], gebietet die Treue zu den Wertentscheidungen des Grundgesetzes, stellt aber das demokratisch-freiheitliche Prinzip der (sonstigen) Offenheit der Maximen nicht in Frage.

51) BVerfGE 6, 32 (Ls.1, S.34ff.); dagegen richtig Hesse, Verfassungsrecht, S.152f.; Dürig, Maunz/Dürig/Herzog/Scholz, Rdn.8, 103ff. zu Art.11 GG; vgl. Merten, Der Inhalt des Freizügigkeitsrechts, S.106ff. mit Hinweisen in Fn.en 6, 7 auf S.106f., auch S.111, 112f., der im Ergebnis dem Bundesverfassungsgericht folgt.

52) Vgl. Isensee, NJW 1977, 545ff.; Herzog, Maunz/Dürig/Herzog/Scholz, Rdn.28ff. zu Art.20 GG; Schachtschneider, JA 1979, 572 sub H; Denninger, Verfassungstreue und Schutz der Verfassung, VVDStRL 37 (1979), S.7ff.; Klein, daselbst, S.52ff.; Aussprache, daselbst, S.114ff.

## 2. Kapitel

# DIE VERFASSUNGSWIDRIGKEIT EINES MATERIALEN GEMEINWOHLPRINZIPS

## I Offenes Gemeinwohl und Gesetzmäßigkeit

Die autonomietheoretische Ableitung des offenen oder formalen Gemeinwohlprinzips klärt ein wesentliches Verfassungsprinzip des grundgesetzlichen Staates, daß nämlich staatliche Zwecke allein vom Volke bestimmt werden und nicht nach Maßgabe eines materialen Gemeinwohlprinzips dem Staat vorgegeben und zur Verwirklichung aufgegeben sind. Spezifisch daraus folgt, daß Gemeinwohlverwirklichung des Staates untrennbar mit dem Prinzip der Gesetzmäßigkeit des Staates verbunden ist. Das Volk konkretisiert das Gemeinwohl durch seinen Staat in den jeweiligen verfassungsgeordneten Verfahren, vornehmlich und in weiten Bereichen vom Grundgesetz vorgeschrieben durch Gesetz. Das Gesetz wird vom Staat nach Maßgabe weiterer staatsrechtlicher Prinzipien verwirklicht. Kompetenzen, Verfahren und materielle Vorschriften sind dabei wesentlich zu beachten; denn jede materielle oder formelle Rechtswidrigkeit verletzt den Konsens des Volkes, nach dessen (meist kompromißhaftem) Gegenstand dem Staat die Gemeinwohlverwirklichung übertragen ist. Gemeinwohlverwirklichung ist immer (zumindest auch) Einschränkung von Privatheit im Sinne der Selbstbestimmtheit und Selbstverantwortlichkeit, ob dies nun Gemeinwohlverwirklichung durch den Staat oder durch Private als Gehorsam gegenüber staatlichen Gesetzen ist. Das allein zwingt staatliche Gemeinwohlverwirklichung streng in das Gesetzmäßigkeitsprinzip, das denn auch unumstößliches Verfassungsprinzip ist (Art.20 Abs.3 GG)[53].

Staatsadäquate Gesetze sind aber die Gesetze des Autonomierechts nicht, weil diese spezifisch und wesentlich Möglichkeit zu privater Besonderheit, zur Autonomie, belassen und staatliche Allgemeinheit nicht regeln. Wenn sich der Staat in den Bereich privater Autonomie begibt, machen sich die Amtswalter des Staates frei von der verfassungsgemäß geordneten Bestimmung der Zwecke und Verfahren des staatlichen Verhaltens, sie privatisieren den jeweiligen Bereich des Staatlichen.

53) Stern, Staatsrecht I, §20 IV 4, S.628ff. m.N.; Schachtschneider, JA 1978,237ff., für viele.

Die autonomiegemäße Gemeinwohltheorie gibt spezifisch wegen der Offenheit des Gemeinwohls und damit der Nichtvorbestimmtheit der staatlichen Aufgaben vor deren gesetzlicher Konkretisierung keine Kriterien für die Aussonderung derart privatisierungsfähiger Staatsbereiche, die wegen ihrer Besonderheit dem Autonomierecht der Privaten unterstellt werden dürfen. Wenn also Gemeinwohlkonkretisierung durch den Staat wesensgemäß an das staatsadäquate Recht, das Recht für den Staat, das Staatsrecht gebunden ist, muß ein verfassungsrechtlicher Topos existieren, der es erlaubt, irgendwelche Verhaltensweisen des Staates der Geltung dieses Staatsrechts zu entziehen. Dieser Topos könnte die Neutralität/Allgemeinheit allen Privatrechts, also die Leugnung spezifischen Autonomierechts sein. Das soll jedenfalls für § 1 UWG, für den diese These vertreten wird[54], in den Teilen 7 und 8 widerlegt werden. Dieser Topos könnte auch ein Recht des Staates zur Autonomie sein, das zu bezweifeln, aber noch im 4. Kapitel zu diskutieren ist. Dieser Topos könnte aber weiterhin ein materialer Gemeinwohlbegriff sein, der in Verbindung mit einem Recht des Staates, die Verfahren zu wählen, in denen er das Gemeinwohl realisiert[55], Grundlage der Privatrechtlichkeit, jedenfalls einer staatsadäquat disziplinierten Privatrechtlichkeit, staatlichen Verhaltens sein kann. Wenn nämlich der Staat das vorgegebene materiale Gemeinwohl verwirklicht, existiert ein materieller Maßstab für die Richtigkeit und damit Rechtmäßigkeit seines Verhaltens, die nicht mehr vom Verfahren abhängt. Ob das feststellbare Gemeinwohl 'privatrechtlich' oder 'staatsrechtlich' verwirklicht wird, nivelliert sich zu einer Nebenfrage, wenn das 'Richtige' geschieht. Zumindest scheint ein von den wesentlichen Prinzipien des Staatsrechts überlagertes Privatrecht hinreichend geeignet, dem ohnehin bestehenden Gemeinwohlanliegen gerecht zu werden. Spezifisch wegen der Offenheit des Gemeinwohls sind jedoch Kompetenz- und Verfahrensregelungen die Essenz für die Rechtmäßigkeit staatlichen Verhaltens, also die besonderen staatsadäquaten Verhaltensregeln des Grundgesetzes und des einfachen Rechts. Richtigkeit staatlichen Verhaltens ist unter einem Begriff offenen Gemeinwohls allein dessen staatsrechtliche Gesetzmäßigkeit. Staatsrechtsmäßigkeit wird damit zum ausschließlichen Kriterium der verfassungsgemäßen Gemeinwohlverwirklichung durch den Staat[56]. Autonomie hingegen als Zweck- und Verfahrensbesonderheit des Privaten ist der Gegensatz zur zweck-, kompetenz- und verfahrensmäßigen Konsensgebundenheit des Staatlichen und somit mit dem staatlichen personalen und damit materialen Bezug zur Allgemeinheit unvereinbar.

## II Legitimation aus der Richtigkeit der deduktiven Gemeinwohlkonkretisierung

Eine Materialität des Gemeinwohls behauptet die Möglichkeit und damit den An-

---

54) Hinweise in Fn.316 des 2.Teils; dazu im 9.Kap. des 2.Teils, S.80ff. (Scholz).

55) Vgl. i.d.S. BVerfGE 27, 364 (374); zum Rechtsordnungswahlrecht des Staates 5.Teil, 2.Kap., S.181ff.

56) Dazu näher das 3.Kap., S.253ff., insb. III, S.255ff.

spruch, aus diesem Prinzip konkrete Maximen, d.h. Rechtsfolgen, ableiten zu können[57]. Die deduktive Entscheidbarkeit konkreten Gemeinwohls verändert das staatsrechtliche Gesamtgefüge, weil die Interpreten eines solchen Gemeinwohls ähnlich den Richtern ihre Legitimation aus der Richtigkeit ihrer Deduktion herzuleiten vermögen und auf die Legitimation vom Volke her, das sie vertreten, nicht mehr oder jedenfalls in geringerem Maße angewiesen sind. Wegen der Bandbreite der Interpretationsmöglichkeiten bedarf freilich auch der Interpret des Gemeinwohls mehr noch als der des weitaus konkreteren Gesetzes der personalen Legitimation vom Volke her. Die Gesetzesgebundenheit senkt die personalen Legitimationsanforderungen durchaus. Das zeigt das Rekrutierungssystem für Richter[58]. Sie sind nach dem Maße der richterlichen Bindungen abgestuft. Bei der Wahl der Richter des Bundesverfassungsgerichts nach Art.94 Abs.1 GG ist die Legitimation vom Volke her über den Bundestag und den Bundesrat am stärksten.

## III Legitimationsprinzip und Gemeinwohlprinzip

Das Dogma der Materialität des Gemeinwohlprinzips stammt aus der Zeit der absoluten und konstitutionellen Monarchie und ließ sich für diese Zeit staatstheoretisch rechtfertigen[59]. Die Exekutive des Monarchen regierte und verwaltete nicht anders als der Staat unter dem Grundgesetz unter der umfassenden Maxime, das gemeine Wohl zu verwirklichen[60]. Im Konstitutionalismus mußte sie zwar die Konkretisierung des gemeinen Wohls durch die parlamentarischen Gesetze respektieren, blieb aber dem Monarchen verantwortlich[61] und verwirklichte dem Prinzip nach deduktiv dessen Gemeinwohlbestimmung[62]. Hier wirkte sich die Teilung der Ge-

---

57) Deutlich Fraenkel, Pluralismus, 45.DJT, Bd.II, B 7f.; ders., Selbstbestimmung, passim; dazu auch Bull, Staatsaufgaben, S.17ff. mit Hinweisen auf die monarchische Gemeinwohldoktrin; dagegen auch Henkel, Rechtsphilosophie, S.457ff., 470.

58) Dazu allgemein Herzog, Maunz/Dürig/Herzog/Scholz, Rdn.74f. zu Art.20 GG.

59) G.Jellinek, Allgemeine Staatslehre, S.249ff. mit weiteren Hinweisen in Fn.3, S.249, der verschiedene sogar "ausschließliche" Staatstätigkeiten abhandelt, etwa die "Fortbildung und Aufrechterhaltung der Rechtsordnung" (S.256f.), "der Schutz der Gesamtheit und ihrer Mitglieder" (S.255), "zusammengefaßt der Macht-, Sicherheits- und Rechtszweck" (S.258), schließlich exklusive und konkurrierende Staatstätigkeiten, zusammengefaßt ist der Zweck die "planmäßige Organisation der Versorgung der solidarischen Volksinteressen, soweit sie einer zentralen Leitung bedürfen und durch äußere Veranstaltung befriedigt zu werden vermögen" (S.263), also ein materialer Begriff, wie auch dieses: "Das höchste Prinzip für die gesamte Staatstätigkeit ist aber die Förderung der fortschreitenden Entwicklung der Volksgesamtheit und ihrer Glieder" (S.263) also der Sozialstaat oder gar der Wohlfahrtsstaat; dazu Bull, Staatsaufgaben, S.17ff. mit Hinweisen; dazu auch Denninger, Rechtsperson, S.299ff.

60) Vgl. G.Jellinek, Allgemeine Staatslehre, S.98; vgl. auch die Hinweise in Fn.225; Krüger, Allgemeine Staatslehre, S.763ff. nicht anders im Absolutismus, dazu Bull, Staatsaufgaben, S.20ff. mit Hinweisen; Kriele, Staatslehre, S.242.

61) Dazu genau Jesch, Gesetz und Verwaltung, S.89f., 90f., 170, 173, passim unter dem Aspekt der Verteidigung von Freiheit und Eigentum.

62) Denninger, Rechtsperson, S.294; Bull, Staatsaufgaben, S.20ff.; Erichsen, Fehlerhafter belastender Verwaltungsakt, S.31ff.

walten zwischen der monarchischen Exekutive und der demokratischen Legislative aus[63]. Um nicht schlicht die eigenen Maßstäbe des gemeinen Wohls als staatsgerecht propagieren zu müssen, war die Exekutive auf ein materiales Gemeinwohlprinzip angewiesen. Die Legitimationslage hat das Dogma der Materialität des Gemeinwohls hervorgebracht[64], wie auch die demokratische Legitimation ihr Gemeinwohldogma erzwingt, nämlich das des offenen, nichtvorbestimmten, nicht deduktiv aus einem Prinzip konkretisierbaren Gemeinwohls[65]. Konkrete Maximen lassen sich auch dem materialen Gemeinwohlprinzip nicht abgewinnen; denn es ist notwendig ein den gesamten Bereich des Staatlichen umfassendes Verhaltensprinzip, welches wegen der Offenheit, d.h. bloßen Gesetzesgebundenheit, des Staatlichen allgemein ist und darum nur durch Dezisionen konkretisiert werden kann. Hier wird die dogmatische Legitimationskraft des materialen Gemeinwohlprinzips angegriffen, die genutzt wird, um staatsrechtliche Prinzipien, deren Unverzichtbarkeit angesichts eines offenen, formalen Gemeinwohlprinzips nicht bezweifelbar sind, zu überspielen.

## IV Gemeinwohlprinzip und Staatszweckdogmatik

Weil all und jedes dem Gemeinwohl zu dienen vermag und ein umfassender Gesetzesvorbehalt für die Exekutive nicht existierte, war die Begrenzung der Staatszwecke durch die liberale Staatstheorie die Reaktion auf einen derartigen Gemeinwohlbegriff und dessen monarchische Legitimation, der eine Allmacht der Exekutive zu rechtfertigen in der Lage war, wenn diese die Zwecke, die um des Gemeinwohls willen verfolgt werden sollten, ausufern ließ[66]. Die Staatszwecklehre, der es um die Begrenzung der Staatszwecke ging, hatte eine freiheitliche Funktion[67], wie heute der Kampf um den totalen Gesetzesvorbehalt[68], aber auch der

63) Dazu Jesch, Gesetz und Verwaltung, S.74ff., 89f., 171ff., 204f., passim; im Sinne des Textes Mallmann, VVDStRL 19 (1961), S.177, 185f. (gegen eine originäre Gewalt des Exekutive); vgl. auch Zeidler, daselbst, S.221ff.; an dem Dualismus scheint Wolff-Bachof, Verwaltungsrecht I, §30 IIc, S.182f. festhalten zu wollen; zum Dualismus zwischen Staat und Gesellschaft, den diese Gewaltenteilung wiederspiegelt auch Denninger, Rechtsperson, S.289ff., 294.

64) Dazu Merk, Der Gedanke des gemeinen Besten, S.61ff.; auch Erichsen, Fehlerhafter belastender Verwaltungsakt, S.31ff.; Bull, Staatsaufgaben, S.21.

65) Richtig, Krüger, Allgemeine Staatslehre, S.196, 256, 674ff., insb. 763ff.,der den Zusammenhang von Allgemeinheit, Nicht-Identifikation und Gemeinwohl herausstellt; in diesem Sinne auch Mallmann, VVDStRL 19 (1961), S.177f.; Zeidler, daselbst, S.221ff.; Häberle, Öffentliches Interesse, S.716; ders., AöR 95 (1970), S.86ff., 260ff. zur "Gemeinwohljudikatur" des BVerfGes.; die Relativität des Gemeinwohls räumt auch der Objektivist Marcic, Rechtsphilosophie, S.275f. ein; auch Bull, Staatsaufgaben, S.199; klar Fraenkel, Pluralismus, 45.DJT, Bd.II, B 7f. passim mit tiefgehender Erörterung des modernen antipluralistischen materialen Gemeinwohldogmas insb. bei Rouseau und C.Schmitt, S. B 14ff.

66) Wie Fn.en 62 und 64.

67) W.v.Humboldt, Ideen zu einem Versuch, die Grenzen der Wirksamkeit des Staates zu bestimmen, 1792, veröffentlicht 1851; wesentlich Fichte, Grundlage des Staatsrechts nach den Prinzipien der Wissenschaftslehre, 1796, WW III, S.151ff.; Kant, Metaphysik der Sitten, S.437, für eine Begrenzung der Staatszwecke auf Rechtsprinzipien; vgl. G.Jellinek, Allgemeine Staatslehre, S.247f., der Kant und

Kampf gegen die Fiskustheorie. Schließlich setzte sich die liberale Position durch und führte etwa zum Kreuzbergurteil, das es dem Staat verwehrte, sich um die kulturelle Wohlfahrt zu kümmern[69]. Eine die staatlichen Aufgaben von vornherein begrenzende Staatszwecklehre gibt es unter dem Grundgesetz nicht [70]. Der Staat könne, meint man, alle Zwecke verfolgen, die zu verfolgen er für nötig hält, wenn die Grundrechte der Menschen das zulassen[71] und nicht (ausnahmsweise) das Grundgesetz sonstige Grenzen zieht, wie etwa die Entscheidung des Art.26 Abs.1 GG gegen den Angriffskrieg. Die Offenheit der Staatszwecke ist zwar die notwendige Konsequenz des Rechts zur Autonomie des Menschen, aber ohne (wenn auch weite) Verfassungsgrundlage für besondere Zwecke ist der Staat auf seinen eigentlichen Zweck nach dem Grundgesetz, die Ermöglichung der Autonomie der Menschen als deren Würde begrenzt. Im Rahmen dieses Zwecks ist das Gemeinwohl jedoch offen und gesetzlicher Konkretisierung bedürftig.Hier geht es freilich nur um die Rechtlichkeit der Aufgabenbestimmung, nicht um den Rang des Rechtssatzes.

## V Fiskustheorie versus Rechtsvorbehalt

Die Verbindung der Fiskustheorie mit der unabhängig von dem Gemeinwohldogma realen Offenheit der Staatszwecke unterläuft das liberale System des Grundgesetzes, das die Freiheit des Menschen und damit dessen Privatheit eben nicht

---

die Neukantianer zu den Vertretern einer solchen Staatszweckbegrenzungslehre rechnet; aus Kants Definition des Staates als einer "Vereinigung einer Menge von Menschen unter Rechtsgesetzen" läßt sich nichts für oder gegen "wohlfahrtspflegerische" Staatsfunktionen herleiten; Kant hat sich für die Chancengleichheit fördernde Gesetze ausgesprochen (a.a.O., S.434); ders., Über den Gemeinspruch, S.147ff.; Cohen versteht den kategorischen Imperativ als das sozialistische Prinzip (vgl. den Hinweis in Fn.95f.); Erichsen, Fehlerhafter belastender Verwaltungsakt, S.125ff.; Böckenförde, Gesetz und gesetzgebende Gewalt, S.179ff.; nach Denninger, Rechtsperson, S.292ff., war diese Funktionsteilung zwischen Staat und Gesellschaft wesentliches Element des liberalen (im Gegensatz zum grundgesetzlichen sozialen) Rechtsstaat; Bull, Staatsaufgaben, S.17ff., 22f.; Isensee, Subsidiaritätsprinzip, S.44ff.

68) Den Gesetzesvorbehalt postuliert schon Hobbes, Leviathan II, chapt XXI, p.206; dazu G.Jellinek, Allgemeine Staatslehre, S.249; für einen weitreichenden Gesetzesvorbehalt Jesch, Gesetz und Verwaltung, S.1, 74ff., 171ff., 204f., der die verfassungsstrukturellen Veränderungen von der konstitutionellen Monarchie zur freiheitlichen Demokratie herausarbeitet; Stern, Staatsrecht I, S.637ff. mit weiteren Hinweisen; Bull, Staatsaufgaben, S.32ff., 122ff., passim; Mallmann, VVDStRL 19 (1961), S.173ff., 185ff., 206f.; Schachtschneider, Sozialprinzip, S.73ff. mit Hinweisen in Fn.183; ders., JA 1978, 238.

69) Pr.OVG vom 14.6.1882 ; in diesem Sinne W.v.Humboldt, Ideen, S.26ff., 44; dazu Isensee, Subsidiaritätsprinzip, S.50ff.; vgl. Bull, Staatsaufgaben, S.23ff. kritisch zum humboldtschen Liberalismus.

70) Luhmann, Zweckbegriff und Systemrationalität, S.61; Häberle, ZfPol 1965,388; zu den Staatszwecklehren Bull, S.17ff., 25ff., 29, 32f. mit Hinweisen insb. in Fn.2, S.17; vgl. auch Krüger, Allgemeine Staatslehre, S.760f., 829f.; vgl. schon R.v.Mohl, Die Polizeiwissenschaft nach den Grundsätzen des Rechtsstaates, Bd.I, S.4: "Da die Lebenszwecke, zu deren Verwirklichung der Staat berufen ist, unendlich mannigfaltig sind, müssen es auch die des Staates sein"; tendenziell anders G.Jellinek, Allgemeine Staatslehre, S.250ff.

71) Dazu Isensee, Subsidiaritätsprinzip, S.270ff.; Bull, Staatsaufgaben, S.33,199ff., 202ff.

durch eine wirksame Begrenzung der Staatszwecke zu wahren sucht, sondern durch die Gesetzesvorbehalte, jedenfalls die Parlamentsvorbehalte, und die Grundrechte. Die genannte Kombination verletzt auch die föderalistische Gewaltenteilung[72]. Wenn der Staat, und das heißt das Volk als staatliches Gemeinwesen, die Zwecke verfolgen darf, die er bzw. es verfolgen will, so ist die Freiheit der Menschen nur gewahrt, wenn jede Norm des Verfassungsrechts beachtet wird. Private Autonomie, also wegen der Unkontrollierbarkeit autonomiegerechter Sittlichkeit private Beliebigkeit des Staates, das eigentliche politische Anliegen der Fiskustheorie, ohne Staatszweckbegrenzung gestattet es dem Staat, angesichts seiner Macht und auch seiner ökonomischen Ressourcen zu dem Leviathan zu werden, den das Volk mit seiner freiheitlich-demokratischen Grundordnung gerade zu verhindern sucht. Das zeigt sich exemplarisch in der unternehmerischen Praxis des Staates. Die Anhänger der Fiskustheorie folgen denn auch regelmäßig dem Dogma der Materialität des Gemeinwohlprinzips[73], wohl weil sie darin eine Legitimationschance für die Fiskustheorie spüren. Wenn nämlich der Staat durch sein fiskalisches Verhalten das Gemeinwohl verwirkliche, dann handele er nicht nur legitim, sondern auch legal. Das Gemeinwohl müsse schließlich realisiert werden und es werde ja nicht vom Staat erfunden, sondern von diesem vorgefunden, gegenständlich zwar weit gefaßt, aber immerhin deduktiv konkretisierbar. Diese Gedankenführung läßt das Dogma der Materialität des Gemeinwohlprinzips als grundlegendes Mißverständnis der freiheitlich-demokratischen Grundordnung erkennen[74].

72) Vgl. die Hinweise in Fn.en 50 bis 53 im 1.Teil.

73) Der Sache nach kommen die Funktionalisten ohne einen materialen Gemeinwohlbegriff nicht aus, weil sie die:. n für die Bestimmung des Begriffs der 'öffentlichen Aufgaben' benötigen; das zeigt der Versuch Brohms, eines Anhängers der Fiskustheorie (Strukturen, S.183), diese Bestimmung anders zu leisten (Strukturen, S.136), der ihn zu einem Dezisionismus geführt hat (Strukturen, S.165), vgl. dazu 5.Teil, 4.Kap., IV, S.208ff.; nicht ganz konsequent auch Ossenbühl, der vehement die "Offenheit" der Staatszwecke und Staatsaufgaben verficht (VVDStRL 29 (1971), S.153f., 192 mit Hinweisen in Fn.248), ebenfalls zu dezisionistischen Verfahren der Bestimmung des Staatlichen gelangt (a.a.O., S.192 in Fn.248), die Fiskustheorie extensiv verwendet (a.a.O., S.146, 159ff.), aber schließlich mit einem materialen Gemeinwohlverständnis argumentiert (a.a.O., S.141 in Fn.2 durch ein Beispiel), dazu näher im 5.Teil, 4.Kap., I, S.190ff., 194ff.; auch Gallwas fehlen für seinen Funktionalismus funktionale Differenzierungskriterien, dazu im 5.Teil, 4.Kap., II, S.198ff., 206; diese Kritik muß sich auch Badura gefallen lassen, der wohl einem materialen Gemeinwohlbegriff zuneigt (Verwaltungsmonopol, S.30, 86, 92, 314f.), etwa der Rechtszweck (a.a.O., S.93), dazu im 5.Teil, 4.Kap., III, S.202ff., 206f.; auch Isensee, Subsidiaritätsprinzip, passim, bleibt unklar, ob er einen materiellen durch die Unantastbarkeit der Menschenwürde definierten oder einen formellen "offenen" Gemeinwohlbegriff hat, vgl. etwa S.270ff.

74) Grundlegend Fraenkel, Pluralismus, 45.DJT, Bd.II, B 5ff., der allerdings die Gruppenhaftigkeit des Pluralismus dogmatisch überbetont und den ethischen Charakter der Autonomie außer Acht läßt; ders., Selbstbestimmung, passim.

3. Kapitel

# DIE TOTALE STAATSRECHTLICHE BINDUNG STAATLICHEN VERHALTENS

Ein Recht des Staates zur Autonomie als das Recht des Staates, sich zu privatisieren, begrenzt die staatliche Bindung an das Staatsrecht, die schon als das specificum der staatlichen Gemeinwohlverpflichtetheit angeklungen ist. Die (substantielle) Fiskustheorie besteht in der Sache, wie immer wieder hervorgehoben wurde, in der These, der Staat dürfe ein solches Recht zur Autonomie in Anspruch nehmen. Dieser Bereich der Autonomie ist schon begrifflich dadurch gekennzeichnet, daß das Autonomierecht als das allem Privatem adäquate Privatrecht gilt und daß das Staatsrecht verdrängt oder zumindest zurückgedrängt ist. In diesem Bereich wäre es dem Staat gestattet, sich so zu entfalten, als wäre er ein Privater, Staatsunternehmen zu betreiben, als wären dies Privatunternehmen, eben auch zu Privaten in Wettbewerb zu treten, diese vom Markt zu verdrängen, usw. Dieser Fiskuslehre steht jedoch, wie jetzt darzulegen ist, die prinzipiell totale Rechtlichkeit allen staatlichen Verhaltens entgegen, die nichts anderes ist und sein kann als die Bindung an das staatsadäquate Recht, das Staatsrecht einschließlich des neutralen/allgemeinen Rechts, welches, wenn der Staat das betroffene Rechtssubjekt ist, Teil des Staatsrechts ist.

## I Rechtlichkeit und Verhältnismäßigkeit der Gemeinwohlkonkretisierung

Verbindliche Gemeinwohlkonkretisierungen erfolgen, wie schon gesagt, durch Staatsakte, vor allem durch staatliche Gesetze[75], weil es keine Maximen staatlichen Verhaltens vorrechtlicher, aber rechtsverbindlicher Art gibt[76]. Der Staat hat ausschließlich nach Maßgabe des Rechts zu agieren[77]. Alle seine Verhaltensweisen

---

75) Vgl. die Hinweise in Fn.en 5, 18 dieses Teils; etwa BVerfG NJW 1981, 1257f.

76) Hinweise in Fn.en 5, 7, 18, 65 dieses Teils.

77) Für viele Marcic, Rechtsphilosophie, S.258 ("Das e r s t e ist die a l l r e c h t l i c h e

sind rechtlich determiniert oder, wenn die materielle, normative Determinierung nicht sachgerecht ist, sind Verfahren vorgeschrieben, die gemeinwohlgerechte Entscheidungen gewährleisten sollen.

Für Entscheidungsspielräume gibt es Leitlinien, die ebenfalls die Sachgerechtigkeit und damit die Gemeinwohlorientiertheit der Entscheidungen sicherstellen sollen, wie die Ermessens-, Beurteilungs- und Einschätzungsprinzipien[78]. Dabei ist Sachgerechtigkeit der Entscheidung, was immer im Einzelfall sachgerecht sein mag, ein Gemeinwohltopos[79]. All diese Determinanten, Verfahrenssicherungen und Leitlinien muß sich der Private nicht gefallen lassen. Diese den Privaten etwa im Sinne irgendeiner Funktionsgerechtigkeit vorzugeben, würde deren Privatheit aufheben und die Menschenwürde verletzen[80].

Der Staat darf nach Maßgabe der materiellen und prozeduralen Gesetze Ziele setzen. Zur Erreichung dieser Ziele darf er die geeigneten und notwendigen Mittel nutzen. Die Ziel-Mittelrelation muß angemessen sein (Übermaßverbot/Proportionalitätsprinzip). Dieses Verhältnismäßigkeitsprinzip[81] ist nicht nur eine grundrechtliche Schrankenschranke[82], sondern eine allgemeine Verhaltensmaxime für den Staat[83]. Dabei müssen die Ziele und auch die Mittel verfassungsgemäß sein[84].

## II Personale Legitimation der Gemeinwohlkonkretisierung

Gemeinwohl wird normgebunden oder normfrei konkretisiert. Die Legitimation zur normfreien Dezision ist weitaus stärker personal als die zur normgebundenen Entscheidung. Jedoch eignet auch dieser ein dezisionistisches Element[85], welches ein

---

Natur des Staates"); Kelsen, Wesen und Wert der Demokratie, S.76 ("Denn das Fallenlassen jener Selbstbeschränkung, die das Prinzip der Legalität darstellt bedeutet die Selbstauflösung der Demokratie"); Ryffel, Rechts- und Staatsphilosophie, S.419.

78) Dazu Wolff-Bachof, Verwaltungsrecht I, §31, S.185ff. m.H.. Diesen Aspekt übersieht Barbey, W.u.V. 1978, 93f., wenn er dem Staat den Wechsel in privatrechtliche Organisationen mit Privatautonomie zugesteht; gerade auf die richtige Sicht der Differenz von "Verwaltungshandeln" und "privater Rechtsausübung" stellt zu Recht ab Burmeister, WiR 1972, 348f. (qualitativ verschiedenartige Kategorien", "elementare und nicht austauschbare Unterschiede").

79) Vgl. die Hinweise in Fn.31.

80) Dazu näher im 8.Teil, 2.Kap., II 2c, S.387ff.

81) Lerche, Übermaß und Verfassungsrecht, passim; Stern, Staatsrecht I, S.634, 671ff. mit weiteren Hinweisen; Schneider, F. BVerfG Bd.II, S.320f.; Gentz, NJW 1968, 1600ff.; Grabitz, AöR 98 (1973), S.568ff. zur Rspr. des BVerfGes.; Schachtschneider, JA 1978, 188 mit Hinweisen zur Rechtsprechung des Bundesverfassungsgerichts; Wolff-Bachof, Verwaltungsrecht I, §30 II Gl, S.179 m.w.H.

82) Vgl. Dürig, Maunz/Dürig/Herzog/Scholz, Rdn.63 zu Art.2 Abs.1 GG, auf Art.19 Abs.2 GG gestützt.

83) Lerche, Übermaß und Verfassungsrecht, S.61ff.; Stern, Staatsrecht I, S.671; dazu Grabitz, AöR 98 (1973), S.568ff., 600ff..
So BVerfGE 23, 127 (133); 35, 382 (400); 38, 348 (368); vgl. Schachtschneider, JA 1978, 188.

84) Schachtschneider, JA 1978, 188 für viele.

85) Zum Methodenproblem normgebundenen Entscheidens Fikentscher, Methoden IV, S.202ff., u.ö.;

personales Legitimationsbedürfnis mit sich bringt. Die personale Legitimation folgt aus Wahlen und Berufungen[86]. Bestimmte Staatswalter werden für bestimmte Aufgaben vom Volke oder in Vertretung für das Volk gewählt oder berufen. Bestimmte Menschen werden zu Abgeordneten vornehmlich mit der Aufgabe der Gesetzgebung, die sowohl Verfassungskonkretisierung als auch rein politische Dezision ist, gewählt. Bestimmte Menschen werden als Richter eingesetzt. Deren Aufgabe ist vorrangig normgebunden (Art.97 Abs.1 GG), obwohl selbst bei Richtersprüchen die "Erkenntnisse" nicht ohne "Bekenntnisse" gefunden zu werden vermögen[87]. Sonst wäre das Prinzip des gesetzlichen Richters (Art.101 Abs.1 S.2 GG) nicht von Nöten. Für den exekutiven Amtswalter mischen sich normabhängige und normfreie Entscheidungselemente augenscheinlich. Freiheitlich-demokratische Legalität jeder Gemeinwohlkonkretisierung ergibt sich, wenn der Gesetzesvorrang respektiert ist, aus der Kompetenz- und Verfahrensgerechtigkeit[88] und aus der persönlichen Legitimation des Staatswalters[89]. Diese Kautelen sind strikt einzuhalten, um die Gemeinwohlkonkretisierung, die nicht durch subsumtive Deduktion aus Normen Entscheidungen zu gewinnen vermag, zu legitimieren.

### III Gemeinwohlverpflichtetheit des Staates als Staatsrechtsbindung

Mit der ausschließlichen Gemeinwohlverpflichtetheit des Staates[90] ist, wie gesagt, die ausnahmslose Geltung des Staatsrechts für alles staatliche Verhalten verbunden, weil dies immer und ausschließlich Gemeinwohlkonkretisierung und/oder Gemeinwohlverwirklichung ist. Konsequenterweise kann der Begriff des Staatsrechts nur institutionell erfaßt werden[91/92]. Die Frage nach der Fiskustheorie ist

---

Pawlowski, Methodenlehre, S.171ff., jeweils mit ausführlicher Darstellung des Streitstandes; Esser, Grundsatz und Norm, passim; ders., Vorverständnis und Methodenwahl, passim; Scholz, Maunz/Dürig/Herzog/Scholz, Rdn.316 zu Art.12 GG (zum Richterrecht); deutlich auch BVerfGE 34, 262 (287).

86) Herzog, Maunz/Dürig/Herzog/Scholz, Rdn.19, 49 bis 54 zu Art.20 GG; ders., Allgemeine Staatslehre, S.210ff.; vgl. auch Ossenbühl, VVDStRL 29 (1971), S.159f. (großzügig).

87) Dazu im 8.Teil, 2.Kap., II 2a, S.388ff. mit Hinweisen in Fn.en 123, 124.

88) Herzog, Maunz/Dürig/Herzog/Scholz, Rdn.19, 49ff. zu Art.20 GG; ders., Allg. Staatslehre, S.210ff.; ders., VVDStRL 29 (1971), Ausspr., S.114f.; deutl. Fraenkel, Selbstbestimmung, 1960 ("minutiöse Respektierung rechtsstaatl. Zuständigkeits- und Verfahrensvorschriften" kein "Formalismus"); Kopp, VVDStRL 29 (1971), Ausspr., S.119f.; Krüger, Allg. Staatslehre, S.253ff.; Martens, Öffentl. als Rechtsbegriff, S.98; Böckenförde,Organisationsgewalt, S.56 (zur Kompetenzhaftigkeit im Verfassungsstaat); auch Lerche, Zentralfragen, S.29f.; Schachtschneider, JR 1970, 402f.; ders., JA 1979, 514, 516.

89) Herzog, a.a.O.

90) Hinw. in Fn.98 im 5.Teil. Klar insb. Benda, Abkehr vom Staat?, 1982,S.9f., 15; ders., Handb., S.552f.

91) Zum institutionellen Staatsbegriff näher das 1.Kap. im 5.Teil, S.175ff.

92) Martens, Öffentlich als Rechtsbegriff, S.93, 97, 99f., setzt einer solchen "Radialkur" nur noch "die deutsche Rechtstradition" und die "gegenwärtige Praxis" entgegen und fühlt sich (einfach-) gesetzlich gebunden. Rupp, Privateigentum an Staatsfunktionen?, S.24f. in Fn.43 hält das für "die vielfältigen Beziehungsstrukturen des Staates" für "inadäquat", ein "subtileres, topisches Verfah-

notwendig zugleich die Frage nach dem Begriff des Staatsrechts. Die Fiskustheorie lebt von dem Dogma, das Staatsrecht gelte nicht für alles staatliche Verhalten. Die nicht endende Diskussion um den Begriff des Staatsrechts ist identisch mit der Diskussion um die Privatrechtsfähigkeit des Staates.

Staatsrecht ist alles Recht, welches auf Verhalten anzuwenden ist, das dem Staat zuzurechnen ist. Staatsrecht ist die Rechtsordnung für das staatliche Verhalten.

Gemeinwohlverpflichtetheit des Staates ist also Geltung des Sonderrechts für den Staat. Das heißt zugleich, jede Einschränkung der Geltung des staatlichen Sonderrechts (einschließlich des neutralen Rechts) für staatliches Verhalten bricht mit der Gemeinwohlverpflichtetheit des Staates und verletzt den Grundkonsens der Staatsbildung durch das Volk, daß nämlich der Staat dem Wohle aller, also dem allgemeinen Wohle, dienen solle. In dem Maße, in dem auf staatliches Verhalten Autonomierecht der Privaten angewandt wird und dieses Privatrecht nicht durch staatsrechtsbezogene Modifikation der Sache nach Staatsrecht wird[93)], begibt sich der Staat seiner Staatlichkeit, wird privat, überschreitet die Vertretungsmacht, die ihm das Volk gegeben hat, handelt nicht mehr gemeinwohlverpflichtet, sondern rechtlich in privater Beliebigkeit, geriert sich, als wäre er ein freier Mensch, obwohl er doch nur die Organisation des Volkes für dessen Allgemeines ist[94)], maßt er sich eine allgemeine Rechtssubjektivität an, als wäre er Person wie der Mensch[95)], obwohl er nur in den Grenzen seiner Aufgabenzuweisungen rechtsfähig ist[96)]. Das Volk hat den Organen des Staates Vertretungsmacht eingeräumt, weil das Vertragsprinzip bürokratisch nicht hinreichend leistungsfähig ist[97)]. Der grundgesetzliche Staat darf, weil er freiheitliche Demokratie zu sein hat, ebensowenig ultra vires agieren, wie es in den klassischen angelsächsischen Demokratien seit langem anerkannt ist[98)].

Die privatrechtlichen Bindungen der Privatheit leisten keinen Ersatz für die staatsrechtlichen Bindungen des Staates in seiner Staatlichkeit[99)]. Das ergibt die prinzipielle Erwägung, daß die privatrechtlichen Grenzen des Rechts zur Autonomie letzteres im Kern unberührt lassen und lassen müssen. Daran ändert die (notwendige) "Gemeinwohlbezogenheit des Privatrechts", gemeint ist die des staatlichen

---

ren" sei angezeigt. Auch Naendrup, Haftungsbeschränkung, S.105, Fn.58 geht diesen Schritt nicht ("Purismus"-Verwurf), obwohl das seinen Ansätzen entspräche.

93) Zu dem Überlagerungsdogma vgl. die Hinweise in Fn.57 im 1.Teil.

94) Hinweise in Fn.142.

95) Hinweise in Fn.124; klar etwa Martens, Öffentlich als Rechtsbegriff, S.180f.mit Hinweisen; wesentlich Denningers, Rechtsperson, S.229ff., Lehre von der "Rechtsperson", die nicht nur positiviertes Rechtssubjekt ist.

96) Zur ultra-vires-Lehre Hinweise in Fn.en 74-76 im 1.Teil; dazu näher im 4.Kap., S.265ff., 270ff.

97) Dazu näher das 3.Kap., I, IV, des 4.Teils, S.159ff., 166ff., Hinweise in Fn.en 88, 93 im 4.Teil.

98) Hinweise wie Fn.96. Ganz wie hier in der Sache Naendrup, Haftungsbeschränkung, S.106.

99) Anders insb. Emmerich, Wirtschaftsrecht, S.129ff., 144f., 147; dazu im 2.Teil, 7.Kap., S.64ff.; dazu auch skeptisch Dürig, Maunz/Dürig/Herzog/Scholz, Rdn.475, insb. 482ff., 494 zu Art.3 Abs.1 GG.

Privatrechts, nichts[100]. Einen "gemeinrechtlichen" oder "neutralen" Charakter, den Bullinger undifferenziert gerade dem Wirtschaftsrecht beimißt[101], haben einzelne Vorschriften. Das ist im Einzelnen zu analysieren. Pauschal einem Rechtsgebiet Neutralität gegenüber den Rechtsträgern Private und Staat zuzubilligen, akzeptiert und verschleiert die Fiskustheorie; denn eine solche Pauschalierung geht davon aus, daß dieses Privatrechtsgebiet kein Autonomierecht enthalte. Das ist für ein Wirtschaftsrecht, welches wesentlich Recht der Wirtschaftsfreiheit und nicht nur des Wirtschaftens ist, sicher unrichtig. Jedenfalls spricht es dadurch, daß es den autonomierechtlichen Charakter des Wirtschaftsrechts in dessen wesentlichen Teilen leugnet, der Wirtschaft mit dem Recht zur Autonomie die Freiheit ab. Die Divergenz der Rechtsträger ist unüberwindlich, solange also sich die Existenz und damit das Verhalten der Menschen nicht rechtlich legitimieren muß - das im Gegensatz zum Staat.

So zwingend das Prinzip ist, daß der Staat in allen seinem Verhalten gemeinwohlverpflichtet ist[102], so zwingend folgt aus der Offenheit des Gemeinwohls[103], daß das Gemeinwohlprinzip konkrete Rechtswirkungen nur nach Maßgabe des Staatsrechts als der allein staatsadäquaten Konkretisierung des Gemeinwohls zeigt[104]. Wenn ein Staatswalter mit seinen Entscheidungen eigene, also private Zwecke verfolgt und nicht ausschließlich das (rechtlich konkretisierte) Gemeinwohl im Auge

---

100) Schluep, F.Böhm, S.569, (577ff. m.v.H.), 583ff.; K.Schmidt,Kartellverfahrensrecht, S.88ff., 89f., der richtig den "Ge- und Verbotscharakter, der das spezifisch 'Öffentliche' allen Rechts gegen Wettbewerbsbeschränkungen" (a.a.O., S.91) ausmache, hervorhebt und damit nichts anderes als den staatl. Charakter dieses Rechts anspricht, der jedoch die Unterscheidung von Privatrecht und Staatsrecht keineswegs erübrigt, wie gerade Schmidts Konsequenzen aus dem Prinzip der Rechtsgewißheit (Bestimmtheit), a.a.O., etwa S.131ff., 141ff., 158ff., erweisen. Zuzustimmen ist Schmidt darin, daß der Staat nach Zweckmäßigkeit entscheiden darf, ob er den Wettbewerb der privaten Unternehmer privat- oder öffentl.-rechtl. regelt (a.a.O., S.89f.); i.d.S. auch Schwabe, Drittwirkung, S.26ff., 52ff., weil der Imperativ der Primärnorm "neutral" ist; darum geht es aber nicht Bullingers Theorie vom "Gemeinrecht", Öffentl. Recht und Privatrecht, S.81ff.

101) Bullinger, Öffentl. Recht und Privatrecht, S.81ff., 101ff. ("Gemeinrecht"); auch für Bullinger, a.a.O., S.102 ist das Rechtsformenwahlrecht wichtige Stütze seiner Theorie, nicht anders als die Quasiprivatheit der Staatsunternehmen (a.a.O., S.102ff., m.H.); dem vorsichtig folgend Bull, Staatsaufgaben, S.147f.; auch K.Schmidt, Kartellverfahrensrecht, S.90; Rinck, Wirtschaftsrecht, S.7ff.; auch Wolff-Bachof, Verwaltungsrecht I, §23 Vc, S.112; lapidar auch Schluep, Allg. Wirtschaftsrecht, F.Böhm, S.580 m.H. in Fn.57 ("Allgemeingut ist, daß im Wirtschaftsrecht für die Sonderung von privatem und öffentl. Recht kein Raum bleibt"; der Satz bleibt ohne Definitionen, ohne Wert); vgl. ders., Was ist Wirtschaftsrecht?, S.90ff.; kritisch zu Recht Brohm, Strukturen, S.43f., der selbst mit seinem Hinw. auf "eine sich steigernde "Osmose" von Staat und Gesellschaft", die "weder theoretisch noch praktisch" eine strenge Abgrenzung der Rechtsbereiche erlaube, unsicher und unklar bleibt; Scholz (Neutralität), insb. ZHR 132 (1969), 122ff., dazu genauer mit Kritik im 2.Teil, 9.Kap., S.80ff., w. H. auf die Neutralitätsthese in Fn.316 des 2.Teils; unter gänzlich anderen Gesichtspunkten stellt Schwabe, Drittwirkung, S.26ff., 55, die Zugehörigkeit vieler Primärnormen zum öffentl. und zum priv. Recht fest und kritisiert zu Recht die Relevanz dieses Dualismus für die Frage der Grundrechtsgeltung.

102) Hinweise in Fn.98 im 5.Teil. Deutlich etwa Henkel, Rechtsphilosophie, S.469; Benda, Abkehr vom Staat?, 1982, S.9f., 15.

103) Hinw. in Fn.en 85 im 5.Teil, 137 im 4.Teil, 5, 18, 65 in diesem Teil; vgl. etwa Henkel, Rechtsphilosophie, S.467ff.; Benda, Abkehr vom Staat?, 1982, S.9f.; auch Hesse, Handb., S.25, 26 (begrenzte Offenheit der Verfassung).

104) Klar Martens, Öffentlich als Rechtsbegriff, S.185.

hat, handelt er rechtswidrig. Das folgt schon aus dem allgemeinen Verwaltungsrecht[105). Es kann allenfalls eine zufällige Übereinstimmung der privaten Zwecke des Staatswalters und der staatlichen allgemeinen Zwecke geben[106), die rechtlich irrelevant wäre, weil die Staatszwecke nicht mißachtet wären. Die Abgrenzung staatlicher Gemeinwohlkonkretisierung von privater Selbstbestimmung des Staatswalters mag im Einzelfall schwierig sein, sie ist aber leistbar. Der Vorbeugung dient das Recht der Befangenheit, das Staatswalter von der Amtsführung im Einzelfall ausschließt, wenn ihre Neutralität gefährdet ist[107).

IV Staatliche Adaption privaten Verhaltens

Der Staat kann um bestimmter Wirkungen willen interessiert sein, privates Verhalten zu adaptieren[108), etwa in der Rolle eines Hechts im Karpfenteich, um zu einem marktförderlichen Verhalten der Privatunternehmen zu zwingen[109). Dann beurteilt sich sein Verhalten rechtlich scheinbar nach Privatrecht. Dieses ist aber Staatsrecht, welches durch die Norm zum Staatsrecht gewandelt wird, die dem Staat das adaptive Verhalten erlaubt. Um der adaptiven Wirkung willen verhält sich der Staat dabei so, als sei er ein Privater. Derartiges staatliches Verhalten wird in Ausnahmefällen sachgerecht sein. H. Krüger hat derartige Situation skizziert[110). Ob diese Ausnahmen zugelassen sind, beurteilt sich nach den Grundrechten und nach den Vorschriften, die für die unternehmerische Betätigung des Staates überhaupt maßgeblich sind. Bei der Gemeinwohlkonkretisierung wird der Staat durch das Staatsrecht eingeengt. Allein diese Geltung des Sonderrechts für den Staat, des Staatsrechts, erlaubt es, staatliche Gemeinwohlkonkretisierung von der rechtlichen Beliebigkeit privaten Verhaltens zu unterscheiden. Die ermessensrechtliche Dogmatik, wie sie sich im § 114 VwGO und im § 40 VerwVerfG als Verbot der Ermessensüber- oder -unterschreitung und des zweckwidrigen Ermessensgebrauchs/ des Ermessensmißbrauchs darstellt, ergibt folgenreiche Unterschiede zur privaten rechtlichen Beliebigkeit, weil der Private in dem Bereich, in dem er nicht gesetzlich determiniert ist, jedenfalls die Zwecke, nach denen er sein Verhalten ausrichtet, also seine Maximen, selbst bestimmen darf, während die Exekutive sich

---

105) Dazu Wolff-Bachof, Verwaltungsrecht I, §31 II d2, S.202 (Selbst- und Fremdbegünstigung).

106) Krüger, Allgemeine Staatslehre, S.766 stellt klar, daß Gemeinwohl und Privatwohl wesensgemäß divers sind; ebenso Böhmer, Sondervotum, NJW 1981, 1262 ("daß öffentliches Wohl und Privatinteresse wesensverschieden sind"); Henkel, Rechtsphilosophie, S.465.

107) Dazu Wolff-Bachof, Verwaltungsrecht II, §73 III c2, S.38ff. mit Hinweisen auf das Gesetzesmaterial; auch dies., Verwaltungsrecht III, §156 III e, S.311ff., Rdn.26ff.

108) Zur Adaption wirtschaftl. Verhaltens von Privaten im 7.Teil, 2.Kap.,III 3, S.299ff. mit Fn.130.

109) Die Berechtigung solchen Verhaltens soll hier nicht erörtert werden. Vgl. etwa Krüger, ZBR 1979, 157ff.

110) ZBR 1979, 157ff.

am Zweck des Gesetzes und an den allgemeinen staatsrechtlichen Prinzipien zu orientieren hat[111].

## V Doppelbindung des Staates an Staats- und Privatrecht?

Wenn der Staat durch die Anwendung von Privatrecht, etwa dem Wettbewerbsrecht, zusätzlich zu den staatsrechtlichen Bindungen in seinem Verhalten determiniert wird, ist diese Bindung nicht deswegen gerechtfertigt, weil der Staat, etwa als Konkurrent stärker eingeschnürt werden müsse als private Unternehmer und weil das angesichts seiner ökonomischen Substanz sachgerecht und zumutbar erscheint[112]. Es gibt schlechterdings keine Rechtsvorschrift, die dem Staat vorschriebe, sich vom Wettbewerb schärfer einschränken zu lassen, sich härteren Maßstäben zu unterwerfen als private Unternehmer. Derartige Vorschläge geben rechtsstaatliche Rechtsanwendungsmethoden auf, weil sie die Maßstablosigkeit der Verhaltensnorm propagieren und die Verhaltensnorm zu einer administrativen Ermächtigung für die Wettbewerbsrichter gegen den Staat verändern[113].

Wenn staatliches Verhalten nach dem Wettbewerbsrecht beurteilt werden soll, wie es der Gesetzgeber durch § 98 Abs.1 GWB weitgehend für das Kartellrecht angeordnet hat[114], so normiert das eine analoge Anwendung des privaten Wettbewerbsrechts auf staatliches Verhalten und qualifiziert insofern dieses anwendbare Wettbewerbsrecht zu Staatsrecht[115]. Freilich muß das für anwendbar erklärte Privatrecht den grundgesetzlichen Prinzipien des Staatsrechts gerecht werden. Das ist für jede einzelne Vorschrift zu untersuchen. § 1 UWG jedenfalls ist als Rechtsnorm staatlichen Verhaltens nicht tragbar, weil sein Maßstab, die "guten Sitten", ausschließlich autonomierechtlichen Normcharakter hat[116]. Analysen der einzelnen Vorschriften sind unumgänglich, wenn der Gesetzgeber sich der Verweisungstechnik auf privatrechtliches Normgefüge bedient, um dem Staat das Recht zu setzen. Einen anderen Kodifikationsweg zeigt die Regelung des Verwaltungsverfahrens-

---

111) Ganz in diesem Sinne (mit Vorsichtsklausel) BVerfG NJW 1982, 2173 (2175).Ganz i.d.S. auch Böhmer, Sondervotum, NJW 1981, 1262ff. So im Prinzip auch Isensee, Handbuch, S.1157, der das Prinzip aber für die "Fiskalverwaltung" bricht, a.a.O., S.1172, 1175, und in anderer Bedeutung von "Anpassung" an "Ziel und Verfahren der Privatwirtschaft" spricht.

112) So Emmerich, Wirtschaftsrecht, S.68, 144f.; auch Rupp, Privateigentum an Staatsfunktionen?, S.24f. in Fn.43; m.H. P.Ulmer, ZHR 146 (1982), S.484ff.. Nähere Hinweise zu dieser Maßstabsmodifizierung in Fn.en 217, 218ff. des 7.Teils.

113) Kritik an Emmerich im 2.Teil, 7.Kap., S.76ff.; diese Konsequenz ist auch an Rebes Funktionalismus zu kritisieren, dazu im 8.Teil, 2.Kap., II 2, S.368ff., auch III, S.399ff.; insb. 8.Teil, 5.Kap., II 2, III, S.445ff., 449ff. Zur Assimilierung von Staatsunternehmen an Privatunternehmen näher im 7.Teil, 5.Kap., IV, VI, S.326ff., 333ff. m.H.

114) Dazu im 7.Teil, 1.Kap., II, S.285ff.

115) Dazu kritisch im 7.Teil, 1.Kap., III, S.288ff.; Dürig, Maunz/Dürig/Herzog/Scholz, Rdn.494 zu Art.3 Abs.1 GG hält interessanterweise Art.3 Abs.1 GG neben §26 Abs.2 GWB für unverzichtbar.

116) Dazu im 8.Teil, 3.Kap., IV, S.412ff., 4.Kap., S.421ff., 5.Kap., II 1, S.443ff.mit Hinweisen.

rechts, die die Besonderheiten des Staates in Rechnung stellt. Das Vertrauensschutzprinzip etwa, das durchaus allgemeinrechtlichen Charakter hat, kann jeweils im Interesse der Allgemeinheit zu anderen Rechtsfolgen als im Privatrecht führen[117].

Die Doppelbindung des Staates an das Staatsrecht und zusätzlich an das Autonomierecht der Privaten[118] verletzt das Verfassungsrecht des Staates, wie es vom Grundgesetz gegeben ist, weil der Staat sachwidrig bei der Erfüllung seiner Aufgaben gebunden ist. Normen des Autonomierechts können den Staat als solchen nicht determinieren. Das schließt nicht aus, daß im Privatrecht entwickelte Rechtsprinzipien und damit auch Vorschriften aus typischen Privatrechtsgesetzen wie dem Bürgerlichen Gesetzbuch in das Staatsrecht transferiert werden und der Bereich des neutralen/allgemeinen Rechts erweitert wird. Die Rezeption des Privatrechts in das Staatsrecht ist in vollem Gange. Die Rechtsinstitute des Privatrechts und des Staatsrechts gleichen sich mehr und mehr an[119]. Freilich ist das Staatsrecht durch die Besonderheit gekennzeichnet, daß das Gemeinwohl sich in den Grenzen der menschlichen Freiheit durchsetzen können muß[120]. Das autonomiebezogene Privatrecht ist demgegenüber dadurch charakterisiert, daß es die Verhältnisse der Privaten normiert, die außerhalb der Rechtsbindung frei sind, sich ethisch autonom, aber rechtlich willkürlich zu verhalten[121].

## Quintessenz

Die Quintessenz unserer Überlegung ist: Der Staat als Privatrechtssubjekt ist der Sache nach privat, weil der Staat den Privaten, wenn er Privatrecht setzt, Privatheit belassen muß. Privatrechtsfähigkeit nimmt somit Privatheit in Anspruch. Die grundgesetzliche Entscheidung für die freiheitliche Demokratie verbietet eine Fiskustheorie, die es dem Staat zugesteht, als Privatrechtssubjekt zu agieren, weil der Staat sich in keiner seiner Verhaltensweisen von der Geltung des Staatsrechts als der Konkretisierung des Gemeinwohls lösen darf.

117) Vgl. etwa §§48, 49 VerwVerfG.

118) So das Überlagerungsdogma, vgl. die Hinweise in Fn.57 im 1.Teil; auch Dürig, Maunz/Dürig/Herzog/Scholz, Rdn.494f. zu Art.3 Abs.1 GG.

119) Vgl. dazu auch §§59 Abs.1, 62, S.2 VerwVerfG für das Vertragsrecht.

120) Dazu Krüger, Allgemeine Staatslehre, S.766; vgl. auch Kopp, W.u.V. 1978, 190; dazu im 8.Teil, 5.Kap., II 2c, S.447f. mit Hinweisen in Fn.426.

121) Dazu näher im 3.Teil, 2.Kap., S.104ff.; so die Rechtsprechung des Bundesverfassungsgerichts zum Eigentum Privater, etwa E50, 1 (30); NJW 1982, 2173 (2175). Vgl. auch BVerfG NJW 1983, 26 (StHG): "'bürgerliches Recht' als dem 'Recht der Privaten'", ganz anders, m.E. noch gegenüber der Fiskustheorie unkritisch, die wenig stringent begründete Entscheidung zu den öffentlich-rechtlichen Wettbewerbsversicherern, die in Privatrechtsform handeln und darum der konkurrierenden Bundeskompetenz aus Art.74 Nr.11 GG unterliegen. BVerfGE 41, 205ff. = NJW 1976, 677ff.; vgl. dazu Bettermann, WiR 1973, 184ff., 242ff.

4. Kapitel

# DAS GRUNDGESETZLICHE VERBOT DER PRIVATISIERUNG DES STAATLICHEN

Die Fiskustheorie als These allgemeiner Privatrechtsfähigkeit des Staates wird zu einem verfassungsrechtlichen Kompetenzproblem, wenn sie dem Staat nicht nur das Privatrecht als Verhaltensnorm, sondern eben auch als Kompetenznorm anbietet und dadurch dem Staat Autonomie bei der Aufgabenbestimmung einräumt, insoweit er (lediglich) Aufgaben auf sich nehme, die auch Private ergreifen dürfen. Das ist die am weitestgehende fiskustheoretische Position, die der Sache nach den Parlamentsvorbehalt als Schutz des Volkes vor eigenständiger Kompetenzerweiterung des Staates und zugleich das wesentliche Element rechtsstaatlich-demokratischer Verbindung von Volk und Staat, nämlich die Übertragung von bislang privaten Angelegenheiten auf den Staat durch (verfassungslegitimierten) Parlamentsakt, untergräbt. Wenn diese Position gar mit der Ablehnung der Fiskalgeltung der Grundrechte verbunden ist[122], wird der Staat ermächtigt, sich mittels 'privatrechtlicher', vornehmlich unternehmerischer Betätigung aus eigener Macht und ohne Gesetz zum totalen Staat zu entwickeln, indem er auch die Wirtschaft in seiner Hand konzentriert. Diese Entwicklung hat in den vergangenen eineinhalb Jahrzehnten zunehmend Fortschritte gemacht. Ihr ist durch die moderne Fiskustheorie der Weg geebnet. Das Problem einer Verletzung eines staatswirtschaftsrechtlichen Subsidiaritätsprinzips[123] sei hier nur angemerkt. Dem Staat steht die skizzierte allgemeine Privatrechtsfähigkeit, die das grundgesetzliche Verfassungssystem sprengt, nicht zu; der Weg in die Privatheit ist ihm in der freiheitlichen Demokratie des Grundgesetzes versperrt.

---

122) Hinweise zur Problematik der Fiskalgeltung der Grundrechte in Fn.en 60-63 des 1.Teils.

123) Zum Subsidiaritätsprinzip Hinweise in Fn.184 dieses Teils.

## I Die naturgebundene Rechtssubjektivität des Menschen, nicht des Staates

Der Mensch als solcher ist rechtsfähig, wie es § 1 BGB vorschreibt und wie es auch ohne diese Vorschrift nach Art.1 Abs.1 GG gelten würde; denn der Mensch hat das Recht zur Autonomie nicht vom Staat. Diese Freiheit dem Menschen zu nehmen, würde seine Menschenwürde verletzen[124)]. Der Mensch ist als Person Rechtsträger unabhängig von staatlicher Gesetzgebung[125)].

"Freiheit (Unabhängigkeit von eines anderen nötigender Willkür), sofern sie mit jedes anderen Freiheit nach einem allgemeinen Gesetz zusammen bestehen kann, ist dieses einzige, ursprüngliche, jedem Menschen, kraft seiner Menschheit, zustehende Recht", stellt Kant in der Einleitung der Rechtslehre als das "einzige" "angeborene" Recht heraus[126)]. Die Autonomie als die innere Freiheit des Menschen ist zunächst einmal seine Fähigkeit, Träger von Rechten und Pflichten zu sein. Ein freiheitlich-demokratischer Staat erhält demgegenüber seine Existenz nur durch die Gesetze des Volkes, die seine Existenz zugleich kompetenziell begrenzen[127)]; denn alle Staatsgewalt und damit alle Staatlichkeit geht vom Volke aus. Es gibt keinen der Gemeinschaft der Deutschen, also dem deutschen Volke vorgegebenen Staat.Die Begründung und Begrenzung staatlicher Existenz durch die Kompetenzen und Aufgaben begründenden Rechtsentscheidungen läßt sich durchaus in Anlehnung an die anglo-amerikanische Staatstheorie als eine ultra-vires-Lehre verstehen, die wegen der herrschenden und praktizierten Fiskustheorie bei uns nicht Fuß fassen konnte[128)]. Rechtsfähigkeit des Staates wird mit Personenhaftigkeit verwechselt. Person ist allein der Mensch, dem allein Autonomiefähigkeit eignet. Der Staat ist nur insoweit rechtsfähig, als er Träger der ihm durch Gesetz zugewiesenen Rechte und Pflichten ist.

---

124) Kant, Grundlegung, S.69; Dürig, Maunz/Dürig/Herzog/Scholz, Rdn.19 mit Hinweisen in Fn.2 zu Art.1 Abs.1 GG; auch Rdn.30ff. zu Art.3 Abs.1 GG daselbst; Zippelius, Bonner Kommentar, Rdn.9, 35 zu Art.1 Abs.1 GG; wesentlich zur Anerkennung des Menschen als "Rechtsperson", der nicht bloß gesetzespositives Rechtssubjekt ist, Denninger, Rechtsperson, S.229ff., passim; vgl. weitere Hinweise in Fn.en 5 des 3.Teils und 7 des 4.Teils.

125) Dürig, Maunz/Dürig/Herzog/Scholz, Rdn.19 zu Art.1 Abs.1 GG, Rdn.39ff. zu Art.3 Abs.1 GG; Westermann, Person und Persönlichkeit im Zivilrecht, 1957, S.9; Wintrich, Grundrechte, S.31; Kriele, Kriterien der Gerechtigkeit, S.95f.; Larenz, Allgemeiner Teil, S.83f.

126) Metaphysik der Sitten, S.345.

127) Hinweise in Fn.en 5, 6, 18, 19, 143 bis 145 dieses Teils.

128) Hinweise in Fn.en 74 bis 76 im 1.Teil. Tendenziell so jetzt BVerfG NJW 1982, 2173 (2175) ("Rein erwerbswirtschaftliche - fiskalische Unternehmen sind den Gemeinden untersagt. Hinsichtlich anderer juristischer Personen des öffentlichen Rechts besteht auf Grund haushaltsrechtlicher Bestimmungen zumeist eine ähnliche Lage").
Die ultra-vires-Lehre handelt als solche nur von den kompetenziellen Grenzen staatlichen Agierens, aber die allgemeine Rechtssubjektivität realisiert sich spezifisch als Privatrechtssubjektivität, eben ultra vires. Die (fehlerhafte) Rechtsordnung eröffnet Aktionsräume, die dem Staat nicht zugestanden werden dürfen. Vor allem aber ist die Privatrechtsordnung inadäquat, selbst wenn der Staat intra vires agiert; in diesem Sinne Burmeister, WiR 1972, 311ff. gegen das "hoheitliche Privatrecht"; auch Schmidt- Salzer, WiR 1972, 106ff.

## II Staatliche Kompetenzen als Grenzen des Rechts zur Autonomie der Privaten

Das Recht zur Autonomie des Privaten ist nicht spezifisch Kompetenz. Kompetenz gibt nicht spezifisch ein Recht zur Autonomie[129)]. Das kompetenzielle Verständnis des Rechts zur Autonomie ist typische Konsequenz funktionalistischer Freiheitsbegrenzung auf bestimmte, nicht selbstgesetzte Zwecke. Die Kontroverse zwischen dem autonomietheoretischen und dem funktionalistischen, kompetenziellen Begriff der Tarifautonomie beherrscht das kollektive Arbeitsrecht[130)]. Staatliche Stellen dürfen um der Fachlichkeit oder/und um der Neutralität willen unabhängig sein.

Die Kompetenzzuweisung, die notwendig zugleich eine Aufgabenzuweisung ist, schränkt die Menschen in ihrer verfassungsgeschützten Privatheit ein, weil sie die Lebensbewältigung, soweit diese zur ausschließlich gemeinschaftlichen Bewältigung dem Staat überantwortet ist, nicht mehr autonom vornehmen dürfen und, wenn der Staat nur konkurriert, sich die mehr oder weniger intensive Ingerenz des Staates in ihr freies Schalten und Walten gefallen lassen müssen. Jede Kompetenz- und Aufgabenzuweisung an den Staat durch das Volk mittels des Gesetzes verändert somit die Grenzen des Rechts der Menschen aus Art.2 Abs.1 GG zur Autonomie[131)]. Das schließt es aus, daß auch der Staat selbst sich auf dieses Recht der Privaten zur Autonomie aus Art.2 Abs.1 GG berufen darf[132)], um seinen Auf-

---

129) Zum Unterschied von Autonomie und Kompetenz vgl. Gallwas, VVDStRL 29 (1971), S.223; anders etwa Brohm, Strukturen, S.158, 179ff., 209ff. (dazu 2.Teil, 6.Kap. II, S.61f.); Adomeit, Rechtsquellenfragen, S.87ff., 89f. (ohne substantielle Begründung), der ohne eine vorstaatliche Rechtsetzungsmacht des Menschen das staatliche Gesetz als seine Rechtsgrundlage der Privatautonomie, als "Inbegriff der Kompetenz zur Rechtsgestaltung", nicht grundgesetzgemäß erklären kann; auch Rebe, Privatrecht und Wirtschaftsordnung, S.211ff.; dazu in und zu Fn.230 des 5.Teils.
Auf die hegelianische Pflichttheorie als Grundlage des (Miß-)Verständnisses von Autonomie als Kompetenz weist richtig Denninger, Rechtsperson, S.296ff., 298 hin; richtig Burmeister, WiR 1972, S.347ff., obwohl er jeweils von "Funktionsbereichen" spricht; vgl. ders., Vom staatsbegrenzenden Grundrechtsverständnis, S.72f.; i.d.S. auch Schmidt-Salzer, WiR 1972, 106ff.

130) Typisch für die zweite Position Säcker, Grundprobleme, S.22ff., 28f., der denn auch Preuß, Begriff des Öffentlichen, S.173, mit dessen Forderung nach "umfassender Politisierung und Demokratiesierung der Verbände" für sich zitiert, ausgerechnet einen erklärten Marxisten, obwohl er, Säcker, sein Freiheitsprinzip auf Kant zu gründen meint (S.22ff.). Zur genannten Kontroverse (insb. um die Delegationstheorie) m.w.H. insb. in Fn.10 Scholz, Maunz/Dürig/Herzog/Scholz, Rdn.301 zu Art.9 GG; vgl. auch vgl. Papier, Handb., S.636; auch BVerfGE 28, 295 (305); 34, 307 (317); dazu auch m.H. in Fn.238 im 7.Teil.

131) Vgl. Isensee, NJW 1963, 2107; ders., Subsidiaritätsprinzip, S.204ff., 209; so schon deutl. Kelsen, Wesen und Wert der Demokratie, S.29 für Kompetenzen des Staates, die nicht das Volk selbst wahrnimmt; ganz i.d.S. Burmeister, WiR 1972, 343 ("sachlich - gegenständl. Verlustquote des privatautonomen Betätigungsbereichs zugunsten der staatl. Kompetenzexpansion"); dazu i.d.S. zurückhaltend Bull, Staatsaufgaben, S.202ff., dogmat. unscharf, insb. S.209 zur Wirtschaftsfreiheit, auch S.258f.

132) Klar für viele Hesse, Verfassungsrecht, S.144; Krüger, Allg. Staatslehre, S.327f., 581, 897; ders., VVDStRL 19 (1961), S.261; ders., ZBR 1979, 157f.; Zeidler, VVDStRL 19 (1961), S.229 (dazu im 5.Teil, 4.Kap., VIII, S.224ff.); Mallmann, daselbst, S.194ff., Ls.II, S.207; klar Isensee, Subsidiaritätsprinzip, S.204ff., 209f.; auch Ossenbühl, VVDStRL 29 (1971), S.144; auch Wenger, Öffentliche Unternehmung, S.518 (keine "Privatautonomie im eigentlichen Sinne", aber Privatrechtssubjektivität), S.520, 541ff.; so auch Rüfner, Formen, S.358ff.; in der Sache durchgehend Naendrup, Haftungsbeschränkung, S.74ff., 103, u.ö.; Barbey, W.u.V. 1978, 77ff., der die Andersartigkeit des Legitimationssystems für den Staat und die Gemeinden hervorhebt, schließlich aber Kompetenz des Staates und Privatautonomie identifiziert, wenn der Staat privatrechtliche Organisationsformen benutzt; denn diese Einheiten blieben privat, wenn sie nicht Beliehene seien; der

gabenkreis zu erweitern; denn es würde zu einem unlösbaren Autonomie-Kompetenzkonflikt zwischen den privaten Menschen und dem Staat führen. Der Staat genießt keine Privatautonomie, weil sein kompetenzielles und aufgabenmäßiges Wirkungsfeld jeweils durch Rechts- (i.d.R. Parlaments-) akt begründet wird und begründet werden muß[133]. Die normativen Kompetenz- und Aufgabenregelungen müssen nicht so dicht sein, daß sie konkretisierende Verwaltungsentscheidungen organisatorischer Art für die Errichtung von staatlichen Stellen erübrigen. Dem Prinzip des Rechtsvorbehalts ist genüge getan, wenn die Ermächtigungen hinreichend konkret, eben nicht pauschal sind[134]. Der Vorbehalt schützt nicht nur das Recht zur Autonomie der Privaten, sondern verhindert eine Privatautonomie des Staates. Er würde umgangen, wenn Gesetze dem Staat eine Privatautonomie zusprächen, die er nicht nur nicht beanspruchen, sondern die ihm nach dem Grundgesetz auch nicht eingeräumt werden darf. Spezifisch das Zugeständnis von Privatautonomie ist eine demokratierechtswidrige und im übrigen auch rechtsstaatswidrige Pauschalermächtigung zu staatlichem Verhalten. Die grundsätzliche Privatheit der Lebensbewältigung in der freiheitlichen Demokratie des Grundgesetzes erzwingt zumindest diesen Rechtsvorbehalt für die staatlichen Kompetenzen und Aufgaben[135], die im übrigen, wie schon gesagt, die verfassungsgesetzlichen Staatszwecke nicht überschreiten dürfen[135a].

---

Staat verschafft sich also die Privatautonomie, die Barbey vehement ablehnt, mittels seiner Kompetenz durch Wechsel in privatrechtliche Organisationsformen; ähnlich inkonsequent Bettermann, F.Hirsch, S.2f.; Emmerich, Wirtschaftsrecht, S.129, 144f., 147 (dazu 2.Teil, 7.Kap., S.65ff.); ders., JuS 1970, 332; Ossenbühl, DÖV 1971, 517f.; wie hier auch Jesch, Gesetz und Verwaltung, S.179f., 199, 213ff.; Burmeister, WiR 1972, S.311ff., 323, 347ff.; Schmidt-Salzer, WiR 1972, S.103ff., 106ff.; vgl. auch Berkemann, Staatliche Kapitalbeteiligung, S.28; Bull, Staatsaufgaben, S.96ff. m. H.; in der Sache auch Rittner, Wirtschaftsrecht, S.37ff., 177ff.; w. H. zur Frage grundrechtsgeschützter Freiheit des Staates in Fn.60 des 1.Teils; dagegen jetzt alles Staatliche umfassend BVerfG NJW 1982, 2173ff., gerade weil die Gemeinden nicht Private seien; dazu auch im 4.Kap., V, S.270ff., 272ff. Anders u.a. auch Scholz, ZHR 132 (1969), S.136ff. für den Fiskus, dessen Verhaltensermächtigung er der "allgemeinen Verwaltungsaufgabe" des Staates entnimmt, die dem Fiskus eine Gestaltungsfreiheit (im Rahmen spezieller Zweckkompetenzen) gebe, die der privaten nahe- oder gleichkomme, so daß Raum für wettbewerbsrechtliche Reglementierung bestehe.

133) Wie Fn.132; so i.S. der rechtlichen "Allgebundenheit" alles Staatlichen, auch des "Privatwirtschaftlichen" Marcic, Rechtsphilosophie, S.258; zur Kompetenzhaftigkeit der Zwecksetzung für öffentliche Unternehmen insb. Wenger, Öffentliche Unternehmung, S.543; auch Rittner, Wirtschaftsrecht, S.37ff., 177ff.; tendenziell auch BVerfG NJW 1982, 2173; vgl. i.d.S. Böhmer, Sondervotum, NJW 1981, 1262.

134) Zur Problematik von Pauschalermächtigungen wesentlich Jesch, Gesetz und Verwaltung, S.179f., 199, 213ff. und passim; auch Wenger, Öffentliche Unternehmung, S.551f., 565.

135) Ein Regel-Ausnahme-Verhältnis von Privatheit und Staatlichkeit ist Anliegen jeder liberalen Staatstheorie, vgl. G.Jellinek, Allgemeine Staatslehre, S.247; für den Gesetzesvorbehalt schon Hobbes, Leviathan II, chapt. XXI, p.206.
Dazu im Sinne des Textes Jesch, Gesetz und Verwaltung, S.171ff., klar S.205 zum demokratischen kompetenziellen Parlamentsvorbehalt im Gegensatz zur Exekutivkompetenz aus dem monarchischen Prinzip, insb. S.175 für staatliche Leistungen und Begünstigungen; Bull, Staatsaufgaben, S.202ff., S.121 gesteht Bull dem Parlament "bei der Festlegung der Aufgaben" nur "das entscheidende Wort" zu; das ist unscharf, richtig dagegen S.91: "Es bedarf einer Rechtsänderung, um den Staat neue Aufgaben zuzuweisen" (gegen Krügers, Allgemeine Staatslehre, S.760, vermeindliche Lehre von der Omnikompetenz des Staates); zum Ganzen wesentlich Isensee, Subsidiaritätsprinzip, S.215f.; wie hier auch Fikentscher, Wettbewerbsrecht II, S.70.

135a)Dazu im 1.Kap., II 4, S.239ff.

Die extensive Interpretation der "verfassungsmäßigen Ordnung" in Art.2 Abs.1 GG erweist die Verfahren, in denen Rechte begründet und gehandhabt werden, als den eigentlichen Gehalt des Rechts der allgemeinen Handlungsfreiheit. Diese Verfahren sind ja wesentliche Grundlage des menschlichen Zusammenlebens[136)].

Weil die Deutschen im Rahmen der Staatszwecke prinzipiell alle ihre Angelegenheiten gemeinschaftlich, d.h. staatlich, erledigen dürfen, vermag die grundgesetzliche Garantie des Rechts der allgemeinen Handlungsfreiheit als solche nicht mehr als den rechtsstaatlichen Rechtsvorbehalt[137)], das Konsensprinzip, zu verankern. Immerhin bewirkt dieser wegen des strengen Bestimmtheitsprinzips[138)] stärkeren Freiheitsschutz[139)] als der demokratische Gesetzesvorbehalt, der durch die unumgängliche parlamentarische Repräsentation der Deutschen in seiner freiheitlichen Schutzwirkung gemindert ist[140)]. Die Verhaltensmöglichkeiten des Staates sind um der Privatheit der Deutschen und um der Demokratie willen durch Entscheidungen des Volkes bedingt. Diese Rechtsakte bringen den Staat hervor und begrenzen ihn zugleich[141)].

### III Der umfassende Rechtsvorbehalt für die Komptenzen des Staates

Der freiheitlich-demokratische Staat ist die Organisation des Volkes für die Ver-

---

136) Zur Verfahrenshaftigkeit des Freiheitlichen für viele Suhr, Entfaltung, insb. S.129ff.; Scholz, Koalitionsfreiheit, S.310ff. und passim; vgl. auch Fraenkel, Selbstbestimmung, 1960 mit Hinweis auf R.v.Iherings Satz 'Die Form ist die Schwester der Freiheit'. Wesentlich auch Hesse, Handb., S.100ff.

137) In diesem Sinne BVerfGE 6, 32 (41f.); 8, 71 (76); 8, 274 (325); 25, 371 (407); 40, 237 (249); 41, 231 (243), st. Rspr..
Dazu Schachtschneider, JA 1978, 238 mit weiteren Hinweisen auf die Rechtsprechung des Bundesverfassungsgerichts; den formalen Aspekt kennzeichnet richtig Grabitz, Freiheit und Verfassungsrecht, S.52ff. mit weiteren Hinweisen, S.60ff., der diesen grundrechtlichen 'negativen' Gehalt als unzureichend kritisiert, zu Unrecht. Den 'negativen' Gehalt versteht Grabitz, a.a.O., etwa S.52, als "Abwesenheit staatlicher Einwirkung auf individuelle Willkür"; er meint einen "substanzlosen Freiheitsbegriff" (etwa a.a.O., S.63), der Freiheit mit individueller Willkür gleichsetzt, der bedingt, daß die an den Gesetzesvorbehalt gebundenen "Eingriffe" in die Freiheitsgewährleistung nur an der formalen Struktur staatlichen Handelns bestimmt werden können. Zum positiven Gesetzesvorbehalt Stern, Staatsrecht I, S.635ff. mit weiteren Hinweisen; Hesse, Verfassungsrecht, S.82.

138) Zur Berechenbarkeit der Eingriffe aus der Ermächtigung als Rechtsstaatsgebot BVerfGE 6, 32 (42); 8, 71 (76); 8, 274 (325); 20, 150 (158); Benda, Handb., S.491; schon Kant, Idee, S.39 ("genaueste Bestimmung und Sicherung der Grenzen dieser Freiheit"); auch Maihofer, Handb., S.179; vor allem Jesch, Gesetz und Verwaltung, S.218ff. m. H. in Fn.195ff.; Stern, Staatsrecht I, S.635f. m. H.; auch Grabitz, Freiheit und Verfassungsrecht, S.52ff., insb. S.62 mit Fn.57; Schachtschneider, JA 1978, 242f. mit weiteren Hinweisen. Das Bestimmtheitsprinzip wird vornehmlich auf Art.19 Abs.4 GG gestützt, etwa Jesch, a.a.O., S.224f. für viele.

139) Jesch, Gesetz und Verwaltung, S.218ff. mit Hinweisen.

140) Der freiheitsrechtliche und damit (materiell) rechtsstaatliche Gesetzesvorbehalt und der demokratierechtliche müssen unterschieden werden, weil die Rechtswirkungen unterschiedlich sind; dem letzteren ist bereits durch eine sehr allgemeine parlamentarische Ermächtigung, etwa im Haushalt, genügt; deutlich Jesch, Gesetz und Verwaltung, etwa S.169f., 213ff.; zur Notwendigkeit der Repräsentation im 4.Teil, 3.Kap., III, S.163ff. mit Fn.88.

141) Zur ultra-vires-Lehre vgl. die Hinweise in Fn.74 im 1.Teil.

wirklichung von dessen Allgemeinem, des Gemeinwohls[142], der nur auf Grund der Rechtsakte der Menschen im Gemeinwesen existiert, die ihm auftragen, das Gemeinwohl in dieser oder jener Weise zu verwirklichen[143]. Jede Kompetenz und Aufgabe hat der Staat durch mehr oder weniger allgemeine verhaltensermächtigende Rechtsakte[144]. Außerhalb dieser Ermächtigungen hat er keine Handlungsbefugnis[145]. Wenn der Staat somit unternehmerisch tätig ist, dann zur Verwirklichung spezifischen Gemeinwohlinteresses, das Rechtsakte zu verwirklichen vorschreiben. Jede Regelung gemeinschaftlicher Lebensbewältigung direkt oder indirekt durch das Volk ist staatsbegründend, staatserweiternd oder staatsbeschränkend[146]. Sie hat als Realisierung des Volkskonsenses durch die Verfassung oder durch das (repräsentative) Gesetz zu erfolgen[147]. An dieser Stelle ist nicht davon zu handeln, welche

---

142) In diesem Sinne Kelsen, Staatsform und Weltanschauung, S.22f.; Herzog, Allgemeine Staatslehre, S.152ff., der von Institution staat von Organisation spricht; Meyer, Wahlsystem und Verfassungsordnung, S.196; Grimmer, Demokratie und Grundrechte, S.185; Bull, Staatsaufgaben, S.82; i.d.S. auch Barbey, W.u.V. 1978, 79 ("Die Rechtssubjektivität von Staat und Gemeinden gründet somit erst, nur und stets in der Verfassung und dem verfassungsmäßigen Recht"); wesentlich Heller; Staatslehre, S.228ff.; ihm folgend Böckenförde, in: Staat, Gesellschaft, Freiheit, S.192ff.; so auch für Österreich Oberndorfer, W.u.V. 1978, 134 m. H.; das ist auch bestimmend für Naendrup, Haftungsbeschränkung, S.94ff., 102ff.; Grabitz, Freiheit und Verfassungsrecht, S.200, sieht die funktionale Besonderheit des Staates in dem "Herrschaftsmonopol des Staates kraft Autorität" (in Anlehnung an M.Weber, Wirtschaft und Gesellschaft, Bd.II, S.542; Krüger, Allg. Staatslehre, S.879 "Einseitigkeit der Staatsgewalt"); m.E. ist dieses Monopol ein Mittel, das dem Staat zugestanden ist, aber nicht dessen Funktion; i.d.S. auch Maihofer, Rechtsstaat und menschliche Würde, S.116, der mit Bezug auf Hobbes den Staat als Mittel zur Vollbringung der Zwecke des Menschen charakterisiert, nicht umgekehrt den Menschen als Untertan des Staates zur Vollbringung von Zwecken des Staates. Ebenso Marcic, Rechtsphilosophie, S.213 (unter Bezug auf Aristoteles); klar i.d.S. ders., Handb., S.195 ("kopernikanische Wende").
Zum Begriff des Allgemeinen grundsätzlich Scholz, Koalitionsfreiheit, S.298ff., 310ff.

143) Hesse, Verfassungsrecht, S.144 ("Die Verfassung kennt nur konstituierte Staatlichkeit"); Meyer, Wahlsystem, S.196; Krüger, Allgemeine Staatslehre, S.760f.; Rupp, Verfassungsrecht und Kartelle, S.195 ("Das Grundgesetz ... nicht nur als bloße Bremse am Motor extra-konstitutioneller Legitimität ... , sondern als Ursprung und Quelle der pouvoir constitué"); Bull, Staatsaufgaben, S.92ff., 99ff.; deutlich Naendrup, Haftungsbeschränkung, S.94ff., 217ff.; Grimmer, Demokratie und Grundrechte, S.185; auch Grabitz, Freiheit und Verfassungsrecht, S.198f. ("... notwendig rechtlich verfaßt"; "Ein Staat ohne Verfassung existiert ebensowenig wie eine Verfassung ohne Staat."); Martens, Öffentlich als Rechtsbegriff, S.98f.; i.d.S. auch Burmeister, WiR 1972, 348ff.; Schachtschneider, JA 1979, 517f.; vgl. auch Herzog, Allgemeine Staatslehre, S.148, 180; ders., vorsichtig, Maunz/Dürig/Herzog/Scholz, Rdn.83ff. zu Art.20 GG; deutlich Heller, Staatslehre, S.189ff., 234; Jellinek, Allg. Staatslehre, S.477; so auch, aber seinsrechtlich Marcic, Rechtsphilosophie, S.213f.;dazu auch wesentlich Krüger, Allg. Staatslehre, S.335ff.

144) Bull, Staatsaufgaben, S.118f.; auch Brohm, Strukturen, S.161ff.; Naendrup, Haftungsbeschränkung, S.94, u.ö.

145) Herzog, VVDStRL 29 (1971), Aussprache, S.114; Grimmer, Demokratie und Grundrechte, S.183; klar Barbey, W.u.V. 1978, 79ff., 84, 91, 93 in Fn.81; Schachtschneider, JA 1979, 516; vor allem Jesch, Gesetz und Verwaltung, S.172, 205; in diesem Sinne auch Ossenbühl, VVDStRL 29 (1971), S.172ff. mit Hinweisen, der einen umfassenden organisationsbezogenen Gesetzesvorbehalt für richtig hält; dazu auch Böckenförde, Die Organisationsgewalt im Bereich der Regierung, S.56; Martens, Öffentlich als Rechtsbegriff, S.98; dazu auch die Hinweise in Fn.143; vorsichtig scheint jetzt BVerfG NJW 1982, 2173 (2175), dahin zu tendieren; zur ultra-vires-Lehre vgl. die Hinweise in Fn.74 im 1.Teil.

146) Vgl. d. H. in Fn.en 21 im 1.Teil, 143, 174 in diesem Teil; wie hier der Sache nach Isensee, Grundrechte und Demokratie, S.10; zu den Vertragstheorien d. H. in Fn.75 des 4.Teils; Marcic, Geschichte der Rechtsphilosophie, S.271ff.; klar etwa Rupp, Verfassungsrecht und Kartelle, S.195.

147) In diesem Sinne auch Jesch, Gesetz und Verwaltung, S.172f., 196f., 197ff., 205 und passim mit Hin-

Rechtsakte staatliche Kompetenzen begründen dürfen. Diskutabel ist als eine derartige Rechtsgrundlage sogar die denkbar weite Sozialklausel der Art.20 Abs.1 und Art.28 Abs.1 S.1 GG[148)]. Eine weitere Frage ist die, wie diese Staatszielbestimmung zu konkretisieren ist. Meines Erachtens nicht ohne Zwischenschaltung eines Legislativaktes[149)]. Ein schlichter Parlamentsakt genügt diesem Rechtsvorbehalt[150)]. Weil der Staat somit ohne rechtliche Funktionszuweisung weder Kompetenz noch Aufgabe hat[151)], kommt eine Autonomie im Sinne einer Selbstbestimmung für ihn wesensgemäß nicht in Betracht[152)]. Darum hat der Staat keine private Existenz, weil diese nämlich durch die autonome, selbstbestimmte und selbstverantwortete, Verwirklichung der Persönlichkeit definiert ist[153)]. Wegen des untrennbaren Zusammenhangs von Privatheit und Privatrechtsfähigkeit ist der Staat auch nicht privatrechtsfähig, schon gar nicht unbegrenzt[154)]. Es gibt darum

---

weisen; dazu Kant, Zum ewigen Frieden, S.206ff., der in nicht-repräsentativer Demokratie "notwendig ein Despotism" sieht, weil auch "wider Einen (der also nicht mit einstimmt)" beschlossen werde, "mithin alle, die doch nicht alle sind, beschließen" usw.; ders., Über den Gemeinspruch, S.143ff., 152, 153ff.; dazu Karl Jaspers, Plato, Augustin, Kant, S.329f.; Vogel, VVDStRL 24 (1966), S.137ff.

148) In diesem Sinne Barbey, W.u.V. 1978, 79; so insb. Grupp, ZHR 140 (1976), 367ff., 381 für die von ihm im Anschluß an R.Scholz sog. sozialwirtschaftliche Betätigung des Staates.
Zur Problematik der Globalermächtigung für die Leistungsverwaltung Jesch, Gesetz und Verwaltung, S.179, 199, 213ff.

149) Schachtschneider, Sozialprinzip, S.71 mit Hinweisen in Fn.en 170, 183; ebenso Bull, Staatsaufgaben, S.118ff., 128ff., 163ff.; Rupp, Verfassungsrecht und Kartelle, S.202; vgl. Scheuner, Die Funktion des Gesetzes im Sozialstaat, in F.Huber, S.127ff., 137f.; vgl. auch Badura, Planung durch Gesetze, F.Huber, S.15ff.; Eichenberger, VVDStRL 40 (1982), S.10f.; Benda, Handbuch, S.510; Hesse, Handbuch, S.25.
A.A. etwa Grupp, ZHR 140 (1976), S.381; auch (in Grenzfällen) Fikentscher, Wettbewerb II, S.57ff., 63.

150) Dazu 1.Kap., II 4, S.239f.

151) Hinweise in Fn.98 im 5.Teil; weiterhin Herzog, Maunz/Dürig/Herzog/Scholz, Rdn.23 zu Art.20 GG; Zeidler, VVDStRL 19 (1961), S.229; Isensee, NJW 1977, 548; Marcic, Rechtsphilosophie, S.213; Barbey, W.u.V. 1978, 79, 91; Schachtschneider, JA 1979, 516, 569.
BVerfGE 2, 1 (12); 44, 125 (142/7).

152) Hinweise wie Fn.132.

153) Vgl. BVerfGE 5, 85 (204ff.); 27, 1 (6ff.); 48, 127 (163); 50, 166 (175); dazu im 2. und 4.Kap. des 3.Teils, S.104ff., 116ff.

154) Dazu die Hinweise auf die kontroversen Standpunkte in Fn.en 74, 75, 76 im 1.Teil; wie hier etwa Rüfner, Formen, S.390; Zeidler, VVDStRL 19 (1961), S.229; fast so Schmidt-Salzer, WiR 1972, 103ff., 106, 111 ("Staat gerade kein originärer Adressat der zivilrechtlichen Normen, sondern zivilrechtsfremdes Phänomen, das allerdings auch im Zivilrecht tätig wird und das deswegen unvermeidbarerweise insoweit in das Zivilrecht integriert werden muß"); in der Sache so auch Burmeister, WiR 1972, S.311ff. gegen "hoheitliches Privatrecht", der aber auch im "Privatrecht" "die allein sachadäquaten Handlungsformen" für die Teilnahme des Staates am wettbewerblichen Wirtschaftsverkehr sieht, die er aber nur zur "Verfolgung von Verwaltungszwecken" zuläßt (a.a.O., S.343); dem entspr. die hier vertretene Adaptionstheorie (dazu im 3.Kap., IV, S.258f.); Naendrup, Haftungsbeschränkung, S.94ff., 102ff., 106.
Ohne diese Konsequenz etwa Ossenbühl, VVDStRL 29 (1971), S.144, der zwar dem Staat die Privatautonomie verwehrt, nicht aber das Privatrecht; ähnlich fehlt Barbey, W.u.V. 1978, 86ff., die Konsequenz, der Opfer der prozessualistischen Sicht ist, die an den verfehlten Rechtswegformeln nicht vorbeikommt, und die kompetenzielle Ermächtigung zu privatrechtlichem Handeln genügen läßt, womit er seiner Kritik an Wolffs enger Subjektstheorie widerspricht; ähnlich inkonsequent Püttner, Die öffentlichen Unternehmen, S.135f.; diese Kritik muß sich auch die Kollisionstheorie v.Pestalozzas, Formenmißbrauch, S.170ff. gefallen lassen; dazu im 5.Teil, 2.Kap., S.181f.; zur Neutralitätslehre

keinen Fiskus im Sinne des herrschenden Sprachgebrauchs, der diesen als den Staat als Privatrechtssubjekt begreift[155]. Mangels Privatheit kommen für den Staat, in welcher Tätigkeit auch immer, die rechtlichen Umgrenzungen der Privatheit nicht zum Tragen. Für den Staat gilt folglich auch prinzipiell das Wettbewerbsrecht nicht, weil dieses das Recht zur Autonomie, die Privatheit, voraussetzt[156]. An dieser demokratischen Wesenheit des Staates scheitern auch dessen Gleichheit in der Wirtschaft mit den Privaten und dessen Rivalität zu privaten Unternehmen, so daß der Staat niemals mit Privaten in einem Wettbewerbsverhältnis steht[157]. Diese wettbewerbsrechtlichen Aspekte sind gesondert darzustellen, wenn die Neutralität des § 1 UWG zur Erörterung steht.

## IV Die personale und materiale Allgemeinheit als das Spezifische des Staatlichen

Der Akt der Staatsverfassung anerkennt, daß die Deutschen in ihrer Freiheit gleichberechtigt sind[158]. Sie haben darum rechtlich gleichen Einfluß auf die Geschicke des Staates[159]. Die Gleichberechtigung der Freien führt für die staatliche Willensbildung zu deren personaler Allgemeinheit.

In dieser freiheitlichen Demokratie und notwendig zugleich demokratischen Staatlichkeit hat ein Fiskus, verstanden als der Staat als Privatrechtssubjekt, normativ keine Existenzberechtigung. Das folgt nicht nur, jedenfalls nicht spezifisch daraus, daß der Staat nicht 'frei' ist und damit auch nicht das Recht der Autonomie

---

im 2.Teil, 9.Kap., S.80ff. mit Hinw. in Fn.316; Hinweise auf die Überlagerungsthese in Fn.57 im 1.Teil; krass anders etwa für viele Wolff-Bachof, Verwaltungsrecht I, §23 II a,b, S.106, 108, §34 I b2, S.245 gegen unbegrenzte Privatautonomie, aber für unbegrenzte privatrechtliche Rechtsfähigkeit. Das leugnet notwendig die Lehre der Unterschiedslosigkeit von öffentlichem und privatem Recht, ganz grob Rinck, WiR 1972, 5ff., 9f. 16f.

155) Hinweise in Fn.1 im 1.Teil.

156) Dazu näher im 2.Teil, 2.Kap., II 1, S.38f. mit Fn.53 und im 7.Teil, 1.Kap., I 2, S.285 mit Hinw. in Fn.en 10, 11. I. Sinne des Textes wohl auch Burmeister, WiR 1972, 343 (vgl. Fn.154).

157) Dazu näher im 7.Teil, 5.Kap., V, VI, S.327ff., 333ff.; diese Ungleichheit hebt auch BVerfG NJW 1982, 2173 (2175), als Argument gegen eine "vergleichbare Abhängigkeit" der Gemeinden mit der der grundrechtsberechtigten Privaten hervor, also gegen die Annahme einer "grundrechtstypischen Gefährdungslage".

158) Dazu im 1.Kap., I, II des 4.Teils, S.138ff., 143ff., mit Hinw. insb. in Fn.en 7, 21; für viele Herzog, Maunz/Dürig/Herzog/Scholz, Rdn.6 zu Art.20 GG; Dürig, daselbst, Rdn.164 zu Art.3 Abs.1 GG; wesentlich Marcic, Rechtsphilosophie, S.213ff., 216 (S.213: "Der Staat ist eine freie Vereinigung freier und gleicher Menschen"); Stern, Staatsrecht I, §20 IV 2, S.621ff. mit Hinweisen, auch S.623; vgl. insb. Kelsen, Staatsform und Weltanschauung, S.11; ders., Wesen und Wert der Demokratie, S.1ff.; wesentlich auch Kriele, Handbuch, S.129ff.; weitergehend Maihofer, Handbuch, S.173ff.

159) Vgl. die Hinweise in Fn.21 im 4.Teil; für viele Herzog, Maunz/Dürig/Herzog/Scholz, Rdn.10 zu Art.20 GG; Marcic, Rechtsphilosophie, S.213ff., 216 (Urnorm "Du sollst über Deinen Nächsten nicht herrschen"); Stern, Staatsrecht I, §20 IV 2, S.623 (Freiheit "ein Wesenselement der freiheitlich politischen Ordnung") mit weiteren Hinweisen in Fn.138; Kelsen, Wesen und Wert der Demokratie, S.3 ("Aus der Annahme, daß wir - in der Idee - gleich seien, kann wohl die Forderung abgeleitet werden, daß einer den anderen nicht beherrschen solle").

der Privaten zu beanspruchen hat[160]. Die extreme Position einer Privatautonomie des Staates haben viele Anhänger der Fiskustheorie als unhaltbar geräumt[161]. Die Gründe liegen tiefer. Weil der Staat eines freiheitlich-demokratischen Gemeinwesens die Organisation des Volkes für dessen Allgemeines ist[162], die Organisation der in ihrer Besonderheit und Selbstverwirklichung gleichwertigen und damit gleichberechtigten Menschen für das gemeine Wohl, hat er diese spezifische Besonderheit, genauer das Recht zu dieser Besonderheit, das Recht zur Autonomie, nicht. Privatautonomie ist das Recht zur Besonderheit, die gerade nicht Zweck des Staates ist. Die Einzigartigkeit des Staates als ein Gebilde des Volkes ist dessen Zweck, das gemeine Wohl des Volkes zu verwirklichen[163]. Dieser Staat kann damit schon begrifflich nur die Organisation der Allgemeinheit, d.h. des gesamten Volkes, sein. Jede Beschränkung auf bestimmte und damit privilegierte Menschen im Gemeinwesen nähme einer von diesen gebildeten Organisation den Charakter eines demokratischen Staates, weil ein solches Gebilde der Gesamtheit des Volkes entgegengestellt wäre[164]. Der Staat freier und in ihren Freiheitsrechten gleicher Menschen ist notwendig die Organisation aller für ihr Allgemeines. Damit bestimmen alle nach Maßgabe der konkreten Verfassung des Staates den Inhalt des staatlichen Allgemeinen. Die personale Allgemeinheit wandelt sich im staatlichen Verhalten in die materiale Allgemeinheit. Jedenfalls bewirkt die allgemeine personale Trägerschaft des Staates die Allgemeinheit des staatlichen Verhaltens genauso wie die Individualität des einzelnen Menschen die Besonderheit seines Verhaltens ausmacht[165]. Das Verhalten des Staates als die jeweilige Konkretisierung des Allgemeinen des Volkes wird nicht als Besonderes wie das autonome Verhalten des Privaten als dessen Selbstverwirklichung durch Art.2 Abs.1 GG geschützt[166].

---

160) Wie Fn.166; vgl. weiter Fn.en 60 bis 63 im 1.Teil; zur Frage einer grundrechtsgesicherten Wirtschaftsfreiheit der öffentlichen Hand vgl. weiter Fn.161; insb. jetzt BVerfG NJW 1982, 2173ff.

161) Vgl. die Hinweise in Fn.132; etwa Hesse, Verfassungsrecht, S.144ff.; Krüger, VVDStRL 19 (1961), S.261; Zeidler, daselbst, S.229; Mallmann, daselbst, S.194ff., Ls.II, S.207; Barbey, W.u.V. 1978, 85ff.; typisch Püttner, Die öffentlichen Unternehmen, S.135f.; Rüfner, Formen, S.348, 358ff., 386, 388, 390, 397, 399.
Anders Emmerich, Wirtschaftsrecht, S.129ff.; Brohm, Strukturen, S.182f.; anders auch im Ergebnis Scholz, ZHR 132 (1969), S.136ff., der dem Fiskus privatmäßige Gestaltungsfreiheit einräumt, die wettbewerbsrechtlich zu disziplinieren sei; Fiskus und Verwaltung seien nur verschiedene Zuständigkeiten einer einheitlichen Staatsgewalt; Wolff-Bachof, Verwaltungsrecht I, §23 II al, S.106f. ("nur durch Staatszwecke begrenzte Privatautonomie ohne Bindung an die Grundrechte, insb. an das Gleichheitsgebot"; ... "Fiskalische Verwaltung" nicht "vollziehende Gewalt" i.S. des Art.1 Abs.3 GG). Weitere Hinw. wie Fn.160; dazu Mallmanns Argumentation im 5.Teil, 4.Kap., VII 4, S.221f.

162) Hinw. in Fn.142; auch Maihofer, Rechtsstaat und menschl. Würde, S.51, 56, u.ö., folgert zu Recht aus Art.1 GG, daß der Staat nicht Zweck, sondern Mittel ist; ders., Handb., S.195. Vgl. auch Marcic, Rechtsphilosophie, passim, etwa S.213, für den Recht und Staat Seinskategorien des Menschlichen sind; ganz i.d.S. Naendrup, Haftungsbeschränkung, S.94ff., 102ff., insb. S.103.

163) Hinw. in Fn.98 im 5.Teil. Insb. jüngst, Benda, Handb., S.5521f.

164) Herzog, Maunz/Dürig/Herzog/Scholz, Rdn.6, 23 zu Art.20 GG.

165) So Scholz, Koalitionsfreiheit, S.310ff., grundsätzlich; Denninger, Rechtsperson, S.303ff.

166) Vgl. die Hinweise in Fn.en 60 bis 63 im 1.Teil und Fn.en 160, 161 dieses Teils; jetzt vor allem BVerfG NJW 1982, 2173ff.; dazu näher das 5.Kap., S.275ff.

V Verfassungswidrigkeit der Privatisierung von Staatlichkeit

1. Die vielgeschmähte 'Flucht ins Privatrecht'[167)], die der Sache nach eine Flucht in die Privatheit ist, ist dem Staat verwehrt, wenn er dem Grundprinzip der grundgesetzlichen freiheitlich-demokratischen Verfassung genügen will, seine Staatlichkeit zu respektieren. Das bedeutet vor allem, daß er sich in keiner seiner Verhaltensweisen dem Staatsrecht entziehen darf[168)]. Der Staat hat schlicht kein Recht zum fiskalischen Verhalten und darf sich darum eine solche Befugnis nicht selbst zusprechen. Die Wahl der Organisations- und Rechtsform der juristischen Person des Privatrechts ist verfassungswidrig, wenn sie das Unternehmen des Staates aus der Staatlichkeit entläßt. Die Verselbständigung im Sinne einer Privatisierung von Staatlichkeit löst das Unternehmen des Staates aus den staatsbegründenden und staatsbegrenzenden Legitimations- und Legalitätszusammenhängen der freiheitlich-demokratischen Verfassung des Grundgesetzes.

2. Zu Recht hat W. Mallmann darum das Dogma von einer originären Gewalt der Exekutive angegriffen[169)]. Richtig ist, daß die Exekutive an der Staatsgewalt teilhat und sich die Macht in der von dem Grundgesetz geregelten Weise mit der Legislative und der Judikative zu teilen hat[170)]. Mit einem Dogma von der Originarität der exekutiven Gewalt darf die Macht des Staates insgesamt nicht weiter ausgedehnt werden, als sie dem Staat durch Verfassung, Gesetze und gegebenenfalls andere auf das Volk zurückführbare Rechtsakte eingeräumt ist. Ohne Rechtsakte, mittels derer die Staatsgewalt unmittelbar oder mittelbar (im Rahmen der Staatszwecke) vom Volk auf den Staat übertragen wird, hat der Staat keine legale Gewalt. Die staatsbegründenden und zugleich staatsbegrenzenden Rechtsakte vermitteln Volk und Staat. Um verfassungsgemäß zu sein, muß sich Staatsgewalt ohne jede Ausnahme vom Volk her legaliter legitimieren[171)]. Autonomes Verhalten des Staates fragt nicht mehr nach der Legitimation durch das Volk, die essentiell ist für die Legalität staatlichen Verhaltens. Wer dem Staat Privatrechtsfähigkeit

---

167) Hinweise in Fn.en 32 und 376 des 5.Teils.

168) Dazu näher im 3.Kap., S.253ff.; i.d.S. klar Isensee, Grundrechte und Demokratie, S.16f.; Marcic, Rechts philosophie, S.258; v.Pestalozza, Formenmißbrauch, S.172ff., 185f.

169) VVDStRL 19 (1961), S.184ff., dazu im 5.Teil, 4.Kap., VII, S.219f. mit Fn.315 daselbst; deutl. schon Kelsen, Wesen und Wert der Demokratie, S.81 ("monarchistische Theorie von der Parität, Gleichwertigkeit und Unabhängigkeit der Vollziehung gegenüber der Gesetzgebung"); dazu wesentlich Jesch, Gesetz und Verwaltung, S.89ff., 179f., 213ff. zum monarchischen Prinzip und dessen Unvereinbarkeit mit dem demokrat. Prinzip; ebenso Rupp, Verfassungsrecht und Kartelle, S.192ff.; i.d.S. auch Naendrup, Haftungsbeschränkung, S.94ff., 97; der Sache nach vertritt auch Scholz, ZHR 132 (1969), S.131ff., 136 das Dogma eigenständiger offener Kompetenz der Exekutive im fiskal. Bereich ("allgemeiner Verwaltungsauftrag" des Fiskus ohne besonderen positivierten Verwaltungszweck).

170) Zur Gewaltenteilung für viele Stern, Staatsrecht I, S.624ff.; Achterberg, Probleme der Funktionslehre, 1970, S.109f.; Zimmer, Funktion - Kompetenz - Legitimation, 1979; Forsthoff, Gewaltenteilung, Ev.Staatslexikon, Sp.857ff.

171) Dazu näher im 1.Kap., II 4, S.239f., 4.Kap., II, III, V, S.263ff., 265ff., 271, Hinw. vor allem in Fn.132. Klar Rupp, Verfassungsrecht und Kartelle, S.195 ("Demokratische Legitimität läßt sich dagegen niemals gegen demokratische Legalität ausspielen").

zubilligt, beschneidet dem Volk Souveränität, wenn es sich im Sinne der praktizierten Fiskustheorie[172)] um Privatrechtsfähigkeit von Substanz handelt, die nicht gänzlich vom Staatsrecht überlagert ist[173)].

3. Diesem Verdikt vermag sich der Staat nicht dadurch zu entziehen, daß er sich gesetzlich die Befugnis zuspricht, sich fiskalisch, also privatautonom zu verhalten. Derartige Gesetze versuchen, Art.20 Abs.2 S.1 GG zu durchbrechen, weil das Volk die Ausübung der Staatsgewalt dem Staat allein nach Maßgabe des Staatsrechtes überträgt[174)]. Die Wahlen des Volkes vollziehen sich nach strengen Regeln. Nichts anderes gilt für die Ausübung der Staatsgewalt durch die besonderen Organe der Gesetzgebung, der vollziehenden Gewalt und der Rechtsprechung, die Art.20 Abs.2 S.2 GG aufführt[175)]. Ein Recht zur Autonomie im Sinne der Privatheit will den Staat von der Geltung des Staatsrechts freistellen. Das ist der spezifische Zweck der Fiskustheorie. Das Wort "alle" in Art.20 Abs.2 S.1 GG ist eindeutig. Jede Restriktion dieses Begriffs widerspricht zudem dem Prinzip der freiheitlichen Demokratie. Das Recht des Staates, seine Zwecke je nach der Interessenlage der Allgemeinheit zu bestimmen und durchzuführen, wenn er dabei das Staatrecht strikt einhält, gibt dem Staat nicht das Recht, sich privater Beliebigkeit zu bemächtigen[176)]. Diese ist charakterisiert durch die bloße Bindung an das Privatrecht, das um der grundrechtsgeschützten Freiheit des Menschen willen notwendig andere Inhalte hat als das Staatsrecht; denn das freiheitliche Privatrecht soll und muß die sittliche Verwirklichung des Menschen ermöglichen. Das Staatsrecht soll Vollzug privater Sittlichkeit sein, läßt jedoch dem Staat nicht Raum zu eigenständiger Sittlichkeit im Sinne von Autonomie und menschlicher Würde. Die Fiskustheorie verstößt somit gegen den genannten Rechtsvorbehalt für die Kompetenz- und Aufgabenzuweisung an den Staat. Diese Feststellung klärt nicht, ob gegen die Verletzung dieses Rechtsvorbehalts individualer Grundrechtsschutz besteht[177)].

---

172) Das sieht klar Brohm, Strukturen, S.182f.; dazu im 2.Kap., S.247ff.; zum Überlagerungsdogma vgl. die Hinw. in Fn.57 im 1.Teil, dazu auch 2.Kap. im 1.Teil (Problemskizze), S.10ff.

173) Hinweise in Fn.1 im 1.Teil; vgl. auch den Bericht über die Rechtsprechung zur Anwendbarkeit des §1 UWG auf staatliches Verhalten im 2.Teil, 1.Kap., S.26ff., dazu 1. und 2.Kap., 1.Teil (Problemskizze), S.6ff., 10ff.

174) Dazu näher im 3.Kap., S.253ff.; so auch Hesse, Verfassungsrecht, S.144f. allein für die Grundrechtsbindung; i.d.S. auch Isensee, Grundrechte und Demokratie, S.10f.; Rupp, Verfassungsrecht und Kartelle, S.195; auch Marcic, Rechtsphilosophie, S.258.

175) Die Verfahrenshaftigkeit des Prinzips der formalen Allgemeinheit stellt Scholz, Koalitionsfreiheit, S.310ff. heraus; ebenso für die Staatswillensbildung Herzog, Maunz/Dürig/Herzog/Scholz, Rdn.25 zu Art.20 GG ("klare und durchschaubare Regeln"), für viele; für diesen 'Formalismus' klar Fraenkel, Selbstbestimmung, 1960.

176) Für viele Hesse, Verfassungsrecht, S.144f.; Krüger, VVDStRL 19 (1961), S.261; der Sache nach jetzt auch BVerfG NJW 1982, 2173ff.. Weitere Hinweise zur Frage einer Privatautonomie des Staates in Fn.132; näher dazu im 4.Kap., S.261ff.

177) Der Schutz dieses allgemeinen Prinzips ist der Allgemeinheit und damit dem Staat zugewiesen (Rechtsaufsicht, Inzidentkontrolle, Organstreitigkeiten, ev. Bund-Länder-Streitigkeiten, u.a.). Der Private wird nicht in seiner Besonderheit betroffen, sondern in seiner allgemeinen Privatheit. Rechtsschutzgewährung würde die Popularklage zugestehen und damit das Gerichtswesen vermeidbar be-

4. Die Fiskustheorie zwingt, wie wiederholt klargestellt, zur Differenzierung der 'eigentlich' staatlichen (hoheitlichen, 'öffentlich-rechtlichen') von den privaten ('privatrechtlichen') Verhaltensweisen des Staates[178]. Davon ist die rechtliche Beurteilung letzterer nach dem Sonderrecht für den Fiskus abhängig. Dies ist das auch von der herrschenden Meinung jedenfalls um eine gewisse Grundrechtsrelevanz modifizierte Privatrecht[179]. Weil nach der Fiskustheorie alle juristischen Personen des öffentlichen Rechts, eingeschränkt auf ihre Kompetenzen, privatrechtsfähig sind, muß eine irgendwie geartete materielle oder funktionale Differenzierung erlauben, bestimmte Verhaltensweisen dieser staatlichen Einheiten als fiskalisch zu qualifizieren[180]. Die Lehrmeinungen, die wir auf eine solche Unterscheidung hin untersucht haben, vermöchten diese nicht nachzuweisen[181]. Jede solche Differenzierung ist Willkür, allenfalls gesetzgeberische Dezision[182]. Nur nimmt die legislatorische Qualität der Dezision dieser nicht den rechtlichen Willkürcharakter. Willkürliche Entscheidungen des Gesetzgebers können gegen das Prinzip der Sachlichkeit verstoßen, das unabhängig von allem Grundrechtsschutz ein Prinzip verfassungsgemäßer Staatlichkeit ist[183]. Die Willkürlichkeit der Zuordnung von staatlichem Verhalten zum hoheitlichen oder fiskalischen Bereich ist unvereinbar mit der Entscheidung für die freiheitliche Demokratie, die zugleich der Maßstab der hier relevanten Sachlichkeit ist.

5. Die Kritik an der Fiskustheorie ist freiheitlich, weil sie den Grundsatz der freiheitlichen Lebensbewältigung verteidigt, der zum einen für die Kompetenz- und Aufgabenübertragung an den Staat den Rechtsvorbehalt und damit zum anderen die grundrechtlichen Schranken aktiviert. Das führt zu einem Vorrang der Privatheit der Lebensbewältigung im Sinne eines Subsidiaritätsprinzips mit prinzipiellem Verfassungs- und Gesetzesvorbehalt[184].

---

lasten. Das Recht aller auf Wahrung des Parlamentsvorbehalts wird von allen, folglich von der Organisation der Allgemeinheit, dem Staat, wahrgenommen. Die vielfältige Gliederung des Staates baut kontrollfeindlichen Tendenzen der Organisation hinreichend vor, solange diese Gliederung nicht parteilich unterminiert wird.

178) Zum Fiskusbegriff vgl. die Hinweise in Fn.1 im 1.Teil. Auch, noch sehr zurückhaltend, m.E. den Abschied der Fiskustheorie einleitend BVerfG NJW 1982, 2173ff. (2175), gegen jede Grundrechtsberechtigung der Gemeinden als "Privateigentümer".

179) Vgl. zu den Überlagerungstheorien die Hinweise in Fn.57 im 1.Teil. Das sieht ähnlich v.Pestalozza, Formenmißbrauch, S.167ff.

180) Dazu 5.Teil, 4.Kap., I zu Ossenbühl, S.190ff., II zu Gallwas, S.198ff., III zu Badura, S.202ff., 205f., IV zu Brohm, S.208ff., V zuBull, S.213ff., VI zu Pietzcker, S.216ff., überzeugende Kritik VII, Mallmann, S.218ff., VIII, Zeidler, S.224ff., IX, Krüger, S.230f.; Kritik auch bei Kunert, Bedarfsdeckungsgeschäfte, S.72ff., 77ff., 100.

181) Hinweise in Fn.180, I bis VI.

182) Dazu die Kritik an dem Dogma eines Rechtsformenwahlrechts im 5.Teil, 2.Kap., S.181ff.

183) Hinweise in Fn.31.

184) I.d.S. vor allem die grundlegende Schrift von Isensee, Subsidiaritätsprinzip und Verfassungsrecht, 1968, S.215f., 313ff. ("Primat freier Individualität bei der Förderung des Gemeinwohls"), der sich allerdings nicht auf einen Parlaments- oder gar Gesetzesvorbehalt für jede Staatlichkeit festlegt (vgl. a.a.O., S.215f.); ders., F.Ipsen, S.401, 431f.; ders., auch DB 1979, 145ff., 150; so oder

Die Kritik ist demokratierechtlich, weil sie das Prinzip der Volkssouveränität wahrt, wonach alle Staatsgewalt vom Volke ausgeht. Das Volk kann dem Staat "Gewalt" mittels der Verfassung und repräsentativ im Rahmen der verfassungsgegebenen Staatszwecke mittels eines Gesetzes überantworten[185]. Eine Verfassungsnorm, die den Staat ermächtigt, seine Staatlichkeit über die grundgesetzlich gezogenen Grenzen hinaus zu erweitern, gibt es nicht. Sie verstieße gegen Art.20 Abs.2 S.1, Art.79 Abs.3 GG. Wenn der Staat sich Kompetenzen und

---

ähnlich meist orientiert an §67 DGO und dessen Nachfolgebestimmungen: Rinck, Wirtschaftsrecht, Rdn.162, 163 ("Der Staat darf nicht als wirtschaftlicher Konkurrent auftreten"), Rdn.164, S.51f., 53; Badura, Verwaltungsmonopol, S.329, Fn.62; Dürig, Maunz/Dürig/Herzog/Scholz, Rdn.52 zu Art.2 Abs.1 GG, Rdn.48 sub e,bb zu Art.19 Abs.3 GG; Stern, DÖV 1961, 326; Krüger, Allgemeine Staatslehre, S.327f., 897; ders., VVDStRL 19 (1961), S.261; Becker, daselbst, S.249; Ipsen, NJW 1963, 2102, 2107ff.; ders., VVDStRL 25 (1967), S.257, 292f.; Huber, DÖV 1956, 205; ders., Selbstverwaltung der Wirtschaft, S.14; Reuß, Wirtschaftsverwaltungsrecht I, S.84; Hamann, Wirtschaftsverfassungsrecht, S.69ff.; v.Münch, JZ 1960, 303, 304ff.; Scholz, in: Duwendag, S.131; Nipperdey, Soziale Marktwirtschaft und Grundgesetz, S.40f.; ders., Grundrechte IV 2, S.884ff.; Berkemann, Staatliche Kapitalbeteiligung, S.137ff.; Grupp, ZHR 140 (1976), S.367, 381, 388; Frentzel, Wirtschaftsverfassungsrechtliche Betrachtungen, S.29ff.; Wenger, Öffentliche Unternehmen, S.550; auch Rittner, Wirtschaftsrecht, S.37ff., 177f.; tendenziell auch Vogel, Öffentliche Wirtschaftseinheiten, S.238 ("'eigenwirtschaftliche' Tätigkeit des Staates im ganzen rechtsstaatlich unerwünscht"); wohlwollend auch P.Ulmer, ZHR 146 (1982), S.468f. m.H.; im Erg. auch Ossenbühl, Wirkungskreis der Deutschen Bundespost, S.121f., obwohl er ein Subsidiaritätsprinzip als solches ablehnt, S.102f.. Wie hier tendenziell BVerfGE 28, 245 (248); deutlich in der Tendenz gegen "rein erwerbswirtschaftlich-fiskalische Unternehmen", vor allem der Gemeinden, jetzt BVerfG NJW 1982, 2173 (2175); jetzt auch Fikentscher, Wirtschaftsrecht II, S.57ff., 70, 115f.; in der Sache auch Stober, NJW 1984, 452f.; ganz i.S. des Subsidiaritätsprinzips (ohne es zu nennen), hergeleitet aus Art.12 Abs.1 GG (insoweit problematisch) argumentiert jetzt BGH NJW 1982, 2117 (2119f.) gegen die Brillen-Selbstabgabestellen der gesetzlichen Krankenkassen wegen deren Gefährdung der Existenz der freiberuflichen selbständigen Augenoptiker; Eigenbetriebe seien nur in "Ausnahmefällen" gerechtfertigt; zurückhaltend BVerwGE 39, 329 (337).

A.A. Rüfner, Formen, S.212ff. mit Hinweisen und sehr dünnen Argumenten; Emmerich, Wirtschaftsrecht, S.108f.; Püttner, Die öffentlichen Unternehmen, S.156f., der im Ergebnis allein auf die private Rechtsform rekurriert; ders., Der Wettbewerb zwischen öffentlichen und privaten Unternehmen, S.291/292; Klein, Teilnahme, S.159ff., 178ff., 181 mit weiteren Hinweisen im Sinne des Textes in Fn.9, S.160; Bachof, Werbefernsehen, S.15f.; Ballerstedt, Grundrechte III 1, S.32ff., 54ff.; i.d.S. auch Ehmke, Wirtschaft und Verfassung, S.60f.; Hoffmann-Becking, F.Wolff, S.445ff. mit weiteren Nachweisen; Bettermann, F.Hirsch, S.11ff.; Leisner, Werbefernsehen, S.169ff.; Lerche, Rechtsprobleme, S.27f.; Zeidler, VVDStRL 19 (1961), S.214; Scheuner, daselbst, S.245f.; im Erg. auch anders Krüger, ZBR 1979, 157ff.; mit Einschränkungen auch Bull, Staatsaufgaben, S.190ff., 210; auch Badura, F.Schlochauer, S.6, 19f. gegen ein Subsidiaritätsprinzip, obwohl er die rein ökonomische Zielsetzung als Rechtfertigung staatlichen Wirtschaftens nicht genügen läßt; ders., ZHR 146 (1982), S.459; ders., Wirtschaftsverwaltungsrecht, in: v.Münch, S.350 m.H.; dagegen auch Stober, ZHR 145 (1981), S.576f. mit fragwürdigem Hinweis auf die "wirtschaftsverfassungsrechtliche Neutralität" des Grundgesetzes und sachlichem Widerspruch zu dem weitgehenden Grundrechtsschutz gegen staatliche Konkurrenz, S.578f..

Allgemein zum Subsidiaritätsprinzip: Isensee, Subsidiaritätsprinzip und Verfassungsrecht, 1968, mit Literaturhinweisen, S.33f.; Zuck, Subsidiaritätsprinzip, 1968; Herzog, Der Staat (1963), S.399ff.; Dürig, Maunz/Dürig/Herzog/Scholz, Rdn.54 zu Art.1 Abs.1 GG, auch Rdn.163 zu Art.3 Abs.1 GG in Fn.1; Emmerich Wirtschaftsrecht, S.108f. mit weiteren Hinweisen in Fn.280, 284, 285; Klein, Teilnahme, S.139ff., 159 mit Fn.1 (Hinweise auf Sozialenzykliken der Päpste); Schachtschneider, Sozialprinzip, 1974, S.62f., 66, 72 mit weiteren Hinweisen in Fn.139.

Die Problematik des Art.15 GG, insb. die erlaubter Sozialisierungszwecke, kann hier wegen ihres Ausnahmecharakters unerörtert bleiben.

Vgl. zur Problematik auch im 4.Kap., II, V, S.263ff., 270ff.

185) Dazu im 4.Kap., II-IV, S.263ff.; dazu vor allem Jesch, Gesetz und Verwaltung, S.213ff.; vgl. die Hinweise in Fn.en 74 bis 76 im 1.Teil, Fn.en 143, 145 dieses Teils und die vorangegangene Fn.184.

Aufgaben ohne eine legislative Entscheidung des Volkes anmaßt, verselbständigt er sich vom Volk, löst sich von den Bindungen demokratischer Legitimationserfordernisse, wird privat, weil er nicht mehr das Allgemeine des Volkes repräsentiert, das notwendig auf die personale Allgemeinheit des Volkes bezogen sein muß[186]. Dieser Bezug ist verfahrensmäßig[187] und nicht allgemein materiell wie in totalitären Volksdemokratien zu verankern. Bezeichnenderweise formuliert Art.4 der Verfassung der DDR von 1968 i.d.F. von 1974: "Alle Macht dient dem Wohl des Volkes" und bezieht damit die staatliche Allgemeinheit materiell, aber unbestimmt auf das Volk, wenn sie auch diesem zu dienen verpflichtet ist. Die Verselbständigung des Staates verletzt die Freiheit der Menschen und die demokratische Souveränität des Volkes im Kern. Sie ist aber die logische Voraussetzung der Fiskustheorie, selbst wenn diese in einfachen Gesetzen verankert ist, solange und soweit diese Gesetze dem Staat mit der Privatrechtsfähigkeit Privatheit zubilligen[188] und ihn aus den spezifisch staatsrechtlichen Bindungen entlassen. Die kompetenzielle Begrenzung derartiger Privatheit mildert zwar den Verfassungsverstoß; dem Staat bleibt aber im Rahmen der Kompetenz das die Privatheit definierende Recht zur Autonomie[189], das ihm nicht zugestanden werden darf[190].

186) Dazu im 4.Kap., IV, S.268f.; grundsätzlich Scholz, Koalitionsfreiheit, S.298ff. zur Allgemeinheit als realem Sinnprinzip, auf der Grundlage hegelscher Rechtsphilosophie; vgl. auch Denninger, Rechtsperson, S.300.

187) Das hebt zu Recht Scholz, Koalitionsfreiheit, S.310ff. mit dem Prinzip der formalen Allgemeinheit als Aufgegebenheit hervor; ebenso Denninger, Rechtsperson, S.300ff.; i.d.S. auch Fraenkel, Selbstbestimmung, 1960.

188) Dazu die Analyse des §98 GWB im 7.Teil, 1.Kap., S.283ff., insb. S.285ff.

189) Dazu im 4.Kap., IV, S.268f. und Fn.20 im 1.Teil; Scholz, ZHR 132 (1969), S.136f. spricht von Gestaltungsfreiheit, ohne daß mit der Wortänderung ein Unterschied erkennbar wird.

190) Dazu im 4.Kap., IV, S.268f. mit Hinw.; für viele Hesse, Verfassungsrecht, S.144; Krüger, VVDStRL 19 (1961), S.261; durchgehend Naendrup, Haftungsbeschränkung, etwa S.74ff., 103; jetzt in der Sache so BVerfG NJW 1982, 2173ff. deutlich (u.a.: "Art.14 als Grundrecht schützt nicht das Privateigentum, sondern das Eigentum Privater").

5. Kapitel

# GRUNDRECHTLICHER AUTONOMIESCHUTZ DES FISKUS ALS WIDERSPRUCH ZUR STAATLICHKEIT

## I Problemstellung

Die autonomietheoretische und zugleich staatstheoretische Argumentation gegen die Fiskustheorie wäre erschüttert, wenn sich der Staat wenigstens als Fiskus auf die Grundrechte berufen dürfte[191)], die spezifisch das Recht zur Autonomie schützen. Grundrechtlicher Autonomieschutz zugunsten des Staates würde Staatsrecht zu Privatrecht umgestalten, weil der Unterschied zwischen dem Privaten und dem Staat eingeebnet wäre. Die Autonomietheorie, die ja eine grundrechtliche Freiheitslehre ist, legt freilich den umgekehrten Schluß nahe, daß nämlich der Staat nicht Grundrechtsträger sei, weil und jedenfalls insoweit er das Recht zur Autonomie nicht beanspruchen dürfe. Auf diesem Standpunkt hat sich zu Recht das Bundesverfassungsgericht gestellt[192)].

Nicht alle Grundrechte schützen die menschliche Autonomie als solche, insbesondere nicht, jedenfalls nicht unmittelbar und ausschließlich, die Prozeßgrundrechte, die auch und vor allem eine sachgerechte Entscheidungsfindung sicherstellen sollen. Im Bereich der Staatsunternehmen geht es aber um das Recht zur Autonomie, das durchgehend Schutzgegenstand der Wirtschaftsgrundrechte ist. Die Frage nach der Grundrechtssubjektivität des Staates duldet keine einheitliche Antwort für alle Grundrechte. Gegen einen Grundrechtsschutz des Staates als Unternehmer, der eben Autonomieschutz sein müßte, sollen nur einige Aspekte angemerkt werden, weil der gegenwärtige Streitstand nach der genannten jüngsten Entscheidung des Bundesverfassungsgerichts es entbehrlich erscheinen läßt, die ausgeuferte Diskussion[193)] kritisch nachzuzeichnen. Nur noch wenige Autoren billigen dem Staat das

---

191) Vgl. zur Frage einer Grundrechtsberechtigung des Staates die Hinweise in Fn.en 60 bis 63 im 1.Teil. Daß er es nicht darf, hat jetzt BVerfG NJW 1982, 2173ff. entschieden.

192) BVerfG NJW 1982, 2173 (2175).

193) Hinweise in Fn.en 60 bis 63 im 1.Teil; vgl. Bethge, JA 1978, 533 zu entsprechenden Klagen.

Recht zur Autonomie zu[194]. Die Auseinandersetzung leidet nicht nur unter staatstheoretischen Kontroversen, sondern ihr ermangeln allzusehr staatstheoretische Ansätze[195].

## II Freiheitsschutz gegen den Staat, nicht für den Staat

Soweit die Grundrechte auf die Freiheit des Menschen zugeschnitten sind, schützen sie die Personalität des Menschen. Nur um dieser Personalität oder Würde des Menschen willen genießen auch juristische Personen des Inlands nach Art.19 Abs.3 GG Grundrechtsschutz[196], wenn sich nämlich der Mensch im Verein oder in Gesellschaft mit anderen zu verwirklichen sucht. Freilich verwirklichen die Menschen sich auch durch ihren Staat, der ja um des Menschen willen existiert. Dem Staat geben sie um des gemeinen Wohls willen die Staatsgewalt, insbesondere die Gesetzgebungsmacht. Bis zu den Grenzen, die die Grundrechte ihm ziehen, darf der Staat die Freiheiten der Menschen einschränken. Die Grundrechte begrenzen also materiell die Vertretungsmacht der Vertreter des ganzen Volkes, der Repräsentanten, oder die Staatsgewalt des Staates. (Eine Privatrechtswirkung der Grundrechte interessiert in diesem Zusammenhang nicht.) Obwohl der Staat die wesentlichste Verwirklichung des Rechts der Menschen zur Autonomie ist, ist er nicht juristische Person im Sinne des Art.19 Abs.3 GG; denn er kann sich selbst nicht in 'Freiheitsrechten' verletzen und hat darum nach dem Begriff des subjektiven Rechts keine solchen. Er ist identisch mit dem Volk; denn er ist dessen Organisation für das Allgemeine[197]. Die materiale Allgemeinheit erwächst der personalen Allgemeinheit des Volkes. Es gilt der Satz, der nach Kant das Prinzip des Rechts ist:

---

194) Dazu im 4.Kap., II-IV, S.263ff., Hinw. in Fn.132; v.Mutius, Bonner Kommentar, Rdn.127 zu Art.19 Abs.3 GG stellt zu Recht klar, daß Art.19 Abs.3 GG "keine Legitimationsgrundlage privatrechtlichen Handelns bewirkt" und nicht Grundlage einer Privatautonomie (sc. des Staates) sei, mit umfangreichen Hinweisen; anders klar Wolff-Bachof, Verwaltungsrecht I, §23 II 1, S.106f.: "... nur durch die Staatszwecke begrenzte Privatautonomie ohne Bindung an die Grundrechte, insb. an das Gleichheitsgebot, ..."; allerdings gestehen Wolff-Bachof dem Fiskus nicht zu, "mit einer Sache nach Belieben zu verfahren"; im Bereich des Verwaltungsprivatrechts sei der Staat "nicht im Vollgenuß der rechtsgeschäftlichen Privatautonomie, sondern etlichen öffentlich-rechtlichen Normen unterlegen" (a.a.O., §23 II 6, S.108); jetzt BVerfG NJW 1982, 2173 (2175).

195) Vgl. beispielsweise die umfangreiche Abhandlung der Zweitauflage des Bonner Kommentars von v.Mutius zu Art.19 Abs.3 GG; Dürig, Maunz/Dürig/Herzog/Scholz, Rdn.33ff. zu Art.19 Abs.3 GG läßt als einer der Wortführer in dieser Problematik seine z.T. richtigen staatstheoretischen Grundauffassungen durchschimmern.

196) Dürig, Maunz/Dürig/Herzog/Scholz, Rdn.1, 2, 6, 7, 33ff. (gegen eine Grundrechtsfähigkeit des Staates) zu Art.19 Abs.3 GG mit Hinweisen; i.d.S. BVerfGE 21, 362 (369f.); BVerfG NJW 1982, 2173; so auch Bethge, JA 1978, 536; deutlich Isensee, Der Staat 20 (1981), S.161ff., 165, 172 ("Grundrechte bilden die Magna Charta der Privatheit").
Anders v.Mutius, Bonn. Komm., Rdn.10, 29ff. zu Art.19 Abs.3 GG mit umfass. Nachw..Vgl. auch das Mitbestimmungsurteil BVerfGE 50, 290ff., das den personalen Schutzgegenstand der Grundrechte hervorhebt, aber zu bedenkl. Schutzrestriktionen kommt; dazu krit. Schachtschneider, JA 1979, 476.

197) Herzog, Allg. Staatslehre, S.146; ders., Maunz/Dürig/Herzog/Scholz, Rdn.23 zu Art.20 GG; Stern, a.a.O., S.209, für viele. Zum Begriff des Staates im 4.Kap., III, S.265f. m.Fn.142, IV, S.268.

volenti non fit iniuria[198]. Der Staat ist nicht frei. Er müßte es gegenüber dem Volk, also sich selbst, sein. Freiheit ist rechtlich das Recht zur Willkür. Dieses kann nur einem Dritten gegenüber bestehen. Selbst hat der Staat keine Personalität wie der Mensch, die dem Menschen um seiner Würde willen zukommt. Der Durchgriff auf die Personalität der Menschen und des Volkes führt wegen der Identität von Volk und Staat nicht zum Grundrechtsschutz des Staates.

Die Fiskustheorie ist geeignet, die Grundlage für einen Grundrechtsschutz der staatlichen Rechtssubjekte zu geben, denen sie ein Recht zur Autonomie zumißt. Die Frage nach der staatlichen 'Privatautonomie' ist zugleich die Frage danach, ob und inwieweit staatliche Rechtssubjekte sich auf die Grundrechte berufen dürfen[199]. Ein Recht des Staates zur (grundrechtsgeschützten) Autonomie ist aber die Verselbständigung des Staates von seinem Volk, also ein Widerspruch zum Prinzip der freiheitlichen Demokratie. Das gilt für jedes staatliche Rechtssubjekt, das eben Staat bleibt. Derartige Verselbständigungen sind gerade der Fiskustheorie vorzuwerfen, wenn sie staatliche Privatrechtssubjekte auch noch zu Grundrechtssubjekten erheben will.

Ein Schutz des Rechts des Staates, Allgemeinheit zu konkretisieren und das allgemeine Wohl zu verwirklichen, d.h. sich staatlich zu verhalten, läßt sich keinem Grundrecht entnehmen, würde kein Schutzbedürfnis befriedigen, ja widerspräche der Staatlichkeit des Staates, die durch dieses Recht konstituiert ist. Den Staat zu nötigen, dieses Recht zu verteidigen, heißt, den Staat als solchen anzugreifen. Die Abwehr von Angriffen auf die Staatlichkeit des Staates ist Sache des Staatsschutzes, nicht des Freiheitsschutzes.

## III Der Staat als grundrechtsgeschützter Privateigentümer?

Beachtet werden muß zunächst einmal, ob der Staat überhaupt Inhaber der

---

198) Metaphysik der Sitten, S.432.

199) Darauf stellt auch v.Olshausen, Zur Anwendbarkeit von Grundrechten, S.133ff. ab; dazu in Verkennung von Autonomie krit. v.Mutius, Bonn. Komm., Rdn.84f., Fn.60 zu Art.19 Abs.3 GG; auch Dürig, Maunz/Dürig/Herzog/Scholz, Rdn.47 zu Art.19 Abs.3 GG, will den Autonomiegedanken fruchtbar machen, wenn die öffentl. Körperschaft "gesellschaftliche Aufgaben" "wahrnehme"; in diesem Kriterium liegt Dürigs staatstheoret. Mißverständnis, weil es keine spezifischen staatl. und priv. Aufgaben gibt; i. d. S. auch (Dürig folgend) die Gründe in BVerfGE 21, 362 (368ff.), in der eine Grundrechtssubjektivität jurist. Personen des öffentl. Rechts abgelehnt wird, soweit diese öffentl. Aufgaben wahrnähmen; nur die Einschränkung ist zu kritisieren, weil diese 'Personen' ausschließlich öffentl. Aufgaben haben; zu dieser Leitentscheidung v.Mutius, Bonner Komm., Rdn.88ff. zu Art.19 Abs.3 GG, insb. Rdn.100; auch Bettermann, F.Hirsch, S.1ff.; ders., NJW 1969, 1321ff.; richtig Bull, Staatsaufgaben, S.96ff.; Isensee, Grundrechte und Demokratie, S.16f.; ders., Der Staat 20 (1981), S.168f.; jetzt ganz i. d. S. BVerfG NJW 1982, 2173ff., wo den Gemeinden durchweg die Berufung auf Art.14 GG versagt wird, weil sie sich auch als "Privateigentümer" nicht in der "grundrechtstypischen Gefährdungslage" befänden, die wiederum durch die Autonomie des Menschen gekennzeichnet sei; auch schon BVerfGE 45, 63 (78f.); dazu auch Bethge, AöR 104 (1979), 265ff., 269f.

Rechte oder Güter ist, die grundrechtsgeschützt sein sollen[200]. Voraussetzung des Schutzes aus Art.14 GG ist beispielsweise Privateigentum[201]. Der Staat, der sich nicht privat verhalten darf, darf auch kein Privateigentum und damit auch nicht den Schutz des Art.14 GG in Anspruch nehmen[202]. "Art.14 als Grundrecht schützt nicht das Privateigentum, sondern das Eigentum Privater", erkennt BVerfG NJW 1982, 2173 (2175). Sachherrschaft des Staates ist also nicht als Eigentum grundrechtsgeschützt, richtig. Ob das auch für Gemeindeeigentum richtig ist, soll hier offenbleiben. Jedenfalls ist staatliche Sachherrschaft kein privates Eigentum. Mit dem Wortspiel scheint das Bundesverfassungsgericht dem Verdikt gegen die Fiskustheorie aus dem Wege haben gehen wollen.

Die Sachherrschaft des Staates ist anders geartet als die eines Privaten, weil der Staat kein Recht zur Selbstverwirklichung hat, wie es der Private auch als Sachherr verfassungsgeschützt wahrnimmt[203]. Die private Sachherrschaft wandelt sich

200) So auch abstrakt v.Mutius, Bonner Kommentar, Rdn.112, 148ff. zu Art.19 Abs.3 GG, ohne aber konkret die fraglichen einzelnen Rechte und Grundrechte zu prüfen (nur Rdn.158); v.Mutius verweist für diese entscheidende Frage auf die Interpretation der Einzelgrundrechte; selbst Klein Teilnahme, S.235f., der dem Fiskus Grundrechtsschutz zugesteht, hat Bedenken, mittels Art.12 Abs.1 GG Kompetenzen zur Wettbewerbsteilnahme zu verteidigen. Die Frage stellt sich für die sog. Prozeßgrundrechte anders als für die Freiheitsrechte der Art.1ff. GG; so klar BVerfG NJW 1982, 2173 (2174).

201) BVerfGE 14, 263 (267f.); 24, 367 (Ls.3, S.389f.); 26, 215 (222); 31, 229 (241ff.); 50, 290 (339); 52, 1 (30); in der Sache so jetzt auch BVerfG NJW 1982, 2173 (2175), das aber den Gemeinden "Privateigentum" läßt, dem jedoch alles Private abgesprochen ist; Papier, VVDStRL 35 (1977), S.83 mit Hinweisen ("Art.14 erweist sich in seinem institutionellen Gehalt als eine besondere Gewährleistung der Privatautonomie auf vermögensrechtlichem Gebiet"). Badura, AcP 176 (1976), S.119ff., 127f.; Maunz, Maunz/Dürig/Herzog/Scholz, Rdn.1, 37 a.E. zu Art.14 GG.

202) So jetzt BVerfG NJW 1982, 2173ff., allerdings noch nicht mit letzter Konsequenz gegen ein Privateigentum des Staates/der Gemeinden (für beide ergeben sich durchaus unterschiedliche Aspekte); die private Funktion des Eigentums, nämlich "als Grundlage privater Initiative und in eigenverantwortlichem Interesse von Nutzen zu sein, ist dem Gemeindeeigentum abgesprochen worden (BVerfGE 52, 1 (30)); vgl. auch BVerfGE 24, 367 (389f.).
Bedenken äußert auch Maunz, Maunz/Dürig/Herzog/Scholz, Rdn.40 zu Art.14 GG; Dürig, daselbst, Rdn.56 sub bb zu Art.19 Abs.3 GG, dagegen hält den Staat "zweifelsfrei" für "eigentumsfähig"; der Staat könne "ein privates Recht innehaben, das zugleich grundrechtsgeschützt" sei; ebenso spricht er in Rdn.14 zu Art.2 Abs.1 GG von "privaten Rechten" (z.B. das Eigentum) "des Fiskus", dem er freilich nicht alle Befugnisse aus §903 BGB zugesteht, die ein Privater hat, vgl. Fn.1 daselbst; keine Bedenken bei Rüfner, AöR 89 (1964), S.261ff., 265ff., 314ff.; Weber, Grundrechte II, S.361; Kimminich, Bonn. Komm., Rdn.24 zu Art.14 GG; auch nicht Badura, Handb., S.654; vorsichtig Bethge, JA 1978, 537, wenn der öffentlichen Hand Privateigentum zustehe; ders., Grundrechtskollisionen, S.54; ders., AöR 104 (1979), S.265ff., 269f..
Dagegen schon Fuß, DVBl 1958, 746; auch Dürig, F.Apelt, S.37ff.; auch Bull, Staatsaufgaben, S.98 spricht dem Staat eine eigentumsrechtliche freie Verfügungsbefugnis ab; vgl. die Lehre vom "öffentlichen Eigentum" Otto Mayers, Verwaltungsrecht Bd.2, S.39ff.; dazu auch Vogel, Öffentliche Wirtschaftseinheiten, S.228; dagegen auch Stober, ZHR 145 (1981), S.580.
Offengelassen in BVerfGE 14, 221 (244).

203) Papier, VVDStRL 35 (1977), S.79, 81ff. m. w. H.; Badura, AcP 176 (1976), S.119ff., 127f.; vgl. ders. auch Handb., S.657ff.; Scholz, Koalitionsfreiheit, S.81ff., 83 m.w.H. in Fn.12; Ipsen, AöR 90 (1965), S.393ff., 429; Rupp, Privateigentum an Staatsfunktionen?, S.15; Böckenförde, F.Arndt, S.53, 69.
BVerfGE 24, 367 (389); 50, 290 (339); auch BVerfG NJW 1981, 634; sehr klar Böhmer, Sondervotum, NJW 1981, 1263; ganz in diesem Sinne für Gemeinden BVerfGE 52, 1 (30); BVerfG NJW 1982, 2173 (2175); in diesem Sinne auch v.Mutius, Bonner Kommentar, Rdn.156 zu Art.19 Abs.3 GG mit Hinweisen.
Im Mitbestimmungsurteil in BVerfGE 50, 290 (339f.) betont das Bundesverfassungsgericht den "engen inneren Zusammenhang" der Eigentumsgarantie "mit der persönliche Freiheit" und deren "Aufgabe", "dem Träger des Grundrechts einen Freiraum im vermögensrechtlichen Bereich zu sichern und ihm da-

durch die Übertragung der Sache auf den Staat in eine staatliche Sachherrschaft. Das verändert die rechtlichen Gegebenheiten, in denen die Sachherrschaft nunmehr ausgeübt werden darf[204]. Sachherrschaftliche Veränderungen sind auch denkbar, wenn das Eigentum von Privaten auf Private übertragen wird, etwa nur zur Sicherheit oder ohne irgendeine Beschränkung. Der Übertragungszweck impliziert die Geltung unterschiedlicher Vorschriften, sei es, daß diese Vorschriften von Gesetzes wegen, sei es, daß sie von Vertrags wegen gelten. Dieser Hinweis soll dem Mißverständnis vorbeugen, Sachherrschaft, die das Zivilrecht als Eigentum typisiert, hafte unverrückbar der Sache an. Sachherrschaft ist vielmehr rechtlich ein Verhältnis unter den Menschen, das sich auf eine bestimmte Sache bezieht. Sie kann so unterschiedlich gestaltet sein, wie die Verhältnisse unter den Menschen unterschiedlich sein können, sofern die Rechtsordnung das anerkennt[205]. Erlangt der Staat die Sachherrschaft, folgt aus dem Sonderrecht für den Staat, daß § 903 BGB mit seinem wesentlichen Inhalt, dem Recht zur Beliebigkeit, nicht gilt[206].

## IV Staatsrechtliche Normierung der Verhältnisse der staatlichen (dezentralen) Einheiten

Die Diskussion einer Grundrechtssubjektivität staatlicher Einheiten ergibt sich aus der 'Dezentralisierung' unseres Staates in Bund, Länder, Gemeinden und die vielfältigsten juristischen Personen des öffentlichen Rechts[207]. Insofern greift das Identitätsargument nicht. Die Völker der Bundesländer etwa sind nicht identisch mit dem Bundesvolk. Das Verhältnis des Bundes zu den Ländern ist eigenständig staatsrechtlich geregelt[208]. Es sind dies Kompetenzregelungen, aber auch Verhaltensvorschriften, wie etwa die Pflicht zu bundesfreundlichem Verhalten im Bundesstaatsrecht. Diese normieren die staatsrechtlichen Beziehungen der ver-

---

durch eine eigenverantwortliche Gestaltung seines Lebens zu ermöglichen", die "Privatnützigkeit", d.h. die "Zuordnung zu einem Rechtsträger, in dessen Hand" das Eigentum "als Grundlage privater Initiative und im eigenverantwortlichen privaten Interesse von Nutzen" sein soll. Das sind schlechterdings Interessen, die dem Staat nicht zukommen, bei welcher Agende auch immer, wie das Gericht jetzt für die Gemeinden erkannt hat (BVerfG NJW 1982, 2173 (2175)).

204) Ganz i.d.S. Böhmer, Sondervotum, NJW 1981, 1263.

205) So schon BVerfGE 24, 367 (388ff.) - Deichurteil.

206) So selbst Wolff-Bachof, Verwaltungsrecht I, §23 IIa 1, S.106f.; vgl. auch Naendrup, Haftungsbeschränkung, S.88.

207) Deren 'bürgerliche' Unterworfenheit (grundrechtliche oder zivile Subjektion) ist der Ansatzpunkt für ihre kompetenzbegrenzte Grundrechtssubjektivität gegenüber übergeordneten rechtsfähigen Einheiten des Staates bei Bettermann, F.Hirsch, S.1ff.; ders., NJW 1969, 1321ff., 1327f.; v.Mutius, Bonner Kommentar, Rdn.78ff., Fn.en 50, 85, 93, 114ff. zu Art.19 Abs.3 GG mit umfangreichen Hinweisen; ebenso Merten, Rechtsgutachten, S.98ff., 102f. ("der öffentlichen Gewalt wie eine Privatperson unterworfen", "staatlichem Zwang nach Art des Bürgers ausgesetzt"); vgl. auch Fuß, DVBl 1958, 740; Bethge, AöR 104 (1979), S.269f. mit weiteren Hinweisen.

208) Dieses Argument benutzt auch BVerfGE 21, 362 (368ff.); in der Sache auch BVerfG NJW 1982, 2173 (2175); dazu v.Mutius, Bonner Kommentar, Rdn.94 zu Art.19 Abs.3 GG mit vielen Hinweisen; auch Bethge, JA 1978, 535ff., 538; so auch Stober, ZHR 145 (1981), S.580.

schiedenen staatlichen Einheiten hinreichend und abschließend. Die Aktivierung der Grundrechte für diese Verhältnisse ist inadäquat. Das Gleichheitsargument scheitert an den Unterschieden des Staates auch als Fiskus und der Privaten[209]. Eine 'Gewerbefreiheit' der öffentlichen Hand vermag nur entgegen den demokratierechtlichen Prinzipien des Rechtsvorbehalts für Kompetenzen und Aufgaben, aber auch für Mittel und Instrumente[210] deren Erweiterung[211] dienlich zu sein, wenn sie nicht lediglich deren Rechtsschutz um den Verfassungsgerichtsschutz erweitern soll[212]. Die Problematik des Grundrechtsschutzes der Kommunen muß hier unerörtert bleiben. Sie ist bestimmt von der besonderen Garantie der kommunalen Selbstverwaltung des Art.28 Abs.2 GG.

## Schlußbemerkung

Der Staat ist nach ganz überwiegender Auffassung in keiner seiner Verhaltensweisen ein Privater im echten Sinne[213]. Er hat keine Persönlichkeit, ist nicht Person, sondern Organisation, der aus rechtstechnischen Gründen begrenzte Rechtsfähigkeit zugemessen ist. Der Staat ist eben nicht ein Mensch[214]. Uneingeschränkte Personenhaftigkeit, also Menschenwürdefähigkeit, ist die Voraussetzung der Privatrechtssubjektivität. Gesteht man diese dem Staat zu, ist die Freiheit der Menschen und mit deren Recht zur Autonomie das Prinzip der Volkssouveränität verletzt.

209) Jetzt so BVerfG NJW 1982, 2173 (2175); so auch Dürig, Maunz/Dürig/Herzog/Scholz, Rdn.45, 46 zu Art.19 Abs.3 GG; Isensee, Subsidiaritätsprinzip, insb. S.211; ders., Grundrechte und Demokratie, S.76f.; Bethge, JA 1978, 528. Zur genannten Ungleichheit vgl. d. H. in Fn.169 im 5.Teil; dazu näher im 7.Teil, 5.Kap., V, VI, S.329ff., 333ff.

210) Die Aufgaben und Befugnisse sind zu trennen; der Zweck gibt nicht jedes zweckgerechte Mittel. So für viele Bull, Staatsaufgaben, S.132ff. mit Hinweisen; zur polizeirechtlichen Problematik Götz, Allgemeines Polizei- und Ordnungsrecht, S.54f.; Wolff-Bachof, Verwaltungsrecht I, §30 III a 3, S.175; deutlich auch Böhmer, Sondervotum, NJW 1981, 1262ff.

211) Das wird freilich von deren Befürwortern geleugnet, vgl. Bettermann, F.Hirsch, S.4ff.; ders., NJW 1969, 1326; v.Mutius, Bonn. Komm., Rdn.105, 111, 113 zu Art.19 Abs.3 GG, auch in Fn.63 auf S.88; dazu Dürig, Maunz/Dürig/Herzog/Scholz, Rdn.40 zu Art.19 Abs.3 GG, der gegenüber dieser Einschränkung Skepsis äußert; vgl. auch Burmeister, Vom staatsbegrenzenden Grundrechtsverständnis, S.102f.; auch Klein, Teiln., S.235f. m. H.; vgl. auch Forsthoff, Staat als Auftraggeber, S.14.

212) Diesen "Gewinn" hebt v.Mutius, Bonner Kommentar, zu Art.19 Abs.3 GG, Fn.65, S.89, hervor, der an weitere "Vorteile" denkt, etwa "Geltung des Gesetzesvorbehalts"; vgl. auch v.Olshausen, Zur Anwendbarkeit von Grundrechten, S.156; kritisch dazu auch Dürig, Maunz/Dürig/Herzog/Scholz, Rdn.46 a .E . zu Art.19 Abs.3 GG. Das demokratierechtliche und grundrechtliche Problem ist die Zwangskorporierung zum Zwecke der Verstaatlichung der Angelegenheiten der Zwangsmitglieder, dem hier nicht nachgegangen werden kann; dazu Dürig, a.a.O., Rdn.50, 51 zu Art.19 Abs.3 GG.

213) Hinweise in Fn.en 169 im 5.Teil, 80 im 2.Teil, auch Fn.132 dieses Teils gegen eine Privatautonomie des Staates. Deutlich und wiederholt etwa Naendrup, Haftungsbeschränkung, S.74ff., 103, 106.

214) So insb. Mallmann, VVDStRL 19 (1961), S.198, wörtl. Zitate im 5.Teil, 4.Kap., VII, S.221f.; auch Zeidler, daselbst, S.229, wörtl. Zitate im 5.Teil, 4.Kap. , VIII, S.228; in diesem Sinne auch Hesse, Verfassungsrecht, S.144f.; vorsichtig auch gegen das Kriterium der Gleichstellung juristischer mit physischen Personen v.Mutius, Bonner Kommentar, Rdn.153 zu Art.19 Abs.3 GG mit weiteren Hinweisen; v.Mangoldt-Klein, Anm. VI 3a zu Art.19 Abs.3 GG; dazu auch Bull, Staatsaufgaben, S.62f.

7. Teil

# WETTBEWERBLICHKEIT UND STAATLICHKEIT

## Problemstellung

Die substantielle Fiskustheorie, die dem Staat das Recht zur Autonomie und damit Privatheit zugesteht, läßt sich nach den Überlegungen in den bisherigen Teilen gegenüber den Prinzipien der freiheitlich-demokratischen Grundordnung nicht behaupten. Das Recht zur Autonomie kommt nur dem Menschen zu und definiert dessen Privatheit. Die praktizierte Fiskustheorie scheint jedoch, wie es in der Problemskizze[1] schon deutlich wurde, solche Privatheit des Staates gar nicht in Anspruch nehmen zu wollen, sondern nur eine 'Privatrechtlichkeit', die das Privatrecht auf staatliches Verhalten anzuwenden erlaubt, wenn der Staat sich dafür entscheidet, seine Aufgaben im Bereich des Privatrechts zu erledigen. Einer solchen Fiskustheorie wäre kein verfassungsrechtlicher Vorwurf zu machen, wenn das Privatrecht durchgehend den Rechtssubjekten Staat und Private gegenüber neutral/allgemein wäre. Soweit das Privatrecht jedoch Autonomierecht ist, setzt es die Privatheit voraus. Für § 1 UWG wird die Neutralität vor allem von Scholz vertreten, der allein auf die Wettbewerblichkeit des Verhaltens abstellt, wenn es um die Anwendbarkeit des § 1 UWG geht[2]. Das zieht die Konsequenz aus der Erkenntnis, daß Autonomierecht für den Staat keine Geltung haben könne, weil der Staat das Recht zur Autonomie nicht habe[3].

Im folgenden ist zu untersuchen, ob § 1 UWG seinen Tatbestandsmerkmalen und seinen Anwendungsvoraussetzungen nach neutral/allgemein ist oder eben Autonomierecht, Recht also, welches die Freiheit unbegrenzt voraussetzt. Wenn staatliches Verhalten nicht als "Handlungen im geschäftlichen Verkehre zu Zwecken des Wettbewerbs" beurteilt werden kann oder darf, ist erwiesen, daß zumindest eine,

---

1) 2.Kap. des 1.Teils, S.10ff.

2) Dazu im 9.Kap. des 2.Teils, S.80ff.; Hinweise zur Neutralitätstheorie in Fn.316 des 2.Teils.

3) Dazu vor allem im 4. und 5.Kap. des 6.Teils, S.261ff., 275ff.

freilich eine zentrale Vorschrift des Wirtschaftsrechts nur das Verhalten der Privatunternehmen regelt und damit nur auf Grund der (substantiellen) Fiskustheorie auf Staatsunternehmen angewendet wird. Zugleich ist damit wegen der dargelegten Unvereinbarkeit dieser Fiskustheorie mit der freiheitlich-demokratischen Grundordnung die Verfassungswidrigkeit der Fiskuspraxis dargetan.

§ 1 UWG muß dabei in stetem Blick auf das grundrechtsgeschützte Recht zur Autonomie des Menschen auch in der Wirtschaft interpretiert werden, wenn der Vorrang des Grundgesetzes vor dem einfachen Recht respektiert werden soll. Auch die "guten Sitten" als tatbestandlicher Verhaltensmaßstab aus § 1 UWG finden allein autonomietheoretisch eine tragfähige Interpretation, die aber deren Maßstäblichkeit für staatliches Verhalten als inadäquat nachweist. Allerdings ist es, wie dargelegt werden wird[4], der Praxis und der Lehre gelungen, den Begriff der "guten Sitten" derart weit zu öffnen, daß er nur mit sehr viel geringerer Überzeugungskraft als Ausweis des autonomierechtlichen Charakters des § 1 UWG dienen kann. Einem Tatbestandsmerkmal, das, wie berichtet werden wird[5], nur noch Ermächtigungsblankett für richterliche Dezisionen ist, kann man schlechterdings nicht mehr einen spezifischen Rechtscharakter entnehmen. Freilich wendet sich die Öffnung einer Vorschrift in dem Maße, welches § 1 UWG widerfahren ist, gegen die Interpretation. Sie verläßt jede Bindung an den Wortlaut und damit leicht auch die an die Verfassung. Das richtige Verständnis des Begriffs "gute Sitten", das im 8. Teil entwickelt werden soll, läßt an der Unanwendbarkeit dieses Maßstabes auf staatliches Verhalten wenig Zweifel; denn "gute Sitten" sind die Gesetze der Privaten[6].

Bereits das einfache Recht geht von der Privatheit staatlicher Unternehmen aus. Das soll an Hand des § 98 GWB deutlich gemacht werden, der die Fiskusproblematik im Kartellrecht aufwirft und einfachgesetzlich löst. Die Einordnung des § 98 GWB in die Grundlagen des Wettbewerbsrechts als Recht der Wirtschaftsfreiheit, eine kaum bestrittene Position[7], erweist den Autonomiecharakter des Rechts gegen Wettbewerbsbeschränkungen. Hier dient der Hinweis nur, um die Praxis des Gesetzgebers im Wettbewerbsrecht als (substantiell) fiskustheoretisch nachzuweisen.

4) Dazu vor allem im 8.Teil das 1.Kap., I 2, 4, 5, S.367f., 369ff., 371 und das 2.Kap., S.375ff.

5) Dazu vor allem im 8.Teil das 2.Kap., I 2, 3, S.377ff., 379ff., II 1c, S.387, III, 2, S.402f., IV, S.403f.

6) Dazu vor allem im 8.Teil das 3.Kap., IV, S.412ff. und das 4.Kap., S.421ff.

7) Hinweise in Fn.en 10-13.

1. Kapitel

# STAATSUNTERNEHMEN ALS PRIVATE WETTBEWERBER IN DER SICHT DES § 98 GWB

## I Wettbewerbsrecht als Autonomierecht

1. Das Gesetz gegen Wettbewerbsbeschränkungen, das die Freiheit des Wettbewerbs schützt[8], folgt demselben Strukturverhältnis der Wirtschaft und auch der staatlichen Beteiligung an der Wirtschaft, wie das Gesetz gegen den unlauteren Wettbewerb[9]. Beide Gesetze begrenzen die Wirtschaftsfreiheit[10] und setzen diese damit notwendig voraus[11].

---

8) Mestmäcker, AcP 168 (1968), S.251; ders., JZ 1964, 441ff.; insb. Fikentscher, Wettbewerb, S.5, 12, 184ff., 223ff., 239ff.; sehr klar Scholz, Wirtschaftsaufsicht, S.24ff. mit Fn.14 (gegen ein Schutzgut Wettbewerb, zu Recht: "Gesellschaftspolit. ist der Wettbewerb Ausdruck und Mittel der privaten Wirtschaftsfreiheit", a.a.O., S.25, auch S.128f. u. in weit. Schriften); dazu genau J.Baur, Mißbrauch, S.60ff.; Biedenkopf, Vertragl. Wettbewerbsbeschränkung, S.152ff.; E.Ulmer-Reimer, Unlaut. Wettbewerb, Rdn.38, S.24f., u.ö.; Rebe, Privatrecht und Wirtschaftsordnung, S.144; Hefermehl, Wettbewerbsrecht, Allg., Rdn.78, deutl. 84 (bemerkenswert der Unterschied zwischen der 10.Aufl. 1971, Rdn.78: Das Recht gegen Wettbewerbsbeschränkungen, "das den freien Wettbewerb in seinem Bestand erhalten und fördern soll", und der 13.Aufl. 1981, Rdn.78: ..."das d. freien, und zwar den funktionsfähigen Wettbewerb..."); vgl. auch P.Ulmer, ZHR 146 (1982), S.493 mit Hinweisen in Fn.138 auf die st.Rspr.

9) Vgl. zunächst die Hinweise in Fn.36 im 2.Teil; insb. Scholz, ZHR 132 (1969), S.112f.; schon E.Ulmer, Sinnzusammenhänge, S.9ff.; Rebe, Privatrecht und Wirtschaftsordnung, S.144 m.H. in Fn.455; Hefermehl, Wettbewerbsrecht, Allgemeines, Rdn.76, 86, 87 mit weiteren Nachweisen; Raiser, GRUR Int. 1973, S.445; Fikentscher, Wettbewerb, S.5, 12, 40f., 184ff., 223ff., 239ff., auch Emmerich in: Mestmäcker/Immenga, Rdn.5ff. zu §98 GWB; ders., UWG 1982, S.50; auch Koppensteiner, Wettbewerbsrecht, S.489; P.Ulmer, ZHR 146 (1982), S.474f.; vgl. BGHZ 23, 365 (371).

10) St. Rspr., BGHZ 23, 365 (371); 38, 90 (102); 52, 65 (71); Fikentscher, Wettbewerb, S.109, u.ö.; grundsätzlich Scholz, Wirtschaftsaufsicht, S.172ff.; klar Steindorff, Summum ius, S.59 und passim; Hefermehl, Allgemeines, Rdn. 34, 44, 50, 54; Rupp, Verfassungsrecht und Kartelle, S.203ff.; deutlich Schluep, F.Böhm, S.588ff. (Wettbewerbsrecht als Intervention, "Kartellrecht als Beschränkung der Privatautonomie"); P.Ulmer, ZHR 146 (1982), S.493, u.ö.; vgl. aber auch Maihofer, Rechtsstaat und menschliche Würde, S.158 so im kantischen Sinne; auch Rittner, Wirtschaftsrecht, S.304ff.

11) Hinweise in Fn.53 des 2.Teils; für viele wesentlich Scholz, Wirtschaftsaufsicht, etwa S.25ff., 128ff., 172ff. m.H.; Rebe, Privatrecht und Wirtschaftsordnung, S.172, 173, 176ff.; deutlich Steindorff, Summum ius, S.59, 62, passim; Rupp, Verfassungsrecht und Kartelle, S.203f.; Emmerich, UWG 1982, S.50; nach Adam Smith, Jevons Ricardo herrscht in der Wettbwerbswirtschaft vollkommene Frei-

Die Wirtschaftsfreiheit ist ein Teil der Privatheit des Menschen[12]. Sie schließt die Wettbewerbsfreiheit ein[13]. Der Gesetzgeber inkriminiert und illegalsiert bestimmte private Beschränkungen des Wettbewerbs um der "Wettbewerbsfreiheit"[14] und des Wettbewerbs selbst willen als Mißbrauch zu Lasten der anderen Wirtschaftssubjekte, die alle frei und selbständig sein können sollen[15]. Wirtschaftliche Autonomie des einen und des anderen werden im allgemeinen Interesse an dieser Autonomie wegen ihrer antagonistischen Dialektik geregelt und befriedet[16]. In einer staatlichen Verwaltungswirtschaft, die die wirtschaftliche Autonomie des einzelnen nicht oder nur in geringem Umfang respektiert, gibt es keinen relevanten Wettbewerb und damit auch kein Wettbewerbsrecht[17]. Ohne die Wirtschaftsfreiheit (ob diese nun grundrechtlich geschützt ist oder nicht) wären die Wettbewerbsgesetze systemwidrig. UWG und GWB bilden als funktionale Einheit

---

heit, vgl. Knöpfle, Der Rechtsbegriff "Wettbewerb", S.3 in Fn.9; deutlich auch Rittner, Wirtschaftsrecht, S.304ff.
Wettbewerbsfreiheit und Wirtschaftsfreiheit werden bisweilen identifiziert, worauf Knöpfle, a.a.O., S.3 hinweist, dazu und dagegen insb. Scholz, a.a.O.. Die notwendige Verbundenheit von Freiheit und Wettbewerb unter dem Prinzip der Menschenwürde macht eindrucksvoll und in schöner Kürze deutlich Schluep, F.Böhm, S.588, auch S.570; auch Nell-Breuning, F.Böhm, S.462ff., 467 (Wettbewerb nur "Ordnungsinstrument", nicht "Ordnungsprinzip"); in diesem Sinne auch Koppensteiner, Wettbewerbsrecht, S.489f., 493, 6ff., der allerdings das Gewicht des "Wettbewerbs" ein wenig gegenüber denen der "Vertragsfreiheit" und des "Privateigentums" überschätzt. In der Sache a.A. Gotthold, ZHR 145 (1981), S.299ff., 302, dem (als Bremer) Freiheit i.S. von Liberalität suspekt ist. Dazu auch im 2.Teil, 2.Kap., S.38ff.

12) Hinweise zunächst in Fn.53 im 2.Teil; siehe insb. Dürig, Maunz/Dürig/Herzog/Scholz, Rdn.48, 52 zu Art.2 Abs.1 GG; Krüger, ZBR 1979, 157ff.; Rebe, Privatrecht und Wirtschaftsordnung, S.173, 182; deutlich Rupp, Verfassungsrecht und Kartelle, S.203ff., 207; i.d.S. auch Hefermehl,Wettbewerbsrecht, Allgemeines, Rdn.25, 31, 48 u.ö.; i.d.S. auch Mestmäcker, u.a. AcP 168 (1968), S.240 ("Autonomie des Einzelnen" als "Grundwert" der Rechtsordnung); ders., F.Böhm, S.412ff.; klar Rittner, Wirtschaftsrecht, S.305; den privaten Charakter der Wettbewerbsfreiheit stellt in Abrede etwa Gotthold (Bremen), ZHR 145 (1981), 299ff., 302 ("Wettbewerbsfreiheit ist staatlich gewährte, inhaltlich zu bestimmende... Befugnis"); BGHZ 36, 77 (80); BVerfGE 6, 32 (36); 8, 274 (328); 12, 341 (347).

13) Dazu die Hinweise in Fn.53 im 2.Teil; vgl. insb. Scholz, ZHR 132 (1969), S.105 m.H.; ders., Wirtschaftsaufsicht, S.25ff., 128f.; BVerwGE 60, 290 (366); VGH Mannheim, NJW 1984, 253.

14) §18 Abs.1 lit.a GWB benutzt diesen Begriff mit seiner das Wesentliche bestimmenden Bedeutung selbst, so auch Rebe, Privatrecht und Wirtschaftsordnung, S.189.

15) Vgl. d. H. in Fn.en 38, 57 im 2.Teil; insb. Böhm, Demokratie und wirtschaftl. Macht, S.3, 12; dazu grundlegend K.Schmidt, Kartellverfahrensrecht, passim, etwa S.96ff. mit umfangreichen Hinweisen; zur Relevanz des Wettbewerbsrechts für die Privatautonomie Dritter und das Privatrecht wesentlich Biedenkopf, Vertragliche Wettbewerbsbeschränkung, S.106ff., 129ff.; dazu auch Mestmäcker, ZHR 137 (1973), S.97ff.; ders., AcP 168 (1968), S.248ff.; ders., F.Böhm, S.413f.; Scholz, Wirtschaftsaufsicht, S.27f.; auch Hefermehl, Wettbewerbsrecht, Allgemeines, Rdn.34, 48, 50, u.ö.; auch Rebe, Privatrecht und Wirtschaftsordnung, S.176ff. mit Hinweisen auch zu einzelnen Tatbestandsgruppen des GWB, auch S.195ff.; vgl. BGHZ 19, 392 (399); richtig Rittner, Wirtschaftsrecht, S.281ff.

16) Diese Grundtypen des freiheitlichen Antagonismus hat bereits Kant, Idee, S.39, klargelegt: "Da nur in der Gesellschaft und zwar derjenigen, die die größte Freiheit, mithin einen durchgängigen Antagonism ihrer Glieder, und die genaueste Bestimmung und Sicherung der Grenzen dieser Freiheit hat, damit sie mit der Freiheit anderer bestehen könne,...". Dazu Maihofer, Rechtsstaat und menschliche Würde, S.72ff., 77. I.d.S. Scholz, Wirtschaftsaufsicht, S.27f. ("Entstehung und tatsächliche Gestaltung oder Ausrichtung" des Wettbewerbs "liegen allein in der Hand der am konkreten Markt wetteifernden Wirtschaftssubjekte").

17) Wie hier Rupp, Verfassungsrecht und Kartelle, S.203ff., 204; Emmerich, UWG 1982, S.50; Koppensteiner, Wettbewerbsrecht, S.489; Schluep, GRUR Int. 1973, 449; auch Büchler, Diss. 1981, S.80ff. Denselben Effekt haben Marktordnungen, Hefermehl, Wettbewerbsrecht, Allgemeines, Rdn.31.

einfachgesetzlich, aber verfassungslegitim die Grundlage der freien Marktwirtschaft[18]. Wettbewerbsrecht ist Autonomierecht, weil Wettbewerb Verwirklichung von Freiheit ist.

2. Billigt man den staatlichen Unternehmen Privatheit zu, drängt es sich auf, diese so zu behandeln wie private Unternehmer[19], sie an der Bildung der privatgesetzlichen "guten Sitten"[20] zu beteiligen und diesen auch zu unterwerfen. Die Anwendung des § 1 UWG auf staatliche Unternehmen impliziert es umgekehrt, deren Privatheit anzuerkennen[21]. Wenn der wettbewerbsrechtliche Schutz der Wirtschaftsfreiheit, das Autonomierecht also, die staatlichen Unternehmen einbezieht und damit diesen wirtschaftliche Privatheit zugesteht, so ist es konsequent, dieses private Verhalten des Staates nicht anders als das der privaten Wettbewerber dem Lauterkeitsgebot des § 1 UWG zu unterwerfen. Staatliches Privatverhalten an die allgemeinen staatsrechtlichen Vorschriften für staatliches Verhalten zu binden[22], heißt der Sache nach, die (privatmäßige) Autonomiebefugnis wiederaufzuheben. Privatautonomie verträgt lediglich Begrenzungen durch staatliche oder private Rechtsetzung, die im Kern die rechtliche Beliebigkeit des Verhaltens wahrt, während die staatsrechtlichen Bindungen durch die Gemeinwohlverpflichtetheit staatlichen Verhaltens dieses entweder sachlich oder um der Sachlichkeit willen verfahrensmäßig determinieren[23]. Maßgeblich sowohl für das wirtschaftliche und wettbewerbliche Freiheitsprinzip als auch für das diesem schwesterliche Lauterkeitsprinzip ist das Recht zur Autonomie und damit die Privatheit des Verhaltens[24].

II Die Privatheit der Staatsunternehmen i.S. des § 98 GWB

1. § 98 Abs.1 GWB erfaßt auch Unternehmen der öffentlichen Hand, die öffentlichrechtlich organisiert oder unselbständig in juristische Personen des öffent-

---

18) Die funktionale Einheit beider Gesetze spricht auch an Ott, F.Raiser, S.419; ebenso Emmerich, UWG 1982, S.50; Koppensteiner, Wettbewerbsrecht, S.489 ("Teil der Gesamtordnung"); so auch m.w.H. eindringlich Hefermehl, Wettbewerbsrecht, Rdn.86f.; deutlich Rebe, Privatrecht und Wirtschaftsordnung, S.144 m.w.H. in Fn.455; Ulmer, Schranken zulässigen Wettbewerbs, S.63ff., 99f.; die genannten Autoren sehen alle einen gemeinsamen Schutzzweck, "die Institution des Wettbewerbs". Anders und richtig Knöpfle, Der Rechtsbegriff "Wettbewerb", S.345; kritisch und differenzierend vor allem Scholz, Wirtschaftsaufsicht, S.24ff., u.ö.; richtig auch Rittner, Wirtschaftsrecht, S.305 m.H. in Fn.48 gegen einen determinierten Wettbewerbsbegriff, auch S.281ff.

19) Hinw. wie Fn.82 im 2.Teil und Fn.en 218ff. dieses Teils; insb. Emmerich, zuletzt in: Mestmäcker/Immenga, Rdn.38 zu §98 GWB mit Hinweisen; in der Sache grob BVerfGE 27, 364 (374); BVerwGE 39, 329 (337).

20) Dazu im 8.Teil, insb. das 4.Kap., S.421ff.

21) Dazu näher im 8.Teil, 5.Kap., II 2a,b, S.445ff. mit Hinweisen.

22) Hinweise zu dieser Überlagerungstheorie in Fn.57 im 1.Teil; insb. Rüfner, Formen, S.378ff. m.H.

23) Dazu Hinweise in Fn.31 im 6.Teil.

24) Hinweise in Fn.en 8ff. dieses Teils und Fn.53 des 2.Teils.

lichen Rechts eingegliedert sind, etwa die Regiebetriebe[25]. Das einfache Recht bezieht also den Staat als Unternehmer in die Regelungen des wirtschaftlichen Wettbewerbs ein[26]. Die öffentlich-rechtlichen Organisationseinheiten müssen jedoch privat oder eben 'privatrechtlich' handeln dürfen, um Subjekte des Wettbewerbsrechts zu werden. Amtliches Verhalten des Staates wird darum in der richterlichen Praxis und in der überwiegenden Lehre von der Geltung des Wettbewerbsrechts ausgenommen[27]. Privat/privatrechtlich und nicht amtlich/staatsrechtlich muß jedenfalls das Wettbewerbsverhältnis sein, selbst wenn die Leistungsbeziehungen hoheitlich und damit öffentlich-rechtlich bleiben[28].

Ist die Privatheit des Wirtschaftens das vom einfachen Wettbewerbsrecht durch dessen beschränkende Vorschriften vorausgesetzte und damit anerkannte Strukturelement der freien Marktwirtschaft, so ist der Schluß der herrschenden Lehre und der Praxis zwingend, daß § 98 Abs.1 GWB die Privatheit auch von "Unternehmen, die ganz oder teilweise im Eigentum der öffentlichen Hand stehen oder von ihr verwaltet oder betrieben werden", normiert[29]. Die mehr oder weniger eingeschränkten Bereichsausnahmen der §§ 99-103 GWB, in denen der einfache Gesetzgeber bestimmte Unternehmen oder bestimmte Verhaltensweisen von Unternehmen (nur bis zur Grenze des Mißbrauchs, §§ 102 Abs.2, 104 GWB) von der Geltung des Gesetzes gegen Wettbewerbsbeschränkungen ausnimmt, weil vornehmlich der Verwaltungscharakter derselben den wettbewerbsrechtlichen Beschränkungen entgegensteht[30], geben zugleich eine Orientierung für die einfachgesetzliche Differen-

---

25) Für viele Rittner, Wirtschaftsrecht, S.301ff.; Emmerich in: Mestmäcker/Immenga, Rdn.39ff., 46 zu §98 GWB mit Hinweisen. §§7, 31 BDSG kennen "öffentlich-rechtliche Unternehmen, die am Wettbewerb teilnehmen" und bestätigen damit die gegenwärtige (1977) einfachgesetzliche Sicht möglicher Wettbewerblichkeit staatsunternehmerischen Verhaltens. Diese Unternehmen werden datenschutzrechtlich nahe an die Privatunternehmen gerückt, ohne ihnen gleichgestellt zu werden.

26) Für alle Emmerich in: Mestmäcker/Immenga, Rdn.35 zu §98 GWB; P.Ulmer, ZHR 146 (1982), S.475f., 490. Hinweise in Fn.59 des 2.Teils.

27) Vgl. die Hinweise in Fn.72 des 2.Teils und Fn.en 316-320 des 2.Teils; etwa Emmerich in: Mestmäcker/Immenga, Rdn.5, 35 zu §98 GWB; Rittner, Wirtschaftsrecht, S.301; P.Ulmer, ZHR 146 (1982), S.474 u.ff., der darauf abstellen will, ob das Handeln der öffentlichen Hand "ausschließlich auf Erfüllung ihrer öffentlichen Aufgabe gerichtet ist oder darüber hinausgehend a u c h die Förderung eigenen oder fremden Wettbewerbs dient, mag die Wettbewerbsförderung ihrerseits auch im öffentlichen Interesse liegen"; das ist schon deswegen unhaltbar, weil der Begriff der "öffentlichen Aufgabe" institutionell ist (dazu im 5.Teil, 1.Kap., S.175ff. und 4.Kap., X, S.232ff.); wie P.Ulmer auch Hubmann, W.u.V. 1982, 47; sibyllinisch Mestmäcker, AcP 168 (1968), S.236: "Der Anwendungsbereich des Gesetzes wird in §98 I für öffentliche Unternehmen so bestimmt, daß er mit der Grenze von öffentlichem Recht und Privatrecht übereinstimmt".

28) So die Lehre von der Doppelqualifikation, vgl. die Hinweise in Fn.319 im 2.Teil, insb. BGHZ GS 66, 229ff.; 67, 81ff.; bestätigt in BGH NJW 1982, 2118; BGH NJW 1982, 2126; für viele Emmerich in: Mestmäcker/Immenga, Rdn.5ff., 35 mit Hinweisen.

29) Hinweise in Fn.72 im 2.Teil, auch Fn.en 53, 316-320 im 2.Teil. BGHZ 36, 91 (101f.); Schricker, Wirtschaftliche Tätigkeit, S.29ff., 130f.; Püttner, Energieversorgung, S.210; Forsthoff, Staat als Auftraggeber, S.27f., 32; auch Rasch/Westrick, Wettbewerbsbeschränkungen, Rdn. 3-5 zu §98; Klein, Teilnahme, S.230, 251; Badura, F.Schlochauer, S.12 mit Hinweisen in Fn.33; P.Ulmer, ZHR 146 (1982), S.475f. m.H. mit dem umgekehrten Schluß, §98 GWB habe nur "klarstellende Bedeutung", er geht also von der (privaten) "Marktteilnahme" aus. A.A. vor allem Scholz, ZHR 132 (1969), S.128f. mit Hinweisen in Fn.145 auf S.125 auf die h.M.

30) Vgl. Emmerich in: Mestmäcker/Immenga, Rdn.66 zu §98 GWB (..."gerade und in erster Linie öffentliche

zierung zwischen Unternehmen der öffentlichen Hand, denen das Gesetz Privatheit zumißt, und solchen, die es nicht aus dem staatlichen Verwaltungsgefüge entläßt. Die Ausnahmen der §§ 99-103 GWB brauchen nicht im einzelnen erörtert zu werden, um den prinzipiellen Normgehalt des § 98 Abs.1 GWB zu erfassen. Er unterstellt bestimmte Unternehmen der öffentlichen Hand denselben wettbewerbsrechtlichen Schranken, denen private unterliegen, und läßt diesen Staatsunternehmen damit eine Privatheit, die Voraussetzung der mißbrauchsnormierenden und -abwehrenden Schranken des Gesetzes gegen Wettbewerbsbeschränkungen ist[31)]. Der Wettbewerbsgesetzgeber räumt damit Staatsunternehmen einen wirtschaftsrechtlichen Freiraum ein[32)], wie er vom Grundgesetz privaten Unternehmern belassen ist. Nichts anderes darf man von der fiskustheoriegeleiteten Staatspraxis erwarten.

2. § 98 Abs.1 GWB ist zumindest eine Kollisionsnorm zwischen der Anwendung des Staatsrechts und des Privatrechts auf Verhalten des Staates als Unternehmer, wie sie Ch. Pestalozza fordert[33)]. Pestalozza begreift prinzipiell alles Recht, das den Staat betrifft, als Sonderrecht für den Staat, als Staatsrecht[34)]. Als Konsequenz seiner kollisionsrechtlichen Dogmatik muß Pestalozza Ausnahmen zulassen[35)], die sich erübrigen, wenn seine strenge Subjektstheorie aus der freiheitlich- demokratischen Entscheidung des Grundgesetzes begründet wird[36)]. Mit der kollisionsrechtlichen Entscheidung wird zugleich eine materiale Entscheidung getroffen, nämlich die für die Privatheit staatlichen Verhaltens in bestimmten Bereichen. Nur wenn der einfache Gesetzgeber verfassungsrechtlich befugt ist, dem Staat in

---

Unternehmen"), sonst mit anderer Tendenz. Ebensowenig will den eigentlichen Grund recht zugestehen P.Ulmer, ZHR 146 (1982), S.475 ("sachliche Gründe").

31) Vgl. Fn.en 8ff., 12ff., 26 mit dem dazugehörigen Text sub I 1,2, S.283ff.

32) Etwa Scholz, ZHR 132 (1969), S.115: "Wettbewerb spielt sich begrifflich im rechtsfreien Raum ab"; ebenso Plaßmann, JZ 1968, 81ff., 85; P.Ulmer, ZHR 146 (1982), S.475 m.H. hält das für eine bloße Klarstellung, als ob dem Staat der wettbewerbliche Spielraum ohnehin zustünde. Kritisch Reich, Markt und Recht, S.329ff.

33) Formenmißbrauch, S.170ff., 177 mit Fn.121; dem schließt sich an Grupp, ZHR 140 (1976), S.377f.; vgl. auch Badura, Verwaltungsmonopol, S.32ff.

34) Formenmißbrauch, S.170ff., 174 in Fn.117 mit Hinweisen auf die Befürworter der Wolffschen Sonderrechtstheorie in Fn.115 und Kritik an der beschränkten Sonderrechtstheorie Wolffs auf S.174; weitere Hinweise in Fn.133 des 5.Teils.

35) Formenmißbrauch, S.177ff.; ähnlich im Ergebnis Barbey, W.u.V. 1978, 88f., der kompetenzielle Ermächtigungen des Staates zu privatrechtlichem Handeln zugesteht; auch Grupp, ZHR 140 (1976), S.377ff. (Privatrecht als Lückenbüßer).

36) Dazu näher im 5.Teil, 2.Kap., S.181ff.
Die Ableitung der Unterscheidung von öffentlichem Recht und Privatrecht aus den Legitimationsgrundlagen kritisiert Barbey, W.u.V. 1978, 79ff., weil er sich abhängig macht von der dogmatisch verfehlten Definition der Rechtswegklausel des §40 VwGO (a.a.O., S.83/85); er kann sich trotz richtiger Kritik an der Wolffschen engen Subjektstheorie (a.a.O., S.83ff.) der strengen oder weiten Subjektstheorie nicht anschließen, weil er dann keine Verkehrsmöglichkeiten zwischen Privaten und dem Staat mehr erkennt (a.a.O., S.83), wohl in der Fehlvorstellung verfangen, es gebe privat- oder öffentlich-rechtliche Verhaltensbereiche, obwohl es nur privates und staatliches Verhalten gibt, das dem Privatrecht bzw. dem Staatsrecht unterliegt und keinesfalls den Rechtsverkehr untereinander ausschließt. Das Modell ist aus dem Handelsrecht lange bekannt, das Sonderrecht für den kaufmännischen Vertragspartner vorschreibt.

irgendeiner seiner Agenden eine Autonomiebefugnis zuzubilligen, so wie sie Private haben, ist § 98 Abs.1 GWB als Kollisionsnorm tragfähig.

III Wettbewerbsrecht als Staatsrecht?

1. Weil alles Recht, das den Staat betrifft, Sonderrecht des Staates ist[37)], läßt sich auch die These aufstellen, für anwendbar erklärtes Wettbewerbsrecht sei öffentliches Recht, Staatsrecht[38)]. Auch das gesellschaftsrechtliche Unternehmensrecht für Staatsunternehmen läßt sich so als Staatsrecht verstehen. Die alternativen Konsequenzen einer solchen These sind: a) Dieses Staatsrecht räumt dem Staat eine wettbewerbsrechtlich beschränkte Autonomiebefugnis ein, die im Rahmen des Wettbewerbsrechts rechtlich beliebiges Verhalten zuläßt, weil es Autonomierecht ist und bleibt. Das Staatsrecht läßt jedoch um der Sachnähe der Entscheider willen, um also dem Prinzip der Sachlichkeit optimal zu genügen, gegebenenfalls Unabhängigkeit[39)] bei der Einschätzung von Sachlagen. Das ist nicht Autonomie i.S. kantischer innerer Freiheit oder Sittlichkeit[40)]. b) Das anwendbare Wettbewerbsrecht ist neutral/allgemein und darum als Recht für den Staat Staatsrecht[41)]. § 98 GWB überträgt jedoch spezifisch Grenzen der Privatheit auf Staatsunternehmen, reglementiert somit staatliche Privatheit und nicht davon wesentlich verschiedene Unabhängigkeit staatlicher Stellen. Als Begrenzung von Unabhängigkeit im Staat wäre das Wettbewerbsrecht nicht nur in den Maßstäben inadäquat[42)], sondern unternehmerische Unabhängigkeit von Staatsunternehmen ist keinesfalls in dem Maße nützlich, in dem Privatunternehmen von Verfassungs wegen autonom

---

37) Dazu im 5.Teil, 2.Kap., S.181ff., 6.Teil, 3.Kap., S.260ff.

38) So dezidiert Bettermann, DVBl 1977, 182; auch Scholz, ZHR 132 (1969), S.121ff. mit der Neutralitätsthese; ders., NJW 1974, 782 (dazu im 2.Teil, 9.Kap., S.80ff.); auch Schricker, Wirtschaftliche Tätigkeit, S.125ff.; Papier, Fälle, S.170; jüngst in der Sache auch Hubmann, W.u.V. 1982, 46f., 48ff., der die Verwaltungsgerichte auffordert, das Recht des unlauteren Wettbewerbs zur Beurteilung staatlichen Verhaltens heranzuziehen, dies also als öffentliches Recht einstuft. A.A. Emmerich, Unlauterer Wettbewerb, S.20ff.; dagegen auch Vollmar, Rechtsweg und Maßstab, S.78, 82; Emmerich in: Mestmäcker/Immenga, Rdn.5 zu §98 GWB; Mestmäcker, NJW 1969, 2; OLG Köln NJW 1974, 802; a.A. die fiskustheoretische h.M., dazu das 1.Kap. des 2.Teils mit Hinweisen, S.26ff.; Hinw. auch in Fn.1 des 1.Teils.

39) Wolff-Bachof, Verwaltungsrecht II, §84 IV b, S.180ff., §77 I b, S.100; Stern, Staatsrecht I, S.302.

40) Wolff und Stern wie in Fn.39.
Die kommunale Selbstverwaltung gründet demgegenüber auf der Autonomiebefugnis der Menschen wie die Demokratie überhaupt. Sie ist nicht Unabhängigkeit im Rahmen delegierter Kompetenz und Aufgabe, sondern Selbstverwirklichung u. Selbstverantwortung im komm. Bereich, jedenfalls in dessen eigentlichem Kern. Darum ist die Verweigerung des Grundrechtsschutzes aus Art.14 Abs.1 GG für Gemeindeeigentum problematisch, die BVerfG NJW 1982, 2173 (2175) in der Sache auf die reine Staatlichkeit der Gemeinden stützt. Vgl. zum Charakter der kommunalen Selbstverwaltung für viele Stern, Staatsrecht I, S.304ff. mit Hinweisen; Schwerdtfeger, 53.DJT, A 109ff. m.H.

41) So die Neutralitätsthese, vgl. die Hinweise in Fn.38, w.H. in Fn.316 im 2.Teil.

42) Zum Unterschied von privater Beliebigkeit und staatlichen Entscheidungsspielräumen, insb. dem Ermessen, Ehmke, Ermessen, S.40; Scheuner, F.Smend, S.266f.; ders., VerwArch 33 (1928), S.84ff.; auch Rüfner, Formen, S.307.

sind. Erinnert sei etwa an die gesamtwirtschaftliche Zielsetzung allen staatlichen Verhaltens[43]. Für § 1 UWG wird der Charakter als Autonomierecht im folgenden dadurch nachzuweisen versucht, daß dessen tatbestandliche Inadäquanz bei staatlichem Verhalten aufgezeigt wird.

2. Zweifache Maßstäbe für staatliches Verhalten, die autonomie- und die staatsrechtlichen, brächten widersprüchliche Bewertungen. Marktliche und staatliche Preispolitik führt wegen der unterschiedlichen Ziele, Kosten und Risiken zu verschiedenen Preisen, die allenfalls wegen der Konkurrenz auf dem Markt zu Anpassungen zwingt. Das gibt dem Staat ein Instrument für Marktpolitik, macht ihn aber nicht zum Wettbewerber[44]. Selbst V. Emmerich gesteht es dem Staat zu, öffentliche Aufgaben gegen die wettbewerbsrechtlichen Regelungen zu realisieren, wenn erstere nur hinreichend deutlich vorgegeben, insbesondere gesetzlich verankert sind[45]. Einen relevanten Unterschied ergibt der Modus, in dem öffentliche Aufgaben konkretisiert sind, gesetzlich oder exekutivisch, nicht.

Dem autonomierechtlichen Charakter des § 98 GWB steht die Überlagerung der wettbewerbsrechtlichen Grenzen freien staatsunternehmerischen Wirtschaftens durch öffentlich-rechtliche Kompetenz- und Verhaltensnormen[46] nicht entgegen, wenn und weil ein autonomer Verhaltensbereich bleibt.

Quintessenz

Als Autonomierecht ist das Wettbewerbsrecht keinesfalls auf all und jedes staatliche Verhalten anwendbar. Es soll ja auch nach §98 GWB und noch überwiegender Auffassung nur für das unternehmerische Verhalten des Staates gelten. Das zwingt zur Unterscheidung staatsunternehmerischen Verhaltens von anderen staatlichen Betätigungen. Für § 1 UWG ist der Differenzierungsversuch mit der Praxistheorie von der Doppelqualifikation[47] der Sache nach aufgegeben. Alles staatliche Verhalten kann danach wettbewerblich sein, wenn nämlich private Angebote neben dem staatlichen Angebot zur Wahl stehen[48]. Diese These und die harten Maßstäbe des § 1 UWG sind noch nicht in allen Lebensbereichen praktiziert. Sonst wären sie wohl schon als absurd erkannt. Jedenfalls mußte sich die Praxis in den

43) Zu weiteren Aufgaben von Staatsunternehmen in der marktwirtschaftlichen Ordnung Krüger, ZBR 1979, 157ff.; skeptisch insb. zur überdehnten Praktizierung des §98 Abs.1 GWB mittels des Unternehmerbegriffs ; wegen des Aspekts der Politik Rittner, Wirtschaftsrecht, S.302f.

44) Dazu näher im 8.Kap., S.357ff.

45) Wirtschaftsrecht, S.289ff.; dem schließt sich Vollmar, Rechtsweg und Maßstab, S.168, an.

46) Hinweise in Fn.57 des 1.Teils; vgl. zur Maßstabmodifizierung die Hinweise in Fn.en 217ff. dieses Teils.

47) Hinweise in Fn.319 des 2.Teils; dazu das 1.Kap. des 2.Teils, S.26ff. mit Hinweisen.

48) Vgl. dazu das 1.Kap. des 2.Teils, S.26ff., 28f. mit Hinweisen.

Gesetzen, die die jeweiligen staatlichen Aufgaben regeln, Halt suchen. Warum soll der Wettbewerbscharakter im Schul- und Ausbildungs-, im Gesundheits-, ja auch im Sicherheitswesen anders zu bewerten sein als im Geld-, Kredit-, und Versicherungswesen? Wenn eine tragfähige Unterscheidung staatlichen Agierens mißlingt, ist das ein weiteres Argument für die ausschließliche Staatlichkeit staatlichen Verhaltens im Sinne ausschließlicher Bindung an das Staatsrecht. Diese Differenzierung muß aber auch die Neutralitätstheorie leisten, wenn sie den Staat nicht total an das Wettbewerbsrecht binden will.

## 2. Kapitel

# DAS PROBLEM EINES WETTBEWERBSRECHTLICHEN BEGRIFFS DES ÖFFENTLICHEN UNTERNEHMENS

## I Problemstellung

Die Notwendigkeit, aus dem staatlichen Verhalten das unternehmerische auszusondern, wenn die Anwendung des Wettbewerbsrechts auf den Staat nicht ad absurdum geführt werden soll, ist soeben dargetan. Eine solche Differenzierung ist ein Hauptproblem der angegriffenen Fiskustheorie. Als oft bemühter Ansatz, staatliches Verhalten, welches dem Wettbewerbsrecht unterliege, einzugrenzen, hat sich der Begriff des 'öffentlichen Unternehmens' angeboten. Das sollen die Unternehmen des § 98 Abs.1 GWB sein, die nämlich "ganz oder teilweise im Eigentum der öffentlichen Hand stehen oder die von ihr verwaltet oder betrieben werden".

Die Gesetzessprache verwendet den Begriff des 'öffentlichen Unternehmens' im übrigen nicht, sondern benutzt die verschiedensten anderen Vokabeln[49)]. Weil der funktionsbezogene Anwendungsbereich des Gesetzes gegen Wettbewerbsbeschränkungen auf den Staat sinnvoll nicht enger sein kann[50)] als der des Gesetzes gegen unlauteren Wettbewerb, wird der Begriff des öffentlichen Unternehmens für das gesamte Wettbewerbsrecht fruchtbar gemacht[51)]. Dem kann man folgen, weil das Wettbewerbsrecht eine Einheit bildet, die bestimmtem Mißbrauch der Wettbewerbsfreiheit entgegenwirken soll[52)]. Die Schwierigkeit jedoch, den Begriff des

---

49) Vgl. Püttner, Die öffentlichen Unternehmen, S.42.
Das BDSG von 1977 kennt jetzt jedoch die "öffentlich-rechtlichen Unternehmen, die am Wettbewerb teilnehmen", etwa §§7 Abs.1 S.2, Abs.2 S.2; 22 Abs.1 S.2; 31 Abs.1.

50) Abgesehen von Ausnahmeregelungen wie denen der §§99-103 GWB.

51) Für die herrschende Meinung Emmerich in: Mestmäcker/Immenga, Rdn.5, 39ff. zu §98 GWB. Für einen eingeengten Anwendungsbereich des GWB gegenüber dem UWG auf staatliches Wirtschaften u.a. Scholz, ZHR 132 (1969), S.144ff., der jedoch nicht bestimmte Unternehmenstypen aus dem Geltungsbereich des GWB herausnimmt, sondern bestimmte Verhaltensweisen staatlicher Unternehmen.

52) Hinweise in Fn.36 im 2.Teil. Zur Mißbrauchsproblematik insb. im 8.Teil, 2.Kap., I 2, S.377ff. mit Hinweisen in Fn.en 59 bis 68.

öffentlichen Unternehmens zu bestimmen[53)], die niemand übersehen hat[54)], ist ein Fingerzeig, zu überprüfen, ob nicht mit diesem Ansatz Gleiches von Gleichem unterschieden werden soll[55)].

Die Grenzziehung erübrigt sich nicht dadurch, daß das Problem auf einen anderen Rechtsbegriff verlagert wird, nämlich den der 'Wettbewerblichkeit' des staatlichen Verhaltens. Diesen Weg ist R. Scholz gegangen[56)], ohne damit ein einfacheres Kriterium eingeführt zu haben. Wenn auch Abgrenzungsprobleme und Entscheidungsschwierigkeiten im Einzelfall eine Dogmatik als solche noch nicht in Frage stellen[57)], so erweist ein Mangel an Grenzschärfe doch nicht gerade deren Richtigkeit. Das Unterscheidungsdilemma erweist sich in der Definition in BVerwGE 39, 329 (333): "Wirtschaftliche Unternehmen der Gemeinden sind solche Einrichtungen, die auch von einem Privatunternehmen mit der Absicht der Gewinnerzielung betrieben werden können." Das umfaßt jedes gemeindliche Verhalten.

## II Exemplarische Kritik an Günter Püttners Begriff vom öffentlichen Unternehmen

### 1. Püttners Kriterien für öffentliche Unternehmen

Püttner etwa[58)], dessen Erörterung exemplarisch ist[59)], stellt auf die Tätigkeit, nämlich Gütererzeugung und Güterverteilung sowie Dienstleistungen, auf die wirtschaftlichen Arbeitsmethoden, aber zugleich auf die Tradition und die Recht-

---

53) Versuche mit Hinweisen insb. von Püttner, Die öffentlichen Unternehmen, S.42ff., dazu im Einzelnen im Folgenden, S.292ff. sub II; kritisch Emmerich, Wirtschaftsrecht, S.55ff. mit Hinw. in Fn.101; ders., in: Mestmäcker/Immenga, Rdn.39ff. zu §98 GWB; Schricker, Wirtschaftliche Tätigkeit, S.29ff.; Rüfner, Formen, S.142ff.; Rittner, Wirtschaftsrecht, S.175.

54) Etwa Püttner, Die öffentlichen Unternehmen, S.42ff., 62; auch Emmerich, Wirtschaftsrecht, S.51, 56, 63; Rüfner, Formen, S.41ff., 138ff.; Rittner, Wirtschaftsrecht, S.175; Janson, Rechtsformen öffentlicher Unternehmen, S.19ff.; vgl. die Hinweise in Fn.72 im 2.Teil zur Ausgrenzung der Hoheitsakte.

55) Besondere Zuordnungsschwierigkeiten entstehen bei den sog. gemischtwirtschaftlichen Unternehmen, vgl. Püttner, Die öffentlichen Unternehmen, S.46; Emmerich, Wirtschaftsrecht, S.58ff., 63, der für die Öffentlichkeit der Unternehmen auf die Maßgeblichkeit des Einflusses abstellt, für viele.

56) Insb. ZHR 132 (1969), S.97ff., 114, 131f. ("Maßgeblichkeit der realen Marktfunktion"), dazu im 2. Teil, 9.Kap., S.80ff.; ähnlich Emmerich in: Mestmäcker/Immenga, Rdn.43 zu §98 GWB, Kritik in Fn.59.

57) So Püttner, Die öffentlichen Unternehmen, S.42ff., Zusammenfassung, S.55, 61.

58) Die öffentlichen Unternehmen, S.42ff., Zusammenfassung, S.55, 61.

59) Zum Begriff des öffentl. Unternehmens ähnlich: Wenger, Öffentl. Unternehmen, S.569; Emmerich, Wirtschaftsrecht, S.55ff. m.H. in Fn.101; mit Hinw. ders., in: Mestmäcker/Immenga, Rdn.39ff., 43 zu §98 GWB, dessen Definition noch allgemeiner und mit einem fehlerhaften Zirkelschluß versehen ist, nämlich: "Prinzipiell zieht jede wirtschaftliche Betätigung des Staates im Rahmen privatrechtl. Wettbewerbsverhältnisse die Anwendung des GWB nach sich"; Badura, Verwaltungsmonopol, S.242ff. mit Nachweisen; Rüfner, Formen, S.142ff.; Schricker, Wirtschaftliche Tätigkeit, S.29ff.; Eckstein, Wirtschaftliche Betätigung, S.3ff. mit Hinweisen; Horak, Wirtschaftliche Betätigung, S.10ff.; Schnettler, Öffentliche Betriebe, S.16ff.; Raisch, Voraussetzungen, S.123ff., 181ff., 200ff.; Sigloch, Unternehmungen, S.2ff.; auch Schmidt, Planung III, S.291ff.; Forsthoff, Verwaltungsrecht, S.464ff., 475ff., 480; auch Scholz, ZHR 132 (1969), S.125ff., dazu im 2.Teil, 9.Kap., II 5, S.92ff.; mit Gesetzesvorschlag für öffentliche Unternehmen Janson, Rechtsformen, S.19ff., 335ff.

sprechung ab , während er die Aspekte Gewinnstreben, Handlungs- und Organisationsform, sowie Daseinsvorsorge für irrelevant hält[60]. Im Ergebnis müssen für Püttner vier Kriterien für den Begriff des öffentlichen Unternehmens erfüllt sein, nämlich 1. produzierende, verteilende oder dienstleistende Tätigkeiten in einem Wirtschaftszweig (Bergbau, Energiewirtschaft, Industrie, Handel, Verkehr, Versicherung, Land- und Forstwirtschaft) zur Befriedigung materieller Lebensbedürfnisse mit wirtschaftlicher Wertschöpfung, 2. wirtschaftliche Arbeitsmethoden und Rechnungsführung sowie Teilnahme am geschäftlichen Verkehr, 3. faktische oder rechtliche Eigenständigkeit gegenüber der nicht wirtschaftlichen öffentlichen Verwaltung und 4. Inhaberschaft der öffentlichen Hand, die regelmäßig das Eigentum der öffentlichen Hand an der Unternehmenssubstanz einschließt[61].

Dagegen kommt es für Püttner nicht darauf an, welches 1. die Rechts- und Organisationsform, 2. die Rechtsnatur der Beziehungen zu den Leistungsempfängern, 3. das angestrebte wirtschaftliche Ergebnis (Gewinn und Verlust) ist, 4. ob ein "öffentlicher Zweck" oder eine "öffentliche Aufgabe" verfolgt wird oder ob das Unternehmen 5. besondere Rechte oder Privilegien genießt[62]. Püttner geht dabei von einem weiten Begriff des Unternehmens als der "abgegrenzten Einheit von Sachen und Personen mit bestimmter Zielsetzung" aus[63] und stellt Kriterien eines Begriffs vom öffentlichen Unternehmen auf, für die er keine normativen Bezugspunkte aufzuzeigen versucht oder aufzeigen kann.

2. Püttners Berufung auf BVerfGE 21, 245ff. (Arbeitsvermittlungsmonopol)

Püttner möchte das Urteil des Bundesverfassungsgerichts in BVerfGE 21, 245 (248) zum Arbeitsvermittlungsmonopol für seine Aussonderung unternehmerischer Aktivitäten aus dem Bereich staatlicher Aufgaben reklamieren[64]. Einen abgrenzbaren "gegenständlichen Bereich der Wirtschaft" hat das Gericht jedoch nicht konstatiert, als es klargestellt hat, daß das Grundrecht der Berufsfreiheit nicht lediglich dadurch "ausgeschaltet" werden könne, daß "eine Tätigkeit, die ansich wirtschaftlicher Art ist, zur hoheitlichen Aufgabe" erklärt werde. Das Gericht hat festgestellt, das Grundrecht der Berufsfreiheit sei beeinträchtigt, wenn der Staat eine wirtschaftliche Aufgabe in seinen hoheitlichen Aufgabenkreis übernimmt; die

60) A.a.O., S.55; ebenso Emmerich, Wirtschaftsrecht, S.53 für das Gewinnprinzip, S.54f. für die Organisation, S.55 für die Rechtsform; ders. in: Mestmäcker/Immenga, Rdn.42 zu §98 GWB mit Hinweisen; ebenso Badura, ZHR 146 (1982), S.448f., für den aber wohl "Daseinsvorsorge" zur nicht unternehmerischen "öffentlichen Verwaltung" gehört, a.a.O., S.452.

61) A.a.O., S.61.

62) A.a.O., S.61, zum Punkt 3 Püttner näher a.a.O., S.51 mit Hinweisen in Fn.35; in diesem Punkt a.A. etwa Wöhe, Allgemeine Betriebswirtschaftslehre, S.9, 137f.; vgl. die Hinweise in Fn.60.

63) A.a.O., S.44 mit Hinweisen auf den wirtschaftswissenschaftlichen Unternehmensbegriff in Fn.8, S.44, Fn.54, S.57; dagegen wohl Emmerich, Wirtschaftsrecht, S.54f., 62 (weil der Staat keine "Privatsphäre" habe).

64) A.a.O., S.54.

Berufsfreiheit dürfe vom Gesetzgeber nicht durch staatliche Monopolisierung des Wirtschaftens relativiert werden. Das Gericht geht von der "grundsätzlich freien Wirtschaft" aus. Es macht gerade keinen funktionalen Unterschied zwischen privater und hoheitlicher wirtschaftlicher Tätigkeit, sondern behandelt den Wechsel von privater Tätigkeit zu hoheitlichen Aufgaben als reine Grundrechtsfrage. Es gibt weder genuin private noch genuin hoheitlich/staatliche Tätigkeiten oder Aufgaben, vielmehr resultiert die Staatlichkeit einer Aufgabe allein aus staatlichen Entscheidungen[65], die notwendig die Menschen in ihrer privaten Entfaltung einschränken, weil sie die verstaatlichten Aufgaben nicht mehr selbständig oder in privaten Rechtsverhältnissen, also privat, wahrnehmen dürfen, sondern ausschließlich als Staatsdiener[66].

3. Kritik an Püttners empirischer Begriffsbildung

a) Püttners Begriffsbildung ist empirisch. Gesetzesabhängige Rechtserkenntnis läßt jedoch empirische Begriffsbildung nicht zu[67]. Empirie setzt wissenschaftlich einen Begriff voraus, dessen Entsprechung in der Realität falsifiziert werden kann[68]. Ein rechtsrelevanter Begriff kann in der normativen Rechtswissenschaft nur ein Normbegriff sein, der also einem materiellen Gesetz entnommen ist. Lediglich für sein 4. Kriterium eines öffentlichen Unternehmens kann Püttner auf eine Rechtsvorschrift Bezug nehmen, nämlich auf § 98 Abs.1 GWB[69]. Alle anderen Kriterien versuchen einen Begriff eines privaten Unternehmens auf vergleichbare Verhaltensweisen der öffentlichen Hand zu übertragen, ohne den Maßstab für den Vergleich zu nennen oder dessen Rechtfertigung nachzuweisen. Vielmehr unterstellt dieser Begriffsversuch ein unternehmerisches Verhalten des Staates, welches dem privaten Unternehmertum näher kommt als der sonstigen staatlichen Verwaltung[70].

---

65) Dazu näher im 6.Teil, 1.Kap., II 1,4, S.237f., 239ff., auch 5.Teil, 1.Kap., S.175ff.. Das Bundesverfassungsgericht hat diese Problematik freilich nicht explizit angesprochen.

66) So BVerfGE 7, 377 (398f.); 21, 245 (250f.); Bachof, Die Grundrechte III 1, S.182f.; Püttner, Die öffentlichen Unternehmen, S.158. BGH NJW 1982, 2117ff. leitet aus Art.12 Abs.1 GG über §1 UWG ein mittelstandspolitisches Subsidiaritätsprinzip her.

67) Zur Auslegungsproblematik Tettinger, Wirtschaftsverwaltungsrecht, S.16ff. mit Hinweisen, kritisch insb. zur Relevanz sozialwissenschaftl. Erkenntnisse S.23, 28 m.H.; insoweit auch Pawlowski, JuS 1976, 355; ders., Methodenlehre, S.143, Rdn.270, S.50ff., Rdn.99ff. zur Begriffsjurisprudenz; vgl. auch Merten, DVBl 1975, 684; Schneider, DÖV 1975, 444; Wank, Grenzen richterlicher Rechtsfortbildung, S.82; dazu auch Lüderissen, Noelle-Neumann, Raiser, Generalklauseln als Gegenstand der Sozialwissenschaften, 1978; Grundlagen bei Fikentscher, Methoden des Rechts III, S.739ff.; Larenz, Methodenlehre, S.255ff.; Engisch, Logische Studien zur Gesetzesanwendung, S.7ff.; auch Leibholz, Zur Begriffsbildung im öffentlichen Recht, in: Strukturprobleme, S.262.

68) Popper, Logik der Forschung, passim; ders., Die offene Gesellschaft, Bd.2, S.321; Brecht, Politische Theorie, S.29ff., insb. S.110ff.

69) A.a.O., S.56ff.; dieses Kriterium ist für Emmerich, Wirtschaftsrecht, S.55, 57 m.H. in Fn.101, wesentlich.

70) Genauso explizit Emmerich, Wirtschaftsrecht, S.50ff., 55ff.; ebenso in der Sache Badura, ZHR 146 (1982), S.448f., der das Dilemma des Begriffs öffentl. Unternehmen deutlich macht, indem er darauf

b) In den ersten drei Kriterien muß Püttner etwa darauf abstellen, daß das Verhalten "wirtschaftlich" sei[71], als wenn nicht das gesamte Verhalten des Staates wirtschaftlich zu sein hätte, wie es § 6 Abs.1 HGrG vorschreibt: "Bei Aufstellung und Ausführung eines Haushaltsplans sind die Grundsätze der Wirtschaftlichkeit und Sparsamkeit zu beachten". Es gibt keine haushaltsfreie staatliche Aktivität (vgl. § 2 HGrG). Die Wirtschaftlichkeit schreibt schon das Grundgesetz in der Haushaltsverfassung, insbesondere in Art. 114 Abs. 2, vor. Art. 109 Abs.2 GG etwa verpflichtet Bund und Länder, bei ihrer Haushaltswirtschaft den Erfordernissen des gesamtwirtschaftlichen Gleichgewichts Rechnung zu tragen. Das verpflichtet zu einer staatsspezifischen Wirtschaftlichkeit, die nicht ohne weiteres mit der Wirtschaftlichkeit privater Unternehmen identifiziert werden darf. Es gibt keinen einheitlichen Begriff der Wirtschaftlichkeit[72], etwa den des optimalen oder gar maximalen Gewinns[73] oder den des Ausgleichs in Einnahmen und Ausgaben, den Art. 110 Abs.1 S.2 GG für die öffentlichen Haushalte vorschreibt. Ohne Definition dessen, was "wirtschaftlich" ist, läuft der Begriffs- oder Beschreibungsversuch Püttners leer und muß leerlaufen, weil Wirtschaftlichkeit nur zielabhängig definiert werden kann[74]. Die Zielkomponente taucht in Püttners Begriff jedoch nur als das Ziel der "Befriedigung materieller Lebensbedürfnisse mit

---

hinweist, daß ihnen das kennzeichnende Merkmal "unternehmerischen Handelns" fehle, "nämlich privatwirtschaftl. Handeln" zu sein; ganz im hier krit. Sinne auch BVerwGE 39, 329 (333); auch Rittner, Wirtschaftsrecht, S.301, weil und obwohl er ähnlich Badura, Privatautonomie und Eigentum als die Wesensgrundlagen des Unternehmensbegriffs erkennt, a.a.O., S.118f.

71) A.a.O., S.47ff.; ebenso Emmerich, Wirtschaftsrecht, S.54; ders. in: Mestmäcker/Immenga, Rdn.39ff., 43, bei dem nichts als dieses Kriterium übrigbleibt und der damit die Anwendung des GWB der Dezision der Richter überläßt, dort weitere Hinweise; auch Janson, Rechtsformen, S.336 ("wirtschaftliche-technische Einheiten").

72) Es sei denn im Sinne des höchst allgemeinen 'ökonomischen Prinzips', dazu Wöhe, Allgemeine Betriebswirtschaftslehre, S.3ff., das keinerlei Differenzierung zwischen staatlicher Unternehmung und staatlicher Verwaltung zuließe. Püttner, a.a.O., S.53 rekurriert selbst auf das 'Prinzip der wirtschaftlichen Rationalität' und bezieht diese gänzlich restriktiv und verfehlt auf die "Beteiligung am geschäftlichen Verkehr", jedenfalls in der Marktwirtschaft. Vgl. auch Tettinger, Wirtschaftsverwaltungsrecht, S.166, 175; für die jeweilige Relevanz betriebswirtschaftlicher Prinzipien vgl. die Hinweise in Fn.74, insb. Nell-Breuning, WuW 1952, 372f., der deutlich macht, daß der Maßstab der Wirtschaftlichkeit vom Ziel des Wirtschaftens abhängt.

73) Dagegen für öffentliche Unternehmen auch Püttner, a.a.O., S.50f.; auch Wolff, AfK 1963, 151; Emmerich, Wirtschaftsrecht, S.52f.; auch Raisch, Voraussetzungen, passim; ders., JZ 1966, 501ff., 549ff., 554f.; ders., JuS 1967, 533, 536ff.; allgemein i.d.S. Galbraith, Die moderne Industriegesellschaft, S.114ff., 162, 170, u.ö.; Knöpfle, Der Rechtsbegriff "Wettbewerb", S.15ff. mit Hinweisen; auch Rittner, Wirtschaftsrecht, S.132f. mit Hinweisen.

74) Wenn der Begriff über das allgemeine 'ökonomische Prinzip' hinausgehen und Differenzierungspotential erlangen soll. Vgl. in diesem Sinne Wöhe, Allgemeine Betriebswirtschaftslehre, S.3ff.; Eichhorn/Friedrich, Verwaltungsökonomie I, 1977; Koch, F.Böhm, S.271 ("Wirtschaft" mehr "ein Prinzip des Handelns, als ein abgegrenzter Lebensbereich"); Nell-Breuning, WuW 1952, 372f.; Zeidler, VVDStRL 19 (1961), S.234f.; zum wirtschaftlichen Rationalitätsprinzip Knöpfle, Der Rechtsbegriff "Wettbewerb", S.18f.; vgl. auch BKartA, WuW/E BKartA 622 (631): "Rationell handeln heißt vernunftgemäß handeln. Wirtschaftlich handelt rationell, wer mit möglichst geringen Mitteln einen möglichst großen Erfolg erzielt."
Maunz/Dürig/Herzog/Scholz, Rdn.19 zu Art.114 GG hebt den "Verwaltungszweck" bei der Prüfung der Wirtschaftlichkeit hervor; vgl. auch Reichardt, Betriebswirtschaftslehre der öffentlichen Verwaltung, 1977; Büch, Zur Bestimmung der Grundsätze der Wirtschaftlichkeit und der Sparsamkeit im öffentlichen Haushalt der Bundesrepublik Deutschland, 1975.

wirtschaftlicher Wertschöpfung" auf[75]. Das heißt zum einen Versorgung. Darum geht es dem Staat nicht nur, wenn er unternehmerisch tätig ist. Das heißt des weiteren in irgendeinem Sinne Leistung. Aber auch die sonstigen Bemühungen des Staates sind Leistung[76] und werden darum im Bruttosozialprodukt erfaßt[77]. Die Gewährleistung von Sicherheit nach innen und außen gehört unabdingbar zur "wirtschaftlichen Wertschöpfung" eines Gemeinwesens. Nicht minder augenfällig ist das für die Ausbildung der Bevölkerung im Schul- und Hochschulwesen, die für die "wirtschaftliche Wertschöpfung" gerade unseres Gemeinwesens von existenzieller Bedeutung ist. Auch Püttner dürfte das öffentliche Schul- und Hochschulwesen nicht zur unternehmerischen Betätigung des Staates rechnen wollen. Ein "materieller Begriff der Wirtschaft" als Kriterium unternehmerischen Verhaltens des Staates verdient das gleiche Schicksal wie der Begriff der Daseinsvorsorge, nämlich seine Disqualifizierung als Rechtsbegriff[78], zumal wenn er als wesentliches Merkmal das der "Befriedigung der materiellen Lebensbedürfnisse" benötigt[79].

So muß denn Püttner auf die Tradition und die konkrete Rechtsordnung zurückgreifen[80], Zusatzkriterien, die die Relevanz einer abstrakten Beschreibung von vornherein in Frage stellen. Der weite Begriff der Wirtschaftswissenschaften für Wirtschaft etwa als die 'Gesamtheit der Maßnahmen zur Bewirtschaftung knapper Güter'[81] hilft nicht weiter, weil dieser Begriff zum einen ein tautologisches Element enthält und weil er nicht nur die gesamte Wirtschaftspolitik des Staates, sondern auch dessen sonstige Politik einbezieht, die von niemandem als unterneh-

---

75) A.a.O., S.53; im übrigen rekurriert Püttner auf die 'wirtschaftliche Arbeitsmethode', also das 'ökonomische Prinzip' oder das 'Rationalprinzip', a.a.O., S.55, die jedoch der Staat gemäß §6 Abs.1 HGrG durchgehend zu wahren hat.

76) Zur Kritik des Leistungsbegriffs vgl. die Hinweise in Fn.en 122 dieses Teils und 327 des 8.Teils. Wie im Text Wolff, AfK 1963, 150.

77) Gabler, Wirtschaftslexikon, Stichwort 'Bruttosozialprodukt', Sp.790.

78) So Püttner, a.a.O., S.54f. mit weiteren Hinweisen selbst; Stern/Püttner, Gemeindewirtschaft, S.56ff., Rüfner, Formen, S.138ff. mit Hinweisen; Scholz, Einrichtungen, S.121ff.; dazu auch Emmerich, JuS 1970, 332ff.; klar Bachof, VVDStRL 30 (1972), S.227ff. mit Kritik an BGHZ 59, 325 (328); wie heir auch Burmeister, WiR 1972, 339 m.w.H. in Fn.71. Zum Begriff der Daseinsvorsorge: Forsthoff, Die Verwaltung als Leistungsträger, 1938/1959; ders., Rechtsfragen, S.10ff., 52ff.; ders., Verwaltungsrecht, vor §19, S.530f.; vgl. auch die Kritik an Scholzens Begrifflichkeit im 2.Teil, 9.Kap., II 2a, S.85ff.; P.Ulmer, ZHR 146 (1982), S.473 "verzichtet" i.S. einer "Themenbegrenzung" "auf den Versuch" "zu einer klaren Abgrenzung zwischen rein hoheitlicher und wirtschaftlicher Tätigkeit der öffentlichen Hand", durchaus in Erkenntnis der Problemhaftigkeit, und läßt damit die Basis seiner Erörterung im Ungewissen.

79) Kritisch etwa Koch, F.Böhm, S.271 ("Eine klare Definition dessen, was Wirtschaft ist, gibt es nicht"); skeptisch auch Rittner, Wirtschaftsrecht, S.175, für viele; vgl. Fn.54.

80) A.a.O., S.53.

81) Püttner, a.a.O., S.53; Wöhe, Allgemeine Betriebswirtschaftslehre, S.4 ("Wirtschaft ist der Inbegriff aller planvollen menschlichen Tätigkeiten, die unter Beachtung des ökonomischen Prinzips (Rationalprinzip) den Zweck verfolgen, die - an den Bedürfnissen der Menschen gemessen - bestehende Knappheit der Güter zu verringern"). Zur geringen Verwendbarkeit des wirtschaftswissenschaftlichen Begriffs des Unternehmens für rechtsdogmatische Fragen richtig Emmerich, Wirtschaftsrecht, S.49f. mit Hinweis auf die wirtschaftswissenschaftlichen Begriffsmerkmale 'wirtschaftliche Selbständigkeit, Gewinnabsicht und Risiko'. Fraglich ist jedoch, ob diese Kriterien nicht zugleich Voraussetzung der Wettbewerblichkeit sind. Vgl. auch die Hinw. des Begriffs Wirtschaftlichkeit.

merisch im Sinne des Wettbewerbsrechts angesehen wird. Der Staat des modernen Gemeinwesens ist wesentlich Wirtschaftsstaat. "Wirtschaftliche Arbeitsmethode" und "Rechnungsführung" sind für jede staatliche Aktivität unverzichtbar[82]. Deren Methoden mögen variieren. Sie müssen aber wegen § 6 Abs. 1 HGrG in irgendeinem Sinne "wirtschaftlich" und sparsam sein. Für das Rechnungswesen kennt das deutsche Staatsrecht seit langem eigenständige Kontrollverfahren, die Art. 114 Abs.2 GG in der Verfassung verankert hat. Dort heißt es: "Der Bundesrechnungshof, dessen Mitglieder richterliche Unabhängigkeit besitzen, überprüft die Rechnung sowie die Wirtschaftlichkeit und Ordnungsmäßigkeit der Haushalts- und Wirtschaftsführung". Diese "Wirtschaftlichkeit" bietet schlechterdings kein Kriterium für die Unterscheidung von Verwaltung und Staatsunternehmen.

c) Püttner setzt für seinen Begriff des öffentlichen Unternehmens auch die "Teilnahme am geschäftlichen Verkehr" voraus[83]. Dieses Kriterium ist auf § 1 UWG abgestimmt, ohne daß Püttner den unternehmerischen Charakter allein des 'wettbewerblichen' Verhaltens dartut.

Püttners drittes Kriterium, die faktische oder rechtliche Eigenständigkeit der öffentlichen Organisationen, die Unternehmen sein sollen[84], hat jede besondere Verwaltungseinheit, jedes Bad, jede Krankenanstalt, jede Schule, jede Hochschule, jede Kaserne usw.[85] und hebt damit öffentliche Unternehmen nicht von anderen Verwaltungseinheiten ab.

Die Inhaberschaft der öffentlichen Hand, auf die Püttner weiterhin abstellt[86], ist im Prinzip ein brauchbares Unterscheidungsmerkmal öffentlicher Betätigung von privater Unternehmung, nicht jedoch öffentlicher Unternehmung von öffentlicher Verwaltung. Für die gemischtwirtschaftlichen Unternehmen ergeben sich auch insoweit Zuordnungsschwierigkeiten[87].

---

82) Art.114 GG; Maunz, Maunz/Dürig/Herzog/Scholz, Rdn.1 zu Art.114 GG.

83) A.a.O., S.53, 55.

84) A.a.O., S.56f., dagegen Emmerich, Wirtschaftsrecht, S.60ff., 184f.; ders. in: Mestmäcker/Immenga, Rdn.45 zu §98 GWB.

85) Zum Anstaltsbegriff: Püttner, a.a.O., S.59f. selbst mit Hinweisen, der die Fragwürdigkeit auch des Kriteriums der Eigenständigkeit durchaus sieht, insb. a.a.O., S.47f.; dazu auch Wolff, AfK 1963, 149ff., 162ff.; Wolff-Bachof, Verwaltungsrecht II, §98, S.363ff.; auch Rüfner, Formen, S.247ff., 252.

86) A.a.O., S.44ff. mit Hinweisen in Fn.en 11, 55, 61; ebenso Emmerich, Wirtschaftsrecht, S.55, 57; ebenso Janson, Rechtsform, S.19ff., 23, dem die erforderliche Ausgrenzung aus der Verwaltung ebensowenig gelingt.

87) Vgl. Rüfner, Wirtschaftsrecht, S.185ff., Darstellung der Situation.

## III Als Beispiel: Die Unternehmenseigenschaft der Deutschen Bundesbank und die Unanwendbarkeit des Wettbewerbsrechts auf deren Politik

### 1. Die Bundesbank als öffentliches Unternehmen nach Püttners Kriterien

Die Fragwürdigkeit des ersten und des zweiten Püttnerschen Kriteriums zeigt sein Beispiel der Deutschen Bundebank. Er rechnet die Bundesbank, wenn auch als einen Grenzfall, zu den öffentlichen Wirtschaftsunternehmen[88]. Man kann darüber streiten, ob die Deutsche Bundesbank Püttners erstem Kriterium, Tätigkeit in einem Wirtschaftszweig zur Befriedigung materieller Lebensbedürfnisse mit wirtschaftlicher Wertschöpfung[89], genügt. Jedenfalls erfüllt sie sein zweites Kriterium; denn ihre Arbeitsmethode ist wirtschaftlich (§ 26 Abs. 2-4 BBankG) - wie sonst? Sie hat eine Rechnungsführung (§ 26 Abs. 2-4 BBankG) und nimmt am geschäftlichen Verkehr teil (§§ 19-22 BBankG). Die Deutsche Bundesbank soll sogar Gewinn machen[90]. § 27 BBankG regelt die Verteilung des 'Reingewinns'. Die Deutsche Bundesbank ist bundesunmittelbare juristische Person des öffentlichen Rechts (§ 2 S.1 BBankG). Sie ist bei der Ausübung ihrer Befugnisse von Weisungen der Bundesregierung unabhängig (§ 12 S.2 BBankG). Ihr Grundkapital steht dem Bund zu (§ 2 S.2 BBankG). Wenn man die Gewinne der Deutschen Bundesbank als "wirtschaftliche Wertschöpfung" versteht und deren Aufgaben "zur Befriedigung materieller Lebensbedürfnisse" rechnet, erfüllt die "Dienstleistung" der Deutschen Bundesbank alle Kriterien Püttners für ein öffentliches Unternehmen.

### 2. Die aufgabenmäßige Unabhängigkeit der Bundesbank von den Marktgesetzen

Dennoch ist die Deutsche Bundesbank ein Teil der staatlichen Gubernative[91] und, wenn man so will, ein 'öffentliches Unternehmen', auf das jedoch um dessentwegen nicht das Wettbewerbsrecht angewandt werden muß oder auch nur darf[92]. Die Geltung des Wettbewerbsrechts würde es der Bundesbank unmöglich machen, ihre Aufgabe nach § 3 BBankG zu erfüllen, wonach sie "mit Hilfe der währungspolitischen Befugnisse, die ihr nach dem Gesetz zustehen, den Geldumlauf und die Kreditversorgung mit dem Ziel" regeln soll, "die Währung zu sichern", und wonach sie "für die bankmäßige Abwicklung des Zahlungsverkehrs im Inland und mit dem

---

88) A.a.O., S.66; ähnlich Rüfner, Formen, S.176.

89) A.a.O., S.61.

90) So Püttner, a.a.O., S.66. Ein höchst fragwürdiges Ziel, auf dessen Problematik hier nicht eingegangen werden kann.

91) Tettinger, Wirtschaftsverwaltungsrecht, S.236ff.; Stern, DÖV 1967, 659f.; Stern/Münch/Hansmeyer, StabWG, Einf. C III 2 b; Friauf, VVDStRL 27 (1969), S.24 mit Nachweisen; so auch Brohm, Strukturen, S.114ff. mit Hinweisen, S.193; Badura, Verwaltungsmonopol, S.96ff., 107ff. mit ausführlicher Begründung; wohl auch Rüfner, Formen, S.176ff. (Instrument der Wirtschaftslenkung).

92) Püttner, a.a.O., S.371ff., äußert sich nicht spezifisch zu dieser Frage, hält aber "öffentlich-rechtliche Sonderrechte für öffentliche Unternehmen" für möglich; wie hier Rüfner, Formen, S.406f. (kein Verwaltungsprivatrecht).

Ausland" sorgen soll. Die Aufgabe kann die Bundesbank nur erfüllen, wenn sie unabhängig von den wirtschaftlichen Marktgesetzlichkeiten ist, wenn sie Politik machen kann und darf, und wenn sie den Markt regiert und sich nicht von Marktdaten regieren läßt[93]. So setzt sie nach § 15 BBankG für ihre Geschäfte die jeweils anzuwendenden Zins- und Diskontsätze fest und bestimmt die Grundsätze für ihr Kredit- und Offenmarktgeschäft. Sie orientiert sich zwar am Markt, weil sie diesen beeinflussen will und soll, sie läßt sich aber vom Markt nicht ihre Konditionen vorschreiben. Sonst würde sie ihre Aufgabe im Wesen verkennen.

### 3. Privatheit adaptierendes Verhalten der Bundesbank um der marktmäßigen Steuerung des Marktes willen

Dem widerspricht nicht, daß die Deutsche Bundesbank nach §§ 21, 22 BBankG Geschäfte auch am offenen Markt zu Marktsätzen tätigen darf. Das muß der Regelung des Geldmarktes dienen und ist somit ein spezifisches Verwaltungs- und Steuerungsmittel, das privates Marktverhalten adaptiert, um die Marktgegebenheiten zu verändern. Es bleibt staatliches Verhalten und adaptiert privates Verhalten um der spezifischen Wirkung auf dem Markt willen. Die Teilnahme am geschäftlichen Verkehr macht staatliches Verhalten noch längst nicht zu privatem Verhalten, das der Rechtsordnung, die für die Privaten gilt, untergeordnet werden darf[94].

Im Bundesbankgesetz finden wir ein besonderes Instrumentarium des Staates, das der besonderen Aufgabe, nämlich der Währungssicherung (§ 3 BBankG) angepaßt ist, weil die Sicherung der Währung vor allem oder jedenfalls auch durch den privaten Geschäftsverkehr gefährdet ist. Diese staatliche Adaption privater Verhaltensweisen als privates unternehmerisches Verhalten zu qualifizieren, verkennt, daß es keine vorgegebenen staatlichen Aufgaben oder vorgegebene spe-

---

93) Vgl. Rüfner, Formen, S.176f.; Brohm, Strukturen, S.193.

94) Püttner, a.a.O., S.334f. qualifiziert die Geschäfte der Deutschen Bundesbank als "privatrechtlich", also wohl als privat und nach Privatrecht zu beurteilen; ebenso v.Spindler/Becker/Starke, Die Deutsche Bundesbank, Vorbem. V vor §19 BBankG; Beck, Gesetz über die Deutsche Bundesbank, K 514 vor §19 BBankG; Rüfner, Formen, S.176f. mit Fn.en 290f. selbst die Festsetzung der Diskont- und Mindesreservesätze (insofern anders v.Spindler/Becker/Starke, a.a.O., III 1 b,c, 2 b zu §28 BBankG, Rechtsverordnung); ebenso Maunz, Maunz/Dürig/Herzog/Scholz, Rdn.27 zu Art.88 GG; Bauer in: v.Münch, GG, Rdn.21 zu Art.88 GG; Beck, a.a.O., K 287, 447, 542 zu §16 BBankG; Brohm, Strukturen, S.193, 235 (Rechtsetzung sui generis); Rüfner, Formen, S.176, Fn.290; Hahn, F.Maunz, S.750; v.Mangoldt-Klein, GG, Anm.III 9 c zu Art.88 GG; wohl auch BVerwGE 41, 334 (337), die er, Püttner, als allgemeine Geschäftsbedingungen einordnet; ebenso Schneider, Autonome Satzung und Rechtsverordnung, F.Möhring, S.521, 527; Fögen, Geld und Währungseinheit, S.75; vgl. auch Prost, NJW 1966, 809; ders., NJW 1975, 251f.; dazu und gegen diese Qulifikation als allgemeine Geschäftsbedingungen Tettinger, Wirtschaftsverwaltungsrecht, S.281ff. mit Hinweisen; Stern, JuS 1963, 71; ders., Verwaltungsprozessuale Probleme, S.63 (Verwaltungsakt in Gestalt einer Allgemeinverfügung); Brohm, Strukturen, S.117f. m.H., S.193; Rinck, Wirtschaftsrecht, S.160, Rdn.508, S.159, Rdn.503; für autonome Satzung Stern, Staatsrecht I, S.647; für öffentlich-rechtl. Geschäftsbedingungen Püttner selbst, DÖV 1973, 642f. M.E. sind die Festsetzungen der Bundesbank Verwaltungsrechtssätze, also generell-abstrakte Verwaltungsakte, nicht Rechtsverordnungen als Legislativakte der Goubernative. Beachtlich BVerfGE 34, 307 (315), Diskontfestsetzung ist nicht "Rechtsetzung"; allgemein i.d.S. Vogel, VVDStRL 24 (1966), S.163ff., 181.

zifisch staatliche Instrumente gibt.

Die Aufgabe der Ordnung des Zahlungsverkehrs ist nicht minder staatliche Aufgabe, die, weil sich der Zahlungsverkehr überwiegend unter Privaten abspielt, die privaten Verhaltensweisen zu adaptieren erlaubt, ja zwingt. Daß die Deutsche Bundesbank Gewinne erzielen kann oder sogar soll[95)], macht aus ihr nicht ein Unternehmen, auf welches das Wettbewerbsrecht anzuwenden oder welches sonst der Privatrechtsordnung zu unterwerfen wäre. Das adaptierte Verhalten mag Privatrechtsnormen zu beachten gebieten, die dann jedoch richtigerweise staatsrechtlichen Charakter gewinnen. Öffentliche Verwaltung kann gewinnorientiert sein, wenn das deren Aufgabe entspricht. Das ist gerade bei den Aufgaben der Deutschen Bundesbank der Fall, die ihre monetäre Globalsteuerung nicht derart begrenzen kann, daß sie Gewinne vermeidet. Das würde die Steuerungsmöglichkeiten konterkarieren. Die Gewinne sind somit aufgabenspezifisch[96)]. In der Sache sind es Überschüsse.

§ 101 Nr. 1 GWB nimmt die Deutsche Bundesbank zu Recht von der Geltung des Gesetzes gegen Wettbewerbsbeschränkung aus; das ist nur deklaratorisch[97)].

4. Die Vielgestaltigkeit des Staatlichen

Die Verwaltung ist so vielgestaltet wie das Leben im Gemeinwesen, das vom Staat beeinflußt werden soll. Ein überzeugendes Kriterium für die Ausgrenzung bestimmter Aktivitäten des Staates aus dem Bereich des eigentlich Staatlichen mit all den rechtlichen Konsequenzen gibt es nicht, kann es nicht geben[98)] und darf es nach den politischen Grundentscheidungen des Grundgesetzes nicht geben[99)]. Die staatlichen Aufgaben sind vielfältig und ziehen jeweils spezifische Organisationsstrukturen und Verhaltensweisen nach sich[100)]. Die Landesverteidigung unterscheidet sich von der Forschung und Lehre oder dem Theater oder der Sozialarbeit. Auch die Verwaltung im Bereich der Wirtschaft, also der Bewirtschaftung knapper Güter, der Vorsorge für den notwendigen Lebensbedarf, der Erhaltung der Wettbewerbswirtschaft, der Sicherung der Währung und der Ordnung eines leistungsfähigen

---

95) Püttner, a.a.O., S.66; vorsichtig gegen einen Gewinnzweck Rüfner, Formen, S.176 mit Fn.289.

96) §27 Nr.3 BBankG muß dahin interpretiert werden, daß die Zahlungspflicht an den Ausgleichsfonds davon abhängig ist, daß die Deutsche Bundesbank einen Gewinn gemacht hat.

97) So Badura, Verwaltungsmonopol, S.107 mit Fn.140.

98) Dazu die Kritik am funktionalistischen Staatsbegriff im 5.Teil, 4.Kap., S.189ff., 232ff.

99) Dazu die freiheits- und demokratierechtliche Grundlegung der Kritik an der Fiskustheorie im 6.Teil, insb. 4.Kap., S.261ff., 272ff.
In diesem Sinne deutlich Burmeister, WiR 1972, 311ff.; ders. relativiert diese verfassungsgerechte Linie in DÖV 1975, 701ff.

100) Dem hat Brohm seine Arbeit 'Strukturen der Wirtschaftsverwaltung, Organisationsformen und Gestaltungsmöglichkeiten im Wirtschaftsverwaltungsrecht', 1969, gewidmet. Burmeister fordert für staatliche Agenden durchgehend öffentlich-rechtliche Organisationsstrukturen, WiR 1972, 341ff., 347ff.

und seriösen Kreditwesens haben Eigenarten, auf die der Gesetzgeber mit seinen Vorschriften Bedacht nehmen muß, um die bezweckten Wirkungen zu erzielen. Selbst die sog. öffentlichen Unternehmen sind derart vielfältig und verfolgen derart unterschiedliche Zwecke, daß sie nur unter den Gesamtbegriff der Verwaltung und die Gesamtmaxime Gemeinwohlverwirklichung geordnet werden können. Marktmäßige Ingerenz erfordert marktadäquates Verhalten, also die Teilnahme des Staates am Geschäftsverkehr. Dabei darf nicht übersehen werden, daß der Zweck dieser Teilnahme ein anderer ist als der Zweck privater Teilnahme am Markt.

### 5. Andere Beispiele für aufgabenspezifisches unternehmerisches Verhalten des Staates

Aufgabenspezifische Verhaltensweisen des Staates lassen sich auch an anderen Beispielen explizieren, wie dem der Bundesbahn und dem der Bundespost, die sogar von Art. 87 Abs. 1 GG als "Verwaltung" bezeichnet werden. Etwa die Deutsche Bundesbahn[101)], die Deutsche Bundespost[102)] oder auch die Deutsche Bundesbank[103)] als Unternehmen des Staates zu qualifizieren, ist deskriptiv durchaus tragfähig, nur fragt es sich, welche Rechtsfolgen daraus hergeleitet werden sollen. Jedenfalls erlaubt dies nicht, die Privatrechtsordnung für oder gegen sie zu aktivieren und sie aus dem Geltungsbereich des Staatsrechts zu entlassen. Genausowenig können die Privatrechts- und die Staatsrechtsordnung gleichzeitig auf diese Unternehmen angewandt werden[104)]. Den jeweiligen Gesetzen ist zu entnehmen, welche Rechtssätze im einzelnen für diese staatlichen Agenden heranzuziehen sind, seien diese auch aus Zivilrechtsbüchern entnommen[105)].

## IV Quintessenz

Der Versuch Püttners, u.a., einen Begriff des öffentlichen Unternehmens rechtsfolgenrelevant zu definieren[106)], ist mißlungen und mußte mißlingen, weil er auf der schon kritisierten[107)] funktionalen Unterscheidung staatlicher Aufgaben beruht und den unüberbrückbaren Unterschied zwischen dem Staat und den Pri-

---

101) Püttner, a.a.O., S.68, unter Hinweis auf §§4, 9, 28 BBahnG; Huber, Wirtschaftsverwaltungsrecht, Bd.1, S.125; auch Emmerich, Wirtschaftsrecht, S.35; auch Wolff-Bachof, Verwaltungsrecht II, §98 II d, S.373.

102) Püttner, a.a.O., S.68 unter Hinweis auf §§2, 15ff. PostVerwG; Huber, Wirtschaftsverwaltungsrecht, Bd.1, S.125; Emmerich, Wirtschaftsrecht, S.35; Wolff-Bachof, Verwaltungsrecht II, §98 II d, S.373.

103) Dazu oben sub 1-3, S.298ff.; so Püttner, a.a.O., S.66; ähnlich Rüfner, Formen, S.176; auch Janson, Rechtsformen, S.22 für Post und Bahn, S.162 offen für die Bundesbank, aber S.311 in Fn.184.

104) Zur Überlagerungsdoktrin vgl. die Hinweise in Fn.57 im 1.Teil; zum Problem im 3.Kap. des 6.Teils, insb. sub V, S.259f.

105) Dazu im 6.Teil, 3.Kap., V, S.259f.; dazu auch im 2.Kap. des 1.Teils (Problemskizze), S.10ff.

106) Püttners Kriterien sind oben sub II 1, S.265ff. mit Hinweisen auf andere Autoren wiedergegeben.

107) 5.Teil, 4.Kap., S.189ff., Zusammenfassung sub X, S.232ff.

vaten[108] im unternehmerischen Bereich negiert. Für die Frage, ob das Wettbewerbsrecht auf staatliches Verhalten anwendbar ist, gibt Püttners Begriff des öffentlichen Unternehmens kein Argument. Seine Kriterien sind normunabhängig und können darum keine normative Relevanz beanspruchen. Die 'öffentlichen Unternehmen' sind, wenn man so will, 'öffentliche Anstalten' oder 'öffentliche Einrichtungen'[109]. Beide Begriffe fördern die Klärung der Frage nach der Anwendbarkeit des Wettbewerbsrechts und die Kritik an der Fiskustheorie nicht, so daß wir die positive Einordnung der 'privaten' Staatsunternehmen in die Staatsorganisation nicht zu erörtern brauchen.

Ein Kriterium für spezifisches Verhalten des Staates, welches dem Wettbewerbsrecht unterzuordnen geboten erscheint, bietet der Begriff des 'öffentlichen Unternehmens' nicht. Die wettbewerbsrechtsrelevante Ununterscheidbarkeit staatlicher Verwaltung spricht gegen die Anwendung des § 1 UWG auf 'Staatsunternehmen', nicht etwa für dessen Relevanz bei allem Staatsverhalten, wenn und insoweit dies 'wettbewerblich' sei[110]. Wettbewerblichkeit wird, wie gesagt, dafür allein aus der Möglichkeit der Nachfrager, unter konkurrierenden Anbietern zu wählen, geschlossen[111]. Es wird nachzuweisen sein, daß diese Wahlmöglichkeit ein Wettbewerbsverhältnis, wie es § 1 UWG voraussetzt, allein nicht begründet, vor allem weil Staat und Private am Markt nicht gleichberechtigt und auch nicht gleich sind, weil sie des weiteren nicht kongruente Ziele verfolgen, eben nicht wettbewerblich rivalisieren. Dem dienen die beiden folgenden Kapitel.

108) Zur institutionellen Differenzierung vom Staat und den Privaten im 5.Teil, 1.Kap., S.175ff.; zur Staat und Private in der freiheitlichen Demokratie charakterisierenden Maxime der Gemeinwohlverwirklichung und der Autonomie insb. im 6.Teil, 1.Kap., S.236ff. und im 3.Teil, 1., 2., 4. und 5.Kap., S.99ff., 116ff.; auf diesen Unterschied stellt Krüger, ZBR 1979, 157 zu Recht ab; auch Badura hat spezifisch für den unternehmerischen Bereich diesen Unterschied hervorgehoben, ZHR 146 (1982), S.452, freilich so gut wie konsequenzenlos; im Sinne dieses Textes insb. Burmeister, WiR 1972, 311ff.; auch klar Schmidt-Salzer, WiR 1972, 106ff.

109) Dazu Püttner, a.a.O., S.43f. mit a.A.; dazu auch Wolff, AfK 1963, 157ff.; Wolff-Bachof, Verwaltungsrecht II, §98 I, II, S.364ff. mit Hinweisen; dazu schon, die fiskalischen Unternehmen ausklammernd O.Mayer, Deutsches Verwaltungsrecht, Bd.2, S.272ff.; Burmeister, WiR 1972, 341ff., 347ff. fordert konsequent die adäquaten öffentlich-rechtlichen Organisationsstrukturen.

110) So die Neutralitätsthese (Hinweise in Fn.316 des 2.Teils) und die These von der Doppelqualifikation (Hinweise in Fn.319 des 2.Teils und 1.Kap. des 2.Teils, S.26ff.).

111) Dazu insb. das 1.Kap. des 2.Teils, S.26ff., insb. 28f.

3. Kapitel

# DAS PROBLEM WETTBEWERBLICHER ZIELKONGRUENZ UND RIVALITÄT ZWISCHEN STAATS- UND PRIVATUNTERNEHMEN

## I Problemstellung

Dieses Kapitel ist um den Nachweis bemüht, daß wesentliche Kriterien wettbewerblichen Verhaltens vom Staat nicht erfüllt werden, wenn dieser sich nicht privatisiert, sich also nicht das private Recht zur Autonomie anmaßt; denn auf die Wahlmöglichkeit der Nachfrager läßt sich der Begriff des Wettbewerblichen nicht reduzieren. Die Kriterien dieses Begriffs werden erweisen, daß das staatliche Verhältnis zu privaten Unternehmern nicht wettbewerblich im Sinne der vom Wettbewerbsrecht vorausgesetzten Zielkongruenz und Rivalität ist. Mit einer solchen Feststellung wird gerade deswegen die Neutralitätsthese widerlegt, weil sie nicht wesentlich auf den autonomierechtlichen Charakter des § 1 UWG abstellt, der ja von der Neutralitätstheorie geleugnet und von der Praxistheorie der Doppelqualifikaktion ignoriert wird[112]. Das schließt es nicht aus, bei den Überlegungen die wettbewerbsrechtsrelevante Unterschiedlichkeit von Privat- und von Staatsunternehmen zu berücksichtigen, nämlich das Wesen des Privaten, das Recht zur Autonomie, und das des Staates, dessen Heteronomie; denn der Private bleibt auch als Unternehmer privat und der Staat bleibt auch als Unternehmer Staat, wenn man nicht der Fiskustheorie folgt oder einen das grundgesetzliche Verfassungssystem sprengenden dritten Ordnungsbereich des Öffentlichen einführt[113]. Auf den staatlichen Staat muß § 1 UWG passen, wenn diese Vorschrift neutrales/allgemeines Recht sein soll. Paßt sie nur auf einen 'privaten' Staat, beweist das den autonomierechtlichen Charakter und die Unverzichtbarkeit der Fiskustheorie zur Rechtfertigung der Praxis. Dieser und der folgende Teil gelten jedoch vornehmlich der These, daß § 1 UWG durch seinen Tatbestand und seine Voraussetzungen als Auto-

---

112) Dazu das 9.Kap. im 2.Teil, S.80ff. und das 1.Kap. im 2.Teil, S.26ff.

113) Dazu die Stellungnahme in Fn.21 des 5.Teils, S.178.

nomierecht ausgewiesen wird und damit die Existenz und Relevanz der (substantiellen) Fiskustheorie beweist, deren Unvereinbarkeit mit dem Grundgesetz vor allem in den Teilen 5 und 6 dargelegt ist.

## II Wahlmöglichkeit der Nachfrager/Anbieter und Zielkongruenz der Konkurrenten

Wettbewerblichkeit setzt grundsetzlich voraus, daß Nachfrager das Recht und die Möglichkeit haben, ihren Geschäftspartner unter Anbietern zu wählen[114]. Dabei müssen die angebotenen Leistungen für den Nachfrager austauschbar sein, sei es, daß sie dieselben Bedürfnisse zu befriedigen geeignet sind (Waren gleicher Art), sei es, daß sie die Bedürfnisse zu variieren und damit zu substituieren motivieren (Waren verwandter Art)[115]. Wettbewerb ist weiter (objektiv und subjektiv)[116] Konkurrenz auf ein kongruentes Ziel hin[117]. Dabei kommt es nicht auf

---

114) Vgl. die Hinweise in Fn.74 im 2.Teil; insb. Hefermehl, Wettbewerbsrecht, Allgemeines, Rdn.166, 167, 168ff. mit widersprüchlicher Argumentation; Knöpfle, Der Rechtsbegriff "Wettbewerb", S.9f. mit Hinweisen auf wichtige Definitionen in der Literatur, S.203ff. mit genauer Analyse; Kraft, Interessenabwägung, S.187.

115) Hefermehl, Wettbewerbsrecht, Allgemeines, Rdn.9, Einl., Rdn.208ff., 209, 222, u.ö., zu §1 UWG, Rdn.9; Klein, Teilnahme, S.253, der wesentlich auf den identischen Kundenkreis abstellt; dazu problematisierend, um den Monopolisten dem §1 UWG unterstellen zu können, zu Recht Knöpfle, Der Rechtsbegriff "Wettbewerb", S.68ff., dessen "totale Konkurrenz" um die Kaufkraft (a.a.O., S.78 mit Fn.28, ebenso Hoppmann, Marktmacht und Wettbewerb, S.9; dazu kritisch Gotthold, ZHR 145 (1981), S.308f.; richtig gegen Gotthold Möschel, ZHR 145 (1981), S.594f.) das spezielle Wettbewerbsverhältnis erübrigt. Knöpfles Definition, a.a.O., S.58: "Wirtschaftlicher Wettbewerb ist das Streben eines Unternehmens (oder allgemein eines Wirtschaftstreibenden) auf dem Markt nach Gewinn und Einfluß, sei es auch auf Kosten von Unternehmen, die gleiche oder ähnliche Waren anbieten", zeigt, daß es ihm um die Erfassung des Monopolisten geht, nicht aber um das Problem, wer aus den allgemeinen Wettbewerbsbeziehungen herausfällt, also insb. nicht um die Wettbewerblichkeit staatlichen Verhaltens. Nach Knöpfles Definition ist der Staat nicht Wettbewerber, weil er nicht "auf dem Markt nach Gewinn und Einfluß" "streben" darf, "sei es auch auf Kosten von Unternehmen, die gleiche und ähnliche Waren anbieten". Das spezifische primäre Gewinnstreben des Staates auf Kosten der Privatwirtschaft verbietet diesem das Subsidiaritätsprinzip, dazu 4.Kap., V, S.317ff. mit Hinweisen in Fn.en 140, 141, auch Fn.316 im 6.Teil; vgl. auch zum Grundrechtsschutz der Privatunternehmen gegen staatliche Konkurrenz das 7.Kap., S.347ff. mit weiteren Hinweisen.
BGHZ 13, 244 (249); 18, 175 (182); BGH GRUR 60, 144; das Gericht stellt auf (unmittelbare oder mittelbare) Absatzbehinderung durch die Leistungsangebote ab.

116) BGHZ 3, 270 (277f.); 14, 294 (302f.); Hefermehl, Wettbewerbsrecht, Einleitung, Rdn.224ff. mit Hinweisen; Knöpfle, Der Rechtsbegriff "Wettbewerb", S.91, u.ö.; zur subjektiven Komponente auch Koppensteiner, Wettbewerbsrecht, S.315f.; Emmerich, UWG 1982, S.20ff.; Rittner, Wirtschaftsrecht, S.201ff., jeweils mit w.H.

117) Scholz, ZHR 132 (1969), S.104; Hefermehl, Wettbewerbsrecht, Allgemeines, Rdn.1, Einl., Rdn.224ff. zur Wettbewerbsabsicht mit umfangreichen Hinweisen; auch Rinck, Wirtschaftsrecht, Rdn.641, 662; vgl. die aufschlußreiche Entscheidung in BGHZ 14, 294 (302f.), die einen Wettbewerbsverstoß einer Kirchenstiftung, die einen konkurrierenden Leichenbestatter nicht auf ihrem Friedhof bestatten ließ, ablehnt, weil die Stiftung vorzugsweise mit Rücksicht auf das öffentliche Interesse vorgeht und es an der auf Wettbewerb gerichteten Absicht fehlt; auch BGH GRUR 1964, 77 (79) -Blinkfüer-; dazu mit weiteren Beispielen aus der Rechtsprechung für wettbewerbsneutrale "wissenschaftliche, weltanschauliche, religiöse" usw. Motive Ulmer-Reimer, Unlauterer Wettbewerb, Rdn.73, S.47ff.; siehe auch Rittner, Wirtschaftsrecht, S.198; auch Hefermehl, a.a.O., Rdn.227, 229, 234; ebenso Emmerich, etwa UWG 1982, S.24.

die Kongruenz der Endziele an, es genügt die von Zwischen- oder Nebenzielen[118)], wenn diese es erfordern, sich gegen Konkurrenten zu behaupten, die dasselbe Ziel als End-, Zwischen- oder Nebenziel verfolgen. Die Divergenz aller Ziele jedoch schließt wettbewerbliche Konkurrenz aus, selbst wenn die angestrebte Zielverwirklichung durch die Zielverfolgung des anderen gestört oder vereitelt wird[119)]. Allein die Wahlmöglichkeit der Nachfrager zwischen Anbietern von Leistungen, die für die Nachfrager austauschbar oder homogen sind, ergibt noch nicht die Zielkongruenz der Anbieter, zumal diese ihr Ziel in dessen kongruenter Konkurrenzhaftigkeit[120)] subjektiv erfassen müssen (Wettbewerbsabsicht)[121)]. Die Ziele des Staates etwa können dadurch verwirklicht werden, daß die Menschen Bedürfnisse bei privaten Unternehmern befriedigen, deren Befriedigung auch der Staat durch eigenes Leistungsangebot fördert, weil er die Versorgung der Menschen sicherstellen will, ohne zu bezwecken, den privaten Unternehmer am Markt zu behindern oder gar vom Markt zu verdrängen[122)]. Dabei mag der private Unternehmer allein seinen Gewinn, der Staat die Versorgung oder auch andere Zwecke im Auge haben.

---

118) Vgl. zur Zielnähe BGHZ 3, 270 (277); BGH NJW 1964, 29; schon RGZ 118, 133 (138); 149, 224 (227); Rinck, Wirtschaftsrecht, Rdn.662; Hefermehl, Wettbewerbsrecht, Einleitung, Rdn.226; allgemein insoweit Hubmann, W.u.V. 1982, 46f.; Knöpfle, Der Rechtsbegriff "Wettbewerb", S.86; auch Ulmer-Reimer, Unlauterer Wettbewerb, Rdn.73, S.47f., Rdn.76, S.52.

119) Rinck, Wirtschaftsrecht, Rdn.662; vgl. auch Hefermehl, Wettbewerbsrecht, Einleitung, Rdn.227ff.; i.d.S. BGHZ 14, 294 (302f.); Hinweise auch in Fn.117.
Störung der Zielrealisierung ist nicht schon Konkurrenz. Die Wirtschaftssteuerung des Staates beeinträchtigt die Zielverwirklichung des Unternehmers etwa durch Geldmengenpolitik oder antizyklische Steuerpolitik. Ein Unternehmer, der sein Gewinnmaximierungsziel durch Rationalisierung oder Investitionseinschränkung zu erreichen sucht, beeinträchtigt gegebenenfalls das staatliche Wirtschaftsziel eines hohen Beschäftigungsstandes. Der wirtschaftslenkende Staat und der um Gewinn bemühte Unternehmer stehen augenscheinlich nicht in Konkurrenz; sie haben im übrigen divergente Ziele. Es besteht kein Wettbewerb zwischen ihnen (allgemeine Meinung, etwa Püttner, Die öffentlichen Unternehmen, S.352f.; dazu Klein, Teilnahme, S.38ff., 47ff.). Sie haben ein Verhältnis zueinander, das wirtschaftsrechtlicher Beurteilung zugänglich ist (dazu Tettinger, Rechtsanwendung und gerichtliche Kontrolle im Wirtschaftsverwaltungsrecht, 1980). Hubmann, W.u.V. 1982, 47 m.H. nimmt diese Zieldivergenz an, wenn der Staat im Rahmen seiner "öffentlichen Aufgabe" verbleibt, m.E. also immer. Zur Abgrenzung von Wirtschaftsaufsicht und Wirtschaftslenkung Bullinger, VVDStRL 22 (1965), S.286ff.; Scholz, Wirtschaftsaufsicht, S.21f.; "Öffentliches Wohl und Privatinteresse" sind "wesensverschieden", so Böhmer, Sondervotum, NJW 1981, 1262.

120) Wie Fn.117.

121) BGHZ 3, 270 (277f.); 14, 294 (302f.); st.Rspr.; Knöpfle, Der Rechtsbegriff "Wettbewerb", S.91, u.ö.; Hefermehl, Wettbewerbsrecht, Einleitung, Rdn.224ff.; Koppensteiner, Wettbewerbsrecht, S.315f.; Emmerich, UWG 1982, S.20ff., kritisch S.23f.; Hubmann, W.u.V. 1982, 46f. m.w.H.

122) Zur Rivalität als Voraussetzung eines Wettbewerbsverhältnisses: Hefermehl, Wettbewerbsrecht, Allgemeines, Rdn.5, 6, 9 ("Das Bestehen von Wahlmöglichkeiten aus der Sicht der Kunden begründet allein noch keine Wettbewerbsbeziehung zwischen den Anbietern, solange sie sich nicht auch als Rivalen um die Kaufkraft des Kunden verhalten"), 13, 22, Einl., Rdn.208; Emmerich, Einführung, S.13; ders., Unlauterer Wettbewerb, S.61; Isensee, Subsidiaritätsprinzip, S.209; RGSt 58, 429f.; vgl. die Definition des Wettbewerbs von Meyer-Cording, WuW 1962, 462f.; ihm folgend Knöpfle, Der Rechtsbegriff "Wettbewerb", S.1; eindrucksvoll insb. Sölter, F.H.Kaufmann, S.345ff., 361ff. (zum wettbewerblichen Rivalitäts- und Kollegialitätsprinzip).
Zur Erlaubtheit des vernichtenden 'Leistungswettbewerbs': deutlich Baumbach, Kommentar, 1929, S.172f.; Hefermehl, Wettbewerbsrecht, Allgemeines, Rdn.22, Einl., Rdn.92ff., zu §1 UWG, Rdn.204, 206ff. mit Hinweisen auch zu den Grenzen desselben; Schricker, Wirtschaftliche Tätigkeit, S.148; Nipperdey, Wettbewerb und Existenzvernichtung, S.16, 17; Kraft, Interessenabwägung, S.144, 145; Vogt, NJW 1976, 732, 735; Meyer-Cording, JZ 1964, 311; Ott, F.Raiser, S.421, 424 (kein Anspruch auf

## III Wettbewerb ohne Rivalität? Beispiel: Staatliche Investitionssubventionen als Alternative zu privaten Krediten

Als Beispiel mögen Subventionen dienen[123], die der Staat bereitstellt, um Investitionen zu fördern, aber auch, um diese zu steuern. Ziel des Staates ist primär die private Investition, die der private Unternehmer auch auf andere Weise, etwa mittels privater Kredite oder Beteiligungen, finanzieren kann. Der Staat mag die Subventionen von Voraussetzungen, etwa Standortentscheidungen, abhängig machen oder an Bedingungen, etwa die Einstellung von langjährig Arbeitslosen, knüpfen, während die privaten Kredit- oder Beteiligungskonditionen meist finanzieller Art sein werden. Das hindert die Austauschbarkeit der privaten und der staatlichen Angebote zur Investitionshilfe für den zuschuß- oder kreditnachfragenden Unternehmer nicht. In beiden Fällen hat er Kosten hinzunehmen. Der Investor hat die Möglichkeit, frei die private oder die staatliche Finanzierungshilfe zu wählen. Diese Alternativität der Möglichkeiten begründet eine Konkurrenz zwischen dem staatlichen und dem privaten Financier, weil die staatliche Finanzierungsmöglichkeit die Nachfrage nach der privaten einzuschränken geeignet ist. Die Konditionen der staatlichen Investitionshilfe können Einfluß auf die der privaten Finanzierung gewinnen. Dieser Einfluß darf allerdings

---

Bestandsschutz); Emmerich, Wirtschaftsrecht, S.143; ders., UWG 1982, S.43, 59ff.; Klein, Teilnahme, S.180, 180ff. zu den Grenzen staatlichen Verdrängungswettbewerbs, auch S.250; Rinck, Wirtschaftsrecht, Rdn.650 ("Schädigung des Konkurrenten, sogar dessen wirtschaftlicher Ruin, sind typische Vorgänge des Wettbewerbs und der Marktwirtschaft. Ein solcher Erfolg kann also durch das Gesetz nicht verboten werden, nur die Mittel, mit denen er herbeigeführt wird, können kontrolliert werden"); ebenso ders., F. OLG Celle, S.153ff. mit den Fallgruppen der sittenwidrigen Marktverdrängung durch übermäßige Werbung, auch S.163; Rupp, Verfassungsrecht und Kartelle, S.208; v.Godin, Wettbewerbsrecht, §1 UWG, Anm.49; Krüger, Allgemeine Staatslehre, S.195 ("In der Wettbewerbswirtschaft gilt das Recht des Stärkeren"); ders., Marktwirtschaft, S.27; ders., Massenmedien, S.76, 82f. ("Ausschaltung oder Vernichtung des Konkurrenten"); zu Krüger im 2.Teil, 10.Kap., S.96; dazu auch Scholz, ZHR 132 (1969), S.104, 111 m. Fn.58; P.Ulmer, ZHR 146 (1982), S.484; grundlegend RGZ 134, 342ff. (347); schon RG GRUR 1938, 207 (209); weiterhin für viele Judikate BGHZ 19, 392 (395f.); 23, 365 (371); 43, 278 (281f.); BVerwGE 39, 329 (337); im Sinne des Leistungswettbewerbs argumentiert durchgehend Rebe, Privatrecht und Wirtschaftsordnung, S.137ff., 141f., u.ö.; Knöpfle, Der Rechtsbegriff "Wettbewerb", S.68ff., akzeptiert Vernichtung des Konkurrenten als spezifisches Ziel des Wettbewerbs nicht, hält dieses Ziel aber nicht für unerlaubt; Knöpfles Ausführungen richten sich gegen das Kriterium Wettbewerbsverhältnis, das Monopole aus der Geltung des §1 UWG herausnähme (a.a.O., S.70f., 77f.), insoweit ist Knöpfle zu folgen, nicht ohne weiteres seinem Gedanken des Wettbewerbs aller Unternehmer um die Kaufkraft (a.a.O., S.78 mit Hinw. in Fn.28, S.89f., 91).

Zu Recht kritisch zum wettbewerbsrechtlichen Leistungsbegriff Ott, F.Raiser, S.408, der die Zielhaftigkeit der Definition an Hefermehls Formulierungen zeigt; ebenso kritisch Rinck, F. OLG Celle, S.172f. ("Begriff des Leistungswettbewerbs" ist "zu unbestimmt"); kritisch Knöpfle, Der Rechtsbegriff "Wettbewerb", S.56ff. m.w.H.; insb. Nell-Breuning, WuW 1952, 372f. (der Leistungsbegriff hängt vom Sinn der Wirtschaft ab). Weitere Hinweise zum wettbewerbsrechtlichen Leistungsbegriff in Fn.327 des 8.Teils; zum Verbot staatlichen Vernichtungswettbewerbs näher mit Hinw. im 7.Kap., V, S.353ff.; auch P.Ulmer, ZHR 146 (1982), S.503f.

123) Als Beispiel kann auch die Konkurrenz um freiwillige Mitglieder der gesetzlichen und der privaten Krankenversicherer dienen, die der Bundesgerichtshof in BGHZ 66, 229ff. freilich als Wettbewerbsverhältnis auffaßt. Der Versorgungssicherstellungszweck gerade für die 'umworbenen' Studenten ist durch die spätere Versicherungspflicht für Studenten belegt, die verfassungswidrig wäre, wenn sie wesentlich durch Finanzierungsinteressen der gesetzlichen Krankenversicherer motiviert wäre. Zur Subvention als wettbewerbsrechtliche Problematik m.H. Hubmann, W.u.V. 1982, 44ff.

wegen der knappen Mittel, die der Staat zur Verfügung zu stellen pflegt, wegen der sehr viel gravierenderen Wirkung der staatlichen Geldmengenpolitik und wegen der privaten Finanzierungskonkurrenz nicht überschätzt werden. Trotz dieser staatlichen Konkurrenz, trotz der Wahlmöglichkeit des Finanzierungsmittel nachfragenden Investors besteht kein Wettbewerbsverhältnis zwischen dem staatlichen Investitionshelfer und dem privaten Financier.

Es fehlt an der Rivalität, dem Charakteristikum des kompetitiven Verhältnisses[124]. Der Staat will der privaten Investitionswirtschaft nur Hilfestellung geben und nicht einen Marktanteil des Finanzierungsmarktes erobern oder gegebenenfalls vergrößern. Der Staat als Investitionshelfer reiht sich nicht unter die konkurrierenden privaten Financiers, die ihre Konditionen verändern, um ihr Geschäftsvolumen zu erweitern. Der Staat ist vielmehr daran interessiert, daß die private Finanzierungswirtschaft die Finanzierungsbedürfnisse hinreichend versorgt, so daß er sich mit seinen Haushaltsmitteln aus der Investitionswirtschaft zurückziehen kann. Der Staat rivalisiert nicht, sondern hilft und fördert. Er sucht ein Miteinander mit der privaten Finanzwirtschaft und agiert nicht gegen diese. In der wettbewerbsrechtlichen Begrifflichkeit würde die staatliche Investitionshilfe darum typisch als Verwaltung und nicht als staatliche Teilnahme am wirtschaftlichen Wettbewerb eingestuft werden, weil der Staat keinen wettbewerblichen Zweck verfolgt[125]. Der private Financier wird die staatliche Investitionshilfe als störend und konkurrierend empfinden. Das ist sie auch und soll sie sein; denn sie bezweckt gegebenenfalls auch, die private Finanzwirtschaft zu Konditionen zu veranlassen, die staatliche Investitionshilfe erübrigen. Wenn der private Financier seinen Marktanteil erweitern will, indem er die staatliche Investitionshilfe durch Anpassung seiner Konditionen überflüssig macht, begibt er sich nicht in einen Wettbewerb mit dem Staat, sondern unterwirft sich der staatlichen Überlegenheit und verhält sich genauso, wie es der Staat wünscht. Die Ziele des Staates und des privaten Financiers sind nicht kongruent, sondern divergent; denn der Staat hilft und steuert, der private Financier sucht Geschäfte. Daß der Staat sich zurückzieht und ihm die Erweiterung seines Umsatzes ermöglicht, erreicht der Privatfinancier nur, weil der Staat seinen Zweck erreicht hat. Diese Anpassung ist nicht die Wirkung eines Wettbewerbs, sondern wirkungsvoller staatlicher Ingerenz mit spezifischen Verwaltungsmitteln, nämlich hier mit dem des konkurrierenden Angebots an den Nachfrager. Nicht seine wirtschaftliche

---

124) Vgl. die Hinweise in Fn.122; Meyer-Cording, WuW 1962, 462f.; insb. Hefermehl, Wettbewerbsrecht, Allgemeines, Rdn.9; Krüger, Massenmedien, S.76; Emmerich, Einführung, S.13; Rinck, Wirtschaftsrecht, Rdn.661; ders., F. OLG Celle, S.153; RGSt 58, 429f.

125) Scholz, ZHR 132 (1969), S.129; Schricker, Wirtschaftliche Tätigkeit, S.130f.; in diesem Sinne auch Klein, Teilnahme, S.42ff.; im Erg. anders BVerwGE 30, 191 (196ff.) - Zulassung der Konkurrentenklage im Falle von Subventionen; anders auch OLG Stuttgart WRP 1980, 101f.; wohl auch Hubmann, W.u.V. 1982, 44ff., der den vom Bundesverwaltungsgericht angezogenen Art.2 Abs.1 GG als Maßstab für zu grob hält und zur "Ausfüllung von Lücken" die Grundsätze des UWG empfiehlt, mit schiefen Hinweisen; vgl. Rinck, Wirtschaftsrecht, S.109, Rdn.343. Zum Wettbewerbszweck vgl. die Hinweise in Fn.en 116, 117.

Leistungsstärke ermöglicht dem privaten Financier, sich trotz der staatlichen Marktingerenz am Markt zu behaupten, sondern seine Anpassung an die staatliche Investitionspolitik. Auch wettbewerbliche Konkurrenz bewirkt die marktwirtschaftlich erwünschten Effekte durch den gegenseitigen Anpassungsdruck[126]. Der Wettbewerber, der den Interessen des Nachfragers am nächsten kommt oder der den Geschäftsabschluß mit dem Nachfrager erreicht, erhöht seinen Marktanteil auf Kosten des Mitbewerbers[127]. Der Nachfrager, vielfach der Verbraucher, hat dabei die 'Schiedsrichterrolle'[128], die die 'Leistungen' der wettbewerbenden Anbieter bewertet. Das Wettbewerbsverhältnis ist ein Kräftefeld, auf das drei Faktoren wirken und Anpassungsdruck erzeugen. Das sind erstens und zweitens die konkurrierenden Anbieter, stark genug, zumindest die Leistungsfähigkeit des Konkurrenten zu erreichen, und drittens die Nachfrager mit ihrer Wahlmöglichkeit zwischen den Anbietern. Die Nachfrager haben die spezifische das Wettbewerbsverhältnis begründende Wirkung nur, wenn die Geschäftsabschlüsse mit ihnen für jeden der Anbieter von wirtschaftlich existenzieller Bedeutung sind[129].

Der Staat jedoch, der Investitionshilfe anbietet, hat seinen Zweck privater realisierbarer Investitionsfinanzierung erreicht, wenn die Nachfrager sein Angebot nicht mehr in Anspruch nehmen, wenn er als Investitionshelfer vom 'Finanzierungsmarkt' verschwindet. Überspitzt formuliert sind die Geschäftsabschlüsse für den staatlichen Investitionshelfer ein notwendiges Übel, welches er gerade zu überwinden sucht. Er bezweckt spezifisch nicht die Ausdehnung seines 'Marktanteils', sondern umgekehrt die Einschränkung desselben bis hin zu seiner Eliminierung aus dem 'Markt' und nicht die des Konkurrenten. Damit verliert der Nachfrager nicht seine Schiedsrichterfunktion. Spezifisch diese setzt ja der Staat als Druckmittel ein, um den privaten Financier zur Veränderung der Konditionen zu zwingen. Das Verwaltungsmittel des Staates ist die Adaption konkurrierenden Angebots[130]. Der Nachfrager vermag einen der Anbieter, den Staat, nicht zu An-

---

126) Hefermehl, Wettbewerbsrecht, Allgemeines, Rdn.15, u.ö.; Emmerich, Einführung, S.13, 126; Meyer-Cording, JZ 1964, 312.

127) Hefermehl, Wettbewerbsrecht, Allgemeines, Rdn.5, 6, 9, 21 mit Hinw.; vgl auch die Hinweise in Fn.122.

128) Etwa Rebe, Privatrecht und Wirtschaftsordnung, S.153; Meyer-Cording, JZ 1964, 311.

129) Meyer-Cording, JZ 1964, 312; vgl. allgemein Mestmäcker, Das marktbeherrschende Unternehmen, S.8ff.; Möschel, Oligopolmißbrauch, S.148ff.; Emmerich, Wirtschaftsrecht, S.316f.; ders., Einführung, S.126; auch Rebe, Privatrecht und Wirtschaftsordnung, S.224.

130) Krüger, Allgemeine Staatslehre, S.604ff. ("staatliche Beeinflussung der Wirtschaft von innen her"); ders., ZBR 1979, 157ff.; i.d.S. auch Huber, Wirtschaftsverwaltungsrecht, Bd.1, S.51ff., 54, Bd.2, S.198ff.; auch Ipsen, JZ 1955, 598; vgl. dazu auch Horak, Die wirtschaftliche Betätigung, S.97ff.; Rüfner, Formen, S.176ff. mit weiteren Hinweisen; deutlich Vogel, Öffentliche Wirtschaftseinheiten, S.238f.; klar auch Wenger, Öffentliche Unternehmen, S.545, 553ff.; auch Burmeister, WiR 1972, 343; Badura, F.Schlochauer, S.4ff.; anders ders., ZHR 146 (1982), S. 456 (öffentlich-rechtliche Wettbewerbs-Versicherungsunternehmen keine Einrichtungen der mittelbaren Staatsverwaltung); vgl. auch Janson, ZögV 1980, 209ff., 213; auch Scholz, ZHR 132 (1969), S.129, gesteht das zu; auch Klein, Teilnahme, S.45ff., anders S.195ff., wo er die erwerbswirtschaftliche Tätigkeit nicht als Verwaltung einstuft; auch Isensee, DB 1979, 145 und ff.

passungen zu veranlassen. Der Staat setzt vielmehr seine Determinanten, an die sich der Konkurrent anpassen soll, marktunabhängig, politisch oder administrativ[131)]. Er will ja den Markt administrativ beeinflussen, er will durch Konkurrenz ingerieren, beabsichtigt aber nicht, zu wettbewerben. Auch die Offenmarkt-Politik der Bundesbank nach § 21 BBankG gäbe ein gutes Beispiel für dieselben Zusammenhänge[132)].

Das Wettbewerbsverhältnis ist also durch die Rivalität der Unternehmer um die Marktanteile eines Marktes gekennzeichnet[133)]. Die Rivalität erwächst nicht schon aus der Alternativität des Angebots für die Nachfrager (Konkurrenz), sondern aus dem Egoismus der Anbieter[134)], die auf denselben Markt beschränkt sind und darum notwendig Antagonisten werden (Wettbewerber)[135)], also aus der kongruenten Zielsetzung trotz begrenzter Möglichkeiten der Zielverwirklichung. Die Wettbewerber sind darum bemüht, sich gegenseitig vom Markt zu verdrängen, um den eigenen Marktanteil zu erhöhen[136)]. Das ist jedenfalls die typische Wettbewerbssituation, auf die es für unsere Problematik ankommt.

131) Hinweise wie in Fn.130; vor allem Krüger, Allgemeine Staatslehre, S.605f., 609f.; ausführlich ders., ZBR 1979, 157ff. zu adaptivem Verhalten des Staates zur Förderung der Marktwirtschaft; auch Badura, F.Schlochauer, S.4ff.; kritisch zu Krügers "vorbildlichem Unternehmer"-Staat Mestmäcker, F.Böhm, S.397f.

132) Zu deren administrativem Charakter Rüfner, Formen, S.176ff. ("wichtiges Instrument der Wirtschaftslenkung").

133) Hinweise in Fn.122. Zur wettbewerblichen Rivalität Hefermehl, Wettbewerbsrecht, Allgemeines, Rdn.9, 17f., auch Rdn.26ff.; dazu im 2.Kap., II des 2.Teils, S.38ff.; Krüger, Allgemeine Staatslehre, S.461f.; ders., Massenmedien, S.75, 82f., 87; ders., Marktwirtschaft, S.27; klar Isensee, Subsidiaritätsprinzip, S.209, der jedoch aus dem erkannten Fehlen von Rivalität zwischen staatlichen und privaten Konkurrenten nicht die Konsequenz zieht, wettbewerbsrechtliche Maßstäbe zwischen diesen zurückzuweisen, a.a.O., S.280 gegen die "Fiskusprivilegien" wegen Verschiebung der "Wettbewerbslage".

134) Vgl. grundsätzlich mit Bezug auf Kant Maihofer, Rechtsstaat und menschliche Würde, S.77f., der von einer Dialektik der materiellen Interessiertheit der Individuen spricht, "welche wir heute freie Wettbewerbswirtschaft nennen, die nur in einer Ordnung "gesetzmäßiger Freiheit" in größtmöglichem Umfang zur Wirkung gebracht werden kann, ohne daß sie sich in "wilde Freiheit" verkehrt und damit selbst zerstört, eindeutig S.158 a.a.O., in kantischer Sprache; vgl. auch ders., Demokratie und Sozialismus, S.55f.; vgl. auch Isensee, Subsidiaritätsprinzip, S.209; klar auch Hefermehl, Wettbewerbsrecht, Allgemeines, Rdn.9; zum anthropologischen Topos 'Rivalität' als "selbständigem Instinkt" der Aggression Gehlen, Pluralistische Ethik, S.44 m.H.

135) Vgl. Kant, Idee, S.37ff., 39, 42, der unter dem Antagonism die ungesellige Geselligkeit (bei Kant hervorgehoben) des Menschen versteht und auf die Triebkraft "von Ehrsucht, Herrschsucht oder Habsucht" hinweist. "Dank sei also der Natur für die Unvertragsamkeit, für die mißgünstig wetteifernde Eitelkeit, für die nicht zu befriedigende Begierde zum Haben oder auch zum Herrschen!...".

136) Hinweise vor allem in Fn.122. Auch Leisner, Demokratie, S.169f.

4. Kapitel

# STAATSUNTERNEHMEN UND DIE (PRIVATTYPISCHE) GEWINNMAXIME

## I Problemstellung

Wettbewerb im Sinne des Wettbewerbsrechts setzt, wie im 3. Kapitel dargelegt, die Zielkonkurrenz, aus der die Rivalität entsteht, voraus. Es wurde allgemein schon angesprochen, daß der Staat die gleichen Ziele verfolgen kann wie Private. Das folgt schon aus der freiheitlich-demokratischen Existenz des Staates, der eine Einrichtung der Privaten für die Verwirklichung von deren allgemeinem Wohl ist. So kann innere und auch äußere Sicherheit sowohl privates als auch staatliches Ziel bestimmter Vorkehrungen sein. Für die rechtliche Bewertung sind jedoch die staatlichen und die privaten Ziele wesentlich divers, weil die privaten jeweils personal besondere, die staatlichen personal allgemeine sind und weil deswegen in den Grenzen des Staatsrechts sich die Realisierung der allgemeinen, also staatlichen Ziele gegen die der Privaten, besonderen, durchsetzen können muß, wenn nicht der Staat vor Privaten, das Gemeinwohl vor Privatwohl kapitulieren müssen soll. Dabei bleibt die Grenzziehung oder Bestimmung des Vorrangs des Allgemeinen vor dem Besonderen im Rechtsstaat notwendig Sache des staatlichen Rechts des Volkes. Auf diese Notwendigkeit rechtlich geordneten Vorrangs des Staatlichen vor dem Privaten ist noch einzugehen[137], weil der Vorrang des Staatlichen der vom Wettbewerbsrecht vorausgesetzten Gleichberechtigung des Staates und der Privaten entgegensteht.

Hier ist von Bedeutung, daß Rivalität zum Staat, also Wettbewerb einzelner Privater mit oder eigentlich gegen den Staat, um ein Ziel, welches nicht alle Wettbewerber im hinreichenden Maße erreichen können, dem Wesen des Staates als einer allgemeinen Einrichtung aller Privaten widerspricht. Der Staat muß seine Ziele erreichen können, wenn diese gesetzmäßig sind, er muß das Gesetz verwirklichen

137) Näher S.329ff. im 5.Kap., V, auch 8.Teil, 5.Kap., II 2c, S.447.

können. Sonst ist er bereits in die Rolle eines Privaten gedrängt, der nicht mehr Chancen beanspruchen darf, als sie jedermann hat. Letzteres ist denn auch, durchaus konsequent, die fiskustheoretische Position der herrschenden Meinung[138].

Das normale Ziel privater Unternehmung, ohne daß dies rechtlich notwendig wäre, ist es, Gewinn zu erzielen. Hinreichender Gewinn mag sogar ökonomisch unverzichtbar sein, um den Bestand eines Unternehmens zu gewährleisten[139]. Um des Bestandes seiner Unternehmungen willen ist jedoch der 'Steuerstaat' nicht auf Gewinn angewiesen. Das belegen viele der staatlichen Unternehmen, insb. die Deutsche Bundesbahn. Es widerspräche auch dem Sinn staatlicher Aufgaben, wenn diese aufgegeben werden müßten, weil ihre Erledigung keinen Gewinn abwirft. Die Einstellung einer staatlichen Aufgabe ist eine Entscheidung, die vielfältige politische Gesichtspunkte berücksichtigen muß. Einer kann auch die mangelnde Rentabilität sein. Prinzipiell sind die Kriterien für die Übernahme wie für die Abgabe einer Aufgabe durch den Staat durch Gesetz festzulegen.

Im Folgenden sollen Legalität und Grenzen eines staatlichen Gewinnziels untersucht werden, um zu zeigen, daß eine Kongruenz zwischen staatlichen und privaten Unternehmenszielen bei dem typischen Ziel privater Unternehmen, der Gewinnmaxime[140], am Verfassungsrecht scheitert. Dürfte der Staat wie Private unternehmerischen Gewinn anstreben, sich also in einem wesentlichen Aspekt verhalten als sei er privat, nämlich unabhängig von gesetzlicher Aufgabenzuweisung das Gewinnziel verfolgen, hätte er sich wesentlich privatisiert. Das würde es, wie gesagt, rechtfertigen, ihn wie einen Privaten dem Autonomierecht der Privaten, welches auch und vor allem dem Gewinnstreben Zügel anlegen soll, zu unterwerfen. Prinzipiell steht nicht einmal die Gewinnmaxime dem Staat als 'Unternehmer' zur Seite. Der hauptsächliche Zweck, Wirtschaftsverhalten des Staates als wettbewerblich einzustufen, es in die allgemeinen Grenzen legalen Gewinnstrebens zu weisen, läuft damit leer. Das Wettbewerbsrecht wird funktionslos, wenn und weil die Ziele staatlichen Verhaltens bereits gesetzlich bestimmt sind und darum wettbewerbsrechtlicher Disziplinierung nicht bedürfen.

## II Die Legalität staatsunternehmerischer Gewinne

Es ist umstritten, ob Gewinn als Zweck staatliche Unternehmung zu rechtfertigen vermag oder sogar regelmäßig und grundsätzlich rechtfertigt, wenn der Staat sich mit seiner Unternehmung dem Privatrecht unterstellt und sich insoweit auf die

---

138) Dazu im 5.Kap., IV, S.326ff. mit Hinweisen in Fn.217 und ff.

139) Vgl. etwa Rittner, Wirtschaftsrecht, S.133.

140) Knöpfle, Der Rechtsbegriff "Wettbewerb", S.15ff., verweist auf das gleichzeitige Ziel des "Strebens nach Sicherheit" hin, welches in das langfristige Gewinnziel eingeschlossen sei; i.d.S. insb. Galbraith, Die moderne Industriegesellschaft, S.162, 170; auch Rittner, Wirtschaftsrecht, S.132, für viele.

gleiche Ebene mit seinen privaten Konkurrenten begibt[141]. Krüger hält die erwerbswirtschaftliche Motivation staatlicher Unternehmung für illegal. Dieses Motiv hält er für das "eigennützige Motiv schlechthin", das "durch die Unterwerfung allen staatlichen Handelns allein unter das Gemeinwohl absolut ausgeschlossen" sei[142]. In ähnlicher Weise haben sich andere Autoren geäußert[143]. Klein, dessen Sicht wiederum typisch für die Gegenposition ist, erklärt die gewinnorientierte Teilnahme des Staates am Wettbewerb für legitim, weil der Zweck, Einnahmen zu erzielen, Dienst am Gemeinwohl sein könne und dies regelmäßig sei, zumal er "meist durch einen weiteren Zweck, etwa die Senkung der Steuerlast", gerechtfertigt sei[144]. Ob eine Unternehmung des Staates für die Allgemeinheit nutzbringend ist, entscheidet sich nur von Fall zu Fall unter Berücksichtigung aller relevanten, also vor allem der gesetzlichen Aspekte des Gemeinwohls. Die Möglichkeit derartiger Nützlichkeit genügt nicht, um die staatliche Teilnahme an der Wirtschaft generell zu rechtfertigen, wie es Klein vorschwebt[145]. Zu Recht wendet sich Klein jedoch gegen die Identifizierung der Begriffe 'erwerbswirtschaftlich' oder 'gewinnorientiert' mit 'eigennützig', die Krüger u.a. zu seinem Verdikt

---

141) Dafür Klein, Teilnahme, S.140ff. mit Hinweisen, S.177, 183; Bachof, VVDStRL 19 (1961), S.261f.; dahin tendiert BVerfGE 39, 329 (332f.), insb. wegen eines (richtigen) Zweckbegriffs, der keine materiale Beschränkung gemeindlicher Betätigung ergibt; a.A. Ipsen, NJW 1963, 2102ff., 2105f., der staatliche Gewinnmaximierung als öffentliches Interesse ablehnt, aber die Stärkung des öffentlichen Haushalts als öffentliches Interesse qualifiziert; Krüger, Allgemeine Staatslehre, S.327f.; Dürig, Maunz/Dürig/Herzog/Scholz, Rdn.52 zu Art.2 Abs.1 GG; so auch Zeidler, VVDStRL 19 (1961), S.232 mit Hinweisen in Fn.107; auch Huber, Wirtschaftsverwaltungsrecht, S.53f.; Rüfner, Formen, S.142ff.; Badura, ZHR 146 (1982), S.452 verlangt zu Recht rechtlich festgelegte Zwecke; gegen "rein gewerbliche Betätigung der öffentlichen Hand", abgesehen von Ausnahmen, Stober, ZHR 145 (1981), S.568f. m.w.H. in Fn.en 10-13 und passim; auch Janson, Rechtsformen, S.86f. (Gewinnerzielung "keine öffentliche Aufgabe", "aber legitim").

142) Allgemeine Staatslehre, S.327f.; ders., VVDStRL 19 (1961), S.260f.; ders., ZBR 1979, 157. Empirisch zu den Zielen öffentlicher Unternehmen Janson, Rechtsformen, S.37ff.

143) Maunz, Maunz/Dürig/Herzog/Scholz, Rdn.12 zu Art.105 GG; Rüfner, Formen, S.142, 146f.; Ossenbühl, Wirkungskreis der Deutschen Bundespost, S.105ff., 107 m.w.H.; Grupp, ZHR 140 (1976), S.370f.; vgl. auch Stober, ZHR 145 (1981), S.568f. m.H., 584 m.H. und passim; scharf auch Berkemann, Staatl. Kapitalbeteil., S.135ff.; auch BVerfG NJW 1982, 2173 (2175) steht der Erwerbsabsicht als alleiniger Rechtfertigung gemeindlicher Unternehmungen skeptisch gegenüber ("Rein erwerbswirtschaftliche - fiskalische Unternehmen sind den Gemeinden untersagt." "Hinsichtlich anderer juristischer Personen des öffentlichen Rechts besteht auf Grund haushaltsrechtlicher Bestimmungen zumeist eine ähnliche Lage." "Nach den genannten gesetzlichen Bestimmungen ist davon auszugehen, daß die Nutzung von Vermögen und die erwerbswirtschaftliche Betätigung öffentlich-rechtlicher Körperschaften in der Regel nur im Zusammenhang mit der Wahrnehmung öffentlicher Aufgaben zulässig sind." "... daß jedenfalls Gemeinden, soweit sie nicht öffentliche Aufgaben wahrnehmen, sich regelmäßig außerhalb ihres eigentlichen Aufgabenbereichs bewegen; ihre öffentliche Zwecksetzung erfordert solche Betätigung nicht zwingend."). Damit klingt deutlich ein staatsunternehmensrechtliches Subsidiaritätsprinzip durch, von dem Badura noch in ZHR 146 (1982), S.459, meint, es "habe keine Anerkennung erlangt"; ders., Wirtschaftsverwaltungsrecht, in: von Münch, S.350 m.H.; zum Subsidiaritätsprinzip Hinweise in Fn.184 des 6.Teils.

144) Teilnahme, S.142f.; gegen ihn ausdrücklich auch Krüger, ZBR 1979, 157; dagegen auch Grupp, ZHR 140 (1976), S.370f.; ähnlich Klein, auch Badura, F.Schlochauer, S.5. Die bloß mittelbare Förderung öffentlicher Aufgaben durch Erwerbseinkünfte reicht auch BVerfG NJW 1982, 2173 (2175) nicht: "Dabei muß das Unternehmen unmittelbar durch seine Leistung, nicht nur mittelbar durch seine Gewinne und Erträge dem Wohl der Gemeindebürger dienen."

145) Teilnahme, S.143; dagegen auch Grupp, ZHR 140 (1976), S.381.

gegen das erwerbswirtschaftliche Motiv des Staates führt[146]. 'Eigennützig' und 'gemeinnützig' sind durchaus Gegensätze[147]; nur die Gewinnorientierung eines Verhaltens, sowohl von Privaten als auch des Staates, ist nicht schon begrifflich 'eigennützig'[148]. Die verfassungsgewollten Mittel der Haushaltsfinanzierung sind im X. Abschnitt des Grundgesetzes über das Finanzwesen geregelt. Dazu gehört vor allem die Finanzhoheit mit der Steuerhoheit des Staates. Unternehmerische Betätigung des Staates, um Haushaltsmittel zu erwirtschaften, ist nach Art. 105 Abs. 1, 106 Abs. 1 und 108 Abs. 1 GG im Rahmen der Finanzmonopole erlaubt[149]. Nach h.M. dürfen den Finanzmonopolen keine weiteren hinzugefügt werden[150]. Zumindest würde das ein formelles Gesetz des Bundes voraussetzen[151]. Jedenfalls ist es Zweck der Finanzmonopole, Einnahmen für den Staat zu erwirtschaften[152].Unternehmerisch erzielte Einnahmen des Staates sind also nicht in jedem Fall illegitim. Über die bestehenden Finanzmonopole hinaus ist der Staat jedoch nicht auf unternehmerische Betätigung angewiesen, um seinen Finanzbedarf zu decken. Die grundgesetzlichen Regelungen des Finanzwesens geben der öffentlichen Hand eine Finanzhoheit, die es erlaubt, ausgeglichene Haushalte sicherzustellen[153], zumal der Staat die Ausgabenhoheit hat[154]. Haushaltsdefizite durch unternehmerische Gewinne auszugleichen, ist jedoch durch die Finanzverfassung des Grundgesetzes nicht untersagt[155]. Krüger sieht demgegenüber den "modernen

---

146) Allgemeine Staatslehre, S.327f.; Klein, Teilnahme, S.140f.

147) Anders für den Staat Klein, Teilnahme, S.144.

148) Dazu Klein, Teilnahme, S.141, 144; vgl. auch Rittner, Wirtschaftsrecht, S.133, der darauf hinweist, daß die gemeinwirtschaftlichen Unternehmen gezwungen sind, dem Gewinnprinzip zu folgen, um am Markt bestehen zu können.

149) Ebenso Püttner, Die öffentlichen Unternehmen, S.270; Brohm, Strukturen, S.84f. mit Fn.31; Maunz, Maunz/Dürig/Herzog/Scholz, Rdn.19 zu Art.105 GG; Dürig, daselbst, Rdn.52 zu Art.2 Abs.1 GG; Rinck, Wirtschaftsrecht, Rdn.163; Badura, Verwaltungsmonopol, S.90f., 219ff. mit Hinweisen auf das finanzwissenschaftliche Schrifttum in Fn.5, S.221, Badura hebt den verwaltungsmonopolistischen Zweck der Verbrauchsbesteuerung hervor; Isensee, Subsidiaritätsprinzip, S.201ff.; Klein, Teilnahme, S.146f.

150) Hamann, Wirtschaftsverwaltungsrecht, S.181; Maunz, Maunz/Dürig/Herzog/Scholz, Rdn.12, 13 zu Art.105 GG; klar Isensee, Subsidiaritätsprinzip, S.203; i.d.S. auch Bettermann, WiR 1973, 210f.; vgl. (anders) Bachof, Grundrechte III 1, S.201ff.; a.A. Badura, Verwaltungsmonopol, S.33f.; Köttgen, Gemeindliche Daseinsvorsorge, S.41f.; Wacke, Finanzwesen, S.19; dazu Klein, Teilnahme, S.180ff. mit Hinweisen; Stober, ZHR 145 (1981), S.570, lehnt den Hinweis auf die Finanzmonopole als Argument für die "staatliche Teilnahme am Gewerbeleben" ab.

151) Art.105 Abs.1 GG. Maunz, Maunz/Dürig/Herzog/Scholz, Rdn.3 zu Art.105 GG.
Der Gesetzesvorbehalt würde aus Art.12 Abs.1 GG folgen, weil Finanzmonopole objektive Berufszulassungsschranken sind, so auch Maunz, a.a.O., Rdn.12 zu Art.105 GG; Bettermann, WiR 1973, 196ff.; BFH BStBl 1959 III, S.129.

152) Maunz, Maunz/Dürig/Herzog/Scholz, Rdn.11 zu Art.105 GG mit weiteren Hinweisen; Wacke, Finanzwesen, S.15; Bühler, Bonner Kom., Art.105 GG, Erl.II 2b; Giese-Schunck, GG, Art.105, Anm.II 3.

153) Maunz, Maunz/Dürig/Herzog/Scholz, Rdn.35 zu Art.110 GG.

154) Zur Mißachtung des Grundsatzes der Sparsamkeit Maunz, Maunz/Dürig/Herzog/Scholz, Rdn.40 zu Art.110 GG.

155) Vgl. §27 Nr.4 BBankG, der Restgewinne der Bundesbank abzuführen gebietet. Das sind für 1981, 1982 und 1983 je etwa 10 Milliarden DM gewesen, mit denen die Bundeshaushalte 1982, 1983 bzw. 1984 zum Teil finanziert wurden ein haushaltsrechtliches und allgemein staatsrechtliches Problem, dem hier

Staat" als "Steuerstaat"[156] und bewertet auch deswegen die 'erwerbswirtschaftliche Betätigung' der öffentlichen Hand als grundsätzlich unzulässig[157]. Zu Recht weist Püttner ein grundgesetzliches Gebot "eines reinen Steuerstaates" zurück[158]. Mit Püttner ist die These, der Staat dürfe seine Erwerbseinkünfte in den Grenzen der Vorschriften des Grundgesetzes entwickeln, zu akzeptieren[159]. Für diese These spricht auch Art. 15 GG, der eine Gemeinwirtschaft nicht in das Kostendeckungs-und Äquivalenzprinzip pressen dürfte. Gemeinwirtschaft kann auch staatliche Wirtschaft sein, muß dies aber nicht[160]. Jede staatliche Unternehmung ist jedoch in dem Sinne Gemeinwirtschaft, daß sie dem Gemeinwohl verpflichtet ist, wenn man "Gemeinwirtschaft" als die Wirtschaft definiert, deren Träger die Allgemeinheit, das Gemeinwesen ist oder die in ihren Maximen und in ihrem Verhalten gemeinwohlverpflichtet ist[161]. Beides trifft auf staatliche Unternehmen zu. Maxime staatlicher Unternehmung muß nicht die Erzielung von Einkommen sein, genausowenig wie umgekehrt das Kostendeckungsprinzip unabwendbares Verfassungsprinzip staatlicher Preisgestaltung ist[162]. Maßgeblich für die Zielsetzung

---

nicht nachgegangen werden kann.
Art.110 Abs.1 S.1 GG etwa berücksichtigt sogar die Zuführungen aber auch die Ablieferungen von Bundesbetrieben und Sondervermögen; dazu Püttner, Die öffentlichen Unternehmen, S.260ff.

156) Allgemeine Staatslehre, S.897; auch Zeidler, VVDStRL 19 (1961), S.214; auch Rüfner, Formen, S.142; vgl. in der Sache auch Isensee, Subsidiaritätsprinzip, S.203; ders., Steuerstaat als Staatsform, F. Ipsen, S.409ff.; ders., DB 1979, 149; insb. Kirchhof, v.Arnim, VVDStRL 39 (1981), S.213ff., 286ff., Besteuerung und Eigentum; i.d.S. auch Stober, ZHR 145 (1981), S.586ff. m.H.; auch Stern, Staatsrecht II, 1979, §46 I2, S.1090; auch Götz, VVDStRL 41 (1983), S.34f.; Scholz, Maunz/Dürig/Herzog/Scholz, Rdn.155 zu Art.12 GG.

157) Allgemeine Staatslehre, S.897; ders., ZBR 1979, 157; ebenso aus finanzwissenschaftlicher Sicht Terhalle, Die Finanzwirtschaft des Staates und der Gemeinden, S.90; tendenziell so auch Burmeister, WiR 1972, 344f.; sehr enge Schranken leitet aus §26 Abs.2 GWB her P.Ulmer, ZHR 146 (1982), S.503f., der die Wirtschaftstätigkeit der öffentlichen Hand mit den Mitteln des Wettbewerbsrechts zurückdrängen will und dafür auch §22 GWB heranzieht; dafür hat BGH NJW 1982, 2117ff. für den Fall der Existenzbedrohung und damit Gefahr für den Bestand des Wettbewerbs mittelständischer Unternehmen §1 UWG aktiviert. A.A. insb. BVerwGE 39, 329 (332ff.), an der Begründung dieser Entscheidung Kritik von P.Ulmer, a.a.O., S.470ff.; a.A. auch Püttner, Die öffentlichen Unternehmen, S.269ff.; Kritik an Krüger bei Klein, Teilnahme, S.143ff.; wie hier gegen einen reinen Steuerstaat Forsthoff, Verwaltungsrecht, S.465f.; für die Tendenz zum Subsidiaritätsprinzip in BVerfG NJW 1982, 2173ff. vgl. die Zitate in Fn.143; zu diesem Prinzip Hinweise in Fn.184 des 6.Teils.

158) Die öffentlichen Unternehmen, S.270.

159) Die öffentlichen Unternehmen, S.270; für viele etwa auch Ulmer-Reimer, Unlauterer Wettbewerb, Rdn.74, S.50 mit Hinweisen; Grupp, ZHR 140 (1976), S.378ff.; Rittner, Wirtschaftsrecht, S.177f.; i.d.S. auch Badura, ZHR 146 (1982), S.452; diese These ist auch noch mit BVerfG NJW 1982, 2173 (2175) zu vereinbaren, siehe das Zitat in Fn.143; unternehmerische Betätigung gestatten die Praxis und die ganz überwiegende Lehre dem Staat, vgl. etwa die Belege in Fn.59 des 2.Teils.

160) Püttner, Die öffentlichen Unternehmen, S.255; zur Gemeinwirtschaftlichkeit Rüfner, Formen, S.153ff.; vgl. kritisch Dürig, Maunz/Dürig/Herzog/Scholz, Rdn.52 zu Art.2 Abs.1 GG; nicht unkritisch zu den vornehmlich gewerkschaftseigenen gemeinwirtschaftlichen Unternehmen Rittner, Wirtschaftsrecht, S.133ff.; zu Art.15 GG problematisch Stober, ZHR 145 (1981), S.570.

161) In diesem Sinne Püttner, Die öffentlichen Unternehmen, S.168.

162) Tendenziell anders Wolff-Bachof, Verwaltungsrecht I, §42 II a 2, S.309 m.H., die auch wegen des möglichen Wettbewerbs zu Privaten Kostendeckung befürworten; BVerwGE 13, 214 (222ff.), Kostendeckungsprinzip nicht Wesensmerkmal der Gebühr; ebenso schon BVerwGE 12, 162 (167). Dazu grundlegend Wilke, Gebührenrecht und Grundgesetz, 1973, S.271ff. m. Hinw., S.328f.

staatlichen Wirtschaftens ist im Rahmen des Grundgesetzes das Gesetz oder der kompetenz- und aufgabenbegründende Parlamentsakt[163]. Regelmäßig wird das Kostendeckungsprinzip, eventuell moderiert durch das Äquivalenzprinzip, für die Preise staatlicher Leistungen maßgeblich sein[164], wenn der Staat mit seinem Unternehmen nicht gerade das Ziel verfolgt, Haushaltsmittel zu erzielen, und dieses Ziel nicht zumindest neben anderen Zielen vorgesehen und gerechtfertigt ist. Wirtschaftslenkende unternehmerische Betätigung des Staates etwa darf die Preise durchaus an den Preisen der privaten Unternehmer orientieren, deren Marktverhalten beeinflußt werden soll. Eine solche Politik darf nicht durch gebührenrechtliche Prinzipien behindert werden[165].

### III Die Nichtvorbestimmtheit staatlicher Aufgaben und die staatliche Entscheidung für Gewinne

Die grundgesetzliche Staatlichkeit ist gekennzeichnet durch die Nichtvorbestimmtheit/(begrenzte) Offenheit der staatlichen Ziele und damit die Bestimmungsbedürftigkeit der staatlichen Aufgaben[166]. Das Volk bestimmt durch seine Vertreter in geregelten Verfahren das Gemeinwohl materiell[167]. Aufgabe kann es auch sein, Einkünfte zu erzielen. Ohne einen konkreten verfassungsrechtlichen Nachweis kann es dem Staat nicht versagt werden, sich erwerbswirtschaftlich zu betätigen, nur weil das ein typisches Unterfangen Privater ist. Ziele und Aufgaben von Privaten unterscheiden sich nicht durch ihren Inhalt[168], sondern ausschließlich in ihrer Bestimmung und Verbindlichkeit von denen des Staates. Der Private bestimmt seine Ziele und Aufgaben selbst und diese Selbstbestimmung ist ihrem Wesen nach unersetzbar[169]. Dem Staat werden Ziele und Aufgaben in den demokratisch-rechtsstaatlichen Verfahren vorgeschrieben, und er muß sie verwirklichen.

---

163) Zum Parlamentsvorbehalt für staatliche Aufgaben vgl. Fn.20 im 6.Teil; wie hier Wenger, Öffentliche Unternehmen, S.540ff., 549, 551f., 565; i.d.S. auch Badura, ZHR 146 (1982), S.452, der aber auch "Verwaltungsentscheidungen" ausreichen läßt.

164) Dazu Wolff-Bachof, Verwaltungsrecht I, §42 II a 2, S.309 m.H.; zum Äquivalenzprinzip BVerfGE 20, 257 (270); BVerwGE 13, 214 (222f.); 26, 305 (308ff.); Menger-Erichsen, VerwArch 1968, S.78ff.; Wilke, Gebührenrecht und Grundgesetz, 244ff., 306ff. ("Kostendeckung, Gewinnerzielung und Verhaltenslenkung sind Prinzipien staatlicher Preisgestaltung"); auch Wöhe, Allgemeine Betriebswirtschaftslehre, S.9, der deswegen die Unternehmenseigenschaft der öffentlichen Betriebe ablehnt.

165) Krüger, Allgemeine Staatslehre, S.898; tendenziell ebenso Maunz, Maunz/Dürig/Herzog/Scholz, Rdn.13 zu Art.105 GG; dazu insb. Wilke, Gebührenrecht und Grundgesetz, S.244ff., 306ff.

166) Näher dazu im 6.Teil, 1.Kap., II, III, S.237ff., 240ff., Hinw. in Fn.18 des 6.Teils, auch 137 des 4.Teils, 5 des 6.Teils, Fn.85 im 5.Teil; ganz i.d.S. etwa BVerwGE 39, 329 (332ff.).
Die Gemeinwohlmaxime ist keine materielle Staatszweckbegrenzung, sondern hat verfahrensmäßige Konsequenzen, die demokratierechtlich unverzichtbar sind.

167) Hinweis wie Fn.166.

168) Vgl. die Hinweise in Fn.18 im 6.Teil.

169) Die Unersetzbarkeit der Entscheidungen des Privaten macht das Wesen der Privatautonomie aus, wie §319 Abs.2 BGB zeigt; dazu im 6.Teil, 1.Kap., II, S.237ff.

Gewinn zu erzielen kann somit ein legaler Zweck staatlicher Unternehmung sein, eben wenn ein Gesetz oder zumindest ein Parlamentsakt das anordnet. Hier kommt es auf die Frage des Parlamentsvorbehalts nicht an[170]. Genausowenig kann an dieser Stelle abstrakt und generell abgegrenzt werden, unter welchen Voraussetzungen es das Grundgesetz und vor allem die Grundrechte zulassen, daß der Staat unternehmerische Einkünfte erstrebt. Das ist in den einzelnen Fällen staatlicher Unternehmungen, gegebenenfalls an Hand der Unternehmensgesetze, zu beurteilen[171].

## IV Verlustrisiko, Wettbewerblichkeit und öffentliches Interesse

Mit dem Einnahmezweck wird jedoch die staatliche Unternehmung keineswegs schon wettbewerblich. Ein Unternehmen befindet sich im Wettbewerb, wenn es sowohl der Chance von Gewinnen als auch der Gefahr von Verlusten ausgesetzt ist[173]. Jedenfalls wegen des allgemeinen Wettbewerbs um die Kaufkraft ist auch ein faktisches Monopol wettbewerblich[174]. Ohne Verlustgefahr ist ein Unternehmer nicht mehr den Marktgesetzen unterworfen, sondern kann seine Konditionen machtmäßig vorschreiben, 'administrieren'[175]. Es fehlt die disziplinierende Wirkung der Konkurrenz[176]. Der Staat kann und darf nicht von Privatunternehmen diszipliniert werden. Dieser Gesichtspunkt stellt die generelle Rechtfertigung der Unternehmen

---

170) Dazu näher im 6.Teil, 1.Kap., II 4, S.239f. mit Fn.20; für viele dazu Grupp, ZHR 140 (1976), S.382f.

171) Den Weg der Prüfung des einfachen Rechts geht auch BVerfG NJW 1982, 2173 (2175); i.d.S. auch Rittner, Wirtschaftsrecht, S.177f. (im Rahmen der öffentlichen Aufgaben), auch S.37ff. (nach Maßgabe der Verhältnismäßigkeit).

173) Die Aspekte Chance und Risiko sind für Knöpfles Wettbewerbsbegriff des GWB wesentlich, vgl. Der Rechtsbegriff "Wettbewerb", S.203ff., insb. S.212, 214ff.; auch Hefermehl, Wettbewerbsrecht, Allg., Rdn.21, u.ö.; Siedentopf, Grenzen und Bindungen der Kommunalwirtschaft, S.19ff., 25f., 37 m. Nachweisen; Vogel, Öffentl. Wirtschaftseinheiten, S.25; auch Ulmer-Reimer, Unlauterer Wettbewerb, Rdn.78, S.53, konstatiert, daß die öffentl. Hand "in der Regel ohne wirtschaftl. Risiko arbeite"; gl. a.A. Püttner, Die öffentl. Unternehmen, S.57 mit abwegigem Gegenargument; vgl. auch Gutenberg, Betriebswirtschaftslehre Bd.1, S.493ff.; vgl. auch Rebe, Privatrecht und Wirtschaftsordnung, S.224. BGH NJW 1982, 2117 (2121) stellt wesentlich darauf ab, daß die Selbstabgabestellen für Brillen der gesetzlichen Kassen wegen der verfügbaren Beiträge usw. einem unternemerischen Risiko nicht ausgesetzt seien, und BGH NJW 1982, 2125 (2127) darauf, daß die "Verlustgefahr" auf "Steuer- und Beitragszahler oder sonst die Allgemeinheit" abgewälzt" werden könne, und schließt daraus im ersten Urteil, daß die Konkurrenz der Kassen den Leistungswettbewerb gefährde und darum wettbewerbsrechtlich zu untersagen sei, im zweiten Urteil, daß der Beitrag der Ersatzkassen für die freiwillige Versicherung von Kindern so anzuheben sei, daß Leistung und Gegenleistung in etwa Entsprechung fänden. Die richtige Schlußfolgerung wäre die Erkenntnis gewesen, daß kein Wettbewerb zwischen den Streitparteien im Sinne des UWG bestehe; das hätte freilich dem Gericht die Kompetenz zum Schutz der Privatunternehmen genommen; denn auch §823 Abs.1 BGB ist als Schutzvorschrift gegenüber dem Staat eine Vorschrift des öffentlichen Rechts (a.A. BGH NJW 1982, 2117 (2118)).

174) I.d.S. vor allem Knöpfle, Der Rechtsbegriff "Wettbewerb", S.70f., 77f., u.ö.; P.Ulmer, ZHR 146 (1982), S.478. Dazu auch Hefermehl, Wettbewerbsrecht, Allg., Rdn.14ff. (workable competition).

175) Vgl. die Hinweise in Fn.374. Knöpfle, Der Rechtsbegriff "Wettbewerb", S.212.

176) Das ist für Knöpfle, Der Rechtsbegriff "Wettbewerb", S.212, der wesentliche gesamtwirtschaftliche Vorteil des Wettbewerbs.

der öffentlichen Hand mit dem Einnahmezweck als einem öffentlichen Interesse in Frage, jedenfalls wenn diese Unternehmen am Markt mit privaten Unternehmern konkurrieren, den Marktgesetzen ausgesetzt sein, am Wettbewerb teilhaben sollen. Das ist aber das erklärte Anliegen der wettbewerbsrechtlichen Doktrin öffentlicher Unternehmen[177]. Daß auch das Verlustrisiko dem öffentlichen Interesse entspricht, findet keine rechtliche Grundlage[178]. § 65 Abs. 1 Ziff. 2, Abs. 5 BHO etwa spricht für das Gegenteil. Das Verlustrisiko des staatlichen Engagements in der Wirtschaft muß vielmehr im Einzelfall durch andere öffentliche Zwecke hinreichend ausgeglichen werden. Das Argument vom haushaltlichen Zweck staatlicher Unternehmung ist vordergründig. Wenn der Staat durch seine Unternehmen Gewinne erzielt, erweist das im Regelfall, daß er einem hinreichenden Wettbewerb nicht ausgeliefert ist, sondern machtmäßig eine marktbeherrschende Stellung nutzt. Bisher konnte wirtschaftswissenschaftlich nicht nachgewiesen werden, daß die öffentliche Hand es bewältigt, kostengünstiger zu wirtschaften als private Unternehmer, die unter Existenzdruck stehen[179]. Das Gegenteil wird oft vermutet[180]. Dieses Argument wiegt jedoch nicht schwer, weil große Bürokratien, seien diese privat oder staatlich, spezifische betriebswirtschaftliche Kosten verursachen[181]. Die öffentliche Hand ist aber weitaus stärker in der Großindustrie engagiert als etwa im Bereich mittelständischer Wirtschaft und damit denselben technobürokratischen Gegebenheiten ausgeliefert wie die Privatwirtschaft in gleicher Größenordnung.

## V Der Vorrang privater Wirtschaft vor rein gewinnorientierter Staatswirtschaft

Die rein gewinnorientierte unternehmerische Betätigung des Staates wird sich somit prinzipiell und im Regelfall nicht gegen den freiheitlich-demokratischen Vorrang privater Wirtschaft durchzusetzen vermögen[182]. Schlechterdings kann

---

177) Hinweise in Fn.82 im 2.Teil und Fn.217 dieses Teils; der Sache nach so Emmerich, Wirtschaftsrecht, S.144; darum bemüht sich auch P.Ulmer, ZHR 146 (1982), S.480ff., 484, wie die Lehre von der Maßstabmodifizierung, vgl. Hinweise in Fn.en 218ff.; dazu kritisch Krüger, ZBR 1979, 157f.

178) Ganz so auch Stober, ZHR 145 (1981), S.589; so auch (mit anderem Erkenntnisinteresse) Klein, Teilnahme, S.190; auch Scholz, ZHR 132 (1969), S.114, sieht "Wettbewerb als Aufgabe" "außerhalb der staatlichen Zuständigkeit und Verantwortung", unterwirft aber Wettbewerb als "Rechtsfolge" dem Wettbewerbsrecht.

179) Dazu vorsichtig Püttner, Die öffentlichen Unternehmen, S.106ff. mit Hinweisen; vgl. Wöhe, Allgemeine Betriebswirtschaftslehre, S.139.

180) Wie Fn.179.

181) Vgl. Wöhe, Allgemeine Betriebswirtschaftslehre, S.139.

182) Vgl. die Hinweise in Fn.184 im 6.Teil vor allem zum Subsidiaritätsprinzip für staatliche Betätigung in der Wirtschaft; insb. Fikentscher, Wirtschaftsrecht II, S.57ff., 62, 70, 115f.; Isensee, DB 1979, 145ff., 149f.; auch Rittner, Wirtschaftsrecht, S.37ff., 177f. mit Hinweis auf den Entwurf der F.D.P.-Fraktion eines Gesetzes über die wirtschaftliche Betätigung der öffentlichen Hand, BT

nicht jede Gemeinwohlkonkretisierung, die kompetenz- und verfahrensgerecht ist, als Begrenzung freiheitlich-demokratischer Privatheit hingenommen werden. Das wäre ein allgemeiner Gemeinwohlvorbehalt, den das Grundgesetz nicht vorsieht und der die Freiheit und Privatheit nicht nur zur Disposition des staatlichen Gesetzgebers, sondern darüber hinaus zur Disposition des Staates insgesamt stellen würde[183]. Ein Gemeinwohlvorbehalt würde den grundrechtlichen Autonomieschutz, der die Funktion von Minderheitenschutz entfalten können muß, eliminieren. Die Grundrechte sollen aber gerade die Macht der Mehrheit, die das staatliche Verhalten in Entartung verfassungsgemäßer Repräsentation bestimmen kann, beschränken[184]. Die Wechselwirkungstheorie des Bundesverfassungsgerichts gibt ein Schema für die Abwägung der grundrechtlich geschützten Freiheiten und des Gemeinwohls[185]. Dabei sind die Schranken grundrechtlicher Gesetzesvorbehalte, zumal das Verhältnismäßigkeitsprinzip, hilfreich, um den Entscheidern, insbesondere den Richtern, Entscheidungshilfen/Maßstäbe für die Abgrenzung des privaten und des staatlichen Bereichs zu geben[186]. Die Wirtschaftsgrundrechte berechtigen freilich nicht, den staatlichen Konkurrenten in normalen Situationen abzuwehren[187].

---

Drucks. II/2712 vom 26.Sept.1956; deutlich Grupp, ZHR 140 (1976), S.386ff. mit Hinw.; Ossenbühl, Wirkungskreis der Deutschen Bundespost, S.105ff., 111/2; klar dazu Wenger, Öffentliche Unternehmen, S.550; tendenziell wie hier schon Vogel, Öffentliche Wirtschaftseinheiten, S.238; vorsichtig i.d.S. P.Ulmer, ZHR 146 (1982), S.468f. m.H.; wie hier auch Stober, ZHR 145 (1981), S.580f., 589, obwohl er den Subsiaritätsgedanken darin nicht erkennt (S.576f.); ders., NJW 1984, 456f.; so im Erg., obwohl gegen ein Subsidiaritätsprinzip (Rdn.405) Scholz, Maunz/Dürig/Herzog/Scholz, Rdn.402ff. zu Art.12 GG (Staat hat keine Kompetenz zur Erwerbswirtschaft, außer bei Finanzmonopolen, fiskalischen Randgeschäften, Hilfsgeschäften); ganz i.d.S. BGH NJW 1982, 2117 (2119f.), wonach Eigenbetriebe nur als Ausnahme gerechtfertigt sind, jedenfalls ohne gesetzliche Anordnung, selbst unabhängig von der Gewinnabsicht des öffentlichen Betriebes (Fall der Brillenselbstabgabestellen); ebenso für Gemeindeunternehmen jetzt BVerfG NJW 1982, 2173 (2175f.); a.A. immer noch Badura, Wirtschaftsverwaltungsrecht, S.350; ders., ZHR 146 (1982), S. 459, 461; diesen Aspekt übersieht Emmerich, UWG 1982, S.25 ("(leider) keine nennenswerten Schranken wirtschaftlicher Betätigung des Staates", u.ä.); zurückhaltend BVerwGE 39, 329 (337).

183) Dagegen Schachtschneider, Der Staat 16 (1977), S.506, 513ff. mit Hinweisen insb. in Fn.en 59, 60. Weitgehend für wirtschaftspolitische Gestaltungsfreiheit des Gesetzgebers BVerfGE 13, 97 (107); vgl. auch Badura, AöR 92 (1967), S.386, 390f.; ders., ZHR 146 (1982), S.459; Tettinger, Wirtschaftsverwaltungsrecht, S.190; diese für viele.

184) So für viele insb. Kelsen, Wesen und Wert der Demokratie, S.53ff.

185) BVerfGE 17, 306 (313f.) für viele Judikate; dazu Hinweise bei Schachtschneider, JA 1978, 187. Kritisch insb. Bettermann, Hypertrophie der Grundrechte, S.7ff.

186) Vgl. BVerfGE 30, 292 (315ff.); 38, 281 (301f.); Scholz, Koalitionsfreiheit, S.329, 333; ders., Öffentliche und Privatversicherung, S.524; Weber, Koalitionsfreiheit und Tarifautonomie, S.38; Gerhardt, Das Koalitionsgesetz, S.149; so Ossenbühl, Wirkungskreis der Deutschen Bundespost, S.118ff., 121f.; Grupp, ZHR 140 (1976), S.386ff.; Hoffmann-Becking, F.Wolff, S.448ff.; P.Ulmer, ZHR 146 (1982), S.468f.; i.d.S. die Vertreter des Subsidiaritätsprinzips, vgl. die Hinweise in Fn.184 im 6.Teil, auch Fn.en 182, 183 dieses Teils; explizit gegen die Relevanz "der Grundsätze der Notwendigkeit und Verhältnismäßigkeit" für "Art und Maß der öffentlichen Wirtschaftstätigkeit" Badura, ZHR 146 (1982), S.459, 461; ders., F.Schlochauer, S.19.
Zum Verhältnismäßigkeitsprinzip Hinweise auf die Judikate des Bundesverfassungsgerichts bei Schachtschneider, JA 1978, 188; vgl. auch Fn.en 81 bis 84 im 6.Teil. Kritik bei Bettermann, Hypertrophie der Grundrechte, S.4 mit Fn.2.

187) Dazu näher im 7.Kap., S.347ff. mit Hinw.. Dagegen insb. BVerwGE 39, 329 (334, 336f.); BVerwG NJW 1978, 1539f.; vgl. mit Hinweisen Hoffmann-Becking, F.Wolff, S.454ff.; i.d.S. auch Badura, ZHR 146

Ohne ihre verfassungsgesetzliche Verankerung werden sich aber prinzipiell Gemeininteressen nicht gegen die Privatheit des Wirtschaftens durchsetzen dürfen, wenn die grundsätzliche Entscheidung des Grundgesetzes zugunsten privater Lebensbewältigung nicht doch wegen des Zielfindungsrechts des Staates und des begrenzt offenen Gemeinwohlbegriffs unterminiert werden können soll[188]. Das Prinzip 'in dubio pro libertate'[189] konkretisiert sich für unseren Problemkreis zum Prinzip des Vorrangs privater Wirtschaft, das nur hinter im Grundgesetz verankerten Gemeinwohlinteressen zurücktreten muß. Staatliche Ingerenz auf die Wirtschaft ist jedoch vom Grundgesetz weitestgehend legitimiert, nicht nur durch Kompetenzregelungen, wie Art. 74 Nr. 16 GG, der die konkurrierende Gesetzgebungskompetenz des Bundes auf die "Verhütung des Mißbrauchs wirtschaftlicher Machtstellung" erstreckt, und durch die Verantwortung des Staates für das "gesamtwirtschaftliche Gleichgewicht", die über deren Verankerung in der Finanz- und Haushaltsverfassung des Grundgesetzes hinaus eine generelle verfassungsmäßige Konkretisierung des Gemeinwohls ist[190], sondern auch durch das weite, nicht jede, aber doch verschiedenartige Politiken des Gesetzgebers verfassungsmäßig rechtfertigende Sozialprinzip[191].

---

(1982), S.460f.; dazu namentlich Scholz, AöR 97 (1972), S.305f.; ders., Öffentliche und Privatversicherung, S.518f.; dazu auch P.Ulmer, ZHR 146 (1982), S.499ff. in Kritik an BGH NJW 1982, 2117ff. = GRUR 1982, 425ff. (Brillenselbstabgabestellen) mit Hinweisen. Der BGH leitet in diesem Urteil über §1 UWG in der Sache aus Art.12 Abs.1 GG einen mittelständischen Schutz vor staatlicher Konkurrenz her; wie der BGH auch Hubmann, W.u.V. 1982, 55, der die Aufnahme wirtschaftlicher Betätigung durch die öffentliche Hand an §1 UWG messen will, entgegen dem von ihm zitierten Vollmar, Rechtsweg und Maßstab, S.137; weitergehend Stober, ZHR 145 (1981), S.579.

188) Schachtschneider, Der Staat 16 (1977), S.513ff., 515; i. d. Sinne auch Rittner, Wirtschaftsrecht, S.32f., auch Grupp, ZHR 140 (1976), S.378ff., der freilich die "Sozialstaatsklausel" ohne weitere gesetzliche Konkretisierung ausreichen läßt. Zum Gesetzesvorbehalt für die soziale Realisation vgl. die Hinweise in Fn.191.

189) Zu diesem Prinzip konkret für Art.12 Abs.1 GG BVerfGE 21, 245 (248): "grundsätzlich freie Wirtschaft"; dazu näher im 2.Kap., II 2, S.293f.; zum Vorrang priv. Wirtschaft etwa Isensee, DB 1979, 145ff., 149f.; Rittner, Wirtschaftsrecht, S.197f.; klar i.d.S. Fikentscher, Wirtschaftsrecht II, S.115f.; Wenger, Öffentliche Unternehmung, S.550, der jedoch die staatsunternehmerischen Zwecke nur rechtssatzmäßig festzulegen fordert; weitere Hinweise in Fn.184 des 6.Teils zum Subsidiaritätsprinzip und Fn.en 182, 183, 188 dieses Teils. A.A. in der Sache Badura, ZHR 146 (1982), S.459f., 460ff.; a.A. im Ergebnis auch BVerwGE 39, 329 (337).

190) Säcker, Grundprobleme, S.54; ders., Gruppenautonomie, S.250; Badura, Wirtschaftsverfassung und Wirtschaftsverwaltung, S.31ff., 45ff.; Zacher, F.Böhm, S.720; Gerhardt, Koalitionsgesetz, S.206; Schachtschneider, Der Staat 16 (1977), S.515, 517; dazu auch Tettinger, Wirtschaftsverwaltungsrecht, S.187ff., 211ff. mit Hinweisen, zur interpretatorischen Vorsicht mahnend; auch Rinck, Wirtschaftsrecht, S.3; vgl. BVerfGE 36, 66 (71); Papier, Handbuch, S.617f.
Das läßt sich auf die Sozialklauseln des Grundgesetzes stützen, so BVerfGE 8, 274 (329) für das Preisgesetz, ergibt sich aber auch daraus, daß eine Wirtschaftspolitik, die das gesamtwirtschaftliche Gleichgewicht zu sichern und zu fördern versucht, die Gesamtwirtschaft eines Wirtschaftsgebietes beeinflussen können muß, ohne Unterschied, ob diese privat oder staatlich ist, Schachtschneider, a.a.O., und die übrigen in dieser Fn. genannten Fundstellen. Das moderne Konjunktur- und Haushaltsrecht macht diese Zusammenhänge deutlich.

191) Dazu Schachtschneider, Das Sozialprinzip, passim m. H. zur Allgemeinheit dieses Prinzips, S.73ff., 78ff.; ders., Der Staat 16 (1977), S.514, 517; vgl. auch Scholz, in: Der Staatssektor in der sozialen Marktwirtschaft, S.120; Grupp, ZHR 140 (1976), S.382, für viele. Zum prinzipiellen Gesetzesvorbehalt bei der Realisierung des Sozialprinzips Schachtschneider, a.a.O., S.73ff. mit Hinweisen in Fn.183; Scholz, NJW 1983, 706; a.A. etwa Grupp, a.a.O.

Das Verlustrisiko in einer Branche kann gerade das Staatsunternehmen erfordern, etwa um die Versorgung der Bevölkerung sicherzustellen[192]. Am wenigsten rechtfertigen die Gewinnchancen die unternehmerische Betätigung der öffentlichen Hand, weil der prinzipielle Vorrang des Privaten vor dem Staat im Bereich der Wirtschaft sich gerade in den Branchen durchsetzt, in denen die Gewinnchance hoch und die Verlustgefahr gering ist. Es besteht kein Bedürfnis staatlicher Teilhabe an diesen Branchen[193]. Diese wird (in der Sprache des Verhältnismäßigkeitsprinzips) unnötig, etwa um die Versorgung sicherzustellen oder auch das gesamtwirtschaftliche Gleichgewicht zu erhalten, u.a. Diese Bedürfnisprüfung kommt der gänzlichen Illegalisierung des Einnahmezwecks für staatliche Unternehmen sehr nahe[194]. Die Unsicherheit der Rechtsfolgen liegt im Wesen des Abwägungsprinzips, das wegen der Offenheit der konkurrierenden politischen Entscheidungen unvermeidlich ist. Konkreteres kann darum nur im Einzelfall gesagt werden.

## VI Grundrechtlicher Existenzschutz der Privatunternehmen vor staatsunternehmerischer Ingerenz

Den Angriff gegen den Unternehmerstaat, dieser beeinträchtige die Gewinnchancen der privaten Unternehmer und belaste damit entgegen den Prinzipien des Steuerstaates wenige und diese nicht gleichheitsgerecht, pariert Klein zu Recht mit dem Argument, weder die Eigentumsgarantie noch der Gleichheitssatz würden die Gewinnchancen schützen[195], im übrigen auch nicht die Unternehmerfreiheit aus Art. 12 Abs. 1, Art. 2 Abs. 1 GG[196]. Wenn die privaten Unternehmer jedoch in ihrer unternehmerischen Existenz, die freilich nicht von den Gewinnchancen ge-

---

192) Allgemeine Meinung, etwa Rinck, Wirtschaftsrecht, Rdn.162; Forsthoff, Rechtsfragen, S.9, 11; Badura, DÖV 1966, 624ff.; Dürig, Maunz/Dürig/Herzog/Scholz, Rdn.52 zu Art.2 Abs.1 GG ("erwerbswirtschaftliche Eigenbetätigung des Staates ... ultima ratio der Wirtschaftsbeeinflussung"); deutlich Grupp, ZHR 140 (1976), S.388f.; Burmeister, WiR 1972, 344f. ("virtuelle Unwirtschaftlichkeit und Sozialverpflichtetheit").

193) So auch Rinck, Wirtschaftsrecht, Rdn.162; Isensee, Subsidiaritätsprinzip, S.274ff., 279f., 291; vgl. auch die Hinweise in Fn.en 182, 183, 188, ganz i.d.S. BVerfG NJW 1982, 2173 (2175); a.A. etwa Badura, ZHR 146 (1982), S.459.

194) Ähnlich im Erg. Rüfner, Formen, S.142; im Erg. wie hier Isensee, Subsidiaritätsprinzip, S.89ff., 274ff., 313f.; i.d.S. auch Burmeister, WiR 1972, 344f.; ganz i.d.S. Stober, ZHR 145 (1981), S.578ff., 589; vorsichtig ders., NJW 1984, 452f.; im Erg. auch Scholz, Maunz/Dürig/Herzog/Scholz, Rdn.402ff. zu Art.12 GG; vgl. auch Leisner, Mitbestimmung im öffentlichen Dienst, S.71ff.; Ossenbühl, Wirkungskreis der Deutschen Bundespost, S.105ff., 111/2; Grupp, ZHR 140 (1976), S.381, 386ff.; vorsichtig zustimmend P.Ulmer, ZHR 146 (1982), S.468f. m.w.H., der, a.a.O., S.503f., über §26 Abs.2 GWB zu noch schärferen Schranken für den Marktzutritt der öffentlichen Hand kommt (ultra-vires-Lehre).
Dagegen in der Sache Badura, ZHR 146 (1982), S.459, 461.

195) Klein, Teilnahme, S.143. Für viele Scholz, WiR 1972, 60f. m.H.

196) Gegen einen Grundrechtsschutz der Gewinnchancen: BVerfGE 4, 7 (17); 13, 225 (230); 28, 119 (142); auch 31, 229 (249); BGHZ 45, 83 (87f.); BAGE 19, 14 (23); BVerwGE 39, 329 (337); in der Sache auch BVerwG NJW 1978, 1539f.; Rinck, Wirtschaftsrecht, Rdn.141; Scholz, WiR 1972, 60f. m.w.H.

trennt werden kann, bedroht werden, weil der Staat in ihrer Branche durch 'konkurrierende' Unternehmen (auch nur objektiv) vernichtend ingeriert, ist dies eine grundrechtsrelevante Beeinträchtigung der Unternehmerfreiheit[197], deren Schutz mittelbar die Gewinnchancen schützt; denn die Gewinnmaxime ist normale Zwecksetzung und die Gewinnchance die reale Existenzbedingung privater Unternehmung.

## Quintessenz

Quintessenz dieser Überlegung ist: Ihr bloßer Gewinnzweck läßt staatliche Unternehmungen nicht prinzipiell, aber doch in der Regel als ungerechtfertigt erscheinen[198]. Der Gewinnzweck als Neben- oder Sonderzweck gibt für die Wettbewerblichkeit der Teilnahme des Staates an der Wirtschaft jedoch nichts her. Der Hauptzweck des wettbewerblichen Autonomierechts, das Gewinnstreben der Unternehmer zu zügeln, wird bei Staatsunternehmen funktionslos, weil diese nur ausnahmsweise und in den Grenzen des jeweiligen Gesetzes das Gewinnziel verfolgen dürfen, es sei denn, sie agieren gemäß der Fiskustheorie, als seien sie Privatunternehmen. Gegenüber Staatsunternehmen hat das Staatsrecht die Disziplinierungsfunktion zu übernehmen, die gegenüber Privatunternehmen das Wettbewerbsrecht entfalten soll, etwa auch die Rechtsaufsicht und die parlamentarische Kontrolle.

197) Dazu mit Hinw. im 7.Kap., V, S.353ff., Hinweise auch in Fn.371; insb. Scholz, Konzentrationskontrolle, S.79ff.; ders., WiR 1972, 61; Dürig, Maunz/Dürig/Herzog/Scholz, Rdn.52 zu Art.2 Abs.1 GG; Rinck, Wirtschaftsrecht, Rdn.140; Hoffmann-Becking, F.Wolff, S.454ff.; Stober, ZHR 145 (1981), S.579; ders., NJW 1984, 456 (noch weitergehend); P.Ulmer, ZHR 146 (1982), S.500 m.w.H. in Fn.173; Badura, ZHR 146 (1982), S.461; Hubmann, W.u.V. 1982, 61 in Fn.122, der aus §1 UWG die Möglichkeit eines Verbots staatsunternehmerischer Betätigung herleitet, insb. bei Verletzung des gemeinderechtlichen Subsidiaritätsprinzips; so auch BVerwG NJW 1978, 1539f.; vgl. auch BVerwGE 30, 191 (198); 32, 329 (397); darauf beruht das Urteil des BGH NJW 1982, 2117 (2119f., 2121) gegen die Brillenselbstabgabestellen der gesetzlichen Krankenkassen.

198) In diesem Sinne jetzt durchaus (insb. für Gemeinden) BVerfG NJW 1982, 2173 (2175); in der Sache auch BGH NJW 1982, 2117; so auch Ossenbühl, Wirkungskreis der Deutschen Bundespost, S.105ff., 111/2, 121f.; vorsichtig i.d.S. auch P.Ulmer, ZHR 146 (1982), S.468 m.w.H.; Stober, ZHR 145 (1981), S.585ff., 589; vorsichtig ders., NJW 1984, 452; Grupp, ZHR 140 (1976), S.380ff.; auch Scholz, Öffentliche und Privatversicherung, S.516, 523; Burmeister, WiR 1972, 344f.; vgl. die Hinweise in Fn.184 des 6.Teils auf das Subsidiaritätsprinzip; dazu sehr weitgehend, die mittelbare Förderung öffentlicher Zwecke durch Gewinne genügen lassend, Klein, Teilnahme, S.143, auch S.81ff.; vgl. auch Püttner, Die öffentlichen Unternehmen, S.200ff.; i.d.S. Böhmer, Sondervotum, NJW 1981, 1263f. Für Gemeinden i.d.S. Wolff, AfK 1963, 166ff., weil die "rein erwerbswirtschaftl. Betätigung" durch die Verpflichtung der Gemeinden, "das Wohl der Einwohner zu fördern", "abgeschnitten" sei (!); weitergehend als der Text schon Berkemann, Staatliche Kapitalbeteiligung, S.135ff.; vgl. auch Janson, Rechtsformen, S.100 ("Gewinnziel" ... "nur im Rahmen der öffentlichen Aufträge"), auch S.337.

5. Kapitel

# DAS PROBLEM MARKTLICHER GLEICHBERECHTIGUNG UND GLEICHHEIT ZWISCHEN STAATS- UND PRIVATUNTERNEHMEN

## I Problemstellung

Dieses Kapitel stellt eine weitere Voraussetzung für die Geltung des § 1 UWG als Staatsrecht, also dessen neutralen/allgemeinen Charakter, in Abrede, nämlich die hinreichende Gleichheit von Staat und Privaten am Markt. Mangelnde Gleichberechtigung oder mangelnde reale Gleichheit schließen es aus, das Verhältnis zwischen dem Staat und den konkurrierenden Privaten dem Wettbewerbsrecht zu unterstellen. Ein Wettbewerb unter ungleichen Bedingungen läßt der benachteiligten Seite keine Chance. Der Staat müßte wiederum in die Rolle eines chancengleichen Mitbewerbers gezwungen werden, d.h. nichts anderes, als daß der Staat seiner Staatlichkeit entkleidet werden muß, damit sein Verhalten wettbewerbsrechtlich nicht gänzlich aus dem Rahmen fällt. Um geeignetes Subjekt des Wettbewerbsrechts zu sein, muß der Staat sich erst dem Wettbewerbsrecht anpassen, sich erst in die Rolle eines Wettbewerbers unter gleichen Wettbewerbern fügen. Dahin gehen die Bemühungen der Praxis und herrschenden Meinung, die damit nichts anderes als die Privatisierung des Staates zu erzwingen suchen, wenn sich dieser in Konkurrenz zu Privaten begibt. Droht diese Privatisierung nicht zu gelingen, wird dem Staat gar die unternehmerische Betätigung ganz untersagt, weil es unlauter erscheint, wenn der Staat in seiner Staatlichkeit, also privilegiert und wirtschaftsstark, zu Privaten, etwa den mittelständischen Optikern, in Konkurrenz tritt[199]. Der Staat müsse, bevor er wie ein Privater an den Markt gehe (das tut er nach der herrschenden Lehre bereits, wenn er den Nachfragern Wahlmöglichkeiten bietet)[200], sich in die typisch private Autonomierealität begebe, sich ent-

---

199) So in der Sache BGH NJW 1982, 2117ff., der den Allgemeinen Ortskrankenkassen die Selbstabgabe von Brillen gestützt auf §1 UWG untersagt hat.

200) Dazu das 1.Kapitel des 2.Teils, S.26ff., insb. 28f.

privilegieren und sich entmachten, wie gesagt, sich entstaatlichen, um vor dem Wettbewerbsrecht als Wettbewerber akzeptiert werden zu können. Das erweist erneut den autonomierechtlichen Charakter des § 1 UWG. Wäre diese Vorschrift neutral, dürfte nicht vom Staat die Entstaatlichung verlangt werden, um ihr angemessen Geltung gegenüber dem Staat verschaffen zu können.

## II Marktgleichheit als Voraussetzung des Wettbewerbsverhältnisses

Das Finanzierungsbeispiel zeigt ein weiteres:
Vorausetzung des Wettbewerbsverhältnisses ist eine spezifische Gleichheit zwischen den Konkurrenten, die Gleichheit in der Relevanz, die das Verhalten der Nachfrager für ihre wirtschaftliche Existenz hat[201]. Das Dreiecksverhältnis zwischen konkurrierenden Anbietern und dem Nachfrager ist notwendige, aber noch nicht ausreichende Bedingung eines Wettbewerbsverhältnisses. Hinzukommen muß die Risikogleichheit am Markt. Erst sie begründet die spezifische Rivalität um Marktanteile. Als Kampf um die Marktanteile setzt das Wettbewerbsverhältnis eine Kampfparität voraus, die jedem der Rivalen die Chance läßt, sich am Markt zu behaupten[202]. Die Kampfparität verlangt nicht nur die Gleichheit der Kampfmittel, die das Recht sichern muß, sei es das staatliche, sei es das private Recht, sondern Kampfkraft jedes Wettbewerbers, die ihn nicht von vornherein den Konkurrenten unterlegen sein läßt[203]. Die Wirtschaftskraft, die im wirtschaftlichen Wettbewerb die Kampfkraft ausmacht, muß in hinreichender Weise

---

201) Vgl. Emmerich, Einführung, S.126 (zum Begriff der Marktmacht); Ramm, Privatrecht, G, S.53f.; Nell-Breuning, F.Böhm, S.468; ebenso Hubmann, W.u.V. 1982, 60;
weitere Hinweise zum Gleichheitsaspekt vor allem in Fn.en 217, 209, 218ff., auch Fn.74 im 2.Teil, aber auch die Hinweise im Folgenden.

202) Bartholomeyczik, AcP 166 (1966), S.30ff., 67ff. zur Waffengleichheit als Prinzip der Privatrechtsordnung; Schmidt-Rimpler, F.Raiser, S.25; auch Landau, Begrenzung, S.106ff.; ganz i.d.S. Schluep, F.Böhm, S.585, 588f.; Nell-Breuning, F.Böhm, S.468 ("Mindestmaß an Machtgleichgewicht"); Zacher, Aufgaben einer Theorie der Wirtschaftsverfassung, S.100; Emmerich, Einführung, S.124, spricht vom "annähernden Marktgleichgewicht"; ders., Wirtschaftsrecht, S.312f.; M.Wolf, Rechtsgeschäftliche Entscheidungsfreiheit, S.193 (zur Waffengleichheit); Baur, Mißbrauch, S.52 m.H.; vgl. dazu Mestmäcker, JZ 1964, 441ff.; ders., AcP 168 (1968), S.246ff., der die Richtigkeit der Verträge nicht allein verfahrensmäßig zu sichern sucht, sondern für den "die bei wirksamem Wettbewerb zu erwartenden Privatrechtsbeziehungen normative Bedeutung gewinnen", a.a.O., S.247; ähnlich will Raiser, Summum ius, S.151ff., 161ff. material-rechtlich mit dem Instrument Institutsmißbrauch der Störung des Gleichgewichts entgegenarbeiten; ders., Vertragsfunktion und Vertragsfreiheit, S.133; skeptisch dazu wegen der "Nachprüfungsmöglichkeit der Gerichte", ... , die "zu weit gehen" könne, Schmidt-Rimpler, F.Raiser, S.25f.
Dazu für Staatsunternehmen Klein, Teilnahme, S.228ff., 232ff., der lediglich ein Privilegierungsverbot (Willkürverbot) aus Art.3 Abs.1 GG für Staatsunternehmen aufstellt; vgl. auch Hefermehl, Wettbewerbsrecht, Allgemeines, Rdn.166, 175, 186 gegen Privilegierung und Diskriminierung von Staatsunternehmen; vgl. auch die Hinweise in Fn.82 des 2.Teils und Fn.en 218ff. dieses Teils.

203) Emmerich, Einführung, S.124; ders., Wirtschaftsrecht, S.312f., Rebe, Privatrecht und Wirtschaftsordnung, S.176, sehr moderat insofern Schmidt-Rimpler, AcP 147 (1941), S.152; ders.; F.Raiser, S.13f., 25 ("Zunächst muß der Machtunterschied eine ziemlich hohe Stärke haben, um den Vertragsmechanismus zerstören zu können"), Schmidt-Rimpler spricht von "Machtkampf"; i.d.S. auch Möschel, ZHR 145 (1981), 591f.; auch Nell-Breuning, F.Böhm, S.468.

gleich sein. Auch das zu gewährleisten ist der Staat bemüht[204]. Darum behindert er Konzentrationsprozesse und verbietet den Mißbrauch von Marktmacht[205], subventioniert aber auch marktschwächere Wettbewerber u.a.m.[206]. Rivalität als das wesentliche Element eines Wettbewerbsverhältnisses setzt somit hinreichend reale Gleichheit am Markt voraus[207].

## III Marktgleichheit als Ziel des Wettbewerbsrechts

Das Wettbewerbsrecht schützt (als einen Weg des Interessenausgleichs) die ökonomischen Grundlagen der freien Selbstbestimmung des Menschen und damit die materiale Voraussetzung relevanter Privatheit, die eben nicht nur die Freiheit, sondern in gewissem Maße auch die effektive, insbesondere die ökonomische Gleichheit voraussetzt. Nicht allein die rechtliche Gleichheit der Rechtsetzungsmacht im Besonderen und im Allgemeinen, sondern auch die hinreichend gleiche außerrechtliche Macht ist Bedingung der Freiheit unter den Menschen als Privaten[208], weil Widersacher der Freiheit nicht allein der Staat ist, sondern anders aber nicht minder die anderen privaten Menschen. Es sind allemal Menschen, privat, als Private verbunden oder zum Staat organisiert, die die Freiheit des anderen bedrohen. Bestimmten Regelungen des Wettbewerbsrechts geht es also um die für eine marktwirtschaftliche 'Richtigkeit' der Verträge erforderliche Gleichheit der Marktteilnehmer in deren (realen) Freiheit[209]. Diese sollen (soweit das insge-

---

204) Nach Klein, Teilnahme, S.228, ist der Staat dazu nicht verpflichtet. Rebe, Privatrecht und Wirtschaftsordnung, S.176f.; weitere Hinw. im Folgenden, insb. auch unter III und IV, S.324ff., 326ff.

205) Böhm, in: Kartelle und Monopole, S.3ff.; Clark, AER 45 (1955), S.450ff.; Hoppmann, JNSt 181 (1967), S.251f.; ders., JNSt 179 (1966), S.299ff.; Mestmäcker, JZ 1964, 441ff.; ders., AcP 168 (1968), S.248ff.; Säcker, Zielkonflikte, S.18ff.; Emmerich, Einf., S.6; w.H. in Fn.57 des 2.Teils.
Zur Behinderung von Konzentration §§23, 24-24b GWB, dazu Emmerich, Einführung, S.167ff. mit Schrifttumsnachweisen, insb. um der realen Freiheit von privater Wirtschaftsmacht willen; zum Verbot des Mißbrauchs von Marktmacht §§22, 26 Abs.2 GWB; dazu Emmerich, Einführung, S.122ff. mit Schrifttumshinweisen; Mestmäcker, Das marktbeherrschende Unternehmen, S.8ff.; ders., JZ 1964, 443; ders., AcP 168 (1968), S.244ff., 251ff.; Baur, Mißbrauch, S.50ff., 146ff.; Schmidt, Kartellverfahrensrecht, passim; zum Kartellverbot §§1, 15, 20 GWB; dazu Emmerich, Einführung, S.35ff. mit Schrifttumshinweisen; zum Ganzen Hefermehl, Wettbewerbsrecht, Allgemeines, Rdn.32, 33; Rebe, Privatrecht und Wirtschaftsordnung, S.176f.; Schmidt, Kartellverfahrensrecht, passim; Baur, Mißbrauch, passim; weitere Hinweise in Fn.57 des 2.Teils.

206) Beispielsweise nach dem Berlin- oder dem ZonenrandförderungsG.

207) Dazu näher mit Hinweisen unter III, S.324ff. und IV, S.326ff.; Emmerich, Einführung, S.124; ders., Wirtschaftsrecht, S.144, 312f.; Hubmann, W.u.V. 1982, 60; in der Sache stellt darauf auch BGH NJW 1982, 2117 (2121) ab, wenn es die Brillenselbstabgabestellen der gesetzlichen Krankenkassen untersagt, weil das den Bestand des Leistungswettbewerbs ernstlich gefährde, weil die privaten Augenoptiker wegen der "ungleichen Marktlage der Gefahr eines ruinösen Wettbewerbs" ausgesetzt seien.

208) Dazu im 1.Kap., I, II, III, im 4.Teil, S.138ff. und dort die Hinweise in Fn.22; Hinweise auch in Fn.202 dieses Teils und in Fn.57 des 2.Teils.
Für das Wirtschaftsrecht von GWB und UWG sieht Scholz, Wirtschaftsaufsicht, S.179f., das Schutzgut zu Recht in der wirtschaftlichen "Chancengleichheit", aber auch in "Chancenfreiheit, -bildung und -nutzung", der "gleichen Wettbewerbsfreiheit".

209) Schmidt-Rimpler, AcP 147 (1941), S.152ff.; ders. (bestätigend), F.Raiser, S.13f., 24, hat die

samt nützlich erscheint[210)]) die Funktionsfähigkeit der Vertragsordnung als der Wirtschaftsordnung freier Wirtschaftssubjekte sichern[211)], den 'gerechten' Interessenausgleich gewährleisten[212)] und dadurch die sonst formale Vertragsordnung für jeden (also allgemein- und damit gemeinwohl-)verträglich machen. Hinreichende ökonomische Gleichheit der Vertragspartner soll ein Diktat des einen Wirtschaftssubjektes über das andere verhindern[213)]. Zugleich soll (insoweit[214)]) die Selbstbestimmbarkeit derselben als der essentiellen Grundlage der Vertragsgeltung überhaupt bewahrt werden[215,216)].

---

Richtigkeitsgewähr des Vertrages zu Recht auf die Fälle begrenzt, in denen das hinreichende Machtgleichgewicht besteht und sonst hoheitliche Modifizierung des Vertrages oder der Machtlage gefordert; von beiden Instrumenten macht das Wettbewerbsrecht Gebrauch. Emmerich, Einführung, S.124; ders., Wirtschaftsrecht, S.312f. im Interesse der Funktionsfähigkeit des Vertragsmechanismus; Ramm, Privatrecht, G, S.53f.; auf diesen Aspekt weist auch Maihofer, Rechtsstaat und menschliche Würde, S.72ff., unter Bezug auf Kants Erkenntnis des menschlichen Antagonismus, Idee, S.37, 39f., hin; ganz in diesem Sinne auch Scholz, Wirtschaftsaufsicht, S.179f. ("Sicherung der wirtschaftlichen Chancengleichheit"). Hinweise auch in Fn.202 dieses Teils und Fn.57 des 2.Teils.

210) Das Gesetz geht (zunehmend) auch den anderen Weg hoheitlicher Gestaltung, etwa bei der Mißbrauchsaufsicht, in welcher Rechtstechnik auch immer (dazu K.Schmidt, Kartellverfahrensrecht, passim), weil es etwa Marktmacht und damit die Kampfparität zu untergraben zuläßt.

211) Mestmäcker, ZHR 137 (1973), S.101; ders., AcP 168 (1968), S.248ff., u.ö.; Raiser, etwa Summum ius, S.151ff., 161ff., der den materialen Institutsmißbrauch als Instrument der Machtkontrolle hinzufügt, weil er der Richtigkeitsgewähr des Vertrages nicht traut; auch Koch, F.Böhm, S.269ff.; dazu vor allem Rebe, Privatrecht und Wirtschaftsordnung, S.165ff., 170, 176ff., 177 (explizit freilich als "dezentrale Planungsträger"). Dazu das 2.Kap., II, im 8.Teil, S.385ff.

212) Scmidt-Rimpler, AcP 147 (1941), S.152; ders., F.Raiser, S.130; ihm schließt sich vorsichtig auch an Koppensteiner, Wettbewerbsrecht, S.2f., 8; dazu kritisch m.w.H. Baur, Mißbrauch, S.61ff.; dazu Rebe, Privatrecht und Wirtschaftsordnung, S.173, 176; M.Wolf, Rechtsgeschäftliche Entscheidungsfreiheit und vertraglicher Interessenausgleich, 1970; weitere Hinweise in Fn.282.

213) Flume, Das Rechtsgeschäft, S.10; Emmerich, Einführung, S.6f.; ders., Wirtschaftsrecht, S.312; Rebe, Privatrecht und Wirtschaftsordnung, S.176f.; vgl. die Hinweise auf die Entmachtungsfunktion des Wettbewerbs in Fn.57 im 2.Teil.

214) Die Alternative ist die hoheitliche Gestaltung der privaten Rechtsverhältnisse (ex lege oder kraft Verfahren).

215) Flume, Das Rechtsgeschäft, S.5f., 6ff.; ders., Rechtsgeschäft und Privatautonomie, S.135ff.; Raiser, Vertragsfunktion und Vertragsfreiheit, S.119; Mestmäcker, AcP 168 (1968), S.240; darauf stützt Schmidt-Rimpler, F.Raiser, S.8f., 17ff. seine Vertragstheorie auch, jedenfalls deren Überlegenheit gegenüber hoheitlicher Gestaltung; Emmerich, Wirtschaftsrecht, S.134ff., 312; Rebe, Privatrecht und Wirtschaftsordnung, S.174; dazu kritisch Baur, Mißbrauch, S.60ff., der auch gesamtwirtschaftliche Nützlichkeit als Grundlage genügen läßt und auf das positive Recht abstellt (insb. in Auseinandersetzung mit Ballerstedt, Grundrechte III 1, S.1ff.; ders., Recht und Wirtschaft, S.29ff.); gegen die Konsenstheorie i.S. des Objektivismus etwa tiefgehend Marcic, Rechtsphilosophie, S.212. Weitere Hinweise in Fn.297 dieses Teils und Fn.112 im 4.Teil.

216) Der Schutzzweck der Funktionsfähigkeit der Vertragsordnung macht diese selbst nicht zum Tatbestand der Generalklauseln des Wettbewerbsrechts, so aber Rebe, Privatrecht und Wirtschaftsordnung, insb. S.162ff., vgl. dazu m.w.H. im 2.Kap., II, des 8.Teils, S.385ff.
Derartig determinierte Modelle bezeichnet Koch, F.Böhm, S.274, als unfreiheitlich, Hoppmann, in: Wettbewerb als Aufgabe, S.91, als paradox ("Es ist paradox, wenn man vollkommene Konkurrenz mit der Begründung, man wolle die Wettbewerbsfreiheit sichern, fordert"); gegen einen so verstandenen Institutsschutz des Wettbewerbs klar Scholz, Wirtschaftsaufsicht, S.24ff., 27f., u.ö.; dafür Raiser, Summum ius, S.151ff. (Institutsmißbrauch); auch Mestmäcker, JZ 1964, 441ff.; ders., AcP 168 (1968), S.247 (normative Wirkung wettbewerbsgemäßer Rechtsbeziehungen).

## IV Marktangleichung von Staats- und Privatunternehmen als Aufgabe des Wettbewerbsrechts?

1. Das Wettbewerbsrecht auf staatliches Verhalten in der Wirtschaft anzuwenden, verheißt den Konflikt zwischen staatlicher und privater Wirtschaft zu besänftigen. Damit wird versucht, dem Staat Vorrechte und Vormacht vor den privaten "Konkurrenten" zu verwehren, dem privaten Unternehmer Schutz vor dem übermächtigen staatlichen Konkurrenten zu geben, den staatlichen Unternehmern bis hin zur 'Chancengleichheit' zu entmachten[217].

2. Wenn der Staat sich wie ein Privater verhalte, müsse auch das Recht gelten, das die Privaten binde, vor allem das Wettbewerbsrecht[218]. Umgekehrt müsse sich der Staat als Unternehmer wie die Privaten, denen er sich ja gleich mache, auch zu seinem Schutz auf das Privatrecht, vor allem wiederum auf das Wettbewerbsrecht, berufen können[219]. In beiden Richtungen setze sich das Gleichbehandlungsprinzip durch[220]. Die Gleichheit zwischen dem Staat als einem Quasi-Pri-

---

217) Das ist das maßgebende Motiv für die wettbewerbsrechtliche Einbindung des Staates durch die h.M.; vgl. Mestmäcker, AcP 168 (1968), S.240 (sehr allgemein: "Läßt die Verfassung ein Unternehmen zum Wettbewerb überhaupt zu, so läßt sich die Aufgabe des Machtausgleichs und der Machtkontrolle nur noch im System des Wettbewerbsrechts lösen"); Emmerich, Wirtschaftsrecht, S.144ff.; ders., UWG 1982, S.25, 27; Hefermehl, Wettbewerbsrecht, Allgemeines, Rdn.166, 175; Schricker, Wirtschaftliche Tätigkeit, S.137; auch Klein, Teilnahme, S.247, 249; Hubmann, W.u.V. 1982, 52ff. mit interessenbezogener Maßstabsbestimmung; Hoffmann-Becking, F.Wolff, S.456; insb. P.Ulmer, ZHR 146 (1982), S.485ff. mit weiteren Hinweisen für die Maßstabsveränderung im Rahmen der wettbewerbsrechtlichen Generalklauseln, S.490: "Verschärfung" oder "Privilegierung"; schon Frentzel, Bestätigung, S.25; mit dieser Tendenz BVerwGE 39, 329 (337).

218) Insb. BGHZ 37, 1 (15ff.); vgl. das wörtliche Zitat in Fn.2 des 2.Teils; ganz so auch BVerwGE 39, 329 (337); BVerfGE 27, 364 (374) deutlich, aber in anderem Zusammenhang (5:3 Entscheidung); vgl. für Haftungsfragen RGZ 17, 105 (106f.); 51, 219 (220f.); 71, 44 (46). Schon O.Mayer, Deutsches Verwrecht II, 3.Aufl. 1924, S.327 in Fn.8. Emmerich, Wirtschaftsrecht, S.144ff.; ders., in: Mestmäcker/Immenga, Rdn.38 zu §98 GWB; ders., UWG 1982, S.25, 27; Klein, Teilnahme, S.249f.; Schricker, Wirtschaftliche Tätigkeit, S.201; Ulmer-Reimer, Unlauterer Wettbewerb, Rdn.75, S.50f. (gegen Maßstabsveränderung, anders jedoch bei "überwiegendem", "dringendem" öffentlichen Interesse, a.a.O., Rdn.78, S.53f.; Hefermehl, Wettbewerbsrecht, Allgemeines, Rdn.166, 175ff., 186. Der Satz wird in concreto nicht durchgehalten, etwa Ulmer, ZHR 146 (1982), S.485ff. m.w.H. mit unpräziser Maßstabsdifferenzierung; Hubmann, W.u.V. 1982, 42, 52f. m.H. in Fn.77 (interessenbezogene Maßstabmodifizierung); auch Püttner, Die öffentlichen Unternehmen, S.374; kritisch Pestalozza, Formenmißbrauch, S.176ff.; sehr kritisch auch Rittner, Wirtschaftsrecht, S.174, 179, 197, auch S.301ff., der jedoch zur hier gezogenen Konsequenz (noch) nicht findet; Badura, ZHR 146 (1982), S.452 stellt klar, daß "die öffentliche Hand als Unternehmer nicht in den Sektor der Privatwirtschaft übertrete", spricht aber von "Wettbewerbshandlungen" (a.a.O., S.461) und wendet sich gegen eine Modifizierung des Privatrechts wegen der öffentlichen Interessen (a.a.O., S.458); dazu weitere Hinweise in Fn.217, Fn.en 213, 214 im 6.Teil, dazu auch im 8.Kap., S.357ff.; auch Emmerich, u.a. UWG 1982, S.27 verlangt gesetzliche Privilegierung; ihm schließt sich an Vollmar, Rechtsweg und Maßstab, S.164ff., 168. Zum Gleichheitsprinzip im Wettbewerbswesen vgl. die Fn.en 201, 209.

219) BGHZ 37, 1 (15ff.); BGH GRUR 62, 470 (475); BVerwGE 39, 329 (337); BVerfGE 27, 364 (374) allgemein i.d.S.; Hefermehl, Wettbewerbsrecht, Allgemeines, Rdn.175ff., 186 (paritätische Stellung); Ulmer-Reimer, Unlauterer Wettbewerb, Rdn.75, S.50f.; Klein, Teilnahme, S.250; Emmerich, Wirtschaftsrecht, S.144; ders., UWG 1982, S.27; vgl. die Hinweise in Fn.82 des 2.Teils und auch in Fn.en 218, 266, 267 dieses Teils.

220) Der Sache nach Emmerich, Wirtschaftsrecht, S.144; auch Badura, ZHR 146 (1982), S.458; sehr skeptisch demgegenüber Rittner, Wirtschaftsrecht, S.174, 179, 197, auch S.301ff.; nicht unkritisch Reich, Markt und Recht, S.139f.

vaten und den Privaten und der Geltungsgrund des Gleichheitssatzes in diesem Verhältnis müßte allerdings für diese Gleichbehandlung dargetan werden. Im Gegenteil wird die prinzipelle Besonderheit des Staates gegenüber den Privaten regelmäßig eingeräumt[221)]. Weil es jedoch dem Staat verboten ist, sich in die Rolle eines Privaten zu begeben, sich den Privaten gleichzumachen, verliert der Gleichheitssatz von vornherein seine Wirkung. Das Verbot folgt aus dem uneingeschränkten Willkürverbot für den Staat[222)], während gerade das (äußere) Recht zur Willkür das Wesen des Privaten ausmacht[223)].

3. Das staatsrechtliche Willkürverbot folgt aus den in der Demokratie unverzichtbaren Prinzipien der staatlichen Gleichbehandlung und der Sachlichkeit[224)]. Rechtslogisch wäre es nicht ausgeschlossen, dem Staat Verhaltensspielräume zu geben, die er nach Belieben gestalten darf. Ein solches Recht zur Beliebigkeit müßte wie das der Privaten Mißbrauchsgrenzen haben. Die Disziplinierung staatlichen beliebigen Verhaltens könnte nach demselben Modell erfolgen, das für die private Wirtschaft im Wettbewerbsrecht vorgegeben ist. Aus der Beurteilung staatlichen Verhaltens nach dem öffentlichen Recht folgt somit nicht zwingend, daß dem Staat bei seiner wirtschaftlichen Betätigung nicht disziplinierungsbedürftige Entscheidungsspielräume verbleiben, die vom öffentlichen Recht nicht mehr zufriedenstellend geregelt sind. Für deren normative Erfassung nicht auf die 'Rechtsform' des staatlichen Verhaltens abzustellen, sondern, wenn es um die Anwendung des Wettbewerbsrechts geht, allein auf die Wettbewerblichkeit desselben, ist nicht ohne Konsequenz[225)].

4. Die Verfassungsentscheidungen gegen jede staatliche Willkür und gegen eine

---

221) Mallmann, VVDStRL 19 (1961), S.197; Bachof, VVDStRL 19 (1961), S.259f., der die wirtschaftliche Macht der staatlichen Unternehmen "primär auf dessen Steuerpotenz" zurückführt; Dürig, Maunz/Dürig/Herzog/Scholz, Rdn.501 zu Art.3 Abs.1 GG, Rdn.45, 46 zu Art.19 Abs.3 GG; Schricker, Wirtschaftliche Tätigkeit, S.47ff. im Grundsatz; Rüfner, Formen, S.397f.; KLein, Teilnahme, S.231f.; Emmerich, Wirtschaftsrecht, S.144, 147; Grupp, ZHR 140 (1976), S.382; Hoffmann-Becking, F.Wolff, S.456; P.Ulmer, ZHR 146 (1982), S.485ff.; Badura, ZHR 146 (1982), S.452 (vgl. Fn.218); weitere Hinweise in Fn.169 im 5.Teil. In der Sache wie hier Burmeister, WiR 1972, 344 (wegen "spezifisch öffentlicher Zweckbindung" "qualitativ" keine "reine Privatwirtschaft"; deutlich wegen der politischen Staatsaufgaben Rittner, Wirtschaftsrecht, S.174, 179, 197, 391ff.; so auch (um Details bemüht) Stober, NJW 1984, 454f.

222) Hesse, Verfassungsrecht, S.177f. mit Hinweisen; zum Willkürverbot BVerfGE 18, 38 (46); 20, 31 (33); 21, 6 (9); 25, 101 (105); 27, 364 (371f.); st. Rspr.

223) Hinweise in Fn.20 im 2.Kap. des 1. Teils; klar etwa Hesse, Verfassungsrecht, S.144; richtig auch Rüfner, Formen, S.401.

224) Dazu Hesse, Verfassungsrecht, S.177f.; Rechtsprechungshinweise in Fn.222; zum Sachlichkeitsprinzip Hinweise in Fn.en 31, 32 im 6.Teil. Die Herleitung des Willkürverbots aus Art.3 Abs.1 GG ist problematisch, weniger das Verbot selbst, wohl aber eine zu weitgehende Judiziabilität sog. gesetzesgeberischer Willkür.

225) So die wettbewerbsrechtliche Neutralitätsthese, insb. Scholz, ZHR 132 (1969), S.97ff., insb. S.131ff., dazu im 2.Teil das 9.Kap., S.80ff.; dem schließt sich an P.Ulmer, ZHR 146 (1982), S.479, explizit nur in der Rechtswegfrage, in der Sache aber mit seinem Topos 'Wettbewerbsrecht ist Marktverhaltensrecht', a.a.O., S.474ff., u.ö.; weitere Hinweise auf diese Theorie in Fn.316 im 2.Teil.

Privatautonomie des Staates[226] stehen der Anwendung des Wettbewerbsrechts jedoch entgegen, weil dies das Recht zur Willkür, die rechtliche Privatautonomie, essentiell voraussetzt[227]. Es überrascht nicht, daß das Disziplinierungsbedürfnis staatlichen Verhaltens die wesentliche Triebfeder ist, das Wettbewerbsrecht bei staatlicher Beteiligung an der Wirtschaft zu aktivieren[228]. Es wird befürchtet, die öffentlich-rechtlichen Reglementierungen leisten diese Disziplinierung nicht hinreichend, aber auch nicht in erwünschtem Maße gleichheitlich[229]. Diese Befürchtung hat nur deswegen einen realen Hintergrund, weil der Staat sich in vielen Wirtschaftsbereichen wie ein Privater verhält, obwohl er dazu nicht berechtigt ist. Mit der Berechtigung zur unternehmerischen Betätigung des Staates muß eine hinreichende Kontrolle staatlichen Wirtschaftens nach staatsrechtlichen Maßstäben verbunden sein. So privat wie der Staat sich seit langem unter dem Schutz einfachen Rechts unternehmerisch betätigt, kann disziplinierende Wirkung nur vom Privatrecht, insbesondere vom Wettbewerbsrecht, erwartet werden. Daß auch dieses Recht gegenüber dem 'privaten' Staat wegen der unvermeidlichen Besonderheit der Staatsunternehmen weitestgehend versagt, so daß ein privatrechtliches Sonderrecht für den Staat entwickelt werden müßte, zeigen die wettbewerbsrechtlichen Abhandlungen dieses Problems[230] und die Schwierigkeiten der Rechtssprechung mit dem 'Wettbewerber' Staat.

---

226) Hinweise in Fn.59 im 2.Teil; insb. deutlich jetzt BVerfG NJW 1982, 2173ff., 2175; dazu im 6.Teil, 4.Kap., V, S.270ff. mit Hinweisen.

227) Dazu näher im 2.Teil das 2.Kap., II 1, S.38f. mit Fn.53, in diesem Teil, 1.Kap., I, S.282ff. mit Hinweisen in Fn.en 10ff.; etwa für viele Koppensteiner, Wettbewerbsrecht, S.6ff., 489f., 493.

228) Emmerich, Wirtschaftsrecht, S.144ff.; Mestmäcker, Betrieb 1968, 788; ders., ganz allgemein AcP 168 (1968), S.240; weitere Hinweise in Fn.217.

229) Emmerich, Wirtschaftsrecht, S.144, insb. weil die Fiskalgeltung der Grundrechte "schon aus praktischen Gründen bei der erwerbswirtschaftlichen Betätigung des Staates" ausscheide, dazu 1.Teil, 3.Kap., S.17ff. mit Fn.en 55ff.

230) Emmerich, Wirtschaftsrecht, S.144ff., der auf Staatsunternehmen "strengere" Maßstäbe "früher" anwenden will; Klein, Teilnahme, S.242ff., 248f., 250f., der wegen der öffentlichen Interessen (in Anlehnung an Schricker) eine Freistellung von Regeln des Wettbewerbsrechts zuläßt, aber auch "allenfalls ein Mehr, nicht aber ein Weniger an Bindung" (sc. an wettbewerbsrechtlichen Prinzipien) für ratsam hält (a.a.O., S.249), unschärfer kann ein Maßstab kaum sein; ähnlich Hoffmann-Becking, F. Wolff, S.456; Dürig, Maunz/Dürig/Herzog/Scholz, Rdn.500ff. zu Art.3 Abs.1 GG; auch Hefermehl, Wettbewerbsrecht, Allgemeines, Rdn.175 m.H. verlangt, "daß die öffentliche Hand ihre erwerbswirtschaftlichen Interessen im Wettbewerb maßvoll (bei H. gesperrt) verfolgt"; ganz in diesem Sinne P.Ulmer, ZHR 146 (1982), S.485ff. ("Verschärfung" oder "Privilegierung") m.w.H.; Hubmann, W.u.V. 1982, 42, 52f.; weitere Hinweise in Fn.en 218ff.. Zu nennen sind auch die Autoren, die ein besonderes, vermeintlich öffentlich-rechtliches Wettbewerbsrecht für den Staat behaupten, wie etwa Schricker, Wirtschaftliche Tätigkeit, S.132ff., 168ff.; Scholz, ZHR 132 (1969), S.131ff., für den das Wettbewerbsrecht als "allgemeines" Recht hinter jeweiligem "besonderen" Zweckrecht zurückzutreten hat; so auch Püttner, Die öffentlichen Unternehmen, S.371ff., 373; Grupp, ZHR 140 (1976), S.382; Mestmäcker, NJW 1969, 3; zur Überlagerungstheorie Hinweise in Fn.57 des 1.Teils.

## V Unüberwindliche rechtliche Ungleichheit zwischen dem Staat und Privaten als Unternehmern

1. Prinzipiell verkennt die Kategorie Gleichheit zwischen dem Staat und den Menschen das Wesen des Staates, auch als Wirtschaftssubjekt[231]. Der Staat hat die rechtlich begrenzte Macht, die ihm die Verfassung gibt oder zu geben zuläßt[232]. Diese Macht ist nicht spezifisch ökonomisch begründet, obwohl sie derart gestützt ist und sein darf, sondern durch die Gesetze. Marktmacht ist keine Kategorie des Staatlichen, sondern eine des Privaten. Prinzipiell kann die Organisation der Privaten als der Besonderen für deren gemeinsames Allgemeines[233] nicht auch privat sein. Sie müßte dann in irgendeiner anderen Weise als gerade durch ihre Allgemeinheit besonders sein. Teilnahme des Staates als Besonderer am Markt verfälscht seine allgemeine Funktion, verselbständigt ihn gegenüber seinen Trägern, den privaten Deutschen, und geht über seine demokratische und damit gesetzlich begründete Existenz hinaus[234]. Private Macht kann den Staat in seinen Möglichkeiten nicht beeinträchtigen, solange er die rechtliche Überlegenheit wahrt. Weil der Staat nicht frei ist[235], kann er auch keine Freiheitseinbuße erleiden. 'Unregierbar' droht der Staat nur zu werden, wenn private Macht von Staatserheblichkeit" (i.S. H.Krügers[236]) für ihn unüberwindlich rechtlich gesichert ist. Zu einer derartigen Rechtsmacht wird die Tarifautonomie der Gewerkschaften und Arbeitgeber (Verbände), solange diese staatlich/gesetzlich uneinschränkbar Wirtschaftsdaten setzen dürfen, die dem Staat eine gesamtwirtschaftliche Gleichgewichtspolitik unmöglich machen können. Weil eine solche "Teilsouveränität" diesen privaten Verbänden wegen Art. 20 Abs. 2 S. 1 GG nicht zugestanden werden darf[237], ist imperative Lohnpolitik des Staates genauso er-

---

231) Vgl. die Hinweise in Fn.169 im 5.Teil und Fn.82 im 2.Teil; insb. Zeidler, VVDStRL 19 (1961), S.229; Mallmann, daselbst, S.197; Krüger, ZBR 1979, 157ff.; Burmeister, WiR 1972, 341 m.H. in Fn.77; Rüfner, Formen, S.355ff.; das ist der Ansatz bei Naendrup, Haftungsbeschränkung, etwa S.74ff. und passim, auf den er seine -richtige- These stützt, aus den privatrechtlichen Rechtsformen für staatliche Unternehmen dürfe keine Haftungsbeschränkung für diese hergeleitet werden; der Sache nach auch die Vertreter von Sondermaßstäben für "wettbewerbliche" Staatsunternehmen, Hinw. in Fn.en 218ff.; insb. P.Ulmer, ZHR 146 (1982), S.485ff. m.w.H.
Anders insb. BVerfGE 27, 364 (374); BVerwGE 39, 329 (333, 337).

232) Dazu das 1.Kap., II 1,4, III, S.237f., 239f., 242ff., 2.Kap. im 6.Teil, S.247ff., auch 4.Kap., V, S.270ff. im 6.Teil; Hinw. in den Fn.en 15, 20, 142, 143, 145 im 6.Teil.

233) Zu dieser Definition des Staates vgl. die Hinweise in Fn.142 des 6.Teils.

234) Dazu im 4.Kap., V, S.270ff. des 6.Teils mit Hinweisen; zur ultra-vires-Lehre die Hinweise in Fn.74 des 1.Teils.

235) Hinweise in Fn.59 im 2.Teil, Fn.en 132, 161 im 6.Teil, auch Fn.en 60-63 im 1.Teil; dazu im 4.Kap., V, des 6.Teils, S.270ff. m.Hinw.; so in der Sache jetzt BVerfG NJW 1982, 2173 (2175); anders tendenziell BVerfGE 27, 364 (374).

236) Sinn und Grenzen, S.26ff., 30ff., 59; ders. in: Planung V, S.19ff., 24f., 46; dazu Hinweise bei Schachtschneider, Der Staat 16 (1977), S.509 in Fn.79.

237) Schachtschneider, Der Staat 16 (1977), S.512 mit Hinweisen in Fn.94; vgl. auch warnend Scholz, Koalitionsfreiheit, S.164f. mit weiteren Hinweisen.

laubt und gegebenenfalls geboten wie imperative Preispolitik[238].

2. Auch als Unternehmer ist der Staat mächtig. Das ist legitim. Ihn in die von der staatlichen Wirtschaftsordnung bezweckte Markt- und Machtlage von privaten Unternehmern drängen zu wollen[239], verkennt die Staatlichkeit der staatlichen Unternehmen und dehnt den Zweck des Wettbewerbsrechts, private, die Freiheit bedrohende wirtschaftliche Macht zu verhindern oder wenigstens zu behindern[240], inadäquat auf den Staat aus[241]. Es ist kein legitimes staatsrechtliches Unterfangen, den Staat in eine Machtschwäche hineinzumanövrieren, die den Privaten im Wettbewerb mit dem Staat eine Chance gibt, dem Staat überlegen zu sein. Anliegen des Rechtsstaates ist nicht etwa die Ohnmacht des Staates, sondern die rechtlich disziplinierende Macht[242], die vor allem die Freiheitsrechte der Privaten respektiert. Die Gewaltenteilung als Machtbeschränkung der verschiedenen Staatsgewalten dient dieser freiheitssichernden Disziplinierung[243]. Prinzipiell hat der Staat das Gewaltmonopol, gerade um ihm die jeden Kampf ausschließende und dadurch den Frieden sichernde Macht über die Privaten zu geben[244]. Diese Argumentation mit elementarsten Prinzipien der Staatlichkeit legt freilich zugrunde, daß der Staat niemals Privater ist und damit niemals in die Situation eines Privaten gedrängt werden darf. Die Macht des Staates ist für die Menschen nur erträglich, weil und wenn sie strikt rechtsgebunden ist, wenn und weil die Gewalt

---

238) Schachtschneider, Der Staat 16 (1977), S.493ff. mit Hinweisen zur (verfassungsrechtlich nicht haltbaren, a.a.O., S.512 mit Fn.99) Delegationstheorie, S.509ff. mit Fn.en 82, 83, 85 a.a.O., und zu den Grenzen der Tarifautonomie, a.a.O., S.504ff. mit Hinweisen. Gegen "Tarifzensur" (dogmatisch nicht recht klar) Fuchs, Handbuch, S.750f.. Eher vorsichtig zur gesamtwirtschaftlichen Verantwortung des Staates, Papier, Handbuch, S.617f.

239) Vgl. die Hinweise in Fn.57 im 2.Teil; insb. Rüfner, Formen, S.185; Schricker, Wirtschaftliche Tätigkeit, S.132ff.; Püttner, GRUR 1964, S.359ff., 361ff.; Hefermehl, Wettbewerbsrecht, Allgemeines, Rdn.166, 175ff., 186; Dürig, Maunz/Dürig/Herzog/Scholz, Rdn.500ff. zu Art.9 Abs.1 GG; Hoffmann-Becking, F.Wolff, S.456; P.Ulmer, ZHR 146 (1982), S.485ff. m.w.H. insb. in Fn.101 durch Maßstabsverschärfung, wenn nicht öffentliche Interessen entgegenstehen.
Krüger, Allgemeine Staatslehre, S.606f. betont zu Recht die wirtschaftspolitische Aufgabe auch staatsunternehmerischer Betätigung; auch Grupp, ZHR 140 (1976), S.382 will die Staatsunternehmen durch staatliches Sonderrecht besonders binden, nicht durch unspezifische Maßstabsverschärfung; ähnlich Mestmäcker, NJW 1969, 3 i.S. des Vorrangs speziellen öffentlichen Rechts; auch Scholz, ZHR 132 (1969), S.132ff.; zur Überlagerungstheorie weitere Hinweise in Fn.57 des 1.Teils.

240) Dazu Hinweise vor allem in Fn.57 des 2.Teils.

241) Vgl. Burmeister, WiR 1972, 323 m.H. in Fn.23, der vor der materiellen Gleichstellung warnt, die der formellen zu folgen droht, auch S.341 a.a.O.

242) Kant, Metaphysik der Sitten, S.431ff.; ders., Zum ewigen Frieden, S.204f.; Maunz, Maunz/Dürig/Herzog/Scholz, Rdn.59 zu Art.20 GG; Schachtschneider, JA 1978, 185 sub A, S.188 sub D; Scholz, NJW 1973, 705ff.

243) Kant, Metaphysik der Sitten, S.431ff.; vgl. Art.16 der Erklärung der Menschen- und Bürgerrechte der französischen Nationalversammlung vom 26.August 1789; BVerfGE 9, 268 (279); 22, 106 (111); Schachtschneider, JA 1978, 189, für viele.

244) Krüger, Allgemeine Staatslehre, etwa S.582, 613 (Verhältnis Staat zu Wirtschaft); Merten, Rechtsstaat und Gewaltenmonopol, passim; ders., F.f.Samper, 40ff.; i.d.S. auch Mestmäcker, F.Böhm, S.394ff., 399; Schachtschneider, JA 1978, 185; Scholz, Rechtsfrieden im Rechtsstaat, NJW 1983, 705ff.; für viele. Isensee, F.f.Eichenberger, S.24ff.; Kriele, Handbuch, S.136f.

des Staates vom Volke ausgeht, demokratisch legitimiert ist. Die Macht von Menschen über andere Menschen wird unerträglich, wenn sie zur unüberwindlichen Fremdbestimmung führt. Privater Gewaltausübung kann im Gegensatz zur staatlichen nur die prinzipielle Ohnmacht der Menschen gegeneinander vorbeugen, weil das menschliche Verhalten ohne Aufgabe des Freiheitsprinzips nicht gänzlich rechtlich determinierbar ist[245)].

3. Der Tatbestand 'Wirtschaftsverwaltung' schließt es aus, konkurrierende Verhaltensweisen von Staat und Wirtschaft als Wettbewerbsverhältnis einzustufen[246)]. Die Rechtsprechung hat zwar amtliches Verhalten aus dem Anwendungsbereich des Wettbewerbsrechts ausgeklammert[247)], das aber von dem hier kritisierten Ansatzpunkt her relativiert[248)]. Wenn Gleichordnung am Markt und Rivalität der Anbieter bestehen, mag das Kriterium der Nachfragerwahlfreiheit richtig und nützlich sein, um die Wettbewerblichkeit bestimmen zu können. Die Freiheit und Möglichkeit des Nachfragers, den Geschäftspartner unter Anbietern zu wählen, darf jedoch nicht durch Reduktion der Komplexität des Rechtsbegriffs des Wettbewerbs zum ausschließlichen Kriterium für das Wettbewerbsverhältnis werden. Dieser Reduktionsgefahr ist auch R. Scholz erlegen[249)]. Seine Konsequenz ist, daß auf staatliche Verwaltung nunmehr primär "besonderes" Staatsrecht (das Recht der jeweiligen "Zweckkompetenz") und sekundär "allgemeines" Wettbewerbsrecht anzuwenden sein soll[250)]. Dabei sei hier nur am Rande darauf hingewiesen, daß der Maßstab des § 1 UWG, der der "guten Sitten", nicht für die Beurteilung staatlichen Verhaltens passen will[251)], schon gar nicht administrativen Verhaltens des Staates

---

245) Dazu im 8.Teil das 2.Kap., II 2c, S.387f. mit Hinweisen.

246) Das räumt prinzipiell auch Scholz, ZHR 132 (1969), S.131ff., ein, der jedoch das Wettbewerbsrecht soweit gelten läßt, als dem staatl. Unternehmer Gestaltungsmöglichkeiten (zum "Wie") im Rahmen seiner Kompetenz (dem "Ob") verblieben sind, die er bei der erwerbswirtschaftl. Tätigkeit (Fiskus) nicht als enger einschätzt als die des priv. Unternehmens (S.136f. a.a.O.); vorsichtig schon Vogel, Öffentl. Wirtschaftseinheiten, S.238f. (erwerbswirtschaftl. Staatstätigkeit primär nicht privatwirtschaftl. Wettbewerb, sondern Verwaltung); ähnlich und vorsichtig Püttner, Die öffentl. Unternehmen, S.371f. Es soll niemandem unterstellt werden, daß er in der Alternativität staatl. Investitionshilfe und priv. Finanzierungsmöglichkeit ein Wettbewerbsverhältnis im Sinne des Wettbewerbsrechts sieht, weil der administrative Charakter der staatl. Ingerenz allzu augenfällig und dominierend ist. Das Beisp. sub III des 3.Kap., S.306ff. soll die Reduktion der Kriterien eines Wettbewerbsverhältnisses gerade dadurch in Frage stellen, daß es die reduzierten Kriterien erfüllt und dennoch nicht als Wettbewerbsverhältnis eingestuft werden kann.

247) Hinweise in Fn.en 72, auch 317, 319, 320 im 2.Teil, Fn.61 des 2. Teils; dazu auch im 1.Kap. des 2.Teils m.H., S.26ff.

248) So die praktizierte Doppelqualifikation, vgl. Fn.319 im 2.Teil.
Das hebt der Sache nach Scholz, NJW 1978, 16f., hervor, der selbst noch weiter geht (Neutralitätsthese), dazu die Hinweise in Fn.316 des 2.Teils; Scholz, ZHR 132 (1969), S.121ff.; tendenziell auch Püttner, Die öffentlichen Unternehmen, S.371ff.; dem folgt auch P.Ulmer, ZHR 146 (1982), S.477ff.

249) Dazu das 9.Kap. im 2.Teil, S.80ff.; auch Mestmäcker, NJW 1969, S.3; u.a.

250) ZHR 132 (1969), S.104, 132, 135; dazu das 9.Kap., II 1b im 2.Teil, S.83; vgl. auch die Hinweise in Fn.57 im 1.Teil zur Überlagerungstheorie; so auch Mestmäcker, NJW 1969, 3; Grupp, ZHR 140 (1976), S.382.

251) Dazu der 8.Teil, insb. im 5.Kap., S.438ff.

Scholz meint allerdings - mit vielen anderen - der Maßstab der "guten Sitten" sei ein die gesamte Rechtsordnung überlagerndes Prinzip[252]. Es wird nachzuweisen sein, daß administratives Verhalten des Staates gegenüber der Wirtschaft in keinem Fall Wettbewerbsverhältnisse zwischen dem Staat und den privaten Unternehmern hervorbringt und daß prinzipiell alles Verhalten des Staates in der Wirtschaft Administration derselben ist[253]. Nur wenn der Staat sich im eigentlichen Sinne privat verhält, kann er an einem Wettbewerbsverhältnis beteiligt sein. Die praktische Rechtfertigung der Rechtsprechung und herrschenden Lehre[254] findet sich in der einfach-gesetzlich gestützten Praxis der unternehmerischen Privatheit des Staates[255]. Das führt wieder auf die Grundsatzfrage zurück, ob der Staat sich unter dem Grundgesetz wie ein Privater verhalten dürfe. Nur eine Betrachtung, die den Rechtsträger aus dem Blick läßt, kann - im Einzelfall - eine Übereinstimmung staatlicher und privater Verhaltenszwecke feststellen. Die Gesamtschau muß den wesentlichen Unterschied jeweils darin sehen, daß das Verhalten wesensverschiedener Rechtspersonen jeweils eine diesem Wesensunterschied entsprechende Bewertung verlangt.

4. Bund, Länder und Gemeinden haben jeweils andere rechtliche, insbesondere gesetzgeberische Möglichkeiten zur Förderung der Staats- und Gemeindeunternehmen[256]. Administrativ verfügen auch die Kommunen über erhebliche Rechtsmacht, die eigenen Unternehmen zu fördern[257], insbesondere durch bevorzugte Vergabe staatlicher Aufträge an öffentliche Unternehmen[258]. Das Wirtschaftsaufsichtsrecht kennt weite Einschätzungs-, Beurteilungs- und Ermessensspielräume, die im Interesse der staatlichen Unternehmen zu praktizieren nicht einmal sachwidrig und damit rechtswidrig sein muß[259]. Die rechtlichen Ingerenzmöglichkeiten

---

252) Scholz, ZHR 132 (1969), S.112; Schricker, Wirtschaftliche Tätigkeit, S.127ff., 132ff.; Püttner, GRUR 1964, 362; ders., Energieversorgung, S.210; ders., Die öffentlichen Unternehmen, S.371ff., 373; Klein, Teilnahme, S.245; Forsthoff, Verwaltungsrecht, S.167; vgl. auch Huber, Wirtschaftsverwaltungsrecht Bd.2, S.742; Hinweise auch in Fn.359 des 2.Teils und im 5.Kap. des 8. Teils.

253) Dazu das 8.Kap., S.357ff. mit Hinweisen; vgl. auch die Hinweise in Fn.130; wie hier vor allem Krüger, ZBR 1979, 157ff.; ders... schon i.d.S. Allgemeine Staatslehre, S.604ff.; Burmeister, WiR 1972, 343; darauf bauen auch die Modifizierungen Stobers, NJW 1984, 449ff. für "privatrechtlich organisierte öffentl. he Verwaltung" auf.

254) Bericht und Hinweise im 2.Teil, 1.Kap., S.26ff. mit Fn.en 1ff.; vgl. auch Fn.59 im 2.Teil.

255) Dazu das 1.Kap., insb. II 1, S.285ff.; vgl. dazu im 1.Teil, 1.Kap., S.6ff. und die Hinweise zur Fiskustheorie in Fn.1 des 1.Teils; insb. BVerfGE 27, 364 (374); BVerwGE 39, 329 (337).

256) Beispielsweise §§99-103 GWB stellen vorzugsweise Staatsunternehmen von den Beschränkungen des GWB frei. Hinzuweisen ist auf die steuerrechtlichen Bevorzugungen, die freilich im Zuge der 'Privatisierung' des Staates in dessen unternehmerischen Bereich mehr und mehr zurückgedrängt wurden; dazu Emmerich, Wirtschaftsrecht, S.81f. mit Hinweisen in Fn.185; Püttner, Energieversorgung, S.219ff., insb. S.226ff.; ders., Die öffentlichen Unternehmen, S.364ff. mit Hinweisen; Klein, Teilnahme, S.232ff., 236ff.; auch Ulmer-Reimer, Unlauterer Wettbewerb, Rdn.78, S.53f.

257) Dazu Püttner, Die öffentlichen Unternehmen, S.320ff. mit Hinw.; Hamm, Kollektiveigentum, S.81ff.

258) Emmerich, Wirtschaftsrecht, S.82; Hamm, Kollektiveigentum, S.83ff.

259) Zur Wirtschaftsaufsicht über öffentl. Unternehmen Püttner, Die öffentl. Unternehmen, S.354ff.; BVerfG NJW 1982, 2173 (2175) weist auf die "mannigfachen Einflußmöglichkeiten über staatsinterne Wege", die "eine Vergleichbarkeit mit der 'Abhängigkeit' des Bürgers" ausschlössen, hin.

aufzuzeigen und auszuloten, die die unterschiedlichen Glieder des Staates jeweils gegenüber der Privatwirtschaft haben und zu Wettbewerbszwecken einsetzen können, würde eine eigenständige Untersuchung erfordern. Wegen der Einheit des Staates sind die verschiedenen Rechtsträger desselben gehalten, ihre Rechtsmacht zugunsten des Ganzen einzusetzen; denn die kompetenzielle Dezentralisierung und Differenzierung entläßt keinen derselben aus der Gesamtverantwortung für das gemeine Wohl. Selbst nach der Fiskustheorie ist der Fiskus das sog. alter ego des Hoheitsträgers Staat[260], die sich im unternehmerischen Egoismus des Staates im nur begrenzt rechtlich erfaßbaren und damit einschränkbaren Maße als Einheit finden dürften.

Beispielsweise: Staatliche Preis- und Lohnpolitik kann und darf wettbewerblich eingesetzt werden, selbst wenn staatliche und private Unternehmen dabei gleichbehandelt werden. Subventionsgemäße Privilegierung staatlicher Unternehmen kann und darf rechtlich verankert sein[261]. Verwerflich oder 'sittenwidrig' sind derartige Maßnahmen, wenn nicht andere rechtliche Aspekte relevant werden, nur im Rahmen der Kategorie Gleichheit und Gleichbehandlung privater und staatlicher Unternehmen[262] als einer wesentlichen Konsequenz der modernen Fiskustheorie. Mittels des Gleichheitsprinzips wollen ja Praxis und herrschende Lehre diese Rechtsmacht des Staates in die wettbewerbsgerechten Grenzen weisen[263].

## VI Unüberwindliche ökonomiche Ungleichheit zwischen dem Staat und Privaten als Unternehmern

1. Die für private Unternehmer vor allem wegen der steuerlichen Finanzkraft unerreichbare wirtschaftliche Überlegenheit des Staates, auch jeder einzelnen Gebietskörperschaft, ist anerkannt[264] und braucht hier nicht näher dargestellt zu

260) Für viele Dürig, Maunz/Dürig/Herzog/Scholz, Rdn.46 zu Art.19 Abs.3 GG; Starck, JuS 1977, 736 m.H.; i.d.S. auch Wolff-Bachof, Verwaltungsrecht I, §23 II a 2, S.107f.; BVerfG NJW 1982, 2173 (2175) weist auf die "Fiskusprivilegien" hin.

261) Zur subventionsmäßigen Privilegierung öffentlicher Unternehmen Emmerich, Wirtschaftsrecht, S.434ff.; zum gemeinschaftsrechtlichen Aspekt Art.92 EWG-Vertrag.

262) Dazu Hinweise in Fn.239 dieses Teils, auch Fn.169 im 5.Teil; für viele Hefermehl, Allgemeines, Rdn.175, 186. Wesentlich an sog. Fiskusprivilegien läßt BVerfG NJW 1982, 2173 (2175) die "vergleichbare" Abhängigkeit der Gemeindeunternehmen mit Privaten und damit die "grundrechtstypische Gefährdungslage" scheitern.

263) Vgl. die Hinweise in Fn.en 217, 218ff., auch 266, 267. Darauf basiert BVerfGE 27, 364 (374), im Gegensatz zu BVerfG NJW 1982, 2173ff.

264) Emmerich, Wirtschaftsrecht, S.8ff., 82, 144f. ("... der Staat mit seiner überlegenen Macht"); Bachof, VVDStRL 19 (1961), S.259f.; auch Klein, Teilnahme, S.259 ("... am Staatshaushalt eine unvergleichliche Rückendeckung - unvergleichlich insofern, als die öffentlichen Mittel ganz überwiegend Steuermittel sind"); Rüfner, Formen, S.395ff.; Naendrup, Haftungsbeschränkung, S.73f.; auch P.Ulmer, ZHR 146 (1982), S.488f., 492f. m.w.H.; Hubmann, W.u.V. 1982, 41; deswegen sieht auch BGH NJW 1982, 2117 (2121) eine "ungleiche Wettbewerbslage" zwischen gesetzlichen Kassen und privaten Augenoptikern, die in der Sache zum wettbewerbsrechtlichen Verbot der Selbstabgabestellen der Kassen führt; wie hier auch Schmidt-Salzer, WiR 1972, 108.

werden. Sie allein genügt schon, um die erforderliche Kampfparität[265] und damit eine ein Wettbewerbsverhältnis begründende Rivalität zwischen dem staatlichen Unternehmer und dem privaten Konkurrenten anzuzweifeln. Freilich ist die Praxis[266] mit Unterstützung der herrschenden Lehre[267] bemüht, die Kampfkraft der einzelnen staatlichen Unternehmen mit rechtlichen Mitteln so zu beschränken, daß diese nicht gänzlich aus der Rolle eines potentiellen Wettbewerbers herauswachsen.

2. Dem Staat als Träger der Unternehmen darf nicht verwehrt werden, zumindest den wirtschaftlichen Zusammenbruch seiner Unternehmen zu verhindern[268], wie ihm auch der maßgebliche Einfluß auf die Entscheidungen seiner Unternehmen verbleiben muß, wenn diese überhaupt noch irgendeinen Bezug zur Verwirklichung des Gemeinwohls behalten sollen[269]. Weil dadurch das Konkursrisiko so gut wie ausgeschlossen ist[270], d.h. die Kampfkraft so weit reicht, wie die staatlichen

---

265) I.d. Sache ist deren Mangel tragend für BGH NJW 1982, 2117 (2121); BGH NJW 1982, 2125 (2127), vgl. das Zitat in Fn.266. Zur Rivalität als Vorauss. eines Wettbewerbsverhältn. Hinw. u.a. in Fn.122.

266) RGZ 138, 174 (178f.) -Haus der Jugend-; auch BGH NJW 1982, 2125 (2127) -Kinderbeiträge-: "In der Rechtsprechung ist anerkannt, daß es ein Verstoß gegen die guten wettbewerblichen Sitten sein kann, wenn die öffentliche Hand mit Mitteln, die ihr Kraft öffentlichen Rechts zur Förderung eines im öffentlichen Interesse liegenden Zweckes zur Verfügung stehen, private Gewerbetreibende unterbietet und die Preisunterbietung dadurch ermöglicht wird, daß die Verlustgefahr auf den Steuer- und Beitragszahler oder sonst auf die Allgemeinheit abgewälzt wird". Vgl. auch BGHZ 66, 229 (234) -Studenten-Krankenversicherung-; BGH GRUR 1967, 36 (38) -Rollkostenzuschüsse-; OLG Karlsruhe WRP 1976, 183; auch LG Hannover BB 1962, 733; LG Düsseldorf BB 1962, 778, die (erst) auf Vernichtung des Konkurrenten gerichtete Preisunterbietung, die aus Steuermitteln finanziert wird, für sittenwidrig halten; dazu Klein, Teilnahme, S.250.

267) Emmerich, Wirtschaftsrecht, S.81ff., 144ff., 436; vorsichtiger ders., Unlauterer Wettbewerb, S.40f.; Klein, Teiln., S.249f., insb. zur Preisunterbietung mittels Zuschüssen aus Haushaltsmitteln zur Vernichtung des Konkurrenten; dazu auch Schricker, Wirtschaftl. Tätigkeit, S.201; Hefermehl, Wettbewerbsrecht, Allg., Rdn.175ff., 186; P.Ulmer, ZHR 146 (1982), S.488f., der die Preisunterbietung der öffentl. Hand, die nicht auf "höherer Effizienz", sondern auf "aus hoheitlicher Stellung zustehenden finanziellen Vorteilen" beruht, für unlauter hält, falls sie nicht durch öffentl. Zwecke geboten ist.
Weitere Hinweise in Fn.en 217, 218ff.

268) Emmerich, Wirtschaftsrecht, S.82; Klein, Teiln., S.259; Schricker, Wirtschaftl. Tätigkeit, S.197; im Erg. auch Hefermehl, Allg., Rdn.185; dazu Naendrup, Haftungsbeschränkung, S.73ff., 157ff.; vgl. auch die Hinweise in Fn.270.

269) Dazu Berkemann, Staatliche Kapitalbeteiligung, S.99ff., 143ff.; Trott zu Solz, Staatlich beeinflußte Aktiengesellschaft, S.189ff., 272ff.; dieser Aspekt ist zu Recht tragend für Naendrup, Haftungsbeschränkung, S.74ff., u.ö., 217, 219. Diesen Gesichtspunkt ignoriert BVerfGE 27, 364 (374) gänzlich, wie überhaupt die hier kritisierte Assimilierungstheorie.

270) Emmerich, Wirtschaftsrecht, S.82; Hamm, Kollektiveigentum, S.73; dazu Naendrup, Haftungsbeschränkung, S.157ff. (insb. zum Problem eines Konkursverbots).
Für juristische Personen des öffentlichen Rechts vgl. §882a ZPO zur Begrenzung der Einzelzwangsvollstreckung, Konkurs juristischer Personen des öffentlichen Rechts ist grundsätzlich unerwünscht, weil dem das Interesse an der Erfüllung der öffentlichen Aufgabe entgegensteht; i.d.S. BVerfG NJW 1982, 2860; vgl. dazu Renck, BayVBl 1982, 300.
Auf den Aspekt des Risikos, das dem Staat fehle, als Pendant der Freiheit weisen auch hin: Zeidler, VVDStRL 19 (1961), S.229; Scheuner, VVDStRL 11 (1954), S.17; Bachof, VVDStRL 12 (1954), S.64; darauf stellt deutlich ab: BGH NJW 1982, 2121: "Ein unternehmerisches Risiko trifft sie nicht", wegen der Finanzierung der Brillenselbstabgabestellen (personell und sächlich) aus Beiträgen; ebenso in der Sache BGH NJW 1982, 2125 (2127), Abwälzung der Verlustgefahr auf den Steuer- und Beitragszahler oder sonst die Allgemeinheit.

Finanzierungsmöglichkeiten und damit gegenüber den privaten Konkurrenten so gut wie grenzenlos ist, sind staatliche und private Unternehmer, die um einen Markt kämpfen, keine Rivalen mehr, die man einem Wettbewerb aussetzen kann, der dem privaten Unternehmer eine faire Chance läßt.

3. Die Stärkung der wirtschaftlichen Macht des Staates ist rechtlich anders zu bewerten, als die der privaten Unternehmer. Der Staat muß seine wirtschaftliche Macht für das Gemeinwohl einsetzen, der Private kann es nach eigener Zweckbestimmung auch zum Eigennutz. Der Staat verfolgt die Interessen der Gemeinschaft, der Private rechtlich relevant nur seine eigenen Interessen. Selbst wenn die privaten Interessen mit denen der staatlich organisierten Gemeinschaft harmonieren, bleiben es private Interessen. Die staatliche Machtentfaltung findet ihre Grenze ausschließlich in den politischen Entscheidungen des Staates, die sich vornehmlich im Grundgesetz finden. Dem Staat zur Machtbegrenzung das Wettbewerbsrecht entgegenzusetzen, verkennt das Wesen der Staatsgewalt[271], das in der prinzipiellen Legitimität der Macht des Staates liegt, und assimiliert den Staat mit dem Menschen, der wesentlich privat ist[272]. Die herrschende Lehre versucht mit besonders strengen wettbewerbsrechtlichen Maßstäben, die Staatsunternehmen in eine hinreichende Gleichheit mit den konkurrierenden Privatunternehmen hineinzuzwängen[273].

4. Die Aspekte der wirtschaftlichen Ungleichheit und mangelnden Kampfparität treten freilich hinter dem prinzipiellen Aspekt der politischen und rechtlichen Überlegenheit des Staates auch als Unternehmer[274] über den privaten Konkurrenten zurück. Diese rechtliche Überlegenheit, vor allem aber ihre Wesensverschiedenheit[275], schließen es aus, Rivalität zwischen einem staatlichen und privaten Unternehmen und damit ein Wettbewerbsverhältnis zwischen diesen zu konstatieren.

---

271) Wie hier insb. Krüger, Allgemeine Staatslehre, S.604ff.; insb. ders., ZBR 1979, 157ff.; grundsätzliche Kritik an Krügers Theorie vom Staat als vorbildlichem Unternehmer, als repräsentativem Wettbewerber übt Mestmäcker, F.Böhm, S.394ff.; ähnlich dem Text auch Renck, JuS 1978, 461. Umgekehrt etwa explizit Rupp, Privateigentum an Staatsfunktionen?, S.24f. in Fn.43; auch Mestmäcker, AcP 168 (1968), S.240; Emmerich, insb. Wirtschaftsrecht, S.144ff.; P.Ulmer, ZHR 146 (1968), S.485 (differenzierend); w.H. in Fn.en 217, 218, 266.

272) Dagegen vor allem Krüger, Allgemeine Staatslehre, S.604.

273) Insb. Emmerich, Wirtschaftsrecht, S.81ff., 144ff., 436; auch Klein, Teilnahme, S.242ff., 248f., 250f. ("eher mehr als weniger an Bindung"); insb. P.Ulmer, ZHR 146 (1982), S.485ff.; Hubmann, W.u.V. 1982, 52f.; w.H. in Fn.en 217, 218ff., 267.

274) Vgl. Emmerich, Wirtschaftsrecht, S.83; Hamm, Kollektiveigentum, S.78ff.; Rupp, NJW 1968, 569ff.; a.A. Hirsch, Privatisierung, S.52; vgl. auch Holzapfel, NJW 1968, 1461.

275) Ganz i.d.S. Krüger, Allgemeine Staatslehre, S.604ff.; ders., ZBR 1979, 157ff.; Kritik von Mestmäcker, F.Böhm, S.394ff.; wie hier auch Burmeister, WiR 1972, 323, 341; darauf stellt in der Sache auch Naendrup, Haftungsbeschränkung, etwa S.74ff., 216ff., ab.

## VII. Zusammenfassende Bemerkung

Die Gleichheitsfunktion eines flexiblen Wettbewerbsrechts mag es erleichtern, diesem den Staat als Unternehmer zu unterwerfen. Wettbewerbsrecht ebnet aber die unüberbrückbaren Unterschiede zwischen Staats- und Privatunternehmen nicht ein. Die Ungleichheit zwischen dem Staat und Privaten als Unternehmern räumen auch die Praxis und die herrschende Meinung ein. Diese mühen sich deswegen, den Staat als Unternehmer künstlich in eine hinreichende Gleichheit mit den Privatunternehmern hineinzuzwängen, ohne Erfolg und obendrein verfassungswidrig[276]. BGH NJW 1982, 2197ff. dürfte den Endpunkt dieser Egalisierungsbemühungen markieren, der zugleich deren Absurdität erweist: Einem "Wettbewerber", den gesetzlichen Krankenkassen, wird die Teilnahme am Wettbewerb, Vertrieb von Brillen, untersagt, weil diese den Bestand des Wettbewerbs gefährde; das ausgerechnet mittels einer Vorschrift, § 1 UWG, die sich (im Prinzip) nur gegen Wettbewerber richtet. Der Sache nach hat die Entscheidung ihre Grundlage in einem (zu Unrecht) aus Art. 12 Abs. 1 GG hergeleiteten Mittelstandsschutz[277]. Ein solches Wettbewerbsverbot gegen einen Privatunternehmer ist weder grundrechtlich noch wettbewerbsrechtlich diskutabel.

276) So auch Burmeister, WiR 1972, 323, 341.

277) Zum staatsunternehmerischen Subsidiaritätsprinzip Hinweise in Fn.184 des 6.Teils.

6. Kapitel

# DER VERTRAG ALS INSTRUMENT PRIVATER AUTONOMIE UND ALS INSTRUMENT STAATLICHER VERWALTUNG

## I Problemstellung

Das Wettbewerbsrecht als Autonomierecht soll dem Mißbrauch des Rechts zur Autonomie vorbeugen. Zwar ist Mißbrauch der Wirtschaftsfreiheit nicht Kriterium des Verstoßes gegen die "guten Sitten", wie im 2. Kapitel I 2 des 8. Teils gezeigt werden soll, dennoch dient das Wettbewerbsrecht (u.a.) nach Maßgabe seiner verschiedenen Vorschriften der Abwehr solchen Mißbrauchs. Mißbrauchsabwehr schützt eine hinreichende Autonomierealität, in der autonomes Verhalten tragfähig und für alle Seiten zumutbar bleibt. Staatliches und privates Wettbewerbsrecht hegt und pflegt eine wirtschaftliche Wirklichkeit, in der das Recht zur Autonomie zum Wohle aller gedeihen kann.

Weil das Recht zur Autonomie und materielle, staatlich meßbare Richtigkeit der Verträge der Menschen sich widersprechen, bemüht sich das staatliche Autonomierecht, die 'Richtigkeit' der Verträge soweit als möglich und nötig dadurch zu gewährleisten, daß die Realität autonomiegerecht ist[278]. Das ist wesentlicher Zweck des Wettbewerbsrechts, insbesondere auch des § 1 UWG. Wenn das Wettbewerbsrecht auch die 'Richtigkeit' der Vertragsentscheidung des Staates fördern soll, muß der Staat sich in einer diese 'Richtigkeit' spezifisch und typisch gefährdenden Lage befinden. Die staatliche Realität erübrigt wegen der schon geschilderten Macht des Staates jedoch eine wettbewerbsrechtliche Richtigkeitsgewähr. Der Staat bedarf nicht des Schutzes durch das Wettbewerbsrecht. Aber auch die Vertragspartner des Staates sind auf den wettbewerbsrechtlichen Schutz nicht angewiesen. Diese Schutzfunktion hat das allein staatsadäquate Staatsrecht in seiner Gesamtheit, dessen Verhaltensmaßstäbe andere

278) Dazu M.Wolf, Rechtsgeschäftliche Entscheidungsfreiheit, S.35f., 107ff.; Larenz, Richtiges Recht, S.65ff.; weitere Hinweise in Fn.en 306, 307.

sind als die des autonomieadäquaten Wettbewerbsrecht. Diese Besonderheit der Maßstäbe für den staatlichen Vertragspartner beweisen die Überlagerungstheorie[279] und die praktizierte Verschärfung der wettbewerbsrechtlichen Maßstäbe gegenüber dem Staat[280].

Auch und vor allem das Staatsrecht selbst erübrigt die Richtigkeitsgewähr durch das Wettbewerbsrecht. Diese definiert prinzipiell die Richtigkeit des Vertrages nicht[281]. Dem Staat aber wird das Richtige eines Vertrages durch Gesetz vorgeschrieben, wie das allgemeine Verwaltungsrecht beweist. Das soll im folgenden deutlich gemacht werden. Die wettbewerbsrechtliche Richtigkeitsgewähr hätte somit bei Vertragsschlüssen des Staates nur eine Funktion, wenn der Staat ebenso Autonomie beanspruchen dürfte, wie sie Privaten zukommt. Das wird um ein weiteres den autonomierechtlichen Charakter des § 1 UWG und damit die Relevanz der Fiskustheorie für die Praxis zeigen.

## II Richtigkeitsprinzip für Verträge des Staates, nicht für Verträge unter Privaten

### 1. Interessenausgleich zwischen Privaten und zwischen dem Staat und Privaten nach unterschiedlichen Prinzipien

Schutzzweck des Wettbewerbsrechts ist mit der Freiheit und Gleichheit der Vertragspartner auch die Tauschgerechtigkeit im Sinne eines ausgewogenen Interessenausgleichs[282]. Zwischen dem Staat mit dessen Allgemeininteresse und Privaten mit deren besonderen Interessen kommt Interessenausgleich ebenfalls in Betracht. Dafür geben vornehmlich die Grundrechte und in deren Rahmen die Gesetze Maßstäbe. Außerhalb dieser Maßstäbe kann der Interessenausgleich zwischen dem Staat und Privaten durch Vertrag festgelegt werden, wenn auch derartige Verträge einen Entscheidungsspielraum des Staates voraussetzen[283]. Prinzipiell ist

279) Hinweise in Fn.57 des 1.Teils; insb. Rüfner, dazu im 4.Kap. des 2.Teils, S.50ff.

280) Hinweise in Fn.en 217, 218, 266, 267 dieses Teils.

281) Dazu unter II, S.338ff. mit Hinweisen zum vertraglichen Richtigkeitsproblem.

282) Raiser, Vertragsfunktion u. Vertragsfreiheit, S.101ff.; Biedenkopf, Vertragl. Wettbewerbsbeschränkung, S.152ff.; Mestmäcker, JZ 1964, 441ff.; ders., AcP 168 (1968), S.247f.; Rebe, Privatrecht und Wirtschaftsordn., S.173ff., insb. S.176f.; vor allem M.Wolf, Rechtsgeschäftl. Entscheidungsfreiheit u. vertragl. Interessenausgleich, 1970, passim; Emmerich, Einf., S.6f.; ders., Wirtschaftsrecht, S.134ff. Zur inhaltlichen Richtigkeitsgewähr als Rechtfertigung u. Grenze des Vertragsprinzips: Schmidt-Rimpler, AcP 147 (1941), S.130ff.; ders., F.Nipperdey, S.1ff.; ders., F.Raiser, S.1ff., 13f., 20ff. (gegen die reine Selbstbestimmungstheorie); Lehmann-Hübner, Allg. Teil, S.142; Landau, Begrenzung der privatrechtl. Gestaltungsfreiheit, S.106ff.; dazu krit. und genau m.w.H. Baur, Mißbrauch, S.60ff.; klar und richtig i.S. der Selbstbestimmungstheorie vor allem Flume, Das Rechtsgeschäft, S.7f.; differenziert Larenz, Richt. Recht, S.65ff.; dazu Fn.112 im 4.Teil u. 5.Kap., II, S.323 m.H.. Zur Entmachtungsfunktion des Wettbewerbs und Wettbewerbsrechts vgl. d.H. in Fn.en 36, 57 im 2.Teil und in Fn.205 dieses Teils.

283) Vgl. Wolff-Bachof, Verwaltungsrecht I, §44 II c,d, S.346ff. m.H. (subordinationsrechtlicher Vertrag); Tettinger; Wirtschaftsverwaltungsrecht, S.285f. mit weiteren Hinweisen; dazu auch Achterberg, JA 1979, 356ff. mit Hinweisen; vgl. auch BVerwG DÖV 1979, 756.

der Interessenausgleich zwischen dem Staat und den Menschen nicht wie die zivilrechtliche Tauschgerechtigkeit zu begreifen, weil es am Synallagma von Leistung und Gegenleistung fehlt. Der Staat nimmt den Privaten etwas und gibt diesen nichts dafür, etwa bei Steuererhebungen, oder gibt umgekehrt den Privaten etwas und nimmt nichts dafür, etwa bei Sozialleistungen oder auch Subventionen. Für diese Annahme kommt es freilich darauf an, wie eng oder wie weit man die Kriterien des Synallagmas faßt. Dieses typische staatliche Verhalten des Nehmens oder Gebens ohne synallagmatische Gegenleistung wird deswegen nicht ungerecht. Es ist vielmehr gerecht, wenn es gesetzmäßig ist; denn im freiheitlichen, demokratischen und sozialen Rechtsstaat ist staatliche Gerechtigkeit die materielle und prozedurale Gesetzmäßigkeit, erstere wird zumindest durch letztere substituiert[284)].

2. Das synallagmatische Tauschverhältnis zwischen dem Staat und Privaten unter Wahrung des Gemeinwohls

Dennoch kommen Tauschverhältnisse auch zwischen dem Staat und Privaten in Betracht, gerade im unternehmerischen Bereich, vor allem aber im Beschaffungswesen. Der Staat ist prinzipiell nicht instrumental beschränkt[285)]. Der Vertrag ist kein ausschließlich privatrechtliches Instrument[286)]. Der Staat darf, wenn er imperative Instrumente nicht nutzen muß oder will, (öffentlich-rechtliche) Verträge mit den Privaten schließen, falls diese das sachgerechte Mittel für die Gemeinwohlverwirklichung sind (etwa §§ 54ff. VwVfG)[287)]. Durchaus sachgerecht sind die Vorschriften des Bürgerlichen Gesetzbuchs ergänzend und entsprechend auf das öffentlich-rechtliche Vertragsrecht anwendbar (§ 62 S. 2 VwVfG). Durch § 56 VwVfG ist der Austauschvertrag erlaubt. Es ist ein Synallagma zwischen der vertraglichen Leistung der Behörde und der Gegenleistung des Vertragspartners

---

284) Schachtschneider, Neubescheidung, VerwArch. 1972, S.306f., 308 mit Hinweisen in Fn.386; ders., Sozialprinzip, S.58; ders., JA 1978, 186; ähnlich Stern, Staatsrecht I, S.631; klar auch Roellecke, VVDStRL 34 (1976), S.32, 39. Die Einschränkung im Nachsatz sei für die Mystiker der Gerechtigkeit gemacht, die eine metastaatliche, aber staatsrelevante Gerechtigkeit zu suchen pflegen, weil sie eine solche voraussetzen.

285) Zur Fülle der Instrumente Tettinger, Wirtschaftsverwaltungsrecht, S.249ff. mit Hinweisen; vgl. Tuchtfeldt, Das Instrumentarium der Wirtschaftspolitik, S.52ff.; R.Krüger, Das wirtschaftspolitische Instrumentarium, 1967; auch Achterberg, JA 1979, 356f.; i.d.S. auch H.Krüger, insb. ZBR 1979, 157ff.; auch Burmeister, WiR 1972, 318.
Zum nicht-rechtsaktmäßigen Staatshandeln, wie Beratung, Überzeugung, Information vgl. Kirchhof, Verwalten durch "mittelbares" Einwirken, 1977; Tettinger, a.a.O., S.264ff. mit Hinweisen, insb. S.287ff. zur "moral suasion"; Schmölders, Die Konjunkturpolitik der "Moral suasion", S.282ff.; Stern, Grundfragen der globalen Wirtschaftssteuerung, S.16; Tuchtfeldt, Moral Suasion in der Wirtschaftspolitik, in: Konzertierte Aktion, S.19ff.; auch Biedenkopf, BB 1968, 1005ff.; R.Schmidt, Wirtschaftspolitik und Verfassung, S.197ff.

286) Forsthoff, Verwaltungsrecht, S.277 in Fn.2, der zu Recht im Vertrag "einen Begriff a priori" sieht; so auch Achterberg, JA 1979, 356, für viele.

287) Das Recht, einen gebundenen Verwaltungsakt zu erlassen, schließt nach §54 S.2 dieses Gesetzes den Vertragsschluß nicht aus. Diese Regelung hat Rechtsklarstellungsfunktion zu vermeiden, und ist deswegen zu akzeptieren, obwohl die Rechtsbindung den Vertrag erübrigt; krit. Flume, Das Rechtsgeschäft, S.10 (Vertrag ist bei Kontrahierungszwang nur noch ein techn. Mittel des Gesetzesvollzugs).

gefordert. Die "Gegenleistung" muß "den gesamten Umständen nach angemessen" sein, "im sachlichen Zusammenhang mit der vertraglichen Leistung der Behörde stehen, für einen bestimmten Zweck im Vertrag vereinbart sein und der Behörde zur Erfüllung ihrer öffentlichen Aufgabe dienen"[288]. Nach genetischer Interpretation sind diese Regelungen auf das unternehmerische Verhalten des Staates nicht anwendbar[289]. Der einfache Gesetzgeber praktiziert nach wie vor die Fiskustheorie und differenziert in seinen Vorschriften zwischen dem Staat als Hoheitsträger und dem als Privatrechtssubjekt[290]. Das Verwaltungsverfahrensrecht ist aber typisch für die staatsrechtliche Sicht staatlichen Verhaltens, auf die es ankommt, und die materielle Regelung der Vertragsrichtigkeit und Vertragsgerechtigkeit in § 56 Abs. 1 VwVfG ist dem Vertrag des Staates mit den Menschen allgemein adäquat, nicht nur in dem Sonderfall des § 54 S. 2 dieses Gesetzes.

Die Regelung des öffentlich-rechtlichen Vertrages enthält aber in § 56 Abs. 1 VwVfG, wie zitiert, eine Besonderheit, die für den privatrechtlichen Vertrag wesensfremd wäre, für den öffentlich-rechtlichen Vertrag jedoch wesensgemäß ist; denn an diesem Vertrag ist der Staat beteiligt. Diese Bestimmung realisiert die durchgehende Gemeinwohlverpflichtetheit des Staates, die unter anderem durch die Ersetzbarkeit staatlicher Entscheidungen gekennzeichnet ist. Einen Vertrag, der einem Dritten die Leistungsbestimmung "nach freiem Belieben" überläßt, erklärt § 319 Abs. 2 BGB für unwirksam, wenn der Dritte die Bestimmung nicht treffen kann oder will oder wenn er sie verzögert. Die Entscheidung, die inhaltlich beliebig ist, kann danach auch beliebig getroffen oder unterlassen werden; sie ist unersetzbar, auch nicht durch den Richter substituierbar[291], im Gegensatz zur Leistungsbestimmung "nach billigem Ermessen", wie es § 318 Abs. 1 BGB zeigt. Derartige Beliebigkeit steht dem Staat nicht zu, auch nicht bei Vertragsschluß.

### 3. Angemessenheit und sachlicher Zusammenhang von Leistung und Gegenleistung als Richtigkeitsprinzip der staatlichen Vertragserklärung

Grenzen der Ersetzbarkeit staatlicher Entscheidungen bilden allein Prinzipien, die anderen Notwendigkeiten folgen als denen der vertraglichen Richtigkeit, vor allem das Prinzip der Endlichkeit der Entscheidungsverfahren, das notwendig das Prinzip der Richtigkeit der Entscheidungen relativieren muß[292]. Mit

288) Dazu Wolff-Bachof, Verwaltungsrecht I, §44 II d 1, S.347f.; Menger, VerwArch. 69 (1978), S.101; Achterberg, JA 1979, 360f. sub e (2); Bull, Allgemeines Verwaltungsrecht, S.268ff.

289) Zum Anwendungsbereich des §56 VwVfG (§52 EVerwVerfG 1973) Wolff-Bachof, Verwaltungsrecht I, §44 II, S.347f., 345 (i.S. der engen Subjektstheorie); Achterberg, JA 1979, 361; i.d.S. allgemein für Verträge des Staates Schmidt-Salzer, WiR 1972, 106ff., 108.

290) Vgl. dazu 1.Teil, 1.Kap., S.6ff. mit Hinweisen in Fn.1; ebenso, insoweit unkritisch, für die Vertragsproblematik Achterberg, JA 1979, S.358/9; ders., Fälle und Lösungen, Allgemeines Verwaltungsrecht, S.148.

291) Esser, Schuldrecht, Bd.I, S.110; Larenz, Allgemeines Schuldrecht, S.66 gegen die Auffassung, derartige Verträge seien bedingt, so die h.M., vgl. Hinweise in Palandt-Heinrichs, Anm.3 zu §319 BGB.

292) Dazu Schachtschneider, VerwArch. 63 (1972), S.306ff., insb. S.310 ("Das dezisionistische Element des Richterspruchs ist durch das Zeitmoment bedingt") mit Hinweisen.

der Angemessenheit der Gegenleistung und auch dem Sachzusammenhang normiert das Verwaltungsverfahrensgesetz einen Maßstab der Vertragsrichtigkeit, der zugleich eine Konkretisierung der Gemeinwohlmaxime ist[293]. Dieser Maßstab ist judiziabel in den Grenzen der Judiziabilität offener Rechtsbegriffe, läßt also Beurteilungsspielräume der Behörden zu[294]. Insbesondere führt dieser Maßstab zur Ersetzbarkeit der Entscheidung über die Gegenleistung durch höhere Behörden und schließlich durch Richter. Dem steht nicht entgegen, daß der Vertrag, der gegen § 56 VwVfG verstößt, nach § 59 Abs. 2 Nr. 4 dieses Gesetzes nichtig ist. Die Ersetzbarkeit der Entscheidung über die Angemessenheit und den Sachzusammenhang der Gegenleistung erweist sich allein schon daran, daß diese der Beurteilung anderer Instanzen zugänglich ist. Die Richtigkeit der Gemeinwohlkonkretisierung ist eben auch materiell-rechtlicher und damit richterlicher Bewertung zugänglich. Die Rechtsfolge der Nichtigkeit an Stelle etwa der der Anpassung des Vertrages an die richterlichen Maßstäbe der Angemessenheit und des Sachzusammenhangs der Gegenleistung wird dadurch erzwungen, daß der Vertrag auch der unersetzbaren Einwilligung des Vertragspartners bedurfte, die von der Einigung über die Gegenleistung abhängt.

### 4. Die Selbstbestimmtheit der Interessengerechtigkeit privater Verträge

Eine materielle Angemessenheits- oder gar Sachzusammenhangsklausel, deren Verletzung die Nichtigkeit des Vertrages zur Folge hätte, würde das Wesen des privaten Vertrages verkennen[295]. § 319 Abs. 1 BGB läßt die Substituierung der Leistungsbestimmung durch den Dritten, wenn diese nach billigem Ermessen zu erfolgen hatte, auch nur deswegen zu, weil spezifisch ein Dritter mit der Leistungsbestimmung betraut war. Die Einigung der Vertragspartner selbst muß im Privatrecht keineswegs billigem Ermessen entsprechen oder angemessen im

293) Dazu Erichsen/Martens, Allgemeines Verwaltungsrecht, S.243; vgl. auch Wolff-Bachof, Verwaltungsrecht I, §44 II, S.343ff., sub d, S.347f.

294) I.d.S. (unspezifisch) Wolff-Bachof, Verwaltungsrecht I, §44 II d,e, S.347ff.; Bull, Allgemeines Verwaltungsrecht, S.268ff.

295) Flume, Das Rechtsgeschäft, S.6,7f.; auch Schmidt-Salzer, WiR 1972, 106ff. ("Beurteilungsautonomie"); vgl. Raiser, Vertragsfunktion und Vertragsfreiheit, S.101ff., der allerdings mit dem Instrument des Institusmißbrauchs, Summum ius, S.151ff., selbst zu einer staatlichen Richtigkeitsgewähr materieller Art gelangt.
A.A. Schmidt-Rimpler, F.Raiser, S.8ff., 19, 20ff.; ders., AcP 147 (1941), S.130ff., 138ff.; ders., F.Nipperdey, S.1ff., der die Vertragsrichtigkeit am besten im Vertragsverfahren gewährleistet sieht und dieses mit der Richtigkeitschance rechtfertigt und allenfalls sekundär mit der Autonomie, aber explizit keine staatliche Richtigkeitskontrolle befürwortet, etwa F. Raiser, S.25; i.S. der Richtigkeitskontrolle eher schon weitergehend Mestmäcker, F.Böhm, S.392, als Konsequenz eines freiheitsrechtlichen Funktionalismus, a.a.O., S.410ff.; insofern noch radikaler Landau, Begrenzung, S.106f., 113, der die Vertragsfreiheit nicht in der Selbstbestimmung des Menschen gerechtfertigt sieht, sondern instrumental in der "Vertragsgerechtigkeit" und eine "Äquivalenzkontrolle zwischen Leistung und Gegenleistung" befürwortet. Differenzierend Bydlinski, Privatautonomie, S.62, 124; insb. Larenz, Richtiges Recht, S.65ff., 79. Damit werden jedoch die grundrechtlichen Grundlagen der Vertragsfreiheit verlassen; wie hier Papier, VVDStRL 35 (1977), S.83; Mayer-Maly, F.Merkl, S.247ff.; auch Badura, AcP 176 (1976), S.128; dazu mit vorsichtiger Kritik an Schmidt-Rimpler K.Schmidt, Kartellverfahrensrecht, S.98f. (dazu in Fn.112 des 4.Teils).

Sinne der überprüfbaren Ausgewogenheit von Leistung oder Gegenleistung sein[296]. Mit einem solchen Maßstab wären die Vertragserklärungen der Privaten substituierbar. Die Selbstbestimmbarkeit der Parteien, die Wesen ihrer Privatheit ist[297], wäre aufgehoben[298]. Private Verträge müssen vielmehr den Gesetzen entsprechen (§ 134 BGB), und sie dürfen nicht gegen die "guten Sitten" verstoßen (§ 138 BGB), u.a. Das Verbot, die "guten Sitten" zu verletzen, ist eine Mißbrauchsschranke der Vertragsfreiheit[299], die fehlinterpretiert wäre, wenn sie zu einem Maßstab der inhaltlichen Richtigkeit des Vertrages im Sinne irgendeiner Angemessenheit herangezogen würde[300]. Einen allgemeinen rechtlichen Maßstab der materiellen Vertragsgerechtigkeit privater Verträge kennt das Privatrecht nicht[301] und darf es unter dem Grundgesetz nicht kennen, weil das dem Recht des Menschen auf Selbstbestimmung und Selbstverantwortung aus Art. 1 Abs. 1 und Art. 2 Abs. 1 GG widerspräche[302]. Der Mensch selbst darf im Prinzip

---

296) Flume, Das Rechtsgeschäft, S.7f., 6: "stat pro ratione voluntas"; M.Wolf, Rechtsgeschäftliche Entscheidungsfreiheit, etwa S.68, 74, 108, 110, passim; auch Lehmann-Hübner, Allgemeiner Teil, S.142, die im fehlerfreien Vertrag die Richtigkeitsgewähr sehen; auch Schmidt-Rimpler, AcP 147 (1941), S.130f.; ders., F.Raiser, S.1ff., 20ff., der keine materiale Ausgewogenheitskontrolle befürwortet, F.Raiser, S.25. A.A. Landau, Begrenzung, S.106f., 113; Larenz, Richtiges Recht, S.65ff., 79, räumt mit Bydlinski, Privatautonomie, S.124, der "objektiven Äquivalenz" Relevanz für die Verpflichtungsgeschäfte ein.

297) Flume, Rechtsgeschäft und Privatautonomie, F. DJT 1960, S.135ff., 141; ders., Das Rechtsgeschäft, S.1ff., 6f.; Raiser, Vertragsfunktion und Vertragsfreiheit, S.101ff.; Mestmäcker, AcP 168 (1968), S.240; M.Wolf, Rechtsgeschäftliche Entscheidungsfreiheit, passim, etwa S.19ff.; i.d.S. auch Larenz, Richtiges Recht, S.57ff.; auch Emmerich, Wirtschaftsrecht, S.129; ambivalent dazu Baur, Mißbrauch, S.61ff., der auf das positive Recht verweist; kritisch Landau, Begrenzung, S.104ff., mit fragwürdiger Kritik am Satz 'volenti non fit iniuria'; gegen diesen Satz als Grundlage der Privatrechtstheorie auch Schmidt-Rimpler, F.Raiser, S.22; dazu im 1.Teil das 2.Kap., S.10ff. und im 4.Teil, 3.Kap., II, S.162f. mit Fn.112. Hinweise auch in Fn.en 75 des 4.Teils, 20 des 1.Teils.

298) Flume, Das Rechtsgeschäft, S.6ff., 8; Mestmäcker, AcP 168 (1968), S.241; Larenz, Allg. Teil, S.96; ders., Richtiges Recht, S.57ff., 65ff.; M.Wolf, Rechtsgeschäftliche Entscheidungsfreiheit, S.35f., 107ff.; a.A. etwa Landau, Begrenzung, S.113f.; vgl. auch die Hinweise in Fn.en 295, 296, 297. Von den Grenzen, die die Praxis aus §138 Abs.1 BGB etwa im Recht des Darlehens- und Mietzinses zieht, ist hier nicht zu handeln.

299) Vgl. die Hinweise in Fn.38 im 2.Teil; zur Mißbrauchsproblematik knappe Hinweise im Teil 8, 2.Kap., I 2, S.377ff.
Die staatliche Durchsetzung der "guten Sitten" als privater Gesetze ist nicht ohne Problematik, auf die hier aber nicht eingegangen werden kann.

300) Dazu die Kritik an Rebe, Privatrecht und Wirtschaftsordnung, passim, im 2.Kap., II 2 des 8.Teils, S.388ff.; a.A. wohl Landau, Begrenzung, S.106f., 113, der dafür §138 Abs.2 BGB ohne dessen subjektive Elemente heranziehen will; tendenziell anders auch Emmerich, Wirtschaftsrecht, S.137 mit Hinweis auf die Motive, Bd.I, S.211, die die allgemeinen Interessen des Staates berücksichtigt wissen wollten; das dürfte im grundgesetzlichen Rechtsstaat kaum überzeugen; der Passus 'Verstoß gegen die öffentliche Ordnung' als Nichtigkeitsgrund wurde deshalb aus §138 BGB gestrichen (Protokolle Bd.I, S.124). Mittels eines Instituts 'institutioneller Rechtsmißbrauch' versuchen nun einige Funktionalisten in gewissen Grenzen dasselbe jeder Rechtssicherheit widersprechende Ergebnis zu etablieren; insb. Raiser, Summum ius, S.151ff.; auch Emmerich, Wirtschaftsrecht, S.136f. mit Hinweisen in Fn.398; dagegen im Prinzip Mestmäcker, etwa AcP 168 (1968), S.246, der aber zur normativen Relevanz der Als-ob-Wettbewerbsbeziehungen kommt, a.a.O., S.247; ders., JZ 1964, 441ff.; dazu sub I 2 im 2.Kap. des 8.Teils, S.377ff.

301) Insb. Flume, Das Rechtsgeschäft, S.6, 7f.; Larenz, Allgemeiner Teil, S.96; vorsichtig ders., Richtiges Recht, S.65ff.; w.H. in Fn.en 295ff.

302) Flume, Das Rechtsgeschäft, S.1; vgl. auch Larenz, Allgemeiner Teil, S.91; vorsichtig ders., Rich-

und im Zweifel entscheiden, welches seine Interessen sind, welches Gewicht seine Interessen gegenüber den Opfern haben, die er mit den Vertrag auf sich nimmt, ob Leistung und Gegenleistung einen 'gerechten Interessenausgleich' ausmachen[303]. Den Vertragspartnern darf dabei rechtsmächtig (nicht gesetzlich) kein fremder Maßstab aufgedrängt werden[304]. Durch staatliche und private Gesetze zieht die Rechtsordnung der Vertragsfreiheit Grenzen und darf diese Grenzen ziehen, deren Mißachtung jedoch im Prinzip und in der Regel die Nichtigkeit des Vertrages zur Folge hat, nicht dessen Anpassung an einen rechtmäßigen Inhalt. Die allgemeine Ausnahmeregelung des § 140 BGB bewahrt die Autonomie der Vertragspartner. Die staatlichen Gesetze verfolgen dabei das gemeine Wohl, vor allem den Schutz der Schwachen[305].

## II Autonomieschutz für private Verträge, nicht für Verträge des Staates

In der (grundsätzlichen) Unersetzbarkeit der Vertragserklärungen auch und vor allem dem Inhalt nach besteht der wesentliche Unterschied zwischen dem privaten

---

tiges Recht, S.65ff. (wesentlich); M.Wolf, Rechtsgeschäftliche Entscheidungsfreiheit, S.19ff., 68, 108, 110, 118, passim; vgl. auch Rebe, Privatrecht und Wirtschaftsordnung, S.51f. mit Hinweisen, mit richtiger Skizze des subjektiven Rechts als Freiheitsrecht; auch Schmidt-Salzer, WiR 1972, 106f.; a.A. Landau, Begrenzung, S.106ff., 113; anders als dieser durchaus Schmidt-Rimpler, F.Raiser, S.8ff., 19, 20ff., dem es um die Gewähr der Richtigkeit durch das angemessene (Vertrags-)verfahrensrecht geht, nicht aber um eine materielle Richtigkeit, die notwendig einem hoheitlichen Maßstab folgen müßte, F.Raiser, S.15; obwohl er wie Landau die Selbstbestimmungstheorie der Vertragsgeltung nicht genügen läßt, a.a.O., S.17ff.

303) Flume, Das Rechtsgeschäft, S.7f.; auch Larenz, Allgemeiner Teil, S.94, 96; auch ders., Richtiges Recht, S.65ff.; M.Wolf, Rechtsgeschäftliche Entscheidungsfreiheit, etwa S.118, passim. Skepsis gegenüber dieser Fähigkeit zur Autonomie typisch die neueren Vertreter der Richtigkeitsgewährtheorie, etwa Landau, Begrenzung, S.107f. (4.Rechtspolitischer Kongress der SPD!).

304) Flume, Das Rechtsgeschäft, S.6; Larenz, Allg. Teil, S.96f.; ders. räumt in Richtiges Recht, S.79, den Prinzipien der Selbstbestimmung und der Selbstbindung (subjekt. Äquivalenz) nur d. Vorrang vor der 'objekt. Äquivalenz' ein; Schmidt-Salzer, WiR 1972, 106f.; Möschel, ZHR 145 (1981), S.590ff.

305) Flume, Das Rechtsgeschäft, S.6; Baur, Mißbrauch, S.65; Larenz, Allgemeiner Teil, S.92ff. zum Sozialprinzip in der Privatrechtsordnung; ders., Richtiges Recht, S.132ff. ("Prinzip des sozialen Ausgleichs" zur "Schaffung von Chancengleichheit"); zum Sozialprinzip auch Schachtschneider, Das Sozialprinzip, insb. S.45ff.; vgl. auch Lehmann-Hübner, Allgemeiner Teil, S.143f.; M.Wolf, Rechtsgeschäftliche Entscheidungsfreiheit, S.58, 98, unter Berufung auf das "Sozialstaatsprinzip". Das privatrechtliche Ordnungsgefüge, wie insb. die marktwirtschaftliche Wettbewerbsordnung, zulässiger Schutzzweck der Begrenzung der Vertragsfreiheit sei, wie Rebe, Privatrecht und Wirtschaftsordn., S.176ff., u.a. meinen, wird vor allem im 8.Teil, 2.Kap. II 2, S.388ff. kritisiert. Menschenwürdige Selbstbestimmbarkeit, die auch Rebe, a.a.O., S.173, w.H. in Fn.en 215, 302 dieses Teils und Fn.112 des 4.Teils, uneingeschränkt respektiert, werden durch derartige Zwecke der Privatrechtsordnung unterlaufen. So kommt Rebe zu der Quintessenz, daß die Vertragsfreiheit ordnungsfunktional gebunden sei und freies Verhalten "marktkonformes Verhalten" sei, a.a.O., S.53, 203, passim, dazu meine Kritik a.a.O. mit Hinweisen. Rebe sieht dabei den Menschen anthropologisch wie Raiser in: Summum ius, S.147ff., und weist dem Menschen eine Marktrolle zu, die der Mensch jedoch nicht anzunehmen verpflichtet ist, Rebe, a.a.O., S.202f.. Begrenzt zu materieller staatlicher Richtigkeitsgewähr kommt Mestmäcker, AcP 168 (1968), S.247, 248ff., der wettbewerblichen Privatrechtsbeziehungen normative Bedeutung beimißt; ders., JZ 1964, 441ff.; zum ordoliberalen Verständnis des Privatrechts als Garanten von Individual- und Gemeinwohl mit Hinweisen K.Schmidt, Kartellverfahrensrecht, S.96ff., insb. S.97; auch Raisers Lehre vom Institutsmißbrauch geht in diese Richtung, in: Summum ius, S.151ff.

Vertrag unter Privaten und dem 'öffentlich-rechtlichen' Vertrag, an dem der Staat beteiligt ist. Dieser Unterschied läßt es fraglich erscheinen, die Prinzipien, die die 'Gerechtigkeit' des Interessenausgleichs beim privaten Vertrag sichern sollen, auf den staatlichen Vertragsschluß zu übertragen. Solchen Prinzipien dient das Wettbewerbsrecht, das um der Selbstbestimmbarkeit des Menschen auch in der Wirtschaft willen die Gleichheit der Chancen wahren und fördern soll, im Vertrag einen billigen Interessenausgleich zu finden[306)]. Darum gibt das Wettbewerbsrecht den Konkurrenten und (organisierten) Verbrauchern, vor allem aber dem Staat Rechte, (näher bestimmten) Macht- und Freiheitsmißbrauch im Bereich der Wirtschaft zu bekämpfen. Diese Chancengleichheit dient der Vertragsgerechtigkeit, definiert diese aber nicht, weil sie unter Privaten nicht definierbar ist, wenn deren Recht zur Autonomie gewahrt bleiben soll[307)]. § 56 VwVfG definiert jedoch mit der Vertragsrichtigkeit die Vertragsrechtlichkeit und damit im Prinzip die Vertragsgerechtigkeit für vertragliche Bindungen des Staates vertragsgegenständlich. Das erübrigt den typisch auf die Vertragsfreiheit ausgerichteten wettbewerblichen Schutz. Wettbewerbsrechtlich bewehrte Chancengleichheit des Staates am Markt würde andere Vertragsinhalte zur Folge haben können. Deren Angemessenheit nach den gesamten Umständen im Sinne des § 56 Abs. 1 VwVfG wäre rein zufällig. Im übrigen ist es illusionär, die Chancengleichheit von privatem und staatlichem Vertragspartner mit den Instrumenten des Wettbewerbsrechts anstreben zu wollen[308)].

---

306) Vgl. die Hinweise zur Entmachtungsfunktion des Wettbewerbs in Fn.57 des 2.Teils, Fn.29 des 4.Teils und auch in den Fn.en 202, 205, 282 dieses Teils; insb. Böhm, in: Kartelle und Monopole I, S.3ff.; Mestmäcker, AcP 168 (1968), S.248ff.; ders., JZ 1964, 441ff.; Emmerich, Wirtschaftsrecht, S.134ff., 136 mit weiteren Hinweisen in Fn.374, S.131; Larenz, Allgemeiner Teil, S.93; ders. deutlich, Richtiges Recht, S.132ff., 135; auch Ramm, Privatrecht G, S.53f., 143; auch Landau, Begrenzung, S.107f. (Machtgleichgewicht); auch Duden, Begrenzung, S.93 (maßgeblich ist das "richtige Vertrag-zustande-bringen").
Durchaus bedenkenswert will Meyer-Cording, JZ 1964, 313f., Täuschung und Überbeeinflussung des Kunden als "sittenwidrig" einstufen. Damit will er die Möglichkeit und Fähigkeit des Kunden zur Autonomie schützen. Diese Kriterien haben auch sonst in der Rechtsordnung Niederschlag gefunden und sind geeignete Tatbestandsmerkmale gesetzlicher Regelung des Wettbewerbs, wie es §§3,4 UWG für die Täuschung erweisen. Täuschung und Überbeeinflussung dürften auch regelmäßig die "guten Sitten" i.S. privater Gesetze der Wettbewerber (dazu insb. im 8.Teil das 4.Kap., S.421ff.) verletzen. Vgl. ähnlich auch Ott, F.Raiser, S.419 (Sittenwidrigkeit als Bedrohung des freien Wettbewerbs, der Grundlagen der Wettbewerbsordnung; vgl. insoweit auch BGHZ 23, 365 (371, 375, u.a.) u. S.428ff. (Schutz der Verbraucherautonomie).
Zur wettbewerbsfunktionalistischen Theorie des Wettbewerbsrechts, die die Wettbewerbsordnung zur immanenten Grenze der Vertragsfreiheit um der Vertragssicherheit willen erhebt, insb. Rebe, Privatrecht und Wirtschaftsordnung, u.a. S.195ff., 222ff.; dazu im 8.Teil das 2.Kap., II, S.385ff.

307) Flume, Das Rechtsgeschäft, S.6, 7f.; Larenz, Allgemeiner Teil, S.96; ders., vorsichtig, Richtiges Recht, S.65ff., 79; Mestmäcker, AcP 168 (1968), S.241; M.Wolf, Rechtsgeschäftliche Entscheidungsfreiheit, etwa S.35f., 107ff.; insofern auch zurückhaltend Schmidt-Rimpler, F.Raiser, S.11, 13ff., 17ff., 25; a.A. Landau, Begrenzung, S.113f. (Äquivalenzkontrolle, aber nur bei "lebensnotwendigen Leistungen"); vgl. auch die Fn.en 295, 296, 297.

308) Zu den diesbezüglichen Bemühungen vgl. die Hinweise in Fn.81 im 2.Teil und Fn.en 217, 218ff. dieses Teils. Die Gleichheit von Staat und Privaten in der Wirtschaft wird allgemein bezweifelt; Burmeister erklärt ein Bemühen um deren Angleichung zu Recht für rechtswidrig, WiR 1972, 341. Dazu mit Hinweisen das 5.Kap., III, IV, V, VI, S.324f., 326ff., 329ff., 333f.

## III Gemeinwohlverwirklichung durch Verträge des Staates, nicht spezifisch dessen Anpassung an Privatinteressen

Das Instrument des 'öffentlich-rechtlichen' Vertrages gibt dem Privaten nicht etwa einen kompetenzwidrigen Einfluß, seine besonderen Interessen als Gemeinwohlkonkretisierung durchzusetzen, weil der Staat, etwa bei Beschaffungen, den Interessenausgleich mit dem privaten Vertragspartner finden muß[309)]. Zum einen ist der Staat nicht verpflichtet und nicht berechtigt, einen gemeinwohlwidrigen Vertrag zu akzeptieren. Das zeigt § 56 VwVfG. Vertraglichkeit und Staatlichkeit schließen sich in der Demokratie keineswegs aus[310)]. Der Staat darf jedoch das Instrument des Vertrages nur sachadäquat einsetzen, etwa wenn er sich am Markt eindecken will. Es entspricht dem Gemeinwohl, wenn der Staat nach haushaltsrechtlichen Prinzipien, insbesondere dem der Sparsamkeit, das optimale Angebot der Privaten sucht. Das Haushaltsrecht kennt hinreichende Bestimmungen, um gerade im Beschaffungswesen sachgerechte Gemeinwohlkonkretisierung durch Verfahren sicherzustellen, die optimale Angebote an den Staat zu ermöglichen geeignet sind[311)]. Der Interessenausgleich mit dem privaten Vertragspartner ist spezifisch keine Anpassung des allgemeinen Wohls an dessen besondere Interessen, sondern verwirklicht das Gemeinwohl im Rahmen des Spielraums, der im Beschaffungswesen erforderlich ist, um den Haushaltsprinzipien zu genügen. Selbstverständlich stellt das die Vertragsabschlußfreiheit des Privaten in Rechnung. Sonst würde der Staat das Instrument des Vertrages nicht benötigen. Ein Dogma inhaltlicher Alternativlosigkeit staatlicher Entscheidungen würde der Offenheit des Gemeinwohls widersprechen. Im Beschaffungswesen ist die Flexibilität des Staates wesentlich, wenn er optimale Verträge schließen will, auch im Sinne eines gemeinwohlgerechten Interessenausgleichs und der Ausgewogenheit von Leistung und Gegenleistung[312)]. Der staatliche Vertragspartner bedarf des Schutzes der Privatrechtsordnung nicht. Er ist prinzipiell überlegen, weil er seinen Bedarf notfalls durch den Einsatz seiner Rechtsmacht sichern kann. Wenn der Staat etwa die Grundstücke, die er benötigt, nicht durch Vertrag erwerben kann, darf er auf die Enteignungsbefugnis zurückgreifen[313)].

---

309) Dazu Tettinger, Wirtschaftsverwaltungsrecht, S.286f.

310) Vgl. Wolff-Bachof, Verwaltungsrecht I, §44 IIc, S.346f. mit Hinweisen auf gesetzliche Vorschriften, die den Vertrag als Entscheidungsinstrument vorschreiben; Schmidt-Salzer, WiR 1972, 103ff.; Achterberg, JA 1979, 356ff.; Vogel, Öffentliche Wirtschaftseinheiten, S.242; Bull, Allgemeines Verwaltungsrecht, S.263f.

311) Etwa §§24,55 BHO.

312) So Schmidt-Salzer, WiR 1972, 108; dazu Tettinger, Wirtschaftsverwaltungsrecht, S.286f.; Kunert, Bedarfsdeckungsgeschäfte, S.129ff., 192ff., u.ö.; Pietzcker, Der Staatsauftrag als Instrument, S.378ff., 382f. (unter dem Gleichheitsaspekt).

313) Etwa §§85ff. BBauG, insb. §87 Abs.2 S.1 BBauG: "Die Enteignung setzt voraus, daß der Antragsteller sich ernsthaft um den freihändigen Erwerb des zu enteignenden Grundstücks zu angemessenen Bedingungen, ... , vergeblich bemüht hat."
BGH NJW 1981, 976, stuft einen solchen Kaufvertrag und die Begleitverhandlungen trotz des ent-

Der Staat ist zudem außerrechtlich wirtschaftlich überlegen. Umgekehrt handelt der Staat gegenüber seinen privaten Vertragspartnern selbst nicht privat, sondern staatlich[314]. Der private Vertragspartner ist damit durch das Staatsrecht geschützt, zumal die staatliche Macht nicht spezifisch ökonomisch wie die der privaten Kontrahenten ist, sondern spezifisch rechtlich. Selbst V. Emmerich als einer der erklärten Anhänger der wettbewerbsrechtlichen Einbindung des Staates als Unternehmer und als Verbraucher sieht die beinahe hoffnungslosen Schwierigkeiten des Versuchs, den Staat wettbewerbsrechtlich zu disziplinieren, z.B. das Instrument der Fusionskontrolle gegenüber dem Bund zu praktizieren[315].

eignungsrechtlichen Hintergrundes als privatrechtlich ein, weil "diese Verhandlungen" "auf der Ebene gleichberechtigter Geschäftspartner geführt" würden und einen "privatrechtlichen 'Gegenstand'" hätten (anders das Berufungsgericht OLG Köln) unter Hinweis auf BGHZ 32, 214 (217); 50, 284 (287); BGH NJW 1969, 787f.; damit avanciert das Grundstück zu einem 'privatrechtlichen' Gegenstand, als ob sich nicht auch mannigfaltige öffentlich-rechtliche Vorschriften mit diesem Gegenstand befassen.

314) Das folgt aus der Ablehnung der Fiskustheorie, dazu im 6.Teil das 4.Kap., S.261ff., auch das 8.Kap. dieses Teils, S.357ff.. So explizit Schmidt-Salzer, WiR 1972, 106ff., für Beschaffungen.

315) Fusionskontrolle und überragende Marktstellung unter besonderer Berücksichtigung der Unternehmenskonzehtration bei der öffentlichen Hand, F.Böhm, S.119ff., insb. S.131ff. zur Ministererlaubnis.

7. Kapitel

# DER GRUNDRECHTSSCHUTZ GEGEN STAATSUNTERNEHMERISCHEN VERDRÄNGUNGSWETTBEWERB

## I Dogmatische Alternativität von Grundrechts- und Wettbewerbsrechtsschutz gegen existenzgefährdenden Wettbewerb des Staates

Der existenzbedrohende "Wettbewerb" des Staates wird allgemein als ein Paradefall des unlauteren Wettbewerbs im Sinne des § 1 UWG von all denen eingestuft, die die Konkurrenzverhältnisse zwischen dem Staat als Unternehmer und privaten Unternehmern wettbewerbsrechtlich lösen wollen, vor allem wenn der Staat dafür allgemeine Haushaltsmittel einsetzt oder sonstwie die Chancengleichheit verletzt[316].

Selbst Autoren jedoch, die die wettbewerbsrechtliche Lösung des Problems staatlicher Konkurrenz präferieren, greifen auf den Grundrechtsschutz zurück, wenn der private Unternehmer seine wirtschaftliche Existenz gegen den staatlichen Konkurrenten verteidigen will, durchaus im Widerspruch zu deren prinzipiellen Ablehnung der sog. Fiskalgeltung der Grundrechte[317]. Mangels hinreichend sicherer Maßstäbe im Wettbewerbsrecht für die Bewertung des als atypisch erkannten staatlichen Wettbewerbs wird staatsrechtlicher Schutz gesucht, wenn von den Grundrechten Hilfe zu erwarten ist[318]. Die Wirtschaftsgrundrechte sind dafür auch unentbehrlich. Die fiskustheoretische Dogmatik läßt sich also nicht einmal in den Grundfällen vermeintlichen Wettbewerbs zwischen staatlichen und

---

316) Hinweise in Fn.371; insb. Emmerich, Wirtschaftsrecht, S.141ff., 162ff., der Art.12 Abs.1 GG auch nicht zur Abwehr faktischer, etwa vertraglich begründeter Monopole heranzieht, a.a.O., S.118; dazu näher Schricker, Wirtschaftliche Tätigkeit, S.189ff.; auch Rüfner, Formen, S.213; P.Ulmer, ZHR 146 (1982), S.489f. für den Fall der Preisunterbietung; nicht anders Hubmann, W.u.V. 1982, 55ff.; ein klassisches Beispiel bietet das Brillenselbstabgabestellen-Urteil BGH NJW 1982, 2117ff., dazu der kritische Bericht im 1.Kap. des 2.Teils, S.26ff.; auch in BGH NJW 1982, 2125ff. geht es um mit öffentlichen Mitteln ermöglichte "Dumpingpreise" (S.2127).

317) Hinweise in Fn.56 des 1.Teils. Auch Scholz, etwa WiR 1972, 62, der ja das Wettbewerbsrecht für neutral hält (dazu im 9.Kap. des 2.Teils, S.80ff.).

318) Deutlich BGH NJW 1982, 2117 (2119ff.).

privaten Unternehmern ohne Verbiegung der privatrechtlichen Maßstäbe durchhalten[319]. Auch die mittelstandsschützende Entscheidung des Bundesgerichtshofs gegen den Brillenvertrieb von Allgemeinen Ortskrankenkassen ist in der Sache allein auf Art. 12 Abs. 1 GG gestützt[320].

Wäre § 1 UWG neutral gegenüber der Besonderheit des Staates, müßte er zumindest für die Fälle zweifelsfreien Schutzbedürfnisses der Wettbewerber, nämlich die, in denen die Existenz durch nicht tragfähige Verhaltensweisen von Konkurrenten bedroht ist, wesensgleiche Maßstäbe bereithalten. Es ist aber ein wesentlicher Unterschied des Maßstabes, wenn der eine, der staatliche Konkurrent, die Existenz der Konkurrenten schonen und im Extremfall zu diesem Zweck sogar aus dem Markt ausscheiden muß[321], während der andere, der private Konkurrent, Vernichtungswettbewerb betreiben darf, solange das auf 'eigener Leistung' beruht, nicht gegen die "guten Sitten" verstößt, was immer das heißen mag. Des einen Marktbeteiligung hängt dann vom Bestand des Wettbewebs ab, des anderen nicht. Eine solche Besonderheit des Maßstabes kommt für keinen privaten Wettbewerber in Betracht, sondern allein für den staatlichen. Im Ergebnis ist diese Schranke staatsunternehmerischer Betätigung durchaus gerechtfertigt, wie noch darzulegen ist, aber als Wirkung der Wirtschaftsgrundrechte der Privatunternehmer, also auf Grund besonderen Rechts für den Staat, dem Staatsrecht. Das Ergebnis folgt gerade nicht aus einer allgemeinen und gleichen Anwendung des § 1 UWG auf alle Wettbewerber; es erweist § 1 UWG gerade nicht als neutral. Darüber kann nicht hinwegtäuschen, daß der Bundesgerichtshof in der angeführten AOK-Entscheidung für seine grundrechtliche Unternehmensschranke die autonomierechtliche Anspruchsgrundlage des § 1 UWG vorschiebt.

## II Wettbewerbsrechtlicher als fiskustheoretischer Ersatz grundrechtlichen Existenzschutzes

Privatrechtlicher Existenzschutz gegenüber den staatlichen Konkurrenten ist § 1 UWG allenfalls in den Fällen zu entnehmen, in denen auch privater Vernichtungswettbewerb gegen die "guten Sitten" verstieße. Gegenüber dem Staat als wegen seiner Macht atypischen 'Wettbewerber' will man jedoch, im Ergebnis zu Recht, den Existenzschutz der Privatunternehmen ausdehnen[322]. Der tragende

---

319) Zur Modifizierung der wettbewerbsrechtlichen Maßstäbe für den "Wettbewerber" Staat vgl. die Hinweise in den Fn.en 217, 218. Den Extremfall zeigt BGH NJW 1982, 2117ff., in dem einem "Wettbewerber" gar untersagt wird, sich am "Wettbewerb" zu beteiligen, dem Staat. Nichts zeigt deutlicher, daß der Staat kein "Wettbewerber" sein darf.

320) BGH NJW 1982, 2117ff., dazu im 1.Kap. des 2.Teils, S.26ff.

321) So nach BGH NJW 1982, 2117ff., die Allgemeinen Ortskrankenkassen aus dem Brillenvertrieb.

322) Vgl. die Hinweise in Fn.371. Näher Schricker, Wirtschaftliche Tätigkeit, S.189ff.; zur Problematik vor allem Scholz, AöR (1972), S.305f.; ders., Öffentliche und Privatversicherung, S.518f.; Ossenbühl, Wirkungskreis der Deutschen Bundespost, S.113ff., 128; P.Ulmer, ZHR 146 (1982), S.489f.; Badura, ZHR 146 (1982), S.460f.

Entscheidungsgesichtspunkt des Brillen-Selbstabgabestellen-Urteils[323] ist der aus Art. 12 Abs. 1 abgeleitete Existenzschutz der mittelständischen freiberuflichen Optiker: "Die schrankenlose Einrichtung von Selbstabgabestellen (sc. von Trägern der gesetzlichen Krankenversicherung) schließt die - zu Art. 12 I GG in Widerspruch stehende - Möglichkeit ein, vorhandene und nach Herkommen und Gesetz anerkannte selbständige Berufe faktisch nur noch als Angestelltenberufe ausüben zu können." "Die Krankenkassen" hätten darum "die ihnen obliegenden Leistungen der Versicherten durch Rückgriff auf die eingerichteten freien Berufe zu verschaffen und nur in Ausnahmefällen selber zu erbringen"[324]. Aus diesem (selbst nicht so genannten) grundrechtlichen Subsidiaritätsprinzip leitet der Bundesgerichtshof schließlich die "Unvereinbarkeit" des "Wettbewerbs der Krankenkassen mit den Augenoptikern" mit § 1 UWG her. Wenn nämlich alle gesetzlichen Krankenkassen von einem Recht zur Selbstabgabe von Brillen Gebrauch machen würden, bestünde angesichts der "ungleichen Wettbewerbslage" (Steuervorteile der Kassen, kein "unternehmerisches Risiko" derselben) die "Gefahr eines ruinösen Wettbewerbs" mit der Möglichkeit ihrer (sc. der selbständigen Augenoptiker) Ausschaltung als selbständige Gewerbetreibende aus dem Wirtschaftsleben. "Ein Wettbewerb, der in dieser Weise an die Grundlagen der Existenz eines vorhandenen und nach Herkommen und Gesetz anerkannten selbständigen Berufsstandes rührt, führt in einem nicht unerheblichen Umfang zu einer Ausschaltung des Leistungswettbewerbs und damit zu einer ernstlichen Gefahr für dessen Bestand". Die "Freiheit des Wettbewerbs der Augenoptiker" sei beeinträchtigt. "Bei einer solchen Sachlage führt aber die Heranziehung des § 1 UWG nicht zu einer Ergänzung oder Überlagerung der allgemeinen wirtschaftspolitischen Entscheidung der öffentlichen Hand hinsichtlich der Frage einer Teilnahme am Wettbewerb, sondern b e s t ä t i g t die g e s e t z l i c h e R e g e l u n g, die für den R e g e l f a l l der Erbringung von Leistungen der Krankenpflege generell und primär auf die bestehenden freien Berufe verweist"[325]. Diese "gesetzliche Regelung" findet das Gericht nicht im einfachen Sozialrecht, das trotz intensiver Suche des Gerichts nichts hergibt, sondern in Art. 12 Abs 1 GG, und dieses Gesetz ist in der Sache der alleinige Maßstab des Wettbewerbsverstoßes. Die Worte "gute Sitten" werden nicht benutzt. Das ist Schutz der beruflichen Realität, der sich (explizit) mittels Art. 12 Abs. 1 GG zu rechtfertigen versucht, für die Abwehr der Existenzgefährdung der privaten Optiker durch die drohende faktische Monopolisierung der Brillenversorgung bei den gesetzlichen Kassen (dem Staat) zu Recht[326].

Der private Unternehmer braucht auf die Existenz der Konkurrenten keine Rücksicht zu nehmen, wenn er diese durch Leistung vom Markt zu verdrängen droht.

---

323) BGH NJW 1982, 2117 (2119f.); zu diesem Urteil kritisch P.Ulmer, ZHR 146 (1982), S.499f.

324) Zitate BGH NJW 1982, 2120.

325) BGH NJW 1982, 2121, Sperrung von mir.

326) Dazu sub V, S.353ff. mit Hinweisen; so etwa P.Ulmer, ZHR 146 (1982), S.487f., 500; w.H. in Fn.371.

Er darf sogar deren Vernichtung betreiben, wenn sein Wettbewerb nicht unlauter ist[327]. Ein solches Ziel zu verfolgen verwehren dem staatlichen Unternehmer die Grundrechte des privaten Konkurrenten[328]. Die Entscheidung gegen den Grundrechtsschutz der Privatunternehmen vor vernichtender Konkurrenz durch staatliche Unternehmen[329] legt es nahe, das Wettbewerbsrecht zu Hilfe zu holen, also einen speziellen privatrechtlichen Schutz gegen diese staatliche Ingerenz zu geben[330]. Wer den Fiskus nicht an die Grundrechte bindet[331], wird grundrechtliche Abwehrrechte jedenfalls gegen (quasi-) private Staatsunternehmen ablehnen[332]. Wer gar gestützt auf Art. 12 Abs. 1 GG dem Staat Wettbewerbsfreiheit und damit wirtschaftliche Privatheit (in den Grenzen der jeweiligen Kompetenzen) zugesteht[333], wird keinen Unternehmensexistenzschutz

---

327) Hinweise in Fn.122. Vgl. jüngst etwa BGHZ 81, 291 (295f.) = NJW 1982, 335f., wo der "Bestand des Wettbewerbs" als Schutzinteresse der Allgemeinheit Kriterium der Unlauterkeit ist, nicht aber die Existenz des einzelnen Konkurrenten, der nur gegen gezielten Vernichtungswettbewerb geschützt sei; für viele P.Ulmer, ZHR 146 (1982), S.484.

328) Hinweise in Fn.371. BVerwGE 39, 329 (337); in der Sache deutlich BGH NJW 1982, 2117ff. (2119f.), wo aus Art.12 Abs.1 GG ein Subsidiaritätsprinzip, ohne es zu nennen, abgeleistet wird; für viele P.Ulmer, ZHR 146 (1982), S.489f., 500; Badura, ZHR 146 (1982), S.460ff.

329) Für viele Klein, Teiln.,S.181f.; Bettermann, F.Hirsch, S.18ff.; Emmerich, Wirtsch.-recht, S.120ff., 136f., 147, 264f. Zur Frage der Fiskalgeltung der Grundrechte ausführl. Hinw. in Fn.56 des 1.Teils.

330) Deutlich Emmerich, Wirtschaftsrecht, S.147 ("Ausweg"), dazu im 2.Teil das 7.Kap., S.72ff.; Klein, Teilnahme, S.165ff., 176f. mit einer Argumentation gegen die Fiskalgeltung, die grundrechtsdogmatisch aus Staatstheorien vergangener Verfassungsepochen lebt und nicht ein Grundrecht nach seiner Schutzwirkung beurteilt, dazu im 2.Teil das 5.Kap., S.54ff.; so auch BVerwGE 17, 306 (314); 39, 329 (337); vorsichtiger BVerwG NJW 1978, 1539f., wo nicht mehr auf das Wettbewerbsrecht verwiesen ist, wenn auch noch von "Verdrängungswettbewerb" die Rede ist; auch Papier, Handbuch, S.626.

331) Vgl. die Hinweise in Fn.56 im 1.Teil und die folgende Fn.; insb. Bettermann, F.Hirsch, S.11, 20; Emmerich, Wirtschaftsrecht, S.120ff., 136f., 147, 264f., dazu im 2.Teil das 7.Kap., S.68ff.

332) So Bettermann, F.Hirsch, S.11, 19ff.; Forsthoff, Staat als Auftraggeber, S.13ff.; Klein, Teilnahme, S.165ff., 176f. mit Hinweisen, ausführlich, S.176f. (Grundrechte beschränken nur "spezifische Staatsmacht"), S.169, 175 (was ist dabei spezifisch?), "wo der Staat nicht herrscht, bedarf es dieser Mäßigung nicht"; Emmerich, JuS 1970, 332; Rinck, Wirtschaftsrecht, Rdn.173; Scheuner, VVDStRL 19 (1961), S.264ff.; v.Mangoldt-Klein, GG, Anm.V 3b zu Art.1 GG; Püttner, Die öffentlichen Unternehmen, S.147; Wolff-Bachof, Verwaltungsrecht I, §23 IIa, S.106f., Vc, S.112; Bachof, Die Grundrechte III 1, S.175; Reuss, Staatsbürger und Staatsgewalt, Bd.2, S.269; eng Maunz/Dürig, Maunz/Dürig/Herzog/Scholz, Rdn.132ff. zu Art.1 GG; Dürig, F.Nawiasky, S.186f.; insoweit zurückhaltend sogar Zeidler, VVDStRL 19 (1961), S.232f.
Weitere Hinweise zur Frage der Fiskalgeltung der Grundrechte in Fn.56 im 1.Teil.

333) So Bettermann, F.Hirsch, S.1ff.; ders. schon JZ 1958, 164; ihm folgend Wolff, Verwaltungsrecht II, §98 II e 3, S.331; vorsichtig i.d.S., differenzierend Wolff-Bachof, Verwaltungsrecht I, §23 II b 2, S.107f.; so in der Sache durch die Verweisung auf das Privatrecht die Praxis, etwa BVerwGE 17, 306 (314); 39, 329 (337); auch BVerfGE 27, 364 (374): "Sie tritt damit auf den Boden des Privat- und Gesellschaftsrechts, nimmt konkurrierend mit anderen Wirtschaftsunternehmen am Wirtschafts- und Erwerbsleben der f r e i e n Gesellschaft teil und unterwirft sich den Gesetzen des Marktes...". Dagegen vgl. die Hinweise in Fn.60 des 1.Teils; insb. jetzt die Ablehnung eines Grundrechtsschutzes aus Art.14 GG für Gemeinden, weil diese nicht privat seien, durch das BVerfG NJW 1982, 2173ff.; schwankend Püttner, Die öffentlichen Unternehmen, S.148ff. mit Hinweisen in Fn.en 18, 21, der sich für die Gesellschaften privaten Rechts in öffentlicher Hand schließlich für die Grundrechtsberechtigung und Gewerbefreiheit entscheidet, S.154, gegen Dürigs Durchgriffslehre; vgl. (gegen) auch Nipperdey, BB 1951, 593ff.; Stern/Püttner, Gemeindewirtschaft, S.130 mit Nachweisen; schon Jacobi, Keine Gewerbefreiheit der öffentlichen Hand?, BB 1951, 764f. (für).

der privaten Konkurrenten in den Grundrechten suchen[334], weil er Staatsunternehmen und Privatunternehmen gleich-, insb. demselben Recht unterstellt. Das setzt allerdings voraus, sich für die Fähigkeit des Staates, privat und Privatrechtssubjekt im eigentlichen Sinne zu sein, sich für dessen Recht, sich am Wettbewerb zu beteiligen, und sich dafür entschieden zu haben, dessen privatwirtschaftliche Betätigung aus dem Bereich der staatlichen Verwaltung auszuklammern[335].

## III Irrelevanz der grundrechtlichen Drittwirkungsproblematik

Die Frage nach der unmittelbaren (Dritt-)Wirkung der Grundrechte im Verhältnis der Privaten zu den quasi-privaten staatlichen Unternehmen[336] unterstellt wiederum, daß der Staat privatrechtlich und sogar privat agiere. Die Erkenntnis einer Privatrechtswirkung der Grundrechte unter Privaten hat keine spezifische Relevanz für Fragen des grundrechtlichen Schutzes der Menschen gegenüber dem Staat, sei es auch der als Unternehmer. Unsere Kritik der Fiskustheorie mit freiheitlich-demokratischer Argumentation[337] zwingt zu der Folgerung: Alles Verhalten des Staates ist grundrechtsgebunden[338].

## IV Grundrechtliche Besonderheiten bei staatsunternehmerischer Ingerenz

Gegenüber unternehmerischem Verhalten des Staates ist die jeweilige Grundrechtswirkung eigenständig abzugrenzen. Die gegen staatliches Eingriffsverhal-

---

334) Auch insoweit anders Püttner, Die öffentlichen Unternehmen, S.163f. für Grenzfälle; typisch Klein, Teilnahme, S.176f., 182.

335) Dazu das 8.Kap., S.357ff.
Kritisch insb. Zeidler, VVDStRL 19 (1961), S.225ff.; Mallmann, daselbst, S.201; anders insoweit Klein, Teilnahme, S.169f. mit nicht stichhaltigem genetischen Argument und dem Argument der Gleichordnung des Staates, der sich wie ein Bürger verhalte, mit dem Bürger, was erst zu beweisen wäre. Fiskalische Betätigung als private Betätigung ist freilich dem Staat verboten, de lege lata (Demokratie- und Freiheitsprinzip, dazu im 4.Kap., V, des 6.Teils, S.261ff., 272ff.), was Klein für "völlig indiskutabel" hält; darum erörtert er es nicht und verharrt im Ungewissen. Anders klar, deutlich und falsch BVerfGE 27, 364 (374); zwiespältig etwa Badura, ZHR 146 (1982), S.452, 456.

336) Dafür die Befürworter der Fiskalgeltung der Grundrechte, vgl. die Hinweise in Fn.56 im 1.Teil; insb. klar Hesse, Verfassungsrecht, S.142ff.
Zur Drittwirkung vgl. Fn.235 im 2.Teil.

337) Vor allem das 4.Kap. im 6.Teil, S.261ff., insb. sub V 5, S.272ff.

338) Hinweise in Fn.56 im 1.Teil; klar etwa Hesse, Verfassungsrecht, S.142ff.; vgl. zurückhaltend Badura, F.Schlochauer, S.21 (gegen Bettermann, F.Hirsch, S.11, 19ff.; klarer für die Grundrechtsrelevanz Badura, ZHR 146 (1982), S.460ff.; Ossenbühl, Wirkungskreis der Deutschen Bundespost, S.113ff., insb. S.118; vgl. Scholz, AöR 97 (1972), S.305f.; ders., Öffentliche und Privatversicherung, S.518f.; Grupp, ZHR 140 (1976), S.380ff. m.H.; Hoffmann-Becking, F.Wolff, S.445, 457ff.; Isensee, DB 1979, 147ff.; Stober, ZHR 145 (1981), S.578f.; i.d.S. auch BVerwGE 39, 329 (336f.), das die Wirtschaftsgrundrechte als Schutznormen gegen öffentliche Unternehmungen prüft; zur Fiskalgeltung der Grundrechte insb. v.Mutius, Bonner Kommentar, Rdn.82, 126, 145ff. zu Art.19 Abs.3 GG; Dürig, Maunz/Dürig/Herzog/Scholz, Rdn.475ff. zu Art.3 Abs.1 GG; vgl. auch Wilke/Stachel, W.u.V.

ten entwickelte Schutzwirkung der Grundrechte determiniert nicht ohne weiteres deren Relevanz gegenüber unternehmerischem Verhalten des Staates[339]. Die dogmatischen Grundlinien dürften allerdings dieselben bleiben. Für diese Feststellung braucht nicht grenzscharf geklärt zu werden, wie weit die Abwehrwirkung der Wirtschaftsgrundrechte gegenüber imperativen oder bloß faktischen, unmittelbaren, mittelbaren oder reflexiven (i.S. der Mitbetroffenheit durch einen unmittelbar drittgerichteten Grundrechtseingriff) Ingerenzen reichen[340].

Weil alles staatliche Verhalten unabhängig von dessen Zielsetzung oder gar Rechtsform grundrechtsgebunden ist, wie es Art. 1 Abs. 3 GG in sachgerechter weiter Interpretation vorschreibt[341], hängt es allein von den grundrechtlichen Tatbeständen und Rechtsfolgen ab, inwieweit privaten Unternehmern Grundrechtsschutz gegen den Konkurrenten Staat eingeräumt ist[342].

---

1978, 95, 105 m.H.; dagegen für viele Emmerich, Wirtschaftsrecht, S.113ff.; deutlich und einzig richtig Burmeister, WiR 1972, 347: "Im Grunde bedarf es überhaupt keines Wortes, daß die Zuerkennung der Gestaltungsfreiheit im Bereich der durch die Kompetenzen aufgefangenen öffentlichen Funktionswahrnehmung nicht zu einer Freistellung von den Grundrechtsbindungen führen kann."

339) So auch im Grundsatz Krüger, Allgemeine Staatslehre, S.329.

340) Dazu vor allem Gallwas, Faktische Beeinträchtigungen im Bereich der Grundrechte, 1970, S.21ff.; Kloepfer, Grundrechte als Entstehenssicherung und Bestandsschutz, 1970; Schwabe, Grundrechtsdogmatik, 1977, S.176ff.; Isensee, Subsidiaritätsprinzip, S.286ff.; Zuleeg, Subventionskontrolle und Konkurrentenklage, 1974; ders., DVBl 1976, 509ff., 514; Papier, Der Staat 1972, 494ff.; Hoffmann, Rechtsfragen der Währungspolitik, 1969; Scholz, Wirtschaftsaufsicht, S.122ff., 152ff.; ders., AöR 97 (1972), S.305f.; ders., Öffentliche und Privatversicherung, S.516, 518f. (Eingriffswirksamkeit sozialwirtschaftlicher Konkurrenz); ders., ZHR 132 (1969), S.100; ders., WiR 1972, 35ff.; Vogel, VVDStRL 24 (1966), S.151ff. m.w.H.; Burmeister, WiR 1972, 336 m.H. in Fn.63; v.Maydell-Scholz, Grenzen der Eigenwirtschaft gesetzlicher Krankenversicherungsträger, 1980, S.77ff.; Badura, ZHR 146 (1982), S.460ff., der zu Recht für "Eingriffe durch Konkurrenz" den Gesetzesvorbehalt postuliert, a.a.O., S.462.
Zur Rechtsprechung des Bundesverfassungsgerichts vgl. die Hinweise in Fn.en 350, 355; insb. BVerfGE 13, 181 (185ff.): Steuerliche Vorschriften, "die infolge ihrer tatsächlichen Auswirkungen geeignet sind, die Freiheit der Berufswahl mittelbar zu beeinträchtigen, obwohl sie keinen unmittelbar berufsregelnden Charakter tragen", "wenn sie infolge ihrer Gestaltung in einem engen Zusammenhang mit der Ausübung eines Berufes stehen und -objektiv- eine berufsregelnde Tendenz deutlich erkennen lassen"; recht weitgehend auch BVerfGE 46, 120 (137); 47, 1 (21); BGH NJW 1982, 2117ff. gibt in der Sache Grundrechtsschutz gegen staatliche Konkurrenz, also gegen faktische Beeinträchtigung privater Unternehmer, gestützt auf §1 UWG.

341) Hinweise in Fn.56 des 1.Teils und Fn.338 dieses Teils. Gegen einen eigenständigen Fiskus die Erörterung im 5. und 6.Teil. Die These totaler Grundrechtsgebundenheit des Staates ist die Konsequenz der Verfassungswidrigkeit der Fiskustheorie; i.d.S. auch Isensee, Subsidiaritätsprinzip, S.204ff., 216, 286ff., 288f.; Ossenbühl, Wirkungskreis der Deutschen Bundespost, S.113ff., 118; dazu mit Hinw. Badura, ZHR 146 (1982), S.457ff., 460ff., sehr zurückhaltend.

342) Dazu ist eigenständig nachzuweisen, daß jedenfalls die Wirtschaftsgrundrechte prinzipiell nur gegen imperative und unmittelbare Maßnahmen des Staates gegen den Menschen Schutz geben, so daß diese Grundrechte im Grundsatz und Regelfall keine Abwehrklage gegen den staatlichen Konkurrenten stützen. In diesem Sinne BVerfGE 17, 306 (311ff.); 39, 329 (337); Badura, F.Schlochauer, S.20ff.; ders., ZHR 146 (1982), S.460ff.; Scholz, ZHR 132 (1969), S.105ff.; ders., AöR 97 (1972), S.305f.; ders., Öffentliche und Privatversicherung, S.518f.; ders., WiR 1972, 60f.; ders., Konzentrationskontrolle, S.79ff.; v.Maydell/Scholz, Grenzen der Eigenwirtschaft, S.119ff.; Rittner, Wirtschaftsrecht, S.177f.; Ossenbühl, Wirkungskreis der Deutschen Bundespost, S.113ff.; dazu auch P.Ulmer, ZHR 146 (1982), S.468f. m.w.H.; dazu auch Stober, selbst zu weitgehend (Schutz aus Art.12 und 14 GG gegen staatliche Konkurrenz, wenn diese "nicht durch dringende öffentliche Zwecke gerechtfertigt" ist), ZHR 145 (1981), S.578f. m.w.H.

## V Grundrechtsschutz gegen staatlichen Vernichtungs"wettbewerb"

Der auf Vernichtung des privaten "Konkurrenten" ausgerichtete "Wettbewerb" des Staates jedenfalls ist auch nach engsten, sogar subjektive Elemente umfassenden, Kriterien Eingriff[343)] in die Gewerbefreiheit des Art. 12 Abs. 1 GG[344)] und in die Eigentumsgarantie des Art. 14 Abs. 1 GG[345)], wenn man so will als enteignungsgleicher Eingriff[346)], erst recht, wenn als Eingriff die objektive Beeinträchtigung dieser Grundrechte genügt[347)]. Selbst wenn die Wirtschaftsgrundrechte nur die Rechte zur freien Entfaltung in der Wirtschaft in deren normativen Bestand schützen[348)], nicht auch die realen wirtschaftli-

---

343) Zur Problematik des Eingriffsbegriffs: Schwabe, Grundrechtsdogmatik, S.176ff., genau differenzierend, mit weiteren Hinweisen; ders., DÖV 1973, 623ff.; Gallwas, Faktische Beeinträchtigungen, S.105ff., passim; Bernhardt, JZ 1963, 302ff.; Sailer, DVBl 1976, 521ff. m.H.; Kloepfer, Grundrechte als Entstehenssicherung, passim, insb. S.21f.; Lerche, JuS 1961, 239f.; ders., DÖV 1961, 490f.; ders., Übermaß und Verfassungsrecht, S.106ff.
Zur Eingriffsproblematik bei staatlicher Konkurrenz vor allem Scholz, AöR 97 (1972), S.301, 305f.; ders., Grenzen staatlicher Aktivität, S.132; ders., Öffentliche und Privatversicherung, S.518f.; Vogel, VVDStRL 24 (1966), S.151ff. m.H.; Badura, F.Schlochauer, S.21f.; ders., ZHR 146 (1982), S.460ff.; Ossenbühl, Wirkungskreis der Deutschen Bundespost, S.113ff., 117ff., 125ff., 128, die die Möglichkeit eines Grundrechtseingriffs durch staatliche Konkurrenz bejahen; ebenso Gallwas, a.a.O., S.105ff.; Grupp, ZHR 140 (1976), S.380, 386ff.; Hoffmann-Becking, F.Wolff, S.457ff.

344) Vgl. Püttner, Die öffentlichen Unternehmen, S.163f.; auch Emmerich, Wirtschaftsrecht, S.143, trotz seiner Ablehnung der Fiskalgeltung der Grundrechte; Hoffmann-Becking, F.Wolff, S.454ff.; weitergehend; auch Isensee, Subsidiaritätsprinzip, S.286ff.; Grupp, ZHR 140 (1976), S.380, 386ff., weitergehend; Badura, ZHR 146 (1982), S.460f.; Ossenbühl, Wirkungskreis der Deutschen Bundespost, S.113ff., 117ff., 128; Scholz, wie Fn.343.
A.A. Klein, Teilnahme,S.176f., 181f.
Für steuerrechtliche mittelbare Eingriffe in die Berufsfreiheit vgl. die Hinweise auf die Rechtsprechung des Bundesverfassungsgerichts in Fn.en 350, 355; dazu auch Weber/Crezelius, G.Klein, S.542ff.; Badura, F.Schlochauer, S.22.
Gegen die Grundrechtsrelevanz bei und wegen des fiskalischen Charakters staatlicher Konkurrenz vgl. die Hinweise in Fn.en 329, 332.

345) Rüfner, Formen, S.213; Scholz, wie Fn.343; Hoffmann-Becking, F.Wolff, S.454ff.; Badura, F.Schlochauer, S.22; ders., ZHR 146 (1982), S.460ff.; Isensee, Subsidiaritätsprinzip, S.286ff., der noch weiter geht und jede das Subsidiaritätsprinzip mißachtende unternehmerische Tätigkeit des Staates für eine Verletzung der Art.12 Abs.1 und gegebenfalls Art.14 Abs.1 GG ansieht; Grupp, ZHR 140 (1976), S.380, 386ff.; auch P.Ulmer, ZHR 146 (1982), S.468; Stober, ZHR 145 (1981), S.578f.; auch Ossenbühl, Wirkungskreis der Deutschen Bundespost, S.113ff., 125ff., 128; auch BVerwGE 17, 306 (313f.); 39, 329 (337); auch BVerwG NJW 1978, 1540, bei Monopolisierung des Staates; OLG München NJW 1958, 1302; LG Hannover, BB 1962, 733.
Für die geldleistungsrechtlichen Eingriffe in die Eigentumsgarantie vgl. die Hinweise in Fn.355 auf die Rechtsprechung des Bundesverfassungsgerichts. Vgl. die weiteren Hinweise in Fn.344.

346) Hoffmann-Becking, F.Wolff, S.454ff. mit Hinweisen. Zum Problem dieses Rechtsinstituts Papier, Maunz/Dürig/Herzog/Scholz, Rdn.597ff., 630ff. zu Art.14 GG; Badura, Handbuch, S.679ff.

347) Bettermann, F.Hirsch, S.18; Hoffmann-Becking, F.Wolff, S.457f.; Zuleeg, Subventionskontrolle, S.37ff., 67; Haug, Verfassungsbeschwerde bei mittelbarer Verletzung der Grundrechte, S.43, 47; Gallwas, Faktische Beeinträchtigungen, S.104, 166 These 8; vorsichtig einzelfallorientiert Schwabe, Grundrechtsdogmatik, S.180ff., 195. A.A. Friauf, DVBl 1971, 674ff., 681f. (anders noch ders., Verfassungsrechtliche Grenzen, S.41).
Vgl. auch BVerfGE 13, 181 (185ff.); siehe auch die Hinweise aus Fn.340.

348) Das folgt aus dem prinzipiell auf imperative/rechtsaktmäßige Eingriffe bezogene Schutzwirkung dieser Grundrechte, die sich aus dem Wortlaut des Tatbestandes, dem der Schranken, vor allem dem des Gesetzesvorbehalts (!), und den grundgesetzlichen Schrankenschranken (Art.19 Abs.1 GG) ergibt. So auch Badura, F.Schlochauer, S.19; Klein, Teilnahme, S.177; a.A. insb. Gallwas, Faktische Beeinträchtigungen, S.104 mit Fn.191; dazu Schwabe, Grundrechtsdogmatik, S.176ff.

chen Entfaltungsmöglichkeiten[349)], so berechtigt doch Art. 12 Abs. 1 GG auch, die faktische Vernichtung des Gewerbes abzuwehren[350)], und schützt doch Art. 14 Abs. 1 GG auch das Unternehmen gegen dessen faktische Vernichtung durch den Staat[351)].

Nicht jede Vernichtung wirtschaftlicher Existenz durch staatliche Maßnahmen ist grundrechtswidrig. Der Staat darf im Rahmen der Grundrechtsschranken wirtschaftliche Aktivitäten monopolisieren, wie er es mit der Arbeitsvermittlung prinzipiell getan hat[352)]. Berufsfreiheitsrechtlich wäre wegen der unüberwindlichen Wirtschaftskraft des Staates dessen Vernichtungswettbewerb einer objektiven Zulassungsschranke gleichzuachten[353)], für deren Rechtfertigung der Staat

---

349) So aber Gallwas, Faktische Beeinträchtigungen, S.104, 105ff.; Bettermann, F.Hirsch, S.18; kritisch Haverkate, NJW 1973, 441, 444; Isensee,Subsidiaritätsprinzip, S.283 mit Fn.242, S.286ff., 288; Scholz, AöR 97 (1972), S.306; ders., Öffentliche und Privatversicherung, S.516f., 519; v.Maydell/Scholz, Grenzen der Eigenwirtschaft, S.77ff.; Hoffmann-Becking, F.Wolff, S.457ff.; auch Weber/Crezelius, G.Klein, S.547, 549f., im Interesse der "Effektivität des Grundrechtsschutzes"; auch Dürig, Maunz/Dürig/Herzog/Scholz, Rdn.100 zu Art.1 Abs.3 GG; auch Grupp, ZHR 140 (1976), S.380; auch Ossenbühl, Wirkungskreis der Deutschen Bundespost, S.113ff., 117ff., 122ff., 125ff., 128; im Erg. auch BGH NJW 1982, 2117 (2119f.), Mittelstandsschutz vor faktischer staatlicher Konkurrenz. Dagegen etwa Badura, F.Schlochauer, S.19; Klein, Teilnahme, S.177.
Allgemein zum Topos Grundrechtseffektivität als Argument für den Schutz oder gar die Garantie von Grundrechtsvoraussetzungen Kloepfer, Grundrechte als Entstehenssicherung, S.28ff. mit Hinweisen, auch S.14ff. mit Hinweisen.

350) Vgl. BVerfGE 13, 181 (185ff.); 14, 76 (100f.); 16, 147 (161); 17, 135 (137); 29, 327 (331, 333f.), das für die Berufswahlfreiheit auf die wirtschaftliche Unmöglichkeit der Berufsausübung durch mittelbare, nicht gezielt berufsregelnde Maßnahmen, etwa Steuererhöhungen, abstellt; vgl. auch BVerfGE 14, 221 (241); 23, 288 (314f.); 27, 111 (131); 31, 8 (23f.); 38, 61 (79ff.); weitgehend auch BVerfGE 46, 120 (137); 47, 1 (21).
So jetzt deutlich BGH NJW 1982, 2117 (2119f.); dazu der Bericht im 1.Kap. des 2.Teils, S.26ff.; vgl. auch BVerwGE 17, 306 (311); 39, 329 (334, 336f.); BVerwG NJW 1978, 1540, im Falle der öffentlichen Monopolbildung; auch VGH Mannheim, NJW 1984, 253; Isensee, Subsidiaritätsprinzip, S.286ff. (weitergehend); Schwabe, Grundrechtsdogmatik, S.185f., 191, 193, für ähnliche Fallgestaltungen, der auf die "Intensität des Einwirkungseffekts" auf den geschützten Bereich abstellt; Weber/Crezelius, G.Klein, S.547; dazu Hoffmann-Becking, F.Wolff, S.459; dazu Emmerich, Wirtschaftsrecht, S.114ff.; Klein, Teilnahme, S.1ff.; Püttner, Die öffentlichen Unternehmen, S.158, 163f.; Herzog, Der Staat 2 (1963), S.415; wie hier auch Badura, F.Schlochauer, S.19, 21f. bei wirtschaftslenkender Wirkung und Verdrängung mit Hinweis auf Scholzens Kriterium der "Eingriffswirksamkeit", also des "Eingriffs durch Konkurrenz"; so auch ders., ZHR 146 (1982), S.460ff.; Scholz, AöR 97 (1972), S.301, 305f.; ders., Grenzen staatlicher Aktivität, S.132; ders., Öffentliche und Privatversicherung, S.518f.; Grupp, ZHR 140 (1976), S.380, 386ff.; Stober, ZHR 145 (1981), S.578f.; ders., NJW 1984, 456 (Schutz vor Konkurrenz der öffentlichen Hand, "die nicht durch dringende öffentliche Zwecke gerechtfertigt" ist.), zu weitgehend; Rüfner, Formen, S.213; auch Ossenbühl, Wirkungskreis der Deutschen Bundespost, S.113ff., 128; auch Papier, Handbuch, S.626.

351) Isensee, Subsidiaritätsprinzip, S.286ff.; Klein, Teilnahme, S.268; Rüfner, Formen, S.213, für die Eigentumsgarantie; Scholz, AöR 97 (1972), S.301, 305f.; ders., Grenzen staatlicher Aktivität, S.132; ders., Öffentliche und Privatversicherung, S.518f.; ders., WiR 1972, 35ff., 60ff., 62; ders., Konzentrationskontrolle, S.79ff.; Grupp, ZHR 140 (1976), S.380, 386ff. (Gesetzesvorbehalt); Stober, ZHR 145 (1981), S.578f.; Badura, ZHR 146 (1982), S.460ff. (Gesetzesvorbehalt für "Eingriff durch Konkurrenz"); Ossenbühl, Wirkungskreis der Deutschen Bundespost, S.113ff., 125ff., 128. Vgl. BVerwGE 17, 306 (311ff.); 39, 329 (337); BVerwG NJW 1978, 1540, bei Monopolisierung; vgl. auch BVerfGE 13, 225 (230); 16, 147 (187).
A.A. wohl Püttner, Die öffentlichen Unternehmen, S.157.
Vgl. auch die Hinweise in Fn.en 343, 350.

352) Verfassungsgemäß, vgl. BVerfGE 21, 245 (251ff., 257ff.).

353) So für die Gefahr der Brillenselbstabgabestellen aller gesetzlichen Kassen jetzt BGH NJW 1982, 2117 (2119ff.).

unabweisbare, anders nicht zu verwirklichende, der privaten wirtschaftlichen Betätigung des bedrohten Unternehmers deutlich vorrangige Interessen des Gemeinwohls nachweisen müßte[354]. Die entsprechende Bewertung hat die existenzbedrohende Erdrosselungsbesteuerung durch das Bundesverfassungsgericht selbst gefunden[355]. Vernichtungswettbewerb des Staates wäre wegen der bezweckten Wirkung Instrumentenmißbrauch und schon deswegen verfassungswidrig. Das gilt sowohl berufsfreiheits- wie auch eigentumsgrundrechtlich.

Der Staat ist bei der Auswahl seiner Mittel verpflichtet, die Maximen gesetzgeberischer Gemeinwohlkonkretisierung auch zu beachten, wenn diese nicht als konkrete Gebote oder Verbote wirken. Das Gesetz gegen Wettbewerbsbeschränkungen bezweckt die Erhaltung und Förderung bestimmter marktwirtschaftlicher Strukturen in der Wirtschaft (realer Wettbewerb)[356]. Dem 'Geist' dieses Gesetzes würde es widersprechen, wenn der Staat dazu beitrüge, private Marktteilnehmer zu verdrängen[357]. Mit dem 'Grundgesetz der Marktwirtschaft' will der Gesetzgeber gerade einen tendenziell polypolistischen Markt schützen und fördern, ohne daß er damit oligopolistische oder gar monopolistische Gegebenheiten ausschließen will, wenn diese dem Gemeinwohl entsprechen (workable competition). Letzteres beweisen etwa §§ 8, 24 Abs. 3 GWB (Ministererlaubnis)[358].

Vernichtungswettbewerb mißachtet das Verhältnismäßigkeitsprinzip, das beide genannten Grundrechte zu wahren gebieten. Wenn der Staat als Mittel seiner Gemeinwohlverwirklichung oder konkreter seiner Wirtschaftspolitik existenzbedrohenden auf Vernichtung des privaten Konkurrenten ausgerichteten Wettbewerb einsetzt, ist dessen Verhältnismäßigkeit nicht diskutabel[359].

---

354) BVerfGE 7, 377 (406ff.) grundlegend; 11, 30 (44f.); dazu allgemein Wendt, AöR 104 (1979), S.414; vgl. auch Badura, F.Schlochauer, S.22.

355) BVerfGE 13, 181 (186f.); 14, 76 (100f.); 16, 147 (161); 17, 135 (137); 29, 327 (331, 333f.) für Art.12 Abs.1 GG; BVerfGE 14, 221 (241); 23, 288 (341f.); 27, 111 (131) für Art.14 Abs.1 GG für "übermäßig belastende und die Vermögensverhältnisse grundlegend beeinträchtigende" "konfiskatorische" Geldleistungspflichten, vgl. BVerfGE 4, 7 (17); 6, 290 (298); 8, 274 (330); 10, 89 (116); 10, 354 (371); 11, 105 (126); 14, 221 (241); 18, 441 (452).

356) Vgl. etwa §24 Abs.3 S.2 GWB; dazu die Monopolkommission, Sondergutachten 2, S.32ff., Sondergutachten 3, passim; Emmerich, Einführung, S.181; ganau Scholz, Wirtschaftsaufsicht, S.24ff., 172ff. ("wirtschaftliche Chancengleichheit", "gleiche Wettbewerbsfreiheit"); Baur, Mißbrauch, S.45ff., 51ff.; vgl. auch die Hinweise inFn.36 im 2.Teil.

357) Den Bestand des Wettbewerbs sieht der Bundesgerichtshof als ein Schutzgut auch des §1 UWG; das ist die Grundlage der Untersagung der Brillenselbstabgabestellen der gesetzlichen Kassen durch BGH NJW 1982, 2117 (2119ff.); weitere Hinweise zum Schutzgut funktionsfähiger Wettbewerb im 8.Teil, 2.Kap., I 3e, S.382f., II, S.385ff. mit Fn.en 10ff., 120, u.a.

358) Vgl. Emmerich, Einführung, S.7ff., 34, 180f., zur Ministererlaubnis; ders., Wirtschaftsrecht, S.156ff.; ders., Kommunale Versorgungsunternehmen, S.47ff.; Monopolkommission, Sondergutachten 2, S.29ff.; Sondergutachten 3, S.47ff., 53ff.; Scholz, Konzentrationskontrolle, S.83ff., 108ff.

359) Ebenso Gallwas, Faktische Beeinträchtigungen, S.104; vgl. die Hinweise in Fn.350, auch Fn.351. Zur Problematik vorsichtig differenzierend Schwabe, Grundrechtsdogmatik, S.176ff., insb. 183f. mit weiteren Hinweisen; anders wohl Krüger, ZBR 1979, 160ff.; noch schärfer als hier Isensee, Subsidiaritätsprinzip, S.288f.

Quintessenz

Um ein weiteres erweisen die vorstehenden Erwägungen, daß § 1 UWG Autonomierecht ist, weil seine Tatbestandsmerkmale gegen den Staat keinen Schutz in Fällen ermöglichen, in denen Schutz erforderlich und sogar vom Grundgesetz gegeben ist. Diese vermeintliche Schutzlücke resultiert allein daraus, daß § 1 UWG dem Staat das Recht zu geben inadäquat ist. Für den Wettbewerb unter Privaten besteht eine entsprechende Schutzlücke nicht, weil das Schutzbedürfnis nicht schutzfähig ist. Ein Verbot auch des legitimen Vernichtungswettbewerbs würde das Prinzip des Wettbewerbs, Anpassungs- und Leistungsdruck für jeden Konkurrenten zu erzeugen, aufheben[360].

Es zeigt sich erneut: Nur wenn der Staat sich als Unternehmer in die Rolle eines Privaten begibt, sich das Recht zur Autonomie beimißt, ist § 1 UWG brauchbar. Dessen Relevanz für staatliches Verhalten setzt die Fiskustheorie voraus, wenn man nicht § 1 UWG gegenüber dem Staat zu einer reinen Transfernorm für Staatsrecht, insbesondere für Grundrechte, umfunktionieren will, die den Charakter des Staatsrechts nicht berührt, aber kompetenzielle Fragen aufwirft. Der Wortlaut des § 1 UWG wäre damit ignoriert. Freilich wird dem Wortlaut dieser Vorschrift kaum noch Respekt gezollt[361]. Mit der Fiskustheorie hätte das auch nichts mehr zu tun. § 1 UWG wäre auch nicht allgemeines/neutrales Recht, sondern Blankett für verschiedene besondere, subjektdifferente Rechtsmaßstäbe, für Autonomierecht und für Staatsrecht. Mit rechtsstaatlicher Bestimmtheit von Gesetzen hätte das nichts mehr gemein.

360) Vgl. die Hinweise in Fn.122.

361) Dazu 8.Teil, 1.Kap., I 6, S.371f.

8. Kapitel

# QUINTESSENZ: DER NICHT-WETTBEWERBLICHE VERWALTUNGSCHARAKTER STAATLICHER UNTERNEHMUNGEN

Staatliche Beteiligung an der Wirtschaft, auch die, die konkurrenzmäßiges Verhalten adaptiert, ist Verwaltung[362]. Das schließt Wettbewerbsverhältnisse zu privaten Unternehmern aus[363]. Verwaltung ist Gemeinwohlverwirklichung, die

---

362) Hinweise in Fn.en 169 des 5.Teils und 130 dieses Teils; insb. neuerdings klar Ossenbühl, Wirkungskreis der Deutschen Bundespost, S.118 m. Hinweis auf H.Krüger, ZBR 1979, 157 (Das "Staatsunternehmen ist nicht Unternehmen, sondern Staat"); Badura, F.Schlochauer, S.4ff.; vgl. ders., ZHR 146 (1982), einerseits S.452 (nicht Privatwirtschaft), andererseits S.456 (Wettbewerbsversicherungsunternehmen nicht mittelbare Staatsverwaltung); ders., Verwaltungsmonopol, S.250 m. Fn.44; Hubmann, W.u.V. 1982, 42ff.; Stober, NJW 1984, 450, 453, 454, 456f.; deutlich Wenger, Öffentl. Unternehmen, S.545, 553f.; Vogel, Öffentl. Wirtschaftseinheiten, S.238f.; auch Janson, ZögU 1980, 208ff., 223; tendenziell auch ders., Rechtsformen, passim, etwa sein Gesetzesvorschlag, S.335ff.; klar Isensee, Subsidiaritätsprinzip, S.204ff., 206; klar auch Rittner, Wirtschaftsrecht, S.177ff.; deutlich Naendrup, Haftungsbeschränkung, S.104ff., 109, 226; Burmeister, WiR 1972, 311ff., insb. S.341ff.; ders. aber a.A., DÖV 1975, 695, 697, 700ff., wo er den Fiskusbegriff auf Tätigkeiten des Staates begrenzt, die nicht Erfüllung öffentl. Aufgaben sind, aber dennoch vom Fiskusbegriff Abschied nehmen möchte, ein Zugeständnis des sonst so theoretisch konsequenten Burmeister an die Praxis?
Die grundsätzl. Zulässigkeit 'unternehmerischer' Tätigkeit des Staates ist so gut wie unstreitig; für viele Badura, F.Schlochauer, S.19 mit Hinweisen; ders., ZHR 146 (1982), S.457ff., 461f.; Ossenbühl, a.a.O., S.99ff.; P.Ulmer, ZHR 146 (1982), S.467ff., 494ff. m.w.H.; Rüfner, Formen, S.211ff.; Klein, Teilnahme, S.98ff.; Emmerich, Wirtschaftsrecht, S.107ff.; Scholz, ZHR 132 (1969), S.101, 105ff., 136ff.; ders., Grenzen staatlicher Aktivität, S.131; Scheuner, Staatliche Einwirkung, S.83; Stern/Burmeister, Die kommunalen Sparkassen, S.125, 127; Burmeister, WiR 1972, 311ff.; Zeidler, VVDStRL 19 (1961), S.213f.; deutlich Krüger, ZBR 1979, 157ff.; Rittner, Wirtschaftsrecht, S.177 (im Rahmen der jeweiligen öffentlichen Aufgaben); vgl. die Hinweise zur Fiskustheorie in Fn.1 des 1.Teils und Fn.59 des 2.Teils zum Recht des Staates auf Teilnahme am Wettbewerb; vgl. auch Fn.en 130, 377. Es geht um die Grenzen und um das Unternehmensrecht für den Staat. Stober, ZHR 145 (1981), S.565ff. will die gewerbliche Betätigung des Staates als grundsätzlich unerlaubt zurückdrängen, er hält sie nicht für eine "öffentliche Aufgabe" (S.579f.).
Zur Zulässigkeit der staatl. Beteiligung an jurist. Personen des Privatrechts: Zeidler, a.a.O., S.216f.; Rüfner, Formen, S.253ff.; Klein, Teiln., S.237ff.; Scholz, Gemeindliche öffentl. Einrichtungen, S.22ff.; Pestalozza, Formenmißbrauch, S.22ff., 35; Wolff-Bachof, Verwaltungsrecht I, §23 II a,b, S.105, 108f., 112; Hinw. bei Degenhardt, Der Durchgriff auf den Staat bei der Beteil. der öffentl. Hand an Gesellsch. des priv. Rechts, 1980, S.1, Fn.2; auch Stober, NJW 1984, 452ff m.w.H.

363) So in der Tendenz, wenn auch vorsichtig Rittner, Wirtschaftsrecht, S.179; vgl. dazu auch im 5.Kap., V, VI, S.329ff., 333ff.; für die entgegengesetzte herrschende Meinung und Praxis vgl. das 1.Kap. des 2.Teils, S.26ff. und das 1.Kap. dieses Teils, S.283ff. m.H. und Fn.218; deutlich etwa Hubmann, W.u.V. 1982, 42; auch Ossenbühl, Wirkungskreis der Deutschen Bundespost, S.141f. (dünn).

sich, weil und insoweit sie gesetz- und rechtmäßig erfolgt, gegenüber den privaten und damit besonderen Interessen durchsetzen können muß[364]. Gemeinwohlverwirklichung umfaßt erforderliche Gemeinwohlkonkretisierung. Das Gemeinwohl findet seine Grenzen prinzipiell nicht an Grundsätzen des lauteren Wettbewerbs[365]. Der Maßstab des § 1 UWG, der der "guten Sitten", ist als Maßstab der Verwaltungsrechtlichkeit und der Verwaltungsrichtigkeit inadäquat[366]. Im Sinne der Definition Knöpfles der tatbestandlichen Handlung nach § 1 UWG, die bezwecken muß, "den Wirtschaftserfolg eines Gewerbetreibenden zu fördern", ist der Staat weder "Gewerbetreibender" noch soll sein Verhalten den "Wirtschaftserfolg fördern". So klammert Knöpfle, der Staatsunternehmen nicht im Auge hat, Handlungen aus § 1 UWG aus, die "kirchliche, wissenschaftliche oder sonstige außerwirtschaftliche Ziele verfolgen"[367].

Gemeinwohlkonkretisierung ist, selbst wenn Teilziele mit den Zielen privater Unternehmer kongruent sind, wesentlich privater Zielsetzung inkongruent. Zufällige Übereinstimmungen sind irrelevant. Staatliche Gemeinwohlverwirklichung und privates Unternehmertum befinden sich wegen des grundsätzlichen Vorranges des Gemeinwohls vor den Privatinteressen[368] nicht in Rivalität, weil das die von der Rechtsprechung konstatierte, um nicht zu sagen fingierte, Gleichgeordnetheit voraussetzen würde[369]. Ohne Rivalität gibt es aber kein Wettbewerbs-

---

364) Hinweise in Fn.307; dazu im 8.Teil, 5.Kap., II 2c, S.447.

365) Dazu im 8.Teil, 5.Kap., II, S.443ff. mit Hinweisen in Fn.432.
So an sich (für viele) Scholz, ZHR 132 (1969), S.131ff., der das Wettbewerbsrecht als allgemeines hinter dem speziellen Zweckzuständigkeitsrecht zurücktreten lassen will, aber (subsidiär) wegen der "Rechtsfolge" "realer Marktteilnahme" §1 UWG dem Staat gegenüber gelten läßt; Schricker, Wirtschaftliche Tätigkeit, S.154ff.; wohl auch Klein, Teilnahme, S.248f.; i.d.S. auch P.Ulmer, ZHR 146 (1982), S.487ff. (Privilegierung im öffentlichen Interesse); ebenso alle Gegner der Anwendbarkeit des UWG auf Staatsunternehmen, aber auch die Vertreter der Überlagerungstheorie in unterschiedlicher Abstufung, vgl. die Hinweise in Fn.57 des 1.Teils. Einen öffentlichen Zweck für staatliche Unternehmen verlangt BVerfG NJW 1982, 2173 (2175). A.A. P.Ulmer, ZHR 146 (1982), S.484ff. mit modifizierten Maßstäben m.H. für die h.L.; (zur Maßstabsmodifizierung vgl. die Hinweise in Fn.217, Fn.en 218ff.); a.A. auch Hubmann, W.u.V. 1982, 42ff., wenn auch gänzlich unklar, etwa S.47: "Besser scheint es, zu sagen, daß eine Wettbewerbsabsicht dann nicht vorliegt, wenn eine Maßnahme der öffentlichen Hand in vollem Umfang durch ihre öffentliche Aufgabe gedeckt ist" (also nie!). "Geht die darüber hinaus" (handelt sie also ultra vires), "so muß sie sich eine Beurteilung nach dem UWG gefallen lassen" (obwohl ihr Verhalten ohnehin rechtswidrig ist), "auch wenn sie dabei öffentliche Interessen verfolgt; denn dann liegt es nahe, daß ihre Handlung nicht von der Absicht, ihre öffentliche Aufgabe zu erfüllen, sondern von Wettbewerbsabsicht geleitet wird". Mit gegenstandslosen Begriffen läßt sich trefflich argumentieren! A.A. wohl auch, wenn auch nicht ganz klar Badura, ZHR 146 (1982), S.449, 461f.; vgl. Fn.59 des 2.Teils.

366) Dazu näher im 8.Teil, 5.Kap., S.438ff.

367) Der Rechtsbegriff "Wettbewerb", S.87, etwa ein Preisnachlaß aus sozialen Erwägungen, a.a.O., Fn.12; das entspricht der herrsch. Meinung, etwa Hubmann, W.u.V. 1982, 56; Hefermehl, Wettbewerbsrecht, Einf., Rdn.227, 229, 234; w.H. in Fn.174. In diese Richtung geht auch das Verdikt des BVerfG NJW 1982, 2173 (2175) gegen "rein erwerbswirtschaftl.-fiskal. Unternehmen", insb. der Gemeinden.

368) Im Rahmen der rechtl. Grenzen des Staatlichen; vgl. Krüger, Allg. Staatslehre, S.766; Kopp, W.u.V. 1978, 190; Knöpfle, Der Rechtsbegriff "Wettbewerb", S.55; auch Reinhardt, F.Hueck, S.440ff.

369) Dazu im 1.Kap. des 2.Teils, S.26ff. mit Hinweisen insb. in Fn.2, 3; zur wettbewerblichen Gleichheit Hinweise in Fn.en 217, 266, 267 dieses Teils und Fn.57 im 2.Teil; Hinweise zu den gleichheitlichen Voraussetzungen der Freiheit in Fn.21 des 4.Teils.

verhältnis[370].

Der Staat ist (grundsätzlich) nicht berechtigt, private Unternehmen unternehmerisch vom Markt zu verdrängen, es sei denn unter außergewöhnlichen Umständen[371]. Umgekehrt sind die privaten Unternehmer weder in der Lage noch berechtigt, den Staat als Unternehmer 'vom Markt' zu eliminieren oder auch nur entgegen der Zielsetzung des Staates 'am Markt' zurückzudrängen. Sie sind dazu nicht in der Lage, weil die öffentliche Hand wegen ihrer Übermacht an Ressourcen 'am Markt' stärker ist[372]. Die privaten Unternehmer dürfen aber den Staat auch nicht 'vom Markt' zu verdrängen suchen, wenn die staatliche Unternehmung rechtmäßig ist. Während für die privaten Unternehmer abgesehen von den die Unternehmensfreiheit begrenzenden staatlichen Gesetzen die wirtschaftlichen Marktgesetze essentielle und existenzielle Wirkung entfalten, können diese Marktgesetzlichkeiten den staatlichen Unternehmer nicht nur wegen seiner Wirtschaftsmacht, sondern spezifisch wegen seiner Rechtsmacht in seinem Verhalten nicht bestimmen[373].

Das Verhalten privater Unternehmer kann 'administrativ' sein, wenn diese aufgrund ihrer Marktmacht über den vom Wettbewerbsrecht gewünschten Marktgesetzen stehen[374]. Der Staat ist verpflichtet und bemüht, mit den Instrumenten des Wettbewerbsrechts derartige Marktmacht oder wenigstens deren Mißbrauch zu

---

370) Hinweise in Fn.122. Auch Scholz, ZHR 132 (1969), S.114 sieht "Wettbewerb als Aufgabe" "außerhalb staatlicher Zuständigkeit und Verantwortung", unterwirft aber die "Rechtsfolge" staatlicher Marktteilnahme (subsidiär) dem Wettbewerbsrecht.

371) Dazu das 7.Kap., V, S.353ff. m.H. Vor allem Isensee, Subsidiaritätsprinzip, S.286ff. m.H. in Fn.242, S.291, weitergehend dahin, daß bereits die Verletzung des Subsidiaritätsprinzips grundrechtswidrig ist; Emmerich, Wirtschaftsrecht, S.114ff., 143, 141ff., 162ff.; auch Herzog, Der Staat 2 (1963), S.415; Hoffmann-Becking, F.Wolff, S.455ff.; Scholz, WiR 1972,60ff.; ders., Konzentrationskontrolle, S.79ff. (w.H. auf Scholz in Fn.343); allg. Burmeister, WiR 1972, 341 m.H. in Fn.76; Püttner, Die öffentl. Unternehmen, S.158, 163f.; i.d.S. wohl auch Rittner, Wirtschaftsrecht, S.177ff.; auch P.Ulmer, ZHR 146 (1982), S.489f. für den Fall der Preisunterbietung; ebenso Badura, ZHR 146 (1982), S.457ff., 460f.; Ossenbühl, Wirkungskreis der Deutschen Bundespost, S.113ff., 128; Stober, ZHR 145 (1981), S.579 (noch weitergehend); auch BVerwGE 17, 306 (314); 39, 329 (337); BVerwG NJW 1978, 1540 (Schutz erst gegen behördlich geförderte Monopolstellung); vgl. auch OLG München NJW 1958, 1298 (1302); LG Hannover, BB 1962, 733; so im Ergebnis auch BGH NJW 1982, 2117ff. (Untersagung der Selbstabgabe von Brillen durch die gesetzlichen Kassen).

372) Dazu 5.Kap., VI 1, S.333f. m.H.; insb. Emmerich, Wirtschaftsrecht, S.144ff., 81ff.; ders. in: Mestmäcker/Immenga, Rdn.81 zu §98; diese "Marktmacht" gesteht "meist", "häufig" auch P.Ulmer, ZHR 146 (1982), S.485 zu; zurückhalt. ders. für §22 GWB, a.a.O., S.492f.; i.d.S. BGH NJW 1982, 2117 (2119); vgl. d.H. in Fn.en 169 im 5.Teil, 80 im 2.Teil und 130 dies. Teils, Staat niemals Privatmann.

373) Im Sinne des Vorrangs politischer Ziele des Staates auch Kopp, W.u.V. 1978, 190; kritisch demgegenüber Selmer, NJW 1969, 1267; ganz im Sinne des Textes, Krüger, Allgemeine Staatslehre, etwa S.604ff.; ders., ZBR 1979, 157ff., u.ö.

374) Galbraith, Die moderne Industriegesellschaft, S.172ff.; Ackley, A Third Approach to the Analysis and Control of Inflation, 1958, S.619ff.; Eckstein, A Theory of the Wag-Price Process in the Modern Industry, 1964, S.267ff.; Means, Pricing Power and the Public Interest, 1962, S.61ff., 116ff.; auch Knöpfle, Der Rechtsbegriff "Wettbewerb", S.212.
Zur Machttheorie: Heuss, Macht oder ökonomisches Gesetz, ZgesStW 128 (1972), S.190; Klaus, Inflationstheorie, 1974, S.66; Hofmeister, Untersuchungen zur Lohn- und Preisbildung in der Inflationstheorie, 1974, S.46, 114; auch Teichmann, Konjunkturpolitik, S.243ff.; weitere Hinweise bei Schachtschneider, Der Staat, 16 (1977), S.498f. in Fn.en 23-28.

verhindern[375]. Dieser 'administrative' Verhaltenscharakter ist eine wirtschaftswissenschaftliche Beschreibung[376]. Das Verhalten staatlicher Unternehmer demgegenüber ist staats- und staatsrechtswissenschaftlich administrativ; denn es ist Verwaltung[377]. Der Staat darf sich den Marktgesetzlichkeiten nicht ausliefern, wenn er seiner Aufgabe, das Gemeinwohl zu verwirklichen, genügen will[378]. Er muß mittels seiner Teilnahme an der Wirtschaft versorgen, steuern, sichern und anderes mehr[379]. Er muß öffentliche Zwecke verfolgen, deren Verwirklichung sich nicht von den Marktgesetzen abhängig machen muß und darf, sondern allein die staatlichen Rechtsgesetze zu beachten hat. Der Staat muß sich gegen Private durchsetzen können, wenn er sich im Rahmen des Rechts verhält. Private dagegen müssen sich gegenüber Privaten, ihren Konkurrenten, keineswegs behaupten können, selbst wenn sie das Recht nicht verletzen. Der Staat hat sich nicht an Marktdaten zu orientieren, sondern am Gemeinwohl, welches vorrangig durch Gesetze konkretisiert ist. Private Unternehmer sind deswegen keinesfalls verpflichtet, in ihrem Wirtschaftsgebaren auf den Konkurrenten Staat Rücksicht zu nehmen, damit dessen Politik nicht gefährdet werde. Sie bleiben allein verpflichtet, sich an das Recht zu halten, das ihrer wirtschaftlichen Entfaltung Grenzen zieht.

Wenn der Staat die wirtschaftliche Situation falsch einschätzt und sich mit einem Unternehmen nicht in geplanter Weise durchsetzt, d.h. mit diesem seine wirtschaftspolitischen, sozialpolitischen oder sonstigen Ziele nicht erreicht, muß er sein Unternehmen zurückziehen. Das Unternehmen muß staatsmäßig gerechtfertigt werden können. Die Kosten des Staates etwa können zu hoch sein, weil die privaten Unternehmer durch ihre Konkurrenz den Staat zu Investitionen und Ausgaben zwingen, die nach spezifisch staatsrechtlichen Kostenprinzipien, etwa dem Kostendeckungs- und Äquivalenzprinzip[380], das Engagement des Staates

---

375) Hinweise in Fn.57 im 2.Teil, Fn.205 in diesem Teil.

376) Vgl. die Hinweise in Fn.374.

377) Hinweise in Fn.130. In diesem Sinne klar Krüger, ZBR 1979, 157ff.:"Kurz gesagt: Das Staatsunternehmen ist nicht Unternehmen, sondern Staat" (S.157), "also im Vergleich zum bürgerlichen Unternehmen ein absolutes aliud" (Fn.5 daselbst); ders., schon Allgemeine Staatslehre, etwa S.604ff.; so auch Rittner, Wirtschaftsrecht, S.179, der Zweifel hegt, daß Staatsunternehmen im 'Wettbewerb' mit Privatunternehmern ihrer "öffentlichen Aufgabe" gerecht werden können; ähnlich Badura, F.Schlochauer, S.6: "Die öffentliche Hand als Unternehmer tritt, auch wo sie ihre Leistungen marktwirtschaftlich anbietet, nicht in den Sektor der Privatwirtschaft über"; genauso ders., ZHR 146 (1982), S.452; Badura zieht daraus aber nicht mit krügerscher Folgerichtigkeit Konsequenzen; ausführlich Wenger, Öffentliche Unternehmen, S.553ff.; entgegen seiner Tendenz gegen erwerbswirtschaftliche staatliche Betätigung sieht Stober, ZHR 145 (1981), S.579, in dieser keine "öffentliche Aufgabe", wohl auf Grund eines materiellen Begriffs derselben; anders ders., NJW 1984, 449ff.; vgl. auch die Hinweise in Fn.362.

378) So Krüger, ZBR 1979, 160ff. mit detaillierten Vorschlägen für staatsunternehmerische Ingerenz zur Förderung der Marktwirtschaft; vgl. auch ders., Allgemeine Staatslehre, S.604ff.; kritisch zu Krüger Mestmäcker, F.Böhm, S.394ff.; wie hier vorsichtig Rittner, Wirtschaftsrecht, S.179.

379) Vgl. Krüger, ZBR 1979, 160ff.; ganz i.d.S. BVerfG NJW 1982, 2173 (2175).

380) Dazu Wolff-Bachof, Verwaltungsrecht I, §42 II a 2, S.309; Wilke, Gebührenrecht und Grundgesetz, S.244ff. (zum Äquivalenzprinzip), S.271 (zum Kostendeckungsprinzip), die beide nicht ohne weiteres verbindlich sind. BVerfGE 20, 257 (270); BVerwGE 12, 162 (167); 13, 214 (222f.); 26, 305 (368ff.).

als nicht tragfähig ausweisen. Rentabilität eines staatlichen Unternehmens bestimmt sich nach anderen Maßstäben als Rentabilität eines privaten Unternehmens[381)], nämlich jeweils abhängig von den Unternehmenszwecken[382)]. Sonst dürfte der Bund die Bundesbahn nicht mehr betreiben; die Bundespost müßte ihre Dienste weitgehend einstellen. Das gilt jedoch auch für die staatlichen Industrieunternehmen. Nur zufällig können die Rentabilitätsgesichtspunkte privater und staatlicher Unternehmen die gleichen sein. Sie sind rechtlich immer divers, weil ihre Bestimmung wesensverschiedenen Prinzipien folgt, zum einen ist sie selbstbestimmt, zum anderen ist sie verfahrensgerechte Gemeinwohlkonkretisierung[383)].

Der Staat darf sich seiner Staatlichkeit nicht entkleiden und darf sich nicht privatisieren. Er darf darum weder wettbewerblich erscheinen, noch so behandelt werden, als sei sein Verhalten wettbewerblich. Er müßte dafür das Recht zur Autonomie in Anspruch nehmen dürfen. Die (substantielle) Fiskustheorie widerspricht jedoch der freiheitlich-demokratischen Grundordnung des Grundgesetzes.

381) Ähnlich Püttner, Die öffentlichen Unternehmen, S.271.

382) Zum staatlichen Unternehmenszweck Gewinn, der prinzipiell und regelmäßig verboten ist, näher im 4.Kap., I, II, III, S.310f., 311ff., 315f.

383) Dazu näher im 6.Teil das 1.Kap., II, III, S.237ff., 242ff.; vgl. auch die Hinweise in Fn.18 im 6.Teil; klar Krüger, VVDStRL 19 (1961), S.260f.

8. Teil

# DIE INADÄQUANZ DER "GUTEN SITTEN" IM SINNE DES § 1 UWG ALS MAẞSTAB STAATLICHEN VERHALTENS

## Problemstellung

Wenn § 1 UWG für staatliches Verhalten in der Wirtschaft gelten soll, muß solches Verhalten als Sittenverstoß bewertet werden dürfen, obwohl es (im übrigen) rechtmäßig ist. Für rechtswidriges Verhalten des Staates bedarf es prinzipiell keiner zusätzlichen Inkriminierung. Sittenwidrige Verwaltungsakte sind nach § 44 Abs.2 Nr.6 VerwVerfG nichtig und nicht lediglich anfechtbar[1]. Das widerspricht der These, rechtmäßiges Verhalten des Staates dürfe nicht als sittenwidrig eingestuft werden, nicht notwendig. An die Rechtswidrigkeit von Verhalten können je nach den weiteren Umständen verschiedene Rechtsfolgen geknüpft werden, wie es die Dogmatik zur Rechtswidrigkeit von Verwaltungsakten, Richtersprüchen und Gesetzen zeigt[2].

Die These ist: Rechtmäßiges staatliches Verhalten darf unter dem Grundgesetz nicht an den "guten Sitten" im Sinne des § 1 UWG gemessen werden.

Die verschiedenen Interpretationen des Begriffs der "guten Sitten" werden im ersten Kapitel vorgestellt. In dem dort angeführten Schrifttum sind die jeweils abweichenden Lehren, vor allem das material-wertethische Verständnis der "guten Sitten"[3], kritisiert. Diese Arbeiten nachzuvollziehen, würde von dem Problem die-

1) Kritisch Wolff-Bachof, Verwaltungsrecht I, §51 III b 2, S.373.

2) Dazu für Verwaltungsakte: Wolff-Bachof, Verwaltungsrecht I, §51 I b, S.369, III, S.371ff.; für Gesetze: Stern, Staatsrecht I, S.86f. mit Nachweisen in Fn.24-28; Böckenförde, Die sog. Nichtigkeit verfassungswidriger Gesetze, 1966; Maurer, F.Weber, S.345ff.; v.Pestalozza, F. Bundesverfassungsgericht, Bd.I, S.519ff.; Skouris, AöR Bd.101 (1976), S.135ff.; BVerfGE 20, 162 (218f.); 22, 349 (361ff.); 25, 236 (252); 37, 217 (261); für Richtersprüche: Schachtschneider, Verwaltungsarchiv 1972, S.306ff. mit Hinweisen, S.313ff. mit Hinweisen.

3) Dazu insb. 2.Kap., III, S.399ff. mit Hinw. in Fn.190, Hinw. zum Wertpluralismus in den Fn.en 137 im 4.Teil, 5, 17 im 6.Teil; für §1 UWG etwa v.Godin; GRUR 1966, 127ff.; Bülow, WiR 1974, 241f.; Droste, WRP 1964, 67f.; Teubner, Standards, S.15ff., 17f. m.H.; Ott, F.Raiser, S.410; Emmerich, Unlauterer Wettbewerb, 1982, S.37 m.w.H.; Henkel, Rechtsphilosophie, S.71; so auch v.Olshausen, NJW

ser Untersuchung ablenken. Insbesondere erübrigt sich eine erneute Einzelanalyse der Rechtsprechung zum Begriff der "guten Sitten" im § 1 UWG[4]. Für das Erkenntnisinteresse dieser Arbeit genügt es, nachzuweisen, daß die Begründungsformeln jedenfalls des Bundesgerichtshofs nicht einen gesetzlichen Maßstab erläutern, sondern Dezisionen kaschieren. Es ist konsequent, wenn Ott und Rebe § 1 UWG als Rechtsgrundlage für richterliche Wettbewerbspolitik, als kompetenzielle Delegationsnorm einstufen[5]. Rebes Lehre erfordert eine Widerlegung[6], weil sie den Trend zum funktionalistischen Rechtsverständnis verstärkt hat, welches die Freiheit nicht mehr als Recht zur Autonomie, sondern als Kompetenz und Aufgabe, eben als funktionale Pflicht, begreift. Eine aus dem Autonomieprinzip entwickelte Rechtstheorie muß diese funktionalistische Theorie des Rechts als ihren eigentlichen Widersacher respektieren.

Das autonomietheoretische Verständnis der "guten Sitten" verfolgt nicht weniger als das kompetenziell-delegationstheoretische ein politisches Ziel, welches sich jedoch grundgesetzlicher Legitimität und Legalität erfreut, nämlich dem Recht der Unternehmer zur Autonomie, Terrain im Geschäftsleben zurückzuerobern, den Unternehmern Ordnungsmacht zurückzugeben und zugleich dem Gesetzgeber aufzutragen, Verbraucher und Allgemeinheit durch Gesetze zu schützen. Das entspricht dem Prinzip des Rechtsstaates, wenn die (wirtschaftliche) Handlungsfreiheit beschnitten werden soll[7]. Die Theorie der "guten Sitten" als private Gesetze wird vor allem im 3. Kapitel unter II, 2 und IV und im 4. Kapitel ausgeführt. Sie gibt zugleich beispielhaft Aufschluß über das freiheitlich-demokratische Verständnis von privat gesetztem Autonomierecht und dessen Unanwendbarkeit auf staatliches Verhalten.

---

1982, 2221 (2223) zu §33a GewO in scharfer Kritik an der illiberalen "Peep-Show"-Entscheidung des BVerwGes NJW 1982, 664f.

4) Für viele Emmerich, Unlauterer Wettbewerb, 1982, S.33 mit Hinweisen auf die Rechtsprechung; das ist gedeckt durch BVerfGE 32, 311 (316); dazu näher im 2.Kap., I, S.375ff. mit Hinweisen insb. in Fn.en 53, 54, 55.

5) Ott, F.Raiser, S.403ff., 417ff.; Rebe, Privatrecht und Wirtschaftsordnung, S.160; auch Teubner, Standards, S.51ff., 56ff., 61, 106ff., 115ff. neben den Rezeptions- und Transformationsfunktionen; weitere Hinweise insofern in Fn.en 120 und 82.

6) Sub I 4, S.369ff. im 1.Kap., II, S.385ff. im 2.Kap.

7) Vgl. die scharfe Kritik Rebes, Privatrecht und Wirtschaftsordnung, S.141, an derartigen Interpretationen, die aber Konsequenz freiheitlichen Verständnisses des Unternehmertums, das allein dem Grundgesetz entspricht, ist (Rebe: "Diese Interpretation ist auf der Frühstufe altliberalen Wirtschaftsverständnisses stehengeblieben, die die Wirtschaft als nicht-staatliche Veranstaltung freier Unternehmer begreift, die zwar an die allgemeinen Gesetze gebunden, im übrigen aber nur von ihrem Stand anerkannten Handlungsbeschränkungen unterworfen sind"); noch dürfen sich die Unternehmer als prinzipiell frei, die Wirtschaft als prinzipiell nicht-staatlich, die Freiheit prinzipiell als Recht zur Beliebigkeit und Pflicht zur Sittlichkeit in den Grenzen des Gesetzes verstehen. In unserem Sinne fordert auch Kloepfer, VVDStRL 40 (1982), S.77ff. die Wirtschaft zu "privater" Rechtsetzung auf. Das staatswirtschaftsrechtliche Subsidiaritätsprinzip hat in der Sache der Bundesgerichtshof erst jüngst hervorgehoben, BGH NJW 1982, 2117 (2119f.).
Noch leben wir nicht im reinen Sozialismus, in dem jeder zu 'funktionieren' hat. Dazu näher im 3.Kap., IV, S.412ff. und im 4.Kap., S.421ff.

Auch die Diskussion von Schutzzwecken des § 1 UWG[8] muß nicht nachgezeichnet werden. Beispielhaft ist die Schutzzwecklehre Hefermehls erörtert worden[9]. Als Zwecke des § 1 UWG wurden und werden der Schutz der Persönlichkeit oder der des Unternehmens, der Schutz der Wettbewerbsordnung oder des Leistungswettbewerbs oder (Rebe) "des Wettbewerbs als das prinzipielle Ordnungsregulativ der Wirtschaft", der Schutz der Konkurrenten, der Verbraucher und der Allgemeinheit und andere Schutzzwecke diskutiert[10]. Gegen einen Schutzzweck 'Wettbewerbsordnung' richtet sich die im 2. Kapitel unter II vorgetragene Kritik an der funktionalistischen Interpretation des § 1 UWG.

Ein Schutzzweck läßt sich allein den gesetzlichen Vorschriften entnehmen. Die Interpretation des § 1 UWG darf durch einen weiteren oder anderen Schutzzweck nicht determiniert werden, weil das Gesetz einen solchen auch an anderer Stelle nicht nennt. Der Interpret ist mangels gesetzlicher Anhaltspunkte auf § 1 UWG selbst verwiesen. Ohne daß die teleologische Argumentation diskreditiert werden soll, erscheint es für das Verständnis des § 1 UWG wenig hilfreich, Zwecke des Gesetzes zu unterstellen, die im Wortlaut des Gesetzes keine Stütze finden[11]. Mehr Hilfe verspricht die rechtssystematische Argumentation, die § 1 UWG in die freiheitlich-demokratische Ordnung des Grundgesetzes einbettet, d.h. das Sittlichkeitsgebot dieser Vorschrift aus den Prinzipien Autonomie und Konsens begreift. Die Regelungsdichte der privaten Gesetze mag in der Gegenwart geringer sein als

8) Dazu zur Information Emmerich, Unlauterer Wettbewerb, 1982, §3, S.12ff.; vgl. auch Rinck, F. OLG Celle, S.161ff., jeweils mit Hinweisen; ausführlich mit Hinweisen Knoepfle, Der Rechtsbegriff "Wettbewerb", S.34ff.; insb. Fikentscher, Wettbewerb, S.157ff., 223ff.; Raiser, JZ 1961, 467ff.; ders., Summum ius, S.156; Scholz, ZHR 132 (1969), S.111f., jeweils mit Hinweisen.

9) 2.Teil, 2.Kap., I 1-4, S.31ff.

10) Etwa die Kritik bei Rinck, F. OLG Celle, S.161ff. mit Hinweisen auf die genannten Schutzzwecke; nach Rebe, Privatrecht und Wirtschaftsordnung, S.134, 144 m.H. in Fn.455, S.151ff., 157ff., der "Leistungswettbewerb" "nach einhelligem Normzweckverständnis" sowohl des UWG als auch des GWB (Rebes Lehre wird von seinem Schutzzweckverständnis, "der Politik des Gesetzes", das er der Analyse der Rechtsprechung entnimmt (a.a.O., S.159), nicht dem §1 UWG, allenfalls der vermeindlichen "Einheit des Wettbewerbsrechts" (dazu die Hinweise in Fn.94 und der "vorrechtlichen Grundstruktur des Wettbewerbsmechanismus (a.a.O., S.152, 153ff.) bestimmt).
Zu dem üblich genannten Zweck des Schutzes von Konkurrenten, Verbrauchern, Allgemeinheit die Hinweise in Fn.17 des 2.Teils, auch Fn.55 dieses Teils; etwa Hubmann, WuV 1982, 57ff.; zu den Schutzzwecken des §1 UWG, insb. dem der Persönlichkeit des Unternehmers und dem der freien und vor unlauteren Eingriffen sicheren wirtschaftlichen Tätigkeit Fikentscher, Wettbewerb, S.157ff., 223ff., 230; Knöpfle, Der Rechtsbegriff "Wettbewerb", S.34ff. m.w.H.; Ulmer-Reimer, Unlauterer Wettbewerb, Rdn.24ff., S.17ff. m.H.; zum Schutzzweck "Wettbewerbsordnung" Hinweise in Fn.36 des 2.Teils und Fn.120 dieses Teils; dagegen richtig Scholz, Wirtschaftsaufsicht, S.24ff., 27ff., 172ff.; ders., schon ZHR 132 (1969), S.111f.; gegen einen Zweck des Wettbewerbsrechts, Publikum und Verbraucher zu schützen, insb. Baumbach, MuW 1931, S.5ff.

11) So J.Baur, Mißbrauch, S.91 unter Verweis auf Ballerstedt, Mißbrauchsbegriff, S.11 (unveröffentlicht); auch Rebe, Privatrecht und Wirtschaftsordnung, S.145, verlangt im Prinzip "im Wettbewerbsrecht erkennbare Wertungen", überträgt jedoch explizit Zielsetzungen des GWB auf §1 UWG, a.a.O., S.144f., u.ö., ohne dafür nach einer Verankerung in dieser Vorschrift zu forschen; Rebe im Anschluß an Steindorff, F.Larenz, S.223, 227; Rebe rückt damit in die Nähe der viel kritisierten Vorfeldtheorien, etwa a.a.O., S.158: "Teilschutzzweck" ist "die Verhinderung von Entstehen und Mißbrauch wirtschaftlicher Macht". Zu den Vorfeldtheorien hier nur mit weiteren Hinweisen Herrmann, GRUR 1982, 397ff.; skeptisch dazu K.Schmidt, Kartellverfahrensrecht, S.412ff.; Kritik am Schutzgut "Wettbewerb" insb. von Scholz, Wirtschaftsaufsicht, S.24ff., 27f.; auch J.Baur, Mißbrauch, S.45ff., 51ff.

zur Zeit der Entstehung des Gesetzes gegen den unlauteren Wettbewerb[12]. Sie ist schwer zu messen und auch irrelevant. Effektivität des Gesetzes ist Sache des Gesetzgebers[13], nicht Sache des Richters. Rebe und Ott sorgen sich vornehmlich um den Verbraucherschutz[14]. Dieser ist freilich von den Gesetzen der Unternehmer nur begrenzt zu erwarten. Auch das Gesetz zur Regelung des Rechts der allgemeinen Geschäftsbedingungen mußte vom staatlichen Gesetzgeber gegen die Praktiken von Unternehmern erlassen werden. Verbraucherschutz durch Unternehmer ist Illusion, Verbraucherschutz durch den staatlichen Gesetzgeber Notwendigkeit, aber Verbraucherschutz als Richtermaxime ermächtigt zur Willkür. § 3 UWG ist die Konsequenz dieser Lage.

Schutzzweck des § 1 UWG sind somit die "guten Sitten"[15] selbst, also die privaten Gesetze, vor allem der Unternehmer. Diese privaten Gesetze dürfen dem Staat nicht das Recht geben. Wegen dieser augenscheinlichen Konsequenz, die im 5. Kapitel erhärtet werden soll, ist der hier vertretene Begriff der "guten Sitten" im Sinne des § 1 UWG zu hinreichender Überzeugung darzulegen. Darum bemühen sich die Kapitel 1 bis 4.

12) Diese Bedenken äußern u.a. Ott, F.Raiser, S.414f.; Bülow, WiR 1974, 248f.; Rebe, Privatrecht und Wirtschaftsordnung, S.140; Emmerich, Unlauterer Wettbewerb, 1982, S.39 m.w.H. in Fn.31.

13) Etwa Ott, F.Raiser, S.416: Ordnung des "geschäftlichen Verkehrs" "eminent politische Aufgabe"; i.d.S. auch konsequent Bülow, WiR 1974, 256ff. aus Gründen der Gewaltenteilung.

14) Rebe, Privatrecht und Wirtschaftsordnung, S.139, 153, 159, u.ö.; Ott, F.Raiser, S.429ff., für viele; sehr skeptisch hinsichtlich eines effektiven Verbraucherschutzes mittels §§1, 13 Abs.1 UWG Simitis, Verbraucherschutz, S.24ff., insb. 27f. mit Literaturnachweisen zum Verbraucherschutzaspekt in Fn.13; zur Zurückhaltung hinsichtlich zivilgerichtlichen Verbraucherschutzes aus dem GWB mahnt auch K.Schmidt, Kartellverfahrensrecht, S.414ff.; dazu auch Herrmann, GRUR 1982, 395ff., 401f.

15) Dazu im 3.Kap., IV, S.412ff. und im 4.Kap., S.421ff.; so auch Scholz, ZHR 132 (1969), S.112.

1. Kapitel

# DER UMSTRITTENE BEGRIFF DER "GUTEN SITTEN" DES § 1 UWG

## I Die wichtigsten Verständnisweisen des Begriffs der "guten Sitten" in § 1 UWG

1. Der Begriff der "guten Sitten" in § 1 UWG ist eines der umstrittensten Tatbestandsmerkmale unserer Rechtsordnung[16]. Das darf angesicht seiner Affinität zu den ihrerseits höchst streitbaren Begriffen 'Sittengesetz', 'Sittlichkeit', 'Sitte', angesichts des Problems des Geltungsgrundes von "guten Sitten", ihres Schutzzweckes und ihres Wirkungskreises und angesichts ihres Verhältnisses zur staatlichen Rechtsordnung (im übrigen), insbesondere zu den grundrechtlichen Wertprinzipien, nicht verwundern. Es gibt drei Hauptgruppen des Verständnisses der "guten Sitten" im Wettbewerb.

2. Die erste Gruppe begreift die "guten Sitten" als ethische Kategorie, als die Sittlichkeit, die sich auf eine materiale Wertethik, sei dies eine christliche Moraltheologie oder sei dies eine Art von christlichem, abendländischem Humanismus, der sich auf M. Scheler und N. Hartmann beruft, stützt[17], die Ethik jedoch i.S. einer "sittlich-rechtlichen Wertung" zu einer "Sozialmoral" oder "Sozialethik"[18]

---

16) I.d.S. Schricker, Gesetzesverletzung, S.185, 204, vgl. dessen genaue Darstellung der verschiedenen Interpretationen, S.190ff., mit allzu dürftiger Kritik am kantischen "Formalismus" S.213; Meyer-Cording, JZ 1964, 273; Ott, F.Raiser, S.405f.; Vogt, NJW 1976, 729.

17) So insb. Meyer-Cording, JZ 1964, 273ff., 275, 277, dem schließlich die "vox populi" zur "vox dei" wird; vorsichtig zustimmend Schricker, Gesetzesverletzung, S.214ff.; dazu Bericht und überzeugende Kritik von Bülow, WiR 1974, 230ff. m.H.

18) Etwa Nerreter, Grundlagen (1936, nationalsozialistisch unter dem Hitlerwort: "Von nun an gibt es keinen Unterschied zwischen Recht und Moral"), S.18f., "sittlich-rechtliches Bewußtsein"; Wortgebrauch auch in BGHZ 23, 365 (375); dazu näher Schricker, Gesetzesverletzung, S.198f. mit Hinweisen, S.219f. mit bemerkenswerten "Erkenntnissen", etwa: "Die moralischen Normen werden nicht ohne weiteres zu rechtlichen erhoben; es dringen nur gewisse Ausstrahlungen der Moral ins Recht ein; die Strahlen werden gleichsam im Medium des Rechts gebrochen", und gänzlicher Mißdeutung Kants zum Verhältnis von "Moralität" und "Legalität" (S.213), auch S.227. Für ein Verständnis der "guten Sitten" als "Sozialmoral" insb. Fikentscher, Wettbewerb, S.103ff.; dazu auch Teubner, Standards, S.23ff. m.w.H. in Fn.160; w.H. in Fn.19; von "Sozialmoral" spricht auch Henkel, Rechtsphilosophie, S.71ff., meint damit aber in der Sache 'private Gesetze'.

rechtlich profanisiert und nivelliert, um sie als rechtlichen Maßstab für das alltägliche Geschäftsleben praktikabel zu machen[19].

3. Die zweite Gruppe versteht die "Sitten" als "Konventionalnormen" bestimmter Kreise, als "soziale Normen"[20]. In dieser Gruppe geht der Streit darum, wer das Gute der Sitte zu bestimmen habe. Die einen stellen auf die Bewertung der Menschen ab, die die Sitte kreieren und akzeptieren[21], und begreifen "gute Sitten"

---

19) I.d.S. Nerreter, Grundlagen, S.33ff., 55ff.; ders., GRUR 1937, 167ff., 175; vgl. schon Kohler, Arch. für Recht und Wirtschaft, Phil.8, 330ff. (1914/15); auch Hubmann, Gewerblicher Rechtsschutz, S.245; Tetzner, UWG, Anm.43, S.101ff. kritisch; Fikentscher, Wettbewerb, S.109ff.; ausgesprochen Meyer-Cording, JZ 1964, 273ff., 275, 277ff., 310ff.; auch Ulmer-Reimer, Unlauterer Wettbewerb, Rdn.51, 55, 60, S.33f., 36f., 40; Katzenberger, Recht am Unternehmen, S.93ff., 117ff., 129f.; zu §138 BGB i.d.S. Enneccerus-Nipperdey, Allgemeiner Teil, §191 I, S.1164; Staudinger-Coing, Allgemeiner Teil, Rdn.3, 4 zu §138 BGB; Soergel-Hefermehl, Allgemeiner Teil, Anm.2 zu §138 BGB; Larenz, Allgemeiner Teil, S.428ff. mit besonderer Note; ders., JurJB 1966, 105ff.; i.S. der "Sozialmoral" auch Hefermehl, Wettbewerbsrecht, Einl., Rdn.64ff.; Rittner, Wirtschaftsrecht, S.198f.; Sack, GRUR 1970, 493ff., 496f., 502; insb. Henkel, Rechtsphilosophie, S.66ff., 71ff.
Vgl. auch BGHZ 17, 327 (332): "Insoweit dient §826 BGB der Verwirklichung eines Rechts höherer Ordnung und gestattet die Beachtung der Forderung wahrer innerer Gerechtigkeit". Wenn auch die Anzeige, die Gegenstand der Entscheidung war, Empörung hervorruft, muß doch die rechtsstaatliche Relevanz solcher Formulierung erschrecken, wenn man bedenkt, daß nach st. Rspr. des BGH etwa auch die Rechtskarft zur Disposition dieser "höheren Ordnung" steht (zur Relativierung der Rechtskraft mittels §826 BGB vgl. für viele mit Hinweisen Schachtschneider, VerwArch 1972, 317f.); vgl. schon RGZ 51, 369 (384); 109, 137 (142, 144).
Kritisch zu dieser Verständnisweise u.a. Ott, F.Raiser, S.410ff.; Simitis, Gute Sitten, S.20f., 166; Teubner, Standards, S.13ff., 23ff. mit weiteren Hinweisen; Schricker, Gesetzesverletzung, S.192f. mit weiteren Hinweisen, S.197 m.H. in Fn.en 52, 53, S.212f. begrifflich unscharf und sachlich konfus, S.216ff. vorsichtig kritisch, S.238 zusammenfassend; scharf kritisch vor allem Vogt, NJW 1976, 730; auch Emmerich, Unlauterer Wettbewerb, 1982, S.36ff. mit w.H.; auch Bülow, WiR 1974, 237ff. auf Grund des Art.4 GG; die Nivellierung kritisiert konsequent Meyer-Cording, JZ 1964, 273; dagegen Rebe, Privatrecht und Wirtschaftsordnung, S.142.
Zu dieser Verständnisweise Kritik unter III im 2.Kap., S.399ff. mit weiteren Hinweisen in Fn.185.

20) Kirchberger, Unlauterer ... Wettbewerb, S.27; explizit Vogt, NJW 1976, 732 ("Sitte" ist "der zur Norm erhobene Brauch"), der die faktische Normativität der Sitten allerdings wenig stringent herleitet, weil er weder Sollen von Sein, noch Ethik von Recht sondert; dem schließt sich explizit an Reimer, Wettbewerbsrecht, 3.Aufl., S.501, Anm.1 zu §1 UWG; dazu Schricker, Gesetzesverletzung, S.200ff. mit Hinweisen; weitere Hinweise in Fn.en 21 und 23.
Bericht und (unzureichende) Kritik bei Teubner, Standards, S.29ff., 36 m.w.H.; Bülow, WiR 1974, 247ff.; Rinck, F. OLG Celle, S.165; Reich/Wegener, JuS 1974, 561; scharfe Kritik bei Rebe, Privatrecht und Wirtschaftsordnung, S.141f. ("sozio-ökonomische Entwicklung in den letzten hundert Jahren ignoriert"; dieser Vorwurf gebührt dann den Vätern des Grundgesetzes).

21) Konsequent liberal i.d.S. nur v.Ihering, Der Zweck im Recht, Bd.II, S.1ff., 21ff., 28ff., 189ff., dessen utilitarischen Aspekt Teubner, Standards, S.30f. dogmatisch überschätzt; aber auch Herzog, Zum Begriff der guten Sitten im BGB, S.46, 50, 106, 117; auch v.Godin, GRUR 1966, 127ff., 128, fordert die Anerkennung der Sitte als "gut" in einem maßgeblichen "Volks-Kulturkreis" und orientiert dies möglichst am Maßstab Leistungswettbewerb, (S.131ff.); Callmann, Der unlaut. Wettbewerb, S.49; dazu Emmerich, Unlauterer Wettbewerb, 1982, S.38; kritisch für viele Vogt, NJW 1976, 732f., der ein "Moralurteil der herrschenden Auffassung", ein "Anstandsgefühl der Gerechten" befürchtet und dabei das Wesen der Moralität nicht ins Auge faßt, eben dessen Subjektivität verkennt und zu Unrecht als Gegenargument benutzt, S.733; in der Sache auch Henkel, Rechtsphilosophie, S.70ff., obwohl er von "Sozialmoral" spricht: "völlige Strukturübereinstimmung mit der Sitte", S.73; "normativ gewordene Übung des Gruppenverhaltens", S.72; "Da die Verhaltensnormen der Sozialmoral aus dem vorherrschenden moralischen Empfinden in der Sozietät erwachsen, darf diese als ihr Gesetzgeber bezeichnet werden, zugleich aber auch als ihr Kontrollorgan.", S.72; Dazu mit weiteren Hinweisen insb. in Fn.en 191, 216 und Kritik Teubner, a.a.O., S.29ff.
Zu dieser Verständnisweise, die der unsrigen entspricht, im 3.Kap., IV, S.412ff. und im 4.Kap., S.421ff.

damit als private Gesetze[22]. Die anderen übertragen diese Wertung dem Wettbewerbsrichter, dem unterschiedliche Maßstäbe empfohlen werden, etwa material-wertethische, insbesondere christliche Prinzipien, die Sittlichkeit oder das Sittengesetz, die Werte der Rechtsordnung, das Recht schlechthin, die Interessen der Konkurrenten, der Verbraucher oder auch der Allgemeinheit, die Nützlichkeit in irgendeinem Sinne, die Anforderungen des Leistungswettbewerbs und ein Verbund oder Gemisch dieser Maßstäbe[23].

4. Die dritte Gruppe sieht jedenfalls die moderne normative Relevanz des § 1 UWG in der Funktionssicherung des marktwirtschaftlichen Wettbewerbs. Die einen verstehen darum die "guten Sitten" materiell als Formel für die geltende Rechts- und Wirtschaftsordnung eines "freien und fairen Wettbewerbs"[24], der "Leistungs-", nicht "Behinderungswettbewerb" sein solle[25], und die eine "interessenabwägende"

22) So der Standpunkt dieser Schrift, vgl. vor allem 3.Kap., IV, S.412ff. und 4.Kap., S.421ff.; "priv. Gesetze" ist juristisch spezifischer als "soziale Normen", etwa für viele Teubner, Standards, S.61, 65ff., passim, weil "sozial" kein Gegensatz zu "staatlich" ist.

23) Kirchberger, Unlauterer ... Wettbewerb, 1931, S.10, 25ff., 47ff., 50f., 55; v.Godin, UWG, Rdn.59ff. zu §1; vgl. ders. vorsichtig, GRUR 1966, 129ff., 131ff.; Vogt, NJW 1976, 733ff.; zurückhaltend Rinck, F. OLG Celle, S.165, 171ff. m. H. (Gute Sitten im Wettbewerbsrecht "ethos-freie Standessitte", "nur in äußersten Grenzen durch die allg. Sittenanschauungen kontrolliert"); im Erg. auch die Theorie von der "Rezeption" "außerrechtlicher sozialer Normen" durch §1 UWG von Teubner, Standards, passim, der eine richterliche Kontrolle ders. an Rechtsordnungsprinzipien fordert, a.a.O., S.90ff.; richtige Kritik daran von Ott, F.Raiser, S.313ff.; darauf läuft auch Vogts, NJW 1976, 733ff., Nützlichkeitstheorie hinaus, wenn er auch zunächst eine "Sitte" festzustellen vorsieht; vgl. i.d.S. auch RGZ 48, 114 (125); BGHZ 10, 228 (232); auch noch BGHZ 81, 291 (295f.) = NJW 1982, 335. ("Lauterkeit (gute Sitte im Wettbewerb) ist nach der Auffassung des redlichen Durchschnittsgewerbetreibenden der betreffenden Branche zu bestimmen"; im übrigen wird aber auf das Interesse der Allgemeinh. am Bestand des Wettbewerbs abgestellt; dazu näher im 2.Kap.,I 3,S.379ff.); sehr skeptisch gegenüber der Relevanz der "Konventionalnormen" Schricker, Gesetzesverletzung, S.221ff.; Ott, F.Raiser, S.415f.; Katzenberger, Recht am Unternehmen, S.93ff., 103ff. m.w.H., S.117f.; Kraft Interessenabwägung, S.105ff.; Möschel, Pressekonzentration, S.142f.; Bülow, WiR 1974, 249f.; ablehnend auch Koppensteiner, Wettbewerbsrecht, S.492; schon Nerreter, Grundl., S.31ff.; deutliche Kritik jetzt bei Emmerich, Unlauterer Wettbewerb, 1982, S.38f. m. w. H.. Die Überprüfung des Guten der Sitte sieht Meyer-Cording, JZ 1964, 273 richtig als das Dilemma eines Sittenverständnisses, das sich von der "Sittlichkeit" (m.E. dem "Sittengesetz") freizumachen können glaubt. Teubner, Standards, S.29ff., 61, 115f., läßt den Gute-Sitten-Klauseln auch die Rezeptionsfunktion.

24) I.d.S. vor allem Simitis, Gute Sitten, S.75ff., 160ff., 168ff.; Larenz, JurJB 1966, 109ff.; Nordemann, GRUR 1975, 628ff.; Burmann, WRP 1972, 511ff., 513ff.; Bülow, WiR 1974, 256ff. will die Werte der Rechtsordnung mit den guten Sitten identifizieren; Rebe, Privatrecht und Wirtschaftsordnung, S.141ff.; Emmerich, Unlauterer Wettbewerb, 1982, S.41ff., 44f.

25) Lobe, Die Bekämpfung des unlauteren Wettbewerbs, Bd.I, 1907, S.47ff.; Kohler, Der unlautere Wettbewerb, 1914, S.24ff.; Nipperdey, Wettbewerb und Existenzvernichtung, 1930, S.16ff., 27f.; F.Böhm, Wettbewerb und Monopolkampf, 1933/34, passim, insb. S.73ff., 124ff., 178ff., 210ff., 250ff.; Nerreter, Grundlagen, S.84ff.; dazu vorsichtig v.Godin, GRUR 1966, 131f.; Hefermehl, Wettbewerbsrecht, Allgemeines, Rdn.21, 22; Hubmann, WuV 1982, 53; Rittner, Wirtschaftsrecht, S.200f.; insb. P.Ulmer, GRUR 1977, 565ff., 577ff.; ders., F.Kummer, S.575ff.; ders., ZHR 146 (1982), S.484f.; Steindorff, in: Summum ius, S.77; Teubner, Standards, S.39ff.; auch Vogt, NJW 1976, 730; Emmerich, Unlauterer Wettbewerb, 1982, S.42ff. mit Hinweisen auch auf Kritik, insb. in Fn.49; Rebe, Privatrecht und Wirtschaftsordnung, S.144.
Weit. Hinw. zum wettbewerbl. Leistungsprinzip in Fn.en 323, 327 dies. Teils und Fn.178 des 7.Teils. BGHZ 43, 278 (281f.); ständig; jüngst BGH NJW 1982, 2117 (2121); Kritik bei Meyer-Cording, JZ 1964, 273ff., 311f.; Ott, F.Raiser, S.415f.; Knöpfle, Der Rechtsbegriff "Wettbewerb", S.56ff.; Rinck, F. OLG Celle, S.172f.

oder "folgenerwägende" jeweils neue Konkretisierung der Wettbewerbsregeln erfordere[26]. Die "Gesetzmäßigkeit des Wettbewerbssystems", das "Referenzsystem eines freien und fairen Wettbewerbs" würde "über § 1 UWG normativen Rang" "erlangen"[27]. Die anderen erklären angesichts der Nichtbestimmtheit dieser 'materiellen' Maßstäbe § 1 UWG kompetenziell als eine einfachgesetzliche Delegation wettbewerblicher Ordnungspolitik an den Wettbewerbsrichter, dem das Programm eines funktionierenden Wettbewerbs, freilich eingebunden in die Rechtsordnung im übrigen, aufgetragen sei[28]. Rebes funktionalistische Delegationstheorie wird im 2. Kapitel unter II exemplarisch erörtert. Die Konsequenz einer Kompetenz der Wettbewerbsrichter, das Sittliche zu bestimmen, nämlich die, das im Pluralismus und Wertrelativismus der freiheitlichen Demokratie[29] ungewissen Sittliche durch das nicht minder offene Politische zu ersetzen, hat Rebe mit aller Klarheit herausgearbeitet. Vor Rebe hat diese funktionalistisch-kompetenzielle Delegationstheorie schon Ott[30] vertreten und jetzt haben sich ihr namentlich Emmerich und Hefermehl[31] angeschlossen. Sie beruht auf Mestmäckers Theorie der Wirtschaftsverfassung[32] und Raisers Lehre vom wettbewerbsrechtlichen Institutionen-

26) Zur Interessenabwägung vor allem Kraft, Interessenabwägung, S.117ff., 217ff.; Hubmann, Gewerblicher Rechtsschutz, 1981, S.272ff.; ders., WuV 1982, 52ff. (für den "Wettbewerb" der öffentlichen Hand); Rathjen, DVBl 1975, 649, 651; zur Folgenerwägung Sambuc, Folgenerwägungen und Richterrecht, 1977, passim; vgl. zur Relevanz von Folgen rechtsdogmatischer Entscheidungen die rechtssoziologische Kritik von Luhmann, Rechtssystem und Rechtsdogmatik, S.31ff.; dazu Larenz, Methodenlehre, 3.Aufl., S.212f. (zustimmend); kritisch Bülow, WiR 1974, 252ff.; Meyer-Cording, JZ 1964, 276f.; Kritik und weitere Hinweise bei Emmerich, Unlauterer Wettbewerb, 1982, S.40f. mit Fn.36; den Gedanken der Folgenerwägung greift weitgehend auf Koppensteiner, Wettbewerbsrecht, S.437ff.; Kritik an diesen Auffassungen sub 6, S.371ff.

27) So explizit Emmerich, Unlauterer Wettbewerb, 1982, S.43ff. m.w.H. in Fn.55; vor allem auch Koppensteiner, Wettbewerbsrecht, S.480ff., 494ff.; auch E.Ulmer-Reimer, Unlauterer Wettbewerb, Rdn.38, S.24f.; Burmann, WRP 1972, 513ff., u.a.; i.d.S. Baudenbacher, GRUR 1981, 19ff. m.w.H., u.a.; P.Ulmer, F.Kummer, S.578f., u.a.; i.d.S. auch Möschel, Pressekonzentration, S.139ff.; dazu Raiser, GRUR Int. 1973, 443ff.; auch Sack, GRUR 1975, 301f.; Rebe, Privatrecht und Wirtschaftsordnung, S.153f.; vgl. auch Fn.111.

28) I.d.S. ausgesprochen Ott, F.Raiser, S.417ff.; Rebe, Privatrecht und Wirtschaftsordnung, S.144ff.; Koppensteiner, Wettbewerbsrecht, S.480ff., 493ff., insb. S.494; jetzt auch ganz i.d.S. Hefermehl, Wettbewerbsrecht, Einleitung, Rdn.65, 69, 70; so in der Sache schon der Freirechtler H.Isay, Das Rechtsgut des Wettbewerbsrechts, S.54ff., 61ff., 65f.; auch Reimer, Wettbewerbsrecht, S.503, Anm.5 zu §1 UWG ("weisungsgebende oder sogar erzieherische Tätigkeit" des Richters); Tetzner, UWG, Vorbem.8 ("Weiterentwicklung des Werbewesens"), 10; Giesecke, GRUR 1950, 311; so klingt auch die Formulierung von Rinck, F. OLG Celle, S.152: "Die normbildende Kraft der Generalklausel ...", der allerdings am wettbewerbsschützenden Funktionalismus vorsichtig richtige Kritik äußert, S.163ff., a.a.O.; prinzipiell i.d.S. auch Emmerich, Unlauterer Wettbewerb, 1982, S.40ff., 44ff., 49ff. mit Hinweisen, der in dem Kriterium 'Funktionsfähigkeit des Wettbewerbs' einen materiellen Maßstab sieht. Eine Verwandschaft mit dieser Gruppe haben die Auffassungen von Simitis, Gute Sitten und ordre public, 1960, und Kraft, Interessenabwägung und gute Sitten im Wettbewerbsrecht, 1963; zu beiden sub 6, S.371ff.
Nähere Kritik der funktionalistischen Delegationstheorie im 2.Kap., II, S.385ff.; w.H.in Fn.120.

29) Hinweise wie Fn.en 137 des 4.Teils, 5 des 6.Teils.

30) Ott, Systemwandel im Wettbewerbsrecht, F.Raiser, S.403ff.

31) Emmerich, Unlauterer Wettbewerb, 1982, vor allem S.30ff.; Hefermehl, Wettbewerbsrecht, Einl., Rdn.65, 69, 70, u.ö.

32) Wirtschaftsverfassung und Staatsverfassung, F.Böhm, insb., S.410ff. ("Normativ funktionales Ver-

schutz[33]. Diese Theorie hat manche Vorläufer; sie findet mehr und mehr Anhänger[34]. Sie basiert vor allem auf einer zutreffenden Analyse der dezisionistischen Lauterkeitsmaßstäbe der Rechtsprechung[35]. Ihr ist dennoch aus freiheitsrechtlichen, rechtsstaatlichen und demokratierechtlichen Gründen entgegenzutreten[36].

5. Die Praxis nutzt alle Wege. Aus dem reichen Argumentationshaushalt der verschiedenen Verständnisweisen wählt sie ihr problemadäquat erscheinende Argumente und begründet ihre Entscheidungen mit "dilatorischen Formeln"[37]. Als Kombinationstheorie, die es erlaubt, der Lage des Einzelfalles die jeweils passenden Maßstäbe für dessen Bewertung zu entnehmen, ist diese Praxis auch dogmatisiert worden[38].

6. Rechtsstaatliche und zugleich freiheitlich-demokratische Interpretation darf den Wortlaut eines Gesetzes nicht gänzlich ignorieren, weil sich das Gesetz allein sprachlich vermitteln läßt[39]. Darum werden hier die Theorien (insbesondere) von

---

ständnis von Handlungsfreiheiten"); ders., ZHR 137 (1977), S.97ff.; ders., schon AcP 168 (1968), S.254f. mit Berufung auf die Entstehungsgeschichte und der Anregung, sittenwidriges als systemwidriges Verhalten zu begreifen; ders., JZ 1964, 441ff.; vgl. auch ders., Europäisches Wettbewerbsrecht, S.28ff., 50ff.; dazu kritisch Wiethölter, F.Raiser, S.685f., 687f.

33) Raiser, Summum ius, S.145ff., 151ff. ("Wettbewerbsordnung selbst als den Gegenstand des vom Unlauterkeitsrecht angestrebten Schutzes"); Rebe, a.a.O., S.144f.; kritisch (freundlich) zu Raiser Wiethölter, F.Raiser, S.688ff.

34) Hinweise vor allem in Fn.120.

35) Hinweise in Fn.82.

36) 2.Kap., II 2, S.388ff.

37) Das führt zu dem viel kritisierten Richtersubjektivismus oder eben zu der wettbewerbsrechtspolitischen Kompetenz der Richter, dazu vor allem im 2.Kap., I, S.375ff.; Kritik am Richtersubjektivismus bei Rinck, F. OLG Celle, S.160f.; Steindorff, Summum ius, S.67f.; Simitis, Gute Sitten, S.47ff., 64ff.; ders., Verbraucherschutz, S.27; Teubner, Standards, S.115, u.ö.; Ott, F.Raiser, S.406ff., der die Unbestimmtheit der Fallgruppenmerkmale überzeugend klarstellt; das sieht ähnlich Meyer-Cording, JZ 1964, 273, 275 r.Sp.; diesen Argumentationssynkretismus erkennt auch Schricker, Gesetzesverletzung, S.194ff., 202f., insb. S.209, mit dem seine Kombinationstheorie (S.220ff.) vorbereitenden Satz: "Betrachtungsweisen, die dem strengen Dogmatiker als unvereinbar erscheinen, versöhnen sich in der Praxis zu friedlicher Koexistenz", eine rechtsdogmatische Kapitulationserklärung; Detailkritik an der BGH-Rechtsprechung bei Rebe, Privatrecht und Wirtschaftsordnung, S.147ff.

38) Vor allem Schricker, Gesetzesverletzung und Sittenverstoß, S.210ff.; ders., ZHR 139 (1975), S.216ff.; ihm folgend Vollmar, Rechtsweg und Maßstab, S.101; auch Teubner, Standards, S.50ff., 60ff., 65ff., der drei Funktionen herausstellt, nämlich die Rezeptions-, Transformations- und Delegationsfunktion, und sich gegen "Einheitstheorien" wendet, für sein rechtssoziologisches Interesse völlig akzeptabel, für sein rechtsdogmatisches zu kritisieren; gute Kritik von Ott, F.Raiser, S.404ff., 409; dazu Emmerich, Unlauterer Wettbewerb, 1982, S.39f. mit weiteren Hinweisen ("unvermeidlich ein wenig der Eindruck der Beliebigkeit"); ablehnend auch Koppensteiner, Wettbewerbsrecht, S.492; ablehnend auch Bülow, WiR 1974, 255; kritisch auch Möschel, Pressekonzentration, S.144f.; dazu im 2.Kap., IV, S.403f.

39) Richtig für den Rechtsbegriff 'Wettbewerb' Knöpfle, Der Rechtsbegriff "Wettbewerb", S.6f. m.H., S.29; allgemein Larenz, Methodenlehre, S.322; Esser, Grundsatz und Norm, S.126; Bartholomeyczik, Die Kunst der Gesetzesauslegung, S.68f.; sehr klar Böhmer, Sondervotum, NJW 1981, 1260 ("... kann das Grundgesetz verlangen, "beim Wort" genommen zu werden; denn das Wort ist das Medium, durch das der Inhalt des Rechts verlautbart wird").

Kraft und Simitis[40] nicht näher abgehandelt. Beide nutzen § 1 UWG als Verankerung ihrer wettbewerbspolitischen Ordnungsvorstellungen. Simitis ersetzt das Tatbestandsmerkmal "gute Sitten" durch das "ordre public", die "Ordnungsprinzipien der Rechtsordnung"[41], Kraft durch die Tatbestandsmerkmale "Grundsätze des Leistungswettbewerbs", "höherrangige Interessen" und "Mißbrauch der Wettbewerbsfreiheit"[42]. Diese und ähnliche Theorien fordern vielfältige Kritik heraus[43]. Mit der funktionalistischen Delegationstheorie, auf die noch eingegangen werden wird[44], ist ihnen die Mißachtung des gesetzlichen Wortlauts gemeinsam. Simitis und Kraft gehen über die Umfunktionierung des § 1 UWG in eine Kompetenznorm noch hinaus und übernehmen die Rolle des Gesetzgebers gleich selbst[45]. Ihre Vorschläge mögen de lege ferenda bemerkenswert sein, de lege lata sind sie offenkundig gesetzeswidrig.

Um die "geschäftliche Ehre" der Unternehmer, die gegen die "guten Sitten" verstoßen haben, zu schonen, diesen den Vorwurf der Unsittlichkeit zu ersparen, wird mehr und mehr das Wort "sittenwidrig" vermieden und durch die Worte "wett-

---

40) Kraft, Interessenabwägung, vor allem S.175ff., 278 (Gesetzesvorschlag); Simitis, Gute Sitten, der sich thematisch mit dem Begriff der "guten Sitten" in §138 Abs.1 BGB befaßt, aber seine Ergebnisse auf §1 UWG zu übertragen vorschlägt, S.169, zu seinem Begriff 'ordre public' S.170ff., zu §1 UWG auch S.51f.; das gilt auch für Sambuc, Folgenerwägungen, S.20ff., 108ff., 127ff.; i.d.S. auch Sack, GRUR 1970, 493ff., 500ff.; dazu Emmerich, Unlauterer Wettbewerb, 1982, S.41 m.w.H.; zu Kraft berichtend Bülow, WiR 1974, 250ff.

41) A.a.O., S.189f., u.ö.; entwickelt allerdings für §138 Abs.1 BGB, zur Übertragung seiner Interpretation auf §1 UWG, a.a.O., S.169; ähnlich Bülow, WiR 1974, 258ff., der "gute Sitten" als die "verfassungsmäßige Rechtsordnung" versteht und Simitis nicht erwähnt.

42) A.a.O., S.278 (Gesetzesvorschlag); Interessenabwägung schlägt insb. auch Hubmann, Gewerblicher Rechtsschutz, 1981, S.272ff., ders., WuV 1982, 52ff. (für die Bewertung des wettbewerblichen Verhaltens der öffentlichen Hand) vor; auch Rathjen, DVBl 1975, 649ff.

43) Kritik an Kraft u.a.: Vogt, NJW 1976, 732; Schricker, Gesetzesverletzung, S.235ff.; Meyer-Cording, JZ 1964, 276f.; Bülow, WiR 1974, 252ff.; Steindorff, Summum ius, insb. S.67 mit Fn.25a; Ulmer-Reimer, Unlauterer Wettbewerb, Rdn.60, S.40 m.H.
Kritik an Simitis u.a.: Raiser, Summum ius, S.162f., Meyer-Cording, JZ 1964, 276f.; Schricker, Gesetzesverletzung, S.207f., 224f.
Richtige Kritik von Ott, F.Raiser, S.412f., der in diesen Theorien die Umfunktionierung des Begriffs der Sittenwidrigkeit in den einer unspezifischen Rechtswidrigkeit und damit deren materielle Bedeutungslosigkeit sieht; vorsichtige Kritik auch von Teubner, Standards, S.36ff. m.w.H. ("Umdeutung", S.39, "Damit löst sich Sittenwidrigkeit in Rechtswidrigkeit auf"); dazu auch Raiser, GRUR Int. 1973, 443ff., 445; im Sinne von Simitis insb. Sack, GRUR 1070, 493ff., 497, 499, 502.

44) 2.Kap., II, S.385ff.

45) Freilich ganz unterschiedlich: Simitis, Gute Sitten, S.170ff., verweist auf Elemente des staatlichen Rechts; die Gefahr für die Rechtssicherheit sieht er durchaus, a.a.O., S.198ff., 166f.; Kraft, a.a.O., S.98 meint, "allen Generalklauseln" "eigne" "die weitgefaßte, unbestimmte Formulierung", aber formuliert schließlich sein Gesetz der wettbewerblichen Unlauterkeit selbst, a.a.O., S.278. Warum eigentlich noch Formulierung, wenn diese unbestimmt ist? Bestenfalls verschiebt der "unbestimmte" Wortlaut die legislatorische Kompetenz. Kraft jedoch geht weiter; er etabliert sich selbst zum Gesetzgeber, nicht die Wettbewerbsrichter, denen er recht detaillierte Weisungen erteilt, insb. a.a.O., S.209ff.; das rügt der Sache nach auch Steindorff, Summum ius, S.67, Fn.25a; zum Unterschied von hochallgemeinen Entscheidungen des Gesetzgebers (Zielprojektionen) und Verfassungswidrigen unbestimmten Entscheidungen Schachtschneider, Sozialprinzip, S.38f.; §1 UWG ist schon deswegen keine Zielprojektion, wie es in der Sache die Wettbewerbsfunktionalisten sehen, weil dem die Kompetenz der Richter zur Konkretisierung widerspricht (dazu Hinweise in Fn.322 des 5.Teils).

bewerbswidrig", "wettbewerbsfremd" u.ä. ersetzt[46]. Das ist nicht nur ein euphemistisches Bemühen; denn es ändert den Tatbestand und soll ihn ändern[47]. Die Sprachänderung liegt ganz auf der Linie der funktionalistischen Delegationstheorie, die § 1 UWG umfunktioniert. Aber auch Wortlauttoleranz hat Grenzen.

## II Der indifferente Standpunkt des Bundesverfassungsgerichts

Der Verbund der Begründungshilfen für die wettbewerbsrechtlichen Dezisionen der Wettbewerbsrichter darf sich der Anerkennung durch das Bundesverfassungsgericht erfreuen[48].

1. In BVerfGE 7, 198 (215) hat das Bundesverfassungsgericht zum Maßstab der "guten Sitten" in § 826 BGB erklärt, es handele sich nicht "um irgendwie vorgegebene und daher (grundsätzlich) unveränderliche Prinzipien reiner Sittlichkeit, sondern um die Anschauungen der 'anständigen Leute' davon, was im sozialen Verkehr zwischen den Rechtsgenossen 'sich gehört'". "Diese Anschauungen" seien "geschichtlich wandelbar", könnten "daher - in gewissen Grenzen - auch durch rechtliche Gebote und Verbote beeinflußt werden". "Der Richter, der das hiernach sozial Geforderte oder Untersagte im Einzelfall ermitteln" müsse, habe "sich, wie aus der Natur der Sache" folge, "ihm aber auch in Art.1 Abs.3 GG ausdrücklich vorgeschrieben" sei, "dabei an jene grundsätzlichen Wertentscheidungen und sozialen Ordnungsprinzipien zu halten, die er im Grundrechtsabschnitt der Verfassung" finde. Diese Wertordnung sei zugleich eine Wertrangordnung[49].

2. In BVerfGE 32, 311 (316ff.) erklärt das Gericht zunächst i.S. eines autonomietheoretischen Begriffs der "guten Sitten": "Das Gesetz gegen den unlauteren Wettbewerb will das Verhalten der Marktteilnehmer, die untereinander im Wettbewerb stehen, in den Bahnen des Anstandes, der Redlichkeit und der guten kaufmännischen Sitte halten". Dann jedoch stützt es das wesentliche Kriterium des Bundesgerichtshofs, den Topos von den Belangen der Allgemeinheit, und akzeptiert schließlich der Sache nach die funktionalistische Delegationstheorie: Die "Berechenbarkeit gerichtlicher Entscheidungen und damit die Rechtssicherheit" sei nicht "beeinträchtigt"; die "unübersehbare Vielfalt möglicher Verhaltensweisen

---

46) Dazu Simitis, Gute Sitten, S.51f., 165f.; Rinck, F. OLG Celle, S.168f.; etwa RGZ GrS. 150, 1; BGHZ 23, 365 (370); Hefermehl, Wettbewerbsrecht, Einl., Rdn.66; Tetzner, UWG, Rdn.5 zu §1; v.Cammerer, JZ 1956, 97; dafür auch Esser, Werte und Wertewandel, S.37.

47) Das sieht auch Rinck, F. OLG Celle, S.169.

48) Auch Rinck, F. OLG Celle, S.160 bescheinigt dem Gericht Zurückhaltung; dazu auch Emmerich, Unlauterer Wettbewerb, 1982, S.33.

49) BVerfGE 7, 198 (215), Hervorhebungen vom Bundesverfassungsgericht; vgl. auch BVerfGE 6, 389 (434ff.) zum Sittengesetz i.S. materialer Wertethik ("Gleichgeschlechtliche Betätigung verstößt eindeutig gegen das Sittengesetz" (!?)).

im geschäftlichen Verkehr" lasse "die Bildung eines erschöpfenden Katalogs von Einzeltatbeständen" nicht zu, eine "gewisse Freiheit des Richters in der Beurteilung wettbewerblicher Sachverhalte" müsse "in Kauf genommen werden" und "dieser Nachteil" werde "dadurch gemindert", "daß die langjährige Rechtsprechung des Reichsgerichts und des Bundesgerichtshofs den Rechtsgehalt der Generalklausel nach vielen Richtungen breit entfaltet" habe. Schließlich stellt das Bundesverfassungsgericht es den Gerichten frei, wie diese sich "ihre Überzeugung von der Sittenwidrigkeit" bilden und "welche Erkenntnisquellen sie dabei benutzen". Das läßt sogar den Rückgriff auf eine material-wertethische Theorie offen.

2. Kapitel

# DIE WETTBEWERBSRECHTSPOLITISCHE KOMPETENZ DER WETTBEWERBSRICHTER AUS § 1 UWG IN PRAXIS UND LEHRE

## I Die Argumentationsformeln der Rechtsprechung

### 1. Die Formeln

Die Rechtsprechung orientiert den Begriff der "guten Sitten" seit dem Inkrafttreten des Bürgerlichen Gesetzbuches an einer Formel aus den Beratungen der Zweiten Kommission zu § 826 BGB, die das Verhalten als mißbräuchlich bezeichnet, welches "den in den guten Sitten sich ausprägenden Auffassungen und dem Anstandsgefühl aller billig und gerecht Denkenden" widerspricht[50,51]. Dabei hat der Bundesgerichtshof die Gruppenhaftigkeit der "guten Sitten" im Auge[52]. Für

---

50) Mugdan, Motive, II, S.406, 727.
Zur Entstehungsgeschichte des Begriffs "gute Sitten" gründlich Schricker, Gesetzesverletzung, S.186ff.; Kraft, Interessenabwägung, S.111; kritisch zur Relevanz der Entstehungsgeschichte auch Vogt, NJW 1976, 729f.; zur Relevanz der Entstehungsgeschichte nach dem Wandel der wirtschaftlichen und sozialen Verhältnisse insb. zum Wertpluralismus Ott, F.Raiser, S.410; vgl. auch Esser, Werte und Wertewandel, S.22ff.; Teubner, Standards, S.52ff.

51) RGZ 48, 114 (124), 1901; 55, 367 (373); 73, 107 (113); 80, 219 (221); 97, 253 (255); RGZ GrS. 150, 1 (5); 1936, "gesundes Volksempfinden"; RGZ 166, 315 (318f.); BGHZ 10, 228 (232); 13, 71 (72); 17, 327 (332); 19, 12 (17); 20, 43 (50); 34, 169 (176); st.Rspr.; der Formel stimmt zu Meyer-Cording, JZ 1964, 273f.; vgl. auch Hefermehl, Wettbewerbsrecht, Einl., Rdn.64; Soergel-Hefermehl, Rdn.3 zu §138 BGB; Flume, Das Rechtsgeschäft, §18, S.363ff.; dazu Wieacker, JZ 1961, 337ff., 342f., der diese Formel durchaus überzeugend i.S. "konventioneller Sittlichkeit der geschichtlich gewordenen Rechtsgemeinschaft" versteht; Rinck, Wirtschaftsrecht, Rdn.651; ders., F. OLG Celle, S.160f., 169f., sieht ähnlich in der Formel bewußt zurückhaltenden "Formalismus", der im Interesse der Wandelbarkeit von Sitten und Sittlichkeit die Festlegung auf ein "materiales Wertsystem" vermeidet (gegen die Kritik von Meyer-Cording, NJW 1960, 1443) und analysiert die Gerichtspraxis dahin, daß in ihr der "Standesgebrauch", nicht das "Sittengesetz" dominiere (a.a.O., S.170).
Kritisch Rebe, Privatrecht und Wirtschaftsordnung, S.104ff., mit vielfältigen Hinweisen; kritisch wegen der Offenheit des Begriffs auch Bülow, WiR 1974, 237ff., vor allem wegen des richterlichen Mißbrauchs des Begriffs zur Durchsetzung der "nationalsozialistischen Weltanschauung".

52) BGHZ 10, 228 (232): "Es sind vielmehr stets die besonderen Umstände des einzelnen Falles darauf zu prüfen, ob der Vertrag mit dem Anstandsgefühl aller billig und gerecht Denkenden übereinstimmt. Dabei sind vor allem die Anschauungen der in Betracht kommenden Kreise, hier der ehrbaren Kaufmannschaft zu berücksichtigen, wobei das Durchschnittsmaß von Redlichkeit und Anstand zugrundezulegen

§ 1 UWG ist diese Formel auf die "vom Anstandsgefühl des verständigen Durchschnittsgewerbetreibenden" konkretisiert worden[53]. Als materielles Kriterium der 'Rechtmäßigkeit' werden der Begriff "Leistungswettbewerb" und als die Kriterien der 'Unrechtmäßigkeit' die "unerträgliche Belästigung der Allgemeinheit" im Falle der Nachahmung und die "Gefahr für den Bestand des Wettbewerbs" genannt[54]. Das Reichsgericht und verstärkt der Bundesgerichtshof stellen auch und im Zweifel vorrangig auf die "Belange der Allgemeinheit" ab, um sich ein Urteil über die Wettbewerbsgerechtigkeit geschäftlichen Verhaltens zu bilden[55].

Die Suwa-Entscheidung enthält den folgenden Satz[56]: "Dieser Mißbrauch der

---

ist. Etwaige Mißbräuche, die sich in bestimmten Kreisen gebildet haben, sind nicht zu beachten". In diesem Sinne schon RGZ 48, 114 (124f.); st.Rspr., zuletzt BGHZ 81, 291 (295f.) = NJW 1982, 335f.; vgl. Schricker, Gesetzesverletzung, S.193.

53) BGH GRUR 1955, 346 (349); 1960, 558 (561) "die neuere Definition des Senats"; BGHZ 15, 356 (364f.); 23, 365 (375); 81, 291 (295f.) = NJW 1982, 335f.; so schon RGZ 58, 214 (217); 80, 219 (221); 104, 327 (330); Baumbach, JW 1930, 1645; Soergel-Hefermehl, Rdn.5 zu §138 BGB; ders., F.Nipperdey, S.284; Tetzner, UWG, S.94, 101ff.; Fikentscher, Wettbewerb, S.111; v.Gamm, Wettbewerbsrecht, S.73; auch Hefermehl, Wettbewerbsrecht, Einl., Rdn.83, 84; kritisch Schricker, Gesetzesverletzung, S.191, 194f. m.w.H. in Fn.en 36, 42; Rinck, F. OLG Celle, S.165f.; Vogt, NJW 1976, 730; Meyer-Cording, JZ 1964, 274f.; vgl. Emmerich, Einführung, S.23; ders., Unlauterer Wettbewerb, 1982, S.33, der die Rechtsprechung des BGH dahin analysiert, daß die "Anschauungen der Allgemeinheit" nur nachrangig, wenn eine "inhaltliche Meinung der Gewerbetreibenden" sich nicht feststellen lasse, maßgeblich würden; derartige Analysen haben freilich keinerlei dogmatischen Wert, solange nicht die Gerichte aus normativen Erwägungen eine Rangfolge der Kriterien einhalten; Kritik von Emmerich, a.a.O., S.34 m.H.; Simitis, Gute Sitten, S.51; auch Erbel, Sittengesetz, S.66ff., 81ff., 100ff.; dazu auch Starck, F.Geiger, S.260.

54) Vgl. etwa BGHZ 23, 365 (375); 43, 278 (284); 51, 226 (242); 56, 327 (334) vornehmlich für den Schutzzweck 'Bestand des Wettbewerbs'; zu diesen Entscheidungen Rebe, Privatrecht und Wirtschaftsordnung, S.147ff.; auch BGHZ 81, 291 (295f.) = NJW 1982, 335f.; sehr deutlich auch jüngst BGH NJW 1982, 2117 (2121) - Brillen-Selbstabgabe - : "Ein Wettbewerb, der in dieser Weise an die Grundlagen der Existenz eines vorhandenen und nach Herkommen und Gesetz anerkannten selbständigen Berufsstandes rührt, führt in einem nicht unerheblichen Umfang zu einer Ausschaltung des Leistungswettbewerbs und damit zu einer ernstlichen Gefahr für dessen Bestand". Vgl. auch Emmerich, Unlauterer Wettbewerb, 1982, S.33; Hefermehl, Wettbewerbsrecht, Einl., Rdn.92ff.; "Schutz des Wettbewerbsbestandes", als "Marktschutzfunktion" befürwortet auch P.Ulmer, ZHR 146 (1982), S.484; ebenso Hubmann, W.u.V. 1982, 59ff.; zurückhaltend dafür Rittner, Wirtschaftsrecht, S.194f.; richtige Kritik an dem Argument, Nachahmungsgefahr begründe den Sittenverstoß, als bloße Verschleierung von Wirtschaftspolitik Bülow, WiR 1974, 244; Hinweise auch in Fn.55.

55) RGZ 128, 330 (343), u.a.; BGHZ 15, 356 (364f.); 19, 392 (396ff.); 22, 167 (181); 23, 365 (371); 34, 264 (270f.); 43, 278 (282); 51, 236 (242); 54, 188 (190f.); 56, 18 (19); 59, 317 (319); 81, 291 (295f.); BGH NJW 1982, 2117 (2121); dazu Kraft, F.Bartholomeyczik, S.223ff.; dazu weitere Hinweise bei Emmerich, Unlauterer Wettbewerb, 1982, S.18, 33 ("wachsende Bedeutung") in Fn.6; i.d.S. BVerfGE 32, 311 (316ff., 319), ohne Begründung: "in verfassungsrechtlich zulässiger Weise". Kritisch Rebe, Privatrecht und Wirtschaftsordnung, S.137ff., dort w.H. zum Schutzgegenstand 'Allgemeinheit', allerdings nur in deren Interesse an fairem Wettbewerb in Fn.436 auf S.139f., Fn.437 auf S.140; kritisch Schwarz, GRUR 1967, 333ff.; kritisch auch Vogt, NJW 1976, 730; auch Schricker, Gesetzesverletzung, S.194f. m.w.H. in Fn.39; zum Vorrang der Allgemeininteressen deutlich Rinck, F. OLG Celle, S.167ff. m.H., S.172; dem zustimmend Knöpfle, Der Rechtsbegriff "Wettbewerb", S.49ff., 52ff. m.w.H. im Sinne des Vorrangs der Gemeininteressen, a.a.O., S.55f.; Ulmer-Reimer, Unlauterer Wettbewerb, Rdn.29, S.18f. m.H., Rdn.37, S.24, Rdn.53, S.34; auch Reinhardt, F.Hueck, S.440ff.; auch Simitis, Verbraucherschutz, S.24f., 27f.; auch K.Schmidt, Kartellverfahrensrecht, S.408f. m.w.H. in Fn.435; P.Ulmer, ZHR 146 (1982), S.484; auch Hefermehl, Wettbewerbsrecht, Einl., Rdn.79; als selbstverständlich legt das etwa Herrmann, GRUR 1982, 400f. zugrunde; beinah schon kritisch Rittner, Wirtschaftsrecht, S.194f.; weitere Hinweise auf Rechtsprechung und Literatur zum Schutzgegenstand 'Allgemeininteressen' des §1 UWG in Fn.17 des 2.Teils.

56) BGHZ 23, 365 (375).

wirtschaftlichen Freiheit ist es, der ein geordnetes Wettbewerbsleben gefährdet und daher von dem sittlich-rechtlichen Bewußtsein der verständigen Durchschnittsgewerbetreibenden ebenso abgelehnt wird wie von der Allgemeinheit". Nicht alle Aspekte dieses Satzes sollen an dieser Stelle erörtert werden. Die funktionalistische Delegationstheorie basiert auf der Analyse, daß die Rechtsprechung nicht gesetzesgebunden, sondern allenfalls programmgeleitet, wenn nicht maßstablos judiziert. Sie wird unter II diskutiert. Die rudimentäre material-wertethische Komponente der Rechtsprechung, die mit den Worten "sittlich-rechtliches Bewußtsein" angesprochen ist, wird unter III behandelt. Die Abschnitte II und III unterziehen zugleich die Rechtsprechung wegen des Argumentationsverbundes, den diese praktiziert, der Kritik. Das erlaubt es, diese Gesichtspunkte einstweilen zurückzustellen. Im folgenden (unter 2. und 3.) wird darum in aller Kürze zu den alles umfassenden Topoi 'Mißbrauch' und 'Belange der Allgemeinheit' Stellung genommen.

2. Der Topos 'Mißbrauch'

Das Kriterium "Mißbrauch der wirtschaftlichen Freiheit" macht einen Maßstab des Mißbräuchlichen notwendig, den nur der Gesetzgeber geben darf, wenn nicht das Recht zur Autonomie, d.h., wie schon dargelegt, das Prinzip des Rechtsvorbehalts[57], im Kern getroffen werden soll. Autonomes Verhalten kann das Sittengesetz verkennen, also ethisch fehlgehen, nicht aber rechtsrelevant ohne Verstoß gegen bestimmte Rechtsvorschriften Mißbrauch sein. Grund ist die wesensgemäße und, wie gesagt, prinzipielle rechtliche Zweckoffenheit der Freiheit, da Rechtszwecke erst durch Gesetz verbindlich werden dürfen[58]. Rechtsmißbrauch kommt nur beim Gebrauch zweckbestimmter (rechtlich, nicht allein ethisch) Rechte in Betracht[59]. Das zeigt zugleich, daß die Rechtsprechung sich mit dem Topos "Miß-

---

57) Dazu 3.Teil, 6.Kap., S.125ff.
In diesem Sinne K.Schmidt, Kartellverfahrensrecht, passim, insb. S.131ff., 140f. m.H.; ganz i.d.S. Stein, Wirtschaftsaufsicht, S.94; Bullinger, VVDStRL 22 (1965), S.295 in Fn.132, verlangt für eine Lehre des Rechtsmißbrauchs "einigermaßen gesicherte Wertvorstellungen", "die im Kartellrecht fehlen, weil es hier um die Verwirklichung von variablen wirtschaftspolitischen Zielsetzungen geht".

58) 3.Teil, 2.Kap., S.104ff. und 4.Teil, 2.Kap., S.153ff.

59) Zum Problem des Rechtsmißbrauchs grundlegend Siebert, Vom Wesen des Rechtsmißbrauchs, 1935; ders., Verwirkung und Unzulässigkeit der Rechtsausübung, 1934; J.F.Baur, Mißbrauch, S.54ff., 78ff., 82ff. (mit Hinweisen zur h.M.), 109ff., 196ff., der überzeugend in Rechtsformen- und Machtmißbrauch unterscheidet; Raiser, Summum ius, S.151ff., bestimmt auch seinen "Institutsmißbrauch" als einen "Machtmißbrauch" aus dem Verstoß gegen ordnungsimmanente "Zwecke"; K.Schmidt, Kartellverfahrensrecht, passim, insb. S.129ff. mit der wesentlichen Differenzierung von Mißbrauchsprinzip und Mißbrauchsaufsichtsprinzip; Bullinger, VVDStRL 22 (1965), S.293ff.; Möschel, Oligopolmißbrauch, S.152; H.P.Ipsen, Preiskontrolle, S.45, 47ff.; i.d.S. auch Stein, Wirtschaftsaufsicht, S.94; zur zivilrechtlichen Mißbrauchslehre wesentlich Rebe, Privatrecht und Wirtschaftsordnung, S.197ff. m.H., der theoretisch ebenfalls auf "die immanente Zweckbindung" zur "Abgrenzung von legitimer Rechtsausübung und illegitimem Rechtsmißbrauch" abstellt, a.a.O., S.199, 206 (im Anschluß an Siegwart, Die Zweckwidrige Verwendung von Rechtsinstituten, S.21, 31, passim) und "institutionellen Rechtsmißbrauch" umschreibt als "Verstoß gegen die ordnungsfunktionale Gebundenheit eines Rechts"; ähnlich hebt Raiser, Rechtsschutz und Institutionenschutz im Privatrecht, in: Summum ius, S.146ff. auf den Verstoß der Ausübung eines Rechts "gegen den Zweck des Rechtsinstituts, dem es funktional angehört" ab. Vgl. etwa Larenz, Allgemeiner Teil, §19 IIIa, S.242ff., dessen Schilderung der Rechtsmißbrauchsfälle zeigt, daß in diesen Fällen jeweils näher konkretisierte Rechtsgrenzen überschritten wurden, wie die der §§138, 226, 242 BGB (dazu Rebe, a.a.O., S.199ff., 203ff.) nicht

brauch der wirtschaftlichen Freiheit" in einen rechtsfreien Bereich, in den Bereich richterlicher Willkür, begibt.

Für den Fragenkreis des Kartellrechts hat K. Schmidt die Maßstabslosigkeit als das Wesen des Mißbrauchsprinzips mit Verboten "ipso iure" klargelegt und in feiner Unterscheidung die rechtsstaatliche Überlegenheit des Mißbrauchsaufsichtsprinzips mit seinen Verboten "kraft Verfahrens" nachgewiesen[60]. J. Baur versteht zwar die Mißbrauchsaufsicht als Rechtsaufsicht, nicht nur im Falle des "Rechtsformenmißbrauchs", sondern auch in dem des "Machtmißbrauchs"[61], sucht den Maßstab des letzteren jedoch (notwendig) in einer Interessenbewertung und Interessenabwägung[62]; dieses ist nur rechtsstaatlich hinreichend bestimmt, wenn der Gesetzgeber Leitlinien der Bewertung und Ordnung der Interessen gegeben hat, denen Baur anhand des Kartellrechts ("konkurrentenbezogener Behinderungsmißbrauch", "Ausbeutungsmißbrauch") nachgeht[63], nicht aber als allgemeines Rechtsfindungsprinzip, als das es die hier kritisierte Ermächtigung zu richterlicher (rechtsetzender) Politik wird[64]. Diesem Einwand ist Raisers Lehre vom "Institutsmißbrauch" jedenfalls in den Fällen (wie dem des § 1 UWG[65]) ausgesetzt, in denen der Gesetzgeber "Zwecke" eines Rechtsinstituts nicht normiert hat, sondern gerade nur Grenzen des Rechts zur Autonomie. Für die Wettbewerbsordnung läuft Raisers Dogmatik auf die Funktionalisierung der Freiheit als dem Widerspruch zum grundrechtsgeschützten Recht zur Autonomie hinaus[66]. Raiser wendet sich explizit ge-

---

anders im Verwirkungsfall; vgl. auch (kritisch) Pestalozza, Formenmißbrauch, S.61ff. (Subsumtionsfehler); Gallwas, Der Mißbrauch von Grundrechten, 1967.

60) Kartellverfahrensrecht, passim, insb. S.131ff., 140ff., 145ff.; zum Begriff der "guten Sitten" in §§138, 826 BGB als wettbewerbsrechtliche Normen K.Schmidt, a.a.O., S.109f.: "Der Begriff der "guten Sitten" verweist auf ein gesetzl. nicht fixiertes objektives Normensystem. Er teilt diese Eigenschaft mit dem Begriff des Mißbrauchs und ist deshalb, für sich genommen, zugängl. für alle Merkmale, die auch den Mißbrauchsbegriff auszufüllen vermögen", weiter a.a.O., S.133: "Mißbrauchsbegriff" ... "Leerformel" "in noch ausgeprägterem Maße als sonstige Generalklauseln". "Der Begriff der Mißbrauchsaufsicht bezeichnet eine Kompetenzzuweisung an die Kartellbehörden, das Tatbestandsmerkmal Mißbrauch aber enthält zunächst überhaupt keine materielle Aussage" ... "Mißbrauchstatbestände" sind verwaltungsrechtliche Ermächtigungen schlechthin, gesetzlich abgegrenzt zwar durch die von der Behörde auszusprechenden Rechtsfolgen, hinsichtlich der Eingriffsvoraussetzungen dagegen nur abgegrenzt durch den rechtspolitischen Auftrag des Gesetzes und nicht durch subsumtionsfähige Tatbestandsmerkmale", S.134: "... Mißbrauch als solche keine tatbestandliche Kategorie"... "Es wäre auch rechtsstaatlich unhaltbar, wenn es das geltende Recht bei der Kapitulation des Gesetzgebers vor der Vielfalt der "Mißbrauchs"-Fälle beließe und eine "maßstabfreie" Mißbrauchsaufsicht zuließe...", mit Hinweisen in Fn.20; S.143: "Unverkennbar ist dennoch der im Vergleich mit dem bereits kraft Gesetzes "verbotenen" Verhalten geringere Bedarf an Rechtsgewißheit, also auch an Bestimmtheit des Tatbestandes. Gerade darin liegen ja nach der hier entwickelten Auffassung Auftrag und Chance einer wirksamen Mißbrauchsaufsicht."

61) Der Mißbrauch im deutschen Kartellrecht, S.66ff., 73ff., 78ff., 108, 109ff. (Rechtsformenmißbrauch), S.196ff. (Machtmißbrauch).

62) A.a.O., S.104, 108, 198.

63) A.a.O., S.198, 198ff. zum "konkurrentenbezogenen Behinderungsmißbrauch", S.226ff. zum "Ausbeutungsmißbrauch".

64) Dazu sub 3 a,d,f, S.379, 381f., 383f. und sub II 2 a,b, S.388ff., auch sub III 2, S.402f.. Kritik an Krafts Interessenabwägungstheorie sub 6 im 1.Kap., S.371ff. mit Fn.45.

65) Summum ius, S.151ff., 156ff.

66) Dazu die Kritik sub II 2 c, S.396ff. mit Hinweisen insb. in Fn.172.

gen ein Verständnis der Handlungsfreiheit des Einzelnen im Privatrecht als einem gewissermaßen rechtsfreien Raum, der nur negativ durch das Fehlen von Ge- und Verboten gekennzeichnet sei[67]. Ott und Rebe fußen (auch) auf Raiser[68].

3. Der Topos 'Belange der Allgemeinheit'

a) Nicht nur der Wortlaut des § 1 UWG löst Bedenken gegen ein Tatbestandsmerkmal 'Allgemeinverträglichkeit des Wettbewerbs' aus, sondern, weil dieses Kriterium Unwerturteile über unternehmerisches und damit freies Verhalten von Menschen rechtfertigen soll, auch das Demokratie- und das Rechtsstaatsprinzip[69]. Reichsgericht und Bundesgerichtshof haben sich mit den blanketthaften Formeln entgegen expliziten Beteuerungen[70] einen wettbewerbspolitischen Entscheidungsspielraum von wirtschaftspolitischer Relevanz erobert[71], der grundgesetzlich dem Gesetzgeber vorbehalten ist[72] und vom Gesetzgeber auch nur in den Grenzen des Art.80 Abs.2 S.2 GG der Exekutive delegiert werden darf[73]. Von der Ungebundenheit des Richters unterscheidet sich dessen Orientierung jedenfalls an Gemeinwohlklauseln wie der von "den Belangen der Allgemeinheit", selbst wenn diese auf das Allgemeininteresse an einem marktwirtschaftsgerechten Wettbewerb restringiert sind, nicht.

b) In der Anzeigenblattentscheidung etwa will der Bundesgerichtshof die Pres-

---

Grundsätzl. Kritik an dem institutionellen Freiheitsverständnis, das das Personsein des Menschen mißachtet, ihn zum "Funktionär" macht, Denninger,Rechtsperson, S.229ff. (236); dazu im 3.Teil, 1.Kap., S.99ff., 4.Kap., S.116ff., 5.Kap., S.122ff.; Krit. an einem normativierten Institutionsbegriff insb. d. Wettbewerbs, der auf eine "Pflicht zum Wettbewerb" hinauslaufe, Scholz, Wirtschaftsaufsicht, S.24ff.; ders., ZHR 132 (1969), S.113f. (116); krit. auch J.Baur, Mißbrauch, S.95f.

67) Summum ius, S.162.

68) Dazu im 1.Kap., I 4, S.369ff. m.H. und im 2.Kap., II 1 und 2, S.385ff. m.H.

69) Zur legislativen Konkretisierungsbedürftigkeit des weitaus engeren Sozialprinzips vgl. Schachtschneider, Sozialprinzip, S.71 m.H. in Fn.170; Eichenberger, VVDStRL 40 (1982), S.10f. m.H.; Benda, Handbuch, S.510; vgl. auch BVerfGE 1, 97 (105); 8, 274 (329); 22, 180 (LS 1, S.180, S.204); 27, 253 (LS 2 a, S.253); w.H. dazu in Fn.322 des 5.Teils; siehe auch die Kritik an der Schutzzwecklehre Hefermehls im 2.Kap. des 2.Teils, S.31ff.

70) Etwa BGHZ 23, 365 (375); 22, 54 (59); auch BGH NJW 1982, 2117 (2121); dazu skeptisch Meyer-Cording, JZ 1964, 276, 311; vgl. auch als Beispiel BGHZ 15, 365 (371): "Daß das System (sc. progressive Kundenwerbung) für Deutschland volkswirtschaftlich unerwünscht ist und weder dem deutschen Kaufmann zusagt noch der Mentalität des überwiegenden Teils der deutschen Bevölkerung entspricht, kann nach der Auffass. des erkennenden Senats nicht zweifelhaft sein". Dazu im 2.Kap., II, S.385ff.

71) Das weist Rebe, Privatrecht und Wirtschaftsordnung, S.147ff., 158f. nach; ebenso klar schon Ott, F.Raiser, S.417ff.; auch Reich/Wegener, JuS 1974, 565; das ergibt auch der informative Überblick von Schricker, Gesetzesverletzung, S.190ff. mit umfangreichen Hinweisen; auch Bülow, WiR 1974, 244f.; grundlegend Ulmer, GRUR 37, 769 (772f. sub IV); so schon Isay, Das Rechtsgut des Wettbewerbsrechts, 1933, S.54ff., 61ff., 65f., für seine Zeit, der §1 UWG als Blankett zur richterlichen Entwicklung eines neuen Berufsethos ansah. Vgl. auch die Hinweise in Fn.82.

72) Ebenso Bülow, WiR 1974, 244f. (Exekutive und Legislative); auch Meydam, GRUR 1970, 399ff., 403; Burmann, WRP 1968, 259f.; Schwarz, GRUR 1967, 343; dagegen Rebe, Privatrecht und Wirtschaftsordnung, S.158ff.; Ott, F.Raiser, S.417ff.; dazu im 2.Kap., II 2 a,b, S.388ff., 393ff.

73) Das impliziert auch K.Schmidts, Kartellverfahrensrecht, passim, insb. S.129ff. m.w.H., Differenzierung zwischen Verboten "ipso iure" und solchen "kraft Verfahrens", das Verwaltungsverfahren ist; ganz in diesem Sinne auch Bullinger, VVDStRL 22 (1965), S.292f. m.w.N.

sefreiheit des Art.5 Abs.1 GG durch Regulierung des Wettbewerbs, die die Presse vor Inseratenverlusten zu schützen sucht, verteidigen[74]. Grundrechtliche Wertentscheidungen sollen in mittelbarer Drittwirkung der Grundrechte[75] quasi als "gute Sitten" wettbewerbsrechtliche Ordnungswirkung entfalten. Sicher definieren die Grundrechte auch Interessen der Allgemeinheit, aber nicht als "gute Sitten", sondern als staatliche Rechtssätze, deren jeweilige Privatrechtswirkung nicht der Vermittlung bedarf[76]. Die Lehre von der mittelbaren Drittwirkung der Grundrechte mißversteht die privatrechtlichen Sittenklauseln als offene Normen, die gerade wegen dieser Offenheit mit notwendig beliebigen Wertentscheidungen ausgefüllt werden könnten[77]. Das Prinzip des Gesetzesvorbehalts, welches die Privatautonomie, wie meist schlagwortartig formuliert wird, bei staatlicher Begrenzung schützt[78], wird damit aufgehoben.

Bei der Grundlegung des Autonomieprinzips ist dargelegt, daß das Recht zur Autonomie wesentliches Schutzgut der Art.1 Abs.1 und Art.2 Abs.1 GG, daß es Inbegriff grundrechtsgeschützter Freiheit und Menschenwürde ist[79]. Das erzwingt, jede Begrenzung dieses Rechts dem Rechtsprinzip zu unterstellen, also dem Prinzip, daß jede Begrenzung oder Beschränkung dieser Freiheit auf einem hinreichend bestimmten Gesetz beruhen muß, welches gewährleistet, daß der Gesetzgeber, seien dies Private oder sei dies der Staat, die materiale Entscheidung trifft und nicht die Verwaltung oder der Richter. Deren Konkretisierungsermessen muß so eng als möglich begrenzt bleiben. Dieses elementare Kompetenzprinzip einer freiheitlichen Demokratie mißachten die Kriterien des Bundesgerichtshofs.

---

74) BGHZ 19, 392 (398f.): "Die kostenlose Verteilung eines Offertenblattes, das von einem nicht unerheblichen Teil des Publikums als 'Zeitung' gewertet wird, kann daher, wenn sie in der dargelegten Weise den Bestand wirklicher Zeitungen gefährdet, einen Mißbrauch darstellen, der den Interessen der Allgemeinheit in einem Maße widerspricht, daß er von dieser als wettbewerbs- und sittenwidrig i.S. des §1 UWG angesehen würde"; zustimmend P.Ulmer, ZHR 146 (1982), S.487 m.w.H.; Kritik an dieser Entscheidung auch von Rinck, F. OLG Celle, S.157, 164, "nahezu Dirigismus"; Meyer-Cording, NJW 1960, 1443; Gärtner, BB 1970, 1364f.; v.Godin-Hoth, UWG, Rdn.24 zu §1; ähnlich BGH NJW 1981, 1089ff., Relativierung der Rechtsfolgen rechtswidriger Informationsbeschaffung im Interesse der Meinungsfreiheit; dagegen mit Recht scharfe Kritik von Bettermann, NJW 1981, 1065ff.; ähnlich für Art.12 Abs.1 GG jetzt BGH NJW 1982, 2117 (2119ff.) - Brillenselbstabgabestellen -.

75) Dazu die Hinw. in Fn.140 des 5.Teils und Fn.235 des 2.Teils. Für §1 UWG Schricker, Gesetzesverletzung, S.226f. m.w.H. in Fn.173; ders., AcP 172 (1972), S.225f.; Hefermehl, Wettbewerbsrecht, Allg., Rdn.44; Larenz, Allg. Teil, S.431 für §138 BGB zurückhaltend; Emmerich, Unlaut. Wettbewerb, 1982, S.47 m.w.H. in Fn.30; Mestmäcker, Medienkonzentration, S.148ff.; Simitis, Gute Sitten, S.180ff.; P.Ulmer, u.a., Schranken zulässigen Wettbewerbs, S.66ff.; ders., in der Sache ZHR 146 (1982), S.487; kritisch Gärtner, BB 1970, 1363ff.; auch Rebe, Privatrecht und Wirtschaftsordnung, S.157.

76) Dazu 2.Teil, 7.Kap., IV, V, S.68ff.

77) So der Begründer dieser Dogmatik Dürig, F.Nawiasky, S.157ff.; ders. Maunz/Dürig/Herzog/Scholz, Rdn.128f. zu Art.1 Abs.3 GG; Schricker, Gesetzesverletzung, S.226ff., räumt die Unsicherheit solcher Maßstäbe ein und mahnt selbst zur Vorsicht (a.a.O., S.229); Kritik vor allem bei Leisner, Grundrechte und Privatrecht, S.365ff. in unserem Sinne; weitere Hinweise in Fn.75, vor allem aber in Fn.235 des 2.Teils.

78) Dazu die Hinweise in Fn.137 im 6.Teil.

79) 3.Teil, 1. und 2., auch 4.Kap., S.99ff., 116ff.; 4.Teil, 1.Kap., I, S.138ff., Zusammenfassung zu den Teilen 3 und 4, S.169ff.

c) Mit den "Belangen der Allgemeinheit" wird schließlich doch die "öffentliche Ordnung", sei diese gesetzlich verankert oder nicht, zur Verhaltensnorm im Wettbewerb, obwohl der Gesetzgeber des § 138 BGB diese gerade nicht zum Maßstab der Rechtmäßigkeit von Rechtsgeschäften gemacht hat[80]. Im Wettbewerbsrecht ist es die Wirtschaftsordnung, zu der der Bundesgerichtshof ein schützenswertes Interesse am "Bestand des Wettbewerbs" rechnet. Das hat der Gesetzgeber selbst im GWB differenzierter bewertet. Eine sinnvolle Wirtschaftsordnung, die die Väter der Verfassung gerade nicht im Sinne einer bestimmten Markt- oder Verwaltungswirtschaft festlegen wollten[81], ist sicher ein ungeeigneter Maßstab in der Hand gesetzesgebundener Richter, nimmt also in der Sache politische Kompetenz par excellence in Anspruch.

d) Ein blanketthafter materieller Entscheidungsmaßstab gibt eine spezifisch politische, nicht-richterliche Kompetenz. Das ist, wie gesagt, für die Rechtsprechung zum Begriff der "guten Sitten" des § 1 UWG mehrfach analysiert[82]. Das Grundgesetz erlaubt es jedoch nicht, den Wettbewerbsrichtern diese wirtschaftspolitische Macht zu delegieren[83]. Auch die Ausrichtung der wettbewerbsrechtlichen Lauter-

---

80) Zur Entstehungsgeschichte insoweit Flume, Das Rechtsgeschäft, S.364, der inhaltlich die "öffentliche Ordnung" einbezieht, a.a.O., S.365ff.; Schricker, Gesetzesverletzung, S.188ff. m.H.; auch Rebe, Privatrecht und Wirtschaftsordnung, S.105; gegen die Tendenz, den Begriff der "guten Sitten" durch den der "öffentlichen Ordnung" zu ersetzen Larenz, Allgemeiner Teil, §28 Abs.III, S.428ff.; Hefermehl, Wettbewerbsrecht, 10.Aufl. 1971, Einl., Rdn.58 a.E.; zurückhaltender ders., 13.Aufl. 1981, Rdn.65; anders ders. in Soergel-Hefermehl, Anm.1 zu §138, wo er explizit die öffentliche Ordnung und das Gemeinwohl zum Maßstab des §138 BGB erklärt; i.d.S. auch Ennecerus-Nipperdey, Allgemeiner Teil, §191 I, S.1164; vgl. so auch Abraham, AcP 150 (1949), S.385ff., 398f.. Die Entstehungsgeschichte nutzt umgekehrt Emmerich, Unlauterer Wettbewerb, 1982, S.41, als Argument für die wettbewerbsrechtliche Relevanz des "ordre public", als wenn das die "öffentliche Ordnung" i.S. der Väter des BGB wäre, und ist damit rechtsstaatlich weit weniger empfindlich als jene.

81) Dazu für viele Hefermehl, Wettbewerbsrecht, Allgemeines, Rdn.42, 43 m.H.; Dürig, Maunz/Dürig/Herzog/Scholz, Rdn.44 zu Art.2 Abs.1 GG; Erlinghagen, Der Streit um die Wirtschaftsverfassung der Bundesrepublik, F.Herrfahrdt, S.5ff. m.w.H.; Papier, Handbuch, S.609ff. m.w.H.; BVerfGE 4, 7 (17f.); 7, 377 (400); 39, 210 (225); 50, 290 (337).

82) Schon Isay, Das Rechtsgut des Wettbewerbsrechts, 1933, S.54ff., 61, 65f.; Ott, F.Raiser, S.417ff.; Rebe, Privatrecht und Wirtschaftsordnung, S.144ff., 147ff., 160, 161 ("richterliche Fiktion") ("Musterbeispiel einer Leerformel"); Bullinger, VVDStRL 22 (1965), S.292, 294 m.H.; auch K.Schmidt, Kartellverfahrensrecht, S.131ff. für den Mißbrauchsbegriff "ipso iure" geltender Verbote; die Normsetzungsfunktion der Rechtsprechung zu §1 UWG wird allgemein eingeräumt: etwa Schricker, Gesetzesverletzung, S.206 m.w.H.; Reimer, Wettbewerbsrecht, S.504; Hefermehl, Wettbewerbsrecht, Einl., Rdn.65, 69, 70; Nerreter, Grundlagen, S.75ff.; E.Ulmer, Sinnzusammenhänge, S.6f.; Rinck, F. OLG Celle, S.152, 163f.; auch Meyer-Cording, JZ 1964, 276; Steindorff, Summum ius, S.63ff., 77 (kritisch); Emmerich, Unlauterer Wettbewerb, 1982, S.34f. ("völlige Ungeeignetheit zur Konkretisierung einer Generalklausel"); auch Eichmann, Vergleichende Werbung, S.47ff.; Koppensteiner, Wettbewerbsrecht, S.478ff.; Möschel, Pressekonzentration, S.140ff.; Nordemann, GRUR 1975, 625ff.; Simitis, Gute Sitten, S.64ff., 198; vgl. dazu Teubner, Standards, S.18ff., 42ff.; Bülow, WiR 1974, 237ff., 244ff.; Rittner, Wirtschaftsrecht, S.194f., 199; Vogt, NJW 1976, 730f., zeigt die Gefahr eines Richtersubjektivismus auf, dazu weitere Hinweise in Fn.190, textlich dazu sub III, S.399ff.
Die Anstandsformel und deren Kritik wird hier nicht näher erläutert, weil sie nicht mehr allein und damit wesentlich die Rechtsprechung trägt, vielmehr die Formel von den "Belangen der Allgemeinheit" Vorrang erlangt hat, Hinweise in Fn.5ʳ. Die Anstandsformel läßt sich m.E. mit den freiheitlichen (rechtlich und sittlich) Prinzipien von Autonomie und Konsens erläutern und rechtfertigen; zur Anstandsformel etwa Teubner, a.a.O., S.18ff. m.H. insb. zum Problem der Leerformeln.

83) Dazu vor allem sub II 2 a,b, S.388ff. und III 2, S.402f.

keitsmaxime am Leistungsprinzip[84] bleibt ein bloß verbaler Argumentationstopos, der die politische Kompetenz der Richter nicht relevant verengt, weil der wettbewerbliche Leistungsbegriff wiederum gänzlich offen ist[85]. Der lautere Wettbewerb ist marktwirtschaftlich eine Leistung[86]. Das Kriterium Leistungswettbewerb ist kein anderes als das des lauteren Wettbewerbs. Wettbewerb ist Wesen der Marktwirtschaft[87], die auf dem vergleichenden und antagonistischen Wesen des Menschen, das dessen Leistung motiviert, aufbaut[88]. Die Lauterkeit des marktwirtschaftlichen, also wettbewerblichen Verhaltens ist erst zu definieren. Darum ist es ein Fehlschluß, daß nur das marktkonforme, wettbewerbliche Verhalten, weil es Leistung sei, den "guten Sitten" entspreche, nicht aber das wettbewerbsneutrale oder auch wettbewerbsstörende[89]; denn der Unternehmer ist nicht zum Wettbewerb verpflichtet[90].

e) Wettbewerb der Unternehmer schützt Verbraucher und Allgemeinheit in mannigfachen Interessen, insbesondere dem an einer freiheitlichen Realität, ist aber nicht deswegen unlauter, weil er die Interessen der Verbraucher und der Allgemeinheit, etwa das am Wettbewerb selbst, nicht berücksichtigt[91]. Wettbewerb ist vielmehr unlauter, wenn er die privaten Rechtssätze, die den Wettbewerb autonom-konsensual disziplinieren, eben die "guten Sitten"[92], nicht beachtet. Schutz-

---

84) Hinweise in Fn.323 dieses Teils, Fn.122 des 7.Teils.

85) Hinweise in Fn.327; ganz i.d.S. von Nell-Breuning, WuW 1952, 372f., der den Leistungsbegriff von der Bestimmung des Sinns der Wirtschaft abhängig macht.

86) Dazu die Offenheit des Begriffs 'Leistungswettbewerb' erkennend Knöpfle, Der Rechtsbegriff "Wettbewerb", S.56ff., 59f.; anders Rittner, Wirtschaftsrecht, S.199ff., aber ebenso skeptisch wegen der Unklarheit des Leistungsbegriffs; vgl. auch die Hinweise in Fn.327.

87) Hefermehl, Wettbewerbsrecht, Allgemeines, u.a. Rdn.1ff., 50, 88; Raiser, in: Summum ius, S.145, 156; Rebe, Privatrecht und Wirtschaftsordnung, S.144f., 151 mit Hinweisen insb. in Fn.455 zum Wettbewerb als Schutzzweck des Wettbewerbsrechts, für viele.

88) Zum vergleichenden und antagonistischen Wesen des Menschen, des "ungeselligen Gesellen", Kant, Idee, S.37ff.; dazu Maihofer, Rechtsstaat und menschliche Würde, S.72ff., 107f.

89) So insb. Rebe, Privatrecht und Wirtschaftsordnung, vor allem S.53, 137ff., 154; dazu sub II 1, S.385ff.

90) Für viele Hefermehl, Wettbewerbsrecht, Allgemeines, Rdn.17, 26, 28; Krüger, Allgemeine Staatslehre, S.461f.; klar Rupp, Verfassungsrecht und Kartelle, S.207; klar wie hier Scholz, Wirtschaftsaufsicht, S.24, vgl. auch S.128 daselbst zur Wettbewerbsfreiheit als Ausfluß der Wirtschaftsfreiheit; dazu auch sub II 2 c, S.396ff. m.H. insb. in Fn.172.

91) Richtige Kritik des Zirkelschlusses Rinck, F. OLG Celle, S.163, im Widerspruch zu seinem Plädoyer für den Verbraucherschutz durch §1 UWG, a.a.O., S.166f.; anders aber die Praxis, insb. BGHZ 23, 365 (371); BGH NJW 1982, 2117 (2121), Schutz des Bestandes des Wettbewerbs, st. Rspr.; und herrschende Meinung, etwa Bülow, WiR 1974, 249; Ott, F.Raiser, S.418; P.Ulmer, ZHR 146 (1982), S.484; Hubmann, W.u.V. 1982, 59f.; vgl. d.H. in Fn.17 des 2.Teils und Fn.55 dieses Teils; wie hier etwa, aber nicht ganz konsequent Vogt, NJW 1976, 734 (mittelb. Einfluß der Anschauungen des Publikums); Meyer-Cording, JZ 1964, 274 m.H. in Fn.20, weist darauf hin, daß der direkte Schutz des Publikums durch das UWG vom Gesetzgeber weder des Jahres 1896 noch des Jahres 1909 bezweckt war, sondern der Schutz der redlichen Konkurrenten; vgl. ders. etwas anders NJW 1960, 1443; richtig Baumbach, WuW 1931, S.5ff.; vgl. dazu Rebe, Privatrecht und Wirtschaftsordnung, S.139 m.H. in Fn.436, S.153, der die Verbraucher nicht nur reflexiv geschützt sehen will; vgl. auch d.H. in Fn.93.

92) Dazu näher im 3.Kap., IV, S.412ff. und 4.Kap., II, S.423ff.

zweck des § 1 UWG sind, wie schon gesagt, die "guten Sitten" im Wettbewerb[93], deren Verletzung der Gesetzgeber durch diese Vorschrift mit Hilfe der staatlichen Gerichte zu unterbinden ermöglicht. Die "guten Sitten" selbst können die unterschiedlichsten Zwecke verfolgen.

Der wirtschaftliche Wettbewerb wird wesentlich und spezifisch durch das Gesetz gegen Wettbewerbsbeschränkungen geschützt, das bestimmten Funktionsstörungen des Wettbewerbs entgegenwirken soll. Die Funktionen von Wettbewerb auch zum Schutzobjekt des § 1 UWG zu erheben, ist rechtssystematisch bedenklich[94]. Der Gesetzgeber hat zum Schutz des "freien und lauteren Wettbewerbs" spezifische Vorschriften gegeben, deren Wirkungen durchaus interdependent sind. Die Vorschriften differenzieren Tatbestände, Rechtsfolgen und Verfahren und haben dadurch die Chance, rechtsstaatlichen Anforderungen zu genügen[95]. Gerade deswegen dürfen sie nicht zu einem Prinzip integriert werden, welches etwa anordnet, alles wirtschaftliche Verhalten habe den freien und lauteren Wettbewerb zu wahren oder gar diesem zu dienen. Ein solches Prinzip, eine Eingriffsleerformel und zugleich ein Kompetenzblankett, löst alle Einzeltatbestände (rechtsstaatswidrig) auf und wandelt (Wirtschafts-) Freiheit in (Wettbewerbs-)Pflicht, wie es unter II noch deutlicher gemacht werden soll[96].

f) Der Wettbewerber vermag die ihm mangels Konkretisierung notwendig unbekannten "Belange der Allgemeinheit" und auch die Interessen der Verbraucher nicht zu berücksichtigen[97], solange nicht der Staat oder eben die Privaten selbst den Schutz dieser Interessen gesetzlich vorgeschrieben haben[98]. Rechtsprechung ge-

---

93) Der Zweck des §1 UWG ist es, die "guten Sitten" als die autonom-konsensuale Ordnung des Wettbewerbs durch die Wettbewerber zu schützen. Als Schutzgut des UWG sieht auch Scholz, ZHR 132 (1969), S.110, 112, 142, die "guten Sitten"; i.d.S. auch Lobe, Bekämpfung, S.12; Kirchberger, Unlauterer ... Wettbewerb, S.30ff.; gegen die Auffassung vom Schutzgut Wettbewerb Scholz auch, Wirtschaftsaufsicht, S.24ff., 27f. m.H.; zur Gegenmeinung die Hinweise in Fn.36 des 2.Teils, auch Fn.120 dieses Teils; vgl. auch die Hinweise in Fn.97.

94) Zum Verhältnis von GWB und UWG grundlegend BGHZ 13, 32 (36f.); dazu mit Hinweisen Emmerich, Unlauterer Wettbewerb, 1982, S.50ff., auch zu den Vorfeldtheorien S.52 m.H. in Fn.91; vgl auch die Hinweise in Fn.36 des 2.Teils, Fn.18 des 7.Teils.

95) Dazu die diffizile rechtstechnische Untersuchung K.Schmidts, Kartellverfahrensrecht, passim.

96) S.397f. m.H. in Fn.172; so klar Scholz, Wirtschaftsaufsicht, S.24.

97) Auch Flume, Das Rechtsgeschäft, S.365, weist auf den Widerstreit der "Unbestimmtheit des Begriffs der "guten Sitten" zum Postulat der Rechtssicherheit" hin; so auch deutlich Bullinger, VVDStRL 22 (1965), S.292; i.d.S. auch K.Schmidt,Kartellverfahrensrecht, S.108, 132ff., 141ff., 158f., und passim; Stein, Wirtschaftsaufsicht, S.94; anders etwa BGHZ 15, 356 (370): "Ein Unternehmer, der sein Ansehen und seinen Ruf gewahrt wissen will und auch auf das Interesse der Allgemeinheit an einem geordneten Geschäftsablauf Bedacht nimmt, muß (!) es ablehnen, sich dieses Systems (sc. der progressiven Kundenwerbung) zu bedienen". So meinen schließlich Ulmer-Reimer, Unlauterer Wettbewerb, Rdn.58, 59, S.39: "Die Gerichte in Wettbewerbssachen haben daher im großen Umfang eine weisungsgebende oder gar erzieherische Tätigkeit auszuüben", ... "ohne richterliche Führung undErziehung" "läßt" "sich nicht auskommen", in Verkennung der Aufgabe der Richter.

98) Das normiert §31 Abs.1 GWB anders, indem er die Kartellbehörde ermächtigt, Wettbewerbsregeln nicht zur Eintragung zuzulassen, wenn diese u.a. das Gesetz gegen unlauteren Wettbewerb "unter Berücksichtigung der dazu ergangenen Rechtsprechung" verletzt; das gibt der Rechtsprechung (verfassungswidrig) gesetzesgleiche Wirkung. Zur verfahrensmäßigen Reduzierung des offenen Gemeinwohls die

nügt den kompetenziellen und verfahrensmäßigen Anforderungen an derartige Rechtsetzung nicht. Die freiheits- und demokratierechtliche sowie rechtsstaatliche Kritik an den nicht-bestimmten Lauterkeitsmaßstäben der Rechtsprechung (Baumbach: "Eine stete Quelle der Unsicherheit"[99]) vermag der Hinweis auf die jahrzehntelange Praxis zu § 1 UWG, die Standards des Wettbewerbsverstoßes entwickelt habe[100], nicht zu entkräften, weil weder die "Auffassungen der verständigen Durchschnittsgewerbetreibenden", noch die "Belange der Allgemeinheit" aus der Vergangenheit heraus beurteilt werden dürfen, sondern von der gesamten Entwicklung des Gemeinwesens, insbesondere der sich ständig ändernden Gesetzgebung, abhängen[101]. Es ist widersprüchlich, wenn versucht wird, die Rechtsstaatlichkeit des Lauterkeitsbegriffs der Rechtsprechung mit der langen Praxis, die die Rechtssicherheit gewährleiste, einerseits und mit der Konkretisierung durch die Rechtsordnung, die den grundgesetzlichen Anforderungen richterlicher Gesetzesunterworfenheit genüge, andererseits zu rechtfertigen[102]. Ein leistungsorientierter Funktionalismus läßt sich jedenfalls nicht auf die tradierte Rechtsprechung stützen[103].

4. Die vorstehende Kritik an den Kriterien des Bundesgerichtshofs ist autonomietheoretisch begründet; denn § 1 UWG ist ein Teil des Autonomierechts. Das ist im vorigen Teil nachgewiesen. Selbst wenn § 1 UWG als neutrales/allgemeines Recht auch als Staatsrecht zu praktizieren wäre, müßte dessen Interpretation freiheitsrechtlichen und damit rechtsstaatlichen Anforderungen genügen; denn in jedem Fall schränkt diese Vorschrift die Wirtschaftsfreiheit, also das Recht zur Autonomie in der Wirtschaft, ein. Privates Wirtschaften ist autonomes Verhalten und nicht heteronom bestimmtes Funktionieren, wie immer wieder betont werden muß[104]. Die Topoi, aus denen die Rechtsprechung den Sittenverstoß herzuleiten pflegt, lassen

---

Hinweise in Fn.en 5, 6, 19, 40 im 6.Teil; für das Wettbewerbsrecht wesentlich K.Schmidt, Kartellverfahrensrecht, etwa S.131ff., 158f. für die "Verbotskonkretisierung durch Verfahren", für den "die Rechtsgewißheit für Verbotsadressaten" maßgeblicher Aspekt dieser "Rechtstechnik" ist ("Legislatorisch ist diese Rechtstechnik vor allem dort am Platz, wo die Aufgabe, subsumtionsfähige und externe sanktionierbare Ge- und Verbotsnormen zu formulieren, nicht bewältigt werden kann, vor allem also bei Mißbrauchstatbeständen"; dazu gehört auch §1 UWG, vgl. die Hinweise in Fn.38 des 2.Teils); i.d.S. auch Stein, Wirtschaftsaufsicht, S.94; Bullinger, VVDStRL 22 (1965), S.292ff.

99) Kommentar zum Wettbewerbsrecht, 1929, S.172ff.; ders., DJZ 1931, 58ff.; ("rein impressionistisch, gefühlsmäßig"); ders., JW 1930, 1643ff. ("Anstandsgefühl älterer Richter in hoher Stellung, die das praktische Geschäftsleben ganz überwiegend nie kennengelernt haben").

100) So insb. BVerfGE 32, 311 (316ff.), vgl. das wörtliche Zitat im 1.Kap., II 2, S.373f.

101) So etwa Bullinger, VVDStRL 22 (1965), S.295f., spezifisch wegen der Variabilität der wirtschaftspolitischen Leitbegriffe der Wirtschaftslenkung, die einer inhaltlichen Verfestigung auf die Dauer nicht zugänglich seien; wie hier Rittner, Wirtschaftsrecht, S.201.

102) Zur Veränderbarkeit der "guten Sitten" nach allen Verständnisweisen Schricker, Gesetzesverletzung, S.196f.

103) Rebe, Privatrecht und Wirtschaftsordnung, S.149ff., versucht demgegenüber, eine funktionalistische Traditionslinie aufzuzeigen.

104) Dazu insb. sub II 2 c, S.396ff. m.H.

es freilich auch zu, § 1 UWG als derart neutrales/allgemeines Recht auf staatliches Verhalten anzuwenden; denn sie sind ohne materialen Inhalt und nur kompetentielle (Selbst)ermächtigung zu Wettbewerbsrechtspolitik. Eine solche ist auch gegenüber dem Staat möglich und (gegebenenfalls) nötig, nur ist sie eben nicht Sache der Zivilrichter.

## II Die funktionalistisch-kompetenzielle Delegationstheorie nach Ott, Rebe und Emmerich

### 1. Rebes funktionalistische Interpretation des § 1 UWG

a) Rebe[105)] versteht das Gebot, die "guten Sitten" zu wahren, und das Verbot des Rechtsmißbrauchs als Nahtstelle zwischen Privatrecht und Wirtschaftsordnung. Nach seiner Analyse[106)] macht der Bundesgerichtshof das Unlauterkeitsurteil über Wettbewerbshandlungen von zwei Elementen abhängig, nämlich einem "wertend-normativen", dem der wettbewerblichen Anstößigkeit, und einem "real-ökonomischen", dem der Intensität als einer Gefahr für das Funktionieren der Wettbewerbsordnung. Schutzzweck des Wettbewerbsrechts sei der Wettbewerb als das prinzipielle (vorrechtliche) Ordnungsregulativ der Wirtschaft. Darum sei die Auslegung des § 1 UWG an diesem Ordnungsziel des Gesetzes zu orientieren, um sowohl "das Feld der Unbestimmtheit" zu verkleinern als auch eine "tendenziell wirklichkeitsentsprechende rechtliche Regelung" zu erreichen. Dafür solle die Auslegung nicht nur auf klassische Rechtswerte abstellen, sondern auch die Funktionsgesetzlichkeit in einer dezentral gesteuerten Wirtschaftsordnung berücksichtigen[107)]. Das auslegungsverbindliche Ordnungsleitbild ergebe sich aus einer "Zusammenschau der vorrechtlichen Grundstruktur des Wettbewerbsmechanismus und den Festlegungen und Modifikationen, die dem positiven Recht mit allen politischen Kompromissen und historisch gewachsenen Besonderheiten entnommen werden"[108)]. Das "ganze Marktmodell" beruhe auf der "Schiedsrichterfunktion des Verbrauchers"[109)]. Wettbewerb entspreche daher nicht der Modellvorstellung vom Wettkampf, sondern sei abstrakt zu umschreiben "als ein Interaktions- und Kommunikationsprozeß" sowohl zwischen den Konkurrenten als auch zwischen diesen und dem Verbraucher. "Moderne Volkswirtschaften sind Marktwirtschaften, in denen unterschiedliche Regelungsfaktoren wirksam sind und die als vielschichtiges und komplexes Wirkungsgefüge verschiedenster Ursachen- und Bedingungskonstel-

---

105) Privatrecht und Wirtschaftsordnung, Zur vertragsrechtlichen Relevanz der Ordnungsfunktionen dezentraler Interessenkoordination in einer Wettbewerbswirtschaft, 1978.

106) A.a.O., S.149f.

107) Deutlich in diesem Sinne BGH NJW 1982, 2117 (2121).

108) A.a.O., S.152.

109) Rebe, a.a.O., S.153; Knöpfle, Der Rechtsbegriff "Wettbewerb", S.57; Böhm, Wettbewerb und Monopolkampf, S.274, 276; Meyer-Cording, JZ 1964, 311, 312.

lationen begriffen werden müßten. Allein das reaktive Zusammenspiel staatlicher Lenkungsmaßnahmen und privatwirtschaftlicher Entscheidungen verbietet es, den Wirtschaftsablauf einheitlich als Wettbewerbsmechanismus zu verstehen". In den gesetzlichen Freiräumen sei der Wettbewerb nicht nur ein empirischer Befund, sondern "ein normatives Leitbild, auf dessen Verwirklichung alle Adressaten des Wettbewerbsrechts hinzuwirken" hätten. Der deutsche Gesetzgeber habe "seine Normierung auf eine vorrechtliche Form der Koordination wirtschaftlicher Entscheidungen" bezogen. "Der Wettbewerb wird nicht um seiner selbst willen geschützt, sondern nur weil und insoweit er geeignet ist, eine freiheitliche Lösung der ökonomischen Grundprobleme zu ermöglichen. Daraus folgt: Das Recht bezieht sich auf den Wettbewerb nicht in einer fixierten Gestalt, wie er sie zu irgendeinem Zeitpunkt unter den historischen Wirkungsbedingungen in einer Epoche und einem Land angenommen hat, sondern ist Fortentwicklungen offen, die darauf abzielen, daß er die ihm zugedachten Funktionen auch unter veränderten Bedingungen bestmöglichst erfüllen kann[110]. Der Wettbewerb ist damit in seiner vorrechtlichen Struktur nur in allgemeinen Grundzügen beschreibbar; entscheidend für die wettbewerbsordnenden Verhaltenssätze ist die Funktionstauglichkeit des Wettbewerbs im Hinblick auf die genannten Aufgaben"[111]. "Die Funktion des Wettbewerbs" in dem - gesetzlich gewährleisteten - Freiraum sei "die Sicherstellung der optimalen Allokation der Ressourcen im Hinblick auf eine nachfragegerechte Güterversorgung". Neben einem "beweglichen Reaktionszusammenhang" setze Wettbewerb "bestimmte" -verbindliche- "Aktionsparameter" voraus; etwa das Verbot des Behinderungswettbewerbs (als Schädigung der Konkurrenten ohne eigene Leistung zur Verbesserung der eigenen Marktstellung). "Ohne den Willen zur Leistung" sei "eine Wettbewerbswirtschaft nicht denkbar"[112].

b) Das Ordnungsleitbild des Gesetzgebers gegen unlauteren Wettbewerb sei diffus. Das erfordere ein "abgestuftes Frageverfahren an den normativen Weisungsgehalt", nämlich zunächst sei im positiven Recht zu suchen, dann sei nach der 'Politik des Gesetzes', nach seinen Schutzzwecken zu fragen. Das sei die Gewährleistung des "wirtschaftlichen Wettbewerbs, um eine nachfragegerechte Versorgung des Endver-

---

110) A.a.O., S.153.

111) A.a.O., S.153f.; so auch Koppensteiner, Wettbewerbsrecht, S.480ff., 494ff.; auch P.Ulmer, F.Kummer, S.78f.; Burmann, WRP 1972, 513ff.; ähnlich im Ergebnis Vogt, NJW 1976, 737; Baudenbacher, Suggestivwerbung, S.134ff.; ders., ZHR 144 (1980), S.152ff.; ders., GRUR 1981, 19ff.; Möschel, Pressekonzentration, S.139ff.; jetzt auch Emmerich, Unlauterer Wettbewerb, 1982, S.44ff. m.w.H. in Fn.55; i.d.S. jetzt auch deutlich Hefermehl, Wettbewerbsrecht, Einl., Rdn.65, 69, u.ö.

112) A.a.O., S.154f.. Zum wettbewerbsfunktionalistischen Leistungsprinzip, F.Böhm, Wettbewerb und Monopolkampf, S.104ff., 124ff., 273f.; auch zurückhaltend v.Godin, GRUR 1966, 127ff., 131f., u.a.; Emmerich, Unlauterer Wettbewerb, 1982, S.43f.; Hefermehl, Wettbewerbsrecht, Einl., Rdn.92ff.; zurückhaltend und instruktiv zu den Fallgruppen leistungswidrigen unsittlichen Wettbewerbs Meyer-Cording, JZ 1964, 311ff.; Rinck, F. OLG Celle, S.153ff. vor allem zur Marktverdrängung durch "übermäßige Werbung" mit Fallgruppen; weitere Hinweise zum wettbewerblichen Leistungsprinzip in Fn.122 des 7.Teils und Fn.323 dieses Teils; zu Recht kritisch zum Leistungsbegriff Ott, F.Raiser, S.408, 412; zur Kritik dieses Begriffs weitere Hinweise in Fn.327.

brauchers auf Dauer sicherzustellen", mit den Teilschutzzwecken Verbraucherschutz, Schutz des redlichen Konkurrenten, Schutz der wirtschaftlichen Ressourcen, Verhinderung von Entstehung und Mißbrauch wirtschaftlicher Macht. Dabei müsse in "praktischer Vernunft" argumentiert werden. Mit Steindorff[113)] müsse dem "möglichst ableitungsrationalen Judiz des Richters" vertraut werden, weil das Auslegungsprogramm des § 1 UWG "in seinen letzten Verästelungen offen" sei[114)]. Der Richter habe "eine gestaltende Aufgabe", wenn er beurteilen solle, ob ein Verhalten im Wettbewerb diesen störe[115)]. Die Gewaltenteilung verbiete dem Richter nicht die damit unvermeidlichen wirtschaftspolitischen Entscheidungen. Der Richter könne sich nicht auf die Gesetzesanwendung beschränken[116)]. Mit Steindorff[117)] weist Rebe darauf hin, "daß Rechtsnormen nicht nur Grenzen, sondern auch Mittel der Politik seien, so daß Art.20 Abs.3 GG den Richtern den Vollzug einer vom Gesetz beschlossenen Politik nicht nur erlaube, sondern sogar gebiete". Die Funktion rechtlicher Normen als Mittel nicht einer beliebigen, sondern der vom Gesetzgeber verfolgten Politik bezwecke, daß diese Politik zum unmittelbaren Inhalt des Rechts werde und bei der Rechtsanwendung berücksichtigt werden müsse, ohne daß es der Analogie oder ähnlicher Instrumente bedürfe, um den Inhalt der Tatbestände unmittelbar auf die "Politik des Gesetzes" auszurichten[118)].

c) Damit werde § 1 UWG zu einer "Delegationsnorm zugunsten einer richterlichen Rechtsetzungsbefugnis", weil die Bestimmung ihre ursprüngliche Funktion der Rezeption außerrechtlicher Normvorstellungen verloren habe, aber keine verbindlich und konkret vorgegebenen Maßstäbe enthalte. "Der Richter sei damit partiell zu einem dezentralen Gesetzgeber geworden". "An die Stelle der 'guten Sitten' sei Wirtschaftspolitik getreten"[119)]. In dieser Erkenntnis, die die Praxis zutreffend ana-

---

113) Politik des Gesetzes als Auslegungsmaßstab im Wirtschaftsrecht, F.Larenz, S.217ff. ("... kein anderer als der Weg über Argumente parktischer Vernunft ... ").

114) A.a.O., S.157f.

115) A.a.O., S.158; in diesem Sinne schon Isay, Das Rechtsgut im Wettbewerbsrecht, S.54ff., 65f.; auch Reimer, Wettbewerbsrecht, S.503; ganz i.d.S. jetzt Hefermehl, Wettbewerbsrecht, Einl., Rdn.70; weitere Hinweise i.d.S. in Fn.120.

116) A.a.O., S.158ff., gestützt auf Steindorff, F.Larenz, S.235f.; deutlich i.d.S. schon Ott, F.Raiser, S.417ff.; kritisch Bülow, WiR 1974, 244ff.; Meydam, GRUR 1970, 403; Plassmann, JZ 1962, 468ff.; gegen die wirtschaftspolitische Funktion der Richter in der Theorie, nach Rebe aber nicht in der Praxis BGHZ 23, 365 (375); dazu weitere Hinweise in Fn.en 120, 142; grundsätzlich zur normsetzenden Funktion der Richter: Esser, Werte und Wertewandel, passim, etwa S.20; insb. ders., Grundsatz und Norm in der richterlichen Fortbildung des Privatrechts, 2.Aufl.1964, etwa S.176ff., 180 ("Die Rechtsfortbildung ist eine offene Richterschöpfung"); zur Kritik dieser Position vgl. die Hinweise in Fn.123.

117) Larenz, S.218ff., 235f.

118) A.a.O., S.159f.; ähnlich Ott, F.Raiser, S.417ff.; Kraft, F.Bartholomeyczik, S.234; Sack, WRP 1974, 250ff.; Lindacher, BB 1975, 1312; Reich/Wegener, JuS 1974, 565; vgl. auch Kübler, Über die praktischen Aufgaben zeitgemäßer Privatrechtstheorie, S.7f., 13; kritisch zu Steindorff Wiethölter, F.Raiser, S.675f.

119) A.a.O., S.160.

lysiert und dogmatisiert, folgt Rebe Ott[120].

2. Kritik an Otts, Rebes und Emmerichs funktionalistischem Verständnis des § 1 UWG

a) Rebes Sätze sind ausführlich zitiert, weil sie typisch die kompetenziellen Konsequenzen des, wie die Hinweise zeigen, 'modernen' funktionalistischen Normenverständnisses zeigen. Einer Rechtsnorm wird die Qualität, dem Richter seiner Rechtsprechungsfunktion gemäß normative Beurteilungskriterien zu geben, abgesprochen, weil die Tatbestandsmerkmale der Norm die regelungsbedürftigen Sachverhalte nicht mehr adäquat zu erfassen geeignet scheinen. Die nicht mehr leistungsfähige Normhülse wird genutzt, um die Probleme in anderer, nicht mehr notwendig vom Gesetzgeber bestimmter Weise zu bewältigen.

Die Gesetzesunterworfenheit des Richters, die Art.97 Abs.1 GG anordnet, setzt hinreichend auslegungsfähige Vorschriften voraus[121]. Diese können nicht ohne Konflikt mit dem Rechtsstaatsprinzip durch Delegationsnormen ersetzt werden, wie sie genutzt werden, um spezifisch politischen Organen des Bundes und der Länder Rechtsetzungsmacht einzuräumen[122]. Für Art.80 GG ist es sachgerecht, von der

---

120) F.Raiser, S.417ff., gegen eine wirtschafts- und gesellschaftspolitische Neutralität des Wettbewerbsrechts Ott, a.a.O., S.418 m.H. in Fn.39; darauf läuft auch Mestmäckers Verständnis der Sittenwidrigkeit als Systemwidrigkeit, eines Unwerturteils, das "seinen personalen Bezug weithin verloren" habe, hinaus, AcP 168 (1968), S.254, u.ö., ja Mestmäcker ist der Mentor des wettbewerbsrechtlichen Funktionalismus; deutlich ders., F.Böhm, S.412ff.; so in der Sache schon Isay, Das Rechtsgut des Wettbewerbsrechts, S.54ff., 61ff., 65f.; ebenso Tetzner, UWG, Vorb. 8, 10, der allerdings auch den Gesetzgeber einzuschalten auffordert; Spengler, Wettbewerb, Recht und Schranken, S.68; Raiser, GRUR Int. 1973, 445; ders., Summum ius, S.156ff.; auch Esser, Werte und Wertewandel, S.25ff.; auch J.Baur, Mißbrauch, S.59ff., 77 (explizit nur für den Mißbrauchsbegriff des GWB); Bülow, WiR 1974, 244ff.; auch Sambuc, Folgenerwägungen, S.22ff., 40ff., 90ff.; Teubner, Standards, S.56ff., 106ff. i.S. der Delegations- neben der Rezeptions- und Transformationsfunktion der Gute-Sitten-Klauseln, durchaus nicht unkritisch; Möschel, Pressekonzentration, S.143ff.; Steindorff, in: Summum ius, S.63ff.; Baudenbacher, GRUR 1981, 19ff.; Reich/Wegener, JuS 1974, 565; jetzt auch Simitis, Verbraucherschutz, S.24ff., 30; auch Koppensteiner, Wettbewerbsrecht, 480ff., 489f. eher vorsichtig; P.Ulmer, ZHR 146 (1982), S.484ff.; so auch Rinck, F. OLG Celle, S.152; Verständnis der "Generalklausel": "Die Ausformung richterlicher Normen innerhalb der Generalklausel ...", richtig geht es um 'Normen' der Privaten, vgl. insb. 4.Kap., S.401ff., 436f., Rinck kritisiert allerdings im Widerspruch dazu die Wirtschaftspolitik, die der BGH in Wettbewerbssachen betreibt, a.a.O., S.164f.; zum "Rechtsfortbildungsauftrag" der Richter aus §1 UWG (kritisch) Emmerich, Unlauterer Wettbewerb, 1982, S.40 m.H. in Fn.34; insoweit auch Kritik von Meyer-Cording, JZ 1964, 276, der die Rechtsprechung genau analysiert und deren "polizeilichen" Charakter völlig zu Recht rügt; ders., schon NJW 1960, 1443; eher gegen die wirtschaftspolitische Funktion auch Hefermehl, Wettbewerbsrecht, 10.Aufl.1971, Einl., Rdn.58, jetzt aber, 13.Aufl.1981, ganz i.S. Rebes, Rdn.65, 69, 70; Erlinghagen, F.G.Hartmann, S.101f.; Marx, Wettbewerbsrecht, S.236; gegen eine wirtschaftspolitische Funktion der Wettbewerbsgerichte explizit BGHZ 23, 365 (375); 28, 54 (59), aber Schutzgut sollen "die Grundlagen der bestehenden Wirtschafts- und Wettbewerbsordnung" sein.

121) Bettermann, Art. 'Rechtsprechung, rechtsprechende Gewalt', EvStLex., Sp.1712; ders., Die Grundrechte III 2, S.523; Herzog, Maunz/Dürig/Herzog/Scholz, Rdn.23, 26, 79 zu Art.92; Schachtschneider, VerwArch 1972, 307 m.w.H. zur Diskussion um das Richterrecht in Fn.379; ders., JA 1978, 237f., 239 m.H. auf die Rechtsprechung des BVerfG; vgl. auch Wolff-Bachof, Verwaltungsrecht I, §19 II c, S.86; weitere Hinweise im Sinne der Rechtsgebundenheit des Richters in Fn.123; zur schöpferischen Rechtsfindung BVerfGE 9, 338 (349); 34, 269 (286ff.); kritisch Rupp, Verfassungsrecht und Kartelle, S.198; i.d.S. auch Emmerich, Unlauterer Wettbewerb, 1982, S.40, der auch für die "Rechtsfortbildung" einen "(möglichst konkreten) Maßstab" zur Orientierung der Richter verlangt.

122) Dem steht Art.80 Abs.1 GG entgegen; es ist auch demokratierechtlich und rechtsstaatlich-gewalten-

'Politik des Gesetzes' zu sprechen, die exekutive Organe durch Rechtsverordnungen verwirklichen sollen. Für richterliche Aufgaben ist das eine wesensfremde Maxime. Die politische Funktion "gesetzesunterworfener" Rechtsprechung ist unbestreitbar[123], nur darf die Grenze zur gesetzesunabhängigen Politik nicht überschritten werden[124], die die Unabhängigkeit des (nur) rechtsgelehrten Richters in der freiheitlichen und sozialen Demokratie unerträglich machen würde[125]. Wettbewerbspolitik muß in der parlamentarischen Verantwortlichkeit bleiben. Der Richter ist durch eine (wirtschafts-)politische Funktion nicht nur zur Dezision gezwungen, sondern auch als 'Gesetzgeber' in Legitimation und Sachkompetenz überfordert, wie auch Emmerich[126] angesichts der unverzichtbaren Interessenabwägung

---

teilungsrechtlich bedenklich; dazu Schachtschneider, VerwArch 1972, 307; weiterhin die Hinweise in Fn.123; Ott, F.Raiser, S.417ff., insb. S.419f., übersieht Art.80 Abs.1 GG und dessen Verbindung zu Art.97 Abs.1 GG, wenn er meint, der "Gesetzgeber übertrage die Rechtsetzung dem Richter", diese Kritik gilt auch Hefermehl, Wettbewerbsrecht, Einl., Rdn.70. Das Gewaltenteilungsprinzip ist zu Recht Bülows, WiR 1974, 256ff., Grundlage der Kritik der Gute-Sitten-Rechtsprechung; konsequent kommt er zum Gesetzesprinzip, d.h. verlangt ähnlich Simitis den Verstoß gegen verfassungsmäßige Wertungen, a.a.O., S.258, verkennt aber die Relevanz privater Gesetze; die Privatrechtswirkung der Verfassung bedarf der Vermittlung durch Generalklauseln nicht, dazu 2.Teil, 7.Kap., IV, S.68f.. Das Gewaltenteilungsargumet will Steindorff, F.Larenz, S.235f., dem sich Rebe, a.a.O., S.159, anschließt, mit dem Schlagwort 'Vollzug der Politik des Gesetzes durch den Richter' überwinden; es geht aber um das rechtsstaatl. Bestimmtheitsprinzip. Dazu auch Lindacher, BB 1975, 1312; abzulehnen auch Moritz, RdA 1977, 201, der auch Art.97 Abs.1 GG mißachtet ("Solange die Legislative also bewußt Kompetenzen abgibt oder Kompetenz-Usurpationen duldet, läßt die Verfassung das zu" (!?)).

123) Dazu für viele Stern, Staatsrecht I, §1 V 3, S.16f., §2 II 2, S.30, §20 IV 4 a, S.632, jeweils m.w.H.; wesentlich Roellecke, Die Bindung des Richters an Gesetz und Verfassung, VVDStRL 34 (1976), S.7ff.; Starck, daselbst, S.43ff., insb. S.85ff.; Bettermann, Art. Rechtsprechung, rechtsprechende Gewalt', EvStLex, Sp.1712ff.; ders., Grundrechte III 2, S.523; Herzog, Maunz/Dürig/Herzog/Scholz, Rdn.20ff. zu Art.92; Marcic, Vom Gesetzesstaat zum Richterstaat, 1957; Larenz, Methodenlehre, S.170f., 219f.; Flume, Richter und Gesetz, Verh. des 46.DJT, B.25 ("Der Richter hat das Recht zu finden und nicht zu erfinden"); Rüthers, Die unbegrenzte Auslegung, 1968; Dreier, Recht-Moral, Ideologie, S.229; vor allem aus soziologischer Sicht Luhmann, Legitimation durch Verfahren, S.141ff., 232, 237; vgl. auch Schachtschneider, VerwArch 1972, 306ff. m.H. in Fn.en 377-385 gegen das Abwägungsprinzip; ders., Sozialprinzip, S.79ff., legitimations- entscheidungstheoretisch; Hinweise insofern auch in Fn.121; vgl. auch BVerfGE 34, 269 (286ff.), sehr großzügig: "Rechtsprechung ... kann sein ... Akt des bewertenden Erkennens, dem auch willenhafte Elemente nicht fehlen, ..." "Der Richter muß sich dabei von Willkür freihalten; seine Entscheidung muß auf rationaler Argumentation beruhen. Es muß einsichtig gemacht werden können, daß das geschriebene Gesetz seine Funktion, ein Rechtsproblem gerecht zu lösen, nicht erfüllt. Die richterliche Entscheidung schließt dann diese Lücke nach den Maßstäben der praktischen Vernunft und den 'fundierten allgemeinen Gerechtigkeitsvorstellungen der Gemeinschaft' (BVerfGE 9, 338 (349))", sehr problematische Sätze, die hier aber nicht vertieft erörtert werden können. Für unsere Problematik genügt es, zu sehen, daß §1 UWG in wortgetreuer Auslegung keine 'gesetzliche Gerechtigkeitslücke' läßt. Zum Ganzen wesentlich Esser, Grundsatz und Norm, etwa S.176ff.

124) Vgl. zunächst d.H. in Fn.123. I.d.S. auch Rinck, F. OLG Celle, S.164f., dem die BGH-Rechtsprechung wirtschaftspol. zu weit geht; zurückhaltend gegenüber richterl. Ordnungsplanung und Zwecksetzung i.S. des Prinzips 'in dubio pro libertate' Steindorff, Summum ius, S.66ff., 75ff., 79; vorsichtige demokratierechtl. Krit. am richterl. "Rechtsfortbildungsauftrag" auch Emmerich, Unlaut. Wettbewerb, 1982, S.40; zur Krit. einer wirtschaftspolit. Funktion der Wettbewerbsrichter aus §1 UWG Hinw. in Fn.en 120, 142.

125) Dazu Schachtschneider, Sozialprinzip, S.77ff., wo eine Umsetzung der Entscheidungsgremien für die Realisierung von Zielprojektionen erwogen wird.

126) Unlauterer Wettbewerb, 1982, S.46f. m.w.H.; Bedenken äußern der Sache nach gegen Schricker Kraft und Sambuc (Hinweise in Fn.en 212, 40), Koppensteiner, Wettbewerbsrecht, S.495f., 497ff., 500ff.; vgl. auch Ott, F.Raiser, S.419ff.; allgemein zur Problematik der Legitimation und Sachkompetenz bei der notwendig politischen Realisierung von Zielprojektionen Schachtschneider, Sozialprinzip, S.75ff., insb. S.79ff.. §1 UWG ist freilich eine solche Zielprojektion nicht.

und Folgenerwägung (Prognosen) politischer Dezision einsieht.

Die Realisierung von Zielprojektionen folgt anderen Prinzipien als die von freiheitsbegrenzenden Rechtsvorschriften, die schon wegen Art.19 Abs.1 S.1 GG "allgemein" sein müssen und "nicht nur für den Einzelfall gelten" dürfen[127]; denn § 1 UWG schränkt die Gewerbefreiheit aus Art.12 Abs.1 GG ein[128]. Nicht nur freiheitsrechtlich darf § 1 UWG nicht wie eine Zielprojektion verstanden werden, sondern auch wegen der Rechtsfolge. Ein Schadensersatzanspruch setzt die Vorwerfbarkeit eines Verhaltens voraus. Die Interpretation des § 1 UWG muß somit die Eignung dieser Vorschrift als Verhaltens- und Beurteilungsnorm wahren. Der Zivilprozeß paßt auch in keiner Weise zur Realisierung von Zielprojektionen[129]. Wirtschafswissenschaftliche, also empirische Erkenntnisse von den Bedingungen funktionierenden marktwirtschaftlichen Wettbewerbs dürfen darum § 1 UWG nicht als Normgehalt untergeschoben werden[130]. Das Verständnis des § 1 UWG muß von Grundgesetzes wegen dem syllogistischen Schluß verpflichtet bleiben. Es genügt darum nicht, wenn dem Richter programmhaft eine 'Politik des Gesetzes', ein Ziel, dessen Realisierung der Gesetzgeber wünscht, vor- und "aufgegeben" wird. Normative Gebundenheit kann zwingen, eine Praxis, die sich von den Regelungen einer Rechtsvorschrift gelöst hat, als rechtswidrig zu verwerfen oder gar die Vorschrift für nicht mehr verfassungsgemäß praktikabel zu erklären. Diesen Schluß hätte auf Grund seiner Analyse Ott[131] ziehen müssen. Statt dessen unterschiebt er dem § 1 UWG eine neue Funktion, die der wettbewerbspolitischen Ermächtigung der Wettbewerbsrichter, und beschränkt "das Prinzip der Gesetzesbindung des Richters" auf dessen "effektive Reichweite", die angesichts der "Komplexität und Differenziertheit der modernen Gesellschaft" für Ott nicht sehr groß zu sein scheint[132]. Ott setzt Art.97 Abs.1 GG dem Juristenvorbehalt einer Effektivitätskontrolle der Legislative aus. Findet der Jurist keine Gesetze vor, die den von ihm definierten Funktionen genügen[133], darf er, in der Praxis der Richter, die Institutionen funktionsadäquat nutzen, d.h. darf machen, was e r will. Das mag in irgendeiner Weise rational sein, wie es BVerfGE 34, 269 (286) für die Lückenschließung verlangt; demokratierechtlich bleibt es willkürlich, weil der Richter nicht die Kompetenz hat, Rationalität zu definieren[134]. Im freiheitlich-demo-

---

127) Vgl. Schachtschneider, Sozialprinzip, S.38f.

128) Dazu Hinweise in Fn.en 223, 224; insb. Steindorff, Summum ius, S.59 u. passim.

129) Dazu Schachtschneider, Sozialprinzip, S.75ff., 83f.; das legt die Untersuchung K.Schmidts offen, der für die Verbotskonkretisierung der wesentlich offenen Mißbrauchstatbestände des GWB dem Verfahren der Kartellämter unentbehrliche rechtsstaatliche Funktion beimißt, Kartellverfahrensrecht, passim, etwa S.131ff.

130) Klar Lecheler, NJW 1979, 2276; zur Relevanz wirtschaftswissenschaftlicher Theorien auch skeptisch Erlinghagen, F.G.Hartmann, S.95ff.

131) F.Raiser, S.403ff.

132) A.a.O., S.404.

133) Ott, a.a.O., S.417ff.

134) I.d.S. die kantische Unterscheidung der äußeren und inneren Freiheit, dazu im 3.Teil, 2.Kap.,

kratischen Rechtsstaat hat der Richter allein gesetzesabhängig rechtzusprechen[135]. Wenn die Gerichtspraxis dem Gesetzgeber nicht mehr nützlich erscheint, muß dieser die Gesetze ändern, gegebenenfalls präzisieren. Freilich entlastet die richterliche 'Rechtsetzung' den Gesetzgeber, aber kompetenzwidrig. Ott schafft um der Effektivität, d.h. konkret um effektiver Freiheitsbeschränkung willen (denn ohne Gesetz besteht Freiheit und eben nicht richterliche Ordnungskompetenz) ein neues Verfassungssystem, das des Richterstaates, und zwar den des Brechtschen Richters, nicht den des Richters Montesquieus, ein Vorwurf, gegen den Ott sich, freilich nicht überzeugend, verwahrt[136]. Die Richter als "dezentrale Gesetzgeber" sollen den Bedarf der modernen Gesellschaft an rechtlichen Regelungen decken ("dezentrale Flexibilität")[137]. Trotz seines Hinweises auf die Demokratie[138] zieht Ott die betroffenen Privaten als dezentrale Gesetzgeber nicht in Betracht, wohl weil diese die vielfältigen Interessen nicht auszugleichen in der Lage seien. Diese Kompetenz hat auch nur der Gesetzgeber im institutionellen Sinne. Diese Quintessenz zieht Ott in seinem Ausblick[139] schließlich selbst: "Hier muß der Gesetzgeber in Aktion treten", "eine umfassende Ordnung und vor allem eine grundsätzliche Neuordnung des 'geschäftlichen Verkehrs' kann daher vom Richterrecht kaum erwartet werden"[140].

Rechtlicher Funktionalismus verpflichtet die Praxis auf Zwecke, die nicht einmal durch die Norm festgelegt sind, und macht sich wegen offener oder durch interpretativ geöffnete Gesetzesbegriffe von der Gesetzesbindung frei[141]. Dem Wettbewerbsrichter wird durch das funktionalistische Verständnis des § 1 UWG für die verlorene Rechtsprechungsfunktion eine Rechtsetzungsfunktion zugesprochen; denn er hat nunmehr als "dezentraler Gesetzgeber" Wirtschaftspolitik zu betreiben[142] und nicht mehr Streitigkeiten wegen der Mißachtung der "guten Sitten" zu

---

passim, S.104ff.; in diesem Sinne auch Roellecke, VVDStRL 34 (1976), S.31ff.. Diese Kritik gilt auch Hefermehl, Wettbewerbsrecht, Einl., Rdn.70, dem richterliche Rationalität genügt.

135) Dazu die Hinweise in Fn.123.

136) A.a.O., S.419 gegen Kraft, F.Bartholomeyczik, S.234ff.

137) A.a.O., S.417f.

138) A.a.O., S.416.

139) A.a.O., S.434.

140) Ott, a.a.O., S.417, stützt sich auf Esser, Werte und Wertewandel, S.20, dessen Rechtstheorie trotz ihrer beinahe 'revolutionären' Wirkung hier nicht abgehandelt werden kann.

141) So auch Lecheler, NJW 1979, 2273.

142) Klar Ott, F.Raiser, S.416: "Die Ordnung des 'geschäftlichen Verkehrs' im Sinne des §1 UWG ist eine eminent politische Aufgabe, die nur auf der Grundlage einer öffentlich geführten Auseinandersetzung um die maßgeblichen Prinzipien und Kriterien angegangen werden kann"; Ott weist auf den "demokratischen Anspruch", "auf politische Partizipation des Staatsbürgers" hin, also muß er der Sache nach das staatliche Gesetz fordern, begnügt sich aber mit der "Delegation der Normsetzung an den Richter" (a.a.O., S.417); dem Richter sei die "Ordnung des 'geschäftlichen Verkehrs' nicht vorgegeben, sodern aufgegeben". Im Prinzip dagegen Rebe, Privatrecht und Wirtschaftsordnung, S.151f., selbst in Anschluß an Bülow, WiR 1974, 244f., 260; vgl. auch Rebe, a.a.O., S.158ff. mit Hinweisen, wo er den üblichen Argumenten gegen die richterliche Wirtschaftspolitik zu begegnen versucht; vgl. auch Steindorff, F.Larenz, S.228; ders., zurückhaltend in Summum ius, S.63ff., 75ff.; Reich/Wegener, JuS 1974, 565. Die Delegationsfunktion von "Leerformeln" wie den Mißbrauchsklauseln stellt

entscheiden. Mit der neuen Funktion erhält der Richter eine neue Kompetenz. Er soll den Wettbewerb im Sinne von dessen Funktionalität in einer wesentlich marktwirtschaftlichen Wirtschaftsordnung gestalten[143)]; er soll breiten- und zukunftsrelevant staatliche Wettbewerbspolitik definieren[144)]. Wenn Maßstab des Richters "die Funktionsbedingungen und Gesetzmäßigkeiten eines Systems hinreichend freien und fairen Wettbewerbs" sind, wie etwa Emmerich meint[145)], ergibt das nichts anderes als die von Rebe und Ott zugestandene wettbewerbsfunktionalistische Kompetenz der Wettbewerbsrichter, die § 1 UWG diesen delegiere. Diese Konsequenz nennt Emmerich nicht explizit, räumt sie aber der Sache nach dadurch ein, daß er die Kriterien für die "allermeisten Verstöße" gegen § 1 UWG für irrelevant erklärt[146)] und selbst nichts als Schwierigkeiten auf dem Wege sieht, mittels seines "Referenzsystems des fairen und freien Wettbewerbs" "Zweifelsfälle zu lösen"[147)], aber dennoch meint, mit "Formulierungen", die eine "größere Rationalität und Konkretheit" vortäuschen würden, als "ihnen tatsächlich zukomme", "nicht eine Leerformel gegen eine andere einzutauschen"[148)]. Wenn die Richter "zurückhaltend" nur in "schwerwiegenden Fällen der Beeinträchtigung der Funktionsfähigkeit des Wettbewerbssystems" den "Vorwurf unsittlichen Verhaltens" erheben würden, hätten die richterlichen "Verhaltensregeln" die "Chance, sich über den Konsens der Rechtsgenossen zur Sozialmoral zu integrieren"[149)]. Endlich hat Emmerich alle Theorien in einem Satz zusammengefaßt und damit vor allem die richterliche Kompetenz zur Rechtsetzung mit der der Betroffenen vereint(!).

Die Rechtsetzungskompetenz des Richters zur Ordnung des Wettbewerbs vernachlässigt Verfahrensmaximen von Gesetzgebung und Verwaltung. Wegen seiner grundsätzlichen Passivität[150)] etwa wird der Richter nur auf Initiative eines rechtsschutzberechtigten Privaten tätig. Dessen Interesse wird Bedingung der 'Wirtschaftspolitik' des Staates. Das harmoniert weder mit einer legislativen noch mit

---

unerschrocken K.Schmidt,Kartellverfahrensrecht, S.133f., u.ö. heraus; für §1 UWG ist sie eine von drei Funktionen nach Teubner, Standards, S.61, 106ff. ("Gute Sitten" "bloße Direktion").
Gegen die wirtschaftspolitische Kompetenz auch Meyer-Cording, JZ 1964, 311; kritisch auch Meydam, GRUR 1970, 403; vgl. auch BGHZ 23, 365 (375), Kritik dazu von Rebe, a.a.O., S.159; weitere Hinweise in Fn.120.

143) Darauf läuft auch die Nützlichkeitstheorie von Vogt, NJW 1976, 733ff. hinaus.

144) Der Vorrang der staatlichen Rechtsordnung vor der wettbewerbsrechtspolitischen Kompetenz der Richter aus §1 UWG, die prinzipielle Gesetzesbindung der Richter also, wird nicht bestritten, sondern durch die Öffnung der Tatbestandsmerkmale ausgehöhlt; vgl. etwa Scholz, ZHR 132 (1969), S.132 i.S. der Nachrangigkeit des "allgemeinen" Wettbewerbsrechts gegenüber staatlichen Gesetzen; diese akzeptiert auch Hubmann, WuV 1982, 47.

145) Unlauterer Wettbewerb, 1982, S.45, u.ö.

146) Unlauterer Wettbewerb, 1982, S.45, u.ö.

147) Unlauterer Wettbewerb, 1982, S.46ff., 49ff. (positivrechtliche Ausprägung vor allem durch das GWB, Vereinbarkeit mit den "Wertungen der Grundrechte", usw.).

148) Unlauterer Wettbewerb, 1982, S.48; Bedenken auch von Koppensteiner, Wettbewerbsrecht, S.495f.

149) Unlauterer Wettbewerb, 1982, S.48f.

150) Bettermann, Art. 'Rechtsprechung, rechtsprechende Gewalt', EvStLex, Sp.1712; zum Grundsatz 'ne procedat iudex ex officio' prägnant Blomeyer, Zivilprozeßrecht, S.63ff.

einer administrativen Funktion des § 1 UWG, genausowenig wie übrigens die Sanktionierungsinstrumente privater Unterlassungs- und Schadensersatzansprüche.

Das Verbot, im Wettbewerb "gegen die guten Sitten" zu verstoßen, eine Verhaltensnorm für den Unternehmer und eine (verweisende) Beurteilungsnorm für den Richter, als wettbewerbspolitische Rechtsetzungskompetenz der Wettbewerbsrichter, der Sache nach auch nur der Wettbewerbsbundesrichter, zu begreifen, überfordert im übrigen die interpretative Toleranz des Wortlauts des § 1 UWG[151].

b) Rechtsstaatliche Mängel der 'Veranstaltung des Wettbewerbs' als administrativer Aufgabe der Wettbewerbsrichter

Der Staat hat die Aufgabe, ordnend in den Wettbewerb der Privaten einzugreifen, um dem 'Mißbrauch' der Wettbewerbsfreiheit entgegenzuwirken, ja um den Wettbewerb zu 'veranstalten'[152]. Der demokratiegemäße Wertrelativismus[153] und die grundrechtliche Absicherung der Wertpluralität[154] nehmen jedoch Generalklauseln, die offen, also ohne Konkretisierung, auf menschliche Werte abstellen, die Materialität. So ist der Begriff der "guten Sitten" im Verständnis der tradierten Interpretationsformeln zum Kompetenzblankett geworden, wie unter I dargelegt ist.

Die Delegation von Wettbewerbspolitik an den Wettbewerbsrichter als einer staatlichen Stelle im Rahmen und mittels offener Generalklauseln mag sich mangels (institutionell) administrativen Zugriffs auf den Wettbewerb als nützlich oder gar notwendig erweisen. Die 'Veranstaltung des Wettbewerbs'[155] als einer administra-

151) Von der "Sitte" auszugehen, gesteht auch Meyer-Cording, JZ 1964, 273, als dem Wortlaut gemäß zu; ebenso versteht Emmerich, Unlauterer Wettbewerb, 1982, S.38 mit Hinweis auf v.Iherings Unterscheidung von Sitte und Sittlichkeit den Wortlaut der Gute-Sitten-Klauseln. Wer seine "Interpretation" mit dem Wortlaut nicht mehr in Übereinstimmung zu bringen vermag, trennt sich einfach von dieser lästigen Barriere der Rechtsfindung: Etwa Wiget, Der zivilrechtliche Begriff, S.59: "Der Tatbestand des Verstoßes gegen die guten Sitten ist von seiner sprachlichen Formulierung vollkommen unabhängig", S.53: "Ein vollständiges Absehen vom Wortlaut sei am Platze"; damit liebäugelt auch Schricker, Gesetzesverletzung, S.225, wie alle, die das "Gesetz" dem "Fall" entnehmen wollen (Schricker, a.a.O., S.211f.) und wesentlich auf die "Natur der Sache" rekurrieren (Schricker, a.a.O., S.23ff.); i.d.S. auch Ott, F.Raiser, S.406, der annimmt, die "gesetzliche Rechtsgrundlage" sei "im Laufe der Entwicklung durch eine andere substituiert"; Ott jedenfalls versucht das dogmatisch zum Abschluß zu bringen und opfert dafür nicht nur §1 UWG, sondern die freiheitlich-demokratische Grundordnung, zu der unverzichtbar die umfassende Gesetzesunterworfenheit des Richters, Art.97 Abs.1 GG, gehört (Hinweise dazu in Fn.123); Ott wirft diesem Prinzip mangelnde Effektivität vor, a.a.O., S.404.

152) Grundlegend zur "Technik" der Mißbrauchsabwehr als Verbotskonkretisierung "kraft Verfahren" und als Verbote "ipso iure" K.Schmidt,Kartellverfahrensrecht, S.129ff., passim; dazu auch Rebe, Privatrecht und Wirtschaftsordnung, S.182, passim; Ott, F.Raiser, S.415, 420ff., erklärt das für eine richterliche Aufgabe; zum Wettbewerb als staatlicher Veranstaltung Hinweise in Fn.154; Scholz, Wirtschaftsaufsicht, etwa S.24ff., macht deutlich, daß es um eine Hege und Pflege des Wettbewerbs durch den Staat geht, nicht um dessen Hervorbringung; anders wohl Raiser, Summum ius, S.157.

153) Vgl. die Hinweise in Fn.137 des 4.Teils, Fn.en 5, 7, 17 des 6.Teils; vgl. auch BVerfG NJW 1979, 706; auch Marcic, VVDStRL 29 (1971), Aussprache, S.101; Leibholz, daselbst, S.104; zur Problematik Krüger, Allgemeine Staatslehre, S.232ff., 283ff.

154) Wie Fn.153, vgl. auch Fn.27 des 6.Teils; für §1 UWG wie hier klar Ott, F.Raiser, S.411.

155) Grundlegend Böhm, Wettbewerb und Monopolkampf, S.210ff.; insb. Hoppmann, in: Wettbewerb als Aufgabe, S.61ff., passim, etwa S.98: "Das Anliegen des Gesetzes ist es, Wettbewerb als ein Koordinierungs- und Kontrollsystem zu erhalten"; ders., Jb. für Nationalökonomie und Statistik, Bd.189

tiven Aufgabe[156] der streitigen Gerichtsbarkeit mit den typischen zivilrechtlichen Sanktionsmechanismen des Unterlassungs- und Schadensersatzanspruchs zu übertragen, ist inadäquat. Funktionale Verwaltung durch Gerichte ist vor allem in der freiwilligen Gerichtsbarkeit bekannt[157]. Nur sind die Instrumente etwa des Familienrichters gänzlich andere. Er ordnet und befriedet schwierige Lebenssituationen der Menschen. Der Wettbewerbsrichter urteilt über Fehlverhalten. Die Rechtsfolge jedenfalls des Schadensersatzanspruchs ist typisch auf Rechtsverletzungen abgestellt. Das setzt einen voraussehbaren, also hinreichend bestimmten Verhaltensmaßstab für den Wettbewerber voraus[158]. Der nur programmatische kompetenzielle Tatbestand des § 1 UWG in der funktionalistischen Interpretation dient der funktional administrativen Steuerung des Verhaltens der Menschen in der Wirtschaft. Das vorrechtliche wettbewerbsgemäße Ordnungsprogramm beschreibt Rebe[159] im Sinne entwicklungsoffener "Funktionstauglichkeit" zur "Sicherstellung der optimalen Allokation der Ressourcen im Hinblick auf eine nachfragegerechte Güterversorgung"[160]. Das mag als politisches Programm Orientierung geben, ist aber als Beurteilungsnorm für die Unterscheidung von erlaubtem ('frei' ist der

---

(1970), S.397ff., 411; Hefermehl, Wettbewerbsrecht, Allgemeines, Rdn.25; Raiser, Summum ius, S.157; Rebe, Privatrecht und Wirtschaftsordnung, S.173ff., 176ff., 182 mit Fn.523; vorsichtig dazu Scholz, Wirtschaftsaufsicht, S.24ff. ("Wettbewerb bildet keinen Selbstzweck"); ders., ZHR 132 (1969), S.114, 116; ders., WiR 1972, 35.

156) Richtig in diesem Sinne spricht Meyer-Cording, JZ 1964, 276 vom "polizeilichen" Charakter gewisser Topoi der Rechtsprechung; in diesem Sinne allgemein Wolff-Bachof, Verwaltungsrecht I, §19 I b, S.83f., II c, S.86; die Rechtstechnik administrativer Mißbrauchsaufsicht als Verbotskonkretisierung "kraft Verfahren" legt grundlegend dar K.Schmidt,Kartellverfahrensrecht, passim, etwa S.131ff., 145ff.; i.d.S. auch Bullinger, VVDStRL 22 (1965), S.294f.; mehr im Sinne legislativer Aufgabe, jedenfalls aber den politischen Charakter hervorhebend Ott, F.Raiser, S.416f.: "eminent politische Aufgabe". Im Anschluß an diese Einschätzung ist de lege ferenda eine Übertragung der Verwaltung auch dieses Bereiches des Wettbewerbs an ein "Wettbewerbsamt" zu denken, wie es in den Vereinigten Staaten von Amerika mit der Federal Trade Commission existiert, dazu der Bericht von Simitis, Verbraucherschutz, S.182ff.; dafür (in Grenzen) plädiert auch Rittner, Wirtschaftsrecht, S.254f. m. Hinweisen, S.284.

157) Bettermann, F.Lent, S.17ff.; Wolff-Bachof, Verwaltungsrecht I, §19 I b 3, S.83.

158) So Rebe, Privatrecht und Wirtschaftsordnung, S.151f. im Prinzip selbst, auch S.110, 158ff., großzügig; das ist für K.Schmidts "Rechtstechnik" der wesentliche Aspekt, Kartellverfahrensrecht, S.131ff., 141ff., 158ff., 226, u.ö.; nicht unkritisch zum "Richterrecht" durch die Konkretisierung von Generalklauseln auch Teubner, Standards, S.107ff. mit Überlegungen zur ausgleichenden Rationalisierung und demokratischen Legitimierung richterlicher "Rechtsetzung", die einen "Anerkennungsrahmen", empirisch belegt, anstreben, somit den Prinzipien von Autonomie und Konsens ("Die Verbindlichkeits- und Legitimationsvorstellungen der Personenkreise zu analysieren, heißt Handlungsspielräume richterlicher Gestaltung aufzudecken mit der Chance, Kooperation und Zustimmung in der Bevölkerung zu gewinnen", a.a.O., S.118) dienen wollen, wenn auch in Verfahren, die an den rechtsstaatlichen 'Standard' des Grundgesetzes nicht heranreichen; vgl. auch die Hinweise in Fn.en 97, 98, 120, 142; dazu im 3.Kap., III 2, S.411f. und IV 3, S.417f.

159) A.a.O., S.154f., 158.

160) Daß das gesetzte Wettbewerbsrecht der "vorrechtlichen Grundstruktur" des Wettbewerbs oft widerspricht, stellt Rebe, a.a.O., S.156f. selbst dar. Das allein entzieht einer Relevanz dieser vorrechtlichen Struktur mittels §1 UWG den Boden; denn es kommt auf das gesetzte Recht an, nicht auf die "wünschbare Wettbewerbsordnung". §1 UWG dient nicht der Korrektur des Gesetzgebers, sondern hat einen spezifischen Sinn, nämlich den privaten Gesetzen Relevanz zu geben. Welches ist denn die "Politik des Gesetzes" bei all den Widersprüchen? Der ökonomischen Funktionalisierung steht nahe J.Baur, Mißbrauch, S.61ff., jedenfalls nach dem GWB, der einer autonomietheoretischen Begründung der Vertragsfreiheit skeptisch gegenübersteht, a.a.O., S.61ff.

Sache nach kein Rebesches Kriterium) und nicht erlaubtem Wettbewerb 'funktionsuntauglich', also nicht mehr materielle Verhaltensnorm, sondern eben Kompetenzzuweisung. Das stößt den Unternehmer in eine unerträgliche Rechtsunsicherheit nicht nur, weil er einer richterlichen Entscheidung ausgeliefert wird, die sein Verhalten politisch, also (in Grenzen) beliebig bewerten[161)], sondern auch, weil der Verhaltensmaßstab ihm, wenn wettbewerbspolitisch erforderlich, nachträglich gegeben werden darf, so daß er sein u.U. kostspieliges Verhalten darauf nicht einrichten konnte. Hat der Unternehmer demgegenüber die "guten Sitten" als seine im Regelfall eigenen Gesetze zu respektieren, so gewährleistet das ein hohes Maß an Rechtssicherheit; denn das strenge Konsensprinzip privater Rechtsetzung sichert die Kenntnis von der Verhaltensnorm.

Die Tatbestandsmerkmale des § 1 UWG gewinnen hinreichende normative Bestimmtheit als Beurteilungsmaßstäbe für sanktionswürdiges Verhalten, wenn sich die Rechtsprechung gefestigt hat und zu 'Richterrecht' geworden ist. Diese Normwirkung ergibt sich nach der funktionalistischen Doktrin jedoch nicht aus der gesetzgeberischen Kompetenzdelegation des § 1 UWG, sondern aus dem kompetenzgemäß entwickelten 'Richterrecht'[162)]. Zwar erfährt die Praxis der Obergerichte wegen des Schadensersatzinteresses von Wettbewerbern und der (faktisch) normähnlichen Wirkung obergerichtlicher Judikate hinreichende Verbreitung, dennoch ist dieses Verfahren staatlicher Wettbewerbspolitik staatsrechtlich bedenklich; denn die Judikative und nicht die Legislative bestimmt die Maßstäbe, und die Judikative und nicht die Exekutive verwaltet den Wettbewerb. Die Privaten und nicht der Staat initiieren die Politik. Darüber hinaus bleibt der rechtsstaatliche Vorwurf mangelnder legislativgesetzlicher Bestimmtheit der Eingriffsnormen[163)].

---

161) Das Bestimmtheitserfordernis hat Kant, u.a. Idee, S.39, als unverzichtbare Bedingung des freiheitlichen Rechtsstaates genannt. Vgl. auch Stern, Staatsrecht I, S.635ff.; dazu auch Scholz, VVDStRL 34 (1976), S.164ff. m.H., S.217, LS III, 10 für die gesetzl. Verwaltungsbindung ("Ermessen bedeutet somit konkr. Rechtsetzung"); für die Gesetzesbindung des Richters vgl. d.H. in Fn.123.
Zur Unterscheidung der Vorschriften in Beurteilungsnormen für den Richter und Verhaltensnormen für die Streitparteien Hinweise in Fn.24 des 2.Teils. Für §1 UWG im Sinne des Textes etwa Bülow, WiR 1974, 256ff.; so selbst Rebe, a.a.O., S.110 für §138 Abs.1 BGB in Kritik an Arzt, Die Ansicht aller billig und gerecht Denkenden, S.99.

162) Zur Frage des Richterrechts vgl. zunächst die Hinweise in Fn.123; für viele etwa Schachtschneider, VerwArch 1972, 307 mit Hinweisen in Fn.379; zur Fallnorm methodologisch grundlegend Fikentscher, Methoden des Rechts, Bd.IV, S.269.; differenzierend, eher skeptisch zur "richterlichen Rechtsschöpfung" Steindorff, Summum ius, S.63ff.; der Fikentscher-Schüler Teubner, Standards, S.107, hält die "Erscheinung des Richterrechts" für "das Ergebnis eines irrevisiblen Prozesses"; "Die Generalklausel-Konkretisierung mündet hier in die allgemeine Problematik eines von der parlamentarischen Legislative emanzipierten Richterrechts"; ganz so kampflos sollten sich freiheitliche Demokratie und Rechtsstaat nicht verabschieden. Das Rechtsschöpfungsverbot für Richter ist Grundsatz des juristischen Positivismus, vgl. Radbruch, Vorschule, S.75f.. Analytisch wesentlich zur Rechtsschöpfung Esser, Grundsatz und Norm, passim, etwa S.176ff.

163) Zum eingriffsrechtlichen Bestimmtheitsprinzip: BVerfGE 8, 274 (325f.); 9, 137 (147ff.); 13, 153 (161); 17, 306 (313f.); 20, 150 (157); 22, 230 (345f.); 24, 119 (152); 41, 251 (266); vgl. Schachtschneider, JA 1978, 242f. sub IV zum Bestimmtheitsprinzip, für viele. Für §1 UWG selbst freilich teilt BVerfGE 32, 311 (316ff.) diese Bedenken nicht, dazu im 1.Kap., II 2, S.373f.; zum Eingriffscharakter vgl. den 2.Teil, 2.Kap., I 2b, S.33; ganz in diesem Sinne bewertet das Mißbrauchsprinzip, auf das der offene Tatbestand der "guten Sitten" hinausläuft, K.Schmidt, Kartellverfahrensrecht,

Lecheler hat die funktionalistische Rechtstheorie, die das Recht der "sozialen Wirklichkeit" unterordne und damit der freiheitlich-rechtsstaatlichen Auffassung vom Wesen des Rechts zuwiderlaufe, überzeugend kritisiert[164].

c) Kritik am funktionalistischen Freiheitsverständnis Rebes

Rebes Kerngedanke: "Wettbewerb" als "normatives Leitbild" für "alle Adressaten des Wettbewerbsrechts" "in den gesetzlichen Freiräumen"; "Wettbewerbsfreiheit ist Freiheit zum marktkonformen Verhalten"; "Wettbewerbsfreiheit ist Marktanpassungsfreiheit"[165] formuliert exakt das funktionalistische Freiheitsverständnis. Dieses erzwingt, gesetzliche Grenzen der Freiheit, hier die privatgesetzlichen "guten Sitten" in Eingriffsnormen für eine allenfalls als Programm definierte Politik, etwa die des Leistungswettbewerbs, umzufunktionieren[166]. Wettbewerbsfreiheit ist gerade umgekehrt Freiheit auch zum marktunangepaßten Verhalten[167]. Sie ist Teil der

---

S.133 ("... die Mißbrauchstatbestände" "erscheinen" "als unfertige Eingriffs- (bzw. negative Freistellungs-) tatbestände"), S.140ff. ("beunruhigende Unbestimmtheit"); auch Teubner, Standards, S.57, spricht von "Interventionsnormen"; im Anschluß an Wieacker, Privatrechtsgeschichte der Neuzeit, S.518, 512, 527, 541; Simitis, Gute Sitten, S.202, gar spricht vom "richterlichen" "Eingriff", ja "legitimen Eingriff" in die Vertragsfreiheit; Steindorff, Summum ius, S.63 und passim erkennt die "Ermächtigung zur Rechtsschöpfung" durch die Gute-Sitten-Klauseln richtig als solche "zu Eingriffen in die Freiheit".

164) NJW 1979, 2273ff.; zur fragwürdigen, jedenfalls begrenzten Relevanz soziologischer Erkenntnisse für die Rechtsdogmatik Hinweise in Fn.10 des 3.Teils; dazu auch der Überblick von Tettinger, Wirtschaftsverwaltungsrecht, S.23, 28 mit Hinweisen.

165) A.a.O., S.53, 154, u.ö.; ähnlich Vogt, NJW 1976, 733 l.Sp., der Freiheit "in den Wettbewerb als ein Stück sozialer Ordnung eingebettet" sieht; Freiheit existiere "nicht um ihrer selbst willen, sondern "eigne allen Teilnehmern am Wettbewerb" (?), "aber nur im Rahmen des gemeinsam verfolgten, übergeordneten Zweckes"; i.d.S. auch Kraft, Interessenabwägung, S.177; nicht anders Emmerich, Unlauterer Wettbewerb, 1982, S.45: "Nur unsere Vorstellungen von den Funktionsbedingungen und der Funktionsweise eines Systems fairen Wettbewerbs vermag einen näheren Aufschluß darüber zu geben, welche Handlungen so sehr aus diesem Rahmen herausfallen, daß sie deshalb als unlauter qualifiziert werden müssen", S.43, 44, 45, u.ö.; Emmerich wiederholt mehrfach, wie unwesentlich die Kriterien für die "allermeisten" Fälle seien, etwa a.a.O., S.45; Mestmäcker, AcP 168 (1968), S.247, wendet sich noch gegen eine "inhaltliche" Bestimmung der "durch die Privatautonomie" "gestalteten Ordnung"; funktionalistisch vor allem die Lehre vom Institutsschutz des Wettbewerbs, Raiser, Summum ius, S.151ff., 156ff.

166) Rebe, a.a.O., S.53, selbst spricht von "Umorientierung des Freiheitsverständnisses" und Funktionswidrigkeit wird bei Rebe, a.a.O., S.197ff., zum Mißbrauch als einer Rechtsgrenze der (Vertrags-)Freiheit (institutioneller Mißbrauch). Für Schricker, Gesetzesverletzung, S.233ff., 235 ist das "Funktionieren des wettbewerblichen Marktmechanismus" die "Natur der Sache" des §1 UWG, die "in ihrem Wert als ein nicht zu unterschätzendes Kriterium" anzuerkennen sei; damit ist er (u.a.) auch zu den funktionalistischen Delegationstheoretikern zu rechnen, zumal er den Wettbewerbsrechtsstreit nach Maßgabe der vielen kombinierten Maßstäbe aus der Problematik des Einzelfalles heraus entscheiden will (a.a.O., S.211ff.), also der Sache nach ohne gesetzlichen Maßstab; ebenso Ott, F.Raiser, S.420: "offener Prozeß fallbezogenen Problemdenkens" als maßgeblicher Delegationstheoretiker, auch S.406 zur Maßstabslosigkeit der Rechtsprechung. So jetzt auch Hefermehl, Wettbewerbsrecht, Einl., Rdn.65, 69, 70, u.ö.; zurückhaltend i.S. der Funktionalisierung des §1 UWG als Gebot des Leistungswettbewerbs Steindorff, Summum ius, S.77.

167) Klar Papier, VVDStRL 35 (1977), S.78f. mit Hinweisen; ders., Handbuch, S.618f.; i.d.S. auch Rupp, Verfassungsrecht und Kartelle, S.207; auch Merz, F.Böhm, S.251; Nell-Breuning, F.Böhm, S.462ff.; Scholz, Wirtschaftsaufsicht, S.173 ("subjektive" (personenbezogene, individuale), d.h. nicht objektive (ordnungsbezogene "institutionelle") "Wirtschaftsfreiheit"); Mestmäcker, F.Böhm, S.419; auch Rittner, Wirtschaftsrecht, S.33 ("wertneutral", das ist nur rechtlich, nicht ethisch richtig), S.281ff., 304f.. "Eine freiheitliche Ordnung wie das Grundgesetz erlaubt lediglich einen indeterminierten Wettbewerbsbegriff. Für sie bleibt der Mensch das Wesen, das auf Unendlichkeit, also auf

Freiheit zur Selbstbestimmung und Selbstverantwortung im wirtschaftlichen Bereich[168]. Menschenwürdige Freiheit ist nicht bestimmt, sondern allein gesetzlich begrenzt, Wettbewerbsfreiheit, wenn das wettbewerbliche Verhalten gegen die "guten Sitten" als private Gesetze[169] verstößt. Rebe nennt die Alternative seiner Konzeption selbst: gesetzliche Vorschriften[170]. Schließlich gibt auch der Richter als "dezentraler Gesetzgeber"[171] Vorschriften, nur inkompetent und ungewiß. Rebes Doktrin läuft auf eine Pflicht des Unternehmers zum Wettbewerb[172], schließlich auf dessen Unternehmenspflicht hinaus und gerät dann augenscheinlich mit Art.12 Abs.1 GG in Konflikt.

Für Rebe sind dann auch die Wettbewerber und Verbraucher "dezentralisierte Planungsträger"[173]. Schon dadurch werden die Menschen in den funktionalistischen Ordnungszusammenhang gezwängt, der ihnen die aus der Menschenwürde verstandene Freiheit nimmt, autonom, d.h. privat zu sein. Unter dem Grundgesetz hat der Mensch keine Funktion zu erfüllen und schon gar nicht eine Planfunktion. Er lebt nach seinem eigenen, ständig änderbaren Entwurf der Verwirklichung seiner selbst[174]. Jede funktionale Einbindung in einen Ordnungszusammenhang

---

Freiheit zur Gestaltung der Zukunft, angelegt ist", a.a.O., S.305; vorsichtig auch Meyer-Cording, JZ 1964, 311; ganz in diesem Sinne die liberale Staatsrechtslehre von den grundrechtsgeschützten negativen Freiheiten, vgl. jüngst Böckenförde/Wieland, AfP 1982, 77; Hangartner, F.Huber, S.377ff., 379; Bethge, NJW 1982, 2147f. m.w.H.; den Charakter der "negativen" Freiheit als Unabhängigkeit (im Gegensatz zur "positiven" als Autonomie, der Aspekt, den Bethge, a.a.O., gänzlich übersieht, obwohl er für seine Frage nach den Grundpflichten wesentlich ist) hat schon Kant, Kritik der praktischen Vernunft, S.144, klargestellt; wie hier auch die Gegner einer Pflicht zum Wettbewerb, vgl. die Hinweise in Fn.172; genau a.A. Raiser, Summum ius, S.156ff., 162, dessen wettbewerbsfunktionalistische Lehre vom Institutsmißbrauch mit der negativen Freiheitssicht die Grundlage verliert.

168) Flume, Das Rechtsgeschäft, S.6; Biedenkopf, F.Böhm, S.115; Rupp, Verfassungsrecht und Kartelle, S.207; i.d.S. auch Scholz, Wirtschaftsaufsicht, S.25ff., 128f.; klar auch Rittner, Wirtschaftsrecht, S.281ff., 301ff.; Knöpfle, Der Rechtsbegriff "Wettbewerb", S.17, beschreibt anschaulich die vielfältigen menschl. Verhaltensmuster eines Unternehmers, keines ist das wettbewerbsstruktureller Planerfüllung; dazu Rebe, Privatrecht und Wirtschaftsordn., S.51f.; ökonomisch funktionalisiert sieht auch J.Baur, Mißbrauch, S.61ff., 65, die Vertragsfreiheit durch das GWB; zur vertragstheoretischen Selbstbestimmtheitstheorie vgl. d.H. in Fn.215 des 7.Teils und Fn.112 des 4.Teils.

169) Dazu näher das 3.Kap., S.405ff., insb. sub IV, S.412ff. und das 4.Kap., S.421ff.

170) A.a.O., S.154.

171) A.a.O., S.160 im Anschluß an Ott, F.Raiser, S.417ff.; die Grenzen "richterlicher Rechtsschöpfung" auf Grund der Gute-Sitten-Klauseln behandelt Steindorff, Summum ius, S.63ff.; zu dieser Position weitere Hinweise in Fn.en 120, 142.

172) Gegen eine Wettbewerbspflicht die Hinweise in Fn.90; klar gegen eine "Pflicht zum Wettbewerb", die die Folge des "Schutzes des institutionellen Rechtsguts Wettbewerb" sei, Scholz, Wirtschaftsaufsicht, S.24. Daß "Freiheit" zu Pflicht werde, wenn ihrem Gebrauch Funktionen beigemessen werden, analysiert und weist deutlich m.w.H. zurück jüngst Bethge, Grundpflichten als verfassungsrechtliche Dimension, NJW 1982, 2147f.; klar schon Denninger, Rechtsperson, S.234ff., 296ff. (zum hegelianischen Ausgangspunkt dieser Sicht); deutlich auch schon Böckenförde, Staat, Gesellschaft, Freiheit, S.235ff. (richtig gegen Krüger, Allgemeine Staatslehre, S.542f.).

173) A.a.O., S.164ff., u.ö.; so schon deutlich Mestmäcker, F.Böhm, S.386, 392, 412; ders., schon AcP 168 (1968), S.245; ganz ähnlich J.Baur, Mißbrauch, S.62ff.; dem schließt sich auch an Koppensteiner, Wettbewerbsrecht, S.7f.; deutlich gegen den "öffentlichen Planvollstrecker" auch Papier, VVDStRL 35 (1977), S.83 m.H. in Fn.115.

174) BVerfGE 49, 286 (298); 50, 166 (175); 54, 148 (156); auch schon 27, 1 (6) mit kantischer Formulierung (Metaphysik der Sitten, S.436): "... in dem er (sc. der Einzelne) sich selbst besitzt",

unterwirft ihn den Gesetzlichkeiten, nach denen sich die bezweckte Ordnung realisiert, den Ordnungszwecken. Der "dezentralisierte Planungsträger" unterscheidet sich von dem Objekt zentralistischer Planung zwar dadurch, daß er auch zu den Subjekten der Planung gehört[175]. Er ist aber in den Gesamtplan eingebunden, dem Planhaften unterworfen. Er ist für das Funktionieren des Ganzen mitverantwortlich und wird dafür, schließlich doch fremdbestimmt, zur Verantwortung gezogen[176].

Die Einbindung in eine Funktion und das Recht zur Autonomie widersprechen einander. Selbst wenn das Recht zur Autonomie um bestimmter Funktionen willen eingeräumt wird, wie etwa den wissenschaftlichen Hochschulen[177] um der Forschung und Lehre willen, so gehört es zum Wesen auch dieses Rechts zur Autonomie, daß der Staat nur die Grenzen derselben bestimmen darf[178]. Im Rahmen dieser Grenzen berechtigt es, jede Fremdbestimmung, wie etwa die Einschätzung der gesellschaftspolitischen Konsequenzen wissenschaftlicher Forschung[179], abzuwehren. Wer Freiheit nur zu funktionsgerechtem Verhalten läßt, setzt einen Maßstab der Funktionsgerechtigkeit voraus und legitimiert es, diesen Maßstab durch-

---

ohne Kant zu zitieren, aber doch in der Sache kantisch für die Subjekthaftigkeit jedes Menschen; vgl. auch 34, 269 (283); Wintrich, Die Problematik der Grundrechte, S.15f.; i.d.S. auch Papier, VVDStRL 35 (1977), S.78f., 83; Koch, F.Böhm, S.279f.; Pawlowski, AcP 165 (1965), S.418; so insb. Denninger, Rechtsperson, S.229ff., der deswegen die "Rechtsperson" von dem "Rechtssubjekt" unterscheidet; Rittner, Wirtschaftsrecht, S.305 (vgl. Zitat in Fn.167); Rüfner, DVBl 1976, 692; vgl. auch Isensee, Der Staat 20 (1981), S.164f.; v.Olshausen, NJW 1982, 2222ff. (klar und deutlich); Bethge, NJW 1982, 2147f. m.w.H.; zu den vertragstheoretischen Konsequenzen vgl. die Hinweise in Fn.215 des 7.Teils und Fn.112 des 4.Teils; dazu näher im 3.Teil, S.99ff., 116ff.

175) Rebe, Privatrecht und Wirtschaftsordnung, S.165ff.
Das 'sozialistische' Verständnis des Vertrages ist das der Planerfüllung, vgl. Hemmerling, Vertragspflicht und Vertragsabschluß im Vertragsgesetz, 1958, S.20ff.; dazu Papier, VVDStRL 35 (1977), S.83.

176) Rebe, Privatrecht und Wirtschaftsordnung, S.172, 193; dagegen wie hier deutlich Hoppmann in: Wettbewerb als Aufgabe, S.91 ("paradox"); insb. Denningers Lehre von der "Rechtsperson", die eben nicht allein "Rechtssubjekt" ist, die der Verwirklichung einer "objektiven Normenordnung" zu dienen hat, Rechtsperson, S.229ff., 234f.; Koch, F.Böhm, S.274 ("In determinierten Modellen aber gibt es keine Freiheit"); gegen eine staatliche Richtigkeitsgewähr im Sozialleben: Papier, VVDStRL 35 (1977), S.83; auch Mayer-Maly, Der liberale Gedanke und das Recht, F.Merkl, S.250ff.; Flume, Das Rechtsgeschäft, S.7ff.; gegen Schmidt-Rimpler, AcP 147 (1941), S.130ff., 138; vgl. auch Badura, AcP 176 (1976), S.119ff., 127f.; ders., Der Staat 14 (1975), S.21; Rupp, AöR 101 (1976), S.177; Bethge, NJW 1982, 2148; vgl. auch Hangartner, F.Huber, S.377ff., 379; auch Wiethölter, F.Raiser, S.693, Fn.54, der sagt, daß "funktionalistische Theorien" "die Subjekte von der Außennormierung her" begreifen (also gerade nicht "Freiheit" und "Autonomie" verschaffen) und soziale Kontrollen via strategische Bindung von Verhalten an Rollen einbauen usw."; ganz i.S. des Textes zu Art.14 Abs.2 GG Böhmer, Sondervotum, NJW 1981, 1263. Deutlich Leisner, Gleichheitsstaat, S.300.

177) Im Gegensatz zu den nicht-wissenschaftlichen Hochschulen, etwa den Fachhochschulen, vgl. Scholz, Maunz/Dürig/Herzog/Scholz, Rdn.131 zu Art.5 Abs.3 GG mit Hinweisen in Fn.en 2 und 3.

178) Scholz, Maunz/Dürig/Herzog/Scholz, Rdn.160ff. zu Art.5 Abs.3 GG m. H.. Für Bethge, NJW 1982, 2148, wird das Grundrecht der Freiheit von Forschung und Lehre der Universitäten zur "Grundpflicht". Zur Staatlichkeit der Universitäten vgl. Scholz, a.a.O., Rdn.133 zu Art.5 Abs.3 GG, der Wissenschaft, Forschung und Lehre als "öffentliche Aufgaben", nicht "öffentlich-rechtliche Aufgaben i.S. staatlicher Zuständigkeiten" versteht (Hinweise in Fn.en 2, 3) und damit einem funktionalen, nicht institutionellen Staatsbegriff folgt; dazu vor allem im 5.Teil, 1.Kap., S.175ff.

179) Scholz, Maunz/Dürig/Herzog/Scholz, Rdn.99ff. zu Art.5 Abs.3 GG, für viele.

zusetzen. Die Funktionalisten unter den Wettbewerbsrechtlern geben den Maßstab, dessen Bildung und dessen Wahrung in die Hand des Richters. Bereits das Vorstellungsbild vom Planungsträger impliziert das der Plangerechtigkeit[180)]. Rebe deklassiert solche Kritik, wie andere auch, als "altliberal"[181)]. Dieses altliberale Gedankengut ist politische Grundentscheidung unseres Gemeinwesens, die im Grundgesetz verankert wurde[182)]. "Die Wahrung des Gemeinwohls und der Schutz der Gesamtordnung" werde "damit zur ausschließlichen Domäne des öffentlichen Rechts", befürchtet Rebe[183)]. § 1 UWG als Delegationsnorm in Rebes Sinne ist jedoch selbst nicht mehr "privatrechtliche" Wirtschaftsordnung durch Verhaltens- und Beurteilungsnorm, sondern hoheitliche Gestaltungs- und Eingriffsermächtigung[184)].

### III Das material-wertethische Verständnis der Sittlichkeit

#### 1. Verfassungswidrigkeit oktroyierter material-wertethischer Sittlichkeit

Die "guten Sitten" des § 1 UWG als Verpflichtung der Unternehmer zu einer material-wertethischen Sittlichkeit im Wettbewerb, profanisiert zur Beachtung "sittlich-rechtlicher" "Sozialmoral" zu deuten[185)], zwingt ebenfalls zur Kritik an der

---

180) Deutl. Rebe, Privatrecht und Wirtschaftsordnung, S.222ff., dem es um die Vertragsrichtigkeit als Vertragsgerechtigkeit geht, die allein die Vertragsfreiheit rechtfertige. Derartige Konsequenzen freiheitsrechtl. Pflichttheorien macht klar Denninger, Rechtsperson, S.296ff., insb. S.298.

181) A.a.O., S.54; ähnlich schon Ott, F.Raiser, S.410, 416; i.d.S. Esser, Werte und Wertewandel, S.29ff. (Gute-Sitten-Klauseln als "Zufluchtshoffnung der liberalen Epoche"); gegen "Altliberale" grenzt sich auch Mestmäcker, F.Böhm, S.392, der 'Vater' der funktionalistischen Delegationstheorie, ab.

182) Das anerkennt sogar Ramm, Privatrecht, G,S. 134, für viele; auch Raiser, Summum ius, S.146, erweist dem Liberalismus (insb. Savignys) seine Reverenz, obwohl er sogleich zum institutionellen Ordnungsdenken neuprotestantischer Prägung übergeht (a.a.O., S.146ff., "... Personsein des Menschen" "entfaltet sich nur im mitmenschlichen Zueinander und Füreinander" ... , S.151ff.); vgl. schon kritisch zu Rebe Schachtschneider, JA 1979, 570f.; zu den 'Altliberalen' müßte etwa auch Scholz, Wirtschaftsaufsicht, S.24ff., 27f., 128ff., 172ff.; ders., ZHR 132 (1969), S.105ff., 111f., gerechnet werden, der es aber ablehnt, aus der Wettbewerbsfreiheit eine Pflicht zum Wettbewerb werden zu lassen; wie hier in schöner Klarheit Böckenförde, Staat, Gesellschaft, Freiheit, S.224ff., 241ff.., auch S.235ff.; (vgl. auch die Hinweise in Fn.172); dazu der 3.Teil, 6.Kap., S.125ff.

183) A.a.O., S.54.

184) Dazu auch 2.Teil, 2.Kap., I 2b, S.33; vgl. auch Fn.163; insb. Steindorff, Summum ius, S.63, u.ö.

185) Hefermehl, Wettbewerbsrecht, 10.Aufl. 1971, Einl. Rdn.57, "nicht subjektive Ethik, vielmehr die auf sittlichen Grundvorstellungen beruhenden Gebote, die innerhalb einer Gemeinschaft an das ä u ß e r e Verhalten einer Person zu stellen sind", "die gegenwärtig herrschende Sozialmoral"; ähnlich 13.Aufl. 1981, Einl., Rdn.64ff.; Fikentscher, Wettbewerb, S.110ff. (ins allgemeine "sittlich-rechtliche Bewußtsein des Volkes" gedrungene ethische Sollenssätze, nicht Geschäftssitten und Handelsbräuche), aber S.113 (Anstandsgefühl des normalen Durchschnittbürgers); so schon Nerreter, Grundlagen, S.33ff., 55ff.; diesem folgend Ulmer-Reimer, Unlauterer Wettbewerb, Rdn.50f. S.32f., Rdn.60 S.40; Staudinger-Coing, Allgemeiner Teil, Anm.3 zu §138 BGB; Lange, Allgemeiner Teil, S.329; Brox, Allgemeiner Teil, Rdn.283; Enneccereus-Nipperdey, Allgemeiner Teil, §31, S.121, §191 I, S.1164; Larenz, Methodenlehre, S.260ff., 317ff.; ders., JurJB 1966/67, S.107; ders., Allgemeiner Teil, S.428ff.; Henkel, Rechtsphilosophie, S.126ff., 147ff., 167ff.; Soergel-Hefermehl, Anm.2 zu §138 BGB; Sack, GRUR 1970, 493ff., 495ff., 502; Lehmann-Hübner, Allgemeiner Teil, §29 IV 1, S.199,

Kompetenz der Wettbewerbsrichter, eine solche "Sittlichkeit", "Geschäftsethik", "Sozialmoral" oder "Sozialethik" zu konkretisieren[186]. Die Sittlichkeit des Menschen in einem Gemeinwesen, dessen oberster Wert die Menschenwürde und damit vor allem das Recht des Menschen zur freien Entfaltung seiner Persönlichkeit ist, ist (kantisch) dessen Autonomie[187]. Dieses Autonomieprinzip widerstreitet jeder Vor- oder Fremdbestimmung[188], es sei denn, sittlich gewonnene Maximen seien rechtlich festgelegt[189], vor allem durch die Gesetze des Staates. Richterliche Bestimmung von Verhaltensmaximen, die nicht aus Gesetzen hergeleitet sind, leugnet den rechtlich möglichen Pluralismus und damit rechtlichen Relativismus der Werte im grundgesetzlichen Gemeinwesen als einer freiheitlichen Demokratie[190].

---

"... im Volk tatsächlich geübte Rechtsmoral" i.S. "ethischer Normen der Sozialmoral"; auch Erbel, Sittengesetz, S.157; besonders betont im Sinne absoluter Wertethik Weinkauf, NJW 1960, 1689ff., 1690, 1692; insb. auch Meyer-Cording, JZ 1964, 273ff.; dazu auch Rehbinder, Rechtssoziologie, S.18ff.; Teubner, Standards, passim; vgl. auch Pawlowski, Methodenlehre, S.266, Rdn.424 m.w.H. in den Fn.en 16, 18; ders., Rechtswissenschaft, §7, 1, S.177ff., Allgemeiner Teil, §4 II 3, S.236ff.; MayerMaly, Münchner Komm., §138 BGB, Anm.1, S.24ff.; letztere stellen auf den Zusammmenhang der Rechtsordnung und der Wertordnung unseres Rechts ab und mißachten damit das Bestimmtheitsprinzip. Hinweise auch in Fn.19. Krit. dazu vor allem Rebe, Privatrecht und Wirtschaftsordnung, S.138ff.; krit. vor allem unter rechtsstaatl. Aspekt Bülow, WiR 1974, 231ff.; krit. auch Ott, F.Raiser, S.411; scharfe Kritik von Vogt, NJW 1976, 730; auch Simitis, Gute Sitten, S.51; krit. Teubner, Standards, S.23ff.; Schricker, Gesetzesverletzung, S.192f. m.w.H., S.197 m.H. in Fn.en 52, 53; Emmerich, Unl. Wettbewerb, 1982, S.36ff. m.H.

186) So auch Vogt, NJW 1976, 730; Wieacker, JZ 1961, 339; auch Emmerich, Unlauterer Wettbewerb, 1982, S.37f.; Bülow, WiR 1974, 237ff.; Simitis, Gute Sitten, S.20f.; Teubner, Standards, S.13ff., 23ff.

187) Dazu im 3.Teil, 1.Kap., S.99ff., 2.Kap., S.104ff., insb. 3.Kap., S.107ff., 6.Kap., S.125ff., Zusammenfassung zum 3. und 4.Teil, S.169ff., jeweils mit Hinw.. Für viele Wieacker, JZ 1961, 340; ganz i.d.S. BVerfGE 50, 166 (175); 27, 1 (6); 48, 127 (163); 49, 286 (298); zuletzt klar i.d.S. v.Olshausen, NJW 1982, 2221 (2222); auch Denninger, JZ 1982, 231.

188) Dazu näher der Text und die Hinweise wie Fn.187; Hinweise vor allem in Fn.137 im 4.Teil. Deutlich Radbruch, Vorschule, S.37; Wieacker, JZ 1961, 340 u.a.; Vogt, NJW 1976, 730; ähnliche Kritik von Pawlowski, Methodenlehre, S.226, Rdn.424.

189) Dazu im 4.Teil, 2.Kap., S.153ff., auch 3.Teil, 1.Kap., S.99ff., 6.Kap., S.125ff.; Radbruch, Vorschule, S.37f.; etwa klar i.d.S. m.H. Teubner, Standards, S.17.

190) Vgl. d.H. zum rechtl. Pluralismus der Werte in den Fn.en 137 des 4.Teils, 5, 17 im 6.Teil; für §1 UWG insb. Ott, F.Raiser, S.410; Bülow, WiR 1974, 241f.; Sambuc, Folgenerwägungen, S.28ff.;Emmerich, Unlaut. Wettbewerb, 1982, S.37 m.w.H.Gegen einen richterl. Subjektivismus für viele: Flume, Das Rechtsgeschäft, S.364f.; Wieacker,, JZ 1961, 337ff., insb. S.345 ("Gehorsam gegen die Gesetze"); Lehmann-Hübner, Allg. Teil, §29 IV 1, S.199; Soergel-Hefermehl, Rdn.2 zu §138 BGB; Stern, Staatsrecht I, S.632; Kraft, F.Bartholomeyczik, S.234; deutl. Vogt, NJW 1976, 730f.; auch Starck, F.Geiger, S.274; Arzt, Die Ansicht, S.5ff., 9f., 78; i.d.S. krit. auch Ott, F.Raiser, S.404ff..., 410, 414f., der auf die mangelnde Repräsentativität der sozialen Herkunft und Schichtzugehörigkeit der Richter hinweist, aber auch deren begrenzte Möglichkeit, "die komplexe soziale Realität einigermaßen unverzerrt zu erfassen", anspricht; theoret. auch Rebe, Privatrecht und Wirtschaftsordnung, S.160; auch schon Kirchberger, Unlaut. ... Wettbewerb, S.40f., 54; deutl. i.d.S. Baumbach, Komm. zum Wettbewerbsrecht, 1929, S.174; ders., JW 1930, 1643ff.; vorsichtig krit. Schricker, Gesetzesverletzung, .219f. m.H. in Fn.146; klar Pawlowski, Methodenlehre, S.38ff., Rdn.75ff., S.135, Rdn.255, 256; ders., DÖV 1976, 505ff., 507ff. m.H.; Dürig. Maunz/Dürig/Herzog/Scholz, Rdn.16 zu Art.2 Abs.1 GG; krit. Geiger, Rechtssoziologie, passim, der den Subjektivismus für unumgänglich hält; Teubner, Standards, S.99ff., weist im Rahmen der Transformationsfunktion der Gute-Sitten-Klauseln auf Homogenisierungschancen des Richters auch im Pluralismus hin; dazu auch Erbel, Sittengesetz, S.365ff. m.H.; vgl. auch BVerfGE 6, 382 (434f.); i.S. eines materialen Begriffs des Sittengesetzes auch eindeutig BVerfGE 6, 389 (434ff.); auch noch BVerfGE 49, 286 (298) = NJW 1979, 595; BGHZ 5, 76 (97); BGHSt GS 6, 46 (52ff.). Klar Radbruch, Vorschule, S.75f., 101f. zum juristischen Positivismus i.d.S.

Ein Rechtsprinzip material bestimmter Sittlichkeit, die sich auf die materiale Wertethik insbesondere M. Schelers und N. Hartmanns gründet[191], ist mit der genannten grundrechtsgeschützten Wertoffenheit unvereinbar. Die "bewährte Überlieferung", "Wertmaßstäbe" "unserer westeuropäischen christlich-humanistischen Kulturgemeinschaft", "objektivierte Werte", "der objektivierte Geist" "der Menschen einer bestimmten Zeit", alles Topoi Meyer-Cordings[192], die wir ganz ähnlich bei Starck zur Erläuterung des Begriffs "Sittengesetz" gefunden haben[193], können bei der sittlichen Entscheidung des Menschen hilfreich sein; sie sind aber nicht nur "keine rechtlichen Normen", wie Meyer-Cording einräumt, aus diesen "Prinzipien" "fließen" auch keine "Anweisungen für gerechte Richterkunst"[194] (also doch Rechtsprinzipien), weil die Richter eben nicht "Repräsentanten der Vorstellungen der Allgemeinheit" sind[195]. Die Richter sind vielmehr den Gesetzen unterworfen, die das Volk durch seine Vertreter, die also die (repräsentierte) 'Allgemeinheit' selbst erläßt. Meyer-Cordings Weg zur Konkretisierung des Sittlichen hat eine unerfreuliche Parallele in dem Verfahren, in dem nach der Verfassung der DDR die "sozialistische Lebensweise" bestimmt wird[196], eben im Prinzip despotisch, weil unfreiheitlich. Richtig sieht Meyer-Cording "durch ständige ("still wirkende") wechselseitige Kommunikation aller an der Rechtsanwendung Beteiligten aus dem consensus omnium die vox popoli" sich "integrieren" und sich "ein inhaltlich übereinstimmendes Wertbewußtsein" ergeben; nur darf das nicht die "vox dei" sein[197], wenn die Maßstäbe auch für die 'Ungläubigen' Legitimation haben sollen. Noch weiter an Unsicherheit gewinnen Meyer-Cordings Kriterien durch die Topoi "Natur der Sache"[198], "Leistungswettbewerb (in gewissem Sinne)"[199],

---

191) Vor allem so Meyer-Cording, JZ 1964, 277ff.; Kritik an Weischedel, Recht und Ethik, S.20ff.; Wieacker, JZ 1961, 339 und Fn.19; Max Müller, F.Erich Wolf, S.282ff., 307; Welzel, Naturrecht und materiale Gerechtigkeit, S.220ff.; Teubner, Standards, S.17f. weist zudem auf mangelnde Konsequenz Meyer-Cordings hin; Bülow, WiR 1974, 230ff. (mit Bericht); auch Vogel, VVDStRL 24 (1966), S.143; weitere Hinweise zum rechtlichen Wertrelativismus oder besser zur sog. formalen Wertethik in Fn.en 137 des 4.Teils, 5 im 6.Teil; zur kant. Ethik und Rechtstheorie 3.Teil, 2.Kap., S.104ff., 4.Teil, 2.Kap., I 1, S.153f.

192) JZ 1964, 277; kritisiert u.a. von Ott, F.Raiser, S.411; Teubner, Standards, S.17f.

193) F.Geiger, insb. S.270ff.; dazu kritisch im 3.Teil, 3.Kap.., II, S.109ff.

194) So Meyer-Cording, JZ 1964, 277 im Anschluß an Wieacker, Gesetz und Richterkunst, S.10ff.; vgl. auch Wieacker, JZ 1961, 342, 345, wo er, wenn sich nirgends rechtliche Maßstäbe ergeben, den Richtern die Kompetenz zugesteht, "in eigener sittlicher Verantwortung für die Verwirklichung der Gerechtigkeit" zu entscheiden; damit weicht Wieacker im Prinzip nicht von seiner durchgehend kantischen Auffassung (JZ 1961, 337ff., u.a.) ab, gibt aber den Richtern eine demokratierechtlich und rechtsstaatlich nicht unproblematische Kompetenz.

195) So aber Meyer-Cording, JZ 1964, 277 mit Hinweise auf Savignys Auffassung vom "Richter als Repräsentanten des Volksgeistes"; das mutet vordemokratisch, insb. vorparlamentarisch an.

196) Dazu im 3.Teil, 5.Kap., S.122ff.; Teubner, Standards, S.16, weist in Fn.25 auf das Hitler-Zitat hin: "Von nun ab gibt es keinen Unterschied mehr zwischen Recht und Moral".

197) So aber Meyer-Cording, JZ 1964, 277.

198) JZ 1964, 278.

199) JZ 1964, 310, 311f.

das an sich richtige Postulat, daß "die Sozialethik nicht im Rückblick auf die Tradition beharren und erstarren dürfe, vielmehr (mit Weischedel[200]) die Durchbrüche des allgemeinen sittlichen Bewußtseins zu neuen Erfahrungsinhalten" verarbeiten müsse[201]. Das kantische Grundverständnis Weischedels hat Meyer-Cording jedoch nicht übernommen. Mehr als Richtersubjektivismus[202] lassen seine Topoi, die er im praktischen Teil seiner materialen "Geschäftsethik" auch selbst nicht berücksichtigt[203], nicht. Sie haben auch keine Grundlage in den grundrechtlichen Grenzen und Schranken der Freiheit. Die "Rechte anderer" leiten sich aus Gesetzen und Verträgen, nicht schon aus sittlichen Verpflichtungen her. Die "verfassungsmäßige Ordnung" ist die Rechtsordnung, nicht eine materiale Wertordnung. Das "Sittengesetz", auf das sich wie andere Meyer-Cording stützt[204], ist eben ethische und nicht rechtliche Grenze der allgemeinen Handlungsfreiheit und zudem i.S. der Aufklärung und nicht des Christentums, dessen Moral mit der materialen Ethik und Sittlichkeit Meyer-Cordings rechtlich involviert wird[205], zu verstehen. Schließlich räumt das Grundgesetz in Art.4 Abs.1 allen Menschen Religions- und Weltanschauungsfreiheit ein, obwohl es dieselben Menschen alle dem "Sittengesetz" des Art.2 Abs.1 GG unterwirft. Das "Sittengesetz" als Grenze der Freiheit muß darum religiös und weltanschaulich neutral sein[206], es muß die rechtliche Gleichheit der Sittlichkeit jedermanns wahren[207].

### 2. Die kompetenzielle Wirkung des material-wertethischen Verständnisses der "guten Sitten"

Das material-wertethische Verständnis des Begriffs der "guten Sitten" im § 1 UWG gibt dem Wettbewerbsrichter der Sache nach auch eine wettbewerbspolitische Kompetenz, nämlich die, die Wettbewerbsordnung aus einer Sittlichkeit zu gewinnen, nicht aus dem Recht. Ein solches "Programm" der Sittlichkeit ist ebensowenig bestimmt wie eines, das Gemeinwohl zu verwirklichen, oder eines, die Funktion des Leistungswettbewerbs zu gewährleisten. Es sind allemal rechtlich

---

200) Recht und Ethik, S.33ff.

201) Meyer-Cording, JZ 1964, 278.

202) Dazu die Hinweise in Fn.190.

203) JZ 1964, 310ff.; das stellen auch Teubner, Standards, S.18 und Ott, F.Raiser, S.412 in Fn.23 fest.

204) JZ 1964, 310.

205) JZ 1964, 277ff.; ebenso etwa Weinkauf, NJW 1960, 1689ff.; Kritik von Wieacker, JZ 1961, 337ff.; Kritik im 3.Teil, 3.Kap., II, S.109ff. zu Starcks moraltheologischer Position m.w.H.

206) Klar Wieacker, JZ 1961, 337ff., 339, 340f.; so auch Teubner, Standards, S.16f. m.H. ("Neutralitätsgebot des Staates in religiös-ethischen Fragen"); ganz i.d.S. Bülow, WiR 1974, 237ff. (der freilich die Kritik überzieht, weil er auch den Gesetzgeber zur weltanschaulichen Neutralität verpflichten will; das geht nur in Grenzen); i.d.S. auch Emmerich, Unlauterer Wettbewerb, 1982, S.37, der ebenfalls auf Art.4 GG hinweist; auch Bull, Staatsaufgaben, S.107; Meyer-Cording, JZ 1964, 275 erkennt selbst die "Lockerung der metaphysischen Bindungen und die Säkularisierung unserer Kultur", durch die die "ethischen Maßstäbe selbst unsicher geworden" seien; dazu im 3.Teil, 3.Kap., II, S.109ff. m.w.H.

207) I.d.S. Wieacker, JZ 1961, 340 ("sittliche Gleichwertigkeit").

unbestimmte Programme, deren Realisierung Kompetenz- und Verfahrensrichtigkeit bedingen[208]. Kompetenz und Verfahren der Wettbewerbsrichter sind jedoch dafür in der rechtsstaatlichen Demokratie der Freiheit inadäquat. In relevanten Gruppen konsensual festgelegte Maximen vermag der Wettbewerbsrichter als Faktum "guter Sitten" festzustellen und ohne Verletzung des Rechts zur Autonomie als die reale Sittlichkeit in einer Gruppe seinen Entscheidungen zugrunde zu legen[209].

Wenn dem material-wertethischen Verständnis des § 1 UWG nicht die wettbewerbspolitische Kompetenz der Richter entnommen wird, bleibt die Gute-Sitten-Klausel Legitimationsformel für reinen Richtersubjektivismus im Wettbewerbsstreit, den u.a. Vogt und Wieacker überzeugend kritisiert haben[210]. Das gilt erst recht, wenn Maßstab rechtmäßigen Wettbewerbs das "sittlich-rechtliche Bewußtsein"[211], ein nicht objektivierbares Judiz, gebildet aus persönlicher Sittlichkeit und Rechtlichkeit, ist.

## IV Die Kombination der Verständnisweisen

Die Kombination der unterschiedlichen Verständnisweisen des Begriffs der "guten Sitten" in § 1 UWG, die vor allem Schricker und Teubner[212] dogmatisieren, die aber der Sache nach auch Meyer-Cording u.a. vorschlagen[213], macht das reiche Material, welches die verschiedenen Interpretaionen dieses Begriffs einzubringen erlauben, nämlich u.a. die Maximen christlicher oder irgeneiner humanitären Moral, die Natur der Sache, das Gemeinwohl, die Interessen der Verbraucher, Ziele einer Wettbewerbspolitik oder gar Wirtschaftspolitik, die Werte des Grundgesetzes (welche das auch immer seien) und schließlich auch die Konventionen der Wettbe-

---

208) Das stellt für den Mißbrauchsbegriff klar heraus K.Schmidt,Kartellverfahrensrecht, S.133f., u.ö.: "Mißbrauchstatbestände bezeichnen nichts als die Befugnis der Kartellbehörden zur verbindlichen Verbotskonkretisierung."

209) Dazu im 3.Kap., IV 3, S.417f. und 4.Kap., S.421ff.

210) Vogt, NJW 1976, 730; Wieacker, JZ 1961, insb. S.345, u.a.; weitere Hinweise zum Richtersubjektivismus in Fn.190; richtig wendet sich Kübler, F.Raiser, S.712f., u.ö., gegen eine Privatrechtstheorie, die die "umfassende Zuständigkeit der professionellen Jurisprudenz" für das Recht begründet. Skeptisch auch Rittner, Wirtschaftsrecht, S.194f., 199 (Richter hat die "Normen der Wettbewerbsmoral" ... "in praxi" "nicht selten" "zu konkretisieren" "oder sogar aufzustellen").

211) Insb. Nerreter, Grundlagen, S.18f.; mit ausdrücklichem Bezug auf diesen Ulmer-Reimer, Unlauterer Wettbewerb, Rdn.51, S.33f., Rdn.60, S.40; dazu m.w.H. Schricker, Gesetzesverletzung, S.197ff.; weitere Hinweise in Fn.en 185, 186.

212) Gesetzesverletzung, S.210ff.; ders., ZHR 139 (1975), S.208ff., 216ff.; Teubner, Standards, S.51ff., 59ff., 65ff., 115ff.; Lindacher, Lockvogel, S.20ff.; auch Rinck, F. OLG Celle, S.153ff., ist i.Erg. hierher zu rechnen, wie seine Zusammenfass., a.a.O., S.173, zeigt; im Praktischen auch Meyer-Cording, JZ 1964, 310ff.; genauso Ulmer-Reimer, Unl. Wettbewerb, Rdn.50ff., S.32ff., bis zur Interessenabwägung hin, Rdn.60, S.40 m.H., obwohl sie sich zur werteth. Nivellierungstheorie ("sittlich-rechtliches Bewußtsein") bekennen, a.a.O., Rdn.51, S.33f., Rdn.60, S.40; auch Rittner, Wirtschaftsrecht, S.198f. i. d. S.; in der Sache auch Hefermehl, Wettbewerbsrecht, Einl., Rdn.64ff., u.ö.; jetzt auch expl. Baur/Klawitter, JA 1984, 450(Vereinigungslehre).

213) Vgl. die Darstellung und Kritik sub III 1,2, S.399ff., 402f.; Hinweise in Fn.212.

werber, für den "bewußt offenen"[214] richterlichen Argumentationshaushalt nutzbar. Teubner mißt den Gute-Sitte-Klauseln drei Funktionen zu, die Rezeptions-, die Transformations- und die Delegationsfunktion[215]. Das reduziert die Unbestimmtheit des Verhaltensmaßstabes nicht[216]. Dem maßstablosen Argumentationsverbund sind verstärkt die verfassungsrechtlichen Bedenken entgegenzuhalten, die die verbundenen Interpretationsweisen grundgesetzwidrig machen[217].

Schricker meint: "Für jedes Wettbewerbsproblem" gelte es, "die passendste Betrachtungsweise oder Kombination einschlägiger Gesichtspunkte zu finden". Das sei die "Erkenntnis der Mehrheit oder Vielheit der Maßstäbe und Arten, die Unlauterkeit des Wettbewerbs zu begründen"[218]. Damit bestimmt der Einzelfall[219] sein Gesetz, freilich ohne jeden Einfluß der Legislative. Der wettbewerbspolitischen Kompetenz der Wettbewerbsrichter ist nicht einmal ein gesetzliches Programm, wie bei Rebe das Funktionieren des Wettbewerbs[220], vorgegeben. Ein solches Verständnis einer Vorschrift, die schon, weil sie die Freiheit beschränkt, feste/bestimmte Konturen haben muß, ist nicht "elastische Bewertung" im Interesse "optimaler Lösung zwischen den Anforderungen von Rechtssicherheit und Gerechtigkeit"[221], sondern schlicht Dogmatik der Richterwillkür[222].

214) Schricker, a.a.O., S.211.

215) Standards, S.51ff., 59ff., 65ff., 115ff. (durchaus auch rechtsdogmatisch, wenn auch nur aus der Praxis der Gerichte hergeleitet).

216) Deutlich i.d.S. Ott, F.Raiser, S.409; entsprechende Kritik von Möschel, Pressekonzentration, S.144f.; auch von Emmerich, Unlauterer Wettbewerb, 1982, S.39f.; auch Bülow, WiR 1974, 225.

217) Dazu sub II 2b, S.393ff., III 2, S.402f.; Teubner selbst ist verfassungsrechtlich nicht unkritisch, etwa Standards, S.107f. zur Delegationsfunktion.

218) Schricker, Gesetzesverletzung, S.211; Kritik von Ott, F.Raiser, S.408.

219) Ähnlich, nicht ohne Problemverständnis Emmerich, Unlauterer Wettbewerb, 1982, S.46 m.w.H.

220) Privatrecht und Wirtschaftsordn., etwa S.157f.; dazu sub II 1b, S.386f. Bericht, S.387ff. Kritik.

221) Schricker, Gesetzesverletzung, S.212.

222) Kritik an der Kombination von als solchen unbestimmten Argumenten ("Begriffsbündel") auch von Ott, F.Raiser, S.404ff., 408/9; Kritik auch von Möschel, Pressekonzentration, S.144f.; Emmerich, Unlauterer Wettbewerb, 1982, S.40.

3. Kapitel

# DIE "GUTEN SITTEN" DES § 1 UWG ALS GRENZE DER UNTERNEHMERFREIHEIT

## I Berufsfreiheitsrechtliche Interpretationsgrundlagen für § 1 UWG

§ 1 UWG schränkt die unternehmerische Wirtschafts- und Wettbewerbsfreiheit ein[223]. Als Berufsausübungsfreiheit wird die Wettbewerbsfreiheit durch Art.12 Abs.1 GG geschützt[224], ohne daß der Gesetzesvorbehalt dieses Grundrechts[225] dieser Freiheit einen stärkeren Verfassungsschutz gibt, als sie ihn aus Art.2 Abs.1 GG genösse. Nach beiden Regelungen darf der Gesetzgeber im Interesse sachgerechter und vernünftiger Erwägungen des Gemeinwohls die Wettbewerbsfreiheit begrenzen, wenn dies verhältnismäßig bleibt und dem Grundgesetz im übrigen entspricht[226]. Insbesondere gilt auch für die Berufsfreiheit die Grenze der

---

223) BVerfGE 32, 311 (316ff.); dazu Steindorff, Die guten Sitten als Freiheitsbeschränkung, in: Summum ius, S.58ff., 59, 67f.; Hinweise auch in Fn.50 des 2.Teils.
Zur Problematik einer grundgesetzlichen Wettbewerbsfreiheit vgl. die Hinweise in Fn.53 des 2.Teils.

224) So für §1 UWG BVerfGE 32, 311 (317); ebenso die h.M., weil Art.12 Abs.1 GG lex specialis zu Art.2 Abs.1 GG sei (BVerfGE 1, 264 (273); 9, 338 (343); 10, 185 (199); st.Rspr.); vgl. Hefermehl, Wettbewerbsrecht, Allgemeines, Rdn.50, 51, 52ff.; klar Scholz, Wirtschaftsaufsicht, S.128f. m.H., der auch Art.14 GG als Grundlage der Wettbewerbsfreiheit einbezieht; ders., ZHR 132 (1969), S.105ff.; ders., NJW 1969, 1044; w.H. in Fn.53 des 2.Teils; Fikentscher, Methoden, Bd.IV, S.202ff., 269ff.

225) Vgl. BVerfGE 7, 377 (405ff.); 13, 97 (104f.), weitere Hinweise in Fn.226; für viele Hefermehl, Wettbewerbsrecht, Allgemeines, Rdn.50, 51ff.; kritisch zur Stufenlehre und für stufenlose einzelfallbezogene Güterabwägung nach dem Verhältnismäßigkeitsprinzip Schwabe, JA 1981, 318ff.; für §1 UWG BVerfGE 32, 311 (317).

226) Zu dieser sog.Schrankenschranke des freiheitlichen Gesetzesvorbehaltes BVerfGE 6, 32 (37f.); 17, 306 (313); 24, 220 (235); auch 7, 377 (397, 405f.); 13, 97 (106); 14, 19 (22); 32, 311 (316): "nur erlaubte (Hervorhebung vom Bundesverfassungsgericht) wirtschaftliche und berufliche Betätigung ist durch Art.12 Abs.1 GG -ebenso wie Art.2 Abs.1- geschützt". Vgl. auch BVerfGE 9, 213 (221f.); 10, 185 (197); 18, 353 (361f.); 20, 31 (34); 20, 283 (295); 21, 72 (73); 21, 227 (232); 23, 50 (56); 26, 259 (264); 28, 21 (31); 28, 364 (374) usw., st.Rspr., etwa 32, 1 (34); 33, 125 (168); 33, 171 (185); 33, 240 (244); 36, 47 (59); 37, 1 (23); 38, 61 (86ff.); 40, 371 (382); 41, 378 (395); 46, 120 (148); 48, 118 (124); 50, 290 (365).

"Rechte anderer" und die Grenze des "Sittengesetzes"[227], die als Freiheitsgrenzen neben der "verfassungsmäßigen Ordnung" in Art.2 Abs.1 GG explizit genannt sind.

Während die Freiheitsgrenze der "verfassungsmäßigen Ordnung", die es dem Staat erlaubt, die Freiheit durch Gesetz oder auf Grund eines Gesetzes einzuschränken, durch die freiheitsrechtlichen Spezialgrundrechte eingeengt, also modifiziert wird, um in bestimmten Schutzbereichen die Freiheit vom Staat auszudehnen, begrenzen die beiden anderen Freiheitsgrenzen ihrem Wesen nach jede Freiheit. Die "Rechte anderer" sind bei jedem Verhalten zu wahren. Sie beruhen ja entweder auf staatlichem Gesetz, das die Grundrechte wahren muß, auch wenn es Privaten Rechte gegen Private einräumt[228], oder auf Vertrag, der die Freiheit des Vertragspartners seinem Wesen nach nicht verletzen kann, weil er das Recht zur Autonomie beider Vertragspartner nicht einschränkt, sondern wahrnimmt. Volenti non fit iniuria[229]. Der Schutz des (schwachen) Vertragspartners vor einem 'ungerechten', einem 'unrichtigen' Vertrag, d.h. vor Übervorteilung durch den (starken) Vertragspartner, ist Sache des staatlichen Gesetzes oder Sache kollektiven Interessenschutzes, wie ihn die arbeitsrechtlichen Koalitionen, geschützt durch Art.9 Abs.3 GG, bezwecken. Das "Sittengesetz" ist Grenze jeder Freiheit, weil Freiheit, ob mehr oder weniger gegen den Staat geschützt, nichts anderes ist als das Recht zur Autonomie. Dieses Recht zur Autonomie ermöglicht die Pflicht zur Sittlichkeit. Jede Freiheit, die grundrechtsgeschützt ist, ist ethisch Pflicht im Sinne des kategorischen Imperativs, wie im 3. Teil zum Autonomieprinzip ausgeführt ist[230]. Jede Freiheit dient der sittlichen Existenz des Menschen, die seine Würde ausmacht. Das "Sittengesetz" ist somit wesentlich Bestimmung jeder Freiheit, ohne das ihm, wie ausgeführt, staatlich (etwa gerichtlich) unmittelbare Verbote menschlichen Verhaltens entnommen werden dürfen. Das Sittengesetz ist Prinzip einer freiheitlich-demokratischen Rechtsordnung, nicht materieller Rechtssatz, dem der Staat Rechte und Pflichten ablesen kann; denn die Sittlichkeit seines Verhaltens verantwortet der Mensch selbst. Der Mensch hat für sich die ethische Kompetenz, die er als solche nicht delegieren kann. Die "Rechte anderer" ergeben sich als rechtliche Verwirklichung der Sittlichkeit der Menschen nach Maßgabe der gesamten Rechtsordnung. Sie entstehen in den Schranken der Grundrechte und

---

227) Zum Charakter des Sittengesetzes als Rechtsschranke der Freih. des Art.2 Abs.1 GG insb. BVerfGE 6, 389 (434ff.); 49, 286 (298ff.); BGHZ 5, 76 (97); BGHSt 6, 46 (52ff.), alle mit material-wertethischem Begriff des "Sittengesetzes", vgl. die Zitate zu Fn.269. Auch Bettermann, Grenzen der Grundrechte, S.10, 11; ebenso ders., NJW 1981, 1065f.; ebenso Dürig, Maunz/Dürig/Herzog/Scholz, Rdn.74 zu Art.2 Abs.1 GG; auch Erbel, Sittengesetz, S.130ff., 188f., 378f. m. H., spricht von "unverzichtbarer Elementarschranke" und "flexibler Universalschranke"; zum "Sittengesetz" als Grenze der Freiheit des Wettbewerbs auch Steindorff, Summum ius, S.59 u. passim. A.A. explizit BVerfGE 30, 173 (192) - Mephisto - für die Freiheit der Kunst.

228) Dazu genau Schwabe, Drittwirkung, S.88ff. und passim.

229) Kant, Metaphysik der Sitten, S.432; dazu im 4.Teil, 2.Kap., I, S.153ff.

230) Insb. 2.Kap., S. 104ff. u. 6.Kap., S.125ff.. Klar Radbruch, etwa Vorschule, S.27, 36ff., 95.

sind damit, wenn rechtens existent, Grenzen jedes Freiheitsgebrauchs.

Ein Lauterkeitsgebot für den Wettbewerb der Unternehmer darf die Wirtschaftsfreiheit nicht über die dargelegten Feiheitsgrenzen hinaus einschränken. Diese sind somit von interpretatorischer Relevanz für den Begriff der "guten Sitten" in § 1 UWG. Im folgenden sollen diese interpretatorischen Grenzen abgesteckt werden, um dem autonomietheoretischen Verständnis des Begriffs der "guten Sitten" den Weg zu ebnen.

## II Die Freiheitsgrenze der "Rechte anderer" als Verfassungsgrundlage des § 1 UWG

1. Das wettbewerbliche Lauterkeitsgebot soll die Mitbewerber, die Verbraucher, ja sogar die Allgemeinheit schützen[231]. § 1 UWG könnte somit ein Recht der Konkurreten auf verträglichen Wettbewerb, ein Recht der Verbraucher auf einen die Waren optimierenden und Preise minimierenden Wettbewerb und ein Recht der Allgemeinheit auf einen die wirtschaftliche Macht hemmenden und damit die wirtschaftliche Freiheit untermauernden, eben einen marktwirtschaftlich und sozial funktionierenden Wettbewerb der Unternehmer begründen[232]. Das Tatbestandsmerkmal der "guten Sitten" in § 1 UWG wäre im Sinne der Rechte dieser drei dem Wettbewerbsrichter schutzbefohlenen Gruppen auszulegen. Zwär hätte die Allgemeinheit als Schutzsubjekt kein Recht, den Schutz ihrer wettbewerblichen Interessen zu initiieren, während die Mitbewerber und die Verbraucher es unter bestimmten Voraussetzungen haben (§ 13 UWG), aber die Wettbewerbsrichter hätten sich des Interesses der Allgemeinheit anzunehmen, wenn sie aufgrund der Initiative der beiden anderen Schutzsubjekte dazu Gelegenheit finden[233].

Ein Recht ohne prinzipalen selbst initiierbaren Rechtsschutz widerspricht jedoch dem Begriff des subjektiven Rechts, der mit den Worten "Rechte anderer" angesprochen ist[234]. Die Belange der Allgemeinheit können jedenfalls als Kriterium der "guten Sitten" in der Freiheitsgrenze der "Rechte anderer" keine Rechtfertigung finden, genausowenig wie das umfassende allgemeine Ziel des Staates, das Gemeinwohl zu verwirklichen.

Die Interessen der Mitbewerber an einem verträglichen oder auch einem sittlichen Wettbewerb lassen sich als "Rechte anderer" erfassen, zumal § 13 Abs.1 UWG "jedem Gewerbetreibenden" den Unterlassungsanspruch gibt, " der Waren oder Leistungen gleicher oder verwandter Art herstellt oder in geschäftlichen Verkehr

231) Hinw. in Fn.17 des 2.Teils; auch Fn.55 dieses Teils; zu den Schutzzwecken 2.Kap., I 3 e, S.382f.

232) Vgl. die Hinweise in Fn.57 des 2.Teils, Fn.205 des 7.Teils; dazu im 2.Kap., II zum Programm des Gesetzes nach Rebes funktionalistischer Delegationstheorie, S.385ff., insb. S.386f.

233) Sie die h.M., vgl. Hefermehl, Wettbewerbsrecht, Einl., Rdn.40ff.; Knöpfle, Der Rechtsbegriff "Wettbewerb", S.49ff., 52 m.w.H. insb. in Fn.en 92, 93.

234) Etwa Schwabe, Drittwirkung, S.100; Dürig, Maunz/Dürig/Herzog/Scholz, Rdn.13 zu Art.2 Abs.1 GG.

bringt"[235] Die Interessen dieser Gruppe von "anderen" könnten als Schutzgegenstand des § 1 UWG mit dem Tatbestandsmerkmal "gute Sitten" im Lichte dieser Freiheitsgrenze genannt sein. So läßt sich das in der wettbewerbsrechtlichen Literatur lesen[236]. Die Mitbewerber würden ihre Interessen nicht selbst bestimmen dürfen, um diese ihren Konkurrenten nicht oktroyieren zu können. Vielmehr hätte der Wettbewerbsrichter die schützenswerten, wohlverstandenen Interessen der Konkurrenten auszumachen und als konkretisierten Maßstab seinen Wettbewerbsentscheidungen zugrunde zu legen. Hinreichend rechtsstaatliche Bestimmtheit wäre mit einer solchen Interessenschutzklausel jedoch nicht erreicht. Im Gegenteil würde es das Wesen des Wettbewerbs konterkarieren, wenn das wettbewerbsrechtliche Lauterkeitsgebot vorschriebe, daß der Unternehmer die Interessen des Konkurrenten zu wahren habe. Der Unternehmer darf vielmehr den Konkurrenten bedrängen und, wenn er sich erlaubter Mittel bedient, sogar vernichten[237]. Schützenswert ist allenfalls das Interesse der Mitbewerber am lauteren Wettbewerb des Konkurrenten. Das setzt einen gesetzlichen Maßstab der Lauterkeit voraus, den die Konkurrenten als private, autonome Gesetze selbst oder den der staatliche Gesetzgeber gibt. Ist die Lauterkeitsmaxime und damit die Freiheitsbegrenzung staatlich, so ist die Freiheitsgrenze der "Rechte anderer" als Grundlage des § 1 UWG allein nicht mehr tragfähig[238], weil der Staat allgemein Recht nur durch Gesetze geben darf, jedenfalls freiheitsbegrenzendes Recht. Eine andere Frage ist es, ob "Rechte anderer" auch Rechte des Staates sein können[239]. Dagegen bestehen keine Bedenken, wenn dies Rechte aus Vertrag sind, denen der Private also zugestimmt hat. Für eine staatliche Lauterkeitsmaxime muß auf die Grenze der "verfassungsmäßigen Ordnung" zurückgegriffen werden, wenn nicht die Grenze des "Sittengesetzes" Basis der einfachgesetzlichen Maxime ist.

---

235) Nach h.M. entsteht aus dem Klagerecht aus §13 Abs.1 UWG nicht ein subjektives Recht, setzt aber diese Vorschrift eine subjektive Interessenverletzung auch nicht voraus; vgl. Hefermehl, Wettbewerbsrecht, zu §13 UWG, Rdn. 1,2,5, offensichtlich weil das Recht, den richterlichen Schutz auch der Belange der Allgemeinheit zu initiieren, mit dem auf Individualinteressen bezogenen Begriff des subjektiven Rechts wenig harmoniert, etwa Hefermehl, a.a.O., Rdn.1: "§13 I ist eine Norm des Interessenschutzes; geschützt wird das vereinte private und öffentliche Interesse an der Ausschaltung unlauterer Wettbewerbshandlungen"; Hefermehl spricht jedoch auch in Rdn.5 von "materiell-rechtlichen Ansprüchen", "aus eigenem Recht und unabhängig vom Willen des unmittelbar verletzten Wettbewerbers", dabei schließt Hefermehl den Anspruchscharakter aus der Klagemöglichkeit selbst, insoweit zu Recht.

236) Vgl. die Hinweise in Fn.en 17 und 36 des 2.Teils; dazu insb. Knöpfle, Der Rechtsbegriff "Wettbewerb", S.34ff. m.H.; zur alten Kontroverse, ob §1 UWG ein Persönlichkeitsrecht oder ein Recht am Unternehmen gebe und schütze, vgl. für viele Knöpfle, a.a.O., S.34ff. mit den erforderlichen Hinweisen.

237) Dazu die Hinweise in Fn.122 des 7.Teils; insb. etwa BGHZ 19, 392(395f.); 23, 365(371); 43, 278(281f.).

238) In diesem Sinne Dürig, Maunz/Dürig/Herzog/Scholz, Rdn.74 a.E. zu Art.2 Abs.1 GG, auch Rdn.15 daselbst.

239) Dazu Dürig, Maunz/Dürig/Herzog/Scholz, Rdn.14 zu Art.2 Abs.1 GG, der das für Rechte des "hoheitlichen Staates" ablehnt, für solche des Fiskus aber bejaht.

2. "Rechte anderer" begründen die "guten Sitten", wenn sie als private Gesetze der Unternehmer verstanden werden. Dieser Charakter der "guten Sitten" des § 1 UWG wird im 4. Kapitel näher dargelegt[240]. Die gegenseitige Loyalitätsverpflichtung begründet subjektive Rechte, selbst wenn diese nicht im staatlichen Gerichtssystem durchsetzbar sind. So ist die private Rechtsetzung nicht notwendig auf die in § 13 Abs.1 UWG definierten Gruppen beschränkt, denen der staatsgesetzliche Unterlassungsanspruch eingeräumt ist. Die vorfindbaren privatgesetzlichen "Rechte anderer" werden durch § 1 UWG mit staatsgesetzlichen Rechtsfolgen verknüpft, die typisch sind für das staatliche Privatrecht. Sie werden damit in das judizielle System des Staates eingefügt. Der staatliche Gesetzgeber konkretisiert damit die Freiheitsgrenze der "Rechte anderer" aus Art.2 Abs.1 GG im Rahmen seiner Befugnisse. Die Freiheitsgrenze der "Rechte anderer" trägt die privatautonome konsensuale Begrenzung der unternehmerischen Freiheit des anderen, ohne daß es des Rückgriffs auf die Freiheitsgrenze der "verfassungsmäßigen Ordnung" bedarf, um § 1 UWG freiheitsrechtlich zu rechtfertigen. Die letztere Freiheitsgrenze muß allenfalls bemüht werden, um die Befugnis des Staates zur Konkretisierung der Grenze der "Rechte anderer" zu begründen.

3. Trotz der Klagemöglichkeit von Verbraucherverbänden aus § 13 Abs.2 UWG stehen diesen Verbänden keine subjektiven Rechte auf den Schutz ihrer Interessen an der Lauterkeit des Wettbewerbs zu[241]. Jedenfalls wären solche Rechte der Verbände nicht privat, sondern staatlich begründet und müßten ihre Basis im Gesetzesvorbehalt des Art.12 Abs.1 GG suchen.

### III Die Freiheitsschranke des Gesetzesvorbehalts des Art.12 Abs.1 GG als Verfassungsgrundlage des § 1 UWG

1. Der Gesetzesvorbehalt des Art.12 Abs.1 GG ist eine Konkretisierung der Freiheitsgrenze der "verfassungsmäßigen Ordnung" des Art.2 Abs.1 GG als der verfassungsgemäßen Rechtsordnung[242]. Gesetze im Sinne dieses Vorbehalts sind nur

---

240) S.421ff.

241) Das wäre wegen des vermeintlichen Zweckes, die Belange der Allgemeinheit zu schützen, für die h.M. nicht nachvollziehbar; diese löst vielmehr das Klagerecht von den subjektiven Interessen; deswegen auch die Skepsis hinsichtlich der Verbraucherschutzwirkung dieses Klagerechts bei Simitis, Verbraucherschutz, S.24ff., 27f. m.H.; vgl. Hefermehl, Wettbewerbsrecht, zu §13 UWG, Rdn. 1,2,5,10,11 mit Hinweisen ("Klagerecht" "im Interesse der Allgemeinheit"); BGH GRUR 56, 279; 60, 379; 64, 397/8; Herrmann, GRUR 1982, 395ff., 400ff., erwägt einen Schadensersatzanspruch der Endverbraucher im Vorfeld des GWB aus §§823 BGB, 1 UWG, weil §1 UWG insoweit Verbraucherschutzgesetz sei. Vgl. auch Fn.235.

242) Interpretation des Bundesverfassungsgerichts seit dem Elfes-Urteil in BVerfGE 6, 32(37f.); vgl. etwa BVerfGE 25, 371(407); vgl. Scholz, Maunz/Dürig/Herzog/Scholz, Rdn.288 zu Art.12 GG.

die staatlichen Gesetze[243]. Sie müssen vernünftige Erwägungen des Gemeinwohls verfolgen[244] und dürfen die Berufsfreiheit nicht unverhältnismäßig einschränken[245]. Im übrigen müssen sie in jeder Beziehung dem Grundgesetz entsprechen[246]. Die Rationalität der gesetzgeberischen Maßnahmen berufsfreiheitsbeschränkender Politik ist nur judiziabel, wenn ihr evidente 'Unvernunft' vorgeworfen werden kann, weil die rechtsstaatliche und demokratierechtliche Funktionsteilung zwischen der Legislative und der Verfassungsjudikative dem Gesetzgeber einen hinreichenden politischen Gestaltungsspielraum zuzugestehen gebietet[247].

Der wettbewerbsrechtliche Schutz der Mitbewerber, der Verbraucher und auch der Allgemeinheit[248] vor einem Wettbewerb, der deren Interessen verletzt, ist als Ziel des § 1 UWG nicht evident 'unvernünftig'. Auch die marktwirtschaftliche Funktion eines fairen und freien Wettbewerbs oder eben eines Leistungswettbewerbs ist ein Schutzzweck, der vernünftigen Erwägungen des Gemeinwohls entspricht[249]. Irgendeine materiale wertethische Sittlichkeit gehört freilich nicht zur verfassungsmäßigen Rechtsordnung[251] und fällt damit aus dem Rahmen eines Gesetzesvorbehalts des Art.12 Abs.1 GG, weil sie als Rechtsmaßstab unvereinbar wäre mit dem Pluralismus einer freiheitlichen Demokratie. Die privaten Gesetze der Unternehmer hingegen sind durch § 1 UWG in die staatliche Rechtsordnung als Voraussetzung von Unterlassungs- und gegebenenfalls Schadensersatzansprüchen[252] transferiert worden und genügen damit dem Gesetzesvorbehalt,

---

243) Vgl. dazu Scholz, Maunz/Dürig/Herzog/Scholz, Rdn.294, 305ff. zu Art.12 GG.

244) Dazu und zur Stufentheorie des Bundesverfassungsgerichts (BVerfGE 7, 377ff.) Scholz, Maunz/Dürig/Herzog/Scholz, Rdn.318f. zu Art.12 GG.

245) Scholz, Maunz/Dürig/Herzog/Scholz, Rdn.292, 319 zu Art.12 GG.

246) Scholz, Maunz/Dürig/Herzog/Scholz, Rdn.317 zu Art.12 GG.

247) I.d.S. Scholz, Maunz/Dürig/Herzog/Scholz, Rdn.319 a.E., 321ff. zu Art.12 GG (Vertretbarkeits- und Evidenzkonktrolle).

248) Zu diesen Schutzsubjekten vgl. die Hinweise in Fn.17 des 3.Teils, Fn.55 dieses Teils, auch 2.Kap., I 3, S.379ff.. Das Bundesverfassungsgericht spricht das Problem in BVerfGE 32, 311(316f.) an, läßt aber die Praxis grundrechtlich, rechtsstaatlich passieren: "Eine gewisse Freiheit des Richters in der Beurteilung wettbewerblicher Sachverhalte muß dabei in Kauf genommen werden; sie beeinträchtigt zwar die Berechenbarkeit der gerichtlichen Entscheidungen und damit die Rechtssicherheit, doch wird dieser Nachteil dadurch gemindert, daß die langjährige Rechtsprechung des Reichsgerichts und des Bundesgerichtshofs den Rechtsgehalt der Generalklausel nach vielen Richtungen breit entfaltet hat."

249) BVerfGE 32, 311(316ff.,319); etwa Hefermehl, Wettbewerbsrecht, Allgemeines, Rdn.53,54.

251) Anders insb. BVerfGE 6,389(434ff.); vgl. Fn.269; dazu vor allem im 3.Teil, 3.Kap., II, S.109ff.

252) Nach herrschender Meinung ist Verschulden Voraussetzung des Schadensersatzanspruchs: BGHZ 23, 184(195); 27, 264(273); BGH GRUR 1958, 593; 1960, 202; 1967, 597; BGH NJW 1973, 532.
Hefermehl, Wettbewerbsrecht, Einl., Rdn.311,313,338ff.; Reimer, Wettbewerbsrecht, Kap.74, S.504ff., Anm.8, S.508f.; Tetzner, UWG, Anm.157 zu §1; Rinck, Wirtschaftsrecht, Rdn.656-658, S.205; Kraft, Interessenabwägung, S.278; Emmerich, Unlauterer Wettbewerb, 1982, S.54f. m.w.N.; a.A. etwa Rosenthal, UWG, Anm.4 zu §1; mit beachtenswerten Gründen Vogt, NJW 1976, 735ff.
Das schadensersatzrechtliche Verschuldensprinzip stützt die funktionalistisch-kompetenzielle Interpretation des §1 UWG, weil die einschneidende Rechtsfolge der Schadensersatzpflicht von der vorwerfbaren Kenntnis oder Unkenntnis des Sittenverstoßes abhängt, so daß unerwartete "wettbewerbspolitische" Streitentscheidungen nur den eher erträglichen in die Zukunft gerichteten Unterlassungsanspruch nach sich ziehen werden. Löst jedoch bereits, wortlautgetreu, die unverschuldete

wenn die (dynamische[253]) Verweisung des staatlichen auf den privaten Gesetzgeber mit den grundgesetzlichen Anforderungen an "vernünftige Erwägungen des Gemeinwohls" vereinbar ist. Daran ist schon wegen der größtmöglichen Realisierung autonomer Befriedung des Wettbewerbs durch eben die privaten Gesetze nicht zu zweifeln. Wirtschaftspolitische Unzuträglichkeiten des privatgesetzlichen Wettbewerbsrechts darf der Staat durch seine Gesetze korrigieren. Den privaten Gesetzen jedoch die Gemeinwohlverträglichkeit abzusprechen, heißt das Prinzip der Autonomie anzuzweifeln und damit die Menschenwürde anzutasten[254].

Jedenfalls begrenzen die privaten Gesetze die unternehmerische Wettbewerbsfreiheit nicht übermäßig; denn den Unternehmern ist es zuzumuten, im Wettbewerb die Regeln zu respektieren, die sich durch ihren Konsens gebildet haben[255].

2. Eine mit hinreichender Sicherheit voraussehbare Einzelfallpraxis, wie sie das Bestimmtheitsprinzip von freiheitsbegrenzenden Normen verlangt[256], gewährleisten die Schutzzwecke der Belange von Verbrauchern und Allgemeinheit und eines funktionsgerechten Wettbewerbs, wie schon dargetan ist[257], nicht. Genauso wie der Gesetzgeber auf außerrechtliche oder außerstaatliche Normen verweisen darf[258], ist er auch befugt, durch in Grenzen offene Tatbestandsmerkmale, durch

---

Verletzung der "guten Sitten" den Schadensersatzanspruch aus, so drängt dies zu einer Interpretation, bei der bereits der objektive Sittenverstoß vorwerfbar ist; eine solche setzt die Bekanntheit der "guten Sitten" voraus, die regelmäßig gewährleistet ist, wenn die "guten Sitten" Übereinkünfte der Wettbewerber über ihr wettbewerbliches Verhalten sind. Dementsprechend wurde in der dritten Lesung vertreten, ein Verstoß gegen die gute Sitte beruhe stets auf einem schuldhaften persönlich vorwerfbaren Verhalten (vgl. Kraft, Interessenbawägung, S.111). So macht der BGH den Vorwurf der Sittenwidrigkeit selbst bei Verstößen gegen "wertneutrale Vorschriften" von subjektiv bewußtem und planmäßigem Erfüllen des objektiven Tatbestandes abhängig (BGH NJW 1973, 1371(1372)) oder lehnt die Sittenwidrigkeit i.S. des §1 UWG bei Verstößen gegen wertneutrale Verbraucherschutzvorschriften ganz ab (BGH NJW 1974, 140(141)); dazu kritisch Rebe, Privatrecht und Wirtschaftsordnung, S.138, 140, 158 m.w.H., nach dem es "auf die objektive Störung dieser Ordnung" ankommt; kritisch auch Schricker, Gesetzesverletzung, S.34ff.; Sack, WRP 1974, 248f.

253) Zu dieser Gesetzgebungstechnik Karpen, Die Verweisung als Mittel der Gesetzgebungstechnik, 1970, S.67ff.; Ossenbühl, DVBl 1967, 401ff.; Scholz, Maunz/Dürig/Herzog/Scholz, Rdn.301 zu Art.9 GG.

254) Dazu auch im 4.Kap., II 2, S.425ff.

255) Dazu im 4. Kap., I, II, IV, S.405ff., 412ff.

256) BVerfGE 3, 255(243); 9, 137(147,149); 13, 153(160f.); 20, 150(158f.); 21, 245(261); 27, 1(8); 34, 165(199f.); 35, 348(359); 41, 378(399); 42, 263(278); auch 6, 32(42f.), 8, 71(76); 8, 274(325); Stern, Staatsrecht I, S.635ff. m.H.; Benda, Handbuch, S.491; Jesch Gesetz und Verwaltung, S.218ff.; Grabitz, Freiheit und Verfassungsrecht, S.52ff., 62 mit Fn.57; Schachtschneider, JA 1978, S.242f. sub VI, Bestimmtheitsprinzip; deutl. für das Kartellrecht K.Schmidt, Kartellverfahrensrecht, S.133ff., 140ff. ("Eines Mindestmaßes an Bestimmtheit bedarf j e d e s sanktionsfähige Verbot").

257) 2.Kap., I 3 auf S.379ff., II 2 a, S.388ff., auch IV, S.403f. und 1. Kap., I 6, S.371ff.; insb. Fn.en 97, 98.

258) Starck, F. Geiger, S.264.
Die 'unbestimmten Rechtsbegriffe' "unbilliger Wettbewerb" in §8 Abs.1 und 2 AEG, §7 GesKG, §33 BSchVG hat BVerfGE 31,33(42) für zulässig erklärt (wird der Gesetzgeber gerade im Bereich des Wirtschaftsrechts "nicht ohne 'unbestimmte Rechtsbegriffe' auskommen"); vgl. auch BVerfGE 13, 153(161); vgl. auch BVerfGE 11, 234(237); 28, 175(183), "auslegungsfähige", "flüssige Begriffe" sind auch im Strafrecht erlaubt; auch BVerfGE 17, 306(313f.); 21, 73(79); 31, 255(264); 25, 216(227); 31, 33(42); dazu kritisch Bullinger, VVDStRL 22 (1965), S.292ff.

sog. unbestimmte Rechtsbegriffe[259)], die Gemeinwohlkonkretisierung den Richtern zu überantworten[260)]. Nur sind die Grenzen überschritten, wenn dem Richter die Kompetenz delegiert wird, spezifisch die Politik zu gestalten und nicht die gesetzgeberische Politik, wenn auch mit nicht unerheblicher dezisionistischer Kompetenz, zu judizieren[261)].

Als materieller Maßstab müßte der Begriff der "guten Sitten" durch deduktive Subsumtion noch richterlich praktikabel sein. Ein solcher materieller Begriff der "guten Sitten" existiert nicht. Die rechtsstaatlichen Anforderungen an die "verfassungsmäßige Ordnung" als Freiheitsgrenze oder eben an das Gesetz als Schranke der Berufsfreiheit lassen ein anderes Verständnis des Begriffs der "guten Sitten" als das privater Gesetze, auf die § 1 UWG verweist[262)], nicht zu. Die rechtsstaatsgemäße Bestimmbarkeit der so verstandenen "guten Sitten" ergibt sich aus ihrer empirischen Nachweisbarkeit. Sie sind auch nur nach Maßgabe dieser Nachweisbarkeit für § 1 UWG tatbestandsrelevant[263)].

## IV Die Freiheitsgrenze des "Sittengensetzes" als Verfassungsgrundlage des § 1 UWG

1. Ein ethisches Prinzip der Sittlichkeit darf die Wettbewerbsfreiheit begrenzen, wenn das durch die Freiheitsgrenze des "Sittengesetzes" gedeckt ist, die, wie dar-

---

259) Dazu mit Hinweisen Stern, Staatsrecht I, S.635ff.; genau Wolff-Bachof, Verwaltungsrecht I, §31 I c, S.188ff. mit Hinweisen; vgl. auch die Hinweise in Fn.258.

260) So auch Starck, F.Geiger, S.264; vgl. auch Geitmann, Bundesverfassungsgericht und "offene Normen", 1971; zur begrenzten Erlaubtheit sog. unbestimmter Rechtsbegriffe Stern, Staatsrecht I, S.635ff. mit weiteren Hinweisen; zur Problematik gesetzlicher Maßstäbe für die gerichtliche Kontrolle Schmidt-Aßmann, VVDStRL 34 (1976), S.251ff.; Scholz, daselbst, S.163ff., 174ff.; zur Gleichheitsfunktion des Gesetzmäßigkeitsprinzips für viele Pawlowski, Methodenlehre, S.171ff.; zur Judiziabilität als Kriterium hinreichender Bestimmtheit Stern, Staatsrecht I, S.636f.; BVerfGE 25, 216(227); 31, 33(42); kritisch Geitmann, a.a.O., S.52ff. Zum kompetenziellen Chrakter von "Leerformeln" K.Schmidt, Kartellverfahrensrecht, S.133f.; vgl. auch die Hinweise in Fn.258.

261) So die funktionalistische Delegationstheorie, dazu im 2.Kap., II 2 a,b, S.388ff.; insb. Ott, F.Raiser, S.417ff.; Rebe, Privatrecht und Wirtschaftsordnung, passim, u.a. S.160; diese Kritik ist auch Rincks, F. OLG Celle, S.152, Richterkompetenz zur Normentwicklung aus Generalklauseln entgegenzuhalten; ebenso Hefermehl, Wettbewerbsrecht, Einl., Rdn.64, 69, 70; zurückhaltend, Grenzen richterlichen Rechts zur Rechtsschöpfung aufzeigend, insb. wenn es um Ordnungsplanung und Zwecksetzung geht, Steindorff, Summum ius, S.63ff., 75ff., 79. Der Bestimmtheitsaspekt ist die Grundlage für K.Schmidts "Rechtstechnik" des Mißbrauchs- und Mißbrauchsaufsichtsprinzips, Kartellverfahrensrecht, u.a. S.131ff., 158ff., 226, zum offenen Mißbrauchsprinzip "ipso iure" hat die Rechtsprechung den Begriff der "guten Sitten" entwickelt (vgl. dazu im 2. Kap., I 1, S.375ff.); so versteht diesen Begriff auch K.Schmidt, a.a.O., S.109f. in §§138, 826 BGB, vgl. Fn.60.

262) Für §1 UWG allerdings sehr großzügig BVerfGE 32, 311(317): "Wie sie (sc. "die zuständigen Gerichte") sich ihre Überzeugung von der Sittenwidrigkeit bilden, welche Erkenntnisquellen sie dabei benutzen, muß ihnen grundsätzlich überlassen bleiben"; das ist wenig Hilfe für die Interpretation des Rechtsbegriffs "gute Sitten". Abwegig ist die Identifizierung der "guten Sitten" mit der "verfassungsmäßigen Rechtsordnung", die Bülow, WiR 1974, 258ff., für richtig hält, denn die Rechtsordnung gilt auch ohne diese Generalklauseln.

263) Dazu im 4.Kap., IV, S. 431ff., insb. S.434ff.

gelegt, Grenze aller Freiheitsrechte ist[264]. Das "Sittengesetz" ist denn auch für die Autoren Verfassungsgrundlage der "guten Sitten", die diese im Sinne einer material-ethischen Sittlichkeit verstehen, explizit z.B. Meyer-Cording[265]. Dürig, Bettermann und andere identifizieren die Begriffe des "Sittengesetzes" in Art.2 Abs.1 GG und der "guten Sitten" des Privat- und auch des Staatsrechts[266]. Erbel setzt beide Begriffe in materielle Beziehung und sucht die Wertkonkretisierung sowohl des "Sittengesetzes" als auch der "guten Sitten" in den materiellen Wertentscheidungen des Grundgesetzes, insbesondere in dem Sozialstaatsprinzip[267]. Das "Sittengesetz" als Freiheitsgrenze hätte als material-ethische und zugleich rechtliche Wertmaxime große praktische Bedeutung, wenn Erbel mit seinem engen Begriff der "verfassungsmäßigen Ordnung" in Art.2 Abs.1 GG i.S. der politischen Grundentscheidungen des Grundgesetzes Recht hätte[268]. Das "Sittengesetz" müßte freilich eine rechtliche Grenze des Rechts zur freien Entfaltung der Persönlichkeit sein. Die Auffassung, das "Sittengesetz" sei eine R e c h t s grenze der Entfaltungsfreiheit kann sich auf BVerfGE 6, 389 (434ff.) stützen: "Die Verfassung erkennt das selbst an, indem sie in Art.2 Abs.1 GG das Sittengesetz auch als eine

---

264) Wie Fn.227.

265) JZ 1964, 310.

266) Bettermann, Grenzen der Grundrechte, S.10, 11; ders., NJW 1981, 1066; dessen Hinweis auf die Entstehhungsgeschichte (der EHCh benutzt noch die Worte "gute Sitten", JöR NF. 1, S.54ff.; dazu Erbel, Sittengesetz, S.171ff.; auch Geismann, Ethik, S.7ff.) überzeugt nicht; eher ist der umgekehrte Schluß, "gute Sitten" sei nicht ohne inhaltliche Ambition durch "Sittengesetz" ersetzt worden, naheliegend, weil beide Begriffe rechtlich, moralisch/ethisch und philosophisch schwergewichtig und keinesfalls austauschbar sind (ähnlich wohl Erbel, a.a.O., S.175, der auf den Zusammenhang der 'Schranken' mit der Inhaltsformulierung i.S. der Persönlichkeitskerntheorie hinweist); vgl. die Bemerkung Carlo Schmids in seinen Erinnerungen, S.372, die deutlich macht, daß die kantische ethische Kategorie gemeint ist; ähnlich Bettermann Dürig, Maunz/Dürig/Herzog/Scholz, Rdn.16 zu Art.2 Abs.1 GG; ders., AöR 79 (1953/54), S.63 mit Fn.20; auch Huber, Wirtschaftsverwaltungsrecht, Bd.1, S.664f.; Leisner, Grundrechte und Privatrecht, S.370; R.Schmid, Grundgesetz und Sittengesetz, S.180f.; i.d.S. auch Wolff-Bachof, Verwaltungsrecht I, §33 V a 2, S.220 ("nicht das Grundprinzip der Ethik" ... "vielmehr die sich aus den in der westdeutschen Rechtsgemeinschaft geltenden sozialen Rechtswertvorstellungen ergebenden Mindestanforderungen an mitbürgerliches Verhalten, soweit sie gesetzlich sonst nicht geschützt sind" (m.H.)), deutlich i.S. der "guten Sitten" V b 15, S.234; im Erg. auch Starck, F.Geiger, S.260, 272ff.; ähnlich Nipperdey/Weise, Grundrechte IV 2, S.825; Hubmann, Persönlichkeitsrecht, S.215f.; Ott, BayVBl 1966, 187; auch Rebe, Privatrecht und Wirtschaftsordnung, S.143; Steindorff, Summum ius, S.59, Fn.3, der die Frage der Freiheitsbeschränkung durch "gute Sitten" behandelt, läßt die Unterschiede explizit und nicht folgenlos "außer Betracht"; i.d.S. der Sache nach BVerfGE 6, 389(434ff.): "Gleichgeschlechtliche Betätigung verstößt eindeutig gegen das Sittengesetz"; auch BVerfGE 49, 286(298); vgl. auch BGHZ 5, 76(97); vgl. auch BVerfGE 7, 198(215).
Erbel, Sittengesetz, S.157, 378ff., sieht das Sittengesetz als "Legitimationsgrundlage" "für die gesetzgeberische Statuierung wertausfüllungsbedürftiger Begriffe und ethischer Generalklauseln im Privatrecht", wie vornehmlich der Klausel der "guten Sitten"; das "Sittengesetz" liege aber auf einer anderen Ebene als die "guten Sitten", es gebe aber "funktionale Abhängigkeiten und inhaltliche Überschneidungen".

267) Sittengesetz, S.119f., 210f., 339ff. ("Projektion" "sozialstaatlicher Forderungen in den Grundrechtsbereich"); etwa auch Gallwas, Mißbrauch, S.48; Gerber, AöR 81 (1956), S.42; Wieacker, JZ 1961, 339; Bachof, VVDStRL 12 (1954), S.42.

268) Sittengesetz, S.147, 175f.; zu dem Problem des Verhältnisses dieser sog. Schranken Erbel, a.a.O., S.167ff.; Scheuner, VVDStRL 11 (1954), S.21 mit Hinweisen; E.Hesse, Art.2 Abs.1 GG, S.11 mit Hinweisen in Fn.3; vgl. dazu Dürig, Maunz/Herzog/Dürig/Scholz, Rdn.17ff. zu Art.2 Abs.1 GG.

r e c h t l i c h e (Hervorhebung vom Bundesverfassungsgericht) Schranke des Rechts auf freie Entfaltung der Persönlichkeit setzt. Für die Gesetzgebung in ihrem Verhältnis zur verfassungsmäßigen Ordnung bedeutet das zweierlei: einerseits darf sie selbst dem Sittengesetz nicht widersprechen -"unsittliche" Gesetze gehören nie zur verfassungsmäßigen Ordnung!- und andererseits kann das Sittengesetz ihr selbst zum Richtmaß dienen, insofern es einen sonst unzulässigen oder doch in seiner Zulässigkeit zweifelhaften Eingriff des Gesetzgebers in die menschliche Freiheit legitimieren kann ... . Gleichgeschlechtliche Betätigung verstößt eindeutig gegen das Sittengesetz ...". Die Autorität des Bundesverfassungsgerichts hat es nicht vermocht, den Gesetzgeber an der Tolerierung gleichgeschlechtlicher Betätigung durch Novellierung des § 175 StGB im Jahre 1969 zu hindern. Das "Sittengesetz", dessen Herkommen aus alter Zeit das Gericht schildert, hatte sich wohl entgegen den Gesetzen und entgegen seiner Verbindlichkeit für den Staat in zwölf Jahren grundlegend geändert[269]. Im gleichen Sinne judiziert 1952 der Bundesgerichtshof[270]: "... kann nichts daran ändern, daß die Regierung, solange sie im Besitz der Macht war, grundsätzlich befugt blieb, f o r m a l r e c h t l i c h g ü l t i g e s Recht zu setzen, womit nichts darüber ausgesagt wird, ob die erlassenen Gesetze und Verordnungen dann als "Recht" im wahren Sinne angesprochen werden können, wenn ihr I n h a l t gegen naturrechtliche Forderungen oder die allgemein gültigen Sittengesetze der christlich-abendländischen Kultur verstößt" (Hervorhebungen vom Bundesgerichtshof). Bekanntlich hat der Große Senat des Bundesgerichtshofs in BGHSt 6, 46 (52ff.) materiale "Normen des Sittengesetzes" als "vorgegeben" und "hinzunehmen" konstatiert und ist von Weischedel in dessen berühmter Schrift zu 'Recht und Ethik' im kantischen Sinne kritisiert worden[271]. Wir haben das "Sittengesetz" aber als rein ethische Freiheitsgrenze erkannt[272]. "Gute Sitten" muß ein rechtsnormativer Begriff sein, weil er als Tatbestandsmerkmal von Rechtsnormen benutzt wird, von dessen Verwirklichung der Gesetzgeber handfeste Rechtsfolgen wie Unterlassungs- und Schadensersatzansprüche, aber auch die Nichtigkeit von Rechtsgeschäften u.a. abhängig gemacht hat.

2. Zwischen dem "Sittengesetz" als dem Prinzip der Autonomie[273] und den "guten

269) Diese Rechtsprechung 1957 markiert die Blütezeit bundesrepublikanischer Restauration; dennoch im Prinzipiellen genauso BVerfGE 49, 286 (298ff.) = NJW 1979, 595 (Geschlechtsumwandlung nicht sittenwidrig). Auch entgegen seinen sonst eher liberalen Thesen Henkel, Rechtsphilosophie, S.90: "Erläßt er (sc. der Gesetzgeber) unsittliche Gesetze, so können diese nicht beanspruchen, als Recht verbindlich zu sein", abgeschwächt S.565 (Verstoß gegen "Grundsätze humaner Sittlichkeit").

270) In BGHZ 5, 76(97).

271) Ähnliche Kritik auch von Wieacker, JZ 1961, 343; i.S. eines materialen Begriffs des Sittengesetzes auch eindeutig BVerfGE 6, 389(434ff.); auch noch BVerfGE 49, 286(298) = NJW 1979, 596; BGHZ 5, 76(97); BGHSt GS 6, 46(52ff.).

272) Dazu im 3. Teil, 2.Kap., S.104ff., 3.Kap., S.107ff., 6. Kap., S.125ff., Zusammenfassung zum 3. und 4. Teil, S.169ff.

273) Dazu im 3. Teil, 2.Kap., S.104ff., 3.Kap., S.107ff., 6.Kap., S.125ff., Zusammenfassung des 3. und 4. Teils, S.169ff.

Sitten" besteht notwendig eine Verbindung, wenn die "guten Sitten" als Privatgesetze begriffen werden[274]. Mit dem "Sittengesetz" ist das ethische Prinzip, welches das Wesen eines liberalen und sozialen demokratischen Rechtstaates ausmacht, der kategorische Imperativ, im grundgesetzlichen Gemeinwesen verankert[275]. Mit den "guten Sitten" setzen sich die konkreten moralischen Entscheidungen der Menschen durch, die durch Übereinkunft in relevanten Gruppen verbindlich geworden sind[276]. Das sind Verhaltensnormen für konkrete Lebenslagen, wie der der wett-

---

274) Diese Zusammengehörigkeit von Sittlichkeit und Sittenhaftigkeit ist seit dem röm. Recht im Begriff der 'boni mores' angelegt; dazu maßgebl. seit eh und je v.Ihering, Der Zweck im Recht, Bd.II,S.1ff. Sie wird übersehen oder geleugnet und daraus erwächst der Streit um den Begriff der "guten Sitten"; typisch Emmerich, Unl. Wettbewerb, 1982, S.36 und ff., i.S. des entweder oder. Die Moraltheologie hat konsequent die Trennung von Sitte als menschl. Gegebenheit und Sittlichkeit als göttl. Gebot betrieben; sie ist nach wie vor der Grund und Hintergrund der Kontroverse, während die funktionalistische Delegationstheorie zum einen in der Not der Maßstablosigkeit in der Richterpraxis eine Tugend erblicken will, aber auch die rechtsstaatl. Gewaltenteilung in deren freiheitl. Bedeutung verkennt und darum aufweicht. Mestmäcker, AcP 168(1968), S.255, geht davon aus, daß das "Unwerturteil", das der Sittenwidrigkeit zugrunde liege, "seinen personalen Bezug weithin verloren" habe.

275) Die sozialpolit. Relevanz des kategor. Imperativs, die im Gemeinwohlbezug der Verhaltensmaxime für den Einzelnen liegt, dessen Verhalten ja gemeinwohlverträgl. sein muß, um Maxime einer allg. Gesetzgebung sein zu können, erkennt Starck, Ist der kategor. Imperativ ein Prinzip des Sozialstaats?, ZRP 1981, 98f. Das sozialpolit. Problem der Unselbständigen hat Kant in der Metaphysik der Sitten, S.432ff., deutl. i.S. des gegenwärtigen Sozialprinzips angesprochen. Kant zu unterstellen, er habe den pragmat. Imperativ, Grundl., S.46, mit der Sozialfunktion des Staates in Verbindung gebracht, nur weil er das Wort "Wohlfahrt" (das ist bei Kant nicht der "Wohlfahrtsstaat") benutzt, übersieht Kants Erläut. dieses Begriffs, etwa "Ratschläge der Klugheit", dieser geht es um die "Wahl der Mittel zur eigenen Glückseligkeit" (Kant, daselbst). Auch diese Klugheit ist von Nöten, eben ein pragmat. Imperativ, aber damit ist nicht das Problem der unselbständigen Menschen, also das eigentl. Sozialproblem, aus den Wirkungskreis des kategor. Imperativs herausgenommen. Hätte Starck bei Kant ein wenig weiter gelesen, hätte er feststellen können, daß Kant den Fall der Sozialhilfe als ein Beisp. für den kategor. Imperativ ausmalt (a.a.O., S.54, auch S.76: "...fremde Glückseligkeit zu befördern suchen", ist ein kategorischer Imperativ). Wie hier Winter, Ethik und Rechtswissenschaft, S.331f., 341, 376, 378, auch S. 292.

276) Richtig geht darum Meyer-Cording, JZ 1964, 273, davon aus, daß "der Gesetzgeber... an die in der Sitte vorgefundene und überlieferte, allgemein im Volke lebende Sittlichkeit anknüpfen" wollte. Das ist ein durchaus autonom-konsensuales Verständnis, das Meyer-Cording nicht durchhält, weil er die Wandelbarkeit der pluralistischen Sittlichkeit unberücksichtigt läßt und bei "christlich-humanistischer" Moral verharrt (a.a.O., S.277), wenn er auch die Gefahr einer "Versteigerung" der geschäftlichen Spielregeln durch Verrechtlichung der Präjudizien sieht (a.a.O., S.276) und darum meint, mit "guten Sitten" als Sitten i.S. von "Konventionalnormen" "oder gewissen im Wettbewerb dauernd angewandten Spielregeln" wende "man der Moral den Rücken" (a.a.O., S.276). Meyer-Cording verkennt eben das pluralistische Konsensprinzip unter autonomen Unternehmern, weil er Kant leichthin abgetan hat. Daß der Gesetzgeber ein material-wertethisches Wertverständnis in §1 UWG als Verbindlichkeit von Überlieferungen verankern wollte, wie Meyer-Cording, JZ 1964, 277, meint, ist der Entstehungsgeschichte nicht zu entnehmen, wenn es auch wenig zweifelhaft ist, daß der Gesetzgeber keinen wesentlichen Widerspruch der sittl. Maßstäbe der Richter und der Unternehmer erwartet haben dürfte. Dem steht etwa Kraft, Interessenabwägung, S.103ff., verständnislos gegenüber, weil er Moral und Recht nicht sachgerecht scheidet; Kritik an Kraft auch von Meyer-Cording, JZ 1964, 273; richtig insoweit Rinck, F. OLG Celle, S.165 (Befolgung oder Anerkennung in einem bestimmten Kreis); ausgerechnet die kantische Unterscheidung von Sollen und Sein, die Grundlage richtigen Verständnisses sowohl des "Sittengesetzes" als auch der "guten Sitten" ist, führt Teubner, Standards, S.36, gegen die "Rezeptionstheorie" ("gute Sitten" als "soziale Normen", a.a.O., S.61, 65ff.) ohne Kritik in Feld, als wenn das Sollen kein Sein hätte ("gute Sitten" existieren als "Sollenssätze"), richtig Teubner, a.a.O., S.90, wo er erkennt, daß die Rezeption "soziales Sollen" in "rechtliches Sollen" wandelt, gemeint ist 'privatgesetzliches' in 'staatsgesetzliches'; auch Bülow, WiR 1974, 230ff., 239, argumentiert mit kantischen Begriffen, ohne sie hinlänglich studiert zu haben; er hält zwar "Autonomie" für ein "Definitionsmerkmal der Moral", meint jedoch, daß "Konventionalnormen"

bewerblichen Konkurrenz, die der Mensch nach einer Verhaltensmaxime zu bewältigen hat, die zugleich Maßstab einer allgemeinen Gesetzgebung sein könnte[277]. Solches Verhalten der Gruppenmitglieder wird dem kategorischen Imperativ gerecht, so daß die individuelle und zugleich generelle Willensmaxime effektiv zum autonomen Maßstab des Verhaltens in der Gruppe wird, die auf das maximengemäße Verhalten aller Gruppenangehörigen vertrauen darf, weil dieses dem eigenen Gesetz entspricht. Die ethisch gebotenen, dem kategorischen Imperativ gemäßen Verhaltensmaximen bringen durch Konsens einen gruppenverbindlichen Maßstab hervor, einen privaten Rechtssatz, weil die Übereinkunft der relevanten Gruppenmitglieder die wesensmäßige Unbestimmtheit der konkreten Willensmaximen, der (individuellen) Zwecke im kantischen Sinne, aufhebt[278]. Der generalisierte Gegenstand der Maxime ist bestimmt, weil es darüber keine Kontroverse unter den Menschen, auf die es ankommt, gibt. Das rechtfertigt die allgemeine Verbindlichkeit der Maxime, deren Gegenstand eben personal allgemein ist, wie es der Konsens beweist. Konsequent entfaltet die personale Allgemeinheit die allgemeine Gültigkeit und damit allgemeine Geltung der Maxime. Der Rechtssatzhaftigkeit einer sittlichen Maxime steht ohne die Übereinkunft prinzipiell aller das personale Moment der Selbstbestimmbarkeit jedes einzelnen entgegen, der mögliche Pluralismus der Maximen. Kant macht das klar: "Man sahe den Menschen durch seine Pflicht an Gesetze gebunden, man ließ es sich aber nicht einfallen, daß er nur seiner eigenen und dennoch allgemeinen Gesetzgebung unterworfen sei, und daß er nur verbunden sei, seinem eigenen, dem Naturzweck nach aber allgemein gesetzgebenden, Willen gemäß zu handeln"[279]. Weil vorgegebene Gegenstände der Maximen das Recht zur Autonomie des Menschen und damit den diesem erwachsenen Pluralismus aufheben würde, enthält das Sittengesetz keine deduktiv konkretisierbaren materialen Gegenstände[280]. Die Konkretisierung entscheidet der Mensch durch erkennendes

---

(ethisch) wertfreie Normen seien; Konsens hebt aber Moral nicht auf, sondern realisiert sie; Bülow gelangt darum nicht zum Begriff des privaten Gesetzes und postuliert anstelle der guten Sitten staatliche Gesetze oder Rechtsanwendung i.S. mittelbaren Verfassungsvollzuges (a.a.O., S.256ff.); durchaus i.S. des Textes auch BVerwG NJW 1982, 665f., für den Begriff der "guten Sitten" in §33 a II Nr.1 GewO: "... in der Gesellschaft vorherrschende sozialethische Überzeugung, die sich in der Rechtsgemeinschaft zu einer anerkannten Norm für sozialrelevantes Verhalten verdichtet hat." Anders und fragwürdig derselbe Senat einen Tag zuvor im Peep-Show-Urteil, NJW 1982, 664f., in dem "gute Sitten" des §33 a II Nr.1 GewO mit Prinzipien der Menschenwürde identifiziert werden; dazu die Kritik von v.Olshausen, NJW 1982, 2221ff.

277) Dazu im 3. Teil, 2.Kap., S.104ff. In diesem Sinne Wieacker, JZ 1961, 339 mit Fn.19, u.ö.

278) Grundlegung, S.59, passim: "Die Zwecke, die sich ein vernünftiges Wesen als Wirkungen seiner Handlungen nach Belieben vorsetzt (materiale Zwecke), sind insgesamt nur relativ; denn nur bloß ihr Verhältnis auf ein besonders geartetes Begehrungsvermögen des Subjekts gibt ihnen den Wert, der daher keine allgemeine für alle vernünftige Wesen, und auch nicht für jedes Wollen gültige und notwendige Prinzipien, d.i. praktische Gesetze, an die Hand geben kann. Daher sind alle diese relative Zwecke nur der Grund von hypothetischen Imperativen." Vgl. Maihofer, Rechtsstaat und menschliche Würde, S.61 mit Fn.77, der bei Konvergenz in der sittlichen Selbstbestimmung eine intersubjektive Moral des "ethischen Minimums" an "einfacher Sittlichkeit" für möglich hält.

279) Grundlegung, S.65.

280) Gegen eine solche Sicht scharf Kant, Kritik der praktischen Vernunft, S.154. Dazu wie hier Weischedel, Recht und Ethik, S.14ff.; Radbruch, Vorschule, S.37 ("Eine heteronome Verpflichtung ist

Bekenntnis[281]. Das konkretisierende Bekenntnis des Einzelnen ist für die Allgemeinheit nur deswegen nicht verbindlich, weil das zur Unterdrückung der anderen führen müßte. Bekennen jedoch die anderen Menschen dasselbe, weil sie denselben Willensmaximen die Qualität beimessen, Maßstab allgemeiner Gesetzgebung zu sein, steht der Verbindlichkeit dieser Maxime nichts im Wege. Sie werden Rechtssätze, die sie nur deswegen ohne die Allgemeinheit der Bekenntnisse zur Maxime nicht sein können, weil das Fremdbestimmung der anderen oder eben durch andere wäre. Die sittlichen Maximen und die rechtlichen Gesetze unterscheiden sich wesentlich dadurch, daß die sittlichen Maximen, die Selbstgesetze, als solche nur den einzelnen Menschen, das Rechtsgesetz jedoch alle Menschen (der Gruppe) bindet, eben weil diese dieselbe sittliche Entscheidung getroffen haben. Der Konsens offenbart die Allgemeinheit der sittlichen Bestimmung; denn die Sittlichkeit der konsensual bestimmten Maxime läßt sich nicht in Frage stellen. Hierfür ermangelt es notwendig eines gegenständlichen Maßstabes. Unter freien Menschen kann nur die Übereinkunft im Sittlichen festgestellt werden, nicht jedoch dem einzelnen Menschen, dessen Maximen von denen der Mehrheit abweichen, ein Verstoß gegen die Sittlichkeit vorgeworfen werden. Aus diesem Grunde ist die Übereinkunft im Sittlichen sittlich; denn es gibt keine andere allgemeine Sittlichkeit als die der Allgemeinheit im Gemeinwesen oder in Gruppen des Gemeinwesens. Wegen der notwendigen Pluralität der Zwecke/Maximen kann es keine andere allgemeinverbindliche Bestimmung des Sittlichen geben als die durch Konsens[282], etwa durch der Notwendigkeit rechtlicher Befriedung gehorchende konsensuale, repräsentative (vertretungsmäßige) Rechtsetzungsverfahren[283].

3. Die Sittlichkeit entfaltet sich, wie es der Begriff des kategorischen Imperativs zeigt, in der Gemeinschaft[284]. Die Maxime des das Handeln bestimmenden Willens soll ja Maßstab der allgemeinen Gesetzgebung sein. Dadurch ist dem sittlichen Prinzip der Schutz des Vertrauens in die Stetigkeit der sittlichen Maxime verbun-

ein Widerspruch in sich, ..."); auch Bülow, WiR 1974, 239 ("heteronome Moral" "ein Widerspruch in sich selbst"); dazu näher im 3.Teil, 3.Kap., S.107ff., 6.Kap., S.125ff.; anders insb. BVerfGE 6, 389(434ff.); 49, 286(298) = NJW 1979, 595; BGHZ 5, 76(97); BGHSt 6, 46(52ff.); vgl. die Zitate in Fn.202.

281) Vgl. die Hinweise in Fn.en 305, 311.

282) Vgl. die Hinweise in Fn.en 338, 343. Dahin geht auch das nicht auf §1 UWG abgestimmte Verständnis der Gute-Sitten-Klauseln des BGB Wieackers, JZ 1961, 342, als "Hinweise" auf die "praktische Sittlichkeit des Durchschnitts der rechtlich denkenden Rechtsgenossen"; vgl. dazu auch ders., Gesetz und Richterkunst, S.11, 13; zum Problem tiefgehend ders., Zur rechtstheoretischen Präzisierung des §242 BGB, passim; nicht weit entfernt davon ist Steindorff, Summum ius, S.74, 79, der für die "richterliche Rechtsschöpfung" die "einhellige Auffassung innerhalb der Rechtsgemeinschaft" oder "einhellige Rechtsüberzeugung", weil dann der "Konflikt mit den Freiheitsrechten" "kein Problem" sei (!), verlangt; so in der Sache auch BVerwG NJW 1982, 665f.

283) Dazu im 3.Kap., III des 4. Teils, S.163ff. mit Hinweisen.

284) So auch Cohen, Ethik des reinen Willens, S.67ff.; dazu auch in diesem Sinne Winter, Ethik und Rechtswissenschaft, S.279, 286, 287. Das verkennen all die, die die Gebote der Sittlichkeit nur an das Gewissen gerichtet sehen, etwa Emmerich, Unlauterer Wettbewerb, 1982, S.37.

den[285]. Die sittliche Bestimmung bindet den Menschen, denn er gibt sich selbst das Gesetz (Autonomie)[286], an dem, solange es gilt, er festzuhalten ethisch verpflichtet ist. Das Recht zur Autonomie ist Pflicht zur Sittlichkeit i.S. des kategorischen Imperativs und läßt willkürliche Änderung der Verhaltensmaximen ethisch nicht zu. Darum hat der sittliche Konsens in der Gemeinschaft Bestand, bis die sittliche Übereinkunft hinfällig wird. Weder die Begründung noch der Zerfall des Konsenses sind verfahrensmäßig geregelt oder gar an judizielle Voraussetzungen geknüpft. Die private Rechtsetzung kann juristisch nur relevant sein, wenn und insoweit der sittliche Konsens richterlich auffindbar, d.h. mit hinreichender Sicherheit judiziell konstatierbar ist[287]. Der Pluralismus der freiheitlichen Demokratie verbietet, wie wir wissen, das "Sittengesetz" i.S. der materialen Wertethik zu verstehen[288] und verhindert damit zugleich einen einfachgesetzlichen Maßstab materialer Sittlichkeit, der seinen Geltungsgrund nicht in den Prinzipien der Autonomie und des Konsenses hat.

4. Die "guten Sitten" als private Rechtssätze gelten nach Maßgabe und in den Grenzen ihrer privaten Durchsetzbarkeit unabhängig von einer staatsgesetzlichen Anerkennung wie durch § 1 UWG. Derartige Verweisungen fügen die privaten Rechtssätze in die staatliche Rechtsordnung ein[289] und verschaffen ihnen im Friedensinteresse die staatlich-judikative Wirkkraft.

---

285) Hubmann, Naturrecht und Rechtsgefühl, in: Naturrecht oder Rechtspositivismus, S.351: "Dieser Grundsatz: wer Vertrauen veranlaßt, ist insoweit zu Treue verpflichtet, ist das eigentliche naturrechtliche Prinzip des Satzes: pacta servanda sunt." Vgl. auch Larenz, Richtiges Recht, S.80ff.

286) Etwa Karl Jaspers, Plato, Augustin, Kant, S.265 ("Verbindlichkeit und Gesetz sind untrennbar"). Diese Verbindlichkeit vermengt sich bei Henkel, Rechtsphilosophie, S.60f., mit den metarechtlichen heteronomen Einflüssen auf die Selbstgesetzgebung, so daß er (gegen Stammler, Wirtschaft und Recht, 5.Aufl. 1927, S.473ff., vgl. Henkel, a.a.O., Fn.9) ein "heteronomes Zwangsmoment" auch bei der Entstehung der Sitte zu erkennen meint.

287) Dazu im 4.Kap., IV, S.431ff., insb. S.434ff.

288) Vgl. die Hinweise in Fn.190, auch Fn.269; so für viele Wieacker, JZ 1961, 337ff.; in der Sache anders insb. BVerfGE 6, 389(434ff.); auch BVerfGE 49, 286(298) = NJW 1979, 595; BGHZ 5, 76(97); BGHSt 6, 46(52ff.); auch BVerwG NJW 1982, 664f. (Peep-Show), allerdings auf "gute Sitten" ausgerichtet, die mit dem Menschenwürdeprinzip "ausgefüllt" werden. Zitate in Fn.269.

289) Die Rezeptionsfunktion des §1 UWG, den diese Vorschrift bei ihrer Entstehung gehabt habe (Ott, F.Raiser, S.404f., 410), hat sie nach Ott, a.a.O., S.417 "endgültig verloren", weil sie als solche nicht geeignet sei, den Geschäftsverkehr zu ordnen (Ott, a.a.O., S.410ff.). So ist durchgehend Otts juristische Methode: Einer Vorschrift wird die Effektivität abgesprochen, um sie auf dieser Grundlage umzufunktionieren, a.a.O., S.417ff. Das ist nicht einmal rechtswissenschaftlicher Empirismus, weil Rechtstatsachen ohne jede methodengerechte Rechtfertigung unterstellt werden, insb. aber eine das Umfunktionieren rechtfertigende Dogmatik nicht gelingt (a.a.O., S.419). Um eine solche bemüht sich immerhin Kraft, Interessenabwägung, passim. Bemerkenswert ist, daß Teubner, Standards, passim, rechtssoziologisch zur entgegengesetzten Auffassung kommt und in §1 UWG eine Rezeptionsnorm "außerrechtlicher sozialer Normen" erkennt, so daß er sagen kann, "die guten Sitten" hätten "im Kernbereich ihre ursprüngliche Funktion behalten", a.a.O., S.61. Das entspricht insoweit dem hier vertretenen Verständnis der "guten Sitten" als 'privaten Gesetzen', wenn auch diese weder "außerrechtlich" sind, als ob nur der Staat Recht setzen könnte und dürfte, noch "sozial" in irgendeinem spezifischen Sinne, etwa "fortschrittlich", "Arm und Reich" "versöhnend". Gemeinschaftsbezogen, gesellschaftlich, also sozial, ist alles Recht. In der freiheitlichen Demokratie gibt es den mit dieser Nomenklatur angesprochenen Gegensatz von gesellschaftlich und staatlich nicht, dazu im 6. Teil, 4.Kap., IV, S.268ff.

5. Die richterliche Praxis der "guten Sitten" vermag nicht Gewohnheitsrecht hervorzubringen[290], weil die zivilrechtlichen Verweisungsvorschriften die "guten Sitten" gerade in deren Veränderbarkeit[291], nämlich in deren Abhängigkeit von dem Gruppenkonsens, in die staatliche Rechtsordnung transferieren. Konservativ wirken die "guten Sitten" also nur, wenn die sie begründenden Menschen konservativen Maximen folgen. Ein richterlicher Konservativismus hat genausowenig eine rechtsdogmatische Grundlage wie ein richterlicher Progressismus. Die Konkretisierung der "guten Sitten" als dem 'Anstandsgefühl aller billig und gerecht Denkenden'[292] durch die lange richterliche Praxis vermag die Klausel rechtsstaatlichen Bestimmtheitsanforderungen nur näher zu bringen[293], wenn diese eine materiale Wertklausel ist. Mit der Verfassungswidrigkeit eines solchen Prinzips wird auch dieses Argument hinfällig.

6. Während also § 1 UWG als die staatliche Transfernorm auf die berufsfreiheitliche Schranke des Gesetzesvorbehalts aus Art.12 Abs.1 GG als einer Sepzialisierung der Freiheitsgrenze der "verfassungsmäßigen Ordnung" des Art.2 Abs.1 GG gestützt werden muß, finden die "guten Sitten" ihre freiheitsrechtliche Verfassungsgrundlage nicht nur in den "Rechten anderer", sondern vor allem in dem "Sittengesetz", weil der Konsens zur rechtlichen Verbindlichkeit der autonomen ethischen Maximen führt.

---

290) Reimer, Wettbewerbsrecht, 3.Aufl., 74.Kap., III, 6, S.504, empfiehlt sogar, aus §1 UWG "ein System richterlicher Normen" zu entwickeln, um nicht von Sittenwidrigkeit, sondern von Rechtswidrigkeit sprechen zu können; Kritik auch von Rinck, F. OLG Celle, S.169, dessen Ausgangspunkt nicht anders ist, a.a.O., S.152f.: "Jede Generalklausel entwickelt nach und nach präzise Normen", zu den "Grundsätzen", die zu §1 UWG "entwickelt worden" sind, "die sämtlich dem Rang von Gewohnheitsrecht nahekommen"; das ist wohl empirisch gemeint; denn Rinck geht es selbst um die "Elastizität" sittlicher und moralischer Wertung, a.a.O., S.173.
Kritisch insoweit zu Recht Wieacker, Zur rechtstheoretischen Präzisierung des §242 BGB, S.25; kritisch auch Esser, F. von Hippel, S.95ff.

291) Die Veränderbarkeit der "guten Sitten" räumen alle Verständnisweisen ein; etwa RG GRUR 1929, 115(116); RGZ 134, 342(354); BVerwG NJW 1982, 664 ("geschichtlichem Wandel unterworfene sozialethische Wertvorstellungen"); genauso BVerwG NJW 1982, 665; Hefermehl, Wettbewerbsrecht, Einl., Rdn.103; Rinck, F. OLG Celle, S.160, trotz seiner widersprechenden These von der normsetzenden Kraft der Rechtsprechung, a.a.O., S.152f., die wohl nur empirisch gemeint ist; dazu Schricker, Gesetzesverletzung, S.196f. mit weiteren Hinweisen, insb. in Fn.49; Meyer-Cording, JZ 1964, 278 i.S. von N.Hartmann, Ethik, S.158f.: "Einheit der Ethik" und "Vielheit der Moralen", "der menschliche Wertblick wandert"; anders und viel kritisiert BGHSt GrS 6, 46(52ff.); Kritik vor allem Weischedel, Recht und Ethik, S.6ff.; anders auch BGHZ 5, 76(97).

292) Hinweise in Fn.51.

293) So Hefermehl, Wettbewerbsrecht, Einl., Rdn.70; auch Rinck, F. OLG Celle, S.152 (anders S.160); damit wollen auch Emmerich, Unlauterer Wettbewerb, 1982, S.48 und Koppensteiner, Wettbewerbsrecht, S.496 für ihre Kriterien beruhigen, wie alle, die unbestimmte Begriffe als Maßstab anbieten und damit gezwungen sind, auf die Entwicklung zu verweisen, auch BVerfGE 37, 311(316ff.). Das beweist nur den kompetenziellen Charakter solcher Formeln; dazu auch im 2.Kap., I 3 d, S.381f. mit Hinw. in Fn.en 101, 102; kritisch insofern auch Vogt, NJW 1976, 729; Wieacker, Zur rechtstheoretischen Präzisierung des §242 BGB, S.25.

## V Zwischenergebnis

Zusammenfassend ist festzustellen: Gegenstand und Relevanz der "guten Sitten" stehen in Übereinstimmung mit dem den Bereich des Sittlichen bestimmenden "Sittengesetz" des Art.2 Abs.1 GG, wenn sie als privatgesetzliche Übereinkünfte bei der Konkretisierung von verhaltensbestimmenden Willensmaximen verstanden werden, nicht jedoch, wenn sie als Rechtsbegriff interpretiert werden, der es zu leisten vermöchte, den unterschiedlichsten Werten privatrechtliche oder sogar allgemeinrechtliche Relevanz zu geben, zumal auch Werten und Interessen, die nicht gesetzlich bestimmt sind. Schon gar nicht läßt sich dem Begriff der "guten Sitten" eine politische, etwa § 1 UWG eine wirtschafts- und wettbewerbspolitische, Administrationsbefugnis der Richter entnehmen. Die Richter sind an der privaten Rechtsetzung nicht beteiligt, sondern haben diese zu berücksichtigen, wenn und insoweit der Gesetzgeber das vorschreibt.

Die Freiheitsgrenze des "Sittengesetzes" realisiert sich also in den "guten Sitten" als privaten Rechtssätzen, ermächtigt jedoch als ethisches Freiheitsprinzip nicht zur staatsgesetzlichen Verpflichtung der Menschen, "gute Sitten" zu haben, und schon gar nicht, ihnen solche vorzuschreiben.

4. Kapitel

# DER BEGRIFF DER "GUTEN SITTEN" ALS NICHTSTAATLICHE/ PRIVATE GESETZE

## I Sittlichkeit und privatgesetzliche Besonderheit

Die Grenzen der grundrechtlichen Wettbewerbsfreiheit lassen, jedenfalls wenn deren rechtsstaatlicher Bestimmtheit noch eine hinreichende Relevanz beigemessen wird, nur den Begriff der "guten Sitten" zu, der deren Geltung auf Autonomie und Konsens stützt, diese also als private Gesetze[294] versteht. Sittenhaftigkeit und deren Güte bestimmen danach wegen der Sittlichkeit/Autonomie Gruppen von Menschen durch Konsens. Materiale Werte realisieren sich in den "guten Sitten", wenn und weil die Menschen diese zu ihren Zwecken machen. Der kategorische Imperativ gebietet (ethisch), nur solche Zwecke als Handlungsmaximen zu setzen, die (wegen ihrer Allseitigkeit) konsensfähig sind. Die sittliche Kompetenz bleibt dem Menschen. Ihr Staat ermöglicht den Menschen die sittliche Existenz, nicht indem er ihnen Sittlichkeit oktroyiert, sondern Freiheit und Frieden als Voraussetzung sittlicher Existenz bewahrt[295], Frieden auch und insbesondere, indem er Rechtsschutz für die "guten Sitten" als private Gesetze gibt.

Die die "guten Sitten" begründenden Menschen eines Lebensbereichs sind auf dessen Besonderheit bezogen. Das dürfen sie[296]. Die privaten Gesetze sind

---

294) So auch Ott, F.Raiser, S.418 für den "Ursprung" der "guten Sitten", "Sonderprivatrecht der Gewerbetreibenden", der jedoch den Funktionswandel des §1 UWG in eine wirtschaftspolitische Delegationsform nachweisen will, a.a.O., S.417f., 418ff.; i.d.S. wohl auch sehr allgemein Kloepfer, Gesetzgebung im Rechtsstaat, VVDStRL 40 (1982), S.77ff. ("Gesetzgebungsentlastung durch private Rechtsetzung"); so kann man K.Schmidt,Kartellverfahrensrecht, S.105, verstehen: "Die §§138, 826 BGB geben dem Rechtsanwender zusätzlich auf, ungeschriebene Ge- und Verbotsnormen einer objektiven Pflichtenordnung zu ermitteln"; damit lassen sich die Sätze des BVerwGes in NJW 1982, 665f. (ehelicher Verkehr in der Öffentlichkeit) durchaus vereinbaren, nicht aber die desselben Senats im Peep-Show-Urteil einen Tag zuvor in NJW 1982, 664f.

295) So Wieacker, JZ 1961, 337ff., 345; F.C. von Savigny, System des heutigen römischen Rechts, I, S.332; Radbruch, Vorschule, S.27, 38, 95.

296) Vgl. Krüger, Allgemeine Staatslehre, S.501f., der die "Gesellschaft als den Bereich der legitimen

Übereinkünfte von Menschen in ihren besonderen, aber gemeinsamen privaten Belangen[297]. Die Geltung der jeweiligen "guten Sitten" ist notwendig auf die Gruppe des Gemeinwesens beschränkt, die an der Rechtsetzung beteiligt ist[298]. Die staatliche Rechtsetzung legitimiert sich demgegenüber aus der Staatsgewalt des ganzen Volkes, auch wenn sie nur das Verhalten bestimmter Gruppen regelt. Allerdings orientiert sich auch die staatliche Rechtsetzung an den Bedürfnissen nach Allgemeinheit und Besonderheit. Staatlich ist auch die Rechtsetzung durch besondere, aber staatliche Einheiten, etwa durch die Kommunen, denen wegen der Ortsnähe, und durch Kammern, denen wegen der Sachnähe die Selbstverwaltung erlaubt ist[299].

---

Besonderheiten" bezeichnet; Larenz, Allgemeiner Teil, S.41f., der die Gruppenhaftigkeit der Sitte und auch der guten Sitte als der "Sozialnorm" einer Gruppe betont; auch Henkel, Rechtsphilosophie, S.61f.; i.d.S. auch Vogt, NJW 1976, 730, 731f.; Hirsch, JZ 1962, 332f.; Teubner, Standards, S.35f., 84ff. m.H.; auch Rinck, F. OLG Celle, S.165 ("gleiche Branche", "gleicher Handelssektor"); i.d.S. auch BGH GRUR 1960, 558 (560); BGHZ 10, 228 (232): "Dabei sind vor allem die Anschauungen der in Betracht kommenden beteiligten Kreise, hier der ehrbaren Kaufmannschaft, zu berücksichtigen, wobei das Durchschnittsmaß von Redlichkeit und Anstand zugrunde zu legen ist"; auch noch BGH NJW 1982, 335f. = BGHZ 81, 291 (295ff.).

I.d.S. auch Klöpfer, VVDStRL 40 (1982), S.77f. zum "sog. selbstgeschaffenen Recht der Wirtschaft" als "privater Rechtsetzung", die "wesensmäßig Quasi-Normierungen aus geringer Distanz zu den formulierenden Interessen" seien und "sich bisweilen als nicht hinreichend gemeinwohlorientiert" erwiesen.

Dagegen Lehmann-Hübner, Allgemeiner Teil, §29 IV 1, S.129; so auch Dürig, Maunz/Dürig/Herzog/Scholz, Rdn.16 zu Art.2 Abs.1 GG; vgl. auch RGZ 55, 367 (373).

297) So insoweit Kirchberger, Unlauterer ... Wettbewerb, S.27, 50f., 55 ("stillschweigend entstandene tatsächlich bestehende und als solche feststellbare Konventionalnorm"); Herzog, Begriff der guten Sitten im BGB, S.46, 50, 106, 117; i.d.S. auch v.Godin, GRUR 1966, 127f.; Rinck, F. OLG Celle, S.170ff.; Deiters, Verstoß gegen die guten Sitten, 1934, S.42ff.; v.Scholl-Rianour, Wettbewerbsverstöße, S.11ff.; letztere ziehen jedoch weitere materiell-ethische Gesichtspunkte zur Bestimmung der Unsitte heran; vgl. dazu Schricker, Gesetzesverletzung, S.200ff. m.H.; Larenz, Allgemeiner Teil, S.41f., sieht den Wirkungsgrad der Sitte als einer "sozialen Macht" im Anpassungswillen der Menschen; das entspricht, mehr psychologisch gesehen, der hier genannten (informellen) Übereinkunft. Im Sinne des Textes vor allem v.Ihering, Der Zweck im Recht, Bd.2, S.1ff., 28ff., 189ff.. Ganz i.d.S. Maihofer, Handbuch, S.227.

298) Vogt, NJW 1976, 730, spricht zu Recht von "speziellen Verkehrskreisen" und erklärt die "Anschauungswelt des Durchschnittsbürgers" für unerheblich; konsequnet lehnt er die Identifizierung der "guten Sitten" der verschiedenen Rechtsgebiete ab. Zu identifizieren ist m.E. jedoch der Begriff der "guten Sitten"; insofern hat Kraft, Interessenabwägung, S.134, dessen Auffassung Vogt zurückweist, recht. Daß die Interessenabwägung i.S. Krafts in jedem Einzelfall zu einer unterschiedlichen Fallnorm führt, versteht sich von selbst. Wie hier insoweit Kirchberger, Unlauterer ... Wettbewerb, S.36; Hirsch, JZ 1962, 333; insoweit auch Schricker, Gesetzesverletzung, S.221; insoweit auch i.d.S. Rinck, F. OLG Celle, S.165: "Gute Sitte kann nur sein, was in einem bestimmten Kreis befolgt oder anerkannt wird"; auch Teubner, Standards, S.35f., 84ff. m.H.

299) Wenn man die Staatlichkeit von Gemeinden und Kammern anerkennt. Das ist für die Gemeinden wegen des Rechts zur Selbstverwaltung jedenfalls im Bereich gemeindlicher eigener Angelegenheiten sehr kritisch. Der Frage kann hier nicht nachgegangen werden. BVerfG NJW 1982, 2173ff., das den Gemeinden Grundrechtsschutz abspricht, geht wohl von der Staatlichkeit der Gemeinden aus. Zur Frage der kommunalen Selbstverwaltung für viele der Kenner Stern, Staatsrecht I, §12 II, S.304ff.; zur Kontroverse mit weiteren Hinweisen Schwerdtfeger, 53.DJT 1980, A 110f. (zum kommunalen Wahlrecht für Ausländer); vgl. auch die jüngere Rechtsprechung des BVerfG in E 47, 253 (272); 50, 50 (51); 50, 195 (201ff.); BayVBl 1982, 335f.

## II Die sittliche (Zweck-)Kompetenz der privaten Gesetzgeber

1. Die "guten Sitten" als Gesetze besonderer Gruppen müssen nicht das allgemeine Wohl wahren oder material-wertethischen Maximen genügen, um "gut" zu sein. Die Übereinstimmung der "guten Sitten" mit dem allgemeinen Wohl ist zufällig. Die Mitglieder der Gruppe sind nicht verpflichtet oder auch nur berechtigt, verbindlich das Gemeinwohl zu konkretisieren[300]. Ihnen ist nicht als 'Teilvolk' staatliche Rechtsetzungsmacht delegiert. Vielmehr anerkennen die staatsgesetzlichen Verweisungen der Gute-Sitten-Klauseln die private (originäre) Rechtsetzungsmacht von Gruppen aus dem Recht zur Autonomie der Gruppenmitglieder und fügen die privaten Gesetze in die staatliche Rechtsordnung ein. Die Allgemeininteressen zu berücksichtigen, was Hefermehl u.a. den "sozialrechtlichen Schutzzweck" des § 1 UWG nennen[301], ist jedenfalls durch § 1 UWG nicht geboten. Ein solcher "Schutzzweck" überträgt vielmehr dem Richter eine maßstablose, allenfalls programmorientierte Gemeinwohlkonkretisierungskompetenz[302]. Ebenso bleibt es bei dem verfassungswidrigen sittlichen Diktat der Wettbewerbsrichter, wenn diese die "Sitten" der Wettbewerber nach material-wertethischen Maximen als "gute" akzeptieren müssen[303], die nicht vom staatlichen Gesetzgeber hinreichend bestimmt sind.

Nicht nur die Übereinkunft in der Gruppe, also die Sittenhaftigkeit, bildet sich unter den Gruppenmitgliedern, sondern auch die Bewertung der "Sitte" als "gut" ist deren Konsens, den der Richter nicht anders als die Sitte selbst nur festzustellen, nicht aber festzusetzen hat[304]. Das übereinstimmende Bekenntnis der

---

300) Dazu im 6.Teil, vor allem das 3.Kap., II, S.254f.; nicht ganz klar den materiell. u. den formellen Gemeinwohlbegriff unterscheidend Kloepfer, VVDStRL 40 (1982), S.78, aber i.S. des Textes (Private Rechtsetzung ... "bisweilen als nicht hinreichend gemeinwohlorientiert". "Bei einer Übernahme privater Rechtsetzung in staatliches Recht ist aber der direkte staatliche Einfluß zur Sicherung des Gemeinwohls - durch konkrete, nicht pauschale staatliche Rezeptionsentscheidungen (etwa in Verordnungsform) - unverzichtbar, weil der demokratische Staat das Monopol verbindlicher Gemeinwohlbestimmung besitzt."); Krüger, Allgemeine Staatslehre, S.497, 500f., der kraft der staatlichen Delegation der Rechtsetzungsbefugnis an Private deren Gemeinwohlverpflichtetheit postuliert, das aber nicht auf Konventionalregeln ausdehnt, a.a.O., S.499-502, keine Delegation erforderlich. Krüger hat vor allem die Tarifgesetzgebung im Auge. Die Delegationstheorie widerspricht jedoch der freiheitsrechtlichen Grundlage privater Rechtsetzung (vgl. Schachtschneider, Der Staat 16 (1977), S.509f. mit Fn.en 82, 89, dazu auch 2.Teil, 6.Kap., II, S.61f.).

301) Wettbewerbsrecht, Einleitung, Rdn.40ff.; ders., F.Nipperdey, S.284ff.; dazu näher im 2.Teil, 2.Kap., S.31ff.; vgl. d.H. in Fn.17 des 2.Teils, Fn.55 dieses Teils; so auch Schricker, Gesetzesverletzung, S.211, 221f.; E.Ulmer, Unlauterer Wettbewerb, Bd.I EWG, Nr.79, S.56f.; ders., GRUR 1937, 769ff.; Knöpfle, Der Rechtsbegriff "Wettbewerb", S.34ff., 65f. m.w.H.; Ott, F.Raiser, S.418.

302) Dazu im 2.Kap., I 3 d,e, S.381ff.

303) Diese Kritik äußert auch Wiget, Der zivilrechtliche Begriff, S.68ff.; Schricker, Gesetzesverletzung, S.221ff., sieht den Widerspruch, löst ihn aber nicht auf. Hinweise zur richterlichen Bestimmung des "Guten" der "Sitten" in Fn.23; zur Verfassungswidrigkeit material-wertethischer Maximen ohne staatsgesetzl. Konkretisierung das 2.Kap., III 1, S.399ff.; vgl. i.d.S. auch die scharfe Kritik v.Olshausens, NJW 1982, 2221f., am Peep-Show-Urteil, BVerwG NJW 1982, 664f. ("Würde-Oktroi", "Ausdruck eines letztlich totalitären Werte-Absolutismus" "besserwissender Obrigkeit").

304) So in der Sache R.v.Ihering, Der Zweck im Recht, 2.Bd., S.22, 200; dazu Krüger, Allgemeine Staatslehre, S.489, der vom "organischen Wachstum" in "gemessener Zeit" der Normen der Sitte spricht und

Gruppenmitglieder zur Verhaltensnorm ist das Kriterium dafür, daß die "Sitte" "gut" ist[305]. Es mag Gepflogenheiten geben, die man als Unsitte bezeichnen kann. Diese erlangen keine rechtliche Relevanz, weil sie nicht als verbindlich betrachtet werden, wenn sie nicht gar gegen das staatliche Recht als der Grenze des Rechts zur Autonomie und damit zur sittlichen Übereinkunft der Privaten verstoßen[306]. Der autonomietheoretische und damit freiheitlich-demokratische Begriff der "guten Sitten" ebnet nicht etwa Unsitten den Weg zu rechtlicher Verbindlichkeit, sondern klärt die Kompetenz derer, die eine Sitte als verbindlich einzustufen haben, nämlich die Kompetenz der Menschen, die die Sitte begründen und sich ihr fügen.

---

damit deren vorfindlichen Charakter klarstellt; insoweit wie hier Vogt, NJW 1976, 732; im Sinne des Textes vor allem Leisner, Grundrechte und Privatrecht, S.365ff. gegen die "Sinnerfüllungslehre"; auch Hirsch, JZ 1962, 333f.; vgl. auch Teubner, Standards, insb. S.36 m.H. in Fn.259, 260, S.91f. zur richterlichen "Richtigkeitskontrolle"; dazu kritisch Ott, F.Raiser, S.413ff.; anders insb. Emmerich, Unlauterer Wettbewerb, 1982, S.39, wo er sich zu Unrecht auf BGHZ 10, 228 (232) beruft, weil der BGH nur "Mißbräuche" nicht beachten will, aber kein Kriterium für die Mißbräuchlichkeit gibt.

305) In diesem (wesentlichen) Punkt weicht Vogt, NJW 1976, 732ff., ab ("Gut ist, was nützt", "normative Übung des Nützlichen", S.734, l.Sp.); Vogt verkennt die Objektivierbarkeit der Wertung in der Gruppe als 'gut', S.733, l.Sp., und ist darauf angewiesen, Hilfskriterien für das Nützliche anzubieten, S.733f., etwa der Vorteil für die Gesamtheit der Mitbewerber, gleiche Chancen für alle Mitbewerber, Förderung des Marktgeschehens, "was allen zugute kommt" i.S. "sozialer Harmonie" (?), das "unerträgliche Beispiel des Werbeverhaltens, das nicht Schule machen darf", soll den Verstoß gegen die guten Sitten ausmachen, der "erfahrene Richter" wird das "auch ohne Befragung Sachverständiger entscheiden" können, S.735; die "Unerträglichkeit" des Verhaltens ist jedoch kein Kriterium des Guten der Sitte, sondern der Schutzbedürftigkeit der Mitbewerber in deren guten Sitten, die also zunächst einmal gut sein müssen. Ebenso Rinck, F. OLG Celle, S.166, der der "Wirtschaft" nur, aber "immerhin" das "erste Wort" zugesteht; wie hier auch v.Godin, GRUR 1966, 127ff., 132f. (auch richtig zur Relevanz des Leistungswettbewerbs); ders., Wettbewerbsrecht, Anm.59-61, 67, 68 zu §1 UWG, wo er das Gute an der Leistungsorientiertheit des Wettbewerbs zu messen vorschlägt; ähnlich schon Kirchberger, Unlauterer ... Wettbewerb, S.45ff.; auch Rinck, a.a.O., S.171, 173, gibt den "allgemeinen sittlichen Anschauungen", dem "Sittengesetz" den Vorrang; ebenso die weiteren in Fn.297 genannten Autoren, die zwar die "Sitte" wie hier als Konvention verstehen, aber deren Güte an einem höherrangigen Prinzip messen wollen. Konsequent nur v.Ihering, Der Zweck im Recht, 2.Bd., S.22, 200 ("gute Sitte" ist die Sitte). Ähnlich wie hier, aber ein wenig zu weit gehend Herzog, Zum Begriff der guten Sitten im BGB, S.50 ("Jede lebende Sitte ist gute Sitte").
Maihofer, Rechtsstaat und menschliche Würde, S.132f. stellt für das rechtlich relevante ethische Minimum auf die Konvergenz der Intersubjektivität der Wertung ab, verlangt ausreichende wertrationale Gründe von intersubjektiver Konvergenz als Grundlage des Rechts im freiheitlichen Rechtsstaat; das verkennt m.E. das Konsensprinzip, das nicht bewertbaren, autonomen Entscheidungen aller Entscheider identische Relevanz gibt, also auf die Sittlichkeit der Maximen der Entscheider rechtsrelevant nicht abstellt. Maihofer will die Freiheit gegen "Belieben und Willkür" verteidigen und übersieht dabei, daß in der Demokratie der Sittlichkeit der Mehrheit oder der Vertreter der Mehrheit vertraut werden muß, weil es einen materialen Maßstab nicht gibt. Unnötige und überflüssige Gesetze sind darum nicht nur freiheitsfeindlich, sie sind menschenunwürdig, meint Maihofer, a.a.O., S.135 in Fn.200; nur welche Gesetze sind unnötig und überflüssig, zumal im Sozialstaat? "Wertrationale und zweckrationale Gründe zugunsten der Sicherheit der Anderen", die Maihofer fordert, sind nicht meßbar. Maihofer schränkt denn auch seine These ein: Es dürfe kein "unerträgliches Maß" der Mißachtung der Menschenwürde erreicht werden. Maihofer verläßt mit seiner These die strikte kantische Trennung von Recht und Ethik.
Aufschlußreich der Beitrag des Abgeordneten Haußmann am 20.6.1896 zu den Beratungen des §138 BGB (Mugdan, Bd.1, 1012): "Nach der Gewohnheit und den Anschauungen der Allgemeinheit, nicht bloß nach subjektivem Ermessen, und zwar nach der allgemein in den beteiligten Kreisen als gut gebilligten Gewohnheit wird der Richter zu entscheiden haben, ob ein Vertrag gegen die guten Sitten verstößt oder nicht"; darauf weist auch Schricker, Gesetzesverletzung, S.189, hin.

306) Hinweise wie Fn.304.

2. Deren sittliche Kompetenz vor allen Dingen wollen die Kritiker des wortgetreuen Begriffs der "guten Sitten" als private Gesetze nicht akzeptieren[307)]. Schricker u.a. sprechen den betroffenen Unternehmern sogar die Fähigkeit ab, ihren Wettbewerb zu ordnen, "Sitten" überhaupt und gar "gute" zu bilden[308)]. Jedenfalls müsse der Wettbewerbsrichter darüber wachen, daß die "Sitten" nicht die vielen Werte, Maximen, Prinzipien, Interessen, die durch den Wettbewerb berührt werden, und insbesondere nicht die marktwirtschaftlichen Anforderungen an den Wettbewerb mißachten und deswegen nicht nützlich, sondern unwertig, funktionswidrig, eben nicht "gut" sind.

Der Wettbewerbsrichter wird zum Experten sittlich, rechtlich und wirtschaftlich tragfähigen Wettbewerbs gekürt[309)]. In die Rolle eines solchen Expertokraten darf jedoch der Gesetzgeber den Richter nicht drängen, auch nicht der Gesetzesinterpret und erst recht nicht der Richter sich selbst. Dem steht Art.97 Abs.1 GG entgegen. Ein solcher Richter erhebt sich zum Gesetzgeber und mißachtet das Recht zur Autonomie der Privaten[310)]. Er meint etwas, die "guten Sitten", die Sittlichkeit, das Gemeinwohl oder anderes erkennen zu können, obwohl diese sich jeweils allein durch (erkennendes) Bekenntnis bilden. Der Richter hat nicht die Kompetenz zu diesem Bekenntnis, sondern nur die, das von den Menschen Bekannte festzustellen und zu berücksichtigen[311)].

Die hier kritisierten Lehren sind vom Mißtrauen gegenüber der Fachkompetenz der Unternehmer genährt, ihren Wettbewerb vernünftig zu regeln und zu befrieden[312)]. Die fachliche Kompetenz des Volkes als dem Gesetzgeber und auch als

307) Hinweise in Fn.23; sehr klar für viele Ott, F.Raiser, S.404; der Sache nach auch Emmerich, Unlauterer Wettbewerb, 1982, S.39; ebenso Koppensteiner, Wettbewerbsrecht, S.492; Bülow, WiR 1974, 249f.; auch Hefermehl, Wettbewerbsrecht, Einl., Rdn.65 mit dem befremdenden Satz: "Soweit Sozialnormen nicht vorhanden wären, könnte er (der Richter) keine Entscheidung treffen."

308) Gesetzesverletzung, S.218ff., 222, 287; ebenso Ulmer-Reimer, Unlauterer Wettbewerb, Rdn.58, 59, S.39, Rdn.51 S.33; ganz im Gegenteil allgemein für selbstgeschaffenes Recht der Wirtschaft als privater Rechtsetzung Kloepfer, VVDStRL 40 (1982), S.77f.

309) Ganz typisch Ulmer-Reimer, Unlauterer Wettbewerb, Rdn.58, 59 S.39 ("weisungsgebende", "erzieherische" Tätigkeit, "Führung" "der Wettbewerbsrichter". "Allerdings darf bei der richterlichen Rechtsbildung der Kontakt mit dem Volk nicht verlorengehen. Es ist vielmehr zu berücksichtigen, was für eine Auffassung die Gewerbetreibenden und Verbraucher vernünftigerweise hätten, wenn ihnen der zur Entscheidung stehende Sachverhalt in seiner ganzen Tragweite bekannt wäre und zur Beurteilung unterbreitet würde." Im Gegenteil dazu kommt es auf die wirklichen, nicht die hypothetischen Meinungen der relevanten Gruppen an; sonst ist der Richter Gesetzgeber). Bedenklich auch Hefermehl, Wettbewerbsrecht, Einleitung, Rdn.70.

310) Gegen einen Richtersubjektivismus Hinweise in Fn.190.

311) Klar im Sinne ausschließlicher Erkenntnisfunktion des Richters Bettermann, Art. Rechtsprechung, rechtsprechende Gewalt, EvStLex., Sp.1712; gegen eine sittliche Kompetenz des Richters außer dem Gesetzesgehorsam klar und richtig Wieacker, JZ 1961, 345; die Notwendigkeit empirischer Methode der Erkenntnis der Sitten sieht auch Emmerich, Unlauterer Wettbewerb, 1982, S.38f. m.w.H. in Fn.28 und lehnt dieses Verständnis auch deswegen ab; ähnlich schon Bülow, WiR 1974, 247ff.

312) Dazu Teubner, Standards, S.32 m.H.; etwa Ulmer-Reimer, Unlauterer Wettbewerb, Rdn.54 S.33, Rdn.58, 59 S.39; insoweit hat mehr Zutrauen Isay, Das Rechtsgut des Wettbewerbsrechts, 1933, S.60ff., der das Berufsethos als das Schutzgut des UWG ansah; durchaus richtig Baumbach, Komm. 1929, S.172ff.; i.d.S. auch noch Hefermehl, Wettbewerbsrecht, 8.Aufl.1960, Einl., Rdn.53, der den Konkurrenten "über die betreffenden Vorgänge ein Urteil" zugesteht; ganz anders ders., in der 13.Aufl.1981;

dem Wähler der Legislativorgane als dem stellvertretenden Gesetzgeber ist ein allgemeines Problem der freiheitlichen Demokratie, eben das der Sachlichkeit trotz Freiheit[313]. Das Grundgesetz hat sich durch Art.1 Abs.1 S.1,2 GG für das Prinzip der Autonomie entschieden und vertraut damit der Sachlichkeit auch als der Sittlichkeit der Menschen, vor allem aber dem, daß die repräsentativen Entscheidungsverfahren die Sachlichkeit oder, wenn man so will, die Wahrheit[314] fördern. Ein materiales Rechtsprinzip der Sachlichkeit als Maßstab richterlicher Erkenntnis hebt jedoch das Autonomieprinzip auf und ist somit mit der freiheitlichen Demokratie unvereinbar. Der Konsens des Volkes, sich der nicht weiter gebundenen Sachlichkeit oder Wahrheitsgewißheit der Richter zu überantworten[315], wäre das jurisdiktionsstaatliche 'Ermächtigungsgesetz'. Es bleibt beim Gesetzmäßigkeitsprinzip, das hinreichende Bestimmtheit der Gesetze verlangt, nach denen der Richter Streitfälle zu beurteilen hat. Wenn die privaten Gesetze dem Interesse an marktwirtschaftlichem Wettbewerb oder dem von Konkurrenten, dem der Verbraucher oder dem der Allgemeinheit nicht genügen, mag der staatliche Gesetzgeber eingreifen[316]. Grenzen der privaten Rechtsetzungskompetenz bilden die staatlichen Gesetze. Diese hat der Richter gegen das Verhalten der Menschen durchzusetzen, selbst wenn letzteres den privaten Gesetzen entspricht[317]. "Gute Sitten" können rechtswidrig sein, dürfen das aber nicht.

Neben den Privaten hat jedoch nur der staatliche Gesetzgeber die Kompetenz zur Rechtsetzung, nicht der Richter. Diese Bemerkungen richten sich weniger gegen weite Rechtsbegriffe als vielmehr gegen die Argumente, mit denen diese aufgelöst und Kompetenzen verschoben werden. Jedes Rechtsargument muß der Verfassung treu bleiben, legitim sein. Das der Unfähigkeit der Unternehmer zur Autonomie ist es nicht, zumal private repräsentative Verfahren der Rechtsetzung (Verbandsrechtsetzung) gänzlich außer Acht gelassen werden[318]. Hier gilt es, die rechtsstaatswidrige 'Umfunktionierung' der richterlichen in eine legislative Aufgabe

---

Kroitzsch, GRUR 1965, 12ff., 16ff.; dazu Meyer-Cording, JZ 1964, 274, 275, der selbst Bedenken äußert und die Notwendigkeit einer "Spezialisierung des Ethischen" anerkennt. Allgemein wie hier Kloepfer, VVDStRL 40 (1982), S.77f. ("... Private Rechtsetzung..., die zugleich die gesellschaftl. Selbststeuerungskräfte stärken und zur stabilisierend. Formierung des Gemeinwesens nutzen könnte").

313) Dieses Dauerproblems des Parlamentarismus nimmt sich jüngst Eichenberger, Gesetzgebung im Rechtsstaat, VVDStRL 40 (1982), S.28ff., an; dazu für viele noch Schneider, Der Niedergang des Gesetzgebungsverfahrens, F. G.Müller, S.421ff.

314) Zum untrennbaren Verhältnis von Freiheit als Recht zur Autonomie oder Pflicht zur Sittlichkeit mit dem Wahrheitsgebot Jaspers, Vom Ursprung und Ziel der Geschichte, S.196ff.; dazu auch die Dialogtheorie von Kriele, Theorie der Rechtsgewinnung, u.a. S.191ff.

315) Kritik an der Kompetenz der Richter zur Erfassung "der komplexen sozialen Realität" äußert zu Recht Ott, F.Raiser, S.414f.

316) Weil Konventionalnormen die Interessen von Allgemeinheit und Verbrauchern nicht berücksichtigen müssen, lehnt Bülow, WiR 1974, 249f. diese als "gute Sitten" ab; dabei verkennt er, inkonsequent, die staatliche Regelungsbedürftigkeit dieser Interessen, obwohl er schließlich Sittenwidrigkeit durch Rechtswidrigkeit surrogieren will, a.a.O., S.256ff.

317) I.d.S. Hirsch, JZ 1962, 334.

318) Von den Kritikern dieses Verständnisses, anders die Befürworter, vgl. Teubner, Standards, S.31 m.N.

des Richters mittels des Sachlichkeitsprinzips abzuwehren.

Noch fragwürdiger ist Emmerichs[319] Sorge, die er gegen die von ihm selbst zugestandene wortgetreue Interpretation wendet, in "neu auftauchenden Zweifelsfällen" könnten "derartige Konventionalnormen häufig (noch) nicht existieren". Wenn eine rechtliche Begrenzung der Freiheit nicht besteht, gilt der Satz: in dubio pro libertate, der zwingend aus Art.2 Abs.1 GG, aus dessen Prinzip des Rechtsvorbehaltes, folgt[320]. Das wirtschaftliche Verhalten ist rechtmäßig, solange nicht der Staat es den Privaten oder letztere es sich selbst untersagen. Rechtlich sind das gerade keine "Zweifelsfälle".

R.v.Iherings Verständnis der "guten Sitten" als der Sitte erweist sich in einem liberalen und toleranten Gemeinwesen als allein tragfähig. Ihering schreibt vor etwa hundert Jahren[321]: "Der Begriff der Sitte impliziert zwei Momente: das der Allgemeinheit (Sitte gleich Volkssitte) und sodann des Richtigen (Sitte gleich Norm). Das erste Moment der Allgemeinheit ist die Quelle des zweiten, die verbindende Kraft der Sitte beruht darauf, daß sie durch das allgemeine Handeln des Volkes als richtig und notwendig erprobt worden ist"[322].

3. Der wettbewerbliche Verhaltenskonsens kann am 'Leistungswettbewerb' orientiert sein[323] und ist dies (ein empirisch zu beurteilender Sachverhalt[324]) zumeist.

---

319) Unlauterer Wettbewerb, 1982, S.39; vgl. dazu auch die Hinweise bei Teubner, Standards, S.36 in Fn.260; ebenso Ulmer-Reimer, Unlauterer Wettbewerb, Rdn.51 S.33, Rd.58, 59 S.39.

320) Dazu im 6.Teil, 4.Kap., vor allem II, S.263ff.; ganz i.d.S. Bülow, WiR 1974, 256f.; Hinweise vor allem in Fn.137 des 6.Teils.

321) Der Zweck im Recht, 2.Band, S.22.

322) Zu v.Ihering u.a. Kraft, Interessenabwägung, S.106; Teubner, Standards, S.29f. m.w.H.

323) Das "kann" unterscheidet diesen Begriff der "guten Sitten" von dem v.Godins, Wettbewerbsrecht, Rdn.59ff. zu §1 UWG, der eine "Generalkonvention desLeistungswettbewerbs" oktroyiert; richtig noch ders., GRUR 1966, 127ff., 131f.; dazu m.w.H. Fn.en 44-49 selbst skeptisch Emmerich, Unlauterer Wettbewerb, 1982, S.42ff., 59ff. W.H. zur Maßgeblichkeit des Leistungsgedankens im Wettbewerbsrecht in Fn.122 des 7.Teils; insb. Rebe, Privatrecht und Wirtschaftsord., S.137ff., 146f., 154f.; Fikentscher, Wettbewerb, S.113ff.; dazu i.d.S. auch Vogt, NJW 1976, 734f.; zurückhaltend zur Relevanz des Leistungsgedankens auch Meyer-Cording, JZ 1964, 312f.; zum Leistungsprinzip im Wettbewerbsrecht allg. Lobe, Die Bekämpfung des unlaut. Wettbewerbs, Bd.I, 1907, S.47ff.; ders., GRUR 1910, 5f.; Nipperdey, Wettbewerb und Existenzvernichtung, 1930, S.16ff. (Unterscheidung von Leistungs- und Behinderungswettbewerb); F.Böhm, Wettbewerb und Monopolkampf, 1933/1962, S.73ff., 124ff., 178ff., 210ff., 250ff., u.a.; Hubmann, W.u.V. 1982, 52f.; P.Ulmer, GRUR 1977, 565ff., 577ff.; ders., F. Kummer, S.575ff.; ders., ZHR 146 (1982), S.484f. m.w.H.. §28 Abs.2 GWB ermöglicht den Wirtschafts- und Berufsvereinigungen für ihren Bereich die Aufstellung von Wettbewerbsregeln im Interesse des "lauteren" und des "leistungsgerechten" Wettbewerbs; das erweist, daß das Leistungs- nicht identisch ist mit dem Lauterkeitsprinzip, jedenfalls in den Augen des Gesetzgebers, der im übrigen die Kompetenz autonomiegerecht wahrt. (Zu d. Wettbewerbsregeln Herrmann, Interessenverbände,S.104ff.).

324) Empirie nutzen die Wettbewerbsrichter nur selten, um "gute Sitten" festzustellen; sie pflegen darüber nicht Beweis zu erheben, ohne jedoch diesen Weg der Erkenntnis auszuschließen (etwa BGH GRUR 1960, 558 (560f.)). Das und die Revisibilität des Verstoßes gegen die "gute Sitte", dessen Rechtsfragenhaftigkeit, zeigen, daß sich die Rechtsprechung alle Wege, die "guten Sitten" zu konkretisieren, offenhält, insb. will der BGH sich die Kompetenz nicht nehmen lassen; dazu instruktiv Schricker, Gesetzesverletzung, S.198ff. m.H.; dies konstatiert auch Emmerich zustimmend, Unlauterer Wettbewerb, 1982, S.34; Rebe, Privatrecht und Wirtschaftsordnung, S.140, hält diese Empirie für schwierig und befürchtet unlösbare Interessenkonflikte. Im Sinne empirischer Feststellbarkeit der

Den Maßstab wettbewerblich akzeptabler Leistung bestimmt jedoch nicht der Richter, sondern in irgendeiner begrifflich nicht erfaßbaren Weise die relevante Wettbewerbsgruppe durch Konsens[325]. Die Verbraucher und die Allgemeinheit können den wettbewerblichen Verhaltenskonsens mittragen, jedoch den wettbewerbenden Unternehmen nicht "gute Sitten" oktroyieren. Der Wettbewerbsrichter jedenfalls repräsentiert nicht die Verbraucher[326]. Er ist Vertreter des Volkes und insofern der Allgemeinheit. Deren Maßstäbe werden ihm jedoch ausschließlich durch staatliche Gesetze gegeben. Einen Maßstab wettbewerblich akzeptabler Leistung hat der Gesetzgeber nicht genannt[327]. "Gute Sitten" können theoretisch auch durch die Allgemeinheit mitgebildet werden[328]; praktisch dürfte das wegen des Pluralismus der Werte und der Interessen außergewöhnlich bleiben.

---

"guten Sitten" auch Kirchberger, Unlauterer ... Wettbewerb, S.50f., 55; aus rechtssoziologischer Sicht bemerkenswert ("gute Sitten" sind "soziale Normen") Teubner, Standards, S.61, 65ff., 90ff. m.H., passim; insoweit auch Rinck, F. OLG Celle, S.166 (Anfragen bei wirtschaftlichen Organisationen, vgl. auch §28 GWB); skeptisch Ott, F.Raiser, S.416, der allerdings einen anderen Gegenstand der empirischen Erhebung im Auge hat als den Konsens der Privaten, nämlich "den unreflektierten Bewußtseinsstand isolierter einzelner". Durchaus i.S. rechtstatsächl. Erhebung BVerwG NJW 1982, 665f. (etwa: "ohne dafür in der einschläg. Lit. oder in den Massenmedien krit. worden zu sein") zu dem Begriff "gute Sitten" in §34a II Nr.1 GewO. Zur Problemat. auch sub IV, S.431ff., insb.S.434ff.

325) Hierin zeigt sich die Kompetenztreue; richtig noch v.Godin, GRUR 1966, 127ff.: "I.d.S. verstößt gegen die guten Sitten des §1 UWG, wer in die Sphäre einer als "gut" tatsächlich gepflogenen und als solcher feststellbaren wettbewerbl. Konvention rechtswidrig dergestalt eindringt, daß diese Konvention mit ihrer allgemeinen Anerkennung gefährdet wird."; zu stark auf den Leistungswettbewerb ausgerichtet ders., Wettbewerbsrecht, Rdn.59ff. zu §1 UWG; schwankend insoweit Vogt, NJW 1976, 733f., 734f., der die leistungswettbewerblichen Nützlichkeitserwägungen sowohl dem Richter als auch den Wettbewerbern überantwortet; inkonsequent auch Teubner, Standards, S.91, der die Rezeption "sozialer Normen" nur im Rahmen der "Prinzipien des Leistungswettbewerbs" zulassen will.

326) Anders etwa Rinck, F. OLG Celle, S.166f., der eine starke Berücksichtigung der Verbraucher als "gute Sitten" bildende Gruppe fordert, aber wohl nur den Schutz von Verbraucherinteressen durch die Richter meint; denn ein Verfahren, die "guten Sitten" der Verbraucher festzustellen, schlägt er nicht vor; dennoch, a.a.O., S.168: "Bei der Ermittlung der guten Sitten hat nach den Mitbewerbern und nach den Verbrauchern das letzte Wort die Allgemeinheit." Wie sollen eigentlich die Sitten der Verbraucher die Unternehmer binden, wenn es nicht auch die Sitten derselben sind. Gegen die Unternehmer die I n t e r e s s e n der Verbraucher und der Allgemeinheit durchzusetzen hat nur der Staat in den staatlichen Verfahren das Recht, also der Gesetzgeber, nicht der Richter, der nicht aus Interessen, wie er sie feststellt, Gesetze herleiten darf.

327) Auch Ott, F.Raiser, S.407ff., 415f., sieht in derartigen Kategorien "Leerformeln", S.408 scharfe Kritik an Nipperdeys (Wettbewerb und Existenzvernichtung, S.18, u.ö.) Kriterien des Leistungs-/Behinderungswettbewerbs; ebenso ablehnend wegen der Unbestimmtheit des Begriffs des Leistungswettbewerbs Rinck, F. OLG Celle, S.172f.; dagegen auch Steindorff, Summum ius, S.77; Bülow, WiR 1974, 246; Rittner, Wirtschaftsrecht, S.199f.; Skeptisch auch Emmerich, Unlauterer Wettbewerb, 1982, S.43 m.w.H. in Fn.51; auch Teubner, Standards, S.39ff.; schon Nerreter, Grundlagen, S.84ff.; die Unbestimmtheit oder Begrifflosigkeit des Kriteriums "Leistungswettbewerb", das schließlich mit dem der Lauterkeit identisch werde, stellt Knöpfle, Der Rechtsbegriff "Wettbewerb", S.56ff., 59, 60, klar und überzeugend heraus, mit Hinweisen. Richtig v.Nell-Breuning, WuV 1952, 372f., nach dem sich erst bestimmen lasse, was eine Leistung sei, wenn zuvor geklärt sei, was der Sinn der Wirtschaft sei. Aufschlußreich etwa Hubmanns, W.u.V. 1982, 53, Maßstab: "Die Sittenwidrigkeit beginnt erst dort, wo Maßnahmen des Nichtleistungswettbewerbs einen Eingriff in fremde Interessen bedeuten, der von seiner Intensität her die Wettbewerbsfreiheit überwiegt"; das ist völlig injudiziabel.

328) Derartige "gute Sitte", daß der "Geschlechtsverkehr zwischen Mann und Frau in einen Intimbereich gehöre", stellt "als in der Rechtsgemeinschaft herrsch. Anschauung", begriffl. durchaus mit unserer Theorie vereinb., das BVerwG NJW 1982, 665f. fest; ganz anders aber die Begriffsbildung desselben Senats in NJW 1982, 664f. (Peep-Show), die Menschenwürdeprinzipien als "gute Sitte" sieht, falsch und unnötig.

## III Gewohnheitsrecht und "gute Sitten" als Erscheinungsformen autonom-konsensualer Rechtsetzung

Das Rechtsinstitut Gewohnheitsrecht stützt als parallele Erscheinung autonom-konsensualer Rechtsetzung die These, "gute Sitten" seien Gesetze von Privaten. Die "guten Sitten" als nichtstaatliche Gesetze sind nicht repräsentativ-demokratisch gemäß Art.20 Abs.1 S.1 und 2 GG legitimiert. Dafür müßten die grundgesetzlichen Gesetzgebungsverfahren eingehalten sein. Der einfache Gesetzgeber darf prinzipiell ein weiteres staatliches Rechtsetzungsverfahren nicht einführen[329]. Die normative Kraft des Faktischen[330] kann jedoch vom Volke legitimiert sein[331], wie die bei der Bildung von Gewohnheitsrecht[332]. Die langdauernde Rechtsübung (usus longaevus) läßt als ein Faktum Recht entstehen, wenn die Beteiligten im wesentlichen der Überzeugung waren und sind, ihre Übung entspreche dem Recht (opinio necessitatis)[333]. Ob das Richterrecht als Gewohnheitsrecht anzuerkennen ist oder ob gar praktisch nur Richterrecht als Quasi-Gewohnheitsrecht in Betracht kommt[334], ob insbesondere eine richterliche Rechtsetzungsfunktion[335] grundgesetzlich tragfähig ist, muß für unsere Problematik ni ht erörtert werden. Gewohn-

---

329) Vgl. für viele Schachtschneider, JR 1975, 221 für den Bund.

330) G.Jellinek, Allgemeine Staatslehre, S.337ff., 339, 341; allgemein Grimmer, Die Rechtsfiguren einer "Normativität des Faktischen", 1971.

331) Krüger, Allgemeine Staatslehre, S.295, stellt, richtig, die Gewohnheitsrechtsbildung in eine "Parallele mit der unmittelbaren Demokratie", auch daselbst, S.484 mit Fn.4.

332) Darauf hebt, die opinio necessitatis als Geltungsvoraussetzung zurückstellend, G.Jellinek, Allgemeine Staatslehre, S.339, ab, allgemein S.337f.; dazu ausführlich rechtshistorisch und methodologisch Fikentscher, Methoden III, S.691ff., auch IV, S.317ff. mit Hinweisen; kritisch Esser, Grundsatz und Norm, S.138f., 281ff.; ders., F. von Hippel, S.95ff., 128f. mit Fn.84, dem Fikentscher, a.a.O., IV, S.317ff., der Sache nach zustimmt, der jedoch das Institut Gewohnheitsrecht als Unterfall des Richterrechts beläßt; i.d.S. auch zur Parallele von Handelsbrauch und Gewohnheitsrecht Raiser, Recht der Allg. Geschäftsbedingungen, S.83; auch Limbach, F.E.E.Hirsch, S.85ff. (vorsichtig, die aber dem Richter die "Rechtspolizei" (a.a.O., S.98) zuweist und damit ihren Ansatz relativiert.

333) BverfGE 34, 293 (303ff.): "Gewohnheitsrecht entsteht durch längere tatsächliche Übung, die eine dauernde und ständige, gleichmäßige und allgemeine ist und von den Beteiligten als verbindliche Rechtsnorm anerkannt wird"; ebenso BVerfGE 9, 109 (117); 15, 226 (232f.); 22, 114 (121); 28, 21 (28f.); bestätigt in BVerfG NJW 1983, 31; Krüger, Allgemeine Staatslehre, S.484f., der das Problem von Gewohnheitsrecht in einer Wettbewerbsgesellschaft aufzeigt; Larenz, Allgemeiner Teil, S.5ff., 9; allgemein Enneccerus-Nipperdey, Allgemeiner Teil, §§38ff., S.261ff.; Fikentscher, Methoden III, S.698ff., IV, S.317ff.; Stern, Staatsrecht I, S.91 mit weiteren Hinweisen in Fn.42; Wolff-Bachof, Verwaltungsrecht, §25 IIIa, S.125, die das Gleichheitsgebot als Geltungsgrund des Gewohnheitsrechts ansehen (?), mit Hinweisen; Reimer-Schmidt, Soergel-Siebert, Einleitung, Rdn.14; Vogt, VVDStRL 10 (1952), S.37.

334) I.d.S. wohl Krüger, Allgemeine Staatslehre, S.484 mit Hinweisen.

335) Zum Gewohnheitsrecht als Juristenrecht Krüger, Allgemeine Staatslehre, S.485 mit Hinweis auf F.C. von Savigny; vgl. dazu auch die Hinweise bei Stern, Staatsrecht I, S.17 in Fn.91.
Zur Frage des Richterrechts Esser, Grundsatz und Norm, passim; ders., Vorverständnis und Methodenwahl in der Rechtsfindung, 1970; weitere Hinweise bei Dreier, F.Wolff, S.5 in Fn.6; vgl. auch Fikentscher, Methoden IV, S.269ff.; Fischer, Die Weiterbildung des Rechts durch Rechtsprechung, 1971; dazu für die Problematik des §1 UWG im 2.Kap., II 2a,b, S.388ff., 393ff.

heitsrecht hervorbringende Übung jedenfalls ist, wenn praktisch, legislatives Verhalten der Menschen, dessen gesetzliche Wirkkraft aus ungeschriebenem (wiederum gewohnheitsrechtlichem) Verfassungsrecht herzuleiten ist[336]. Dabei haben die beiden Gesetzgebungsverfahren, das mittelbare durch Repräsentanten in streng geordneten Verfahrensgängen und das unmittelbare durch die betroffenen Menschen selbst als einem Teilvolk durch ihr rechtsetzendes Verhalten, demokratische Legitimation[337]. Beide beruhen auf dem Konsensprinzip, das unter freien Menschen allein geeignet ist, rechtliche Bindung, sei es durch Legislativakt, sei es durch rechtsüberzeugte Rechtsübung oder sei es durch Vertrag, zu begründen[338]. Auch bei der Gewohnheitsrechtsbildung darf das Konsensprinzip genausowenig mit dem reinen Vertragsprinzip verwechselt werden wie bei der Bildung von "guten Sitten". Störungen der Einheitlichkeit der Rechtsübung etwa durch Richtersprüche oder relevante Stimmen in der Rechtswissenschaft können die Gewohnheitsrechtsbildung hindern[339]. Vereinzelter Widerspruch oder Widerstand darf sich jedoch gegen die normative Wirkung der rechtsüberzeugten Rechtsübung nicht durchsetzen können, wenn das Konsensprinzip praktiziert werden können soll[340].

Die Parallelität von Geltungsgrund und Wirkung der "guten Sitten" und des Gewohnheitsrechts[341] folgt aus dem konsensmäßigen und darum demokratischen Rechtsetzungsprinzip unseres Gemeinwesens. Der verfassungsgewohnheitsrechtlichen Grundlage des Gewohnheitsrechts entsprechen die einfachgesetzlichen Ver-

---

336) Krüger, Allgemeine Staatslehre, S.484; dazu Freitag, Gewohnheitsrecht und Rechtssystem, 1976; Fikentscher, Methoden III, S.692, weist auf einen vermeintlichen Zirkelschluß hin, den niemand beanstande, daß nämlich die Geltung von Gewohnheitsrecht 'gewohnheitsrechtlich' anerkannt sei; das ist nicht fehlerhaft geschlossen, wenn der Geltungsgrund des Rechts in der Autonomie der Menschen gesehen wird.

337) Klar Krüger, Allgemeine Staatslehre, S.295, 484. Vgl. zur habituellen Bildung der Sitte Henkel, Rechtsphilosophie, S.61f.

338) Dazu näher im 2.Kap. des 4.Teils, S.153ff.
Zum Konsensprinzip als Geltungsgrund des Rechts: Scheuner, Konsens und Pluralismus, in: Rechtsgeltung und Konsens, S.33ff.; in diesem Sinne auch Maihofer, Rechtsstaat und menschliche Würde, S.18; so auch Kant, Metaphysik der Sitten, S.432; ders., Zum ewigen Frieden, S.205; Cohen, Ethik des reinen Willens, S.233ff. ("So läßt sich alles Recht auf den Vertrag zurückführen"); vgl. Winter, Ethik und Rechtswissenschaft, S.282ff., 292ff., 315, 327ff., 331f., 341, 366, 376ff.; vgl. v.Savigny, System des Römischen Rechts, 1840, §140, Bd.3, S.309; Windscheid, Lehrbuch des Pandektenrechts, 3.Aufl.1873, §69, Bd.1, S.158.

339) Klar BVerfGE 34, 293 (303ff.); BSGE 24, 120; Wolff-Bachof, Verwaltungsrecht I, §25 IIIa, S.125.

340) Wolff-Bachof, Verwaltungsrecht I, §25 IIIa, S.125; Krüger, Allgemeine Staatslehre, S.295; BVerfGE 34, 293 (303ff.); BGH NJW 1962, 2054; deutlich i.d.S. BVerwG NJW 1982, 666, für die "guten Sitten" i.S. des §34a II Nr.1 GewO, wonach die Maßgeblichkeit der Verhaltensnormen nicht "dem Belieben jedes einzelnen überantwortet" werden könne, "maßgeblich" sei "vielmehr allein die in der Rechtsgemeinschaft eindeutig herrschende Auffassung", auch: "eindeutige Mehrheit der Rechtsgemeinschaft". Zum "heteronomen" Aspekt von Recht und Sozialmoral in deren Sollenscharakter (äußere Nötigung) vgl. Larenz, Allgemeiner Teil, S.43.

341) So auch Krüger, Allgemeine Staatslehre, S.483ff., der Gewohnheitsrecht und Sitte (Konventionalregeln) als gesellschaftliche Normen zusammenfaßt; so auch Maihofer, Rechtsstaat und menschliche Würde, S.18, der beide zu den "gegenseitig und wechselseitig uns bindenden und verbindenden Regeln des Verhaltens" rechnet. Denselben "Ursprung" bestätigt auch G.Jellinek, Allgemeine Staatslehre, S.339; Vogt, NJW 1976, 731f., hebt die Verwandschaft der Sitte zu "Herkunft, Gewohnheit und Brauch" hervor; ebenso Henkel, Rechtsphilosophie, S.62f.

weisungen auf die "guten Sitten". Der staatliche Gesetzgeber anerkennt durch seine Gute-Sitten-Klausel die Rechtsetzungsmacht privater Gruppen[342]. Es ist dies die Macht von Menschen, durch Vereinbarung oder auch nur konsensuales Verhalten rechtliche Verbindlichkeit zu erzeugen[343]. Der staatliche Gesetzgeber ordnet näher die tatbestandliche Relevanz und die Rechtsfolgen der Mißachtung dieser privaten Gesetze. Staatliche Gesetze verdrängen prinzipiell Gewohnheitsrecht[344]. Ob auch Gewohnheitsrecht derogative Kraft gegenüber staatlichen Gesetzen entfalten darf[345], ist wegen des Gesetzmäßigkeitsprinzips der freiheitlich-rechtsstaatlichen Demokratie zweifelhaft, muß hier jedoch nicht erörtert werden.

Ihrem Wesen als privaten Gesetzen gemäß können "gute Sitten" den gesamten privaten Lebensbereich des Menschen bestimmen[346]. Das beweisen §§ 138,826 BGB und für den Unternehmer § 1 UWG.

## IV Die Probleme der Existenz und der Feststellung von "guten Sitten"

1. Die private Rechtsetzung[347] ist in der Regel nicht wie der private oder der staatliche Vertrag oder die staatliche Rechtsetzung verfahrensmäßig geregelt. Das Recht zur Autonomie umfaßt auch die Verfahren des Konsenses. Vielfach stellt jedoch der Staat sein Rechtsschutzsystem zur Verfügung, um private Durchsetzungssysteme für das private Recht zu erübrigen. Diesen Zweck hat auch § 1 UWG. Ein effektives staatliches Sanktionsverfahren dient dem Rechtsfrieden. Die

---

342) Zur Notwendigkeit dieser Befugnisübertragung (Autonomie) durch den Staat im Staat Krüger, Allgemeine Staatslehre, S.491ff.. Meines Erachtens erwächst die Rechtsetzungsbefugnis aus dem Recht zur Autonomie des Menschen, das ihm nicht der Staat gibt, das vielmehr auch Grundlage des Staates ist. Die Übernahme der privaten Normen in die staatliche Rechtsordnung verlangt allerdings eine staatliche Entscheidung, ähnlich §305 BGB für den Vertrag. Diese findet sich eben in §1 UWG (u.a.). Auf S.499, 502 a.a.O. hält Krüger zu Recht eine Delegation seitens des Staates zur Hervorbringung von Konventionalregeln nicht für erforderlich.

343) So auch Krüger, Allgemeine Staatslehre, S.492, 500 ("... weil die Sitte ihre Existenz der freien Anerkennung verdankt, ..."); ähnlich auch Larenz, Allgemeiner Teil, S.41f., dessen Begriff "Sozialmoral" ein anderer ist als der der in Fn.185 herangezogenen Literatur; vgl. auch Herzog, Maunz/Dürig/Herzog/Scholz, Rdn.24 zu Art.20 GG; in diesem Sinne auch Maihofer, Rechtsstaat und menschliche Würde, S.18; zur Anerkennungstheorie auch Winter, Ethik und Rechtswissenschaft, S.361ff., 365f.; Kelsen, Hauptprobleme, S.350ff., 378f.; vgl. auch ähnlich die Fairneßtheorie Rawls, Eine Theorie der Gerechtigkeit, 1975; dazu Pawlowski, Methodenlehre, S.89ff.

344) Hesse, Verfassungsrecht, S.205; Stern, Staatsrecht I, S.20; Voigt, VVDStRL 10 (1952), S.33, 40 (Vorrang subsumiblen geschriebenen Verfassungsrechts vor ungeschriebenem Verfassungsrecht/Verfassungsgewohnheitsrecht); Fikentscher, Methoden III, S.699.

345) Enneccerus-Nipperdey, Allgemeiner Teil, §40 III, IV, S.270f.; Krüger, Allgemeine Staatslehre, S.488f.; RGZ 135, 345; vgl. auch die Hinweise in Fn.344.

346) So auch Krüger, Allgemeine Staatslehre, S.488f.

347) So auch Krüger, Allgemeine Staatslehre, S.483ff., 495ff.; Kloepfer, VVDStRL 40 (1982), S.77f.; den Gegensatz arbeitet auch Herzog, Maunz/Dürig/Herzog/Scholz, Rdn.24f. zu Art.20 GG hervor, der den "Aufbau (bzw. Abbau) sittlicher und moralischer Verhaltensweisen" zur "gesellschaftlichen Selbstregulierung" rechnet. I.d.S. auch Teubner, Standards, S.79, für die "Rezeptionsfunktion" der Gute-Sitten-Klauseln als "soziale Normen", nämlich "als kollektiv befolgtes, erwartetes, sanktioniertes und legitimiertes Verhaltensmodell".

Integration der "guten Sitten" in das staatliche Rechtssystem anerkennt und stärkt zugleich den zwingenden Charakter derselben als private Gesetze. Eine Parallele findet sich im Tarifvertragsgesetz. Auch die Tarifverträge sind richtiger Ansicht nach private Gesetze, die das staatliche Tarifvertragsgesetz als "Rechtsnormen" respektiert und in das staatliche Rechtsschutzsystem integriert[348)].

Spezifisch die Verbindung des staatlichen mit dem privaten Rechtssystem führt jedoch zu den Problemen um den Begriff der "guten Sitten". Sie erschwert die Feststellung von guten Sitten; denn der Sollenscharakter im Sinne rechtlicher Verbindlichkeit ließe sich ohne das staatliche Sanktionssystem an hinreichenden privaten Sanktionen gegen Mißachtungen der privaten Rechtssätze erhärten. Die staatliche/richterliche Feststellungskompetenz hat den Oktroy staatlicher Verhaltensnormen als vermeintlich "gute Sitten" ermöglicht. Dieser Oktroy ist durch den Umstand gefördert, daß die Feststellung der privaten Gesetze ohne Empirie nicht möglich ist. Empirischer Nachweis von Rechtsvorschriften ist nicht nur aufwendig, er kann auch fachgerecht von den Richtern nicht geleistet werden. Die Gerichte sind auf Sachverständige angewiesen. Das ist nicht außergewöhnlich, hat aber bei der Feststellung von "guten Sitten" die Besonderheit, daß der Richter seine Inkompetenz bei der Erkenntnis von Recht eingestehen muß. Er hat nicht die maßgebliche Autorität in der Frage, welche Rechtssätze gelten[348a)]. Das ist richtersoziologisch für die Umfunktionierung der Gute-Sitten-Klauseln in Delegationsnormen, die die Richter ermächtigen, zu bestimmen, welches die "guten Sitten" sind, von erheblicher Relevanz. Die Richter ermächtigen sich mit einer solchen Interpretation selbst und erobern Kompetenz und Autorität, die ihnen der Gesetzgeber nicht zugestanden hat und nicht zugestehen durfte.

Diese Arbeit würde ihren Gegenstand verfehlen und die Kompetenz des Autors überfordern, wenn sie den Empirikern die Methoden deutlich machen wollte, mit deren Hilfe die "guten Sitten" als Faktum festgestellt werden können. Mehr als die Relevanz empirischer Erhebungen läßt sich rechtsdogmatisch nicht ausmachen. Diese Relevanz ergibt der Begriff der "guten Sitten" augenscheinlich, weil staatsgesetzlich keine Verfahren vorgeschrieben sind, die die Verfügbarkeit dieser privaten Gesetze sichern oder auch nur erleichtern.

2. Der staatlich/richterliche Oktroy von "guten Sitten" in den verschiedenen Rechtsgebieten, auch im Wettbewerbsrecht, behindert die Entstehung von privaten Gesetzen, weil der autonome Bereich eingeengt ist und der Bedarf an privater Gesetzgebung durch die staatlich-richterrechtliche Rechtsetzung wenn nicht gedeckt, so doch erheblich gemindert wird. Eingeübte Praxis privater Gesetzgebung ist

---

348) Vgl. Schachtschneider, Der Staat 16 (1977), S.512ff.. Diese "Verstärkung" der Sitte durch staatliche "Rezeption unter die Garantien des geordneten Rechtszwanges" hebt auch Henkel, Rechtsphilosophie, S.65, hervor.

348a) Vgl. die diesbezügliche Kritik von Esser, F. von Hippel, S.101 ("Mißtrauen, das Monopol der Anerkennung als materielles Recht für sich zu behalten").

weniger denn je zu erwarten, weil der Staat es mehr und mehr übernommen hat, das Leben und gerade das Wirtschaften der Menschen zu reglementieren. Diese Arbeit will den Privaten Autonomiebereiche zurückgewinnen, die der Staat ihnen entgegen dem Grundgesetz genommen hat.

Die allgemeinen Geschäftsbedingungen haben den Entfaltungsraum für "gute Sitten" weiter schrumpfen lassen. Diese haben für den Geschäftsverkehr gegenüber den "guten Sitten" erhebliche Vorzüge. Sie sind vom Aufsteller beherrschbar und geschäftlich durchsetzbar; denn sie gelten vertraglich. Allgemeine Geschäftsbedingungen sind insbesondere ohne Schwierigkeiten dem Gericht nachweisbar. Ihre große Relevanz im Wirtschaftsleben erweist die private Rechtsetzungspotenz.

Freilich haben allgemeine Geschäftsbedingungen ein anderes Wirkungsfeld als die "guten Sitten" des § 1 UWG. Im Bereich des Wettbewerbs drohen sie in den Bereich des Gesetzes gegen Wettbewerbsbeschränkungen zu geraten. § 28 GWB hat denn auch eine eigene Vorschrift für Wettbewerbsregeln getroffen.

Der Pluralismus der Werte, der mit Unsicherheit in den Werten verbunden ist, fördert konsensuale Rechtsetzung nicht und erhöht damit den Bedarf an staatlicher Rechtsetzung, die im Rahmen des Grundkonsenses gesellschaftlichen Dissens ignorieren kann.

3. Die rechtssoziologischen Bemerkungen können und sollen hier nicht erweitert oder vertieft werden. Die Anmerkungen sollen lediglich plausibel machen, daß die Verhältnisse der Existenz von "guten Sitten" durchaus nicht zuträglich sind. Das rechtfertigt es jedoch in keiner Weise, den Begriff der "guten Sitten" zu verfälschen, das grundgesetzliche Autonomieprinzip zu verletzen und rechtsstaatliche und kompetenzielle Prinzipien des Grundgesetzes zu ignorieren. Dennoch soll die Relevanz eines autonomietheoretischen Begriffs der "guten Sitten" ins rechte Licht gerückt werden. Sie liegt zunächst und hauptsächlich in der Abwehr des richterlichen Oktroys von Recht, das der staatliche Gesetzgeber nicht gesetzt hat, und damit der Verteidigung der Freiheit gegen Richtermacht oder schärfer gegen Richterwillkür. Das thematische Erkenntnisinteresse dieser Arbeit ist die Inadäquanz der "guten Sitten" als Staatsrecht. Diese Erkenntnis ist ohne Aufdeckung des autonomietheoretischen Charakters privater Gesetze nicht möglich. Eine funktionalistische Interpretation des § 1 UWG ist geeignet, dieser Vorschrift einen neutralen Charakter zu geben. Nur ist dieser Funktionalismus mit dem Freiheitsprinzip des Grundgesetzes, wie gezeigt, nicht vereinbar. Dieser Arbeit genügt es, den verfassungsrechtlichen Geltungsgrund der "guten Sitten" aufzuzeigen, der deren Anwendung auf staatliches Verhalten ausschließt. Darauf wird das nächste Kapitel noch näher eingehen.

Fragen der Begründung und Feststellung von "guten Sitten" wären nur ein Problem dieser Untersuchung, wenn die Existenz autonomietheoretisch begriffener "guter Sitten" fraglich wäre. Trotz der für "gute Sitten" als private Gesetze restriktiven Verhältnisse ist jedoch deren Existenz nicht ernsthaft zu bezweifeln, keinesfalls jedoch deren Existenzberechtigung. Auch in der Rechtsprechung wird immer wieder mit derartigen "guten Sitten" operiert[349]; denn die Rechtsprechung bedient sich, wie geschildert[350], argumentativ der Kombination verschiedener Begriffe der " guten Sitten".

4. Dennoch seien zur Begründung, Existenz und Feststellung von "guten Sitten" als privaten Gesetzen die folgenden Bemerkungen gemacht:

Die Begründung der "guten Sitten" ist nicht notwendig oder auch nur regelmäßig durch Verfahrensvorschriften geregelt. Für berufliche Standesregeln gibt es bestimmte Rechtsetzungsverfahren, ohne daß diese exklusiven Charakter haben müssen. Rechtsdogmatisch ist die Art und Weise der Entstehung somit irrelevant. Es kommt nur auf die feststellbare Existenz der "guten Sitten" als Gesetze von Privaten an[351].

Die Methoden der Expertisen können hier schlechterdings nicht dargelegt werden. Solche sind bekannt und eingeübt. Sie gelten als hinreichend zuverlässig. Eine Einführung in den Stand der Methodik derartiger Empirie 'sozialer Normen' gibt Teubner[352], der der Frage nachgegangen ist, welchen Beitrag die angewandte Sozialwissenschaft für die Feststellung der "guten Sitten" als 'sozialen Normen' leisten kann. Die Gute-Sitten-Klauseln haben nach Teubners Dreiteilung neben der Transformations- und der Delegations- auch eine Rezeptionsfunktion, nämlich die der Übernahme 'sozialer Normen'[353]. Im Bereich dieser Funktion begreift Teubner die "guten Sitten" durchaus im Sinne ihres autonomietheoretischen Begriffs. Seine Darlegungen des soziologischen Zugriffs auf die "guten Sitten" sind von der autonomietheoretischen Rechtsdogmatik her hilfreich. Die von ihm geschilderten Erhebungsverfahren erscheinen erfolgversprechend. Weitere Studien dieses soziologischen Fragenkreises können von der von Teubner vorgestellten Literatur ausgehen.

Die Feststellung von "guten Sitten" muß die rechtsdogmatische Bestimmung ihres Begriffs zugrunde legen; denn diese gelten als private Gesetze. Das sind Akte der Autonomie, deren Verbindlichkeit aus der nicht notwendig formalisierten Übereinkunft in den Verhaltensmaximen erwächst, aus dem Konsens der jeweiligen Gruppe. Konsens ist nicht identisch mit Vertrag. Der Vertrag ist nach Maßgabe der Rechtsgeschäftsdogmatik formalisiert. Konsens verlangt Einverständnis, Akzeptanz, wie sich diese auch äußern mag. Dieser Konsens über einen Rechtssatz ist festzustellen. Als Gesetz ist die "gute Sitte" Sollenssatz mit Verbindlichkeit nach außen.

---

349) Beispiele bei Teubner, Standards, S.92ff.

350) Dazu im 1.Kap., I 5, S.371 und im 2.Kap., I, S.375ff.

351) Auf die Beweislastproblematik kann hier nicht eingegangen werden. Vermerkt sei, daß die praktizierte Revisibilität der "guten Sitten" von dem Begriff derselben abhängt. Bundesrecht sind sie jedenfalls als private Gesetze nicht. Es muß schon die 2. Alternative des §549 ZPO bemüht werden können, wenn nicht die mittelbar verletzte Rezeptionsnorm maßgeblich werden soll.

352) Standards und Direktiven in Generalklauseln, S.79ff.

353) Standards, S.60ff., 65ff., 99ff., 106ff., 116ff. (Zusammenfassung), mit witerführenden Hinweisen.

Diese Verbindlichkeit ist nicht nur ethische, sondern rechtliche Verpflichtung, das Verhalten an dem Sollenssatz auszurichten. Wer etwa durch die Mißachtung des Sollenssatzes in seinen Interessen verletzt ist, darf auf die Respektierung des Sollenssatzes dringen (Unterlassungsanspruch) oder je nach Ausgestaltung des Verpflichtungscharakters Ersatz seiner Nachteile aus dem Sittenverstoß des anderen verlangen (Schadensersatzanspruch). Die Sanktionen können unterschiedlich geregelt sein. Prinzipiell eignet jedoch auch dem privaten Gesetz "Zwangscharakter"[354].

Wenn ein Konsens in einer Gruppe über die Geltung eines Sollenssatzes mit entsprechendem Maß an Verbindlichkeit, wenn also ein Konsens über eine solche (äußere) Pflicht auch gegenüber anderen hinreichend sicher feststellbar ist, existiert eine "gute Sitte". Diese hat der Richter, der die Hilfe der Experten nutzen soll, wenn er sachlich, d.h. wissenschaftlich, bleiben will, hinzunehmen und anzuwenden, solange die festgestellte "gute Sitte" nicht dem staatlichen Recht widerspricht. Das staatliche Gesetz hat Vorrang, weil es das Recht zur Autonomie eingrenzt und damit die private Rechtsetzungsmacht beschränkt.

Im Anschluß an Max Weber[355] nennt Teubner drei Elemente der "guten Sitte" als 'sozialer Norm', nämlich "Konformität, Normativität und Legitimität" oder "Verhaltensregelmäßigkeit", "Verhaltensverbindlichkeit" und "Verhaltensbewertung" und definiert die "guten Sitten" als "kollektiv befolgtes, sanktioniertes und legitimiertes Verhaltensmodell"[356]. Diese soziologische Definition kann hier nur vorgestellt, nicht diskutiert werden. Wenn die Legitimität wesentlich aus der Konformität des Verhaltens als normgeleitet, als gesollt, gefolgert wird, entsprechen die Elemente dem Autonomieprinzip; denn Legitimität folgt unter dem Grundgesetz nicht aus Tradition, Religion oder ähnlichem. Das schließt jedoch in keiner Weise aus, daß die autonome Entscheidung, die Akzeptanz durch konformes Verhalten, durch die Tradition oder durch die Religion etc. motiviert ist.

Mehr als die judizielle Praktizierbarkeit eines autonomietheoretischen Begriffs der "guten Sitten" sollte mit den vorstehenden Bemerkungen nicht angesprochen werden, um dem Einwand zuvorzukommen, der entwickelte Begriff sei unpraktisch und unrealistisch. Derartige Argumente dienen nur zu oft der hier angegriffenen Auflösung jeder Gegenständlichkeit des Begriffs der "guten Sitten". Die umfangreiche Forschung über die Existenz, das Wesen und die Methoden der Feststellung der 'sozialen Normen', an der sich viele der namhaften Rechtssoziologen beteiligt haben und beteiligen[357], in die Teubner mit seinem instruktiven Bericht einführt, ent-

---

354) Zum Zwangscharakter als Wesensmerkmal des Gesetzes Kant, Metaphysik der Sitten, S.338f.

355) Wirtschaft und Gesellschaft, Bd.I, S.15ff., 18f.

356) Standards, S.68ff., 78f.

357) Etwa Max Weber, Wirtschaft und Gesellschaft, Bd.I, S.15ff.; Luhmann, Normen in soziolog. Perspektive, Soziale Welt 1969, S.28ff.; König, "soziale Normen", Stichwort, in: Bernsdorf, Wörterb. der Soziologie; ders., "Normen, soziale", Stichwort, in: Hwb. der Organisation; ders., in: F.E.E.Hirsch, Studien und Materialien, S.36ff.; Dahrendorf, Homo Soziologicus, S.36, 43ff., 54ff.; Raiser, Recht der AGB, 83ff.; Limbach, F. E.E. Hirsch, S.77ff., 91ff.; w. H. bei Teubner, Standards, S.68ff.

kräftet den Einwand. Daß "gute Sitten" im dargelegten Sinne als private Gesetze nicht existieren würden oder der gerichtlichen Praxis nicht verfügbar gemacht werden könnten, ist schlechterdings nicht vertretbar. Daß jedoch solche "gute Sitten" alle wettbewerbspolitischen Anliegen bewältigt hätten oder auch nur zu bewältigen geeignet seien, wird auch niemand vertreten wollen. Der Staat als Gesetzgeber bleibt aufgerufen, seine Wirtschaftspolitik zu betreiben und dem Wettbewerb eine Ordnung zu geben, die für Unternehmen, Verbraucher und Allgemeinheit tragfähig ist, eventuell durch Ämter, die 'wettbewerbsgemäßen' Wettbewerb pflegen, wie es Ämter gibt, die den Wettbewerb überhaupt sicherstellen sollen, die Kartellämter.

## V Zusammenfassende Charakterisierung der "guten Sitten" als privaten Gesetzen

Unlauterer Wettbewerb ist also spezifisch gruppenwidriger und nicht gemeinschaftswidriger (i.S. von staatswidriger) Wettbewerb. Außenseiter sind in die gruppenhafte konsensuale Maßstabbildung nicht einbezogen und müssen sich die Gruppenmaßstäbe oktroyieren lassen. Es entspricht dem Oktroi politischer Entscheidungen in einem Gemeinwesen, das den Widerstand von Außenseitern nicht tolerieren muß[358].

Das Verständnis der "guten Sitten" als private Gruppengesetze[359] macht diese Maßstäbe voraussehbar und ermöglicht es den Beteiligten, ihr Verhalten auf sie einzurichten[360]. Es ist zugleich demokratiegerecht und harmoniert mit den grundrechtlichen Grenzen der Freiheit, nämlich dem Vorrang staatlicher und auch privater Gesetze vor den autonomen Zwecken des Menschen[361], seien letztere durch Vertrag[362] oder seien sie durch Übereinkunft wie die "guten Sitten" begrün-

---

358) Vgl. die Hinweise in Fn.340; so stellt Wieacker, JZ 1961, 342, auf die "praktische Sittlichkeit des Durchschnitts der rechtlich denkenden Rechtsgenossen" ab; Rinck, F. OLG Celle, S.166, auf die in der "Branche tätigen anständigen Gewerbetreibenden"; i.d.S. läßt sich auch BGHZ 20, 228 (232) u.a. verstehen, wo auf "das Durchschnittsmaß von Redlichkeit und Anstand" abgestellt ist; so auch deutlich BVerwG NJW 1982, 665f.

360) In diesem Sinne auch Vogt, NJW 1976, 731f. ("objektiv geübte Regeln", "objektiv nachweisbare Sitten"); Becher, Wettbewerbsrecht 1928, S.20, Anm.10 ("von der Geschäftswelt aufgestellte Ordnung"), nicht mehr so klar in 2.Aufl.1932, S.23ff.; ähnlich Herzog, Zum Begriff der guten Sitten im BGB, S.46, 106, 117; Kirchberger, Unlauterer ... Wettbewerb, 1931, S.10, 27 ("stillschweigend entstandene, tatsächlich bestehende und feststellbare Konventionalnormen"); auch v.Godin, GRUR 1966, 127ff., 132; neuerdings aus staatsrechtlicher, wettbewerbsrechtlich unvoreingenommener Sicht Kloepfer, VVDStRL 40 (1982), S.77f.
Ablehnend etwa Kraft, Interessenabwägung, S.101ff., 128. Zu den kontroversen Verständnislinien das 1.Kap., S.367ff.

360) Zu diesem Kriterium im 3.Kap., III 2, S.411f. mit Fn.256.

361) Zu der Rechtsgrenze der allgemeinen Handlungsfreiheit das 4.Kap., II im 6.Teil, S.263ff., 6.Kap. im 3.Teil, S.125ff. mit Hinweisen insb. in Fn.137 im 6.Teil.

362) Zum Gesetzescharakter des privaten Vertrages etwa Adomeit, Gestaltungsrecht, S.18; Larenz, Allgemeiner Teil, S.89f. ("lex contractus") mit Hinweise auf Husserl, Rechtskraft und Rechtsgeltung, S.28.

det[363)], also prinzipiell konsensual i.S. der Gegenseitigkeit und der Allseitigkeit[364)].

Der Begriff der "guten Sitten" verbindet Sittlichkeit und Sittenhaftigkeit, wenn und weil die Prinzipien von Autonomie und Konsens als die Grundlagen von Rechtsgeltung in der freiheitlichen Demokratie gewahrt bleiben, wenn es Sache des Menschen bleibt, zur Sittlichkeit zu finden, und es nicht zur Sache des Richters gemacht wird, Sittlichkeit zu diktieren. Das Verständnis der "guten Sitten" mit Hilfe der Prinzipien Autonomie und Konsens versöhnt den Streit um die Relevanz von Sitte und/oder Sittlichkeit im Wettbewerb und bietet eine verfassungsgemäße Dogmatik dieses Schlüsselbegriffs unserer Rechtsordnung. Derartige "gute Sitten" im Sinne privater Gesetze existieren und sind mit empirischer Methodik hinreichend sicher feststellbar.

363) Hinweise in Fn.en 20-23, 294; so insb. Kirchberger, Unlauterer ... Wettbewerb, S.10, 27; auch Vogt, NJW 1976, 732 ("Konventionalnorm"); in diesem Sinne auch Maihofer, Rechtsstaat und menschliche Würde, S.18 ("informell durch die Sitte ... gesicherte Erwartungen" rechtfertigt, ein Tun oder Unterlassen zu verlangen).

364) Klar Maihofer, Rechtsstaat und menschliche Würde, S.20, zum "Sozialkontrakt", der "den status civilis" ausmache, der "den Kulturzustand unter den Menschen gründet und rechtfertigt, in dem für das Verhalten zwischen Menschen prinzipiell Regeln der Sitte oder des Rechts gelten, die zugleich dem Prinzip der Gegenseitigkeit (der sog. Goldenen Regel) und dem Prinzip der Allseitigkeit (dem sog. kategorischen Imperativ) genügen"; ders., Vom Sinn menschlicher Ordnung, S.86ff.; vorzüglich ders., Handbuch, S.227 (" ... eine der Gesetzgebung des Staates von Oben vergleichbare Rechtsetzung von Unten aus der Gesellschaft selbst ...", "die an demselben Prinzip der Legitimität: dem einer zumindest gegenseitig, wenn nicht allseitig verbindenden Wollens und vermittelten Wohls orientiert ist, das auch den Gesetz gewordenen Willen zum gemeinsamen Nutzen legitimiert ... ").

## 5. Kapitel

# DIE INADÄQUANZ DER "GUTEN SITTEN" DES § 1 UWG ALS MAẞSTAB STAATSUNTERNEHMERISCHEN VERHALTENS

Diese Inadäquanz der autonomietheoretisch begriffenen "guten Sitten" als private Gesetze ergibt sich aus dem Begriff selbst, weil der Staat an dem privaten konsensualen Rechtsetzungsverfahren nur beteiligt sein darf, wenn er sich gemäß der Fiskustheorie privatisiert. Das neutralisierende/verallgemeinernde Verständnis der "guten Sitten" löst diesen Begriff rechtsstaatswidrig auf und wandelt funktionalistisch Freiheit in Pflicht zum wettbewerbsgemäßen Verhalten. Er ist so oder so mit dem grundgesetzlichen Autonomieprinzip nicht zu vereinbaren. Entweder wird also die verfassungswidrige Fiskustheorie oder eine nicht minder verfassungswidrige Funktionalisierung oder gar Auflösung des Verhaltensmaßstabes benötigt, wenn § 1 UWG dem Staat das 'Recht' geben soll (abgesehen davon, daß staatliches Verhalten nicht wettbewerblich ist, wie im 7. Teil nachgewiesen wurde). Die skizzierte Inadäquanz der "guten Sitten" des § 1 UWG als Maßstab staatlichen Verhaltens soll als Quintessenz der autonomietheoretischen Überlegungen dieser Arbeit im folgenden erhärtet werden.

## I Legalität und Moralität staatlichen Verhaltens

1. Unrecht des Staates kann über die Rechtswidrigkeit hinaus zu mißbilligen sein. Das zeigt das Verhalten von Staaten in der Vergangenheit und in der Gegenwart[365]. Der freiheitlich-demokratische Rechtsstaat kann das Recht ver-

---

365) Hier kann und muß dahinstehen, inwieweit politische Einheiten als Staaten begriffen werden können, die nicht Rechtsstaaten sind. Zum Staat als Verfassungsstaat Stern, Staatsrecht I, S.50f., 602ff.; ders., a.a.O., zum Staat als notwendigem Rechtsstaat, mit Hinweisen auf die Begriffsgeschichte (Rechtsstaat als "antropologische Notwendigkeit"), a.a.O., S.604f., unter Hinweis auf Ryffel, Grundprobleme der Rechts- und Staatsphilosophie, S.416ff., 421; Grabitz, Freiheit und Verfassungsrecht, S.199 mit Fn.287 mit Hinweisen, der den Terminus "Rechtsstaat" nicht ganz zu Unrecht als Pleonasmus bezeichnet; vgl. auch Merten, Rechtsstaat und Gewaltmonopol, S.5 mit weiteren Nachweisen; für die reine Rechtslehre zwingend, vgl. Kelsen, Allgemeine Staatslehre, S.44, 109; Marcic,

letzen und diese Rechtsverletzung ist ein Verstoß gegen das "Sittengesetz" im grundgesetzlichen und im kantischen Sinne und mag zudem unsittlich im Sinne einer materialen Wertethik sein. Es widerspräche jedoch der grundsätzlichen Rechtlichkeit unserer Rechtsordnung, ihr Regelungen zu unterstellen, die rechtswidrige, also ohnehin unsittliche, Verhaltensweisen in lautere und unlautere, mißbräuchliche und erlaubte unterscheiden. Auch für privates Wirtschaften gilt das Wettbewerbsrecht prinzipiell nur im Rahmen der Wirtschaftsfreihiet, also nur im Rahmen der sonstigen Gesetze[366]. Marktordnungen etwa sind von den privaten Unternehmern ohne Rücksicht darauf zu beachten, ob das Maximen des Wettbewerbsrechts verletzt. Die 'reale Marktfunktion' eines kriminellen Unternehmens ist nicht noch wettbewerbsrechtlich zu bewerten[367]. Schließlich differenziert schon das Wettbewerbsrecht im weitesten Sinne zwischen Gut und Böse menschlichen (unternehmerischen) Verhaltens. Eine weitere Differenzierung mag der Abstufung der Rechts f o l g e n des Unrechts dienen, wie etwa der Schadensersatzanspruch vom Verschulden des Wettbewerbsverstoßes abhängig gemacht wird[368] oder die Nichtigkeit eines Verwaltungsaktes einen besonderen Rechtsverstoß voraussetzt. Unterlassungs- und Schadensersatzansprüche gegen staatsgesetzwidriges Verhalten von Unternehmern können vor allem auf §§ 1004, 823 Abs.1 BGB gestützt werden, die auch das Recht am Unternehmen schützen[369].

Wenn ein Staat wie der des Grundgesetzes das Recht einhält, darf sein Verhalten jedoch rechtsrelevant nicht als unsittlich oder sittenwidrig mißbilligt werden.

---

Rechtsphilosophie, S.256f., sehr deutlich; dazu kritisch Krüger, Allgemeine Staatslehre, S.135ff. zum Rechtsstaat, S.776ff., vorsichtig in unserem Sinne; vgl. auch C.Schmitt, Verfassungslehre, S.130f., 138f.; auch Winter, Ethik und Rechtswissenschaft, S.149ff.

366) So auch Hefermehl, Wettbewerbsrecht, §1 UWG, Rdn.537, allgemein zum Verhältnis von Gesetz- und Wettbewerbswidrigkeit Rdn.536ff.; klar auch Steindorff, Summum ius, S.76; klar Koppensteiner, Wettbewerbsrecht, S.489; dazu umfassend Schricker, Gesetzesverletzung und Sittenverstoß, 1970 mit anderer Tendenz; weitere Hinweise in Fn.en 369, 383.

367) So auch Hefermehl, Wettbewerbsrecht, §1 UWG, Rdn.537. Gegenwärtig wird der Anteil krimineller Organisationen am Bruttosozialprodukt unseres Landes auf 8% geschätzt.

368) Vgl. die Hinweise in Fn.252.

369) Dazu Hefermehl, Wettbewerbsrecht, Allgemeines, Rdn.113ff., 128, 131ff.; das Konkurrenzproblem muß hier nicht vertieft werden. Aus dem Begriff der "guten Sitten" als privaten Gesetzes, die im autonomen Bereich wirken, ergibt sich, daß die Tatbestände des §1 UWG und des §823 Abs.1 BGB sich nicht überschneiden, daß ein Konkurrenzproblem nicht entsteht (anders die Rechtsprechung, etwa BGH NJW 1973, 1372; BGH NJW 1974, 141); Hefermehl, 10.Aufl., Einl., Rdn.69, in der Sache ebenso 13. Aufl., Rdn.536 zu §1 UWG, offenbart sein anderes Verständnis des Begriffs der "guten Sitten" und des "Sittengesetzes" in dem Satz: "Wäre jeder Gesetzes- ein Sittenverstoß, so wäre §134 BGB überflüssig". Zwar ist jeder Gesetzesverstoß ein Verstoß gegen das "Sittengesetz", aber nicht einer gegen die "guten Sitten", die eben nur im Rahmen der staatlichen Gesetze Rechtswirkung entfalten. Der spezifische Sittenverstoß i.S. des §1 UWG ist somit kein Verstoß gegen ein staatliches Gesetz, außer dem, das anordnet, die "guten Sitten" zu wahren. Zur Problematik etwa Ulmer-Reimer, Unlauterer Wettbewerb, Rdn.79ff., S.54ff. m.w.H.; wesentlich Schricker, Gesetzesverletzung und Sittenverstoß, 1970, der auf den wettbewerbsnormierenden Zweck des Gesetzes abstellt, S.252ff.; ihm weitgehend folgend Koppensteiner, Wettbewerbsrecht, S.506ff. m.w.H.; dazu auch mit Hinweisen Hubmann, W.u.V. 1982, 60ff.. Dazu auch in Fn.383.
Zum Recht am Unternehmen für viele v.Caemmerer, F. DJT Bd.II, S.90; Raiser, JZ 1961, 467, 472f.; Mestmäcker, JZ 1958, 521ff.; Knöpfle, Der Rechtsbegriff "Wettbewerb", S.40f.; Hefermehl, a.a.O., Allgemeines, Rdn.110ff., 113ff.; RGZ 163, 21 (32); BGHZ 3, 270 (279); 24, 200 (205ff.); 29, 65 (67ff.); 36, 252 (256f.); st.Rspr.

2. Der Sprachgebrauch vom 'staatlichen Verhalten' ist ungenau. Nur der Mensch verhält sich. Dem Staat wird menschliches Verhalten zugerechnet[370]. Wie die Regeln über die Staatshaftung in Art.34 GG beweisen, geschieht das mit dem Rechtsbegriff "Verantwortlichkeit"[371]. Diese ist je nach der einzelnen Regelung unterschiedlich. Im Regelfall ist es eine finanzielle Verantwortlichkeit. Wenn somit der Mensch als Amtswalter des Staates die ihm vorgegebenen, für ihn heteronomen Verhaltensnormen mißachtet und damit rechtswidrig handelt, mag der Rechtsverstoß zugleich außerrechtliche material-wertethische Prinzipien verletzen; jedenfalls mißachtet jeder Rechtsverstoß das "Sittengesetz" i.S. des Art.2 Abs.1 GG, weil zum einen die Rechtstreue eine Maxime autonomen, also sittlichen Verhaltens ist und weil zum anderen das Recht sittlicher Konsens und der Rechtsverstoß somit Vertrauensbruch ist. Wenn sich der Amtswalter im Rahmen des Rechts bewegt, kann sein Verhalten jedoch nicht sittenwidrig oder rechtsrelevant unethisch sein, weil er als solcher nicht autonom ist und weil das staatliche Recht dem Prinzip nach das Sittengesetz verwirklicht; denn es beruht auf dem Konsens der autonomen Menschen[372]. Jedenfalls gibt es keinen sittlichen Maßstab, der es erlauben würde, staatliches Recht als Verstoß gegen das "Sittengesetz" zu rügen. Der Begriff der "guten Sitten" leitet sich (im kantischen und grundgesetzlichen Sinne[373]) aus dem des "Sittengesetzes" her[374], so daß es im freiheitlich-demokratischen Rechtsstaat der sittlichen Allgemeinheit des Staatsrechts notwendig widerspricht, staatliches Verhalten, zumal wenn dies rechtmäßig ist, an den "guten Sitten" als besonderen privaten Gesetzen zu messen[375].

3. Das Grundgesetz begrenzt die gesetzgeberische Gestaltungskompetenz auch durch materiale Wertentscheidungen. Staatliches Verhalten, das weder gegen die Gesetze noch gegen das Grundgesetz verstößt, ist sittlich und schlechterdings nicht sittenwidrig. Der private Mensch ist in der Entfaltung seiner Persönlichkeit in die Grenzen des "Sittengesetzes" verwiesen[376].

Normlogische Voraussetzung dieser Freiheitsgrenze ist die Freiheit, die der Staat

---

370) Das gilt unabhängig von der rechtsdogmatischen Bewältigung der "Gefährdungshaftung für Betriebsfehler" von "technischen Verwaltungsmitteln", dazu Wolff-Bachof, Verwaltungsrecht I, §66, S.572ff. m.H., auch für derartige Rechtsverstöße, bei denen das menschliche Fehlverhalten in der Schaffung der Gefahrenlage durch den Einsatz niemals fehlerfreier Technik liegt. Dem entspricht die Fiktion des §1 Abs.2 des (nichtigen, BVerfG NJW 1983, 25ff.) Staatshaftungsgesetzes.

371) Ebenso für die Organhaftung §31 BGB; dazu informativ m.H. auf die Entstehungsgeschichte BVerfG NJW 1983, 25ff.

372) Dazu im 2.Kap. des 4.Teils, S.153ff.

373) Dazu im 3.Teil, 3. und 6.Kap., S.107ff., 125ff.

374) Dazu 3.Kap., IV, S.412ff.

375) Dazu im 6.Teil, 4.Kap., IV, S.268f., auch 1.Kap., S.236ff., 3.Kap., S.253ff.

376) Zum Verständnis des "Sittengesetzes" als Grenze des Rechts auf freie Entfaltung der Persönlichkeit, nicht als Eingriffsvorbehalt: Erbel, Sittengesetz, S.196f.; Dürig, Maunz/Dürig/Herzog/Scholz, Rdn.74 zu Art.2 Abs.1 GG; weitere Hinweise in Fn.227 i.S. eines material-wertethischen Begriffs des "Sittengesetzes".

gerade nicht hat. Wer dem Staat diese Freiheit, sei es explizit, sei es implizit, einräumt, verändert das grundgesetzliche Recht des Staates, ja den grundgesetzlichen Staat. Er mißachtet die Entscheidung des Grundgesetzes für die freiheitliche Demokratie, die die totale Gesetzeshaftigkeit des Staatlichen erzwingt[377]. Es gibt darum kein Verfassungsprinzip, welches dem grundgesetzlichen Staat gebietet, "gute Sitten" der autonomen Privaten als seinen Verhaltensmaßstab zu respektieren[378].

Entscheidungsinstrument des freiheitlich-demokratischen Staates ist vorrangig das Gesetz[379]. Das Gesetz gilt aufgrund des Konsenses[380], leitet sich aber nicht aus einer wertethisch materialen Sittlichkeit ab[381/382]. Der Verstoß staatlichen Ver-

---

377) Dazu 6.Teil, 3.Kap., S.253ff.

378) Im Erg. wie hier die Autoren, die eine Modifizierung des Maßstabes der guten Sitten im öffentlichen Interesse zulassen; i.d.S. schon E.Ulmer, Sinnzusammenhänge, S.17ff.; deutlich etwa Schricker, Wirtschaftliche Tätigkeit, S.130f., 155ff., 166; Klein, Teilnahme, S.245, 247; P.Ulmer, ZHR 146 (1982), S.485ff.; Dürig, Maunz/Dürig/Herzog/Scholz, Rdn.500ff. zu Art.3 Abs.1 GG; Püttner, Die öffentlichen Unternehmen, S.373f.; ders., GRUR 1964, 362; Mestmäcker, NJW 1969, 3; Grupp, ZHR 140 (1976), S.382; auch Scholz, ZHR 132 (1969), S.132f., im Sinne des Vorrangs öffentlichen Rechts; vgl. auch Kopp, W.u.V. 1978, 190; Hubmann, AcP 155 (1956), S.85ff., 93f., 108; Forsthoff, Verwaltungsrecht, S.167; auch ders., Rechtsfragen, S.10; Zeidler, VVDStRL 19 (1961), S.228, Fn.89; sehr zurückhaltend Hefermehl, Wettbewerbsrecht, Allgemeines, Rdn.175; Emmerich, zuletzt m.H. in Mestmäcker/Immenga, Rdn.38 zu §98 GWB, konstatiert sogar einen Gesetzesvorbehalt für staatsunternehmerische Privilegierung; vgl. in diesem Sinne vorgrundgesetzlich Ascher, LZ 1929, Sp.1433; ders., JR 1929, 89;
a.A. Bettermann, Grenzen der Grundrechte, S.10; ders., NJW 1977, 513; ders., DVBl 1977, 180; ders., NJW 1981, 1066; auch Menger, VerwArch 68 (1977), S.298; auch Mestmäcker, NJW 1969, 3; beachte BVerfGE 6, 389 (434): ""unsittliche" Gesetze gehören nie zur verfassungsmäßigen Ordnung" (dieser Satz ist mit der freiheitlichen Demokratie unvereinbar; richtig Deggau, ZRP 1981, 256 in Kritik an Starck, ZRP 1981, 97; richtig auch Maihofer, Rechtsstaat und menschliche Würde, S.60f.; vgl. ders., Vom Sinn menschlicher Ordnung, S.17ff.; Kant selbst, Die Religion innerhalb der Grenzen der bloßen Vernunft, S.757: "Soll das gesamte gemeine Wesen aber ein e t h i s c h e s sein, so kann das Volk als solches nicht selbst für gesetzgebend angesehen werden." Das "Sittengesetz" betrachtet Erbel, Sittengesetz, S.192f. als den Staat "verpflichtende Richtlinie" und als "objektive Vorentscheidung", a.a.O., S.195, setzt es aber mitnichten den "guten Sitten" oder gar einer "Sozialmoral" gleich; diesen Normen läßt er das staatliche Gesetz vorgehen, a.a.O., S.195ff.

379) Stern, Staatsrecht I, S.454, 457; Herzog, Maunz/Dürig/Herzog/Scholz, Rdn.74ff., 77, 82, 84 zu Art.20 GG; auch Kriele, VVDStRL 29 (1971), S.63; Böckenförde, Staat, Gesellschaft, Freiheit, S.69; Achterberg, NJW 1978, 1994; Kloepfer, VVDStRL 40 (1982), S.67 (mit dem Versuch, den Aspekt der "Distanz" als Topos des Rechtsstaates zu etablieren); Eichenberger, daselbst, S.8ff.; Schachtschneider, JA 1979, 515, 518; neukantisch Cohen, Ethik des reinen Willens, S.247ff.; dazu Winter, Ethik und Rechtswissenschaft, S.349ff.

380) Leibholz, Begriff und Wesen der Demokratie, S.156; Scheuner, Konsens und Pluralismus als verfassungsrechtliches Problem, G.Jakobs, S.55ff., 62f.; Messner, F. Geiger, S.221ff., 238f.; Isensee, NJW 1977, 548; vgl. auch Kelsen, Allgemeine Staatslehre, S.368ff.
Pawlowski, Methodenlehre, S.102, Rdn.123; ders., Rechtswissenschaft, S.125ff.; von notwendigen "Grundwerten" gehen aus Fikentscher, Methoden IV, S.401ff.; Larenz, Richtiges Recht, S.160; vgl. auch Winter, Ethik und Rechtswissenschaft, S.282ff., 315, 327f., 366, 376ff. für Cohen; vgl. auch Schachtschneider, JA 1979, 515, 518; BVerfGE 5, 85 (195, 207); zur Vertragstheorie vgl. die Hinweise in Fn.77 des 4.Teils.

381) Leibholz, Freiheitlich-demokratische Grundordnung, S.134; v.Simson, VVDStRL 29 (1971), S.18; Isensee, NJW 1977, 546; Schachtschneider, JA 1979, 514.

382) Neukantianisch ist das Rechtsgesetz die notwendig staatliche Realisierung der Sittlichkeit, Cohen, Ethik des reinen Willens, S.250; ders., Kants Begründung der Ethik, S.400 (Die Legalität sei ein defizienter Modus von Moralität; es falle auf sie der "Schatten einer gebrochenen Sittlichkeit"; die Tendenz des Rechts müsse theoretisch wie praktisch darauf gerichtet sein und auf dieses Ziel unverrückbar gehaftet werden, "daß auch in Recht und Staat die Legalität in Moralität allmählich sich verwandle"); dazu Winter, Ethik und Rechtswissenschaft, S.349ff.

haltens gegen ein staatliches Gesetz führt darum spezifisch zur Rechtswidrigkeit. Er ist nur deshalb zugleich Verletzung des Sittengesetzes, weil staatliches Unrecht prinzipiell gegen das Sittengesetz verstößt[383].

Die Bewertung staatlichen Verhaltens nach den in der pluralistischen Demokratie notwendig individualen ethischen Maßstäben[384] bleibt individuell, privat. Sie erlangt keine allgemeine/staatliche Qualität, solange der Maßstab nicht allgemein/staatlich und damit vom autonomen zum staatsgesetzlichen geworden ist[385]. Die Entscheidung des Menschen verändert ihren individual-ethischen Charakter, wenn sic als Vertrag oder als Gesetz rechtliche Verbindlichkeit erlangt. Nach dem kategorischen Imperativ duldet das Recht zur Autonomie keine äußeren verbindlichen Bewertungsmaßstäbe, außer dem konsensual-rechtlichen. Wenn eine richterliche 'Elite' einem metakonsensualen Maßstab festsetzt, ist das 'Despotie' dieses Richter-

---

383) Der Bundesgerichtshof folgert demgegenüber staatliche Wettbewerbswidrigkeit allein aus der (wettbewerbsrelevanten) Gesetzwidrigkeit, wenn nur eine solche vorliegt, etwa neuerdings BGH NJW 1982, 2117 (2119, 2121); BGH NJW 1982, 2125 (2126) (die Auffassung wettbewerbsneutraler Subsidiarität gemeindlicher u.a. Unternehmen ist damit in der Sache aufgegeben; ganz i.d.S. Hubmann, W.u.V. 1982, 60ff.; auch Vollmar, Rechtsweg und Maßstab, S.137ff., 145ff.; dazu etwa P.Ulmer, ZHR 146 (1982), S.496f. m.H.; anders dazu E.Ulmer-Reimer, Unlauterer Wettbewerb, Rdn.78, S.53f. m. Fn.203 (sittenwidrig die "vorsätzliche und planmäßige Zuwiderhandlung", a.a.O., S.54); so auch in der Sache Burmann, DB 1966, 409f., u.a.); der Maßstab des §1 UWG dient allein der Klassifizierung der besonders wettbewerbswidrigen Gesetzeswidrigkeit, der Terminus "gute Sitten" wird belanglos, ja nicht einmal erwähnt. §1 UWG fungiert nur noch als Rechtsgrundlage des Unterlassungsanspruchs oder evtl. des Schadensersatzanspruchs. Das vermag auch §823 Abs.1 BGB zu leisten; denn rechtswidrige staatsunternehmerische Ingerenz in den privaten Unternehmensbereich ist Verletzung des Rechts am Unternehmen. In Grenzfällen der Existenzvernichtung oder der Gefahr einer solchen kommen auch Abwehransprüche aus Art.12 Abs.1 GG und Art.14 Abs.1 GG in Betracht, dazu im 7.Teil das 7.Kap., S.347ff. m.H.. Eine Sonderfrage ist die Spezialität des §839 BGB, Art.34 GG (oder des verfassungswidr. und nichtigen (BVerfG NJW 1983, 25ff.) neuen Staatshaftungsrechts gegenüber §823 Abs.1 BGB, auf die es hier nicht ankommt. Das Mißverständnis des Verhältnisses von Gesetz- und Sittenwidrigkeit (Vorsprung durch Rechtsbruch) folgt dem konturlosen Begriff der "guten Sitten" in der Rechtsprechung, die vor allem die Belange der Allgemeinheit in diesen Maßstab einbezieht (dazu im 2.Kap., I, S.375ff. mit Hinw. insb. in Fn.55) und ist keine Besonderheit staatsunternehmerischer Wettbewerbswidrigkeit (vgl. die Hinweise in Fn.en 252, 369, etwa BGH NJW 1973, 1371 (1372); BGH NJW 1974, 140 (141). Sie ist in diesem Bereich aber spezifisch, weil das staatliche Verhalten, insbesondere das der gesetzlichen Kassen, eng geregelt ist und gesetzmäßigem Verhalten schlechterdings nicht der Vorwurf des Sittenverstoßes gemacht werden kann, wenn 'privattypische' Verhaltensspielräume nicht bestehen, der Vorwurf somit auf den Gesetzgeber zurückfiele. Im Sinne möglichen Verstoßes gegen §1 UWG durch Verletzung sog. wertneutraler Vorschriften Simitis, Verbraucherschutz, S.29f.; Raiser, GRUR Int. 1973, 445f.; Reich/Wegener, JuS 1964, 565f.; dazu K.Schmidt, Kartellverfahrensrecht, S.410ff. insb. zum Vorsprungsgedanken; vor allem dazu Schricker, Gesetzesverletzung, passim, insb. S.252ff.; ders., JA 1970, 69ff.; dazu auch näher Ulmer-Reimer, Unlauterer Wettbewerb, Rdn.79ff., S.54ff.; Möschel, Pressekonzentration, S.138f.; Koppensteiner, Wettbewerbsrecht, S.506ff. m.w.H.; auch P.Ulmer, ZHR 146 (1982), S.496ff. m.w.H.; auch Hefermehl, Wettbewerbsrecht, Rdn.535ff. zu §1 UWG.

384) Die reine Gewissensbezogenheit des Sittengesetzes hebt Vogt, NJW 1976, 731 hervor; auch Wieacker, JZ 1961, 339 ("Sittengebot ... als Befehl an das persönliche Gewissen"); Emmerich, Unlauterer Wettbewerb, 1982, S.37, für viele; spezifisch geht es jedoch nicht um die Gewissensbezogenheit, sondern um die Individualität und damit Subjektivität; auch die Ethik ist auf den Anderen, auf die Gemeindschaft bezogen, regelt somit das "äußere Verhalten des Menschen" (anders Emmerich, a.a.O., S.37f.), ist Imperativ, gibt Gebote (richtig Wieacker, a.a.O.; deutlich i.d.S. vor allem Welzel, Naturrecht und materiale Gerechtigkeit, S.166f.); mit dem Hinweis auf die Gewissensbezogenheit darf sich nicht die Vorstellung von Unverbindlichkeit einschleichen. Das Gewissen ist ethisch nicht 'frei', sondern dem kategorischen Imperativ verpflichtet; es ist rechtlich frei, um individual, subjekthaft sein zu können. Das lehrt ein Blick auf Art.38 Abs.1 S.2 GG. Näher zum kantischen Begriff des Sittengesetzes als Prinzip "formaler", individualer und subjekthafter Ethik im 3.Teil, 2.Kap., S.104ff.

385) Dazu 4.Teil, 2.Kap., S.153ff., 6.Teil, 1.Kap., II, III, S.237ff., 242ff.

standes[386].

Die Identität von Moralität und Legalität zu erreichen, ist eine ethische Aufgabe, eine sittliche Pflicht, keine Rechtspflicht[387]. Der freiheitlich-demokratische Staat erreicht im Rechtssinne diese Identität durch Rechtlichkeit.

4. Ein Widerspruch zur Gesetzlichkeit staatlichen Verhaltens ist die Bewertung rechtmäßigen Verhaltens des Staates nach einem Maßstab materialen Gemeinwohls, eben weil es diesen im freiheitlich-demokratischen Rechtsstaat im Sinne des Grundgesetzes nicht gibt[388]. Ein Sittlichkeitsbegriff, der sich als Maxime materialen Gemeinwohls versteht, ist, selbst wenn er in Programme eingezwängt oder auf den ordre public restringiert wird, nicht mehr gesetzesabhängiger Beurteilungsmaßstab, sondern im Gegenteil eine Ermächtigung zu gesetzesfreier politischer Dezision. Nur Gesetzlichkeit verwirklicht das Gemeinwohl[389].

## II Die Inadäquanz der wettbewerbsrechtlichen Lauterkeitsmaxime als Maßstab staatsunternehmerischer Wirtschaftspolitik

### 1. Die Inadäquanz privater Gesetze als Maßstab des Staatsverhaltens

Der Staat ist den "guten Sitten" als privaten Gesetzen[390] nicht unterworfen. Das private Gesetz bindet den Staat nicht, weil dieser an der diese kreierenden Übereinkunft der Privaten nicht teilhaben darf. Das verbietet ihm seine totale Gemeinwohlverpflichtetheit[391], deretwegen seine Entscheidungen prinzipiell nur in den staatsrechtlich geordneten Verfahren ergehen dürfen[392]. Die Bindung des Staates in seinen Entscheidungsspielräumen[393] durch rechtsetzende Übereinkünfte mit Privaten wäre, auch weil es dem Staat am privaten Recht zur Autonomie mangelt[394], prinzipiell sach- und damit rechtswidrig. Die Entscheidungsspielräume des

---

386) Wie hier Bülow, WiR 1974, 237ff.; Starck, F. Geiger, S.274; so auch v.Olshausen, NJW 1982, 2221 (2224): "totalitärer Werte-Absolutismus"; das wird bei Bettermann, NJW 1981, 1066, mit Fn.5 nicht recht klar.

387) Cohen, Kants Begründung der Ethik, S.400; dazu Winter, Ethik und Rechtswissenschaft, S.349ff., 357.

388) Dazu im 6.Teil, 2.Kap., S.247ff. m.H.

389) Dazu im 6.Teil, 3.Kap., I, III, S.253f., 255ff.

390) Dazu näher im 3.Kap., IV 1-3, S.412ff., 4.Kap., S.421ff.

391) Hinweise in Fn.en 98, 169 im 5.Teil; klar etwa Mallmann, VVDStRL 19 (1961), S.197; anders etwa Hubmann, W.u.V. 1982, 46f.; vgl. auch die Hinweise in Fn.en 218ff. des 7.Teils zur Maßstabsmodifizierung des §1 UWG im öffentlichen Interesse.

392) Vgl. die Hinweise in Fn.en 5, 18f., 34 im 6.Teil.

393) Dazu für viele Wolff-Bachof, Verwaltungsrecht I, §31, S.185ff.; Scholz, VVDStRL 34 (1976), S.163ff. mit umfangreichen Hinweisen, der nur den Begriff 'Ermessen' für diese verwandten Entscheidungsspielräume belassen will.

394) Vgl. dazu im 6.Teil das 3. und 4. Kap., S.253ff., 261ff. mit Fn.en 132, 161 im 6.Teil, 33-36 im 1.Teil.

Staates dienen bestimmter Zweckadäquanz der Entscheidungen[396], keinesfalls aber der Assimilierung des Staates an das Private. Die Übereinstimmung privater besonderer Interessen mit dem allgemeinen Wohl ist in jedem Fall zufällig[397] und rechtfertigt keine Ausnahme vom Verbot für den Staat, an privater Rechtsetzung teilzunehmen. Die Unabhängigkeit staatlicher Politik vom Schutz der Lauterkeit und auch vom Schutz der Freiheit des privaten Wettbewerbs hat sich erst recht gegen "gute Sitten" als privaten Rechtsnormen zu behaupten. Staatliche Rechtsbindung muß sich auf den Konsens des Volkes zurückführen lassen, während die privaten Verträge und Gesetze die Bindung einzelner Menschen in ihrer Besonderheit bedeuten. Daß sowohl private als auch staatliche Rechtsetzung auf dem Konsensprinzip beruhen[398], ändert nichts an der grundsätzlichen Besonderheit des Staates, als Organisation des Volkes für dessen Allgemeines nur dem allgemeinen Wohl verpflichtet zu sein und darin die Begrenzung seiner Existenz zu finden[399]. Einbeziehung in die private Rechtsetzung würde es erfordern, staatliches Verhalten aus dieser Allgemeinverpflichtetheit herauszusondern, staatliche Einheiten trotz ihrer Staatlichkeit zu besonderen Einheiten zu privatisieren. Die Praxis läßt unterstützt von der herrschenden Meinung denn auch mit der Privatrechtsfähigkeit des Staates private Einheiten desselben zu, wie insbesondere Gesellschaften des privaten Rechts[400].

Weil die Verwirklichung des allgemeinen Wohls die Einschränkung der Selbstbestimmbarkeit des Einzelnen unabdingbar erfordert, erheischt sie strikte Einhaltung der Kompetenz- und Verfahrensregeln, die das Grundgesetz gibt oder vorschreibt[401]. Nur unter dieser Bindung haben die Deutschen sich ihrem Staat als ihrer Organisation für ihr Allgemeines[402] gefügt. Jede Lösung von den Kompetenz- und Verfahrensregeln verletzt die Freiheiten der Deutschen, die nicht nur durch die Grundrechte geschützt, sondern auch die Essenz des durch die Volkssouveränität charakterisierten demokratischen Prinzips sind[403]. Nur staat-

---

396) Wolff-Bachof, Verwaltungsrecht I, §31 II, S.194, insb. für das Ermessen.

397) Krüger, Allgemeine Staatslehre, S.766. Das schließt nicht aus, daß es dem allgemeinen Wohl entspricht, wenn Private ihre Privatinteressen verfolgen, wie §1 UWG selbst beweist. Die sozial- und wirtschaftspolitische Aktivität ist weitgehend darauf ausgerichtet, daß Private Privatinteressen wahrnehmen, etwa Investitionsförderungen.

398) Dazu die Hinweise in Fn.en 338, 343; dazu auch im 2.Kap. des 4.Teils, S.153ff.; auch Adomeit, Gestaltungsrecht, S.20.

399) Zur ultra-vires-Lehre vgl. die Hinweise in Fn.74 im 1.Teil; tendenziell i.d.S. jetzt BVerfG NJW 1982, 2173ff. für Gemeinden.

400) Hinweise in Fn.1 im 1.Teil; gegen solche Oraganisationsstruktur staatlicher Agenden überzeugend Burmeister, WiR 1972, 311ff., 342ff., 350.

401) Dazu die Hinweise in Fn.45 des 2.Teils; vgl. Herzog, VVDStRL 29 (1971), S.114f.; ders., Maunz/Dürig/Herzog/Scholz, Rdn.19, 49ff. zu Art.20 GG; Kopp, VVDStRL 29 (1971), S.119f.; Krüger, Allgemeine Staatslehre, S.253ff.; Stern, Staatsrecht I, S.69, 90; Scholz, ZHR 132, 114; Schachtschneider, JA 1979, 516.

402) Zu dieser Definition des Staates Hinweise in Fn.142 im 6.Teil.

403) Dazu das 1.Kap., I, im 4.Teil, S.138ff., Hinw. in Fn.72 im 1.Teil und Fn.en 14, 17 im 4.Teil, 112 im 3.Teil.

liche Rechtsetzung im verfassungsgeregelten Verfahren darf darum den Staat binden[404]. Damit sind staatliche Vorschriften, die auf private Rechtsetzung verweisen, ungeeignet, dem Staat das Recht zu geben. Die wesentliche Bestimmung des Verhaltens geschieht nach solchen Vorschriften privat[405]. Nur wer dem Staat mit der Privatrechtsfähigkeit[406] die Privatheit zuspricht, kann und muß zu einem anderen Ergebnis gelangen. Der Staat hat aber keine private Existenz und ist damit durchgehend von den spezifisch privaten Verhaltensweisen ausgeschlossen.

An diesem Ergebnis ändert sich nichts, wenn man die Bewertung der Sitte, einer privaten Norm, als "gut" dem Wettbewerbsrichter überläßt[407], weil auch dann die Privatheit der Normsetzung der Anwendung dieser Norm auf staatliches Verhalten entgegensteht.

2. Die staatsrechtliche Bindung staatsunternehmerischer Gemeinwohlverwirklichung

a) Wenn die "guten Sitten" des § 1 UWG auch durch die Belange der Allgemeinheit konkretisiert würden[408] (und diese Vorschrift nicht als Delegation von wirtschafts- und wettbewerbspolitischer Legislations-und Administrationsbefugnis an den Wettbewerbsrichter verstanden wird[409]), ergäbe das keinen eigenständigen normativen Gehalt für Staatsunternehmen, weil der Staat bei seinem gesamten Verhalten dem Allgemeinwohl verpflichtet ist[410]. Eine administrative Konkretisierung des Gemeinwohls, zu der auch die durch die staatlichen Unternehmen gehört, die § 1 UWG zu achten hätten, wäre prinzipiell den Maßstäben ausgesetzt, die das Wettbewerbsrecht für private Unternehmen setzt. Das ist der Standpunkt der wohl noch herrschenden Meinung[411], die allerdings das hoheitliche Verhalten des

---

404) Dazu im 3.Kap. des 6.Teils, S.253ff., auch im 3.Kap. des 4.Teils, S.159ff.

405) So auch Henke, VVDStRL 28 (1970), S.155; vgl. auch für viele Vogt, NJW 1976, 731ff.; i.d.S. auch Kloepfer, VVDStRL 40 (1982), S.77f.

406) Hinweise in Fn.1 im 1.Teil.

407) So im Ergebnis alle Erläuterungsversuche zum Begriff der "guten Sitten", außer dem von v.Ihering, Der Zweck im Recht, Bd.2, S.22, 200 (dazu 4.Kap., II 1, S.423f.) im Text (dazu 4.Kap., II 1, S.423f. m.H., insb. in Fn.305), vgl. etwa Vogt, NJW 1976, 732ff., der wie in diesem Satz des Textes differenziert.

408) So die Praxis und die h.M.; dazu im 2.Kap., I 3, S.379ff. m.H., vor allem in Fn.55; Hinweise in Fn.17 im 2.Teil.

409) So vor allem Ott, Rebe und Emmerich, dazu das 2.Kap., II, S.385ff.. Die Interpretation der "guten Sitten" als Verweisungsblankett auf außertatbestandliche Fakten/Normen, also private Gesetze, scheidet bei diesem Ansatz aus.

410) Hinweise in Fn.98 im 5.Teil. Darum ist bei Maßstabsmodifizierung der guten Sitten nach Maßgabe der öffentlichen Interessen in der Sache zugestanden, daß §1 UWG ohne normative Substanz für staatliches Verhalten ist. "Gewinn" bleibt gegebenenfalls die Zuständigkeit der Zivilgerichte. Sonst ist es die Feststellung der Gemeinwohlverpflichtetheit des Staates. Zur Maßstabmodifizierung H. in Fn.en 218ff. im 7.Teil; P.Ulmer, ZHR 146 (1982), S.485ff. m.H.; Hubmann, W.u.V. 1982, 52ff. (Interessenabwägungstheorie).

411) Hinweise in Fn.82 im 2.Teil (Gleichbehandlung des staatlichen und des privaten Unternehmers); etwa Hubmann, W.u.V. 1982, 146f.; P.Ulmer, ZHR 146 (1982), S.485ff.; skeptisch etwa Rittner, Wirtschaftsrecht, S.174.

Staates trotz dessen wettbewerblicher Relevanz nicht der Norm des § 1 UWG (wenn auch nur nachrangig) unterwirft[412]. Die Eigenart des Staatlichen, immer politisch, immer gemeinwohlkonkretisierend oder -verwirklichend zu sein[413], schließt es jedoch aus, den Staat bei irgendeinem Verhalten der privatunternehmerischen Sittenklausel des § 1 UWG zu verpflichten.

b) Staatlichkeit hat sich, wie hier noch einmal hervorgehoben werden soll, ausschließlich nach Maßgabe des staatlichen Rechts für den Staat zu vollziehen[414]. Auch die unternehmerische Politik des Staates ist an "Gesetz und Recht" gebunden, wie es Art.20 Abs.3 GG vorschreibt[415]. Es gibt keine staatsrechtsfreien Verhaltensräume für staatliches Verhalten, auch nicht im Bereich der Wirtschaft[416]. Der Staat genießt, wie dargelegt, entgegen der Fiskustheorie keine Privatautonomie[417] und ist darum nicht befähigt, wie Private Subjekt des Autonomierechts zu sein. Zum neutralen/allgemeinen Recht gehört § 1 UWG nach den Untersuchungen dieser Arbeit nicht. Die privaten Autonomiebezirke haben nichts mit staatlichen Entscheidungsspielräumen gemein. Letztere sind Beurteilungs-, Entscheidungs- und Ermessensspielräume[418], innerhalb derer staatliches Verhalten an mannigfache staatsspezifische Rechtsprinzipien gebunden ist, vor allem an den Gleichheitssatz. Ebenso verpflichtet das Prinzip der Sach- und Zweckgerechtigkeit den Staat unmittelbar, Private aber nur mittels hinreichend bestimmter Gesetze[419].

Staatliches Verhalten ist durch die Staatsrechtsbindung in hohem Maße Staatsrechtsvollzug[420]. Jede staatliche Maßnahme realisiert etwa das Sozialprinzip des

---

412) Hinw. in Fn.72 des 2.Teils; vgl. dagegen die Neutralitätsthese, dazu Fn.316 im 2.Teil, und zur These der Praxis von der Doppelqualifikation Hinw. in Fn.en 317, 319, 320 und auch 72 im 3.Teil; anders insb. Hubmann, W.u.V. 1982, 46f., 48ff., 54; deutl. anders Wolff-Bachof, Verwaltungsrecht I, §23 V c, S.112, ganz i.S. der Neutral. des Wettbewerbsrechts ("... nie darf sie (sc. die öffentl. Verwaltung, unabhängig von der Rechtsform) gegen die allg. Schranken des Wettbewerbs verstoßen").

413) Dazu das 8.Kap. im 7.Teil, S.357ff. und das 1.Kap., II, III, im 6.Teil, S.237ff., 242ff.; ganz i.d.S. Rittner, Wirtschaftsrecht, S.179; vgl. auch ders., F. Flume, S.255f.

414) Näher im 3.Kap., insb. III, des 6.Teils, S.255ff.

415) Für viele Hesse, Verfassungsrecht, S.144f.

416) Anders (für viele, im Prinzip die Anhänger der Überlagerungstheorie (Fn.57 im 1.Teil) und der Spezialitätstheorie, die die Neutralitätstheorie auch ist) auch Scholz, ZHR 132 (1969), S.131ff., der in solchen Bereichen das "allgemeine" Wettbewerbsrecht wirken läßt, dazu näher im 9.Kap. des 2.Teils,, S.80ff.; ebenso Hubmann, W.u.V. 1982, 45f., der befürchtet, der Staat könne mittels der Rechtsordnungswahl den Vorschriften des UWG ausweichen.

417) Dazu im 4.Kap., IV, V, des 6.Teils, S.268ff.; Hinweise in Fn.en 132, 161 des 6.Teils und Fn.59 des 2.Teils.

418) Dazu genau Wolff-Bachof, Verwaltungsrecht I, §31, S.185ff. m.H.; Scholz, VVDStRL 34 (1976), S.163ff. mit umfangreichen Hinweisen.

419) Vgl. dazu BVerfGE 18, 18 (27); 19, 303 (321f.); 28, 295 (305f.); Dürig, Maunz/Dürig/Herzog/Scholz, Rdn.310, 338 zu Art.3 Abs.1 GG; Schachtschneider, Der Staat 16 (1977), S.504f.; Wolff-Bachof, Verwaltungsrecht I, §30 II b 3, S.181.

420) Vgl. dazu insb. Herzog, VVDStRL 24 (1966), S.190ff.; auch Rittner, Wirtschaftsrecht, S.177ff. (Erfüllung öffentlicher Aufgaben).

Art.20 Abs.1 GG[421] und auch die gesamtwirtschaftliche Verpflichtung des Staates aus Art.109 Abs.2 GG[422]. Das Recht zur Autonomie der Privaten steht im prinzipiellen Gegensatz zur gesetzlichen Gebundenheit des Staates in allen seinen Verhaltensweisen. Wenn die Bindung staatsunternehmerischen Verhaltens an die von den (oder/und jedenfalls für die) privaten Unternehmen bestimmten "guten Sitten" i.S. des § 1 UWG mit dem gängigen Argument, der Staat, der sich in die private Wirtschaft begebe, müsse wegen der Chancengleichheit unter den Konkurrenten[423] denselben Gesetzen unterworfen sein wie jeder Unternehmer sonst, anzuerkennen wäre, so müßte doch der Vorrang des staatlichen Rechts hingenommen werden[424]. Staatliches Recht steht jedenfalls in seiner Geltung für den Staat nicht zur Disposition privater Rechtsetzung, unabhängig davon, ob es sich um generell-abstrakte oder individuell-konkrete Entscheidungen des Staates handelt, ob es um Gesetze oder Verwaltungsakte geht. Das folgt aus der eigenständigen Zwecksetzung staatlicher Rechtsakte, nämlich der Verwirklichung des Gemeinwohls, während die Privaten prinzipiell besondere Zwecke, nämlich die jeweils von ihnen autonom bestimmten Zwecke, im Auge haben und haben dürfen. Es folgt weiterhin aus der Kompetenzlage für die Setzung von Staatsrecht[425].

c) Verbindliche Akte des Staates müssen sich gegenüber privaten Verhaltensweisen durchsetzen können. Das macht die Staatlichkeit (Hoheitlichkeit) des Staates aus[426]. Auch unternehmerische Betätigung des Staates ist amtliche, staatliche Tätigkeit[427]. Wer freilich dem Staat zugesteht, privat zu sein oder sich wenigstens wie ein Privater zu verhalten, also bei der Fiskustheorie verharrt[428], wird

---

421) Vgl. in diesem Sinne auch Mallmann, VVDStRL 19 (1961), S.190ff.; Imboden, Gesetz, S.42; Rupp, DVBl 1959, 84; Stern, JZ 1960, 524; Schachtschneider, Das Sozialprinzip, S.71ff., 75ff., 82ff.; vgl. i.d.S. auch Badura, F. Schlochauer, S.21; ders., ZHR 146 (1982), S.459.

422) Dazu vgl. Badura, F. Schlochauer, S.20; ders., ZHR 146 (1982), S.452, 459 (allgemein).

423) Dazu die Hinweise in Fn.en 218, 219, 220 im 7.Teil, auch Fn.82 im 2.Teil; für viele Ulmer-Reimer, Unlauterer Wettbewerb, Rdn.75ff., S.50ff., vorsichtiger Rdn.78, S.54; dazu auch Hubmann, W.u.V. 1982, 52ff., der Modifizierungen mit seiner Interessenabwägung erreicht, mit der er den Richter zum Gesetzgeber macht.

424) So auch Scholz, ZHR 132 (1969), S.131ff., dessen Neutralitätstheorie die Spezialität von staatlichem Zweckrecht gegenüber dem "allgemeinen" Wettbewerbsrecht anerkennt, dazu das 9.Kap. im 2.Teil, S.80ff.; so auch Hubmann, W.u.V. 1982, 47.

425) Zur Kompetenzhaftigkeit die Hinweise in Fn.55 des 2.Teils; rechtstheoretisch zur Kompetenz als Rechtsaktermächtigung Adomeit, Gestaltungsrechte, S.19ff.

426) Das ist der Rang der Rechtsordnung im modernen Staat, der sich aus dem Wesen einer demokratischen Verfassung des Staates selbst ergibt; dazu Adomeit, Gestaltungsrechte, S.18, der von einer Ermächtigungskette für die Gültigkeit einer Verhaltensnorm spricht, etwa: "Verfassung-Gesetz-Vertrag". Umgekehrt galt der deutschrechtliche Satz: "Willkür bricht Stadtrecht, Stadtrecht bricht Landrecht, Landrecht bricht gemeines Recht", Adomeit, a.a.O., Fn.29, S.18; dazu Walter, Der Aufbau der Rechtsordnung, S.53ff.; dazu Reinhardt, Privates Unternehmen und öffentliches Interesse, F. Hueck, S.439ff.; auch Knöpfle, Der Rechtsbegriff "Wettbewerb", S.55, allerdings mit materiellem Gemeinwohlbegriff.

427) Dazu im 7.Teil das 8.Kap., Hinweise in Fn.en 130, 362, 377 des 7.Teils; deutlich etwa Ossenbühl, Wirkungskreis der Deutschen Bundespost, S.118 (ohne hinreichende Konsequenzen).

428) Hinweise in Fn.1 im 1.Teil; vgl. insb. BGHZ 36, 91 (96); Dürig, Maunz/Dürig/Herzog/Scholz, Rdn.130,

konsequent staatliches (in der Sprache der Fiskustheorie 'hoheitliches') Verhalten des Staates von nichtstaatlichem, also privatem, vermeintlich bloß privatrechtlichem, Verhalten des Staates abgrenzen[429].

3. Inadäquanz wettbewerblicher Lauterkeitsprinzipien der Privatunternehmer als Maßstäbe staatlicher (Unternehmens-) Politik

Schon weil Zwecke staatlichen Wirtschaftens prinzipiell nicht wettbewerblich, insbesondere nicht privatunternehmerisch sein dürfen[430], werden Unternehmensakte des Staates die Maximen wettbewerblicher Lauterkeit nicht einbeziehen dürfen, jedenfalls dies nicht müssen. Wenn staatliches Wirtschaften die in einer etwaigen Ermächtigungsgrundlage gegebenen speziellen Verhaltensanweisungen mißachtet, eröffnet das nicht etwa die Kontrolle an dem "allgemein-rechtlichen" § 1 UWG[431]. Wenn es die Spezialvorschriften der konkreten staatlichen Unternehmung und auch die allgemeinen staatsunternehmerischen Rechtsprinzipien beachtet, darf das Verhalten des Staatsunternehmens nicht zusätzlich an § 1 UWG gemessen werden, weil dessen Maßstäbe staatsrechtsmäßig verfolgte Unternehmenspolitik zu desavouieren vermöchten. Der Staat würde sein unternehmens- und damit wirtschaftspolitisches Instrumentarium grundlos beschneiden, wenn er sich verpflichten würde, unternehmerisch seine Zwecke nur im lauteren Wettbewerb nach Maßgabe des § 1 UWG zu verfolgen[432]. Allenfalls in dem Sonderfall, daß der Staat Wirtschaftspolitik durch unternehmerische Teilnahme am Wettbewerb betreibt, etwa um durch Adaption privatwirtschaftlichen Verhaltens private Monopole oder Oligopole zu brechen, kommt eine Selbstverpflichtung des Staates in Frage, die Prinzipien wettbewerblicher Lauterkeit der Privatunternehmen zu beachten. § 1 UWG darf nicht

---

135 zu Art.1 Abs.3 GG; ders., daselbst, Rdn.45 zu Art.19 Abs.3 GG; Maunz, daselbst, Rdn.20 zu Art.83 GG; Emmerich, Wirtschaftsrecht, S.147; ders., JuS 1970, 332; Rinck, Wirtschaftsrecht, Rdn.173; vgl. auch Badura, F. Schlochauer, S.11, der derartiges Verhalten als fiskalisches neben solches auch öffentlicher Unternehmer stellt, die eine "öffentliche Aufgabe" erfüllen. Auch Ossenbühl, Wirkungskreis der Deutschen Bundespost, S.138.

429) Zur Kontroverse zwischen der Subjektions- und der Subjektstheorie vgl. die Hinweise in Fn.en 57, 66 des 5.Teils, vgl. auch die Hinweise in Fn.1 des 1.Teils, weil der Streit um die Fiskustheorie weitgehend als Frage des Rechtsweges geführt wird. Ossenbühl, Wirkungskreis der Deutschen Bundespost, S.138, schließt umgekehrt aus der Rechtsform auf Teilnahme des Staates am Wettbewerb oder auf Hoheitsverwaltung; das ist in der Sache Fiskustheorie reinsten Wassers.

430) Krüger, Allgemeine Staatslehre, S.461f., 604ff.; ders., ZBR 1979, 157ff.; Scholz, ZHR 132 (1969), S.114; i.d.S. jetzt BVerfG NJW 1982, 2173ff., insb. 2175 (gegen "rein erwerbswirtschaftlich-fiskalische Unternehmen", insb. der Gemeinden); anders noch BVerfGE 27, 364 (374); dazu näher im 7.Teil im 4.Kap., S.310ff.

431) Zu diesem Verhältnis des staatlichen Zweckrechts zum Wettbewerbsrecht Scholz, ZHR 132 (1969), S.131ff.; dazu die Kritik im 9.Kap. des 2.Teils, S.82ff.; anders als hier insb. Hubmann, W.u.V. 1982, 47, bei Mißachtung der öffentl. Aufgabe, sprich Kompetenz, wenn auch im öffentl. Interesse (?); anders etwa auch Ossenbühl, Wirkungskreis der Deutschen Bundespost, S.141.

432) So auch Krüger, Allgemeine Staatslehre, S.604ff., 606; Scholz, ZHR 132 (1969), S.135ff., differenzierend; ganz so auch Rittner, Wirtschaftsrecht, S.179; vgl. auch ders., F. Flume, S.255f.; Ascher, LZ 1929, Sp.1433; ders., JR 1929, 89; schon E.Ulmer, JW 1933, 1948; dazu Schricker, Wirtschaftliche Tätigkeit, S.154ff., 160ff.; Emmerich, Unlauterer Wettbewerb, S.64f.; vgl. auch die Hinweise auf den administrativen Charakter staatlichen Wirtschaftens in Fn.en 130, 363, 377 im 7.Teil.

umgekehrt ein Vorrang privater Rechtsetzung, der "guten Sitten" also, vor staatlichen Unternehmensrechtsakten entnommen werden. Schon gar nicht hat sich staatliche Wirtschaftspolitik an dem 'Anstandsgefühl des Durchschnittsgewerbetreibenden' zu orientieren, wenn dem Staat hinreichende unternehmerische Handlungsmöglichkeiten bleiben sollen. Gemeinwohlverwirklichung darf nicht in die "guten Sitten" der Kaufleute gezwängt werden. Die wettbewerbliche Lauterkeitsmaxime darf staatliche Politik nicht konterkarieren können. Der Sache nach gestehen das auch die Praxis und die herrschende Lehre zu, die die privatunternehmerischen Maßstäbe lauteren Wettbewerbs für den 'Wettbewerb' von Staatsunternehmen nach Maßgabe der von diesen verfolgten öffentlichen Interessen modifizieren und damit § 1 UWG die eigenständige Normwirkung nehmen[433].

### III Die Unanwendbarkeit des funktionalistisch-kompetenziell interpretierten § 1 UWG auf staatliches Verhalten

Gegenüber Privaten begegnet das Dogma richterlicher Kompetenz zur Gemeinwohlkonkretisierung (Wettbewerbspolitik) im Bereich bestimmter Wirtschaftspolitiken aus § 1 UWG den im 2. Kapitel sub II ausgeführten kompetenziell-rechtsstaatlichen, vor allem aber freiheitsrechtlichen Bedenken. Gegenüber dem Staat ist eine solche Richterkompetenz gänzlich unakzeptabel. Die Rechtmäßigkeit von exekutivischem Verhalten des Staates darf mit Rücksciht auf das Gewaltenteilungsprinzip nicht von nachträglicher Gemeinwohlkonkretisierung abhängig sein. Das ist aus der Dogmatik staatlicher Entscheidungsspielräume hinreichend geläufig[434]. Auch als Unternehmer betreibt der Staat Wirtschaftspolitik[435] und diese seine Politik ist exekutivische Gemeinwohlkonkretisierung[436], die der Regierungsverantwortung und damit

---

433) Emmerich, zuletzt in Mestmäcker/Immenga, Rdn.35 zu §98 GWB; ders. schon, Wirtschaftsrecht, S.144ff., 436; P.Ulmer, ZHR 146 (1982), S.485ff. m.H.; Hubmann, W.u.V. 1982, 52ff. m.H.; weitere Hinweise in Fn.217, 218f. des 7.Teils; BGH NJW 1982, 2117ff., verschärft den Maßstab des §1 UWG gegenüber staatlicher "Wettbewerbsteilnahme" bis zum "Wettbewerbs"-verbot hin und führt damit die Anwendung dieser Vorschrift auf staatsunternehmerisches Verhalten ad absurdum. Sehr skeptisch gegenüber den Maßstäben des §1 UWG, die auf Privatunternehmen abgestellt sind, Rittner, Wirtschaftsrecht, S.174, 179, 197.

434) Wolff-Bachof, Verwaltungsrecht I, §31 I c 3,4, S.188f., 191ff., auch §19 II c, S.86; vgl. Ossenbühl, DÖV 1968, 619ff.; ders., DÖV 1970, 84ff.

435) Klein, Teilnahme, S.38ff., 48ff. mit vielfältigen Hinweisen; Krüger, ZBR 1979, 157ff.; Rittner, Wirtschaftsrecht, S.174, 179, 197, 301f.; deutlich etwa Ossenbühl, Wirkungskreis der Deutschen Bundespost, S.96ff., 131f.

436) Dazu näher 7.Teil, 8.Kap., S.357ff.
Vgl. Püttner, Die öffentlichen Unternehmen, S.325ff., der die "öffentliche Wirtschaft" als "Eingriffs- und Leistungsverwaltung", jedenfalls als "Verwaltung im materiellen Sinne" einstuft; auch Rüfner, Formen, S.145ff., 147 mit allerdings gänzlich unklarem Gemeinwohlbegriff, wonach private und öffentliche Unternehmen an das Gemeinwohl gebunden seien, letztere nur "ungleich stärker"; zurückhaltend Ballerstedt, DÖV 1951, 451; vgl. auch Köttgen, Die erwerbswirtschaftliche Betätigung, S.13f.; ders., F. DJT I, S.600; auch Ossenbühl, Wirkungskreis der Deutschen Bundespost, S.96ff., insb. S.118.

der parlamentarischen Kontrolle unterliegt. Richterliche Verantwortung für die Wirtschaftspoltik würde an der richterlichen Unabhängigkeit aus Art.97 Abs.1 GG teilhaben und dem genannten Verantwortlichkeits- und Kontrollsystem entzogen sein. Das widerspräche außer der rechtsstaatlichen Gewaltenteilung vor allem der demokratischen Entscheidung des Grundgesetzes. Wenn der Staat seine Wirtschaftspolitik kompetenzgemäß bestimmt hat, und zwar sachnah durch die Amtswalter der Unternehmen, darf diese nicht richterlich korrigiert werden, weil deren primäre Bestimmung wegen der Offenheit der Gemeinwohllage, also mangels rechtlichen Maßstabes, nicht rechtswidrig ist. Maßstablose Reformation administrativer Entscheidungen durch Richter gehört nicht in die grundgesetzliche Organisation des Staates. Die Richter dürfen ihrem Staat nicht in dessen unternehmerisch verfolgte Politik hineinregieren, sich nicht in eine wirtschaftspolitische Konkurrenz mit den kompetenten Stellen des Staates begeben. Sie sollen, ganz anders, den Menschen gegen rechtswidrige Eingriffe[437] des Staates Freiheitsschutz geben (Art.19 Abs.4 S.1 GG)

Würde § 1 UWG den Wettbewerbsrichtern die wettbewerbs- und wirtschaftspolitische Kompetenz delegieren, die diese Vorschrift ihnen nach Ott, Rebe, Hefermehl und Emmerich gegenüber privaten Wettbewerbern geben soll[438], so wäre der Staat, auf den die so verstandene Vorschrift angewandt würde, bereits wegen der administrativen Funktion der Richter in die Rolle eines privaten Unternehmers gedrängt. § 1 UWG hätte in dieser Interpretation zwar den neutralen/allgemeinen Charakter, der die Praxis rechtfertigen könnte, wäre aber entgegen dem grundgesetzlichen Autonomieprinzip ausgelegt und damit nicht mehr verfassungsgemäß geeignet, den Privatunternehmern das Recht zu geben. Als Autonomierecht also wäre § 1 UWG in diesem Verständnis freiheitswidrig, als Staatsrecht gewaltenteilungswidrig.

437) Von "Eingriffen" in den "fremden Wettbewerb" pflegt bezeichnenderweise, wenn auch wenig dogmenspezifisch, der Bundesgerichtshof zu sprechen, etwa BGHZ 19, 299 (307). Das leistet in der Sache gemäß Art.12 Abs.1 GG, fälschlich gestützt auf §1 UWG, BGH NJW 1982, 2117f.

438) Siehe den Bericht und die Kritik zur funktionalistischen-kompetenziellen Delegationstheorie im 2.Kap., sub II, S.385ff.

6. Kapitel

## ZUSAMMENFASSUNG ZUM 8. TEIL

Wegen des Wortlauts des § 1 UWG[439], wegen des Geltungsgrundes von Rechtsnormen in der freiheitlichen Demokratie[440] und wegen der rechtsstaatlichen Bestimmtheitsanforderungen[441], aber auch wegen eines Zweckverständnisses des § 1 UWG, das die Ordnung des geschäftlichen Verkehrs nach Möglichkeit der Autonomie der Unternehmer beläßt, vermag allein die Interpretation zu überzeugen, die die "guten Sitten" als Privatgesetze begreift, als Sitten, deren Güte die beteiligten Kreise selbst bestimmen[442]. Die Ethik der beteiligten Menschen wird maßgebend, wenn sie konsentieren. Der Richter bleibt von Aufgaben verschont, nämlich zu legiferieren und zu administrieren, die nicht seiner Funktion entsprechen[443]. Schon Baumbach hat kritisiert, daß die mehr oder weniger strenge Ethik der Richter die Wettbewerbsordnung bestimme, nicht die der reglementierten Menschen und nicht die des Gesetzgebers. Der Streit um den Begriff der "guten Sitten" ist der Sache nach ein Kompetenzstreit, der in der freiheitlichen Demokratie des Grundgesetzes im Sinne der Legitimationsprinzipien von Autonomie und Konsens allein zugunsten des privaten und staatlichen Gesetzgebers entschieden werden darf[444].

---

439) Zur Bedeutung des Wortlauts im 1.Kap., I 6, S.371ff.; zur Wortlautfrage auch Emmerich, Unlauterer Wettbewerb, 1982, S.38 in unserem Sinne; auch Kraft, Interessenabwägung, S.109, 114ff.; zu Recht wird v.Iherings, Der Zweck im Recht, Bd.II, S.1ff., begriffliche Trennung von Sittlichkeit und Sitte zu Grunde gelegt.

440) Zur Konsenstheorie, die die Geltung von Recht in der freiheitlichen Demokratie erklärt, im 4.Teil, 2.Kap., passim, S.153ff.; vgl. zur Privatrechtstheorie in der grundgesetzlichen Demokratie als allgemeines Problem Kübler, Privatrecht und Demokratie, F. Raiser, S.697ff.

441) Dazu vor allem im 2.Kap., I 3, S.379ff., II 2 b, S.393ff., 3.Kap., III 2, S.411f., IV 3, S.417f. und passim in diesem Teil.

442) Dazu die Hinweise in Fn.21; dazu näher im 3.Kap., IV 1-3, S.412ff. und 4.Kap., I, II, IV, S.421ff., 431ff. mit weiteren Hinweisen.

443) Dazu näher die Kritik am Funktionalismus im 2.Kap., II 2 a und b, S.388ff., 393ff.

444) Zu den Prinzipien Autonomie und Konsens im 3.Teil, S.97ff. passim und im 4.Teil, 2.Kap., S.153ff.; zur Entscheidung des Kompetenzstreits um die Bestimmung des Sittlichen 3. Kap., IV 1-3, S.412ff.

§ 1 UWG vermag mit seinem Verhaltensmaßstab "gute Sitten" staatliches Verhalten nicht zu binden. Ein Sittenverstoß des Staates scheidet nach dieser Norm schon deswegen aus, weil der Staat nicht durch private Rechtssätze gebunden wird und werden darf. Der Maßstab "gute Sitten" ist notwendig ein besonderer Maßstab von Privaten und kein neutraler/allgemeiner Maßstab, wie er nur durch staatliches Gesetz begründet werden darf. Staatliches Verhalten darf nur an den staatsrechtlichen Vorschriften gemessen werden, darf nur als staatsrechtswidrig bewertet werden, nicht aber als sittenwidrig im Sinne des § 1 UWG.

Versteht man die "guten Sitten" des § 1 UWG jedoch als richterlich konkretisierungsbedürftige materiale Verhaltensvorschriften, so wandelt die Unbestimmtheit eines solchen Rechtssatzes diesen in die Delegation von Kompetenz zu Wirtschafts- und Wettbewerbspolitik an den Richter. In dieser Interpretation ist der wettbewerbliche Verhaltensmaßstab neutral/allgemein und darf dennoch aus Kompetenzgründen den Staatsunternehmen nicht das Recht geben. Der Staat wäre in seinen politischen Möglichkeiten durch Maßstäbe begrenzt, die dem Mißbrauch privater Wirtschafts- und Wettbewerbsfreiheit entgegenwirken sollen und zur Disziplinierung staatlichen Verhaltens inadäquat sind. Diese Interpretation ist im übrigen mit den Prinzipien des freiheitlichen Rechtsstaates nicht vereinbar. Staatliches Verhalten ist außerdem nicht wettbewerblich.

Gegen ein material-wertethisches Verständnis des Begriffs der "guten Sitten" steht allgemein das Argument der Pluralität der Werte in der freiheitlichen Demokratie. Dieses Argument berücksichtigt die funktionalistische Delegationstheorie. Die Anwendung des § 1 UWG auf Staatsunternehmen nach deren eigener Interpretation neutralisiert diese Vorschrift zwar in ihrem Maßstab, scheitert vor allem aber, wie gesagt, an demokratierechtlichen Kompetenzprinzipien. Sie ist darüber hinaus mit dem rechtsstaatlichen Bestimmtheitsprinzip nicht zu vereinbaren.

Jede Anwendung des § 1 UWG auf staatsunternehmerisches Verhalten verkennt, daß der Staat in keinem Funktionsbereich das Recht zur Autonomie genießt. § 1 UWG dient der wettbewerblichen Verträglichkeit der Autonomie der Unternehmer und erlaubt darum deren rechtsrelevante Begrenzung durch "gute Sitten". Staatsunternehmrische Unabhängigkeit ist zweckbezogen. Die Grenzen des Rechts zur Autonomie der Privaten sind als Regelungen staatsunternehmerischer Zweckgerechtigkeit inadäquat. Wenn sie private autonome Gesetze sind, ergibt sich das aus der demokratiegemäßen Allgemeinheit des Staatsrechts. Wenn sie staatlich gesetzt sind, etwa durch Verweis auf eine material-wertethische Sittlichkeit oder durch einen wettbewerbspolitischen Richtervorbehalt, müssen die freiheits-rechtsstaatlichen Garantien gewahrt bleiben, insbesondere muß i.S. der Verhältnismäßigkeit der Freiheitsbeschränkung die Autonomiebefugnis nach Möglichkeit geschont werden. Die "guten Sitten" bleiben Autonomierecht für Private und sind so als Zweckrecht

---

und 4.Kap., S.421ff.; vgl. zu diesem privatrechtstheoretischen Ansatz aus den Prinzipien Freiheit und Gleichheit Kübler, F. Raiser, S.697ff., 705, 709, 718f., 720f.

für den Staat ungeeignet. Die Anwendung des § 1 UWG sowohl auf Privat- als auch auf Staatsunternehmen privatisiert entweder den Staat oder funktionalisiert die Privaten. Beides läßt das Grundgesetz nicht zu.

Unterlassungs- und Schadensersatzansprüche von Privatunternehmern gegen rechtswidriges staatsunternehmerisches Verhalten können sich aus §§ 1004, 823 Abs.1 BGB ergeben, die nicht nur Private, sondern auch den Staat verpflichten. Die Rechtswidrigkeit der staatlichen Beeinträchtigung des privaten Rechts am Unternehmen beurteilt sich dabei ausschließlich nach Staatsrecht. Dem sich aus diesen Vorschriften und deren Anwendung auf staatsunternehmerisches Verhalten ergebenden Fragenkomplex müssen wir nicht nachgehen, um nachzuweisen, daß Vorschriften, die allein privates Verhalten normieren, auf staatliches Verhalten unanwendbar sind. Dafür muß nicht ein 'alternatives' Staatsunternehmensrecht entwickelt werden. "Wer" i.S. des § 823 Abs.1 BGB kann jedenfalls auch der Staat sein. Staatshaftungsrechtliche Spezialvorschriften mögen allerdings § 823 BGB verdrängen. Vermerkt sei nur noch, daß die privaten Unternehmer zur Abwehr staatlicher Ingerenz nicht allein auf die Grundrechte, die nur begrenzten Schutz geben, verwiesen sind.

# ZUSAMMENFASSUNG

## 1. Teil

Sowohl der Gesetzgeber als auch Verwaltung und Rechtsprechung sehen im Staat (auch) ein Privatrechtssubjekt (Fiskustheorie). Sie beurteilen Verhalten des Staates (prinzipiell alle Personen des öffentlichen Rechts) nach Privatrecht, wenn der Staat als Privatrechtssubjekt agiert, indem er sich entweder als juristische Person des Privatrechts (insbesondere als Aktiengesellschaft oder als Gesellschaft mit beschränkter Haftung) organisiert, um bestimmte (meist privattypisch unternehmerische) Aufgaben zu erledigen, oder auch als juristische Person des öffentlichen Rechts in den 'Formen des Privatrechts', 'privatrechtlich' tätig wird.

'Privatrechtliches' ist in der Sache privates Verhalten; Privatrechtssubjektivität setzt nicht nur Privatheit voraus, sondern macht Privatheit aus. Privatheit ist definiert durch das Recht zur Autonomie, die Freiheit. Privatrecht teilt sich in neutrales/allgemeines Recht, das unabhängig davon gilt, ob das Rechtssubjekt, dessen Verhalten geregelt wird, frei ist, also das Recht zur Autonomie genießt, und Autonomierecht, welches die Freiheit, das Recht zur Autonomie, begrenzt.

Die Staatspraxis unterstellt den Staat auch dem Autonomierecht und räumt ihm damit Privatheit ein; sie erlaubt es dem Staat, sich zu privatisieren (substantielle Fiskustheorie). Daran ändert die Modifikation der autonomierechtlichen Maßstäbe für staatliches Verhalten nichts Wesentliches. Die staatliche Privatrechtssubjektivität wird nämlich nicht auf das neutrale/allgemeine Recht beschränkt, welches, wenn es dem Staat das Recht gibt, öffentliches Recht/Staatsrecht ist.

§ 1 UWG etwa (wie überhaupt das Wettbewerbsrecht) ist Autonomierecht; denn seine Anwendung setzt die wirtschaftliche Freiheit, das Recht zur wirtschaftlichen Autonomie des Rechtssubjekts voraus, dessen Verhalten geregelt wird, also Freiheit des Wettbewerbers.

Der autonomierechtliche Charakter des § 1 UWG und die Unvereinbarkeit eines staatlichen Rechts zur Autonomie als der Voraussetzung der staatlichen Teilnahme am Wettbewerb mit der vom Autonomieprinzip bestimmten freiheitlich-demokratischen Grundordnung sind die eigentlichen Probleme der Untersuchung. Diese kritisiert die substantielle Fiskustheorie im Staatsunternehmensrecht.

## 2. Teil

Die Rechtsprechung und die überwiegende Lehre begreifen das Wettbewerbsrecht und damit auch das Wettbewerbsverhältnis privatrechtlich. Die Wahlmöglichkeit der Nachfrager soll die Gleichheit unter den Anbietern und damit sowohl die Wettbewerblichkeit als auch die Privatrechtlichkeit von deren Verhältnissen zueinander begründen. Das soll auch gelten, wenn der Staat zu den Anbietern gehöre, ganz gleich, ob sein Angebot im Verhältnis zum Nachfrager 'hoheitlich' und damit nach öffentlichem Recht zu beurteilen sei (These von der Doppelqualifikation). Dem wird die Neutralitätsthese entgegengestellt, die alles staatliche Verhalten dem § 1 UWG unterordnet, welches 'wettbewerblich' sei, also den Nachfragern eine staatliche Leistung in Konkurrenz zur privaten anbietet. Praktische Relevanz hat dieser Theorienstreit nur für die Rechtswegproblematik, weil die Neutralitätstheorie das Wettbewerbsrecht als Staatsrecht versteht, wenn der Staat am Wettbewerbsverhältnis teilhat. Gegen eine Beurteilung staatlicher Marktteilnahme nach dem Wettbewerbsrecht hat sich nur H. Krüger gestellt.

Allgemeine Meinung ist, daß die "guten Sitten" Maßstab auch für staatliches Verhalten seien. Dieser Topos hängt mit dem Begriff der "guten Sitten" zusammen. Er soll die Interessen der Konkurrenten, der Verbraucher und auch der Allgemeinheit, letzterer vor allem am Bestand des Wettbewerbs, als Maßstab wettbewerbsgerechten Verhaltens vermitteln. Derart konturenlos ist seine Inadäquanz für staatliches Verhalten nicht mehr augenfällig, nur hat er damit jede Maßstäblichkeit, jeden materiellen Bindungscharakter eingebüßt und ist zur wettbewerbspolitischen Kompetenzdelegation an die Wettbewerbsrichter avanciert. Diese wird weder dem rechtsstaatlichen Gebot der Gewaltenteilung noch der Verwaltungskompetenz für staatliche Unternehmenspolitik gerecht. Ein derart entleerter Maßstab läßt auch seine regelmäßig geforderte Modifizierung zu, um den Besonderheiten staatlicher Teilnahme am Wettbewerb zu genügen; denn § 1 UWG ist in der Praxis zu einer Rechtsetzungsermächtigung an die Richter umfunktioniert. Sachgerechter ist schon die These von der Überlagerung des Privatrechts durch öffentliches Recht, wenn dem Staat Recht werden soll. Nur ist dadurch in der Sache der autonomierechtliche Charakter des Wettbewerbsrechts aufgegeben, dem Staat aber eine staatsinadäquate, auf Private abgestellte Verhaltensnorm oktroyiert, die die Staatlichkeit staatlichen Verhaltens behindert.

Fast allgemeiner (fiskustheoretisch unverzichtbarer) Topos ist das Wahlrecht des Staates zwischen der 'privatrechtlichen' und der 'öffentlichrechtlichen' Verhaltensweise. Dieses Wahlrecht ist die fiskustheoretische Konsequenz der funktionalen Ununterscheidbarkeit institutionell staatlichen Verhaltens in fiskalisches und hoheitliches. Die These von der Doppelqualifikation staatlichen Verhaltens wie auch die von der Neutralität des Wettbewerbsrechts erlaubt es dem Staat freilich nicht mehr, sich dem Wettbewerbsrecht zu 'entziehen' und das mindert die Relevanz des Wahlrechts. Das Wettbewerbsrecht gewinnt jedoch umfassende Relevanz für staatliches Verhalten, obwohl es als Autonomierecht nicht als Recht für den Staat paßt. Das kann auch nur hingenommen werden, weil die Praxis dem § 1 UWG oder den 'guten Sitten', auf die diese Vorschrift verweist, einen materiellen Maßstab nicht mehr zu entnehmen bereit ist. Der Staat wird damit (zunächst noch nicht durchgehend, aber in zunehmend weiten Wirkungsbereichen) in eine Konkurrenz zu Privaten gestellt, die seiner Besonderheit als Sachwalter des allgemeinen Wohls nicht gerecht wird.

Die Diskussion um die Relevanz des Wettbewerbsrechts für staatliches Verhalten ist von der Auseinandersetzung um die Fiskalgeltung der Grundrechte, die nicht streitig sein sollte, beeinflußt. Allerdings muß der Schutzbereich der Wirtschaftsgrundrechte abgesteckt werden, um deren Problemrelevanz zu erkennen. Jedenfalls lassen sich die Grundrechtswirkungen nicht mit der sog. mittelbaren Drittwirkungslehre auf eine wenig bestimmte Wertungsrelevanz restringieren, wenn der Staat als 'Privatrechtssubjekt' agiert.

Die Tradition der Fiskustheorie erdrückt die Kritik an der mit der Privatrechtssubjektivität usurpierten Privatisierung des Staatlichen trotz der unübersehbaren Identität von Privatheit und Freiheit. Weder Freiheit noch eigentlich Privatheit will man dem Staat zugestehen, aber staatsgerecht disziplinierte 'Privatrechtlichkeit'. Die mangelhafte autonomie- und damit rechts- und staatstheoretische Begrifflichkeit des Privaten und des Staatlichen erlauben der substantiellen Fiskustheorie ihre praktisch nach wie vor robuste, rechtlich aber äußerst kümmerliche Existenz. Versteckt hinter dem neutralisierenden Begriff der staatlichen Privatrechtssubjektivität genießt der Staat Freiheit wie seine Bürger, ja hat er sich von diesen verselbständigt, obwohl er lediglich deren Einrichtung ist, die ihnen zur Verwirklichung ihres allgemeinen Wohls dienen soll.

## 3. Teil

Die konstituierende Entscheidung des Grundgesetzes ist mit der Unantastbarkeit und Schutzbefohlenheit der Menschenwürde das Autonomieprinzip. Der Mensch ist zur Autonomie berechtigt und verpflichtet. Sein Recht zur Autonomie als die äußere/rechtliche Freiheit ist sein Recht, die Maximen/Zwecke seines Verhaltens selbst zu bestimmen. Die 'Richtigkeit' seiner Verhaltensmaßstäbe darf von anderen und darf auch nicht vom Staat mit rechtlicher Relevanz bewertet werden. Die Bestimmung jedes einzelnen Menschen ist unvorwerfbar und unersetzbar. Die Freiheit des Menschen darf nach dem Grundgesetz nicht einem Zweck dienstbar gemacht werden, den andere/der Staat haben/hat. Die Freiheit darf nicht funktionalisiert werden. Rechtlich wirkt Freiheit somit nicht anders als ein Recht zur Willkür. Ethisch hingegen ist die innere/moralische Freiheit die Pflicht zur Autonomie als die Pflicht zur Sittlichkeit. Diese innere Begrenzung der allgemeinen Handlungsfreiheit setzt Art.2 Abs.1 GG mit dem Begriff "Sittengesetz". Dieses Sittengesetz als das ethische Grundgesetz umschreibt nicht die Prinzipien christlicher Moral, wenn es auch das aufklärerische Ergebnis christlicher Humanität ist, ist auch nicht ein Sammelbegriff für die übrigen Grundentscheidungen des Grundgesetzes, sondern der kantische kategorische Imperativ. Das kantische Moralprinzip ist unverzichtbare Grundlage des freiheitlichen und demokratischen Gemeinwesens, das die Menschenwürde zur zentralen Kategorie des Rechts und des Staates erhebt. Der kategorische Imperativ gebietet jedermann, keine andere Maximen zum Maßstab seines Verhaltens zu wählen als solche, die zugleich Prinzip einer allgemeinen Gesetzgebung sein könnten. Diese Moral allein befähigt den Menschen, an der Rechtsetzung gleichheitlich teilzuhaben und ist damit Grundlage des demokratischen Rechtsstaates. Jeder hat die Subjekthaftigkeit jedermanns zu seinem Zweck zu machen (Allseitigkeitsprinzip). Niemand darf den anderen beherrschen wollen. Diese Gleichheit in der Grundpflicht ermöglicht Gleichheit in der Freiheit. Dem Autonomieprinzip folgt die Konsenstheorie des Rechts, welches freiheitlich ist, wenn es von allen akzeptiert ist, weil es dann niemanden unterdrückt.

Das Konsensprinzip ist notwendig national; denn die politische Gleichheit ist auf das (deutsche) Volk als dem Träger des grundgesetzlichen Staates beschränkt. Mit dem Autonomieprinzip geht notwendig der rechtliche Relativismus und rechtliche Wertpluralismus einher. Diese sind wegen der für alle geltenden Pflicht zur Sittlichkeit, also zu einem Verhalten nach individuellen Gesetzen, die als allgemeine Gesetze geeignet wären, tolerierbar. Dieses Toleranzprinzip setzt die Homogenität der Menschen voraus, die prinzipiell nur ein Volk aufweist. Nur diese Homogenität macht die potentielle Differenz von Moralität und Legalität (in der Regel für die Minderheit) erträglich.

Die Freiheit als Recht zur Autonomie erzwingt den Gesetzesvorbehalt für deren Begrenzung, nämlich das Einverständnis jedes einzelnen, dessen Freiheit begrenzt werden soll, wenn das Autonomieprinzip nicht aufgehoben werden soll.

Der Mensch ist in dreierlei Weise gebunden: sittlich durch den kategorischen Imperativ (Selbstbindung), rechtlich gegenüber den anderen Menschen und gegenüber dem Staat.

## 4. Teil

Das Autonomieprinzip erfordert nicht nur die rechtliche Gleichheit in Freiheit, sondern hinreichende reale Freiheit und hinreichende reale Gleichheit der Menschen, wenn diese Träger des rechtsetzenden Konsenses sein können sollen. Der Mensch muß selbständig sein, um an der demokratischen Souveränität teilhaben zu können. Jedem Deutschen die erforderliche Selbständigkeit zu verschaffen, hat der Staat mit dem grundgesetzlichen Sozialprinzip übernommen. 'Citoyen' soll der 'bourgeois' sein. Das rechtfertigt jedoch nicht eine Egalisierung der Menschen durch deren Entprivatisierung. Privatrechtlicher Lebensgestaltung ist die Unterschiedlichkeit der Lebensbedingungen immanent. Privatrecht und damit Unterschiedlichkeit ist vom Staat, d.h. auch von einer die Gesetzgebung bestimmenden Mehrheit, zu respektieren, solange sie die Selbständigkeit anderer nicht gefährdet. Die Gesetze müssen die Schwachen vor der Überwältigung durch die Starken schützen, nicht alle Unterschiede nivellieren, die Ergebnis aber auch Ausgangspunkt selbstbestimmter und selbstverantworteter Lebensgestaltung sind. Dem Menschen muß ein wesentlicher Bereich an Privatheit und damit möglicher Andersartigkeit verbleiben. Staatliche Lebensbewältigung tendiert notwendig zur Nivellierung der Unterschiede. Sie ist nur legitim, wenn sie nötig ist, um die menschenwürdige Existenz aller Deutschen, d.h. deren Autonomiefähigkeit zu sichern. Daraus erwächst ein Subsidiaritätsprinzip für staatliche Lebensbewältigung.

Die Autonomiefähigkeit der Deutschen läßt sich mit rechtlicher Relevanz nicht in Frage stellen. Der Mensch muß nicht etwa zu wissenschaftlichem Verhalten in der Lage sein, um Träger der staatlichen Entscheidungen sein zu können. Das Grundgesetz gesteht jedem mit dem Recht zur Autonomie auch die Autonomiefähigkeit zu und gibt jedem Deutschen die gleichen politischen Rechte. Dies läßt sich nicht mit der metajuristischen Feststellung relativieren, der jeweils Andere sei zur Autonomie nicht befähigt, so daß ihm geholfen werden müsse. Eine solche Relativierung des Menschenwürdeprinzips ist Ausgangspunkt der Unterdrückung der vermeintlich Hilfsbedürftigen und damit totalitärer Herrschaft.

Rechtsetzung ist in der freiheitlichen Demokratie konsenstheoretisch zu begreifen; denn nur als Konsens verletzt das Recht nicht die Freiheit (volenti non fit iniuria). Das Konsensprinzip wird notwendig, um praktisch zu sein, unter dem Grundgesetz durch das Repräsentationsprinzip realisiert. Die Repräsentation ist vertretungsrechtlich zu begreifen. Die staatlichen Gesetze sind nicht durch ein materiales, sondern ein formales Richtigkeitsdogma, nämlich durch den kompetenz- und verfahrensgerechten Konsens des Volkes, gerechtfertigt. Ein Dogma der erkennbaren materialen Richtigkeit staatlicher Entscheidungen löst den Staat vom Volk und ist damit weder freiheitlich noch demokratisch. Die Volksvertreter müssen um des Konsenses in der Sache willen als Personen das Vertrauen des Volkes genießen. Bei vermittelter Legitimation, also außer bei unmittelbaren Wahlen, hat der Staat die Kriterien zu beachten, die das Vertrauen des Volkes in die Amtswalter rechtfertigen (Verfassungstreue).

Als die tragenden Prinzipien der freiheitlich-demokratischen Grundordnung erweisen sich die Prinzipien Autonomie und Konsens.

## 5. Teil

Mit dem Begriff des Staates sind die des Staatlichen, der Staatsaufgaben und des Staatsrechts institutionell und nicht funktional, d.h. staatlich ist alles Verhalten des Staates in allen seinen Einheiten, auch das der staatlichen Unternehmungen in privatrechtlichen Organisationsformen. Der Staat nimmt ausschließlich Staatsaufgaben wahr und alles Recht, welches für den Staat gilt, ist Staatsrecht. Zugleich folgt daraus, daß das Privatrecht und damit das Privatrechtssubjekt vom Privaten her zu begreifen ist. Privatrechtssubjekte sind nur die Träger des Rechts zur Autonomie, die Privaten, und nicht der Staat. Der Staat darf sich nicht privat/privatrechtlich verhalten, wie auch Private sich nicht staatlich verhalten können und darum auch keine staatlichen Aufgaben wahrnehmen. Der Gesetzesgehorsam macht den Privaten nicht zum Verwaltungshelfer. Das Rechtsinstitut des 'beliehenen Unternehmers' hängt ebenfalls von dem funktionalistischen Begriff des Staatlichen ab.

Die Fiskustheorie muß entweder Staatlichkeit funktional in fiskalisches und nichtfiskalisches/hoheitliches Verhalten differenzieren, um den Bereich vermeintlich privatrechtlichen, in Wahrheit privaten Verhaltens des Staates herauszusondern und zu legitimieren, oder ein Wahlrecht des Staates zwischen dem Recht der 'Privatrechtssubjekte' und dem des Staates konstatieren. Ein solches fast allgemein befürwortetes Wahlrecht setzt die Austauschbarkeit der Rechtsordnungen als Recht für den Staat voraus, prinzipiell also zumindest die Gleichwertigkeit der Rechtsordnungen vor dem Grundgesetz als Recht des Staates. Diese Gleichwertigkeit scheitert an dem unüberbrückbaren Unterschied zwischen dem Wesen des Privaten und damit des autonomierechtlichen Teils des Privatrechts, das Umgrenzung des Rechts zur Autonomie ist, und dem Wesen des Staates als dessen totale Gemeinwohlverpflichtetheit, die sich als uneingeschränkte Bindung an das Staatsrecht, also an staatsadäquates Recht, realisiert. Weil ein umfassendes 'Rechtsformenwahlrecht' das grundgesetzbefohlene Staatsrecht unterlaufen würde, kommt nur ein Wahlrecht in Betracht, welches auf geeignete Bereiche eingegrenzt ist. Diese müssen in irgendeiner Weise funktional bestimmt werden.

In der Praxis werden vor allem unternehmerische Agenden des Staates aus dem funktional Staatlichen ausgesondert. Aber auch das wird nicht durchgehalten und ist angesichts grundgesetzlicher Regelungen (Post, Bahn, Bundesbank) nicht durchzuhalten. Ein stringenter Begriff öffentlicher Unternehmungen als Kriterium von funktional nicht-staatlichen Verhaltensweisen des Staates existiert nicht. Umgekehrt bietet auch der Begriff "Staatsgewalt" in Art.20 Abs.2 S.1 GG keinen Ansatzpunkt für eine Differenzierung des Staatlichen, die privatrechtsadäquates Verhalten des Staates herauszustellen geeignet wäre.

Die Suche nach dem materiellen Begriff der Staatsaufgaben als funktionales Differenzierungskriterium war bisher erfolglos und endete implizit und manchmal auch explizit in reinem Dezisionismus. Eine differenzierende Staatsaufgabenlehre ist essentiell für die Fiskustheorie, weil sie es leisten muß, staatliches Verhalten dem Recht der Privaten zu unterstellen, welches, wie gesagt, als Autonomierecht nicht staatsadäquat ist. Dezision der Privat- oder Staatsadäquanz des Verhaltens des Staates ohne dessen sachliche, den Unterschied der beiden Rechtsordnungen gemäße Differenzierbarkeit entläßt den Staat aus den ihm vorgeschriebenen staatsrechtlichen Bindungen und gesteht ihm Autonomiebereiche zu, die nur Privaten zukommen. Staatliche Autonomie wird nicht dadurch staatsadäquat, daß sie staatsrechtlich überlagert wird, solange nicht das Staatsrecht insgesamt und uneingeschränkt gilt, insbesondere auch das bundesstaatliche Kompetenzrecht. Der funktionalistische Dezisionismus bleibt ein verfassungswidriger Weg des Staates in die Privatheit.

## 6. Teil

Wesentliche Staatszwecke wie den Schutz der Menschenwürde hat das Grundgesetz genannt. Umfassende Pflicht des Staates ist die Verwirklichung des Gemeinwohls, ohne daß dieses materiell definiert wäre. Der Staat hat es vielmehr im Rahmen des Grundgesetzes, welches vorrangig das Gemeinwohl bestimmt, jeweils zu konkretisieren. Der Offenheit der menschlichen Zwecke im Privaten entspricht die Offenheit der staatlichen Zwecke, die allein durch die Verfassung und von dieser legitimiert durch das Gesetz und im Rahmen der Gesetze in den vorgeschriebenen Verfahren von den dafür vorgesehenen Stellen festgelegt werden. Die private wie die staatliche Zwecksetzung hat dem kategorischen Imperativ zu gehorchen, ohne daß dieses ethische Prinzip einen judiziablen Maßstab ergibt. Zur Gemeinwohlkonkretisierung gehört auch die Bestimmung der Staatsaufgaben.

Das ergibt einen Rechtsvorbehalt der Staatsaufgabenkonkretisierung, der sich wegen des Konsensprinzips als demokratierechtlicher und wegen des Freiheitsprinzips (Grundsatz der privaten Lebensbewältigung) als rechtsstaatlicher Gesetzesvorbehalt darstellt. Staatlichkeit gründet jeweils auf (verfassungslegitimierten) Gesetzen und ist durchgehend gesetzlich gebunden; denn das Volk überträgt dem Staat die Aufgaben nicht nur konsensual, also im Prinzip gesetzlich, sondern determiniert seinen Staat auch mit dem unverzichtbaren Instrument des Gesetzes. Der Staat ist damit uneingeschränkt gesetzesgebunden. Das Recht zur Autonomie stellt aber wesentlich von der totalen Gesetzesbindung frei, und ein solches Recht würde den Staat von seinem Träger, dem Volk, verselbständigen. Die substantielle Fiskustheorie bricht mit dem staatlichen Gesetzmäßigkeitsprinzip, weil sie Staatliches so zu behandeln erlaubt, als sei es privat, also zweckgesetzlich umgrenzt, aber wesentlich frei vom Gesetz, nicht gesetzlich determiniert, autonom und nicht heteronom.

Ein materiales Gemeinwohlprinzip, welches den Fiskus bestimmt und dessen Verwirklichung den Fiskus zu rechtfertigen geeignet wäre, existiert unter dem Grundgesetz nicht. Die grundgesetzlichen Gemeinwohlkonkretisierungen sind, wenn nicht Kompetenz- und Verfahrensregelungen oder Freiheitsrechte, derart weite Zielsetzungen, daß sie ohne nähere gesetzliche Konkretisierung nicht ohne Willkür praktizierbar sind. Das erweisen etwa das Sozialprinzip und das Ziel eines gesamtwirtschaftlichen Gleichgewichts. Die Gemeinwohlverpflichtetheit des Staates ist somit ohne Unterschied Bindung des Staates an das Staatsrecht. Das gilt auch, wenn der Staat privates Verhalten adaptiert, etwa um Wettbewerb zu provozieren.

Dem Staat ist die Privatisierung, die nichts anderes als die Anmaßung des Rechts zur Autonomie für den Staat insgesamt oder für verselbständigte Einheiten des Staates (Unternehmen in privatrechtlichen Organisationsformen) ist, verboten; denn sie versucht, ganz oder teilweise dem Staatsrecht, insbesondere den Kompetenz- und Verfahrensregelungen, aber auch den freiheitsrechtlichen Bindungen, dem Kontrollrecht, dem Haushaltsrecht usw. bis hin zum Dienstrecht zu entgehen. Der Staat ist unentrinnbar den für sein Wirken bestimmten Gesetzen unterworfen; er ist ausschließlich eine Einrichtung des Volkes für die Verwirklichung des allgemeinen Wohls und muß darum ausnahmslos das Recht respektieren, welches seine Existenz begründet und begrenzt. Sein Wirken beschränkt notwendig die Privatheit der Menschen und schränkt damit die Freiheit ein. Der Staat darf sich darum nicht als 'Freier' unter die Freien reihen, er darf sich nicht zu einem Besonderen unter den Besonderen, den Privaten, verselbständigen; denn er ist existenziell eine Organisation der Allgemeinheit für deren Allgemeines. Keine Unternehmung des Staates läßt sich aus dieser Staatlichkeit lösen, ohne die Prinzipien zu verletzen, unter denen das Volk in die Staatlichkeit von Lebensbewältigung einstimmt, ohne diese Staatlichkeit aus den Bindungen des Rechts für den Staat, des Staatsrechts, zu lösen. Jede Privatisierung des Staatlichen geschieht ultra vires. Sie läßt sich nicht mit einer dem Grundgesetz vorgegebenen Existenz des Staates rechtfertigen; denn der Staat hat seine Existenz allein durch die Verfassung und allein der Mensch ist vorrechtliches Rechtssubjekt. Der Mensch genießt unabhängig von einem Rechtssatz als elementaren Bestand seiner Würde die Rechtssubjektivität, d.h. die Fähigkeit zur Autonomie und zum Konsens.

Keinesfalls stehen dem Staat die das Recht des Menschen zur Autonomie, also die Freiheit, schützenden Grundrechte zur Seite. Der Staat hat nicht einmal die durch diese Grundrechte geschützten Rechte, wie etwa Privateigentum. Seine Sachherrschaft ist staatsrechtlich bestimmt und als solche nicht grundrechtlich geschützt.

## 7. Teil

Das Wettbewerbsrecht, jedenfalls § 1 UWG, grenzt die Wirtschaftsfreiheit ein und ist darum Autonomierecht. § 98 GWB ordnet an, daß das Gesetz gegen Wettbewerbsbeschränkungen (weitestgehend) für Staatsunternehmen gelten soll und geht damit von der Fähigkeit dieser Unternehmen aus, mit den Privatunternehmen in Wettbewerb zu treten, also frei zu wirtschaften, privat zu sein.

§ 98 Abs.1 GWB verlangt allerdings nach einem Begriff des 'öffentlichen Unternehmens', während die These von der Doppelqualifikation staatlichen Verhaltens als hoheitlich und fiskalisch/wettbewerblich wie die von der Neutralität des § 1 UWG nicht zwischen unternehmerischen und anderen Agenden Staates unterscheidet und damit unabhängig von fiskustheoretischer funktionaler Differenzierung des Staatlichen dieses dem Wettbewerbsrecht unterwirft, wenn das Verhalten des Staates 'wettbewerblich' ist. Ein stringenter Begriff 'öffentlicher Unternehmen', der es zu leisten vermöchte, unternehmerisches Verhalten des Staates von anderem zu sondern, ist trotz mancher Bemühungen nicht gefunden. Er existiert auch nicht, weil das Prägende des Unternehmensbegriffs spezifisch das Private des Wirtschaftens ist, welches dem Staat verwehrt ist. Analogien zum Unternehmensbegriff der Privatwirtschaft für einen Begriff 'öffentlicher Unternehmen' scheitern an den staatlichen Besonderheiten. Die Bundesbank, Beispiel eines öffentlichen Unternehmens etwa nach Püttners Begriffsversuch, ist eine Verwaltungseinheit mit spezifischen Aufgaben, auf die das Wettbewerbsrecht augenscheinlich nicht paßt und die darum (deklaratorisch) von der Anwendung des Gesetzes gegen Wettbewerbsbeschränkungen ausgenommen ist (§ 101 Nr.1 GWB).

Wettbewerblichkeit des Verhaltens von Unternehmen setzt die Konkurrenz von deren Zielen und damit deren Rivalität voraus. Die Ziele müssen kongruent sein. Selbst bei einem denkbar weiten Begriff des Wettbewerbs, nach dem alle Unternehmen sich im Wettbewerb miteinander befinden, weil sie die Kaufkraft am Markt für sich nutzen wollen, befindet sich der Staat nicht in diesem Wettbewerb, weil seine Ziele wesentlich andere sind als Umsatzsteigerung zur Gewinnerzielung. Der Staat hat sich prinzipiell nicht unternehmerisch zu finanzieren. Insbesondere aber darf er sich nicht in Rivalität zu Privatunternehmen begeben, nicht nur weil deren Wirtschaftsfreiheit grundrechtlich geschützt ist (diese geben dem einzelnen Unternehmer nur das Recht, grundrechtswidrige Existenzgefährdungen durch den Staat abzuwehren), sondern weil der Staat damit die Rolle eines Privaten unter Privaten annähme, der seinen privatmäßigen Marktanteil auf Kosten eines anderen auszudehnen versucht. Das träfe den betroffenen Privaten nicht nur ungleich, sondern verstieße auch gegen die verfassungsgebotene Subsidiarität staatlichen Agierens. Die Rivalität um denselben Markt erweist, daß die Aufgabe von Privaten wahrgenommen wird, so daß die staatliche Unternehmung sich erübrigt. Einfluß darf der Staat in staatsadäquater Weise nehmen, etwa durch Preisvorschriften.

Das privattypische Unternehmensziel, die Gewinnmaxime, ist dem Staat prinzipiell untersagt. Der grundgesetzliche Staat ist zwar nicht ausschließlich Steuerstaat, er darf sich aber nicht die Finanzierung aus unternehmerischen Gewinnen zur Aufgabe machen. Die Erledigung der staatlichen Aufgaben darf nicht von dem Erfolg des Staates am Markt abhängen. Mit der unternehmerischen Gewinnmaxime ist in einer Wettbewerbswirtschaft wesentlich das Verlustrisiko verbunden. Ein solches ist mit dem öffentlichen Interesse unvereinbar. Eine Sicherung staatlicher Unternehmensgewinne am Markt würde das Staatsunternehmen aus dem Wettbewerb heraussondern und damit die wesentliche Staatlichkeit des 'Unternehmens' unter Beweis stellen. Der Gewinnzweck vermag die Einschränkung des grundgesetzlich geschützten Vorrangs der Privatheit der Wirtschaft (wirtschaftsrechtliches Subsidiaritätsprinzip) nicht zu rechtfertigen. Es widerspricht auch der Staatlichkeit des Staates, wenn

Private zu ihm in Wettbewerb treten können und dürfen, wenn also der Erfolg staatlicher Agenden vom Mißerfolg der privaten Unternehmungen abhängt. Der Staat muß sich gegen die Privaten, soweit er das Gesetz achtet, durchsetzen können.

Staats- und Privatunternehmen sind auch am Markt weder gleichberechtigt noch gar gleich. Hinreichende Marktgleichheit ist aber Voraussetzung zumutbaren Wettbewerbs. Um derartige Gleichheit ist das Wettbewerbsrecht bemüht. Gemäß der Fiskustheorie will die Praxis auch den Staat als Unternehmer in eine wettbewerbsgemäße Gleichheit zu den Privatunternehmen zwingen. Die staatlichen Privilegien sind weitgehend, aber nicht gänzlich abgebaut. Die rechtliche Ungleichheit zwischen Staats- und Privatunternehmen ist jedoch, wenn erstere überhaupt Agenden des Staates bleiben sollen, unüberwindlich. Sie beruht auf der allgemeinen Rechtsmacht, insbesondere der Rechtsetzungsmacht des Staates, aber auch auf den administrativen rechtlichen und faktischen Privilegierungsmöglichkeiten des Staates zugunsten seiner Unternehmen. Die Einheit des Staatlichen darf auch um einer künstlichen Wettbewerbsgleichheit willen nicht aufgegeben werden; denn das Gemeinwohl ist untrennbar.

Auch ökonomisch sind die Staatsunternehmen den privaten überlegen, wenn sie sich nicht gänzlich verselbständigen und damit aus dem Staatlichen herauslösen, also erfolgreich privatisieren. Das wären juristische Personen ohne Rechtsträger, die aus jedem menschlichen Verantwortungszusammenhang gelöst wären und mehr noch als die Fiskustheorie gegen die grundgesetzliche Rechtsordnung verstießen. Staatliche Macht auch als 'Unternehmen' ist nicht illegitim. Die Gleichheit zwischen Staats- und Privatunternehmen scheitert im übrigen daran, daß der Staat das Recht zur Autonomie auch in der Wirtschaft nicht beanspruchen darf. Seine Marktteilnahme hat eine gänzlich andere Qualität als die des Privatunternehmers. Assimilierung des Staatlichen an das Private ist ein grundgesetzwidriges Vorhaben.

Der Unterschied zwischen dem Privaten, der wesentlich frei ist, und dem Staat, der wesentlich gebunden ist, zeigt sich auch in den unterschiedlichen Prinzipien, die vertragliche 'Richtigkeit' zu gewährleisten. Während das Recht der Privaten zur Autonomie ein materielles Richtigkeitsprinzip verbietet, ist es für Verträge des Staates sachgerecht und auch mit der Angemessenheits- und Sachzusammenhangsklausel im § 56 Abs.1 VerwVerfG vorgeschrieben. Das Autonomierecht ist darum bemüht, die Realität derart zu gestalten, daß die autonomen Vertragsschlüsse für Parteien, Dritte und Allgemeinheit tragfähig sind, ohne den Parteien den Vertragsinhalt zu diktieren, ihnen also die Selbstbestimmung (gänzlich) zu nehmen. Das Staatsrecht hingegen hat die Kompetenzen und Verfahren auch der vertraglichen Gemeinwohlkonkretisierung festzulegen, darf aber auch materielle Maßstäbe des Richtigen vorgeben, weil auf ein Recht zur Autonomie keine Rücksicht genommen werden muß, ja ein solches dem Staat nicht einmal eingeräumt werden darf. Der Staat genießt keine Vertragsfreiheit. Er bedarf aber auch nicht des Schutzes des Autonomierechts, insbesondere nicht den des Wettbewerbsrechts, weil er hinreichend mächtig (rechtlich und ökonomisch) ist, das gemeine Wohl auch vertraglich durchzusetzen. Im Gegensatz zur Vertragserklärung des Privaten ist somit die des Staates prinzipiell kontrollierbar und ersetzbar.

Die Praxis stützt die Abwehr wettbewerbsbedrohender Marktteilnahme des Staates auf § 1 UWG und argumentiert dabei in der Sache grundrechtlich. Sie findet zu Ergebnissen, die gegenüber Privatunternehmen untragbar wären. Auch das zeigt den unüberwindlichen Unterschied zwischen Privat- und Staatsunternehmen, so daß die Behandlung der Staatsunternehmen als Quasi-Privatunternehmen unausweichlich auf Widersprüche stößt. Das Grundrecht der Berufsfreiheit und die Eigentumsgarantie tragen ein Verbot staatlicher Unternehmung, wenn diese zu einer existentiellen Gefährdung von Privatunternehmen (Vernichtungswettbewerb) führt, aber die Schranken dieser Grundrechte den Eingriff nicht decken. Grundrechtlicher und wettbewerblicher Schutz führen nur in Grenzfällen zu übereinstimmenden Ergebnissen, sind aber nicht in der Weise austauschbar, daß das Verdikt gegen die Anwendung des § 1 UWG folgenlos wäre.

Staatliche Unternehmungen sind nicht-wettbewerbliche Verwaltungseinheiten. Sie dienen in spezifischer Weise der Gemeinwohlverwirklichung und sind Teil des Staatlichen mit allen Besonderheiten des Staates als Sachwalter des allgemeinen Wohls. Als Maßstab der Verwaltungsrechtlichkeit und der Verwaltungsrichtigkeit ist § 1 UWG inadäquat. Staatliche Administration darf sich nicht den Marktgesetzlichkeiten aussetzen, wenn es das Gemeinwohl verwirklicht. Der Staat darf sich seiner Staatlichkeit nicht entkleiden; er darf sich nicht privatisieren.

## 8. Teil

Dem autonomietheoretischen Verständnis des § 1 UWG als einer Begrenzung der Wirtschaftsfreiheit muß auch der Begriff der "guten Sitten" entsprechen, um verfassungsgemäß zu sein. Er muß dem grundgesetzlichen Freiheitsprinzip und damit dem Demokratie- und dem Rechtsstaatsprinzip entsprechen. Diesen Anforderungen wird die Entgrenzung des Begriffs der "guten Sitten" durch die Rechtsprechung, die ihn notwendig zu einer Kompetenznorm für richterliche Wettbewerbsrechtspolitik umgestaltet, genauso wenig gerecht wie die Umdeutung der "guten Sitten" in ein richterlich zu konkretisierendes Gebot, das unternehmerische Verhalten auf die Erfordernisse eines effizienten Wettbewerbs einzurichten. Die Funktionalisierung der Freiheit, die das Recht zur Autonomie in Kompetenz und Pflicht wandelt, zwingt zu einem Maßstab der Funktionsgerechtigkeit, der nicht mehr individual sein kann, sondern staatlich sein muß. Sie verkehrt die grundrechtsgeschützte Freiheit als Recht zur Selbstbestimmung in eine Pflicht, fremdbestimmten Maximen zu gehorchen, und das degradiert Freiheit zu einer dezentralen Verhaltenskompetenz, deren Maßstäbe zentral gesetzt werden. Der grundgesetzliche Staat, dessen Grundprinzip die Unantastbarkeit der Menschenwürde ist, empfängt umgekehrt seine Maßstäbe von den Menschen in konsensualen Verfahren und hat diese den Menschen nicht vorzuschreiben. An diesem grundrechtsgeschützten liberalen Individualismus, der rechtsrelevant zu Wertrelativismus und Wertpluralismus wird, scheitern auch material-wertethische Interpretationsversuche des Begriffs "gute Sitten".

Das Recht zur Autonomie ist ethische Pflicht zur Sittlichkeit i.S. des kategorischen Imperativs und damit notwendig rechtlich Recht zur Willkür. Dieses Freiheitsprinzip bestimmt auch die grundgesetzliche Wirtschaftsfreiheit. § 1 UWG muß diese Freiheitlichkeit der Menschen bei ihrem Wirtschaften wahren und als Grenze dieser Freiheit respektieren, daß nur Gesetze die Freiheit begrenzen dürfen. Diese Gesetze dürfen staatlich oder privat sein; in jedem Fall müssen sie hinreichend bestimmt sein und dürfen nicht lediglich die Richter zu irgendeiner Politik ermächtigen. Diesen nach Art.97 Abs.1 GG gesetzesgebundenen und nur darum unabhängigen Richtern müssen als Beurteilungsmaßstäbe Gesetze an die Hand gegeben werden, deren Anwendung die Entscheidungsmaßstäbe im wesentlichen aus dem Gesetz entnimmt und nicht wesentlich Gesetze gibt. Die "guten Sitten" des § 1 UWG müssen somit, weil sie als materieller Begriff keinen subsumtionsfähigen Gegenstand haben, Verweisungsblankett auf nicht-staatliche Gesetze, Gesetze von Privaten, sein. Deren konsensuale Bildung beruht auf der Autonomie der beteiligten Menschen und verwirklicht damit deren Freiheit und Sittlichkeit. Die "guten Sitten" als private Gesetze sind empirisch zu ermitteln. Sie sind vom Richter auf ihre Übereinstimmung mit den staatlichen Gesetzen zu prüfen, nicht aber an richterlichen Maßstäben der Sittlichkeit zu messen. Die Privaten bestimmen selbst, ob ihre Sitten gut sind; denn sie sind der Gesetzgeber in dem jeweiligen Wirkungsbereich der "guten Sitten". In den "guten Sitten" realisiert sich die Sittlichkeit der Menschen, die ihnen das (ethische) Sittengesetz aufgibt. Der Konsens in den Verhaltensmaximen wahrt das Recht zur Autonomie jedes Einzelnen und ist wegen dessen Autonomie (rechtlich) verbindlich. Der Staat nimmt mittels § 1 UWG die privaten Gesetze in das staatliche Rechtsschutzgefüge auf und stellt damit nicht anders als bei der Durchsetzung von Verträgen im Friedensinteresse seine Macht zur Verfügung.

Die "guten Sitten" als private Gesetze sind als Recht für den Staat inadäquat, wenn nicht der Staat sich privatisiert. Das aber ist ihm verboten. Staatliche Moralität verwirklicht sich ausschließlich in seiner Legalität, und Legalität verwirklicht das Gemeinwohl. Jeder Rechtsverstoß des Staates ist Verletzung des Sittengesetzes. Recht der Privaten ist wegen der privaten Gesetzgeber ausschließlich Autonomierecht und nicht neutrales Recht. Recht für den Staat darf nur der Staat, also das Volk in den für seine Staatlichkeit vorgesehenen Verfahren setzen. Einzelne Private oder Gruppen von diesen dürfen nicht dem Staat das Recht geben; das wäre demokratiewidrig, weil die Rechtssetzung für das zum Staat verbundene Volk nur vom Volk ausgehen darf.

Aber auch in funktionalistischer oder entgrenzter Interpretation ist § 1 UWG vor allem aus Kompetenzgründen nicht geeignet, staatliches Verhalten zu bestimmen.

LITERATURVERZEICHNIS

Abraham, Hans Jürgen, Die Doktrin der Public Policy, in: AcP 150 (1949), S.385ff.

Achterberg, Norbert, Probleme der Funktionenlehre, 1970

ders., Fälle und Lösungen nach höchstrichterlichen Entscheidungen - Allgemeines Verwaltungsrecht - 2. Aufl. 1978

ders., Die Parlamentarische Demokratie als Entfaltungsraum für Bürgerinitiativen, in: NJW 1978, 1994ff.

ders., Der öffentlich-rechtliche Vertrag, in: JA 1979, 356ff.

Ackley, Gardner, A Third Approach to the Analysis and Control of Inflation, in: The Relationsship of Prices to Economic Stability and Growth. Compendium of Paper. Submitted by Panelists Appearing before the Joint Economie Committee, 85th Congress, 2nd Session, Washington 1958

Adomeit, Klaus, Rechtsquellenfragen im Arbeitsrecht, 1969

ders., Gestaltungsrechte, Rechtsgeschäfte, Ansprüche. Zur Stellung der Privatautonomie im Rechtssystem, 1969

Arnim, Hans Herbert von, Gemeinwohl und Gruppeninteressen, 1977

ders., Besteuerung und Eigentum, in: VVDStRL 39 (1981), S.286ff.

Arzt, Gunther, Die Ansicht aller billig gerecht Denkenden, Geschichtliche Wurzel, theoretische Begründung und praktische Auswertung, 1962

Ascher, Bernhard, Öffentliches Recht in privater Form, in: JR 1929, 89ff.

ders., Faktisches Monopol und öffentliches Recht, in: LZ 1929, Sp.1433ff.

Bachof, Otto, Begriff und Wesen des sozialen Rechtsstaates, Der soziale Rechtsstaat in verwaltungsrechtlicher Sicht, in: VVDStRL 12 (1954), S.37ff.

ders., Die Freiheit des Berufs, in: Die Grundrechte III, 1, 1958, S.155ff.

ders., Teilrechtsfähige Verbände des öffentlichen Rechts. Die Rechtsnatur der Technischen Ausschüsse des § 24 der Gewerbeordnung, in: AöR 83 (1958), S.208ff.

ders., Verbot des Werbefernsehens durch Bundesgesetz?, 1966

ders., Über öffentliches Recht, in: Festgabe zum 25jährigen Bestehen des Bundesverwaltungsgerichts, 1978, S.1ff.

Badura, Peter, Das Verwaltungsmonopol, 1963

ders., Die Daseinsvorsorge als Verwaltungszweck der Leistungsverwaltung und der soziale Rechtsstaat, in: DÖV 1966, 624ff.

ders., Verwaltungsrecht im liberalen und sozialen Rechtsstaat, 1966

ders., Der Betrieb öffentlicher Einrichtungen durch private Träger, in: JuS 1966, 19ff.

ders., Die Rechtsprechung des Bundesverfassungsgerichts zu den verfassungsrechtlichen Grenzen wirtschaftspolitischer Gesetzgebung im sozialen Rechtsstaat, in: AöR 92 (1967), S.382ff.

ders., Auftrag und Grenzen der Verwaltung im sozialen Rechtsstaat, in: DÖV 1968, 446ff.

ders., Das Prinzip der sozialen Grundrechte und seine Verwirklichung im Recht der Bundesrepublik Deutschland, in: Der Staat 14 (1975), S.17ff.

ders., Möglichkeiten und Grenzen des Zivilrechts bei der Gewährleistung öffentlicher und sozialer Erfordernisse im Bodenrecht, in: AcP 176 (1976), S.119ff.

ders., Planung durch Gesetz, in: Festschrift für Hans Huber, 1981, S.15ff.

ders., Die Erfüllung öffentlicher Aufgaben und die Unternehmenszwecke bei der wirtschaftlichen Betätigung der öffentlichen Hand, in: Festschrift für Hans Jürgen Schlochauer, 1981, S.1ff.

ders., Die wirtschaftliche Betätigung der öffentlichen Hand mit besonderer Berücksichtigung der öffentlich-rechtlichen Wettbewerbsversicherungsunternehmen, in: ZHR 146 (1982), S.448ff.

ders., Wirtschaftsverwaltungsrecht, in: von Münch, Besonderes Verwaltungsrecht, 6. Aufl. 1982, S.348ff.

ders., Eigentum, in: Handbuch des Verfassungsrechts, hrsg. von E.Benda, W.Maihofer, H.-J.Vogel, Studienausgabe 1984, S.653ff.

Ballerstedt, Kurt, Rechtsstaat und Wirtschaftslenkung, in: AöR 74 (1948), S.129ff.

ders., Zur Frage der Rechtsform gemeindlicher Wirtschaftsunternehmen, in: DÖV 1951, 449ff.

ders., Unternehmen und Wirtschaftsverfassung, in: JZ 1951, 486ff.

ders., Wirtschaftsverfassungsrecht, in: Die Grundrechte III, 1, 1958, S.1ff.

ders., Der Mißbrauchsbegriff im systematischen Aufbau des Gesetzes gegen Wettbewerbsbeschränkungen, Referat v.d. Arbeitskreis für Kartellrecht, 1968

Barbey, Günther, Wahrnehmung staatlicher und gemeindlicher Aufgaben in privatrechtlichen Handlungs- und Entscheidungsformen, in: WuV 1978, 77ff.

Bartholomeyczik, Horst, Die Kunst der Gesetzesauslegung, 2. Aufl. 1960

ders., Äquivalenzprinzip, Waffengleichheit und Gegengewichtsprinzip in der modernen Rechtsentwicklung, in: AcP 166 (1966), S.30ff.

Baudenbacher, Carl, Suggestivwirkung und Lauterkeitsrecht, 1978

ders., Zur funktionalen Anwendung von § 1 des deutschen und Art.1 des schweizerischen UWG, in: ZHR 144 (1980), S.145ff.

ders., Machtbedingte Wettbewerbsstörungen als Unlauterkeitstatbestände. Zugleich ein Beitrag zum Verhältnis von UWG und GWB, in: GRUR 1981, 19ff.

Bauer, Ekkehard, Erläuterung des Art.88 GG, in: v.Münch, Grundgesetz, Kommentar, Bd. 3, 1978

Baumbach, Adolf, Kommentar zum Wettbewerbsrecht, 1929

ders., Wen schützt das Wettbewerbsrecht?, in: MuW 1931, 5ff.

ders., Verschulden und Sittenwidrigkeit im Wettbewerbsrecht, in: JW 1930, 1643ff.

ders., Gesetzgeberische Gedanken zum Wettbewerbsrecht, in: DJZ 1931, 58ff.

Baumbach, Adolf / Hefermehl, Wolfgang, Wettbewerbs- und Warenzeichenrecht, Band I, Wettbewerbsrecht, 10. Aufl. 1971, 13. Aufl. 1981

Baumbach, Adolf / Lauterbach, Wolfgang / Albers, Jan / Hartmann, Peter, Zivilprozeßordnung mit Gerichtsverfassungsgesetz und anderen Nebengesetzen, 32. Aufl. 1964, 40. Aufl. 1982

Baumgarten, Arthur, Erkenntnis, Wissenschaft, Philosophie, Erkenntniskritische und methodologische Prolegomena zu einer Philosophie der Moral und des Rechts, 1927/28

Baur, Jürgen F., Das Tatbestandsmerkmal "Wettbewerb", in: ZHR 134 (1970), S.97ff.

ders., Der Mißbrauch im deutschen Kartellrecht, 1972

ders., Klawitter, Christian, Einführung in das Recht des unlauteren Wettbewerbs, in: JA 1984, 445ff.

Becher, Ernst, Gesetz gegen den unlauteren Wettbewerb, Kommentar, 1928

Beck, Heinz, Gesetz über die Deutsche Bundesbank vom 20. Juli 1957, Kommentar, 1959

Benda, Ernst, Abkehr vom Staat?, 1982

ders., Die Menschenwürde, in: Handbuch des Verfassungsrechts, hrg. von E.Benda, W.Maihofer, H.-J.Vogel, Studienausgabe 1984, S.107ff.

ders., Der soziale Rechtsstaat, in: Handbuch des Verfassungsrechts, hrg. von E.Benda, W.Maihofer, H.-J.Vogel, Studienausgabe 1984, S.477ff.

ders., Abschließende Äußerungen, in: Handbuch des Verfassungsrechts, hrg. von E.Benda, W.Maihofer, H.-J.Vogel, Studienausgabe 1984, S.1331ff.

Berg, Wilfried, Konkurrenzen schrankendivergenter Freiheitsrechte im Grundrechtsabschnitt des Grundgesetzes, 1968

Berkemann, Jörg, Die staatliche Beteiligung an Aktiengesellschaften. Mit besonderer Berücksichtigung haushaltsrechtlicher Bestimmungen, 1966

Bernhardt, Rudolf, Zur Anfechtung von Verwaltungsakten durch Dritte, in: JZ 1963, 302ff.

Bethge, Herbert, Der verfassungsrechtliche Standort der "Staatlich gebundenen" Berufe - Berufliche Teilhabe an Staatsfunktionen oder Verstaatlichung berufsgrundrechtsgeschützter Tätigkeiten?, 1968

ders., Zur Problematik der Grundrechtskollisionen, 1977

ders., Zur Grundrechtsfähigkeit der öffentlichen Hand (BVerfG 39, 302ff.), in: JA 1978, 533ff.

ders., Grundrechtsträgerschaft juristischer Personen. Zur Rechtsprechung des Bundesverfassungsgerichts, in: AöR 104 (1979), S.54ff., 265ff.

ders., Grundpflichten als verfassungsrechtliche Dimension, in: NJW 1982, 2145ff.

Bettermann, Karl August, Verwaltungsakt und Richterspruch, in: Gedächtnisschrift für Walter Jellinek, 1955, S.361ff.

ders., Anmerkung zum Urteil des BGH vom 27.5.1957, JZ 1958, 162f., in: JZ 1958, 163ff.

ders., Der Schutz der Grundrechte in der ordentlichen Gerichtsbarkeit, in: Die Grundrechte III, 2, 1959, S.523ff.

ders., Die Freiwillige Gerichtsbarkeit im Spannungsfeld zwischen Verwaltung und Rechtsprechung, in: Festschrift für F. Lent zum 75. Geburtstag, 1957, S.17ff.

ders., Rechtsprechung, rechtsprechende Gewalt, in: Evangelisches Staatslexikon, 1.Aufl. 1966, Sp. 1711ff.

ders., Das Gerichtsverfassungsrecht in der Rechtsprechung des Bundesverfassungsgerichts, in: AöR 92 (1967), S.496ff., 538ff.

ders., Gewerbefreiheit der öffentlichen Hand, Beiträge zu Art.12 I, 15, 19 III GG, in: Berliner Festschrift für E. E. Hirsch, 1968, S.1ff.

ders., Grenzen der Grundrechte, 1968

ders., Juristische Personen des öffentlichen Rechts als Grundrechtsträger, in: NJW 1969, 1321ff.

ders., Die Verfassungsmäßigkeit von Versicherungszwang und Versicherungsmonopolen öffentlich-rechtlicher Anstalten insbesondere bei der Gebäudeversicherung, in: WiR 1973, 184ff., 241ff.

ders., Anmerkung zu BGH (GrS 2A5) v. 22.3.1976, NJW 1976, 1941ff., in: DVBl 1977, 180ff.

ders., Zum Rechtsschutz und Rechtsweg des Bürgers gegen Rundfunk-Rufmord. Bemerkungen zu BGHZ 66, 182 = NJW 1976, 1198, in: NJW 1977, 513ff.

ders., Publikationsfreiheit für erschlichene Informationen? Kritische Bemerkungen zum Wallraff-Urteil des BGH, in: NJW 1981, 1065ff.

ders., Hypertrophie der Grundrechte. Eine Streitschrift, 1984

Biedenkopf, Kurt H., Vertragliche Wettbewerbsbeschränkung und Wirtschaftsverfassung. Die Ausschließlichkeitsbindung als Beispiel, 1958

ders., Über das Verhältnis wirtschaftlicher Macht zum Privatrecht, in: Festschrift für Franz Böhm zum 70. Geburtstag, 1965, S.113ff.

ders., Rechtsfragen der konzertierten Aktion, in: BB 1968, 1005ff.

Binder, Bruno, Der Staat als Träger von Privatrechten, 1980

Birkenheier, Manfred, Wahlrecht für Ausländer, 1976

Blomeyer, Arwed, Zivilprozeßrecht, Erkenntnisverfahren, 1963

Böckenförde, Christoph, Die sog. Nichtigkeit verfassungswidriger Gesetze, 1966

Böckenförde, Ernst-Wolfgang, Gesetz und gesetzgebende Gewalt. Von den Anfängen der deutschen Staatsrechtslehre bis zur Höhe des staatsrechtlichen Positivismus, 1958

ders., Die Organisationsgewalt im Bereich der Regierung. Eine Untersuchung zum Staatsrecht der Bundesrepublik Deutschland, 1964

ders., Entstehung und Wandel des Rechtsstaatsbegriffs, in: Festschrift für Adolf Arndt, 1969, S.53ff.

ders., Staat, Gesellschaft, Freiheit, 1976

ders., Die Bedeutung der Unterscheidung von Staat und Gesellschaft im demokratischen Sozialstaat der Gegenwart, in: Festgabe für Wolfgang Hefermehl, 1972, S.11ff.

Böckenförde, Ernst-Wolfgang / Wieland, Joachim, Die "Rundfunkfreiheit" - ein Grundrecht? Überlegungen zu den verfassungsrechtlichen Vorgaben aus Art.5 Abs.1 GG für die Organisation des Rundfunks, in: AfP 1982, 77ff.

Böckstiegel, Karl-Heinz, Der Staat als Vertragspartner ausländischer Privatunternehmen, 1971

Böhm, Franz, Wettbewerb und Monopolkampf, Eine Untersuchung zur Frage des wirtschaftlichen Kampfrechts und zur Frage der rechtlichen Struktur der geltenden Wirtschaftsordnung, 1933/1964

ders., Kartellauflösung und Konzernentflechtung; Spezialistenaufgabe oder Schicksalsfrage, in: SüddJZ 1947, Sp. 495ff.

ders., Verstößt ein gesetzliches Kartellverbot gegen das Grundgesetz?, in: WuW 1956, 173ff.

ders., Demokratie und ökonomische Macht, in: Kartelle und Monopole im modernen Recht, Bd. 1, 1961, S.1ff.

ders., Privatrechtsgesellschaft und Marktwirtschaft, in: Ordo XVII (1966), S.75ff.

ders., Eine Kampfansage an Ordnungstheorie und Ordnungspolitik. Zu einem Aufsatz im Kyklos, in: Ordo 24 (1973), S.11ff.

Boehmer, Gustav, Grundlagen der bürgerlichen Rechtsordnung, Bd. I, 1950

ders., Erbrecht, in: Die Grundrechte II, 1954, S.401ff.

Boehmer, Werner, Sondervotum zu BVerfG NJW 1981, 1257f., in: NJW 1981, 1258ff.

Brecht, Arnold, Politische Theorie. Die Grundlagen politischen Denkens im 20. Jahrhundert, 1961

Brohm, Winfried, Strukturen der Wirtschaftsverwaltung, Organisationsformen und Gestaltungsmöglichkeiten im Wirtschaftsverwaltungsrecht, 1969

Büchler, Peter, Handeln zu Zwecken des Wettbewerbs und Wettbewerbsverhältnis im UWG, 1981

Bülow, Peter, Der Begriff der guten Sitten im Wettbewerbsrecht - Analyse, Kritik und Lösungsansatz, in: WiR 1974, 231ff.

Bull, Hans Peter, Die Staatsaufgaben nach dem Grundgesetz, 2. Aufl. 1977

ders., Allgemeines Verwaltungsrecht, 1982

Bullinger, Martin, Vertrag und Verwaltungsakt, 1962

ders., Staatsaufsicht in der Wirtschaft, in: VVDStRL 22 (1965), S.264ff.

ders., Öffentliches Recht und Privatrecht. Studien über Sinn und Funktion der Unterscheidung, 1968

Burmann, Hans Franz, Werbung und Wettbewerb der öffentlichen Hand, in: DB 1966, 369ff., 409ff.

ders., Wettbewerbsrecht und gewerblicher Rechtsschutz. Die Entwicklung vom Persönlichkeitsrecht zum Funktionsrecht im Wettbewerb, in: WRP 1968, 258ff.

ders., Zum Problem der Sittenwidrigkeit im Wettbewerb. Ethische Wertvorstellungen - Anstandsgefühl - oder wettbewerbsbezogene Kriterien als Bewertungsmaßstab?, in: WRP 1972, 511ff.

Burmeister, Joachim, Vom staatsbegrenzenden Grundrechtsverständnis zum Grundrechtsschutz für Staatsfunktionen, 1971

ders., Plädoyer für ein rechtsstaatliches Instrumentarium staatlicher Leistungsverwaltung und Wirtschaftsagende, in: WiR 1972, 311ff.

ders., Der Begriff des "Fiskus" in der heutigen Verwaltungsrechtsdogmatik, in: DÖV 1975, 695ff.

Bydlinski, Franz, Privatautonomie und objektive Grundlagen des verpflichtenden Rechtsgeschäfts, 1967

Caemmerer, Ernst v., Anmerkung zu BGH, Urteil vom 2.11.1955, in: JZ 1956, 97ff.

ders., Wandlungen des Deliktrechts, in: Festschrift zum 100jährigen Bestehen des Deutschen Juristentages, Bd. II, 1960, S.49ff.

Callmann, Rudolf, Der unlautere Wettbewerb, Kommentar, 2. Aufl. 1932

Canaris, Claus-Wilhelm, Die Vertrauenshaftung im deutschen Privatrecht, 1971

Canetti, Elias, Masse und Macht, 1960

Cohen, Hermann, Ethik des reinen Willens, 2. Aufl. 1907

Coing, Helmut, Grundzüge der Rechtsphilosophie, 2. Aufl. 1969

Dahrendorf, Ralf, Homo Soziologicus, Ein Versuch zur Geschichte, Bedeutung und Kritik der Kategorie der sozialen Rolle, 8. Aufl. 1969

Degenhart, Christl, Der Durchgriff auf den Staat bei Beteiligung der öffentlichen Hand an Gesellschaften des privaten Rechts, Berlin 1981

Deggau, Hans-Georg, Ist der kategorische Imperativ ein Prinzip des Sozialstaats? (Zu Starck, ZRP 1981, 97), in: ZRP 1981, 256

Deiters, Eva, Zum Streit um den Begriff des Verstoßes gegen die guten Sitten im Wettbewerbsrecht, 1934

Denninger, Erhard, Rechtsperson und Solidarität. Ein Beitrag zur Phänomenologie des Rechtsstaates unter besonderer Berücksichtigung der Sozialtheorie Max Schelers, 1967

ders., Verfassungstreue und Schutz der Verfassung, in: VVDStRL 37 (1979), S.7ff.

ders., Über das Verhältnis von Menschenrechten zum positiven Recht, in: JZ 1982, 225ff.

ders., Der Schutz der Verfassung, in: Handbuch des Verfassungsrechts, hrg. von E.Benda, W.Maihofer, H.-J.Vogel, Studienausgabe 1984, S.1293ff.

Dreier, Ralf, Probleme der Rechtsquellenlehre. Zugleich Bemerkungen zur Rechtsphilosophie Leonhard Nelsons, in: Festschrift für H. J. Wolff, 1973, S.3ff.

ders., Recht-Moral, Ideologie, Studien zur Rechtstheorie, 1981

Droste, Karl, Recht, Moral und Sitte im Wettbewerb. Zugleich ein Beitrag zur vergleichenden Werbung, in: WRP 1964, 65ff.

Dürig, Günter, Die konstanten Voraussetzungen des Begriffs "öffentliches Interesse", 1949

ders., Die Menschenauffassung des Grundgesetzes, in: JR 1952, 259ff.

ders., Art.2 des Grundgesetzes und die Generalermächtigung zu allgemeinpolizeilichen Maßnahmen, in: AöR 79 (1953/54), S.57ff.

ders., Grundrechte und Zivilrechtsprechung, in: Festschrift für Hans Nawiasky, 1956, S.157ff.

ders., Der Grundsatz von der Menschenwürde, Entwurf eines praktikablen Wertsystems der Grundrechte aus Art.1 Abs.1 in Verbindung mit Art.19 Abs.2 des Grundgesetzes, in: AöR Bd. 81 (1956), S.136ff.

ders., Zum "Lüth-Urteil" des Bundesverfassungsgerichts vom 15.1.1958, in: DÖV 1958, 194ff.

ders., Der Staat und die vermögenswerten öffentlich-rechtlichen Berechtigungen seiner Bürger (Subjektive öffentliche Rechte als Eigentum im Sinne des Art.14 GG), in: Festschrift für W. Apelt, 1958, S.13ff.

ders., Erläuterungen der Art.1, Art.2, Art.19 Abs.3, in: Maunz/Dürig, Grundgesetz, 1. Aufl. 1958

ders., Erläuterungen der Art.1, Art.2, Art.3, Art.19 Abs.3, in: Maunz/Dürig/Herzog/Scholz, Grundgesetz, 5. Aufl. 1978

Eckstein, Dieter, Die wirtschaftliche Betätigung der öffentlichen Hand im Bergbau und in der Elektrizitätswirtschaft der Bundesrepublik Deutschland, 1966

Eckstein, Otto, A Theory of the Wage-Price Process in the Modern Industry, in: The Review of Economic Studies, Vol. 31, 1964, S.267ff.

Ehmke, Horst, Wirtschaft und Verfassung. Die Verfassungsrechtsprechung des Supreme Court zur Wirtschaftsregulierung, 1961

ders., "Staat" und "Gesellschaft" als verfassungstheoretisches Problem, in: Festgabe für R. Smend, 1962, S.23ff.

ders., "Ermessen" und "unbestimmter Rechtsbegriff" im Verwaltungsrecht, 1960

ders., Grenzen der Verfassungsänderung, 1961

ders., Prinzipien der Verfassungsinterpretation, in: VVDStRL 20 (1963), S.53ff.

Eichenberger, Kurt, Gesetzgebung im Rechtsstaat, in: VVDStRL 40 (1982), S.7ff.

Eichhorn, Peter / Friedrich, Peter, Verwaltungsökonomie, 1. Methodologie und Management der öffentlichen Verwaltung, 1976

Eichmann, Helmut, Die vergleichende Werbung in Theorie und Praxis, 1967

Ellwein, Thomas, Einführung in die Regierungs- und Verwaltungslehre, 1966

Emmerich, Volker, Das Wirtschaftsrecht der öffentlichen Unternehmen, 1969

ders., Der unlautere Wettbewerb der öffentlichen Hand, 1969

ders., Die kommunalen Versorgungsunternehmen zwischen Wirtschaft und Verwaltung, 1970

ders., Die Fiskalgeltung der Grundrechte, namentlich bei erwerbswirtschaftlicher Betätigung der öffentlichen Hand, in: JuS 1970, 332ff.

ders., Fusionskontrolle und überragende Machtstellung unter besonderer Berücksichtigung der Unternehmenskonzentration bei der öffentlichen Hand, in: Festschrift für Franz Böhm zu 80. Geburtstag, 1975, S.119ff.

ders., Wettbewerbsrecht. Eine Einführung, 2. Aufl. 1976

ders., Öffentliche Produktion II, Rechtsformen, in: HdWW Bd. 5, 1980, S.457

ders., Das Recht des unlauteren Wettbewerbs, 1982

Engisch, Karl, Logische Studien zur Gesetzesanwendung, 2. Aufl. 1960, 3. Aufl. 1963

Enneccerus, Ludwig / Nipperdey, Hans Carl, Allgemeiner Teil des Bürgerlichen Rechts, Erster Halbband, Allgemeine Lehren, 15. Aufl. 1959/60

Erbel, Günter, Das Sittengesetz als Schranke der Grundrechte. Ein Beitrag zur Auslegung des Art.2 Abs.1 des Grundgesetzes, 1971

Erichsen, Hans-Uwe, Verfassungs- und verwaltungsgeschichtliche Grundlagen der Lehre vom fehlerhaften belasteten Verwaltungsakt und seine Aufhebung im Prozeß, 1971

Erlinghagen, Peter, Der Streit um die Wirtschaftsverfassung der Bundesrepublik, in: Festschrift für Herrfahrdt, 1961, S.5ff.

ders., Zur Verwendbarkeit wirtschaftswissenschaftlicher Theorien als Beweismittel im Kartellverfahren, in: Festschrift für Hartmann, 1976, S.95ff.

Esser, Josef, Grundsatz und Norm in der richterlichen Fortbildung des Privatrechts, 2. Aufl. 1964

ders., Vorverständnis und Methodenwahl in der Rechtsfindung. Rationalitätsgarantien in der richterlichen Entscheidungspraxis, 1970

ders., Richterrecht, Gerichtsgebrauch und Gewohnheitsrecht, in: Festschrift für F. von Hippel, 1967, S.95ff.

ders., Schuldrecht, Band II. Besonderer Teil, 3. Aufl. 1969

Esser, Josef / Stein, Erwin, Werte und Wertewandel in der Gesetzesanwendung, 1966

Eucken-Erdsiek, Edith, Die Macht der Minderheit, Eine Auseinandersetzung mit dem neuen Anarchismus, 1970

Fabricius, Fritz, Relativität der Rechtsfähigkeit. Ein Beitrag zur Theorie und Praxis des privaten Personenrechts, 1963

Fichte, Johann Gottlieb, Grundlagen des Staatsrechts nach den Prinzipien der Wissenschaftslehre, 1796

Fikentscher, Wolfgang, Wettbewerb und gewerblicher Rechtsschutz, Die Stellung des Rechts der Wettbewerbsbeschränkungen in der Rechtsordnung, 1958

ders., Schuldrecht, 4. Aufl. 1973

ders., Methoden des Rechts, Band III, 1976, Band IV, 1977

ders., Wirtschaftsrecht Band II, Deutsches Wirtschaftsrecht, 1983

Fischer, Robert, Die Weiterbildung des Rechts durch Rechtsprechung, 1971

Fleiner, Fritz, Institutionen des Deutschen Verwaltungsrechts, 8. Aufl. 1928/1960

Flume, Werner, Rechtsgeschäft und Privatautonomie, in: Festschrift zum hundertjährigen Bestehen des Deutschen Juristentages 1960 Bd. I, S.135ff.

dies., Allgemeiner Teil des Bürgerlichen Rechts, 2. Bd., Das Rechtsgeschäft, 2. Aufl. 1975

Fögen, Hermann, Geld- und Währungsrecht, 1969

Forsthoff, Ernst, Die öffentliche Körperschaft im Bundesstaat, 1931

ders., Die Verwaltung als Leistungsträger, 1938

ders., Rechtsfragen der leistenden Verwaltung, 1959

ders., Der Staat als Auftraggeber, unter besonderer Berücksichtigung des Bauauftragswesens, 1963

ders., Rechtsstaat im Wandel, 1964

ders., Zur Grundrechtsbindung des Staates als Auftraggeber, in: BayVBl 1964, 103ff.

ders., Gewaltenteilung, in: Evangelisches Staatslexikon, Sp. 857ff.

ders., Der Staat der Industriegesellschaft. Dargestellt am Beispiel der Bundesrepublik Deutschland, 1971

ders., Lehrbuch des Verwaltungsrechts, Bd. I, Allgemeiner Teil, 9. Aufl. 1966, 10. Aufl. 1973

Fraenkel, Ernst, Die Selbstbestimmung in der Demokratie und in der Volksdemokratie. Gedenkrede anläßlich der Feierstunde der Freien Universität Berlin am 17. Juni 1960, Sonderbeilage zum Politologen

ders., Der Pluralismus als Strukturelement der freiheitlich-rechtsstaatlichen Demokratie, in: Verhandlungen des 45. Deutschen Juristentages, Bd. II, 1965, B 5ff.

Freitag, Hans Otto, Gewohnheitsrecht und Rechtssystem, 1976

Frentzel, Gerhard, Die gewerbliche Betätigung der öffentlichen Hand. Ein Problem des Wirtschaftsverfassungsrechts, 1958

ders., Wirtschaftsverfassungsrechtliche Betrachtungen zur wirtschaftlichen Betätigung der öffentlichen Hand, 1961

Friauf, Karl Heinrich, Verfassungsrechtliche Grenzen der Wirtschaftslenkung und Sozialgestaltung durch Steuergesetze, 1966

ders., Öffentlicher Haushalt und Wirtschaft, in: VVDStRL 27 (1969), S.1ff.

ders., Zur Rolle der Grundrechte im Interventions- und Leistungsstaat, in: DVBl 1971, 674ff.

Fröhler, Ludwig / Oberndorfer, Peter, Körperschaften des öffentlichen Rechts und Interessenvertretung, 1974

Fuchs, Anke, Tarifautonomie, Handbuch des Verfassungsrechts, hrsg. von E.Benda, W.Maihofer, H.-J.Vogel, Studienausgabe 1984, S.733ff.

Fuß, Ernst-Werner, Die Überschreitung des Wirkungskreises juristischer Personen des öffentlichen Rechts, in: DÖV 1956, 566ff.

ders., Grundrechtsgeltung für Hoheitsträger, in: DVBl 1958, 739ff.

Gabler, Th., Wirtschaftslexikon, 8. Aufl. 1971, Erster Band

Gärtner, Rudolf, Verfassungskonforme Auslegung wettbewerbsrechtlicher Generalklauseln?, in: BB 1970, 1361ff.

Galbraith, John Kenneth, Die moderne Industriegesellschaft, 1970

Gallwas, Hans-Ullrich, Der Mißbrauch von Grundrechten, 1967

ders., Faktische Beeinträchtigungen im Bereich der Grundrechte, 1970

ders., Die Erfüllung von Verwaltungsaufgaben durch Private, in: VVDStRL 29 (1971), S.211ff.

Gamm, Otto-Friedrich von, Der Wettbewerb der öffentlichen Hand, in: GRUR 1959, 302ff.

Gamillscheg, Franz, Die Grundrechte im Arbeitsrecht, in: AcP 164 (1964), S.385ff.

Gehlen, Arnold, Moral und Hypermoral. Eine pluralistische Ethik, 1970

Geiger, Willi, Zur Diskussion über die Freiheit der Kunst, in: Festschrift für G. Leibholz, 1966, Bd. 2, S.187ff.

Geiger, Theodor, Vorstudien zu einer Soziologie des Rechts, 1964

Geismann, Georg, Ethik und Herrschaftsordnung. Ein Beitrag zum Problem der Legitimation, 1974

ders., Kant als Vollender von Hobbes und Rousseau, in: Der Staat 21 (1982), S.162ff.

Geitmann, Roland, Bundesverfassungsgericht und "offene" Normen. Zur Bindung des Gesetzgebers an Bestimmtheitserfordernisse, 1971

Gentz, Manfred, Zur Verhältnismäßigkeit von Grundrechtseingriffen, in: NJW 1968, 1600ff.

Gerber, Hans, Die Sozialstaatsklausel des Grundgesetzes. Ein Rechtsgutachten, in: AöR 81 (1956), S.1ff.

Gerhardt, Michael, Das Koalitionsgesetz, 1977

Gieseke, Paul, Recht am Unternehmen und Schutz des Unternehmens. Alte und neue deutsche Rechtsprechung, in: GRUR 1950, 298ff.

Godin, Hans von, Zum Begriff des Wettbewerbs, in: GRUR 1965, 288ff.

ders., Über den Verstoß gegen die guten wettbewerbsrechtlichen guten Sitten, in: GRUR 1966, 127ff.

Goethe, Johann Wolfgang von, Das Göttliche, Gedicht, Insel, Bd. 1, S.85

Goetz, Volkmar, Allgemeines Polizei- und Ordnungsrecht, 1. Aufl. 1970, 5.Aufl. 1978

ders., Grundpflichten als verfassungsrechtliche Dimension, in: VVDStRL 41 (1983), S.7ff.

Goldschmidt, James, Der Prozeß als Rechtslage, 1925

Gotthold, Jürgen, Neuere Entwicklungen der Wettbewerbstheorie, in: ZHR 145 (1981), S.286ff.

Grabitz, Eberhard, Freiheit und Verfassungsrecht, 1976

ders., Der Grundsatz der Verhältnismäßigkeit in der Rechtsprechung des Bundesverfassungsgerichts, in: AöR 98 (1973), S.568ff.

Grimm, Dieter, Politische Parteien, in: Handbuch des Verfassungsrechts, hrg. von E.Benda, W.Maihofer, H.-J.Vogel, Studienausgabe 1984, S.317ff.

ders., Verbände, in: Handbuch des Verfassungsrechts, hrg. von E.Benda, W.Maihofer, H.-J.Vogel, Studienausgabe 1984, S.373ff.

Grimmer, Klaus, Die Rechtsfiguren einer "Normativität des Faktischen". Untersuchungen zum Verhältnis von Norm und Fakten und zur Funktion der Rechtsgestaltungsorgane, 1971

ders., Demokratie und Grundrechte, 1976

Grupp, Klaus, Wirtschaftliche Betätigung der öffentlichen Hand unter dem Grundgesetz, in: ZHR 140 (1976), S.367ff.

Gütebier, Friedrich-Wilhelm, Der unlautere Wettbewerb der öffentlichen Hand, 1934

Gutenberg, Erich, Grundlagen der Betriebswirtschaftslehre, Bd. 1, 13. Aufl. 1967, Bd. 2, 9. Aufl. 1966

Habermas, Jürgen, Strukturwandel der Öffentlichkeit. Untersuchungen zu einer Kategorie der bürgerlichen Gesellschaft, 4. Aufl. 1969

Häberle, Peter, Die Wesensgehaltsgarantie des Art.19 Abs.2 Grundgesetz. Zugleich ein Beitrag zum institutionellen Verständnis der Grundrechte und zur Lehre vom Gesetzesvorbehalt, 1962

ders., Allgemeine Staatslehre, Verfassungslehre oder Staatsrechtslehre?, in: ZfPol 1965, 381ff.

ders., Zur gegenwärtigen Diskussion um das Problem der Souveränität, in: AöR 92 (1967), S.259ff.

ders., "Öffentliches Interesse" als juristisches Problem. Eine Analyse von Gesetzgebung und Rechtsprechung, 1970

ders., "Gemeinwohljudikatur" und Bundesverfassungsgericht, in: AöR 95 (1970), S.86ff., 260ff.

ders., Grundrechte im Leistungsstaat, in: VVDStRL 30 (1972), S.43ff.

Hamm, Walter, Kollektiveigentum. Die Rolle der öffentlichen Unternehmen in der Marktwirtschaft, 1961

Hangartner, Yvo, Zweckbindung der Freiheitsrechte?, in: Festschrift für Hans Huber zum 80. Geburtstag, 1981, S.377ff.

Hartmann, Nicolai, Ethik, 3. Aufl. 1949

Hatschek, Julius, Die rechtliche Stellung des Fiskus im Bürgerlichen Gesetzbuch (Eine Studie im Grenzgebiete des Privat- und öffentlichen Rechts), in: VerwArch 7 (1899), S.424ff.

Hattenbauer, Hans, Zwischen Hierarchie und Demokratie, 1971

Haueisen, Fritz, Verwaltung und Bürger, in: DVBl 1961, 833ff.

Haug, Rüdiger, Die Zulässigkeit der Verfassungsbeschwerde bei mittelbarer Verletzung eines Grundrechts, 1971

Haverkate, Görg, Amtshaftung bei legislativem Unrecht und die Grundrechtsbindung des Gesetzgebers, in: NJW 1973, 441ff.

Hayek, Friedrich August von, Die Verfassung der Freiheit, 1960/1971

Hefermehl, Wolfgang, Der Anwendungsbereich des Wettbewerbsrechts, in: Festschrift für H. C. Nipperdey, 1955, S.283ff.

ders., Kommentierung des § 138 BGB, in: Sorgel-Siebert, 10 Aufl. 1967

Hefermehl, Wolfgang Baumbach, Adolf, Wettbewerbs- und Warenzeichenrecht, Band I, Wettbewerbsrecht, 10. Aufl. 1971, 13. Aufl. 1981

Hegel, Georg Wilhelm Friedrich, Grundlinien der Philosophie des Rechts oder Naturrecht und Staatswissenschaft im Grundrisse, Studienausgabe in 3 Bänden, Bd. II, Rechtsphilosophie, ausgewählt, eingeleitet und mit Anmerkungen versehen von Karl Löwith und Manfred Riedel, 1968

Heller, Hermann, Europa und der Faschismus, 1929

ders., Staatslehre, 2. Aufl. 1961

Hemmerling, Vertragspflicht und Vertragsabschluß im Vertragsgesetz, 1958

Henke, Wilhelm, Die Rechtsformen der sozialen Sicherung und das allgemeine Verwaltungsrecht, in: VVDStRL 28 (1970), S.149ff.

ders., Die Sozialisierung des Rechts. Ein Beitrag zur Rechtspolitik, in: JZ 1980, 375ff.

Henkel, Heinrich, Einführung in die Rechtsphilosophie. Grundlagen des Rechts, 2. Aufl. 1977

Hennis, Wilhelm, Politik und praktische Philosophie, Eine Studie zur Rekonstruktion der politischen Wissenschaft, 1963

Herrmann, Harald, Anzapfverbote im Einzelhandel und privatrechtlicher Vertrauensschutz. Zum Umfang wirtschaftsrechtlicher Schutzzwecke im Recht unerlaubter Handlungen, in: GRUR 1982, 395ff.

Herzog, Roman, Subsidiaritätsprinzip und Staatsverfassung, in: Der Staat 2 (1963), S.399ff.

ders., Wesensmerkmale der Staatsorganisation in rechtstheoretischer und entwicklungsgeschichtlicher Sicht, 1964

ders., Stichwort: Beliehener Unternehmer, in: Evangelisches Staatslexikon, 1. Aufl. 1966, Sp. 145f.

ders., Demokratie und Gleichheit heute, in: DVBl 1970, 713ff.

ders., Allgemeine Staatslehre, 1971

ders., Erläuterung des Art.20 GG, in: Maunz/Dürig/Herzog/Scholz, Grundgesetz, 1978

Herzog, Hermann, Zum Begriff der "guten Sitten" im BGB, 1910

Hesse, Ernst, Die Bindung des Gesetzgebers an das Grundrecht des Art.2 I GG bei der Verwirklichung einer "verfassungsmäßigen" Ordnung, 1968

Hesse, Konrad, Die normative Kraft der Verfassung, 1959

ders., Grundzüge des Verfassungsrechts der Bundesrepublik Deutschland, 9.

Aufl. 1973

ders., Das Grundgesetz in der Entwicklung der Bundesrepublik Deutschland. Aufgabe und Funktion der Verfassung, in: Handbuch des Verfassungsrechts, hrsg. von E.Benda, W.Maihofer, H.-J.Vogel, Studienausgabe 1984, S.3ff.

ders., Grundrechte - Bestand und Bedeutung, in: Handbuch des Verfassungsrechts, hrsg. von E.Benda, W.Maihofer, H.-J.Vogel, Studienausgabe 1984, S.79ff.

Hirsch, Ernst E., Zu einer 'Methodenlehre der Rechtswissenschaft', in: JZ 1962, 329ff.

Hobbes, Thomas, Leviathan oder Stoff, Form und Gewalt eines bürgerlichen und kirchlichen Staates, hrsg. von I. Fetscher, 1966

ders., Vom Menschen - Vom Bürger, hrsg. von G. Gawlick, 1959

Hoffmann-Becking, Michael, Die Begrenzung der wirtschaftlichen Betätigung der öffentlichen Hand durch Subsidiaritätsprinzip und Übermaßverbot, in: Festschrift für H. J. Wolff, 1973, S.445ff.

Hofmann, Hasso, Grundpflichten als verfassungsrechtliche Dimension, in: VVDStRL 41 (1983), S.42ff.

Hofmann, Wolfgang, Rechtsfragen der Währungsparität, 1969

Hofmeister, Heidemarie, Untersuchungen zur Lohn- und Preisbildung in der Inflationstheorie, 1974

Holzapfel, Walter, Kartellrechtliche Begründung in Preisbescheiden als staatliche Machtpotenzierung?, in: NJW 1968, 1461

Hoppmann, Erich, Das Konzept der optimalen Wettbewerbsintensität. Rivalität oder Freiheit des Wettbewerbs. Zum Problem eines wettbewerbspolitisch adäquaten Ansatzes der Wettbewerbstheorie, in: JNSt 179 (1966), S.286ff.

ders., Workable Competition als wettbewerbspolitisches Konzept, in: Festschrift für Theodor Wessels zum 65. Geburtstag, 1967, S.145ff.

ders., Zum Schutzobjekt des GWB. Die sogenannten volkswirtschaftlichen Erkenntnisse und ihre Bedeutung für die Schutzobjektsdiskussion, in: Wettbewerb als Aufgabe, Nach zehn Jahren Gesetz gegen Wettbewerbsbeschränkungen, 1968, S.61ff.

ders., "Neue Wettbewerbspolitik". Vom Wettbewerb zur staatlichen Mikro-Steuerung (Bemerkungen zu einem "neuen Leitbild der Wettbewerbspolitik"), in: JNSt 184 (1970), S.397ff.

ders., Fusionskontrolle, 1972

ders., Marktmacht und Wettbewerb, 1977

Horak, Hans, Die wirtschaftliche Betätigung der öffentlichen Hand in der Bundesrepublik Deutschland und ihre Probleme, 1964

Huber, Ernst Rudolf, Wirtschaftsverwaltungsrecht, 2. Aufl. Bd. 1, 1953, Bd. 2, 1954

ders., Der Streit um das Wirtschaftsverfassungsrecht, in: DÖV 1956, 97ff., 135ff., 172ff., 200ff.

ders., Selbstverwaltung der Wirtschaft, 1958

Hubmann, Heinrich, Naturrecht und Rechtsgefühl, in: AcP 153 (1954), S.297ff.

ders., Grundsätze der Interessenabwägung, in: AcP 155 (1956), S.85ff.

ders., Gewerblicher Rechtsschutz. Ein Studienbuch, 4. Aufl. 1980

ders., Der unlautere Wettbewerb der öffentlichen Hand, in: W.u.V. 1982, 41ff.

Hueck, Alfred / Nipperdey, Hans Carl, Lehrbuch des Arbeitsrechts, 7. Aufl., 1. Bd., 1963, 2. Bd. 1.Halbbd., 1966/67, 2.Halbbd. unter Mitarbeit von Franz Jürgen Säcker, 1970

Humboldt, Wilhelm von, Ideen zu einem Versuch, die Grenzen der Wirksamkeit des Staates zu bestimmen, o.J. (wohl 1792)

Husserl, Gerhart, Rechtskraft und Rechtsgeltung, Eine rechtsdogmatische Untersuchung, 1925

Ihering, Rudolf von, Der Zweck im Recht, 2. Bd., 1883, 5. Aufl. 1961

Imboden, Max, Der verwaltungsrechtliche Vertrag, 1958

ders., Das Gesetz als Garantie rechtsstaatlicher Verwaltung, 2. Aufl. 1962

Ipsen, Hans Peter, Kollision und Kombination von Prüfungsvorschriften des Haushalts- und Aktienrechts, in: JZ 1955, S.593ff.

ders., Die öffentliche Subventionierung Privater, 1956, auch in: DVBl 1956, 461ff., 498ff., 602ff.

ders., Rechtsfragen zur "Ausgliederung" des Werbefernsehens, in: NJW 1963, 2102ff.

ders., Öffentliche Unternehmen im gemeinsamen Markt, in: NJW 1964, 2336ff.

ders., Gesetzliche Bevorratungsverpflichtung Privater. Erläutert am Modell des Gesetzes über Mindestvorräte an Erdölerzeugnissen vom 9. Sept. 1965 (BGBl I S.1217), in: AöR 90 (1965), S.393ff.

ders., Verwaltung durch Subventionen, in: VVDStRL 25 (1967), S.257ff.

ders., Kartellrechtliche Preiskontrolle als Verfassungsfrage, 1976

Isay, Hermann, Das Rechtsgut des Wettbewerbsrechts, 1933

Isensee, Josef, Subsidiaritätsprinzip und Verfassungsrecht, 1968

ders., Verfassungsgarantie ethischer Grundwerte und gesellschaftlicher Konsens, Verfassungsrechtliche Überlegungen zu einer sozialethischen Kontroverse, in: NJW 1977, 545ff.

ders., Steuerstaat als Staatsform, in: Festschrift für H. P. Ipsen zum 70. Geburtstag, 1977, S.402ff.

ders., Privatwirtschaftliche Expansion öffentlich-rechtlicher Versicherer, Zur verfassungsrechtlichen Zulässigkeit der Gründung einer Krankenversicherungs-Aktiengesellschaft durch öffentlich-rechtliche Versicherungsunternehmen, in: DB 1979, 147ff.

ders., Grundrechte und Demokratie. Die polare Legitimation im grundgesetzlichen Gemeinwesen, in: Der Staat 20 (1981), S.161ff.

ders., Die Friedenspflicht der Bürger und das Gewaltmonopol des Staates. Zur Legitimationskrise des modernen Staates, in: Festschrift für K. Eichenberger zum 60. Geburtstag, 1982, S.23ff.

ders., Öffentlicher Dienst, in: Handbuch des Verfassungsrechts, hrsg. von E.Benda, W.Maihofer, H.-J.Vogel, Studienausgabe 1984, S.1199ff.

Jacobi, Werner, Keine Gewerbefreiheit der öffentlichen Hand?, in: BB 1951, 764ff.

Janson, Bernd, Eine eigene Rechtsform für öffentliche Unternehmen?, in: ZögU 1980, 208ff.

ders., Rechtsform öffentlicher Unternehmen in der Europäischen Gemeinschaft, 1980

Jaspers, Karl, Plato, Augustin, Kant. Drei Gründer des Philosophierens, 1957

ders., Lebensfragen der deutschen Politik, 1963

Jellinek, Georg, Allgemeine Staatslehre, 3. Aufl., 7. Neudruck 1960

Jesch, Dietrich, Gesetz und Verwaltung. Eine Problemstudie zum Wandel des Gesetzmäßigkeitsbegriffs, 2. Aufl. 1968

Kägi, Werner, Rechtsstaat und Demokratie. Antinomie und Synthese, 1953, in: U. Matz (Hrsg.), Grundprobleme der Demokratie, 1973

Kant, Immanuel, Grundlegung der Metaphysik der Sitten, in: Werke in Zehn Bänden, hrsg. von Wilhelm Weischedel, Bd. 6, S.7ff.

ders., Kritik der parktischen Vernunft, in: Werke in Zehn Bänden, hrsg. von Wilhelm Weischedel, Bd. 6, S.103ff.

ders., Metaphysik der Sitten, in: Werke in Zehn Bänden, hrsg. von Wilhelm Weischedel, Bd. 7, S.303ff.

ders., Idee zu einer allgemeinen Geschichte in weltbürgerlicher Absicht, in: Werke in Zehn Bänden, hrsg. von Wilhelm Weischedel, Bd. 9, S.31ff.

ders., Über den Gemeinspruch: Das mag in der Theorie richtig sein, taugt aber nicht für die Praxis, in: Werke in Zehn Bänden, hrsg. von Wilhelm Weischedel, Bd. 9, S.125ff.

ders., Zum ewigen Frieden, Werke in Zehn Bänden, hrsg. von Wilhelm Weischedel, Bd. 9, S.191ff.

ders., Der Streit der Fakultäten, in: Werke in Zehn Bänden, hrsg. von Wilhelm Weischedel, Bd. 9, S.261ff.

ders., Die Religion innerhalb der Grenzen der bloßen Vernunft, in: Werke in Zehn Bänden, hrsg. von Wilhelm Weischedel, Bd. 7, S.645ff.

Kantzenbach, Erhard, Funktionsfähigkeit des Wettbewerbs, 1965

Karpen, Hans-Ulrich, Die Verweisung als Mittel der Gesetzgebungstechnik, 1970

Katzenberger, Paul, Recht am Unternehmen und unlauterer Wettbewerb, 1967

Kaufmann, Arthur, Recht und Sittlichkeit, 1964

ders., Strafrechtspraxis und sittliche Normen, in: JuS 1978, 361ff.

Kelsen, Hans, Hauptprobleme der Staatsrechtslehre, entwickelt aus der Lehre vom Rechtssatz, 1911

ders., Allgemeine Staatslehre, 1925, Nachdruck 1966

ders., Vom Wesen und Wert der Demokratie, 1929

ders., Staatsform und Weltanschauung, 1933

ders., Was ist Juristischer Positivismus?, in: JZ 1965, 466ff.

Kisker, Gunter, Vertrauensschutz im Verwaltungsrecht, in: VVDStRL 32 (1974), S.149ff.

Kimminich, Otto, Erläuterung des Art.14 GG im Bonner Kommentar, Drittbearbeitung, 1976

ders., Die Freiheit, nicht zu hören, in: Der Staat 3 (1964), S.61ff.

Kirchberger, Hans, Unlauterer, sittenwidriger und unerlaubter Wettbewerb, 1931

Kirchhof, Paul, Der Begriff der hoheitsrechtlichen Befugnisse in Art.33 Abs.IV des Grundgesetzes, 1968

ders., Rechtsquellen und Grundgesetz, in: Festgabe BVerfG 1976, S.50ff.

ders., Verwalten durch "mittelbares" Einwirken, 1977

ders., Besteuerung und Eigentum, in: VVDStRL 39 (1981), S.213ff.

Klaus, Joachim, Inflationstheorie, 1974

Klein, Hans H., Die Teilnahme des Staates am wirtschaftlichen Wettbewerb, 1968

ders., Der Begriff der öffentlichen Aufgabe, in: DÖV 1965, 755ff.

ders., Buchbesprechung von A.Köttgen, Fondverwaltung in der Bundesrepublik. Zur Rolle des Haushalts in einem Verwaltungsstaat, 1965, in: Der Staat 5 (1966), S.386ff.

ders., Verfassungstreue und Schutz der Verfassung, in: VVDStRL 37 (1979), S.53ff.

Kloepfer, Michael, Grundrechte als Entstehungssicherung und Bestandschutz, 1970

ders., Gesetzgebung und Rechtsstaat, in: VVDStRL 40 (1982), S.63ff.

ders., Zur historischen Legitimation des Grundgesetzes, in: ZRP 1983, 57ff.

Knack, Hans-Joachim, Verwaltungsverfahrensgesetz, 1976

Knemeyer, Franz-Ludwig, Privatisierung öffentlicher Aufgaben, in: W.u.V. 1978, 65ff.

Knöpfle, Robert, Der Rechtsbegriff "Wettbewerb" und die Realität des Wirtschaftslebens, 1966

Koch, Eckert, Freiheit und Wettbewerb, in: Festschrift für Franz Böhm zum 80. Geburtstag, 1975, S.269ff.

Köndgen, Johannes, Selbstbindung ohne Vertrag. Zur Haftung aus geschäftsbezogenem Handeln, 1981

König, René, "Soziale Normen", Stichwort in, Bernsdorf, Wörterbuch der Soziologie, 2. Aufl. 1969

ders., "Normen, soziale", Stichwort in: Handwörterbuch der Organisation, 1969

ders., Das Recht im Zusammenhang der sozialen Normsysteme, in: E. E. Hirsch, Studien und Materialien zur Rechtssoziologie, S.3ff.

Koenigs, Folkmar, Diskriminierung durch Allgemeine Ortskrankenkassen - zu BGHZ 36, 91, in: JuS 1962, 342ff.

Köttgen, Arnold, Die erwerbswirtschaftliche Betätigung der öffentlichen Hand und das öffentliche Recht, 1928

ders., Die wirtschaftliche Betätigung der Gemeinden. Eine verfassungsrechtliche Untersuchung, in: Festschrift zum hundertjährigen Bestehen des Deutschen Juristentages, 1960, Bd. I, S.577ff.

ders., Gemeindliche Daseinsvorsorge und gewerbliche Unternehmerinitiative im Bereich der Wasserversorgung und Abwässerbeseitigung, 1961

ders., Der Einfluß des Bundes auf die deutsche Verwaltung, in: JöR NF, Bd. 11 (1962), S.173ff.

Kohler, Josef, Der unlautere Wettbewerb. Darstellung des Wettbewerbsrechts, 1914

Kopp, Ferdinand O., Verwaltungsverfahrensgesetz, 1980

ders., Der Rechtsschutz im Subventionsrecht (unter rechtsvergleichender Berücksichtigung der Situation in Österreich), in: W.u.V. 1978, 175ff.

Koppensteiner, Hans-Georg, Wettbewerbsrecht - Kartellrecht und unlauterer Wettbewerb, 1981

Kraft, Alfons, Interessenabwägung und gute Sitten im Wettbewerbsrecht, 1963

ders., Gemeinschaftsschädliche Wirtschaftsstörungen als unlauterer Wettbewerb, in: GRUR 1980, 966ff.

ders., Wettbewerbsrecht und Diskriminierungsverbot, in: Festschrift für Max Kummer, 1980, S.389ff.

Krawietz, Werner, Gewährt Art.1 Abs.1 GG dem Menschen ein Grundrecht auf Achtung und Schutz seiner Würde?, in: Gedächtnisschrift für Friedrich Klein, 1977, S.245ff.

Kriele, Martin, Kriterien der Gerechtigkeit, Zum Problem des rechtsphilosophischen und politischen Relativismus, 1963

ders., Das demokratische Prinzip im Grundgesetz, in: VVDStRL 29 (1971), S.46ff.

ders., Einführung in die Staatslehre. Die geschichtlichen Legitimationsgrundlagen des demokratischen Verfassungsstaates, 1975

ders., Theorie der Rechtsgewinnung, entwickelt am Problem der Verfassungsinterpretation, 1967, 2. Aufl. 1976

ders., Legitimationsprobleme der Bundesrepublik, 1977

ders., Recht und praktische Vernunft, 1979

ders., Befreiung und politische Aufklärung, Plädoyer für die Würde des Menschen, 1980

ders., Freiheit und Gleichheit, in: Handbuch des Verfassungsrechts, hrsg. von E.Benda, W.Maihofer, H.-J.Vogel, Studienausgabe 1984, S.129ff.

Krings, Hermann, Der Preis der Freiheit. Zum Verhältnis von Idee und Wirklichkeit der Freiheit im 20. Jahrhundert, in: Werte-Rechte-Normen, 1978, S.13ff.

Kroitzsch, Hermann, Die Wettbewerbsregeln in kartell- und wettbewerbsrechtlicher

Sicht, in: GRUR 1965, 12ff.

Krüger, Herbert, Allgemeine Staatslehre, 2. Aufl. 1966

ders., Die öffentlichen Massenmedien als notwenige Ergänzung der privaten Massenmedien, 1965

ders., Von der reinen Marktwirtschaft zur gemischten Wirtschaftsverfassung, 1966

ders., Sinn und Grenzen der Vereinbarungsbefugnis der Tarifvertragsparteien, in: 41. DJT, Bd. I, Teil 1, S.7ff.

ders., Öffentliche Elemente der Unternehmensverfassung, in: Planung V, S.19ff.

ders., Subkonstitutionelle Verfassungen, in: DÖV 1976, 613ff.

ders., Das Staatsunternehmen - Ort und Rolle in der Marktwirtschaft -, in: ZBR 1979, 157ff.

Krüger, Rolf, Das wirtschaftspolitische Instrumentarium. Einteilungsmerkmale und Systematisierung, 1967

Kübler, Friedrich, Privatrecht und Demokratie. Zur Aktualität gesellschaftstheoretischer Vorstellungen in der Jurisprudenz, in: Festschrift für L. Raiser, 1974, S.697ff.

Kummer, Max, Anwendungsbereich und Schutzgut der privatrechtlichen Rechtssätze gegen unlauteren und gegen freiheitsbeschränkenden Wettbewerb, 1960

Kunert, Franz-Josef, Staatliche Bedarfsdeckungsgeschäfte und öffentliches Recht, 1977

Landau, Peter, Begrenzung der privatrechtlichen Gestaltungsfreiheit, in: Freiheit in der sozialen Demokratie, 1975, S.103ff.

Larenz, Karl, Die Begründung von Schuldverhältnissen durch sozialtypisches Verhalten, in: NJW 1956, 1897ff.

ders., Grundsätzliches zu § 138 BGB, in: Juristen-Jahrbuch 7 (1966/67), S.98ff.

ders., Lehrbuch des Schuldrechts, Bd. 1, 9. Aufl. 1970, Bd. 2, 10. Aufl. 1972

ders., Allgemeiner Teil des deutschen bürgerlichen Rechts, 3. Aufl. 1975

ders., Methodenlehre der Rechtswissenschaft, 1960, 3. Aufl. 1975

ders., Richtiges Recht, Grundzüge einer Rechtsethik, 1979

Laun, Rudolf, Recht und Sittlichkeit, 1925, 3. Aufl. 1935

Lecheler, Helmut, "Funktion" als Rechtsbegriff?, in: NJW 1979, 2273ff.

Lehmann, Heinrich / Hübner, Heinz, Allgemeiner Teil des Bürgerlichen Gesetzbuches, 16. Aufl. 1966

Leibholz, Gerhard, Die Gleichheit vor dem Gesetz, 1. Aufl. 1925, 2. Aufl. 1959

ders., Das Wesen der Repräsentation und der Gestaltwandel der Demokratie im 20. Jahrhundert, 1929, 2. Aufl. 1960

ders., Zur Begriffsbildung im öffentlichen Recht, 1931, auch in: Strukturprobleme der modernen Demokratie, 1958, S.262ff.

ders., Strukturprobleme der modernen Demokratie, 1958, 3. Aufl. 1967/1974

ders., Freiheitlich-demokratische Grundordnung und das Bonner Grundgesetz, in: Strukturprobleme der modernen Demokratie, 3. Auflage 1967/1974, S.132ff.

ders., Zum Begriff und Wesen der Demokratie, in: Strukturprobleme der modernen Demokratie, 3. Aufl. 1967/1974, S.142ff.

ders., Staat und Verbände, in: VVDStRL 24 (1966), S.5ff.

Leisner, Walter, Grundrechte und Privatrecht, 1960

ders., Werbefernsehen und öffentliches Recht, 1967

ders., Öffentliches Amt und Berufsfreiheit, in: AöR 93 (1968), S.161ff.

ders., Privatinteressen als öffentliches Interesse, in: DÖV 1970, 217ff.

ders., Mitbestimmung im öffentlichen Dienst, 1970

ders., Demokratie, Selbstzerstörung einer Staatsform?, 1979

ders., Der Gleichheitsstaat. Macht durch Nivellierung, 1980

Lenz, Karl-Heinz, Das Vertrauensschutzprinzip. Zugleich eine notwendige Besinnung auf die Grundlagen unserer Rechtsordnung, 1968

Lerche, Peter, Übermaß und Verfassungsrecht, 1961

ders., Amtshaftung und enteignungsgleicher Eingriff, in: JuS 1961, 237ff.

ders., Stil, Methode, Ansicht, in: DÖV 1961, 690ff.

ders., Rechtsprobleme des Werbefernsehens, 1965

ders., Das Bundesverfassungsgericht und die Verfassungsdirektiven. Zu den "nichterfüllten Gesetzgebungsaufträgen", in: AöR 90 (1965), S.341ff.

ders., Werbung und Verfassung, 1967

ders., Verfassungsrechtliche Zentralfragen des Arbeitskampfes, 1968

ders., Verbeamtung als Verfassungsauftrag?, 1973

Leßmann, Herbert, Die öffentlichen Aufgaben und Funktionen privatrechtlicher Wirtschaftsverbände, 1976

ders., Die Verbände in der Demokratie und ihre Regelungsprobleme, in: NJW 1978, 1545ff.

Limbach, Jutta, Die Feststellung von Handelsbräuchen, in: Festschrift für E. E. Hirsch, 1968, S.77ff.

Lindacher, Walter F., Lockvogel- und Sonderangebote, 1979

Link, Christoph, Menschenrechte und bürgerliche Freiheit, Festschrift für Willi Geiger zum 65. Geburtstag, 1974, S.277ff.

Lobe, Adolf, Die Bekämpfung des unlauteren Wettbewerbs, 1907

ders., Die Generalklausel des neuen Wettbewerbsgesetzes, in: GRUR 1910, 11ff.

Lüderssen, Klaus / Noelle-Neumann, Elisabeth / Raiser, Ludwig, u.a., Generalklauseln als Gegenstand der Sozialwissenschaften, 1978

Luhmann, Niklas, Grundrechte als Institution, 1965

ders., Zweckbegriff und Systemrationalität. Über die Funktion von Zwecken in sozialen Systemen, 1968

ders., Normen und soziologische Perspektive, in: Soziale Welt 1969, 28ff.

ders., Rechtssoziologie, 2 Bände, 1972

ders., Rechtssystem und Rechtsdogmatik, 1974

Maier, Hans, Zur Lage der politischen Wissenschaft in Deutschland, in: Vierteljahresschrift für Zeitgeschichte 1962, 225ff.

Maihofer, Werner, Vom Sinn menschlicher Ordnung, 1956

ders., Was ist Recht? Zur Einführung in die Grundlagen der Rechtsphilosophie, in: JuS 1963, 165ff.

ders., Naturrecht oder Rechtspositivismus? Hrsg., 1962

ders., Demokratie und Sozialismus, in: Ernst Bloch zu ehren, Beiträge zu seinem Werk, 1965, S.31ff.

ders., Demokratie im Sozialismus, Recht und Staat im Denken des jungen Marx, 1968

ders., Rechtsstaat und menschliche Würde, 1968

ders., Prinzipien freiheitlicher Demokratie, in: Handbuch des Verfassungsrechts, hrsg. von E.Benda, W.Maihofer, H.-J.Vogel, Studienausgabe 1984, S.173ff.

ders., Abschließende Äußerungen, in: Handbuch des Verfassungsrechts, hrg. von E.Benda, W.Maihofer, H.-J.Vogel, Studienausgabe 1984, S.1381ff.

Mallmann, Walter, Schranken nichthoheitlicher Verwaltung, in: VVDStRL 19 (1961), S.165ff.

Mangoldt, Hermann von / Klein, Friedrich, Das Bonner Grundgesetz, 2. Aufl., Bd. I, 1955/57, Bd. II, 1959-64

Marcic, René, Vom Gesetzesstaat zum Richterstaat, 1957

ders., Rechtsphilosophie. Eine Einführung, 1969

ders., Geschichte der Rechtsphilosophie, Schwerpunkte - Kontrapunkte, 1971

Martens, Wolfgang, Öffentlichkeit als Rechtsbegriff, 1969

ders., Prinzipien der Leistungsverwaltung, in: F. H. J. Wolff, 1973, S.429ff.

Marx, Karl, Einleitung zur Kritik der hegelschen Rechtsphilosophie, Frühe Schriften, Bd. I, Ausgabe Lieber

Marx, Thomas, Wettbewerbsrecht, 1978

Matz, Ulrich, Politik und Gewalt. Zur Theorie des demokratischen Verfassungsstaates und der Revolution, 1975

Maunz, Theodor / Dürig, Günter, Erläuterung des Art.20 GG (Rechtsstaatlichkeit), in: Maunz/Dürig/Herzog/Scholz, Grundgesetz, 5. Aufl. 1978

Maunz, Theodor, Erläuterungen zu verschiedenen Artikeln des Grundgesetzes, in: Maunz/Dürig/Herzog/Scholz, Grundgesetz, 5. Aufl. 1978 ders., Deutsches Staatsrecht, 21. Aufl. 1977

Maurer, Hartmut, Zur Verfassungswidrigkeitserklärung von Gesetzen, in: Festschrift für Werner Weber, 1974, S.345ff.

Mayer, Otto, Eisenbahn und Wegerecht, in: AöR 16 (1901), S.38ff.

ders., Deutsches Verwaltungsrecht, Bd. 1, 3. Aufl. 1924/1926

Mayer-Maly, Theo, Der liberale Gedanke und das Recht, in: Festschrift für Adolf Merkel, 1970, S.247ff.

ders., Erläuterung zu § 138 BGB im Münchner Kommentar zum Bürgerlichen Gesetzbuch, 1978

Means, Gardiner C., Pricing Power and the Public Interest. A Study Based on Steel, New York 1962

Meesen, Karl Matthias, Internationale Verhaltenskodizes und Sittenwidrigkeitsklauseln, in: NJW 1981, 1131f.

Menger, Christian-Friedrich, Höchstrichterliche Rechtsprechung zum Verwaltungsrecht. Zur Frage des Rechtswegs bei Wettbewerbsstreitigkeiten zwischen Privaten und öffentlicher Hand, in: VerwArch 68 (1977), S.293ff.

ders., Zu den Handlungsformen bei der Vergabe von Subventionen, in: VerwArch 69 (1978), S.93ff.

ders., Berufsgerichte und Grundgesetz-BVerfGE 18, 241, in: JuS 1966, 66ff.

ders., Zum Stand der Meinungen über die Unterscheidung von öffentlichem und privatem Recht, in: F. H. J. Wolff, 1973, S.149ff.

Menger, Christian-Friedrich / Erichsen, Hans-Uwe, Höchstrichterliche Rechtsprechung zum Verwaltungsrecht, in: Verwaltungsarchiv 61 (1970), S.375f.

Merkl, Adolf, Allgemeines Verwaltungsrecht, 1927/1969

Merten, Detlef, Der Inhalt des Freizügigkeitsrechts, 1970

ders., Rechtsstaat und Gewaltmonopol, 1975

ders., Die Bindung des Richters an Gesetz und Verfassung, DVBl 1975, 677ff.

ders., Sozialrecht, Sozialpolitik, in: Handbuch des Verfassungsrechts, hrsg. von E.Benda, W.Maihofer, H.-J.Vogel, Studienausgabe 1984, S.765ff.

Mertens, Hans-Joachim, Das Recht auf Gleichbehandlung im Verwaltungsprivatrecht, BGHZ 29, 76, in: JuS 1963, 391ff.

Merz, Hans, Kartellrecht - Instrument der Wirtschaftspolitik oder Schutz der persönlichen Freiheit, in: Festschrift für Franz Böhm zu 70. Geburtstag, 1965, S.227ff.

Messner, Johannes, Die Idee der Menschenwürde im Rechtsstaat der pluralistischen Gesellschaft, in: Festschrift für Willi Geiger zum 65. Geburtstag, 1977, S.221ff.

Mestmäcker, Ernst-Joachim, Das marktbeherrschende Unternehmen im Recht der Wettbewerbsbeschränkungen, 1959

ders., Wirtschaft und Verfassung. Zu dem Buch von Horst Ehmke mit demselben Titel, in: DÖV 1964, S.606ff.

ders., Über die normative Kraft privatrechtlicher Verträge, in: JZ 1964, 441ff.

ders., Über das Verhältnis des Rechts der Wettbewerbsbeschränkungen zum Privatrecht, in: AcP 168 (1968), S.235ff. (auch in: DB 1968, 689ff.)

ders., Parallele Geltung von Verbotsnormen des deutschen und des europäischen Rechts der Wettbewerbsbeschränkungen, in: BB 1968, 1297ff.

ders., Die Abgrenzung von öffentlich-rechtlichem und privatrechtlichem Handeln im Wettbewerbsrecht, in: NJW 1969, S.1ff.

ders., Macht - Recht - Wirtschaftsverfassung, in: ZHR 137 (1973), S.97ff. (auch in: Die sichtbare Hand des Rechts, 1978, S.9ff., und in: Recht und ökonomisches Gesetz, 1978, S.11ff.)

ders., Europäisches Wettbewerbsrecht, 1974

ders., Wirtschaftsverfassung und Staatsverfassung, in: Festschrift für Franz Böhm zum 80. Geburtstag, 1975, S.383ff.

ders., Medienkonzentration und Meinungsvielfalt. Eine vergleichende wirtschaftsrechtliche Untersuchung im Auftrage des Bundesministers des Innern, 1978

Meydam, Jan, Sozialrechtliche Tatbestände und Wettbewerbsrecht. Eine kritische Betrachtung der höchstrichterlichen Rechtsprechung zur sog. gefühlsbetonten Werbung, in: GRUR 1970, 399ff.

Meydell, Bernd von / Scholz, Rupert, Grenzen der Eigenwirtschaft gesetzlicher Krankenversicherungsträger, 1980

Meyer, Hans, Wahlsystem und Verfassungsordnung. Bedeutung und Grenze wahlsystematischer Gestaltung nach dem Grundgesetz, 1973

Meyer-Cording, Ulrich, Gute Sitten und ethischer Gehalt des Wettbewerbsrechts. Grundsätzliches zu § 1 UWG, in: JZ 1974, 273ff., 310ff.

ders. Die Grundbegriffe des Wettbewerbsrechts, in: WuW 1962, 462ff.

Michaelis, Rüdiger, Der Beliehene. Ein Beitrag zur Verflechtung von öffentlichem und privatem Recht, 1969

Möschel, Wernhard, Der Oligopolmißbrauch im Recht der Wettbewerbsbeschränkungen, 1974

ders., Pressekonzentration und Wettbewerbsgesetz, 1978

ders., Neuere Entwicklungen der Wettbewerbstheorie. Kritische Bemerkungen zu kritischen Bemerkungen, in: ZHR 145 (1981), S.590ff.

Mohl, Robert von, Die Polizei-Wissenschaft nach den Grundsätzen des Rechtsstaates, Bd. I, 1844

Monopolkommission, Sondergutachten 2 und 3, 1975

Moritz, Klaus, Funktionsgrenzen von Richterrecht am Beispiel der Grundsatzrechtsprechung des Bundesarbeitsgerichts, in: RdA 1977, 197ff.

Mormann, J., Erläuterung zu § 226, in: Sorgel-Siebert, Bürgerliches Gesetzbuch, Bd. 1, Allgemeiner Teil, 10. Aufl. 1967

Müller, Max, Philosophische Grundlagen der Politik, in: Festschrift für Erik Wolf, 1962, S.282ff.

Münch, Ingo von, Staatliche Wirtschaftshilfe und Subventionsprinzip, in: JZ 1960, 303ff.

Mutius, Albert von, Erläuterung des Art.19 Abs.III GG, in: Bonner Kommentar, Zweitbearbeitung, 1974

Myrdal, Gunnar, Das Wertproblem in der Sozialwissenschaft, Hrsg., 1965

Naendrup, Peter-Hubert, Privatrechtliche Haftungsbeschränkung und staatliche Verantwortung, 1967

Nell-Breuning, Oswald von, Kritisches zum Begriff 'Wettbewerbsordnung', in: WuW 1952, 371ff.

ders., Können Neoliberalismus und katholische Soziallehre sich verständigen?, in: Festschrift für Franz Böhm zum 80. Geburtstag, 1975, S.459ff.

Nelsen, Leonhard, System der philosophischen Rechtslehre und Politik, 1924, Gesammelte Schriften, Bd. 6

ders., Kritik der praktischen Vernunft, 1927, Gesammelte Schriften, Bd. 4

ders., System der philosophischen Ethik und Pädagogik, 1932, Gesammelte Schriften, Bd. 5

Nerreter, Paul, Allgemeine Grundlagen des deutschen Wettbewerbsrecht, 1936

ders., Die Weiterbildung der drei wettbewerbsrechtlichen Grundregeln, in: GRUR 1937, 167ff.

Nipperdey, Hans Carl, Wettbewerb und Existenzvernichtung, 1930

ders., Gewerbefreiheit der öffentlichen Hand?, in: BB 1951, 593ff.

ders., Rechtswidrigkeit, Sozialadäquanz, Fahrlässigkeit, Schuld im Zivilrecht, in: NJW 1957, 1777ff.

ders., Grundrechte und Privatrecht, 1961

ders., Wirtschaftsverfassung und Bundesverfassungsgericht, 1960

ders., Soziale Marktwirtschaft und Grundgesetz, 2. Aufl. 1961

Nipperdey, Hans Carl / Hueck, Alfred, Lehrbuch des Arbeitsrechts, 2. Bd., 1. Halbbd., 7. Aufl. 1967, 2. Band, 2. Halbbd. unter Mitarbeit von Franz-Jürgen Säcker, 7. Aufl. 1970

Nipperdey, Hans Carl / Weise, Günther, Freie Entfaltung der Persönlichkeit, in: Die Grundrechte IV/2, S.741ff.

Nordemann, Wilhelm, Der verständige Durchschnittsgewerbetreibende. Zum Begriff der "guten Sitten" in § 1 UWG, in: GRUR 1975, 625ff.

ders., Wettbewerbsrecht. Grundriß mit Kurzkommentierung, Rechtsprechung, Beispielen und Formularmustern, 2. Aufl. 1978

Oberndorfer, Peter, Die wirtschaftliche Betätigung der öffentlichen Hand in Österreich, in: W.u.V. 1978, 117ff.

Olshausen, Henning von, Zur Anwendbarkeit von Grundrechten auf juristische Personen des öffentlichen Rechts, 1969

ders., Menschenwürde im Grundgesetz: Wertabsolutismus oder Selbstbestimmung?, in: NJW 1982, 2221ff.

Ossenbühl, Fritz, Verwaltungsvorschriften und Grundgesetz, 1968 ders., Tendenzen und Gefahren der neueren Ermessenslehre, in: DÖV 1968, 619ff.

ders., Ermessen, Verwaltungspolitik und unbestimmter Rechtsbegriff, in: DÖV 1970, 84ff.

ders., Die Erfüllung von Verwaltungsaufgaben durch Private, in: VVDStRL 29 (1971), S.137ff.

ders., Bestand und Erweiterung des Wirkungskreises der Deutschen Bundespost, 1980

Ott, Claus, Systemwandel im Wettbewerbsrecht. Die Generalklausel des § 1 UWG und ihre Rückwirkungen auf Rechtsprechung und Dogmatik, in: Festschrift für Ludwig Raiser zum 70. Geburtstag, 1974, S.403ff.

Ott, Sieghart, Das Sittengesetz und seine Bedeutung im öffentlichen Recht, in: BayVBl 1966, 186ff.

Otto, Hansjörg, Personale Freiheit und soziale Bindung. Zur Kontrolle und Gewährleistung personalmotivierten Verhaltens im Privatrecht, 1978

Palandt, Otto, Bürgerliches Gesetzbuch, Kommentar, 34. Aufl. 1975

Papier, Hans-Jürgen, Die Beeinträchtigung der Eigentums- und Berufsfreiheit durch Steuern vom Einkommen und Vermögen, in: Der Staat 11 (1972), S.483ff.

ders., Fälle zum Wahlfach Wirtschaftsverwaltungsrecht, 1976

ders., Unternehmen und Unternehmer in der verfassungsrechtlichen Ordnung der Wirtschaft, in: VVDStRL 35 (1977), S.55ff.

ders., Besteuerung und Eigentum, in: DVBl 1980, 787ff.

ders., Das neue Staatshaftungsrecht, in: NJW 1981, 2321ff.

ders., Grundgesetz und Wirtschaftsordnung, in: Handbuch des Verfassungsrechts, hrsg. von E.Benda, W.Maihofer, H.-J.Vogel, Studienausgabe 1984, S.609ff.

Pawlowski, Hans-Martin, Substanz- oder Funktionseigentum? Zum Eigentumsbegriff des geltenden Rechts, in: AcP 165 (1965), S.395ff.

ders., Das Studium der Rechtswissenschaft. Eine Einführung in das Wesen des Rechts, 1969

ders., Die rechtsstaatliche Dimension von Gesetzgebung und Judikatur, in: DÖV 1976, 505ff.

ders., Die Funktion des Wertbegriffs in der Rechtswissenschaft, in: JuS 1976, 351ff.

ders., Methodenlehre für Juristen. Theorie der Norm und des Gesetzes. Ein Lehrbuch, 1981

Pestalozza, Christian Graf von, "Formenmißbrauch" des Staates. Zu Figur und Folgen des "Rechtsmißbrauchs" und ihrer Anwendung auf staatliches Verhalten, 1973

ders., Kollisionsrechtliche Aspekte der Unterscheidung von öffentlichem Recht und Privatrecht. Öffentliches Recht als zwingendes Sonderrecht für den Staat, in: DÖV 1974, 188ff.

ders., Privatverwaltungsrecht: Verwaltungsrecht unter Privaten, JZ 1975, 50ff.

ders., "Noch verfassungsmäßige" und "bloß verfassungswidrige" Rechtslagen, in: Festgabe für das BVerfG, 1976, Bd. I, S.519ff.

ders., Der Popularvorbehalt, 1981

ders., Startbahn frei für das Verwaltungs(akt)referendum, in: NJW 1982, 1571ff.

Peters, Hans, Die Stellung des Bundes in der Kulturverwaltung nach dem Bonner Grundgesetz, in: Festgabe für Erich Kaufmann zum 70. Geburtstag, 1950, S.289ff.

ders., Die Zuständigkeit des Bundes im Rundfunkwesen, 1954

ders., Verwaltung ohne gesetzliche Ermächtigung?, in: Festschrift für Hans Huber, 1961, S.206ff.

ders., Das Recht auf freie Entfaltung der Persönlichkeit in der höchstrichterlichen Rechtsprechung, 1963

ders., Öffentliche und staatliche Aufgaben, in: Festschrift für Hans Carl Nipperdey, 1965, II, S.877ff.

Pietzker, Jost, Der Staatsauftrag als Instrument des Verwaltungshandelns, 1978

Pinger, Winfried, Der Rechtsweg bei Wettbewerbsverstößen der öffentlichen Hand, in: GRUR 1973, 456ff.

Plassmann, Norbert, Preisbindung durch Gerichte?, in: JZ 1962, 463ff

ders., Rechtsbegriffe im Wettbewerbsrecht, in: JZ 1968, 81ff.

Popper, Karl R., Die offene Gesellschaft und ihre Feinde, I, Der Zauber Platons, 1957, 6. Aufl. 1980, II, Falsche Propheten, Hegel, Marx und die Folgen, 1958, 6. Aufl. 1980

ders., Logik der Forschung, 3. Aufl. 1969, 5.Aufl. 1973

Preuß, Ulrich K., Zum staatsrechtlichen Begriff des Öffentlichen, 1969

Prost, Gerhard, Die Diskontfestsetzung der Deutschen Bundesbank. Eine Maßnahme der Währungspolitik in rechtlicher Sicht, in: NJW 1966, 806ff.

ders., Buchbesprechung von Kindermann, Elmar: Die Anfechtung von kreditpolitischen Beschlüssen der Bundesbank, 1974, in: NJW 1975, 251f.

Püttner, Günter, Unlauterer Wettbewerb der öffentlichen Hand, in: GRUR 1964, 359ff.

ders., Das Recht der kommunalen Energieversorgung. Zum Problem der besonderen öffentlichen Aufgaben der Gemeindeunternehmen, 1967

ders., Die öffentlichen Unternehmen. Verfassungsfragen zur wirtschaftlichen Betätigung der öffentlichen Hand, 1969

ders., Vertrauensschutz im Verwaltungsrecht, in: VVDStRL 32 (1974), S.200ff.

ders., Anmerkung zum Beschluß des BGH vom 22.3.1976 - GSZ 1/75 -, DÖV 1976, 633, in: DÖV 1976, 635f.

Quaritsch, Helmut, Einwanderungsland Bundesrepublik Deutschland?, 1981

ders., Rittterstieg, Helmut, Wahlrecht für Ausländer. Verfassungsfragen der Teilnahme von Ausländern an den Wahlen in der Wohngemeinde, 1981, Buchbesprechung, in: Der Staat 21 (1982), S.615ff.

ders., Staatsangehörigkeit und Wahlrecht - Zum Problem des Ausländer-Wahlrechts, in: DÖV 1983, 1ff.

Radbruch, Gustav, Rechtsphilosophie, 1940, 5. Aufl. 1956

ders., Vorschule der Rechtsphilosophie, Nachschrift einer Vorlesung, hrsg. von Harald Schubert und Joachim Stolzenburg, 1947

ders., Einführung in die Rechtswissenschaft, hrsg. von Zweigert, 9. Aufl. 1952

Raisch, Peter, Voraussetzungen, dogmatische Grundlagen und Sinnwandlung des Handelsrechts, 1965

ders., Die rechtsdogmatische Bedeutung der Abgrenzung von Handelsrecht und bürgerlichem Recht. Zugleich ein Beitrag zur analogen Anwendung handelsrechtlicher Normen auf Nichtkaufleute, in: JuS 1967, 533ff.

Raiser, Ludwig, Das Recht der allgemeinen Geschäftsbedingung, 1935/1961

ders., Vertragsfunktion und Vertragsfreiheit, in: Festschrift zum hundertjährigen Bestehen des Deutschen Juristentages, 1860-1960, Bd. I, S.101ff.

ders., Rechtsschutz und Institutionenschutz im Privatrecht, in: Summum ius - Summum iniuria, 1963, S.145ff.

ders., Marktbezogene Unlauterkeit, in: GRUR Int. 1973, 443ff.

ders., Grundgesetz und Privatrechtsordnung, in: Verhandlungen des 46. DJT, Bd. II, 1967, B 5ff.

Ramm, Thilo, Einführung in das Privatrecht, Allgemeiner Teil des BGB, Bd. I, 2. Aufl. 1974

Rasch, Harold / Westrick, Klaus, Wettbewerbsbeschränkungen, Kartell- und Monopolrecht, 3. Aufl. 1966

Rathjen, Peter, Zum unlauteren Wettbewerb der öffentlichen Hand, in: DVBl 1975, 649ff.

Rawls, John, A Theory of Justice, Oxford 1973, deutsche Ausgabe: Eine Theorie der Gerechtigkeit, 1975

Rebe, Bernd, Privatrecht und Wirtschaftsordnung. Zur vertragsrechtlichen Relevanz der Ordnungsfunktion deszentraler Interessenkoordination in einer Wettbewerbswirtschaft, 1978

Redeker, Konrad / Oertzen, Hans-Joachim von, Verwaltungsgerichtsordnung, 6. Aufl. 1978

Rehbinder, Eckard, Grundfragen des Umweltrechts, in: ZRP 1970, 250ff.

Rehbinder, Manfred, Grundlagen der Rechtssoziologie, in: ders. (Hrsg.), Einführung in die Rechtssoziologie. Ein Textbuch für Studenten der Rechtswissenschaft, 1971, S.1ff.

ders., Buchbesprechung von R. Scholz, Pressefreiheit und Arbeitsverfassung. Verfassungsprobleme um Tendenzschutz und innere Pressefreiheit, 1978, in: DVBl 1979, 699f.

Reich, Norbert, Markt und Recht. Theorie und Praxis des Wirtschaftsrechts in der Bundesrepublik Deutschland, 1977

Reich, Norbert / Wegener, Hartmut, Verbraucherschutz und Wettbewerb - BGH NJW 1973, S.1371 und 1974, S.140, in: JuS 1974, 561ff.

Reichard, Christoph, Betriebswirtschaftslehre der öffentlichen Verwaltung, 1977

Reimer, Eduard, Wettbewerbs- und Warenzeichenrecht, 3. Aufl. 1954

Reimer, Dietrich / Ulmer, Eugen, Das Recht des unlauteren Wettbewerbs in den Mitgliedstaaten der Europäischen Wirtschaftsgemeinschaft, Bd. III, Deutschland, 1968

Reinhardt, Rudolf, Privates Unternehmen und öffentliches Interesse, in: Festschrift für Alfred Hueck, 1959, S.439ff.

Renck, Ludwig, Leistungsverwaltung und Wettbewerbsrecht - BGHZ 67, 81 und BayKompKonflH, DÖV 1975, 394, in: JuS 1978, 459ff.

ders., Wettbewerbswidrige Leistungsverwaltung?, in: BayVBl 1978, 692ff.

ders., Gesetzgebungsbefugnis und Konkursfähigkeit juristischer Personen des öffentlichen Rechts, in: BayVBl 1982, 300ff.

Reuter, Dieter, Kindesgrundrechte und elterliche Gewalt, 1968

Reuß, Wilhelm, Wirtschaftsverwaltungsrecht I, Bd. VIII, 1. Halbbd. der Verwaltungsgesetze des Bundes und der Länder, neu hrsg. von C. H. Ule, 1963

ders., Öffentliche Wirtschaftsverwaltung mit privatrechtlichen Gestaltungsmitteln, in: Staatsbürger und Staatsgewalt, 1963, Bd. 2, S.255ff.

Richardi, Reinhard, Kollektivgewalt und Individualwille bei der Gestaltung des Arbeitsverhältnisses, 1968

Richter, Lutz, Verwaltungsrecht der öffentlichen Anstalt, in: VVDStRL 6 (1929), S.100f.

Ridder, Helmut K. J., Meinungsfreiheit, in: Die Grundrechte Bd. 2, S.243ff.

Rinck, Gerd, Gute Sitten im Wettbewerb. Insbesondere vom Markt durch übermäßige Werbung, in: Festschrift für das Oberlandesgericht Celle, 1961, S.151ff.

ders., Das Wirtschaftsrecht im - abklingenden - Spannungsfeld zwischen öffentlichem und privatem Recht, in: WiR 1972, 5ff.

ders., Wirtschaftsrecht, 5. Aufl. 1977

Ritter, Christian, Der Rechtsgedanke Kants nach den frühen Quellen, 1971

Rittner, Fritz, Wirtschaftsrecht mit Wettbewerbs- und Kartellrecht, 1979

ders., Der Staat - ein Unternehmer i.S. des Aktiengesetzes?, in: Festschrift für W. Flume, Bd. II, 1978, S.241ff.

Roellecke, Gerd, Die Bindung des Richters an Gesetz und Verfassung, in: VVDStRL 34 (1976), S.7ff.

Röhrich, Wilfried, Sozialvertrag und bürgerliche Emanzipation von Hobbes bis Hegel, 1972

Rosenthal, Alfred, Wettbewerbsgesetz (Reichsgesetz gegen den unlauteren Wettbewerb), 8. Aufl. 1930

Rudolf, Walter, Der öffentliche Dienst im Staat der Gegenwart, in: VVDStRL 37 (1979), S.175ff.

Rüfner, Wolfgang, Zur Bedeutung und Tragweite des Art.19 Abs.3 des Grundgesetzes (Anwendbarkeit der Grundrechte auf juristische Personen), in: AöR 89 (1964), S.261ff.

ders., Verwaltungsrechtsschutz in Preußen von 1749 bis 1842, 1962

ders., Formen öffentlicher Verwaltung im Bereich der Wirtschaft, Untersuchungen zum Problem der leistenden Verwaltung, 1967

ders., Die Rechtsformen der sozialen Sicherung und das Allgemeine Verwaltungsrecht, in: VVDStRL 28 (1970), S.187ff.

ders., Unternehmen und Unternehmer in der verfassungsrechtlichen Ordnung der Wirtschaft, in: DVBl 1976, 689ff.

Rüthers, Bernd, Die unbegrenzte Auslegung. Zum Wandel der Privatrechtsordnung im Nationalsozialismus, 1968

Rupp, Hans-Heinrich, Verwaltungsakt und Vertragsakt. Eine Darstellung der Probleme anhand des Vertragssystems der Sozialversicherung, insbesondere des Ersatzkassenrechts, in: DVBl 1959, 81ff.

ders., Privateigentum an Staatsfunktionen?, 1963

ders., Verfassungsrecht und Kartelle, in: Wettbewerb als Aufgabe. Nach zehn Jahren Gesetz gegen Wettbewerbsbeschränkungen, 1968, S.187ff.

ders., Zur Problematik öffentlich-rechtlicher Machtpotenzierung durch Funktionskombination. Dargestellt an der Frage der Zulässigkeit kartellrechtlicher Begründungen in Preisbescheiden, in: NJW 1968, 569ff.

ders., Vom Wandel der Grundrechte, in: AöR 101 (1976), S.161ff.

Ryffel, Hans, Grundprobleme der Rechts- und Staatsphilosophie. Philosophische Anthropologie des Politischen, 1969

Sack, Rolf, Sittenwidrigkeit, Sozialwidrigkeit und Interessenabwägung, in: GRUR 1970, 493ff.

ders., Lauterer und leistungsgerechter Wettbewerb durch Wettbewerbsregeln, in: GRUR 1975, 297ff.

Säcker, Franz-Jürgen, Grundprobleme der kollektiven Koalitionsfreiheit, 1969

ders., Zielkonflikte und Koordinationsprobleme im deutschen und europäischen Kartellrecht. Kritische Bemerkungen zum Regierungsentwurf der Kartellgesetznovelle vom 28. Mai 1971 und zur EWG-Bagatellkartellbekanntmachung vom 2. Juni 1970, 1971

ders., Gruppenautonomie und Übermachtkontrolle im Arbeitsrecht, 1972

Sailer, Christian, Subjektives Recht und Umweltschutz, in: DVBl 1976, 521ff.

Saladin, Peter, Unternehmen und Unternehmer in der verfassungsrechtlichen Ordnung der Wirtschaft, in: VVDStRL 35 (1977), S.7ff.

ders., Grundrechte im Wandel, 3. Aufl. 1982

Sambuc, Thomas, Folgenerwägung im Richterrecht. Die Berücksichtigung von Entscheidungsfolgen bei der Rechtsgewinnung, erörtert am Beispiel des § 1 UWG, 1977

Savigny, Friedrich Carl von, System des heutigen Römischen Rechts, Bd. 1, 1840

Schall-Riamcour, Graf von, Wettbewerbsverstöße durch Verletzung außerwettbewerblicher Normen, 1960

Schachtschneider, Karl Albrecht, Anspruch auf Demokratie. Überlegungen zum Demokratierechtsschutz des Bürgers, in: JR 1970, 401ff.

ders., Neubescheidung nach Rechtskraft im Sozialversicherungsrecht und im allgemeinen Verwaltungsrecht, in: Verwaltungsarchiv 63 (1972), S.112ff., 277ff.

ders., Das Sozialprinzip, zu seiner Stellung im Verfassungssystem des Grundgesetzes, 1974

ders., Das Nominationsmonopol der Parteien in Berlin, in: JR 1975, 89ff.

ders., Imperative Lohnleitlinien unter dem Grundgesetz, in: Der Staat 16 (1977), S.494ff.

ders., Das Rechtsstaatsprinzip des Grundgesetzes, in: JA 1978, 185ff., 237ff.

ders., Die Entscheidung des Grundgesetzes für die Demokratie, in: JA 1979, 512ff., 568ff.

ders., Bemerkung zum Ausländerwahlrecht, in: 53. DJT 1980, Sitzungsbericht L, S.148ff.

Scheler, Max, Der Formalismus in der Ethik und die materiale Wertethik, 2. Aufl. 1921

Schelsky, Helmut, Die Arbeit tun die anderen, 1975

Scheuner, Ulrich, Die staatliche Intervention im Bereich der Wirtschaft, Rechtsformen und Rechtsschutz, in: VVDStRL 11 (1954), S.1ff.

ders., Pressefreiheit, in: VVDStRL 22 (1965), S.1ff.

ders., Voraussetzungen und Formen der Errichtung öffentlicher Körperschaften (außerhalb des Kommualrechts), in: Gedächtnisschrift für Hans Peters, 1967, S.797ff.

ders., Das Mehrheitsprinzip in der Demokratie, 1973

ders., Konsens und Pluralismus als verfassungsrechtliches Problem, in: G. Jakobs (Hrsg.), Rechtsgeltung und Konsens, 1976, S.55ff.

ders., Das repräsentative Prinzip in der modernen Demokratie, in: Festschrift für Hans Huber zum 60. Geburtstag, S.222ff.

Schimmelpfeng, Ruth, Wettbewerb und Sozialversicherung, in: NJW 1977, 1093f.

Schluep, Walter R., Was ist Wirtschaftsrecht?, in: Festschrift für Walther Hug, 1968, S.33ff.

ders., Vom lauteren zum freien Wettbewerb, in: GRUR Int. 1973, 446ff.

ders., Allgemeines Wirtschaftsrecht und Schweizerisches Kartellrecht, in: Festschrift für Franz Böhm zum 80. Geburtstag, 1975, S.569ff.

ders., Über den Begriff der Wettbewerbsverfälschung, in: Festgabe für Max Kummer zum 65. Geburtstag, 1980, S.487ff.

Schmid, Carlo, Erinnerungen, 1979

Schmidt, Eike, Von der Privat- zur Sozialautonomie. Vorläufige Gedanken zur abnehmenden Gestaltungskraft konventioneller juristischer Dogmatik, in: JZ 1980, 153ff.

Schmidt, Ingo, US-amerikanische und deutsche Wettbewerbspolitik gegenüber Marktmacht. Eine vergleichende Untersuchung und kritische Analyse der Rechtsprechung gegenüber Tatbeständen des externen und internen Unternehmenswachstums sowie des Behinderungswettbewerbs, 1973

Schmidt, Karsten, Kartellverfahrensrecht - Kartellverwaltungsrecht - Bürgerliches Recht. Kartellrechtspflege nach deutschem Recht gegen Wettbewerbsbeschränkungen, 1977

Schmidt, Reimer, Einleitung zu Soergel-Siebert, Bürgerliches Gesetzbuch, Bd. 1, Allgemeiner Teil, 10. Aufl. 1967

Schmidt, Reiner, Wirtschaftspolitik und Verfassung, Grundprobleme, 1971

Schmidt-Aßmann, Eberhard, Verwaltungsverantwortung und Verwaltungsgerichtsbarkeit, in: VVDStRL 34 (1976), S.221ff.

Schmidt-Rimpler, Walter, Grundfragen einer Erneuerung des Vertragsrechts, in: AcP 147 (1941), S.130ff.

ders., Zum Problem der Geschäftsgrundlage, in: Festschrift für H. C. Nipperdey zum 60. Geburtstag, 1965, S.1ff.

ders., Zum Vertragsproblem, in: Festschrift für L. Raiser zu 70. Geburtstag, 1974, S.3ff.

Schmidt-Salzer, Joachim, Tätigwerden des Staates in zivilrechtlichen Handlungsformen im Bereich der Daseinsvorsorge und des Beschaffungswesens, in: WiR 1972, 103ff.

Schmitt, Carl, Der Hüter der Verfassung, 1931

ders., Die geistesgeschichtliche Lage des heutigen Parlamentarismus, 2. Aufl. 1926

ders., Verfassungslehre, 1928, 4. Aufl. 1965

ders., Legalität und Legitimität, 1932, 2. Aufl. 1968

Schmölders, Günter, Die Konjunkturpolitik der "moral suasion", in: Festschrift für L. Erhard zu 60. Geburtstag, 1957, S.282ff.

Schneider, Hans, Werbung im Rundfunk, 1965

ders., Autonome Satzung und Rechtsverordnung, in: Festschrift für Ph. Möhring, 1965, S.521ff.

ders., Der Niedergang des Gesetzgebungsverfahrens, in: Festschrift für G. Müller zum 70. Geburtstag, 1970, S.421ff.

ders., Zur Verhältnismäßigkeitskontrolle insbesondere bei Gesetzen, in: Festschrift für das BVerfG Bd. II, 1976, S.390ff.

Schneider, Hans-Peter, Die Gesetzmäßigkeit der Rechtsprechung. Zur Bindung des Richters an Gesetz und Verfassung, in: DÖV 1975, 443ff.

ders., Das parlamentarische System, in: Handbuch des Verfassungsrechts, hrsg. von E.Benda, W.Maihofer, H.-J.Vogel, Studienausgabe 1984, S.239ff.

Schneider, Tilmann, Anmerkung zum Urteil des Bundesgerichtshofs vom 9. 11. 1973, NJW 1974, 140, in: NJW 1974, 559

Schnettler, Albert, Öffentliche Betriebe, 1956

Schnorr, Gerhard, Die Rechtsidee im Grundgesetz. Zur rechtstheoretischen Präzisierung des Art.20 Abs.3 GG, in: AöR 85 (1960), S.121ff.

Scholler, Heinrich, Die Interpretation des Gleichheitssatzes als Willkürverbot oder als Gebot der Chancengleichheit, 1969

Scholz, Rupert, Das Wesen und die Entwicklung der gemeindlichen öffentlichen Einrichtungen, 1967

ders., Zur Polizeipflicht von Hoheitsträgern, in: DVBl 1968, 732ff.

ders., Gemeinde - Einwohner - Privatschule, in: WRP 1968, 315f.

ders., Anmerkung zum Urteil des Bundesverwaltungsgerichts vom 16. 1. 1968, DVBl 1968, 749, in: DVBl 1969, 116f.

ders., Anmerkung zum Urteil des Bundesverwaltungsgerichts vom 30. 8. 1968, NJW 1969, 522, in: NJW 1969, 1044f.

ders., Wettbewerbsrecht und öffentliche Hand, in: ZHR 132 (1969), S.97ff.

ders., Koalitionsfreiheit als Verfassungsproblem, 1971

ders., Wirtschaftsaufsicht und subjektiver Konkurrentenschutz, 1971

ders., Konzentrationskontrolle und Grundgesetz, 1971

ders., Das Wirtschaftsrecht der öffentlichen Unternehmen, in: AöR 97 (1972), S.301ff.

ders., Die öffentlich-rechtliche Konkurrentenklage in der Rechtsprechung der Verwaltungs- und Zivilgerichte, in: WiR 1972, 35ff.

ders., Wettbewerb der öffentlichen Hand - Sanktions- und Rechtswegprobleme zwischen öffentlichem Recht und Privatrecht, in: NJW 1974, 781f.

ders., Öffentliche und Privatversicherung unter der grundgesetzlichen Wirtschafts- und Sozialverfassung, in: Festschrift für K. Sieg, 1976, S.507ff.

ders., Grenzen staatlicher Aktivität unter der grundgesetzlichen Wirtschaftsverfassung , in: Duwendag (Hrsg.), Der Staatssektor in der sozialen Marktwirtschaft, 1976, S.113ff.

ders., Wettbewerbsrechtliche Klagen gegen Hoheitsträger: Zivil- oder Verwaltungsrechtsweg?, in: NJW 1978, 16ff.

ders., Erläuterung des Art.5 Abs.III in Maunz/Dürig/Herzog/Scholz, Grundgesetz, 5. Aufl. 1977

ders., Erläuterung des Art.12 in Maunz/Dürig/Herzog/Scholz, Grundgesetz, 6. Aufl. 1981

ders., Rechtsfrieden im Rechtsstaat. Verfassungsrechtliche Grundlagen, aktuelle Gefahren und rechtspolitische Folgerungen, in: NJW 1983, 705ff.

Scholz, Rupert / Isensee, Josef, Zur Krankenversicherung der Studenten, 1973

Scholz, Rupert / Konzen, Horst, Die Aussperrung im System von Arbeitsverfassung und kollektivem Arbeitsrecht, 1980

Scholz, Rupert / Meydell, Bernd von, Grenzen der Eigenwirtschaft gesetzlicher Krankenversicherungsträger, 1980

Schricker, Gerhard, Gesetzesverletzung und Sittenverstoß, Rechtsvergleichende

Untersuchung zur wettbewerbsrechtlichen Haftung bei Verletzung außerwettbewerbsrechtliche Normen, 1970

ders., Unlauterer Wettbewerb und Verletzung straf- und verwaltungsrechtlicher Vorschriften, in: Juristische Analysen Bd. 2 (1970), S.69ff.

ders., Öffentliche Kritik an gewerblichen Erzeugnissen, in: AcP 172 (1972), S.203ff.

ders., Entwicklungstendenzen im Recht des unlauteren Wettbewerbs, in: GRUR 1974, 579ff.

ders., Möglichkeiten zur Verbesserung des Schutzes der Verbraucher und des funktionsfähigen Wettbewerbs im Recht des unlauteren Wettbewerbs, in: ZHR 139 (1975), S.208ff.

Schricker, Helmut, Wirtschaftliche Tätigkeit der öffentlichen Hand und unlauterer Wettbewerb, 1964

Schunck, Egon / De Clerck, Hans, Verwaltungsgerichtsordnung, Kommentar, 2. Aufl. 1967

Schwabe, Jürgen, Die sogenannte Drittwirkung der Grundrechte. Zur Einwirkung der Grundrechte auf den Privatrechtsverkehr, 1971

ders., Probleme der Grundrechtsdogmatik, 1977

ders., Die "Stufentheorie" des Bundesverfassungsgerichts zu Art.12 GG, in: JA 1981, 318ff.

Schwarz, Gustav, Verfolgung unlauteren Wettbewerbs im Allgemeininteresse, in: GRUR 1967, 333ff.

Schwarz, Theo, Die wirtschaftliche Betätigung der öffentlichen Hand im Kartellrecht, 1969

Siebert, Wolfgang, Verwirkung und Unzulässigkeit der Rechtsausübung. Ein rechtsvergleichender Beitrag zur Lehre von den Schranken des privaten Rechts und zur exceptio doli ( §§ 226, 242 BGB ) unter besonderer Berücksichtigung des gewerblichen Rechtsschutzes ( § 1 UWG ), 1934

Siedentopf, Heinrich, Grenzen und Bedingungen der Kommunalwirtschaft, 1963

Siegwart, Alfred, Die zweckwidrige Verwendung von Rechtsinstituten, 1936

Sigloch, Gerhard, Die Unternehmungen der öffentlichen Hand, 1929

Simitis, Konstantin, Gute Sitten und ordre public. Ein kritischer Beitrag zur Anwendung des § 138 Abs.1 BGB, 1960

ders., Verbraucherschutz, Schlagwort oder Rechtsprinzip?, 1976

Simon, Dieter, Methodenlehre für Juristen. Theorie der Norm und des Gesetzes. Ein Lehrbuch von Hans-Martin Pawlowski, Buchbesprechung, in: NJW 1981, 1653

Simson, Werner von, Das demokratische Prinzip im Grundgesetz, in: VVDStRL 29 (1971), S.3ff.

Skouris, Wassilios, Hartmut Söhn, Anwendungspflicht oder Aussetzungspflicht bei festgestellter Verfassungswidrigkeit von Gesetzen?, in: AöR 101 (1976), S.135ff.

Sölter, Arno, Rivalität und Kollegialität in der modernen Wettbewerbswirtschaft, in: Festschrift für H. Kaufmann zum 65. Geburtstag, 1972, S.345ff.

ders., Kooperation - tragender Pfeiler in unserer Wirtschaftsordnung, in: DB 1976, 493ff.

Spanner, Hans, Empfiehlt es sich, den allgemeinen Teil des Verwaltungsrechts zu kodifizieren?, in: 43. DJT, Bd. 2 Teil A, 1960, S.1ff.

Spiegelberg, Herbert, Gesetz und Sittengesetz. Strukturanalytische und -historische Vorstudien zu einer gesetzesfreien Ethik, 1934

Spindler, Joachim von / Becker, Willy / Starke, O.-Ernst, Die Deutsche Bundesbank, 2. Aufl. 1960

Spengler, Albrecht, Wettbewerb, Recht und Schranken, 1957

Stammler, Rudolf, Wirtschaft und Recht, 5. Aufl. 1924

Starck, Christian, Das "Sittengesetz" als Schranke der freien Entfaltung der Persönlichkeit, in: Festschrift für W. Geiger zu 65. Geburtstag, 1974, S.259ff.

ders., Die Auskiesungsurteile des Bundesgerichtshofs vor dem Bundesverfassungsgericht - BVerfG NJW 1977, 1960, in: JuS 1977, 732ff.

ders., Vom Grund des Grundgesetzes, 1979

ders., Ist der kategorische Imperativ ein Prinzip des Sozialstaates?, in: ZRP 1981, 97ff.

Starke, Otto-Ernst, Das Gesetz über die Deutsche Bundesbank und seine wichtigsten öffentlich-rechtlichen Probleme, in: DÖV 1957, 606ff.

Stein, Ekkehard, Die Wirtschaftsaufsicht, 1967

ders., Staatsrecht, 5. Aufl. 1976

Stein, Friedrich / Jonas, Martin / Pohle, Rudolf / Leipold, Dieter, Kommentar zur Zivilprozeßordnung, Bd. I, 19. Aufl. 1972

Stein, Lorenz von, Handbuch der Verwaltungslehre. Drei Bände, 3. Aufl. 1887/88

Steinberger, Helmut, Zum Wertproblem in der Sozialphilosophie, in: Festschrift für W. Geiger zu 65. Geburtstag, 1974, S.243ff.

Steindorff, Ernst, Die guten Sitten als Freiheitsbeschränkung, in: Summum ius - Summa iniuria, Individualgerechtigkeit und Schutz allgemeiner Werte im Rechtsleben, 1963, S.58ff.

ders., Politik des Gesetzes als Auslegungsmaßstab im Wirtschaftsrecht, in: Festschrift für K. Larenz zum 70. Geburtstag, 1973, S.217ff.

Steiner, Udo, Öffentliche Verwaltung durch Private, Allgemeine Lehren, 1975

Stelkens, Paul / Bonk, Heinz Joachim / Leonhardt, Klaus, Verwaltungsverfahrensgesetz, Kommentar, 1978

Stern, Klaus, Anmerkung zum BGH-Urteil vom 26. 10. 1961, JZ 1962, 176ff., in: JZ 1962, 181f.

ders., Der praktische Fall, Öffentliches Recht: Umstrittene Maßnahmen der Bundesbank, in: JuS 1963, 68ff.

ders., Grundfragen der globalen Wirtschaftssteuerung, 1969

ders., Das Staatsrecht der Bundesrepublik Deutschland, Band I, Grundbegriffe und Grundlagen des Staatsrechts, Strukturprinzipien der Verfassung, 1977 ders., Das Staatsrecht der Bundesrepublik Deutschland, Band II, Staatsorgane, Staatsfunktionen, Finanz- und Haushaltsverfassung, Notstandsverfassung, 1980

ders., Verwaltungsprozessuale Probleme in der öffentlich-rechtlichen Klausur, 5. Aufl. 1981

Stern, Klaus / Burmeister, Joachim, Die kommunalen Sparkassen, 1972

Stern, Klaus / Püttner, Günter, Die Gemeindewirtschaft - Recht und Realität, 1965

Stober, Rolf, Rein gewerbliche Betätigung der öffentlichen Hand und Verfassung, in: ZHR 145 (1981), S.565ff.

ders., Die privatrechtlich organisierte öffentliche Verwaltung. Zur Problematik privatrechtlicher Gesellschaften und Beteiligung der öffentlichen Hand, in: NJW 1984, 449ff.

Suhr, Dieter, Entfaltung der Menschen durch die Menschen, 1976

Teichmann, Ulrich, Grundriß der Konjunkturpolitik, 1976

Terhalle, Fritz, Die Finanzwirtschaft des Staates und der Gemeinden, 1928

Terrahe, Jürgen, Die Beleihung als Rechtsinstitut der Staatsorganisation, 1961

Tettinger, Peter J., Rechtsanwendung und gerichtliche Kontrolle im Wirtschaftsverwaltungsrecht, 1980

ders., Zivilgerichtliche Kontrolle des Wettbewerbshandelns der öffentlichen Hand, in: JA 1981, 156ff.

Tetzner, Heinrich, Kommentar zum Gesetz gegen den unlauteren Wettbewerb, 1957

Teubner, Gunther, Standards und Direktiven in Generalklauseln. Möglichkeiten und Grenzen der empirischen Sozialforschung bei der Präzisierung der Gute-Sitten-Klauseln im Privatrecht, 1971

Thieme, Werner, Berufsfreiheit und Verwaltungsmonopole, in: JZ 1961, 280ff.

Thoma, Richard, Das Reich als Demokratie, in: HdbDStR I, § 16, S.191ff.

ders., Wesen und Erscheinungsformen der modernen Demokratie, in: U. Matz (Hrsg.) Grundprobleme der Demokratie, 1973, S.66ff.

Thomas, Heinz / Putzo, Hans, Zivilprozeßordnung mit Gerichtsverfassungsgesetz und den Einführungsgesetzen, 10. Aufl. 1978

Thomuschat, Christian, Verfassungsgewohnheitsrecht?, 1972

ders., Güterverteilung als rechtliches Problem, in: Der Staat 12 (1973), S.462ff.

Torz, Robert, Die privatwirtschaftliche Betätigung der öffentlichen Hand und das Grundgesetz, in: DÖV 1958, 205ff.

Trott zu Solz, Jost von, Staatlich beeinflußte Aktiengesellschaft als Instrument der öffentlichen Verwaltung, 1975

Tuchtfeldt, Egon, Das Instrumentarium der Wirtschaftspolitik. Ein Beitrag zu seiner Systematik, in: Grundlagen der Wirtschaftspolitik (Hrsg. G. Gäfgen), 1966, S.260ff.

ders., Moral Suasion in der Wirtschaftspolitik, in: Konzertierte Aktion, S.19ff.

Ulmer, Eugen, Sinnzusammenhänge des modernen Wettbewerbsrechts. Ein Beitrag zum Aufbau des Wettbewerbsrechts, 1932

ders., Anmerkung zu RG vom 21. 6. 1932, in: JW 1933, 1948

ders., Wandlungen und Aufgaben im Wettbewerbsrecht, in: GRUR 1937, 769ff.

ders., Das Recht des unlauteren Wettbewerbs in den Mitgliedstaaten der EWG, Band I, 1967

Ulmer, Peter, Schranken zulässigen Wettbewerbs marktbeherrschender Unternehmen. Eine kartell- und wettbewerbsrechtliche Fallstudie zum Anzeigenwettbewerb auf dem Pressemarkt des Ruhrgebiets, 1977

ders., Der Begriff "Leistungswettbewerb" und seine Bedeutung für die Anwendung von GWB und UWG-Tatbeständen, in: GRUR 1977, 565ff.

ders., Kartellrechtswidrige Konkurrentenbehinderung durch leistungsfremdes Verhalten marktbeherrschender Unternehmen. Eine Zwischenbilanz, in: Festgabe für Max Kummer, 1980, S.575ff.

ders., Die Anwendung von Wettbewerbs- und Kartellrecht auf die wirtschaftliche Tätigkeit der öffentlichen Hand beim Angebot von Waren oder Dienstleistungen, in: ZHR 146 (1982), S.466ff.

Ulsamer, Gerhard, Zur Geltung der Grundrechte für juristische Personen des öffentlichen Rechts, in: Festschrift für W. Geiger zum 65. Geburtstag, 1974, S.199ff.

Vogel, Hans-Jochen, Abschließende Äußerungen, in: Handbuch des Verfassungsrechts, hrsg. von E.Benda, W.Maihofer, H.-J.Vogel, Studienausgabe 1984, S.1361ff.

ders., Die bundesstaatliche Ordnung des Grundgesetzes, in: Handbuch des Verfassungsrechts, hrsg. von E.Benda, W.Maihofer, H.-J.Vogel, Studienausgabe 1984, S.809ff.

Vogel, Klaus, Öffentliche Wirtschaftseinheiten in privater Hand, 1959

ders., Gesetzgeber und Verwaltung, in: VVDStRL 24 (1966), S.125ff.

Vogt, Alfons, Bedeutungsgehalt und Funktion der guten Sitten im Wettbewerbsrecht, in: NJW 1976, 729ff.

Voigt, Alfred, Ungeschriebenes Verfassungsrecht, in: VVDStRL 10 (1952), S.34ff.

Vollmar, Steffen, Rechtsweg und Maßstab für Klagen gegen die öffentliche Hand wegen Wettbewerbsverstößen, 1978

Wacke, Gerhard, Das Finanzwesen der Bundesrepublik. Die Einwirkungen der Finanzfunktionen auf Gesetzgebung, Verwaltung und Rechtsprechung im Bonner Grundgesetz, 1950

Walter, Hanfried, Unlauterer Wettbewerb unter Bundesländern? Verfahrensrechtliche und materiellrechtliche Überlegungen zu einer Zeitungsanzeige der Freien Hansestadt Bremen, in: DÖV 1967, 622ff.

Walter, Robert, Der Aufbau der Rechtsordnung - Eine rechtstheoretische Untersuchung auf Grundlage der Reinen Rechtslehre, 1964

Wank, Rolf, Grenzen richterlicher Rechtsfortbildung, 1978

Weber, Max, Die "Objektivität" sozialwissenschaftlicher und sozialpolitischer Erkenntnisse, 1904, in: Gesammelte Aufsätze zur Wissenschaftslehre, 4. Aufl. 1973 (Hrsg. J. Winckelmann), S.146ff.

ders., Der Sinn der "Wertfreiheit" der soziologischen und ökonomischen Wissenschaften, 1917, in: Gesammelte Aufsätze zur Wissenschaftslehre, 4. Aufl. 1973 (Hrsg. J. Winckelmann), S.489ff.

ders., Wirtschaft und Gesellschaft, Grundriß der verstehenden Soziologie, 4. Aufl. 1956, 5. Aufl. 1972 (Hrsg. J. Winckelmann)

Weber, Werner, Eigentum und Enteignung, in: Die Grundrechte II, 1954, S.331ff.

ders., Koalitionsfreiheit und Tarifautonomie als Verfassungsproblem, 1965

ders., Die verfassungsrechtlichen Grenzen sozialstaatlicher Forderungen, in: Der Staat 4 (1965), S.409ff.

ders., Öffentlich-rechtliche Rechtstellungen als Gegenstand der Eigentumsgarantie in der Rechtsprechung, in: AöR 91 (1966), S.382ff.

Weinkauf, Hermann, Der Naturrechtsgedanke in der Rechtsprechung des Bundesgerichtshofs, in: NJW 1960, 1689ff.

Weischedel, Wilhelm, Recht und Ethik. Zur Anwendung ethischer Prinzipien in der Rechtsprechung des Bundesgerichtshofs, 1956, 2. Aufl. 1959

Welzel, Hans, Naturrecht und materiale Gerechtigkeit, 4. Aufl. 1962

Wenger, Karl, Die öffentliche Unternehmung. Ein Beitrag zur Lehre von der Wirtschaftsverwaltung und zur Theorie des Wirtschaftsverwaltungsrechts, 1969

Wendt, Rudolf, Der Garantiegehalt der Grundrechte und das Übermaßverbot. Zur maßstabsetzenden Kraft der Grundrechte in der Übermaßprüfung, in: AöR 104 (1979), S.414ff.

Wertenbruch, Wilhelm, Grundgesetz und Menschenwürde. Ein kritischer Beitrag zur Verfassungswirklichkeit, 1958

Westermann, Harry, Person und Persönlichkeit im Zivilrecht, 1957

Wieacker, Franz, Das Sozialmodell der klassischen Privatrechtsgesetzbücher und die Entwicklung der modernen Gesellschaft, 1953

ders., Zur rechtstheoretischen Präzisierung des § 242 BGB, 1956

ders., Gesetzesrecht und richterliche Kunstregel, in: JZ 1957, 701ff.

ders., Gesetz und Richterkunst. Zum Problem der außergesetzlichen Rechtsordnung, 1958

ders., Rechtsprechung und Sittengesetz, in: JZ 1961, 337ff.

ders., Privatrechtsgeschichte der Neuzeit unter besonderer Berücksichtigung der deutschen Entwicklung, 2. Aufl. 1967

ders., Recht und Sittlichkeit. Über die Beziehungen der Rechtsordnung zu den ethischen Normen, in: Zeitenwende 1969, S.244ff.

Wieczorek, Bernhard, Zivilprozeßordnung und Nebengesetze, 1957, 2. Aufl. 1976ff.

Wiethölter, Rudolf, Der Rechtfertigungsgrund des verkehrsrichtigen Verhaltens, 1960

ders., Privatrecht als Gesellschaftstheorie? Bemerkungen zur Logik der ordnungspolitischen Rechtslehre, in: Festschrift für L. Raiser zum 70. Geburtstag, 1974, S.693ff.

Wiget, Felix, Der zivilrechtliche Begriff der öffentlichen Ordnung. Ein Beitrag zur Lehre vom unsittlichen Vertrag, 1939

Wilke, Dieter, Gebührenrecht und Grundgesetz, 1973

Wilke, Dieter / Schachel, Jens, Probleme fiskalischer Betätigung der öffentlichen Hand, in: W.u.V. 1978, S.95ff.

Windscheid, Bernhard, Lehrbuch des Pandektenrechts, 3. Aufl. 1873

Winter, Eggert, Ethik und Rechtswissenschaft. Eine historisch-systematische Untersuchung zur Ethik-Konzeption des Marburger Neukantianismus im Werke Hermann Cohens, 1980

Wintrich, Josef M., Zur Problematik der Grundrechte, 1957

Wittmann, Walter, Die neuen Ausbeuter, 1980

Wöhe, Günter, Allgemeine Betriebswirtschaftslehre, 10. Aufl. 1971

Wolf, Manfred, Rechtsgeschäftliche Entscheidungsfreiheit und vertraglicher Interessenausgleich, 1970

Wolff, Hans-Julius, Organschaft und juristische Person, Bd. 1, Juristische Person und Staatsperson, 1933, Bd. 2, Theorie der Vertretung, 1934

ders., Über die Gerechtigkeit als principium iuris, in: Festschrift für W. Sauer, 1949, S.103ff.

ders., Der Unterschied zwischen öffentlichem und privatem Recht, in: AöR 76 (1950/51), S.205ff.

ders., Rechtsgrundsätze und verfassungsgestaltende Grundentscheidungen als Rechtsquellen, in: Gedächtnisschrift für W. Jellinek, 1955, S.33ff.

ders., Verwaltungsrecht I, 3. Aufl. 1959

ders., Rechtsformen gemeindlicher Einrichtungen, in: AfK 1963, 149ff.

Wolff, Hans-Julius / Bachof, Otto, Verwaltungsrecht I, 9. Aufl. 1974

dies., Verwaltungsrecht II, 4. Aufl. 1976

Zacher, Hans F., Aufgabe einer Theorie der Wirtschaftsverfassung, in: Festschrift für F. Böhm zum 70. Geburtstag, 1965, S.63ff.

ders., Freiheitliche Demokratie, 1969

ders., Gewerkschaften in der rechtsstaatlichen Demokratie einer Arbeitnehmergesellschaft, in: Festschrift für F. Böhm zum 80. Geburtstag, 1975, S.707ff.

Zeidler, Karl, Schranken nichthoheitlicher Verwaltung, VVDStRL 19 (1961), S.208ff.

Zimmer, Gerhard, Funktion - Kompetenz - Legitimation, Gewaltenteilung in der Ordnung des Grundgesetzes, 1979

Zippelius, Reinhold, Erläuterung des Art.1 GG im Bonner Kommentar, Zweitbearbeitung

ders., Wertungsprobleme im System der Grundrechte, 1962

Zöllner, Wolfgang, Die Rechtsnatur der Tarifnormen nach deutschem Recht, 1966

Zuleeg, Manfred, Die Rechtsform der Subventionen, 1965

ders., Grundrechte für Ausländer. Bewährungsprobe des Verfassungsrechts, in: DVBl 1974, 341ff.

ders., Subventionskontrolle und Konkurrentenklage, 1974

ders., Hat das subjektive öffentliche Recht noch eine Daseinsberechtigung?, in: DVBl 1976, 509ff.

Zuck, Rüdiger, Subsidiaritätsprinzip und Grundgesetz, 1968

Nachtrag

Herrmann, Harald, Interessenverbände und Wettbewerbsrecht. Ein deutsch-amerikanischer Vergleich zum Recht der unberechtigten Verfahrenseinleitung, Selbstbeschränkungsabkommen und Wettbewerbsregeln, 1984

Papier, Hans-Jürgen, Erläuterung des Art.14 GG, in: Maunz/Dürig/Herzog/Scholz, Grundgesetz, 6.Aufl. 1983

STICHWORTVERZEICHNIS

FSC
www.fsc.org
MIX
Papier | Fördert
gute Waldnutzung
FSC® C083411

Kolibri 360 GmbH
Ferdinand-Jühlke-Straße 7
99095 Erfurt, Deutschland
produktsicherheit@kolibri360.de

FSC
www.fsc.org
MIX
Papier | Fördert gute Waldnutzung
FSC® C083411

Kolibri 360 GmbH
Ferdinand-Jühlke-Straße 7
99095 Erfurt, Deutschland
produktsicherheit@kolibri360.de